《安徽通史》编纂委员会

主　　任：臧世凯

副 主 任：黄传新

委　　员：（以姓名笔画为序）

学术顾问：（以姓名笔画为序）

《安徽通史》编纂委员会 编

安徽通史

民国卷（上）

8

主　编◎宋　霖

房列曙

副主编◎汪谦干

全国百佳图书出版单位

时代出版传媒股份有限公司

安徽人民出版社

图书在版编目(CIP)数据

- -

安徽通史·民国卷:全 2 册/宋 霖,房列曙主编.—合肥:安徽人民出版社,2011.9

ISBN 978 - 7 - 212 - 04296 - 7

Ⅰ.①安… Ⅱ.①宋…②房… Ⅲ.①安徽省—地方史—民国 Ⅳ.①K295.4

中国版本图书馆 CIP 数据核字(2011)第 186353 号

- -

安徽通史·民国卷(上、下)

宋 霖 房列曙 主编

- -

出 版 人:胡正义
总 责 编:杨咸海
责任编辑:洪 红 汪双琴 蒋越林   装帧设计:宋文岚

- -

出版发行:时代出版传媒股份有限公司 http://www.press-mart.com
　　　　安徽人民出版社 http://www.ahpeople.com
　　　　合肥市政务文化新区翡翠路 1118 号出版传媒广场八楼
　　　　邮编:230071
　　　　营销部电话:0551-3533258　0551-3533292(传真)
制　　版:合肥市中旭制版有限责任公司
印　　制:安徽新华印刷股份有限公司
　　　　　(如发现印装质量问题,影响阅读,请与印刷厂商联系调换)

- -

开本:710×1010　1/16　　印张:82　　字数:1303 千　　插页:4
版次:2011 年 9 月第 1 版　2011 年 9 月第 1 次印刷

- -

标准书号:ISBN 978 - 7 - 212 - 04296 - 7　　　定价:260.00 元(全 2 册)

陈独秀

胡适

周恩来与叶挺、项英合影

柯庆施

王步文

新四军代军长陈毅与将领们合影。左起：张树才、刘顺元、方毅、
张爱萍、张云逸、陈毅、宋文（蹲者）、罗炳辉、杨梅生、龙潜、周骏鸣

国民党陆军上将李品仙

国民党陆军中将、第一七三
师副师长周元

国民党陆军中将、第一四五
师师长饶国华

淮海战役和渡江战役总前委刘伯承（右三）、陈毅（右二）、邓小平（右四）、粟裕（右五）、谭震林（右一）五人合影

鄂豫皖苏区红军兵
工厂制造的武器

淮南铁路奠基石

芜湖海关旧址

芜湖益新公司

民国时期蚌埠街景

20世纪30年代安庆

安徽白话报

民国　地球墨
1962年在皖南征集

国立安徽大学旧址

20世纪30年代合肥四牌楼

【民国卷】

淮南煤矿万人坑

日军掠夺马鞍山铁矿资源

总　　序

　　盛世修史,是中华民族的优良传统。2004 年 8 月,时任安徽省委副书记张平同志主持召开了《安徽通史》编纂委员会第一次会议,《安徽通史》作为省哲学社会科学规划重大项目立项并启动。在中共安徽省委、省政府领导的关心下,经过我省数十位专家历时近 8 年的辛勤笔耕,现即面世以飨读者。

　　《安徽通史》8 卷 10 册,600 万字,对上自洪荒,下迄 1952 年的安徽历史作了全面系统的表述。

　　编撰《安徽通史》我们坚持三个基本原则:

　　一是坚持以马克思主义的辩证唯物主义和历史唯物主义为指导思想,实事求是,从纷繁复杂的历史表象入手,去伪存真,去粗取精,真实地、本质地反映安徽历史。尊重历史事实,是则是,非则非,秉笔直陈,不用春秋笔法,把编写者的主观判断排除在《安徽通史》之外,把历史事实展现给读者,把评说的空间留给读者。

　　二是略远而详近。古代是我们的前天,近现代是我们的昨天。近现代是传统向现代转变时期,直接影响当代。自夏代算起,安徽历史

有4000年,其中鸦片战争至新中国成立之初不过百年,叙述这百余年历史的卷数为《安徽通史》全书的25%,字数约为全书的30%;《新中国卷》虽只写四年亦立为一卷。历史著作的社会价值主要在于有助于人们深刻了解当代社会和当代人,为解决现实问题提供经验教训。因此而言,略远而详近是必然选择。

三是史料务求翔实。史料是史著的基本元素,史料丰富与否往往决定了史著价值高低。几年来,参加编写《安徽通史》的专家用于爬梳资料的时间远多于撰写时间,经多方罗掘,发现了很多新的资料。先秦部分用近年发现的大量考古资料以补充文献资料,近现代部分则大量利用了报刊资料及档案。新资料的发现和使用是本书一系列亮点的基础。

中国是一个整体,但各省(区、市)的历史各有特色,造成差别的原因很多,地理位置和自然条件的差异是最基本的原因之一。安徽连贯东西、融会南北,左江浙,右湖北,上接中原,下邻江西。长江淮河穿省而过将安徽切成比较均匀的三大块。淮北平原属典型的北方,皖南山区是标准的南方,江淮之间是南北过渡地带。全省气候温和,水资源丰富,适宜农耕。

安徽历史的特点约略有五:

一、安徽历史发展受惠外部较多。自给自足的自然经济一般有很强的封闭性,但封闭不是绝对的,安徽与周边地区交往较多,对安徽历史发展起了明显的促进作用。安徽本为东夷活动区域,大禹为治水来到安徽,并在涂山(今属安徽怀远)大会诸侯,安徽的东夷积极响应,自此开始融入中国主流。东晋至南宋是中国经济重心南移、中原文化南播时期,安徽作为主要通道,社会经济发展水平显著提高。明清时期安徽和江浙关系密切,其时江浙正是中国经济最富庶、文化最发达地区,安徽经济、文化与之同时发展,且不遑多让。鸦片战争后,上海成为中国经济发展的龙头,八百里皖江成了近代意义上的黄金水道;

新中国成立前,号称"小上海"的城镇遍布我省各地,在安徽人心目中,上海是先进和繁华的代名词。

二、安徽的历史发展特别艰难曲折。安徽历史上灾难之多之惨烈绝非其他省可以相比。江淮之水患频仍世人皆知,但对安徽历史损害最大的是兵祸。自古以来,淮北和江淮就是各方争夺之地,楚汉,魏吴,东晋、南朝、南宋、南明和北方政权,都曾在安徽进行过恶战;历史上大规模农民战争除两汉外,如秦末、隋末、唐末、元末、明末、晚清农民战争,无不以安徽为主战场。每当战乱,除交战双方相互砍杀之外,就是对人民烧杀抢掠,一时白骨遍野,数百里不见人烟,惨不忍睹。在历史上淮北和江淮之间因兵燹损失半数以上人口有十余次。面对深重苦难,安徽人民顽强坚毅,一次次在废墟上重建家园。显示了超强的生聚能力。

三、安徽南北社会、经济、文化和国家的南北社会、经济、文化同步变化。三国以降,国家分裂时,表现为南北政权对峙,安徽则分属南北两个对立的政权。自东晋至南宋,中国经济重心南移,中原文化南播,改变了中国经济、文化态势,与此同时,安徽沿江江南在经济文化方面一跃超过原先先进的淮北。在上述两方面没有一省像安徽那样酷似国家的变化。

四、人才之盛,世所公认。安徽独特的环境为中华民族造就一大批精英人物,其中一些人分别在不同领域为华夏文明创立了标志性历史功业。改革家首推生于涂山的夏启(对先秦时代的人常以出生地为其籍贯),启废禅让为世袭,中国遂由原始社会进入阶级社会、文明时代。李鸿章兴办洋务新政是中国向近代迈出的第一步。思想领域老子把朴素的辩证法教给了中国人,陈独秀高举科学、民主旗帜,从根本上否定传统的价值观。在文化领域,庄子、曹操、方苞、程长庚,各领风骚,为五彩缤纷的中华文化作出巨大贡献。胡适倡导白话文学,促成白话文代替文言文成为"正宗"载体,其功至伟。

五、独特的历史遗憾。明以前,今安徽总是分属于几个不同行政区域或不同政权管辖,并且这些行政区域或政权治所或不在安徽或在安徽却旋设旋撤,以致秦以后安徽没有出现规模较大的都市。工商辐辏的都市对一个地区社会、经济、文化有显著的拉动作用,即使在农业社会也是如此。此外,未形成可基本覆盖全省的皖文化。这两点在内地各省中绝无仅有。

每一代人都在创造历史,我们这一代人的使命是创造安徽崛起、中华复兴的历史。人们是在历史的基础上创造历史,先辈的经验教训对于后人是一笔宝贵的财富,前贤的精神是激励后代的动力。本书对全面深入了解安徽有较大帮助,希望能引起读者兴趣。

历史已成过去,完全复原绝不可能。作者有其局限,洵为常理,众人之作难以避免风格上不统一,《安徽通史》中可商榷处所在多有。盼望读者批评,如切如磋,如琢如磨,以期繁荣学术,俾安徽历史的研究水平更上层楼。

《安徽通史》编纂委员会

2011 年 9 月

目　　　录

第一章

民国时期的安徽社会

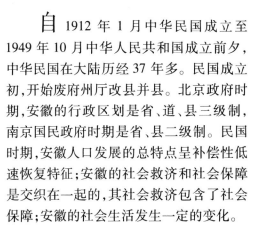

自 1912 年 1 月中华民国成立至 1949 年 10 月中华人民共和国成立前夕，中华民国在大陆历经 37 年多。民国成立初，开始废府州厅改县并县。北京政府时期，安徽的行政区划是省、道、县三级制，南京国民政府时期是省、县二级制。民国时期，安徽人口发展的总特点呈补偿性低速恢复特征；安徽的社会救济和社会保障是交织在一起的，其社会救济包含了社会保障；安徽的社会生活发生一定的变化。

从民国时期安徽行政区划的演变及人口、社会结构、社会救助、社会保障、社会生活等方面的交替与变革，可以看出中国社会从传统向现代转变过程中的曲折和进步。

第一节　政区沿革

一、省、道、县三级制

清代全省分皖南、皖北 2 道，辖安庆、徽州、宁国、池州、太平、凤阳、庐州、颍州 8 府和滁、和、泗、广德、六安 5 州。民国成立后，安徽沿用旧名。省会初设怀宁县。

1912 年 1 月，开始废府州厅改县并县。裁凤阳、颍州、庐州、安庆、徽州、池州、宁国、太平 8 府，4 月废州。1913 年 1 月，中华民国临时大总统颁布《划一现行各省地方行政官厅组织令》、《划一现行各道地方行政官厅组织令》和《划一现行各县地方行政官厅组织令》，此后全国普遍废府州、存道县，实行省、道、县三级制。1914 年 6 月，置淮泗、安庆、芜湖 3 道，共 60 县。

今淮北地区及部分淮南地区属淮泗道，治凤阳县。辖凤阳（旧凤阳府附郭首县，1912 年 1 月裁府留县）、定远、凤台、怀远、灵璧、寿县（旧寿州，1912 年 4 月改县）、宿县（旧宿州，1912 年 4 月改县）、阜阳（旧颍州府附郭首县，1912 年 1 月裁府留县）、颍上、太和、霍邱、蒙城、涡阳、亳县（旧亳州，1912 年 4 月改县）、泗县（旧泗州直隶州，1912 年 4 月改县）、全椒、来安、天长、盱眙、五河、滁县 21 县。

江淮地区属安庆道，治怀宁县。辖怀宁（旧安庆府附郭首县，1912 年 1 月裁府留县）、桐城、宿松、太湖、潜山、望江、合肥（旧庐州府附郭首县，1912 年 1 月裁府留县）、庐江、舒城、巢县、无为（旧无为州，1912 年 4 月改县）、和县（旧和州直隶州，1912 年 4 月改县）、含山、六安（旧六安直隶州）、英山、霍山 16 县。

江南地区设芜湖道，治芜湖县。辖芜湖、繁昌、当涂（旧太平府附郭首县，1912 年 1 月裁府留县）、广德（旧广德直隶州，1912 年 4 月改县）、郎溪（旧建平县，1914 年 1 月改今名）、歙县（旧徽州府附郭首县，

1912 年 1 月裁府留县）、黟县、休宁、婺源、祁门、绩溪、宣城（旧宁国府附郭首县，1912 年 1 月裁府留县）、南陵、泾县、太平、旌德、宁国、贵池（旧池州府附郭首县，1912 年 1 月裁府留县）、铜陵、石埭、东流、秋浦（旧名建德，1914 年 1 月改今名）、青阳 23 县。[1]

二、省、县二级制

南京国民政府于 1928 年 8 月废道，实行省、县两级管理体制。

1932 年 4 月 29 日，省政府决定，仿从前府州旧制划全省为 13 区，设首席县制。7 月 4 日经省政府第八次临时会议议决通过，划全省为 10 区。[2] 各区辖县如下：

第一区　首席县：怀宁县。辖县：桐城、潜山、太湖、宿松、望江。

第二区　首席县：芜湖县。辖县：当涂、繁昌、和县、含山、无为。

第三区　首席县：合肥县。辖县：舒城、庐江、巢县、全椒。

第四区　首席县：凤阳县。辖县：怀远、定远、寿县、凤台、滁县、来安。

第五区　首席县：六安县。辖县：英山、霍山、霍邱。

第六区　首席县：阜阳县。辖县：颍上、太和、涡阳、蒙城、亳县。

第七区　首席县：泗县。辖县：五河、盱眙、天长、灵璧、宿县。

第八区　首席县：贵池县。辖县：青阳、铜陵、石埭、秋浦、东流。

第九区　首席县：宣城县。辖县：南陵、宁国、旌德、泾县、太平、广德、郎溪。

第十区　首席县：歙县。辖县：黟县、休宁、婺源、祁门、绩溪。

当年 10 月，省政府复奉令废除首席县长管辖区，实行行政专员督察区（专区）作为省级派出机构，全省先后设 10 个、9 个、8 个、10 个专区，分管有关县，究其实质，仍属省、县两级管理体制。初设专区时，当时设的 10 个区的辖县不变。1932 年，省政府重划各行政督察区，仍为 10 个，但辖县有了变化：

---

① 《现行行政区划一览表》，商务印书馆 1924 年第 7 版。

② 实行"首席县制"的时间，一说 1931 年，一说 1932 年 5 月，均不确切；正确的说法是 1932 年 7 月。

第一行政督察区：领太湖、怀宁、桐城、潜山、宿松、望江。1936 年 6 月 5 日，增设岳西县。

第二行政督察区：领芜湖、无为、当涂、庐江、巢县、繁昌、南陵、铜陵。

第三行政督察区：领六安、合肥、立煌（今金寨县）、舒城、霍山。

第四行政督察区：领寿县、霍邱、凤台、怀远、凤阳、定远。

第五行政督察区：领滁县、天长、全椒、和县、嘉山、来安、含山。

第六行政督察区：领泗县、盱眙、宿县、灵璧、蒙城、五河。

第七行政督察区：领阜阳、亳县、临泉、颍上、涡阳、太和。

第八行政督察区：领贵池、青阳、太平、石埭、东流、至德。

第九行政督察区：领宣城、广德、宁国、泾县、郎溪、旌德。

第十行政督察区：领歙县、休宁、黟县、祁门、绩溪。①

1931 年 5 月 12 日，内政部转咨安徽省政府筹建嘉山县。1932 年 11 月，安徽省政府分盱眙、定远、滁县、来安 4 个县各一部分地区在三界镇的吴家祠堂创建，以嘉山得名。

1932 年 10 月至 1938 年 6 月为 10 区时期，增设立煌、临泉、岳西县，婺源改隶江西省，秋浦改名至德。

立煌县名是以国民党高级将领、第十四军军长卫立煌的名字命名的。为加强对皖西革命根据地中心金家寨及周围地区的控制，南京国民政府于 1932 年 11 月，分六安县 17 个保、霍山县 8 个保、霍邱县 3 个保及河南省的固始县 2.5 个保、商城县 14.5 个保，面积 3367 平方公里地区，在金家寨成立立煌县。12 月，经南京国民政府内政部批准，划属河南省。1933 年 4 月 11 日，南京国民政府行政院批准，将立煌县划归安徽省第五行政督察区。

临泉县成立于 1935 年 1 月 1 日。早在 1934 年 1 月，安徽省政府以阜阳西境毗连河南，区域广袤，难以控驭，派员勘察，计划在阜阳西部地区创设新县，经呈报南昌行营并咨请内政部转呈行政院备案，于 9 月始析阜阳县西部地区 8470 平方里，64 万余人，田赋 67000 余元。

---

① 安徽民政厅印行：《安徽民政工作纪要》，见《二十四年安徽》，安庆东方印书馆。

在沈丘集设临泉县，属安徽省第七行政督察区。

岳西县在安徽省安庆市西北部大别山区、皖河及淠河上游，邻接湖北省。1936年析潜山、舒城、霍山、太湖4县边境设置岳西县，因在潜岳之西而得名。潜岳，即潜山，又称天柱山。该县设治之议，始于1935年5月，10月间筹备完成，成立于1936年1月1日。县府设在原潜山县的天堂镇，又名衙前街朱屋庙，属安徽省第一行政督察区。[①]

1932年11月，英山县划入湖北省。

1934年7月，国民政府军事委员会委员长蒋介石在江西"剿共"，决定将婺源县划入江西省，经国民政府行政院批准，于同年9月4日办理交接。婺源县向为徽州六邑之一，正式交接后，婺源人民掀起历时长达13年的"回皖运动"。1947年8月，国民政府最终决定将婺源划回安徽。8月4日，皖赣两省将婺源的管辖权正式交接。婺源在被划出13年后，重新划归安徽管辖，隶属安徽省第七行政督察区。1949年9月，婺源改隶江西省人民政府。

抗日战争爆发后的1938年1月，安徽省府先迁六安，后迁立煌县。因日军占领长江流域重要城镇，南北受阻，南京国民政府决定以长江为界，创设皖南、皖北行署。皖南、皖北行署，是比专区范围大得多的战时行政机构，均为临时省级设置，行使省的权力，但规格比省小，包括后期又复置皖南行署，省仍领导行署，下领专区管县。

皖南行署驻屯溪。1938年4月15日，国民政府行政院决定，在屯溪镇（今黄山市屯溪区）设立皖南行政公署（1938年4月15日至1945年11月15日）。16日，在屯溪正式设立皖南行署，分辖第二、第八、第九、第十专区所属的22个县。1938年7月，日军占据安庆，第二专区辖县跨长江南北两岸，管辖不便，遂将第二专区裁撤，所辖之芜湖、繁昌、南陵、当涂县并入第九专区，无为、庐江、巢县改属第五专区，铜陵改属第八专区，原第五专区所辖天长、来安、嘉山县改属第六专区，原第六专区蒙城改属第七专区。由于沿江不少县城及不少县区为日

---

① 安徽民政厅印行：《安徽民政工作纪要》（1936年），第75—77页。另一说，岳西县于1936年6月5日成立，不妥。

军占据,其区划也在变化。1940 年 3 月 23 日,原第十专区所属 6 个县直属皖南行政公署。[1] 同年 8 月 6 日,改原第九专区为第六专区,原第十专区为第七专区,仍领 6 个县,第八专区不动,直至 1945 年 11 月 15 日,撤销皖南行政公署。[2] 1948 年 12 月 4 日,安徽省政府鉴于江北不少地区已由中国人民解放军解放,决定重设皖南行署。在宣城正式成立,旋迁屯溪镇。1949 年 2 月,并入迁驻屯溪镇的安徽省政府,至同年 4 月 28 日屯溪解放,与安徽省政府一道在历史上消失。

皖北行署驻定远。1938 年 11 月 4 日成立,领原安徽省辖的第一、第三(前)、第五、第六(前)、第七(前)等 5 个行政督察区。1940 年 2 月[3]2 日,撤皖北行署,原领 5 个行政督察区改属安徽省。[4]

1938 年 10 月至 1940 年 7 月为 8 区时期,因适应军事及政治需要,于 1938 年 10 月将各行政区划重加调整,第四区裁撤,原辖之凤阳、定远、怀远划归第六区。霍邱、凤台、寿县划为第七区。第五区无为、庐江、巢县改属第三区。第六区盱眙、嘉山、天长、来安改属第五区。第九区旌德改属第十区。第一、第八区依旧。同年 12 月,第五区盱眙曾一度改隶第六区,于 1939 年 2 月又恢复原状。1939 年 1 月,第三区巢县改隶第五区。[5]

1940 年 4 月为作战便利起见,又将江北各区依照地理形势重新划分,以第三区无为、庐江改属第一区,第一区岳西及第七区寿县、霍邱改属第三区,并将三区专署移驻六安,第六区定远、凤阳改属第五区,第五区盱眙、天长、来安、嘉山改属第六区,第六区怀远、宿县改隶第七区,第八、第九、第十区仍旧。同年 7 月,将各区名称依次改列,原第三区改为第二区,原第七区改为第三区,原第六区改为第四区,原第九区

① 安徽省政府编印:《安徽省政府二月份工作报告》,1940 年。
② 戴戟:《安徽省政府皖南行署一年来之行政报告》(1938 年 4 月至 1939 年 4 月)。
③ 一说 4 月,又说皖北行署辖长江以北第一、第二、第三、第四、第五督察区,均错了。第一、第二、第三、第四、第五督察区是 1940 年 7 月才重新排序的,此时皖北行署已裁撤。
④ 俞顶贤:《安徽行政区划概述》,安徽人民出版社 1983 年版,第 26 页。
⑤ 安徽省政府秘书处编:《抗建中之安徽》,1940 年印,第 14 页。

改为第六区，原第十区改为第七区，原第一、第五、第八区依旧。①

1940年7月到1945年11月，又复为9个专区。

第一行政督察区：桐城、怀宁、无为、太湖、潜山、庐江、望江、宿松。

第二行政督察区：六安、合肥、寿县、霍邱、立煌、舒城、霍山、岳西。

第三行政督察区：阜阳、临泉、亳县、太和、涡阳、蒙城、怀远、凤台、颍上、（宿县）。

第四行政督察区：宿县、泗县、灵璧、五河、（盱眙）、（天长）、（嘉山）、（来安）。

第五行政督察区：全椒、滁县、和县、定远、巢县、含山、（凤阳）。

第六行政督察区：泾县、宣城、芜湖、广德、当涂、南陵、宁国、郎溪、繁昌。

第七行政督察区：休宁、歙县、祁门、黟县、绩溪、旌德。

第八行政督察区：贵池、至德、太平、东流、石埭、铜陵。

第九行政督察区：盱眙、凤阳、天长、来安、嘉山。

1940年7月，因第二、第四专区长期空号，调整为8个专区，并重新调整了专区序号，第一、第五、第八专区仍延原序号，改原第三专区为第二专区，原第七专区为第三专区，原第六专区为第四专区，原第九专区为第六专区，原第十专区为第七专区；又将江北地区按地理形势进行了重新调整，并增设第九专区。括号里的所辖县是第九专区属县所在的原专区。②

抗日战争期间，安徽地区县城和县境遭受日军破坏较小或没有遭受日本侵略军铁蹄蹂躏的有庐江、岳西、霍山、霍邱、阜阳、临泉、太和、颍上、泾县、宁国、休宁、歙县、黟县、祁门、绩溪、旌德、石埭、太平等18个县，也是国统区的主要范围。

抗日战争胜利后，中国共产党领导的新四军及游击队北撤，安徽全境渐为国统区。自1945年11月后，又恢复为十专区时期，直至国民党政权失去安徽。

① 《安徽省行政督察区域之变迁》，见安徽省政府统计室编印：《安徽省二十八年度统计年鉴》，第36—39页。

② 安徽省政府编印：《安徽省政府二月份工作报告》，1940年。

第一行政督察区：领 7 个县：太湖、怀宁、桐城、潜山、宿松、望江、岳西。

第二行政督察区：领 5 个县：六安、立煌、舒城、霍山、霍邱。

第三行政督察区：领 6 个县：阜阳、亳县、临泉、颍上、涡阳、太和。

第四行政督察区：领 5 个县：泗县、宿县、灵璧、蒙城、五河。

第五行政督察区：领 6 个县：滁县、天长、嘉山、凤阳、来安、盱眙。

第六行政督察区：领 8 个县：芜湖、宣城、广德、泾县、当涂、南陵、郎溪、繁昌。

第七行政督察区：领 8 个县：歙县、休宁、黟县、祁门、绩溪、宁国、旌德、婺源。

第八行政督察区：领 7 个县：贵池、青阳、太平、石埭、东流、至德、铜陵。

第九行政督察区：领 6 个县：巢县、全椒、和县、含山、无为、庐江。

第十行政督察区：领 5 个县：寿县、合肥、凤台、怀远、定远。①

抗战胜利后，省会由立煌县金家寨迁往合肥县。1947 年元旦，成立蚌埠普通市，属省直辖。1947 年 8 月，婺源县从江西回归安徽。全省共辖 1 个市 63 个县，分属 10 个专区。江北地区在 1949 年初基本获得解放。至 1949 年 4 月底，江南地区全部获得解放。1949 年 5 月 2 日，婺源获得解放，再次划入江西省。1948 年 12 月，安徽省政府南迁安庆，在宣城重设皖南行政公署。次年 2 月，与南迁屯溪的安徽省政府合并。4 月 28 日，屯溪解放，省主席张义纯及省府官员在撤退途中于浙江开化县被解放军俘虏，国民党安徽省政府瓦解。

抗日战争时期，除国统区、抗日民主根据地外，日伪在沦陷区建立了伪政权，也设置了所谓的行政区。伪安徽省政府驻蚌埠，沦陷区为津浦、淮南铁路沿线及长江流域沿江城镇。

三、苏维埃区、抗日民主根据地和解放区

与国民政府同时并存的，在各个不同阶段，是中国共产党领导人

---

① 安徽省政府人事室编印：《安徽省政府职员录》，1948 年 3 月。

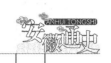
民创建的苏维埃区、抗日民主根据地和解放区。南京政府时期,安徽境内有由中国共产党创建的鄂豫皖苏区,相当于省级建制。其下有特区、道、专区之设,再下才为县级基层政权,主要涉及今皖西地区。1931 年春,皖西特委苏维埃政府正式成立,同年 5 月改为区苏维埃政府,领霍邱、六安、霍山、潜山县和河南的商城县,后改领六安、霍山、霍邱、潜山、太湖、宿松、英山等县。

抗日战争时期,除国统区外,由中国共产党领导的抗日民主根据地,省境内建政完善的根据地有淮南、淮北、皖江 3 块,其边区政府（又称行政公署）相当于省级,其下为专区,再下为市县。

解放战争期间,1948 年 5 月创建江淮解放区,初领第一、第二、第四分区,同年 9 月中旬成立第三分区,1949 年 1 月又成立第五分区。1949 年 4 月皖北全境解放,设皖北人民行政公署;5 月上旬皖南全境解放,设皖南人民行政公署。1952 年 8 月皖北、皖南两行署合并,恢复安徽省。

皖南、皖北人民行政公署在成立初期共设 3 个地级市（芜湖市曾与行署平行,属省级市）,1 个地级矿区,8 个专辖县级市,69 个县,1 个县级办事处,分属 10 个专区,计 82 个县级以上独立的行政区划。从县级以上行政区域的增损看,皖南地区减少了婺源县;皖北地区除在民国南京政府时期减少英山县外,增加原属河南省的永城县,原属江苏省的萧县、砀山、江浦县。这种行政区划一直保持到苏、皖复省前。[①]

第二节　人口与社会结构

一、人口数量

由于民国时期安徽只有 1928 年唯一一次人口普查,其他年份的

---

①　俞顶贤:《安徽行政区划概述》,安徽人民出版社 1983 年版,第 21—28 页。

人口数字基本都是各种人口调查与登记的结果,虽有一些数据,但有些数据不准确。因此,在利用这些数据时,必须溯本清源,弄清楚各种数据的真实来源,力求数据的准确。

近代以来,安徽就是全国人口最多的省份之一。早在 1840 年,安徽人口已达 3739 万人,占全国人口总数的 9.05%。宣统年间,全国进行人口普查,据宣统三年(1911)八月安徽省上报民政部的复查户口数据,安徽省共 3241018 户,据本省通志民政考《户政篇》所载,全省人口为 16229052 人,只是全国人口总数的 4.48%,居全国各省第十位。民国元年(1912)曾举行第一次全国人口调查,"其范围远及东三省、绥远、新疆,结果殊为重要,但安徽与广东、广西三省独缺"①。由于安徽没有进行人口调查,内政部在编纂《内政年鉴》时,将宣统年间普查数 16229052 人作为 1912 年人口数;《安徽省统计年鉴》(1934 年度)所载 1912 年安徽人口为 1701 万人的数据,系用几何平均增加率公式计算,以 1921 年 2078 万为基数所得。以上可见,关于 1912 年安徽人口数,都不精确。

1916 年的安徽人口,全省 3424840 户,20517496 人。这一数据,与 1922 年度《内务统计·土地与人口》、1934 年度《安徽省统计年鉴》(第 50 页)、1944 年安徽省政府编印的《安徽概览》(第 11 页)上记载的数据是相同的。

1918 年的安徽人口有 3 种说法:一说 19832665 人,一说 2700 万人,一说 2062 万人。第一说,出自 1995 年安徽人民出版社出版的《安徽省志·人口志》第 279 页。该书载:国家海关总署部署 1918 年全国人口总调查,安徽海关分署按照总署的布置,进行了一次非正式的人口调查,这次调查只查人头数,没有分项目调查,此次调查得出安徽省人口为 19832665 人。但它不是 1918 年安徽人口数,而是邮政局非正式统计的安徽省 1919 年的人口数。第二说 2700 万人,苏崇礼在《安徽人口统计之研究》②中,明确说明它是安徽海关分署的非正式统计;

---

① 安徽通志馆纂修:《安徽通志稿·民政考·户口》,1934 年排印本,第 15 页。
② 安徽省民政厅户籍登记处编:《安徽全省户籍第一次调查报告书》附载,安庆三江印书馆 1929 年版,第 3 页。

毕士林在《安徽省人口统计及其分析》一文中说："海关所发表之数字，既系出之估计，则正确性更成问题矣。"[1]第三种说法，源于1934年度《安徽省统计年鉴》第50页，此数据系以1921年2078万为基数，用几何平均增加率公式计算所得。以上可见，上述2700万人和2062万人这两个数据不是真正的人口调查所得。

1919年的安徽人口有两种说法：一是据《安徽省历年人口比较》载：1919年安徽人口19832665人；二是据《安徽省60县产业调查繁表》载：此次查得安徽人口3981475户，人口20826692人。第一种说法是源于1919年邮政局的非正式统计，而邮政局的人口数据"系由各地地方长官及各邮政局职员调查或估计而来，因邮区之划分，与普通行政区域不尽符合，故二者之报告，有时不能一致"[2]。实际上它的数字"脱漏杜撰，不足信据"[3]。第二种说法接近正确。因为：1919年，全国经济调查会成立，安徽省设分会，除调查经济土地之数外，并调查直接生产人口之数，分农、工、商、矿、渔、牧等业，令60县调查填报由实业厅编印的调查表，第二说是根据《安徽省60县产业调查繁表》的人口数据相加所得的。安徽省图书馆藏有《安徽省60县产业调查繁表》，但缺少第1—6页，也就是缺少怀宁、桐城、潜山、太湖、宿松、望江、合肥、舒城的数据。查《安徽省志·人口志》第37页《民国时期分县人口分布表》中，载有1919年安徽省分县人口的数据，各县的数据是齐全的，但至少有3个数据是错误的：第一，该表记载1919年安徽省人口为208266692人，显然是错误的，因为1919年安徽人口不可能达到2亿多人；第二，该表记载1919年涡阳县人口为5015443人[4]，显然也是错误的，因为涡阳县人口1928年为549775人，1933年为572077人，1939年为573142人，1919年不可能达到500多万人，比照《安徽省60县产业调查繁表》，5015443人为501543人之误；第三，该表记载1919年和县人口为274110人，比照《安徽省60县产业调查繁

① 毕士林：《安徽省人口统计及其分析》，见《内政统计季刊》第2期，1937年1月，第16页。
② 国民政府主计处统计局：《中华民国统计提要》，商务印书馆1936年版，第221页。
③ 次行：《关于我国人口之调查研究》，见《东方杂志》第21卷第4号，1924年，第67页。
④ 安徽省地方志编纂委员会编：《安徽省地方志·人口志》，安徽人民出版社1995年版，第38页。

表》，应为 247110 人。将校勘后的数据相加，1919 年的安徽人口应为 20826699 人。

1921 年，卫生部进行生命统计。据 1934 年《中国经济年鉴》载，1921 年安徽人口总数为 2019.9 万人。

1928 年，安徽全省有多少户？有多少人？有 3 种说法：一说 3713815 户①，21373783 人②；一说 3730815 户③，21715396 人；一说 3730315 户④，21715396 人。第一说的各种数据，出自 1995 年安徽人民出版社出版的《安徽省志·人口志》第 285 页，但源于《安徽省全省户籍第一次调查报告书》，该《报告书》缺少英山县，因而此数据不完整。后两说的户口数个别数字印刷有误，人口数是一致的，取最后一种说法。因为 1928 年的人口普查，是民国时期安徽省唯一的人口普查，也是安徽省自民国以来户口统计调查较准确、分析较精细的一次普查，为安徽省以前未有的创举。是年 6 月国民政府内政部成立，通令全国举行人口调查，限期于年底结束。安徽则先于是年 5 月奉总司令部蒋介石电令调查户口，限 8 月底第一期清查完毕。安徽省民政厅着手组织户口调查处，"严令各县遵办"，"调查力谋精确，又将办理调查不力之县长，撤职一二人，以警其余，各县县长对此要政，奉行甚力"⑤，故于 9 月中旬办理渐次完毕。此后，又特派专员往各县分别抽查，于 10 月内完毕。全国这次调查从 1928—1930 年历时 3 年时间，但安徽省只用了半年时间即完成了普查和复查工作。全国只对 13 个省进行了普查，对其余省份的人口数进行了估算，实际上这次全国普查只查了户数和男女人口数，但安徽省对 14 项项目均进行了普查。1929 年 10 月，安徽省民政厅编印了《安徽全省户籍第一次调查报告书》，详细地记载了安徽省这次人口普查的各类文件和普查各项指标

① 安徽省地方志编纂委员会编：《安徽省地方志·人口志》，安徽人民出版社 1995 年版，第 285 页。
② 《安徽政务月刊》第 2 期，1934 年 12 月。
③ 安徽省地方志编纂委员会编：《安徽省地方志·人口志》，安徽人民出版社 1995 年版，第 23 页。
④ 安徽省民政厅户籍登记处编：《安徽全省户籍第一次调查报告书·表一》，安庆三江印书馆 1929 年版。
⑤ 安徽省民政厅户籍登记处编：《安徽全省户籍第一次调查报告书·弁言》，安庆三江印书馆 1929 年版。

数据,这些数据是可信的。据《安徽全省户籍第一次调查报告书》,其中普通户3695784,船户14821,寺庙9871,公共处所9839,合计全省3730315户。其中普通户21486481人,船户62656人,寺庙僧道户21794人,公共处所144465人,合计全省总人口21715396人;总人口中男12211581人,女9503815人。

　　1933年的安徽人口数据有3种说法:一说2209.3万人,见《安徽省概况统计》(1933年度)第23—24页的《安徽省各县人口统计表》(立煌县人口数据未呈报),这个数据也被后来的国民政府主计处统计局编的《中华民国统计提要》第226—227页的表61(商务印书馆1936年版,表注说明此系安徽省上报数)及《安徽省土地分配与租佃制度》(1936年)的第2—4页的第一表所用。只是《安徽省土地分配与租佃制度》的数据虽来源于《安徽省概况统计》(1933年度),但已经用《安徽省概况统计》(1933年度)记载的数字减去了当时已经划归江西的婺源人口数177592人,它列出人口数为21915408人,若加上177592正是2209.3万人。由于此数据不含立煌县人口数,故不完整。第二说为22346204人,见宛敏渭、宛书城的《安徽省地理》第72页载有1934年年底安徽人口复查得男12367522人,女9978682人,共计22346204人。这一数据,可能源于《安徽政务月刊》1934年12月第2期的安徽省各县1928年人口与1933年人口增减差比较表(立煌县人口未调查上报)。但此表的各县总人口数与1933年度《安徽省概况统计》和1934年度《安徽省统计年鉴》记载的各县数据都不一样。第三说22159285人,见1934年度《安徽省统计年鉴》第49页的安徽省各县(1928—1934年)人口统计表(原表注中说到此系实地调查所得)。安徽省政府编《安徽概览》(1944年版)第11页也记载有此数,故取最后一种说法。

　　1934年的安徽人口有3种说法:一说22451052人,此说源于《安徽省人口统计及其分析》一文,载《内政统计季刊》1937年1月第2期。另一说22531052人,此说源于《安徽省二十三年度行政成绩报告(上)》第一编民政第56页。最后一说22696072人,载于1934年度

《安徽省统计年鉴》第53页[1],此数字与安徽省政府编行的《安徽概览》(1944年10月版第11页)所载数字相同,故取最后一种说法。

1936年的安徽人口有两种说法:第一说23265368人,源于国民政府内政部统计处编的《全国各选举区户口统计》,载《内政统计季刊》创刊号第125—126页。该刊1936年10月出版,各省人口数据截止于1936年8月,所以说,这一统计数据不完整。第二说23354188人,这一数据,是对前者的补充与更正,它和1938年5月国民政府内政部统计处编的《户口统计》的记载、1940年和1941年国民政府主计处统计局编的《中华民国统计提要》和《中华民国统计简编》的记载、1943年《安徽概览》的记载相吻合,有可信度。

1939年的安徽人口有两种说法:一说23102424人,源于《安徽省政府工作报告(1939年度)》第14—17页,此数据是不完整的统计,未上报的各地户口数均照1936年数字缮列。第二种说法,据《安徽省二十八年度统计年鉴》载:总计3496739户,22915129人,其中男12545405人,女10369724人,每户平均口数6.55。此数据由各主管机关案卷暨登记册内设法搜集的。[2] 故两种数据都不准确。

1941年,为开始实施"新县制",以举行全省户口总调查,为整编保甲的依据,原定6月底结束,但地处敌后,交通不便,各项法令不能如期到达,致各县多未能如期完成,而全境沦陷县份,又因情况特殊,无法举办,至年底,据报举办结束的县份,办理各项调查统计,计有望江、怀宁等24县,6月间已报各县户口表数字连同未报各县之以前户口数字汇编全省户口表,总计全省3703655户,22568601人,每户平均人数为6.09。男女比例为117:100。计全省113个区署,2203个乡镇,23790个保,264557个甲。[3]

1942年调查统计的结果,据《安徽概览》载:全省总户数为3669026,人口数为22642048人。男女比例为100:92。[4]

---

① 安徽省政府统计委员会编:《安徽省统计年鉴》(1934年度),1935年印,第53页。
② 安徽省政府统计室编印:《安徽省二十八年度统计年鉴》,第11—13页。
③ 朱佛定:《安徽一年》,安徽省政府秘书处编译室1941年编印,第7页。
④ 安徽省政府编:《安徽概览》,1944年印,安徽省档案馆1986年重印,第10页。

　　1946 年的安徽人口有 3 种说法：一说 21842039 人，源于国民政府内政部统计处《各省市乡镇保甲户口统计》第 1—2 页，但安徽为 1946 年 7 月的统计数据，其中怀远等 3 县为 1936 年的统计数据，宣城等 14 县为 1944 年的统计数据，故此数据缺少可信度。第二说为 21816560 人，源于安徽省档案馆馆藏档案 L1－1－438《省府关于本省人口及粮食盈虚状况与农林部的来往文书》，其备注栏载，桐城等 7 个县"户口清查未办竣"，表中所列乃 1936 年数据，故此数据是不精确的。第三说为 22122093 人，载于《中国历代人口统计资料研究》，改革出版社 1996 年版第 1318 页，书中说明系户政司 1946 年左右调查。但是，作者没有说明调查的具体时间、经过和各项具体的统计数据，无法求证其准确性。查安徽省档案馆馆藏档案，1946 年的人口统计数据已如上述，据 1947 年 1 月的统计：安徽人口共计 21705256 人，3412482 户，每户平均口数 6.36，性别比为 112.52。[1] 值得提出的是，这一统计数据除霍邱为 1946 年 7 月数外，其余均为 1947 年 1 月数，再从性别比例的数据看，此数据最接近 1946 年的安徽人口数。

　　1947 年的安徽人口，一说 22493143 人，一说 22489842 人。第一说源于安徽省档案馆馆藏档案《各县民国三十六年度人口统计表与省府的来往代电》统计：1947 年 7 月，安徽人口计 20699023 人，3333059 户。此数据不含亳县、潜山、临泉人口数。8 月，婺源始改划本省管辖，到同年 12 月，潜山曾报人口数计 230602 人，临泉曾报人口数计 727456 人，亳县曾报人口数计 494006 人，婺源于同年 10 月曾报人口数计 142056 人，又据宿县未报的 10 乡镇人口数为 20 万人（按 1946 年性别比 112.52 计算，男 111252 人，女 88748 人），本省人口总计约 22493143 人。[2] 第二说 22489842 人，源于安徽省档案馆馆藏档案 L1－1－749 第 262—266 页、L1－1（2）－380 第 325 页，其主要数据，同一来源，导致差异的是宿县的人口数，第一说的数据以 20 万人的估计数填入，此处宿县的人口数据完整。故取后一说。

---

①　安徽省档案馆馆藏档案：L1－1（2）－382，第 73 页。

②　安徽省档案馆馆藏档案：L1－1（2）－382，第 84—85 页。

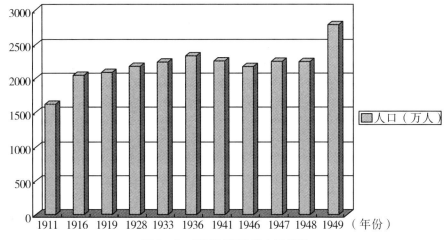

图1-1 民国时期安徽人口统计

上图表明:自民国成立到1936年,安徽人口呈低速发展趋势。此后到1948年,安徽人口呈下降趋势,其主要原因是受战争灾害的影响。1949年的安徽人口,有数据说是2786万。此数据无法考证,但和上一年相比较,增加了517万,除人口自然增长率、难民返乡外,可能还包括中国人民解放军大军南下到安徽的数字。因为根据自民国成立到1936年安徽人口呈低速发展趋势的人口自然增长率计算,很难达到2786万人。退一步说,如果2786万人口的数据成立,那么自民国成立到南京国民政府离开大陆,安徽全省人口由1912年的1701万人增至2786万,比1910年即民国前一年的1632万增长了71%,年平均增长率为1.4%,与1852年相比,少979万人。所以,民国时期"安徽人口发展的总特点呈补偿性低速恢复特征"①。形成这一特征的原因是:第一,安徽在中华民国时期不可能建立起一个优越于封建社会的资本主义体系,封建经济仍占主导地位,半殖民地半封建社会的性质和经济制度的性质是决定这一阶段人口补偿性低速恢复的根本原因。第二,帝国主义、封建主义和官僚资本主义的政治、军事活动加剧了全省人民的死亡和流徙。第三,历史上安徽是自然灾害较多的省之一。自然灾害对人口的正常发展起莫大的冲击作用,既抑制人口数量

① 安徽省地方志编纂委员会编:《安徽省地方志·人口志》,安徽人民出版社1995年版,第23页。

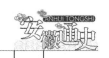
的增长,又影响人口素质的提高。

二、人口分布

民国时期安徽人口政区分布的最大特点是分布不均。1919 年 100 万以上人口的县为阜阳、合肥 2 县,50—100 万人口有桐城等 8 县,30—50 万人口有怀宁等 16 县,10—30 万人口有芜湖等 17 县,10 万以下人口有秋浦等 6 县。人数最多的县是阜阳县,为 1456504 人;人数最少的是旌德县,为 51264 人。1928 年 130—140 万人口的县有阜阳、合肥 2 县,90—100 万有桐城县,70—80 万的有无为、六安、宿县 3 县,60—70 万的有 3 县,50—60 万的有 4 县,40—50 万的有 7 县,30—40 万的有 9 县,20—30 万的有 11 县,10—20 万的有 14 县,不及 10 万的有 6 县。人口在 10—20 万的县为最多。[①] 人数最多的是阜阳县,为 1379692 人;人数最少的是石埭县,为 52036 人。1944 年 100 万人口以上的县有合肥、宿县、阜阳 3 县,50—100 万人口的有桐城等 13 县,30—50 万人的有舒城等 14 县,10—30 万人口的有宣城等 24 县,10 万人口以下的有绩溪等 8 县。人口最多的是合肥县,为 1274384 人;人口最少的是东流县,为 24330 人。以上可以看出:人口最多与最少的县差距较大。1919 年,阜阳县是旌德县的 28.4 倍;1928 年,阜阳县是石埭县的 26.5 倍;1944 年,合肥县是东流县的 52.4 倍。

民国时期安徽人口地域分布,其密集点,以长江沿岸、巢湖、青弋江、水阳江流域为首,依次为淮河流域、江淮丘陵区、皖西山区,皖南山区居末。地域人口密度以每平方公里计。

表 1-1 安徽省 1919—1944 年区域人口密度(平方公里/人)统计表

区域	1919 年	1928 年	1934 年	1944 年
沿江圩区	239	255	306	208
淮北平原区	195	205	264	200

---

① 安徽通志馆纂修:《安徽通志稿·民政考·户口》,1934 年排印本,第 18 页。

（续表）

区域	1919 年	1928 年	1934 年	1944 年
江淮丘陵区	179	186	207	153
皖西山区	181	166	173	107
皖南山区	101	95	102	67

如果换个角度,以平均每平方里计算人口密度,1928 年 183 人,1933 年 189 人,1934 年 216.6 人,1936 年 201 人,1942 年 160 人。从以上统计数据可以看出,自 1919 年到 1934 年的 15 年间,安徽省的人口密度呈现上升的趋势,而 1944 年呈现下降的趋势,下降的主要原因:一是面积多了 2 万多平方公里,二是日本发动的侵略战争,战争的灾难导致人口减少。

三、人口变动

民国时期,安徽省人口自然变动的总体状况是:高出生,高死亡,低自然增长。民国期间的一些地区性的资料,反映了这种情况。1924 年,卜凯与乔启民在安徽、河南、江苏、山西 4 省抽查农户 4216 家,22169 人,人口出生率为 42.2‰,死亡率为 27.9‰,自然增长率为 14.3‰。据 1934 年《安徽省统计年鉴》,安徽省太湖等 26 县人口生死统计表:人口总数 9632433 人,出生数合计 158588 人,其中男 84820 人,女 73768 人;死亡数合计 81081 人,其中男 43816 人,女 37265 人。出生性比率(出生男子—100)87,死亡性比率(死亡男子—100)85,出生率 16.5‰,死亡率 8.4‰,自然增加率 8.1‰,生殖指数 195.4。

又据民国政府实业部公布的资料,1936 年安徽省北部出生率为 38.9‰,死亡率为 25.1‰,自然增长率为 13.8‰;南部出生率为 37.2‰,死亡率为 27.8‰,自然增长率为 9.4‰。上述安徽北部的数据为安徽、河北、山东、山西、陕西、河南等省平均数,上述安徽南部的数据为安徽、江苏、浙江等省平均数。以上不论是估计或不完全统计数,均描绘出一幅人口缓慢增长图景。从数千年来的人口增长量看,一般年份的人口死亡率高达 30‰左右。

人口迁移变动。民国前期，人口省际迁移数量甚微。1928 年，因事往国外或国内而现不在原籍居住的"他往人口"408482 人，其中男379035 人，女 29447 人。现住人口 21306914 人，合计 21715396 人。①1932 年 11 月，英山县划入湖北省。1934 年 7 月，婺源县划入江西省。这样，全省人口又有新的变化。

随着工业发展，大批农民迁入城镇，尤以迁入安庆、芜湖、蚌埠等城市的为多。《安徽省二十三年度行政成绩报告》载 1934 年 7 个公安局辖境内户口迁徙状况：省会（安庆）公安局迁入数 38580 人，迁出数30125 人，迁入净数 8455 人；芜湖公安局迁入数 18049 人，迁出数13468 人，迁入净数 4581 人；蚌埠公安局迁入数 12330 人，迁出数5756 人，迁入净数 6574 人；大通公安局迁入数 753 人，迁出数 541 人，迁入净数 212 人；正阳公安局迁入数 144 人，迁出数 164 人，迁入净数−20 人；屯溪公安局迁入数 2709 人，迁出数 2619 人，迁入净数 90 人；临淮公安局迁入数 1185 人，迁出数 1110 人，迁入净数 75 人；总计迁入数 73750 人，迁出数 53783 人，迁入净数 19967 人。迁入率的高低顺序为：安庆公安局 297.13‰，蚌埠公安局 117.16‰，屯溪公安局111.36‰，芜湖公安局 106.01‰，临淮公安局 56.08‰，大通公安局32.22‰，正阳公安局 4.80‰。迁出率的高低顺序为：安庆公安局232.01‰，屯溪公安局 107.66‰，芜湖公安局 79.11‰，蚌埠公安局54.69‰，临淮公安局 52.53‰，大通公安局 23.15‰，正阳公安局5.47‰。净迁移率最高为安庆公安局，最低为正阳公安局。在 7 个公安局辖境内，人口迁入率为 146.29‰，迁出率为 106.68‰，净迁移率为 39.61‰。从 28 个县的迁移状况看，总计迁入数 125361 人，迁出数142521 人，迁入净数 −17160 人，迁出大于迁入，净迁出人口较多的县为望江、无为、广德、阜阳等。②

抗日战争时期，安徽国土大部沦陷，造成了各地人口大逃亡。如当时省会安庆无论穷富，只要不甘心做亡国奴，无不舍家外逃。一部

① 安徽省民政厅户籍登记处编：《安徽全省户籍第一次调查报告书》，安庆三江印书馆 1929 年版。
② 安徽省政府统计委员会编：《安徽省统计年鉴》（1934 年度），1935 年印，第 82 页。

分沿江走华阳、过马当、奔武汉，一部分人走桐城、潜山、岳西，进大别山。留在安庆的，除少数别有用心的败类，大半是老弱妇孺等走不动的人。又据 1944 年《安徽概览》记载，地处皖西大别山区的立煌（今金寨）县，"抗战后，省府移此，设行署。冠盖云集，商贾麇集，为皖西一新兴都市，人口达八万余"[①]。西北边沿之界首集"抗战后且为西北及川鄂商品输入之孔道，为抗战后我国进出口最大市场之一"。皖南山区的屯溪，"抗战以来，又未受戎马摧残，故沪杭一带富商大贾多蝟集其间，工商业因益臻繁盛，为皖南之经济中心。省府更因大江为敌寇阻隔，设皖南行署于此，以就近指挥监督皖南行政"[②]。抗日战争胜利后，人口返迁，山区及边远集市又渐趋冷落。

四、社会结构

家庭是社会的细胞。民国时期，安徽省家庭平均人数为 6～7 人。据统计，全省平均每户人数：1919 年 5.99 人，1928 年 5.8 人[③]，1936 年 6 人[④]，1939 年 6.55 人[⑤]，1942 年 6.09 人[⑥]，1946 年 6.36 人。从年龄结构看，据 1934 年《安徽省统计年鉴》第 58 页（15 县未列入），19 岁以下占总人口的比例为 34.96%，20—39 岁占 34.08%，40—59 岁占 22.25%，60 岁以上占 6.83%，未详占 1.88%。从性别结构看，总人口性别比 1919—1940 年，仍保持在 120 以上，1941 年 117，1942 年 109，1946 年 112.52。民国时期广大妇女地位低下，死亡率大大高于男性，出生女婴常遭遗弃、溺死，造成性别比严重失调。男性比例高于女性比例的结果，必然导致有男人娶不到妻子的社会问题。从婚姻状况看，据 1934 年安徽省各县人口婚姻状况统计：未婚 2072941 人，有配

---

① 安徽省政府编：《安徽概览》，1944 年印，安徽省档案馆 1986 年重印，第 20 页。
② 安徽省政府编：《安徽概览》，1944 年印，安徽省档案馆 1986 年重印，第 21 页。
③ 安徽省民政厅户籍登记处编：《安徽全省户籍第一次调查报告书·表十三》，安庆三江印书馆 1929 年版。
④ 郭汉鸣、洪瑞坚：《安徽省土地分配与租佃制度》，正中书局 1937 年版，第 2—4 页。
⑤ 安徽省政府统计室编印：《安徽省二十八年度统计年鉴》，第 11—13 页。
⑥ 朱佛定：《安徽一年》，安徽省政府秘书处编译室 1941 年编印，第 7 页。

偶 6322695 人，鳏寡 1058803 人，离异 61054 人。① 据 1947 年安徽现住人口婚姻状况统计：未婚 2373334 人，有配偶 10210792 人，丧偶 1389118 人，离婚 17492 人，合计 13990736 人。② 关于婚姻关系案件，据 1944 年立煌、桐城、阜阳、休宁、歙县地方法院统计：接受婚姻关系诉讼案件 88 件，计终结案件 78 件，其中离婚 43 件，婚姻撤销 2 件，婚姻无效 2 件，婚姻成立 3 件，解除婚约 28 件。离婚者之年龄：16—20 岁女 3 人；21—25 岁男 24 人，女 21 人；26—30 岁男 6 人，女 6 人；31—35 岁男 9 人，女 8 人；36—40 岁男 4 人，女 5 人。可见 21—25 岁的离婚率最高。离婚者的职业：农民男 26 人，女 25 人；工业男 13 人，女 11 人；商业男 2 人；失业男 2 人；职业不详者女 7 人。③

　　传统社会结构，按士农工商划分。学以居位曰士。居位者有多少，难以统计，但就"学"也就是教育而言，民国时期，安徽初步建立了初等教育、中等教育、高等教育以及师范教育和职业教育体系。学校数和学生数有增加，但仍很落后。民国元年（1912）学校数 1457 所，学生人数 52010 人。1930 年，安徽省中等学校学生 12336 人，占全国第十七位，每百万人中的受中等教育 568 人，占全国第二十三位，中等学校经费数 1623472 元，占全国第十六位。④ 同年，全国各省市每千人中已入学儿童数，平均为 23 人，安徽为 9 人，居全国第二十五位。据《安徽省志》载：到 1949 年 5 月，安徽全境解放时，全省 3 所高等学校仅有学生 1052 人；中等学校减至 167 所，学生仅 3.6 万人；小学减至 12399 所，学生仅 66.3 万人。这时安徽教育事业不仅明显落后于华东各省的教育发展水平，而且落后于全国教育的平均发展水平。

　　从事农业的占主导地位。据 1919 年安徽省 60 个县的产业调查，在业人口总数为 13727335 人，农业、牧业、渔业在业人口分别占 74.78%、0.12%、0.71%。据 1934 年《安徽省统计年鉴》载：安徽各在

---

　　① 安徽省政府统计委员会编：《安徽省统计年鉴》（1934 年度），1935 年印，第 63 页。上述数据仅系 28 个县材料制成。

　　② 安徽省档案馆馆藏档案：L1－1（2）－382，第 96—97 页。

　　③ 安徽省政府编：《安徽概览·婚姻关系案件》（11），1944 年印。

　　④ 国民政府教育部编：《第一次中国教育年鉴·教育统计》，开明书店 1934 年版，第 106、107、125、104 页。一说：全省共有中等学校学生 10309 人，有误。

业人口:农业占 59.74%。以上两组数据表明:安徽是典型的农业省,农业人口占相当高的比重,牧业、渔业在业人口占的比重不高。农业在业人口的比重越大,说明农业劳动生产率越低。而土地和社会财富高度集中在少数豪族手中。如北洋军阀时期,军阀、官僚吞并土地,"霍邱张敬尧家,阜阳倪嗣冲家,民国十六年以前各拥地七八万亩以上"①。军阀下面的各级军官也分别占有相当多的土地,也有许多土地集中在一般地主手中。

工业和商业占的比例不大。据 1919 年安徽省 60 个县的产业调查,在业人口总数为 13727335 人,工业、矿业分别占 9.46% 和 0.19%,商业占 14.74%。据 1934 年《安徽省统计年鉴》载:安徽各在业人口:工业占 4.96%,矿业占 0.72%,商业占 7.66%,交通运输业占 0.93%,公务占 1.09%,自由职业占 1.86%,人事服务占 4.23%,无业占 16.03%,失业占 2.71%。②

以上可以看出:士农工商在安徽人口中占有的比重,以农为首,依次为商业、工业,受教育的人口数量最少。从人口体质状况看,由于自然灾害的影响,地主的剥削,士绅的压榨,官吏的苛暴,军队的勒索和外国资本的压迫,以及传染病、寄生虫病、地方病、鸦片烟毒和饥荒的影响,安徽人口体质普遍较差。据 1934 年《安徽省统计年鉴》载:全省人口疾病率占 46%,每名医师与全省人口比率 45384 人。1946 年 8 月,省级卫生事业单位仅 6 所,计有省立医院、省会卫生事业所、医疗防疫大队和省立传染病医院等,工作人员 322 人;55 个县卫生院只有工作人员 686 人。没有医学院校。广大集镇和农村缺医少药,劳动人民得不到最起码的疾病预防条件和治疗照顾。

再从政权区域结构看,民国时期安徽的社会结构,除国民党政权外,还有共产党政权,以及伪政权。

1912 年 1 月,安徽废道裁府。2 月下旬,南京临时政府大总统孙中山下令取消各地军政分府,实行军政、民政、财政统一。庐州、芜湖

---

① 章有义:《中国近代农业史资料》第 2 辑,三联书店 1957 年版,第 14 页。
② 安徽省政府统计委员会编:《安徽省统计年鉴》(1934 年度),1935 年印,第 61 页(有 20 县未上报,故未列入)。

军政分府遵命取消,大通军政分府却抗命不遵,4月初被武力强行解散,其控制的徽州军政分处也被撤销。至此,近半年的皖南与皖北分离局面结束。民国北京政府初期,实行省、县两级管理。1914年6月2日,全国实行省、道、县三级管理体制。县以下设乡、镇、图、都、保、耆。南京国民政府时期,实行省、县两级管理体制。县以下设乡、镇、闾、邻。

1927年大革命失败后,中国共产党在安徽西部大别山地区先后领导了多次农民暴动和武装起义,建立革命根据地。到1930年5月,一块南北200多里、东西100多里、人口40多万的皖西苏区初步形成。皖西苏区是中国共产党创建的鄂豫皖苏区的一部分。鄂豫皖苏区相当于省级建制。其下设有特区、道、专区、县,再下是区、乡、村三级政权机构。

1932年4月2日,实行省县制,全省分10个行政区。10月10日,实行行政专员督察区(专区)作为省级派出机构,全省先后设10个、9个、8个、10个专区,分管有关县。究其实质,仍为省、县两级管理体制。为"围剿"鄂豫皖革命根据地,1932年8月,国民党设立了鄂豫皖三省"剿匪"总司令部,并要求在辖区内推行保甲制度。县以下设区、联保、保、甲。

抗日战争爆发以后,日本侵略军的战火很快烧到安徽。安徽省政府先后从安庆迁往六安、立煌县(今金寨县)。为使抗战时期政治与军事密切配合,国民政府任命第五战区司令长官李宗仁兼任安徽省政府主席、省保安司令。后来,国民政府行政院先后任命第五战区第二十一集团军总司令廖磊、李品仙兼任安徽省政府主席。李品仙同时兼省党部主任委员、省保安司令,完全实行了党政军一元化的集权制领导,并推行"设计、执行与考核的行政三联制"和新县制。

日军占领长江流域重要城镇后,南北受阻,国民政府权置皖北、皖南行署,行使省的权力,但规格比省小,后期又复置皖南行署,均为临时省级设置,省仍领导行署,下领专区管县。安徽境内在民国后期共设62个县1个市,计63个二级区划。

1941年1月,安徽省政府选定六安、桐城、合肥等县实行新县制。到1945年,39个实行新县制的县继续推行保长民选,并先后举行乡

（镇）民代表大会。

抗日战争时期，除国统区外，安徽境内由中国共产党创建了淮南、淮北、皖江抗日根据地。淮南抗日根据地基本区面积 2.1 万余平方公里，人口 330 余万。淮北抗日根据地面积 2.7（4.1）万平方公里，人口 600 余万。皖江抗日根据地面积 3 万余平方公里，人口 300 余万。抗日根据地边区政府相当于省级，其下为专区，再下为市、县。此外，废除保甲制度，改过去的县、区、乡、保、甲五级为县、区、乡三级。安徽各抗日根据地，在政权民主化的过程中，基本上实现了"三三制"的原则和民主选举乡村政权制度。

除国统区、抗日根据地外，日伪在沦陷区建立了伪政权。自 1937 年 11 月 30 日沿太湖南岸西进的日军侵入安徽广德开始，到 1938 年底，安徽省有 40 多个县、市被日军占领。被占领的面积约占全省总面积的 52%，人口占 54.2%，耕地占 61.6%，主要工商城市芜湖、蚌埠、安庆、合肥、滁县、宿县等全被日军占领。伪安徽省政府驻蚌埠，沦陷区为津浦、淮海铁路沿线及长江流域沿江城镇。伪安徽省政府下设专区，再下为市、县。县以下的基层政权结构，维新政府时期只在蚌埠、芜湖、安庆市区建立了区、坊、保、甲，其他各地仍保持"维持会"的面貌；汪伪政府建立后，县以下设区、联保、保、甲。

解放战争时期，安徽国统区基层行政机构又有新的调整。1946 年 7 月，安徽省政府通令各县推行乡（镇）长、副乡（镇）长民选。同年，各县复将已合并的乡（镇）公所、保办公处分开设置。1947 年上半年，各县又奉令裁撤区署，合并乡、镇，整编保甲。刘邓大军挺进大别山区后，安徽境内的淮河南北、江淮地区先后获得解放，初建皖西、江淮、豫皖苏边区 3 个行政公署，下设专区，再下为县、市。1949 年 4 月 15 日，撤销上述 3 个行政公署，成立皖北人民行政公署。5 月 8 日，随着江南地区全部获得解放，成立皖南人民行政公署。两个行署行使省的权力，但比省的规格要小。行署下辖直辖市、专区，再下为县及专辖市。1952 年 4 月 12 日，撤销上述两个行政公署，合并成立安徽省。①

---

① 安徽省地方志编纂委员会编：《安徽省志·总述》，方志出版社 1999 年版，第 10 页。

第三节　社会救助与社会保障

一、社会救济

民国以前的地方社会救济主要由私人和民间组织举办。南京临时政府成立时，各地方由于局势不定，社会救济执掌一般由各都督监管。1915 年 12 月，北洋政府公布《游民习艺所章程》，作为失业者学习工艺以谋职的规定。南京国民政府规定各级地方政府均应举办赈灾救济事业，同时鼓励慈善团体机构以及私人从事救济活动。为此，南京国民政府从 1928 年起先后颁布一系列的法规和条例，初步完备了近代社会救济事业的立法基础。

民国时期，安徽公立社会救济占主导地位。省、县政府均设民政机构，管理灾民赈济及其慈善事业。1913 年，设立官赈、义赈合一的安徽赈抚局，并在北京设安徽驻京筹赈处。1915 年，在蚌埠设安徽工赈总局。1921 年，改设督办安徽赈抚事宜处，由省长兼任督办，并在蚌埠设赈抚事务所。1922 年，成立安徽省防灾委员会，各道设分会。是年冬，成立安徽水灾筹赈会及其下属机构——皖北赈务处。1929 年，安徽对应国民政府行政院赈务委员会设立赈务会。1931 年特大水灾发生后，安徽赈务会向国民政府反映安徽灾情，在安徽开展了一些赈救工作。1933 年 1 月，安徽省政府设灾区募赈会，同年 10 月，成立安徽省水灾救济总会，原有各赈济机关、团体一律归并。① 1939 年，各救济机构合并组成省赈济会，县设县赈济会。1943 年 5 月，省政府裁并省、县赈济机构，保留名义，赈济业务归属省民政厅、县民政科，

---

① 安徽省水灾救济总会，一说 1935 年 10 月成立，本说来源于安徽省地方志办公室编著：《安徽水灾备忘录》，黄山书社 1991 年版，第 38 页。

1946年1月移交省社会处、县社会科办理。1945年,设立安徽救济分署①,至1948年秋冬结束。民国时期,安徽公立社会救济主要包括贫穷救济、职业救济、灾害灾难救济等。

贫穷救济,是对无劳动能力和生活来源的国民的救济,绝大多数属于长期救济的对象。包括孤老(无子女和配偶)、孤儿(给予救济的对象一般是未成年期)、无赡养人又无劳动能力的残疾人以及因某些原因造成生活困难的人等。光绪三十四年(1908),全省共有养济院60所,收养孤老残疾2992名,延到民国时期。民国初年,省会安庆还有收养弃婴的省会育婴堂、对患病贫民施给医药的同善医局各1所。1928年,以怀宁县养济院为基础,设立省会救济院。此外,全省有21个县先后设立救济院。1934年,奉命裁撤省会救济院,保留所属各所,计收养600余人、常年贷户500余户、常年施医万余人。抗日战争期间,全省沦陷区救济院被毁,非沦陷区仅9县救济院尚在维持。抗战胜利后的1946年,全省先后恢复或设立救济院39院、86所,但成效不佳。② 其中安徽省救济院的安老所、育婴所、育幼所、残疾教养所、妇女教养所,共留养340人。③

职业救济,是对流浪者、无业人员的习艺救济。光绪十三年(1887),安庆设栖留所创办工艺厂安顿了一批流浪人员就业。1912年又增设贫民工厂工艺厂中教养班收容85人、营业班10人,贫民工厂两次收容60人并教以染织技艺。南京国民政府成立后,将栖留所改称游民感化所。1933年2月,安徽省政府通令各县设立贫民习艺所,强制境内乞丐及贫苦无力自救者入所习艺。同时,通令各县筹设游民教养所,凡境内无业游民均应送所教育,以一年为期,不合格者留所补习。1946年,省社会处接收前赈济会所属第十一厂(设在六安毛坦厂),改为安徽省游民习艺所,收游民50名。善后救济分署拨给缝纫机,成立被服厂,学习缝纫技术。次年,先后迁合肥、南陵。

① 1944年12月设立时称救济善后督办总署,后改称行政院善后救济总署,这是联合国善后救济总署在中国的分支机构。1945年底,安徽救济分署在芜湖设立,次年迁蚌埠。

② 安徽省地方志编纂委员会编:《安徽省志·民政志》,安徽人民出版社1993年版,第194—198页。

③ 安徽省政府秘书处编:《八年来之安徽》,1946年印,第75页。

灾害救济，是对遭受自然灾害，一时生活发生困难的国民的救济。它包括赈济灾民和蠲免税赋两个方面的内容。第一，赈济灾民。赈济是历代政府抗灾、救灾的重要措施。1931 年的大水，安徽 48 县受灾，直接损失 3.1464 亿元，国府施赈共 972 万元，本省施赈共 10 万元。[①]赈济形式主要有粮赈、钱赈、工赈、农赈、医赈等。其中医赈，即组织若干医疗队，负责指定地区的卫生防疫工作。1934 年，安徽旱灾严重。省民食调节委员会，禁粮出境不止。省政府复制定征取赈粮办法，并在重要出口地方设卡征收。半年内，共征米、杂粮 147190 石施赈。行政院先后拨款 21.7 万元、省拨款 10 万余元、募捐 80 万元施赈。另在全省公务人员 8 个月的薪俸中按月扣除 1 成捐赈，收赈捐 144031.44元。同时，省政府建设厅与有关银行签订借款合同办理平粜；省政府饬令各县筹设农民贷款所，年息不超过 1 分，供农村合作社社员借款购买种子、耕畜，恢复生产。第二，蠲免税赋。安徽省政府根据中央政府《勘报灾歉条例》的规定，结合本省具体情况，制定公布了《安徽省各县勘报灾歉办法》等条例，其减免税赋的幅度有所加大。据民国《太和县志》卷四《食货志·蠲赈》的资料统计，太和县自 1912—1923年，蠲免民欠地丁银 2932 两、漕米 12442 石，缓征地丁银 10988 两、漕米 2707 石。据民国《全椒县志》卷六《食货志》的数据统计，1912—1919 年，全椒县计缓征民卫丁漕等款银 106223 两。民国《太湖县志》卷八《食货志·蠲赈》记载：1913 年银米征三缓七，1914 年银米征七缓三，1919 年银米征六二缓三八。据民国《当涂县志·食货志》载：1912年豁免 1911 年漕粮及以前民欠，1923 年豁免 1912—1915 年民欠，1925 年豁免 1918 年民欠，1928 年豁免 1927 年以前民欠。

灾难救济，是对遭受战争灾难、一时生活困难的国民的救济。第一，建立难民收容站和收容所。抗战初期，安徽沦陷区大批难民外逃。省赈济会在立煌设难民收容所，至 1941 年，全省 30 县共设立收容难民总站 30 所，分所 16 所，每所收容 200～300 人不等。1939—1945年，国府和省政府分别拨款 319656 万元、粮 1525998.7 石进行赈济。

---

① 安徽省政府建设厅编：《一年来之安徽建设》(1932—1933 年)，1933 年印，第 45 页。

1945 年 12 月至 1946 年 7 月,善后救济总署安徽分署组织急赈工作队,遣送灾、难民 51418 人返乡。[①] 1946 年和 1947 年,省政府拨发冬令救济奖助费 4.6 亿元[②],国府拨款 18 亿元、粮 800 吨、布 24 吨进行赈济。全省设立平民食堂 4 所,各 15 吨粮食;施粥厂 23 所,各 30 吨粮食;难民招待所 7 所,救济难民并办理资遣。[③] 善后救济总署安徽分署还分配给皖东北 23 个县的大米、面粉各 2 吨,救济物资若干。1948 年,省政府制定《皖东北各县老弱妇孺救济办法》,社会部还拨发难民赈款 43333.3 万元、赈粮 200 吨,分别发放。第二,建立难民工厂。1940 年,安徽省在六安设立缝纫、纺织、造纸 3 个工厂,专门安置省内难民;并制定《皖南各县难民垦殖实施办法》,组织部分有劳动能力的难民开荒生产。第三,建立难童教养所和儿童教养院。1939—1941 年,省赈济会拨款,分别于阜阳、桐城、贵池等县设难童教养所,共收容难童 4500 名。并会同省教育厅在各省立临时小学、乡镇小学收容和寄养难童。1941 年,立煌王家湾小学改为安徽省儿童教养院。该院收 7~16 岁难童,按完全小学编班施教,年龄较大者半工半读,高小毕业成绩优良者,送省立临时中学或师范深造。立煌、寿县、至德、太平儿童教养所,1943 年分别实收 199 人、110 人、231 人、106 人,1944 年分别实收 260 人、110 人、194 人、194 人。各儿童教养所实收人数,不足定额人数。[④] 1947 年,安徽救济分署在皖北黄泛区 14 县设儿童教养所 100 所,由当地政府和教会经办,每所定额 70 名。不久大多停办。第四,开展征募寒衣运动。1938 年 4 月至 12 月,全国征募寒衣运动委员会屯溪分会在皖南地区征募寒衣。征募了寒衣代金国币 129476.76 元(制作新寒衣)、新寒衣 9605 件、旧寒衣 17423 件、新鞋 504 双,已配发前线将士及后方伤兵难民新寒衣 81153 件、旧寒衣

---

① 善后救济总署安徽分署编:《善后救济总署安徽分署工作报告》(1945 年 11 月至 1946 年 7 月),1946 年印,第 1 页。

② 1947 年,1 斤面粉为法币 3000~5000 元。

③ 安徽省政府社会处编印:《安徽省水匪灾临时救济实施概况》,1948 年 3 月 1 日。

④ 秦孝仪主编:《革命文献》第 96 辑,台湾"中央文物供应社"1983 年版,第 70、83 页。

4572 件,余者待发。①

民国时期,安徽民间救济团体很多。主要有:1913 年安徽旅居汉口绅商筹设安徽义赈会。1916 年,安徽旅京士绅设立皖北水灾筹赈公所。1921 年,中国华洋义赈总会设立安徽华洋义赈会。同年,先后成立北京安徽水灾协会、北京佛教筹赈会、天津安徽义赈会、上海安徽义赈会、上海皖北义赈事务所、福建苏皖灾赈会等义赈团体。1931 年,安徽旅沪人士成立旅沪安徽水灾赈济会。中国华洋义赈总会设皖中、皖南赈务联合办事处。安徽灾区各县均成立由地方人士组成的义赈协会,协助政府办理赈务,赈毕撤销。1934 年,安徽知名人士许世英、柏文蔚等筹组安徽省灾区筹赈会。上海各界成立各省旱灾义赈会,该会安徽办事处聘弘伞法师为查放主任。次年,柏文蔚、张治中、徐庭瑶等于南京成立安徽水旱灾旅京同乡会募赈会。

民国时期,安徽民间救济团体发挥了重要作用。例如 1932—1933 年,华洋义赈会,承办本省农赈,计在 24 县境内设有 2636 处农民互助社,共贷款 86.1405 万元;成立信用合作社计 153 所,使农民受益。② 又如 1934 年成立的安徽灾区筹赈会,至同年 8 月底,共募集资金 8637.07 元,急赈各灾区;自 1935 年 1 月至 6 月,又向国内外募集赈款 49535.16 元,共发放赈款 46503 元。当时,全国赈务委员会对进出灾区的粮食免税,并发放相关证照作为流通的通行证。仅 1937 年上半年,筹赈会在接受各地申请后,先后多次向全国赈务委员会申办免税入境粮食 45 万多石。

安庆苦儿院,1919 年由安庆士绅潘忆然募捐兴办。该院地址在安庆西门外白云山麓太平寺,有教室、厂房、宿舍 400 余间,收 8～12 岁孤儿 200 名。院内设小学部、工艺部、服务部(由学习管乐孤儿组成乐队,对外服务)。学有成就者,择优介绍就业,或选拔到省立中等学校深造。该院 20 年中,先后培养孤儿独立谋生者 3000 余名。1938 年日军进犯安庆,该院毁于战火。1946 年该院恢复,更名为安徽私立忆

---

① 据《安徽省皖南行署一年来之行政报告》(1938 年 4 月至 1939 年 4 月)、东流县难民救济支会第 54—63 页表一至表六的有关数据统计。

② 安徽省政府建设厅编:《一年来之安徽建设》(1932—1933 年),1933 年印,第 200—202 页。

然育幼院,收孤儿150名。由于经费短绌,仅能勉强维持。

安庆清节堂,始建于清光绪九年(1883),由省内外官绅捐银近2万两,购置房屋、田地,以房租、租课为常年经费。1923年,该堂收养人数连同随带子女共500余人。堂内生活清苦,粗饭、素菜,一日两餐。堂内先办私塾1所,免费收节妇之子入学(不收女生)。后改为育正小学,分高、初级两班,节妇之子年满13岁,即离堂住校读书,毕业后离校自谋生路。

民国初年,省会安庆有善堂(局)10余所,各县及较大集镇也有少数善堂。1929年,全省各地善堂资产总数约值50万元,每年支出约7.4万元,本身资产收入及省库补助各占一半。安庆善堂中规模较大者有:太平局,省会救济院代管施医等事,年掩埋死亡贫民尸体2000余具,1914年停办;同善堂,宣统元年(1909)设立,设殡屋寄存无主尸棺,另设义冢4所供贫民死后安葬;救生局,常年在安庆东门外江边设太平船,专在江上救生;义渡局,光绪二十八年(1902)由当地绅士筹款于安庆南门外临江处设立,置大小渡船6艘,渡载旅客过江,不取分文。救生局和义渡局,1949年人民政府接管后,划归安庆市民航管理所。

民国时期,一些地方精英也乐善好施。李金鉴(1887—1950),字茂林,号琼轩,安徽宿松县破凉镇李河村人。上过几年私塾,15岁时随其母洪氏学习金银器加工手艺,靠勤劳致富,置办了近百亩田地,生有3子1女。一生扶贫济困,行善积德。大凡流浪乞讨之人至家门口,都让他们留住家中,同家人一起吃住,短则三五天,长的一年半载。还帮助诸多穷困之人,无偿地把自己家的田地分给他们耕种,不收租粮,无私地把自己的金银器加工手艺传授给穷困之人,让他们勤劳致富。1920年,曾收留一位奄奄一息的流浪孤儿,约11岁,将他养大成人,并为其婚配成家,分给家产和田地,取名为李新来。

在根据地和解放区,先后设立平粜局、募捐团、救济委员会等,领导了储粮节粮、赈粜贷放(灾荒救济)、灭蝗、垦荒、灾荒减免等社会救济工作。1942年,淮北地区规定以保为单位储粮:大保15石,中保10石,小保5石。1943年5月,淮北行署要求各乡夏收后举办积谷,以每户午季收获量1%为准。政府、军队及任何机关、团体或个人不得动

用。1944 年 10 月 27 日,皖中行政公署修正公布《皖中地区储粮备荒暂行办法》,规定每村(保)储粮 50 石,由粮多户认储,仍保存原主家中,为储户所有,但不得自行出卖,在青黄不接或灾年,由区报请政府发证,交购粮者向储户购买。1942 年秋淮北部分地区旱灾,秋禾失收,敌伪有计划地组织根据地内粮食走私,加之敌伪区及大后方灾民大批拥进边区,边区政府除采取相关救灾措施外,新四军第四师指战员节省 25100 元、衣服 170 件,捐献救灾。1943 年春各地特别是边缘区域,灾情逐渐严重。当时为了度过春荒,除由各县参议会、群众团体发动富户借粮互助外,另由政府拨粮 36 万斤,举办急赈,并由新四军第四师全体指战员以及地方政府人员每天节省粮食 2 两,从 5 月 1 日到 6 月 20 日,以50 天节约的粮食捐赈灾民。新四军第四师及第二师直属队、淮北苏皖边区各级政府共节约粮食 3000 石、5 万余元,捐助救灾。

赈粜贷放。1942 年,淮南、淮北根据地旱灾严重,次年春荒。淮北各级人民政府拨救济粮 1800 石、豆饼 50 万斤,洪泽湖渔民赈款 12万元。淮南盱眙县旧铺区署拨救济粮 5792 石,照当时市场价计算,合洋 2451150 元,并救济豆饼 3700 块,合洋 83200 元。共救济灾民 7602人,每人平均得救济金 333 元。1942 年冬至 1943 年春,淮南区政府发放的赈粮赈款,连同各地募捐及合作社货款总数达 4000 余万元。1943 年 4 月,淮北行署饬令各县以乡为单位,组织由乡公所、群众团体及当地公正绅士参加的粮食调剂委员会,下设登记、查禁、调剂 3 组。村组织粮食调剂小组。委员会负责登记全乡户口数、各户存粮数、缺粮户及缺粮数、余粮户及余粮数(指到麦收而言)。买卖粮食须经乡公所批准,发给购粮证与卖粮证。村小组负责查禁无证买卖粮食。各乡将余缺粮数报告区署;区署在区生产救荒委员会下设平粜局,调剂各乡余缺。各区所余粮食,由县平粜局调剂。全县各区自给后如有余粮,再由县平粜局卖给缺粮地区。为了平抑粮价,制止投机商人私囤户操纵粮价,边区政府拨了 1.5 万石公粮,"举办平粜",双沟粮价曾涨至 195 元 1 斗的高价,平粜几天之内,便下落到 115 元 1 斗。此外还组织了内销运输及实行以乡为单位禁粮出口,对于稳定粮食市场起了很大作用。"政府的赈粮平粜及贷粮的分配是按各县灾情轻重规定的","真正做到了所有受到急赈的地方,没有饿死一个人"。"这件事,固然伪组织做不到,即是国民党也是做不到的"①。

二、优抚安置

优待。清末与北洋军阀时期实行募兵制均无优待军属的条例。1929 年 8 月始有国民革命军阵亡将士子女享受教育学习知识与谋生技能的规定,直到 1938 年 10 月国民政府颁布《优待出征抗敌军人家属条例》,才规定了设立优待军人家属的机构及优待出征抗敌军人家属的相关政策。1943 年,行政院规定,出征军人因病死亡,其家属亦继续享受优待。优待政策是:减免应缴储存谷麦、优先借贷、优先救济、实行代耕包耕、子女上学享受免费或公费待遇、享受优待金优待谷等。1945 年,据宿松、太湖等 32 县统计,共有征属 277677 户,776864 人,全年共发放优待金 5260375 元,谷 82750 石,麦 15469 石。1946 年春节期间,各县举行慰劳征属大会,并普遍发放优待金、谷。安徽革命根据地和解放区的优待,包括解决土地问题、代耕、节日慰问、抗属和烈属子女入学优待、减免公粮、免除劳役、无息或低息借贷、群众帮助抗属烈属做义工等。

抚恤。自 1912 年至 1922 年,根据民国北京政府及陆军部的有关规定,由安徽督军咨请陆军部给予抚恤人员共 276 人。抗日战争期间,共抚恤安徽籍伤亡官兵 12836 人,其中伤 516 人,亡 12320 人;抚恤省及各县保安团队伤亡官兵 20257 人,其中伤 11585 人,亡 8672人②;1941 年至 1945 年,安徽省政府民政厅先后抚恤人民守土伤亡 30人、乡、保、甲长因公殉命 60 人,雇员、公役、民夫因公遇害 38 人。安徽境内根据地和解放区均设有专门抚恤机构,办理抚恤事宜。皖西苏区政府依据 1931 年 7 月《鄂豫皖区红色战士伤亡抚恤条例》的规定,从斗争果实中,发给牺牲者家属 600～800 市斤粮食,生活困难者给予临时救济。后来,抗日根据地和解放区对死亡抚恤和伤残抚恤的标准都有具体的规定。1948 年 7 月,江淮军区政治部规定,因公牺牲抚恤

---

① 中共安徽省委党史工作委员会编:《淮北抗日根据地》,中共党史出版社 1991 年版,第 245—246 页。

② 地方团队员兵伤、亡、积劳病故,均给一次恤金,金额低于正规军。

标准：战士及地方乡以下人员小麦600斤；排以上干部及地方区以上人员小麦1000斤；另发棺木费和路费。残废金按一、二、三等分别为小麦250斤、150斤、90斤；四等发临时抚恤小麦50斤，不发残废证；负伤费按一、二、三等分别发鸡蛋200个、150个、80个，伤等由医生检查确定。1949年1月，江淮军区政治部将残废等级改为特、一、二、三等。特等残废金，每年发猪肉120斤。

安置。士兵入伍、退（除）役安置。省政府曾规定：入伍壮丁每人发给安家费2000元，党团公教人员及学生应征入伍加倍发给，并委托各地邮局发放。1928年，国民革命军第一集团军总司令部电商安徽省政府接收该部退伍士兵参加安徽省修建公路工程。抗日战争胜利后，全国整编陆军。安徽省政府奉令成立青年军复员委员会，根据青年军本人志愿，分别安排就业、复学或回籍。军官佐退（除）役的，可参加公务员考试，也可直接分发工作。1946年8月和1947年4月，安徽省政府奉令接收转业军官820余人，陆续分发工作。根据地和解放区的各级政府，安置残废军人、退伍荣誉军人，均有安家（生活）费、租赁足够维持生活的田地、帮助兴家立业、减免赋税、免费治疗、优先贷款、优先救济、减免子女入学学费、物品缺乏时荣誉军人尽先购买等优待。抗日战争时期，一等残废军人退伍后，享受全部供给，政府无须帮助租田。二、三等残废军人退伍后，由政府帮助租赁足够维持一人生活的田地，并按三七分租原则与业主分租，但以自耕种为原则。二等残废退伍军人可与抗属同等享受代耕。解放战争时期，复员荣军应分得与农民同等的土地财产。已分得土地如缺劳力，可享受代耕代种。各级政府帮助计划兴家立业。江淮解放区对复员荣军，发给年资优待金和复员安家粮。年资优待金：参加分区武装以上一年（不满一年按一年算），每年发粮食75斤；县总队武装以下（包括地方人员），每年发粮食60斤。排级干部增加1/3，连、营以上干部增加1/2。复员安家粮：一等残废800斤，二等500斤，三等300斤，均以小麦计算，大米按6.25折算，一次发清。以后除残废金外，停止一切供给。①

---

① 安徽省地方志编纂委员会编：《安徽省志·民政志》，安徽人民出版社1993年版，第132—133页。

三、社会福利

仓储。清末民初,安徽仓储废弛。1922 年,《安徽省各县积谷章程》及常干仓、社仓管理细则制定。次年规定每亩加征 1 分为积谷附加捐。1933 年,省政府要求各县建立县仓、区仓,各仓积谷数量按全县人口每人每月积谷 4 斗计算,储足 3 月口粮。同时劝令殷富集资兴办义仓。抗日战争爆发后,省政府决定以保为仓储重点,各县每保或数保设立保仓。各仓储额为:县仓 10% ,乡(镇)仓 30% ,保仓 60% 。1939 年,全省有县仓 40 所,乡镇仓 468 所,保仓 2364 所,积谷 307027 石,积款 42670 元。1944 年 7 月,现有县仓 113 所,乡镇仓 838 所,保仓 5518 所,收起上年积谷 163210 石。[①] 1947 年,省政府社会处鉴于各县募储积谷存在的弊端,遂决定分县、乡(镇)两级设仓,区、保仓撤销,募收办法改为随田赋、营业税、房捐带征及向大户募捐,并规定募收积谷务必归仓,不得存留现款。在根据地,1931 年 8 月,鄂豫皖边区苏维埃政府公布施行《粮食储藏收集暂行条例》。1944 年 10 月,皖中行署公布施行《储粮备荒办法》,各级政府重视仓储。

赈粜贷放。1930 年,省城安庆米荒,每石米 16 元银币,当局即拨出仓谷 1000 石碾米供应平抑价格为每石米 10 元整,市民得益。1933 年,全省旱灾,各县多拨积谷赈灾。1934 年秋,旱灾奇重,民食匮乏,全省办理赈济平粜贷放,使用积谷 52570 石,占原有积谷 40% 。1937 年,各县积谷多拨供军食及赈济难民。1940 年,皖中皖南春荒,经省政府核准,皖中皖南各县拨现存仓谷一部办理平粜、贷放和补助难民教养所,调剂军需民食。1945 年全省春荒,省政府电饬各县动用 1942 年以前积谷,限期散救、贷放各半,并规定赤贫及出征军人家属散救,次贫贷放。另拨积谷优待征属。[②] 在抗日根据地,1943 年旱灾,淮南区政府发放赈粮赈款 4000 余万元[③];为了抑平粮价,淮北行署"拨了

---

① 安徽省政府编印:《安徽省行政工作报告》,1945 年 3 月。
② 安徽省地方志编纂委员会编:《安徽省志·民政志》,安徽人民出版社 1993 年版,第 204 页。
③ 树哲:《华中解放区的民主建设》,1944 年 12 月 15 日,见《新四军·文献》(5),解放军出版社 1995 年版,第 570 页。

15000 石公粮,举办平粜,双沟粮价曾涨至 195 元 1 斗的高价,平粜几天之内,便下落到只 115 元 1 斗"①。

因利。安徽省因利局始建于清光绪十三年(1887)。以储款借给贫民做小本生意为宗旨,每户借钱一两千文或三四千文,5 日一还,50 日还清,再借再按期还,不取利息。后废,1915 年重办。1921 年冬,省赈抚处规定各县设因利局,办理灾民和失业贫民小额借贷,极贫者免息。1929 年,省民政厅将省因利局改为贷款所,附设于省会救济院。每户准贷银元 2～6 元,每 5 天归还 5%,100 天还清,不取利息。经常贷款者达 500 余户。当时,全省有 12 个县级救济院附设贷款所。抗战期间,省拨款 20 万元在立煌设立贷款所。中央赈济会驻皖南各贷款所并为 1 所,设在屯溪,由皖南行署拨款 13.2 万元资助。1944 年停办。②

社会服务处。本省 1942 年在立煌省会临时所在地设立省社会服务处 1 所,1944 年成立省立皖南屯溪社会服务处 1 所,各县社会服务处已成立县处 13 所,分处 1 所,各级社会服务处经费于 1945 年度列入省县预算,以利业务开展。农工福利,已成立职工福利社 9 所,农民福利社 22 所。1943 年 3 月,将前战地儿童教养院改为安徽省儿童教养院,收容难童 200 名,历届毕业难童先后择优报送各公费学校升学者计 80 名,并于每年儿童节举行儿童健康比赛。③ 1946 年,该院迁合肥,更名为安徽省第一育幼院。1947 年,省政府社会处在合肥设儿童福利站,收 2～6 岁孤儿 40 名,施以幼儿教育。该站利用安徽善后救济分署拨发的奶粉、罐头、土豆等,举办贫儿食堂,供应院外 5～12 岁孤苦儿童,每日前往就食者百余人。安徽善后救济分署同时设立合肥育幼院,收养 2～4 岁孤、婴儿 58 名。院内无医疗设施,婴儿死亡率较高。1948 年,省政府社会处接管在芜湖县设立的原为收容抗战时期沦陷区难童的安徽育幼院,改为安徽省第二育幼院,收养孤儿 210 名。

① 刘瑞龙:《一九四三年淮北政权工作总结》(1943 年 12 月 25 日),见中共安徽省委党史工作委员会编:《淮北抗日根据地》,中共党史出版社 1991 年版,第 246 页。

② 安徽省地方志编纂委员会编:《安徽省志·民政志》,安徽人民出版社 1993 年版,第 204 页。

③ 安徽省政府编印:《安徽省行政工作报告·民政·寅》,1945 年 3 月。

第四节　社会生活

一、生活习俗

生活习俗,诸如衣、食、住、行等,是人们生活方式的一种表现,在专制的封建社会中,人们的衣、食、住、行有严格的等级规定和阶级差别。民国时期,由于西方文化的传播,传统的生活习俗发生了变化。

服饰变化。民国初期,清代某些服饰仍传承下来。农家衣服多为家织布,用乌桕树叶煮染成黑色,或用槐花煮染为黄色,也有送染店染成靛青色。家境较好的,缝制一两件细布衣服,如白竹布、安安蓝之类所谓"洋布",是礼服,作为出门做客或办喜事才穿的。贫苦"农民所衣,冬则一件棉袍,千孔百结,烧腐草以御寒",甚至披着破麻包烤柴火过冬。"夏则男子赤膊短裤,女子为羞耻起见,始穿衣衫。"①辛亥革命后,民国政府提出"剪辫易服",并颁布服制条例,西式服装一时成为社会上较为流行的服饰之一。尤其是孙中山创制并带头穿着的立领四袋式男式上装,被后人称为"中山服",流传至今;还有中山装略变样的学生装、青年装以及工作服、劳动服等,城市男性中青年穿得多。20世纪20年代以后,受西俗影响,城市最流行的女服是在传统的基础上按照西式服装的风俗改造而成的旗袍,突出了女性的曲线美。此外,民国妇女的服饰还有大衣、西装、长裙、围巾、手套等。西式帽子与洋式皮鞋为城市居民所喜爱。抗日战争时期,安徽省政府曾规定:"本省民众不分职业性别,凡年在五十岁以下者,平常应一律穿着短装便服,质料应用国货,颜色不拘,但在抗战期间为减少空袭目标,所有红白等鲜明颜色暂勿采用。"②

---

① 郭汉鸣、洪瑞坚:《安徽省之土地分配与租佃制度》,正中书局1937年版,第13页。
② 安徽省档案馆馆藏档案:建档1-1(2)-451,第77页。

饮食文化。主食为粮食,皖中、皖南人多食米兼食一部分杂粮,北方人多食面以及杂粮。副食品有蔬菜和肉类。皖北"农民所食大抵为高粱粟汤及山芋,逢年节方得一吃麦糊,肉类更无论矣"①。皖中皖南是安徽产茶要地,其中祁门红茶曾于1915年在巴拿马万国博览会上获得金质奖,六安瓜片、屯溪绿茶、黄山毛峰、太平猴魁尤负盛名。因此,皖中皖南的城乡人日常有饮茶的习惯。酒也是日常饮料,古井贡酒为浓香型大曲类酒,是我国八大名酒之一,在明清两代的三四百年间,古井酒一直为皇室的贡品。酿酒品种有大米或大麦烧酒、高粱酒、山芋干酒、糯米水酒、红葡萄酒等。一般只是在节日或红白喜事时才喝酒。有许多地方名特小吃,流传至今。皖中、皖南、皖北地区,不同节令有不同的饮食习惯。一般春节有做腊八粥、酿酒、蒸年糕、蒸馒头、包饺子、做米花糖、打豆腐、杀年猪的习惯。端午节吃粽子,中秋节食月饼。随着地方饮食文化的繁荣,在近代形成了各具特色的菜系,如淮扬菜、徽菜等。徽菜是我国八大驰名菜系中的一系。徽商在武汉、长沙、上海、芜湖等地开设许多旅馆、菜馆。1937年,仅上海市一地的徽菜馆就有130家。② 西餐菜肴、西式糕点、啤酒、香槟酒、汽水、冰棒、冰激凌、奶茶、咖啡等,也受到国人的喜爱,但基本局限在通商城市和社会上层。

居住方面。民国时期,中国人的居室是中西、土洋兼而有之。庭院是最能体现中国传统建筑模式的特点,也是中国人最为普遍采用的居住形式。在皖北"农民所住俱是茅屋,门窗床板抬桌均以高粱粟梗编成,竹器甚少,木制家具尤属罕见"③。地方绅商等富裕家庭,无论草房、瓦房,大都是明三暗五敞一间大出檐。皖中、皖南平原及山区多为砖木结构,圩区则为土坯草苇结构,大都为平房,只有皖南地区楼房较多,有不少徽派建筑的古村落。但在同一地区,由于住户社会地位与经济实力不同,住房质量也大不同,富者是雕梁画栋,鳞次栉比;贫者

---

① 郭汉鸣、洪瑞坚:《安徽省之土地分配与租佃制度》,正中书局1937年版,第12页。
② 严桂夫主编:《徽州历史档案总目提要》,黄山书社1996年版,第21页。
③ 郭汉鸣、洪瑞坚:《安徽省之土地分配与租佃制度》,正中书局1937年版,第12页。

则蓬门荜户,陋室数间。① 抗战胜利后,省政府虽然有"促进乡村建设"、"兴建示范村"②的计划,但未见施行。在大中城市,西式房屋已与中式民居分庭抗礼。新式民居分里弄建筑、花园洋房、高层公寓三种类型。旅馆是另一类居室,当时,新式、旧式旅馆并存,还有半旧半新式旅馆。

在行的方面,安徽地区在民国时期,由于经济落后、交通闭塞,交通工具长期处于落后状态,最主要的交通工具是马、牛、驴、骡等畜力的及人力的木轮车、船筏。劳动人民出外经营生意或探亲访友,大都肩挑手提,以步行为主。在当时,出门坐车、坐轿的是官宦或富裕人家,一般平民是婚嫁丧葬才用它。用骡马牵引的四轮大车是淮北农村主要的交通运输工具,用作运送粮食和肥料,也可以坐人。沿江一带圩区使用的木制四轮车,以牛牵引,行动缓慢,用于运输粮食和稻草,此车亦可带人。独轮车是皖中、皖西、淮北一带乡镇群众普遍使用的交通工具。黄包车,又名"人力车"、"东洋车",是全省中、小城市又一交通工具。全省只有少数公路通行长途汽车,车辆不多,票价又高,仅少数人可乘汽车。抗战前夕,我省共有公路 5731 公里。抗战胜利后不久,修复公路 2000公里。1949 年 4 月全省解放时,仅有 1145 公里公路可营运通车;通过安徽的铁路总长 793 公里③;安徽通航里程 9000 余公里,但多为排筏和木帆船季节航道。安徽长江、淮河干支流的轮船仅 152 艘、7565 客位、3200 载重吨、2594 马力,其中大部分已经破旧不堪,木帆船有 3.05万艘、39.2 载重吨、港口 31 处、224 座码头和靠泊点。④

在通讯联络方面,"安徽每一个县都有一个电台,别的省份都是没有的"。"有许多县的电台,工作太迟缓,收发报太慢"⑤。据 1934 年40 个县的统计,已成电话线路程 12200 华里,其中怀宁县为最长,计

---

① 安徽省地方志编纂委员会编:《安徽省志·民俗志》,方志出版社 1998 年版,第 40—42 页。
② 安徽省政府编印:《安徽省五年建设计划》,1946 年 1 月。
③ 据《经济史踪·安徽铁路建设》(安徽人民出版社 1999 年版,第 374 页)、《安徽省志·交通志》(第 5 页)、安徽省统计局编《安徽四十年》等相关资料统计。
④ 马茂棠:《安徽航运史》,安徽人民出版社 1991 年版,第 293 页。
⑤ 李品仙:《省府二十九年度行政工作检讨的总结》,见安徽省政府秘书处编译室编:《新安徽之建设》,1941 年印,第 162 页。

1200 华里；石埭为最短，计 50 华里。①

在供电方面，到 1949 年解放时，省内只有孤立供电的小型火电厂 8 个，总容量 1.43 万千瓦。输电最高电压为 22 千伏，线路全长 43 公里。年发电量 0.24 亿千瓦时，年用电量 0.19 亿千瓦时，全省人均年用电量 0.68 千瓦时。

20 世纪初，自来水公司在各大商埠兴办，就当地情形开凿水井或建蓄水池塘维持饮用水源，清洁井筹划自来水设备等工作也在计划进行。据 1944 年统计："省会方面计改建公厕四座，改建水井二口，各区县封闭公私厕所三六九座，改建公厕五三〇座，新建公厕六四九座，改建水井二〇口，改善水井一四口，饮水检查二八二次，饮水消毒三八四〇次，清洁检查一八八次。"②

二、礼仪习俗

中国是一个礼仪之邦，崇尚礼仪的传统悠久。民国时期，传统的礼俗都有不同程度的变化。除脱帽、鞠躬礼代替了拜跪礼，"先生"、"君"代替了"大人"、"老爷"等称呼，历法和节日的变革外，主要是生寿和婚丧礼仪方面的变化。

民国时期，诞生礼方面发生了变化，教徒往往请教士给新生儿洗礼。省政府对生寿礼有明确的规定："凡产生子女外家致送礼物不得过国币十元，戚族邻友不得过国币二元。""年满六十始得举行庆寿，如设宴客，乡村每席不得过国币三元，城市每席不得过国币六元。""来宾贺寿礼物每人不得过国币二元。""凡宴寿一律禁止宴客及送礼物。""违犯本章各条之一者处五元以上一百元以下之罚金。"③

民国婚俗继承了古代包办、买卖婚姻的形态，没有超出古代"六礼"的范围。宣城、繁昌等县还有抢亲，贵池县、和县有兄弟转婚，秋浦县有"等郎媳"等不良习俗。1939 年 9 月 22 日，安徽省政府规定："禁止育养童养媳、等郎媳，在本规则未颁行前已有之童养媳、等郎媳，应

---

① 安徽省民政厅编：《安徽省二十三年度行政成绩报告》（上、下册），1935 年印。

② 安徽省政府秘书处编印：《安徽省政府三十三年度政绩比较表》，第 28 页。

③ 安徽省档案馆馆藏档案：建档 1-1(2)-451。

即送还母家,如无母家者育养者报由所管乡(镇)保长转报县政府设法救济,如隐匿不报由乡镇保长查明呈报县政府处理。""男子未满十七岁,女子未满十五岁,父母不得为之订婚。""寡妇再醮其前夫家不得阻挠并不得索取身价。""嫁女之家不得以婢女陪嫁。""违犯本章各条之一者处以十元以上百元以下之罚金。"①

民国以来,安徽"婚礼改文明结婚者日多"。文明婚礼是在参照中西礼法,吸收西礼隆重、热烈、简便的特点,根据中国国情摒弃了教堂宗教仪式,并在民间婚仪的基础上形成的。安徽省政府还提倡集团结婚。集团结婚的好处:不仅"特节费省时使参加人获得甚多便利,且能防止一切不合法之婚姻,如骗婚重婚早婚等;减少种种纠纷"。1942年11月1日,国民政府内政部公布《集团结婚办法》,安徽省也公布了《集团结婚办法》。《办法》除规定集团结婚的相关程序外,还规定了婚前体检的具体内容。据《徽州导报》记载,1943年5月19日,歙县丰林乡中心学校主办了集团结婚。"在该校举行婚礼","参加观礼者不下千余人,由该校校长吴止善,担任证婚人,参加结婚之新夫妇共四对,仪式系依照内政部所颁布之集团结婚办法举行,礼简而隆重,末由新夫妇与男女傧相,合摄一影留纪念后,并有三三国乐社参加戏剧,该校小学生参加跳舞,以助余兴云。"②1943年6月30日,歙县举行集团结婚,在社会服务处举行集团结婚典礼,"各机关团体及民众前往观礼者约两千人,婚堂布置有各机关惠赠各种礼品琳琅满目不胜数。参加婚礼新夫妇共计四对,依照规定,结婚仪式行礼并由县长及地方法院院长王广铨证婚,礼成并摄影以留纪念,盛况空前诚极一时之盛。"③

第二次国内革命战争时期,鄂豫皖区苏维埃政府内务委员会下设婚姻登记处,婚姻登记处按照婚姻登记条例,废除封建婚姻制度,实行男女婚姻自由,办理结、离婚登记,并保障红军战士婚姻。

所谓丧礼,是指安葬、哀悼死者的一系列礼仪活动。1929年后,《安徽省各县设置公墓实施办法》、《安徽省改良风俗规则》先后公布。

① 安徽省档案馆馆藏档案:建档1-1(2)-451,第75页。
② 《徽州导报》,1943年5月25日,第94号,第142页。
③ 安徽省档案馆馆藏档案:建档27-1-176,第156页。

其主要内容是：要求革除丧葬陋习，"凡丧葬所需衣衾棺木等物由当事者量力购置，但最多不得超过银二百元"，"死者入殓除衣衾各物外不得坿用各种珍玩物品"，"丧家不准雇用僧尼道巫作法事"等；并指定芜湖、安庆、蚌埠、大通、屯溪及各县县城附近择公有或私有旷地筹设公墓。有些县行政会议议决："每一乡镇建立公墓一所。"①但这些规定贯彻不力，实绩甚少。受到西方礼俗的冲击，新式丧葬礼摒弃了佛道超度等迷信的内容，以书信或登报的方式发讣告，设灵堂，以黑纱白花代替披麻戴孝，亲友吊唁多送花圈挽联、挽幛、鲜花等，亲友吊唁向遗像三鞠躬，出殡不用仪仗，葬期缩短，民国官员不再守制。这种新式丧礼在当时还不普遍，却反映了移风易俗的新气象。

三、社会习俗

一是剪辫子。辫子曾是清王朝权威的象征，清统治者入主中原，以"留头不留发、留发不留头"的血腥政策强迫人们接受满族发式，剃发留辫，长达260余年。辛亥革命，革掉了男人头上的一条辫子。留辫子已为时尚不容，"不剪发不算革命，并且也不算时髦，走不进大衙门去说话，走不进学堂读书"②。"男子概将满人制度之发辫剪去，老年人、中年人多薙成光头，少年人或留发数寸，亦稍加梳掠效欧美流行之状。"③

二是取缔一切束缚妇女的不良风俗习惯。辛亥革命，还革掉了妇女们脚上的一块裹脚布，埋葬了有七八百年历史的摧残妇女最严重的陋俗之一。据《续编阜阳县志》载："自民国以来，女子概易为天足，将缠足之风一律革除，远近称快，其留发挽髻一节，亦半剪成短发。"④由于妇女解放的浪潮主要荡涤的是城市，旧式婚姻、缠足、溺婴等劣习直到1939年在农村仍然存在。⑤为此，安徽省临时参议会于1939年7月30日，通

---

① 安徽省档案馆馆藏档案：建档27－1－182，第44页。

② 忍虚：《辛亥革命在贵阳》，见《越风半月刊》第20期，1936年10月10日。

③ 南岳俊修、吕荫南纂：《续编阜阳县志卷五·风俗志》，1947年印，第5页。

④ 南岳俊修、吕荫南纂：《续编阜阳县志卷五·风俗志》，1947年印，第5页。

⑤ 安徽省档案馆馆藏档案：建档1－3－35。

过了"严令取缔一切束缚妇女不良风俗习惯建议案"和"禁止缠足案"。

> 1. 请政府重申前令,通饬各县严厉取缔并禁止妇女缠足、童养媳、等郎媳,杀婴打骂妇女,贩卖妇女,虐待妇女,及侮辱妇女等不良风俗习惯,并限期完成,违者分别处罚。2. 请饬各县动委会文化机关人民团体广为宣传。3. 取缔上列不良风俗习惯定为各县、区乡(镇)保甲长工作考政之一,通令以后如再发现十岁以内仍然缠足,二十岁以内仍未放足,及其他一切风俗习惯尚未切实革除者,惟该管负责人是究。①

以上议案,安徽省政府发出训令,令皖南北行署、各区专员公署、各县县政府查照办理。

三是取缔赌博。民国时期,赌博歪风泛滥。有的输光了财产,还出现"割肉赌"之恶习。据记载:"合肥东北乡鸡鸣桥附近某小村内,有流氓数人,聚赌多时,颇有胜负,有黄五疤者,为此辈中桀骜之尤。所带赌资,倾囊输尽,因不在邻近居住,不及回家取钱,同赌之人,又皆不肯借钱,黄愤急无计,遂从腰间板袋内拔出五六寸长小刀,随将裤筒卷到腿上,自在大腿上割下一块银元形大活肉,对着赌台子上一放说:'我就这本钱,赢则照赔,输则再下',而庄家亦非弱者,立应之曰:'行,朋友,就这样来,'摸住缸,(赌具)一开,黄竟又遭博负,连下三注,始得一赢。庄家果亦割肉作赔,彼此均坦然若无其事。继经同赌劝解两人始各离开,照例两无怨言,各自救治,他人亦不多管,听其所为。"②对于赌博,政府也曾严禁。刑法规定,凡以财物为赌博者俱为触犯刑法。歙县县政府的告示说:"赌博为害,人所共悉,大则家倾,小则产折,特示严禁,各务正业,倘敢故违,拿获重究。"③

四是查禁烟毒。鸦片与烈性毒品,足以亡国弱种,流毒甚巨。省

---

① 安徽省档案馆馆藏档案:建档 1-3-35。
② 李公耳编:《奇风异俗各地风光集》,上海春明书店 1936 年版,第 51 页。
③ 安徽省档案馆馆藏档案:建档 27-1-331。

政府数年来遵照中央政府所颁布各项禁烟禁毒法令,严厉执行。第一,禁种烟苗。1941 年以后,"所有安全区域,即无烟苗发现,为粉碎敌寇毒化政策起见,迭经督饬所属严厉铲除沦陷地区烟苗,并严密查缉工作",计历年铲除沦陷区烟苗 19063 亩,又 17709 株。① 第二,查禁毒品。1941—1945 年,缉获土膏灰共 9788 两,惩办烟毒人犯共 3198 名。② 其中 1944 年,惩办烟毒人犯计有期徒刑 525 名,无期徒刑 31 名,死刑 24 名,罚金 45400 元。③ 第三,戒绝烟民。安徽省于 1933 年 9 月制定烟民登记办法。据不完全统计:1934 年,已登记烟民 46786 名,共戒绝烟民 4393 人;1935 年,已登记烟民 104043 名,戒绝烟民 9213 人;1936 年,已登记烟民 223181 人,戒绝烟民 10900 人;1937 年,已登记烟民 183289 人,戒绝烟民 13543 人;1938 年烟民登记暨戒绝人数各县多未造报未列入,内有 43 人自动戒绝;1939 年(有合肥等 23 个县因情形特殊未能呈送故未列入)已登记烟民 18846 人,戒烟人数共 5781 人。④

第五节　宗　教

一、佛教

辛亥革命后,随着基督教的传播,佛教的影响渐被削弱。但是,直到抗日战争爆发前,前代兴建的小寺小庵、一些名山大寺基本保持以前规模。小寺小庵虽然规模不大,僧尼也不多,但散居在广大的农村,在文化落后、经济贫困的农民中影响较大。以 1928 年安徽省佛教会寺庙登记簿中的怀宁县(含今安庆市)寺庙调查为例,共有寺庵 37 个,

① 安徽省政府编印:《安徽省行政工作报告》,1945 年 3 月,第 17 页。
② 安徽省政府编印:《安徽省行政工作报告》,1945 年 3 月,第 17 页。
③ 安徽省政府秘书处编印:《安徽省政府三十三年度政绩比较表》,第 25 页。
④ 安徽省政府统计室编印:《安徽省二十八年度统计年鉴》"安徽省五年来烟民登记暨戒绝人数统计表",第 157 页。

僧尼 120 人（除迎江寺），平均每处约 3 人，最多 14 人，少者 1 人，一般都在 4 人以下。根据 1934—1936 年佛教调查材料的不完全统计，仅合肥、芜湖、阜阳、宣城、六安、巢县等 24 个市、县，就有寺庵 980 个，僧尼 3686 人。[①] 抗日战争时期，日本侵略军烧杀抢掠，安徽省有的寺庙被彻底摧毁，有的遭到不同程度的破坏。在汪伪政权时期，一些伪佛教会组织被扶植起来，在佛教徒中推行奴化政策。安庆在日军占领时期，以迎江寺本僧为首组建"日华佛教会"安庆分会，是佛教一段屈辱史，当时本僧任"日华佛教会"安庆分会会长，这就充当了一个并不光彩的角色。[②] 但是，大多数佛教界人士，"念佛不忘救国，救国不忘念佛"。例如宏瑞，俗名边正刚，回族，安徽合肥人。1928 年起任九华山佛教会理事。1939 年为祇园寺住持，次年去巢县西云寺参加抗日自卫团，被打散后仍回祇园寺。又如义方，俗名崔思庆，安徽太平县人，1934 年在九华山出家，后到宁波中国佛学院弘法班（研究班）深造，1937 年在九华山天台寺任主持，抗日战争期间坚拒出山为汪伪政府效力。在解放战争时期，佛教界人士伸张正义，帮助共产党，例如义方，曾为皖南游击队提供粮食。

九华山，中国四大佛教名山之一。位于长江南岸青阳县境内，汉代称陵阳山，又名九子山。唐代大诗人李白三次游历九华山。见此山秀异、九峰如莲花，写下了"昔在九江上，遥望九华峰，天江挂绿水，秀出九芙蓉"[③]的美妙诗句，后人便削其旧号，易九子山为九华山。自南宋以来，"金五台、银普陀、铜峨眉、铁九华"的四大名山之说逐渐流行，形成中国佛教的四大圣地。[④] 民国时期，九华山各寺院数经兴衰，但基本上保持了佛教名山独特的寺院建筑和浓厚的佛教氛围。民国初年，成立九华山佛教会，管辖九华山和青阳县境内寺庙及邻县部分寺庙的佛教事务。北京民国政府和南京国民政府的上层人士曾关怀

① 安徽省地方志编纂委员会编：《安徽省志·民族宗教志》，方志出版社 1997 年版，第 171—173 页。
② 安庆市政协文史资料委员会《安庆文史资料》编辑部编：《安庆文史资料第 25 辑·民族宗教专辑》，安徽省新闻出版局(94)015 号，1994 年，第 34 页。
③ 瞿蜕园、朱金城：《李白集校注》，上海古籍出版社 1980 年版，第 707 页。
④ 胡维草：《中国传统文化荟要》(2)，吉林人民出版社 1997 年版，第 71 页。

九华山佛教。1917年，黎元洪为肉身宝殿、万年禅寺题匾，并赠送两寺《藏经》各一部。1924年，段祺瑞为祇园寺题匾。1933年，于右任为祇园寺大雄宝殿题匾。1937年，蒋介石为乐善寺题词"宣扬佛典"。[1]在统治者的推崇下，九华山佛教一度兴盛。抗战爆发后，江南大部分地区沦陷，九华山佛教面临困境。1940年，日军进山"扫荡"，东崖下院、法华寺等6处寺庙被毁。政局动荡，九华佛教元气大伤。九华山佛教组织建于民国初期中华佛教总会成立之后。1913年，九华名僧果建命其徒妙珑随寄禅和尚参与筹建九华山佛教会，同年正式成立青阳县佛教分会，会址设在南泉寺，会长本修。1922—1924年，继任会长闻经、叶舟。九华山佛教会数次易名：1924年为安徽省佛教会九华山支会（会长心坚，副会长海波、太沧等6人）；1929年为九华山佛教联合会（会长宝严，副会长悟月，1932年容虚为常委会主席）；1935年为中国佛教青阳分会；1947年订正会名为中国佛教会九华山直属支会，1948年3月正式启用。1949年4月，人民解放军渡江南下，中国佛教会九华山直属支会解体，一度由各寺庙长老代表会议组织活动。[2]九华山寺院经济形成较早，形式多样。九华山寺院经济素以香火和佛事收入为主，辅以募化和其他经济活动。

二、道教

辛亥革命后，我国土生土长的道教失去了国家政权的依凭，逐渐走向衰落。民国元年以安庆道教为主，成立了安庆道教总会，会址设在安庆四方城。但安庆道教总会并未能真正领导全省道教。各地宫观庙堂及道士依旧分散行事。据1934—1936年《各县道教宫观表》（缺部分县及齐云山）记载，全省尚存在的宫观庙堂有192处，道士1000余人。这时的道教，一般分为全真、正乙两派。正乙派以休宁齐云山为首，在皖南尤其是徽州地区流行较广。在江北各地，也都有分布，如怀宁集贤关镇的正乙宫、巢县城隍庙等。随着历史上佛、道教的

---

① 池州地区地方志编纂委员会编：《池州地区志》，方志出版社1996年版，第798页。

② 九华山志编纂委员会编：《九华山志》，黄山书社1990年版，第140—141页。

纷争和统治阶级宗教政策的改变,形成了一种寺庙住进道士、宫观住进僧人的历史现象。这种现象以城隍庙最典型,它可以由道士或者僧人住持,依不同的时间、地点而异。这从一个方面,反映其宗教的严密性日趋松懈。同时由于道教职业人员的减少,以及社会进步力量的挤迫,一些宫观被改为社会公益事业的场所,如无为城隍庙被改为民众教育馆,金寨县双河道观的一部分被办起模范学校和抗建学校。到新中国成立前,全省道教宫观尚有 120 余座,道教职业者近 800 人。

齐云山,是与江西龙虎山、湖北武当山、四川青城山齐名的道教四大名山。徐霞客曾游黄山说"登黄山天下无山",看来很快就后悔了,因为在此后 3 年内,他竟两次游览齐云山,据考证,他一生重游的山只有 4 座。乾隆皇帝称赞齐云山是"天下无双胜境,江南第一名山"。历史上,又素有"黄山白岳甲江南"之称,"白岳",就是位于皖南休宁县境内的齐云山。

齐云山道教属于正乙派,在家道,道教又称此山为福寿山,为皖南道教名山。民国时期,宫观道院尚有很多,香火旺盛,月华街一带香客游人摩肩接踵,热闹非凡。民国中期尚有道士 82 人,道观、院房 36 座。国民党休宁县政府成立齐云山管理委员会,恢复道长制,整修主要的宫观道院和登山石阶,发布山林管理条例,一度安定了山间秩序,维持正常的道教活动。但道长制比较宽松,妻室儿女住进道院,形成一户一房的局面。①

三、伊斯兰教

孙中山指出:"回族(实指穆斯林)在中国历代所受压迫最甚,痛苦最多,而革命性亦最强。故今后宜从事于回民之唤起,使之加入民族解放之革命运动。回族向以勇敢而不怕牺牲著名于世,苟能唤起回民之觉悟,将使革命前途得以绝大之保障。"②民国建立,原来的民族压迫体制变为汉、满、蒙、回、藏五族共和,《中华民国临时约法》规定:中

---

① 齐云山志编纂委员会编:《齐云山志》,黄山书社 1990 年版,第 180 页。

② 《孙中山遗训》,《突崛》1934 年创刊号(在南京),见白寿彝:《中国伊斯兰史存稿》,宁夏人民出版社 1983 年版,第 41 页。

华民国主权属于国民全体。人民有宗教信仰自由。虽然在事实上主权没有回到人民，民族之间也未真正实现平等，但中国的穆斯林毕竟第一次从法律上取得了平等自由的国民地位。① 安徽的伊斯兰教也是如此。民国建立之初，经王浩然、王友三倡导，在北京成立中国回教俱进会本部，在各省成立支部。

抗战前，据 1934—1936 年各县回教礼拜寺调查统计：建于 1922 年的桐城南门外西横巷清真寺有教徒 57 人。建于同治三年（1864）的芜湖西湖池清真寺，教长方竹如，有教徒 1000 余人，附设清真学校，学生不分回汉。建于 1930 年的当涂城内东大街清真寺，教长马肇发，教徒 160 人。建于光绪年间的宣城南门内珍珠塘，有教徒百余人；东乡沈村埠西杨村清真寺，教长白玉昆，教徒百余人。建于民国初年的北乡水扬车镇清真寺，教长杨玉成，教徒 50 余人。建于 1925 年的南陵北城内后街清真寺，教长马殿臣，男教徒 84 人，女教徒 37 人。合肥清真寺：一在城内南门丁家巷，教长许锦轩，教徒男女 700 余人；另一在北门城外。建于光绪年间的无为县城内清真寺，教长马立志，教徒男女 700 余人，附设小学校一所。舒城城内清真寺，建于咸丰年间，教长马佩章，教徒男女共 1859 名。和县城南清真寺，建于明初，教徒约 800 家，7800 余人，居乡者十之一二。蒙城城南、和县乌江镇等地都建有清真寺。阜阳清真寺：一在城内清真寺街，教徒 700 余人；二在城外北太平街南，教徒共 3100 人；三在城外南太平街；另有 7 个分寺。颍上城内南街，教徒男女 718 人，附设中华回教公会安徽颍上县支会筹备委员会；另有 13 个分寺，共有教徒 8412 人。六安县城内清真寺有教徒 1500 人。②

就清真寺的分布而言，以皖北较多，如阜阳县城乡有清真寺 10 座，颍上有 13 座；而皖南则少有分布。1941 年王宜昌在《回教在中国》一文中，称当时安徽有伊斯兰教教徒 25 万。又据唐振之等人调查，1931—1932 年，全省共有清真寺 158 处。③

① 牟钟鉴、张践：《中华民国宗教史》，人民出版社 1994 年版，第 77 页。
② 《安徽通志稿·材料考》（第一册·丁），手抄本，第 1—4 页。安徽省图书馆藏。
③ 安徽省地方志编纂委员会编：《安徽省志·民族宗教志》，方志出版社 1997 年版，第 237 页。

四、基督教

民国时期，基督教在安徽的发展大体上经历了三个阶段。发展阶段从 1912 年到 1927 年，安徽基督教教堂由 376 座增加到 449 座，教友由 45357 人增加到 88796 人。[①] 恢复阶段从 1928 年到 1936 年，据不完全统计，从 1928 年到 1935 年，公所由 107 座发展为 141 座，教堂由 442 座增加到 520 座，教友由 88755 人发展到 108088 人。中、外教士由 1912 年的 62 人增加到 1935 年的 117 人。全省还办有许多教会中学、小学、医院诊所等社会事业。[②]

从 1937—1949 年为动荡衰落阶段。在抗日战争时期，皖北开办教堂 4 处：萧县朔里堂三栅堂会，含山县城基督会福音堂，阜阳城安息日会，亳县河北浸信会。皖南仅有芜湖市基督徒聚会处、耶稣家庭、屯溪市中华圣公会等 3 处。抗战胜利后，各地教会与教堂又有缓慢恢复和发展。据统计，到新中国成立前夕，全省共有基督新教 21 个教派，中籍牧师 70 人，外籍牧师 61 人，传教人员 2157 人，大小教堂 634 处，信教群众 42625 人，分布在全省 61 个县。天主教教堂共计 90 余座，公所 247 座，教会人员外籍 195 人，中籍 406 人，信徒 13 万人。[③]

五、教会在安徽创办的文化、社会事业

民国时期，教会在安徽创办了一些学校。据不完全统计，到 1948 年安徽省教会小学 200 多所，教会中学 22 所，还有外国教会办的中等职业学校 2 所。有些学校的教育，打破了以往经堂教育的一统天下，出现了经堂教育与新式学校教育并存而后者不断发展的新面貌。

在医疗卫生方面，创办了教会医院，开展了医疗卫生互助合作。1920 年，全省共有教会医院 8 所，病床 345 张，全年住院病人总数达 2295 人。到抗战前夕，全省教会医院仍在继续开办。据 1936 年统计，有春华医院、民爱医院、基督教新安医院、福音济生医院、民望医院、民

---

① 《安徽通志稿·宗教考》（下册·己），手抄本，第 5—6 页。安徽省图书馆藏。
② 安徽省地方志编纂委员会编：《安徽省志·民族宗教志》，方志出版社 1997 年版，第 261 页。
③ 安徽省地方志编纂委员会编：《安徽省志·民族宗教志》，方志出版社 1997 年版，第 288、261 页。

康医院、妇孺医院、同仁医院、基督医院、普仁医院、弋矶山医院、友立医院等。另外，无为安息日会有诊所 1 所，和县美以美会有诊所 2 处，芜湖圣公会和来复会各有诊所 1 处。到新中国成立前夕，皖南地区仅有基督教会医院 1 处（芜湖卫理公会弋矶山医院，医务人员 200 余人，其中医师 11 人），诊所 4 处（芜湖圣公会真光诊所、来复会平民诊所、宣城卫理公会福音诊所、当涂安息日会诊所，医务人员共 8 人）。皖北地区也仅有合肥市基督医院，蚌埠市仁慈医院，安庆市同仁医院，宿县民爱医院，亳县济生医院，明光福音诊所，怀远民康医院，民望医院等，共有医务人员 200 余人，其中外籍 9 人。①

由于教会医院拥有一批医疗水平很高的医生、较好的设备和药物，故受到富有阶层的欢迎，医院也对他们收取高额医疗费用；对于全家信教，可免费治疗②；对于贫苦人民，则减收或免收医药费。金陵大学与安徽和县乌江的医疗卫生互助合作就是一例。乌江实验区主要领导人李洁斋自 1925 年开始购买一些常用药，免费为农民治病，已见成效，到 1930 年他已为农民治病 1 万人次以上。③ 1933 年与南京鼓楼医院合作建乌江农民医院，医生由鼓楼医院派送。医院对老百姓的一般疾病，除了门诊费以外几乎完全是免费的。还进行种痘、预防注射、灭蚊、灭蝇、饮水清洁、宣传卫生知识、农村学校学生身体检查等活动。从 1933 年 7 月 24 日至 1934 年 6 月底，就诊人数达 8387 人。此外，还在部分乡镇开设诊所。④

安徽是个自然灾害极为严重的地区，面对自然灾害，传教士传播西方的救灾理念，并从事救灾工作。中国华洋义赈救灾委员会，曾以各地传教士为骨干，参与实际的组织和分配救济物资工作。1932 年，华洋义赈会在安庆区、芜湖区、蚌埠区发放救灾贷款分别为 268404.10 元、275490.82 元、185574 元，组织互助社数分别为 831 个、977 个、772 个，每社占平均额分别为 322 元、282 元、370 元，每人占平均额数分别

① 安徽省地方志编纂委员会编：《安徽省志·民族宗教志》，方志出版社 1997 年版，第 323—324 页。
② 《安庆圣保罗中学史话》，第 3—4 页。
③ 蒋杰编著：《乌江乡村建设研究》，南京朝报印刷所 1936 年版，第 73 页。
④ 章开沅、马敏主编：《基督教与中国文化丛刊》，湖北教育出版社 2000 年版，第 285—286 页。

为 6 元、4 元、7 元。① 农赈就是低息借钱给灾区农民，农民方面组织互助社，目的在于早日恢复农业生产，于最短的时间内能获收成。1933 年与 1937 年相比较，合作社由 56 个增加到 3991 个，社员数由 1353 人增加到 205328 人，股金由 10208 元增加到 65665 元，贷款数由 21581 元增加到 2792179 元，社员平均贷款数由 19.95 元下降到 13.60 元。

举办粥厂。华洋义赈会举办粥厂施粥，如亳州"本会拨款洋一万五千五百三十万元开办粥厂，收容平民儿童以及其他急赈之人，粥厂中每日有两万人举食"②。

建收容所。1945—1946 年，天主教利用从联合国救济总署获取的大量救济品和剩余物资，在濉溪、五河、阜阳等地开办难童教养站和救济总署衣服工厂多处。

创办孤儿院、育婴所、工厂等赈济机构。如安庆天主教圣母院育婴堂、天主堂牛奶场、蚌埠市难童教养站、西堂孤儿院、缝纫厂，芜湖天主堂印书馆（所），涡阳县难童教养站，灵璧孤儿院，砀山汪阁天主堂难民所等。

第六节　民国经济文化演变特征

一、安徽近代经济概述

民国时期，安徽地区经济在清代的基础上，有了较为迅速的发展，经济近代化速度明显加快，其发展轨迹体现了传统区域经济向现代经济逐步过渡的趋势。但是，这种趋势的进展是艰难的，成就也较有限。

随着对外经济交往幅度的加大，安徽的经济结构发生了显著的变迁，机器工业、新式采矿业和以铁路、公路为主的新式交通业有一定的

---

① 《中国华洋义赈救灾总会》（1932 年度），见《赈务报告书》，第 47 页。
② 《华洋义赈会常年会务报告书》（1932 年度），中国第二历史档案馆藏档案，573／187。

规模,主要城镇商业贸易也有相当的发展,芜湖、安庆、蚌埠和合肥区域经济中心地位和经济功能愈趋明确。农业经济虽仍处迟滞状态,甚至出现倒退,但也在农业技术改良和农村金融方面有些许进步。

民国时期安徽经济仍存在明显的区域性特点。具体而言,主要体现在三个方面:第一,相对周边的江浙地区,经济发展水平仍存在着明显差距。据统计,1912 年到 1930 年,安徽共新成立工厂 17 个,而江苏达到 279 个,为安徽的 16 倍。农业生产则明显有衰退的趋势。1949年,全省水稻、小麦总产各为 188 万吨和 109 万吨,只及 1931 年的57% 和 81%。安徽粮食平均单产只及浙江的 1/2,比江苏低 30%,整个经济发展水平继续居全国落后位置。第二,安徽工业化基础仍然非常薄弱,经济驱动力仍在于农村经济和通商贸易,经济结构严重畸形。至 1949 年,全省工农业总产值 20.68 亿元,其中工业总产值 3.4 亿元,仅占 16.44%。全省除几家较有规模的工矿企业外,大多为手工工场,仅有职工 2.2 万人,固定资产不足 1 亿元。钢、水泥、机械、化肥等工业均为空白。即便在相对发达的纺织业中,至 1949 年,全省仅有 2万纱锭、30 台布机、6 台棉毛车,较有影响的只有芜湖裕中纱厂和安庆民生织布厂。1949 年棉布产量为 2973 万米,全省人均只有 1 米布。其他日用品工业,只有芜湖大昌火柴厂、安庆胡玉美酱园罐头厂等稍有规模,更多的是遍布城乡各地的设备落后的手工作坊。第三,民国的政治格局对安徽经济的影响非常直接,北洋军阀派系斗争、国民党派系斗争、日伪对沦陷区的残酷掠夺,使得安徽经济十分疲弱。

民国时期,相对晚清时期而言,经济行政机构趋于完备。1913 年始设实业司,1927 年南京国民政府成立后,建设厅成为主管经济的主要职能机构,其职能仍以管理农矿工商为主,兼及水利、公路、电气等项。因经费等原因,县一级的建设局设置直到 1932 年才基本完成。这些经济行政机构在促进安徽经济发展过程中起到了一定作用。但是,受经费和管理体制的限制,更多限于承上启下的地位,无法独立发挥作用。北洋时期,矿业方面中央在安徽设有由大总统任命官矿督办,进行煤矿开采,有中央直辖的祁门农场石门山种蓄场。南京国民政府时期,中央介入地方事业性质建设之程度更深,范围更广。建设委员会在安徽创办淮南煤矿和淮南铁路,开办临淮电厂、滁县电厂。在战前安徽因为是中央直接控制的地区,因而在经济管理方面,中央集权化的倾向更为明显,这也在一定程度上影响了地方经济的发展和财政实力。从现代经济的角度看,民国时期安徽缺乏工业发展所必需的两个基本条件:高效能的政府和足够的资本原始积累。这也是近代工业化滞缓的又一重要原因。安徽历届政府不可能采取诸如强制性储蓄手段来集中社会资本;由于政府本身的局限性、落后性,反而采取种种手段和措施压制为数不多的基础薄弱的工业企业。民国时期,安徽历经皖系倪嗣冲、新桂系等多个军阀集团的统治,对安徽进行穷凶极恶的掠夺和搜刮,严重影响了经济的正常发展。这些军阀,一方面,并不以发展地方经济为责任,他们把搜刮来的巨额财富,除了用于奢侈性消费外,绝不投资于安徽的工商业,大多转移到京沪津等大城市。另一方面,他们在安徽又实行封建性的闭关政策,到处设卡征税,阻挠抵制先进的技术引进到省内来,保护落后的封建半封建经济。

从具有近代化色彩的工矿业发展来看,整个民国时期,显示出轻工业与采矿业并重的特征。安徽长江流域、淮河流域与巢湖周围,是重要粮食作物与经济作物地区,为我省发展轻工业提供了丰富的原料。在安徽近代工业起步时,建立了以芜湖益新面粉公司、裕中纱厂为代表的轻工业。安徽地下资源品类繁多,煤、铁储量均居全国前列,为我省发展采矿业提供了资源条件。安徽近代几度掀起办矿热潮,建立了以池州煤矿、繁昌裕繁铁矿、当涂铁矿、烈山煤矿、大通煤矿、淮南煤矿等为代表的采矿业。安徽近代轻工业产品主要销往省内,部分输往华东各省。安徽的煤炭主要输往上海等地,铁矿砂则主要输往日本。民国时期,安徽只是一个原材料的输出省。自甲午战争到辛亥革命前,安徽设立的资本在万元以上的企业,只占全国投资总额的1.47%,表明安徽近代工矿业起步时即落在全国的后面。第一次世界大战期间是中国民族资本主义发展的"黄金时代",而安徽除裕中纱厂稍具规模外,几乎没有大规模的近代工业可言。进入20世纪20年代以后,安徽近代工矿业更是一蹶不振,在全国一直居于十分落后的位置。相比较而言,民国时期的安徽手工业中的部分行业却得到持续

发展,在近代经济社会转型过程中,与传统经济联系密切的手工业在一定程度上保持了它的活力,体现了以农业为主的区域经济近代化的一个必需的过渡阶段。在近代机器工业的冲击下,闻名全国的安徽手工炼钢业迅速衰落。但是,一些行业除洋货无法替代的制作文房四宝的传统手工业外,手工织布业却得到迅速发展,在抗战时期成为后方工业的主体,发挥了极大的作用。这说明内陆省份安徽的自然经济受冲击的程度有限,经济结构中的传统成分依然非常浓重。

自《中英烟台条约》将芜湖辟为通商口岸之后,安徽经济与外部联系更加紧密。进入民国时期,安徽进一步在经济上受到列强的控制和影响。但是,列强在安徽投资的工业企业极少,只有一些贸易公司和轮船公司的分支机构,较为丰富的矿产和农副产品资源,成为列强主要的掠夺对象,而且掠夺对象较晚清有了明显变化。晚清时期,列强主要在皖南一带试图开采煤矿。民国时期,列强则在更大范围内掠夺安徽矿产资源。1916 年,裕繁铁矿股份有限公司与中日实业公司订立售卖铁矿合同,将繁昌桃冲铁矿出售给日本,时间为 40 年。至1930 年该矿共运出矿砂 350 余万吨。日本的制铁公司、钢管公司、三井公司、三菱公司等钢铁厂,均用安徽各地的铁矿石。第一次世界大战后,国际市场钢铁价格下跌,日本更进一步压低铁矿的收购价格。1917 年以后,日本资本家通过提供预付款的办法,控制了皖南的福民公司、利民公司、益华公司、宝兴公司等商办小铁路,安徽的铁矿,几乎全在日本资本的统治网内。据统计,到 1937 年,日本劫掠安徽铁矿石达 600 万吨以上。除了铁矿之外,在农产品方面,淮河地区的烟叶则为英美烟草公司所垄断。抗战胜利后,美国取代日本成为掠夺安徽的主要帝国主义国家。美国一方面大量倾销剩余商品,另一方面大肆掠夺安徽的桐油、猪鬃等物资。此外,美国还在阜阳、太和等县建立"合作农场",掠夺淮北农产品。

安徽主要的输出商品是米和茶。这两种出口商品具有两个明显的特点:其一,季节性较强;其二,运输成本相对于运输时间来讲更为重要。这种贸易特性使得轮船运输具有更大的比较优势。这也是芜湖米商对兴筑铁路态度消极的经济动因。安徽的大米长期以芜湖的轮船为主要的运输工具，只有 20 世纪 30 年代以后江南铁路修通后，才有部分大米由皖南宣城等地直接运往南京。茶在出口的鼎盛时期主要依靠水运。皖茶可分为北茶（六安茶）和南茶（徽州茶）。在皖北，六安是茶叶集散的主要县城。当时霍邱、霍山、金寨以及六安本县的茶叶经水路或陆路集中六安县城，然后沿淠河北上正阳关，运至河南周家口，再转运至北京、天津等地，其中部分茶叶经陆路输往俄国。津浦铁路通车后，六安茶叶运至正阳关后即东沿淮河输往蚌埠，然后装火车运往北方。皖南茶叶主要集中于屯溪，经加工包装后经新安江运至杭州，然后转运上海对外出口。屯溪茶叶每年运出约 12 万担。尽管水运的重要性在近代未见削弱，但是，自从 1912 年津浦路通车后，安徽逐步形成了地方性的铁路路网，把全省主要工矿、城镇、农业区域连接成一个整体，同时也把安徽同华东各省以至全国各省区密切联系起来。安徽铁路建设虽有着明显的发展，铁路对安徽经济发展也起着重要的作用，但有着极为明显的局限性：第一，区域经济与铁路交通之间的互动关系并没有完善起来。贯穿安徽省中心地带的铁路干线少，已有路网分布不均，覆盖面小。主要干线铁路基本上从安徽外围横切而过，如津浦线穿过安徽东北部，陇海线只经过萧、砀两县，对地方经济的带动力很弱。第二，安徽经济发展的过于突出的传统特性使得铁路的特殊功能不能充分发挥出来。即便一些早期的铁路如江南线、淮南线，经济效益并不高，运量不足是根本性缺陷。

芜湖作为通商口岸城市，其经济发展不可避免地表现出对外部市场的依赖。米市贸易带动了芜湖金融业、商业、运输业和其他各业的发展，为城市的经济发展奠定了基础。芜湖经济的发展是在外力的推动下，以外贸为先导、商业为支撑的。人口构成中商业、服务业集中了大部分城市就业人口。芜湖商业向来发达，又以米业占主导地位，从事商业的人口绝大部分与米业、粮食业有关。1932 年统计，芜湖商业资本占整个手工业、近代工业和商业的 86.6%，其商业在长江流域仅次于上海、武汉，居第三位。从事商业的达 3000 余户，5 万余人，其中较大商贾 200 户，大多为米商。围绕米粮贸易与加工，发展起 82 个行业，5400 多家商店，工人中大部分也"赖米市为生"。直接从事粮食业

的米行、米号、砻坊业等约 4700 余人，从事商业的达 1.6 万人，从事第三产业的车业、浴业、饮食等达 1.5 万人，而以长途载运为生的船民约 30 万人（包括来自湘、赣、鄂、苏和本省的船民）。米业成为芜湖城乡人口赖以生存的主导行业，是芜湖社会经济发展的基础与依托。芜湖城市人口的职业分布反映了商业、转口贸易城市的特征。这并非如西方先进国家，由于工业生产技术不断改进，生产力不断提高，资源发生重新分配的结果，而是由于生产力水平不高，城市仍摆脱不了传统城市消费大于生产的模式；加之近代中国受到各种因素的影响，人口城市化在近代中国口岸型城市中具有典型性，即人口城市化的拉力主要是商业畸形繁荣所致。1919 年前后芜湖米市达到顶峰。米市的繁荣，促进城市的发展，城市人口达 13.7 万。20 世纪 20 年代后期，由于洋米倾销中国，芜湖大米的许多销售市场为洋米所占据，"洋米输入数之惊人，实为芜米之致命伤也"。芜湖米市于是逐渐衰落，人口锐减。

蚌埠、安庆等省内中心城市的发展轨迹基本与芜湖殊途同归。蚌埠兴起于交通，发展于商贸，以物资中转为主，以盐粮集散为大宗。它们的发展基本上依靠有利的交通条件与对外贸易，即成为农产品集散地和转运站，同时再形成与农产品贸易紧密相关的工商业和金融业、服务业等，从而具有一定的现代性都市特征。但是，总体而论，它们是以农业经济为基础，因交通条件和新式工商业而兴起的城市，自身存在的发展动力有限，缺乏持续发展的现代性经济基础。民国时期安徽的工业发展速度受到各方面的制约，没有形成快速发展的态势，致使城市化的发展更多受到外部环境的影响。相反，与农村市场有着紧密联系的集镇却一直在持续发展，形成较为发达的市场网络，拉动农村商品经济的发展。

民国时期，随着铁路、公路的兴筑，安徽的交通格局发生了较大的变化，对经济结构的影响相当直接。1912 年津浦铁路和 1935 年淮南铁路、江南铁路相继通车。公路运输也有发展，在 1922 年修建了安徽第一条官办公路怀（宁）集（贤关）路，1929 年安庆汽车站建成，开始了安徽汽车运输业，自此，在其他地方相继修建了一些公路。但是这些新式交通虽然对贸易市场结构产生了直接影响，但对整个经济的拉动力却有限。这主要是由于安徽在近代中国经济发展历程中,受地理位置的局限所形成的经济边缘化地位所决定,即外国投资铁路没有"惠及"安徽,政府对于铁路关注重点也不在安徽,本省经济实力的低下也制约了筑路的欲望和能力。所有这些,既是半殖民地经济环境所致,也受近代中国经济尤其是交通网络特性的影响。安徽经济地位虽然落后,在整个长江流域具有经济区位边缘化的特征,但是有着对外贸易的传统优势,长期以来形成了较为畅达的商路体系;安徽对外经济交往的商路体系长期以来借助于长江、淮河及新安江这三大水系,近代交通网络的变迁并未削弱这种交通体系的优势,相反,由于新式水运工具的出现强化了这种优势。所有这些为我们理解安徽经济的相对落后及基于此的交通体系特征提供了基本的前提。新中国成立前,最高的通车里程为约 700 公里,其中津浦、陇海两条主要过境干路则占了一半以上。而且津浦线安徽省境内路段所承担的货运量约有80% 是过境运量,陇海线在安徽境内仅有 72 公里,对安徽省货运的作用是非常有限的。因而,安徽虽然在近代一直属于交通线密度较大的省区之一(在 5.5 公里/百平方公里以上),但应属于以水路为主,铁路具有一定作用的运输方式结构类型。蚌埠由于津浦铁路的通车,由一个冷落的小镇,变成皖北的商业中心,而且成为整个津浦铁路南段最重要的货物集散市场。但是它的发展与水运的基础有着密切关系。由蚌埠输出的货物主要有大麦、小麦、芝麻、高粱、药材、牛皮、鸡鸭、酒等合计每月约有三四万吨,皆由淮河上游之怀远、涡阳、亳州、颍上、六安、正阳关以及河南等地运来,在蚌埠换火车南下装运浦口。输入品主要是洋布、煤油、白糖、盐、药材、杂货等,每月约两三千吨,由浦口运来,再由蚌埠分销淮河上下游各地。蚌埠附近的临淮关在津浦路通车后,其地位逐渐为蚌埠所夺,但在 20 世纪第二个 10 年,商业贸易并未十分衰落。时临淮关全镇人口约 2 万,镇上商业仍颇为发达。临淮关交通全赖水运,四方来集之民船数百艘,出口经清江浦走运河将淮河本支流一带农产品运至浦口,入口由运河将自镇江输进的洋货及其他杂货分销各地。总之,铁路在相当长的时间内只能作为水道运输的辅助线,对物资输送的方向,根本不能加以改变。

民国时期,安徽农业商品化程度也有提高。口岸城市的发展、交通结构的改善和民族资本工业的发展,加速了农产品商品化的进程,对商品化的地区和部门分布及性质变化产生了重大的影响。津浦铁路通车后,蚌埠成为皖北小麦、杂粮的集散市场,拉动了周边农村粮食作物的商品化程度。20年代,泗县"农业产品,每年除自给外,麦豆高粱,尚多输出"。随着经济作物种植的推广和粮食商业性生产的发展,一些地区的农产品量、商品率提高,形成了若干大小不等的商业性农业区。主要有以芜湖为中心的长江两岸地区和皖北津浦沿线部分地区。

民国时期,安徽传统经济作物茶叶、棉花、花生等,出口数量逐年减少。1929年世界经济危机爆发后,因为安徽经济结构上的对外依附性,区域经济受到全面的影响,不仅农村陷入全面危机,也使得工商业的发展受到严重阻碍。芜湖米市的衰落直接影响芜湖作为区域经济中心的功能的发挥。在抗战前的二三十年代,安徽农业经济的半殖民地化程度愈益加深,在天灾人祸的影响下,陷入了严重的农村经济危机。农业生产仍留在传统农业水平之上,农业生产力还很落后,农民的命运没有发生根本的改变。

从区域经济功能来看,安徽近代工矿业以芜湖为中心,发展初期主要分布在长江沿岸市县,并逐步向淮河流域发展,从属于以上海为中心的中国东南部经济区。芜湖位于长江要冲,交通便利,历来商业繁盛。第一次世界大战期间,芜湖又建立裕中纱厂,系安徽近代规模最大的机器纺织厂。芜湖近代工业的发展对全省有着重要的影响。进入民国以后,安徽淮河流域的工矿业也有所发展,特别是淮南煤矿的开发,使之成为华东重要煤炭基地。安徽近代工矿企业发展与华东各省特别与上海关系极为密切。安徽进出口贸易大多转口上海海关进行。安徽近代企业的原料,有部分经上海从国外进口,安徽近代工业企业的产品,除供应本省外,不少运至上海及江、浙等省,或经上海口岸输往国外。近代安徽的骨干企业,在技术力量、资金方面与上海关系密切,而且一般都在上海设有办事处,甚至企业的总公司设在上海。在近代,安徽是以上海为中心的中国东南部经济区的重要组成部分。但是,安徽介于长江两个经济中心之间,即位于上海和汉口之间,这种经济地理位置决定了其经济边缘化的特色。此外,长期存在着封建剥削、严重的资金匮乏和人才外流,以 1936 年为例,全国各省建设费占各省总岁出的百分比平均为 8.63%,其中江苏为 19.87%,浙江为 12.17%,福建为 9.73%,江西为 2.33%,而安徽只占 1.81%,在全国各省中居末位,使经济发展受到严重的内在制约。

在抗日战争中,国民党在安徽的统治区仅限于经济落后的皖西北、皖南山区,控制安徽国统区的是国民党新桂系,安徽国统区的经济处于全面萎缩和危机之中。工农业的凋敝和日益严重的财政危机,不足应付迅速膨胀的财政支出和官僚军阀贪得无厌的私欲,投机性商业恶性发展。

但是,民国时期,新民主主义经济在安徽得到持续的发展。新民主主义经济最初是在革命根据地产生的。随着革命战争的胜利发展,根据地不断扩大和巩固,新民主主义经济也不断地发展和壮大起来。抗日战争时期,在党的抗日民族统一战线方针的指引下,安徽抗日民主根据地开展了减租减息和互助合作运动,同时动员和组织军民开展大生产运动,积极发展商业贸易,建设多种经济形式的工商业,不断完善财政、税收制度,根据地的各项工业得到一定程度发展,人民生活逐步改善,同沦陷区、国统区民生凋敝、民怨沸腾的经济社会状况形成了鲜明的对照,呈现出新民主主义经济生机勃勃的新气象。

随着解放战争的胜利发展,安徽解放区的范围从北到南逐步扩大。解放区实行"没收封建地主阶级的土地归农民所有,没收官僚垄断资本归新民主主义国家所有和保护民族工商业"的三大经济纲领,促进了农业和工商业的发展,有力地支持了淮海战役和渡江战役,解放区的新民主主义经济面貌日益改观。随着全省的完全解放,新民主主义经济终于在全省取得了完全的胜利。

二、安徽的文化结构

安徽的文化结构,可分为安徽名人文化、安徽本土文化和苏区、抗日根据地和解放区的新民主主义的文化。

一是安徽名人文化。安徽人杰地灵,一方水土,培育了一代大师。

许多文化名人都出自安徽。胡适,安徽绩溪人,他首倡白话文,提倡文学革命,是新文化运动的旗手。陈独秀,安徽怀宁人,毛泽东称他是五四运动的总司令、中国共产党的创始人。朱光潜,安徽桐城人,世界级的美学大师。黄宾虹,安徽歙县人,他丰富发展了新安画派,成为"近世山水创作的一个突兀高峰"。安徽泾县籍画家吴作人是中国当代油画的开拓者之一,曾被徐悲鸿誉为"中国艺坛代表人之一"。刘开渠,安徽萧县人,是我国雕塑界当之无愧的一代宗师。[①]

二是安徽本土的文化和文化建设,也有一定发展。新学兴起,提倡白话文,废除文言文,以"四书五经"和武功为主的单一的文化教育结构逐步过渡到多维的文化教育结构,在儒家文化和新文化相互碰撞、渗透的过程中塑造着社会成员。民国时期,庐剧、泗州戏、徽剧、黄梅戏从农村走向城市,成为安徽四大优秀剧种。报纸业在北京政府时期,安徽有81家,到抗日战争全面爆发前,在国统区办的报纸达251家,但发展不平衡。安徽省立图书馆设在省会安庆市,该馆的出版物共分定期刊物、单行本书籍、本馆书目、各种临时刊物4种。其中以定期出版的月刊《学风》和《安徽省图书馆丛书》为主。民国时期完成的安徽志书有省志1部、县志6部、县志略8部、县志补2部,此外,还出版有教材和绩溪乡土历史等。电影是1908年进入安徽,1928年,芜湖商界人士在山西会馆建起第一座电影院,放映黑白无声片。1946年,合肥商界办起肥光电影院。在此前后,安庆办有东南电影院,宿州办有兴宿电影院,芜湖、蚌埠、合肥也曾出现过其他电影院,但大都办办停停。

三是在苏区、抗日根据地和解放区的新民主主义的文化。新民主主义的文化,就是无产阶级领导的人民大众的反帝反封建的文化。新民主主义文化的特征,就是民族的科学的大众的文化。这个论断是毛泽东在《新民主主义论》一文中提出来的。为了宣传马克思列宁主义,揭露国民党反动统治,皖西苏区办了40余种报刊,制定了以干部教育为重点,以普及群众教育为方向的教育工作方针。皖西苏区文化的主要艺术形式有绘画、戏剧、歌谣等。《皖西苏区文化史》中记载的

---

① 曹春生:《纪念碑的开拓者》,见《美术研究》1991年第3期,第24页。

歌谣有 300 多首,包含了皖西苏区军民斗争生活的各个方面,其中《八月桂花遍地开》,是 1929 年农历八月,商南(今属金寨)佛堂坳小学教师、共产党员罗银青根据县委指示,为庆祝苏维埃政权的建立而写的歌词,配以当地民间流传的喜乐欢快的"八段锦"曲调,组织宣传队到处演唱,从而流行全国各苏区以至全国,成为象征红军和苏维埃时期的一首代表性歌曲。21 世纪,《八月桂花遍地开》随"神六"唱响太空。

新四军在皖南时期,陈毅执笔集体讨论的歌词、何士德作曲的《新四军军歌》,激励着抗战前线的广大指战员冲锋陷阵浴血奋战,它的旋律已经回响了半个世纪,铁军精神永放光芒,激励着一代又一代军民的心。新四军战地服务团绘画组的艺术家们,创作了大量的宣传画。其中 35 幅《新四军军歌木刻组画》,送到国外做宣传。画家沈柔坚创作揭露日寇暴行、歌颂新四军英勇抗战和国际医疗队支援中国抗日的大幅布画,史沫特莱特地把它带到美国,赠给国际红十字会。新四军军部、第二师和淮南根据地、第四师和淮北根据地、第七师和皖江根据地,都有自己的剧团和报刊,其抗战文化特色鲜明。解放战争时期,安徽解放区的文化艺术逐渐走向成熟。活跃在这一时期的安徽文人,就文学而言,以田间、阿英、周而复等人为代表。解放区创办的《淮南日报》、《雪枫报》、《拂晓报》、《江淮日报》、《皖西日报》、《黄山报》等,宣传了党的方针政策;雪枫书店、江淮新华书店、皖北新华书店、皖南新华书店等,先后出版了一批时政书籍,有力地配合解放战争和解放区的政权建设。建国学院、江淮公学、华东革命大学皖北分校等高等教育,以及中等教育、初等教育体系的初步形成,为革命战争培养了大批的革命干部和专门人才,提高了广大人民群众的政治觉悟水平和文化水平,并且创造了许多宝贵的教育经验,同时也为新中国建立后的安徽教育事业奠定了基础。

四是从总体看,全省人民的文化水平不高。民国时期,安徽初步建立了初等教育、中等教育、高等教育以及师范教育和职业教育体系。学校数和学生人数有了进一步增加,但仍然很落后。1931 年安徽省专科以上学生总数 1916 人,每百万人口中受高等教育 88 人,居全国

第九位。① 1936 年，初等教育在校学生数，安徽 384214 人，而江苏 1167538 人，浙江 1207597 人，江西 846793 人，分别是安徽的 3.04 倍、3.14 倍、2.2 倍。安徽省人口受教育的结构极不合理，据 1947 年 17963210 人②和 1948 年 18129523 人③的两组调查数据统计：不识字者占人口总数的 78.8%，受高等教育的占 0.1%，受中等教育的占 1.7%，受初等教育的占 19.4%。人均受教育的时间为 1.4 年。1949 年，安徽全省有 2786 万人，平均每万人口中在校学生数仅有大学生 0.38 人，高中生 1.58 人，初中生 9.4 人，小学生 238.37 人；而全国平均每万人口中，有大学生 2.2 人，高中生 3.8 人，初中生 15.4 人，小学生 450.1 人。这时安徽教育事业不仅明显落后于华东各省的教育发展水平，而且落后于全国教育的平均发展水平。

① 国民政府教育部编：《第一次中国教育年鉴·教育统计》，开明书店 1934 年版，第 31、58、367 页。
② 安徽省档案馆馆藏档案：L1－1(2)－382，第 84、92—93 页。
③ 安徽省档案馆馆藏档案：L1－1－749，第 267—268 页。

第二章

中华民国政权在安徽的建立

1911年发生的辛亥革命，是一次比较完全意义上的资产阶级民主革命。在这次革命中，安徽人民积极投身于革命洪流，为推翻清王朝、建立民主共和国作出了卓越的贡献。光复后，安徽经历了频繁的政权更迭。1912年5月，柏文蔚接任都督，政权开始统一稳定，他所领导的都督府是具有资产阶级性质的革命民主政权。"二次革命"爆发后，安徽率先独立，成为全国讨袁战争的重要战场。"二次革命"失败后，倪嗣冲开始统治安徽，安徽资产阶级民主政权宣告结束。

第一节　中华民国政权在安徽的建立

一、安徽独立与军政权的建立

安徽革命活动起步较早，一度发展很快。1907 年巡警学堂起义，1908 年安庆新军马炮营起义都震动全国。尤其是马炮营起义、辛亥革命更具有标志性意义，但是两次起义失败，革命力量大伤元气，以至此后几年间，安徽革命较为沉寂。

在武昌起义胜利的鼓舞下，安徽全省各地纷起响应。湖北军政府成立后，发布《鄂军政府檄安徽文》，激励安徽革命志士"共建民主，永享治平"①。安徽革命党人同时又"得上海同志之密函，知长江上下有大举"②。安徽巡抚朱家宝为防止爆发起义进行了一系列的布置，将其可以控制的省防营、卫队和张勋的江防营守卫安庆城，并亲自去城外给新军官兵训话，要求他们对清王朝矢忠矢孝，同时派出大批侦探侦察革命党动向。这种形势使本来力量就薄弱的革命党人感到形势严峻，吴旸谷"呕血不止"③。在安徽的革命党人只有先派吴旸谷赴鄂接洽，请派援军。但武汉方面只给了吴旸谷一个"长江七省经略"空头衔以示支持。在这种情况下，安庆的革命党人毅然决定于 10 月 30 日发动新军起义，推新军讲武堂教官胡万泰为总指挥。由六十一标、六十二标及炮营合力攻城。但胡万泰却于当夜潜逃，不得已，管鹏等人仓促开会讨论起义事宜。会议后，六十二标之代表李乾玉回营后被该标标统顾琢塘拘禁，所携计划无法传达，六十一标与炮营因没有六十

---

① 中国史学会：《辛亥革命》(七)，上海人民出版社 1957 年版，第 345 页。

② 管鹏：《安徽革命纪实》，见丘权政、杜春和选编：《辛亥革命史料选编》(下)，湖南人民出版社 1981 年版，第 106 页。

③ 《吴烈士旸谷革命事略》，见安徽省政协文史资料研究委员会编：《辛亥风雷》，安徽人民出版社 1987 年版，第 182 页。

二标配合,错失合力攻城的时机。安徽巡抚借城内江防营将六十一标及炮营解散,并加强城内戒备。31 日下午,六十二标李乾玉在被释回营后,与陆国荣、史逢甲等人,将顾琢塘驱逐,率全标向城内攻击。由于事起突然,准备不足,攻城不克,该部遂溃散。

不久,九江宣布独立,江苏和浙江等地也相继宣布独立。安徽咨议局议长窦以珏等,见清廷大势已去,转而同情革命,开始与革命党人联合对安徽巡抚朱家宝施加压力,以维护地方秩序为由,要求朱家宝辞退江防营,招回新军。11 月 6 日,安徽咨议局决定由地方自行宣告独立,改悬五色旗。同时议决:(1)召回新军;(2)调开江防营;(3)撤销督练公所;(4)警务、财政权移交咨议局接管;(5)朱家宝去留由其自决。①

起初,朱家宝拒绝独立,并称:"家宝食清之禄,死清之事,城存与存,城亡与亡,诸君勿复多言。"其后袁世凯派人密电朱家宝"宜顺应时势,静候变化,不可胶执书生成见,贻误大局",朱家宝的态度幡然改变,于 11 月 8 日宣告安徽独立,并被推为安徽都督,王天培任副都督。因对朱家宝并不信任,王天培意欲取代之。当天革命军又在高等审判厅宣布独立,公推王天培为临时都督,管鹏为军务部长,吴旸谷为全省经略。朱家宝一面将都督印让与王天培,同时又唆使他人将王天培逐走。11 月 9 日前后,一些反动军官煽动闹事,商人也宣布罢市,数百人冲击都督府。王天培无法控制局势,遂交出都督印平息众怒。朱家宝再次执掌都督印。

为壮大自己的力量,革命党人吴旸谷请赣军援皖。浔军都督马毓宝派黄焕章率部来安庆。该部属临时招集,纪律不严。黄焕章部入城后,进行抢劫。他们共抢走了府库中的快枪 20 多支、子弹 100 万发、机关炮 6 尊、过山炮 12 尊、库银 8 万多,并洗劫、焚烧安庆繁华地段商店和富绅住宅。他们在索饷不成之后,围攻都督府,劫夺军械所,焚毁藩署,朱家宝逾墙而出,缒城逃走。② 11 月 16 日,黄焕章自任总司令,

---

① 张湘炳、蒋元卿、张子仪编:《辛亥革命安徽资料汇编》,黄山书社 1990 年版,第 316 页。
② 文彦:《辛亥年安徽宣布独立后所形成的一个混乱的过渡时期原因初析》,见安徽省政协文史资料委员会编:《安徽辛亥革命论文选》,1992 年印,第 123 页。

重新成立军政府,并任命黄盛鸿、宋邦瀚为参谋,吴介为军务科长,但城市仍抢劫不止。11月18日,吴旸谷从芜湖回安庆后,直抵黄焕章旅部,怒斥黄焕章,令速撤出。黄焕章诈称认罪,暗中与参谋长王则密谋久占安庆。为了安抚黄焕章,吴旸谷表示可以代黄焕章筹饷,并立即召开绅商会议,集款以使黄焕章部离开安庆。此时,有人煽动黄焕章说,吴旸谷回到安庆必定会讨伐乱皖者,说黄焕章"无望出安徽一步",欲久据安庆,必须除掉吴旸谷。所以,在吴旸谷第二次到黄部送粮饷时,黄焕章避而不见,让人引诱吴旸谷上楼。然后突派卫士袭击,打死警卫,将吴旸谷拘押在藩署的楼上。消息传出,旅居安庆的欧美人士及领事出面作保,要求释放吴旸谷,黄焕章却避而不见。省城附近的部队自动向安庆集结,准备袭击赣军总部,进行营救。吴旸谷得知营救他的计划后并不赞成,告诫他们不要随便行动,千万不能因为自己而使地方百姓受连累。11月18日夜,吴旸谷预知有变,立即写信给刘焕文,通知革命党人从速撤出城外。又写绝命诗:"来来去去本无因,只觉区区不忍心,拼着头颅酬死友,敢将多难累生灵……"诗还未写完,王则持枪登梯,向吴旸谷开了7枪。吴旸谷英勇牺牲,时年仅27岁。

吴旸谷牺牲后,皖人纷电马毓宝揭露黄焕章在安庆暴行。马毓宝于11月17日派参谋长李烈钧率部到安庆查办。经过李烈钧调停,安徽革命党人同意浔军自行撤回。21日,皖省暂设民政、财政、军政三部,并合组皖省维护统一机关处,桂丹墀为军政部部长,洪恩亮为民政部部长,黄书霖为财政部部长。12月2日,安徽省临时参事会选举孙毓筠为安徽都督。12月7日,孙毓筠宣布就职。至此,经过7次政权更迭后,安庆独立才告完成。

至11月底,除亳县一县外,安徽其他各州县全获光复。各地光复情形如下:

大通光复。黄焕章在安庆劫掠之时,皖绅曾电请黎宗岳为都督。黎本计划统师东进,助攻南京,即为绅民挽留,即在大通成立大通军政筹议局,宣布管辖宁、徽、池、太4府暨广、和2州。但因与安庆消息不通,与安庆联系甚少。

庐州光复。武昌起义的消息传到上海,正在同盟会国内总部汇报

工作的孙万乘奉命自沪星夜返乡。他和同盟会合肥分会会长李诚安共同策划起义准备工作，一方面去西乡向各大圩户宣传，晓以利害，"商借"枪支，策动自卫队归顺；一方面号召在芜湖、安庆、南京等处读书的青年学生回乡，共同举义。11月7日，革命党人用内包柑橘的假炸弹，吓跑了庐州府的主要官员，并逼迫守军巡防营归顺革命。11月9日上午，孙万乘率110人的敢死队进攻县衙，逼迫知县李维源交出大印。下午，各界群众在天后宫广场集合，宣告合肥光复，孙万乘被推举为革命党北伐军驻庐总司令。3天后，孙万乘又被正式委任为庐州军政分府司令，并接收关防。

皖北光复。1909年，同盟会员王庆云以咨议员身份建议安徽巡抚朱家宝操办寿州团练，震慑皖北匪势。朱家宝采纳王庆云意见，拨给毛瑟枪700支，令其回寿州成立团防局，并委其为局长。王庆云回寿州后，立即与张汇滔筹办寿州团练事宜。张汇滔还通过农会组织联庄会，每10人编成1班，3个班编为1小队，3个小队编为1大队，归团防局直接领导，从而形成了由同盟会员直接掌握的一支武装力量。1910年春，同盟会准备在广州举行武装起义，张汇滔被选入29人组成的安徽先锋队，由香港赴广州参加起义，未及赶至，广州起义已告失败。张汇滔从香港返回寿州，典卖自己家产和向亲友告贷，筹集2000余元，待机再次起义。1911年10月，武昌起义消息传到寿州，张汇滔与王庆云、袁家声、张纶及邻县同盟会员举行紧急会议，确定起兵响应，举行武装起义。起义前，张汇滔、袁家声等数十人扮作农民、商人，先后潜入寿州城内。5日晚9时，各路人员齐集城内东南隅考棚，向知州魏业、寿春镇总兵李振国与各营清军管带发出通牒，阐明起义宗旨，令其立即缴械投降。魏、李等见大事不妙，纷纷逃遁，各营清军大都归降。当夜兵不血刃，光复寿州。当天，张汇滔等以起义军总司令的名义发出通电，正式宣布寿州独立。起义成功后，成立淮上国民军（简称淮上军），众推张汇滔为总司令，而张汇滔却力排众议，荐王庆云为总司令，各路起义领导人允其所荐，举王庆云为总司令，张汇滔为副总司令兼参谋长。经过整编后，淮上军共有步兵18营，骑兵1营，炮兵2营。

芜湖光复。安庆光复后，芜湖的革命党人阚岚溪、吴振黄等人策动巡防营统领李宝林宣布独立。11月3日,县署差总赵三在革命党人的影响下与知县朱绣封秘密谈判,要求宣布独立,但朱绣封不允。后吴振黄急电吴旸谷来芜湖在大舞台召开商学警军各界大会。在各方压力下,李保林同意率所部反正,于11月9日成立芜湖军政分府,吴振黄为革命军司令,刘醒吾为参谋长,齐月溪为分府秘书长,下设军务部、财政部、民政部、警察厅等11个部厅。

皖南各地的光复。皖南各地的光复,主要由两股力量推动。一是黎宗岳的大通军政府。大通光复后,黎宗岳派兵先后光复石埭、屯溪等地,至11月25日,徽州全部光复。二是芜湖军政分府。芜湖光复后,即派韦师洛出兵光复宣城。当月底,繁昌、太平全府也顺利光复。至此,安徽全省除亳县一隅外,均告光复。

从1911年11月8日安徽宣布独立到28日黄焕章部撤离安庆,仅22天的时间,安徽前后由咨议局推举的都督有4人,他们是朱家宝、王天培和江西革命党人黎宗岳、李烈钧。此外,还有3个自封的都督,他们是原新军六十二标教官刘国栋、曾经在10月30日起义中畏葸潜逃的原讲武堂教官胡万泰和赴皖浔军团长后自称总司令的黄焕章。这一时期,各政治派别围绕安徽都督一职展开了激烈争夺,政权极度不稳。南北议和后,安徽出现了不利于革命党人的政治变化,各地号令不一,政治上四分五裂。辛亥革命期间,因为没有形成统一的革命领导机构,省城安庆政权也不足以号召全省,各地出现群雄并起局面,除安庆军政府外,还有大通、芜湖、庐州等多处军政分府,互不统属,甚至相互攻讦。南北议和后,袁世凯的亲信倪嗣冲重兵屯踞皖北颍州,一直试图举兵南下。但是,在革命党人的努力下,在较短的时间内完成了由混乱局面转向稳定的工作。

二、革命军与清军在安徽的交锋

安徽革命形势的发展,在整个长江中下游地区产生巨大的影响。由于安庆处于南京与武汉之间,它的独立,对南京形成巨大威胁。寿州光复后,淮上军出兵四路讨伐,直接与清军在皖北进行交战。津浦线南段和皖西北地区成为革命军与清军作战的主要区域。

淮上军建立后,总司令王庆云坐镇寿州,除留吴吉安、李鼎华、孙息、杨冠英、张少华等分领4营担任寿州城警卫外,主力部队兵分三路,自11月8日从寿州出发,向皖北各县推进。东征一路,为战略重点之一,由袁家声、杨穗九、岳相如率领,出征定远、凤阳、蚌埠、怀远等地。岳相如部首克凤台后,清怀远县知事宋南生即开城迎降。袁家声、杨穗九向凤阳进发时,凤阳的田仲杨、田淑阳兄弟在临淮发动起义,为淮上军进取凤阳作内应。驻凤阳、蚌埠的清军统领杜清远率部投诚,凤阳、蚌埠随即宣告光复。东南一路,经庐州,取巢县、无为,直下芜湖,另分兵连克舒城、庐江、含山。皖西一路,取六安、霍邱,继克霍山,直至英山,光复皖西。淮上军所向披靡,势如破竹,在一个多月的时间内连续光复皖北、皖西及江淮地区23个州县。是时,淮上军东控滁州、全椒,北据灵璧、睢宁,威胁南京,配合当时江浙联军正在发起的光复南京之战,起到了钳制清军、策应南京国民军的重大作用。

11月下旬,驻南京的江南提督张勋所部,正与攻城的革命军相持不下,忽闻凤阳已为淮上军占领,恐后路被断,仓皇弃守南京,沿津浦线北撤。淮上军获悉后,即派廖海粟率第十二、十三营及一个炮兵连和寿县公学学生军共500余人,直趋蚌埠,在小南山分兵布阵,置炮于小南山东侧,阻击张勋北逃。张勋部抵临淮关后,企图血洗凤阳,进取定远、寿县。杨穗九等率淮上军500人在凤阳东北阻击,凤阳学生自卫团约百余人也英勇参战。双方激战3昼夜,淮上军死伤百余人。张勋恐蚌埠后路被淮上军切断,慌忙率部继续北逃。12月2日,张勋部抵蚌埠以东之曹山时,即派兵2营向车站搜索前进,淮上军随即开炮截击。张勋部全部下车,兵分南、北两路,北路以火车开路,虚张声势,佯夺铁桥,以吸引淮上军火力;南路绕过雪华山,秘密抵进小南山。扼守小南山的淮上军袁家声部,未能识破敌人的诡计,只顾炮击列车和阻击从北面进攻的敌人,对南路清军的偷袭毫无准备,致使南路清军顺利进入小南山。淮上军第十二营营长廖扑纯身先士卒,率兵迎战,冲入敌阵,全营士兵个个奋勇拼杀,冲向敌群。在此紧要关头,淮河北岸吴小街农民吴有泰率领农民百余人,一面用树木、乱石阻塞淮河铁桥北段,一面以旧式火枪向南岸清军射击,策应淮上军。张勋部因伤亡严重,不敢恋战,乘隙北逃。此役,淮上军牺牲 160 余人,张勋部损失更重。张勋到徐州后,在向清廷电奏中称"由滁乘火车至徐,沿途革命军节节阻滞"①。至此,津浦铁路宿县以南全被革命军控制。张勋退至徐州稍作喘息后,又率部南犯宿县、固镇等地,试图反攻南京。此时,江浙联军与姚雨平粤军组成的北伐军已抵达蚌埠、临淮关一带,淮上军也奉命参加北伐。1912 年 1 月底,北伐军与张勋部在固镇、宿县一带进行激战,张勋再次败退回徐州。后因南北议和,北伐军事行动停止,淮上军在津浦线南段的攻击也告一段落。

淮上军挥师分兵出击的同时,张汇滔亲率主力沿颍水西征,实施出皖入豫的战略。11 月 12 日出发西征后,张汇滔率部先至正阳关,继攻克颍上。17 日,程恩普宣布颍州独立,成立淮北革命军,自任军统。12 月 24 日,两军会师颍州,随即计划分三路出兵,西进豫东商丘、淮阳,以牵制湖北、河南清军。袁世凯急调北洋第三镇 2000 余人赶到河南永济县,以阻淮上军北进,同时又遣河南布政使兼武卫军左翼长倪嗣冲出兵,袭击淮上军。倪嗣冲即沿颍水南、北岸猛扑太和。驻太和的淮上军宁治元部,闻清兵数倍于己,遂主动撤离。倪嗣冲占领太和后,接清内阁电,以南北议和令其停战,但倪嗣冲秘而不宣,竟违令继续围攻颍州城。张汇滔率淮上军将士英勇反击,多次击退倪军的进攻。15 日,颍州终于陷落。张汇滔悲愤交加,决心与城共存亡,后经将士一再劝告,才于城陷前缒城突围。

颍州失守后,省城安庆革命党人极为愤慨,随即组织北伐军,以段志超为司令,管鹏为参谋长,率步兵、骑兵 7 营北上讨倪,途经合肥,合肥军政府分府派兵一团由刘文明率领,会同讨倪。北伐讨倪军抵正阳关,与国民革命军第一军军长柏文蔚所派之卢慈甫部会师,沿颍河北上。1912 年 1 月 27 日,北伐军进抵颍州城东四十里铺,与倪军相遇。北伐军奋勇冲杀,倪军溃退;28 日拂晓,北伐军又发起猛烈攻击,倪军惨败,倪部退缩至颍州城内。2 月 1 日,袁世凯命倪嗣冲之弟倪毓芬率

① 安徽省政协文史资料委员会、安庆市政协文史资料委员会编:《辛亥革命在安徽》,中国文史资料出版社 1991 年版,第 135 页。

部驰援颍州，与倪嗣冲部里应外合，北伐军腹背受敌，最终战败。

2 月 12 日，南北议和告成，北伐军奉命班师回安庆。4 月 8 日，张汇滔部被缩编混成旅，委任张为旅长，但他未就职，转赴上海。7 月底，复将淮上军改编屯垦团，由毕靖波任团长，驻寿、凤一带。淮上军东征北讨，由于受各种因素的影响而受挫，但对于安徽辛亥革命进程起了巨大作用。"溯自金陵收复，迄于临时建都，其间，北骑屡南未敢以只卒渡淮者，淮上军屏蔽之力也。"①

三、资产阶级革命政权的建立与安徽统一

1912 年 1 月 2 日，孙毓筠下令取消各处军政分府，设立皖省军政府，安徽政权基本统一，革命政权初步建立起来。安徽军政府下设军政、民政、财政、教育 4 司，桂丹墀任军政司长，洪恩亮为民政司长，史推恩为财政司长，邓绳侯为教育司长。柏文蔚时为第一军军长兼皖军总司令，奉命协助孙毓筠统一皖省。柏文蔚为谋求和平统一，采取了先礼后兵的策略。他首先通电各军政分府，婉劝取消独立。庐州、芜湖两地皆由革命派主持，很快表示遵从。庐州军政分府司令孙万乘率先通电"先取消（庐州）分府名义，所有各营军队，请陆军部另委贤解按带。至地方事宜，改归行政厅管辖"②。3 月中旬，柏文蔚以陆军部名义电邀黎宗岳派代表到南京与安徽军政府、全皖联合统一会代表协商，双方约定 3 月 20 日前黎宗岳取消分府，"兵归部编，财政、民政、民权，由都督派员接收"。但黎因奉有袁世凯"仍驻大通"的命令，公开撕毁协议，3 月 19 日致电共和党报《共和急进报》说："外间传言大通取消军政分府，此系奸人捏造，冀以摇惑军心。"声称大通分府"断无取消之意"③。这样，柏文蔚等人苦心致力的和平统一道路受阻。

大通军政分府司令黎宗岳辛亥革命中率军驰援南京而驻扎在大

① 《张汇滔传》，见安徽省政协文史资料委员会、安徽省委党校理论研究所编：《淮上起义军专辑》，1987 年印，第 134 页。

② 张湘炳、蒋元卿、张子仪编：《辛亥革命安徽资料汇编》，黄山书社 1990 年版，第 328 页。

③ 安徽省政协文史资料委员会、安庆市政协文史资料委员会编：《辛亥革命在安徽》，中国文史资料出版社 1991 年版，第 166 页。

通。南北议和中，他曾激烈反对妥协，要求组建北伐军，通电称，"共和为铁血之共和，非哀求之共和"，"敝军将士，义愤填膺，誓与北军决一死战"①。但他很快发生了转变，以黎元洪为奥援，"把持大通盐税、皖南茶厘，吞没盐厘及税务司……每月数十万"，旨在把大通变为湖北黎元洪政府的前哨，故有意抗令，迟迟不撤大通分府。

南京临时政府为了解决大通问题，邀约黎宗岳和孙毓筠各派代表赴南京洽商。经多方斡旋，双方商定，取消大通军政分府，民财各政由省接办，军队开赴南京归陆军部另编，黎宗岳调往内务部任职。但消息传至大通，黎宗岳部中的皖南人仍拒绝被皖北人孙毓筠统辖。3 月18 日，汪谦、余俊、吴鹏、胡文研、翟芳英、钟藻等人发电公开反对取消军政分府，其电略曰："黎君受皖南父老昆弟委托，保卫桑梓，维持治安。现大局粗定，人心未清，土匪蠢动，正资震慑，万无骤听取消之理。"②面对大通军政分府中部分军人的强硬态度，陆军部和孙毓筠决意用武力解决。3 月21 日，南京临时政府陆军部命令柏文蔚率步兵队2 营、机关枪1 队、炮队2 队、军舰2 艘前往大通以武力强制解散。但因"大通全皖精华所在……一有损失，动以千万，数百万计"。柏文蔚仍不断派人进行规劝。4 月初，孙毓筠命令芜湖军队分驻铜陵、顺安一带，又从省城调胡万泰部3 个营赴池州、青阳。在劝说无效的情况下，柏文蔚遂改变策略，率军水陆并进，同时暗中与黎部下胡聘臣接洽，争取其反正。黎宗岳得讯后，不顾部属反对，主动交出文印，向陆军部通电辞职，而后收拾行装，乘轮经建德转赴九江。黎宗岳离开大通后，军队大都散去，余部为柏文蔚和孙毓筠改编。4 月8 日，柏文蔚不费一枪一炮安然抵达大通。至此，皖南皖北分裂局面结束，安徽政权趋于统一。

安徽政权在经过一段波折后归于统一，但都督孙毓筠感到自己缺乏实力，处处受旧势力的掣肘，难以驾驭安徽局势，完全处于内外交困、智穷力竭的地步，他后来对这种困境描述道："我在安徽实在没有办法，各处的军官都是拥兵自大，不买我的账，各县行政官不交钱粮，

① 1912 年1 月9 日《民立报》。
② 1912 年3 月10 日《民立报》。

财政官不缴税收。我是一文莫名，人家向我要钱，我到哪里去生财呢？都督府成了寿州会馆，每一顿要开几十桌饭，吃的不合口味，就发脾气大骂，这岂不是活受罪吗？"①孙毓筠曾哀叹"文告虽称统一，而实际颇费踌躇"②。孙毓筠公开发布乞休文，去意坚决，言出于衷，并无强制被胁之意，他描述皖省险情为"大局岌岌，前途茫茫。名虽治安，实则危险。宗党煽动，外人觊觎。灾民麻乱，时虞走险，军队林立，竭于供输"，自己若再任都督，无异于"驱蚊负山，策驽致远，公事立，私答日增"。相反，柏文蔚辛亥革命中的功绩和在安徽统一过程中的中坚作用，得到皖中各界人士的广泛认可，"咸欲柏氏继孙为都督"③。4月27日，政府批准孙毓筠请假，都督一职暂由柏文蔚署理。5月3日，柏文蔚至安庆接任，7月1日，正式宣誓就职。

第二节　安徽革命党人为巩固政权所做的努力

一、民主政体的初步构建

1912年1月4日，全省60个州县公推议员41人，组成省临时议会，选举胡璧城为议长，武炎康为副议长。省临时议会成立后，制定和公布了《中华民国安徽省临时约法》，共54条，它规定安徽省军政府"以全皖人民公举之都督及其任命之公务员与临时议会、法院三部构成之"，确立了立法、行政和司法三权分立的原则。为贯彻这部约法，进一步加强资产阶级的地方民主政府建设，都督府先后公布了《全皖临时议会章程》、《省议会议员选举法》。《全皖临时议会章程》中规定

①　安徽省政协文史资料委员会、安庆市政协文史资料委员会编：《辛亥革命在安徽》，中国文史资料出版社1991年版，第173页。
②　安徽省政协文史资料委员会、安庆市政协文史资料委员会编：《辛亥革命在安徽》，中国文史资料出版社1991年版，第167页。
③　王镜芙：《北洋军阀殃皖纪实》，见安徽省政协文史资料研究委员会：《军阀祸皖》，安徽人民出版社1987年版，第23页。

临时议会以全皖 60 州县人民公推之议员临时组织,每州县议员以 1 人为定额。议会主要职责包括规划全省政略,制定地方法律,议决官制和官俸,议决全省预算和决算,议决全省税法和公债等,同时规定议会的议事规则和议事流程。它还规定了临时议会对都督权限的限制:临时议会有向都督及政务员提出质问并要求答辩、弹劾政务员的失职及其法律上的犯罪,受理人民陈请达于都督、对都督提出不信任案、对都督所发之紧急命令及为预算外支出的可决否决权,以及不以都督同意在过半数议员同意情况下由议长自行集合等多项权利。尽管此时政治体制仍是军政府体制,都督居于权力中心,然而临时议会对都督权限进行了一定的制约。① 1913 年 5 月,都督府拟发行公债 100 万元,在议会上 13 票赞成、28 票反对被否决。② 审议 1912—1913 年度财政预算时,临时议会将都督府提案中的支出费用删减了 400 多万元。③ 这在一定程度上体现了以柏文蔚为首的军政府的民主精神。

临时议会成立后,即筹备全省的选举工作。柏文蔚上任后,也竭力促成其事,认为"此次选举为民国造端盛典"④,亲自担任全省议员选举总监督。全省 8 个选区,从 1912 年 10 月到 12 月,各地陆续进行了选举。当时全省分为初选、复选两种选举区,初选以每县为一选举区,各县知事即为初选监督;复选全省分为 8 区。为推动选举工作,柏文蔚下令将《国会组织法》、《参议院议员选举法》、《众议院议员选举法》和《省议会议员选举法》刊登在《安徽公报》,分送各县,并将选举法编成通俗白话,派人深入民间,进行演说,"务使人人皆晓然于选举之可宝可贵","以副共和之本意"⑤。1913 年 1 月,各地共选举出省议员 108 人,国会众议院议员 27 人。2 月 24 日,安徽省临时议会停止活动,在 108 名议员中,国民党员占半数以上。吕志元当选为议长,王树功、赵椿木为副议长。28 日,省议会选举李国栋、章兆鸿、张我华、丁象谦、马坤、石德

① 张湘炳、蒋元卿、张子仪编:《辛亥革命安徽资料汇编》,黄山书社 1990 年版,第 487—490 页。
② 《皖省公债之条件》,见 1913 年 5 月 20 日《民立报》。
③ 《皖省财政视察记》,见 1913 年 4 月 7 日《民立报》。
④ 《安徽公报》第 23 期。
⑤ 孙彩霞:《柏文蔚传》,安徽省政协文史资料委员会、淮南市政协文史委员会 1997 年印,第 39 页。

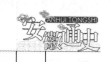

纯、汪律本、吴文瀚、胡璧城、高荫藻10人为国会参议院议员。

安徽省议会的成立，是资产阶级民主政治在安徽推进与发展的结果，是对封建专制制度的否定。省议会在其存在期间，进行了大量的破除封建桎梏、实行资产阶级民主、发展资本主义经济的工作。尽管由于历史条件限制，收效甚微，但对后来反封建军阀专制，反袁世凯复辟，有着重要作用。1913年11月4日，袁世凯下令解散国民党并取消国民党籍的国会议员资格。12日，又令各省都督、民政长取消各省议会中国民党籍议员资格。19日，倪嗣冲宣布取消省议会中40余名国民党籍议员。1914年1月10日，袁世凯宣布解散国会。2月28日，又命令解散各省议会，3月，倪嗣冲下令解散省议会。

光复后，安徽司法机构基本上依前清旧例，依附于行政。柏文蔚督皖后，以司法筹备处作为筹备司法机构的机关，逐步建立起了包括高等审判厅、地方审判厅、初级审判厅和各级检查厅在内的司法系统。在安庆设立高等审判厅，将全省60个州县划分为5个司法区域，分别在芜湖、怀宁、凤阳、阜阳和歙县设立地方审判厅。由于经费和人才的原因，至1912年底，只有合肥设立初级审判厅，其余各县暂以司法科代行初级审判厅职权。同时，柏文蔚还亲自审定、颁布了安徽《各县司法暂行章程》、《司法考核章程》、《讼费章程》和《诉论状暂行章程》。以上章程为司法部门的运作提供了一定的法律依据。

针对安徽军政府内部革命力量薄弱、政令不畅的弊端，柏文蔚上任后重新组织了新的领导机构，在新组建的都督府中"尽量安插革命党人，以保持行政的纯洁性"。都督府设有军政、内务、财政、教育、实业5司。柏文蔚将原来担任民政、财政司长的旧官僚洪恩亮、黄书霖调聘为顾问，委任革命党人郑赞丞、史推恩分别为内务、财政司长，教育司长为邓绳侯。同时，他任命陈独秀为都督府秘书长，徐子俊为参谋长，机要秘书王曙笙，高级参谋徐唯一。他们4人构成了都督府决策的核心，"一切施政方针皆由四人代为规则"①。在都督府所设属官

---

① 柏文蔚：《五十年经历》，见中国社会科学院近代史研究所：《近代史资料》总第40辑，中华书局1979年版，第29页。

中,柏文蔚将旧官僚改换为革命党人。其中李国棣为司法司长,祁耿寰为警察厅长,张之屏为水上警察厅长,胡万泰为宪兵司令。他们是当时较为坚定的革命分子,使都督府中革命党人占据了主导地位。其次,柏文蔚为统一全省革命力量,还促成各革命党派的联合。1912年8月,在柏文蔚的努力下,除保安会外,其他党派联合成立了新的国民党。新成立的国民党在1913年初的省议会选举中获得三分之二的议席。

1912年1月,安徽省废府存县,废除清的颍州、凤阳、庐州、安庆、徽州、宁国、池州、太平8个府,保留原有的附郭县。4月,改州为县,废除清的泗州、六安、滁州、和州、广德5个直隶州和亳、宿、寿、无为4个府属州,直接改为泗县、六安、滁县、和县、广德、亳县、宿县、寿县、无为9个县。同时,清末后境内所设皖南、皖北2个道也在鼎新之初废除,使安徽省直管60个县。县设知事,由都督委任,下设总务科、内务科、税务科、学务科、警务科等。① 此时,安徽各县继续实施城、镇、乡地方自治,筹设镇、乡自治机构,到1912年底,各县镇、乡议事会和董事会及乡董、乡佐全部筹设完毕。城、镇、乡自治机关在县知事监督下负责执行政令,同时办理辖区教育、卫生、道路、工程、商务、慈善、公共事业等自治事务。

二、发展经济与文教事业

安徽光复后,面临诸多困难,其中"财政尤为纷纠"②。所以,整理财政,稳定经济秩序,是革命派执掌地方政权所面临的一大难题。为了扭转财政困难局面,柏文蔚本着"量入为出"、"节流为先"的原则采取了以下措施:(1)裁兵节饷。柏文蔚在核减行政经费,裁减省宪兵处、皖北厘务总局等机关的基础上,重点裁兵节饷,到1913年初安徽军队被缩编为1个师又1个旅,总计"所裁第一军暨皖军数有五万之多"③。(2)在省内发行钞券和公债。安徽军政府成立后创办了中华银行,发行钞券,代理省金库。柏文蔚任内,该行先后发行纸币150万

---

① 张湘炳、蒋元卿、张子仪编:《辛亥革命安徽资料汇编》,黄山书社1990年版,第425—426页。
② 1913年4月7日《民立报》。
③ 《安徽公报》第9期。

元,由柏文蔚下令各地"钱粮关税盐课厘金铁路轮船一律通过照收"并由上海招商局协商,"下至上海,上至汉口,均用是票,津浦路局亦交涉妥当,浦口至徐州概用中华银行票款,来往无阻"。因此,安徽中华银行发行的纸币"信用极佳"①。柏文蔚拟在省内发行公债100万元,5厘行息,公债分1元、5元、10元、100元4种。满1年后即付息,以安徽中华银行为偿还本息机关。规定凡为皖省职员均有购买此项公债之义务,此项公债发行情况不明。此外,对中央政府发行的公债进行截留。1912年1月8日,南京临时政府公布《中华民国军需公债章程》,发行军需公债,专充临时军需及保卫治安之用。中华民国军需公债发行总额为1万万元,以国家所收钱粮作抵,年息8厘,每年2月2日及8月2日各付息一次。自发行后第二年起,每年抽签还本五分之一。此项公债由财政部发行,发派各省财政司劝募,照票面价格无折扣发售。同年1月28日,由上海发出预约收据,规定债款交足后,再行换给正式债票。安徽领到预约收据50万元,售出489800元。原定一半解部,一半留省,因财政竭蹶,皖督决定将所得之款全数归入军需项下配发军饷,并向中央政府表示"俟将来财政稍裕,再行补解"②。

1912年5月6日,柏文蔚和全省矿务总局窦以钰向日商三井洋行借日金25万元(折合银元251677元),用于军政费用。合同规定:本借款年息8.5%,期限一年,以铜官山矿石为担保,以中日合办铜官山铁矿为条件。③ 同年他还派凌铁庵向礼和洋行借款300万元,礼和洋行要求以此款向其购军械,8厘利息,10年摊还,以皖南茶厘作抵押,后未见正式订约。④ 1912年10月,柏文蔚授给中华银行卢恩泽借款全权,由卢恩泽去上海商借500万元;又派徐唯一赴湖北,向黎元洪借100万元。但由于安徽财政枯竭,天灾严重,柏文蔚的这些措施收效甚微,终未能从根本上解决安徽财政上的严重困难局面。1912年10月,安徽公布的预算案,其中收入仅500余万两,支出则高达1300余

① 柏烈武:《安徽二次革命始末记》,见《辛亥风雷》,安徽人民出版社1987年版,第143页。
② 《皖都督咨文》,见《安徽公报》第25期,1912年12月23日。
③ 徐义生编:《中国近代外债史统计资料》,中华书局1962年版,第52页。
④ 张湘炳、蒋元卿、张子仪编:《辛亥革命安徽资料汇编》,黄山书社1990年版,第464页。

万两,缺 800 万两左右,"闻者均骇怪"[①]。

辛亥革命以后,民族资产阶级的政治地位和社会地位在一定程度上有所提高,他们投资于工业的热情也受到很大的鼓舞。柏文蔚十分重视实业建设,认为"非实业大兴,万不足保治安而固国本","能开发其生产力则富,不能开发其生产力则贫"。为此,安徽设立实业司,掌管全省农、工、商、交通等事务。在财政困难的情况下,还为一些陷入困境的企业筹垫资金,尽力予以扶持,如给芜湖皖路公司一次垫付银元 2.1 万多元。[②] 在都督府的鼓励下,安徽工商界人士组织成立了工党安徽省支部以及实业协会等实业团体,互相联络,共谋安徽实业的振兴。这些实业团体的建立,促进了民族资本主义的发展和民族资产阶级力量的凝聚。1912—1913 年,安徽民族资本掀起了一个小的矿业建设高潮,其中规模和影响较大的有裕繁铁矿股份有限公司、大通煤矿合记公司、宝兴公司和福民、利民公司等。同时,加工工业也有了发展,1912 年芜湖机器碾米业有 6 家,其中 3 家为该年新建的。这种兴办实业的热潮,促使安徽民族资本主义经济的快速发展,加速了安徽工业现代化的进程。

柏文蔚在督皖期间虽然还没有来得及制定新的田粮丁赋征收办法,但他在某些方面进行了改革。例如,北京财政部要求安徽省将丁漕运平余划归国税,柏文蔚拒不同意,坚持将该项平余作为各县地方自治经费。柏文蔚还采取了如下一些措施发展经济:继续修建安徽境内公路、试办官运淮盐、组织贫民工场等。这些措施不但有利于稳定安徽的经济形势,而且多少减轻了人民的负担,有利于人民生活的改善。

柏文蔚在进行政治变革和发展经济的同时,还注重教育改革。他充分认识到教育建设的重要性和迫切性,"学务早一日振兴,将来早获一日效果",大力推动教育改革与发展。首先,建设教育行政机关,省设教育司,司长为革命党人邓绳侯,各县设教育科。在辛亥革命中,不少学校或被毁,或被占,或停办。柏文蔚任都督之后,责成教育司通

① 1912 年 10 月 24 日《民立报》。
② 柏文蔚:《致电芜湖皖路公司》,见《安徽公报》第 32 期。

令，凡有学校地点，军队不得任意破坏并给予保护。同时将教育经费纳入省财政计划，拨给专款。责令安徽教育司对旧的教育制度进行改革，力图建立资产阶级的民主教育制度，发展革命教育、国民教育，使教育符合民主共和精神，并为民主共和服务。

在这种形势下，安徽教育在民国元年出现了革新的局面。具体表现在：（1）学校名称的改进。安徽当时把过去的学堂一律改称为学校。它们的学制是：初等小学 4 年，为义务教育；高等小学 3 年，与之并行的有乙种实业学校；师范学校学制 4 年；甲种实业学校学制 3 年；大学和专门学校预科 3 年，本科 3 ~ 4 年。这个学校系统同清末比较，小学缩短了 2 年，中学和师范缩短了 1 年，从小学到大学全部教育年限缩短，显然是合理一些。（2）废止读经课。一律禁用清末学部颁行的教科书，摒弃以传授"忠君"、"尊孔"等封建纲常伦理为主的教学内容，代之以资产阶级的民主平等思想；增加了手工、算术、地理、格致、化学等自然科学和实业、实用知识方面的课程，为青少年提供知识技能教育，养成专门人才。（3）发展女子教育。安徽的女子教育，在清末期间几乎仅限于女子小学和女子师范，其他方面则寥寥无几。延至民国元年，不仅在形式上男女教育趋于平等，而且实际上在初小男女可以同学，高小男女可以分班同校，为女子单设的小学、师范、职业学校有所增加。（4）重视小学教育，改革私塾教育。都督府认为，"欲教育之普及非推广小学不为功"，"而私塾及未受检定的教员实为小学前途障碍"①。限于经费和师资，无力大量兴办小学，遂对私塾进行改造和整顿，要求私塾按照小学定章办理，至少要开设修身、国文、算术、体操 4 门课。1912 年 11 月又颁布《取缔私塾章程》，规定不合格的塾师停课。同时要求县设高等小学，城镇乡或自治区设初等小学，并鼓励私人办学。小学教学发展在各级学校中发展最快。民国初年安徽教育事业改革具有一定成效，学制体系也较完整，对于改变安徽教育的落后状况起了积极作用。光复后一年多时间里，全省各类学校达 1457 所，比清末增加了 370 所。除小学发展较快外，大学和中等专业

---

① 《安徽公报》第 26 期。

学校也有所增加,在原有的安徽高等学堂的基础上,新创办了江淮大学、高等农业学校、国民政法学校、皖江政法学校、芜湖乙等商业学校等。除学校教育外,这一时期的文化事业也得到较快的发展。1912年底,孙毓筠和姚孟振等查收各学堂衙署的存书,集中到育婴堂和蒙养院,设立全皖图书馆,由姚孟振、柯少华为经理、收掌等职。1913年2月10日,省立图书馆正式开馆,地址在安庆文昌宫,方培良任经理。9月,都督倪嗣冲下令停办。1914年8月,重新开馆。1913年初,同盟会员韩衍在怀宁县驿口创办《安徽船》日报,反对袁世凯任临时大总统。4月17日韩衍被刺,该报停刊。6月1日,程滨遗、韦格六在安庆创办《民岩报》。6月1日,袁家声在安庆创办《均报》,为武装讨伐袁世凯造舆论。

三、开展禁烟运动

安徽军政府初建之时,虽下令禁吸、禁种鸦片,但实际效果甚微,鸦片毒害较之清末更为严重。柏文蔚任皖督时,省城内外挑膏售土店已达100多家,芜湖也有72家。柏文蔚上任后,立即展开禁烟运动,并取得了良好效果。

1912年5月15日,柏文蔚发出《条陈禁烟通电》,指出:"皖省土税、膏捐一律停止,统限一年内禁绝,不使稍留余毒,病我同胞。"柏文蔚在省内屡下禁令,取消了年收入达几十万元的土税、膏税。1912年9月30日,又宣布取消烟照,各鸦片店一律勒令关闭,并在各地成立戒烟会,劝导烟民戒烟。同时颁布禁烟章程,限令50岁以下吸烟者,3个月戒绝;50岁以上者,6个月戒绝;50岁以上确有疾病者,10个月戒绝。无论官民,一律遵行,违者依刑律治罪,还规定剥夺吸食鸦片者的选举权。柏文蔚首先对军队的吸食者进行了严厉处罚。皖军水师第四营管带李经栋、水师第六营管带李传藻因吸食鸦片被撤职。同时,采取严厉措施禁运和禁种鸦片,安徽禁烟之立法相当严峻。规定凡私运烟土,"无论运自何处,一经察觉,即将烟土就地焚毁外,并按律从严惩办,决不姑宽"。柏文蔚发布全省禁烟命令,用通俗语言晓谕乡民,告诫民众不可以身试法。同时组织禁烟队下乡巡查,凡发现私自种烟

苗百株以上者，即行枪决。为了使有关禁令得到切实执行，柏文蔚通过严厉措施敦促地方官吏：第一，如果在 1913 年 3 月底前县境内发现烟苗者，该县知事立予撤任。第二，如果在 4 月份发现烟苗者，该县知事除撤任外，并照刑律第二百七十条之处分坐罪。第三，如果 5 月份还发现烟苗者，除上述惩罚外，还将援照纵令他人贩运罪严办。① 安徽还成立了全省禁烟总局，下设皖南、皖北分局，管理禁烟事务。为保证禁烟局的经费，规定"禁烟分局备文领赴各县支款，准即照付，作正开销"②。柏文蔚在禁烟过程中还充分发挥军队的作用。他令"驻扎各县军队，全力巡行，勿分疆界，如有违抗，即以武力解决。倘或激成事端，本督负完全责任，该军队毋得畏葸遗害"③。如在吴山庙禁烟遇烟民阻挠，酿成事端，柏文蔚即派陈雷、廖少斋两军镇压暴民。

1912 年 9 月下旬，安庆水上巡警队从英国商轮"鼎昌"号上，查获私运鸦片 7 箱 20 包，价值 160 万元之多。柏文蔚得到报告，即采取果断措施，下令兼任宪兵司令的第一师师长胡万泰将鸦片全部没收，并于 9 月 16 日命令祁耿寰监视，将 7 箱鸦片全部在都督府门前焚烧，其余不合手续的 20 包予以扣留。事件发生后，英国政府无理干涉，派英国驻上海总领事罗磊斯与驻芜湖领事乘兵舰抵达安庆，向柏文蔚索取赔款。柏文蔚据理雄辩，言明禁烟属我内部事务，外人无权干涉。柏文蔚与罗磊斯的斗争，经上海《民立报》驻安庆记者及时进行报道，得到安徽和全国各地人民的大力支持。10 月 10 日，安徽各界人士在安庆召开大会，"誓为柏督禁烟后盾"。孙中山先生也对安徽禁烟予以坚决的支持。他通过自己秘书马君武向各方通报英国干预安徽禁烟的情况，并在《民立报》上发表声援通电，指出："余素知安庆都督禁烟办法，井井有条，此次禁烧烟土，正欲禁一儆百，为民除害之伟举，极合民国自由体裁，外人决无正当理由可以丝毫干涉。"在孙中山和全国人民的支持下，柏文蔚与罗磊斯等进行了针锋相对的斗争，只同意将此事移交中央政府处理，罗磊斯最终只能悻悻地离开安庆。1912 年 10

---

① 《禁烟约法三章》，见 1913 年 4 月 13 日《民立报》。
② 柏文蔚：《通电各县知事》，见《安徽公报》第 37 期。
③ 《皖省禁烟种种》，见 1913 年 4 月 30 日《民立报》。

月 23 日,孙中山先生至安庆,在都督府的演说中对安庆禁烟予以高度评价,称"禁烟事办理最认真者,要算贵省。如都督日前焚毁鸦片土,办理亦颇得法……且贵都督之焚毁鸦片,又根据条约,所以外交不致失败。贵省禁烟办法,实可为各省模范也"①。

英领事罗磊斯在安庆碰壁后,不甘心失败。同年 11 月下旬和 12 月上旬,由英驻华公使朱尔典出面向中国外交部进行交涉,中方对其无理要求多次进行驳斥。鉴于英方一直以安徽种烟未绝为借口,不属禁绝鸦片的省份,禁烟属违反条约,中方同意由拒毒会、红十字会、领事团组织调查烟苗团,到安徽实地考察。"如无烟苗即作罢论,否则必须赔偿"。1913 年 4 月下旬,由北京政府外交部特派员张玮、英公使派遣韦礼敦专员及有关方面代表组成了赴皖烟苗调查团。柏文蔚闻讯,电令各县知事及各地驻军严禁偷种烟苗者,以防止给外国人留下某种未绝的口实。烟苗调查团到达芜湖、巢县、合肥、霍邱、正阳关、寿县、凤台、怀远等地,"毫无烟苗发现,遂不愿复往他处"。在合肥询问教会人士,内地有无烟苗,教会人士回答:"安徽禁烟严厉,军队下乡执行铲除,烟苗早已断绝。"英国人"无隙可乘,始告了事"②。安徽和全国人民反对英帝国主义干涉禁烟的斗争,终于取得了胜利,在中国人民反帝斗争史上写下了光辉的一页。

第三节　安徽的"二次革命"

一、袁世凯对安徽革命党人的胁迫

袁世凯上台后,对革命党人采取"合则留、不合则除"的政策。柏文蔚督皖后,积极推进安徽资产阶级民主政治建设,大刀阔斧革新省

① 《孙中山全集》第 2 卷,中华书局 1982 年版,第 531 页。
② 安徽省政协文史资料研究委员会编:《辛亥风雷》,安徽人民出版社 1987 年版,第 32—33 页。

政，力求"吾皖内政之完整"，"防袁氏之叛国"，"以安徽为地盘，再求革命势力之进展"，从而将安徽政权控制在自己的手中。他始终不曾与北洋军阀同流合污，一直保持着革命的立场和情操。在他主持下的安徽政权具有鲜明的资产阶级革命性质，成为南方革命阵营的重要组成部分，安徽成为"当时国民党的中坚省份"之一。袁世凯对柏文蔚在安徽的行动极为关注，对柏文蔚极尽利诱、笼络之能事，"屡遣使至皖"①。柏文蔚则与袁世凯及其皖籍亲信"虚与委蛇"，获得北京政府对他的正式任命。袁世凯"派郑汝成至皖，述袁大总统器重皖都督，深欲文蔚做他的门生，将来东南门户依赖甚多，且可事事方便，并嘱入京一次，与袁大总统一见。文蔚当答以军事倥偬，不便擅离，容以后皖局稍定，自当亲自入京投递门生帖，再领大总统之恩惠"。郑汝成未达目的，悻悻而返。"嗣后由段芝泉、江朝宗以同乡关系，迭次派使往还，均劝归依袁氏为请"。处于当时的环境之下，柏文蔚不得不"虚与往还，故有与段、江两氏共兰谱之事"②。

柏文蔚督皖之初，北京政府即利用裁军的名义，削弱柏文蔚的实力。辛亥革命时，安徽军队编制曾达 5 个师，经孙毓筠整编后，减少为 1 师又 2 旅。柏督皖后，因各方面压力被迫解散第一军，所部第一、第九两师留在江苏，只率第四师并一旅回皖，至此安徽共有 2 师 3 旅的军队。1912 年底，淮上军张汇滔部混成旅被裁撤，余部编为屯垦团；芜湖孙万乘师被缩编为旅，第四师特种兵与胡万泰部混成旅混编为第三师，柏文蔚自兼师长。至此，安徽仅余军队 1 师 1 旅，原有军队 3.86 万人被裁 1.2 万多人。

柏文蔚开始较大规模的裁兵行动，一个重要目标是借此汰弱留强，使安徽军队更加精干。但是，北洋骨干吴中英控制安徽军政司，使裁军工作背离柏文蔚的初衷。吴中英，合肥人，北洋陆军大学第一期毕业生，是段祺瑞门下最得意的弟子。袁世凯、段祺瑞利用军政司长

① 柏文蔚：《柏烈武五十年大事记》，见淮南市政协文史委员会编：《纪念柏文蔚先生》，1986 年印，第 41 页。

② 陈紫枫：《柏文蔚就任安徽都督经过》，见安徽省政协文史资料研究委员会编：《辛亥风雷》，安徽人民出版社 1987 年版，第 31 页。

由中央直接任免的权力,未经柏氏同意,抢先任命他为军政司司长。吴中英临赴院时,段祺瑞授意于其要力争军政大权,他也想称雄一方,一酬夙愿。在京同学、同乡竟以"第二都督"见贺。吴到任后,多方揽权,分夺都督柏文蔚的权势,与柏督矛盾日深。由于他主导裁军事宜,致使革命性很强的淮上军、第四师等被裁汰、缩编,骑墙派的胡万泰、顾琢塘等则擢升为师、旅长,掌握了皖省军队实权。当时军界有"土(非留学派)洋(留学派)之争",靳云鹏、吴中英为土派中的中坚,徐树铮、龚维疆等则为洋派中的代表人物。两派互相抗衡,各有千秋。虽最终将吴中英排挤出安徽①,但此次争斗使皖省军队元气大伤。

1912年4月,黎元洪提出军民分治,并于同年7月在湖北率先实行。袁世凯则乘机要求各省取消军政府,由中央委派民政长,总理各省行政事务,都督仅管军事,以削弱都督的权力。此举受到李烈钧、胡汉民和柏文蔚的坚决抵制。袁世凯准备派龚才朗出任安徽民政长,柏文蔚闻讯后电告北京:"军民分治,只是黄陂(黎元洪)的建议空言,各省尚未实现,皖省岂能独先?"最终还是由柏文蔚兼任民政长。

收买、拉拢不成,北洋军阀集团开始考虑取柏文蔚而代之。1913年初,袁世凯集团中以倪嗣冲、雷震春为首的皖籍军阀公开策划夺取安徽都督一职。"素以调和派著称"的前任安徽都督孙毓筠曾宴请皖籍在京人士许世英、周学熙、李经羲、马毓宝、姜桂题、江朝宗、段芝贵、王赓、倪嗣冲、刘朝望、雷震春、张广建、徐谦、陆建章、田庚等,专门讨论安徽政权的人选问题。姜桂题提议公举都督,倪嗣冲、雷震春极力附和,"适吴忠信新来自南方,亦在座,闻彼言乃大愤,起言:今日孙先生之宴会乃研究安徽军民分治问题,并无举都督之必要,且都督黜陟为大总统之特权,我等即举定,能否得大总统之同意?且能否料南方人士之不反对?试问在座诸人是否有代表皖人之资格?列席者咸不能答。吴忠信言词激烈,几至挥拳。李经羲、王赓、周学熙诸人纷纷逃席,吴亦怂然而去"。当时留下未走者仍然"以私意列举杨士琦、李经

---

① 吴抱水:《吴中英先生传》,见《肥东文史资料》第3辑,第33页。

羲、王赓、倪嗣冲、雷震春5人，由姜桂题代表，呈请大总统选择一人"①。迫于形势，柏文蔚开始积极与湖南、江西等省都督进行联络，密谋组织联盟，准备应变。

1913年3月20日，袁世凯唆使亲信暗杀了积极争取组织国民党内阁的国民党代理理事长宋教仁。柏文蔚预感到与袁世凯的军事斗争将不可避免，当即请此时正在安庆的湘督谭延闿使者速回长沙，寻求对策；接着与来皖的赣督李烈钧的使者及军事人员谋划武装讨袁的方案，商定秘密在两省间架设军用电线，沟通六安、霍邱叶家集一线，严防盘踞周家口和阜阳一带倪嗣冲部。

但是，国民党在如何处理宋案问题上发生严重分歧，黄兴主张按法律程序解决，孙中山则主张武力讨伐袁世凯。3月底，孙中山在上海召集革命党人举行秘密军事会议。当时安徽各地革命党人群情激愤，相谋讨袁，柏文蔚以为士气可用，再次前往上海，向孙中山报告了安徽的形势，主张立即发动讨袁战争。他的主张得到了陈其美、李烈钧、张汇滔等人的赞同。他还表示愿在安徽首先发难讨袁。但孙中山的战略与柏文蔚不同，他认为安徽地理位置特殊，应由广东、湖南、江西等地先行独立，待袁军前往镇压时，由柏文蔚率安徽军队拦腰截击，可一战制胜。由于多数革命党人仍抱有法律解决宋案的幻想，上海会议无果而散。柏文蔚只得回到安徽。

与此同时，袁世凯加紧了对柏文蔚的钳制，派出大批特务监视柏文蔚等革命党人的活动；他控制的报纸散布谣言，说"柏某擅离职守，潜赴上海与孙、黄谋为不轨"。柏文蔚一面与袁世凯继续敷衍周旋，等待孙中山的命令；一面与李烈钧、谭延闿、胡汉民等结成皖、赣、湘、粤四省同盟。柏文蔚与李烈钧相约备战，多次以剿匪名义，命令向泗县、庐江、舒城、宿县、定远、天长、霍山、六安等地调动军队。在皖北，秘密铺设了500余里的军用电线以监视倪嗣冲布置在皖北一带的重兵。同时，柏文蔚还亲赴九江，与李烈钧商定两省军队协同作战计划。

1913年4月26日，袁世凯未经参议院正式通过，即与五国银行团

---

① 1913年1月31日《民立报》。

签订了 2500 万英镑的善后大借款,主要用作镇压南方革命势力的军费。这一违法事件立即引起举国上下的同声反对。4 月 28 日,柏文蔚公开发表了反对善后大借款的通电。在这份电文中,他首先明确指出:"政府借款,不由议院议定之通过,无论君主共和,凡世界立宪国均无此例。""文蔚虽愚,素不敢持迂阔之论阻止大计也,若政府今日之所办,誓死以为不可。"此后,为扩大影响,联合湘督谭延闿、赣督李烈钧、粤督胡汉民发表通电,称"财政先亡,国本随之,陷民国为埃及之续,以前清专暴所未敢出者,竟见诸民国政府,海内外烈士前仆后继,躬冒万死,缔兹民国,而政府甘以断送于借款之下,主有血气,孰不发指眦裂"。柏文蔚敢于公开发表这样的通电,表明他此时已经做好了与北洋政府决裂的思想准备。

5 月,报纸上已公开发表消息说:"袁党以皖督柏文蔚屡持正论,纠举中央违法,思中伤之,近运动该省某党要人,另举该党人作都督,不日发表。若皖人不承认,便加以反抗中央罪名。"①同时,"北京已散出谣言云,柏某擅离职守,潜赴上海,与孙、黄谋为不轨"②。6 月,袁世凯派员来皖,逼迫柏文蔚辞职,改任其为导淮督办,另拨款 70 万元作为所部遣散费,拟"以胡万泰为护军,使倪嗣冲为镇守,使孙多森为民政长"。6 月 30 日,袁世凯明令免去柏文蔚安徽都督兼民政长职务,由孙多森接任,同时宣布将柏文蔚调任陕甘筹边使。柏文蔚致电袁世凯谓:陕甘筹边"非五千万元筹办费不能济事,否则不愿往就"。袁世凯邀他进京面议,他又借口宗社党"在皖活动,跃跃欲试",加以推托。此时,李烈钧适路过安庆,"仍欲举兵讨袁",嘱咐柏文蔚一星期内暂勿交卸,候其音信。柏文蔚派徐干、耿伯钊护送他乘安丰舰至南京。一星期后,徐、耿回皖复命曰:"李不回赣,所谋作罢。"柏文蔚乃于 7 月 8 日交卸篆务,寓居于南京升平桥。③

---

① 1913 年 5 月 15 日《民立报》。

② 柏文蔚:《柏烈武五十年大事记》,见淮南市政协文史委员会编:《纪念柏文蔚先生》,1986 年印,第 43 页。

③ 张湘炳、蒋元卿、张子仪编:《辛亥革命安徽资料汇编》,黄山书社 1990 年版,第 512 页。

二、安徽革命军讨袁

宋案和善后大借款后，孙中山一直没有放弃发动讨袁武装斗争的努力。7月上旬，他再次在上海召集革命党人开会，决定立即兴师讨袁。李烈钧衔命回到江西湖口，召集旧部，组成讨袁军总司令部，于7月12日宣布江西独立，拉开了"二次革命"的帷幕。黄兴亦奉命至南京组织讨袁军，促使江苏都督程德全于7月15日宣布江苏独立。

柏文蔚被免职后，认为"大势已去"，一度心灰意冷。但是，大多数的安徽革命党人并未降低讨袁的热情，仍在暗中分头积极筹划武力讨袁。张汇滔奉孙中山之命，与张人杰、田桐在上海密谋，准备在淮上首先发动讨袁。参加第二次上海军事会议、奉孙中山委派回安徽发动讨袁的龚振鹏（驻芜湖第二旅旅长），从芜湖带了一部分军队前往寿县活动，进占寿县重镇正阳关，并召集袁家声、岳相如、张汇滔等人在正阳关举行会议，商议讨袁事宜，因众人意见不能统一，无果而散。后龚振鹏电嘱芜湖的第二旅第三团一营营长程芝萱宣布芜湖独立，驻宣城的张永正团马上响应，并开赴芜湖。但江北地区尚未独立，各地革命力量仍处于涣散状态，安徽讨袁运动迫切需要有一个指挥中心和一个中心人物，这个中心人物非柏文蔚莫属。

7月17日，袁世凯委任的安徽都督兼民政长孙多森与第一师师长胡万泰迫于革命党的压力，也宣布独立，并公推柏文蔚为安徽讨袁军总司令，胡万泰为代行都督，孙多森留任民政长，袁家声为师长，祁耿寰为讨袁军司令，姚痴僧为参谋长。同时，黄兴也委柏文蔚为第二线总司令，负责整个津浦路战事，全权指挥苏皖军队。柏文蔚由南京至蚌埠，成立安徽讨袁军总司令部，同时召集津浦线各部队将领会议，布置讨袁军事，并"立即集中皖军，向颍州方面推进"。寿县、庐州、临淮关、正阳关等地军队闻讯纷纷宣布独立，发布讨袁檄文。

安徽讨袁军主要包括柏文蔚原辖第一军各部和淮上军。柏文蔚的第一军中坚决拥护讨袁的是龚振鹏的第二旅和张汇滔的第一支队、袁家声的第二支队。龚振鹏的第二旅为"铁血军"旧部，是一年前经孙中山批准，以江淮同盟会分会名义发起组建的一支劲旅。淮上军在袁世凯当上临时大总统后被解散，余部易名屯垦团，以保存革命实力。"二次革命"爆发后，张汇滔、袁家声等原淮上军领导人即以屯垦团为基础，组成讨袁军第一、二支队，迅即投入讨袁战争。

安徽讨袁战场分为东西两线：东线为津浦路沿线地区，敌军为靳云鹏的北洋第五师和张勋的武卫左军；西线为淮河安徽段沿线，敌军主力为自颍州南犯倪嗣冲的武卫右军。7 月 18 日，倪军进攻正阳关，讨袁军利用淮河涨水，顽强抵抗。19 日，倪军在正阳关附近被击退。20 日，倪嗣冲复派 9 个营部队进攻。长淮水上警察厅厅长岳相如率部与龚振鹏部奋勇拼杀，致"倪军大败，死五百余人，受伤者无数，又击毁倪军大炮一尊"[①]。倪军攻至 7 月下旬，"日久无功"。东线讨袁军因仓促发动，出师不利，继因第三师张宗昌部马队叛变，于 24 日丢失徐州，退守蚌埠。

此时，安庆却陷入内讧之中。7 月 20 日，胡万泰部在与芜湖讨袁军张永正部争夺大通盐税的冲突中失利，退回安庆后不能立足，遂以"赴宁与黄兴计议"为由，与孙多森离开安庆。因安徽都督孙多森擅自离职，安徽都督府处于失控状态。柏文蔚的亲信、宪兵司令祁耿寰被推为都督。两天后，与段祺瑞私通款曲的胡万泰部旅长顾琢塘发动兵变，围攻都督府，赶走了祁耿寰，与商团勾结推出正在安庆休假的保定军校教官刘国栋为都督兼民政长。在芜湖、安庆的革命党人要求下，柏文蔚回安庆任皖督；在南京的黄兴因考虑安庆的得失关系到南京的存亡，也决定让柏文蔚速回安庆控制政局。7 月 27 日，柏文蔚只身与胡万泰返皖，护理都督刘国栋闻风逃走。柏委派革命党人龚维鑫为都督府参谋长，代行都督职权；重新起用陈独秀为都督府秘书长；委派管鹏为内务司司长，代行民政长职权。安徽军政、民政由此重新统一。当日，他还出示布告，历数袁世凯破坏共和的罪行，说明"二次革命"意义在于"保政治之改进"，"推翻首恶之个人"。同时作了军事部署，令胡万泰率部开赴太湖作战；令龚振鹏率部居二线，向西作战；令张汇滔部为北路作战主力。

---

①　张湘炳、蒋元卿、张子仪编：《辛亥革命安徽资料汇编》，黄山书社 1990 年版，第 533 页。

三、安徽的"二次革命"失败

由于事起仓促,全国讨袁形势迅速逆转,柏文蔚的上述作战计划未能付诸实施。7月25日,湖口失陷,李烈钧败走;7月28日,黄兴因津浦线战事失利而出走,程德全通电宣布取消江苏独立,"二次革命"败局已定。黄兴在离开南京时,密电柏文蔚:"大势已去,无能为力,弟已他往,望兄相机引退,留此身以待后用。"①柏文蔚则严密封锁不利的消息,继而通告各部:尽管南京方面"局势骤变",但"一隅偶异无关全局,各省义旗,方将北指",鼓励将士"勿馁壮心,跃马挥刀,大呼杀贼,扫除专制之余孽,巩固共和之国基,流誉将来,驰声当代"②。同时,"尽最大努力,调遣可用部队,拟作最后决战"。计划"至不得已时,即退守徽州,由屯溪经祁门、婺源进入江西,与李协和(李烈钧——引者)打成一片,再图恢复"③。

在淮河一带,讨袁军坚持一月有余后,形势也开始恶化。7月底,倪嗣冲亲赴正阳关一带,改变进攻方向,计划"取道凤台,直捣寿县"④。8月2日,倪部向凤台发起攻击。讨袁军毕靖波团和增援的廖海粟团,分守凤台城外土山、要塞和城内各要地,严阵以待。战斗打响后,倪军倚仗人多势众,武器精良,向凤台城外土山轮番进攻。讨袁军居高临下,奋勇反击。战至下午2时,讨袁军虽重创敌军,终因寡不敌众,土山和城防要塞相继失守。不久,凤台城也告失守,讨袁军渡过淮河,撤向寿县八公山一带。倪军随之进入淮河以南,追击讨袁军。讨袁军在连续苦战失利后,不得不放弃淮河防线,计划撤至合肥。不料,驻合肥的龚振鹏部下夏永伦率其部叛变,捕杀了廖少斋。张汇滔为免余部遭受更大损失,便遣散所部,团营以上军官则分散逃往上海等地

---

① 柏文蔚:《柏烈武五十年大事记》,见淮南市政协文史委员会编:《纪念柏文蔚先生》,1986年印,第47页。

② 张湘炳、蒋元卿、张子仪编:《辛亥革命安徽资料汇编》,黄山书社1990年版,第533页。

③ 《五十年经历》,见《近代史资料》1979年第3期,第36页。柏文蔚:《柏烈武五十年大事记》,见淮南市政协文史委员会编:《纪念柏文蔚先生》,1986年印,第50页。

④ 安徽省政协文史资料委员会、安徽省委党校理论研究所编:《淮上起义军专辑》,1987年印,第109页。

避难。

在太湖前线的胡万泰得知黄兴出走和淮上讨袁军失败的消息后，擅自回师安庆。8 月 6 日，胡万泰到都督府见柏文蔚，企图逼迫柏离皖。7 日，胡万泰、顾琢塘及第一团团长柴宝山发动兵变，围攻都督府。柏文蔚仅率百余名卫兵坚守抵抗。后幸有炮兵援助，柏文蔚才幸免于难，得以乘间离开安庆，经枞阳、大通到达芜湖。到芜湖后，拟与驻扎芜湖的龚振鹏部转道江西，与李烈钧结合，由湘赣恢复武汉。同时，电安徽全省 60 县的知县，斥责胡万泰"潜通袁逆，久蓄异志"，说明此次"变生肘腋，事出仓皇"，故不得不"暂出避蛇断臂之计"①。8 月 19 日，获知南京已再次独立，而南京城内第八师师长何海鸣和江苏都督张尧卿争权，内部矛盾尖锐，柏文蔚以为南京尚有可为，遂放弃了由徽州入江西的打算，"决计转赴南京"。此时，张静江、戴季陶奉孙中山之命，携经费到南京慰劳军队，因城门已被封锁而未能入城，亦来到芜湖，即将该款交由柏文蔚带往南京。②

柏文蔚率卫队一营及宪兵共 1000 多人驰援南京时，袁军冯国璋、张勋部已抵南京郊外，多次猛攻南京，并占领了外围要塞天堡城。到南京后，柏文蔚因"以声名素著"深孚众望，被推戴为江苏都督兼第八师师长，领导南京的讨袁战争。3 天后，柏文蔚就职，并在当夜指挥部队反攻天堡城。柏文蔚亲率 500 精兵，潜行出城，取道下关，绕城南垣逆袭袁军。战斗极为惨烈，天堡城三得三失，予张勋部以沉重打击，张军一时为之气馁。战后，柏文蔚整顿军队，以图再举，但是，由于革命党内部矛盾重重，纷争不断，甚至兵戎相见。柏文蔚感到前途无望，于 8 月 25 日夜率卫队离开南京西上，准备回芜湖与龚振鹏部经徽州赴江西，但大胜关已为北洋陆军占领，且北洋海军截断了南京至芜湖的联系。接着，荻港、东西梁山分别被长江上游水师、叛军夏永伦部占领，荻港讨袁军司令常守昆壮烈殉难，芜湖正陷入北洋陆军、海军的围攻之中。此时，柏文蔚卫队也溃散已尽，见大势已去，他只能仰天长叹。

---

① 1913 年 8 月 16 日《民立报》。
② 《五十年经历》，见《近代史资料》1979 年第 3 期，第 37 页。

在日本友人的帮助下,柏文蔚由大胜关登上一艘日本轮船,取道上海,前往日本。29 日,芜湖失陷。胡万泰在驱逐柏文蔚等革命党人后,宣布取消安徽独立,迎降倪嗣冲。倪嗣冲在皖北进攻讨袁军时,袁世凯即下令倪嗣冲为安徽都督、民政长。至此,安徽"二次革命"失败,开始了为期 14 年的北洋军阀反动黑暗的统治时期。

在整个辛亥革命过程中,安徽在全国具有重要的历史地位。在革命的准备时期,安徽的革命党人做了大量的宣传工作和组织工作,使安徽成为重要的革命策源地之一。安徽在"二次革命"中不仅有上层革命党人的响应,还有一支具有革命传统、英勇善战的武装。安徽讨袁军的功绩和英勇无畏、不怕牺牲的精神,在后来不同时期都曾给安徽的进步和革命力量以激励和鼓舞,其意义是深远的。

综观安徽"二次革命"的全过程,柏文蔚始终起着主导作用。他拒绝袁世凯的收买,坚决维护共和政体,反对独裁统治,在全国率先主张武力讨袁,继而与江西组成两省同盟并推动四省同盟的成立,对"二次革命"的发动起到了积极的促进作用。但是,柏文蔚自己也存在着用人不当的错误,他没有听从革命同志的警告,委胡万泰以重任,而胡万泰的阵前倒戈则是安徽讨袁军在一个多月时间即宣告失败的直接原因。

对于安徽"二次革命"的失败原因,柏文蔚认为是"败于和战不决,未能先发制人"。这是他单纯从军事战略角度考虑的。事实上,这次维护民主共和制度的军事努力的失败还有着更为深层的原因。资产阶级革命组织涣散无力,革命党人意见分歧,步调不一,致使孙中山的武装讨袁计划迟迟不能实施。直至北洋政府大兵南下,他们才被迫仓促应战,不仅在军事上完全处于被动挨打的地位,而且在政治上也丧失了号召力,这应该说是"二次革命"失败的最根本原因。从客观方面看,南北双方军事实力的巨大悬殊,也不能不说是"二次革命"失败的重要原因。

第三章

北京政府统治时期的安徽政局

1912 年 3 月 10 日,袁世凯在北京就任中华民国临时大总统,标志着北洋军阀统治时期的开始。1919 年 6 月 6 日,袁世凯称帝失败病死后,段祺瑞、冯国璋、徐世昌、曹锟、张作霖等北洋实力派,相继执掌北京政权。1928 年 12 月 29 日,张学良在东北宣布"易帜",服从南京国民政府后,北洋军阀势力基本上退出中国现代政治舞台。

1913 年 7 月 27 日,袁世凯任命倪嗣冲为安徽都督兼署民政长,标志着北洋军阀统治安徽的开始。1920 年 9 月 16 日,直皖战争结束后,倪嗣冲被免去本兼各职。张文生、马联甲、王揖唐、郑士琦、姜登选、邓如琢等,相继被北京政府任命为安徽军政首脑。1927 年 3 月 4 日,孙传芳任命的皖军总司令陈调元,在芜湖宣布就任国民革命军第三十七军军长兼北路总指挥,北洋军阀在安徽的统治基本结束。

第一节 北洋集团与安徽政局

北洋系是中国近代史上继湘系、淮系之后，又一个重要的军事政治集团。它从 1895 年袁世凯"小站练兵"开始，经过十多年的苦心经营，逐渐成为一支举足轻重、影响全国的政治力量。从 1912 年至 1928 年，袁世凯、段祺瑞、冯国璋、徐世昌、曹锟、张作霖等北洋实力派相继执掌北京政权，而安徽在这一时期基本上属于北洋集团控制的势力范围。

一、袁世凯与皖籍幕僚

北洋集团鼻祖袁世凯是河南项城人，但在他的幕府中，河南人并不占主导地位。袁世凯出身于吴长庆和李鸿章幕府，与皖人接触较多，他赖以起家的小站系班底，大多出自淮军行伍和北洋武备学堂。1901 年李鸿章病逝后，袁世凯署理直隶总督兼北洋大臣，在内政外交方面完全继承李鸿章的衣钵，并且把淮系旧部也接受下来，因此，被称为"淮系余孽"。"从地域分布来看，袁世凯幕府中，安徽籍的人最多"①。

表 3－1 袁世凯幕府皖籍主要成员一览表

姓　名	生卒年份	籍贯	在幕府主要职务
段祺瑞	1865—1936	合肥	新建陆军炮队统带，练兵处军令司正使，北洋第三、第四、第六镇统制，陆军总长，国务总理
姜桂题	1843—1922	亳县	新建陆军步队左翼翼长、热河都统
吴长纯	？—1906	庐江	新建陆军步队右翼统带、北洋第五镇统制
龚友元	？—？	合肥	新建陆军步队右翼翼长
任永清	？—？	蒙城	新建陆军马队统带
段芝贵	1869—1925	合肥	新建陆军督操营务处提调、北洋第三镇统制、拱卫军司令官、湖北都督、督理东三省军务兼奉天巡按使

---

① 张学继：《袁世凯幕府》，中国广播电视出版社 2005 年版，第 40 页。

（续表）

姓　名	生卒年份	籍贯	在幕府主要职务
周学熙	1866—1947	东至	山东大学堂总办、直隶银元局总办、直隶工艺局总办、财政总长
杨士骧	1860—1909	泗县	山东巡抚、直隶总督
杨士琦	1862—1918	泗县	洋务总文案、署理邮传大臣、总统府高等顾问、政事堂左丞
阮忠枢	1867—1917	合肥	重要文案、邮传部侍郎、总统府内史监
江朝宗	1861—1943	旌德	新建陆军参谋营务处监督、步军衙门统领
雷震春	1864—1921	合肥	北洋第三镇协统、陆军第七师师长、京畿军政执法处处长
李经羲	1859—1925	合肥	政治会议议长、审计院院长、"嵩山四友"之一
孙多森	1867—1919	寿县	直隶工艺局总办、中国银行总裁、安徽都督兼民政长
倪嗣冲	1868—1924	阜阳	河南布政使、安徽都督兼民政长
张广建	1864—1938	合肥	山东都督、甘肃都督兼民政长
吕调元	1865—1932	太湖	湖北民政长、陕西巡按使
杨善德	1872—1919	怀宁	北洋第四镇统制、淞沪护军使
孙毓筠	1871—1924	寿县	总统府高等顾问、约法会议议长、筹安会副理事长
龚心湛	1869—1943	合肥	安徽省财政厅厅长、财政次长兼盐务署督办
许世英	1873—1964	东至	大理院院长、司法总长、奉天民政长、福建民政长
吴炳湘	1874—1930	合肥	山东巡警道、京师警察总监
陆建章	1877—1918	蒙城	练兵处军学司副使、北洋第四镇协统、北京军政执法处处长、陆军第七师师长、陕西都督
王揖唐	1877—1948	合肥	吉林巡按使、内务总长
金邦平	1881—1946	黟县	资政院秘书长、政事堂参议、农商总长
聂宪藩	1880—1933	合肥	北洋督练公所参谋处总办、烟台镇守使
施从滨	1876—1925	桐城	陆军第一混成旅旅长、镇江镇守使
贾德耀	1880—1940	合肥	总统府军事处参议、陆军第十五混成旅旅长、陕南镇守使
张敬尧	1880—1933	霍邱	陆军第三混成旅旅长、陆军第七师师长
冯玉祥	1882—1948	巢县	陆军第十六混成旅旅长
方　枢	1886—？	定远	政事堂参议、法制局局长
王　达	1881—1946	泾县	京兆尹

　　资料来源：《袁世凯幕府》、《北洋军阀》、《皖系北洋人物》、《安徽近现代史辞典》、《安徽人物大辞典》等。

袁世凯执掌北京政权后,曾经有人问他:"总统辅弼人物谁最信,谁最才?"袁回答:"予最亲信者有九才人、十策士、十五大将。徐菊人(世昌)雄才,杨杏城(士琦)逸才,严范孙(修)良才,赵智庵(秉钧)奇才,张季直(謇)槃才,孙慕韩(宝琦)隽才,阮斗瞻(忠枢)清才,周辑之(学熙)长才,梁燕孙(士诒)敏才。杨皙子(度)善辞,王一堂(揖唐)善谋,张仲仁(一麐)善断,曹润田(汝霖)善计,陆润生(宗舆)善策,章仲和(宗祥)善治,汪衮甫(荣宝)善政,金伯屏(邦平)善文,顾巨六(鳌)善道,施鹤雏(愚)善事。福将王聘卿(士珍),主将冯华甫(国璋),重将段芝泉(祺瑞),儒将张金波(锡銮),老将张子志(怀芝),猛将张绍轩(勋),守将田焕庭(文烈),勇将曹仲三(锟),大将倪丹忱(嗣冲),战将段香岩(芝贵),健将雷朝彦(震春),胜将陆朗斋(建章),强将江宇澄(朝宗),骁将田韫山(中玉),武将陈二庵(宧)。"[1]这里"九才人"中的杨士琦、阮忠枢、周学熙,"十策士"中的王揖唐、金邦平,"十五大将"中的段祺瑞、倪嗣冲、段芝贵、雷震春、陆建章、江朝宗,均为皖人,占了大总统袁世凯最亲信"辅弼人物"三分之一,而且这些皖籍文臣武将,在袁世凯统治时期(1912—1916),对安徽政局均产生了或多或少的影响。

二、段祺瑞与北洋皖系

1916 年 6 月 6 日,袁世凯称帝失败一命呜呼后,副总统黎元洪继任大总统,国务总理兼陆军总长段祺瑞实际执掌北京政权。"从 1916年 6 月袁世凯去世至 1920 年 7 月直皖战争爆发的 4 年时间里,尽管政局动荡,大总统曾三易其人,经历了由黎元洪而冯国璋而徐世昌的更迭过程,段祺瑞自己在国务总理的任上也是几起几落,并非一帆风顺,但中央政府的实权基本上一直为皖系军阀所掌控。在北洋军阀史上,一般把这一时期称为皖系军阀统治时期。"[2]

皖系与直系、奉系在袁世凯死后北洋集团中鼎足而立,因其首领

---

① 陈灨一:《新语林》,上海书店出版社 1997 年版,第 73 页。
② 莫建来:《皖系军阀统治史稿》,天津古籍出版社 2004 年版,第 1 页。

段祺瑞为安徽人、冯国璋为直隶（今河北）人、张作霖为奉天（今辽宁）人而得名。从 1916 年至 1928 年的 12 年中，皖系和直系、奉系依次执掌北京政权各 4 年，段祺瑞虽然在 1924 年 11 月至 1926 年 4 月担任临时执政，但当时北京政府实权掌握在张作霖奉系和冯玉祥国民军手中。

皖系集团主要由三部分人组成，一是北洋出身段派军事将领，如靳云鹏、徐树铮、傅良佐、曲同丰"四大金刚"，及吴光新（段妻弟）、贾德耀、魏宗瀚、李长泰、马良、陈文运、吴中英、吴新田等；袁世凯死后附段北洋老将段芝贵、张怀芝、倪嗣冲、姜桂题、江朝宗、田中玉、龙济光等，还有拥段的地方军政大员，如沪浙杨善德、卢永祥、何丰林，福建李厚基、王永泉、臧致平，甘肃张广建、陆洪涛、孔繁锦，山东张树元、郑士琦，湖南张敬尧，陕西陈树藩等。二是安福系主要成员徐树铮、王揖唐、曾毓隽、梁鸿志、李盛铎、朱深、李思浩、姚震、王郅隆、王印川等。三是新交通系曹汝霖、章宗祥、陆宗舆及北洋政要许世英、龚心湛、章士钊、吴炳湘、屈映光等。皖系重要成员中有一些是皖人，有一些非皖人。

段祺瑞执掌北京政权时对安徽政局的影响，主要是通过支持倪嗣冲督皖来实现的，并且一直把安徽视为皖系的势力范围。而倪嗣冲也像拥戴袁世凯一样，始终拥戴段祺瑞，在段祺瑞发动征南战争时，倪嗣冲派安武军积极参与；在段祺瑞与黎元洪、冯国璋两次府院之争中，倪坚定地站在段一边；在段祺瑞平定张勋复辟之役中，倪嗣冲最后也唯段马首是瞻；在令段祺瑞元气大伤的直皖战争中，倪嗣冲也与段同声气，共进退。

第二节　倪嗣冲在安徽的统治

倪嗣冲（1868—1924），谱名毓枫，字丹忱，安徽阜阳人。曾祖父、祖父皆为乡绅。父亲倪淑（1828—1905），清末举人，为袁世凯叔父袁保恒赏识,聘为家塾教习,后曾任四川县令,晚年隐居阜阳西乡倪寨。倪淑娶一妻一妾,倪嗣冲庶出,母亲蔡氏,次年生倪毓棻。倪嗣冲1893年考中秀才,后屡试不第,捐纳部郎中,选任山东陵县知县,投靠山东巡抚袁世凯。参与镇压义和团运动和景廷宾起义,在北洋军中担任要职。1907年被北洋首席军师、东三省总督徐世昌相中,调任奉天提法使,不久升任黑龙江布政使兼巡防军翼长。1909年因讼案被革职。1911年辛亥革命时,被袁世凯启用任河南布政使、帮办河南军务,很快又兼署安徽布政使、武卫右军左翼统领,进攻皖北淮上革命军。1913年至1920年倪嗣冲统治安徽,历任安徽省都督兼署民政长、督理安徽军务、长江巡阅副使兼安徽巡按使、安徽省长兼安徽督军、长江巡阅使兼安徽督军等职,拥戴袁世凯、段祺瑞为首的北京政府,是北京政府统治时期重要人物之一。1920年直皖战争后下台,1924年病死于天津,被北京政府追赠为安武上将军。

一、镇压革命

1913年7月27日,袁世凯任命倪嗣冲为安徽都督兼署民政长,不久即下令对"二次革命"中的安徽讨袁力量进行镇压:"此次皖省附和独立,背叛民国,其谋乱首领,除柏文蔚业经悬赏缉拿外,据安徽都督倪嗣冲电称,尚有龚振鹏、郑芳荪即郑赞臣、张汇滔即张孟介、袁家声即袁子金、毕靖波即毕少山、岳冠卿即岳相如、孙万乘即孙品骖、管鹏、凌毅、凌昭、祁耿寰、张永正、范光启、孙传轩、薛子祥、王璟芳、杨冠英、骈绣章、李庆琪、陈登荣、张雨亭等均逆迹昭著,罪无可赦,应交倪嗣冲即行严密拿捕,尽法惩办,以昭炯戒,并着各省都督、民政长,饬属一体严拿务获,勿任漏网。"[1]

倪嗣冲依靠武卫右军攫取安徽军政大权后,为巩固统治,铲除异己,设立探访局和军法处,委任王志刚为探访局长,祝善甫为军法处长,制定各种严刑峻法,动辄以"叛匪"、"乱党"罪名捕杀革命党人和进步群众。倪嗣冲还自任"清乡督办",各县设立"清乡团",团长由县

---

① 张湘炳、蒋元卿、张子仪编:《辛亥革命安徽资料汇编》,黄山书社1990年版,第546页。

长担任,各团拥有一至二营武装,分属皖北镇守使和皖南镇守使。"清乡团"与探访局、军法处职能相近,主要为了防范和镇压安徽各地人民革命斗争。

皖北镇守使倪毓棻是倪嗣冲胞弟,心狠手辣,嗜杀成性,当他率队进入寿县时,各界人士无不"谈虎色变",不敢前来见面,只有善后局长孙子猷,因其子孙仲杰是倪嗣冲委任的阜阳知事,才过来和倪毓棻谈点地方上的事。倪对孙说:"寿县人多是乱党,好造反作乱,尤其东乡人更野蛮,居然敢来围城,好大胆子,这还得了,咱要把这三四十里以内的这些坏家伙整个剿灭,才能过安泰日子。听说学界里那些年轻小伙子多通乱党,好,走着瞧吧,总有叫他脑袋搬家的时候。"[1]孙子猷不寒而栗,回到善后局把这些话透露出来,叫大家特别小心。倪毓棻有个副官叫秦朗甫,与状元街孙姓是亲戚,倪毓棻对孙子猷谈话时他正好在场,听到这些话后赶忙到孙家送信,通知孙德生(淮上军军统,曾随张汇滔光复阜阳)赶快逃走。这些消息扩散开来,寿县城乡人人提心吊胆,尤其是参加过淮上军、讨袁军和水百川义军围城的,都不敢待在家里,或逃到上海等地避难;或改名换姓,到邻近地区打工。那时临淮关、小溪河、凤阳、明光、六安、霍邱等地,做佣工的不少都是逃难的寿县人。

倪毓棻谈话不久,就派人在寿县城内外疯狂地缉拿屠杀。先在学宫前一次杀了 17 人,后在东城马王庙前又杀了 20 人。这些人大多住在城外,有的是售花线的,有的是挑粪水的,有的是卖柴草的,有的是找人调解纠纷的,因城门关闭未及出城,被查街的拿住,不容分辩,也不许找保人,都作为"乱党"格杀勿论。倪毓棻还派寿县知事邱茂萱带着大队人马,沿着寿合大道"清剿",不分青红皂白,不论男女老幼,乱杀一气,枪一响就倒下一片,并且放火烧毁村庄,来不及逃难的村民,不是被枪打死,就是被火烧死。邱茂萱带队"清乡"屠杀半个月,回来时还捆绑着 100 多个老百姓,一路走一路杀,进城时只剩下 30 多

---

① 安徽省政协文史资料委员会、安徽省委党校理论研究所编:《淮上起义军专辑》,1987 年印,第 112 页。

人,他们被五花大绑,背后插上亡命旗,游街示众,最后拉到学宫前枪决。令人发指的是,这群野兽还当场挖出人心,血淋淋地提到西大街清真小饭馆里,叫厨师炒熟下酒。寿县城里有位叫李瑞之的老人,当时亲眼看到这伙畜生的暴行,新中国成立后谈起来仍然余恨难消。①

倪毓棻为搜捕革命党人和进步群众,还造具"乱党"名册,把某人家住何处,家道如何,家属几人,旁亲几家,一一调查登录,然后派队按册缉拿。他们除进屋捕人外,还把东西抢劫一空,如果指定的人没有抓到,就抓家属充数,严刑逼问,敲诈勒索。

凤台亦是淮上军将领和战士比较集中的地区。倪嗣冲委派其心腹张熙伯(太和人)为凤台县知事,对凤台人民大肆屠杀。张熙伯带队一进城,就抬着煤油桶,要把凤台化为灰烬,恰逢阴云密布,大雨倾盆,暴行乃止。而城内平民纷纷向城外逃命,由于桥窄人挤,不少人掉进黑龙潭里淹死。张熙伯还伙同安武军营长李华堂,大肆捕杀凤台革命志士,不少人家遭难,突出者有3家:李孟煦(允璧)、齐正军、张耀西(皆为淮上军将领),尤以李孟煦家族最为惨烈。当倪军进入凤台时,淮上军水师营统领李孟煦不顾个人安危,带领卫兵李德化、李冠一到鲍家湾一带,把藏在南瓜里的短枪和卷在席筒里的长枪,还有一箱军饷银元,装到船上,由泚入淮,试图运往他地。不料船到谢营子,被守卫大古堆的倪军鸣枪拦截,靠岸检查,军械、军饷全部暴露。李孟煦当即被捕,绑在大古堆岗棚里,倪军用烧红铁锅烙他,又将他带回衙门施以重刑,惨不忍睹。次日,张熙伯亲押李孟煦至寿县皖北镇守使署,李不久即被倪毓棻杀害。李孟煦的二弟允康、三弟允乐,亦被枪杀于寿县城隍庙后,并割下首级高悬桅杆示众三日。张耀西、齐正军虽然逃到上海,但他们家族深受牵连,人被抓,家被抄,门被封。张耀西父亲因株连入狱,年高体弱,由二子张善卿代为坐牢,后将90余亩田产全部卖光,花去3000多银元,才将张善卿保释出狱。齐正军叔叔齐锦堂、齐锦章均被捕入狱。

张熙伯不仅残酷迫害革命志士,而且恣意滥杀无辜百姓。一次张

---

① 安徽省政协文史资料研究委员会:《军阀祸皖》,安徽人民出版社1987年版,第46—47页。

熙伯从乡里抓来16个村民，有个叫张永彪的米行老板，耿直胆大，乐于助人，被抓的亲属请他向张熙伯求情，张永彪出于义愤，面见张熙伯，并以身家具保。张熙伯说："这些人算你什么？你来讲情。"张永彪说："有我表侄，也有表孙子。"张熙伯脸色一沉，厉声说道："你哪有这么多表侄、表孙！"张永彪只好说："你看怎么办？"张熙伯冷酷地说："那就杀8个留8个吧！"①

倪嗣冲对于逃亡外地的革命党人也没有放过，到处派人侦缉追杀。如淮上军总司令张汇滔1919年在上海被刺杀，率领义军围攻寿县县城的水百川1917年在芜湖被捕遇害，淮上军军统孙德生1917年在芜湖遇害，淮上军军统岳相如大哥、二哥和大弟也在外地被捕杀。

二、拥护帝制

倪嗣冲是袁世凯死党，而且是反对共和、拥护帝制的顽固分子。在他家里，完全保留着封建纲常礼教。逢年过节或晨起外归，晚辈、仆人等，对他要行跪拜礼，至少也要请安，他叫坐下才能坐下。办家宴时，仆人拿着名帖，把客人引至厅堂，要喊："某某大人到！某某老爷到！"吃饭时要先给首席安座，首席坐下，陪客才能入座。平时会客，仆人端上盖碗茶后，由他亲自放在客人旁边，这叫做"看茶"，等他再喊"看茶"时，就是逐客的暗示，客人就不能再坐下去了。

倪嗣冲沉溺于晚清高官显宦那一套奢华炫耀的威风场面。每逢家里有什么喜庆，都要请不少吹鼓手，在大门、中门、厅堂奏乐，而且大门、中门两旁站立着4个或8个持枪警卫。他外出时要先行清道，所经之处均设岗哨，禁止一切交通，马队作为前导，他坐在绿呢大轿上，旁边有不少卫士和奴仆，后面还跟着一队荷枪实弹的步兵。

倪嗣冲因袭帝制时代那一套规矩，传人用令箭，行程用滚单，求见者必须呈递手本、履历。在他谈话中，常常提到什么"皇恩浩荡"及传统的"四维八德"。他对民国以来许多新生事物都看不惯，斥之为"不成体统"；他认为科举制不该废除，要求子弟读私塾，不进学校，常说

---

① 安徽省政协文史资料研究委员会：《军阀祸皖》，安徽人民出版社1987年版，第81页。

"洋学堂误人子弟",对于男女同校,视为"寡廉鲜耻"①。

倪嗣冲对于袁世凯竭尽效忠捧场之能事。1914 年袁世凯利用北洋军,弹压国民党后,自认为不可一世,遂建议"将大总统任期,改为终身制",倪嗣冲当即公开表示极端赞成。袁世凯暗中策划复辟帝制,倪嗣冲尤为卖力,一直扮演着重要角色。1915 年,14 省将军联电袁世凯速正大位,倪嗣冲是骨干分子;他还联络一批官僚政客,组织"全国请愿联合会",伪造地方民意,积极宣扬帝制,不遗余力充当急先锋。1915 年 12 月,袁世凯发表接受帝位申令后,封倪嗣冲为一等公爵位,他欣然悦纳,禀奏谢恩,并在家焚香祭祖;他在公文中称袁世凯"圣主",称自己"臣",并用"洪宪"年号,到北京谒见袁世凯行跪拜大礼。

1916 年春,袁世凯慑于护国军压力,打算取消帝制,倪嗣冲站出来表示"臣愿统领大军进攻西南,为圣主效命疆场"。袁世凯取消帝制后,还想留任大总统,但西南护国军不同意,北洋军实力派也不积极,而倪嗣冲则派倪毓棻率安武军 20 个营,开赴湖南岳州,准备进攻西南。江苏督军冯国璋主持召开南京会议,讨论袁世凯去留问题,多数附和西南派主张,倪嗣冲率数营卫队到会,坚决要求维护袁世凯总统地位,并力主大规模南征。

袁世凯死后,倪嗣冲与驻徐州北洋老将张勋关系密切。张勋是典型"复辟狂",手中掌握着 2 万多"辫子军",在徐州数次召集督军团会议,以盟主自居,积极扩大影响,为复辟帝制作准备。随后张勋利用黎元洪与段祺瑞府院之争,率 10 营定武军进京"调停",并与一批复辟分子秘密策划,把年仅 11 岁的清末代皇帝溥仪重新搬出来,张勋被封为忠勇亲王,任政务总长兼议政大臣及直隶总督、北洋大臣。在这一复辟过程中,倪嗣冲与张勋的立场基本一致,在几次徐州会议上,他都是拥张的重要角色;当溥仪复位后,下诏任命倪嗣冲为安徽巡抚,倪立即指示政务厅长派人张贴皇榜,宣布"圣谕",悬挂龙旗,改称"大清帝国",并表示不日亲自"接旨谢恩"。蚌埠、安庆、芜湖等地,均挂出龙

---

① 安徽省政协文史资料研究委员会:《军阀祸皖》,安徽人民出版社 1987 年版,第 56—57 页。

旗,蚌埠还贴出"安徽巡抚部院"通告。①

三、倪家天下

倪嗣冲统治安徽期间,不少眷属姻亲纷纷攀附贪缘,升官发财,除倪姓族人外,"如柴集的戎姓(其胞弟倪香圃的岳父家),阜阳城里的宁姓(倪嗣冲的岳父家,倪香圃的女儿婆家)、王姓(倪嗣冲的女儿婆家),城东乡的华姓(倪嗣冲的姐姐家)、程姓和赵姓(倪嗣冲的连襟家),在倪嗣冲的卵翼下,掌握了安徽的军、政、财权,组成统治安徽的集团"②。

倪嗣冲把全省财政、军事、人事等大权,都牢牢掌握在倪氏家族手中,"当时督军公署,一切公文核批、人事任免,都由他儿子倪幼丹、侄子倪道烺(又名炳文)决定处理。有时倪道烺或倪幼丹用个人名义,通知政务厅或财政厅,就可以发表县长或税务局局长"③。倪家人可以在安徽任何地方,对冒犯他们的人,或者他们不满意的人,轻者当面打骂,重者抓进衙门,坐牢受罪。当时民间流传"倪家猫,倪家狗,张牙舞爪满街走"的歌谣,老百姓深恶痛绝,但又无可奈何。

为了把安徽统治权传给下一代,倪嗣冲晚年最担心两个人,一个是跟他最久的皖南镇守使兼第一混成旅旅长马联甲,一个是清代翰林、督军公署秘书长王孝启。马联甲是安武军创始人之一,有兵权,有势力,虽是他得力部下,但毕竟是外省人,有朝一日是可以夺取他督军位置的。王孝启有才华,有声望,是安徽著名文人,很有可能夺他省长的位置。所以倪嗣冲在病榻上常常自言自语地说:"端我锅的是王孝启、马联甲。"有次,倪嗣冲突然叫人把他扶起来,坐在床上,拿出身边手枪,命令仆人说:"把王孝启、马联甲给我捉来,我要枪毙他们。"所以很长一段时间,王孝启、马联甲不敢来看他。④

① 安徽省政协文史资料研究委员会:《军阀祸皖》,安徽人民出版社1987年版,第58页。
② 安徽省政协文史资料研究委员会:《军阀祸皖》,安徽人民出版社1987年版,第87页。
③ 安徽省政协文史资料研究委员会:《军阀祸皖》,安徽人民出版社1987年版,第59页。
④ 安徽省政协文史资料研究委员会:《军阀祸皖》,安徽人民出版社1987年版,第60页。

表 3-2 倪嗣冲裙带关系表

姓　名	与倪嗣冲关系	主　要　职　务
倪毓棻	弟	安武军第四路统领兼皖北镇守使
倪道烺	子	陆军少将、督军公署副官长
倪道杰	子	宣城煤矿经理、国会议员
倪道烺	侄	凤阳关监督、正阳关盐务局局长
倪道辉	侄	阜阳地方团练总头目
倪道煌	侄	阜阳议事会负责人
倪道煦	侄	督军公署副官长、阜阳民团团长
倪朝荣	本家	安武军第一混成旅旅长、运漕厘金局局长
倪翰村	本家	督军公署总庶务处处长
倪金镛	本家	安武军第二混成旅步兵团团长
倪芳容	本家	正阳关总办
倪老希	本家	麻埠茶厘局局长
倪老冠	本家	烈山煤矿经理
倪老相	本家	烈山煤矿协理
宁允甫	岳叔父	三河尖厘金局局长
宁乐卿	内兄	芜湖米捐局局长
宁庆余	内侄	蚌埠、临淮、明光关监督
宁稚余	内侄	当涂县知事
宁汝臣	内侄	省高等法院检察官
宁仲谋	内侄	怀宁县知事
宁子玉	内侄	大通榷运局局长
宁子贞	内侄	门台子厘金局局长
宁豹臣	内侄	督军公署电务处处长
宁尧阶	内侄	茶厘局局长
宁新峰	内侄	省议员
王雨人	亲家	正阳关监督
王普	女婿	都督公署副官长、安武军第三混成旅旅长、皖南镇守使
王宗益	王普兄	寿县迎河集厘金局局长
王度生	王普兄	六安厘金局局长、盐河厘金局局长

（续表）

姓　名	与倪嗣冲关系	主　要　职　务
王维生	王普弟	芜湖纸烟税局局长
王孝启	王普本家	督军公署秘书长
王璧成	王普本家	督军公署监印官、实业厅厅长、湾沚厘金局局长
王汝周	王普本家	芜湖盐务局局长，芜湖、大通、安庆禁烟局局长
王平阶	王普本家	安庆江防司令兼长江水上警察厅厅长
王子泽	王普本家	和县知事
王培初	王普本家	界首厘金局局长
王福田	王普本家	太和县知事、五河厘金局局长、省水利会办
王舜甫	王普本家	和全、凤凰景厘金局局长
华毓安	外甥	安武军第五混成旅旅长
华纯安	外甥	安武军粮饷总局局长
华照安	外甥	正阳关监督
华石安	外甥	安武军都统
戎鸿举	倪毓棻岳父家	安武军统领
戎孟明	倪毓棻岳父家	安武军第四混成旅营长
戎老盛	倪毓棻岳父家	盱眙关总办
程雨苍	连襟家	怀远关总办
赵敬堂	连襟家	枞阳厘金局局长
赵凤楼	连襟家	毛坦厂厘金局局长
李良臣	亲戚	安武军第八路统领
邱茂萱	亲戚	寿县知事、安武军统领
李中蒸	亲戚	督军公署电务处处长
连聚伍	亲戚	督军公署总收发
吴照璜	亲戚	六安县知事
吴大鹤	亲戚	安武军第四路团长、大通厘金局局长
吕老俊	亲戚	蒙城县知事
唐瑞臣	亲戚	三里湾、界首厘金局局长
邢少潢	亲戚	六安县知事
田种玉	亲戚	罗昌河厘金局局长

资料来源:《安徽近代史》、《军阀祸皖》、《皖系北洋人物》等。

四、横征暴敛

清朝以来,有随田赋正额带征的规定,称为"平余"。辛亥光复后,各县议会以我国从没有县地方税,即以平余作为县地方财政收入,以弥补地方开支不足。1914 年倪嗣冲督皖不久,即将平余提归省有。各县失去这笔数额不小的款项,只好每办一件事,即创一种附加税于田赋项下带征,逐年增加,各县征收的附加税超过正税,大大加重了农民负担。

1914 年 6 月,倪嗣冲通令全省各地征收验契税,规定凡民间地契、房契或其他契约,不论过去现在,也不管是长期典当或临时典当,一律限期向所属县府更换官契纸,粘贴省财政厅印制的契尾,加盖地方政府印信,缴纳 20% 的验契税。如果抗不验契,不但要没收房产、地产等,还将给予刑事处分。通令还规定,由各县知事主持其事,并以验契多少,作为各县政绩重要考核标准。验契税主要用于督军公署的扩建。①

1915 年,倪嗣冲以兴修水利为名,强迫寿县人民开挖新河,结果挖了两年也没能挖通,百姓苦不堪言,官吏却乘机贪污工程款。倪还以兴办皖北水利为名,征收食盐附加税,规定每包加征 4 角,经北京政府核准,统收分拨。1916 年省议员质问,倪嗣冲先后收到财政部盐款共约 160 万元,而皖北水利工程已经结束,部款遂不再拨付,但盐斤附加税,财政部仍旧照收,成为皖北人民的负担。1918 年春,倪嗣冲撤销正阳、宿县两地官盐局,在蚌埠设立皖北盐务局,由其侄倪道烺任盐务督办,又派怀远豪绅杨朗轩在利新公司设阜安盐栈,规定所有皖北盐商必须先携货来皖北盐务局完税、定价,然后由阜安盐栈负责转运至皖北、豫东各地,才能在盐店经销,名谓"官运商销",在税、价、转、运等方面进行重利盘剥。盐商则以"羊毛出在羊身上"的办法,再提高盐价。这样导致各地都因盐少价高而常闹盐荒,盐荒之后,必然又是加价、增税,如

---

① 安徽省政协文史资料研究委员会:《军阀祸皖》,安徽人民出版社 1987 年版,第 82 页。

此恶性循环,百姓深受其害。① 倪嗣冲还因为芦盐的原价低、成本薄而获利厚,就长期垄断长芦盐场经营权,大量贩运芦盐,倾销皖北,不仅侵害了淮盐商人的利益,而且国税、商业都受到影响。②

倪嗣冲全盘继承晚清厘金制,在皖省境内到处增关设卡,搜刮税金。先是设立凤阳关监督公署,接着在清末原有五关十口外,又增设蚌埠关、明光关、怀远关,三关之下,又设不少卡口,各水路关卡装上竹栏杆,陆路关口则派兵持枪查卡。货物每过一关卡,都要加征一次关卡税,如从蚌埠到临淮,中间经过门台子、长淮卫,就要缴纳3次厘金税;又如合肥货物进入长江,中间经过巢县、运漕集,也要缴纳3次厘金税。而大多数关卡都为倪嗣冲亲戚和亲信控制,他们采取"货少征多、收多报少"等办法,一般上交八成左右,余数则尽入个人腰包。③

当时米捐也属厘金范围,芜湖是全国四大米市之一,原有轮运米捐局。倪嗣冲又在大胜关增设怀远米捐局,规定在米捐税外,还要加征军需附加税。

北洋军阀统治时期,中央财政部颁有国家税,省财政厅颁有省税,各县有地方税,津浦路有特别税。而倪嗣冲督军公署所在的蚌埠,除特有的厘金税和淮盐税外,还加征房铺捐、马路捐、卫生捐、消防捐、渡河捐、板车捐、花捐、娱乐捐、烟灯捐、地皮捐、烟叶捐、糖纸捐、筵席捐、清歌捐、人力车捐、食盐附加捐、粮食附加捐等,苛捐杂税名目繁多,搜刮民财不择手段。④

五、巧取豪夺

1914年,北京政府颁布矿业条例。倪嗣冲家族见外国势力争相侵入,知矿业有"大利可图",遂决定锐意办矿。"矿利既大,趋之者日

① 安徽省政协文史资料研究委员会:《军阀祸皖》,安徽人民出版社1987年版,第83页。
② 安徽省政协文史资料研究委员会:《军阀祸皖》,安徽人民出版社1987年版,第14页。
③ 合肥市政协文史资料委员会、阜阳市政协文史资料委员会:《皖系北洋人物》,安徽人民出版社1993年版,第34页。
④ 安徽省政协文史资料研究委员会:《军阀祸皖》,安徽人民出版社1987年版,第84页。

众;借政治势力以夺取矿权,其最有力者为民国初皖督倪嗣冲,非特嗾其爪牙探寻矿地,且号令厅县以成其事。如当涂、铜陵之铁,宿县、贵池之煤,多入其掌握。"[1]

倪嗣冲主皖不久,即指使侄子倪道烺勾结股东唐少侯、张凤楼等,夺取宿县豪绅周玉山烈山煤矿开采权,在蚌埠设立普益烈山煤矿公司,任命本家倪老冠为经理,倪老相为协理,令市民一律拆去柴灶,改烧煤炉。而煤炭产地在宿县,运输不畅,经常脱销,引起供应紧张,价格也就上涨,倪家自然得利甚多。[2] 1918 年,倪嗣冲和其长子倪道杰以合办为名,挤走在繁昌、当涂、芜湖开办铁矿的章赣岑,成立益华公司,独霸三地矿产开采权。倪道杰还从上海人蒋汝藻手中夺取铜陵矿开采权。当时以土法开矿,安全性很差,伤亡事故频频发生,而且矿主还经常克扣矿工工资,倪氏家族是用矿工的血汗和生命来搜刮民财的。

倪嗣冲还勾结王郅隆,大做粮食投机生意。1919 年,倪、王等人打着军需旗号,廉价购进大量优质米,倒卖给日本人,一次就得款 50 万元。芜湖民众组织民食维持会,反对大量运米出口,后经北京政府核准,芜湖关才予放行。当时天津《益世报》刊载一幅漫画,漫画上有两条狗,拉着一列满载大米的列车,车上两个小老鼠扛着小旗押车,旗上写着"大米"二字,就是对倪、王等人向日本倒卖粮食的讽刺。[3]

倪嗣冲家族在安徽的掠夺是惊人的,仅在阜阳一地,就有田地 2 万多亩。阜阳有一个看风水的阴阳先生韩振国,为了巴结倪嗣冲,对他侄子倪道辉说:"阜阳有一块大富大贵的龙脉宝地,谁要是用这块宝地厚葬先人,可以寅葬卯发,立竿见影。"倪道辉很感兴趣,设宴款待韩振国,奉为上宾,让韩振国带他去阜阳城内西南角,实地察看这块所谓的"龙脉宝地"。倪道辉表示,整个安徽都是倪家的,占用这一点土地当然不算什么,将来充其量让县衙办个手续就是了。由于这块地是在

---

[1]　安徽省政协文史资料研究委员会:《工商史迹》,安徽人民出版社 1987 年版,第 39 页。
[2]　安徽省政协文史资料研究委员会:《军阀祸皖》,安徽人民出版社 1987 年版,第 84 页。
[3]　合肥市政协文史资料委员会、阜阳市政协文史资料委员会:《皖系北洋人物》,安徽人民出版社 1993 年版,第 106 页。

城里，而不是乡下，用作坟茔不太合适，最后经过倪嗣冲家族协商，并采纳韩振国不建阴宅建阳宅的提议，决定在那里建造一座将军府。将军府耗费几年时间虽然没有建成，但从停工后留下的遗迹来看，其规模和排场相当奢华，既有楼台亭阁，又有山石水榭，其中供人游览观赏的池塘就有好几个，还有专门培养花木的苗圃。府内到处都是预备建造楼阁和景观的木料、砖瓦和外地运来的各种石材，以及专门从江西景德镇定做的高档瓷器。①

1918 年农历四月十五日，倪嗣冲夫妇做五十双寿。省内各县知事和各关卡头目纷纷来贺，大送寿礼，各关卡过往商客，均要缴纳寿礼捐。届时，不少军政要人或亲自或派代表来蚌，盛况空前，热闹非凡。寿礼种类之多，价值之高，花样之奇，骇人听闻，除湘绣、苏绣、川绣的寿帐和麻姑献寿、八仙敬寿这些常见礼物外，还有象牙雕刻的八仙过海、西湖全景及金质的八仙和麻将牌。倪嗣冲最喜欢的是一尊关羽金像，这是某县知县请名家用百两赤金精心制作的。倪嗣冲委托王郅隆从北京请来几十位名角，举行为期一周的堂会演出；锣鼓喧天，通宵达旦，每台演出剧目，都是各自拿手好戏，戏场设在督军公署里，有六七百个座位。祝寿期间，白天开设鱼翅盛宴，夜晚备有燕窝参汤，大炮台、加力克、白兰地、威士忌等高档烟酒，应有尽有，还专门从南京请来80 多位专业茶师，用全套精制茶具，泡制各种名茶待客。

盛大寿庆过后，并没有给倪嗣冲带来多少喜气，倒是他的瘫痪症日渐严重，躺在藤床上像具僵尸，除其亲属外，还有两名英国籍女护士照顾。为了准备后事，倪家开始修建倪公祠，在蚌埠朱家岗一带，以极低价格强购 40 余亩民田，雇工匠日夜赶工，并重金购买两棵百年老树黄连头，植于祠堂大门两侧。1921 年，生祠落成，全省大小官吏纷纷送来匾额、楹联，并参加落成典礼。②

吴虬在《北洋派之起源及其崩溃》一书中，将倪嗣冲列为"北洋派二流军人"，并对倪嗣冲督皖期间的所作所为，有一个总的评价，现摘

---

① 安徽省政协文史资料研究委员会：《军阀祸皖》，安徽人民出版社 1987 年版，第 60—61 页。

② 安徽省政协文史资料研究委员会：《军阀祸皖》，安徽人民出版社 1987 年版，第 85—86 页。

录如下:"督皖时期,较鄂王(王占元)尤久,市怨皖民尤甚于王。癸丑革命,以战胜民党为袁所契,视为长江中部之柱石,兼绾民政,恣意杀戮,声威煊赫,力足以制中枢,名足以冠群藩,凡各督论列朝政,倪恒执牛耳。张勋复辟,徐树铮煽乱,冯国璋反段,督军团干政,倪皆为左右操纵之枢纽。民五以后,北洋督军,其言论行动与政治有重大关系者,倪应居首位,政治罪恶,不在吴(吴佩孚)、孙(孙传芳)之下。只以民九以后,身遭奇疾,赖其子道杰,其侄道烺,代主皖政。其结怨皖人,受累于子、侄者居多。晚岁退职,得缩骨病,奄奄一息,辗转哀号,求死不得,亘延三年而终。社会疾恶如仇,附会神话,指为冥谴。一人失德,百世莫改,倪氏前车,可为殷鉴矣。"①

第三节　政治制度与人事更迭

北京政府统治时期安徽省政权,有民意机关省议会,有民政机关省长公署,实权掌握在军政机关督军公署。省下有道一级行政单位,道下有县一级行政单位,县下有城、镇、乡等地方自治组织。

由于中华民国建立时间不长,各派政治势力冲突不断,整个社会动荡不定,因而从中央到地方,人事更迭比较频繁,官职名称经常改变,安徽情况亦是如此。

一、政权体制与基层组织

民国初年,废道、府、州、厅,实行省、县两级体制,1914 年,北京政府规定在省、县之间置道,实行三级体制。安徽省辖三道,将前安庐滁和道更名为安庆道,道尹驻怀宁,领 16 县:怀宁、桐城、太湖、潜山、宿松、望江、合肥、庐江、舒城、巢县、无为、和县、含山、六安、霍山、英山;将前徽宁池太广道更名为芜湖道,道尹驻芜湖,领 23 县:芜湖、繁昌、

---

① 吴虬:《北洋派之起源及其崩溃》,中华书局 2007 年版,第 71—72 页。

当涂、宣城、南陵、泾县、太平、旌德、宁国、歙县、休宁、祁门、绩溪、贵池、铜陵、石台、东流、至德、青阳、广德、郎溪、黟县、婺源；将前凤颖六泗道更名为淮泗道,道尹驻凤阳,领 21 县:凤阳、定远、凤台、怀远、灵璧、寿县、宿县、阜阳、颍上、太和、霍邱、蒙城、涡阳、亳县、泗县、五河、天长、滁县、全椒、来安、盱眙。① 1924 年,北京政府再次通令各省废道,仍实行省、县两级制。

根据北京政府 1913 年 1 月 8 日公布的《划一现行各道地方行政官厅组织令》和 1914 年 5 月 23 日公布的《道官制》,规定观察使(后改道尹)由省行政长官经由国务总理呈请大总统简任,公署分置内务、财政、教育、实业 4 科,各设科长 1 人,科员若干人;各科职权略同省公署各司,总务由内务科兼办。道尹的职权主要有下列各项:(一)属于本职的,即道尹当然具有职权。1. 颁行单行规程。道单行规程不得与现行法令和省规程相抵触,并须呈报省行政长官(或转报中央)核准或备案。2. 监督所辖官吏。(1)对所辖各县知事命令或处分,认为有妨害公益或侵越权限时,得予以停止或撤销。(2)对所辖官吏给予奖惩。(3)所辖各县知事出缺时,得派员代理,并就分发到省的候用人员中,遴选呈请省行政长官核夺任命。3. 节制调遣部队。驻扎道区范围内巡防队、警备队等,均得节制、调遣。有非常事变发生,得呈请省行政长官转知邻近驻扎的陆海军派兵处理;若情况十分紧迫时,可径向驻军提出要求。(二)属于委办的,即原非道尹本职所具,而是出于上级委任办理。1. 委托对于财政监督。其监督范围如下:(1)调查、考核各县知事办理征解等项事务,是否符合定章;(2)同上支配,是否适宜;(3)所辖各县知事办理财政,如有废弛职务或有贪污事实时,得咨请财政厅并呈报省行政长官核办;(4)有必要时,得随时饬令所辖各县知事提出报告,并派员莅查;(5)对各县报灾,得派员勘明,复按各县报告,咨送财政厅并呈报省行政长官核办;(6)复按各县新旧知事交代,手续同上;(7)各县起解各项公款,须报明道尹查核,并受财政厅咨请就近催解;(8)对道区内征收税课各局所,随时考核防

---

① 徐学林:《安徽建置沿革》,安徽省地方志办公室印,第 57—58 页。

止侵蚀等弊端。2. 委托对于司法行政监督。其监督范围如下：（1）调查、考核所辖兼理诉讼各县知事经费事宜；（2）同上奖惩事项，并须咨报高等审判厅厅长；（3）对区内高等审判分庭审检人员渎职或贪污行为，得咨请高等审判厅厅长及省行政长官核办；（4）得饬令所辖各县兼理诉讼知事，随时或定期提出必要报告；（5）同上，得派员莅查。道尹还可以受委托监督区内其他特殊官署行政。①

根据北京政府 1913 年 1 月 8 日公布的《划一现行各县地方行政官厅组织令》和 1914 年 5 月 23 日公布的《县官制》，把凡有直辖地方府、直隶厅、直隶州和厅、州等，一律改称为县，行政长官一律改称县知事，行政机关则一律改称县知事公署。各县知事公署根据事务繁简，分设 3 至 5 科，第一科掌办总务，包括机要、印信、人事、统计、收发、档案、会计、庶务等项；其余各科，则分掌内务、税务、学务、警务等工作；各科设科长 1 人，科员 2 至 4 人，技士 1 至 3 人。

根据北京政府 1913 年 12 月 2 日公布的《知事任用暂行条例》和《知事试验暂行条例》，主要内容有：县知事资格分为两种，一是经考试及格，二是经保荐并在内务部注册。（一）经考试及格。其应试资格，须年在 30 岁以上，具有下列条件之一：1. 国内外大专学校学习法律、政治、经济毕业，或同上修业一年半以上而办行政事务满 2 年以上；2. 曾任简任或荐任文官满 3 年以上，或有同上相当资格而历办行政事务满 3 年以上；3. 具有上项文官相当资格，并在前项学校修业一年半，曾办行政事务满 1 年以上；4. 无上述各项资格，由国务总理、各部总长、各地方最高行政长官特送。考试分两个阶段：民国初年由内务部主持，条例公布后则由特设县知事试验委员会主持。由内务部主持考试，本系一种临时性过渡办法，应试的都是当时现任知事，未试前一律属于署理或代理性质，考试及格后回任或分发，才算是正式知事。经委员会主持考试及格，录取在甲、乙两等即可分发任用，丙等则须送入地方行政讲习所肄业后再行分发，任用后一年再加甄别以定去留奖惩。考试分甄录试、第一试、第二试、口试。甄录试论文一篇，不及格

---

① 钱实用：《北洋政府时期的政治制度》下册，中华书局 1984 年版，第 284—286 页。

即不得再应第一试。第一试考试科目有：现行法令解释、国际条约大要。第二试考试科目有：关于地方行政的策问、设案判断、草拟文牍。第一、第二试不及格，不得再应口试。口试科目是：就当地民情风俗设为问答，就其经验设为问答等。（二）保荐资格，定为须有政事学识著述，或有政事经验成绩，由保荐到任用，有一定程序。凡各部总长或各地方最高行政长官认为富有政事学识经验，可将事实列举，连同品行才具考语（并姓名、年龄、籍贯等），出具保荐文，送由内务部交与知事试验委员会审核。委员会审核，以过半数委员同意决定可否免试。决定免试，则由内务总长经国务总理呈请大总统核准，并由内务部注册后，分发任用。若委员会决定仍须考试，除免去甄录试外，其余均同。①

　　县知事任务繁重，职权也相当广泛，大致可以分为以下三个方面。（一）关于行政方面职权。这是县知事本职范围内主要部分，除办理本县行政事项以外，并兼办国家或省所委办事项，以及同邻县协办某些事项。主要职权有：1. 发布命令。就县内行政事务或上级委办事项，在不抵触中央和省法令、章程范围内，发布县令或县单行章程。2. 任命权。所辖各级行政人员委任，但关于职掌和员额等须呈报道尹转呈省长核定注册，并由省长咨陈内务部备案。3. 监督权。对于所辖人员行政处分认为违背法令、妨害公益或逾越权限时，可以停止或撤销其处分。4. 军事权。因维持治安有必要时，得调用本县警务队等地方武力；若遇非常事变，得随时呈请省或道行政长官转请邻近驻军派兵处理；不及呈请时，并得直接向邻近驻军提出要求。（二）关于立法方面职权。主要有下列各项：1. 提议权，包括提案权和陈述意见权。可向县议事会或县参事会提出议案；县议事会或县参事会开会时，均得亲自或派员到会陈述意见，但不得参加表决。2. 编制预算、决算权。每年预计翌年全县收支编成预算，附加按语，提交县议事会议决后呈报省行政长官核准，转报内务、财政两部存案，并于本地公开榜示。又每年将上年全县收支编成决算，连同收支细账，提交县议事会议决，其余手续均同上。3. 请求复议权。一是对于县议事会或县

---

① 钱实甫：《北洋政府时期的政治制度》下册，中华书局 1984 年版，第 301—303 页。

参事会议决认为违法时交予复议,二是对于不当议案交予复议。违法议决交予复议后,县议事会或县参事会仍执前议时,得予撤销;不当议决(如对县收支或有碍公益等),则呈请省行政长官核办。4. 议案撤销权。一是经行撤销,二是经复议后撤销。县议事会或县参事会议决和选举,若认为逾越权限或违背法令时,可将事由说明,即行撤销;或先交复议,若仍执前议时,再予撤销,若原议决机关不服时,可向行政审判机关呈请处理。5. 紧急处分权。县议事会如有不赴召集或不能成立,或遇紧急事件不及召集,或应行议决而不能议决,或闭会已届而尚未议决等情况,可将应议决事项提交县参事会代议;若县参事会也有上述情况,得呈请省行政长官核准施行,但须于下次县议事会或县参事会开会时分别声明;如县议事会或县参事会认为知事处理不当时,可呈请省行政长官核办。(三)关于司法方面职权。凡未设审判厅各县,第一审民事、刑事诉讼属于初级厅或地方厅管辖,都由知事审理,而受高等厅监督。[①]

县以下各级组织,一般都是自治团体性质。城、镇、乡同级,都属县以下一级,三者区别在于,城指县治所在城乡地方,镇指人口在5万以上村庄屯集地方,乡指人口不满5万村庄屯集地方。城、镇、乡自治组织议决机关为议事会,由选民直接选出议员组成,议事会设议长、副议长各1人,由议员互选。议事会职权主要是议决下列各项:1. 本地方自治范围内应兴应革事项;2. 自治规约;3. 自治经费;4. 预算、决算;5. 选举争执;6. 自治职员惩戒。城、镇董事会及乡董、乡佐为执行机关,城、镇设总董1人,董事1至3人,名誉董事4至12人;乡设乡董、乡佐各1人。总董、董事、乡董、乡佐均由议事会选举产生并报县核准任用。城、镇、乡自治机关在县知事监督下负责执行政令,同时办理辖区教育、卫生、道路、工程、农工、商务、慈善、公共事业等自治事务。城、镇、乡自治组织执行机关均可酌设文牍、庶务等职。[②]

需要强调的是,以上所述北京政府时期官制,"取材主要依据有关

---

① 钱实甫:《北洋政府时期的政治制度》下册,中华书局1984年版,第305—307页。
② 钱实甫:《北洋政府时期的政治制度》下册,中华书局1984年版,第317—319页。

法令,但法令所规定和实际具体情况往往还有差距。如用人行政,看来好像都有详细而具体的规定,其实无论中央或地方的实况莫不全以大小军阀的意旨为断。因此,某些'于法有据'却又'于实不符'的叙述,只是从不同角度提供一些参考"①。

二、军政机构与人事更迭

北京政府统治时期地方军政机关,其主要特点有:(一)在省区和民政机关并立,名义上是军民分治,实际上民政往往受军政支配,甚至多由军政兼管,民政一直处于附庸地位。(二)地方军政机关和国家经制武装部队本非一事,这时却往往合成一体。地方军政长官一般都是由省军最高长官来充任。(三)地方军政实质是地方割据体现,可以任意对抗中央或者脱离中央,随时宣告"独立"或"自主"。从名义到编制,内容十分复杂。(四)省区军阀继续扩张势力,就要支配两省甚至两省以上,于是出现超省级机关。最常见是巡阅使,其次是某些地区边防督办,还有经略使和保安司令、总司令等名目,宣抚使、镇抚使之类空衔。(五)地方军阀分省割据形势出现后,在其势力范围之内还会出现下一层割据;这些小军阀头目在其控制地盘之内,向省区军政长官宣布"独立"或"自主"。②

北洋军阀武力统一安徽后,始为军政合一体制,不久实行军民分治。省军政长官称谓数易其名,始称都督,1914年7月18日改称将军,1916年7月6日改称督理军务(简称督军),1922年10月7日改称督理善后军务事宜(简称督理),1924年12月11日改称督办军务善后事宜(简称督办),1925年12月1日改称总司令。省军政长官称都督时,军政机关称都督府、都督衙门;称将军时,军政机关称将军府、将军行署;称督军、督理、督办时,军政机关称督军公署、督理公署、督办公署;称总司令时,军政机关称总司令部。③ 省督公署名称数易,其编制大体相同。

① 钱实甫:《北洋政府时期的政治制度》上册,中华书局1984年版,第1页。
② 钱实甫:《北洋政府时期的政治制度》上册,中华书局1984年版,第252页。
③ 安徽省地方志编纂委员会编:《安徽省志·军事志》,安徽人民出版社1995年版,第383页。

表3－3　督军(督理、督办等)公署编制表

职　别		员额(人)	职　别		员额(人)
督军(督理、督办等)		1		会计主任	1
参谋长		1		统计主任	1
参谋处	处　长	1	军需课	课　员	25
	参　谋	8		运输员	1
	秘书长	1		差　遣	1
	秘书主任	1		司　事	4
	秘　书	14		管卷员	1
	书　记	11		录　事	18
	办事员	2	军法课	课　长	1
	录　事	6		课　员	13
	录　书	5		书　记	1
副官处	副官长	1		录　事	3
	副　官	7	庶务课	课　长	1
	书　记	2		课　员	3
	录　事	3		书　记	4
军务课	课　长	1		录　事	3
	主　任	1		监印官	1
	课　员	8		校对官	1
	书　记	1		电务主任	1
	录　事	3		电务委员	1
军需课	课　长	1		收发主任	1
	军需处长	1		收发员	2
				承　启	2

资料来源:《安徽省志·军事志》,第383页。

省军政长官直属大总统,军衔为上将或中将,关于军令受参谋本部指挥,关于军政受陆军部领导;军政长官设置和裁撤,或兼任地方行政长官,均由国务会议决定;军政长官统领全省各军,调用巡防队、警备队,一般需会商省行政长官;省军政长官没有明确任期限制;省军政长官法律上没有副职规定,不过事实上不少省份另设军务会办或军务帮办,如张文生、马联甲均担任过安徽军务帮办。

表 3-4　北京政府时期安徽省军政长官一览表

职务	姓名	籍贯	学历	任职时间	任期（月）	备注
都督	孙毓筠	安徽寿县	留日	1911.12.21—1912.7.1	4	4月27日请假
都督	柏文蔚	安徽寿县	安徽武备学堂	1912.7.1—1913.6.30	14	4月27日署理
都督	孙多森	安徽寿县	贡生	1913.6.30—1913.7.27	1	7月21日弃职
都督	倪嗣冲	安徽阜阳	秀才	1913.7.27—1916.4.10	33	1914年7月18日改称将军
将军	张勋	江西奉新	行伍	1916.4.10—1917.7.8	15	1916年7月6日改称督军
督军	倪嗣冲	安徽阜阳	秀才	1917.7.8—1920.9.16	38	1917年9月8日省长改任，兼长江巡阅使
督军	张文生	江苏沛县	行伍	1920.9.16—1922.10.7	25	1920年9月16日署理，1921年9月4日到任
督理	马联甲	江苏东海	行伍	1922.10.7—1924.11.28	25	1924年11月16日离职
督办	王揖唐	安徽合肥	进士、留日	1924.11.28—1925.4.24	5	省长兼任
督办	郑士琦	安徽定远	行伍	1925.4.24—1925.8.29	4	未到任，由王揖唐、吴炳湘代
督办	姜登选	河北冀县	日本士官学校	1925.8.29—1925.11.25	1	9月30日到职，10月21日离任
督办	邓如琢	安徽阜阳	行伍	1925.11.25—1926.3.24	4	未到任
总司令	陈调元	河北安新	北洋武备学堂	1925.12.1—1927.3.4	15	孙传芳任命

资料来源：《安徽省志·人大政府政协志》，第 167—168 页；《北洋政府职官年表》。

镇守使设于省内重要地区，负绥靖地方责任，初为临时性设置，1913 年 9 月后成为定制。镇守使由大总统简任，中将或少将一般由师长、混成旅长、旅长兼充。安徽设皖南、皖北镇守使，皖南镇守使驻芜湖，初名芜（湖）大（通）镇守使，1918 年更名皖南镇守使，鲍贵卿（1913 年 9 月—1915 年 9 月）、马联甲（1918 年 1 月—1923 年 2 月）、李传业（1923 年 3 月—？）、王普（1923 年 4 月—1927 年）等先后任职；皖北镇守使驻寿县，倪嗣冲（1913 年 7 月—9 月）、倪毓棻（1913 年 10 月—1916 年

3月)、殷恭先(1916年4月—1923年4月)、李传业(1923年4月—1924年5月)、史俊玉(1924年6月—12月)、高世读(1925年1月—1926年)等先后任职。镇守使署除镇守使外,一般设参谋长1人,参谋2人,副官长1人,副官2人,军需官1人,军械官1人,军法官1人,军医官1人,一等秘书1人,书记官2人,司书生2人,收发员2人。①

　　1913年8月,倪嗣冲武力统一安徽后,袁世凯任命其为安徽都督,倪所率武卫右军便成为安徽省军,共有步队15营,马队1营,炮队2营。1914年7月,袁世凯取消都督称谓后,任命倪嗣冲为安武将军,督理安徽军务,武卫右军番号遂取消,改为安武军,始编为6路,后扩编2路,共8路40营,分驻全省各防地,担任过8路统领有马联甲、倪毓棻、李传业、王普、高性初、邱茂萱、戎鸿举、史俊玉、李良臣等。1917年10月,段祺瑞为统一军制,特派陆军部次长徐树铮赴蚌埠,劝说倪嗣冲取消安武军番号,改为陆军建制,倪嗣冲开始反对改编,后经徐树铮几次往返磋商,并许诺给予军械补充,倪才同意8路安武军,改编为直属陆军部5个混成旅,担任过5个混成旅旅长的有马联甲、李传业、王普、高世读、史俊玉、倪朝荣、马祥斌、杨士荣、刘凤图、华毓庵等。② 倪嗣冲统率的安武军,带有比较明显的私人军队性质,其编制不按规定,比较混乱,各营人数多寡不一,官阶及其升调任免,皆较随意,官兵多少,外人鲜有知者,即使军中之人,亦不很清楚。根据马联甲督理安徽时《同官录》记载,皖军混成旅编制为:每旅辖2个团,每团辖3个营,每营辖4个连,每连辖3个排,每连约160人。

　　1916年,张勋督办安徽军务,其所率定武军大批进入皖北,成为皖军一部分。定武军包括步队8路60营,马队3营,炮队3营。步队8路统领为:第一路张文生,第二路殷恭先,第三路萧保林,第四路钱广汉,第五路陈德修,第六路康得胜,第七路李辅庭,第八路姓名不详;马队统领尹凤山;炮队无统领,直属张勋指挥,炮一营营长吴子善,炮二营营长姓名不详,炮三营营长周绳武。③ 1917年7月,张勋复辟失

①　安徽省地方志编纂委员会编:《安徽省志·军事志》,安徽人民出版社1995年版,第384页。
②　安徽省地方志编纂委员会编:《安徽省志·军事志》,安徽人民出版社1995年版,第390页。
③　安徽省政协文史资料研究委员会:《军阀祸皖》,安徽人民出版社1987年版,第73页。

败,段祺瑞命倪嗣冲办理定武军善后事宜,倪将定武军改编为新安武军,保荐张文生为新安武军总统领官,尚有40营,万余人,除徐州外,主要驻防安徽蚌埠、阜阳、寿县一带。1920年9月,倪嗣冲因病辞职,张文生继任安徽督军,以新安武军为后盾。1922年10月,第一混成旅旅长兼皖南镇守使马联甲将张文生排挤去职,任安徽督理后,令将新安武军裁撤,选其精锐补充安武军各部,余皆遣散。1923年4月18日,裁撤结束,至此定武军(新安武军)退出历史舞台。①

三、民政机构与人事更迭

省设行政长官,总理全省政务,由中央任命;行政长官管辖全省行政官吏和巡防、警备部队;受政府特别委任,监督财政和司法行政以及其他特别官署行政事务;依其职权或特别委任,得发布省令;对所辖地方官吏命令或处分认为违背法令或妨害公益、侵越权限时,得予以停止或撤销;对所辖地方官吏认为应予惩戒,呈报大总统请予惩戒,并咨陈内务部(有贪污款迹可径行撤任);认为应予奖励,办理相同;有权稽核赋税出纳和考核经征官吏;凡经征官吏任免奖惩,由财政厅长呈请行政长官核办,并转咨财政部;有权稽核司法经费和考核司法官吏;凡各县承审、管狱等员任免奖惩,由高等审判厅厅长呈请行政长官核办,并转咨司法部;对所辖以及政府委任监督各高级官吏,每半年将办事成绩并出具密考,呈报大总统考核。②

北京政府时期省行政长官,称谓前后亦有变化,但没有军政长官变化大,主要是从民政长到巡按使,再到省长,办公机关均称公署。

表3－5　北京政府时期安徽省行政长官一览表

职 务	姓 名	籍 贯	学 历	任职时间	任期(月)	备 注
民政长	柏文蔚	安徽寿县	安徽武备学堂	1912.4.27—1913.6.30	14	都督兼
民政长	孙多森	安徽寿县	贡 生	1913.6.30—1913.7.27	1	都督兼署

---

① 安徽省政协文史资料研究委员会:《军阀祸皖》,安徽人民出版社1987年版,第76页。
② 钱实甫:《北洋政府时期的政治制度》上册,中华书局1984年版,第231页。

职 务	姓 名	籍 贯	学 历	任职时间	任期(月)	备 注
民政长	倪嗣冲	安徽阜阳	秀 才	1913. 7. 27—1914. 7. 15	12	都督兼署,1914年5月23日改称巡按使
巡按使	韩国钧	江苏泰县	举 人	1914. 7. 15—1915. 7. 31	12	1914年9月1日到任
巡按使	李兆珍	福建长乐	举 人	1915. 7. 31—1916. 4. 22	9	
巡按使	倪嗣冲	安徽阜阳	秀 才	1916. 4. 22—1917. 9. 8	17	长江巡阅副使兼署,1916年7月6日改称省长
省 长	黄家杰	江西新淦	进 士	1917. 9. 8—1918. 11. 21	14	1917年10月5日到任
省 长	龚心湛	安徽合肥	金陵同文馆	1918. 11. 21—1919. 1. 11	2	
省 长	吕调元	安徽太湖	进 士	1919. 1. 11—1919. 12. 31	12	
省 长	聂宪藩	安徽合肥	留 日	1919. 12. 31—1921. 8. 21	20	
省 长	李兆珍	福建长乐	举 人	1921. 8. 21—1921. 9. 29	1	9月13日到任
省 长	许世英	安徽东至	贡 生	1921. 9. 29—1923. 2. 3	16	1921年10月13日到任
省 长	吕调元	安徽太湖	进 士	1923. 2. 3—1923. 12. 11	10	2月10日到任
省 长	马联甲	江苏东海	行 伍	1923. 12. 11—1924. 11. 28	12	督理兼任
省 长	王揖唐	安徽合肥	进士、留日	1924. 11. 28—1925. 6. 18	6	1925年5月31日离任
省 长	吴炳湘	安徽合肥	陆军武备学堂	1925. 6. 18—1925. 10. 28	4	7月17日到任
省 长	王 普	安徽阜阳	保定军校	1925. 10. 28—1926. 4. 16	5	1925年12月31日到任,孙传芳委任
省 长	高世读	安徽亳县	秀才、保定军校	1926. 4. 16—1926. 12. 24	8	孙传芳委任
省 长	何炳麟	安徽定远	法政学堂	1926. 12. 24—1927. 3. 4	2	孙传芳委任

资料来源:《安徽省志·人大政府政协志》,第168—169页;《北洋政府职官年表》等。

根据 1913 年 1 月 8 日公布的《划一现行各省地方行政官厅组织令》，省行政长官公署设有总务处和内务、财政、教育、实业 4 司。总务处以行政长官名义执行公务，不设处长，设秘书；主要职权是办理机要、印信、统计、人事、记录、文书、会计、庶务等事项；处下分科办事，设有科长、科员等。各司设司长 1 人，简任，总理本司事务，以行政长官名义执行公务；司下分科办事，设 2 至 4 科，科长、科员若干人。[①] 内务司主要办理下列各种事项：（1）选举；（2）公共团体；（3）赈恤、救济；（4）公私慈善、公益财团；（5）征兵、征发；（6）户籍；（7）行政区划；（8）土地调查；（9）官产、官物；（10）行政警察；（11）高等警察；（12）司法警察；（13）著作、出版；（14）道路、土木工程；（15）河堤、海港、水道工程；（16）土地收用；（17）整饬礼俗；（18）祠宇、宗教；（19）保存古物；（20）病院、卫生；（21）防疫、检疫；（22）医士、药剂士业务监查；（23）药品、药物营业检查；（24）地方交通行政。财政司主要办理下列各种事项：（1）监督征收地方税；（2）监督地方税以外收入；（3）地方税违法征收处分；（4）滞纳地方税处分诉愿；（5）监督地方岁出；（6）编制地方预算、决算；（7）地方公债；（8）地方金融。教育司主要办理下列各种事项：（1）公立学校职员；（2）教育会议、图书审查会、教育博览会；（3）学校卫生、公立学校修建；（4）师范学校、中小学、蒙养园；（5）普通实业学校、盲哑学校、其他特种学校；（6）检定小学教育、学龄儿童就学；（7）私立大学、公私立专门学校；（8）外国留学生；（9）国语统一、各种学术会；（10）动植物园、图书馆、博物馆、搜集古物；（11）美术馆、美术展览会、文艺、音乐、演剧；（12）通俗教育、通俗图书馆、巡行文库。实业司主要办理下列各种事项：（1）农业改良；（2）农事试验场；（3）蚕丝业改良和检查；（4）地方水利和耕地整理；（5）天灾、虫害预防和善后；（6）农会；（7）农业讲习；（8）农林渔牧各种团体；（9）畜牧改良；（10）种畜检查、兽医；（11）公私林监督、保护和奖励；（12）苗圃、林业试验；（13）狩猎监察；（14）水产试验和讲习；（15）水产业监理、保护、奖励；（16）劝业会；（17）经营工业；（18）度量衡检查和推行；（19）模范工

---

① 钱实甫：《北洋政府时期的政治制度》上册，中华书局 1984 年版，第 234 页。

场;(20)工业补助;(21)工业试验所;(22)工业调查;(23)工厂监督和检查;(24)工人教育和保护;(25)输出品奖励;(26)商品陈列;(27)保险业和其他商业监督;(28)工商业团体;(29)矿区调查;(30)矿业监督;(31)矿夫保护;(32)矿税稽核;(33)地方自办和民办电气营业。[①] 1913 年 7 月倪嗣冲主皖后,实行简政政策,裁撤教育、实业两司,仅在内务司内设置教育和实业两科。

1914 年 5 月 23 日公布《省官制》后,省行政长官公署内部设置有较大变化,主要是取消原设处司,设置政务厅,作为行政枢纽;原财政司所掌职务,与前设国税厅等备处合并,另设财政厅。1917 年后,教育、实业相继从政务厅中析出,独立成厅。政务厅设厅长 1 人,简任,总理厅务,下辖总务、内务、教育、实业 4 科,职权略同旧制的总务处和内务、教育、实业各司。财政厅直属财政部,在执行职务时则须兼受省行政长官监督。设厅长 1 人,由财政总长经由国务总理呈请大总统简任,其资格除须具备一般简任官条件外,还须另有财经知识和经验方面条件。财政厅职权主要是管理全省财政和监督所属财务行政人员,也有把矿务等(实业厅未设立前)划归兼办。财政厅下辖总务、征榷、制用 3 科,各科设科长 1 人,一、二、三等科员若干人,均由厅长委任。教育厅直属教育部,在执行职务时则须兼受省行政长官监督。设厅长 1 人,由大总统简任,厅内分科办事,至多不超过 3 科,每科设科长 1 人,科员数人,另设视学 4 至 6 人。教育厅对全省教育行政人员有指挥、监督权;省立专门学校校长由厅长遴选呈请省行政长官任命,并咨部备查;其余省立中学校长均由厅长委任,分别呈报省行政长官和教育部备查;对于兼办教育县知事,关于教育事项措置,也有一定监督权。实业厅直属农商部,在执行职务时则须兼受省行政长官监督。设厅长 1 人,由大总统简任,其资格主要是曾任简任职一年以上并有成绩或有专门学识、资历。厅内分科办理,至多不超过 4 科,每科设科长 1 人,科员数人,另设技术员 4 至 6 人。[②]

---

① 钱实甫:《北洋政府时期的政治制度》上册,中华书局 1984 年版,第 235—236 页。
② 钱实甫:《北洋政府时期的政治制度》上册,中华书局 1984 年版,第 237—240 页。

表 3－6　北京政府时期安徽省政府司（厅）长名录

时　间	职　务	姓　　名
1912 年	民政（内务）司长	洪恩亮、刘廷凤、郑芳荪
	军政司长	桂丹墀、吴中英
	财政司长	黄书霖、陈维秀、史推恩
	司法司长	李国棣
	教育司长	江谦、邓艺荪、江昈、汪彼炎
	实业司长	刘廷凤
1913 年	内务司长	郑芳荪、田庚、李国筠
	财政司长	李国筠、王荃本
	司法筹备处长	李国棣
1914 年	内务司长	裴伯谦（到任前由黄家杰代理）
	财政司长	李国筠、龚心湛
1915 年	政务厅长	郑孝经（到任前先后由徐寿滋、谢重光代理）
	财政厅长	龚心湛（后为郑鸿瑞代理）
1916 年	政务厅长	郑孝经、陈师礼
	财政厅长	郑鸿瑞
1917 年	政务厅长	秋桐豫
	财政厅长	郑鸿瑞、刘鸿庆
	教育厅长	卢殿虎
	实业厅长	方时简
1918 年	政务厅长	秋桐豫、邹日煊
	财政厅长	刘鸿庆
	教育厅长	卢殿虎、马邻翼
	实业厅长	方时简、高炳麟
1919 年	政务厅长	邹日煊、李大防
	财政厅长	刘鸿庆、胡思义、陶镕
	教育厅长	马邻翼、董嘉会
	实业厅长	高炳麟

时　间	职　务	姓　名
1920 年	政务厅长	李大防
	财政厅长	陶镕
	教育厅长	董嘉会、赵宪曾、张继煦
	实业厅长	高炳麟
1921 年	政务厅长	李大防、王淮琛
	财政厅长	陶镕、孔宪芳
	教育厅长	张继煦、杨乃康
	实业厅长	高炳麟
1922 年	政务厅长	王淮琛(后由阮忠植代理)
	财政厅长	孔宪芳、阮忠植、马振宪
	教育厅长	杨乃康、江昑
	实业厅长	高炳麟、郑毂慈
1923 年	政务厅长	阮忠植、章宝谷
	财政厅长	马振宪、何炳麟、胡思义
	教育厅长	江昑(后为谢学霖代理)
	实业厅长	郑毂慈
1924 年	政务厅长	章宝谷
	财政厅长	胡思义、柳汝砺
	教育厅长	江昑、卢殿虎
	实业厅长	郑毂慈
1925 年	政务厅长	蔡祖年
	财政厅长	柳汝砺
	教育厅长	江昑、王家驹
	实业厅长	汪杨宝、方时简、陈先谱
1926 年	政务厅长	蔡祖年
	财政厅长	柳汝砺、何炳麟
	教育厅长	王家驹、洪逵
	实业厅长	陈先谱

资料来源:《安徽近现代史辞典》,第 563—565 页;《安徽省志·人大政府政协志》,第 169—170 页。

安徽省行政长官公署除上述内设机构外，还有一些直属机构。根据北京政府1913年1月8日颁布的《划一现行地方警察官厅组织令》规定，成立省会警察厅，设厅长1人，由省行政长官专案呈内务总长经国务总理荐请任命；厅长承内务总长和省行政长官命令，督责本厅职员办理省城各类警察行政事务；顾小轩、朱家珂等先后担任厅长一职。厅长之下设秘书、科长、勤务督察长、消防督察长、警察署长、科员、警察署员、译员、警察医员、技士等职，其中秘书、科长、督察长、署长等职由厅长报省行政长官呈内务总长荐请任命，其他职员由厅长呈请省行政长官委任。省会警察厅下设总务、行政、司法、卫生4科和1个消防队；另在省城各区分设警察署，执行守望、巡逻各项勤务巡警人员，分巡长及巡警等级，另可酌编各类警察队，设队长督率。①

根据北京政府内务部1915年8月6日颁布的《整顿各省警政办法大纲》和1918年1月23日颁布的《各省区警务处组织章程》，成立全省性警察行政监督机关——安徽省警务处。该处直属省行政长官，为统辖全省各级警察机构机关，并直辖省会警察厅、芜湖警察厅、长淮水上警察厅和长江水上警察厅。省警务处设处长1人，兼任省会警察厅厅长，其任命由行政长官咨陈内务部呈请大总统简任；朱家珂、王善荃、宋植枘、孙熙泽、刘道章等相继担任此职。警务处下设总务、行政、卫生、司法4科，分别管理整饬风俗、保护治安、调查户口、稽核交通、消防、预审、督捕拘押、防疫、检查食物屠宰、检查医疗卫生等工作；每科设科长1人，秘书1至2人，科员至多3人，视察长1人，视察员至多8人，技正1人，技士1至2人。②

1913年1月，设立司法筹备处，总揽全省司法行政及司法审判事务，同时具有筹设全省各级司法机构职责。设处长1人，李国棣担任此职；处下设总务、民刑、典狱3科，每科设科长1人，科员2至4人，均由处长荐请任命。倪嗣冲督皖后，于1913年9月23日裁撤该处，地方各级审检机关也相继裁撤，司法审判工作由军政执法处（即军事

① 中国第二历史档案馆编：《中华民国史档案资料汇编》第3辑政治，江苏古籍出版社1991年版，第124—125页。

② 钱实甫：《北洋政府时期的政治制度》上册，中华书局1984年版，第241—242页。

审判处)办理。倪嗣冲下台后,相继设立省高等审判厅、高等检察厅等机关。

省高等审判厅直属北京政府司法部,受司法部特别委任,可兼理全省司法行政事宜。设厅长1人,简任,承大总统命令,管辖全省司法官吏,考核兼理诉讼县知事,综理全省司法经费及特别收入款项;在司法行政方面,接受省行政长官督导和考核。龙灵、张志等先后任厅长。省高等审判厅主要负责审理下列案件:(1)不服地方审判厅第一审判决而控诉案件;(2)不服地方审判厅第二审判决而上告案件;(3)不服地方审判厅决定或命令按照法令而抗告案件。该厅设民、刑庭负责审理民、刑案件;每庭设庭长1人,推事若干人;在审判案件时,采取合议制,由推事3人组织合议庭执行,由庭长任审判长。该厅下设书记厅,设书记长1人,领总务处和民刑事处;总务处设文牍、统计、会计3科,民刑事处设民事、刑事2科。省高等审判厅至国民政府接管安徽后改称省法院。省高等检察厅是与省高等审判厅配套而置,设检察长1人,简任,承大总统命令,统辖全省司法检察事务,袁凤曦等担任此职。检察长下设检察2人,荐任,协助检察长办理全省司法检察事务。省高等检察厅主要职权有:(1)凡刑事案件,依法实行搜查处分,提起公诉、实行公诉,并监察审判执行;(2)凡民事及其他事件,依法为诉讼当事人或公益代表人,执行特定事宜。省高等检察厅内置书记室,设书记长1人;置总务、纪录、监狱3科,每科设科长1人,掌理科务。①

1921年6月,根据北京政府颁布的《省参事会条例》,成立安徽省参事会,作为省行政辅助机关。省参事会由省行政长官和12名参事员组成;12名参事员中,省行政长官委任3名,以省行政长官公署所属各厅、处长为限;聘任3名,以本省为限;省议会选举6名,但省议员当选者不得超过3名;其中聘任及选举参事员不得兼充其他官职。省参事会以省行政长官为会长,另置秘书若干人,由会长任用;秘书承会长命令,掌理文牍、会计及其他庶务。省参事会职权包括:(1)筹划关于省地方应行兴革及其他行政事项;(2)筹划整理省存不动产、营造物、

---

① 钱实甫:《北洋政府时期的政治制度》上册,中华书局1984年版,第133—136页。

公共设备及其他财产事项；（3）审议省行政长官提交省议会预算、决算案及其他议案；（4）审议省议会建议案可否执行；（5）审议省行政长官答复省议会质问案；（6）受省行政长官委托，出席省议会，说明提案旨趣或陈述意见；（7）处理各级自治纷争及疑难事项；（8）审议省议会议决案执行情况；（9）对于国家行政建议或答复省行政长官咨询；（10）其他依法令未规定归中央管理的省地方各事项。省参事会由会长负责召集，参事员出席未达三分之二以上不得开议；议事时，以出席参事员过半数同意议决，参事员表决可否同数时，取决于会长；参事会议决事项，由省行政长官负责执行。①

四、立法机关与人事纷争

辛亥革命时期各省设立临时立法机关颇不一致。1912 年 9 月以后，北京政府陆续颁布有关法规，1913 年初，各省先后依法成立新的省议会。"二次革命"失败，袁世凯一再摧残国会，终致非法解散，各省议会遭遇亦如此。袁世凯死后，国会恢复，省议会也陆续重新集会。但在军阀当政情况下，各省议会并未完全恢复，即使恢复也不能发挥正常作用，有些成为军阀装潢门面的御用工具。

民国初期关于省议会法规，主要有下列几种：1912 年 9 月 4 日公布的《省议会议员选举法》，1912 年 9 月 25 日公布的《各省第一届省议会议员名额表》，1912 年 10 月 2 日公布的《省议会议员选举法施行细则》和《省议会议员复选区表》，1913 年 4 月 2 日公布的《省议会暂行法》。②

根据上述法规，各省第一届省议会议员名额，由国会（临时参议院）议决公布，安徽为 108 人。省议员选举分为两种：正常选举和临时选举，议员任期届满后重新选举，叫做正常选举；正常选举无效重选，候补议员未补尽而仍须补充补选，叫做临时选举。省议员选举采取间接选举制，分初选和复选两个步骤；省议员选举设选举总监督 1 人，由

① 安徽省地方志编纂委员会编：《安徽省志·人大政府政协志》，方志出版社 1999 年版，第 165—166 页。

② 钱实甫：《北洋政府时期的政治制度》上册，中华书局 1984 年版，第 210 页。

省行政长官兼充,初选区监督由县行政长官兼充,复选区监督由总监督临时委任,初选、复选均设投票管理员、投票监察员、开票管理员、开票监察员等各若干人,由各监督委用。省议员选举人资格,须年满21岁以上中国男子,在编制选民册以前已在选举区内居住2年以上,并有下列资格之一,方可投票:(一)年纳直接税2元以上;(二)有价值500元以上不动产;(三)小学以上毕业;(四)有与上项相当资格。被选举人资格相同,但须年满25岁以上。凡有下列情况之一,丧失选举权和被选举权:(一)褫夺公权尚未复权;(二)受破产宣告确定后尚未撤销;(三)有精神病;(四)吸食鸦片;(五)不识文字。凡有下列情况之一,暂时停止选举权和被选举权:(一)现役军人及征调期间续备军人;(二)现任司法官吏;(三)现任本省行政官吏及巡警;(四)僧道及其他宗教师。凡有下列情况之一,停止被选举权:(一)小学教员;(二)在校学生;(三)承揽省内各项工程者及工程公司办事人;(四)在本选举区内办理选举人(监察员除外)。①

　　根据法规,省议会设于省行政长官所在地,由全体省议员组成;议员任期3年,连选均得连任;议员出缺时,由候补议员依次递补,其任期以补满原任为止。省议会设议长、副议长各1人,由议员分次用无记名投票法互选,以得票过半数当选;议长、副议长任期同议员;议长因故不能执行职务时,由副议长代理,副议长若再因故不能执行职务时,由议员互选临时议长代行。省议员权利主要有:(一)除现行犯罪和内乱、外患犯罪外,会期内不得省议会许可,不能逮捕;(二)会议时言论和表决,对省议会外不负责任;(三)任职后非经省议会许可,不得解职;(四)得有相当待遇。省议员义务主要有:(一)不得兼为国会议员;(二)不得违反议事细则,不得无故缺席;(三)不得用省议会名义干涉外事;(四)不得兼为行政官吏。省议员如有违反义务,定有罚则:一是停止到会,二是除名。省议会职权主要有3项:(一)议决权。凡下列各种事项,须经省议会议决:1.本省单行条例,但不得与法律、命令抵触;2.省预算、决算;3.省税、使用费、规费征收;4.省债募集,

---

　　① 钱实甫:《北洋政府时期的政治制度》上册,中华书局1984年版,第211—212页。

省库有负担契约;5. 省财产和营造物处分和买入;6. 同上管理方法。(二)监督权。1. 受理本省人民关于本省行政诉愿事件;2. 认为省行政长官有违法行为时,得以出席议员三分之二以上表决提出弹劾,经由内务总长提交国务会议惩办;3. 对省内官吏认为有违法、纳贿情事,得咨请省行政长官查办。此外,省议员对于本省行政事项有疑义时,得以 10 人以上连署,提出质问书于省行政长官,并限期答复;议员若认为答复不得要领时,得要求省行政长官自行到会或派员到会答辩。(三)建议权。省议会对于本省行政或其他事件有意见时,可随时向省行政长官提出建议。省行政长官对于某项事件遇有疑难时,可向省议会咨询,省议会亦须据实答复。省议会会议分为常会和临时会两种,常会每年举行 1 次,由省行政长官召集,会期 60 日,必要时得延长至多 20 日;临时会对于有紧要事件或议员半数以上请求时,由省行政长官召集,会期至多 30 日。会议非有议员过半数出席不得开议,非有出席议员过半数同意不得议决;提出议案,须有议员 5 人以上联署。省议会议决案应咨送省行政长官,省行政长官应于送达后 10 日内公布;省行政长官如认为议决不当,应于送达后 5 日内声明理由咨请省议会复议;复议时,如有出席议员三分之二以上拥护原案,行政长官应于复议案送达后 10 日内公布;若行政长官认为省议会议决案违法时,得咨达省议会撤销;省议会如不服撤销,得向平政院(未成立前属大理院)提出诉讼。①

　　1913 年 2 月 24 日,安徽第一届省议会正式成立,议员额定 108人,国民党员占半数以上,议长吕志元,副议长王树功。倪嗣冲到安庆第一次出席省议会时,马联甲唯恐议员们身带危险物品,竟派人搜身,表现了军阀对议会的反感和不尊重。1914 年 2 月,倪嗣冲配合袁世凯,下令解散省议会。1916 年袁世凯死后,安徽省议会于 10 月 1 日重新召开会议,议员名额仍为 108 人,其中国民党议员占 22 人,其他议员也大都不是倪嗣冲亲信。

　　1918 年省议会进行改选时,倪嗣冲指使倪道烺、刘道章、宁子愚、华仲西等出面组织"公益维持会",目的是包办、操纵省议会议员选

---

　　①　钱实甫:《北洋政府时期的政治制度》上册,中华书局 1984 年版,第 214—216 页。

举。倪嗣冲拿出 300 万元，在全省 60 个县以每张选票 300 至 500 元高价进行贿选，给指定竞选人每人活动经费三四万元，并指使亲信伪造选民册，竟将死去多年的人也填在选民册上，以便多占选票；投票时，大量收买选票，不让有选举权的人去投票，而由买票的人雇人代写，成批投进选票箱。结果，第二届省议会议员变成了清一色"倪家党"，省议会成为倪嗣冲的御用工具，议长柳汝士，后为晋恒履。

1921 年夏，倪道烺将截留下来的教育经费，挪作第三届省议员贿选活动经费，并再次通过"公益维持会"操纵第三届省议员选举，引起社会普遍不满。各界人士组织"澄清选举团"，坚决反对贿选的第三届省议会；省学联组织学生，利用暑假回乡调查选举舞弊情况，搜集证据，向当地法院起诉。旅沪安徽新新社、皖事改进会、自治协进会、皖民公社、救国代表团、改造安徽同志会、学生同乡会、学生同志会等旅沪皖人团体，联电安徽各团体反对贿选省议会，旅京、津、宁、汉等地皖人团体，也相继致电声援。鉴于社会各界的压力，省长聂宪藩不敢召集第三届省议会，并辞职离任。倪道烺以 40 万元贿买国务总理靳云鹏，委派他的老师李兆珍继任省长，以速开第三届省议会为交换条件，引起安庆全城"三罢"，拒李风潮遍及全省。

1921 年 10 月，李兆珍被驱逐后，许世英继任省长，宣布贿选的第三届省议会议员资格有待法律解决，得到社会各界的欢迎。然而贿选议员依靠军阀作后盾，先迫使政务厅长王淮琛辞职，继则自定于 1922 年 1 月 19 日召开第三届省议会，许世英以省长名义贴出告示制止，但贿选议员有恃无恐，如期召开会议，选举唐理淮为议长。许世英立即宣布"此种自由集会无效"，得到光明甫、刘希平、李光炯等进步人士支持，社会各界也纷纷抗议。这时，无为县选举案经法院判决为无效，继而全省各地法院陆续援例判决。唐理淮等贿选议员不甘心失败，向北京大理院控告许世英及安徽法院，许世英等亦将实情呈明北京政府。由于贿选不得人心，北京政府经过调查核实，宣布皖省贿选议员资格无效，应以重新依法改选。"公益维持会"随即被取消。1922 年 10 月，由于倪系军阀干扰，安徽第三届省议会改选未果，省议会此后基本上停止了活动。

131

第四节　兵变匪患与人民起义

民国成立以来,政局动荡,社会混乱,兵变时有发生,匪患难以根除;而人民群众不堪剥削与压迫,纷纷起来反抗斗争,不同程度地打击了统治安徽的军阀政权。

一、频繁的兵变

北京政府统治时期,士兵们因为欠饷、饥饿和官长虐待等原因,猝然起事时有发生,据不完全统计,从 1912 年 6 月至 1924 年 12 月间,全国 20 多个省份中,影响较大的兵变有 49 次,其中 3 次发生在安徽,即屯溪兵变、安庆兵变、寿县兵变。①

(一)屯溪兵变

屯溪地处皖南徽州,与浙江、江西两省毗邻。倪嗣冲督皖时,派一连官兵驻扎此地,称为巡缉队,队长汪俊平日对待士兵极为严厉。1914年 7 月 18 日,汪俊因事惩责士兵张炳桃"激动众怒",士兵们遂暗中约定起事。20 日晚他们照常上街巡逻,21 日凌晨两点,突然哗变,鸣枪起事。打死试图镇压的汪俊和排长程名杰、书记官胡志涵,打伤排长汪家谦、韩斌、郭国钧等,并用刺刀在汪俊尸体上猛戳以解怨恨。随即赶往电报局,砍倒电线杆,以阻止消息外露,然后闯入茶厘总局抢劫财物,并打劫了数家钱庄、商店。晨 7 时,变兵百余人,在副目郑龙标率领下,由屯溪上三厘梨阳渡河,向盆口、黄源方向而去,"沿途裹胁甚重",行至童子山时,把抢来的钱财分赃后,弃枪易服,分散潜逃。

兵变发生后,屯溪电报局局长叶文绰当日上午即电告交通部,交通部迅即转呈大元帅统率办事处。袁世凯于 21 日即训令安徽督军倪嗣冲"迅速派队前往剿缉,分头堵截,毋任远扬,致滋煽扰,并将此次肇

① 翁飞等:《安徽近代史》,安徽人民出版社 1990 年版,第 440 页。

乱情形查明速复"。并同时训令浙江督军朱瑞、湖北督军段芝贵、江西督军李纯"妥为防堵,毋稍疏忽"。22日和23日又接连训令倪嗣冲、朱瑞"迅派得力军队,扼要堵截,勿任蔓延","不分畛域,协力堵剿,迅速扑灭"①。倪嗣冲在得知兵变消息后,当即电饬芜大镇守使鲍贵卿"就近派队,星驰痛剿",又电饬休宁县知事吴培尧"移会邻县,一体堵缉",鲍、吴随即派兵前往屯溪会剿,拿获变兵10余名,收缴枪支40余杆。倪嗣冲又电饬鲍、吴"将所获叛兵就地枪毙,酌留军队一连驻屯搜缉,并按照叛兵名册花名籍贯,分别咨饬缉拿,俾期除恶务尽"②。浙江督军朱瑞也速调军队,并令遂安、开化、淳安等县知事严密防堵。26日,遂安县知事在石寺坞捕获变兵2名,并应倪嗣冲要求,押解屯溪惩办。经过10多天的会剿,官府很快扑灭了这场兵变。

(二)安庆兵变

1917年9月2日深夜,驻扎安庆安武军第八路第三、第五营士兵,因不堪官长压迫和剥削,突然举行兵变,刺杀统领李良臣,抢劫商号,天明后各自逃散。倪嗣冲在蚌埠闻讯后,深感"变出非常,惭痛交并",当即命令第一路统领马联甲率队前往镇压。驻南京海军第二舰队也派两艘军舰前往助剿,江苏督军李纯则密令本省邻皖驻军严加防范。倪嗣冲和李纯还分别密电大总统、国务院、陆军部,报告兵变情况,倪表示"彻底查究,从严惩办,以伸军纪,而戒将来"③。这次兵变不久即被平息。

(三)寿县兵变

1922年6月19日夜11时,驻守寿县新安武军士兵,迫于饥饿,突起哗变。抢劫铺户36家,其中史太生等3户被烧,姬某被打伤。帮统殷廷秀、寿县知事程鉴,即督率军队及警队前往镇压,并急电省督张文生报告情况,张文生即命新安武军司令兼皖北镇守使殷恭先连夜驰往查办。20日夜间,变兵又在卉子街口放火,延烧7家。21日殷恭先到达寿县,淮泗道尹李维源亦奉令赶到,与殷廷秀、程鉴一起处理兵变,

① 中国第二历史档案馆:《北洋军阀统治时期的兵变》,江苏人民出版社1982年版,第116—117页。
② 中国第二历史档案馆:《北洋军阀统治时期的兵变》,江苏人民出版社1982年版,第118页。
③ 中国第二历史档案馆:《北洋军阀统治时期的兵变》,江苏人民出版社1982年版,第133页。

"严查为首滋事之兵丁及约束不严之官长,按照军律,从严惩办","查明地方损失,分别抚恤,妥筹善后"①。兵变发生后,安徽督军张文生、省长许世英除紧急派兵镇压外,还分别密电大总统、国务总理、国务院、陆军总长、陆军部等,报告情况,陈述因由。

安徽除了这3起影响较大的兵变外,从1912年至1927年,各地还陆续发生了近20起大小不等的兵变。

表3-7　北京政府时期安徽兵变情况简表

时　间	单　位	起因	情况、结果
1912.6.30	固镇驻军	欠饷	被镇压遣散
1912.7.2	桐城保安团	欠饷	被镇压
1912.7.3	驻芜湖庐军第五十七团第二、第三营	欠饷	劫掠店户27家,焚毁4户,劫军械库,后逃散
1912.7.20	驻安庆集贤关北伐先锋队第二营	欠饷	准备入城抢劫,被镇压,逃散
1912.8.1	驻滁州第一团第七、第八连	欠饷	劫夺团部枪械子弹,劫焚商店,被镇压,逃散
1912.8.15	驻安庆第一旅第三营左队	欠饷	被缴械遣散
1912.12.6	运漕镇驻防队	欠饷	枪毙队官,抢掠商店,全镇闭市,交通断绝
1913.10.19	泾县驻军第一营	欠饷	抢劫富户和码头厘卡,被镇压,逃散
1914.7.20	屯溪巡缉队	虐待	毙队长等,抢劫后逃散
1915.10.22	桐城孔城镇驻军	不详	堵截街口,抢掠商店
1916.4.21	驻凤台顾家桥团防营	不详	大肆抢掠
1916.5.16	驻大通张勋部第三十五营	不详	管带张盛林被枪毙,逃散
1917.9.2	驻安庆安武军第八路第三、第五营	虐待	杀死统领李良臣,抢掠,逃散
1917.9.7	驻当涂定武军两营	欠饷	肆意抢掠,被镇压
1918.3.9	合肥下塘集退伍兵500多人	不详	占领下塘集

---

① 中国第二历史档案馆:《北洋军阀统治时期的兵变》,江苏人民出版社1982年版,第240页。

时　间	单　位	起因	情况、结果
1918. 10. 7	驻宿县龙济光新编振武军	不详	被镇压,逃散
1919. 4. 15	驻安庆安武军第八路第一营	不详	在西城区纵火抢劫,被镇压,逃散
1922. 6. 19	驻寿县新安武军	饥饿	焚掠,被镇压
1922. 7. 9	阜阳溃兵1500余人	饥饿	焚掠,烧死多人
1922. 7. 13	英山县卫队	不详	勾结外匪,占据县城
1923. 4. 12	和县兵变	不详	不详
1927. 1. 3	芜湖兵变	欠饷	大肆抢掠,被镇压

资料来源:《安徽近代史》,第443—444页;《安徽近现代史辞典》。

上述兵变,大多由欠饷、饥饿或官长虐待引起,与有组织有计划有纲领的大规模起义不同,缺乏严格的纪律和明确的目标,泄一时之愤,图眼前之利,因而往往表现为旋起旋灭。兵变尽管在一定程度上打击了军阀统治,但对百姓生命财产亦造成了较大破坏,从一个侧面反映了北洋军阀统治时期的黑暗。

二、严重的匪患

北京政府统治时期,安徽匪患时有发生,难以根除,"仅1914年一年,倪嗣冲就签发了20封有关匪患的函电"[1]。匪患问题严重扰乱社会治安,阻碍经济发展,甚至对各级政权构成一定威胁,所以主政的倪嗣冲也采取了一些措施,取得一定成效,但往往只能治标,难以治本,况且民国以来一直有"兵亦匪,匪亦兵,兵匪一家"的说法,这在安徽匪患中亦有反映,比较典型的有"老洋人"洗劫阜阳和孙殿英祸害亳县。

(一)"老洋人"洗劫阜阳

"老洋人",本名张庆,河南宝丰人,因长相酷似外国人,所以人称"老洋人"。民国初年,他曾拉拢一小股人,投奔归德镇守使宝德金,

---

① 梁家贵:《倪嗣冲与民初安徽匪患治理》,见施立业、李良玉主编:《安徽三大家族与近代中国实业研究》,合肥工业大学出版社2010年版,第120页。

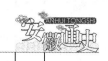
当过机枪连长。宝德金被冯玉祥枪毙后，"老洋人"带枪逃回宝丰，聚集地痞流氓，四处掳掠，势力渐大。阜阳是倪嗣冲老家，本家倪金铺率安武军一团兵力驻守，侄子倪道煦任阜阳民团团长，手中也有1200多人。"老洋人"劫城之前，曾派土匪伪装成民工和小商贩，混入城内，刺探情报，担任内应，城内亦传出河南大股土匪正往这里流窜消息，但倪金铺、倪道煦等人当时正忙着建造倪嗣冲将军府，乘机搜刮侵吞民财，根本不把匪情当回事，未作丝毫防范。

1922年11月1日（农历九月十三日），这天阜阳城内和往日一样，中午倪道煦在马公祠请"花会"，倪家亲友、钱庄经理、官绅名士都在那里吃酒取乐。晚上，请名角唱戏，德旺楼演《九江口》，德月楼演《白马坡》。戏刚开场，安武军熊营长派人来送信，说探子探到"老洋人"已经过了杨桥集，正往阜阳扑来，当时剧院就乱了，戏也停了。半夜里，土匪们从南门进城，自南往北，见门就砸，砸开就拥进去抢东西。抓到男丁强令入伙，抓到妇女即奸污或掳走。南区有钱庄和几家大商号，土匪们抢完一家，就放火焚烧，大火自南往北蔓延，第二天上午烧到北关，灰烬随风飘到几十里以外。

城里人能跑都跑了，土匪走了一批，又来一批，如入无人之境，安武军和民团队伍也不知道都跑到哪里去了。据说倪金铺正在乡下买地，团部副官向他报告土匪进城消息，他置若罔闻，仍不回城。倪道煦参加"花会"后，留下两个妓女作乐，土匪进城后，勤务兵把他从床上架起来逃跑了。县长陈涤尘被土匪当"肉票"掳去，倪嗣冲女婿王普五弟也被当作"肉票"掳走，"肉票"是土匪对所掳者通称，根据"肉票"身价和家境，分别估定票价，并令"肉票"通知家人带钱来"赎票"，到期不赎，就折磨"肉票"，甚至"撕票"（杀害）。"老洋人"一伙洗劫阜阳后，又连陷正阳、固镇，并威胁寿县，北京政府派靳云鹗率队前来镇压，河南胡景翼部也奉命会剿。此后"老洋人"势力受挫，渐渐不振，因结怨太多，被仇家雇人刺死在京汉铁路列车上。

11月3日上午，土匪们离开阜阳后，逃难出城的人们陆续回到家中，安武军和民团也回来了，岂料半夜里官兵趁火打劫，土匪没有抢完的东西又被他们抢了去，美其名曰"赶走土匪"的犒赏。4日，倪金铺、倪道煦也回来了,假惺惺地在大隅首枪毙了两个抢劫居民的士兵,并贴出"安民告示"以推脱罪责。这场劫难,"大街上的房屋基本上烧完,商店被抢掠一空,数百人被土匪杀死杀伤,更多的人则被掳走。而'老洋人'劫掠而去后,倪嗣冲的旧部安武军进城,复行搜劫,其危害更甚于土匪,一时阜阳城精华俱尽,损失惨重"①。

(二)孙殿英祸害亳县

孙殿英,河南永城人,曾在姜桂题毅军中当过连长,毅军军纪不严,人所共知,因而有"吊儿郎当混毅军"的民谚。孙殿英刁蛮顽恶,大干贩卖烟土、白丸勾当,他的烟土、白丸封口上,印着一个飞鹰,起名"殿英牌"。亳县是姜桂题老家,盛产烟土,因此也是孙殿英贩毒基地;孙殿英在亳县结交了几个地头蛇,都是毒贩子,其中有白仿泰(绰号"白小猪子")、陈益斋(绰号"滋牙雕")、汤云龙,他们结为金兰兄弟,到处搜罗亡命之徒,从事不法勾当。1922 年,姜桂题病死后,其部下米振标当上河南军务帮办,但孙殿英上司、豫西镇守使丁香龄不服米调遣,并炸营暴动。孙殿英在这次暴动后,跑到巩县、宝丰、鲁山一带,当上土匪头子,集结了 1 万多人势力,自称旅长,到处抢掠,并有打劫亳县的企图。

米振标写信给亳县以姜家为首的士绅们,请他们严加防范孙殿英。当时驻防亳县是安武军第五混成旅旅长华毓庵部,华正想扩充势力,争夺皖省统治权,因此听到孙殿英有打劫亳县企图,不仅不整军备战,反而想借孙匪赴亳之机收编他的人马。于是,华毓庵与皖北镇守使李传业儿子李大瞎秘密勾结,让他暗作内应,引诱孙殿英速来亳。孙殿英未来之前,先写信要挟,说兵过亳县如接济 1 万两银元,可免骚扰。当时亳县地方武装,如警备团、商团,掌握在蒋震之、蒋逊之、李筱庵、马敬臣等人手中,他们接到孙殿英敲诈信后,分成两派,二蒋和李筱庵认为实力不济,意图贿款和事自保,马敬臣认为亳县城坚财广,又有华毓庵驻防(这时还不知华毓庵通匪),老老实实交款给孙殿英这帮乌合之众,实在太丢人。因此犹豫不决,战和皆无准备。

---

① 安徽省政协文史资料研究委员会:《旧时黑幕》,安徽人民出版社 1987 年版,第 48 页。

1925 年 12 月，孙殿英人马到达石寨，因跑得人困马乏，且枪支弹药不足，未敢贸然攻城。马敬臣率乡团数百人出城阻击，因寡不敌众，一战即溃；马指望华毓庵支援，不料华故意避往十河、双沟一带去了；城内只有北关驻有张拱臣一个团，按兵不动；李大瞎则暗地送给孙殿英弹药一车；白仿泰、陈益斋、汤云龙将孙匪百余人，偷偷埋伏在东门内李家牌坊里；守备南门警备团营长李传运则佯作不知，悄悄让开。12 月 8 日夜，孙匪鸣枪攻城，东门和曹巷口潜伏的内应匪徒，乘机把煤油浇到扫帚上，在沿街屋檐下放火，一时火光冲天，喊声动地，城内警备团首领蒋震之、李筱庵，商团首领蒋逊之，东台庙守卫蒋秃子，未作任何抵抗，即保护家眷，急急忙忙逃往商丘去了。匪兵突入北关，放了几把火，抢了几家大商号，随即冲进城里，关上城门，大肆抢掠。大户姜家住的地方，有一个警卫守护，持枪抵抗，被匪兵打死，遂打开大门，姜家男人皆在北京，家里存的 1 万多支枪，皆被匪徒劫走。匪兵们烧杀奸淫，逃不出去的妇女，许多都投了沙矼坑，或跳井自尽。匪徒们四处抓人，严刑审问钱财线索，鞭打、吊梁、香烧、铁烙，悲声哀嚎，惨不忍睹。难民们跑到小庙破屋，或是城墙角落，脸上抹上泥灰，这里蹲一堆，那里蹲一堆，抖抖索索，惊恐万状。财主家里保险柜，被砸开后扔在街上，横七竖八；锦衣华服，丢得满街皆是。东门蒋家光银子就掘出 20 多筐；王寡妇家粮仓里，囤积的都是铜元，因为笨重，匪兵不要，铜钱像雨一样撒得遍地都是。老砖街、纯化街原经营糖果杂货，大量糖果烧得化成水，顺着石头路面流淌；姜桥下电灯厂，也全部被烧毁。而亳县警备团、商团和华毓庵部队，放着土匪不打，却趁火打劫，使老百姓更是雪上加霜，这场洗劫一直持续了 10 余天，损失惨重，难以估量。

当时陈调元任皖军总司令，主政安徽，得到亳县告急消息，派皖北镇守使高世读和旅长刘凤图赴亳剿办，但他们怕孙殿英拼命，损失自己实力，所以行动十分迟缓。孙殿英一伙匪徒坏事做尽，打开西门，带着 400 多"肉票"大摇大摆退出城去。

高世读、刘凤图率队进入亳县，电请省里派道尹袁励宸前来负责办理善后。县长高培德无权无势，首先被撤职，换了王汝敬；二蒋一李有保卫地方责任，临阵脱逃，罪不可赦，可是他们百般逢迎袁励宸，请客送礼,仅仅被处以罚款代赈。而第五混成旅旅长华毓庵机关算尽反误了卿卿性命,华毓庵是倪嗣冲外甥,陈调元主皖首先考虑的是如何削弱安武军,以巩固自己的统治,华毓庵通匪成为除掉他的最好理由,于是陈调元授意刘凤图、高世读诱捕华毓庵,与华部团长张拱臣、警备团营长李传运一起被枪毙。李大瞎、白仿泰、陈益斋、汤云龙则逃之夭夭,后来白仿泰、汤云龙在六安一带被抓,押回亳县也枪毙了。首恶孙殿英则投靠直鲁联军总司令张宗昌,当上了师长。时人编个段子说:"鹰(孙殿英)飞雕(陈益斋)钻,逮住野猪(白仿泰)还愿。"其他善后不过是一点罚款,给城内被害人家发放一些救济,而孙匪掳走的"肉票"400余人却没有人管,还得各家自己备钱赎人。①

三、反抗暴政的人民起义

1913年,桐城、怀宁、潜山山民,因不堪忍受恶霸豪绅欺凌,自发举事,他们头扎红巾,手持大刀长矛,杀富济贫。同年,嘉山蒋善人、黄秀山竖起"替天行道"旗帜,带领饥民抗官造反,后活动于盱眙、来安、滁县、定远等县边境。同年8月,黄二成在河南永城,安徽涡阳、蒙城、宿县一带聚众起义,后攻入蒙城,打死知事韩世英,击伤团防局长,处决3名土豪劣绅。同年9月,水百川在寿县领导农民起义,队伍曾发展到2万多人,并攻占凤台县城。1914年1月,河南白朗起义军突入安徽,在皖西一带流动作战,多次击退尾追的北洋军,舒城、怀远、滁县、定远、亳县、涡阳等地农民和会党纷纷响应。同年2月,孟兆贵在蒙城三义集率饥民起义,打死团防分局局长刘春芳,后活动于蒙城、凤台、颍上、怀远一带,杀污吏,毁牢狱,开仓济贫。同年3月,李三杰在滁县西部领导农民起义,号称"江淮讨袁侠义军",后攻入定远县城,队伍发展到2000余人。同年5月,颍州大刀会举事;6月,濉溪、宿县三元会起义。1916年4月,中华革命党人蔡春山、余汉卿等响应云南讨袁护国军,在大通举行起义,占领榷运局、水厘局、中国银行分行,宣布独立。同年6月,岳毅、高清月率贫民在颍上县龚家集起义。1918

---

① 安徽省政协文史资料研究委员会:《军阀祸皖》,安徽人民出版社1987年版,第192—196页。

年1月，张品山率众在桐城县枞阳镇举事，抢夺水警枪械子弹，占据商团公所，宣布独立。同年3月，柏文蔚、陆建章、岳相如等发表通电，组织安徽讨倪军，领导全省各地武装起义，曾攻占含山县城，宣布独立，和县、合肥、来安、盱眙、天长、滁县、霍邱等地亦出现革命党人反倪活动。1924年6月，梅广恩、夏云峰、朱达斋等领导六安大刀会起义，先后攻占六安、霍山、英山县城。

这些反抗剥削与压迫的抗租斗争、饥民风潮、会党暴动、农民起义、革命党举事，都不同程度地打击了军阀官僚豪绅，动摇了残暴黑暗的军阀统治，具有一定的进步意义。下面着重介绍水百川起义和白朗起义的情况。

（一）水百川起义

水百川（1896—1917），原名巨汇，寿县水家湖（今属合肥市长丰县）人。父亲水怀义，农民，有6个儿子，百川排行老三。水百川幼时读过私塾，清末考入寿州公学，喜欢跟表兄王庆云及余亚农等来往，谈论救国济民大事。王庆云后任淮上军总司令，水百川任其部下，参加了辛亥革命。寿州光复，水百川任寿州东乡团防局局长，曾带人推倒庙岗集奶奶庙菩萨，将奶奶庙改为办公处，后来又参加了讨袁军。讨袁失败后，避居家中，听说倪军在寿县一带为非作歹，极为愤慨。当时一些反倪民众觉得水百川在淮上军和讨袁军干过，遇事很有主见，特去同他商量对策，水百川毫不迟疑地说："我们要想出这口气，只有大家拿起枪杆，把这些坏蛋消灭干净。"大家一听，深受鼓舞，于是奔走相告，准备举事。

1913年，农历八月初的一天，寿县城里倪军400多人，从东门出城"清乡"。沿途抓夫抢掠，走到朱家集附近，听到庄墓桥西北方向传来枪声，接着周围十几里也有枪声，而且越来越近。倪军做贼心虚，立即调头往回走，并且紧张地四处张望。这时附近村庄民众，有枪的拿枪，没枪的拿锹、叉、刀棍等，从四面八方围拢上来。倪军见势不妙，抱头鼠窜，也顾不得还击。大家乘势追了三四十里，一直追到寿县东门大桥上。守军在城头架起机枪扫射，掩护逃回的倪军进城，乡民们不顾危险，沿着东门大桥向前猛扑，因机枪子弹密如雨下，终未能冲进城去,不得不向后稍退。退到九里岗附近,大家停下来商量,一致决定成立司令部,公推水百川为司令,杨化田、杨永明、庞得明、王占元、杨夕轩、徐明甫、鲁传林等任支队长,各就本乡居住远近,划分编组,当场检查人数,共有2万余人。接着在附近村庄起灶做饭,村民们自动捐粮送菜。水百川分析形势,派出4000多人,分为4组,由沈希韩、周维新、吴登生、郑天放等率领,抢渡淮河直取凤台,很快占领凤台县城,由沈希韩担任县长,召集民众开会,宣布倪军种种罪恶及此次起义宗旨,全城人民欢声雷动,异常振奋。

是晚,九里岗司令部灯火通明,人头攒动,水百川与支队长们决定连夜攻取寿县城。半夜时分,他们兵分两路,从城东、城南两面大举猛攻,但因城门紧闭,城头每个垛口都有倪兵把守,砖石齐下,枪弹纷飞,义军殊难得手,战至天明,复退回九里岗休整。早饭后,瓦埠湖西一些民众亦赶来参战,并抬来一些梯子,大家异常兴奋,认为攻城有希望了。等到晚上,又开始攻城,一队一队跨过护城河,直抵城根,先向城头上集中射击,压住倪军,掩护登城,有登梯子而上的,有攀长木头而上的,还有踩着肩膀而上的,喊声大作,气势壮观。无奈城墙高陡坚固,宜守难攻,支队长杨化田中弹殒命,攻城者牺牲了三四十人,仍然没有成功。水百川看到牺牲太大,急令撤回原地,再想办法。有人提出挖地道,但短时间难以奏效;一连四五个晚上,都是这样强攻,均未得手,也想不出其他好办法。而倪嗣冲则利用这段时间,调兵遣将,几路增援;在平山下布置炮兵阵地,集中许多山野炮,向九里岗一带猛烈轰击,义军伤亡很大;又在淮河街集结步兵,大举反攻,义军形势极为不利。水百川认为这次大家激于义愤,仓促举事,现在孤立无援,如再坚持,不仅父老兄弟多有牺牲,而且很可能被包围失去退路,于是经与各路负责人商议,决定撤退疏散。为迷惑敌人,在撤退前激烈佯攻,然后趁黑夜急行军安全撤退。及至拂晓,倪军看到城外无人,以为义军退回九里岗去了,实际上,这1万多人撤退后,已疏散回家或潜往他乡,待机再起。

而沈希韩等占领凤台后,正准备乘胜攻取蒙城,不料于第三天拂晓,受到倪军1000多人偷袭,仓促应战,不知敌人虚实,且因凤台无险

可守,而子弹不多,势难持久,遂一面抵抗,一面撤退,由黑龙潭下水强渡淮河。不幸的是,水流湍急,船只太少,追兵又很快赶来,溺死、中弹者甚多,损失惨重。及登上南岸后,各路检点人数,只剩下七八十人。

水百川自围城失败后,知家乡不可久居,遂逃亡上海暂避,在王庆云寓所住了半年,屡欲返乡相机再举,王常劝他少安毋躁,待时而动。后来革命党人管鹏、王建芳等与他联络回皖反倪,他未征得王庆云同意即贸然成行,不意行至芜湖荻港,被倪嗣冲密探侦知拿获,旋被处死。[1]

(二)白朗起义

白朗(1873—1914),河南宝丰人,农民出身。1912 年率领河南西部农民武装起义,在北起禹县南至桐柏山广大地区杀富济贫。半年之内,队伍由几十人发展到 3000 人,后一度打入湖北,再返河南,队伍又扩大到五六千人;并在"二次革命"影响下,举起"中华民国扶汉讨袁军"大旗,矛头直指袁世凯为首的北洋军阀。1913 年底,河南都督张镇芳与河南护军使赵倜,在袁世凯督责下,组织对白朗军大规模"围剿"。为摆脱"围剿",白朗军突围东进,越过京汉铁路,挺进鄂、豫、皖边区,并准备继续东进,与安徽、江苏反袁力量汇合。

1914 年 1 月中旬,白朗军攻占河南商城、固始、光山后,进逼安徽霍山、六安等地,并扬言要到六安过新年。1 月 19 日,白朗军突然从豫皖边界金家寨进入安徽境内,威逼六安。六安驻有王传禄统领的巡缉营,听说白朗军将至,赶紧与县知事殷葆森等商议防守之策,又电请倪嗣冲速派附近军队前来支援。1 月 20 日,王传禄率队突然与白朗军遭遇,双方激战 6 小时,王传禄受伤,"几至全营覆没,全皖为之震动"[2],舒城韦道应、乔三等绿林豪杰六七百人起而响应,六安四乡"土寇"更是乘机发难。倪嗣冲十分恐慌,接连向袁世凯、参谋本部、陆军部拍发百万火急电报,请求速派大军"围剿"。

1 月 21 日,六安县知事殷葆森派人前去侦探情况,侦探据道听途

---

① 安徽省政协文史资料研究委员会:《军阀祸皖》,安徽人民出版社 1987 年版,第 43—45 页。
② 杜春和:《白朗起义》,中国社会科学出版社 1980 年版,第 101 页。

说,呈报王传禄阵亡,殷葆森吓得连夜潜逃。一部分同白朗军已有联系的县署卫队,打开监狱,释放囚徒,并收缴县署财物、枪支弹药,搜查殷实富户;青红帮也派人与白朗军秘密联络,相约里应外合。

白朗军打垮王传禄后,直趋霍山县境,在龙须坳击败霍山县知事王寿炯率领的民团,1月23日黎明进占霍山县城。1月24日上午,逃回六安城内的王传禄召集地方士绅商议对策,电催倪嗣冲速派兵救援,倪回电说正派统领马联甲、帮统马联菜、骑兵团长路靖坤及芜大镇守使鲍贵卿等率各路人马来援。不多久,马联菜、路靖坤率先头部队赶来,并说大队人马次早可到。当晚,霍山县邮差赶到六安报告,白朗军已到达距六安城70里的青山,其前锋如果当晚不到,次日晨一定兵临城下。

24日晚11点钟,白朗军前锋抵达六安城西门外,两三个小时后,主力亦到达六安城外。他们一鼓作气,连夜攻城,在4个城门外,鸣枪为号,内应闻号,乘机放火,并打开城门,顿时枪声大作,火光冲天,白朗军与官军进行了两个小时的激战,马联菜、王传禄势渐不支,欲夺北门出城,被白朗军骑兵300多人四面围歼,巡警队覆没,民团死100多人,来援官军死1000多人,路靖坤被活捉枪毙。白朗军攻占六安城,时值农历癸丑年腊月三十日黎明。[①]

白朗军占领六安后,大摆宴席,载歌载舞,庆祝胜利,欢度新年。1月25日下午,统领邱茂萱率队抵达六安城下,从东西两面攻城,白朗军英勇抗敌,激战一小时后,改变战术,挑选精干扮成农民,潜伏到附近村庄,将敌军分割围歼,打死营连长8名,缴获大批枪支弹药,邱茂萱率残部狼狈逃窜。次日夜间,王传禄又带官兵来袭,也被打得抱头鼠窜。

1月27日上午,白朗军在六安城内聚集,并放出消息不日出征安庆,直下长江,攻取南京。实际上他们得知倪嗣冲调集重兵包围六安,为了保存实力,决定撤退。临出城之际,又故意作出进军合肥的姿态,迷惑敌人;出城不远,即折向西路,直奔麻埠、金家寨;稍作休整,又北

① 翁飞等:《安徽近代史》,安徽人民出版社1990年版,第451—454页。

上进军霍邱。29日上午，前锋抵达距霍邱县城30里的杜家沟埂时，探知城内已有倪嗣冲和张勋的重兵驻守，遂又转而南下。30日，白朗军在叶集附近击溃赵倜两个营，折向六安以南活动。

2月初，白朗军集中兵力，由独山向南挺进，6日晚，再度攻占霍山县城。同日，北京政府陆军部电饬署理湖北都督段芝贵"严剿"白朗军，谓白朗军进入安徽后，"亳匪、乱党、青红帮、饥民"纷纷加入，已由一千多人增至六七千人。8日上午，白朗军撤离霍山县城，分出一部分东入舒城，主力则南向进军英山。10日，白朗军从中界岭进入英山县境，傍晚，前锋开始进攻英山县城。县警备队已闻风逃散，但民团死力防守；城里居民欲与白朗军里应外合，但未得手。次日上午，王传禄率队救援英山，白朗军在五里庙、深沟铺、石头嘴、程章河等处同王军激战一昼夜，击毙官兵40多人。随后白朗军流动作战于英山、霍山、六安之间。

不久，陆军总长段祺瑞在袁世凯督责下，离京赴河南，指挥河南、安徽、湖北3省军队，在六安、商城、固始等地，分兵驻扎，层层设防，计划将白朗军"歼灭在霍山、六安、霍邱之间"①。2月22日，白朗军主力出击商城鄢家集守军，激战一昼夜，次日黎明突围西去。所余零星小股潜伏在六安、霍山、英山等地，三五成群，继续活动数月之久。

白朗军由河南转战安徽，本想与安徽、江苏两省革命党人的反袁力量汇合，但是这时革命党人在安徽、江苏的力量已经瓦解，而袁世凯、段祺瑞、倪嗣冲、赵倜、段芝贵等北洋军阀，到处调兵遣将实施"围剿"。白朗看到无法实现预期目标，为了生存与发展，在商城鄢家集一带突围后，就将主力撤离安徽。后来转战河南、湖北、陕西、甘肃，长途跋涉，势渐不支，最后折回老家河南宝丰，英勇战死。白朗军转战皖西一个多月，歼灭了大量官军和地方武装，并攻占霍山、六安县城，致使"大局震动，中外骇然"，沉重打击了倪嗣冲在安徽的反动统治。

---

① 杜春和：《白朗起义》，中国社会科学出版社1980年版，第118页． ．

第四章

中国共产党建立前后的安徽革命活动

1919 年五四运动，是一场划时代的反帝反封建的伟大爱国运动。五四爱国政治运动和五四新文化运动，为中国工人阶级政党——中国共产党诞生，奠定了思想和组织基础。1921年7月，中国共产党第一次全国代表大会先在上海后在浙江南湖召开。1922年5月，中国社会主义青年团第一次全国代表大会在广州召开。

在俄国十月革命和北京五四运动的影响下，安徽信仰马克思主义的青年学生和工人日益增多，他们积极投身反帝反封建的爱国民主运动。在中国共产党和中国社会主义青年团指导和帮助下，一批皖籍和非皖籍早期党团员，在安徽发展党团员，建立党团组织，领导广大人民群众，开展了一系列革命活动。

第一节　五四运动在安徽

1919 年初,第一次世界大战战胜国在法国巴黎召开和平会议,讨论战后世界问题,中国政府代表在会上提出收回山东主权、取消"二十一条"不平等条约等正当要求,但遭到会议拒绝。4 月下旬,和会在各帝国主义国家操纵下,决定把战前德国在山东的一切权益交给日本。这个消息传回国内,首先在知识界和青年学生中激起强烈愤慨。5 月 4 日,北京 10 余所学校 3000 余名学生集会游行,主张拒绝在和约上签字,要求惩办亲日派官僚曹汝霖、章宗祥、陆宗舆,并焚烧曹宅,痛殴章宗祥,北京政府出动军警,逮捕示威学生多人。5 月 5 日,北京学生总罢课,并通电全国,各地学生纷纷响应。6 月 3 日,北京政府继续逮捕大批爱国学生,激起全国人民的不满,随后以工人阶级为主体的群众斗争迅猛发展,迫使北京政府在 6 月间释放被捕学生,免去曹汝霖、章宗祥、陆宗舆的职务,并拒绝在巴黎和约上签字。在这一斗争过程中,安徽各地积极响应五四运动,掀起反帝反封建的爱国怒潮。

一、全省学生迅速响应

北京五四游行示威的消息传到安徽,许多学校学生纷纷集会声援。5 月 6 日,安庆各校学生派代表在法政专门学校召开紧急会议,出席会议有 100 多人,其中有法政专门学校代表周骏(周新民)、万诚、童汉璋、宋伟年、李鸿典(李仲宾),第一师范代表方乐周(方洛舟)、常禹元、王先强、胡养蒙,第一中学代表朱瑗(朱子帆)、储应时(储一石),第一女师代表史佩英、房硕民、张绮先,甲种工业学校代表舒传贤、许厚森、方玉霞,第一农业学校代表余大化(余黎民)、王湛葆(王养吾)、童正常,六邑中学代表王步文、朱子清,圣保罗学校代表陈元礼、许丙

松等,安庆女职、培媛女校、座堂学校等也派代表参加会议。① 会议主持人报告了北京五四游行经过、北京学生被捕被殴情况,大家极为悲愤,痛哭失声,旋即议决要案数项:(一)成立安庆学生联合会,当场选出会长 1 人,副会长 2 人,内设交际、文书、总务 3 组。(二)以安庆学联名义,发出 4 个电报:1. 致电巴黎和会中国代表顾维钧、王正廷,要求继续力争废除各种不平等条约,克期收回青岛。不许签署危害中国领土、主权的屈辱条约。2. 致电北京各大学,表示安庆学生誓以头颅热血,支援北京学生行动,以争取最后胜利。3. 致电北京政府,要求罢免曹汝霖、章宗祥、陆宗舆官职并加以惩处,迅速释放被捕的北京学生,惩凶道歉,并保证以后不再发生同样的殴捕学生事件。4. 致电上海各大报转全国各机关、团体,呼吁一致奋起,响应五四爱国反日的伟大运动。(三)决定 5 月 8 日集合安庆各校学生举行游行示威,同时通知全省中等以上学校组织学生采取一致行动。②

5 月 8 日上午,安庆各校学生 3000 余人,聚集黄家操场,大会开始后,学联正、副会长登台报告,掌声雷动,接着各校代表相继发言,群情激昂。会后整队游行,沿途散发传单,高呼口号,张贴标语。不少市民深受感染,自动参加游行。

芜湖学生得知北京学生示威游行消息后,纷纷起来响应。具有爱国传统的第五中学、第二农校,首先在校内召开学生大会,并派代表同其他学校联系。接着,萃文、圣雅各、第二女师、芜关等学校的学生也陆续行动起来。5 月 7 日上午,芜湖各校学生 2000 余人,聚集东门外老铁路埂开会,声援北京学生的爱国行动。会后举行游行示威,到镇守使署和道公署递交请愿书,要求致电北京政府惩办卖国贼,释放被捕学生,拒绝在巴黎和约上签字。5 月 10 日上午,芜湖各校学生代表在芜关中学开会,决定成立芜湖学生联合会,下午又赴道教育会开会,当晚发出 3 份电报:(一)致北京政府总统、总理、参众两院议长,要求立即释放被捕学生,拒绝在巴黎和约上签字。(二)致上海申报馆暨

① 中共安徽省委党史工作委员会编:《安徽现代革命史资料长编》第 1 卷,安徽人民出版社 1986 年版,第 150 页。

② 安徽省政协文史资料研究委员会:《革命狂飙》,安徽人民出版社 1987 年版,第 19—20 页。

各省教育会、议会、学联会、商会、农会等团体及广州军政府,呼吁一致支持北京的学生爱国行动。(三)致本省各县商会、农会、勤学所及各学校,呼吁一致声援北京学生爱国行动。①

5月8日,合肥二中、三育中学、三育女中、第六师范等校学生代表30多人,聚集二中召开会议,决定成立合肥学生联合会,声援北京学生爱国斗争。接着,各校学生组织演讲团,分赴街头进行宣传。5月15日,合肥各校学生在卫衙大关公共操场举行大会,到会学生4000多人。会后游行示威,高呼反帝爱国口号,并张贴标语,散发传单。

5月8日,六安第三甲种农校等校师生纷纷走出校门,三五成群在街头巷尾、茶楼饭馆慷慨陈词,向城关人民介绍北京五四游行示威情况,历数卖国贼曹汝霖、章宗祥、陆宗舆的罪行,号召各界人士关心中华民族存亡大事。

5月6日,北京学生爱国斗争消息传到宿县、怀远、泗县等地,青年学生走上街头,游行示威,反对签订卖国和约。灵璧、萧县、五河、砀山、颍上等地学校师生也纷纷集会游行。阜阳六中和第三师范学生,积极响应五四运动,罢课两天。凤阳第五师范和第四中学学生1000余人,进行罢课和游行示威。

此外,皖南的泾县、南陵、青阳、黟县、宁国、繁昌、宣城、广德、贵池、秋浦、铜陵,皖中的无为、庐江、巢县、和县、含山,皖西的太湖、岳西、舒城、桐城、望江,淮南的滁县、全椒、定远、嘉山、天长,淮北的涡阳、太和、亳县、濉溪、蒙城等县都先后响应五四运动,举行集会和示威游行,开展各种宣传活动。②

为了便于协调领导和进一步推动全省学生的爱国运动,安庆学生发起成立全省学生联合会。5月11日,召开省学生联合会筹备会议,发表宣言及泣告60县学生文,拟定的简章主要内容有:(一)定名为安徽学生联合会。(二)本会以尽学生天职,谋国家福利为宗旨。(三)

① 中共安徽省委党史工作委员会编:《安徽现代革命资料长编》第1卷,安徽人民出版社1986年版,第153—154页。

② 中共安徽省委党史工作委员会编:《安徽现代革命资料长编》第1卷,安徽人民出版社1986年版,第158页。

本会由全省学校组成,分评议、干事两部。(四)职员包括正、副会长各1人,评议长1人,干事部长1人,评议员每校2人,干事员分文牍、庶务。(五)任期以一年为限。(六)经费由各校平均担任。(七)全体大会每年举行1次,职员会每星期1次,特别会由会长临时召集。(八)会址暂定圣保罗学校。(九)设分会于各县。① 5月25日,召开安徽省学生联合会成立会议,由各校学生代表推举委员15人,再由委员互选正、副会长,学联下设文书、宣传、组织、教育、经济、交际6个股,设正、副股长各1人,协助正、副会长开展工作。② 6月16日,安徽省学联推选2名代表,出席在上海大东旅社举行的全国学生联合会成立大会。

二、抵制日货

安徽各地学生响应五四运动,除罢课、集会、游行示威外,还联合社会各界,开展抵制日货斗争。

安徽抵制日货的斗争,早在1915年日本向袁世凯提出"二十一条"时就已开始,至五四运动时期达到高潮,站在抵制日货斗争最前列的是安庆、芜湖、合肥等地学生。

5月18日,安庆学联在公共体育场召开大会,会议主题是"争还青岛,抵制日货",到会学生2000多人。会后进行游行,"演讲员痛陈倭奴危害于各商店及十字街口。慷慨激昂,闻者皆为流涕鼓掌愤呼,一直由警务厅、教育会,出西门大街,绕招商码头,进大南门,穿省议会,暨四牌楼正街,过省长督军公署,乃入公共体育场,时已五点钟矣。遂向国旗行三鞠躬礼,复三呼'万岁',如前而散","游行后之影响,本城总商会,前曾电争一切,今受此种刺激,立发通知,抵制日货"③。

随着抵制日货斗争的深入,安庆学生联合工商界成立安徽省各界

---

① 中国社会科学院近代史研究所:《五四爱国运动》上册,中国社会科学出版社1979年版,第219页。

② 中国社会科学院近代史研究所:《五四运动回忆录》下册,中国社会科学出版社1979年版,第788页。

③ 中共安徽省委党史工作委员会编:《安徽现代革命史资料长编》第1卷,安徽人民出版社1986年版,第159页。

抵制日货委员会,同时拟定了4项具体办法:(一)各校师生已买的日货,价值在1元以上的,如牙粉、牙刷、肥皂、毛巾、洋灯、洋伞、搪瓷器皿等,一律送交各校检查日货小组转送抵制日货委员会集中,定期召集群众大会在黄家操场公开焚毁;价值在1元以下的,用完后不得再行购买;如愿将所有日货一并送交公开焚毁,更为欢迎。(二)商店现有的日货,经抵委会检查登记后,加盖戳记,分别贴上存货标记,售完后不得再行买卖。(三)经检查登记后,如再发现商店、机关、学校或私人藏有未经登记、贴标记的日货,不问属于何人所有,一律予以没收,并根据私藏者的经济状况、知识水平及货物多寡、价值高低,处以一定罚金;如屡犯不改,其情节严重者,以汉奸罪论处。(四)工人不用日币,不给日本人搬运日货,也不给任何人搬运日货。[1]4项办法公布后,首先由学校及学生进行自身检查,接着再检查学生家长商店和其他商店。安庆总商会亦有所行动,特地召开董事会,决定:(一)调查海味业、布业、糖业、药业诸号现有及已订未运日货数量。(二)恢复国货维持会,决定先行断绝日货来源,以端午节为限,此后再有来货,一律充公。(三)现存日货,资本充裕者,可收存不售,小贩小店,另筹办法,但一定坚持到底。[2]

5月下旬,安徽省学联成立后,在安庆设立4个抵制日货组织。(一)设立国货检查所。该所由省学联联合总商会、律师公会、农会共同组成,机构设在南门外迎宾馆内,任务主要是检查安庆码头船运的日货。具体工作由省学联组织一个检查队,队员40人,由各学校学生轮班,分成4个小组,每小组10人,日班2个小组,分担上午和下午;夜班2个小组,分担上半夜和下半夜。长江上下轮船靠岸时,检查队即验检所有卸货,如发现日货或可疑货物,马上予以扣留。个别奸商唯利是图,见轮船无法下货,乃改用驳船驶至小港汉卸运日货,后来亦被检查队发觉,并给予严厉处罚。(二)开设国货贩卖部。抵制日货必须提倡国货,故省学联在倒爬狮子街开设一家国货贩卖部,专门收

---

[1]　安徽省政协文史资料研究委员会:《革命狂飙》,安徽人民出版社1987年版,第13页。

[2]　安徽省政协文史资料研究委员会:《革命狂飙》,安徽人民出版社1987年版,第14页。

集一女师、女职、培媛女校、甲种工业学校等校学生的手工制品和化工产品来出售,价格低廉,借以启发群众的政治觉悟。(三)创办义务小学校。在怀宁县学宫设立义务小学校 1 所,第一批学生七八十人,均系贫苦人家子弟,学校经常召开家长会,向家长宣传爱国反帝思想。(四)组织街头宣传队。为了增强市民抵制日货的积极性,省学联专门组织一个宣传队上街宣传,宣传队分若干小组,每组若干人,负责一定区域,组员由各校学生轮流担任,演讲时大多声泪俱下,听众极为感动。①

芜湖学生抵制日货斗争亦开展得轰轰烈烈,各校学生为表示决心,首先主动把自己日用品中的日货,如牙刷、牙膏、肥皂、毛巾、面盆、文具、衣服等集中销毁,然后走出校门,广泛宣传,他们劝商人不要出售日货,劝居民不要购买日货,劝旅客不乘坐日轮,劝旅馆不接纳日人,劝报社不登日商广告。学生所到之处,观者感动,听者振奋。

芜湖总商会于 5 月 17 日召开特别会议,决定由各业商董召集各业商店讨论抵制日货及提倡国货办法,于一周内向总商会汇报,以便统筹根本解决办法。而当时许多商号纷纷通知上海停办日货;学界、商界散发的抵制日货传单及鸡毛信,每日多至数十种;墙壁上贴满宣传标语,商店悬挂着"毋忘国耻"等白布旗。

这时,日本商轮来往经过芜湖装货搭客的日渐稀少;旅馆业公会决议不代售日本船票,不到日轮上接旅客,拒绝收住日本旅客;划船帮亦决定不接送日轮旅客,人力车行也拒拉日本人和日货;明远电灯公司派出工人撕掉电线杆上日商广告,墙壁上日本广告则由屋主各自销毁;《皖江日报》、《工商日报》等停登日商广告及船期、商情等。②

抵制日货不是一帆风顺的,芜湖商会会长汤善福、副会长邵侃如,仗着官府做靠山,串通徐乐山、陶玉堂等召开董事会议,拒绝抵制日货。市学联闻讯通知各校学生到商会评理,1000 多名学生随后赶到。在学生代表久劝无效的情况下,愤怒的学生像潮水一般破门而入,把

---

① 中国社会科学院近代史研究所:《五四运动回忆录》下册,中国社会科学出版社 1979 年版,第 788—790 页。

② 中共安徽省委党史工作委员会编:《安徽现代革命史资料长编》第 1 卷,安徽人民出版社 1986 年版,第161 页。

商会里的电话机、家具、花瓶、茶杯、果盘等,统统砸个稀烂,还把汤善福等劣商痛打一顿。皖南镇守使马联甲派一个营士兵赶来弹压,爱国学生毫无惧色,坚持斗争。

芜湖一小撮买办商人,如陶惜芬之流,与日商狼狈为奸,将日货商标撕去,改头换面,冒充国货,倾销市场,但很快就被识破,全部当众烧毁。一家商店从日本盐冈洋行偷偷运出日货,出门没走几步就被发现,洋行里的日商出来袒护,学联立即组织学生敲碎洋行的玻璃橱窗,以示警告。抵制日货运动的发展,使日本侵略者惊惶不安,他们借口保护侨商,将军舰开到芜湖江面停泊,并怂恿水兵上岸寻衅滋事,更加激起芜湖各界人民的愤慨。[①]

在合肥,学界也开展了抵制日货斗争。5月15日,学生发现宁复兴百货店陈列不少日货,经劝告,店主表示不再贩卖日货;但也有少数店主毫无悔改之意,仍然出售日货,因而被学生捣毁。5月24日,市学联获悉一商家运来大批日糖,改换商标,冒充福建所产,停泊在大东门外南淝河。在与商会交涉无效的情况下,遂同码头工人联合行动,将隐藏在船上的400多包日糖全部抛入水中,给商家以沉重打击。

六安、舒城、当涂、和县、寿县、怀远、五河等地亦爆发抵制日货斗争,推动了全省反帝爱国运动的发展。

三、“三罢”斗争

5月29日,省学联开会酝酿总罢课,并议决数案:(一)一律罢课,与北京学生一致行动;(二)要求官府停止撕毁传单的行为;(三)要求言论著作自由、拍电自由、集会自由、演说自由。各地学生罢课斗争开始后,省长吕调元大为恐慌,经向倪嗣冲请示后,即令教育厅颁发布告,声称:“如有纠众滋事,紊乱秩序之行动,依法逮捕”,“限定三日复课,否则,决以军警干涉”[②]。但学生们并没有被吓倒,依然坚持罢课斗

---

① 中国社会科学院近代史研究所、中国第二历史档案馆:《五四爱国运动档案资料》,中国社会科学出版社1980年版,第221页。

② 中共安徽省委党史工作委员会编:《安徽现代革命史资料长编》第1卷,安徽人民出版社1986年版,第174页。

争。一些同情学生的教职员工也站出来,以"全体辞职"的鲜明态度,向北京国务院、教育部,安徽省府、教育厅提出强烈抗议。省府迫于压力,取消军警强制复课的法令,改为饬令教职员劝导学生复课。但3日限期过去后,各校仍未复课。省府乃宣布提前放假,开文官考试,以分化瓦解学生的斗志。学生们没有上当,利用提前放假的机会,回到家乡,宣传反帝爱国道理,帮助各县成立学联,使运动更加广泛深入地开展。

早在5月中旬,芜湖的码头工人、人力车夫、旅馆员工、纺织工人、商铺店员等,就同学生在抵制日货中并肩战斗。从6月5日起,芜湖码头工人、手工业者、店员开始罢工。6月7日,芜湖各钱庄、广潮两帮米号相继停业。6月8日,芜湖商人罢市进入高潮,"芜埠一律罢市,军警劝导,现尚相持,开市甚少"①。"八日晨,长街由西门至江口各商店,不下店门板者仅及半数。直至午刻,各家店门始下而复上。于是城内马路沿河两岸,皆相继复上店门,以表决心"②。

6月11日,安庆举行总罢市,十里长街关门闭店,冷冷清清。2000多名码头工人也罢工示威,使安庆港变成死港。安庆总商会召开各行业代表大会,在工人们支持下,决定罢市3天。当局派出大批军警,沿街挨户勒令开市,而学生则成群结队上街串联,鼓励商民坚持罢市。六安、阜阳、合肥、宣城等地也广泛开展了"三罢"斗争。③

第二节　安徽先进知识分子的觉醒

五四运动揭开了新民主主义革命的序幕。安徽人民在五四时期的革命斗争,打击了日本帝国主义的嚣张气焰,动摇了封建军阀的统

① 中国社会科学院近代史研究所、中国第二历史档案馆:《五四爱国运动档案资料》,中国社会科学出版社1980年版,第281页。

② 中共安徽省委党史工作委员会编:《安徽现代革命史资料长编》第1卷,安徽人民出版社1986年版,第178页。

③ 戴惠珍、王鹤鸣、杨雨润等:《安徽现代史》,安徽人民出版社1997年版,第49页。

治基础。这场运动使安徽人民,特别是青年学生,普遍受到了教育和锻炼,提高了民族、民主革命的觉悟和积极性,促进了马克思主义的学习和传播。这场运动还使进步知识分子和青年学生深刻认识到,工人阶级是反帝反封建的重要力量,因此开始到工人群众中去,创办各类学校,宣传革命思想,帮助工人组织起来,开展各种斗争。还有一批安徽青年学生克服重重困难,前往法国勤工俭学,学习西欧文明,研究马克思主义,寻求救国救民的真理和途径。

一、马克思主义的传播

马克思主义在安徽的传播主要是通过进步书刊的引入。五四运动以后,传入安庆、芜湖等地的进步书刊不下数十种,如《新青年》、《每周评论》、《湘江评论》、《赤都心史》、《星期评论》、《新潮》、《创造周刊》等。安庆市以第一师范、第一中学和法专学校发行量较多,发行人主要是市学联的领导骨干,如方洛舟、王步文、周新民、万诚、常禹元、汤志先、王同荣、吴振鹏、余大化、郭正武、童长荣等。他们在安庆紫堂阁开设半公开的皖江书局,出售各种进步书刊。统治当局对这些进步书刊检查很严,除在城镇一部分进步知识分子和青年学生中传阅外,农村中流传较少。[①]

五四运动前后,设在芜湖长街中段的科学图书社,以积极经销新文化运动和马克思主义书报杂志而著名。该社经理汪孟邹与陈独秀是至交,《安徽俗话报》和芜湖革命党人的不少宣传品都是在这个书社印刷的。汪孟邹还在上海创办亚东图书馆,常与教育文化界进步人士来往,并在他们的影响下大量发行进步书报。五四运动后,他集中力量经营新书刊,《新青年》、《向导》、《中国青年》、《创造周刊》、《共产主义 ABC》、《辩证唯物论》等总是随到随销。鲁迅、蒋光慈、郭沫若、茅盾等进步作家的文艺作品也在该社大量经销。由于科学图书社推销和宣传新文化运动和马克思主义书刊贡献突出,有人送给该社一

---

① 中共安徽省委党史工作委员会、安徽省档案馆编:《安徽早期传播马克思主义史料选》,1986 年印,第 214 页。

副对联,上联是"给新文化做了几十年媒婆",下联是"为旧世界播下数千颗逆种"。①

中国共产党成立后,马克思主义在安徽得到了进一步传播,介绍马克思主义的书籍也日益增多,如陈望道译的《共产党宣言》、恽代英译的考茨基《阶级斗争》、蔡和森的《社会进化史》、李达的《社会学》等相继传入,盛行一时,进步青年争相阅读。据泗县党组织负责人王子玉向进步青年推介的马克思主义书目单,就达 22 种:《社会问题□观》、《马克思主义和达尔文主义》、《马克思学说概要》、《共产党宣言》、《唯物史观浅说》、《唯物史观解说》、《人生哲学与唯物史观》、《资本论入门》、《工人劳动与资本》、《价值、价格及利润》、《马克思经济学说》、《阶级斗争》、《俄国共产党党纲》、《第三国际议案及宣言》、《国际劳动运动中之紧要时事问题》、《劳农会之建设》、《劳农俄国研究》、《俄国革命纪实》、《列宁传》、《共产党礼拜六》、《社会主义讨论集》、《社会经济丛刊》。②

随着马克思主义书刊的广泛传播,安徽宣传马克思主义的活动,亦逐步深入到安庆、芜湖以外的一些地区。据一份霍山县敌伪档案称:"民国九、十年间,霍山洪世奇在省教育界服务,以马克思列宁学说煽动青年,其侄洪实及其信徒舒传贤回霍宣传尤力。其时一高校长黄子山及四高教员张景崐、秦维纲等醉心盲从,抵死不变。此共产主义遗毒霍山之始也。"③1921 年,濉溪三高小学进步青年郑子玉、文天情等组织青年社,社内设有图书馆、农民夜校、俱乐部,帮助学生阅读进步书刊,还邀请进步人士讲演国内外形势和十月革命的胜利。1922年秋,凤阳五师附小教师陈凤岐、王三德在课堂上,向学生宣传十月革命和五四运动,推荐《向导》、《共产党宣言》等进步书刊。

马克思主义在安徽的传播,还离不开一些先进知识分子所做的大

①　芜湖市文化局:《芜湖古今》,安徽人民出版社 1983 年版,第 134—137 页。

②　中共安徽省委党史工作委员会编:《安徽现代革命史资料长编》第 1 卷,安徽人民出版社 1986 年版,第186 页。

③　中共安徽省委党史工作委员会编:《安徽现代革命史资料长编》第 1 卷,安徽人民出版社 1986 年版,第187 页。

量工作,如高语罕、蔡晓舟、恽代英等。高语罕(1888—1948),寿县人,陈独秀的故交。1919—1921 年在芜湖任教期间,广泛宣传马克思主义和十月革命,并与无政府主义、国家主义等非马克思主义思潮进行论战。1920 年 5 月,他在《新青年》劳动节纪念号上发表《芜湖劳动状况》。1921 年 1 月,他出版了在芜湖商业夜校上课用的讲义《白话书信》,该书内容广泛,其中介绍了马克思主义的一些基本观点,以及不同派别的社会主义,产生了较大影响,后多次修订再版,1923 年 9 月出版了第八版。蔡晓舟(1885—1933),合肥人,早年留学日本,回国后在北京大学图书馆任职。1919 年 8 月,与表弟杨亮功合著《五四》一书,是全国第一部宣传介绍五四运动的书籍。1920 年后,他在安庆第一模范小学任教,开办文化书店,并经常召开座谈会,传播和宣传马克思主义。恽代英(1895—1931),江苏武进人,1920 年 11 月至 1921 年夏,从武汉应聘到宣城第四师范任教导主任,他在进行教学改革的同时,在学生中组织我社、觉社、爱智社、新群社、互助社等进步社团,指导学生阅读《共产党宣言》、《剩余价值学说史》等马克思主义著作。他多次在集会上发表演讲,用"天下兴亡,匹夫有责"的道理激励学生,引导青年树立忧国忧民、救国救民的伟大抱负。他还应邀到芜湖、安庆等地,发表演讲,宣传马克思主义和革命道理,在广大青年学生中产生了广泛影响。[①]

二、与工人群众相结合

五四运动中,一些先进知识分子从工人阶级身上,看到了中国革命的希望。因此,他们下决心"到民间去",深入社会底层,了解工人疾苦,通过开办各种类型的工人夜校和识字班,帮助工人学习科学文化知识,提高爱国热情和政治觉悟。

1919 年 11 月,高语罕、刘希平自己出资,并得到芜湖电灯公司经理吴兴周的赞助,在三圣场徽州公学校址办起一所商业夜校,招收各家商号学徒入学。夜校设有国文、英文、商业通论、数学、簿记、商业历

---

① 安徽省政协文史资料研究委员会:《革命狂飙》,安徽人民出版社 1987 年版,第 47—51 页。

史、商业地理等课程,教材由任课教师自编,国文课选用的教材,除《新青年》等进步杂志上的文章及历代爱国诗篇外,还有高语罕自编的讲义《白话书信》,每晚 7 时至 9 时为上课时间,由高语罕、刘希平、王肖山、李宗邺、时绍武(高语罕表弟,北大经济系毕业)等义务授课,风雨无阻。当时的一位学生在文章中记述了教师的敬业:"现在先生们教得非常热心,无论雨雪天都来。但是,先生们离这个学校,路远得很,且一个薪水都没有,恐怕还要贴两个钱出来。"①在高语罕、刘希平等人的精心扶植下,芜湖商业夜校尽管学生不多,且招致部分店主的抵制,但已显示出勃勃生机。

商业夜校创办后,受到商号青年学徒的欢迎,但是,一些离校较远的青年,仍不能入学。不久,高语罕和刘希平通过募捐,争取商界崔松谷、黄朋三等人的赞助,在江口附近的江西会馆另办一所商业夜校,称为第二商业夜校,课程设置、教材内容与第一商业夜校基本相同。

当时,商店学徒除照料生意外,还要供店主使唤,拿烟倒茶,扫地抹桌,很少有空闲,有些店主怕耽误店里活计,便不准学徒到夜校听课。因此,第一、第二商业夜校刚开始时,学生总共不到 100 人。后来,高语罕和刘希平决定添招一班校外生,校外生可与两校学生一样领取各科讲义,平时采取函授教学方式,教师按时邮寄题目,学生做完后寄回批改,学生日常读书阅报中发现疑难问题,也可随时函请老师解答。此外,每星期日晚,校外生可到学校聆听特别演讲。

在创办商业夜校的同时,高语罕和刘希平又联络王肖山、汪孟邹、卢伯荪、佘小宋、时绍武、王岳庐、阮仲勉等人,发起创办芜湖工读学校。其宗旨是:(一)养成平民子弟的生活技能;(二)灌输平民子弟的普通知识;(三)养成他们自食其力的习性;(四)铲除"好食懒做"的根性;(五)试验我们理想的教育;(六)勉力消除学界工界的隔阂,使他们能相互了解。1920 年 2 月间,高语罕、刘希平等 12 位发起人,还联名撰写《我们的"工读学校"创立的缘起》一文,分别在北京《新生活》周刊和上海《时事新报》副刊《学灯》上刊出。办学经费依靠自筹和各

---

① 哈晓斯等:《皖事拾零》,安徽人民出版社 1989 年版,第 220 页。

界捐赠,12 位发起人每人先拿出 100 元作开办费,芜湖电灯公司经理吴兴周把他在赭山脚下观音松的地皮让出作校址,另拿出 500 元建校费,广东商人霍守华也拿出 500 元。经费筹齐后,由佘小宋任开办主任,负责建校事宜。

1920 年下半年,芜湖工读学校建成招生,该校设有制造、手工、木工等科,半天学习,半天做工,学生有 100 多人,大多是无钱读书的贫民子弟。首任校长时绍武,后来朱子帆也应高语罕、刘希平邀请,担任过该校校长。①

在高语罕、刘希平等人发起创办芜湖工读学校的同时,陈独秀也与王光祈、汪孟邹、刘清扬等人发起筹备上海工读互助团。两者做法虽不尽相同,但其性质基本上是一致的。亚东图书馆经理汪孟邹,既列名发起创办芜湖工读学校,又同时参与发起筹备上海工读互助团,而高语罕、刘希平当时也与陈独秀交往密切,因此芜湖工读学校与上海工读互助团确实存在一定联系。

除了上述两所商业夜校和工读学校,以及稍后刘希平筹款兴办的工业学校之外,高语罕和刘希平还发动并指导学生自己筹款办义务学校。当时,芜湖学联和五中分别办有义务学校,有半日课,也有夜课,教师从学生中推选,教材则由教师自己编写,学生主要是贫苦的工人子弟。

在芜湖的各类义务教育中,学校注重启迪学生的思想觉悟,引导他们为改变自己的命运,进而为改变不合理的社会现状而斗争。芜湖商业夜校曾组织"学徒联盟",联合向店主提出要求,并以罢工作为斗争手段。芜湖商业夜校学生也参加了抵制日货斗争。②

1919 年 9 月,在省、市学联帮助下,一些青年学生在怀宁县学宫办了一所工读夜校,吸收店员、工人、商贩等入学。除学习文化外,还学到了一些革命道理。安庆西门外是染织等作坊工人较多的地方,一些

---

① 哈晓斯等:《皖事拾零》,安徽人民出版社 1989 年版,第 221—222 页。
② 哈晓斯等:《皖事拾零》,安徽人民出版社 1989 年版,第 223 页。

青年学生在这里开办了工人政治夜校和文化补习班。①

1921年，六安第三农校教师桂月峰、钱杏邨等，开办工人夜校，吸收城关黄烟、杠抬工人免费学习。既帮助工人学习文化知识，又通过介绍进步书刊，提高工人的思想觉悟。1923年，胡苏明、朱瑾怀、沈月高等在六安仓房拐进德小学内开设平民夜校，吸收城关工人、店员免费学习，向工人、店员宣传革命道理。②

此外，寿县、合肥、宿县等地进步知识分子和青年学生，也陆续创办了一些工人夜校、工读学校和平民学校，吸收工人、店员、城市贫民及其子女入学，帮助他们学习文化知识，提高思想觉悟。

三、出国寻求真理

早在20世纪初期，安徽一些进步知识分子和青年学生，从西方列强的船坚炮利和国富民强的现实，看到了清政府的腐败无能和愚昧落后，他们决心向西方学习，于是和全国不少有识有志青年一道，纷纷到国外去寻找救国救民的真理。

1914年第一次世界大战爆发，法国缺乏劳动力，因此向中国招募华工。这时，蔡元培、吴玉章、李石曾等正在法国华工中开展教育工作，并于1915年6月组织勤工俭学会，号召国内青年去法国半工半读，此后，赴法的学生日益增多。从1919年3月到1920年12月，安徽有50多名青年学生分8批赴法勤工俭学。这些勤工俭学学生大致分两种情况：一种是经过考试，成绩合格而被录取的，李慰农就是一例，他以全省第二名的优异成绩被华法教育会录取；另一种是通过有关人士介绍或教育机关保送去的，后者较前者为多，陈延年、陈乔年、朱子清、邓穆、王若怡、陈坦夫、沈宜壬等便是。这些学生都是从上海坐船赴法的。为了做好安徽赴法勤工俭学学生的接待和组织工作，旅沪安徽留法同学会于1919年12月17日在上海成立，会所设在法租

---

① 中共安徽省委党史工作委员会编：《安徽现代革命史资料长编》第1卷，安徽人民出版社1986年版，第213页。

② 杨文友主编：《中国工会运动史料全书·安徽卷》，安徽大学出版社1998年版，第22页。

界霞飞路宝康里 13 号。①

　　勤工俭学学生抵法国后,均由华法教育会根据各人的经济状况、法语程度、劳动技能和身体条件等,安排入学和做工。留法学生进入的工厂,主要为造船、机械、橡胶、矿冶、汽车制造等,劳动强度大,工作条件差,而工资待遇却较低。进厂做工的学生,大多数在每天工作之余,还要坚持三四个小时的读书学习。

　　在法国的勤工俭学学生由于政治追求不同,大体可分为社会主义派、无政府主义派和马克思主义派,其中无政府主义派的学生占的比例较大,但后来不少转变为马克思主义者。陈延年初到法国时,信仰无政府主义,曾参与编辑留法无政府主义派刊物《工余》,还同法国无政府主义代表人物格拉儒有来往。从 1921 年起,陈延年逐步认识到无政府主义不但不能治愈资本主义社会的弊病,而且还会成为资本主义的辩护士和阻碍无产阶级革命斗争的绊脚石,尤其是他在同北京政府和法国当局的实际斗争中,加深了对无政府主义的怀疑,转而对马克思主义产生了浓厚的研究兴趣。

　　此外,还有一些留法勤工俭学学生对于革命理论不感兴趣,主张以实业和教育拯救中国,沈宜甲就是主张以科学救国的代表人物之一。1919 年 10 月,他在给安徽省长公署所寄的意见书中指出:"从来我安徽人之性质,乃为中国人之代表,故他人多云安徽者,中国之缩影也,小中国也。此言虽不欲承认,而亦不得不承认之。试观我省,除皖南徽州等处,有稍从事工商业者,其余则不出官僚、政客、军人、当差使者之数途,前辈往者如斯,后辈来者亦然。故凡青年学生所学者,亦不出法律、政治、文学、陆军等类,预备步前者之足迹,而学实业者,几乎绝迹。试观北京大学文法等科,则安徽人极多;至于陆军学校,几成安徽人殖民地;而其他工、医、农等科,则几乎无有。长此以往,不惟中国人无以立于世界,安徽人何以立于中国。"②

----

① 中共安徽省委党史工作委员会编:《安徽现代革命史资料长编》第 1 卷,安徽人民出版社 1986 年版,第 220—221 页。

② 中共安徽省委党史工作委员会编:《安徽现代革命史资料长编》第 1 卷,安徽人民出版社 1986 年版,第 222—223 页。

总之,安徽留法勤工俭学学生,对于反对国内封建主义思想,对于马克思主义传播和早期建党建团工作,对于输入欧洲先进科学技术,均起到了一定作用。陈延年、陈乔年、尹宽、李慰农等人,经过勤工俭学运动洗礼和留苏学习,成为坚定的无产阶级革命者,回国以后成为中国共产党的早期骨干;沈宜甲、常宗会等刻苦学习欧洲先进科学技术知识,回国以后为发展实业增强国力作出了一定贡献。

表4-1　安徽赴法勤工俭学学生情况简表

批次	赴法安徽学生姓名	启程日期和地点	搭乘船名	同船学生人数及著名者	抵法日期和地点
1	沈宜甲	1919.3.17 上海	"因幡丸"号(日)	89	5.10 巴黎
2	曹强	1919.8.25 上海	"盎特莱蓬"号(法)	54	10.1 马赛
3	邓同赓	1919.10.31 上海	"宝勒筘"号	162 李富春 李维汉 张昆弟	12.7 马赛
4	汪煦昌　张其浚	1919.11.22 上海	"勒苏斯号"(英)	40	1920.1 巴黎
5	陈延年　陈乔年 尹　宽　李慰农	1919.12.25 上海	"盎特莱蓬"号(法)	50 余 蔡和森 蔡　畅 向警予	1920.1.28 马赛
6	吴建邦	1920.2.15 上海	"博尔多斯"号	52	3.25 马赛
7	鲍冠儒　戴占奎 黄　毅　王国梁 甘　霖　常宗会 朱伯霖	1920.4.1 上海	"宝勒筘"号	50	5.7 马赛
8	邓　穆　王若怡 董桂阳　沈宜壬 汪同祖　叶效舒 刘树屏　张明德 张正道　章韫胎 曹自谦　吴本智 杨　杰　杨　刚 江世义　陈坦夫 刘文騄　姚保之 方　涛　李昌熙	1920.11.7 上海	"博尔多斯"号	197 周恩来 郭隆真 傅　钟	12.13 马赛

注:学生朱子清、夏葵如、敬树诚、朱宽、张绍康、刘大绶、郑德琪、朱勉鏊、张祚广、胡伟、路

见亲,只见省教育厅及有关人士推荐介绍的函电,没发现成行的资料。学生王崇典、韩奇、季苏、尹德满赴法,只见近年征集的回忆资料,没有文献作证。这两种情况的学生实际赴法与否,或随哪批学生赴法,无法认定和统计。

资料来源:《中共安徽党史专题研究集》(一),第10—11页。

第三节　安徽民主运动的开展

安徽知识界经过新文化运动和五四运动的洗礼,革新意识大大增强,斗争精神愈益坚定,他们组织起来,不畏强权,掀起了一场又一场反抗封建主义的爱国民主运动。

一、反对封建教育

1913年,北洋军阀倪嗣冲统治安徽后,加强了对安徽人民的政治压迫、经济剥削和文化控制。倪嗣冲为了把教育变成自己手中的工具,派出大批亲信,充当安庆、芜湖等地学校校长或学监,对广大学生进行封建奴化教育。他们禁止学习阅读进步书刊,禁止学生集会、结社,阻挠学生参加社会政治活动,甚至男女同学之间通讯、交谈也被限制。特别是五四运动以后,这些校长和学监遵循倪嗣冲的意旨,坚决反对学生罢课和游行示威,主张学生"安分守己",尊孔读经,进行封建道德教育。而当时的学生则迫切要求废除封建教育制度,改变国文、伦理、修身等课程内容,实行男女社交公开和男女同校,允许图书室购置进步书刊。这样,进步学生与守旧校长之间的矛盾就日益尖锐,终于引发出了驱逐倪系校长的风潮。[①]

1919年秋,芜湖第五中学学生在进步教师的支持下,纷纷起来反对吴光祖当校长。他们先在学校召开会议,历数吴光祖依仗军阀势力、一贯欺压学生的种种恶行。接着,他们向安徽省当局控告吴光祖,

---

① 戴惠珍、王鹤鸣、杨雨润等:《安徽现代史》,安徽人民出版社1997年版,第69—70页。

要求进步教师刘希平接替五中校长。经过不懈的斗争，终于赶走了倪嗣冲爪牙吴光祖。

1920年春，芜湖第二农业学校学生起来反对校长潘光祖，潘光祖一贯勾结军阀马联甲，镇压进步学生。特别是学生要求演出白话戏，进行爱国宣传，潘光祖拒不同意，并且威胁学生如不上课去演戏，就不给饭吃，学生没有被吓倒，仍然坚持演出，于是潘不让演戏学生吃饭，激起公愤。全校学生立即召开大会，声讨潘光祖的种种恶行，一致要求潘滚出学校。经过5个多月的斗争，终于赶走了潘光祖，改由进步教师卢仲农任二农校长。

1922年夏，芜湖第二女师学生掀起反对守旧校长阮仲勉的斗争。阮仲勉在五四运动时曾禁止该校女生参加社会活动，引起学生不满；五四运动后，阮仲勉仍顽固坚持用封建礼教来束缚女生自由。1922年夏，阮仲勉的亲戚仗势欺人，无故殴打女生，于是二女师学生集会声讨阮仲勉。省学联、市学联等团体和芜湖许多学校的学生，纷纷发表宣言和通电，全力支持二女师学生的正义斗争。斗争的结果，学生取得胜利，驱逐了守旧校长阮仲勉。①

在芜湖学生驱逐守旧校长的同时，安庆学生也行动起来。1919年冬，安庆法专学校学生周新民、童汉璋等发起驱逐校长张鼎臣的斗争。张鼎臣是个平庸腐败的官僚，对倪嗣冲唯命是从，学校办得毫无生气，由于学生齐心协力斗争，张鼎臣被迫下台。1920年秋，当局又改派旧官僚丁述明继任校长，丁上任时，坐着大轿子，前呼后拥，学生堵住大门不让他进校，丁述明竟喊来警察弹压，激起师生罢教罢课，要求改派进步人士光明甫任校长。斗争持续一个多月，在社会各界支持下，当局被迫答应派光明甫任校长。与此同时，安庆第一师范学生方洛舟、王先强等发动学潮，反对倪系校长赵继椿，由于学生团结一致，坚持斗争，迫使当局接受学生要求，改派进步人士李光炯任校长。②

在合肥，第六师范学生也发动了驱逐守旧校长许卓云的斗争，最

① 戴惠珍、王鹤鸣、杨雨润等：《安徽现代史》，安徽人民出版社1997年版，第70—71页。
② 中国社会科学院近代史研究所：《五四运动回忆录》下册，中国社会科学出版社1979年版，第791页。

后取得了胜利。寿县甲种商业学校、宣城第四师范学校、当涂第八师范学校、六安师范讲习所及桐城几所高级小学的学生,也都先后发动反对封建教育、驱逐守旧校长的斗争,这些斗争,大都取得了胜利。

上述各校驱逐守旧校长的斗争,特别是安庆一师、安庆法专、芜湖五中3个学校的改组,是安徽教育革新的关键。因为李光炯、光明甫、刘希平3校长,在安徽教育界声望很高,在政治上和教育上都有共同的理想和抱负。安徽教育界以他们3人为中心,不久就把安庆一女师校长徐皋浦、甲工校长史浩然、女职校长李寅恭、二农校长王蔼儒、滁州十中校长王雨湘、公职校长时绍武等,团结在一起,组织安徽省教职员联合会,每遇到教育界有重大问题,即事先协商,分头进行,因而成效显著。①

二、六二学潮

1921年6月2日,安徽学生为争取教育独立,反对倪系军阀侵吞教育经费,在安庆进行了一场规模较大的斗争,史称六二学潮。这场斗争遭到了军阀倪道烺、马联甲的血腥镇压,2人死亡,50多人受伤,成为震惊全国的六二惨案,接着,全省掀起了轰轰烈烈的六二运动。

六二学潮的起因由来已久。倪嗣冲1913年统治安徽后,大小军阀官僚对教育经费不仅大量贪污,而且经常削减或挪作军费,各级学校和教育机关大量停闭,少数还在开办的学校则几个月发不出薪水,教师生活没有保障,学生面临失学威胁。1915—1916年全国教育调查,安徽教育居于倒数第二,而且这种恶劣状况一直得不到改善,教师和学生积怨已久,终将爆发。

1921年,编制全省预算时,教育界力请增加教育经费,但省长公署和财政厅以省库资金拮据为由不准。嗣后经教育界多方调查,发现1917年度有剩余金14万余元,1918年度有剩余金63万余元,两年共77万余元,均系未经支销的省款,遂公请将这笔剩余金增加到1921年度教育预算支出中去。但提案递交省议会后受阻,迭经各校长向议员疏通,各校学生分向官厅及议会请愿,而省议会开会多次,提案仍未获

---

① 中国社会科学院近代史研究所:《五四运动回忆录》下册,中国社会科学出版社1979年版,第792页。

通过。正在这时,倪嗣冲动用巨款在蚌埠建立生祠,定于6月7日举行落成典礼,马联甲、倪道烺及一批议员拟前往捧场,并决定6月2日晚在省议会设宴饯行。省学联闻讯后,立即通知各校学生派代表赴议会请愿,要求省议员迅即通过增加教育经费议案。①

6月2日下午6时,10余名学生代表到省议会请愿,遭到持枪门卫阻止,代表责问为什么不能进去,答曰里面正在宴请皖南镇守使马联甲和正阳关监督倪道烺,学生代表认为省议会为神圣之地,怎能拿来献媚那班武人和政客,况且教育经费事关重大,遂一定要见议长。卫兵遂进去禀报,副议长赵继椿出来接待,一见代表中有一师学生,十分不悦,赵过去兼任一师校长,后被学生驱逐出校。双方话不投机,赵继椿掉头进去,不一会,里面传出:"大人有令,叫打!"此言一出,现场顿时混乱起来,请愿代表手无寸铁,遭到卫兵毒打,情状可怜,一些人跑回去报信,省学联立即通知安庆各学校学生到省议会集合,抗议军阀暴行。一时间,一中、法专、六邑、一师、一农、一工、一女师等校1000多名学生,高呼口号,四面拥来。

马联甲如临大敌,除指使卫队和保安队对学生拦截外,又电催驻安庆东门外的史俊玉旅长率队赶来镇压,当场打伤学生50多人,其中一师学生姜高琦身中7刀,血流如注,后送医院抢救无效,于7月1日殉难,一中学生周肇基也于次年伤发致死。当时省议会一带,遍地是血,哭声震天,惨不忍睹。②

惨案发生后,安庆一些教职员赶到省议会质问军警,法专校长光明甫不畏强暴,与赵继椿、马联甲展开了面对面的斗争。当夜,光明甫召集各校校长会议,研究支持学生斗争的方案,决定通电省内外,报告惨案真相,各校师生一律罢课,组织宣传队到各地串联,争取省内外各界人士的支援。

6月3日,安庆各校门前皆悬挂白布标语:"议员军阀,残杀学生,全体罢课,誓与偕亡!"安庆工人首先响应,组织罢工抗议,全市商店也

---

① 安徽省政协文史资料研究委员会:《革命狂飚》,安徽人民出版社1987年版,第38—39页。
② 中共安徽省委党史工作委员会编:《安徽现代革命史资料长编》第1卷,安徽人民出版社1986年版,第251—252页。

決定罢市两天。接着,省学联和省教育会等群众团体在黄家操场召开万人大会,声讨军阀暴行。同时,省学联、教联、校联、工会、商会、农会、报业公会、律师公会、西医学会、法政学会等团体(简称"十公团")组成六二惨案后援会,通电全国,声讨军阀屠杀学生的罪行,要求法办凶手马联甲、倪道烺等。

消息很快传到全省各地,各界人士,特别是青年学生义愤填膺,纷纷采取各种方式声援安庆各界的斗争,如前来安庆慰问的芜湖学生代表,抬着姜高琦的血衣,举着"杀马"的大字标语,高喊"打倒军阀马联甲"等口号,在安庆街头示威游行,并向省长公署递交意见书。全国不少报刊,如《申报》、《晨报》、《时事新报》等均以显著版面,登载六二惨案经过和各界声讨电文,全国学联和京沪等地文教团体及安徽旅外名流、学者纷纷声援,并派代表来皖慰问。①

经过安徽学界和省内外各界人士的不懈抗争,六二运动取得了一定的成果:(一)教育经费由原来的 70 万增加到 150 万。(二)教育经费获得独立,设立省教育经费管理处,由教育界推举人选掌管经费开支。(三)抚恤被害学生姜高琦的家属 6000 元,拨给省学联 4000 元,作为姜高琦的治丧费用,所有受伤学生每人每年补贴 31 元,至各生毕业为止。(四)为虎作伥的省议会基本瘫痪,自六二惨案后,再未召开过会议。(五)凶手马联甲、倪道烺受到北京政府通缉查办,尽管通缉令未起到应有作用,但毕竟打击了马、倪在安徽的嚣张气焰。②

三、反对贿选省议会

为了巩固在安徽的统治地位,倪氏集团多年来一直通过公益维持会,想方设法操纵省议会的选举。1921 年,第二届省议会期满解散,第三届省议会待选,倪道烺、马联甲决定故伎重演,拿出几百万元交给公益维持会,派其主要分子马仲武、赵继椿、蒋子攀、华仲西等分赴全

① 中共安徽省委党史工作委员会编:《安徽现代革命史资料长编》第 1 卷,安徽人民出版社 1986 年版,第 253—256 页。

② 中共安徽省委党史工作委员会编:《安徽现代革命史资料长编》第 1 卷,安徽人民出版社 1986 年版,第 258—259 页;戴惠珍、王鹤鸣、杨雨润等:《安徽现代史》,安徽人民出版社 1997 年版,第 74—75 页。

省60个县进行活动,各县县长大都是公益维持会出身,他们伙同豪绅地主包办选举,企图在各县选举中成为初选议员,为第二步复选时当选省议员做准备。①

为了使108名省议员都成为清一色的倪氏党羽,公益维持会分子就从伪造选册入手,不问年龄大小,与选举法相符与否,只要认为可靠的,就把名字列上,甚至把死人姓名也写在选册上,以便多占一张选票。他们指定何人,何人就有机会当选,并且每人津贴三四万元,作为公开买票的费用,公开买来的选票,不让有选举权的人去投,而由买票者雇人包写,整批整捆投进选举箱。②

因此,全省青年学生在省学联的领导下,团结各界人士坚决反对贿选第三届省议会。而"当时积极投身这场斗争的除学生外,要算光明甫、李光炯、刘希平、洪子翙、周松圃、高语罕、卢仲农、朱蕴山、史大化、孙福园、王孟起等人最为激烈"③。社会各界以六二运动中的"十公团"为基础,成立省各公团澄清选举办事处,开展有组织有计划的斗争。

安徽军阀政府不顾青年学生和广大人民的强烈反对,于1921年夏公布了贿选结果,并积极准备召开第三届省议会。这更加激起了省学联和澄清选举团的愤慨,决定全力以赴斗争到底。当时省议会选举法有一条规定,就是省议员的选举只要有一县无效,全部都无效。省学联和澄清选举团决定抓住这一点,利用暑假,组织学生和其他人员各回本县调查选举舞弊情况,搜集各种不法证据,就近向法院起诉。"当时无为主持起诉的是卢仲农、朱源、朱大猷等,桐城主持起诉的是史恕卿、赵唯一等,舒城主持起诉的是宋竹荪、方玉霞等,六安主持起诉的是朱蕴山、许克治等"④。先后起诉的有40余县,各县法院受当地官府恐吓,不敢进行审判。后来起诉人申请转移管辖,即将本县选举

① 中国社会科学院近代史研究所:《五四运动回忆录》下册,中国社会科学出版社1979年版,第814页。
② 中国社会科学院近代史研究所:《五四运动回忆录》下册,中国社会科学出版社1979年版,第795页。
③ 中共安徽省委党史工作委员会编:《安徽现代革命史资料长编》第1卷,安徽人民出版社1986年版,第273页。
④ 中共安徽省委党史工作委员会编:《安徽现代革命史资料长编》第1卷,安徽人民出版社1986年版,第273—274页。

案转移到其他县法院去行使审判权,仍被公益维持会阻碍。

1921年10月,许世英到安庆接任省长后,倪系贿选议员即将其包围,软硬兼施,颠倒黑白,要求"依法召集三届议会"。光明甫等邀请与许世英有私谊的房秋五回皖,设法阻止召集省议会,房秋五对许世英晓以大义,又为许去北京探听消息。房去后,倪系集团的活动更加猖獗,对许世英"诱结其内外,逼之以威势",许左右为难,想一走了之。不久,房秋五准备再次回皖,倪系立即派人到浦口拦截,想方设法不让房与许见面,房秋五只好密电许世英:"为公计,不召不去上策,不召而去中策,召而去、召而不去,同为下策,请酌之。"①(召即召集省议会,去即辞省长职)同时,芜湖五中校长刘希平也到安庆活动,访故交、政务厅长王淮琛,说明利害关系,告诫主持正义,王权衡再三,不得已辞职而去。王淮琛去职后,贿选议员仍私自集会,推举唐理淮为议长,管鹏为副议长,唐理淮应允拥护他的30名议员,各赠狐裘一件以表谢意。

反贿选斗争进入关键时期,各地青年学生和进步人士,将实地调查到的种种贿选丑闻统统公之于众,并敦促司法机关主持正义,尽快判决。在大量确凿的证据面前,经过省学联和澄清选举团多方面做工作,1922年1月,芜湖法院受理无为县贿选案,经派推事陈鄂赴无为调查属实,宣判"无为县选举无效",一切调查费用由被告人负担。消息一经传出,全省法院纷纷援例判决桐城、舒城、六安、宿松、旌德等县选举无效。倪氏集团不甘心失败,唆使贿选议员捏词上告,申请北京政府大理院批准转移管辖重审,阻碍迁延达数月,率由大理院驳回非法申请,终审法院乃依法判决无为、六安、桐城、舒城等县选举无效,其余旌德、宿松、贵池、东流、盱眙、凤阳等县,犹在诉讼进行中。这一判决结果使省长许世英下定了决心,宣布第三届省议会选举无效。同时依法决定重新选举省议会,在给60县初选监督的通知中强调:"(一)核实调查;(二)严禁包揽;(三)严禁贿买;(四)精研法律。"②倪党操纵的公益维持会自然被

① 中共安徽省委党史工作委员会编:《安徽现代革命史资料长编》第1卷,安徽人民出版社1986年版,第277页。
② 安徽省政协文史资料委员会、东至县政协文史资料委员会:《许世英》,中国文史出版社1989年版,第26页。

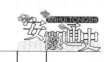
取消。反贿选斗争历经曲折，终于取得了决定性的胜利。

四、驱逐省长李兆珍

1921 年 8 月，省长聂宪藩辞职后，倪道烺以 40 万元运动国务总理靳云鹏，同意李兆珍继任安徽省长。李兆珍曾是倪嗣冲的旧幕僚，倪道烺的老师，为回报倪家的提携，答应到皖后立即召开第三届省议会作为交换条件。消息传来，省学联和澄清选举团十分震怒，一致认为李兆珍继任后，反贿选斗争必将前功尽弃，学生和进步人士必然要遭殃，遂决定动员力量，坚决反对李兆珍任安徽省长。

驱李斗争开始后，省学联召开会议，推举王同荣、舒传贤、刘旭光、王步文、范治龙等人专门领导这项工作。从 9 月 1 日起，大批学生组织纠察队、义勇团，手执白旗，上书标语"不准李兆珍下船上岸"、"李兆珍滚回去"、"打倒老狗李兆珍"，日夜巡视江岸，阻止李兆珍来安庆上任。李兆珍得知消息后，只得滞留蚌埠督军公署。9 月 13 日，李兆珍绕道南京，乘大轮到安庆对岸刘家渡下船，改乘小船到安庆五里庙登岸，乘坐黄包车，从小南门偷偷潜入省长公署。[①]

当得知李兆珍潜入省长公署的消息后，省学联、省教联当晚即召开紧急会议，讨论办法。会议决定了 3 个方案：（一）9 月 14 日游行示威，散发宣言，要李兆珍立即离开安徽。（二）电告北京政府，要求立即收回李兆珍省长任命；并电请旅京津沪汉等各地皖籍名流及同乡会，大力声援驱李斗争。（三）如李不走，即举行罢市罢课。[②]

9 月 14 日，安庆学生及各公团代表数十人前往省长公署，要求李兆珍立即离皖。李兆珍恼羞成怒，悍然纵兵殴伤学生，并宣布戒严，封锁邮电，此举激起民众极大愤怒。17 日，安徽各界召开全皖驱李大会，发表驱李宣言及致李"觉书"。19 日又发表第二次驱李宣言，表示

① 中国社会科学院近代史研究所：《五四运动回忆录》下册，中国社会科学出版社 1979 年版，第 815 页。
② 中国社会科学院近代史研究所：《五四运动回忆录》下册，中国社会科学出版社 1979 年版，第 815—816 页。

"拼死驱逐，期于实现皖贤长皖，自救皖危"①。在此期间，旅京皖籍名流多次赴总统府请愿，徐世昌表示尽快解决。

鉴于李兆珍死撑硬拖，省学联在组织罢课的同时，决定分赴各商店动员罢市。舒传贤、童汉璋、周新民、王先强、张本国、储应时等学生领袖，积极分头行动。李兆珍则派人四处张贴"省长告示"，进行威胁利诱。但"驱李反倪"的正义呼声是压不住的，安庆、芜湖首先开始罢市、罢课，很快，合肥、屯溪、大通、宣城、正阳关等地，亦群起呼应。

9月20日，安庆学生和市民数千人在黄家操场召开驱李大会。会后举行声势浩大的游行示威，队伍行至省长公署，高呼驱李口号。李兆珍气急败坏，指使卫队镇压，打伤学生、市民多人。安庆驱李各团体立即通电北京政府，强烈要求"立罢兆珍，按法办罪"，否则，"民愤沸腾，誓与同尽"②。

因为事态严重，众怒难犯，李兆珍不得不低头，派外甥柯逸、警察厅长程炎勋等人，到省学联和省教联赔礼道歉，同意辞职离开安徽。22日凌晨，李兆珍带着几个卫士从省长公署旁门溜到轮船码头悄然离去。嗣后省学联发表宣言，主张应以皖贤治皖，厉行民治，财政公开，教育经费独立，并提出5项不接受条件："（一）帝制余孽；（二）复辟党徒；（三）安福党人；（四）与倪、马有关者；（五）公益维持会分子。"③9月29日，北京政府免去李兆珍安徽省长职务，改派皖人许世英接任。

第四节　中共安徽党组织和团组织的建立

五四运动以后，工人阶级开始登上政治舞台，马克思主义在中国

---

① 中共安徽省委党史工作委员会：《中共安徽党史专题研究集》（一），安徽人民出版社1993年版，第45页。

② 中共安徽省委党史工作委员会编：《安徽现代革命史资料长编》第1卷，安徽人民出版社1986年版，第277页。

③ 安徽省政协文史资料研究委员会：《革命狂飚》，安徽人民出版社1987年版，第46页。

逐渐传播开来。1920 年后，最早接受马克思主义的革命知识分子陈独秀、李大钊、毛泽东、李达、董必武等人，在上海、北京、长沙、武汉等地陆续建立了共产主义小组。1920 年 8 月，在上海共产主义小组领导下，上海率先成立了社会主义青年团，不久，北京、武汉、长沙、广州等地也相继建立了团的组织。1921 年 7 月，中国共产党第一次全国代表大会先在上海后在浙江南湖召开。1922 年 5 月，中国社会主义青年团第一次全国代表大会在广州召开。

在俄国十月革命和北京五四运动影响下，安徽信仰马克思主义的青年学生和工人日益增多，他们思想活跃，理想远大，热切希望成立和加入革命组织。中国共产党和中国社会主义青年团成立前后，一批皖籍和非皖籍早期党团员受组织委托，到安徽发展党团员，建立党团组织，他们和安徽最早的一批党团员，是安徽建团建党的领导核心和骨干力量。

一、安徽社会主义青年团建立

（一）安庆社会主义青年团建立

1922 年 5 月，中国社会主义青年团第一次全国代表大会召开之前，全国共有 17 处成立了地方团组织，安庆是其中之一。在安庆社会主义青年团的创建过程中，先进知识分子蔡晓舟曾起过重要作用。蔡晓舟是合肥人，五四运动前，他曾在北大总务处工作，并由安徽同乡、北大总务长李辛白推荐，在李大钊主持的北大图书馆任过职，在李大钊和陈独秀的影响下，他较早地接受了马克思主义。1920 年，蔡晓舟到安庆第一模范小学任教，后到法专任教，同时开办文化书店，向法专进步学生和学联骨干传播马克思主义的书刊。

1921 年春，蔡晓舟联络安庆各学校的学联负责人，在怀宁县学宫义务小学主持召开建团筹备会。到会的有一师学生方洛舟、许继慎、王先强、胡养蒙，一工学生舒传贤，一农学生余大化，法专学生童汉璋、宋伟年，六邑中学学生王步文等 20 余人。① 一师进步教员刘著良将上

---

① 中共安徽省委党史工作委员会编：《安徽现代革命史资料长编》第 1 卷，安徽人民出版社 1986 年版，第228 页。

海社会主义青年团简章等材料发给大家学习讨论,会议决定 4 月召开安庆团的成立会议。由于受到警察的注意,被迫提前散会。

1921 年 4 月,在菱湖公园茶社召开安庆市社会主义青年团成立大会。会议由蔡晓舟主持,出席者除了筹备会的与会成员外,还有一师学生杨溥泉、皮言智、彭干臣、童长荣,一工学生詹善良,法专学生韦素园、周新民,一中学生张友鸾,六邑中学学生黄俊卿等。① 会议散发了有关青年团的文件和宣传科学社会主义的小册子,宣布安徽第一个社会主义青年团组织成立。会议进行中被一个喝茶的密探发觉,招来大批军警,幸得一位茶房工人报信,会议被迫提前结束,与会同志分头疏散。菱湖会议后不久,安庆团组织即遭到军阀当局的监视和威胁,安徽督军张文生电令驻安庆的混成旅旅长史俊玉、警察厅厅长程炎勖,逮捕缉拿"过激党徒",蔡晓舟被迫出走上海,刘著良等骨干成员亦外出避难,安庆团组织一度处于涣散停顿状态。

1921 年 10 月,参加安庆团组织初创活动的学联骨干舒传贤、周新民等人,开始恢复团的工作。1922 年 2 月 22 日,上海临时中央局向全国各地发出关于召开中国社会主义青年团第一次全国代表大会的通知,安庆团组织接信后,于 3 月 26 日复信上海临时中央局负责人施存统,说明"这里因人材、时间分配不开,实难专人前去"②,委托当时住在上海的高语罕全权代表安庆地方团出席大会。不久安庆团组织又接到上海临时中央局关于 5 月 5 日在广州召开第一次全国代表大会的通知,皮言智、查文诰、王逸龙、舒传贤、朱石龙、詹善良、张本国、储应时等 8 位团员,于 4 月 20 日联名致信施存统及上海临时中央局,申诉广州会议"不能举人出席"的理由。安庆地方团虽然没有派代表参加第一次全国代表大会,但在 4 月下旬,舒传贤等团员根据《中国社会主义青年团临时章程》的规定,将安庆地方团定名为安徽社会主义青年团,直属上海临时中央局领导。

---

① 中共安徽省委党史工作委员会编:《安徽现代革命史资料长编》第 1 卷,安徽人民出版社 1986 年版,第229 页。

② 中共安徽省委党史工作委员会、安徽省档案馆编:《安徽早期党团组织史料选》,1987 年印,第 1 页。

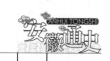
安徽社会主义青年团当时的主要任务是领导学生运动，所以专门成立了学生运动委员会，由一工学生舒传贤、查文诰、詹善良，一师学生张本国、王逸龙、朱石龙、皮言智，法专学生周新民，一中学生储应时等9位团员组成，舒传贤任委员长，王逸龙任秘书。① 1922年6月以后，舒传贤、周新民等团员骨干陆续赴日本留学，留在安庆的团员人数很少，加上意见不一，团组织再次陷入涣散停顿状态。

为了加强党对安徽革命斗争的领导，1923年春，中共中央委员长陈独秀派柯庆施回安徽开展党团工作。3月，柯庆施带着陈独秀给省教育厅长江彤侯的介绍信来到安庆，后在蔡晓舟引荐下，担任柏文蔚出资创办的《新建设日报》副刊和国内新闻编辑，一边宣传马克思主义，一边联络有志青年。他在和安庆团员的接触中感到他们很消极，而且在政治上与保守派关系很深，于是决定"从新做起，另找同志"，"现在我们决将几个老朋友先聚集起来，然后分开去做运动，成立团的组织"②。4月，从湖北转到芜湖做团组织工作的卢春山调来安庆，任《新建设日报》编辑，协助柯庆施工作。4月下旬，柯庆施、卢春山聚集安庆学界志同道合者，讨论整顿安庆地方团的组织办法，商定后大家分头联络同志，开创安庆团组织工作的新局面。6月13日，重新恢复的安庆地方团组织召开成立大会，柯庆施、卢春山、金家凤、毛一鸣、薛卓俊、王彝常、何大年、许继慎、杨溥泉、柯德恒、龙竹轩、刘含初、吴企云、袁溥、袁震等参加。大会按照《中国社会主义青年团章程》的规定，选举产生了社会主义青年团安庆地方执行委员会，柯庆施、何大年、卢春山为执行委员，杨溥泉为候补执行委员。会议还推举杨溥泉、柯庆施负责筹备马克思主义研究会，推举柯庆施为出席中国社会主义青年团第二次全国代表大会代表。③

1923年秋，安庆团地委根据团中央的指示精神，进行了改组和分

---

① 中共安徽省委党史工作委员会、安徽省档案馆编：《安徽早期党团组织史料选》，1987年印，第4—5页。

② 中共安徽省委党史工作委员会、安徽省档案馆编：《安徽早期党团组织史料选》，1987年印，第6页。

③ 中央档案馆、安徽省档案馆编：《安徽革命历史文件汇集》第1册，1987年印，第9—10页。

工,杨溥泉任委员长,柯庆施任秘书,徐齐邦任会计兼学运委员,卢春山负责教育宣传。当时共有团员 22 人,下设一师、一工、职校 3 个支部。[①] 11 月,安庆学生因游行示威反对曹锟贿选总统,遭到军警镇压,一些团的骨干被迫外出避难,次年春柯庆施亦离开安庆。1924 年 5 月,安庆团组织选派许继慎、彭干臣、杨溥泉等考入黄埔军校第一期学习。1925 年 5 月,受中共中央总书记陈独秀派遣,徐梦秋、薛卓汉自上海到安庆,成立共青团安庆特支,徐梦秋任书记。7 月 11 日,特支改选,李竹声任书记。[②] 10 月 10 日,共青团安庆特支召开支部大会,选举杨兆成为书记,郭士杰为组织干事,李竹声为宣传干事。12 月 13 日,团中央巡视员彭振纲来安庆指导工作,主持召开团员大会,将特支改为地方执行委员会,执行委员杨兆成、李竹声、郭士杰、张定武、孙芳续,候补执行委员马秀山、谢硕,职务分工为:杨兆成任书记,李竹声任教育宣传委员会书记,郭士杰任组织委员会书记,张定武任经济斗争委员会书记,孙芳续任学生运动委员会书记,马秀山任妇女运动委员会书记,谢硕任非基督教运动委员会书记。[③]

表 4-2　安庆团员调查表(1923 年 11 月 17 日)

姓名	年龄	性别	生长地	现任职业	受何教育	加入时间	曾为团体做何工作	现为团体做何工作	加入国民党否
卢春山	22	男	湖北黄冈	新闻界	中等	1922.5	组织宣传	教育宣传	未
徐齐邦	23	男	灵璧	学生	中等	1923.10	会计兼学生运动委员	学生运动	未
黄新富	21	男	合肥	学生	中等	1923.10		宣传	未
许继慎	23	男	六安	学生	中等	1923.4	国民运动	学生运动	已
杨溥泉	24	男	六安	学生	中等	1923.4	国民运动	委员长	未
赵革山	24	男	六安	学生	专门	1923.10			未

---

① 中央档案馆、安徽省档案馆编:《安徽革命历史文件汇集》第 1 册,1987 年印,第 11 页。

② 中共安徽省委党史工作委员会编:《中共安徽党史大事记(1919—1949)》,安徽人民出版社 1992 年版,第17页。

③ 中共安徽省委党史工作委员会编:《安徽现代革命史资料长编》第 1 卷,安徽人民出版社 1986 年版,第 301—302 页。

（续表）

姓名	年龄	性别	生长地	现任职业	受何教育	加入时间	曾为团体做何工作	现为团体做何工作	加入国民党否
谭守梧	19	男	六安	学生	中等	1923.10			未
薛卓俊	21	男	寿县	学生	中等	1922.9	组织宣传	支部书记	未
宋绩文	18	男	湖北武昌	学生	中等	1923.10		组织宣传	未
高永春	23	男	六安	学生	中等	1923.10		学生运动	未
姚光鼐	20	男	秋浦	学生	中等	1923.10		学生运动	未
柯庆施	22	男	徽州	新闻界	中等	1919.5	组织宣传	平民教育	已
石德镐	19	男	寿县	学生	中等	1923.10		平民教育	未
濮洪	21	男	怀宁	学生	中等	1923.10		学生运动	未
濮汛	19	男	怀宁	学生	中等	1923.10		学生运动	未
王正筠	22	男	潜山	学生	中等	1923.10		学生运动	未
王道容	20	男	潜山	学生	中等	1923.10		学生运动	未
吴企云	27	男	泾县	教员	高等	1922.11		学生运动	未
端木阳	23	男	安徽	学生	中等	1923.10		学生运动	未
王步文	20	男	潜山	学生	中等	1923.10		学生运动	未
彭干臣	23	男	英山	学生	中等	1923.10		学生运动	未
高永星	20	男	六安	学生	中等	1923.10		学生运动	未

资料来源：《安徽革命历史文件汇集》第1册，第13—15页。

（二）芜湖社会主义青年团建立

芜湖建团工作开始得也较早。1920年7月，陈独秀就准备在芜湖物色一些进步青年，发起组织社会主义青年团。芜湖五中教师高语罕在积极宣传马克思主义的同时，也在青年学生中开展建团工作。1922年，卢春山受团中央派遣到芜湖筹建团组织，他积极在甲农、二农、工读、职校、商校等学校活动，并发展薛卓汉等进步学生入团。不久，团中央同意建立中国社会主义青年团芜湖地方执行委员会。1922年12月，卢春山等15人召开芜湖团地委筹备会议。1923年1月5日，中国社会主义青年团芜湖地方执行委员会正式成立，选举王坦甫、余天觉、卢春山为执行委员，张震、刘长青、王积瑄为候补执行委员。当时有团员 15 人,设 5 个团小组,第一小组设在甲商,由刘长青(组长)、吴企云、余天觉组成。第二小组设在甲农,由卢春山(组长)、薛卓汉、张友德组成。第三、四、五小组均设在职校,分别由王积瑄(组长)、薛卓俊、薛卓江,王坦甫(组长)、毕仲汉、倪端,张震(组长)、朱松年、张钟三组成。① 1923 年 10 月 11 日,团中央局秘书林育南到芜湖巡视工作,芜湖团地委召开全体会议进行改选,推举王坦甫为委员长,江善夫为秘书,王积瑄为会计,团员有 20 人,多为学生、教员,其中职校 8 人,甲商 4 人,棣华 2 人,二农 1 人,华中 1 人,育才 1 人,另有职校工人 3 人。②

1924 年 3 月 10 日,芜湖团地委进行改选,推举江善夫为委员长,贾斯干为秘书,常林士为会计。会议还决定整顿团组织,各校组织支部及小组,每周召开一次会议;对于马克思主义的研究,由委员长、秘书负责组织和指导;如遇重要事件,随时召开各组长会议,讨论解决。③5 月 11 日,召开全体团员大会,改选芜湖团地委领导机构,执行委员会由江善夫、张华坤、贾斯干、常林士、王积瑄组成,其中江善夫任秘书,张华坤负责组织部,贾斯干负责学生部,常林士负责农工部,王积瑄负责宣传部。会议还决定:(1)为教育团员起见,设立图书室;(2)每个团员均须参加宣传部组织的考试,一月一次;(3)全体同志一律加入国民党,并争取在两周内组建区党部。④

1924 年暑假,曹国芸由安源来芜湖,担任团地委负责人,但因生活困难,一度离芜,致使组织涣散。1924 年 11 月 29 日,团中央派巡视员刘一清到芜湖检查指导工作,主持召开全体团员会议,会后刘一清与王坦甫、王积瑄、江善夫等研究决定:职校(二农附入)、甲农立即成立支部,其他各校于短期内筹备成立支部,组织平民教育团,注意教会活动,加强同工人联系,参加商会活动,成立社会科学研究会,加强对

---

① 中共安徽省委党史工作委员会编:《安徽现代革命史资料长编》第 1 卷,安徽人民出版社 1986 年版,第 237—238 页。
② 中央档案馆、安徽省档案馆编:《安徽革命历史文件汇集》第 1 册,1987 年印,第 114 页。
③ 中央档案馆、安徽省档案馆编:《安徽革命历史文件汇集》第 1 册,1987 年印,第 118 页。
④ 中央档案馆、安徽省档案馆编:《安徽革命历史文件汇集》第 1 册,1987 年印,第 130 页。

革命理论的学习和宣传。12月,刘一清将检查结果报告团中央局和恽代英,对目前芜湖团组织的散漫状况不甚满意,建议:(1)由中央局委派一委员驻芜湖,专任组织和训练工作,并指示我们同志在其他团体活动的方针。(2)芜湖地方团书记生活费由中央供给,使担任书记的同志能用全副精神来工作,无生活压迫的忧虑。(3)由中央局出资在寂静处租一所房子,表面上或办国民学校,或当住家的样子,作我们的机关。①

1925年5月,团中央派张秋人、陶淮到芜湖指导学生运动。12月20日,团中央巡视员彭振纲由安庆到芜湖,召开芜湖特支干事会,决定改组特支为地委,选举委员张秋人、曹国芸、王龙飞、周范文、刘大蒙,候补委员管廷珍、舒积余。22日召开芜湖地委会第一次会议,进行职务分工,周范文任书记,曹国芸负责组织,张秋人负责宣传,王龙飞负责学委会,刘大蒙负责经委会,管廷珍助理宣传,舒积余助理经委会。下辖5个支部,共有团员43人,其中第一支部(第二农校)19人,书记王培吾;第二支部(职业学校)6人,书记余文烈;第三支部(新民中学)8人,书记董远昌;第四支部(第五中学)5人,书记刘仲陶;第五支部(长街商店)5人,书记王亦为。②

表4-3 芜湖团员调查表(1924年4月5日)

姓名	年龄	性别	生长地	现任职业	受何教育	加入时间	曾为团体做何工作	现为团体做何工作	加入国民党否
王坦甫	31	男	寿县	铁工厂主任	同济医工		委员长		已
王积瑄	24	男	凤台	学生	中等	1922	会计		已
江善夫	25	男	宿县	庶务	职校	1922	秘书	委员长	已
曹蕴真	23	男	寿县	学生	中等	1922			已
许传典	20	男	合肥	学生	中等	1923	第一支部长		已

---

① 中共安徽省委党史工作委员会编:《安徽现代革命史资料长编》第1卷,安徽人民出版社1986年版,第312页。

② 中共安徽省委党史工作委员会编:《安徽现代革命史资料长编》第1卷,安徽人民出版社1986年版,第315页。

姓名	年龄	性别	生长地	现任职业	受何教育	加入时间	曾为团体做何工作	现为团体做何工作	加入国民党否
沈革非	19	男	寿县	学生	中等	1923	第二支部长		已
贾斯干	20	男	含山	学生	中等	1923	教育宣传委员	秘书	已
陈金铎	20	男	滁县	学生	中等	1923			已
何家英	21	男	霍邱	学生	中等	1923			已
薛宗元	20	男	滁县	学生	中等	1923			已
常林士	23	男	寿县	学生	中等	1923	书报经理	会计	已
王运同	25	男	宿县	教员	中等	1923			已
张清曦	24	男	宿县	学生	中等	1923			已
张庆喜	22	男	寿县	学生	中等	1923			已
张本立	20	男	巢县	学生	中等	1923			已
徐守楠	20	男	庐江	学生	中等	1923			已
薛骞	23	男	寿县	学生	中等	1923			已
张钟三	25	男	韩国	工	中等	1923			未
吴曙光	21	男	六安	工	工读	1923			已
佘文烈	24	男	铜陵	工	工读	1923			已
陈培仑	24	男	合肥	学生	中等	1923			已
杜林	22	男	含山	学生	中等	1923			已
陶久仿	21	男	寿县	学生	中等	1923			已
瞿铭义	18	男	合肥	学生	中等	1923			已
廖麟	19	男	凤台	学生	中等	1923			已
沈永滨	20	男	寿县	学生	中等	1923			已
廖传煌	24	男	凤台	学生	中等	1923			已
赵锡藩	23	男	宿县	学生	中等	1923			已
张威武	17	男	合肥	学生	中等	1923			已
刘大蒙	23	男	六安	工	中等	1923			已
孙第新	23	男	寿县	学生	中等	1923			已

（续表）

姓名	年龄	性别	生长地	现任职业	受何教育	加入时间	曾为团体做何工作	现为团体做何工作	加入国民党否
顾　超	20	男	寿县	学生	中等	1923			已
罗亨信	23	男	六安	学生	中等	1924			未
郑前求	26	男	寿县	学生	中等	1924			未
濮　柯	21	男	和县	学生	中等	1924			未
汪　众	21	男	祁门	学生	中等	1924			未
刘　鼎	19	男	巢县	学生	中等	1924			未
张书仁	24	男	舒城	工	中等	1924			未
宋家献	24	男	舒城	工	中等	1924			未
王本培	20	男	六安	学生	中等	1924			未
汤有光	20	男	宣城	学生	中等	1923			未
吴宝珩	25	男	滁县	学生	中等	1924			未
孙繁超	18	男	合肥	学生	中等	1924			未
於　昭	20	男	凤台	学生	中等	1924			未
魏寄天	19	男	宣城	学生	中等	1924			未
汪迺兑	19	男	盱眙	工	中等	1924			未

资料来源：《安徽革命历史文件汇集》第1册，第120—125页。

（三）其他地区社会主义青年团建立

1925年夏，宿县团独立支部成立，书记杨梓宜。除宿县县城外，下辖临涣集特别支部。12月28日，孔昭谦、杨梓宜、孔昭颐给团中央的信中称："我们宿县的中学校共有同学二十余人，在今（年）暑假时即由同志等决议组织宿县独立支部，前曾两函恽代英同志转达中央"，"支部书记暂推杨梓宜担任，通讯处在安徽宿县乙种商校"。① 1926年1月14日，宿县团特别支部给团中央的工作报告中，关于人员分工"指定陈粹吾、王运同同志作农民运动，孔昭谦同志作工人运动，孔昭

① 中共安徽省委党史工作委员会编：《安徽现代革命史资料长编》第1卷，安徽人民出版社1986年版，第317页。

颐同志作学生运动,邵葵同志作妇女运动,杨梓宜同志甹为办理一切
宣传书籍物品"①。

表4-4　宿县团员简表(1925年12月28日)

甲、常在宿团员

姓　名	加入地方	加入时间
陈粹吾	徐州	1924
邵　葵	上海	
王运同	芜湖	1922
王之一	济南	
杨梓宜	北京	1922
刘之无	济南	
张实之	济南	
沈慈之	济南	

乙、不常在宿团员(寒暑假多回宿)

姓　名	加入地方	加入时间
孔昭谦	北京	1922
李照葵	南京	
穆禹钧	济南	
张锡纯	南京	1925
王化贞	北京	1925
赵立仁	北京	1925
谢文韶	徐州	
段紫亮	徐州	
李启耕	北京	1922
孔昭颐	北京	1924
江常师	芜湖	1922
朱务平	徐州	

①　中央档案馆、安徽省档案馆编:《安徽革命历史文件汇集》第1册,1987年印,第238页。

（续表）

姓　名	加入地方	加入时间
郑孝智	济南	
沈器之	南京	1925

资料来源：《安徽革命历史文件汇集》第 1 册，第 235—236 页。

寿县团支部大约成立于 1925 年，书记为石德晏，团员有洪克杰、陈允常、方曙霞、方敦一、方运泰等 10 余名。[①] 1926 年春，共产党员薛卓汉返回家乡组织寿县团地方执行委员会，书记薛卓汉，代理书记石裕鼎（裴年志）。后成立了 6 个支部，2 个在城内学校，4 个在乡间学校或村庄，团员有 30 余人。[②]

1923 年，宣城已有青年团员活动，因参与驱逐四师守旧校长被下狱，但没有成立组织。1924 年 1 月，在芜湖职校学习的团员许传典，利用寒假回合肥老家的机会，积极联络同乡好友，宣传马克思主义，并写信给团中央，要求派人指导，帮助成立合肥团组织。[③] 当涂县省立八师团员积极开展工作，介绍多人入团，并请求团中央批准成立团组织。

二、中共安徽地方组织的建立

五四运动以后，安徽人民反帝反封建斗争的不断深入和社会主义青年团组织的建立发展，为中国共产党安徽地方组织的建立奠定了思想基础和组织基础。安徽建党较早的地方有安庆、芜湖、寿县、宿县、蚌埠、滁县等地。

（一）中共安庆党组织建立

安庆党组织是在安庆社会主义青年团组织的基础上建立和发展起来的。1923 年初，中共中央局委员长陈独秀指派柯庆施到安庆恢复团组织活动，筹建中共地方组织。同年 12 月，中共安庆支部在北门

---

① 中共安徽省委党史工作委员会编：《安徽现代革命史资料长编》第 1 卷，安徽人民出版社 1986 年版，第320 页。
② 中央档案馆、安徽省档案馆编：《安徽革命历史文件汇集》第 1 册，1987 年印，第 224 页。
③ 中共安徽省委党史工作委员会、安徽省档案馆编：《安徽早期传播马克思主义史料选》，1986 年印，第5 页。

万安局濮家老屋成立,柯庆施任书记。次年春,因形势恶化结束。①

1925 年 5 月,中共党员徐梦秋、薛卓汉到安庆重建团组织,成立了共青团安庆特支。12 月 13 日,团特支改成地委,有团员 23 人。据周范文、李竹声、王季禹、宋伟年、周新民、郭诚淑、耿恺、许杰等人回忆,在团安庆特支建立前后,安庆本地和外地转来的共产党员成立了党组织,名称叫中共安庆特别支部,党支部设在安庆第一师范。②

1926 年,团中央决定:"将团员法定年龄减低,严格执行党与团组织分化,尽量将团的活动分子送到党内","凡年龄过 20 岁之团员全数介绍入党","凡年龄过 23 岁之团员加入党后完全脱离团的组织。"③根据上述决定,由团安庆特支改为团安庆地委的大部分团员都转为中共党员。

1926 年 5 月,中共安徽地方执行委员会(即中共安庆地委)正式成立,隶属中共中央直接领导,主要负责人有柯庆施、李竹声、郭士杰、杨兆成等,下辖 5 个支部,20 余名党员,除几位主要负责人外,尚有周新民、朱蕴山、宋伟年、郭诚淑、方真、耿忱、王季禹、裴济华、薛卓汉、薛卓俊、孙集志、谢硕、陶久仿、张定武、罗亨信、姚佐之、方瑛、姜敬舆、杨狂父、董子平、陶唐等。④

(二)中共芜湖党组织建立

早在 1920 年,芜湖就有共产主义小组成员的活动。据张国焘回忆:"在各地发动中共小组的事,陈(独秀)先生也在加紧筹划和策动。他曾表示:上海小组将担负苏、皖、浙等省的组织和发展","他自己则担任在南京、安庆、芜湖等地物色一些青年发起社会主义青年团的组织,他的老友著名学者高语罕那时正在安徽教书,是最先响应的人。"⑤

---

①　中共安徽省委党史工作委员会编:《中共安徽党史大事记(1919—1949)》,安徽人民出版社 1992 年版,第 13 页。

②　中共安徽省委党史工作委员会编:《安徽现代革命史资料长编》第 1 卷,安徽人民出版社 1986 年版,第 325 页。

③　中共安徽省委党史工作委员会编:《安徽现代革命史资料长编》第 1 卷,安徽人民出版社 1986 年版,第 325 页。

④　中共安徽省委党史工作委员会:《中共安徽党史专题研究集》(一),安徽人民出版社 1993 年版,第 61—62 页。

⑤　张国焘:《我的回忆》第 1 册,东方出版社 1991 年版,第 98 页。

高语罕,安徽寿县人,中共早期党员。早在1920年5月,他就在《新青年》劳动节纪念号上发表了《芜湖劳动状况》的文章,当时他是芜湖省立第五中学的教师。1921年,高语罕被校长刘希平聘为学监,即从上海请来沈泽民、董亦湘、郑太朴、时绍武、武可权等到校任教。在此期间,高语罕还和沈泽民等以科学图书社为活动中心,积极提倡新文化运动,宣传马克思主义和俄国十月革命。高语罕还把五中进步学生蒋光慈、吴葆萼等输送到第三国际在上海开办的外国语学校。①

张秋人与芜湖建党亦有密切关系。张秋人,浙江诸暨人,1921年加入中国社会主义青年团,1922年加入中国共产党,1923年任团中央候补委员,1924年任江浙皖区兼上海地方执行委员会秘书。1925年8月,张秋人经高语罕介绍来到芜湖,任新民中学英文教员。张秋人来芜湖,除指导沿江一带团的工作外,还负有建党使命,来芜湖不久就发展团特支书记周范文入党。

高语罕、张秋人在芜湖团组织的基础上,相继发展了一些党员,为建立党的组织创造了条件。1925年1月,中共四大关于青年运动的决议案,要求“可用机械式的办法尽量把超过年龄的团员送入共产党”②,芜湖团组织中一批超龄团员陆续转党,建立党组织的条件逐渐成熟。1926年4月,中共芜湖特别支部成立,直属中共中央领导,周范文任书记,有党员12人,市区内下辖4个党小组,另辖和县、澛港2个支部。1927年芜湖四一八反革命事件后特支结束工作。③ 最初的主要负责人还有王培吾。其后周范文任国民党安徽省党部特派员去安庆,王培吾赴苏联留学,芜湖特支后来的主要负责人为禹之邕、杨士彬、佘文烈、朱麻、俞昌准等。④ 1927年,芜湖特支党员发展到33人。

———————————

① 中共安徽省委党史工作委员会编:《安徽现代革命史资料长编》第1卷,安徽人民出版社1986年版,第322—323页。

② 中央档案馆:《中共中央文件选集》第1册,中共中央党校出版社1982年版,第298页。

③ 中共安徽省委党史工作委员会编:《中共安徽党史大事记(1919—1949)》,安徽人民出版社1992年版,第23页。

④ 中共安徽省委党史工作委员会:《中共安徽党史专题研究集》(一),安徽人民出版社1993年版,第54页。

（三）其他地区中共党组织建立

寿县党的组织建立较早,据1929年5月9日中共寿县县委给党中央的报告中称:"寿县在民国十一年就有二三同志的组织。当时是党的婴儿时候和以后的机会主义时代,不独没有组织群众的工作,连党都没有丝毫的发展。到十四五年时才有十多个小资产阶级的青年学生在外省或外县加入党回来,得有形式上的十来个党员。"①1919年五四运动后,寿县在外地读书的进步学生薛卓汉、薛卓俊、曹渊、王培吾、曹蕴真、常林士、胡允恭、沈革非、徐梦秋、方运炽、曹广化、张庆喜、薛骞、陶久仿、沈永滨、孙第新、顾超等较早地加入了团组织,他们利用寒暑假返乡机会,宣传马克思主义和反帝反封建的道理。中学毕业后,他们中有的直接投身革命斗争,有的回到家乡从事教育,有的则进入上海大学读书。上海大学是第一次国共合作的产物,革命气息很浓,在办校和教学上,中共投入了较多力量。一些寿县籍学生表现出色,很快加入了党组织,如薛卓汉、徐梦秋1923年秋入学后,11月即被上海地方兼区执行委员会审查通过为中共候补党员,成为上海大学党小组成员。胡允恭也是1923年在上海大学读书时被吸收入党。② 据当事人回忆,1923年冬,薛卓汉、徐梦秋放寒假回到寿县,在小甸集小学成立了中共小甸集特别支部,发展了几个党员。③ 但据寿县团地委代理书记裴年志1926年4月24日写给团中央的信,"本地又没有大学(中共)的组织"④。小甸集特支可能存在的时间并不长。另外也有研究者对小甸集特支成立的时间提出异议,认为应该在1924年上半年。⑤

1926年7月,宿县所属临涣镇成立了中共临涣独立支部,隶属中

---

① 中共安徽省委党史工作委员会编:《安徽现代革命史资料长编》第1卷,安徽人民出版社1986年版,第328页。

② 中共安徽省委党史工作委员会编:《安徽现代革命史资料长编》第1卷,安徽人民出版社1986年版,第329页。

③ 中共安徽省委党史工作委员会编:《安徽现代革命史资料长编》第1卷,安徽人民出版社1986年版,第329页。

④ 中央档案馆、安徽省档案馆编:《安徽革命历史文件汇集》第1册,1987年印,第225页。

⑤ 童志强:《安徽最早的党组织——中共寿县小甸集特别支部成立时间质疑》,见《安徽革命史研究资料》第3期,1983年。

共江浙区委领导,有党员 12 人,负责人为冯心(朱务平)。8 月,宿县团独支已有党员 6 人,他们要求将临涣独支移到宿县县城。后冯心赴宿县担任国民党县党部农民委员及县农协秘书,即在宿城组织中共宿县临时支部,临涣独支负责人则由徐凤笑代理。1927 年 1 月,宿县党员发展到 33 人,成立了 6 个小组,2 个在城内,4 个在乡村。①

根据 1925 年 12 月上海区委组织部外埠人员统计表和 1926 年 4 月上海区委组织部统计资料,蚌埠党组织名称为蚌埠独立支部,负责人为李启耕,有党员 8 人,属中共上海区委南京地委领导。② 1926 年 6 月,中共上海区委决定,将滁县、蚌埠两区与中共南京地委脱离,直属上海区委领导。1926 年 8 月,彭芝(指蚌埠独支)曾向上海党组织提交一份蚌埠政治经济概况的调查报告,但未提及蚌埠党组织本身组织和活动的情况。

此外,根据各地党史办公室的实地调查及当事人的回忆材料,安徽在第一次国内革命战争时期还有一些县建立过党的组织,如旌德、六安、南陵、凤阳、泗县、阜阳、涡阳、和县、桐城、五河等,由于缺乏原始档案资料,其确切情况尚待进一步考证。

五四运动后,一些皖籍知识分子和青年学生,接受了马克思主义并加入中国共产党,他们回到家乡,积极从事革命宣传,发展党员,建立党的组织。由于他们来自各地,组织系统不一,党和党员又处于秘密状态下,当时安徽全省没有建立统一的党组织。从目前掌握的材料来看,1927 年 4 月中共五大以前,长江沿岸芜湖、安庆等地的党组织,均直属中央领导;津浦路沿线的滁县、蚌埠、宿县等地的党组织,则先后分属中央、江浙区兼南京地委及徐州特支领导。③

---

① 中共安徽省委党史工作委员会编:《安徽现代革命史资料长编》第 1 卷,安徽人民出版社 1986 年版,第327 页。

② 中共安徽省委党史工作委员会编:《安徽现代革命史资料长编》第 1 卷,安徽人民出版社 1986 年版,第327 页。

③ 中共安徽省委党史工作委员会编:《安徽现代革命史资料长编》第 1 卷,安徽人民出版社 1986 年版,第332 页。

第五节　中共安徽党组织和团组织的早期活动

安徽地方党团组织建立后,主要是以学联名义开展工作,先后领导了六二学潮、反对第三届贿选省议会、驱逐省长李兆珍等活动,接着又陆续开展了反日爱国斗争、反对曹锟贿选总统、反对省长吕调元、反对基督教奴化教育、开展农民运动、争取留日学生、选派留苏学生、选派黄埔军校生等一系列活动。

一、反日爱国斗争

1923 年 3 月 14 日,日本外务省照会中国政府,拒绝取消二十一条及收回旅顺、大连的要求。消息传出后,引起全国人民的反对,为收回旅大,全国学生代表大会在上海召开,接着,全国商会联合会、京师总商会、全国学生联合会以及全国许多城市的各种团体,纷纷起来抗议示威。安徽安庆、芜湖等地学生会、教育会、商会等组织,召开会议,组织活动,积极响应。

1923 年 5 月 9 日,安庆学联参与组织国民外交后援会,在公共体育场召开国民大会,参加的有法专、一中、一工、一师、女职、一女师、一女模、皖江师专、体育师范等校及其他团体、各界人士万余人,会上学生代表相继登台演讲。会后游行示威,散发传单,到省长公署请愿,要求政府力争收回旅大,废除"二十一条",开展抵制日货运动。商界也举行罢市,各店门口挂起白旗或贴上纸条,上书"收回旅大"、"取消二十一条"等字样,店员亦在大南门接官厅集会游行。同日,芜湖各界 4 万多人举行了规模空前的示威游行,参加的有全市中小学、工厂、公团、同乡会及剧团、报社和郊区农民等 100 多个单位,队伍长达十二三华里。六安学联于 5 月 4 日组织学生 500 多人,集会游行,散发传单,

街头演讲。①

为了更有效地抵制日货,安庆各行业都成立了日货检查所,如布业检查所、洋货业检查所等。从5月9日开始,学联以9个中等学校为主体,分为9个小组,每天上午8时至晚上8时检查日货;国民外交后援会则联合各界组成一个40人的检查组,主要负责码头货物检查。商界则成立阻止日货稽查处,并专门订立了6条章程:(一)抵制日本侵略,保持我国主权,直接阻止日货进口、入内地,实际上予以经济绝交,断绝货物来源,以达到取消"二十一条"、收回旅大的目的,故定名为皖商阻止日货稽查处。(二)本处由省城各商业公所共同组成,内分3股,每股设主任1人,股员20人;总务股总理内外一切事宜,交涉股交涉外交事件,稽查股稽查本埠进出口货物。(三)通告全省各县商会及各县公所,组织稽查分处,以期一致进行。(四)本埠与上海商业取一致抵制日货进行办法。(五)停止进口日货期为5月9日,并于同日实行检查。(六)本章程于实行之日起生效,如有未尽事宜,可随时开会议定。②

芜湖各社团积极参与组织国民外交后援会,领导全市人民开展抵制日货运动,并作出6条决议:(一)与上海及各地外交后援会积极联络,进行抵制日货斗争。(二)办理芜湖各商店现存日货登记。(三)设立检查组,在大小轮船码头及有关地段检查日货。(四)设立鉴定组,聘请富有商场经验的人员担任货物鉴定工作,必要时须经全体委员会同鉴定。(五)设立宣传组,用文字和口号劝告商人不进日货,旅客不坐日船。(六)印刷洋货簿,分发商家及鉴定、检查两组,以便核对日货种类。根据决议,又拟定了9条简章和检查日货11条章程。③为了抵制日货,国民外交后援会还函请上海有关团体将日本各公司货物、商标调查列表告知,并印成表册分发各地,作为鉴定日货的依据。

---

① 中共安徽省委党史工作委员会编:《安徽现代革命史资料长编》第1卷,安徽人民出版社1986年版,第284—285页。

② 中共安徽省委党史工作委员会编:《安徽现代革命史资料长编》第1卷,安徽人民出版社1986年版,第286页。

③ 中共安徽省委党史工作委员会编:《安徽现代革命史资料长编》第1卷,安徽人民出版社1986年版,第286—288页。

抵制日货首先要开展登记工作,各校学生根据学联决定,组成若干小组,携带登记表到各商店进行登记。登记过程先由商店交出进货簿及提单,根据核对货物存量逐一登记,登记后仍可销售,但不得再进日货,因登记并不影响营业,所以一般商店乐于照办。各处查获大批日货,分别予以没收、罚款、停业、示众,并在十三道门广场和西门口公开焚毁。

抵制日货的群众运动,使日本帝国主义和封建军阀大为不安。日本外务省专派参事官栗田来长江流域调查抵制日货情况,栗田1923年5月中旬到芜湖,下船后,车夫均不愿拉他,只好自己走到日本驻芜湖领事馆。接着,日本驻上海海军司令部又派军舰来芜湖示威,日本驻芜湖领事也到警察厅、交涉署恐吓。芜湖当局不敢得罪日本人,一面暗地派人破坏抵制日货的检查,一面以皖南镇守使、芜湖道尹、安徽交涉员的名义,发布告示弹压;省教育厅也训令学校,不准学生参加国民外交后援会和抵制日货运动。这些举动,引起社会各界的不满和反对。群众性的抵制日货运动,使日本在经济上受到了较大打击,政治外交上的嚣张气焰也有所收敛。

二、反对曹锟贿选总统

1923年10月,直系军阀首领曹锟花费巨资,收买国会议员,贿选大总统。在沪议员和各省联席会议代表纷纷通电讨伐贿选。广州孙中山大元帅府下令通缉附逆议员。上海、杭州、南京、太原等地掀起反贿选风潮。安徽芜湖、安庆等地也爆发了反贿选运动。

1923年10月5日,曹锟贿选为大总统,并准备10月10日就职。消息传来,芜湖教联、学联立即召开会议,通电全国,予以否认,又派代表与各界联系,要求一致行动。10月10日上午,学联集合各校学生数千人,手执小旗,打起横幅,上面写着"凡承认中华民国者就不承认曹锟为总统"、"不承认曹锟做大总统"等字样,音乐队奏哀乐,沿途散发传单,举行游行示威。游行队伍由铁路埂进东门后,分成两路,一路往官沟沿捣毁众议员彭昌福的家,一路赴鱼市街捣毁众议员吕祖翼的家。示威学生将彭、吕宅中门窗、器具砸得稀烂,并在彭宅门墙上写

道："猪仔议员的巢窟！"学生们还把彭昌福的一箱钞票，搬到院子里一把火烧掉。当军警闻讯赶到现场，游行队伍已出西门上长街，往洋码头，绕警察厅，齐集十三道门广场，召开反曹锟贿选大会。大会主席詹善良报告了猪仔议员贪财受贿选曹锟为总统的罪行，宣布捣毁彭昌福、吕祖翼家宅以昭惩戒，号召各界联合起来，不承认曹锟为大总统。不少进步学生上台发表了慷慨激昂的讲话。学联还通电在京的安徽议员，告其利害，劝其自爱，不要受曹锟武力金钱所支配，不要贪图贿选费而丧失人格、廉耻，从速离京，悔过自新。①

与芜湖学生游行示威、捣毁猪仔议员住宅的同时，安庆学生也举行了游行示威，并捣毁了国会议员张伯衍、何雯的住宅。阜阳、歙县、宣城等地学生和教育界人士，亦集会举行抗议活动。

10 月 25 日，安徽在京议员张伯衍、陈策、杨松年等 12 人，到总统府向曹锟诉苦，要求曹锟下令地方长官拿捕学生，保护议员原籍财产，并追究处置不力的地方长官责任，否则安徽议员全体离京。曹锟"温谕慰藉"，答应议员所受损失由政府恤偿，即使政府财政困难，本人亦愿以私财赔偿；并严令安徽地方官员保护议员家宅眷属安全，严惩肇事学生和参与闹事的学校。

省长吕调元接到北京政府训令后，召集军警头目和安庆道尹、芜湖道尹等地方官，研究对策，商量办法。首先派出大批军警，赴张伯衍、何雯、彭昌福、吕祖翼等贿选议员住宅，进行保护；接着下令通缉安庆、芜湖的一批学生和教育界人士，如蔡晓舟、佘小宋等，撤换芜湖五中校长刘希平、二农校长卢仲农；停办安庆一工，免除校长毕仲翰；开除数百名学生。吕调元依仗军阀支持，采取的高压政策，并不能阻止进步学生和教育界的正义斗争，一场反吕风潮随即展开。②

---

① 中共安徽省委党史工作委员会编：《安徽现代革命史资料长编》第 1 卷，安徽人民出版社 1986 年版，第 281—282 页。

② 中共安徽省委党史工作委员会编：《安徽现代革命史资料长编》第 1 卷，安徽人民出版社 1986 年版，第283 页。

三、反对省长吕调元

1923 年 2 月吕调元被任命为安徽省长时,曾表示"不欠教育经费,诚心维持教育",但上任以后,以财政困难为由,压欠各校经费长达三四月之久,致使教职员不能维持生活。而吕调元在处理反对曹锟贿选总统事件上,又采取了高压政策,省内进步教育界窝了一肚子火。于是,省学联和教联便组织力量,以讨薪的方式,向吕调元展开斗争。

1923 年 11 月 1 日,省立各大中学校代表 30 余人,在省校联开会讨论教职员欠薪问题,决定集体前往教育厅交涉。教育厅长江彤侯对吕调元亦有意见,遂领着代表直接去见吕,省长公署的第一、二道门岗通过后,第三道门岗只准江彤侯一人入内,江进去不久出来对代表说省长有事,不能接见。代表齐说等省长办完事再见也可,我们在这儿等一会。江复进内,不久吕调元随江彤侯出来,吕很不耐烦地赶代表们回去,让校长来和他谈。代表们呈说教职员生活窘况,并质问吕说话算不算数,有无维持教育的诚意,吕调元恼羞成怒:"你们今天不是来要钱,是来赶我滚蛋的,你们学界想赶我走是不配的,是办不到的!"说罢即转身入内,代表欲跟进去理论,吕调元令卫兵把他们打出去,于是一群卫兵蜂拥而上,拳打脚踢,棍棒交加,打得代表滚倒在地,头破血流,卫兵们连拖带拉,把他们赶出了省长公署。[①]

流血事件发生后,省校联召开紧急会议,讨论应对办法,决定以下事项:(一)通电全国,揭发吕调元的恶行;(二)一致罢课抗议;(三)致电北京政府撤销吕调元安徽省长职务;(四)推定代表赴京、津、沪等地求援;(五)出讨吕特刊,散发传单;(六)向法庭起诉,承担殴伤代表责任;(七)与学联协作,一致行动;(八)与保卫团接洽,请其保持中立。吕调元如临大敌,加强戒备,省长公署周围保安队荷枪实弹,守卫得水泄不通。同时花钱雇佣一批社会闲散人员,打着"安徽公民请愿维持治安"白旗,散布"江彤侯想做省长"、"同学校师生一起破坏政

---

① 中共安徽省委党史工作委员会编:《安徽现代革命史资料长编》第 1 卷,安徽人民出版社 1986 年版,第 278—279 页。

局"的谣言，又贴出布告反诬教职员代表殴伤长官。①

经过省教联和学联的不懈斗争，吕调元终于妥协，请相关土绅出面调停，同意即发欠薪，负担被殴伤代表的医药费，公开赔礼道歉。

四、反对基督教奴化教育

五四运动以后，中国人民认清了帝国主义文化侵略的本质。中国共产党成立后，反对帝国主义奴化教育的斗争，进入一个新阶段。1923 年北京学生反对基督教的斗争，极大地鼓舞了安徽学生界，在团组织和学联的领导下，芜湖、安庆等地掀起了规模较大的反对基督教奴化教育的斗争。

在芜湖，1924 年，教会办的萃文中学学生，因为不愿上圣经课，主张自由听讲和取消神学必修课，举行罢课斗争。美以美会办的育才中学学生，为了取消体罚，减少学费，曾发生驱逐外国校长的斗争。同年底，美办的圣雅各中学学生，不满基督教奴化教育，拒绝参加期终考试。这些斗争，基本上是自发的，没有组织领导，影响不大。

此后，芜湖团组织加强了对反对基督教学生运动的领导，并提出了 4 条主张：（一）指出开展反对基督教的奴化教育，实质上就是反帝；（二）提倡不要体罚学生；（三）教好正课；（四）提高教员待遇，改善师生生活和学生学习条件。由于这些主张能为大多数学生接受，号召一出，学生就发动起来了。②

1925 年 4 月，恽代英来芜湖指导工作。团组织通过学联组织各学校举行悼念孙中山逝世的活动，圣雅各中学却阻止学生参加，宫乔岩、王稼祥、甘天沐等进步师生立即发动全校罢课，萃文、育才学校学生继起响应，学生们走出校门，上街游行，高呼"反对帝国主义文化侵略"、"收回教育自主权"等口号。学生代表还向校方提出 4 项要求：（一）向教育厅立案；（二）取消圣经课；（三）取消早晚祷告；（四）取消做礼

---

① 中共安徽省委党史工作委员会编：《安徽现代革命史资料长编》第 1 卷，安徽人民出版社 1986 年版，第279 页。

② 中共安徽省委党史工作委员会编：《安徽现代革命史资料长编》第 1 卷，安徽人民出版社 1986 年版，第 341—342 页。

拜。校方不同意,要求官府施加压力,又采取提前放假的办法瓦解学生力量,还发通知给家长,要他们将罢课学生领回,否则发生事情学校概不负责。罢课学生在学联强有力的领导下,团结一致,毫不屈服,与官府和校方顽强抗争。学生会还写信给家长,并派代表登门,说明学生的正义行动。同时,学联召开各校学生代表会议,一致声援教会学生的斗争。团中央派陶淮前来指导,省学联和安庆学联派代表前来慰问。斗争坚持了一个多月,结果大部分学生不愿再受奴化教育而退学,退学和被校方开除的学生达500多人,圣雅各、萃文等教会学校几乎垮台。为了解决教会学校退学学生的学习问题,中共通过张秋人、李克农、钱杏邨等成立芜湖救济教会学生筹备委员会,设法开办了民生和新民两所中学,民生中学校长宫乔岩,事务主任李克农。①

在芜湖教会学校学生反对奴化教育的影响下,1925年5月中旬,安庆圣保罗中学学生在团组织的领导下,也开展了声势较大的反抗斗争。学生提出取消圣经课、不做祷告、不做礼拜等要求,遭到校方拒绝后,30多名学生离校,组织办事处,与校方斗争,接着又有80多名学生离校。离校学生派代表与省学联及芜湖教会学校接洽统一行动,向教育厅请愿,结果达成3项谅解:(一)在省立各校开办特别班,收容教会学校退出的学生;(二)由教育厅发给转学证书,任各生自由投考;(三)拨出6000元经费在芜湖、安庆建立新校。不久,五卅运动爆发,安徽成立五卅惨案后援会,为加强反帝斗争,培养爱国力量,学生领袖周新民、宋伟年、余大化、许杰等同进步人士光明甫、沈子修等商议,由五卅后援会拨款3000元,在安庆张家拐25号创建建华中学。1925年8月,建华中学成立董事会,推选光明甫、沈子修、史恕卿、李光炯、周松圃、朱蕴山、汤葆民等为董事,光明甫为董事长,汤葆民为校长。开学伊始,即进行登记招收教会学校退出学生,后扩充设备,增加班次,学生达300多人。建华中学有一个中共党小组,经常开会研究工作。②

---

① 中共安徽省委党史工作委员会编:《安徽现代革命史资料长编》第1卷,安徽人民出版社1986年版,第342—344页。

② 中共安徽省委党史工作委员会编:《安徽现代革命史资料长编》第1卷,安徽人民出版社1986年版,第344—345页。

合肥三育中学学生，亦发动了"取消圣经课，收回教育权"的斗争，学生撕毁圣经，一致退学，迫使该校停办，校长柏乐如只得回国。怀远、滁县、宿县等地也发生了反奴化教育的斗争。

在1925年夏反奴化教育运动之后，安庆于11月成立非基督教大同盟组织，后选出委员9人，分别负责总务、文书、宣传、组织等工作，并设法在各学校建立分部，尤其是教会学校。芜湖也于12月筹备成立各校非基督教同盟会。

1925年12月25日，为基督教圣诞节。芜湖、安庆举行了规模较大的反帝爱国游行示威活动。上午10时，芜湖学生1000余人集会游行，沿途高呼"打倒帝国主义先锋队基督教"、"反对文化侵略"、"收回教育权"、"反对日本出兵满洲"、"打倒张作霖"、"打倒段祺瑞卖国政府"、"建设国民政府"等口号，散发传单，张贴讽刺画。游行进行了两个多小时，中午十二点半召开市民大会，市民参加者有三四百人，主席报告宗旨后多人上台演讲，示威学生群众通过了12项议案：（一）发出4个反帝爱国通电；（二）打倒卖国的段政府；（三）建设国民政府；（四）取消不平等条约；（五）无条件的关税自主；（六）召集真正国民会议；（七）取得人民集会结社言论出版罢工的绝对自由权；（八）反对日本出兵满洲；（九）反对帝国主义助长内乱；（十）反对帝国主义文化侵略；（十一）打倒基督教；（十二）援助汉口英人枪杀同胞事件。[①]

安庆的游行示威活动，有法政、一师、建华、东南、怀中、商校等校学生1000多人，聚集公共体育场，主席报告完，即整队游行，前导为"安庆市民示威运动大会"大旗，左为"反对日本出兵奉天"、"打倒段祺瑞、张作霖"旗，右为"打倒基督教"、"收回教育权"旗，沿途高呼"打倒日本帝国主义"、"收回教育权"等口号，并散发传单，张贴标语，"大队环绕城内外繁盛街道，观者塞途"[②]。

---

① 中共安徽省委党史工作委员会编：《安徽现代革命史资料长编》第1卷，安徽人民出版社1986年版，第353页。

② 中央档案馆、安徽省档案馆编：《安徽革命历史文件汇集》第1册，1987年印，第67页。

五、开展农民运动

安徽地方团组织,遵照中共三大通过的《农民问题决议案》精神,从事农民运动的领导工作,是从 1924 年开始的。这年春,芜湖地方团组织设立农民宣传员一职,由曹蕴真担任。

1925 年 7 月 2 日,芜湖团组织向团中央报告安徽农村的调查情况,认为安徽农村中的无产者团勇组织值得重视,"吾人苟能设法与之联络,加以训练,极可作农民运动之中心势力及急先锋"[①]。1925 年暑假,安庆团组织要求放假回乡学生注意调查当地农民生活状况。1924年,薛卓汉等寿县籍团员经常带着留声机和笙箫笛管等乐器,深入小甸集一带农村,从事宣传活动。1925 年冬,寿县团组织还成立寒假新剧团下乡,散发《犁头》、《中国农民》等宣传品。

1925 年 7 月,宿县南关集农民协会成立,会员 80 多人。同年夏,宿县临涣、百善一带农民,成立了农民协会、光蛋会等组织,会员发展到 4000 多人,负责人谢肖九、吴福五等。1926 年初,宿县夹沟区也成立了农民协会,负责人邓佑民、赵华堂。3 月 13 日,宿县农民协会成立。5 月 14 日,团宿州特支给团中央的信中,报告农民协会情况:"计村农校(指农民协会)有五十处,区农校十余处,县农校拟统一全县。"[②]1925 年 6 月,袁新民、张松伍在霍邱打鼓山组织农协小组,1926年发展为区一级农民协会。1925 年冬,许致远、邓果白在萧县薛庄组织短工会、长工会,1926 年成立薛庄农民协会。

1925 年 9 月,寿县党团组织选送薛卓汉、裴济华、胡宏让 3 人参加第五届广州农民运动讲习所甲班学习,是年底,3 人毕业后回到安徽从事农运工作;1926 年春,薛卓汉担任了国民党安徽省党部农民部长。1926 年初,由薛卓汉负责推荐了一批安徽进步青年,参加由毛泽东接办的第六届广州农民运动讲习所的学习,其中有寿县崔筱斋、方锦良、方运筹、孙健、龚耕新、孟皖白、杨盟山、杨志灵,六安瞿其善、施

---

① 中共安徽省委党史工作委员会、安徽省档案馆编:《安徽早期党团组织史料选》,1987 年印,第84 页。

② 中央档案馆、安徽省档案馆编:《安徽革命历史文件汇集》第 1 册,1987 年印,第 255 页。

光明,霍山张友印,霍邱刘亚白,芜湖胡济,桐城张联群,怀宁夏爱生等。① 1926 年 6 月间,寿县曹广化也由第四期黄埔军校转入第六届农讲所学习。这批农讲所学生有的在农讲所入党,有的回皖后入党,7 月结业后陆续返皖从事农运工作。胡济、崔筱斋、曹广化等组织了安徽省农民运动委员会,并且成立中共支部,负责人胡济,以合肥北乡双河集崔筱斋家为联络点,通过秘密信件与“上海大学龙铭盘”(中共中央农民部代号)联系,汇报工作,接受指示。由于各种条件的限制,安徽省农民运动委员会并未能将各县农运同志联络起来,形成真正全省统一的组织,崔筱斋的工作重点在合肥,曹广化的工作重点在寿县,胡济担任合肥与寿县之间的联络和指导工作。②

六、重视留日学生工作

第一次国内革命战争时期,安徽青年赴日留学主要有两次。第一次是 1922 年冬官费留日。1921 年,安徽陆续爆发六二学潮、反对贿选省议会、驱逐省长李兆珍等斗争,这些斗争的主要力量都是学生,斗争中涌现了一批学生领导骨干。省长许世英、教育厅长江彤侯担心学生继续闹事,遂以官费将这批学生骨干送到日本留学。这批赴日留学生有 30 多人,其中从安庆走的,有汤志先(法专)、周新民(法专)、储应时(一中)、朱子帆(一中)、常万远(一农)、房硕民(一女师)、王先强(一师)、陈访先(法专)、童正常(一农);从芜湖走的,有俞学俊(五中)、翟宗文(萃文)、马寅寿(二农)、胡浩川(二农)、方金銮(二女师,自费)、洪兴荫(二女师)、吴企云(甲商)、吴觉农、舒传贤、宋伟年、方洛舟等。③

第二次是 1925 年。1923 年,参加反对曹锟贿选总统斗争的安徽学生骨干,被北京政府通缉 30 余人。曹锟下台后,段祺瑞任临时执

---

　① 中共安徽省委党史工作委员会编:《安徽现代革命史资料长编》第 1 卷,安徽人民出版社 1986 年版,第 360 页。

　② 中共安徽省委党史工作委员会编:《安徽现代革命史资料长编》第 1 卷,安徽人民出版社 1986 年版,第 360—361 页。

　③ 中共安徽省委党史工作委员会编:《安徽现代革命史资料长编》第 1 卷,安徽人民出版社 1986 年版,第 386 页。

政,令派王揖唐任安徽省长兼督办,遂解除通缉,遣送日本留学,官费居多。对于这批留日学运骨干,安庆团特支十分注重组织工作:"关于本知校(特支)留日同学,到日后即须向该地棣芳(地方团)报到;如彼处无组织,可通知钟菊(团中央局)另组支部。"①这批安徽留日学生有王步文、王同荣、苗树德、史谦、郑鼎、余鉴民、刘雯、刘培寿、金驿、谢嗣簶、唐道海、濮德治、黄新富、邵凤朝、李凤威、江宪白、童长荣、操演、路锡祉、葛晓东、方治、葛文宗、方启坤(王步文夫人)等。②

当时留学日本的中国学生以政治倾向而论主要分成三大派:(一)顽固派。军阀官僚子弟多,进士官学校的多。(二)中间派。占百分之八十,只读书,不问政治。(三)进步派。清寒子弟多,倾向革命。留日中国学生在东京成立国民党东京总支部,该总支部是在中共东京特别支部的指导和帮助下组建的,担任中共东京特支领导工作的有安徽留日学生童长荣、王步文。1925年冬,国民党东京总支部受国内政治影响,分裂为左右两派,总支部设在神田区中国青年会内,分裂出去的右派机构设在西巢鸭区,因又称西巢鸭派。国民党中央承认东京总支部为合法组织,西巢鸭派的政治观点秉承西山会议派,两派斗争的形势与国内政局密切相关。参加左派工作的安徽学生有王步文、翟宗文、童长荣、王先强、操演、江宪白、濮德治等人,参加右派工作的安徽学生有陈访先、汤志先、路锡祉、葛晓东等人。③

七、选派留苏学生

安徽青年赴苏联学习,较早的有蒋光慈、吴葆萼、韦素园3人。1920年春,蒋光慈、吴葆萼由五中学监高语罕介绍,离芜赴沪,经陈独秀推荐,进入第三国际主办的上海外国语学校学习俄语,韦素园也从安庆法专被推荐到上海外国语学校学习。1921年春,蒋光慈、吴葆

---

① 中央档案馆、安徽省档案馆编:《安徽革命历史文件汇集》第1册,1987年印,第23页。
② 中共安徽省委党史工作委员会编:《安徽现代革命史资料长编》第1卷,安徽人民出版社1986年版,第386—387页。
③ 中共安徽省委党史工作委员会编:《安徽现代革命史资料长编》第1卷,安徽人民出版社1986年版,第387页。

蕚、韦素园3人，与刘少奇、任弼时、萧劲光、曹靖华等，取道海参崴赴苏，于同年八九月抵达莫斯科，进入东方劳动者共产主义大学。[①]

歙县柯庆施1921年秋从上海赴苏联学习，1922年夏回国；陈独秀两个儿子陈延年、陈乔年1923年3月从欧洲转赴苏联学习；桐城尹宽1923年冬从欧洲转赴苏联学习；桐城姚佐唐1924年赴苏联学习；高语罕的子女高国久、高云久也较早从上海大学赴苏联留学。[②]

1925年，中共中央决定选派一批有志青年赴苏联学习，给了安徽团组织10个名额，安庆、芜湖各5名。芜湖团组织选派了汪菊农、廖麟、陈原道、陈维琪、贾斯干5名团员赴苏联学习；安庆团组织推荐的彭干臣、徐梦秋、濮德治、王同荣、薛卓汉5名团员，因故没有去成。[③]1925—1926年，安徽进步青年通过其他方式赴苏留学的，还有六安陈绍禹（王明），泾县王稼祥，霍山黎本益，灵璧徐齐邦，寿县李竹声、方运炽、方英、孟庆树（王明夫人）等。[④]

八、选派黄埔军校生

黄埔军官学校是大革命时期国民党在中国共产党的帮助下建立的，所招收的学生中有许多是中国共产党和青年团组织推荐的。安徽许多团员和青年报考，入校学习。1924年5月，安庆团组织选送许继慎、杨溥泉、彭干臣、姚光鼐、高永春、濮德治报考第一期黄埔军校，后高永春、濮德治未被录取。芜湖、合肥、六安、寿县、怀宁、宿县、凤台、阜阳等县党团组织，均曾选派团员和进步青年报考黄埔军校。据统计，在黄埔军校一至四期的皖籍学生有160多人，他们中有的是安徽中共党团组织选送的，有的是外省中共党团组织选送的，也有国民党

① 中共安徽省委党史工作委员会编：《安徽现代革命史资料长编》第1卷，安徽人民出版社1986年版，第388页。

② 中共安徽省委党史工作委员会编：《安徽现代革命史资料长编》第1卷，安徽人民出版社1986年版，第392页。

③ 中共安徽省委党史工作委员会编：《安徽现代革命史资料长编》第1卷，安徽人民出版社1986年版，第389页。

④ 中共安徽省委党史工作委员会编：《安徽现代革命史资料长编》第1卷，安徽人民出版社1986年版，第392页。

组织选派和自己报考的。

黄埔军校安徽籍同学名录

第一期

第一队

徐石麟	望江
傅维玉	英山
唐同德	合肥
王逸常	六安
龙慕韩	怀宁
江霁	霍邱

第二队

葛国梁	舒城
许继慎	六安
彭干臣	英山
郭德昭	英山
严武	庐江
陈坚	宁国

第三队

杨溥泉	六安
廖运泽	凤台
曹渊	寿县
孙天放	怀远
孙以悰	寿县
鲍宗汉	巢县

第四队

洪君器	巢县
段重智	英山
蔡炳炎	合肥
孙怀远	合肥
吴展	舒城
李铣	安徽

李自迷	安徽

第二期

华润浓	桐城
吴继光	盱眙
陈济光	英山
王积恂	寿县
郑震初	安徽
许文骙	合肥
刘希文	怀宁
陈金城	全椒
朱深	合肥
陈荣光	合肥
张寅臣	铜陵
陈军锋	英山
童善宇	合肥
姜筱丹	英山
李时敏	合肥

第三期

步兵队

丁立群	怀宁
王会川	英山
王鹗峰	英山
王鼎	无为
王伟矩	合肥
王长庚	英山
王吉树	英山
方柱亭	英山
石象乾	英山
朱奇	灵璧
朱韶成	宿县

安殷磐	六安	张 炎	凤台
任国光	灵璧	张 捷	英山
邢幼民	庐江	张 镇	灵璧
李孔晖	寿县	张家荣	英山
宋书田	怀远	张 英	灵璧
汪 钺	繁昌	黄铁民	寿县
汪逢榘	英山	傅锡章	英山
汪石林	霍山	傅维霞	英山
沈继西	英山	傅克铭	英山
沈正和	英山	傅昆言	英山
周 栀	潜山	彭哲夫	英山
金达仁	英山	彭延祖	英山
金风远	英山	杨家桂	颍上
洪世寿	巢县	杨节清	寿县
姜佐文	英山	詹用韬	合肥
姜镜堂	英山	熊寿萱	英山
殷朗如	英山	蕊景福	英山
段焱华	英山	叶道九	英山
段霖茂	安徽	刘 恒	南陵
柯正华	英山	蔡乘波	颍上
柯伯勖	英山	鲁恢亚	无为
郝翔鼇	英山	鲁异三	宣城
郝照亭	英山	戴日新	无为
唐家宝	颍上	戴安澜	无为
陈 忠	合肥	谢 彬	灵璧
陈 霖	灵璧	萧挹南	英山
陈道生	颍上	萧克明	英山
徐介藩	灵璧	龚体仁	合肥
袁道亮	寿县	**骑兵科**	
高 民	灵璧	汪守相	无为
张本禹	巢县	丁亚中	凤台
张道治	秋浦	丁五季	庐江

胡永林　　　舒城

袁家佩　　　寿县

程锡简　　　凤台

第四期

步科第一团

第一连

刘纯甫　　　霍邱

第二连

沐绍英　　　巢县

第四连

郑尔厚　　　颍上

吴勤吾　　　凤台

徐德清　　　太湖

第五连

徐继达　　　潜山

白　完　　　桐城

第七连

张润逖　　　桐城

谢玉林　　　五河

关法权　　　阜阳

江声煌　　　婺源

傅新木　　　英山

第八连

方梦周　　　潜山

第九连

王超凡　　　太平

郭条尘　　　怀宁

步科第二团

第二连

王子步　　　泗县

费振寰　　　寿县

张极睿　　　无为

第三连

陶子光　　　安徽

吴　洁　　　舒城

王　彬　　　合肥

第四连

曹明山　　　涡阳

薛　骞　　　寿县

张威武　　　安徽

第五连

胡观南　　　安徽

张霭如　　　怀宁

第六连

张国祥　　　安徽

凌　霄　　　贵池

严　濑　　　安徽

李香谷　　　寿县

第八连

孟宪仁　　　寿县

第九连

李永昌　　　阜阳

张嗣杰　　　霍邱

戴蔚文　　　无为

何子繁　　　六安

叶守诚　　　寿县

刘俊颜　　　霍邱

炮科大队

第二队

凌震球　　　凤阳

工科大队

通信队

陈克裕　　　宣城

经理科大队	第二队
第二队	张有余　寿县
邵佾　定远	鲁平阶　寿县
黄杰三　安庆	**第三队**
政治科大队	黄砥中　桐城
第一队	宋兴炎　泗县
张汉瑜　寿县	杨化雨　寿县
洪俊杰　秋浦	

资料来源:《安徽现代革命史资料长编》第 1 卷,第 394—398 页;《黄埔军校史料》,第 522—587 页。

第五章

国共合作与北伐战争在安徽

1924年1月,国民党第一次全国代表大会在广州举行,标志着第一次国共合作正式形成。安徽的中共党员与青年团员根据中共中央的部署纷纷加入国民党,并帮助国民党建立了各级党组织。第一次国共合作在安徽形成后,很快打开了"打倒列强除军阀"的国民革命新局面,工农群众运动勃兴,声援五卅运动、响应三一八运动、支援北伐战争等一系列声势浩大的革命斗争在江淮大地如火如荼地展开。尤其是随着北伐军在安徽迅猛进军,国民革命在安徽空前高涨。1927年4月前后,随着国民党右派策动的安庆三二三事件、芜湖四一八事件等一系列反革命事件的发生,国共在安徽的首次合作走向解体,国民革命的大好局面被断送。

第一节　第一次国共合作在安徽的形成与国民革命的初步展开

一、第一次国共合作在安徽的形成

辛亥革命前后,国民党及其前身在安徽有较长的革命活动历史,曾经充当过革命领导者的角色,在人民群众中享有一定的声望。但当历史由旧民主主义革命时期跨入新民主主义革命时期后,这个党愈来愈不能适应时代的需要。一方面,国民党在安徽的势力没有组织基础。1922 年 9 月,孙中山曾委任管鹏为国民党安徽总支部筹备处处长,但随着 1923 年 10 月曹锟贿选后安徽军阀马联甲实施高压,管鹏等人或逃沪,或被捕,国民党在安徽的组织几乎完全瘫痪。另一方面,国民党在安徽的势力一直缺乏鲜明的战斗纲领,难以担当动员人民参加革命的重任。更为重要的是,国民党在安徽的势力自民初以来即分成了管鹏派及柏文蔚派,双方积怨甚深,经常互相攻讦,陷入了派系纷争的泥潭。连绵不休的内讧严重影响了安徽革命形势的发展。据 1923 年春青年团驻安庆的负责人柯庆施的观察,无论是拥柏派还是反柏派,"两派都不能做真正的革命运动"[1]。1923 年 11 月,中共中央也认为"安徽国民党分两派,均不得社会的信仰"[2]。

这样的党,若不注入大量的新鲜血液,若不更新重组,由新生力量主导,显然无法担当领导安徽人民从事国民革命的重任。

1921 年中国共产党成立后,于探索革命发展道路中逐步认识到反帝反封建的民主革命为时代之需要,建立集中所有革命势力的革命统一战线为当务之急,而国民党为国内较有革命性的政治党派,于是渐渐摒弃对国民党排斥的态度,积极推动与主导国共合作的实现。

---

[1]　中央档案馆、安徽省档案馆编:《安徽革命历史文件汇集》第 1 册,1987 年印,第 7 页。
[2]　中央档案馆编:《中共中央文件选集》第 1 册,中共中央党校出版社 1989 年版,第 187 页。

1922 年 8 月,中共中央在杭州西湖举行会议,决定接受共产国际代表的建议,劝说全体党员以个人名义加入国民党,同时保持共产党在组织上、政治上、思想上的独立性。1923 年 6 月,中共三大通过《关于国民运动及国民党问题的议决案》,重申接受共产国际执委会关于中共与国民党合作、中共党员加入国民党的决议,特别强调须努力扩大国民党的组织于全中国。8 月,中国社会主义青年团二大依据中共三大确定的路线、方针,决定青年团员以个人身份加入国民党。1923 年 11 月,中共三届一中全会又通过《国民运动进行计划决议案》,指出国民运动以扩大国民党组织为首要工作,针对安徽等地无国民党组织的实情,该决议案要求加入国民党的中共党员及青年团员应努力为之创设,并站在国民党中心地位。

为了响应中共中央及社会主义青年团中央的号召,1923 年,柯庆施、许继慎等中共安徽地方组织及青年团的骨干纷纷加入国民党。[①]柯庆施鉴于国民党内两派势同水火,无法工作,"预备将民生研究会组织就绪,以便替代他们的地位"[②]。团芜湖地委负责人也有类似计划,"想同北京学生一样,组织一个民生主义同志会,借此机会,各团员均可自动地加入国民党,力谋本团体运动的范围充分扩大"[③]。由于此时国民党一大尚未举行,联共政策没有正式确立,加入国民党的共产党员及青年团员为数不多,加上安徽的政治局势自 1923 年 10 月起日趋险恶,柯庆施等人另立外围团体改造安徽国民党的计划暂时未能成为现实。

在共产国际、苏俄与中国共产党的大力帮助与推动下,1924 年 1 月,国民党第一次全国代表大会在广州顺利召开。大会发表了具有鲜明反帝反封建色彩的宣言,通过了默许中共党员及青年团员以个人身份加入国民党的新党章,成立了有李大钊、谭平山、毛泽东等多名共产党人参加的国民党中央,事实上标志着国民党联共政策的正式确立。这次大会也宣告了以国共合作为主体的革命统一战线正式形成。

① 中央档案馆、安徽省档案馆编:《安徽革命历史文件汇集》第 1 册,1987 年印,第 13—14 页。
② 中央档案馆、安徽省档案馆编:《安徽革命历史文件汇集》第 1 册,1987 年印,第 7 页。
③ 中央档案馆、安徽省档案馆编:《安徽革命历史文件汇集》第 1 册,1987 年印,第 113 页。

国民党一大闭幕后不久,国民党中央党部分期召集包括安徽代表在内的各地代表草拟各省党务进行计划草案,经提中央执行委员会修正,规定各省先设临时省执行委员会,中央派员前往筹备。派出之筹备员应于一周内启程,前赴该地筹备。临时省党部之成立期预定为1个月,正式省党部之成立期预定为5个月,如在预定期间不能成立者应改派员筹备。1924年2月6日,国民党中央执行委员会第三次会议议决,派定李次宋、曹似冰2人为国民党安徽省临时执行委员会筹备员。[①] 李次宋在安徽长期追随管鹏,系管派骨干成员。管鹏反对国共合作,李次宋对此也持歧见,因此他不可能也确实没有同安徽的共产党员与青年团员发生联系,加上1924年11月前,安徽处于军阀马联甲的高压之下,李次宋等人囿于传统的革命方式,在重建国民党组织方面难以有所作为。虽然李次宋等人迟迟未能在安徽打开局面,早逾国民党临时省党部的筹备期限,但国民党中央并未按章改派筹备人员,李次宋等人的使命也渐消于无形。

安徽的国共合作,是在中共安徽地方组织的帮助与指导下,青年团安徽地方组织的直接参与下,才得以实现的。

安庆是国民党一大后安徽最早建立国民党新式党部的地方之一。1923年,柯庆施、许继慎等少数中共安徽组织及青年团地方组织的骨干即加入国民党。此时国民党一大尚未举行,自然谈不上建立新型组织。同年10月,讨伐贿选之役后,军阀马联甲疯狂反扑,查封安徽全省学生联合会等党、团组织的外围机关,封禁国民党人开办的《民治报》与《新建设日报》,撤换主持正义的各学校校长,通缉历次群众运动中的积极分子及国民党人,一时安徽的革命环境至为险恶,但仍有少数国民党人如黄梦飞、周松圃等人以社会名士的身份留在安庆,坚持斗争。1924年10月,冯玉祥发动北京政变,直系控制的中央政权迅即崩溃。附直的安徽督理马联甲不久下台,改由皖系骨干王揖唐担任督办。由于皖系此前与孙中山结盟反对直系,国民党由此再次得以在安徽公开活动。12月安徽全省学生联合会于安庆恢复,王步文、江完

---

① 罗家伦主编:《革命文献》第8辑,台湾"中央文物供应社"1955年版,第158页。

白等著名的青年团员自上海回到安庆。① 此时,驻安庆的共产党员及青年团员早已按照中共中央及青年团中央的部署纷纷加入国民党,同时,王步文等人又帮助黄梦飞、周松圃等人发展了一大批国民党员。国民党员人数有了较大增加,组织国民党新式党部的条件已渐臻成熟。自 11 月开始,安庆各机关开始着手组织党部。② 最初成立的系区分部,成立区分部的机关主要有省教育会、省立第一中学、省立第一农业学校、省立第一师范学校、省立法政专门学校等。因事属草创,各处成立区分部多系自由组织,不合国民党组织法颇多。1925 年 7 至 8 月间,各区分部执行委员召开联席会议,重新划分,改组各区分部执行委员会,并重填表册,组织各区区党部。其中第一区党部设在省教育会,由左派黄梦飞任常委。第二区党部设在省立第一师范学校,共产党员方乐周任常委。第三区党部设在省立法政专门学校,青年团员周新民为常委。另有一个江南区党部。4 区党部共有党员 320 多人。1925 年 12 月 20 日,在团安庆地委指导下,国民党安庆市党部正式成立,下设组织部、宣传部、农工部、妇女部、学生部、非基部,郭士杰、许杰、周新民、李竹声、张定武、方兰轩、张浩然 7 人担任执行委员,各执委又互选周新民为常委。其中李竹声、郭士杰、张定武为中共党员,周新民为青年团员,其余 3 人均为“左”倾分子。因此,共产党员与青年团员牢牢居于国民党安庆市党部之中心地位。③

国民党芜湖市党部的成立略早于安庆。同国民党安庆市党部一样,它也经历了较长的酝酿过程。1923 年底,芜湖学生联合会耻与马联甲共存,自动宣布解散。少数青年团员也被迫他适,但大多数身份没有暴露的青年团员则留了下来,并于 1924 年春全数加入国民党,不久他们联名致函国民党中央,要求迅予派员筹备,在芜设立支部。④ 5 月,团芜湖地委再次开会议决:“全体同志,一律加入 K 党(即国民

① 《安徽全省学联会恢复》,见 1924 年 12 月 25 日上海《民国日报》。
② 《安徽党务报告书》,1926 年 1 月。见《党史研究资料》1980 年第 17 期,1980 年 9 月发行。原件藏武汉市档案馆。
③ 中央档案馆、安徽省档案馆编:《安徽革命历史文件汇集》第 1 册,1987 年印,第 63 页。
④ 中央档案馆、安徽省档案馆编:《安徽革命历史文件汇集》第 1 册,1987 年印,第 120—125 页、第 127 页。

党),并积极于两星期内将区党部组织成功。"①此后,加入国民党的青年团员积极投身到创立国民党芜湖地方新型组织(主要为区分部)中去,并在 1924 年 11 月马联甲下台前有了初步发展,省立第二农业学校、芜湖职业学校相继成立国民党分支。马联甲下台后,政治环境大见改善,国民党员得到进一步的增加,在此基础上,又分别建立了省立甲种商业学校、省立第五中学分支,商界亦成立了两个分部。1925 年 3 月,国民党芜湖临时市党部成立,下辖区分部 6 处,共有党员 135 人,青年团团员周范文担任常委。暑假期间,国民党芜湖地方组织根据国民党组织法进行调整,重新划分区域,成立 3 个区党部,每区下辖 3 个区分部。1925 年 10 月 22 日,国民党芜湖市党部正式成立,沈天白等人担任执委,各执委又互选沈天白担任常委。因沈天白为青年团团员,国民党芜湖市党部实际由团芜湖地委主导。②

国民党二大前,国民党在安徽境内成立的组织,除安庆、芜湖两地市党部外,宿县、寿县、铜陵 3 县也各自成立了国民党县党部。其中国民党宿县临时县党部成立于 1924 年夏,为国民党一大后安徽最早出现的县党部,青年团团员孔昭谦担任领导人。北京政变后,该临时县党部转变成正式县党部。随后,国民党寿县县党部、铜陵县党部也分别成立。成立国民党临时县党部的县份则有郎溪、绩溪、英山、凤阳等 4 县。此外,盱眙、滁县、合肥、繁昌等县也成立了数目不等的区分部或区党部。上述党部除绩溪等个别地方外,绝大多数均在共产党员或青年团员指导下成立。担任各党部常委的基本上为共产党员或青年团员,从而为各级组织的革命性提供了保障。

随着革命形势的发展,安徽迫切需要组织一个统一指挥全省党务的指导机关。1925 年 12 月 25 日,国民党第一届中央举行第 129 次会议,皖籍党员高语罕报告安徽省党务状况,并提出请派员组织皖省党部案,经讨论,大会一致决议:"安徽党务亟应组织一临时机关以资统率,即派高语罕同志所提出之光明甫、沈子修、朱蕴山、周范文、周松

① 中央档案馆、安徽省档案馆编:《安徽革命历史文件汇集》第 1 册,1987 年印,第 130 页。
② 《安徽党务报告书》,1926 年 1 月。见《党史研究资料》1980 年第 17 期,1980 年 9 月发行。原件藏武汉市档案馆。

圃、常藩侯、史恕卿、黄梦飞、薛卓汉为该省党部筹备员，正式省党部未成立以前，即由该委员等代行省党部职权。"①国民党安徽临时省党部的筹备工作正式启动。1926年1月，朱蕴山、黄梦飞、沈天白3人代表安徽出席国民党第二次全国代表大会，并向大会作了《安徽党务报告书》。会后朱、黄2人回皖，与光明甫等人一起，积极筹备临时省党部的成立。1926年3月，在共产党员、青年团员的大力帮助与指导下，国民党安徽临时省党部正式成立，办公地址设在安庆邓家坡大关帝庙5号。② 光明甫、周松圃、朱蕴山、沈子修、常恒芳（即常藩侯）、史恕卿、黄梦飞、薛卓汉、周范文9人担任临时省党部执行委员，互选光明甫、周松圃、朱蕴山3人为常务委员，其中沈子修为组织部长、黄梦飞为宣传部长、薛卓汉为农工部长、史恕卿为商人部长、周范文为青年部长、常恒芳为妇女部长、柯庆施为秘书长。③ 上述诸人中，朱蕴山、薛卓汉、周范文、柯庆施为共产党员，其余均为激进的国民党左派人士。

国民党芜湖、安庆、宿县等地市、县党部的成立，反映出国共两党合作政策在安徽取得初步成功。国民党安徽临时省党部的建立，标志着第一次国共合作在安徽正式形成。正是由于大批共产党员及青年团员加入国民党并在其中扮演中流砥柱的角色，国民党在安徽的组织得以重建，获得新生，焕发出青春气息。各级党部成立后，发挥革命统一战线的作用，有力地推动了国民革命在安徽的蓬勃发展。

二、国民革命在安徽的初步展开与工农运动的勃兴

国共合作在安徽形成后，各地国民党党部在中共安徽地方组织及青年团（1926年初改为共青团）地方组织的指导下，积极发动群众，组织群众，投身到轰轰烈烈的革命运动中去。反帝反封建的群众爱国运动在江淮大地迅速展开。

① 《国民党第一百廿九次会议纪》，见1926年1月1日广州《民国日报》。

② 中国第二历史档案馆编：《中国国民党第一、二次全国代表大会会议史料》上册，江苏古籍出版社1986年版，第640页。

③ 卓衡之：《安徽党务设施回顾与前瞻》，见安徽省政府秘书处编：《抗建中之安徽》，1940年印，第83、84页。

（一）国民会议运动

1924 年 10 月,冯玉祥发动北京政变,推翻直系军阀控制的中央政权。此前与孙中山结盟反直的奉系张作霖、皖系段祺瑞纷纷电邀孙中山北上,共商国是。11 月 13 日,孙中山自广州启程北上,并于行前发表著名的《北上宣言》,提出由商会、学生会等人民团体组成国民会议解决国是的主张。孙中山的主张表达了全国人民的迫切要求,得到全国各地人民群众的热烈响应。全国迅即兴起声势浩大的国民会议运动。

11 月 21 日,安徽民智促进会率先起来响应孙中山的号召,它们联名致电孙中山,认为孙中山"此次对时局之宣言,尤得我民众之同情",敬请孙中山"贯彻初衷",表示"我全国同胞誓为我公后盾"。[①] 随后芜湖青年合作社、芜湖教育改进社、芜湖学生联合会、南陵各公团、宿县学生联合会等团体接踵而起,纷纷通电,拥护孙中山的国民会议主张。

11 月底,团中央派员至芜湖进行赞助国民会议工作。在他们的努力下,12 月 6 日,芜湖国民会议促成会正式成立。尽管成立时参加的地方公团只有 3 个,强有力之大公团如商会、农会、教育会均未参加,但自成立之日起不惜进行文字鼓吹工作,它在芜湖造出了赞助国民会议的声势。

在省城安庆,12 月 27 日,安徽省教育会、省农会、总商会、安徽全省学生联合会等 13 公团开会,讨论筹备成立安徽国民会议促成会事宜。共产党员王步文、王同荣,国民党员黄梦飞等踊跃发言,呼吁支持孙中山的主张。1925 年 1 月 1 日,安徽国民会议促成会举行成立大会,到会团体达到 54 个,代表 183 人,通过成立宣言及简章。王步文、王同荣等 12 人担任干事,实际负责促成会的日常工作。

在皖北,凤阳县各公团于 1924 年 12 月 28 日开筹备会,1925 年 1 月 2 日,举行凤阳国民会议促成会成立大会,到 35 公团,通过简章,推举委员 13 人,发出成立宣言及通电。2 月 8 日,在国民党宿县县党部

---

① 《皖公团拥护国民会议》,见 1924 年 12 月 3 日上海《民国日报》。

联络下,宿县国民会议促成会举行成立大会,除国民党宿县县党部等40余团体代表外,各乡农民亦推派代表与会。大会选定共产党员江常师等11人为执委。

1925年1月,临时执政段祺瑞不顾民意,悍然召集善后会议。对此安徽各公团群起反对。安徽国民会议促成会、宿县国民会议促成会等或发表宣言,或通电全国,指出善后会议"不能脱以前分赃把持之旧贯,殊背武力告终与民更始之意"①。为了抵制善后会议,1月初,芜湖国民会议促成会致电全国各地国民会议促成会,请一致行动反对善后会议,立即在上海召集全国国民会议促成会联合会。② 后来芜湖国民会议促成会参与了全国国民会议促成会联合总会的发起工作。宿县国民会议促成会派江常师等5人赴京参加全国国民会议促成会大会。

国民会议运动系国共合作后安徽境内的首次群众运动。它对孙中山作了强有力的支援,同时打击了段祺瑞等反动军阀的嚣张气焰。安徽广大人民群众的觉悟在此次政治动员中得到了进一步的提高。

(二)悼念孙中山运动

正当全国人民轰轰烈烈开展国民会议运动之时,1925年3月12日,伟大的民主革命先行者孙中山不幸在北京因病逝世。全国人民顿时沉浸在无限悲痛之中。各地迅速开展大规模的悼念孙中山的活动。

3月13日,安庆有关方面接到孙中山去世消息。官厅各机关即遵政府通电下半旗志哀。安庆各报推出号外,表示纪念。国民党员立即开会,筹备追悼事宜,翌日以安徽全体党员名义向北京孙中山行辕拍发唁电。17日,安庆各教学机关辍学一日,以示哀思,省教育会、省学校联合会、省学生联合会联名致电北京汪精卫、孙科等,表示慰问。20日,各官厅齐集烈士墓后楼,公祭孙中山,由政务厅长蔡祖年主祭。23日,安庆国民党员于省议会会场举行党祭。24日、25日,为各界群众公祭期,前往灵场吊祭者达数万人,各方所送挽幛不下千余轴,尤其是各校学生整队前往,十分庄重肃穆。国民党员于会场散发孙中山遗照

① 《安徽国民会议促成会成立宣言》,见1925年1月9日上海《民国日报》。
② 《芜湖快信》,见1925年1月9日《申报》。

及遗嘱近 6000 份。

芜湖方面，接得孙中山去世消息后，各界人士纷纷电唁。各行政机关遵中央通令下半旗 3 日。各专科学校、各中学、各小学各自召开追悼会，寄达哀思。随后互相接洽，筹备全芜悼孙大会。4 月 24 日，芜湖各界追悼孙中山大会在长街湖南会馆隆重举行，与会群众达万余人。先由钱杏邨报告孙中山事迹，宫乔岩宣读孙中山遗嘱，张叔梗宣读祭文，接着，省立第五中学、芜湖学生联合会、国民党芜湖市党部等宣读祭文，并唱哀歌。国民党上海执行部代表恽代英发表演说，感谢各界来宾。后结队出发游行，沿途高呼"打倒帝国主义"、"打倒国内军阀"、"三民主义万岁"等口号，至演讲场时，市民观者更众，恽代英演说孙中山主义至为详尽，听众甚受感动。[①]

除芜湖外，宿县、凤阳、祁门、六安、蚌埠、盱眙、郎溪等地均举行了大规模的悼念孙中山大会，其中宿县悼孙大会由国民党宿县县党部筹备，与会群众达到 8000 余人，会场散发孙中山先生事略、孙中山遗嘱、三民主义概要等印刷品。六安的追悼大会亦由国民党员筹备举行，与会群众达到 5000 多人，除公祭、演讲外，复举行游行，高呼"孙先生精神万岁"、"三民主义万岁"等口号，沿街散发传单，场景动人。

安徽各地追悼孙中山的活动，向广大人民群众宣传了革命的三民主义，扩大了国民党的社会影响，增进了安徽的革命气氛，为不久到来的五卅运动创造了有利条件。

(三)反对日本出兵满洲的斗争

1925 年 11 月，奉系将领郭松龄在全国革命潮流的激荡下，于滦州宣布倒戈，要求张作霖下野。随即挥兵向关外进发，一路所向披靡，直迫奉天(今沈阳)，张作霖岌岌可危。在郭、张决战的关键时刻，日本政府悍然增兵中国东北，支持张作霖，致郭松龄功败垂成。日本出兵满洲干涉中国内政的行径激起中国人民的滔天义愤。各地纷纷举行游行示威，抗议日本的侵略，反对张作霖。

12 月 25 日，恰值基督教圣诞日。在青年团安庆地委的主导下，国

---

① 《芜湖之悼孙大会》，见 1925 年 4 月 27 日《申报》。

民党安庆市党部、安徽省学生联合总会、安庆非基督教大同盟 3 团体发起反对日本出兵满洲和反对基督教的市民大会。上午 9 时，安徽法政专门学校、省立第一师范学校、建华中学、省商科学校等校学生及安庆国民党员纷纷向公共体育场集中，人数约 2000，公推法专教员许炳松为主席，报告日本出兵满洲各情形。后整队出发，举行游行，法专校长光明甫为游行总指挥。前导以白布横额"安庆市民示威运动大会"大旗。示威群众沿途高呼"打倒日本帝国主义"、"反对日本出兵奉天"、"打倒段祺瑞张作霖"、"打倒基督教"、"收回教育权"等口号。游行时伴以散传单宣传队、贴标语图画队，对市民进行宣传。大队环绕城内外繁盛街道，盛况空前。① 同日安徽全省学生联合总会向社会发布了《为日本进兵满洲告同胞书》，安徽省立第一师范学校也向群众散发了《反对日本侵略满洲之宣言》，对日本出兵满洲的行径进行了无情的鞭挞，号召人民群众起来反对日本军阀，反对张作霖，投身在革命旗帜之下。

安庆游行的同日，芜湖各界群众在青年团芜湖地委的组织下也举行了大规模的市民大会。先由 6 校学生千余人齐集游行，沿途大呼"反对文化侵略"、"收回教育权"、"反对日本出兵满洲"、"打倒张作霖"等口号，并散发传单，组织演讲队。游行后开市民大会，到 3000 余人，推胡浩川为主席，共产党员张秋人就如何反对日本援助张作霖作了长时间演讲。大会通过《致全国各界电》、《致郭松龄电》、《致冯玉祥电》、《致广东国民政府电》、《反对日本出兵满洲电》等电文，即日拍发，抗议日本的侵略，声援郭松龄及国民军。大会还通过"推倒段执政"、"建设国民政府"等十余条议案，最后高呼"打倒帝国主义"、"打倒军阀"等口号。整个大会洋溢着浓厚的革命氛围。

（四）声援三一八运动

1926 年 3 月 12 日，日本帝国主义为了支持奉系军阀，以国民军违反《辛丑条约》为借口，出动军舰炮击国民军驻守的天津大沽口。日

---

① 中央档案馆、安徽省档案馆编：《安徽革命历史文件汇集》第 1 册，1987 年印，第 67 页。《皖垣对日出兵之市民大会》，见 1925 年 12 月 27 日《申报》。

本驻华公使联合英美等7国公使,向中国提出最后通牒。3月18日,北京各界群众在天安门前集会抗议。会后至段祺瑞执政府请愿,要求拒绝8国通牒。执政府卫队竟向请愿群众开枪,造成近200人的重大死伤,其中多为各校学生,此即三一八惨案。该案发生后,举国震惊。各地纷纷举行集会,反对帝国主义的强盗行径,申讨执政府的滔天罪行,声援北京示威群众。

3月21日,北京惨案的消息传到安庆。安徽全省学生联合总会立即召集紧急会议,决定联合各界,作大规模之运动,并组织演讲队赴街头演讲,向群众宣明真相。23日,学生演讲队活跃于各街巷,尤以市中心四牌楼等处演讲人数最多。国民党安徽临时省党部(左派)亦举行会议,发出通电,为北京被杀学生声援。国民党安徽临时省党部(右派)同日开会,推定向总商会、学生总会的联系人,预备接洽妥协后即举行市民大会。① 24日,由省学联牵头,各团体代表举行联席会议,一致赞同由省学联筹备召开市民大会。26日,安庆市民大会隆重举行。全城各学校一律停课,各校学生齐集公共体育场。过去从不参加游行的基督教会所办学校学生亦一律参加。其他团体参加者有国民党安徽临时省党部(左派)、国民党安徽临时省党部(右派)、省立一师校役劳工会、安庆反帝国主义大同盟等,人数达数万人。省学联委员张鹏超为主席,报告开会宗旨。黄梦飞等演说,号召起而打倒帝国主义,实行国民革命。后整队游行,环绕城厢内外一周,沿途高呼"援助北京同胞"、"打倒段祺瑞"、"反对使团通牒"、"打倒英日帝国主义"等口号。游行后,各界又以安徽市民大会名义通电全国,报告安庆游行示威情形,表达安徽人民声援三一八运动的强烈意愿。②

与此同时,芜湖各界也迅速行动起来。23日,芜湖中等学校联合会率先发出漾电,表示对京案一致声援,以纾国难。25日,芜湖各界代表联席会议,到30余团体,议决即日成立京案后援会,并定27日举

---

① 中央档案馆、安徽省档案馆编:《安徽革命历史文件汇集》第1册,1987年印,第85页。《皖垣各界声援北京惨案》,见1926年3月26日《申报》。

② 《援助京案市民游行大示威》,见1926年3月29日芜湖《工商日报》。《民众之驱段废约声》,见1926年3月31日上海《民国日报》。

行市民大会。27 日，各校学生及社会各界群众共 8000 余人齐集东门外铁路埂举行游行。游行中特地绕行日本驻芜湖领事馆，在门前示威。游行后，大众齐集十三道门，聚集群众达一万数千人，即开市民大会，众推民生中学校长宫乔岩为主席，报告开会宗旨，钱杏邨等人作了慷慨激昂的演讲。大会一致议决电请广州国民政府兴兵北伐，并推派代表于 28 日进谒皖南镇守使王普，请其表明态度。

此外，寿县、宿县、六安、歙县等地也举行了规模不等的声援北京示威群众的斗争。

（五）工农运动的勃兴

国共合作在安徽形成后，共产党员与青年团员可以通过国民党这一在社会公开活动的组织，合法或半合法地开展工农运动，从而有利于安徽工人运动的复兴及农民运动的兴起。

1923 年吴佩孚血腥镇压京汉路二七大罢工以后，安徽的工人运动与其他省份相似，迅速由高潮转入低潮。自二七大罢工失败至 1925 年初近两年的时间里，安徽境内几乎没有真正的工人运动可言。1925 年随着国民党各级组织在安徽各地相继成立，工人运动渐渐复苏，回复到了 1922 年前后蓬勃发展的局面。这首先表现在各地工人渐渐受到发动，纷纷成立自己的组织——工会。安庆工人组织工会的工作由团安庆地委指导，1925 年 8 月前后，安庆校工联合会成立，瓦石漆工人的组织也略有头绪。[1] 后来又加紧发动安庆西门外之纺织工人，从事筹备纺织工会。[2] 在芜湖，1925 年团芜湖特支组织成立安徽省立第二农业学校劳工会、木业工会等工会组织。[3] 同年 11 月，在共产党员苏美一的策划下，蚌埠铁路工会正式成立，会员达 350 多人。这是中共在皖境领导组建的第一个由产业工人组成的工会组织。在宿县，1926 年 2 月初，宿县木、泥、石、油 4 业联合工会成立，负责人为青年团员刘稻心，随后，宿城装卸、搬运、推水、药业、浴业、理发等业工会相继成立。该县临涣镇也于 1926 年春成立了工人联合会，委员长陈朝珠。

---

① 中央档案馆、安徽省档案馆编：《安徽革命历史文件汇集》第 1 册，1987 年印，第 26—27 页。
② 《各省工人运动总报告》，见 1926 年 8 月 19 日《广州民国日报》。
③ 中央档案馆、安徽省档案馆编：《安徽革命历史文件汇集》第 1 册，1987 年印，第 149 页。

随着工会纷告成立,各地工人为了维护自己的利益纷纷举行罢工,一扫此前的沉寂局面。1925 年 4 月 18 日,省城安庆各印刷局排字工人 70 余人为了加薪举行罢工,迫使省城各大报纸停版数天,引起全国各界的关注。① 1926 年 1 月,蚌埠人力车工人为抗议资方提高租价而举行罢工,迫使各车行取消加高之租价;2 月,蚌埠铁路路方借故开除道班工人并克扣工人工资,铁路工会发动工人,围困铁路办事处,要求路方增发工资,反对任意开除工人,路方被迫答应。在宿州,1926 年 2 月,宿县药业工人联合会发动店员罢工,要求加薪。芜湖的产业工人及手工业工人人数甲于全省,工人的罢工斗争更是一波接着一波。1925 年 2 月至 5 月,芜湖纸坊工人、成衣工人、织布工人、机坊工人、梳业工人等相继举行罢工,要求加薪,除织布工人以外,基本上达到了罢工的预期目标。在上述罢工斗争中,以芜湖机坊工人罢工影响最大。近代芜湖纺织业发达,机坊达三四百家,木机有五千数百架,机坊工人达 4000 余人,内部分巢县、合肥、本帮 3 帮。1925 年 4 月 26日,巢县帮工人以近来百物昂贵,每日所得不能养家,要求各坊主增加工资,遭拒后相继罢工。随后合肥帮与本帮工人纷纷附和,酿成 4000余人的大罢工。工人的罢工斗争得到了青年团员陈原道等人的大力支持。5 月 9 日,芜湖各界群众举行五九国耻纪念大游行,部分罢工工人加入游行,进一步引起社会关注。5 月 11 日,在工人罢工 15 天后,各坊主被迫接受工人加薪的要求。② 这次罢工规模大,时间长,并取得了胜利,《申报》等全国性大报均曾作跟踪报道,在全国范围内产生了积极的影响,实为新的历史时期安徽工人运动全面复兴的标志。

与工人运动全面复兴的同时,安徽新式农民运动也开始兴起。各地农民经宣传发动后,纷纷组建农民协会。1925 年 7 月 4 日,宿县南关集一带农村村民 80 余人在王理凤的提倡下,于三里湾举行宿县南关集农民协会成立大会,通过农民协会成立宣言及简章,下设交际、宣传、庶务、监察等部,选举王宣儒、王理凤等人为执行委员,互推王宣

---

① 《皖垣排字工人罢工之志闻》,见 1925 年 4 月 22 日《申报》。
② 《芜湖近讯》,见 1925 年 4 月 30 日《申报》。《芜湖国耻纪念与工潮》,见 1925 年 5 月 12 日《申报》。《芜湖工潮扩大后之调停声》,见 1925 年 5 月 13 日《申报》。

217

儒、王理凤 2 人为常委，主持日常工作。南关集农民协会的建立拉开了安徽各地组建农民协会的序幕。在宿县，临涣、百善、夹沟区纷纷组建农民协会。1926 年 2 月，宿县农民协会成立，会长张实之，下辖临涣、临涣北、南关、县城北、夹沟、顺河集等 6 个区农协，至 1926 年 5 月，拥有会员 3000 多人。1925 年冬，在共产党员梅大栋的领导下，旌德县部分乡村联合组建的农民协会于三都梅村成立，会长宋奎元，并组建了农民自卫军。1926 年春，霍邱叶集区农民协会、六安清水河乡农民协会相继成立。1926 年 10 月，寿县瓦埠区农民协会成立。一时农民协会如雨后春笋在各地涌现。

农民协会的成立，迫切需要大批领导骨干。为培养农运干部，1925 年 9 月，青年团寿县组织选送薛卓汉、裴济华、胡宏让 3 人参加第五届广州农民运动讲习所甲班学习。同年底，3 人结业回到安徽，从事农运工作。薛卓汉于 1926 年春担任国民党安徽省临时省党部农民部长。1926 年春，安徽又选派芜湖人胡济和寿县人崔筱斋、曹广化等15 人赴广州参加第六届农民运动讲习所学习，9 月结业后大多回到安徽[①]，担任各地农运的指导工作。其中崔筱斋、胡济、曹广化 3 人受国民党中央的秘密指派，组织安徽省农民运动委员会，重点开展以合肥为中心的周边地区的农运工作[②]，由于环境恶化，不久中止活动。

安徽农民运动起步较晚，其发展水平远不及广东、湖南、湖北、河南等省。但各地农民协会的成立，反映了安徽农民要求获得解放的呼声，显示出国民革命浪潮已开始深入安徽广大的农村地区，促进了国民革命在安徽的深入发展。

三、安徽人民声援五卅运动

在 1924 年至 1926 年安徽人民的革命斗争中，波及地区最广、卷入人数最众、历史影响最巨的群众运动当推 1925 年夏安徽人民开展的声援五卅运动的斗争。

---

① 《第六届农民运动讲习所办理经过》，见《中国农民》月刊第 9 期，1926 年 11 月。
② 中共安徽省委党史工作委员会编：《安徽现代革命史资料长编》第 1 卷，安徽人民出版社 1986 年版，第 360 页。

1925 年 5 月 15 日,上海日本纱厂资本家枪杀工人领袖顾正红,引起上海各界民众的强烈抗议。30 日,上海各校学生 2000 多人组成演讲队,于公共租界各繁华马路演讲,抗议日本帝国主义者屠杀顾正红。租界英国巡捕出面干涉,逮捕演讲学生 100 多人。数千群众闻讯后愤怒地齐集南京路巡捕房门前,要求释放被捕者。英国巡捕竟悍然向示威群众开枪,当场打死群众 13 人,重伤数十人,制造了举国震惊的五卅惨案。在中共中央的部署与发动下,一场波澜壮阔的反帝爱国运动在全国范围内骤然兴起。此即历史上著名的五卅运动。安徽人民在青年团安徽各地组织的领导下,迅即投入到汹涌的反帝爱国潮流中去,声援五卅运动。

6 月 1 日,国民党安庆市区党部、省学生总会均接上海来电报告上海惨案,安庆各校学生莫不义愤填膺。2 日,各校学生于菱湖公园祭奠姜高琦、周肇基专墓后即齐集公共体育场,由省学生总会代表报告上海惨案情形,并散发沪事宣传材料。随后整队游行,学生均各手执白旗一方,上书"打倒帝国主义"、"实行国民革命"等字样,法专各中等以上学校学生沿途向民众演说,各校均有宣言分别散发。① 安庆各报亦复尽力呼吁。省学生总会发起组织演讲队两组,分赴西、南两门外各轮船码头向民众演讲。在此前后,皖民自决会、省教育会、省学生总会、安徽国民外交后援会等团体纷纷发出通电,声援上海民众。7 日,安庆各界组织成立五卅惨案安徽后援会。10 日,在五卅惨案安徽后援会的组织下,安庆各界 3 万余人举行集会,声援上海工人。

几乎与此同时,芜湖各界民众也迅速行动起来。6 月 2 日,芜湖各校学生千余人借六二纪念之机举行游行,沿途高呼"援助上海被捕学生"、"援助被杀纱厂工人"各种口号,并分散印刷品多种。6 日,芜湖各界民众共 1 万余人集中于东门外铁路梗,整队出发,群众各执白纸小旗,上书"惩办凶手"、"打倒帝国主义"、"对英日经济绝交"等字样,沿途高呼"反对帝国主义"、"反对不平等条约"等语,一呼众应,山岳

---

① 《皖省六二纪念之大游行》,见 1925 年 6 月 5 日《申报》。中共安徽省委党史工作委员会编:《安徽现代革命史资料长编》第 1 卷,安徽人民出版社 1986 年版,第 366 页。

为动,游行时经过日本驻芜领事署及英国驻芜领事署门首,进行示威。游行后集中于十三道门,举行演讲,钱杏邨等相继登台演说。而大队所经之街头巷口,亦均有演讲员向众演讲,各团体并备有传单分散。7日,芜湖国民外交后援会正式成立,10日,各界群众3万余人再次举行大游行。

五卅惨案的消息传到蚌埠后,各界民众异常激愤。6月7日,蚌埠总商会致电执政府,"务恳严重交涉以伸国权而彰人道"①。同日各团体开会,讨论援助沪案问题,一致主张,通电请政府力争,并誓为后盾。10日,蚌埠各校学生千余人在南山旷地集中,举行大会。教职员均臂缠黑布表示哀悼,学生手执白旗,上书"群起救国,万众一心"、"打倒帝国主义"、"经济绝交"等字样。上海大学代表高德存、高汉云报告沪案经过。随后结队游行,散发传单,沿途高呼口号,观者人山人海。经过此次学生示威,民众被进一步动员起来。

7月9日,蚌埠各校学生及军政绅商界数万人又于南山旷地集合,召开市民大会及追悼沪汉被难烈士大会,其中明远玻璃公司停工1日,工人悉数与会。由北京各校沪案后援会宣传队陆华山报告沪汉粤各地惨案。继由各界代表演说。会中由李光宇提议组织蚌埠沪案后援会,经众一致赞成,并公推教育会会长唐声灏为正会长,蒋义甫副之。随后游行,群呼"反抗强权"、"经济绝交"等口号。

随着安庆、芜湖、蚌埠3地反帝斗争的勃兴,声援上海同胞的爱国运动迅速在全省蔓延开来。至7月底,全省60个县中,除潜山、英山(今属湖北)等少数几个县份外,绝大多数县份均成立了由县内各界组成的沪案后援会或外交后援会。

各县成立后援会等机构后,民众得到了充分的发动。各县激于义愤,纷纷举行市民大会或国民大会,游行示威,发表宣言、通电,声援上海同胞。这些大会规模宏大,场面壮观,充分显示了安徽民众爱国热情空前高涨,如6月13日,合肥举行国民大会,竟到2万余人,为合肥历史上从未有过之现象。6月16日,宿县市民大会亦到万余人。

---

① 《蚌商会援助沪案之表示》,见1925年6月10日《申报》。

如果说，上述各地成立后援会组织，召开市民大会，举行游行示威，发表通电宣言系从政治方面对上海同胞作了强有力的声援，那么，各地开展的轰轰烈烈的募捐活动及抵制英、日货物的斗争，则从经济方面支援了上海人民的持久抗争。

五卅运动兴起后，上海实现了三罢，其中罢工工人达到十几万人。若不能得全国各地源源不断之接济，罢工势难持久。安徽人民声援五卅运动，将募集巨款接济上海罢工工人作为头等大事，募捐活动迅速在全省铺开。

省城安庆方面，6月7日，五卅惨案安徽后援会成立时，即作出筹募巨款汇沪接济的决议，并与省公署商定，将原定由省财厅预备拨给安庆孙中山追悼大会筹备处的款子5000元先行汇沪，救济上海罢工工人。6月10日，安庆法政专门学校召开捐款大会，校长光明甫带头捐款，各教员、学生均踊跃捐输，伙夫校役也加入其中，当场募得600余元，径汇上海总商会，援助罢工工人。为了协调行动，6月中旬，五卅惨案安徽后援会划一募捐办法，规定商铺由总商会劝捐，住户则请省立女子职业学校、安庆女子两校代为劝募。不久，安庆总商会认捐5000元，由全城大小商号摊派担任，于6月底汇齐，派人携往上海。

为了发动全省各地的募捐，6月中旬，五卅惨案安徽后援会通电全省，号召各界节衣缩食，尽力输将。安庆以外的各地迅速掀起了大规模的募捐活动。各地募捐颇著成效，数目可观，据不完全统计，五卅运动期间（6月至9月），安徽各地支援上海罢工工人的款项接近5万元。

与全省大力开展募捐活动的同时，广大民众又积极从事抵制英、日货的斗争，实行与英、日经济绝交。安庆方面，6月7日各界代表举行大会，作出了实行经济绝交的决议。在共产党员王同荣等人的大力提倡下，组织成立了以学生为主体的爱国十人团，劝告各商店以后不许贩卖仇货，广事宣传。对于少数私进仇货的商号，爱国十人团查清后，即制成传单，到处张贴，公之于众。学生会亦派人在码头守候，检查邮包，防止仇货进入。6月18日，五卅惨案安徽后援会开会讨论实行经济绝交检查仇货办法，决定先派潘惠斋赴沪与虞洽卿等人接洽，

请将各国货物牌名详细开单,俾检查时得以分清。7 月 10 日,安庆仇货检查所正式成立,所址设于招商码头,议定每日每夜派检查员 8 人,检查上下水及邮政局,对于私运仇货,一旦查获,即行没收拍卖。

作为省内最大的商埠,芜湖开展抵制仇货的斗争最具声势。6 月 12 日,芜湖国民外交后援会决议,芜埠各商号所悬英、日两国商标应即日取消,13 日致函总商会统一实行。14 日,后援会又推派代表与总商会接洽,商定由总商会行文各商帮、商号,对于英日仇货,一律不许购进。各商号纷电沪、汉各庄客,停办关系国货品。16 日,后援会鉴于少数劣商私运仇货,决定于会内添设检查股,检查员共 240 人,奔赴码头、车站、邮局等处,厉行检查,一经查出,即行没收。① 8 月 2 日,检查股于十三道门广场,焚毁所收之仇货,各公团均派代表到场监视,观者人山人海,掌声不绝。

此外,滁县、和县、宣城、桐城、合肥等地也开展了较大规模的抵制英、日货的斗争。

经济绝交方面,各地民众开展了多种形式的活动。6 月 15 日,芜湖总商会发布通告,自即日起,拒绝使用英、日两国纸币,得到了各商号的热烈响应。日商芜湖小轮公司各轮华工,多数主张罢工,迫使应开宣城等地日资小轮停运。行使芜宁长江一段之戴生昌等小轮公司向来依附日商,悬挂日旗,五卅案后,该船商登报声明脱离日商,改悬五色国旗。日商在芜湖开办的石川纽扣工厂华工 30 余人全体罢工,以示对经济绝交的支持。② 当涂县宝兴、益华两铁矿公司所出铁砂向由日人承销,当涂外交后援会鉴于沪案发生,对于开抵采石江面载运此项铁砂,即设法阻止。③ 在和县,所有扛夫码头夫拒绝搬运英日货物,致和地英日各商公司被迫声明暂行收庄停业。凤阳辖境门台子地方有英国烟草公司,凤阳国民外交后援会特派代表前往,请其即时离凤,并劝告该公司中国职员一概退出。

① 《芜湖近讯》,见 1925 年 7 月 10 日《申报》。
② 《芜湖各界对沪案之近讯》,见 1925 年 6 月 16 日《申报》。
③ 中共安徽省委党史工作委员会、安徽省档案馆编:《五卅运动在安徽史料选》,1988 年印,第183 页。

安徽人民声援五卅运动的斗争,意义重大。作为继五四运动后的又一次大规模的反帝爱国运动,它从政治上、经济上有力地援助了上海同胞的正义斗争,显示了安徽反帝统一战线的巨大威力。它同时又对广大民众作了一次广泛深入的政治动员,极大地促进了各界群众政治觉悟的提高,预示着革命高潮即将到来。

第二节　北伐军进军安徽与国民革命在安徽的高涨

一、北伐军进军安徽

1925 年 7 月,国民党主导的国民政府于广州成立。在苏俄顾问的直接指导及中国共产党人的有力督促下,它对外高举反帝反军阀的旗帜,引导革命潮流在全国的发展;对内励精图治,组建强大的国民革命军,促成辖区军政、民政、财政上的统一,扫除陈炯明、邓本殷等反动的割据势力,实现广东全境的统一。1926 年初,掌控广西的新桂系集团李宗仁等人归诚国民政府。两广统一为国民政府兴兵北伐创造了极为有利的条件。1926 年 7 月,在全国人民强烈期盼中,国民政府举行北伐誓师动员大会,国民革命军大举北上,一路所向披靡,势不可当。经过长沙之战、贺胜桥之战、武汉之战、南昌之战等一系列重大军事行动,迄 1926 年 11 月初,国民革命军仅用 4 个月的时间,就击溃直系军阀吴佩孚、孙传芳的主力部队,控制了湖南、湖北、江西等长江中游的重要省份,革命的重心迅速由珠江流域发展到长江流域,这样与鄂东接壤的皖西地区及与赣北毗邻的皖南地区就完全暴露于国民革命军的枪口之下。革命军队的强力震慑,使安徽危如累卵,处于朝不保夕的境地。

当国民政府成立并兴师北伐时,安徽政坛也在酝酿重大变化。1925 年 10 月,直系将领、浙江督办孙传芳联合皖、苏、赣、闽 4 省实力派,发起反奉战争,将奉系势力自沪、苏、皖等地赶回山东及其以北地

区。随后,孙传芳被 5 省将领推为联军总司令,拥兵南京,脱离中央实行自治。安徽重新划入直系势力范围。1925 年 12 月,江苏总司令、联军第六师师长陈调元被孙传芳改任为安徽总司令,到蚌埠就职,并将第六师带入安徽境内。

1926 年 8 月底 9 月初,国民革命军挥师入赣,以应对五省联军的威胁。孙传芳也组织了援赣军共 5 个方面军,开赴江西等地,与北伐军对抗。安徽军队被编为第五方面军。11 月初,在赣北决战中,北伐军歼灭孙传芳精锐部队,一举占领九江、南昌等地。驻鄂、赣之皖军迅速撤回皖境,各回原防。北伐军乘胜进占武穴、黄梅等地。

1926 年 12 月,革命军肃清鄂西军阀部队。各方在继续进军的问题上意见也渐趋一致。在此背景下,1927 年 1 月初,蒋介石在南昌举行军务善后会议,确定肃清长江下游之作战方略。会议决定将北伐军编为东路军、西路军、中央军 3 个作战序列。东路军由何应钦担任总指挥,自福建进攻浙江,进而夺占上海及沪宁线周边地区,与中央军会攻南京。西路军由唐生智担任总指挥,布防汉口至武胜关一线,与各路革命军切实联络,相机进攻豫东南,以牵制驻防寿县、霍邱、阜阳等地直鲁军,防其驰援津浦线及南京。中央军总指挥由蒋介石自兼,下设江左军、江右军两大作战群。江右军总指挥由第六军军长程潜担任,下辖 3 个纵队,第一纵队由第六军组成,第二纵队由第二军鲁涤平部担任(该军军长为谭延闿,前线作战由鲁指挥),第三纵队由独立第二师贺耀祖部担任。江右军负责肃清自九江以下至南京一线长江南岸包括皖南等广大地区,最终与东路军会攻南京。江左军总指挥由第七军军长李宗仁担任,亦下辖 3 个纵队,第一纵队由第七军组成,第二纵队为第十军王天培部,第三纵队由第十五军刘佐龙部组成。江左军作战任务是自鄂东出发,攻击长江北岸之敌人,占领合肥等地及津浦南线,切断直鲁军及联军退路,配合江右军、东路军攻克南京。第三军朱培德部担任总预备队,相机驰援各路革命军。[①] 随后蒋介石向各军

① 罗家伦主编:《革命文献》第 14 辑,台湾"中央文物供应社"1956 年版,第 448—453 页。

下达了 1 月 20 日前在指定地点完成集结、择机作战的命令。[①]

在此前后，革命势力方面为使北伐军进军安徽，攻略易于进行，做了大量的准备工作，如国民党中央成立安徽特务委员会，任命柏文蔚为国民革命军第三十三军军长，策反陈调元等皖军将领等，为北伐军在安徽顺利进军创造了条件。

随着各项准备工作的就绪，北伐军进军安徽的时机渐臻成熟。1927 年 2 月 15 日，江右军总指挥程潜召集江右军第一纵队，于九江举行誓师动员大会，即日出动，沿长江南岸向安徽进发。[②] 21 日，第六军第十七、第十九师相继由江西彭泽县属的马当镇进入安徽东流县境。[③] 驻守长江南岸各县的皖军第三混成旅王普所部因已与国民革命军暗中接洽妥协，纷向下游芜湖等地后退。第六军迅即进占秋浦、贵池。3 月 4 日，革命军到达青阳县与铜陵县，主力集中于大通镇。同日，陈调元于芜湖通电，宣布就任国民革命军第三十七军军长兼北路军总指挥职，王普亦在芜湖就任国民革命军第二十七军军长。[④] 随后陈调元调派江华轮赴大通装远第六军来芜。6 日晚，第六军先头部队到达芜湖，7 日，第六军第十九师乘轮于芜湖登岸。8 日，第十七师由陆路经繁昌到达芜湖。总指挥程潜同日乘轮抵芜，设军部于天主堂。

与江右军第一纵队自九江出发的同时即 2 月 15 日，江右军第三纵队独立第二师贺耀祖部计 9 团之众，由景德镇开拔北上，向皖南挺进。此前两日，驻扎皖南的联军第十五师师长刘宝题于祁门起义，宣布就任国民革命军新编第三军军长兼江右军第四纵队指挥官职。[⑤] 但该军不久因内部意见冲突，发生哗溃，主力一部经青阳、芜湖渡江逃至江北无为、含山等地，大部则经宣城等处退往苏境。因此，贺耀祖部北上进军，几乎未曾遇见敌人，进展迅速。2 月 20 日，该部到达祁门，2

①　台湾"国防部史政局"编：《北伐战史》（二）下册，台湾中华大典编印会 1967 年印，第 611 页。

②　《陈调元反戈进攻南京》，见 1927 年 2 月 20 日长沙《大公报》；《北伐密电抄稿拾存》，见周光培整理：《中华民国史史料三编》第 54 册，辽海出版社 2007 年版，第 235 页。

③　中共安徽省委党史工作委员会、安徽省档案馆合编：《国民革命军北伐进军安徽》，1988 年印，第 124、153 页。

④　《皖局发生变化以后》，见 1927 年 3 月 9 日《申报》。

⑤　《刘宝题在祁门就新编第三军军长职》，见 1927 年 2 月 17 日汉口《民国日报》。

月 27 日,又到达石埭。3 月 1 日前后,贺部毛炳文旅进驻黟县、太平县,3 日,贺师一部经泾县抵南陵,另一部出青阳抵大通。9 日,贺师第二团越过繁昌抵达芜湖,第一、第三纵队于芜湖胜利会师。贺部主力越过芜湖,进驻当涂县的黄池镇。10 日,贺耀祖到达芜湖,与程潜磋商作战计划。

江右军第二纵队由第二军第四、第五、第六师组成。该军于浙赣边常山、华埠、德兴完成集结后,奉令暂归东路军指挥,配合其攻浙。1927 年 2 月,该军完成攻占浙西开化、淳安等地作战任务后,继续向皖浙边挺进。2 月 20 日前后,第二军第六师由浙西淳安进占歙县①,曾驻扎此间的苏军白宝山等部早已望风而逃。2 月底,该师北上进驻绩溪县,并分兵一连前往旌德。3 月 5 日,第六师离开绩溪向宁国进发,不久又开抵宣城。6 日,第二军第四、第五师由浙西泗安进入广德。11 日北上前进至郎溪。14 日,第二军各师奉程潜之命,向江苏溧水之敌发起进攻,以配合即将打响的当涂之战。

当江右军各纵队纷纷出动,进占皖南芜湖等地时,直鲁军也在调兵遣将,应对北伐军从西面对南京造成的巨大威胁。3 月 1 日,直鲁军觉察陈调元不稳,分别于蚌埠、南京采取行动,解除陈调元部分武装。4 日,直鲁军第四军军长孙宗先率所部第九、第十、第十一旅约万人自南京进逼当涂。驻防当涂的陈调元第六师第十二旅旅长孙东云率部撤回芜湖,直鲁军进至芜湖东北的大桥镇等处,与陈调元军对峙,并于东梁山、大桥、青山、博望、丹阳一线设置防线,挖掘防御工事,于青山等处布置大炮,准备阻挡革命军的进攻。

革命军方面,北路军陈调元部自前线防地撤回,改由第六军与独立第二师攻击当涂之敌。3 月 14 日,第六军第十七师进驻东梁山、钟山、查家湾一线,第十九师进至清水河。独立第二师经黄池、乌溪向博望、丹阳前进,准备自当涂东面截击直鲁军。② 程潜、贺耀祖均离芜赴前线指挥。15 日,革命军发起总攻击,直鲁军于小花津等地顽强抵

---

① 《皖南最近之形势》,见 1927 年 2 月 25 日《申报》。
② 《北伐阵中日记》,见章伯锋主编:《近代稗海》第 14 辑,四川人民出版社 1988 年版,第 206—207 页。

抗,防线终被革命军冲破。第十七师迅占东梁山至青山一线,预备队第十九师由沙埂进攻博望。独立第二师于小花津架桥渡河,占领薛镇、新市、博望、丹阳等地。17日晨,第十七师在贺师毛炳文旅的掩护下,由护驾墩渡河向当涂城关外围松塘墟、白木寺等地猛攻,直鲁军施以猛烈炮火,革命军前仆后继毫不退避,未及一小时直鲁军全线崩溃,弃城向南京方向退却。① 贺师乘胜追击,进占采石、慈湖,皖境长江南岸的广大地区完全落入革命军手中。

当涂之战为国民革命军东进过程中最为重大的战斗之一。此战革命军协同动作,配合默契,将士英勇善战,以较小的代价毙敌数百人,俘敌近千人,夺获敌枪2000余支、大炮8尊、机关迫击炮20余架、子弹无数②,可谓战果丰硕。当涂之战的胜利为革命军打开了进逼南京的门户。

与江右军进军迅速形成鲜明对照的是,李宗仁统领的江左军进展十分迟缓。1927年2月中旬,江右军业经发动,向安徽进军,江左军第一纵队仅有2团部队驻黄梅,主力仍分驻汉口、蕲春、九江等地,因缺乏接济,未能按期向鄂东开拔。③ 第二纵队到达武穴后也因饷糈不继难以前行。④ 2月底3月初,第一纵队先头部队始入宿松。⑤ 3月4日,陈调元于芜湖宣布起义,他的部下皖军第一混成旅旅长、安庆卫戍司令杨世荣于安庆同时响应。安庆遂兵不血刃为革命军控制。陈调元的另一部下,驻防合肥的皖军第四混成旅旅长刘凤图也与陈调元采取同一行动,合肥也归革命军掌握。3月10日,驻防皖西的皖军第二混成旅旅长马祥斌于六安通电,宣布就任国民革命军独立第五师师长。马祥斌易帜后翌日,自河南永城开回皖境的第三十三军暂编第一师袁

① 《北伐阵中日记》,见章伯锋主编:《近代稗海》第14辑,四川人民出版社1988年版,第218页;中共安徽省委党史工作委员会、安徽省档案馆合编:《国民革命军北伐进军安徽》,1988年印,第157—159页;《当涂方面之战讯》,见1927年3月20日《申报》。

② 《党军攻击江宁镇之经过》,见1927年3月30日《申报》。

③ 《北伐密电抄稿拾存》,见周光培整理:《中华民国史料三编》第54册,辽海出版社2007年版,第234页。

④ 《北伐密电抄稿拾存》,见周光培整理:《中华民国史料三编》第54册,辽海出版社2007年版,第229页。

⑤ 《江左军前锋抵潜山》,见1927年3月15日汉口《民国日报》。

家声部到达霍山，不久进驻六安。3月20日，月初自皖西南移防六安的叶开鑫通电就任国民革命军新军第五军军长。[①] 上述安徽军政格局的变化十分有利于江左军进军，但江左军一直为经济所困，进展缓慢。3月14日，江左军各军位置如下：第七军太湖、黄梅、武穴一带，第十军黄州、蕲水一带，第十五军先头达太湖，第三十三军英山、潜山前进中。

3月下旬国民革命军攻克南京后，直鲁军收缩防线，沿津浦线向北撤退，皖境革命军乘势反击。早先布防西梁山、运漕一线的北路军陈调元部主动出击，相继占领含山、和县、全椒等地。3月27日，直鲁军第六军徐源泉部王金韬团长率部于滁县反正。31日陈调元部经滁北进，4月初到达明光，迫近蚌埠。

与此同时，驻六安、合肥的革命军计议夺取淮河流域的要地、寿县西部的正阳关，决定由第十军前队担任总预备队，独立第五师马祥斌部由合肥北上进攻寿县敌军，以牵制右翼之敌，第三十三军柏文蔚部与新编第五军叶开鑫部径攻正阳关。4月2日，各军出动，当日即占领霍邱，迫近正阳关。直鲁军第十一军王翰鸣部于关外刘备城、管家沟等地构筑坚固工事。4日，革命军进攻刘备城，经两昼夜血战，冲锋七八次，官兵伤亡300余人，6日终将刘备城等要隘占领，7日一举拿下正阳关，俘敌千余人，夺枪千余支。[②] 在此前后，革命军包围了寿县城关之敌，占领了凤台、颍上等县，兵锋直达阜阳城郊。[③]

正阳关之战是国民革命军继当涂之战后于安徽境内进行的又一次重要战斗。它的胜利，打乱了直鲁军的防御计划，扩大了革命军在皖北的影响。至此，国民革命军控制了皖南、皖中广大地区及部分皖北地区。形势对革命势力方面极为有利。

国民革命军进军安徽，在不到两个月的时间里，就成功分化瓦解了孙传芳五省联军在安徽的基本队伍，迫使直鲁军退往淮河以北地

① 《叶开鑫归皖陈节制》，见1927年3月24日天津《大公报》。

② 《党军七日占领正阳关》，见1927年4月28日《申报》；《正阳关克复经过》，见1927年5月3日上海《民国日报》。

③ 《北伐密电抄稿拾存》，见周光培整理：《中华民国史史料三编》第54册，辽海出版社2007年版，第19页。

区,使大半个安徽立于革命旗帜之下。北伐军在安徽取得巨大胜利,除了战争的正义性、战略战术原则的灵活运用、分化策略的实施等因素有以使然外,最重要的原因在于安徽人民的大力支持。

国民革命军兴师北伐,旨在"打倒列强除军阀",即廓清长期骑在人民头上作威作福的帝国主义侵略势力,摧毁残暴的军阀统治,使广大人民摆脱枷锁与奴役,获得解放与幸福,因而为人心所向的正义行动。与湖南、湖北、江西等省一样,北伐军在安徽得到了人民的热烈欢迎与大力支持。所到之处,当地群众纷纷夹道欢迎,放爆竹,送水送饭,举行军民联欢大会等,并在经济上、军事上尽力支持。如北伐军入秋浦时,"秋浦民众在城尧渡街一带鹄立,街市商民照常营业,对中央银行纸票收用不拒"[1]。到达贵池时,该县绅商学各团体在城外列队欢迎者达数千人。在青阳,沿途人民皆燃爆竹以示欢迎,青阳县西门外,群众千余人一一昂首盼北伐军入城,随后举行军民联欢大会,到民众1万余人,气氛极为热烈。江左军抵达宿松后,宿松民众数千人聚集举行欢迎大会,并赠送纪念品10余种。[2] 北路军进占全椒后,国民党全椒县党部召集市民大会,游行示威,各店及居民陈设香案烛台,燃放爆竹。[3] 在合肥,商会对革命军携带的4种中央银行币券,一致议决照鄂赣例,十足通用,决不打折。[4] 革命军攻克正阳关后举行阵亡将士追悼大会,寿县各地民众与会者达数千人,以寄哀思。

当涂为国民革命军东进过程中安徽境内唯一重要战斗发生地,芜湖紧邻当涂、南京,当涂、南京发生激战时,芜湖为革命军直接的大后方,为支援北伐军,芜湖、当涂两地的民众做了大量艰苦、细致的工作。3月8日,革命军大队到达芜湖,翌日,芜湖各界民众8万余人齐聚太古码头,举行大会,欢迎革命军,会后游行示威,革命空气十分浓烈。后连续多日在大舞台召开军民同乐会,表演各种游艺。芜湖各团体组

---

① 中共安徽省委党史工作委员会、安徽省档案馆合编:《国民革命军北伐进军安徽》,1988年印,第124页。

② 《江左军前锋抵潜山》,见1927年3月15日汉口《民国日报》。

③ 《地方通信·全椒》,见1927年4月2日《申报》。

④ 《肥北大战前之军事布置》,见1927年4月17日《申报》。

织成立了招待革命军委员会，短短 20 余天，招待革命军用款即达 40 余万。对于中央银行兑换券，芜湖商民一致赞同使用。当程潜离芜赴前线督师时，芜湖民众万余人欢送达 15 里之远。同时各界民众组织前敌工作团，随军出发。该团共分 7 队，一输送队，由总工会担任；二向导队，农民任之；三担架队，红十字会任之；四宣传队，由学生联合会任之；五买粮队，由商会任之；六慰劳队，市党部任之；七电报队，县党部任之。① 各队组织均甚完备，总人数达 500 余人。后来该团一直随江右军进至南京，因颇著勋劳，3 月底江右军总指挥部于该团启程回芜前特开欢送会，并赠锦旗一面，上书"为党宣劳" 4 字，对该团的工作成绩给予充分肯定。② 革命军在进攻当涂、南京的过程中，大量伤兵被运往芜湖后方医院，农工商各界又纷纷自动组织慰劳队携带食用物品分往各医院慰劳。革命军占领南京、上海后不久，芜湖各界民众 10 万余人再次举行大会，庆祝北伐成功，会后游行全埠。

在当涂，直鲁军开进后，当涂人民暗中抵制，城关全城闭市，街道中无人行走。博望等地民众自行闭户，使鲁军后勤遭遇困境。而在革命军聚集的黄池镇，各界民众仿芜湖例，也组织了前敌工作团，担任运输与向导之责。在进攻丹阳时，革命军即由农民作向导，避开敌艰固工事，分兵出东北、西北 2 路，实施包抄，全歼该地敌军。③ 在进攻博望、城关等地战斗中，到处都可看见民众参与的身影，许多人献出生命，是以"革军得力极巨，当涂一役，人民死者亦有百余人"④。革命军攻占博望后，沿途民众设台于村外，焚香燃烛，以敬神之礼，敬革命军人。⑤ 革命军入城关时，民众皆手执青天白日旗，高呼救星，欢迎革命军到来，并立即开市，与直鲁军抵境时状况判若天壤。

安徽各地人民对北伐军的欢迎与援助，不仅密切了军民关系，使

---

① 《皖党军出发攻当涂》，见 1927 年 3 月 18 日《申报》。
② 《本馆要电》，见 1927 年 4 月 1 日《申报》。
③ 中共安徽省委党史工作委员会、安徽省档案馆合编：《国民革命军北伐进军安徽》，1988 年印，第 149 页。
④ 《党军攻克江宁镇之经过》，见 1927 年 3 月 30 日《申报》。
⑤ 中共安徽省委党史工作委员会、安徽省档案馆合编：《国民革命军北伐进军安徽》，1988 年印，第 143 页。

革命军士气更加高涨,斗志更加昂扬,而且减少了他们前进的困难,消除了他们的后顾之忧,从而有助于革命军顺利进军。

二、国民革命的高涨

伴随北伐军迅猛进军,安徽各地旧政权迅速土崩瓦解。为了维护革命秩序,巩固战果,负责战地政务的各军、师政治部委派一批中共党员、共青团员与国民党左派人士,担任克复各县县长,地方基层政权大都为革命势力所掌握。安徽政治环境迅即发生巨大的变化。由于旧的威权秩序被彻底打破,大批新兴力量活跃于历史舞台,各阶层民众革命的积极性与能动性被充分调动起来。国民革命在安徽渐入佳境,迈向高潮。

(一)国民党各级党部势力的扩张

1926 年秋,在军阀陈调元的高压统治下,国民党安徽临时省党部被迫迁往上海法租界。同年冬,北伐军攻克武汉后,省党部又迁至汉口办公,并于武昌设立安徽省党务干部学校,培训党务人才,首期学员即达 120 余人。北伐军开始在安徽的军事行动后,国民党安徽临时省党部积极配合,为争取早日回皖做了大量细致、切实的准备工作。

1927 年 3 月 5 日,驻省城安庆的护理省长余谊密接到开往芜湖的陈调元宣布起义的电报后,立即采取与陈调元一致的行动。一时青天白日满地红国旗及国民党党旗布满全城。同日,国民党安徽省临时省党部正式迁回安庆,于省教育会挂牌办公,省党部常委光明甫等人回到省内,主持工作。[①] 在省城安庆,省党部组织了数支宣传队,前往大街小巷进行演讲,张贴标语,进一步动员群众。省党部于积极指导各界成立安徽省总工会筹备处、安庆市总工会筹备处、安徽省农民协会筹备处、安徽省妇女协会筹备处等全省性民众运动机关外,又加紧筹备 3 月 12 日孙中山逝世 2 周年纪念游行大会、3 月 18 日三一八惨案 1 周年纪念大会、欢迎国民革命军总司令蒋介石大会、国民党安徽省第

---

① 《党军治下之皖垣消息》,见 1927 年 3 月 12 日《申报》;《陈调元反北附南之皖讯》,见 1927 年 3 月 22 日《盛京时报》。

一次全省代表大会等重大集会。为了壮大革命根基，省党部又派人奔赴桐城、当涂等地，指导当地成立县党部。鉴于芜湖为省境通商大埠，民众运动素来发达，又为革命军大后方，为了加强对芜湖革命运动的领导，省党部又派出执行委员周范文作为代表，常驻芜湖，指导革命工作。省党部一系列得力举措促进了安徽革命运动的发展。

市党部方面，3月5日，国民党安庆市党部由秘密转为公开，与国民党安徽临时省党部同址办公。它克服人手短少、经费支绌等困难，积极配合省党部，为营造安庆的革命氛围做了大量行之有效的工作。与国民党安庆市党部一样，国民党芜湖市党部在北伐战争初期也被迫转入地下。1927年2月，随着革命军进军安徽，驻守芜湖的皖将王普暗中与革命军接洽，此际国民党人即已在芜开始活动，成半公开之势。3月5日，随着陈调元、王普相继在芜湖宣布起义，国民党芜湖市党部迅即走向公开，下设5个区党部、1个特别区党部，左派人士胡浩川担任常委。它除动员民众支援革命军外，并与驻芜各军、师政治部一起筹备举行了孙中山逝世2周年纪念大会、三一八惨案1周年纪念大会等大会，又积极指导成立各业工会等革命群众组织。《芜湖日报》言论反动，3月8日，被国民党芜湖市党部查封。随后，市党部利用该报设备，创办芜湖《民国日报》，委任王坦夫为该报经理，刘为公为该报总编。对于各校校长，该市党部又请准江右军政治部委任王心㿷为安徽第一甲种商业学校校长，禹子郇为安徽省立第五中学校长，汪雪如为安徽省立第二女子师范学校校长。国民党芜湖市党部的势力日见膨胀。3月初，该党部公开时，只有5个区党部、1个特别区党部，党员人数只200余人。[1] 至4月中旬，党员人数猛增至1400余人。[2] 此外，在北伐军进军过程中，安徽又产生了两个新的市党部，即国民党屯溪市党部与大通市党部。前者成立于1927年2月中旬北伐军进驻皖南徽州之时，出面组织者为李汉亭、宁亮等人。后者当成立于革命军进占大通之时。由于该两市党部成立较晚，存世不长，其影响远逊于国

---

① 中共安徽省委党史工作委员会、安徽省档案馆合编：《国民革命军北伐进军安徽》，1988年印，第132页。

② 《国民党员全体大会记》，见1927年4月20日芜湖《工商日报》。

民党安庆市党部与国民党芜湖市党部。

由于北伐军每攻克一地即致力于当地党部的恢复或创建,国民党安徽临时省党部回迁安庆后也积极推动各县党务的拓展,因此,各县县党部的势力发展迅猛。一些县份如江南的贵池、歙县等县,江北的滁县、和县、全椒、合肥、太湖、六安、霍山、寿县等县在北伐军进驻安徽前即已成立县党部,此前因受环境压迫不得不转入地下。随着北伐军的到来,各县县党部迅即走向公开,指导当地的民众运动。更多的县份先前未能创立县党部,或虽创立但因受 1926 年的军阀高压而走向解体。北伐军抵达后,各军、师政治部及省党部积极投入到创建这些县份的县党部的活动中去,各县县党部纷告成立。至 1927 年 3 月下旬,革命军到达县份绝大多数成立了县党部。

国民党在很短的时间内即于北伐军控制区域建立起了上自省党部、下至区分部庞大的党务系统。这些党务机关绝大多数为共产党员及“左”倾人士所掌握。除掌握党务、控制宣传及新闻舆论外,又全权主导各种社会运动,甚至可以干预行政。可以说,各级党部处于社会的中心地位。“左”倾党部的活跃为新时期安徽民众革命运动空前爆发提供了重要的政治保障。

(二)反帝反官僚反豪绅斗争的勃兴

经过充分的宣传与发动后,安徽各阶层民众革命积极性被充分调动起来。北伐军控制区内迅速兴起了规模浩大的反帝反官僚反豪绅的斗争。其中芜湖民众在中共芜湖特支,国民党安徽省临时省党部驻芜代表,驻芜北伐军各军、师政治部的共同指导下,开展上述斗争最为有声有色,走在运动的前列。

1927 年 3 月 6 日晚上 12 时,北伐军先头部队即将到达芜湖。各界民众携带军乐及旗帜前往三北轮船码头欢迎北伐军时,行经英租界内太古码头,忽有停泊江面之英舰水兵冲上,以致朱家禄等人受轻伤,旗帜多被夺走。英舰并以探海灯监视群众。英海军肆意挑衅,企图挑起事端,为干涉中国革命寻找口实。广大群众识其奸计,力持镇静,并

推派代表与之交涉，不卑不亢，据理力争，终于迫其归还夺去之物。①

3月8日下午，江右军主力抵达芜湖，各界群众聚集税关码头欢迎。其时忽有高呼驱逐税关外人者，一时群众响应，人声鼎沸，即拥入税关之新、常两关捣毁器具，迫使税关外人他逃，新关、常关被迫停止办公。② 9日上午，芜湖各界民众七八万人齐聚太古码头举行市民大会，欢迎革命军。当开大会时，停泊江面之英军舰曾有武装水兵20人登岸，经国民党芜湖市党部交际股前往交涉，加以警告，英兵不得不退回兵舰。③ 大会群情激昂，一致通过了国民党芜湖市党部提出的反奉反英的提案。随后大队游行，队伍绵延3里之长，呼声震天。当游行民众行经芜湖县教育会、芜湖通俗教育会、芜湖日报社及状元坊芜湖商会董事陶玉堂住宅时，均一致拥入捣毁杂物，大呼"打倒铁门槛之教育机关"、"打倒反革命派报馆"、"打倒劣绅"等口号。④

3月12日，在江右军总指挥部政治部及国民党芜湖市党部发起下，芜湖数百团体民众数万人不顾淫雨，于大马路歌舞台隆重集会，纪念孙中山逝世2周年，程潜等到场讲演。大会通过拥护总理联俄联共政策、电促汪精卫主席销假等议案，并高呼"遵守总理遗嘱"、"一切权力属于党"等口号，会后整队游行。游行中市民先锋队将劣绅潘伯和、沈子陶、吴怡生、李葆舫等人及前议员彭昌福等人住宅打毁，并扭人游行，旋赴总指挥部政治部请愿，当准予查封财产并通缉。

3月18日，为三一八惨案1周年纪念日。芜湖市民2万余人再次在十三道门聚会，声讨一年前段祺瑞屈从帝国主义的要求屠杀爱国群众的罪行，议决电请国民政府对诸烈士实行国葬、通缉段祺瑞，会后又举行了大游行。

随后芜湖民众积极推动政府开展收回常关管理权的斗争。清末芜湖50里以内之常关向由关监督直辖，自民国初年因芜埠发生事变始经洋税务司接受管理，相沿未改。革命军抵芜后，各分关被民众相

---

① 《党军程潜部到芜》，见1927年3月11日《申报》。
② 《芜湖欢迎党军大会》，见1927年3月11日《申报》。《芜湖快信》，见1927年3月13日《申报》。
③ 《芜湖易帜后之市民大会》，见1927年3月20日天津《大公报》。
④ 《芜湖开市民大会》，见1927年3月13日《申报》。

继捣毁,所有办事人员除新关外逃避一空,税务陷于停顿。北洋军阀政府的芜湖税关监督何炳麟早已逃走,国民政府即委任张继龙为芜湖关监督,郭泰祯为安徽交涉员。3月27日张继龙接印办事,即派员接收各地常关,至新关面令英人税务司暂仍维持,候国民政府外交部处理。这样革命势力从列强手中一举收回了芜湖常关的管理权。① 4月6日,各常关开始办公。列强在安徽的侵略势力受到沉重的打击。

4月1日,芜湖160余团体计10余万人再次聚会太古码头,庆祝北伐成功。事前由安徽交涉员郭泰祯与英国驻芜副领事柴博交涉,将太古轮船之英兵撤退免起误会。上午9时,大众齐聚太古码头,举行露天讲演,一致通过收回上海租界、即时撤退驻沪英兵等反帝提案。散会后即游行,队伍长达五六里。晚上又举行提灯大会。

芜湖常关收回后,各界民众又致力于收回芜湖租界的斗争。4月6日,芜湖200余团体共计20万人又一次集会,一致通过了收回芜湖租界的提案。② 随后安徽交涉员公署循民众之要求,向各界征求收回租界的办法,芜湖各界也组织收回租界委员会,登报征求收回租界办法,以协助外交当局积极进行。③

与此同时,反对土劣的斗争仍在紧张进行。4月10日,江右军政治部根据国民党芜湖市党部之请求,发函各军政机关,要求协助缉拿土劣潘伯和归案法办。芜湖北乡劣绅丁士凯阻挠农民运动,打伤国民党芜湖县党部农民部负责人胡济,为第七军政治部拘留,送入县公署看管。4月11日,芜湖市民4万余人齐集第七军驻地之安徽省立第二农业学校操场示威,要求枪毙丁士凯。该军政治部应允,由人民组织土豪劣绅审判委员会来审判处置。至此,芜湖人民反对土劣的斗争已达到了短兵相接的紧张时期。

在安庆,国民党安徽临时省党部迁回后,即召集各机关、各团体、

① 《芜湖快信》,见1927年4月2日《申报》。《芜湖快信》,见1927年4月6日《申报》。《芜湖常关收回了》,见1927年4月15日上海《民国日报》。

② 《芜湖民众反对陈调元之激昂》,见1927年4月13日汉口《民国日报》。《芜湖军政杂讯》,见1927年4月30日广州《民国日报》。

③ 《芜湖短简》,见1927年4月18日上海《民国日报》。《芜湖快信》,见1927年4月18日《申报》。

各业工会、各报馆共同派员筹备孙中山逝世 2 周年纪念大会。3 月 12 日，大会如期举行，各界民众整队齐集省教育会，众推江是坪为主席，报告宗旨，黄梦飞等演讲，会后整队游行，沿途高呼"打倒帝国主义"、"拥护联俄联共政策"等口号。① 3 月 18 日，由国民党安徽临时省党部召集的三·一八周年纪念大会在安庆黄家操场举行，到各级党部、省总工会筹备处、省农民协会筹备处、学生会及安庆妇女协会、商民协会、各业工会共 40 余团体五六万人，总指挥为涂弥高，主席团为省党部主席委员光明甫、总工会代表舒传贤、蒋介石驻皖代表谢子琳等。各代表演讲后，即群呼"三一八烈士精神不死"、"打倒反动派"等口号，随即整队出发，"游行排列长至数里，均沿街呼喊，民气激昂万状，为年来未有之大规模民众运动"②。随后，国民革命军总政治部为统一安庆社会运动起见，特在政治工作联席会上提出组织安徽社会运动委员会。该会由总政治部、省党部、第七军政治部、市党部、全省总工会、安庆总工会、安庆妇女协会等推派代表组成，以总政治部驻地省立第一中学为会址。3 月 22 日，该会举行首次大会，议决该会为安徽社会运动最高机关，其议决案得交各政治部或省、市党部分途举行。③

除芜湖、安庆外，旌德、绩溪、宿松、合肥等县也普遍爆发了反帝反官僚反土劣的斗争。

各地兴起的反帝反官僚反土劣的斗争，涤荡了安徽城乡的反动势力，催长了人民群众的意气，促进了革命的进一步深入。

（三）群众运动的空前高涨

1926 年秋，由于军阀陈调元实施高压政策，全省各地工农运动转入低潮，渐归于沉寂。北伐军到来后，广大群众获得集会、结社的充分自由。为了维护自己的利益，他们纷纷组织团体，开展斗争。工人运动、农民运动及妇女运动在北伐军控制区顿呈春潮怒发之势。

北伐战争直接推动了安徽工人运动的迅猛发展。

在省会安庆，自旧官署宣布易帜后，各业工人纷纷行动起来，组织

① 《皖省举行中山二周纪念》，见 1927 年 3 月 17 日《申报》。
② 《安庆"三一八"》，见 1927 年 3 月 24 日汉口《民国日报》。
③ 《社会运动委员会第一次大会》，见 1927 年 3 月 28 日芜湖《工商日报》。

自己的团体。据天津《大公报》1927 年 3 月 6 日安庆通信报道,安庆"连日组织工会工人风起云涌,印刷工会、木业工会、织业工会、店伙工会、栈伙工会、药业工会、车夫工会、佣人工会均在组织中","连日各界预制青天白日满地红旗暨国民党旗者络绎不绝"①。至 3 月 12 日前,安庆正式成立的工会有店员总工会、招商码头挑搬夫进出口工会、染业工会、蛋业工会、厨业工会、理发工会等组织。在此基础上成立了安庆市总工会,负责人为中共党员王少虞。至于安徽省总工会,最初由于意见分歧,设立了 3 个筹备处,一设杨家塘,一设曾公祠,一设省农会,殊不利于工人势力的团结。后经中共党员、全国总工会驻皖代表舒传贤积极协调,上述 3 总工会合并,另在省党部所驻之省教育会内组织安徽省总工会筹备委员会,委员 7 人,由舒传贤担任委员长。至 3 月中旬,安庆各业工会具报成立者已达百余业之多,几乎覆盖了安庆所有的工人。在芜湖,近代工人最多,组织工会的活动也非常活跃,每天有十数起之多。至 4 月上旬,芜湖成立的工会有印刷工会、海员工会、洋务华员职工会、邮务工会、店员工会、碾米职工会、茶酒馆工人工会、内河码头工会、砻坊职工会、印刷工会、书业工会、五金洋货业工会、成衣工会、驳船工会、裕中纱厂工会、瓦业工会、渔业工会、竹业工会、大昌火柴厂工会、益新面粉厂工会等 50 多个团体。这些工会的会员少者只有 20 余人,多者则有数百人。3 月 30 日,芜湖总工会成立,挂牌办公。在宿松,各界工人在第七军第一师政治部指导下成立宿松总工会,会员达 2000 多人。青阳总工会拥有会员 3000 多人。歙县总工会下设布业等 7 个行业工会,每个行业工会推派一个执行委员。无为总工会下辖店员工会等 26 个工会,势力非常强大。当涂、六安、合肥、霍邱、旌德、广德、宣城、南陵、铜陵等县均建立了工会的组织。据不完全统计,1927 年安徽各地加入工会的人数达到 8 万余人,成为安徽反帝反封建斗争的一支中坚力量。

各地工会成立后,除积极参加欢迎北伐军大会等重大政治聚会外,还致力于保障工人的切身经济利益,踊跃向资方提出自己的经济

---

① 《安庆宣布政变之经过》,见 1927 年 3 月 17 日天津《大公报》。

诉求。如青阳总工会在其会章中明确规定东家不得欺侮工友、东家应一律增加工友工资、工友生灾看病东家不得克扣工资等条款。在歙县，资方不敢再随意打骂、开除工伙，工人的工资也有不同程度的提高。安庆书业工会成立后，即由商务印书馆、中华书局、世界书局、海观楼、大德堂、黄宝文、大盛堂等8家出版机构店员向店东提出加薪、加奖、缩短工作时间等要求。① 各地工会的经济斗争反映了工人的迫切要求，也使工友更加紧密地团结在工会周围。

与安徽工人运动迅猛发展的同时，各地农民运动也风起云涌，推动革命的高涨。

1927年3月8日，在中共党员、国民党中央农民部农民运动特派员、国民党安徽省临时省党部农工部长薛卓汉指导下，各县农运代表齐聚省会安庆，举行安徽省农民协会筹备委员会成立大会。当即选出筹备委员薛卓汉、张从吾、李以庄、俞昌时、严学静、石练百、葛翔7人。筹委会即日成立，票选薛卓汉为委员长，张从吾为副委员长，又推选组织、宣传、总务、交际、调查等部人选，开始办事，从此全皖农民得一中心领导指挥机关。②

省农协筹委会机关设在安庆女子职业学校内。机关工作人员大多为共产党员或共青团员，其余亦为国民党左派人士，同时机关内部设有中共秘密党团组织，强化中共对全省农民运动的领导。省农协筹委会成立后，各职员工作勤奋，除发动农民群众参加安庆3月12日孙中山逝世2周年纪念大会、3月18日三一八惨案纪念大会等政治集会外，又派人于安庆近郊进行宣传，筹组农民协会。为了推动全省农民运动的深入，省农协筹委会又向芜湖、怀宁、太湖、桐城、合肥、巢县、青阳等县派出农运特派员数十人，指导当地农运工作。至4月中旬，除宿县农民协会成立较早外，芜湖县农民协会正式成立，怀宁县农协不日成立，太湖、青阳、桐城、巢县、合肥等县成立了县农协筹备处。其余如潜山、当涂、宣城、婺源、广德等县均派人来省，向省农协筹委会请示

① 《戎马倥偬中之皖局形势》，见1927年3月26日《盛京时报》。
② 《安徽省农协筹备处成立》，见1927年3月20日汉口《民国日报》。

办法。①

此外,各县还成立了不少区、乡级农民协会,如芜湖县 1927 年 3 月 10 日前即已产生濮家店镇农民协会,拥有会员 100 余人。② 该县农协委员长胡济等人深入市郊,又组织了东乡、丹阳、鲁港、易俗铺、小湖滩、北乡等 6 个乡级农协。郎溪等县不少乡镇也成立了自己的农民协会。

各级农协成立后,乡村农民被迅速组织起来,成为国民革命重要的生力军。据 1927 年 6 月武汉国民政府农民部公布的调查,安徽全省已成立县农民协会 2 个,区农民协会 30 个,乡农民协会 130 个,拥有正式会员 6600 人。③

各级农民协会建立后,所开展的工作主要为欢迎北伐军,支援北伐战争并打倒当地的土劣,这些革命行动沉重打击了农村的剥削阶级,冲击了传统的宗法思想与宗法制度,显示了农民革命的巨大力量,但由于存在时间不长,各级农协未能就解除自己的经济压迫开展切实有效的行动,更未能在农运的最高要求即土地革命方面采取行动。

当工农运动在全省如火如荼地展开之时,妇女运动也在蓬勃发展。

北伐战争前,安徽妇女运动尚处于萌芽起步阶段。全省仅宿县、泗县、旌德仕川等极少数地区成立了妇女协会,社会影响也极为有限。北伐军到来后,妇女运动迅速高涨。在安庆,国民党安庆市党部指派郭承淑、邵德贞、张耘野等人负筹备安庆市妇女协会之责。3 月 2 日,筹委会在安庆女子职业学校举行大会,扩大宣传。3 月 8 日,正式成立安庆市妇女协会,与会者有女师、女职等校师生及家庭妇女,计 200 多人。会后示威游行。市妇协会址设在女子中学。顾纯任妇协主席,妇协下设总务、秘书、宣传、交际 4 科。妇女协会成立后,各界妇女积极入会,仅安庆女子中学加入妇协者即达 50 余人。芜湖市妇女协会也

---

① 《安庆——农民协会筹备委员会之进行》,见 1927 年 4 月 13 日芜湖《工商日报》。
② 中共安徽省委党史工作委员会、安徽省档案馆合编:《国民革命军北伐进军安徽》,1988 年印,第 132 页。
③ 《第一次国内革命战争时期的农民运动资料》,人民出版社 1983 年版,第 66 页。

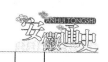
在北伐军进驻后即开始筹备，负责人为刘弼坚、汪应祖。此外，宿松、石台、泾县、当涂、绩溪、南陵、贵池、潜山、歙县、郎溪、旌德、太平、广德、宣城等县均成立了县妇女协会，遍及北伐军控制区的大部分地区。

各地妇协成立后，除积极参加当地的政治集会等重大活动、于后方支援北伐军等活动外，还提出了妇女解放、男女平权等要求。安庆市妇女协会发动妇女参加了安庆 3 月 12 日孙中山逝世 2 周年纪念大会等集会，并通过串门访户，宣传男女平权、婚姻自由等观念，尤其反对虐待妇女。芜湖市妇女协会代表史玉成、黄自新于 3 月 9 日芜湖欢迎革命军之市民大会上演讲，高呼男女平权口号。[①] 宿松县妇女协会在第七军第一师政治部指导下，于 3 月 8 日举行庆祝三八妇女节群众大会，到会人数达到千余人。[②] 石台县妇女协会成立时向全县妇女发表宣言，号召广大妇女立即行动起来，快快加入妇女协会，以打破长期束缚妇女的种种枷锁，争取自身的解放。[③] 各地妇女协会的呼号及斗争推动了妇女解放事业的发展，有助于革命潮流的猛进。

第三节　第一次国共合作在安徽的破裂

一、国民党右派在安徽制造的分裂事件

北伐战争在安徽全面展开后，随着北伐军的节节胜利与工农运动的高涨，左派力量获得空前的发展。与此同时，革命军控制区内的反动势力也在加紧集结。革命统一战线蕴蓄着巨大的危机。

一方面，安徽境内的国民党老右派分子与土豪劣绅、地痞流氓乃至青帮团体等反动势力相勾结，组成伪省总工会、伪省农民协会、伪省

---

① 《芜湖开市民大会》，见 1927 年 3 月 13 日《申报》。
② 《江左军前锋抵潜山》，见 1927 年 3 月 15 日汉口《民国日报》。
③ 中共安庆市委党史办公室编：《第一次国共合作在安徽》，中央文献出版社 1993 年版，第 260—261 页。

妇女协会、伪安庆市商民协会、伪怀宁县农民协会，与左派省、市党部领导下所组织之省总工会、省农民协会等相对抗。尤其是设于鲁班阁的伪省总工会，萌芽于民元时代投机分子组成的工党。1927年3月安庆易帜后，该省总工会率先挂牌，在木、瓦、石等业工匠中颇有号召力。该会在歙县、潜山等地设有分会。① 伪安庆市商民协会系安庆总商会改组而成，领袖蔡经堂曾参与宣家花园之伪省党部，在落后的商民群众中颇具欺骗性。上述团体多有经济优渥的土劣、恶商支持。它们在对抗革命势力方面穷凶极恶，使安徽革命形势的发展蒙上了一层阴影。

另一方面，1927年3月前后，以蒋介石为首的国民党新右派与国民党中央及武汉国民政府的左派之间的斗争愈演愈烈。尤其是1927年3月初国民党二届三中全会剥夺蒋介石大部分实权后，双方之间的矛盾更加不可调和。3月上中旬，蒋介石于江西赣州、九江分别制造迫害革命势力的恶劣事件。同月21日，蒋介石的密友张静江告诉邵元冲等人："介石对于共产党分离事，已具决心，南京定后，即当来宁共商应付。"② 由于东南尚未为北伐军完全克复，蒋介石虽然磨刀霍霍，准备背叛革命，但时机不成熟，又不得不隐忍，暂时屈服于革命统一战线的旗帜之下。不过，蒋介石既已决心开府东南，另立国民党中央，安徽当然势在必争，因此，他对北伐军入皖后安徽左派势力的发展极为恐惧，亟思纵容反动团体来抵制革命势力的膨胀。

在上述形势下，右派势力在与左派激烈的政治较量中，制造了一系列的分裂事件。

（一）安庆三二三事变

安庆易帜后，成立省总工会筹备处者计有4处，即杨家塘、曾公祠、省农会、鲁班阁。前3处挂牌后不久即归并于省党部组织的安徽总工会筹备处。因鲁班阁总工会为土劣所把持，省党部下令解散。该会对省党部的令文不予理睬，峙立如故。

---

① 《党军东下后之皖省新气象》，见1927年3月22日汉口《民国日报》。《安徽之革命势力与反革命势力》，见1927年4月13日汉口《民国日报》。

② 王仰清、许印湖标注：《邵元冲日记》，上海人民出版社1990年版，第312页。

3月20日下午,蒋介石带领国民革命军总司令部特务处处长杨虎、参议刘文明、秘书姚觉吾等一批著名皖籍反动分子,自九江赶到安庆。由于蒋介石的反革命面目尚未充分暴露,同时也为了向蒋介石等人展现安徽革命势力的强大,省、市党部当日为蒋介石举行了规模盛大的欢迎大会。该大会于公共体育场举行,与会群众达到6万人,由省党部常委光明甫致欢迎词,蒋介石作极长之演说,言辞极为冠冕堂皇:"我这次到安徽来,贡献安徽三千万民众的一点,就是要大家一致团结起来,一致统一起来,加入国民革命军,实行革命,打倒帝国主义,打倒直鲁军阀。"①随后省党部执委黄梦飞、省总工会负责人舒传贤等相继演讲,大会高呼"欢迎蒋总司令"、"欢迎国民革命军的领袖"、"打倒西山会议派"、"建设革命的新安徽"等口号。会场散发的市民大会宣言指出:西山派张秋白、凌毅,宣家花园伪省党部姚禔昌、安福余孽刘文明等已悄然活动,招摇撞骗,现应"将这帮东西驱除净尽","我们要一致起来,赶速地努力,打倒西山会议派、宣家花园伪党部、安福系余孽","我们热诚地欢迎总司令,是因为总司令是始终站在革命战线上,向我们的敌人帝国主义者及其走狗奉系直系安福系等进攻不息的,所以我们人民有表示真诚敬意之必要"。② 对于左派的示威,蒋介石当然心知肚明,但又不便公开镇压,于是暗中纵容反动团体采取行动,打压革命势力。

3月22日上午,国民党安徽省第一次全省代表大会在安庆黄家操场举行开幕典礼,到各县、市代表,特别代表,省执委等百余人。与会团体达到80个,人数逾2万,蒋介石被迫与会致训词。③ 大会的开幕,表明安庆的革命空气备极紧张,加促了右派的惶恐不安。

同日,先蒋介石一日到达安庆的国民革命军总司令部政治部副主任郭沫若下令鲁班阁总工会停止职权,听候审查,但他们借口系奉总司令的命令所组织,以为搪塞,同时迁怒于左派省党部及市党部,图谋制造事端进行报复。当日下午,代表大会的开幕典礼刚刚完毕,鲁班

---

① 《各界欢迎蒋总司令之热烈》,见1927年3月23日芜湖《工商日报》。
② 《安庆欢迎蒋总司令市民大会》,见1927年4月5日《申报》。
③ 《武穴来电》,见1927年3月31日《申报》。

阁总工会成员即蜂拥至省长公署的总司令行营请愿。他们派代表见蒋介石。蒋介石答应他们的要求,说是他们受了压迫,本总司令是要秉公处理的,务要使他们不受压迫,望他们安心。① 适光明甫因有事须与蒋介石面商,行至总司令行营门前,被暴徒群殴,身上多处受伤,经人扶入总司令部,向蒋介石告状,在场的郭沫若亦帮他说公道话。蒋介石对于他们2人所提惩办暴徒的要求不仅不予采纳,反而责怪总政治部及省党部人员工作未做好,要求郭沫若"以后对于民众团体的态度总要不偏不袒才好",并且攻击安徽人"顶拆烂污",好闹事。②

22日晚,伪安徽省农民协会、伪安徽省总工会、伪安徽省商民协会、伪安徽省妇女协会、伪安庆市商民协会等5个反共团体以各自筹备处名义联名向各界发出请单,定23日上午9时举行欢迎蒋介石的市民大会。本来欢迎蒋介石的市民大会已于20日举行,由省、市两党部共同召集的。现在又要来举行,即意味着不承认20日大会为合法。经郭沫若暗中调查,上述反动团体业已组织了百余人的敢死队,伺机向革命势力进攻。

23日上午,大雨如注,反动团体召集的欢迎蒋介石之市民大会如期在旧藩署举行。先时全城商埠门首,俱贴红条,书"欢迎蒋总司令"、"今日休业一天"等字样,铺门紧闭,满街复张贴市民大会之标语,宛如旧历新年景象。午刻各公团齐集。蒋介石因公务繁忙,没有出席,但他派总司令部参谋长朱一民代表前往,杨虎、刘文明、姚觉吾等人亦至会场为反动团体撑腰打气。③ 会中通过一系列反动决议,其中要求国民党中央撤换光明甫等省党部执委,另派所谓真正三民主义信徒组织合法省党部。④ 午后散会,以木瓦业为首的暴徒两三千人举着打倒光明甫、沈子修、周松圃、黄梦飞之大旗,向左派省党部的所在地省教育会出发,沿途高呼各种反动口号。当行至距省教育会百步之地时,群呼"打倒省教育会内伪党部",数百暴徒冲锋而入,见人就打,

---

① 郭沫若:《请看今日之蒋介石》,见《近代史资料》1954年第2期。
② 郭沫若:《请看今日之蒋介石》,见《近代史资料》1954年第2期。
③ 《皖党部被毁纪闻》,见1927年4月3日《申报》。
④ 李云汉:《从容共到清党》,台湾学术著作奖助委员会1966年印,第661页。

见物就砸。凶徒们由头门打进，直至后进 3 层楼中，所有家具杂物及办公用品无一留存，国民党安徽省一大会场完全被毁。江左军政治部职员徐邦杰及贵池县出席国民党安徽省一大的女代表刘承英被打成重伤，另有数人轻伤。暴徒们捣毁省党部后，又将刘承英外衣剥去，押游各街衢，不久又冲进姚家口之安庆女子职业学校，将设在这里的安徽省总工会筹备处、安庆市党部、安徽省农民协会筹备处、安庆市妇女协会筹备处彻底砸毁，并打伤第七军政治部调查股长陶登南。随后暴徒们见阴谋得逞即一哄而散。① 省、市党部等左派机关的重要人物因得到郭沫若的提前告知，不在现场，幸免于难。

22 日才赶至安庆担任安庆卫戍司令的李宗仁在接得本军政治部人员被打受伤的报告后，即刻去见蒋介石，蒋介石表示："是民众打了的，我有什么办法呢？"当天晚上，郭沫若亦曾冒险会蒋，蒋仍以民众内部冲突为言，要郭沫若展开调查，以为敷衍。② 24 日晨，蒋介石见怂恿反动势力打压左派的既定目标达到，即动身离开安庆，前往下游，实施更大的阴谋。行前他发表了安徽政务委员会成员名单，共计 28 人。在这 28 人中，除程潜、光明甫等两三个左派人物入选作为点缀外，绝大多数为旧官僚、西山会议派成员、蒋介石亲信等反共分子，投诚不久的陈调元被委为省政务委员会主席。③ 这样安徽的实际控制权就完全落在右派手中。

安庆三二三事变，系国民党右派继赣州惨案、九江事件之后制造的又一起性质极其恶劣的反共事件。它也从侧面进一步暴露了蒋介石准备孤注一掷实施武力分共的意图。右派及其追随者的横暴不能不激起广大左派力量的强烈愤慨。

3 月 23 日晚，左派省党部主要负责人光明甫、周松圃、沈子修等人，于安庆城郊集贤关外的隐蔽地，召开了应付事变的紧急会议。会议决定由柯庆施指导胡浩川、周范文起草通电，揭露右派捣毁省、市党

① 《皖党部被毁纪闻》，见 1927 年 4 月 3 日《申报》；《安庆党争亦烈》，见 1927 年 4 月 14 日《晨报》。《安徽反动派捣毁省市两党部详记》，见 1927 年 4 月 1 日汉口《民国日报》。
② 郭沫若：《请看今日之蒋介石》，见《近代史资料》1954 年第 2 期。
③ 《安徽省政府委员就职》，见 1927 年 4 月 6 日《申报》。

部的罪行。同日,江左军总指挥部政治部主任麦焕章致电驻武汉的总政治部主任邓演达等人,扼要报告了三二三事变的情形。3 月 25 日,汉口《民国日报》发表《蒋介石又唆使反动派捣毁安徽省党部》一文,率先向社会披露了蒋介石于安庆唆使流氓捣毁省党部的罪行。3 月 27 日,左派省党部打破右派于安庆的新闻封锁,于湖北武穴致电国民党中央及武汉国民政府,揭露事变详情,电末表示"除另文详呈请总司令、李总指挥就近处治外,谨先电恳加令速予严厉执行,尽法治罪,以儆反动而维党务"①。随后,光明甫以安徽省党部名义,通过武汉的中华全国总工会向中央提出惩办刘文明、张秋白、杨虎及伪省总工会负责人何哲仁的要求,并请严责蒋介石"发纵指使破坏之罪"②。国民党中央及武汉国民政府鉴于蒋介石逆迹渐露,又于安庆制造事端,捣毁左派省、市党部,为了争取斗争的主动权,3 月 23 日,在国民党中央政治委员会第四次会议上,林伯渠提议安徽省应有一政治中心机关之必要,可否先指定数位同志商量组织安徽省政府办法,会议决议:指定林伯渠、吴玉章、徐谦 3 人先行研究,报告本会。③ 3 月 25 日,国民党中央政治委员会接到安徽临时省党部请速派员莅皖组织临时省政府的电报后,又举行会议,决定上述 3 人所拟定的 9 人名单照单通过,9 人是李宗仁、光明甫、常恒芳、朱蕴山、麦焕章、沈子修、李光炯、高语罕、朱克靖,并指定李宗仁为安徽省政务委员会主席。④ 3 月 29 日,国民党中常会举行第四次扩大会议,高语罕等人提出杨虎等捣毁安徽省党部,殴伤常委光明甫及安徽电报局长刘文明扣留省党部来往电报各情形,会议决定电令已进驻安庆的朱培德、李宗仁两军长武装保护省党部,并函交通部撤刘文明职,听候查办。⑤

----

①　《安庆反动派捣毁省党部经过详情》,见 1927 年 3 月 29 日汉口《民国日报》。

②　李云汉:《从容共到清党》,台湾学术著作奖助委员会 1966 年印,第 662 页。

③　中国第二历史档案馆编:《中国国民党第一、二次全国代表大会会议史料》下册,江苏古籍出版社 1986 年版,第 980 页。

④　中国第二历史档案馆编:《中国国民党第一、二次全国代表大会会议史料》下册,江苏古籍出版社 1986 年版,第 983 页。

⑤　中国第二历史档案馆编:《中国国民党第一、二次全国代表大会会议史料》下册,江苏古籍出版社 1986 年版,第 900 页。

　　3月31日,郭沫若辗转自安庆回到南昌后,撰写著名的讨蒋檄文《请看今日之蒋介石》,将亲眼目睹的蒋介石在安庆祸害民众的罪行一五一十地向大众公布,指出安庆事变实由蒋介石幕后主使,蒋介石已经不是我们国民革命军的总司令,蒋介石是流氓地痞、土豪劣绅、贪官污吏、卖国军阀、所有一切反动派——反革命势力的中心力量了。4月1日,光明甫等4人赶到武汉,向国民党中央及国民政府详报事变经过。① 国民党中央在进一步了解事变的真相后,更加坚定了倒蒋的决心。4月6日,国民党中央政治委员会第十次会议,蒋介石呈报已任命陈调元等28人为安徽政务委员,以陈调元为主席,请备案。经过讨论,决定对蒋介石的呈请不予认可,电令蒋介石终止所任命的委员会。② 但此刻蒋介石已决心分共,国民党中央的命令未起作用。4月12日,蒋介石于上海发动四一二反革命政变,开始全面实施武力分共。4月18日,于南京另立国民政府。这时正在武汉续开的国民党安徽省第一次全省代表大会高举倒蒋旗帜,积极推动国民党中央严厉处置蒋介石。③ 不久选举产生新的执、监委员,成立由共产党员和左派人士占主导地位的正式省党部,在险恶的环境下继续进行反击国民党右派的斗争。

　　省内方面,三二三事件后,留在省内的左派势力也在为扭转革命的不利局面而不懈地努力。3月26日,省党部所在的省教育会门前,分站兵岗,状极森严,门之左张贴"中国国民党第一次安徽全省代表大会",门之右张贴"安徽省农民协会筹备处委员会"等字样。当街横额则有"提高党的威权",门额则有"惩办反动祸首,肃清反动派"等标题。左派省党部且从财厅领得办公经费5000元。④ 而安徽总工会也张贴通告,宣布该会仍照常办公。⑤ 3月底,中国国民党安徽省党部之

---

　　① 《安徽省党部代表到鄂》,1927年4月1日汉口《民国日报》。

　　② 中国第二历史档案馆编:《中国国民党第一、二次全国代表大会会议史料》下册,江苏古籍出版社1986年版,第1031页。

　　③ 中国第二历史档案馆编:《中国国民党第一、二次全国代表大会会议史料》下册,江苏古籍出版社1986年版,第929页。

　　④ 《安徽省政府委员就职》,见1927年4月6日《申报》。

　　⑤ 《安徽省市县党部被毁》,见1927年4月2日《申报》。

门牌重新张挂,仍继续猛进。[1] 4 月初,国民党中央农民部安徽农民运动特派员赖琯来到安庆,改组原有的省农协筹备处,使该组织得到进一步充实,4 月 5 日迁入省教育会内办公。[2] 与此同时,安徽省党部联络市党部、驻安庆各军、师政治部成立安徽临时政治工作委员会,处理政治宣传等事项,负责人为柯庆施。4 月初,省党部召集驻安庆各军、师政治部代表、省总工会代表、省农协代表及各市县代表,举行联席会议,周范文报告反革命派捣毁省、市党部之经过情形,柯庆施报告安徽政治工作委员会连日工作之经过详情,各军政治部代表对此次事变,均有极愤慨之言论,并议决了对付方案。[3] 4 月 9 日,省总工会创办的《安徽工人导报》第一期出版,安庆 1.5 万多工友,从此有了一个指导的刊物。省总工会且派出工作人员,继续在各处发动组织工会。4 月 15 日,在省总工会指导下,安庆绸布业店员工会举行盛大成立大会,进一步壮大了左派的阵容。

不过,上述局面未能维持多久。3 月 23 日前后,安庆驻军主要为在左、右派斗争中保持暂时中立的第七军、第三军。3 月下旬,第七军全部调往芜湖驻扎,取而代之的是自湖北开到的第十军王天培部。王天培被蒋介石任命为兼代安庆卫戍司令。该军副军长兼政治部主任高冠吾极端仇视共产党人,力主"清共",但因第三军第八师在 4 月中旬前一直驻扎安庆,反共派未能即时行动。[4] 四一二反革命政变前后,王天培、高冠吾及安庆公安局长曾唯等人积极追随蒋介石,强令解散安徽临时政治工作委员会,查封《安徽工人导报》,破坏安庆绸布业店员总工会成立大会。4 月 18 日,左派省市党部及省总工会即被青红帮所组织之党务促进会、工界联合会、鲁班阁伪省工会占领。第十军派出别动队代为捕拿党部、工会重要职员,重点缉捕舒传贤、周振非、谢硕、沈

---

① 《皖垣要讯》,见 1927 年 4 月 9 日《申报》。

② 中共安庆市委党史办公室编:《第一次国共合作在安徽》,中央文献出版社 1993 年版,第 272—273 页。

③ 《安徽省党部召集联席会议》,见 1927 年 4 月 4 日芜湖《工商日报》。

④ 李云汉:《从容共到清党》,台湾学术著作奖助委员会 1966 年印,第 662 页。

子修、周范文、薛卓汉、童汉璋等 9 人，通缉人员达百余人。① 省农协亦被反动派进占，农运工作人员 10 余人被捕。② 安庆从此陷入白色恐怖之中。

　　(二)芜湖四一八反革命事件

　　安庆三二三事变后不久，芜湖也发生了四一八反革命事件。

　　三二三事变爆发后，芜湖的左右派之间的斗争更加激烈。3 月 25 日，芜湖市党部因安庆省党部被人打毁，并伤执委，特电国民政府，请从严查办，并令当地驻军负责保护。4 月初，蒋介石任命的安徽政务委员会主席陈调元率军由安庆抵达芜湖江面，向芜湖总商会索借军饷 100 万元，并派军到会坐索，引发民愤。4 月 4 日起，芜湖全市罢市，并于门墙粘贴"打倒反革命派陈调元"等标语。6 日，在芜湖市、县党部号召下，芜湖各界共 200 余团体 4 万余人于太古码头举行市民大会，决议电请国民党中央及总司令蒋介石撤销陈调元本兼各职，欢迎国民政府委任的李宗仁就任安徽省政务委员会主席。会后举行大游行，第三军第二十六团兵士亦加入，沿途高呼"打倒陈调元"等口号。陈调元慑于左派声势，最终不得不放弃索饷的企图。后来芜湖各界又推派李宜春等人前往武汉，要求撤换陈调元。4 月 11 日，芜湖市民 4 万余人于第七军军部所在地安徽省立第二农业学校操场举行大会，再次通过欢迎李宗仁就任安徽政务委员会主席的决议。③ 同日，国民党芜湖市、县党部召集全体党员举行大会，讨论对内对外如何应付，通过了"欢迎汪精卫同志复职"、"提高党的威权"、"拥护二届三中全会决议案"、"呈请中央党部及国民政府严惩捣毁安徽省党部的反动分子"、"拥护中央委定的安徽政务委员"、"组织芜湖市政府"、"筹备芜湖市民会议"等决议④，显示了左派与右派毫不妥协、坚决斗争的鲜明立场。

　　为了与左派争夺芜湖的控制权，右派也在加紧采取行动。3 月 24 日，蒋介石前往下游，途经芜湖时即特委反共分子高栋臣为芜湖公安

---

① 《王逆天培在皖之罪恶种种》，见 1927 年 5 月 4 日汉口《民国日报》。
② 《安徽反动派破坏农民运动》，见 1927 年 5 月 11 日汉口《民国日报》。
③ 《芜湖快信》，见 1927 年 4 月 15 日《申报》。
④ 《芜湖全体党员大会纪》，见 1927 年 4 月 22 日汉口《民国日报》。

局长,25日,高到警察厅接事。不久,蒋介石又加委王德麟为芜湖公安局副局长,袁仲轶为安庆大通芜湖三处特务员,进一步加强了对芜湖的控制。3月底4月初,又有一批著名反共分子如第四十军政治部主任李因、第二十七军政治部主任邵华、第七军党代表黄绍竑等人入驻芜湖。对于民愤极大的北乡劣绅丁士凯,他们不仅拒绝左派提出的严惩要求,而且予以释放,使其逍遥法外。他们并与青红帮领袖马玉僧等人相勾结,伺机破坏市党部。更为严重的是,4月上中旬进驻芜湖的第七军、第十五军及原驻芜湖的第二十七军政治立场日趋右倾。左派面临的局面十分险恶。

4月15日,高栋臣前往南京晋谒蒋介石,"经面谕对于违背革命宗旨及越轨行动者予以严惩,并拨步枪500支,令改武装警察"①。17日,高栋臣赶回芜湖,策划实施反革命行动。18日,反动工会头子崔由桢率领打手80多人,携带数十支长、短枪,会同公安局保安队,先强行接收市党部,当场捕去市党部执委兼青年部长朱麻及职员黄圣童等六七人,各部加贴封条,由反动分子看守。随后又派队前往县党部、市妇女协会、市农民协会、市学联等机关,分别占领并予以查封,省党部代表、芜湖各界联席会议常务委员刘为公等人被捕,一同拘押于公安局内。② 左派势力遭受沉重打击,芜湖完全落入反动分子手中。

(三)宿松四二八惨案

北伐军入驻宿松县后,国民党宿松县党部、县总工会等革命团体纷告成立。劣绅高葆祺父子被公审枪决。随后县党部率总工会纠察队将土豪之枪械缴出10余支,当地土豪皆闻风先逃,此时工人纠察队共有步枪20余支、盒子枪数支,维持县城秩序。土豪段彬、熊果荪等联合反动分子纷往省城安庆向省政务委员会哭求派兵,迄无结果,遂以每日500元之酬金买通第三十三军容景芳师吴振东团,连夜潜往宿松县城近郊。4月28日黎明入城,围攻县党部、县总工会、县妇女协会等革命团体,一时枪声四起,大呼搜捕共产党,党员吴宝田当场被枪

① 《芜湖快信》,见1927年4月25日《申报》。
② 《芜湖之清党运动》,见1927年4月27日《申报》。中共安徽省委党史工作委员会编:《安徽现代革命史资料长编》第1卷,安徽人民出版社1986年版,第480页。

杀。纠察队誓死抵御,殉难者 6 人,终被缴械。县党部常委徐文藻、县总工会负责人钟国汉、省党部派赴宿松工作之徐竹天等 30 余人被捕。翌日徐文藻、钟国汉遇害。①

四一二反革命政变前后,除宿松县外,旌德、巢县、南陵等县也发生了右派打击左派人士的流血惨案。各地革命团体纷纷被解散,革命人士遭到通缉。全省陷入一片白色恐怖之中。

二、国民党安徽省改组委员会的建立

安庆三二三事变后不久,右派团体以所谓的市民大会名义,要求惩办光明甫、周松圃等人。4 月中旬,安庆的政治形势进一步恶化,右派之安徽省农民协会、省总工会、安庆市总工会、市商民协会、安庆学生联合会、安徽省妇女协会等团体于张家拐 1 号设立安徽省农工商学妇女联合办事处,反动分子唐理淇担任主席,其职责为训练、指导各民众团体,开展民众运动,实际担负着党部部分重要职能。4 月 18 日,左派之省、市党部等团体被彻底取缔后,国民党党务全面停顿。部分右派分子即于天后宫 7 号组织中国国民党安徽党务促进会,拟定代表柏文蔚、管鹏、宁少清、凌毅等人,预备向南京中央党部请愿改组省党部。② 4 月下旬,旅宁皖籍国民党右派分子杜墨林、李因等 153 人联名致电蒋介石,历述安徽所谓亡党惨痛的种种情形,"伏乞我总司令当机立断,对于皖省党务,准予迅即派员筹备改组。至人选问题,尤关紧要……必须对党素有热忱经验,向不与北洋军阀妥协之纯洁同志,委为改组筹备员,前往打倒跨党分子"③。安徽旅沪、旅粤国民党要员阮明等人亦发表宣言,附和杜墨林等人的主张。④ 省内方面,4 月底唐理淇等人自行成立了省党部筹备委员会,唐担任主任并电宁方请求派员共组。⑤ 省政务委员会以各市、县党部皆自动的组织,手续多有不合,通

---

① 《蒋逆叛后之安徽》,见 1927 年 6 月 30 日汉口《民国日报》。《宿松共产党死灰复燃》,见 1927 年 6 月 20 日《申报》。

② 《清党声中之皖省》,见 1927 年 5 月 3 日上海《民国日报》。

③ 《皖同志请改组省党部》,见 1927 年 4 月 25 日上海《民国日报》。

④ 《旅沪皖籍党员组党运动》,见 1927 年 4 月 30 日《申报》。

⑤ 《皖省党部改组》,见 1927 年 5 月 3 日《申报》。

电各县县长及公安局长,要求各县市党部一律解散,听候省党部派员另组。各市、县党务于是均告停顿。①

5月初,国民党中央派定陈紫枫、李次宋、葛晓东、邵华、路锡祉、汤志先、夏纯等7人为国民党安徽省改组委员会委员。② 除邵华、夏纯外,其余5人均为西山会议派在安徽的骨干分子。同月16日,陈紫枫、李次宋、葛晓东3人自南京赶至安庆,设立临时办事处,17日开第一次预备会议,决定19日举行省党部改组成立大会。同时安徽各团体及安徽农工商学联合办事处、安徽党务促进会相继派代表至临时办事处向改组委员表示,自愿取消名义,听省党部重新改组,在省党部指挥下进行工作。③ 翌日,安徽农工商学联合办事处发表通电,宣布结束。④ 19日,国民党安徽省改组委员会举行成立大会,省政务委员会代主席蒋作宾等人致词,各改组委员宣誓就职,以省教育会为办公地。⑤ 20日,省党部改组委员会举行成立后首次会议,决定全体委员改为常务委员,并互推李次宋为组织部长,葛晓东为宣传部长,路锡祉为青年部长,夏纯为妇女部长,邵华为农民部长,陈紫枫为工人部长,汤志先为商民部长,许凤慈为秘书主任,石克士、王赤华等为秘书。⑥

省党部改组委员会成立后,主要从事以下3个方面的工作。

(1)恢复重建省内国民党党务系统。国民党分共后,各县、市党部经省政务委员会电令一律解散,原有组织已不复存在。省改组委员会首要任务即为重建国民党党务系统。5月底,省党部改组委员会第八次常委会议决委任李宗邺、王寄一、王赤华等7人为国民党芜湖市党部改组委员,戴九峰等7人为国民党蚌埠市党部改组委员,黄德基等7人为国民党大通市党部改组委员,王琢、于祖训等6人为芜湖县

① 《芜湖快信》,见1927年5月5日《申报》。
② 《芜湖快信》,见1927年5月12日《申报》。
③ 《皖党部改组委员会消息》,见1927年5月27日上海《民国日报》。
④ 《安徽省农工商学妇女等会电》,见1927年5月29日《申报》。
⑤ 《皖省党部改组委员会成立》,见1927年5月28日上海《民国日报》。
⑥ 《皖闻纪要》,见1927年5月27日《申报》。《安徽省党部改组委员会来电》,见《国民政府公报》宁字第五号,1927年6月11日出版。

党部改组委员。① 不久,省党部又将国民党安庆市党部改组委员,怀宁、休宁、滁县等县改组委员次第委定。6月12日,芜湖市、县党部改组委员会率先成立。② 随后其他市、县党部改组委员会纷告成立。接着各地区党部、区分部也在上级部门的指导下相继告成。至8月下旬,国民党在安徽的各级党务机关基本得到恢复。

（2）指导各民众团体的改组重建。4月下旬,各市、县党务停滞后,各民众团体也停止活动,听候改组。③ 安徽全省总工会及安庆市总工会在省党部改组委员到皖前已有组织。陈紫枫等人至安庆后,先后接收,另由省党部改组委员会分别委人着手改组,其中委任舒沛然等人为省总工会筹备委员,石文献等人为安庆市总工会筹备委员。④ 安庆市学生联合会前由王甲武等组织,经省党部青年部勒令解散,另由该部召集各校学生会代表筹组安庆市学生联合会临时委员会,重新筹设。⑤ 安庆市商民协会亦经派人改组筹备。至8月中旬,安庆经派员重组,成立正式工会者计39业,各业店东组织之各业商民协会分会正式加入安庆市商民协会者计28业。8月中下旬,安庆市商会、市总工会等纷纷举行成立大会。⑥ 芜湖等地民众团体的改组亦在紧张进行。

（3）帮助国民党安徽省"清党"委员会实施"清共"。1927年5月5日,国民党中央第88次常会通过关于"清党"决议案,开始部署在全国范围内"清党"。该案主要内容为:1. 在"清党"时期中停止入党;2. 所有党员须经过3个月之审查再发新党证;3. 土劣、贪官污吏、投机分子、反动分子及一切腐朽恶化分子曾混进本党者一律清除;4. 所有党员须每半月向所属党部报告其工作,1月不报者加以警告,3月不报者取消党员资格。⑦ 后来又决定6月1日至8月31日为"清党"时期,并

---

① 《皖省党务概况》,见1927年6月5日上海《民国日报》。

② 《芜湖快信》,见1927年6月13日《申报》。

③ 《地方通信·婺源》,见1927年5月14日《申报》。

④ 《皖闻纪要》,见1927年6月7日《申报》。《安庆省党部改组委员会陈紫枫佳电》,见1927年6月12日《申报》。

⑤ 《皖省近闻》,见1927年6月19日《申报》。

⑥ 《地方通信·安庆》,见1927年8月14日《申报》。

⑦ 《中执常务会决定清党办法》,见1927年5月7日上海《民国日报》。

成立了国民党中央"清党"委员会。5月8日,中央"清党"委员会制定"清党"条例,规定各省县、市"清党"委员会由中央"清党"委员会任命组成;各县市党部接到"清党"文告后限令所属全体党员于半月内填就审查表呈报当地"清党"委员会;党员填交审查表后须每半月将其工作报告于所属区分部,经过区分部、区党部、县党部审查后将报告连同各级党部审查意见呈报当地"清党"委员会;各地"清党"委员会接到各项报告、各级党部审查意见后即将共产等分子清除,再将审查合格之党员,呈报其上级"清党"委员会审查决定;经各上级"清党"委员会将审查合格之党员呈报中央"清党"委员会再行审查,汇报中央执行委员会最后决定,发给新党证。① 从上述条例看,国民党"清党",虽也标榜将土豪劣绅、投机腐化分子等作为"清党"对象,但在实际运作中,其最重要的功能仍在于迫害、打击共产党人及左派人士。5月28日,中央"清党"委员会任命柏文蔚、葛晓东、李次宋、路锡祉、陈紫枫、汤志先、陈杰民7人为安徽省"清党"委员会委员。② 6月该会挂牌成立,随后又任命了各地市、县"清党"委员。各地"清党"委员会成立后,逮捕审讯共产党人日有所闻,迫害进步人士达到了无以复加的程度。这一过程得到了各级党部改组委员会的配合。

8月中下旬,安徽政局再次发生变化。汉方唐生智军队自湖北攻入安徽,先后攻占安庆、芜湖等地。省党部改组委员会先迁至芜湖,后被迫迁往上海。③ 9月,宁汉合流,国民党中央特别委员会成立,重新任命国民党安徽省党部临时委员会人选。④ 国民党安徽省改组委员会由此退出历史舞台。

三、中共安徽省临时委员会的成立

国共合作后,中共在安徽的地方党组织利用国共合作平台,获得了较快的发展。至1927年4月中共五大召开前,全省有20个县、市

---

① 《中央清党委员会组织大纲》,见1927年5月14日上海《民国日报》。
② 《中央任命桂闽皖苏清党委员》,见1927年6月7日上海《民国日报》。
③ 《安徽省党部改组委员来沪情形》,见1927年9月7日《申报》。
④ 《皖省党部委员抵芜》,见1927年10月30日上海《民国日报》。

先后建立了50个党组织。① 但在1927年4月前后国民党右派的"清党"运动中，各地共产党员遭到通缉、逮捕、屠杀，大多数党员被迫避往湖北等地。各地的党组织或直接遭到敌人的严重破坏，或因党员四散而消于无形。安徽革命形势日趋恶化。在此关键时刻，恢复、发展安徽各地党组织，建立全省统一的党的领导机构，就成为摆在全体党员面前刻不容缓的头等大事。

1927年4月27日，中国共产党第五次全国代表大会在武汉举行。会议期间，中央决定即时成立中共安徽省临时委员会。与会的安徽代表柯庆施、周范文在陈延年指示下，研究提出了该会7名委员的名单。他们是柯庆施、王坦甫、王贯之、李宜春、郭士杰、周范文、王步文。中共中央批准了这一名单，并任命柯庆施为书记。②

5月下旬，各临委委员于武汉举行第一次全体委员会议，正式成立中共安徽省临时委员会。③ 会议传达中央的有关精神，讨论如何恢复省内各级党组织、如何发展工农运动、如何创造条件回安徽开展工作等问题。省临委成立后，即调查在汉的安徽党员，选派精干人员回安徽恢复、发展党组织和从事农运等工作。如1927年7月，省临委派党员回安庆在市区及附近农村从事恢复党组织的工作并成立中共安庆特支；同月，省临委在汉口指定薛卓俊等人组成中共寿县临时委员会，又指定徐风笑为中共宿县临时委员会书记，返宿组建中共宿县临委。④ 在省临委的有力指导下，各地党组织渐渐得到恢复并有所发展。

1927年7月15日，国民党汪精卫集团步蒋介石后尘，于武汉实行分共，第一次国共合作彻底破裂，各地中共组织全部转入地下。8月上旬，省临委自武汉秘密迁回省内，以芜湖市为机关所在地。省临委

① 中共安徽省委组织部等合编：《中国共产党安徽省组织史资料（1921.7—1987.11）》，安徽人民出版社1996年版，第8页。

② 中共安徽省委党史工作委员会编：《安徽现代革命史资料长编》第1卷，安徽人民出版社1986年版，第497页。

③ 中共安徽省委组织部等合编：《中国共产党安徽省组织史资料（1921.7—1987.11）》，安徽人民出版社1996年版，第36页。

④ 中共安徽省委组织部等合编：《中国共产党安徽省组织史资料（1921.7—1987.11）》，安徽人民出版社1996年版，第40、44、45页。

迁回芜湖后,进一步完善内部机构,充实执行委员会和常委会。由王贯之、王步文、柯庆施、王坦甫、李宜春、周范文 6 人组成执行委员会,柯庆施、王步文、王贯之 3 人组成常务委员会,柯庆施继续担任书记,王步文负责组织,王贯之负责宣传。同时下设秘书处、职工运动委员会、民众运动委员会、训练委员会。①

省临委迁回芜湖后,立即着手开展工作。宣传方面,8 月初创办《每周通讯》刊物,及时向广大党员宣传党的路线、方针、政策,加强思想上的建设。组织方面,恢复、整顿各地党组织。至 8 月中旬,成立了中共芜湖县委,在宿县、寿县、六安 3 县各成立了临时县委,另在泗县、霍邱、庐江、安庆、南陵、旌德、凤阳、无为等 8 处各成立特别支部 1 个,凤台、和县、宣城、郎溪 4 县建立了中共的通讯处。②

省临委的成立,第一次使全省党员有了统一的指导机关,对于反抗国民党的反动统治,谋求人民群众的解放具有重要意义。此后,安徽各地党组织在省临委的统一领导下,掀起了武装反抗国民党的风暴。

---

①　中央档案馆、安徽省档案馆编:《安徽革命历史文件汇集》第 2 册,1987 年印,第 7 页。
②　中央档案馆、安徽省档案馆编:《安徽革命历史文件汇集》第 2 册,1987 年印,第 9 页。

第六章

北京政府统治时期的安徽经济

北京政府时期的中国社会,处于半封建半殖民地的新民主主义阶段。帝国主义在大肆进行经济掠夺的同时,也带入了新兴的经济形态和生产方式,改变了中国社会经济结构,促进了城镇商品经济发展,加速了中国传统小农经济社会的瓦解。

北京政府时期的安徽经济,处于从传统经济向现代经济转型过程中,传统经济成分与现代经济成分并存,帝国主义经济利益掠夺与资本主义生产方式渗透并存。与经济发达省份相比,安徽工业发展水平不够高,商品经济意识较淡薄,现代化程度还较低,经济振兴之路步履维艰,任重道远。

第一节 财政与税收

1912 年 3 月 10 日,袁世凯就任临时大总统时,地方财政机构较为混乱,基本上是各自为政。为了加强中央集权统治,保证中央财政收入,当年即提出各省成立国税司动议,1913 年各省相继成立国税司(厅),1914 年更名为财政厅。1914 年 6 月,袁世凯颁布《财政厅办事权限条例》,规定各省财政厅长由大总统任命,直属财政部管辖,并接受地方行政长官督导。1916 年 6 月 6 日,袁世凯病死后,北洋军阀派系斗争激烈,地方军阀为了生存和发展,常常割据独立,把持财权,截留国税。由于军阀混战,社会动荡,官场腐败,中央财政赤字很大,只有靠出卖国家主权,向外国人大举借债,勉强维持统治。

倪嗣冲对财政问题十分重视,1913 年 8 月,刚刚入主安徽,就"亲自管理财政和内务","命令安徽总商会筹资开办银行,维护市场流通"[1]。9 月 10 日,任命李国筠为财政司、内务司司长兼国税厅厅长。1914 年 9 月,财政司与国税厅合并成立财政厅后,龚心湛、郑鸿瑞、刘鸿庆、胡思义、陶镕、孔宪芳、阮忠植、马振宪、何炳麟、柳汝砺等,均曾担任过省财政厅厅长。

倪嗣冲统治安徽期间,财政收支比清末增加幅度较大。以 1916年为例,省岁入预算为:田赋 4055619 元,货物税 1635157 元,正杂各税 1036694 元,正杂各捐 580849 元,杂收入 304148 元,共计 7612467元。省岁出预算为:外交费 6000 元,内务费 1943603 元,财政费461774 元,陆军费 3835566 元,司法费 136836 元,教育费 264096 元,农商费 77690 元,共计 6725565 元。[2]

比较 1916 年与 1912 年安徽省预算,从收入看,两年差不多,均为

---

① 李良玉等:《倪嗣冲年谱》,黄山书社 2010 年版,第 45 页。
② 王鹤鸣:《安徽近代经济探讨》,中国展望出版社 1987 年版,第 206 页。

700 余万元,但由于占总收入 1/4 的关税,提为中央收入,因此 1916 年税收实际还是增加 25% 以上。从支出看,1916 年比 1912 年增加一倍以上,特别是军费,1916 年是 1912 年的 2.4 倍,占 1916 年总支出 57%。在北洋军阀统治安徽期间,军费支出一般都占总支出一半以上,而且是日常军费开支,如遇军阀混战时,军费开支则远远超过这个比例,如 1925 年反奉战争时,五省联军司令孙传芳的军队大批入皖,安徽是年军费开支激增至 1137 万元,即使将是年安徽全部收入用于军费开支,尚欠缺 200 多万元。

为了支付巨额军费及其他费用,北洋军阀政府和安徽军阀政府都加紧了对人民的搜刮。清代主要赋税收入,如田赋、盐税、厘金等,在民国时期不仅继续征收,而且税额有了很大提高。如田赋,清末安徽全省收入为 280 余万元,到 1916 年则增为 400 余万元。又如当税,安徽根据北京政府章程,规定当税为:凡资本 5 万元以上者为一等当铺,年税 300 元;3 万元以上者为二等当铺,年税 240 元;不及 3 万元者为三等当铺,年税 180 元。税率比清末重得多,在全国各省中也是较高的。[①]

北洋军阀政府和安徽军阀政府在大力增加原有赋税同时,又千方百计巧立名目开辟各种新赋税,以增加财政收入,维持军阀统治。民国初年,新增加赋税主要有下列数种:

烟酒税捐。此税创办于清末,但正式开征则在民国初年。各省烟酒捐税,种类繁多,性质复杂。安徽有出产、销场两税,由烟酒分所、县知事及厘局分别征收,无论何种烟酒,均应完纳产销两税。1915 年,北京政府又制定烟酒公卖制度,按照价值加抽公卖经费,于是烟酒公卖与烟酒税捐并行。全国设烟酒公卖事务所,各省设烟酒公卖局,各省公卖费率不一,多至 50% ,少则 3% ,安徽为 20% 。

烟酒牌照税。此税与关税、厘金、杂捐有所不同,海关、常关及厘卡所征烟酒税为对物税,而烟酒牌照税则为课烟酒营业者税,类似营业税。1913 年正式开始加征此税,分烟酒整卖营业及零卖营业两种。

---

① 王鹤鸣:《安徽近代经济探讨》,中国展望出版社 1987 年版,第 206—207 页。

此税总额，全国年约 200 余万元。安徽 1916 年预算烟酒牌照税征收 3 万元。

印花税。此税创始于荷兰，其后英、法等国效仿。1913 年，北京政府通令各省正式实行，规定各种契据价值在 10 元以下者，一律用印花 2 分，以代缴纳现款，并可作为财产货物转移凭证。安徽 1914 年征收印花税 5746 元，以后逐年增加，1916 年达 83674 元，1921 年达 130812 元，约占全国 1/20。

牲畜税、屠宰税。牲畜税创始于清初，凡交易牲畜，按价抽税，值百抽三，即每两纳银 3 分。民国初年，仍沿旧制，并有所发展。屠宰税原在东南各省实行，1915 年，北京政府正式颁行屠宰税章程，规定凡屠宰猪、牛、羊者，均须纳税，猪每头 3 角，牛 1 元，羊 2 角。

矿税。矿税明代已有，清仍旧制，但当时领矿者不多，税亦较轻。民国初年，商民争相呈请开矿，于是北京政府 1914 年颁布矿业条例，规定其税分矿区税与矿产税两种，矿区税又分采矿区税与探矿区税两种。凡金、银、铜、铁、煤等矿，采矿区税按每亩纳银元 3 角，探矿区税每亩纳银元 5 分；矿产税按矿产出产地平均市价纳 1.5%。[①]

上述新税种基本上都是北京政府明令增辟的财源，安徽地方政府遵令实行。但是包括安徽在内的各省军阀政府，在执行北京政府增税法令的同时，变本加厉，横征暴敛，甚至截留中央税款，以巩固和加强地方政权。

倪嗣冲督皖期间，大肆扩充安武军和新安武军，为了筹措军费，就大量截留中央税款。他统治安徽 8 年期间，除 1916 年，中央要安徽解款 22 万元，倪嗣冲解款 14 万元外，其余年份，如 1917 年中央要安徽解款 22.5 万元，1918 年要安徽解款 15 万元，倪嗣冲都以种种理由，分文未解。因地方收入不敷军费开支，倪嗣冲还直接提用中央专税、专款，以填补财政缺口。

这时期，无论是中央还是各省军阀，都大唱禁烟高调，然而鸦片越禁种植面积越大。"民国以还，安徽鸦片种植扩大，阜阳县依鸦片种植

---

① 王鹤鸣、施立业:《安徽近代经济轨迹》，安徽人民出版社 1991 年版，第 494—495 页。

分鸦片赋区 18 区,每区鸦片赋税为 3000 元至 6 万元不等。亳州每亩一律征赋 5 元,一年要收 20 万元。""合肥以前鸦片税只 10 万元,至 1927 年忽增至百万元,烟苗并不加多,则每亩烟税加税 10 倍。"①鸦片税已经成为军阀增加收入的重要财源。

北京政府时期的安徽军阀政府,虽然千方百计加紧搜刮,但在财政上仍然入不敷出,于是仿照中央政府依靠举债度日。安徽当时借外债不多,主要是借内债,或向中国银行、交通银行借款,或省内自办公债等,借款额达 521 万元。借款以芜湖米捐、凤阳关税、厘金税和田赋丁漕作担保,利率月息为 0.015 元左右。这些巨额债务最终都要落在安徽广大劳动人民身上。②

第二节　工业与矿业

辛亥革命推翻了清王朝封建统治,提高了民族资产阶级地位,民国政府颁布了一些有利于工矿业发展的条例;1914 年爆发第一次世界大战,西方帝国主义列强忙于战争,减少了对中国资本主义发展的压力;大战期间,国际钢铁价格猛涨,刺激了国内投资工矿业的积极性。这一切,也使安徽的工业和矿业,在辛亥革命后特别是第一次世界大战期间,获得一定发展。但 1920 年以后,西方帝国主义势力卷土重来,一方面在中国倾销商品,另一方面直接在中国各通商口岸设立工厂,中国民族资本主义工业受到挤压,进入停滞阶段,安徽工矿业同样呈现出衰败景象。

一、工业

"安徽手工业历史悠久,不少手工业品技艺精湛,誉满中外,素享

---

① 章有义:《中国近代农业史资料》第2辑,三联书店 1957 年版,第 626 页。
② 王鹤鸣:《安徽近代经济探讨》,中国展望出版社 1987 年版,第 210 页。

盛名。鸦片战争以后,西方资本主义入侵中国,截断了中国手工业的正常发展道路,安徽城乡手工业发生了重要变化,呈现了颇为不同的发展趋势;直接受到外国商品倾轧的手工业逐渐衰落;为出口产品加工的手工业随外销产品的增减而曲折发展;制作精湛的传统手工业继续保存下来;商品经济的活跃促进了某些手工业的发展,机器生产的扩大引发了相关手工业的兴盛。"①这是对北京政府统治时期安徽手工业状况的客观描述。

首先,纺织、冶铁、造纸等手工业遭到破坏。安徽原是纺纱和织布业繁盛地区,大多数农家有纺车、织机,"皖之女红,多精纺织",广大农民过着以织助耕的自给自足生活。19世纪后期,大量洋纱布倾销安徽市场,由于洋纱布系机器产品,进口中国税率又很低,因此其价格较中国土纱布便宜,造成土纱布销路日渐减少。先是安徽长江流域一带城乡居民衣着发生变化,进而淮河流域一带土纱布市场也渐为洋纱布占领。但就纺纱业与织布业比较,由于中国机器织布业比机器纺纱业发展缓慢,相当一部分机纱要靠手工织机织成布,因此安徽农村织布业遭到的破坏程度,没有纺纱业那样严重,在安徽城乡尚保留了一定数量手工织布机。由于安徽农业生产水平不高,农民又遭受地主重重剥削,过着半饥半饱生活,因此尽管洋纱、洋布价格低廉,不少农民仍无力购买,一些农户继续从事耕织结合的劳动,以勉强维持生活。芜湖手工炼钢业由繁盛到衰退,是洋货大量倾销安徽,破坏安徽手工业发展的一个典型例子。芜湖历史上是安徽重要手工业城市,人口稠密,商业繁荣,尤以产钢著称。清初芜湖生产刀剑、桶罐、饮具、剪刀、斧头、犁铧、油灯等铁器产品运销各地。鸦片战争以后,由于西方机制洋钢逐步侵入长江中下游各地,遂使芜湖运销区域逐渐缩小,运销各地数量也大为减少。1899年最后一家钢坊歇业,曾经盛极一时的芜钢遂变成历史陈迹。安徽其他城镇手工冶铁、炼钢作坊,也经历了同样命运,只是时间稍迟些,如宿松就是直到民初,手工冶铁业才受到毁灭性打击。又如手工造纸业,皖南泾县、宣城,皖中潜山等地盛产纸

---

① 王鹤鸣、施立业:《安徽近代经济轨迹》,安徽人民出版社1991年版,第195页。

张，早就"有名于世"。19 世纪末、20 世纪初，机制洋纸逐渐充斥中国市场，造成民国初年安徽国产纸产量逐年下降，1915 年，全省产纸计173450 件，1916 年降为 162445 件，1917 年又降为 114567 件。20 世纪20 年代，从欧美日本输入纸张，已占整个中国纸张需要量的 62.4%，而国产纸则下降到只占 37.6%。安徽除宣纸以外的造纸业，因手工生产，成本贵，价格高，难与洋纸竞争，销路尽为外货所夺，纸厂倒闭者极多。① 机器工业淘汰家庭手工业、手工作坊和手工工场，机制产品取代手工业产品，应该承认是历史进步，但这个过程是在安徽逐步沦为半殖民地情况下发生的，安徽资本主义并未沿着简单协作—手工工场—机器工业这个正常道路发展，而是在外国机器生产产品大量倾销后，导致安徽本地手工业部门逐渐衰退，广大手工业工人生活失去依靠，不少破产手工业者成为洋人企业廉价劳动力主要来源。

其次，制茶、蚕丝、蛋类加工等手工业一度兴盛。安徽手工制茶业随着外销茶叶猛增，获得较快发展。19 世纪中国对外输出物品中，茶叶出口举足轻重，而皖茶在外销茶叶中又居重要地位。茶叶外销畅行，大大刺激了安徽农民种茶积极性，手工制茶业空前繁荣。皖南绿茶先运往屯溪，经加工包装再运往杭州、上海对外出口；屯溪镇上较大规模茶号就有百余家，茶号工人分为筛工、炒工、拣工 3 种，每年茶市，各地来屯溪受雇于茶号工人多达 1.5 万余人；屯溪镇上设有茶务总局，会员有 70 余名，镇上还开办茶商公立农校和茶叶讲习所，招收学生，传授种茶、制茶技术，以适应茶叶外销剧增的需要。皖南红茶制作中心在祁门，祁门制茶茶号达 180 余家，较大茶号雇工数百人，夜以继日加工茶叶。皖西茶叶运销中心在六安，六安县城居民 2.5 万余人，从事制茶业人数最多。伴随茶业兴盛，安徽制茶城镇锡罐业、茶箱业及篾箱业相应得到发展。以屯溪为例，茶叶外销鼎盛时，镇上设有锡罐业 9 家，熔炉工人超过 200 人，每年制锡罐 25 万只以上；设有箱栈16 家，每年制木箱 10 万只以上；设有篾箱业 10 余家，工人有 200 多

---

① 王鹤鸣、施立业：《安徽近代经济轨迹》，安徽人民出版社 1991 年版，第 198—199 页。

人。① 当华茶在国际市场上受阻滞销时,也直接影响安徽手工制茶业。19 世纪 90 年代以后,日本、印度和锡兰(今斯里兰卡)等国掀起种茶热,茶叶产量大幅度上升,并打入国际市场,由于其价格、运输及包装方面均优于华茶,对外销华茶构成严重威胁。华茶外销量锐减,直接导致安徽茶叶种植和手工制茶业萎缩,到 20 世纪 20 年代以后,安徽茶叶产量一直徘徊在 30 万石上下,较诸 19 世纪后期减少一半以上;手工制茶业也明显衰退,屯溪、祁门、六安等地茶号纷纷关门歇业。"外茶的崛起对安徽茶业形成灭顶之灾"②。19 世纪中国外销物品中,除茶叶外,以蚕丝为大项。20 世纪初,蚕丝业在皖南地区获得较快发展,芜湖、石台等县普遍种桑养蚕,遂使蚕茧生产成为安徽长江两岸农民重要副业;皖西山区蚕茧生产也得到发展。1916 年,安徽全省蚕农达 92606 户,蚕丝产量达 11.8 万石。安徽生产蚕丝除销售江苏、浙江、湖北等地外,尚有部分对外出口,20 世纪 20 年代,芜湖海关每年出口蚕丝约 6000 石。③ 安徽农产品较丰富,农村几乎家家饲养家禽,所产鸡蛋、鸭蛋量多价廉。1901 年,芜湖外国洋行蛋业公司收购安徽鸭蛋 155 万枚,共计出蛋白 86 石,蛋黄 598 石,其中 75 石蛋白输入美国,其余运往英国,蛋黄则全数运往法国。此后华商亦在芜湖设立几家蛋白蛋黄公司。蛋类出口制作方法亦逐渐改进,或以鲜蛋装入木箱,或以冰冻蛋加以罐装,或制成干蛋粉。民国初年,安徽广大农村仍然较贫困,饲养家禽产蛋不忍自食,大多出售换钱买些日用品,安徽蛋业出口一直在全国占有重要地位。据 1928 年统计,全国共有 50 多个城市设有蛋厂,经营出口蛋类业务,安徽芜湖、亳县、巢县、怀远、蚌埠、阜阳等地均设有蛋厂,占全国蛋厂数的 1/7。是年芜湖海关出口鲜蛋 11223 万枚,价值 1178394 海关两,居全国 32 个海关鲜蛋出口第二位,占全国蛋类输出数量 1/6。④

第三,传统手工工艺继续保存。安徽文房四宝生产就属于这种情

① 王鹤鸣、施立业:《安徽近代经济轨迹》,安徽人民出版社 1991 年版,第 200—201 页。
② 欧阳发、周明洁、施立业主编:《经济史踪》,安徽人民出版社 1999 年版,第 146 页。
③ 王鹤鸣、施立业:《安徽近代经济轨迹》,安徽人民出版社 1991 年版,第 202 页。
④ 王鹤鸣:《安徽近代经济探讨》,中国展望出版社 1987 年版,第 142 页。

况。泾县、宣城、宁国一带盛产宣纸，载誉千年。宣纸以青檀枝条嫩皮作主料，经浸泡、灰掩、揉制、蒸煮、洗净、漂白、打浆、水捞、加胶、贴烘等 18 道工序，100 多道操作过程精制而成。宣纸虫不易蛀，折不易损，洁白如玉，久不变色，号称"千年寿纸"，成为皇室贡品，1915 年在巴拿马国际博览会获奖。20 世纪 20 年代，当其他国产纸因洋纸倾销产量日减时，宣纸未受到直接威胁，但因成本过高，不适用于近代印刷，仅供给中国书画之需，因此也没有得到很大发展。据统计，1912—1919 年，宣纸生产产值共计 906854 元，平均年产值 113356.75 元。[①] 1919 年，泾县有义发鼎记、义发鸿记、恒源义记、恒源步记、恒聚、锦丰、允顺、锦聚、怀远庄、恒吉、恒昌 11 家宣纸厂，职工数 450 人，资本额 3 万元，年产 2300 件，每件市价 45 元。[②] 徽墨产于徽州地区，创始人为南唐李超、李廷珪父子，距今已有千年历史。徽墨以松为基本原料，渗入 20 多种其他原料，经过点烟、和料、压磨、晾干、挫边、描金、装盒等工序精制而成。成品具有色泽黑润、坚而有光、经久不褪、防腐防蛀等特点。进入近代以后，绩溪胡开文墨店继起，在休宁、屯溪、歙县、安庆、汉口、上海、北京、天津、广州等地均设有分店，至 20 世纪初，胡开文墨店每年产额达 15 万元。墨店一般都设有制墨工场，如休宁胡开文墨店制墨工场，就有墨工百余人，年产高级墨 300 石。1915 年，胡开文墨庄绘有地球图案的精制徽墨，在巴拿马国际博览会获金质奖章。"胡开文墨店，既做门市，又经营批发。由于产销一体，市场情况又比较了解，它能根据市场需要安排生产，利于加速资金周转。"[③]宣笔、歙砚与宣纸、徽墨一样，也因其制作考究、工艺严格，进入清末民初，仍然继续保持一定销路。安徽传统工艺品生产，除文房四宝外，尚有舒席、蚌埠玉雕、祁门瓷器、界首陶器、宁国紫砂陶、螺甸漆器、新安刻书等，这些手工业生产进入近代以后，直至清末民初，亦因原料产自当地，且制作精良，没有直接受到外国商品冲击，继续生产并有所发展。

　　第四，米业的繁荣与衰退。19 世纪后期，安徽商品经济发展重要

①　曹天生：《中国宣纸史》，中国科学技术出版社 2005 年版，第 74 页。
②　《安徽省六十县产业调查繁表》中册制造工业类，第 850 页。
③　安徽省政协文史资料研究委员会：《工商史迹》，安徽人民出版社 1987 年版，第 192 页。

标志就是芜湖米市的兴盛。安徽长江两岸及巢湖周围是重要稻米产区,这里田连阡陌,灌溉方便,肥料充足,所产稻米不仅量多,而且质优,除供应本省消费外,相当一部分运往省外,成为安徽对外贸易主要输出物品。长江米市交易原来主要在镇江七浩口进行,1876 年芜湖辟为通商口岸后,由于在芜湖进行米粮交易远胜于镇江七浩口,因此,广东、山东一带粮商逐渐在芜湖设立米号。芜湖米市于 19 世纪 80 年代正式开张,至 20 世纪 20 年代初,芜湖米市日趋繁荣,每年输出稻米额,多则七八百万石,少则 200 多万石,一般在 400 万石上下。当时全国各地粮商云集江城,整个芜湖江段成为黄金航道,芜湖米市因此成为中国著名四大米市之一。随着芜湖米市的兴旺,安徽与米业有关的手工业相应得到发展,各地稻谷运至芜湖后,须舂成米再输出,于是芜湖碾米业空前繁荣,至 20 世纪初,已达 100 余家,其中以同丰、崇余、江丰、美胜 4 家作坊规模最大,共有碾米工 490 余人,年碾米量达 50 万石。不仅碾米业发展迅速,与米业有关的其他手工业也十分兴旺,如斛行业,主要是用斛量米,当米船靠岸,米行即雇用斛行工人上船量米,以便打包外运。又如绞包业,凡米粮由斛工称量后,即由打包工人用麻袋装好,4 斛为 1 包,每包装满后,用篾皮封口,加盖商号印章,装运输出。20 世纪 20 年代以后,芜湖米市逐渐走向衰落,其原因一是津浦铁路通车后,皖中稻米大多集中蚌埠,经火车运往浦口集散;二是安徽军阀政府经常对稻米出口采取禁运政策;三是粤汉铁路通车后,皖米的广东市场,多为湘赣米所取代;四是 20 年代以后,洋米大量倾销中国,芜湖输出稻米的许多市场被洋米占据。20 年代中后期,芜湖米市输出数量大幅度下降,一般年输出量为 200 万石左右,仅及 20 世纪初输出量一半。芜湖米市衰落后,伴随米市兴起的手工业亦纷纷萎缩,许多以米业为生的手工工人进入失业者的行列。[①]

　　第五,织布业发展较快。由于国产机纱日益增加,洋纱不断输入,促使安徽织布业有所发展。据 1916 年统计,安徽全省从事织布业 14300 户,33000 多人,年产各类土布(包括大布、柳条布、竹布、漂白

---

①　王鹤鸣:《安徽近代经济探讨》,中国展望出版社 1987 年版,第 164—173 页。

布、爱国布、纱布、绒布、斜纹布等）1686190 匹。① 安徽手工织布，主要是一家一户家庭手工业，也有部分工人在织布厂手工织布。据 1919 年安徽怀宁、潜山、无为、广德、休宁、宣城、南陵、宁国、石埭、繁昌、颍上、来安 12 个县统计，共有织布工厂 21 家，职工 474 人，最大的一家工厂职工多达 160 人，一般在 10 人左右，固定资产 6 万多元，共产各类土布近 5 万匹。② 安徽织布业发展带来染坊业繁盛，芜湖"染坊，光绪初仅数家，近（民国 7 年至 8 年）以土布出场甚多，除机坊自染外，现共有 10 余家。所染印花及各种颜色，丝绸工艺之进步甚速，营业亦因之发展"③。由于安徽本省土布生产数量不断增加，到 1919 年，全省布匹供需发生较大变化，原来布匹大都由外省运入，今则本地机坊所织土布，不但可以满足省内需求，且能发销外埠，每年营业额达 300 余万元，染坊所染各种颜色和图案花布亦颇受欢迎。进入 20 年代，安徽土布业继续保持发展势头，如怀宁"织布一业，近年（1926）则异常发达，全境织布厂数，约一百八九十家，多在西门外一带，全境机数约一千余张，以使用人力铁机者为多，犹用人力木机者，仅约占全数十分之一"④。安徽织布业在 20 世纪初获得较快发展，与发展较快省份相比有一些共同原因，也有一些自身特殊原因：一是安徽近代机器纺织业发展异常缓慢，除裕中纱厂稍具规模外，再没有第二家像样的机器纺织厂，而裕中纱厂是以纺纱为主的纺织厂，建立后历经坎坷，开开停停，而洋布及外埠纱厂生产机布则不断涌入，但这类机布并没有完全占领市场，这就为安徽土布销路提供了条件；二是安徽织布工人工资较低，据 1919 年统计，安徽织工每天工资为 0.16 元，仅及江苏、福建、浙江等省织工工资的 1/2，甚至 1/3，而织工工作时间较长，使安徽土布成本较低，在市场上具有一定竞争力；三是安徽历史上织布业颇为繁盛，19 世纪后期外国商品大量倾销后，固然冲击了安徽织布业，但其遭受破坏程度较东南沿海要好一些，到 20 世纪初，一遇适宜环境，就得到较快恢复与发展。安

---

① 《安徽实业杂志》第 22 期，第 6 页。
② 《安徽省六十县经济调查简表》下册，第 2496 页。
③ 彭泽益：《中国近代手工业史资料》第 2 卷，中华书局 1962 年新 1 版，第 709 页。
④ 彭泽益：《中国近代手工业史资料》第 3 卷，中华书局 1962 年新 1 版，第 108 页。

徽织布业20世纪初期与19世纪中期相比较,不仅数量上有所增长,而且性质上发生重要变化。19世纪中期安徽织布业与纺纱业紧密结合,使用原料是手工纺成的棉纱,生产者是一家一户农民,产品主要自产自销,投入市场交换较少,基本上属于自给自足封建性家庭手工业。到20世纪初期,手工织布业状况明显变化,使用原料是机器纺制棉纱,生产者除一家一户农民外,相当一部分是织布工厂的劳动工人,生产工具除部分仍使用人力木机外,愈来愈多织工使用人力铁机,厂主与织工之间是雇佣关系,产品主要投放市场。尽管织布业基本上仍是手工操作,但已经是与机器生产密切联系带有资本主义性质的商品生产。①

综上所述,进入近代以后,尤其是清末民初以来,安徽手工业部门呈现颇为不同的发展趋势。就某一手工业部门来说,发展也不是直线的,而是曲折复杂的;各手工业部门发展变化更不是孤立的,而是相互影响、相互制约的。手工业与机器工业之间也没有不可逾越的鸿沟,有些手工业采用机器生产后,即逐步向机器工业生产过渡,而在机器工业生产过程中,又保存有不少手工生产工艺,手工业与机器工业之间是相互依存、相互制约、相互渗透的关系。

第一次世界大战期间,安徽织布、纺纱、印刷、榨油、电灯、电话、制皂、造纸等工业,均有所发展,但工厂规模一般较小,创设规模最大的工厂,是1916年开始在芜湖筹建的裕中纱厂。裕中纱厂是芜湖纺织厂前身,安徽第一家机器纺纱厂,主要倡办者有陈绍吾、江干卿、宁松泉等人。陈绍吾是石埭人,曾任财政部监察、大通藩台等职,在芜湖开设广裕茶庄;江干卿是旌德人,曾在南京开设德生钱庄,其四弟曾任安徽省代理省长;宁松泉是青阳人,在上海泰古辉商栈办理洋布纱业,还在芜湖开有承余钱庄和宝裕纱号。裕中纱厂属于官商合办,其官股来自财政部皖岸盐业预厘税。② 1915年3月,建德人周学熙再度出任北京政府财政总长兼盐务署督办,周一向注重实业,此时盐业税收渐旺,库有余存,他欲以此款"专办民间兴利之事",兴办纺织工厂是他计划

①　王鹤鸣、施立业:《安徽近代经济轨迹》,安徽人民出版社1991年版,第209—210页。
②　安徽省政协文史资料研究委员会:《工商史迹》,安徽人民出版社1987年版,第70页。

上马十大项目之一。在周学熙鼓励和推动下，全国各地兴起一股纺织热，陈绍吾等便借此良机，依靠同乡关系，获得截留皖岸盐业预厘税20万两银元，作为投资创办裕中纱厂官股，后归中国实业银行管辖。其商股则由陈绍吾等人成立裕中纺织股份有限公司，向社会公开招股，共募集资金80万两银元，分8000股，每股100元，投资额较大股东有：陈绍吾6万，宁松泉4万，刘晦之2万。① 裕中纱厂筹建几经周折，最后将厂址定在芜湖陶沟狮子山下，面积71.01亩，主要厂房建筑是2层砖木结构，面积4637平方米，分清花、梳棉、粗纱、细纱4个车间，另有2座仓库和1幢办公楼。机器设备绝大部分是从上海订购英国产品，主要有拆包机、自动给棉机、和花机、头道清花机各2部，二道清花机3部，威罗机1部，打皮棉花机1部，打纱头机44部，三节七眼并条机8部，80锭头道粗纱机4部，132锭二道粗纱机11部，168锭三道粗纱机22部，160锭三道粗纱机2部，400锭细纱机50部，大小打包机5部，美制蒸汽引擎1部，还有40台自制手摇纱机及各种辅助机器若干，职工1000余人。②

1919年5月正式开工生产，因动力不足，只开纱锭1万枚，是年底使用美制蒸汽引擎后，又增开纱锭8400枚，每昼夜约出40件纱。棉花主要来自安庆、合肥、和县、东流等地，有小部分从印度、美国进口。生产10支、16支粗纱，以"三多"、"四喜"为商标，产品主要销往省内各地，亦有少量销往省外。③ 裕中纱厂创办伊始，建立了一套较为完备的管理体系，企业最高权力机关是董事会，设董事长1人，监察董事1人，董事若干人，第一任董事长陈绍吾，董事有宁松泉、江干卿、刘晦之、周复久、翟展成等。由于大部分董事均住在上海，因而在上海专门设立董事会办事处，董事会也多半在上海召开。厂里由总办负责，第一任总办江干卿。工厂内部分前厂和后厂两个系统，前厂负责财务、供销、后勤等行政事务，后厂负责具体生产活动。前厂具体工作由会计室负责，会计室设主任（又称总稽核）1人，其下有内账1人，外账1

---

① 欧阳发、周明洁、施立业主编：《经济史踪》，安徽人民出版社1999年版，第197页。
② 欧阳发、周明洁、施立业主编：《经济史踪》，安徽人民出版社1999年版，第197页。
③ 安徽省政协文史资料研究委员会：《工商史迹》，安徽人民出版社1987年版，第71页。

人,出纳 1 人,庶务 1 人,材料处 3 人,营业部 3 人;后厂具体工作由考工部负责,考工部设主任 1 人,其下为双领班,双领班下为正、副领班,再下设拿摩温、堂管、帮接头等基层管理职位。此外还设有工账房,专门负责车间工账和发放工资。正式投产后,裕中纱厂良好区位优势很快显示出来,因邻近产棉区,原棉价格低廉,可以以约低于上海 15% 价格收购到棉花;因周围市场广阔而独家就地生产供应机制纱,又可以高于上海 10% 价格出售产品,这种低入高出状况,使裕中纱厂开办初期较易获利。1920 年,裕中纱厂决定扩股以解决资金问题,皖南镇守使马联甲见纱厂初办有利可图,带头入股,其他商号也争相认股,因有地方实力派作后台,芜湖各纱号亦全力推销裕中产品,市场明显看好,1920 年和 1921 年,均有较多盈利。但好景不长,从 1922 年起,裕中纱厂开始亏损,逐渐走下坡路,主要是因为第一次世界大战结束后,英、美等国棉纺织品大量涌入中国,尤其是日本 1920 年国内棉业萧条后,日商依仗资本雄厚、技术精良、管理先进等优势,纷纷来华建厂,对中国本土棉纺织业冲击很大。裕中纱厂由于资金不足,产量偏低,成本较高,加上厂房建筑粗制滥造,地基不牢,机器震动,出产棉纱粗细不匀,不受顾客欢迎,在市场上难敌洋货,逐渐滞销,至 1924 年积压货品多至两三千箱,占用资金多至四五十万元,甚至棉商运棉到芜而无款购买。经营恶化后,工厂只得开开停停,先取消夜班,后减少白班时间,以至全厂停工。当时商业利润大于生产利润,为了求生存,纱厂采取在厂门口收花卖纱、直接交易办法,这种做法很快引起芜湖纱号不满,全市纱号联手拒销裕中纱厂棉纱。1925 年,纱厂和纱号的矛盾日趋激化,厂里产品积压严重,资金周转相当困难,金融界连高息贷款也不愿贷,生产已很难维系,后请出李经方出任董事长,协调方方面面关系,并获得 60 万元抵押贷款,纱厂才勉强运转起来,但负债累累,后劲不足,很难再有创办初期的兴旺景象。[①]

裕中纱厂 20 世纪 20 年代由盛转衰现象,在安徽企业界具有一定代表性。大一点的企业如益新面粉公司境遇相似,由于洋面粉大量进

---

① 欧阳发、周明洁、施立业主编:《经济史踪》,安徽人民出版社 1999 年版,第 199—200 页。

口倾销,加上内部管理不善,连年亏空,每况愈下,亏损最多时达 14 万元,已超过全部资产。小一些工厂日子就更难过,不少停业倒闭,有的虽未倒闭,也只能靠借债惨淡度日,如安庆电灯厂至 1924 年,已亏损 7.4 万元,超过本厂资产总额。①

表 6-1　安徽手工业统计表(1916 年)

类	别	数量(斤)	价值(元)	单价(元)	制造户数	职工数
油	豆油	62573440	7508813	0.12	847	3929
	麻油	53817130	6996227	0.13	860	4125
	花生油	23725885	1898071	0.08	637	1581
	菜籽油	56165112	5616511	0.10	848	4309
	桐油	695431	125178	0.18	298	1757
	棉油	4552274	455227	0.10	546	2082
	茶油	523466	52347	0.10	89	284
	皮油	699835	104975	0.15	104	355
	杂油	328234	29541	0.09	94	224
	计	203080807	22786890		4323	18646
酒	黄酒	1333619	106690	0.08	526	1119
	烧酒	13711028	1371103	0.10	1572	3515
	高粱酒	3053186	305319	0.10	406	1717
	果子酒	无				
	药酒	584980	58498	0.10	55	230
	麦酒	785400	54978	0.07	71	265
	溪酒	165880	33176	0.20	52	212
	其他	134260	9398	0.07	25	94
	计	19768353	1939162		2707	7152
糖	冰糖	341600	44408	0.13	30	60
	白糖	504400	50440	0.10	47	96
	红糖	760300	60824	0.08	45	72
	其他	15045086	902705	0.06	376	1743
	计	16651386	1058377		498	1971
烟草	纸卷烟	无				
	旱烟	3234684	646937	0.20	996	1404
	水烟	3952686	1106752	0.28	107	2795
	鼻烟	无				
	计	7187370	1753689		1103	4199

---

① 王鹤鸣、施立业:《安徽近代经济轨迹》,安徽人民出版社 1991 年版,第 331 页。

类　别		数量（斤）	价值（元）	单价（元）	制造户数	职工数
淀粉	豆粉	895693	107483	0.12	588	1278
	藕粉	152634	22895	0.15	272	438
	山芋粉	254900	17843	0.07	533	602
	葛粉	125184	12518	0.10	347	467
	马铃薯粉	无				
	麦粉	21753287	870131	0.04	4500	6115
	蕨粉	65430	3272	0.05	109	150
	溷粉	154300	6172	0.04	293	587
	计	23401428	1040314		6642	9637
罐头食物	鱼类	218140	32721	0.15	96	145
	肉类	52741	10548	0.20	59	162
	果实类	512000	92160	0.18	237	467
	饼干类	1845600	221472	0.12	282	504
	酱菜	330450	39654	0.12	80	252
	野姜	1240	248	0.20	5	10
	腐乳	2240	448	0.20	5	15
	计	2962411	397251		764	1555
丝织物	绸类	6949 匹	34745	5.00	35	218
	绉类	4716 匹	28296	6.00	37	187
	缎类	无				
	绢类	11246 匹	17994	1.60	15	27
	纱类	15550 匹	77750	5.00	31	156
	绫类	209 匹	418	2.00	5	12
	纺类	18000 条	9000	0.50	14	40
	罗类	25243 匹	25243	1.00	27	136
	绒类	75 匹	150	2.00	3	12
	被面	无				
	绒线	99243 两	49622	0.50	70	255
	丝带	34887 条	6977	0.20	57	219
	包头巾	283 匹	566	2.00	3	11
	计	64271 匹 52887 条 99243 两	250761		297	1273

（续表）

类　别		数量(斤)	价值(元)	单价(元)	制造户数	职工数
棉织物	大布	1211688 匹	1817532	1.50	11516	25980
	柳条布	326131 匹	652262	2.00	1138	4035
	竹布	4000 匹	12000	3.00	20	100
	漂白布	15540 匹	31080	2.00	104	344
	爱国布	48773 匹	146319	3.00	344	831
	纱布	27973 匹	55946	2.00	154	373
	绒布	无				
	斜纹布	10632 匹	31896	3.00	150	329
	线毯	3270 条	6540	2.00	10	44
	手巾	5360 打	5360	1.00	4	14
	线带	15829 条	3166	0.20	20	93
	小布	42173 匹	42173	1.00	840	1056
	计	1686910 匹 19099 条 5360 打	2804274		14300	33199
麻织物	精制夏布	无				
	粗制夏布	5794 匹	12747	2.20	66	111
	麻布	25305 匹	22775	0.90	119	318
	渔网	2890 条	1156	0.40	294	493
	计	31099 匹 2890 条	36678		479	922
毛织物	呢	无				
	褥毯	120 方	480	4.00	2	6
	地毯	360 条	3600	10.00	3	9
	条毯	2680 方	2680	1.00	5	15
	计	2800 方 360 条	6760		10	30
丝棉交织物	线绸	2000 匹	8000	4.0	14	18
	绸布	3796 匹	11388	3.00	23	31
	锦布	2500 匹	7500	3.00	15	23
	被面	10580 方	10580	1.00	24	50
	计	8296 匹 10580 方	37468		76	122
编织物	卫生衣裤	40 打	880	22.00	2	12
	手套	4159 打	4991	1.20	105	186
	洋袜	28651 打	42977	1.50	126	319
	汗衫	2050 打	12300	6.00	6	12
	毛手巾	77484 打	77484	1.00	106	293
	计	112384 打	138632		345	822

类　别		数量（斤）	价值（元）	单价（元）	制造户数	职工数
胰皂	洗涤用	12270	6135	0.50	32	235
	工业用	无				
	化妆用	1400	1680	1.20	2	10
	计	13670	7815		34	245
蜡烛	清油烛	789135	157827	0.20	454	1506
	牛油烛	3125906	500145	0.16	535	1549
	洋烛	1100	220	0.20	81	140
	其他	71500	7150	0.10	129	253
	计	3987641	665342		1199	3448
漆	熟漆	53622	37535	0.70	249	458
	生漆	65539	52431	0.80	387	555
	计	119161	89966		636	1013
蜡	白蜡	12570	16341	1.30	144	196
	黄蜡	416769	416769	1.00	553	1157
	计	429339	433110		697	1353
靛青	靛青	30507648	2135535	0.07	4294	10298
火柴	安全火柴	无				
	普通火柴	9300 箱	353400	38.00	1	60
砖瓦	火砖		156784		354	1568
	花砖		115646		339	1395
	普通砖		654844		827	3680
	瓦		12688		298	430
	其他		554864		754	3188
	计		1494826		2572	1026

资料来源：摘自《安徽实业杂志》第 22 期"统计"。

表 6-2　安徽部分手工状况统计表（1917 年）

类　别		工场数	职工数	资本额（元）	产　额
化学制造业	制纸	1758	3869	384568	114567 件
	制革	1178	3458	567851	421551 件
	制油及蜡	5016	20199	2229875	33510146 斤
	胰皂及洋蜡	115	385	18035	14770 斤
	靛	4294	10298	875535	30507648 斤
	化妆品	51	104	9845	20668 斤

（续表）

类　别		工场数	职工数	资本额(元)	产　额
	制药	413	1030	123775	833864 斤
	染业	320	1025	52150	58120 元
	漆工业	1447	4384	321585	401257 元
	火柴	1	60	500000	9300 箱
	陶瓷器	722	2110	284550	1537658 件
	洋灰及砖瓦	2593	10316	596841	1566805 元
	合计	17908	57238	5964610	
饮食制造业	面粉	4500	8544	891315	21753287 斤
	酿造	2707	7152	2038831	19768355 斤
	烟	2103	4199	1653986	6987337 斤
	罐头	698	1454	375688	2910753 斤
	蛋质制造品	467	1016	197588	1045632 斤
	各种嗜好品	533	1218	834685	2104587 斤
	合计	11008	23583	5992093	54569951 斤
杂工业	印刷业	68	132	8215	11524 元
	美术品	288	670	12685	13223 元
	草帽	1502	4944	129504	153885 元
	席	3154	6129	157628	149655 元
	革制品	749	1593	149960	168712 元
	木梳及角梳	221	325	16793	16987 元
	包发网	152	185	3158	3365 元
	教育用品	1456	1981	205924	165984 元
	石木工业	662	2245	54625	56085 元
	藤竹器	3546	8273	355864	431152 元
	爆竹	1892	2682	165899	195894 元
	锡箔	54	144	3065	5889 元
	香	1753	2652	158675	187275 元
	合计	15497	31955	1421995	1559630 元

资料来源:摘自《安徽实业杂志》第 25 期"统计"。

二、矿业

辛亥革命推翻两千多年封建帝制,提高了民族资产阶级社会地位,北京政府于 1914 年颁布鼓励开发矿业条例,为安徽矿业发展起到了促进作用。特别是第一次世界大战爆发,西方国家对煤铁等战略物资需求急剧增加,同时断绝对日本钢铁出口。铁矿资源缺乏,一向依赖西方国家进口的日本引起恐慌，于是一面在国内大力创建钢铁厂，一面加紧搜购安徽、湖北等沿江地区铁矿砂；煤炭、铁矿砂需求量的增加和煤铁矿业利润率的提高，大大刺激国人投资煤铁矿业积极性，在安徽形成一股不小办矿热。

据统计，1912年至1919年，安徽注册领照煤矿公司有81家，领有矿地99区，面积达61431亩。其中开采出煤公司有24家，8年间共产煤322730吨。产煤最多是宿县普益公司，达159525吨，几乎占全省总产量1/2；次为贵池六合公司，产量达84800吨；再次为贵池久大公司，产量为18368吨。除烈山煤矿、礼和公司煤矿、晋康公司煤矿、大通公司煤矿等为清末创设至民国继续注册外，大多为新设立煤矿公司。1912年至1919年，安徽注册领照铁矿公司15家，领有矿地28区，面积达17837亩。其中已生产铁矿4家，8年间共产铁矿砂31.1万吨。产量最多是繁昌裕繁铁矿公司，达20万吨，几乎占全省总产量2/3；次为当涂宝兴公司，产量达9.7万吨。铁矿公司大多为民国初期创设。上述煤铁矿公司基本上都是商办企业。[①]

民国初年，安徽煤铁产量较清末有了较大增长，特别在第一次世界大战后期，增长尤为迅猛。以煤产量而言，1912年至1916年，为1.7万吨，而1917年至1919年，产量猛增为300670吨，为前5年18倍。铁矿产量，1912年至1916年，为7.5万吨，1917年至1919年增为23.6万吨，为前5年3倍。[②] 单从矿产量增长角度看，这一时期可称为安徽矿业黄金时代，但这个黄金时代并未给安徽矿商带来多少盈利，一些矿业公司甚至负债累累。以煤矿公司论，据18家煤矿公司统计，在1917年至1919年，盈利仅4家，盈利最多是宿县普益烈山公司，1917年盈利26600元，1918年盈利47600元；繁昌晋康公司、宿松鼎兴公司和泾县泾铜公司3家煤矿，也略有盈利；普康公司1918年盈利4554元；鼎兴公司1919年盈利1210元；泾铜公司1917年盈利1470元，1918年盈利2240元。其余14家均属亏损企业，如怀宁长康公司

① 王鹤鸣、施立业：《安徽近代经济轨迹》，安徽人民出版社1991年版，第113—114页。
② 王鹤鸣、施立业：《安徽近代经济轨迹》，安徽人民出版社1991年版，第395—396页。

1919 年亏损 97733 元,宣城金牌公司 1919 年亏损 51530 元,14 家煤矿公司 3 年亏损总计达 25 万多元。铁矿公司数量较少,营销状况相对好一些,当涂宝兴公司 1919 年盈利 162800 元;繁昌裕繁公司 1917 年盈利 47290 元,1918 年则亏损 71298 元。[1] 当时煤矿亏损原因,主要是矿质缺乏化验,机器设备陈旧或采用土法生产,各种苛捐杂税较重以及经营管理不善等。而当时铁矿盈利不多甚至有时亏损,与日本采取压价收购等手段掠夺安徽铁矿资源有着直接关系。如繁昌桃冲铁矿,自 1918 年以后,就是靠日本预购贷款维持生产,尽管日商把价格压得很低,铁矿公司只能接受,把全部铁砂销给日本。当涂宝兴公司是日本掠夺安徽铁矿资源另一目标,该矿产量十分丰富,亦全部由日本收购分配给三井、三菱和北海道各厂。

1916 年,贵池协义公司注册专门生产硫黄,矿区面积近 34 亩,经过 3 年努力,产量达 2679 吨,但 1919 年亏损 7000 元。1919 年,贵池益华公司注册勘探铅矿,矿区面积近 1000 亩,后因故未开采。

进入 20 世纪 20 年代,安徽矿业从表面看有所发展,办矿数量较前增加一倍,除商办矿业外,省实业厅也筹办一些官矿。据 1927 年统计,省官矿督办处和 140 个商办矿业公司,共领有矿地 210 区,其中煤矿 177 区、铁矿 32 区、铅矿和硫黄矿各 1 区。[2] 但从实质看,这一阶段安徽矿业除少数几个矿办得稍有成效外,绝大多数矿业公司,不是办办停停,就是领而不办,整个矿业处于停滞不前状态。

1923 年,北京政府派京兆尹王达来皖督办安徽官矿,先后领有官矿 42 区,其中煤矿 38 区,铁矿 4 区,其办矿资金主要为裕繁铁矿公司等矿砂捐、提取部分烟酒印花税以及发行矿业公债。当时安徽官矿督办处实际开采矿区仅 4 处,即宣城水东煤矿、贵池馒头山煤矿、贵池殷家汇煤矿和芜湖蒿子山煤矿,由于管理不善,亏损较严重,自 1923 年开办至 1928 年初,产煤共 54353 吨,成本达 594152 元,平均每吨成本10.93 元,但销售共得 353995 元,平均每吨售价 6.51 元,就是说每生

---

① 《安徽省六十县产业调查繁表》下册,第 1597—1603 页。
② 王鹤鸣、施立业:《安徽近代经济轨迹》,安徽人民出版社 1991 年版,第 397 页。

产 1 吨煤,要亏 4.42 元。由于官矿亏损严重,还债困难,馒头山、殷家汇、蒿子山 3 矿于 1926 年、1927 年先后停办,水东煤矿拖的时间稍长一些,但也处于时采时停状态。[①]

北京政府时期安徽部分矿业公司情况如下:

裕繁公司　1911 年,广东籍商人霍守华与日本商人联系,到繁昌县境勘查铁矿,经农商部批准,获得桃冲矿开采权,先后领取 1400 余亩矿区开采执照。1913 年 7 月,耗资 2 万元在桃冲设炉试炼未成。1914 年 9 月,成立裕繁铁矿股份有限公司,霍守华任总经理,总公司设在上海广东路 36 号,分公司设在芜湖洋街。1916 年,裕繁公司与中日实业公司签订期限 40 年贷款与销售合同。[②] 1918 年,桃冲矿开始出铁砂,以后产量逐步增加,1924 年达 348755 吨,这些铁矿砂均以极低廉价格全部运往日本。

宝兴公司　1913 年,浙江商人章干臣和上海商人朱志尧等集资合股,在当涂组建宝兴公司。1914 年从农商部领得铁矿开采执照,占地 1092 亩。1918 年 5 月,开始采掘平岘冈矿,日产矿石 250 吨左右,1920 年开采东山和凹山两矿,1924 年又开采大凹山矿,年产矿石约 6.5 万吨。[③] 这些矿石也全部被日本低价收购运往三井、三菱等制铁公司。

福利民公司　1913 年,江苏南通实业家张謇和刘厚生等人,领得当涂姑山 580 亩铁矿开采权。1916 年,上海商人徐国安等成立福民、利民公司(后合并改称福利民公司),注册开采当涂县境姑山、钟山、南山、凹山铁矿,资本 100 万元,矿区总面积 2892 亩。[④]

益华公司　1918 年,倪嗣冲与子倪道杰、侄倪道烺等,在当涂集资成立益华铁矿公司。矿区为当涂县境内黄梅山、龙家山、碾屋山、蛤蟆山、萝卜山、代山、马山、巧山等,面积 4026 亩。1918 年底,开采龙家山和黄梅山,1922 年继续开采黄梅山,至 1926 年共采矿砂约 13 万吨。1923 年开采萝卜山,产矿砂 4 万余吨。1923 年,益华公司与宝兴公司

---

① 王鹤鸣:《安徽近代经济探讨》,中国展望出版社 1987 年版,第 116—117 页。
② 安徽省政协文史资料研究委员会:《工商史迹》,安徽人民出版社 1987 年版,第 79 页。
③ 安徽省政协文史资料研究委员会:《工商史迹》,安徽人民出版社 1987 年版,第 79 页。
④ 安徽省政协文史资料研究委员会:《工商史迹》,安徽人民出版社 1987 年版,第 79 页。

合办铁路。1926 年,经理赵文启屯购日金失败,财源枯竭,公司停办。"尽管益华公司在勘矿上颇遭败绩,但益华与裕繁、福利民公司不同,并没有完全将矿砂出售给日本,从一开始即试图与国内钢铁工业联系在一起。在公司成立初,准备使益华公司发展成为兼营铁、煤、铅三业的综合矿业公司。"①

大通公司 1912 年秋,怀远县商人凌昙臣、杨耀南联合烈山煤矿总办段书云,创办了大通煤矿合记公司,凌昙臣任经理。段书云从烈山煤矿调来 200 多名较有经验的矿工开采,不久即出煤,并且质量较好。后与枣庄煤矿总办、寿县人戴理庵接洽合作,得到技术和资金上帮助,开采方法有所改进,组织上亦作了积极调整,运输方面购置轮船两艘和拖船多只。大通矿煤质较好,销路益畅,生产蒸蒸日上。1916 年,年终总结,股东分息,每股可得净利 5 元。但该矿采用工头(时称柜头)制度,矿工受到资本家和工头双重剥削,人身安全和生活待遇较差。②

普益公司 原名烈山煤矿,光绪末年宿县士绅周玉山创办,股本 10 余万元。1915 年倪嗣冲家族成立普益公司,投资 60 万元,接办烈山煤矿,由倪嗣冲长子倪道杰任董事长,侄倪道烺任总经理。后又招收新股,扩充资金,1922 年和 1924 年分别增至 100 万元和 150 万元,生产规模、开采技术和煤炭产量迅速改观。1922 年后,矿区面积由原来 4699 亩增为 9603 亩;从山东、山西等地招来工人,最多时达两万余人;开采大井 21 口,小窑 30 多处,平均日产无烟煤 700 多吨,最高日产量达 1000 吨;效益较好,年盈利额最高达 80 万元。为解决运输问题,开挖雷家沟运河,直通符离集车站,再由津浦铁路转运蚌埠、上海、天津等地,还准备修筑烈(山)符(离集)专用铁路。1925 年秋,因受直奉战争和北伐战争影响,津浦铁路运输经常中断,煤炭运销困难,资金周转不灵。1927 年 4 月,存煤多达 20 多万吨,被迫停产。同年 12 月,南京国民政府以逆产为名没收官办。③

① 施立业、李良玉主编:《安徽三大家族与近代中国实业研究》,合肥工业大学出版社 2010 年版,第 71—72 页。

② 安徽省政协文史资料研究委员会:《工商史迹》,安徽人民出版社 1987 年版,第 56—58 页。

③ 郑国良:《倪嗣冲与安徽近代矿业》,见《安徽大学学报》1994 年第 4 期。

表6-3 北京政府时期安徽铁矿一览表

办矿机关	矿　地	创办时间	性质	矿区面积（亩）
阜宁公司	怀宁县受泉乡	民国7年9月13日领照注册 民国8年3月4日增区换照注册	商办	611.3＋945＝1556.3
丰宁公司	怀宁县大丰乡黄土山	民国7年11月24日领照注册	商办	601.2
裕繁公司	繁昌县北乡桃冲	民国3年9月7日领照注册 民国5年5月4日增区换照注册	商办	570.1＋892.7＝1462.8
振冶公司	繁昌县北乡一、二两区赭丘岭下	民国7年11月10日注册领照	商办	3762
昌华公司	繁昌县北乡赵冲	民国7年10月23日注册领照	商办	792.9
富华公司	繁昌县十一、二都仙霞冲一带	民国8年5月23日注册领照	商办	340.07
宝华公司	繁昌西二区箬帽岭一带	民国8年11月4日注册领照	商办	1051.5
利民公司	当涂县北乡扇面山	民国5年3月25日注册领照	商办	378
	北乡妹子山	民国5年3月25日注册领照	商办	160
	北乡小凹山	民国5年3月25日注册领照	商办	163
	北乡南山	民国5年5月18日注册领照	商办	474
	归善乡栲栳山	民国5年3月25日注册领照	商办	580
	北乡二三区戴山	民国5年3月25日注册领照	商办	120
福民公司	当涂县常捻圩小姑山	民国5年5月18日注册领照	商办	92
宝兴公司	当涂县二区东山	民国5年5月5日注册领照	商办	248
	二区凹山黄山沿	民国5年5月5日注册领照	商办	573
	二区平岘冈	民国5年5月5日注册领照	商办	271
	二区碾屋山	民国5年5月5日注册领照	商办	43
振冶公司	当涂县南乡钓鱼山一带	民国5年12月21日注册领照	商办	824.97
益华公司	当涂县巧山栲栳山	民国7年10月27日注册领照	商办	603
	大小马山黄梅山	民国7年10月28日注册领照	商办	477
	龙家山碾屋山	民国7年10月28日注册领照	商办	686.8
	虾蟆山	民国7年10月28日注册领照	商办	528.8
	代山即老虎山	民国7年10月27日注册领照	商办	286
	北乡萝卜山	民国8年2月22日注册领照	商办	585

（续表）

办矿机关	矿　地	创办时间	性质	矿区面积(亩)
来远公司	铜陵县钟鸣耆陶村一带	民国7年5月27日注册领照	商办	1076
富华公司	繁昌县西北乡杨山冲一带	民国7年5月18日注册领照	商办	2012
益华公司	繁昌县小陶冲银坑山一带	民国7年11月8日注册领照	商办	803.2

资料来源：摘自《安徽省六十县产业调查繁表》下册矿产类，第1432—1436页。

表6-4　北京政府时期安徽煤矿一览表

办矿机关或业主	矿　地	创办时间	性质	矿区面积(亩)
长康公司	怀宁县渌水乡一带	民国5年1月28日领照注册	商办	270
中日实业公司	怀宁县渌水乡叶家冲 渌水乡叶家冲	民国5年4月29日领照注册 民国5年4月29日领照注册	商办 商办	3502 4965
大丰公司	怀宁县土桥保雷庄一带	民国6年8月30日领照注册	商办	315
大正公司	怀宁县大丰乡磨山保	民国7年8月21日注册领照	商办	298.4
永丰公司	怀宁县双城保倪家冲	民国7年9月21日注册领照	商办	304.3
鼎兴公司	宿松县东乡黄泥庄	民国4年2月8日注册领照	商办	344.4
振兴公司	宿松县北乡松塘庄	民国5年7月8日注册领照	小矿	52.91
华大公司	巢县西一保平顶山	民国8年1月7日注册领照	商办	763
振远公司	巢县南乡五区乌梅冲	民国8年6月18日注册领照	商办	496
大兴公司	繁昌县东乡大信冲	民国5年2月15日注册领照	商办	393
崇实公司	繁昌县北乡荻港镇	民国6年3月1日注册领照	商办	427.2
晋康公司	繁昌县东南乡三角包	民国6年8月21日注册领照	小矿	149
阜宁公司	繁昌县东南乡雷家涝	民国6年8月21日注册领照	小矿	148
晋康华记公司	繁昌县五华山	民国7年9月4日注册领照	商办	1070.5
保昌矿厂	繁昌县北乡小磕山冲 西北乡六甲郑家冲	民国8年2月5日注册领照 民国8年5月19日注册领照	商办 商办	480.2 659.2
天福公司	繁昌县北乡江家冲	民国8年8月8日注册领照	商办	309.64
阜昌公司	繁昌县南乡密起峰	民国8年8月23日注册领照	商办	512.3

办矿机关或业主	矿　地	创办时间	性质	矿区面积(亩)
裕昌公司	繁昌县南乡狮子山一带	民国8年9月4日注册领照	商办	557.79
安平公司	宣城县东乡凤翼村	民国4年12月7日注册领照 民国8年3月10日注册换照	商办	277＋412.77 ＝689.77
礼和公司	宣城县小东乡屠乡	民国6年2月1日注册领照	商办	306.6
大康公司	宣城县南阳团蔡村虎山	民国6年4月20日注册领照	商办	276.8
宝善公司	宣城县南阳团大汪村	民国7年4月10日注册领照	商办	282.5
陈则民	宣城县北乡马山团牛茨山	民国4年1月7日注册领照	商办	1430
华兴公司	宣城县南阳团大汪村	民国7年8月2日注册领照	商办	291
益华公司	宣城县犬形山靠山 南乡周王村一带	民国7年10月15日注册领照 民国8年4月16日注册领照	商办	925.2 4130
金牌公司	宣城县金牌团荒村	民国6年8月20日注册领照	商办	1729.7
豫济公司	宣城县小东乡东冲团	民国7年11月7日注册领照 8年8月8日增区注册换照	商办	749＋766.6 ＝1515.6
照惠公司	宣城县后坑团大梅村	民国8年5月16日注册领照	商办	1267.3
宣通公司	宣城县后坑团牛皮塌山	民国8年7月2日注册领照	商办	1343
昆南公司	宣城县西觉团战鼓山	民国8年8月8日注册领照	商办	512.3
胡茂林	宣城县青柏茗团虎山店	民国8年9月20日注册领照	商办	1065.5
潘志成	宣城县水东镇下马山	民国8年12月10日注册领照	商办	928
宝丰公司	宣城县九里团团四山	民国8年6月18日注册领照	小矿	165.75
阜陵公司	南陵县上北乡官塘冲	民国8年5月5日注册领照	商办	530.2
泾铜公司	泾县青东都鼓楼铺西北茨山 北乡里仁都摇头岭 北乡溪上都杨梓山狮子潭	民国5年7月28日注册领照 民国5年7月28日注册领照 民国5年7月28日注册领照	商办 商办 商办	639.9 1991.9 1407
永泰公司	泾县北乡双狼都王家村	民国8年4月1日注册领照	商办	1508
刘　机	泾县北乡岸前都鸟坑山	民国8年5月13日注册领照	商办	608
源盛公司	泾县北乡前半都石碧山	民国8年8月8日注册领照	商办	1072.4
瑞昌公司	泾县泉北都安子坑一带	民国8年8月8日注册领照	商办	361
刘华三	泾县青东都罗家冲	民国8年12月22日注册领照	商办	313.02
昭惠公司	宁国县北乡杨葛村	民国8年1月22日注册领照	商办	978.1
裕宁公司	宁国县北乡许村大山脚	民国8年10月1日注册领照	商办	982.08

（续表）

办矿机关或业主	矿地	创办时间	性质	矿区面积（亩）
六合公司	贵池县东乡馒头山	民国4年10月26日注册领照	商办	347
池裕公司	贵池县馒头山孙家冲 东一保邱家冲 受三保黄梅冲 仁一保梅精山	民国4年10月26日注册领照 民国5年8月29日注册领照 民国5年10月17日注册领照 民国7年4月23日注册领照	商办 商办 商办 小矿	377 528.54 306.18 215.9
振殷公司	贵池县西二保人形山一带	民国5年5月23日注册领照 6年5月11日增区注册换照	商办	382+454.5 =836.5
华盛公司	贵池县下六保猪形山	民国7年6月20日注册领照	小矿	48.65
豫通公司	贵池县洗马埠陡岭山	民国7年10月28日注册领照	商办	416
久大公司	贵池县东乡元三保南塘湾	民国8年3月17日注册领照	商办	1178.1
宝裕公司	贵池县元四保方家冲 仁一保旧溪 西二保李子坑 上三保滴水涯	民国8年1月17日注册领照 民国8年9月4日注册领照 民国8年11月6日注册领照 民国8年9月26日注册领照	商办 商办 商办 商办	1016 606.8 290 307.4
民生公司	贵池县馒头山赵家冲	民国6年11月14日注册领照	商办	420.44
乾大公司	贵池县殷溪甲灵田甲	民国8年8月1日注册领照	商办	541.03
和陵公司	贵池县竹塘区仁三保何岭	民国8年8月8日注册领照	商办	939.16
富鑫公司	铜陵县东乡钟鸣镇罗家冲	民国8年7月23日注册领照	商办	570
裕青公司	青阳县北乡五佛冠山一带	民国7年12月11日注册领照	商办	279
广信公司	广德县北乡徐家山一带	民国8年2月22日注册领照	商办	1697
大通公司	怀远县舜耕山倪家庄	民国4年3月18日注册领照	商办	5375
普益烈山公司	宿县北乡烈山濉溪镇	民国5年7月20日注册领照	商办	1943.3

（以下为探矿区）

办矿机关或业主	矿地	创办时间	性质	矿区面积（亩）
裕熙公司	太湖县南乡新仓镇	民国7年12月19日注册领照	商办	2326.65
天生公司	繁昌县北乡顺冲	民国5年3月6日注册领照	商办	924.97
云瑞公司	繁昌县柿冲	民国7年10月4日注册领照	商办	471.5
荣昌公司	繁昌县南乡十八都茶冲	民国8年5月15日注册领照	商办	414

办矿机关或业主	矿 地	创办时间	性质	矿区面积（亩）
利远公司	繁昌县北乡里远冲大干冲	民国8年5月26日注册领照	商办	441.35
通惠公司	广德县赵庄 大北乡一带	民国7年12月21日注册领照 民国7年12月21日注册领照	商办 商办	3681.5 1860
宣衡公司	宣城县马山埠牛茨山	民国5年3月2日注册领照	商办	10257
宣煤公司	宣城县后潭团稽亭岭一带	民国6年2月1日注册领照	商办	386
青山公司	宣城县南阳团大汪村青山	民国7年9月26日注册领照	商办	1482.2
宝宣公司	宣城县东冲团王胡村	民国7年11月2日注册领照	商办	387.5
利宣公司	宣城县西觉团凤凰山	民国7年11月8日注册领照	商办	1365.5
集义公司	宣城县东乡汪姓小村 冲岭团瑞溪冲	民国8年1月18日注册领照 民国8年5月12日注册领照	商办 商办	573.2 391.75
豫济公司	宣城县青柏茗团双庙冈	民国8年10月25日注册领照	商办	563.2
泾阳公司	泾县北乡施阳村	民国3年11月7日注册领照	商办	2126.7
宝兴公司	泾县北乡杨梓山东冲 北乡方家冲画眉岭	民国6年5月26日注册领照 民国8年6月18日注册领照	商办	273.31 818.71
泾川公司	泾县宣阳都石壁山 北乡百羊山	民国4年3月18日注册领照 民国6年10月20日注册领照	商办	1036 2098
王丰	泾县西山庵后毛田王村	民国7年7月23日注册领照	商办	1201.95
昌大公司	泾县北乡李村 宁国县北乡灰山程山	民国8年4月26日注册领照 民国8年4月26日注册领照	商办 商办	434.7 2806.61
九成公司	贵池县馒头山 上二保白云小九华塘	民国5年1月14日注册领照 民国8年11月26日注册领照	商办 商办	4149.65 317.8
厚生公司	东流县吉阳乡团山凹 晋阳乡西华岭	民国5年3月4日注册领照 （12月29日换照） 民国8年5月26日注册领照	商办 商办	406.6 559.3
丰利公司	青阳县东乡方冲一带	民国5年7月13日注册领照	商办	4667.13
裕华公司	青阳县东乡袁家冲一带	民国5年3月4日注册领照	商办	5106
淮兴公司	怀远县上窑镇一带	民国7年8月15日注册领照	商办	554
宝华公司	怀远县外窑乡礼山毛山	民国8年6月3日注册领照	商办	1630.21

资料来源：摘自《安徽省六十县产业调查繁表》下册矿产类，第1436—1450页。

表 6 - 5　北京政府时期安徽矿企人数简表

年　次	类型	矿区数	职　工　数		
			办事人员	矿　师	矿　工
民国元年	探矿	12	55	10	
	采矿	9	61		535
民国 2 年	探矿	3	19	2	84
	采矿	22	70	62	345
民国 3 年	探矿				
	采矿	21	72	6	899
民国 4 年	探矿	6	37	3	350
	采矿	40	173	35	1557
民国 5 年	探矿	10	42	5	192?
	采矿	51	200	33	1691
民国 6 年	探矿	6	31	5	22780
	采矿	61	273	84	714849
民国 7 年	探矿	6	50	6	69640
	采矿	46	294	44	1418453
民国 8 年	探矿	5	34	5	19530
	采矿	50	327	71	1195746
民国 9 年	探矿	2	9	2	4025
	采矿	32	307	29	753966

资料来源：《第一次中国劳动年鉴》，第 19 页。

第三节　交通业与邮电业

　　安徽古代交通，主要是水运和陆运，水运工具主要是帆船、竹筏等，陆运则主要依靠人力和畜力。古代安徽传递文书信件，与全国各地一样,主要依靠驿站。进入近代以后,交通逐渐发生变化,19 世纪后期,大小轮船开始航行在长江、淮河流域,并愈来愈占有明显优势。1912 年津浦铁路建成通车后,铁路成为安徽东北部主要交通干线。与此同时,汽车公路也开始在安徽各地兴建。19 世纪末,芜湖、安庆等城市开始使用电报、电话,建立了邮政系统。民国建立后,改大清邮政为中华邮政,裁驿归邮,逐渐实行全省邮政统一管理,电信事业也有了一定发展。

一、交通业

1912 年津浦铁路建成通车,标志着我省开始了铁路运输。津浦铁路建设计划,主要是根据江苏候补道容闳津浦铁路计划稍加修改而成,修建资金本拟向美国借款,后因发生美西战争而作罢,英、德见有利可图,即插手津浦铁路修建计划,经过协商,全线以山东峄县韩庄运河桥为界,分南北两段,北段长 626.1 公里,由德国投资;南段长 383.4 公里,由英国投资。1908 年 4 月,清政府委任吕海寰为津浦铁路督办大臣,在浦口、天津分设南、北段总局,由两个总办主持,聘请英、德两国总工程师会同中国工程师共同勘测、设计和施工;南段勘测由英人总工程师德纪负责。在未确定线路走向时,安徽商民要求经由宿州、蚌埠、滁州至浦口;当时沪宁铁路即将通车,江苏省铁路公司也请求途经皖境。津浦路从蚌埠经过,主要是因淮河蚌埠段地势较高,且河床底部系坚石山根,易于建桥。此前曾动议津浦路从临淮关或从怀远荆涂二山穿过,前者因地势低洼,后者因河道水流湍急,均不易建桥而被否定。1909 年 1 月,南段开始施工,雇用沿线农民筑路,工程由南向北分段进入安徽省境内。1910 年 4 月,浦口至临淮关间铺轨通车;1911 年 4 月,蚌埠淮河铁桥竣工后,8 月浦口至徐州段竣工通车;1912 年 11 月,津浦铁路全线通车。全线总计用款 9900 余万元,每公里造价 9 万元,安徽省境内用款 2600 余万元。津浦铁路的建成,不仅促进了安徽东北部地区与省外的物资交流,而且对全省商品经济发展具有重要作用,尤对蚌埠迅速崛起意义重大。"沿淮一带破产农民纷纷拥入;山东、河北、河南及江苏、浙江等籍商贾,多看中这个新崛起的商埠,移居

于蚌经商。"①

民国初年,北京政府还曾计划借外资在皖境修建浦信铁路、宁湘铁路和安正铁路,后因各种原因未建成。拟建的浦信铁路,自江苏浦口至河南信阳,于 1913 年由中国政府与英国铁路公司签字,经勘测,浦信铁路经安徽乌衣、全椒、合肥、霍邱等地,进入河南,后因第一次世界大战爆发而中绝。宁湘铁路原计划自南京起,经安徽当涂、芜湖、湾沚、宣城、宁国、绩溪、歙县、休宁、黟县、祁门等地,与株萍、长株两铁路相接,后因资金短缺,仅做了第一步勘测工作。安正铁路计划自安庆经桐城、舒城、六安,至正阳关,是联结长江、淮河重要路线;1912 年经安徽绅商发起,曾由日本东亚兴业公司借款测量,后因政局、欠款等原因中止。

1920 年,泗县士绅筹办汽车公司,利用原大车道将泗县至五河 45 公里,稍加整修通车营运,这是安徽最早通行汽车的商办公路。1922 年 4 月,由华洋义赈会贷款,安徽省道局招募灾民,以工代赈和兵工协助修筑怀宁至集贤关 10 公里,是安徽第一条官办公路,也是安徽正规修筑公路的开端。1922 年,在皖东北凤阳刘府至蚌埠间,修建了一条专运烟叶公路。1923 年,阜阳商人开设三民汽车公司,在阜阳、蚌埠之间作不定期行驶。同年,商办淮北汽车公司购买 5 辆车,正式营运于蚌埠至亳县、蚌埠至颍上两线。1926 年,商办宣城宝丰煤矿矿主为运煤,自修一条自矿区至宣城东门水河口,长达 30 公里公路,并购买 10 辆四缸福特、雪佛兰牌两吨载货车,这是安徽当时规模最大的非营业性公路货运队。1926 年,商办宣芜广汽车公司成立于宣城,并购买 10 辆福特、雪佛兰牌简易客车,在宣城—芜湖、宣城—广德两条线上跑客运,每天 4 班,票价每人每公里 3 至 5 分,这是安徽最早营业性客运汽车队。②

安徽河流纵横,近代水运颇为发达。水运工具有大轮船、小轮船、民船和竹筏四种;大轮船主要在长江往来,小轮船可通行长江、淮河及长江各支流中,民船在安徽多数河流均能航行,竹筏则仅在支流上游

---

① 蚌埠市地方志编委会:《蚌埠市志》,方志出版社 1995 年版,第 2 页。
② 程必定主编:《安徽近代经济史》,黄山书社 1989 年版,第 179 页。

使用。近代安徽没有建立独立大轮船公司,所有往来大轮船,都属于太古洋行、怡和洋行、大阪公司、日清公司、鸿安公司、三北公司、招商局等轮船公司,这些轮船大多在沪汉线航行,经过本省商埠停靠,运载客货。大轮在安徽停靠地点主要是芜湖,长江各轮船公司在芜湖均设有趸船,以便上下水轮船停泊;招商局、三北公司在安庆设有趸船,招商局在大通也设有趸船,荻港、华阳仅为停靠地点。此外,上海至重庆、上海至长沙大轮途经安徽商埠亦停靠。随着安徽与省外交往发展,途经安徽客货轮船日渐增多,据1916年统计,进出芜湖大轮船共4160艘,吨位为6994818吨,平均每天11艘。小轮船是安徽境内主要运输工具,分为长江流域和淮河流域两个系统。在安徽长江流域航行的小轮船有以下一些航线:芜湖至南京线、芜湖至安庆线、安庆至九江线、芜湖至合肥线、芜湖至宣城线、芜湖至郎溪线、芜湖至南陵线、芜湖至无为线、芜湖至三河线、芜湖至东坝线等。上述航线有的四季不停,有的则冬季停航。这些小轮一般客货兼运。据1916年统计,经芜湖关内河小轮船共6104艘,吨位达178964吨。在淮河流域,仅正阳关至马头镇有小轮航行,五河以上四季通行,五河以下因浅滩未浚,冬季不能航行。民船多为木帆船,客货两用,动力主要靠风力,兼及摇橹撑篙拉纤,在安徽水运业中占有十分重要的地位,可分为长江、淮河及新安江3个系统。安徽长江流域民船以芜湖为中心,据1916年统计,通过芜湖常关民船达206830艘,平均每天近600艘。这些民船大多来自本省各地,也有少部分来自湖北、湖南、江西、江苏等省,种类繁多,有白沙船、漕船、黄梢船、五舱船、板船、斗船、摆江船、宜船、巴斗船、楼船、盐船、渔船、牙梢船、沙窝船、吊头船等,这些船大多为货船,船员一般在10人以下,可载货500石上下。淮河流域民船,主要分为客船、货船两类,一般客船叫太平船,有公事的客船叫差船;货船常以地方而得一种名称,扬州船称淮南方子,镇江船称江船,寿州船称万子等。新安江民船多由杭州溯钱塘江而至严州,再沿率水而至屯溪。多为芦鸟船,主要载货,载重200石左右。[①]

① 王鹤鸣:《安徽近代经济探讨》,中国展望出版社1987年版,第189—191页。

二、邮电业

1912 年,北京政府改大清邮政为中华邮政,改邮传部为交通部,部内设邮政司管理全国邮政事务。安庆府邮政分局仍沿袭旧制,隶属南京邮务总局;英国人莫罗士任署分局邮务总办兼巡查,局内设巡员 3 名,供事 30 余名,管辖各属局 31 处、代办所 198 处。1913 年 12 月,交通部改革官制,将邮务总办、邮务副总办及司账等衔名,分别改为邮务长、副邮务长及邮务官等。安庆府邮政分局署邮务长仍由莫罗士担任。1914 年 1 月 1 日起,全国邮政实行新邮区制,改按行省划分邮区,每区设邮务管理局于省城,由邮务长统辖全省邮务;取消邮界和分局名称,改总局和副总局为邮务管理局;分局和内地支局统称邮局;将原有各个局(所)按其事务繁简,划分为一、二、三等邮局以及邮务支局、代办所、信柜、邮站等。安徽为一独立邮区,改芜湖为一等邮局,大通为二等邮局。在省会安庆设立安徽邮务管理局,局址设在清节堂,交通部邮政总局派二等一级邮务官英国人汉乐为安徽邮务管理局首任署邮务长,四等一级邮务官丹麦人贺美为会计长;管理局内设秘书处、会计处、内地事务管理处、监理处,各处设主任 1 人,襄办若干人;监理处另设监理员 1 人,管理安庆本地邮政业务,本地业务部门下设邮件收发、挂号邮件、快递邮件、汇兑及包裹等小处,各小处设领班 1 至 2 人。安庆设有 2 个邮务支局,11 个代办所,郊区信柜 1 处,由管理局直辖。安徽邮务管理局成立后,原属江苏邮区南京邮务总局管辖安徽邮局 12 处、邮寄代办所 87 处,划归安徽邮务管理局管辖,实现全省邮务统一管理。1914 年安徽邮务管理局新开办邮寄代办所 22 处,合计有 550 处;在繁华市镇设信柜 89 处,在次要市镇及村镇设信柜 104 处,使本邮区市镇和不少村落均可通邮。1919 年 3 月,交通部邮政总局调署陕西邮务管理局邮务长英国人穆麟为署安徽邮务管理局邮务长,邮务官马古洛为会计长。7 月 1 日,安徽邮务管理局增设储金处(对外称邮政储金局)。1920 年,交通部邮政总局派一等二级邮务官丹麦人华德生,接任安徽邮务管理局署邮务长兼管邮政储金局事务,派三等一级邮务官捷克人和里接任会计长兼管邮政储金局会计长事务。1924

年,交通部邮政总局派英国人司密司接任安徽邮务管理局署邮务长。1925 年交通部邮政总局派刘书藩接任安徽邮务管理局署邮务长,钱芝祥接任会计长,这是安徽邮政史上首次由中国人担任邮务长和会计长。①

1913 年,交通部依行政区域及线路便利设立 13 处电政管理局,赣皖电政管理局辖江西、安徽一等电报局 3 处,二等电报局 5 处,三等电报局 32 处。当时芜湖电报局有莫尔斯发报机 9 副,安庆电报局有莫尔斯发报机 10 副。1916 年,交通部裁撤电政管理局,改由一等电报局局长兼办监督职务,全国设电政监督 19 处,对所辖电报局行使指挥监督权。安庆电报局管辖安徽境内干支各线有:沪汉干线(东至芜湖与南京分界,西至殷家汇与湖口分界)、浦蚌支线(东至乌衣与浦口分界)、汉皖干线(西至太湖与武穴分界)、曹皖干线(北至亳州与归德分界)。1922 年,安徽有一等电报局 3 处,二等局 1 处,三等局 32 处;电报线路 4192.78 里,其中干线 2466 里,支线 1719 里,电杆 32648 根,水线 4 道,7.78 里;莫尔斯单工发报机 75 部,韦斯登双工发报机 1 部,电源电瓶 1844 个,交换器 36 副。1927 年,交通部裁撤各省电政监督,每省设电政管理局于省城,安徽始有独立电政管理机构,梁烈亚任电政管理局局长。②

1913 年,安庆电灯厂购 50 门电话总机 1 部,装有株式会社电话机数十部,时称"电话总汇";1927 年电灯厂添购 100 门交换机 1 部,电话单机数十部。1914 年,芜湖首先由警察厅安装电话于官署;1915 年,芜湖商人王揭慎联合商股集资创办芜湖电话公司,至 1918 年,芜湖安装市内民用电话已达 250 多户。1921 年,交通部作价收买电话公司改归部办,称交通部芜湖电话局,共有职工 40 余人,月租费收入 1500 元;1927 年,芜湖市话容量扩充为 700 门,实装 500 余户。此外,蚌埠、屯溪、宿县、广德等地也陆续兴办市内电话通讯工程。③

---

① 安徽省地方志编纂委员会编:《安徽省志·邮电志》,安徽人民出版社 1993 年版,第 10—11 页。
② 安徽省地方志编纂委员会编:《安徽省志·邮电志》,安徽人民出版社 1993 年版,第 151—152 页。
③ 欧阳发、周明洁、施立业主编:《经济史踪》,安徽人民出版社 1999 年版,第 155 页。

第四节　商业与金融业

　　随着芜湖开关后商业贸易的发展，进入 20 世纪后，安徽经济已被深深卷入世界资本市场，商业贸易愈来愈受到世界资本市场支配，安徽已经成为西方列强重要商品倾销地和原料供应地，同时传统的自然经济受到了较大冲击。安徽金融业虽然起步较晚，但诸如典当、钱庄之类信用机构则早已有之，银行业产生则迟至 20 世纪初，民国以后有较快发展。

一、商业

　　芜湖仍然是安徽最大商业城市。自 1876 年开埠后，到民国初年，各国在芜湖设立洋行已达几十个，比较有名的有英国怡和、太古、鸿安、罗森、和记、亚细亚，日本三井、三菱、铃木，美国美孚等。芜湖关进出口贸易额 1877 年为 159 万海关两，至 1912 年猛增为 2900 余万海关两，为开关时 18 倍。进出口贸易迅速增长，反映外国资本主义势力对安徽商品倾销和资源掠夺日益加深，同时客观上也促进芜湖及安徽商品经济发展。当时经芜湖关输入安徽洋货主要是鸦片、棉纱、洋布、煤油、白糖、纸张、香烟、火柴、纽扣、肥皂、铁制品、玻璃器皿等，其中鸦片占洋货入口货值第一位；经芜湖关输出主要是大米、茶叶、菜子、大豆、花生、鹅鸭毛、禽蛋等农产品和铁矿石，其中以米为大宗。[①] 芜湖附近长江沿岸及巢湖周围，是安徽重要的稻米产区，所产稻米不仅品质优良，而且数量较多，除供应本省消费外，约有 1/10 经芜湖运往省外及国外，芜湖每年输出稻米额，少则三四百万石，多则七八百万石，全国各地粮商云集江城，民国初年仍然势头不减，并带动巢湖、合肥、安庆、六安等地及皖南山区的粮食贸易和生产。

---

　　①　安徽省政协文史资料研究委员会：《工商史迹》，安徽人民出版社 1987 年版，第 167 页。

表 6-6　1918 年芜湖米市米的产地和销量

产　地	销量(万石)	产　地	销量(万石)
南陵	100	青阳	30
太平	45	西河	10
宁国	100	南乡	4
湾沚	20	三河	100
庐江	100	襄安	10
和州	45	孔城	25
无为	10	柘皋	10
安庆	100	运漕	20
庐州	45	合计	774

资料来源:《安徽近代经济史》,第 190 页。

随着芜湖进出口贸易发展,芜湖商业呈现繁盛景象,除米业外,布业、钱业、纸业、烟业、药业、杂货业、水运业等均有不同程度发展,会馆林立,商贾云集。1918 年,芜湖总商会入会注册商铺 750 余家,鲁港、方村、清水河各镇均设立分会。在芜湖设会馆有湖北、湖南、山西、徽州、曹州等 18 家。[①] 商业街道新增二街、三街、吉和街、沿河路、中山路、新芜路等七八条。20 世纪 20 年代后,由于水灾及关卡、交通变化,尤其是洋米大量倾销,盛极一时的芜湖米市逐渐衰落,芜湖商业乃至整个安徽经济均受到一定影响。

20 世纪以来,安庆仍为安徽省省会。民国初年,军政首脑虽然常驻蚌埠,但安庆仍为全省政治文化中心。安庆长江支流甚少,陆路交通发展不快,各地运往安庆货物不多,故安庆商业贸易不及芜湖繁盛。安庆虽未正式开埠,但作为外轮停泊地点和上下客货的寄航港,商业还是有所发展。外轮输入安庆洋货主要是日用品,如布料、煤油、药品、烟草等,安庆输出物品主要是麻、竹、木等农产品。安庆建有商会组织,外商来安庆开设洋行、公司也不少,河南、奉直、浙江、广东、湖南、湖北及徽州商人在安庆均设有会馆。安庆城内三牌楼、四牌楼及南门外街一带商业比较发达。[②]

蚌埠原是凤阳县一个濒淮小镇,1912 年,津浦铁路正式通车后,

<hr>

①　安徽省地方志编纂委员会编:《安徽省志·商业志》,安徽人民出版社 1995 年版,第 211 页。
②　安徽省政协文史资料研究委员会:《工商史迹》,安徽人民出版社 1987 年版,第 168 页。

蚌埠兼有水陆交通之便,淮河流域阜阳、亳州、涡阳、蒙城、寿县、霍邱、凤台、六安及河南东部的固始、息县等地粮食、土产纷纷舟运至蚌埠,转车分运南北,蚌埠迅速取代临淮关、正阳关,成为皖北商业重镇。1913年,倪嗣冲督皖驻节蚌埠,一时冠盖云集,车水马龙,各种消费性商业、饮食服务行业应运而生。1915年,倪嗣冲变更淮盐引岸,将宿县盐局移到蚌埠,课收盐税,并开设阜安盐栈,江苏、山东、河北运销皖北、豫东食盐,都必须经蚌埠转口。同时还将清末凤阳、颖上、六安县兵备道税关由凤阳移到蚌埠,成立凤阳关监督公署。① 1923年,皖督马联甲筹备在蚌埠开埠,1924年9月1日,蚌埠正式开埠,安徽开放从长江流域扩展到淮河流域。蚌埠迅速崛起为皖北商贸中心,并对周边地区商贸发展产生较大辐射力。

合肥位于安徽中部,战略地位十分重要,历来是兵家必争之地,它不仅是军事政治重镇,也是皖中重要货物集散中心。合肥以农产品著称,年产稻米约50万石,产麦约10万石,产菜籽油约1000石,除本地消费外,均对外输出。合肥商业多为米麦经营,每年在合肥集中稻米约有100万石,大部分用民船运往芜湖,成为芜湖米市重要粮源。民船返回时,将芜湖各种洋货带回合肥,再输往四乡及六安、霍山等地。合肥不仅米粮运输业十分繁忙,而且土布业也较为发达,每年可出土布17万匹,大多输往外地,庐阳花布闻名遐迩。② 合肥商业街道中,鼓楼桥(今宿州路中段)一直是闹市中心,商店自此顺沿至东大街(今淮河路)和西大街(今安庆路),东门外坝上街主要经营粮食、竹木及土特产,西门外二里街主要经营牲畜、柴草等生意。③

20世纪初,安徽对外输出货物中,以米为大宗,但就与国外贸易而言,则皖茶出口具有举足轻重地位。安徽是全国重要产茶地区之一,19世纪中期以后,国外对华茶需要量剧增,华茶外销畅行,大大刺激安徽茶农积极性,皖西、皖南茶业呈欣欣向荣景象。六安是皖西茶叶主要集散地,霍邱、霍山、金寨以及六安本县茶叶经水路或陆路集中

---

① 安徽省地方志编纂委员会编:《安徽省志·商业志》,安徽人民出版社1995年版,第202—203页。
② 安徽省政协文史资料研究委员会:《工商史迹》,安徽人民出版社1987年版,第169页。
③ 安徽省地方志编纂委员会编:《安徽省志·商业志》,安徽人民出版社1995年版,第198页。

六安县城,然后沿淠水北上正阳关,运至河南周家口,再转运至北京、天津等地。1912 年津浦铁路建成后,六安茶叶运至正阳关后即东沿淮河输往蚌埠,然后装火车运往北方。由于茶叶畅销,六安县城商业兴旺,以制茶业最盛,钱庄、盐行、杂货店亦比比皆是。六安也是皖西其他货物主要集散地,皖西地区米、麻等农产品经六安运往合肥,换成布匹、煤油、砂糖、纸张、食盐等货物再转销霍山、霍邱等地。①

屯溪是皖南茶叶转运外销的主要集镇,皖南各县茶叶由茶商收购集中屯溪,经加工包装,用船运至杭州,然后转运上海对外出口。屯溪每年运出茶叶约 12 万石,价值四五百万元。皖南茶叶外销增加,促进屯溪镇商业日趋繁荣,较大规模茶行有 100 余家,屯溪精制绿茶外销,赢得"茶城"声誉,引来各地商帮,带动其他各业繁荣,逐步成为皖南山区商贸中心。② 20 世纪 20 年代后,华茶在国际市场上受到印度、锡兰、日本茶激烈竞争,出口大幅度下降,皖南茶农不得不砍掉茶树,改种粮食作物,由于皖南茶叶外销减少,屯溪商业受到较大影响。③

二、金融业

典当,是一种古老民间信用行业,按借款人提供质押品价值打折扣,贷放现款,定期收回本金和利息。至清代安徽建省后,逐渐兴盛遍及城乡,最多时达 796 家。辛亥革命爆发,省内当铺完全停歇。1915年,安庆惠济、惠通、裕和、义和、永祥、同义等当铺陆续复业,除惠济一家系省财政厅开办外,其余各家均为徽商开设,且惠济经理一职也聘任徽商徐笃庵担任。因此,安庆典当业基本为徽商控制,且资本也较大,一般有 3～5 万元,最多达 10 万元,年营业额在 10 万至 20 万之间,范围扩大为办理存放款及押汇业务,质当逐渐降为次要地位。倪嗣冲在阜阳开设阜益典当,资本 10 万元。典当借款者多数是农民和城市贫民,以粮食或衣物作质,当铺对他们的剥削较为严重。首先对质品压低估价,并打很大折扣,甚至有值十当五者;其次借款期限短而

① 安徽省政协文史资料研究委员会:《工商史迹》,安徽人民出版社 1987 年版,第 170—172 页。
② 安徽省地方志编纂委员会编:《安徽省志·商业志》,安徽人民出版社 1995 年版,第 238—239 页。
③ 安徽省政协文史资料研究委员会:《工商史迹》,安徽人民出版社 1987 年版,第 171 页。

利率高，一般是 6 个月至 1 年，月息二分、三分；更为厉害的是到期不能取赎，就成死当，质品由当铺没收。①

钱庄，是中国封建社会后期出现的一种金融业组织。在未有银行前，它既可以吸收社会资金，也可以供应资金需要，起着一定融通资金作用。至光绪年间，钱庄已遍及安徽各府、州、县。辛亥革命爆发后，各地钱庄停歇，社会秩序稍事平定又陆续复业。1919 年，据对芜湖、怀宁、休宁、寿县、阜阳、太和等 20 个县调查，共有钱庄 92 家。民国时期，钱庄和典当一样，一般都是豪绅巨贾经营，或以官绅作后台，如六安麻埠阜丰银号，业主祝老四系袁世凯堂妹婿；阜阳益顺恒、益萃恒、汇昌和钱庄都是仰仗倪嗣冲作后盾；芜湖、安庆等地不少钱庄均为实力雄厚的徽商开办。民国时期钱庄营业对象主要是中小商业，经营方式比典当业进步，营业范围有存款、放款、汇款、兑换，有的还兼营工商贸易，哪方有利就将资金往哪方投放。经营方式不仅与商业往来，同业间也有往来，不仅本埠同业往来，而且有埠际往来，较大钱庄，都与外埠同业有通汇关系。获利手段主要是在存、放款间获取利息差额，此外还从银钱兑换中取利，从揽收汇款中赚取空头利息，从揽做代办事项中收取报酬。

中国银行业兴起，是在 19 世纪末 20 世纪初，西方列强在华金融业的刺激，新式工矿交通事业的开办，对银行的产生均有较大影响，解决政府财政困难也是银行创办的重要原因。安徽第一家银行是 1906年设立的裕皖官钱局，辛亥革命爆发后停业，民国初年，安徽都督府将裕皖官钱局改组为安徽中华银行，主营发行钞券和代理省金库。安徽中华银行总行设于省会安庆，并在芜湖、大通、宣城、枞阳、运漕、亳县、阜阳、怀远、合肥、屯溪、临淮、正阳、三河等地建立分行。安徽中华银行基本金初定为 25 万元，后又增加 60 万元，共 85 万元。安徽中华银行开业不久，先后发行银元券约 60 万元，与省内所属各分行及省外上海、南京、镇江等城市建立汇兑业务，在代理金库方面也起了一定作用。1913 年，"二次革命"军兴，安徽耗资甚多，中华银行深受影响，

---

① 程必定主编：《安徽近代经济史》，黄山书社 1989 年版，第 182 页。

1914年该行又遭兵变抢劫,遂陷于停业。

1920年6月,安徽省当局拨款在蚌埠成立安徽省银行,并在芜湖、安庆设分行,其他市县设立相应机构。这时的省银行只是省政当局的财库、军政首脑的筹款机关,并未发挥现代银行应有作用,结果滥发纸币,失去信用。1926年北伐军抵皖,军阀垮台,安徽省银行即解体。

民国以后,安徽银行业发展较快,除本省自办银行外,其他银行在安徽各地设立不少分支机构。1914年,中国银行在安庆设分行(后改为办事处),开办存、放、汇业务,并代理金库。此后在安庆陆续成立有上海商业储蓄银行、交通银行汇兑所、中国实业银行等分支机构。1915年,蚌埠已成立5家银行分支机构,分别是中国银行、交通银行、上海银行、江苏银行、金城银行。1915年前后,中国银行、交通银行在芜湖也设立分支机构。这一时期安徽银行业自办不多,大多数为分支机构。经营银行业除政府外,主要是大商人和官僚资本家,官僚资本掌握银行,便可以通过银行垄断和操纵工矿企业,如1919年芜湖裕中纱厂董事长李经方,又是中国实业银行大股东;裕中纱厂大股东刘晦之,又是上海实业银行经理。

北京政府时期安徽银行业滥发纸币,支持军阀政权,榨取人民血汗,对经济建设难以起到应有作用。据不完全统计,北洋军阀统治时期,安徽省历届政府向中国银行、交通银行借款,或省内自办公债共37项,借款额高达521万元,有的一次借款就达90万元,以芜湖米捐、关税、盐税、厘金税及田赋丁漕为担保。①

第五节　农业与水利

安徽农业生产条件较为优越,淮北平原是重要旱作区,盛产小麦、杂粮、大豆、棉花和烤烟;沿江平原田连阡陌,水面广阔,是著名的鱼米

---

① 程必定主编:《安徽近代经济史》,黄山书社1989年版,第183—188页。

之乡；江淮丘陵水田和旱地交错，农产品丰富多样，其中以稻谷、小麦、玉米、花生、棉花、油菜、大麻、烤烟为主；皖南、皖西山区，山多田少，历来是重要林茶基地。19世纪后期，由于长期遭受战乱影响，安徽人口锐减，农业生产明显下降。民国以后农业生产逐渐恢复，农产品商品化程度提高较快。由于旱涝灾害日趋严重，与农业生产密切相关的安徽水利事业，在民国以后有所发展，但受经费、兵事等因素影响，效果一直不甚理想。

一、农业

民国以后安徽农业生产势头较好，一是因为19世纪后期兴起的芜湖米市，进入民国后继续繁盛，大大刺激农民栽种水稻积极性，促使水稻种植面积及产量均有所提高；二是经芜湖海关输出农产品如生丝、菜子、大豆、花生等，在民国初年数量不断上升，这也刺激了农民栽种经济作物积极性；三是民国初年中国民族工业获得较快发展，而轻工业的原料如棉花、小麦、烟草等，均依赖农业生产提供。

安徽粮食作物主要是水稻和小麦。安徽长江两岸及巢湖周围地区适宜种植水稻，因而盛产稻米。据统计，1916年，全省稻田18282997亩，稻米产量27424496石，平均每亩1.5石。小麦在安徽是仅次于水稻的粮食作物，全省各地均有种植，其中淮北平原种植最多，约占全省1/2。1916年，全省小麦面积9029041亩，产量7223233石，平均亩产0.8石。安徽是全国大豆重要产区之一，主要分布在淮北地区。1916年，全省大豆面积3662465亩，产量2563726石，平均亩产0.7石，除本省消费外，还部分供应外省和出口国外。[①] 1918年，全省稻米产量3477630千斤，平均亩产208斤；大麦产量742950千斤，平均亩产130斤；小麦产量770380千斤，平均亩产78斤；大豆产量498108千斤，平均亩产130斤，在全国居中等靠前位置。[②]

民国初年，安徽经济作物也获得一定发展。棉花主要产在淮北和

---

① 《安徽实业杂志》第16期。
② 翁飞等：《安徽近代史》，安徽人民出版社1990年版，第439页。

长江沿岸地区,1916 年,全省棉田 568445 亩,产量 34106700 斤,平均亩产 60 斤。随着国内棉纺织业的发展,安徽棉花种植面积和产量均增长较快。花生主要产区在淮南丘陵和淮北平原,1916 年,全省种植花生 709785 亩,产量 709785 石,平均亩产 1 石,除本省消费外,部分运销省外。烟叶主要产区在凤阳、定远、怀远、灵璧、五河等县,1916 年,全省种植烟叶(晒烟)131551 亩,产量 9208570 斤,平均亩产 70 斤。第一次世界大战后,英美烟草公司在凤阳一带设立原料基地,推广种植烤烟,并直接控制烤烟生产和销售。安徽麻类有不少品种,大麻、苎麻、黄麻均有种植,大麻主要产于史、淠河流域六安、金寨、霍邱等地,苎麻主要产在贵池、巢县、和县、含山等地,黄麻主要产在舒城县杭埠河两岸。其中大麻种植面积最大,约占各种麻类 90%,1916 年,全省大麻种植 97814 亩,产量 19562800 斤,平均亩产 200 斤。蚕茧主要产在皖南山区和长江两岸,尤以绩溪、泾县最为集中。1916 年,全省饲养春蚕、夏蚕、秋蚕和柞蚕农户共 92602 户,共产蚕茧 11.8 万石。此外,安徽各地尤其是江淮之间大量种植油菜,成为重要的菜籽油原料产地;而阜阳地区则大量种植芝麻,产量仅次于河南、湖北,成为全国重要芝麻产地。[①]

民国以后,安徽农业在科教推广和组织机构方面也有所发展。1912 年成立蚕桑试验场,1915 年成立茶业和林业试验场。此后又成立小麦、烟叶、畜牧等试验场。至 20 年代初,安徽共有蚕桑、茶、林、稻、麦、棉、盐业、牲畜等农业科技推广机构 40 余处。此外,民国初年,省政府曾以政令形式要求各地成立农会,由基层乡官组成,职责是"农业改良、兴利除弊",具体工作是推广良种,倡导栽树植桑等。

表 6-7　安徽农作物一览表(1916 年)

类　别		作物亩数	收获量(石)	每亩收获量(石)
米	粳米	16573189	24859783	1.5
	糯米	1709808	2564712	1.5
	计	18282997	27424495	

① 《安徽实业杂志》第 16—17 期。

（续表）

类　别		作物亩数	收获量（石）	每亩收获量（石）
麦	大麦	4937084	4937084	1
	小麦	9029041	7223233	0.8
	稞麦	54730	54730	1
	莜表	22830	22830	1
	其他	4849	4849	1
	计	14048534	12242726	
豆	大豆	3662465	2563726	0.7
	小豆	1918806	1247224	0.65
	绿豆	692904	450388	0.65
	豌豆	582956	466365	0.8
	蚕豆	344036	309632	0.9
	其他	173401	104041	0.6
	计	7374568	5141376	
黍		131539	105231	0.8
玉蜀黍		394559	355103	0.9
高　梁		3290091	2961082	0.9
落花生		709785	709785	1

类　别		作物亩数	收获量（斤）	每亩收获量（斤）
瓜	甜瓜	33267	2661360	80
	黄瓜	58432	7011840	120
	南瓜	65430	13086000	200
	西瓜	44134	6620100	150
	冬瓜	52768	10553600	200
	其他	4372	437200	100
	计	258403	40370100	
蔬菜	白菜	489763	293857800	600
	油菜	524430	314658000	600
	大头菜	5089	3562300	700
	其他	8340	2502000	300
	计	1027622	614580100	
	芋	365463	73092600	200
	马铃薯	20465	5116250	250
	萝卜	124406	62203000	500
	胡萝卜	43055	21527500	500
	山药	5520	1104000	200
	姜	5676	482460	85

类　　别		作物亩数	收获量（斤）	每亩收获量（斤）
	百合	17308	1730800	100
	葱	29105	5821000	200
	甘蔗	14963	1496300	100
	藕	172693	13815440	80
	菱角	818396	188227910	200
	笋	2160	432000	80
	计	17582	1406560	
麻	大麻	97814	19562800	200
	苎麻	34030	6806000	200
	亚麻	2216	332400	150
	苘麻	11499	1379880	120
	其他	112516	13501920	120
	计	258075	41583000	
棉花		568445	34106700	60
烟叶		131551	9208570	70
药材	草类	331288	26503040	80
	木类	24639	2094315	85
	果实类	12946	1294600	100
	计	368873	29891955	

类　　别		树数（棵）	收获量（斤）
	桃	358624	22468592
	李	99430	5698240
	杏	152679	8696137
	梅	21980	1292200
	葡萄	5990	120340
	枇杷	23165	825525
	栗	114649	6423795
	梨	20239	1003467
果	苹果	无	
品	橘橙柑柚	1510	63540
	荔枝	无	
	柿	55802	2455204
	枣	104614	4529642
	樱桃	13463	134630
	石榴	125699	3692839
	香蕉	50	500
	山楂	1706	42362

（续表）

类　别		树数（棵）	收获量（斤）
	杨梅	567	17241
	龙眼	无	
	其他	19938	199380
	计	1120105	57663634

类　别		种茶户数	收获量（斤）
茶	红茶		869620
	绿茶	72602	18087210
	茶末	6999	2371060
	茶籽	1873	854500
	茶芽	1484	2190000
	计	82958	32372390

资料来源：《安徽实业杂志》第 16 期。

表6-8　安徽各县稻米一览表（1919 年）

县名	面积（亩）	品　种	产　额			
			每亩平均量（石）	总量（石）	每石平均价（元）	总价（元）
怀宁	279833	籼、糯米	2	559666	4	2238664
桐城	333270	籼、糯米	2.5	833175	4	3332700
潜山	222618	早、晚稻	2.5	556545	5	2782725
太湖	363410	籼、糯米	1	363410	4	1453640
宿松	44000	籼、糯米	1.6	70400	5	352000
望江	213449	籼、糯米	1.8	384208	4	1536832
合肥	2344500	籼米	1.05	2461725	5	12308625
舒城	361755	籼、糯米	1	361755	4	1447020
庐江	950939	粳、糯米	0.8	760751	4	3043004
无为	1050983	粳、糯米	3	3152949	4	12611796
巢县	768125	粳、糯米	2	1536250	5	7681250
六安	1089993	粳、糯米	1.45	1580490	4	6321960
英山	68983	粳、糯米	2.5	172457.5	4.2	724321.5
霍山	302401	籼、糯米	2.4	725762	6	4354574.4
和县	311167	籼、糯米	2	622334	4	2489336
含山	132460	早、晚稻米	1.5	198690	4	794760
歙县	175892	籼、糯米	2	351784	5.2	1829276.8
休宁	251600	粳、糯米	2.5	629000	3.5	2201500
婺源	186466	粳、糯米	0.8	149172.8	5	745864
祁门	166030	籼、糯米	1	166030	5	830150

县名	面积（亩）	品　种	产　额			
			每亩平均量（石）	总量（石）	每石平均价（元）	总价（元）
黟县	114923	籼、糯米	0.97	111475	4.5	501638
绩溪	98420	早、晚稻	1.75	172235	4.4	757834
宣城	853470	粳、糯米	1.4	1194858	3.6	4301488.8
南陵	334055	籼米、早晚稻	3	1002165	3.5	3507577.5
旌德	159487	洋籼米	1.2	191384.4	3.2	612430.1
宁国	100436.5	米	0.8	80349.2	5	401746
泾县	141320	晚稻米、糯米	2	282640	3	847920
太平	27500	早、中、晚稻	2	55000	3	165000
贵池	104146	籼米、香稻	2.3	239535.8	3.2	766514.56
青阳	81391	早、晚稻	2.2	179060.2	3.6	644616.72
铜陵	154840	粳、糯米	2	309680	4	1238720
石埭	33755	早稻、籼米、糯米	1.6	54008	3.3	178226.4
秋浦	61381	籼、糯米	1.5	92071.5	3.3	303835.95
东流	255131	粳、糯米	1.22	311260	4	1245040
当涂	500000	籼米	1.4	700000	5.4	3780000
芜湖	280427	籼、糯米	1.75	490747	5	2453735
繁昌	154500	籼、糯米	3.5	540750	4.7	2541525
广德	487822	籼、糯米	1	487822	4	1951288
郎溪	214520	籼米	1.5	321780	3.5	1126230
凤阳	235200	籼、糯米	0.8	188160	5	940800
怀远	42241	粳、糯米	0.9	38016.9	7.2	273721.68
寿县	924750	籼、糯米	1	924750	7	6473250
宿县	123	香稻米	0.93	114	8	912
定远	48000	籼米	1	48000	4.2	201600
凤台	146880	籼、糯米	1	146880	8	1175040
颍上	22525	籼米	0.8	18020	10	180200
霍邱	36200	糯、粳米	0.8	28960	5	144800
滁县	273000	籼、早稻米	1.25	341250	4.4	1501500
全椒	63300	籼、糯米	0.83	52539	7	367773
来安	70320	籼、糯米	1.5	105480	3	316440
泗县	7600	粳、糯米	0.7	5320	5.5	29260
盱眙	183248	粳、糯米	0.65	119111	5	595555
天长	229087	粳、糯米	1	229087	4	916348
五河	5119	粳米	0.52	2662	4.5	11979

资料来源：摘自《安徽省六十县经济调查简表》上册，第1类：米，第1—215页。

表 6 - 9　安徽各县麦类一览表（1919 年）

县名	面积(亩)	品　种	产　额			
			每亩平均量(石)	总量(石)	每石平均价(元)	总价(元)
怀宁	18000	大、小、荞麦	2	36000	3.5	126000
桐城	10492	大、小、荞麦	3	31476	2.5	78690
潜山	10000	大、小麦	2	20000	3.6	72000
太湖	72150	大、小麦	1.7	122655	3	367965
宿松	59800	小麦	1.8	107640	4.6	495144
望江	106391	大、小麦	1.4	148947.4	2.4	357473.76
合肥	478700	大、小麦	1	478700	3	1436100
舒城	228645	大、小麦	1	228645	3	685935
庐江	74218	大麦	1.2	89061.6	3	267184.8
无为	197350	大、小、稞麦	1.5	296025	1.5	444037.5
巢县	120000	大、小麦	1.1	132000	3	396000
六安	80000	大、小麦	1.4	112000	3.5	392000
英山	33566	大、小、荞麦	1.8	60418.8	2.5	151047
霍山	700	大、小麦	2	1400	5	7000
和县	155454	大、小麦	2	310908	3.5	1088178
含山	99000	大、小麦	1.25	123750	2.15	266062.5
歙县	93768	大、小麦	2	187536	5	937680
休宁	126400	大、小、荞麦	1	126400	3	379200
婺源	178500	大、小、荞麦	1	178500	3.5	624750
祁门	6500	大、小麦	0.5	3250	3	9750
黟县	66150	大、小麦	1.05	69457.5	3	208372.5
绩溪	21762	大、小麦	1	21762	4.8	104457.6
宣城	448350	大、小麦	1.8	807030	3	2421090
南陵	85181	大、小麦	2	170362	4	681448
泾县	4030	圆头麦	1.2	4836	2.4	11606.4
宁国	9176	大、小麦	0.95	8717	3	26151
旌德	2758	大、小麦	0.6	1654.8	4	6619.2
太平	5000	大、小麦	0.5	2500	3.2	8000
贵池	76100	大、小麦	1.3	98930	2.2	217646
青阳	4376	大、小麦	0.5	2188	3.5	7658
铜陵	53463	大、小麦	0.6	32077.8	2	64155.6
石埭	73500	小麦	0.8	58800	2	117600
秋浦	4983	大、小麦	0.6	2989.8	3	8969.4
东流	9227	大、小麦	1.54	14979.5	2.5	37448.95
当涂	203000	大、小麦	0.9	182700	2.3	420210
芜湖	60000	大、小麦	1.7	102000	2.5	255000
繁昌	24822	大、小麦	3	74466	2	148932
广德	16089	大、小麦	1	16089	3	48267

县名	面积（亩）	品　种	产　额			
			每亩平均量（石）	总量（石）	每石平均价（元）	总价（元）
郎溪	66598	大、小麦	1.5	99897	2	199794
凤阳	216751	大、小麦	1	216751	3	650253
怀远	76392	大、小麦	0.8	61113.6	5	305568
寿县	629352	大、小麦	0.75	472014	5	2360070
宿县	108473	大、小麦	1	108473	5	542365
定远	24000	大、小麦	0.7	16800	3.9	65520
灵璧	1070000	大、小麦	0.36	385200	5.5	2118600
凤台	406009	大、小麦	0.8	324807.2	5.5	1786439.6
阜阳	1332101	大、小麦	0.55	732655.5	2.8	2051435.4
颍上	576850	大、小麦	0.75	432637.5	3	1297912.5
霍邱	56666	大、小麦	0.8	45332.8	3	135998.4
亳县	440850	大、小麦	0.6	264510	4.1	1084491
蒙城	737268	大、小麦	0.56	412870	3	1238610
太和	280000	大、小麦	0.8	224000	5	1120000
涡阳	645569	大、小麦	0.5	322784.5	5.5	1775314.75
滁县	143453	小麦	0.8	114762.4	4	459049.6
全椒	55200	大、小麦	1.5	82800	3.8	314640
来安	57012	大、小麦	0.6	34207.2	1.8	61572.96
泗县	429700	大、小麦	0.8	343760	5	1718800
盱眙	76165	大、小麦	0.6	45699	4.5	205645.5
天长	152751	大、小麦	0.4	61100.4	2.6	158861.04
五河	472231	大、小麦	0.54	255004.7	3.6	918017

资料来源：摘自《安徽省六十县经济调查简表》上册，第 2 类：麦，第 217—455 页。

二、水利

安徽历史上是个自然灾害（主要是旱涝灾害）极为频繁的地区，据气象部门统计，"从 1471 年至 1985 年的 515 年间，全省出现涝年 302 个年份，约 2 年左右一遇，旱年出现 127 个年份，约 4 年左右一遇"[①]。安徽属于暖温带向亚热带过渡气候型，具有雨热同步、四季分明、光照充足等特点，适宜于各种粮食作物和经济作物的种植生长。但由于地处中纬度地带，天气形势多变，冷暖气团活动频繁，常常造成

---

① 安徽省地方志编纂委员会编：《安徽省志·气象志》，安徽人民出版社 1990 年版，第 1 页。

涝、旱、风、雹、冻等自然灾害。

安徽地跨江淮，长江、淮河自西南向东北横贯省境，其流域面积分别占全省总面积的 46% 和 48% 左右，对农业生产、交通运输和经济发展具有重大影响。长江蜿蜒流过安徽段，水面宽阔，流量充沛，但由于统治者不重视圩堤整修，因此一遇暴雨，山洪陡发，江水经常溃坝崩岸，泛滥成灾。淮河流域是农田水利发展较早地区，但由于年久失修，尤其是黄河长期夺淮入海，后虽改道北流，但大量泥沙淤积，造成水系紊乱，河道不畅，土质恶化，曾经风调雨顺的淮河流域，变得"大雨大灾，小雨小灾，无雨旱灾"，成为全国有名的重灾区。①

北京政府时期每次大灾后，多采取募捐办法筹措资金，举办工赈，并成立了各级赈灾组织，采取了一些救济措施，但效果并不理想，很难从根本上解决频繁灾害带来的一系列社会问题。一些水利工程虽有提议和计划，但都难以实施；一些已经上马工程或因经费匮乏，或受战事影响而中途夭折；少数已经竣工工程因管理废弛、质量低劣而难以发挥应有作用；更有甚者，一些贪官污吏乘机私吞挪用工赈款，根本不考虑百姓苦难和建设需要。

1912 年 12 月 12 日，安徽省成立堤工局，卢恩泽为总理，许承尧为坐办，黄家驹为董事。成立后即向乡绅和海外华侨商会募捐，培修安徽沿江堤防，无为大堤被列为重点加固对象。1914 年 9 月 30 日，安徽省水利局成立，隶属省财政厅，由丁葆光任局长。另在蚌埠设立水利局办事处，专司淮河流域安徽各县堤防工程。②

1912 年，安徽督军柏文蔚提出裁兵导淮，公布《导淮兴垦大纲》，主张淮水分 3 路入江入海，皖境诸支流分疏入淮，首治北淝河。1913 年，张謇出任全国水利局总裁，多次提出导淮计划，主张江海分疏。1918 年，孙中山在《建国方略》实业计划中曾提出导淮意见。1919 年，美国水利工程师弗礼门也加入治淮方略讨论。1925 年，全国水利局编制《裁兵导淮计划书》，提出分段治理淮河中游干流规划及洪泽湖

---

① 王鹤鸣、施立业：《安徽近代经济轨迹》，安徽人民出版社 1991 年版，第 560—561 页。

② 安徽省地方志编纂委员会编：《安徽省志·水利志》，方志出版社 1999 年版，第 584 页。

以上 9 条主要支流治理意见。但由于军阀混战,政局动荡,经费匮乏,各种导淮计划和方案均未能付诸实施,只是作了些局部堤防修补工作。

1912 年淮河大水后,淮河干流堤防溃决,汛后对涡河口至五河堤防作了堵复和修筑,涡河口以下原间断堤防连成一线,并于入淮沟口修建涵闸;在涡河口以上修筑鲁口孜经贺家塘至禹山脚下堤防及西淝河右堤禹山坝和六坊堤。1914 年拨盐税附捐修筑淮河北岸南照集至鲁口孜堤防,历时 4 年完成。据 1917 年至 1918 年导淮测量处测绘的淮河现势图显示:淮河干流正阳关至涡河口间,颍河口至峡山口沿河有堤,其中焦岗湖口元庆闸以上堤防较完整,以下仅存低矮堤基;峡山口以下淮河北岸无堤,南岸黑龙潭至张楼及孔津湖堤防均遭水毁,仅存堤基;淮河北岸涡河口至五河金岗嘴沿河有堤,间有排水涵闸 5 座,金岗嘴以下无堤。1921 年淮河大水,堤防皆多溃决。汛后仅能堵口,无力复堤。1922 年,由上海华洋义赈会举办工赈,修复一部分被毁堤防。关于淮河支流堤防修复,1912 年大水后,曾修筑颍河堤防,沿河湖洼开沟建闸,历时 10 年完成。1923 年,在淠河左岸筑西隐贤堤、民生圩,在淠河右岸筑张马堤。

同马大堤位于安徽省境内长江南岸,由零星圩堤逐渐联结延伸而成,1838 年至 1916 年,自上而下依次建成同仁堤、丁家口堤、初公堤、泾江长堤和马华堤,长 82 公里。长江支流华阳河通江水道既宽又深,江水倒灌,东北可淹没望江,西北泛及宿松、黄梅、太湖诸县。1920 年设华阳河工程督办,拟疏浚内河,使水下泄皖河入江。1924 年有堵华阳河之举,但堵后不但内水泛滥,且江洪仍可由后河倒灌入内,而上游马华堤溃决,望江、宿松被淹,江水仅由后河排泄,后不得不挖开堵口以畅宣泄。1920 年皖河工赈局拨款,自合水涧至黄泥港沿河修石涧十余道,并增筑圩坝,历时两年完工。1916 年在长江支流秋浦河修万成圩,1920 年修万宝圩,1924 年修大农圩。

1912 年至 1916 年,江淮水利测量局在安徽省境率先测量淮北地区干支线水准,并施测地形图;1917 年,省水利局施测皖北平剖面图。1912 年至 1916 年,江淮水利测量局在津浦铁路以东、淮河以北,省境

内施测干线水准 1014 公里, 支线水准 2640 公里。1917 年, 导淮测量处由蚌埠沿淮河向上, 施测省境干线水准近 350 公里。1922 年至 1926 年, 扬子江水道讨论委员会在沿江施测吴淞至宜昌段精密水准, 贯穿省境长 400 多公里, 为统一长江流域吴淞高程系统奠定基础。1920 年至 1923 年, 全省设立水位站 5 处, 水文站 6 处, 泥沙站 3 处, 雨量站 9 处。

第七章

北京政府统治时期的安徽文化

　　清末民初社会革命的进行,政权的沿革,使得社会文化形态也随之发生巨大变化。1912—1927年间,正是安徽新文化滋生并逐渐养成的历史新阶段。安徽的新文化形态发生、发展,是与中国新文化运动兴起的历史大环境紧密相关、互为辅助的。以陈独秀、胡适为代表的皖籍知识分子群体,推动了安徽新文化运动的兴起;安徽的教育事业及新闻出版业,逐渐显现了文化转型中新旧杂处、旧去新来等文化趋新意识及其特征。

第一节　安徽新文化运动

一、陈独秀对安徽新文化运动的启蒙与推动

安徽的新文化运动,既包括陈独秀、胡适等思想启蒙者对安徽地域社会文化思想的推动,也包括五四前后安徽文教界反帝反封建、反对北洋军阀专制统治的爱国民主斗争(参见本书有关章节),同时也包括这一历史时期安徽人民积淀的进步的文化成果。安徽新文化运动兴起于北京政府时期,其思想启蒙先声则发生在辛亥时期,陈独秀是其代表者。

陈独秀是安徽辛亥革命的先驱者,五四新文化运动的领袖之一。辛亥革命是陈独秀政治生涯的起点,在这一时期,他顺应了历史发展的潮流,积极投身到安徽的反清革命事业中,指导安徽同仁进行反帝反封建的革命运动,为安徽的革命事业作出了杰出的贡献,也为后来开展的新文化运动奠定了社会关系基础。

辛亥革命前陈独秀在安徽的活动,主要是进行革命的宣传鼓动工作,启发民智,唤起同胞爱国之精神。通过安庆藏书楼演说、创办《安徽俗话报》和创立革命团体岳王会,为安徽的辛亥革命做了思想宣传和组织层面的发动工作。革命活动本身也让陈独秀对中国社会有了进一步的认识。1903 年 8 月参与上海创刊的革命派报刊《国民日日报》编撰事宜,他与主持笔政的章士钊等人,在短短的三个多月时间内,把《国民日日报》办成有"苏报之二"誉称的有名的反清革命报刊。《国民日日报》的兴办,初步实现了陈独秀在安庆开展活动时想要办刊宣传反帝反清的愿望。该刊主旨是解说"国民"二字。栏目设有社说、讲坛、外论、中国警闻、政海、学风、实业、短批评、世界要事、地方新闻、新书评骘、南鸿北雁、谈苑、文苑、小说、本埠日记等,栏目文字对其后的《安徽俗话报》也有启发。参加该报的主要撰稿人张继、何靡施(梅士)、陈去病、金天

翮、刘师培等,都是陈独秀那 10 年间主要的交往对象。

《安徽俗话报》是陈独秀独立所办,安徽最早的较为完整的一份通俗白话报刊。用俗话给民众说他们听得懂的知识和应该明白的世事学问,进而鼓吹反清革命的道理,是《安徽俗话报》最大的特色。1904 年 3 月创刊的《安徽俗话报》,每月出二期,5 开大小版面,20 页左右,大约 1.5 万字,兼有报纸和杂志二类特征,每期售价 50 文钱;先设有栏目 13 个左右,后来还开辟地方利弊、内地新闻、学术、传记等栏目。陈独秀不仅包办了报刊的编辑排版、分发邮寄等繁杂事务,他还用“三爱”笔名撰写了《瓜分中国》、《恶俗篇》、《说国家》、《亡国篇》等大量文章,揭露列强瓜分中国奴役国人的历史事实,启发民众要有救亡图存的自觉心;倡导民权,反对清廷和地方政府出卖国家权益;结合手绘的图画,提倡妇女婚姻自由,反对封建迷信;普及科学知识,提倡兴办实业增加财富,这些开风气、新民智、鼓民气的浅近、明白、诙谐的俗话,很快受到安徽和各地的读者欢迎,半年不到,发行量由 1000 份增加到 3000 份左右,长江沿岸的武汉、九江、上海、扬州及北京等地都有代售处,成为有全国影响的传媒报刊。

《安徽俗话报》的社会宣传活动与陈独秀等人在安徽公学、岳王会里的革命活动相互表里,互为辅佐。陈独秀辛亥之前的办报生涯,为他后来编辑《新青年》杂志积累了经验,团结了一批志同道合的作者,培养了一批安徽进步知识分子。

辛亥安徽光复后,陈独秀断断续续任安徽都督府的秘书长等职,试图进行各项改革,改善人民生活。1912 年初,陈独秀同卢含章、李光炯等来到上海,邀集(安徽)旅沪军、学、绅、商各界与华洋义赈会接洽,协商募捐、借款两项办法,救济安徽各州县灾民。在安徽旅沪同乡会还成立了全皖工赈办事处,陈独秀等 14 人被选举为议董,聚集资金抢修沿江大堤。

袁世凯窃夺辛亥革命的果实,镇压反袁势力,陈独秀被迫逃往日本。革命的反复,促使他开始反思政治革命,1915 年陈独秀从日本回到上海,正值袁世凯倒行逆施,复辟帝制,他认为只有“从思想革命开始”,“欲使共和名副其实,必须改变思想,要改变思想,须办杂志”,从而创办了《新青年》。正如胡适后来所说："在袁世凯要实现帝制时，陈先生知道政治革命失败是因为没有文化思想这些革命，他就参加伦理革命、宗教革命、道德的革命。"①陈独秀以《新青年》杂志为中心，掀起了一场反封建的新文化运动。

陈独秀对中国新文化运动兴起有三大贡献：一是办《新青年》，为新文化构筑了一个新的舆论平台。二是1917年后到北京大学，支持蔡元培锐意革新北大，在最短的时间内构建了一个以北大师生为骨干的新文化阵营。三是最早公开地支持胡适提出的白话文学正宗论主张，为新文化运动找到了一个以文学为革命内容的突破口。而他也因为坚定鼓吹民主与科学，严厉抨击旧伦理旧道德，提倡新的伦理道德，主张中国新青年具备"自主的而非奴隶的"、"进步的而非保守的"、"进取的而非退隐的"、"世界的而非锁国的"、"实利的而非虚文的"、"科学的而非想象的"六大要义，崇尚科学和民主，是"最后觉悟之最后觉悟"。陈独秀因主办《新青年》，提倡新文化，成为中国进步青年的精神领袖。

安徽新文化运动的兴起，与陈独秀的大力推动是分不开的。主要表现在以下两个方面：

（一）通过刘希平、高语罕等教育界人士，积极推动安徽新文化运动

辛亥革命前后，陈独秀通过好友刘希平②，认识了安徽籍进步人士朱蕴山，此后他们保持了长期的联系。1917年，刘希平来芜湖省立五中任教，进行教育改革；在芜湖五中期间，首创"财务公开"、"校务公议"两大原则；五四时期又积极响应新文化运动，与李克农、高语罕等人创办《评议报》，该报的主要任务是鼓吹新思想，宣传新文化，评议安徽时政，抨击军阀统治，对推动安徽反帝反封建、反军阀的斗争起到了领头的作用。陈独秀很早就在芜湖进行革命活动，1904年的岳王

---

① 胡适：《陈独秀与文学革命》，见《陈独秀评论选编》，河南人民出版社1982年版，第292页。

② 刘希平（1873—1924），安徽六安人，早年在六安创办中学堂，1906年曾赴日本求学，次年加入同盟会。年轻时因亲身经历封建家族的族长率流氓殴打进步青年，触动教育救国的想法，从事教育事业。1912年与光明甫办江淮大学。"二次革命"后在上海避祸，与陈独秀时常讨论安徽反军阀斗争事宜。后任教芜湖五中。

会就是在芜湖成立的，所以刘希平来到芜湖就接触到陈独秀等人。1917 年陈独秀离皖赴京出任北京大学文科学长，他在离开安徽时就对刘希平、朱蕴山等说："我去北京搞全国性运动，你们在安徽搞反军阀的活动。"①早先《新青年》杂志创办后，安庆、芜湖、六安等地文教界纷纷订阅，有的进步学员还选择重要文章在课堂讲授，积极宣传新思想、新道德、新文化。当时在北京的陈独秀和在安徽的刘希平、李光炯、朱蕴山都有紧密联系，相互传递信息。

五四以后，安徽的芜湖、安庆、合肥、蚌埠等地的广大青年，纷纷起来响应北京学生的爱国运动；刘希平等人有计划、有组织地领导了以安徽学生为主体的安徽爱国运动，从而也影响了当时的青年学生。曾任职安徽学联的周新民回忆这段历史时说："我在五四运动前，思想还是很落后的，处处为了个人打算，只希望做个有品有学的好学生，将来能在社会上站住脚。到了五四运动爆发后，我才为爱国热情所驱使，走出学校大门，参加了学生运动。"②据朱蕴山回忆，"安徽的新文化运动，实际上是从芜湖第五中学开始的，新文化运动的开始，推动了反帝反军阀运动，实质上是民族民主革命运动"③。按照朱蕴山理解，当时在安徽开展文化运动的主要有两股力量，一股是以陈独秀为代表的新文化倡导者，另一股是以李光炯为代表的反清、反北洋系民族主义思想的文化界人士，而"刘希平实际上是陈独秀在安徽的代表"④。陈独秀的老朋友、《新青年》作者之一的高语罕，与刘希平合作，在芜湖办商业夜校和工读学校，成为芜湖地区新文化运动的领袖人物。

1921 年，安庆进步知识分子和青年学生发动了大规模的反对封建军阀的六二学潮。消息传到芜湖，刘希平同教职员联合会立即召开紧急会议，共商声援事宜，并组织了全省六二惨案后援会，召开讨倪嗣冲、马联甲大会，并向法庭提出了起诉。后援会的行动得到了全国各

①　政协六安市金安区委员会编：《金安文史》，安徽人民出版社 2004 年版，第 227 页。

②　周新民：《五四运动时期的安徽学生运动》，见中国社会科学院近代史研究所编：《五四运动回忆录》，中国社会科学出版社 1994 年版。

③　朱蕴山：《五四时期芜湖反帝反军阀斗争》，见安徽省政协文史资料研究委员会编：《安徽文史资料选辑》第 2 辑，第 5 页。

④　民革中央宣传部编：《纪念朱蕴山文集》，中国文史出版社 1987 年版，第 124—125 页。

314

界人士的同情和支持,斗争取得了很大的成效。安徽执政当局在各界的反对和全国舆论的压力下,被迫于6月22日答应将教育经费由92万元增加到150余万元,并迫使省长聂宪藩答应抚恤死者家属及受伤学生。为此陈独秀在《安徽学界之奋斗》一文中给予了很高的评价:"安徽在直系势力管辖之下,他们若只是空喊几声,也比广东浙江学界的空喊有价值,况且他们还有在空喊以上的实际动作,在这一点上看起来,安徽学界又算是全国学界之领袖。"[①]陈独秀全面肯定了安徽学界的实际行动精神。

(二)组织旅外自治团体,推动安徽政治民主改革

1920年前后,陈独秀正在上海秘密紧张地筹建中国共产党。出于对家乡社会进步的关注,他利用合法名义,公开组织旅沪皖事改进会,并以此团结安徽旅沪各团体,支持并指导安徽内地爱国民主运动。

1920年8月16日,陈独秀在上海参与组织了旅沪皖事改进会,与主张驱除军阀、改进皖省政治的北京旅京皖事改进会南北呼应,对当时和其后安徽民主运动的发展,起了不可忽视的推动作用。陈独秀列15名发起人之首。15人大都为旅沪皖籍各界知名人士,其中包括孙希文、夏道沛、汪建刚、卢光诏、潘赞化、常恒芳、谢家鸿、张鸿鼎、管鹏、光明甫等。

旅沪皖事改进会在皖省政治方面提出了很多建设性的意见,如在1920年的成立电文中,即提出当前改进皖事的三条办法,即一是废除督军,在废督尚未实现以前,则合力驱逐倪嗣冲,并拒绝复辟派张勋、姜桂题等作倪后继;二是解散省城及各县公益维持会,剥夺该会会员的公民权;三是整顿教育,入手办法,则撤换本省不称职之教育当局,以有学识孚人望者充之。各中学师范校长,非在专门学校以上毕业者不得担任,并限制倪家私党之称的公益维持会之人参与教育。陈独秀等人在电文中特别强调,对上述各项办法,应即分途积极进行,并"函知省城及各县同时并起,联合一致,冀收众擎易举之功"。京、沪两会的这些主张,切中时弊,壮大了以废督自治为内容的安徽爱国民主运

---

① 陈独秀:《安徽学界之奋斗》,《向导》第46期。

动的气势。

旅沪皖事改进会不仅提出具体的改革要求,还以实际行动推行皖事。1920年9月倪嗣冲因病被免职。同日北京政府任命张文生暂署安徽督军。同年10月3日,陈独秀等人以旅沪皖事改进会名义,邀请安徽旅沪各社会团体开联席会议,陈独秀在会上发表讲话,主张发动驱张运动。会议决定,由到会各团体刊发宣言,联络旅京、旅津、旅宁等地同乡,协助皖中各界,齐力驱逐张文生,并议决今后"无论何人督皖,一概拒绝"①。改进会积极关注安徽政局的变动,以反对军阀在安徽的反动统治,提出废督裁兵、实行自治、惩逐公益维持会、整顿教育等主张,发表宣言,号召省内外安徽人,"吾人谋卫自存,势不能不取自决和奋斗手段。倘遇到政治上阻碍,惟有全省同时罢税罢市罢课,达到目的为止"。旅沪皖事改进会等团体并派人回皖联络社会各界,具体指导安徽内地的废督自治斗争。② 1921年4月,倪嗣冲侄子倪道烺运动安徽省长职,旅沪皖事改进会获得讯息后立即发表《皖人与倪道烺势不两立》通电,向社会各界提出"吾皖受倪嗣冲祸毒已久,一旦病废,道路称庆,乃其侄倪道烺,仍盘踞安武军总参谋长及凤阳关监督等要职,俨然倪嗣冲第二。本会同人,深以祸根不除,行间死灰复活,为害益厉,曾于本年一月阳日通电京、津、宁、沪、安庆、芜湖同乡各团,请一致声讨……旅沪皖事改进会陈独秀、常恒芳、汪建刚、谢家鸿、王庆云、张鸿鼎、夏道沛暨全体会员叩首"③。以陈独秀为代表的旅沪同乡组织的活动,对揭露军阀在安徽统治的黑幕,促进安徽人民觉醒和民主政治进步,都有相当的启发,其本身即为以民主科学为旗帜的安徽新文化运动一部分。

二、胡适与安徽新文化运动

（一）胡适的启蒙领袖地位及其思想文化贡献

在新文化运动中,胡适的启蒙地位和思想文化贡献主要有两大方

① 唐宝林、林茂生:《陈独秀年谱》,上海人民出版社1988年版,第127页。
② 哈晓斯:《皖人轶话》,见徐汉三等:《皖事拾零》,安徽人民出版社1989年版,第190—193页。
③ 1921年4月14日《民国日报》。

面。第一方面是"白话文学正宗论"的提出与播种新文化。胡适是白话文学革命的首倡者,进而播下新文化的种子。他之所以成为白话文学革命的首倡者和新文化的播种者,可以说是历史必然中的偶然。1915 年,留美学生胡适,就中国的文字改良问题,在与旅美的中国留学生同学任鸿隽、梅光迪、杨杏佛等相互辩难过程中,得出了"文言是半死的文字"令人舌挢不下、为之瞠目的结论,进而提出要以白话为正宗的"文学革命"主张。他还发现一部中国文学史,便是一部中国文学工具变迁的历史,也是"一部活文学逐渐代替死文学的历史"。胡适提出白话不仅可以作文,也可以作诗,并且以自古成功在尝试的勇气,作了第一批白话新诗。

到 1917 年 1 月,经过两年多与朋友的诘难辩驳后,被逼上梁山后坚定要做白话文学革命掌旗健儿的胡适,把自己的"文学革命八条件"主张,改以"文学改良刍议"为题,发表在乡友陈独秀主编的《新青年》杂志上:"吾以为今日而言文学改良,须从八事入手。八事者何?一曰,须言之有物。二曰,不摹仿古人。三曰,须讲求文法。四曰,不作无病之呻吟。五曰,务去烂调套语。六曰,不用典。七曰,不讲对仗。八曰,不避俗字俗语。"胡适以历史进化的眼光,视"白话文学之为中国文学之正宗,又为将来文学必用之利器,可断言也"。

胡适的主张得到陈独秀高调呼应。在紧接着的第 2 卷 6 号上,陈独秀发表《文学革命论》,公开宣称不怕冒与全国学究为敌的危险,高悬文学革命大旗,为胡适声援。革命军大旗上要大书特书三大主义:"推倒雕琢的阿谀的贵族文学,建设平易的抒情的国民文学;推倒陈腐的铺张的古典文学,建设新鲜的立诚的写实文学;推倒迂晦的艰涩的山林文学,建设明了的通俗的社会文学。"[①]由此,胡适的"白话文学正宗论"主张因《新青年》的鼓吹宣传而弘扬全国,并在成长中为新文化的广泛传播发挥了巨大的功效。

胡适提倡的白话文学革命,为以创造新文化为己任的陈独秀、李大钊、钱玄同、鲁迅等一批社会革新者,找到了一个新载体。白话文学

---

① 陈独秀:《文学革命论》,见《新青年》第 2 卷 5 号,1917 年 2 月。

革命不仅是形式和体裁的变化,它对文学内容的自由表达和精神解放提供了优良的平台,新思想和新精神随之而来。"果然,旧文化、旧思想,落荒而去。新文化、新思想,就随着新的文化传播工具(语体文)排山倒海而来!"①而白话新文学在诗歌、小说、戏剧、散文等主要文学领域,全面实验、开拓,用新文学创作的实绩,巩固了新文学革命的前进阵地。新文化也因为白话新文学取得的累累硕果,为国人展现了毋庸置疑的未来前景。尤其是革新后的白话文学作品,以其承载的厚重深刻的文学内容,成为抨击旧伦理、旧道德,倡导民主科学、价值启蒙、思想解放的新文化的极重要的载体,负载着新思想、新文化走向社会,唤起平民大众心声。

1919年五四爱国运动爆发后,促成白话报刊进一步流行大众社会。因为在社会政治运动中,动员社会大众的演说和口号、标语、传单,白话是最好的表达工具。对白话文在社会流行的情景,1919下半年的《申报》有一段描述:"起初反对者,约十人而九。近则十人之中者,赞成者二三,怀疑者三四,反对者亦仅剩三四矣,而传播此种思想之发源地,实在北京一隅,胡适之、陈独秀辈既倡改良文学之论,一方面为消极的破坏,力抨击旧文学之弱点,一方面则为积极地建设,亟筑新文学之始基,其思想传导之速,与夫社会响应之众,殊令人不可拟议。"②其后由胡适等人提倡,《新青年》和亚东图书馆等出版的刊物、书籍采用新式标点符号,方便了大众阅读。1920年,北京政府教育部决定国民小学的国文开始使用白话语文教材。在白话文传播几乎成"一日千里"的大势之下,白话也开始改称为国语,渐渐地一个为社会各阶层共有、真正的新的语体文化时代,到来了中国。

第二方面是输入新学理,引领新思潮,再造新文明。五四时期是近代思想狂飙突进的年代,在此潮流中,把欧美思想介绍到中国出力最多、影响最大的一位是胡适。胡适与蒋梦麟、陶行知等一批学生,请实验主义哲学大师杜威来中国实地讲学。杜威从1919年4月30日

---

① 唐德刚:《晚清七十年·胡适的两大突破》第1册,台湾远流出版公司2003年版,第262页。
② 1919年11月16日《申报》。

至 1922 年 7 月 11 日，在中国十多个省份巡回演讲，成为对五四时期向往新知识、新思想、新教育的中国知识界影响最大的欧美近代思想家。

杜威的学生们当时将实验主义作为进步的社会思潮引进到中国。早在杜威来华前的 1919 年春天，胡适就在北京知识界作演讲并把演说内容登载在《新青年》第 6 卷 4 号上。他认为英文叫做 pragmatism 的实验主义哲学，是新文化运动那个时代欧美社会"很有势力的一派哲学"，他把杜威论思想的五步说，进一步简化为他根据中国国情创造性解释的三步论，这就是他在新文化运动过程中的代表作《多研究问题，少谈些主义》中的经典阐释：凡是有价值的思想，都是从这个那个具体的问题下手的。先研究了问题的种种方面的种种事实，看看究竟病在何处，这是思想的第一步功夫。然后根据一生经验学问，提出种种解决的方法，提出种种医病的丹方，这是思想的第二步功夫。然后用一生的经验学问，加上想象的能力，推想每一种假定的解决法，该有什么样的结果，推想这种效果是否真能解决眼前这个困难问题。推想的结果，拣定一种假定的解决，认为"我"的主张，这是思想的第三步功夫。凡是有价值的主张，都是先经过这三步功夫来的。

胡适在新文化运动中，坚决主张相信新文化的人，要多研究中国的实际问题，少谈些进口的主义，认为空谈好听的外来的主义，是极容易的事，也是没有什么用处的事，而偏向纸上的主义，还是很危险的事。因为知识界把主义当作口头禅挂在嘴边，是很容易被无耻政客利用做种种害人的坏事。但是胡适并不反对在新文化建构中输入学理，因为学理的输入，可以帮助问题的研究。所以胡适"对于输入学说和思潮的事业，是极赞成的"，并且提出了如何输入学理的三种方法：（1）输入学说时应该注意那发生这种学说的时势情形。（2）输入学说时应该注意论主的生平事实和他所受的学术影响。（3）输入学说时应该注意每种学说所已经发生的效果。他把这三种方法概括成一句话："历史的态度。"用这种态度引进输入到中国的主义，才是活人对于活问题的解释与解决；因为拿来的主义一个个都有来历可考，都有效果可寻，才能免去当时出现的一知半解、半生不熟、生吞活剥引进的

主义的弊害。

胡适对实验主义的大力宣传和介绍,使他成为实验主义思想在中国的代表性人物,让他的老师杜威对他都刮目相看。胡适说的一些话,如"实验是真理的惟一试金石"①、科学的方法只不过"大胆的假设,小心的求证"②等等,都被那个时代青年们奉为圭臬。早年的毛泽东受胡适的影响,还在湖南发起成立了问题研究会,列了几十个问题,作为改造中国的起步。

新文化运动以揭橥科学大旗指南社会,而科学精神的核心是科学方法的领会与运用。实验主义在中国的流行,又与胡适把实验主义与科学方法的等同宣传有关。他把宣传实验主义哲学、科学方法论、渐进改良主义历史进化观统为一体,成为新文化运动中受众接受的主流意识和观念。

五四新文化运动又以高擎民主大旗,揭露封建专制,提倡思想和个性解放,开时代风气。作为新文化运动的领袖之一,胡适为新文化时代的大众民主意识的觉醒,注入了鲜活的思想内涵。胡适借用最能代表19世纪欧洲人文主义精神的易卜生戏剧及其主角呈现自己的个性解放观念,公开向青少年鼓吹树立"一种健全的个人主义的人生观"。胡适认为,易卜生主义最可以代表"健全的个人主义",其中心思想有两个,一是充分发展个人的才能,二是造成自由独立的人格。他倡导青年要过"非个人主义的新生活",也就是健全的个人主义式的新生活;健全的个人主义才是真的个人主义。

反对封建名教,主张妇女解放,建设性地提出自己总结的社会不朽论,进而主张包括10条内容的自然主义人生观的新式信仰,是胡适对新文化运动的另一贡献。胡适青年时期较早地接受了无神论思想,1919年前后,他又提出儒家的立德立功立言三不朽说,只限于少数人,没有消极制裁,所谓功、德、言范围太模糊等三种缺陷,为此又提出以"小我"、"大我"概念为讨论平台的社会不朽论。而自然主义人生

① 胡适:《杜威先生与中国》,见《胡适文存》卷2。
② 胡适:《治学的大法与材料》,见《新月》第1卷9号,1928年11月10日出版。

观的新信仰,是应该建立在根据现代天文学、物理学、地质学、古生物学、社会学、心理学等科学知识之上的科学信条,一切心理的现象都是有因的,道德礼教是变迁的,而变迁的原因都是可以用科学方法寻求出来的。人类的"大我"不死不朽,这才是"为全种万世而生活"的最高宗教,那些替个人谋死后的"天堂"、"净土"的宗教,是自私自利的宗教。他以科学的自然主义人生观来引导新青年的新信仰,是科学精神得以弘扬,现代中国走出封建迷信桎梏,迈向科学信仰新时代的重要路径。

1919 年 12 月,胡适对新文化运动开始从理论的高度进行反思总结,对新文化未来的走向进行了展望。陈独秀曾经在著名的《新青年两大罪案》文中说,"要拥护那德先生,便不得不反对孔教,礼法,贞洁,旧伦理,旧政治。要拥护那赛先生,便不得不反对旧艺术,旧宗教。要拥护德先生,又要拥护赛先生,便不得不反对国粹和旧文学"。胡适认为这种说法虽然简明,但失之太笼统。他认为新文化运动,即胡适当时指称的新思潮的意义,根本上只是一种新态度——评判的态度,也就是尼采所说的"重新估定一切价值"八个字。评判的态度包括两方面,一是研究问题,讨论社会上、政治上、宗教上、文学上种种问题;二是输入学理,介绍西洋的新思想、新学术、新文学、新信仰。评判的态度在中国的运用,或者说对旧有中国学术思想的态度就是反对盲从、反对调和,主张整理国故。用历史进化的眼光作条理系统的整理,寻出每种学术思想怎样发生和发生后的影响效果,用科学的方法作精确的考证,把古人的意义弄得明白清楚,最后综合分析还各家一个本来面目。胡适认为,新思潮的精神是"评判的态度"5 个字,新思潮的意义可以用 16 个字来概括:研究问题,输入学理,整理国故,再造文明。研究问题、输入学理是手段,而新思潮将来的趋势,应该是研究人生的切要问题,应该在研究问题的过程中做介绍学理的事业。新思潮的唯一目的是再造文明。

胡适在新文化兴起阶段有倡导之功,又在新文化成长过程中发挥驱动引擎之力。值得强调的是,胡适不仅在理论上指明了中国新文化运动的方向,即要以引进吸收以民主、科学为核心内容的西洋文明,一

点一滴渐进改良中国传统文化,再造中国现代文明。同时,他又以《中国哲学史大纲》、《红楼梦考证》等一大批学术作品,为现代中国学术文化的建立,树立了新的范式。胡适既是中国新文化运动的理论指导者,又是开拓新文化事业忠实的践行人。1919年,国民党政治家廖仲恺评价胡适对新文化的贡献时,认为"我辈对于先生鼓吹白话文学,于文章界兴一革命,使思想能借文字之媒介,传于各级社会,以为所造福德,较孔孟大且十倍"①。

（二）胡适对安徽新文化事业的推动

自倡导新文学革命以来,胡适始终没有忘记安徽故乡,对安徽的政局、社会改革事业十分关注。

1. 推动安徽政治改良、社会进步事业,支持和参加安徽进步人士发动的驱逐祸皖军阀运动。民国2年（1913）以后,袁世凯的部属倪嗣冲任安徽都督兼民政长,在安徽实行军阀统治,政治上强力施暴,经济上对百姓大肆搜刮,增关设卡,加收苛捐杂税。1920年8月,胡适参加组织了北大皖籍教职员组织的旅京皖事改进会,提出废督、民选省长等4项改进皖事主张。1921年6月2日,安庆发生省议会串通军阀倪道烺等镇压学生的六二血案,胡适获悉后,马上整理出电文,送《晨报》以"安徽军人摧残教育之惨状"为题发表。他还在家中聚集改进会同仁,商讨改进皖事办法。六二惨案发生后几天,北京的《晨报》及驻华西方媒体都发有胡适等撰写的安庆六二惨案的报道,使军阀的暴行大白于天下。这年8月,胡适还冒着酷暑到安庆作暑期演说,先后演讲《实验主义》、《科学人生观》、《好政府主义》、《女子问题》、《国语运动与国语教育》、《对于本省教育的一点意见》,是来得最早、演讲次数最多的一位。讲演会后,胡适还针对安徽教育界混乱现状,领衔发表了《根本改造安徽省教育会宣言》,提出"我们安徽省教育会,建筑的宽敞,经费的充裕,在中国都要数第一,而且是全省的,不是省垣一隅的,更是开全国未有的风气了。然而近来因为竞争会长,已经闹到搁浅的地步了,我们哪得不可惜他呢?古人说的好,'穷则变,变则

①　廖仲恺致胡适信,1919年7月19日。见《胡适来往书信选》上册,中华书局1979年版,第64页。

通＇，我们既走到这样山重水复的绝境来，就不能不想个变通方法来救济救济。我们几个人一再思考，一再思量，以为救济目前困难，只有把会长制改为委员制的一个办法，是为适当"①。胡适了解到新派的安徽教育界人士，相互派系隔阂，"现在安徽有所谓'高等系'、'南高系'、'北大系'、'两江系'、'湖北高师系'等等派别，皆是'学阀'，皆当打破，只认人才，不问党系"②。他和陶行知等人提倡的委员制方案，为后来安徽各类群众性或行业性团体树立民主意识、进行民主建设起了很大的促进作用。

2. 20世纪20年代胡适对安徽教育的关切和贡献。1920年直皖战争后皖系战败，倪嗣冲派系势力下台，给安徽教育振兴带来新转机，谁来做教育厅长？陈独秀在1920年8月27日给胡适信，提出由胡适来做，或者胡适写信给他的好朋友，请时任教育部秘书的学者任鸿隽出任。"皖事已有变化，我们在上海的同乡专力在教育上用功夫。首先注意的就是教育厅长问题，省城方面已有可与接洽机会。教育部方面，我们当可建议。上海同乡都希望吾兄到皖担任此职。弟意吾兄下年倘决计不在北大，到安徽去办教育，也倒很好。担任教育行政职务和他项官吏不同，但能做事，似不必避此形式。"陈独秀、胡适当时在上海、北京分别利用民间组织皖事改进会，对安徽教育提出建设性方案。"我们便可令京沪二处皖事改进会同人，分向京皖当局建议。"③

1920年9月，赵宪曾在任安徽教育厅厅长后一个月（9月9日—10月12日），由于京沪安徽同乡组织的反对被迫主动辞职，教育部任命安徽学界可以接受的张继熙（留日学生，担任过教育部视学、普通教育司司长）为安徽教育厅厅长。为此胡适1920年10月发电文给陈独秀，请他告诉上海的乡友："上海环龙路渔阳里陈独秀转同乡，教厅改任普通司长张继熙，此人很好，本年国语实施令，他的力最大，当能任

---

① 《皖教育会根本改造之沪闻》，载1921年8月27日《时事新报》；亦参见：《改造皖教育会宣言》，1921年12月7日《民国日报》。

② 《胡适的日记》（手稿本），台湾远流出版公司1990年版。

③ 《陈独秀致胡适》，1921年8月27日，见《陈独秀著作选编》第2卷，上海人民出版社2009年版，第413页。

皖事。"又给安徽省教育会发电:"安徽省教育会诸公鉴:教育厅改任张继熙,本教部普通教育司长,品学皆好,思想亦新,似能任皖事。谨闻。胡适、高一涵等。"1923年3月,胡适联合王星拱、高一涵、李辛白、李德膏、胡春霖等皖籍教育界著名人士联名通电,为维护教育经费独立,反对安徽军阀马联甲克扣教育经费。电文中揭露:"姜案正凶马联甲截夺教育专款,迭经省教育会、学校联合会等痛口呼吁,政府充耳不闻,簧序濒于歇绝。查皖省学款历年被军费侵占,以致积欠新陈递压,教育终朝飘摇,不得已乃有独立经营之提议……现值寒假,各学校困于坚壁清野之下,不能启户,我控告无门之教育界势必誓死斗。"①胡适联合安徽先进人士,把反对军阀擅权专制,要求教育独立发展,与推动安徽民主政治运动相结合;既启发和团结安徽先进,又推动了安徽新文化运动的深入开展。

三、其他皖籍知识分子对安徽新文化的贡献

创造中国新文化的是群体之力,领导新文化运动的主要是蔡元培、陈独秀、胡适、李大钊等新文化领袖群体,在这个群体中,起到中枢作用的是哪几位人呢? 陈独秀1940年有一段话值得回味:"五四运动,是中国现代社会发展之必然的产物,无论是功是罪,都不应该专归到那几个人;可是蔡先生、适之和我,乃是当时在思想言论上负主要责任的人,关于重大问题,时论既有疑义,适之不在国内,后死的我,不得不在此短文中顺便申说一下,以告天下后世。"②三人中有两位皖籍思想先驱者陈独秀和胡适。而在胡适、陈独秀周围,还有一大批安徽籍知识分子,他们对五四新文化运动的贡献,同样值得肯定。

高一涵(1885—1968),安徽六安南官亭人。早年留学日本时,与李大钊相友善,一起从事留日学生团体活动。1916年7月回国,积极为《新青年》撰稿编辑奔波,后又与李大钊一起从事《甲寅》日刊的编辑、撰稿工作。1918年,任北京大学丛书编译委员,并与陈独秀、李大

---

① 《胡适等驱除害马电》,见1923年3月6日《民国日报》。

② 陈独秀:《蔡孑民先生逝世后感言》,见1940年3月24日《中央日报》。

钊、胡适、钱玄同等人轮流编辑《新青年》。同年11月,又与李大钊、陈独秀等人共同创办《每周评论》。高一涵是《新青年》杂志第一批作者,他发表的《一九一七预想之革命》、《共和国家与青年之自觉》、《国家非人生之归宿论》等,提出自由平等的人权思想,强调中国青年要有独立的人格,可以为国家牺牲自己的生命但"不得牺牲一己之人格"。在积极宣扬新思想新文化中,不少文章是可以与陈独秀、胡适文章相媲美的。他还是继严复之后,积极向国人宣传西方政治理论且有所造诣的政治学者,可以说他是新文化时期几个主要杂志《新青年》、《每周评论》、《努力周刊》、《现代评论》最忠实的撰稿人,也是在陈独秀、胡适周围,反对军阀统治安徽,主张改革安徽政治,提倡新文化事业最忠实的合作者。

刘文典(1889—1958),字叔雅,安徽合肥人。早年在安徽公学读书,受陈独秀影响。民国初年在上海办报,参加两次反袁世凯独裁专制斗争。1916年,在北京大学任教,研究《淮南子》等诸子。五四期间,刘文典站在新文化运动的一边,曾在陈独秀主办的《新青年》杂志编辑部担任英文编辑,翻译了《近世思想中之科学精神》、《叔本华自我意识说》、《美国人之自由精神》等学术论著,在新文化运动中,积极向国人宣传西方进化论和科学思想。在北京大学职员中,又以敢于面对文化守旧派,长新文化人士之气。刘文典后来最出名的事迹是1928年在安徽大学筹备主任任上当面顶撞蒋介石差点被枪毙,他以狂狷之态蔑视专制权贵,最后得北大老校友蔡元培、胡适等营救获释,充分体现了作为一个知识分子的节气。

李辛白(1875—1951),清末民初白话文的倡导者,安徽无为县人。早年赴日留学,同盟会首批会员,清末即在上海创办白话报,被胡适推崇为我国推广白话文的"开山老祖"之一。1917年到北大,先后为庶务主任和出版部主任,北京大学时期的新文化期刊《新青年》、《新潮》等杂志的印刷出版以及全校书刊杂志供应等,都与他努力工作有关。他是李大钊、陈独秀主办的《每周评论》发行人,还是五四时期面向北京普通大众的著名小型刊物《新生活》的创刊人,蔡元培、胡适、陈独秀都是该刊撰稿人,李大钊发在该刊的稿件有70多篇。五四运动爆发时,他迅即

组织编印的 2 万份《北京学界全体宣言》，是当天发出的唯一传单。李辛白也是新文化运动中一员骁将。1925 年，他又在北京创刊《北京第一小报》，抨击反对新文化运动的北京政府教育总长章士钊。三一八惨案后被通缉南下返皖，是安徽新文化事业的积极推动者。

高语罕（1888—1948），原名高超，安徽寿县人，先后留学日本早稻田大学和德国哥廷根大学。早年与易白沙在安徽辅助革命党人韩衍办报刊。1915 年后在上海积极为《新青年》撰文《青年与国家前途》等。1916 年秋赴芜湖任省立第五中学学监兼授英语。创办学生自治组织，开办平民学校、商业夜校等，支持蒋光慈、钱杏邨、李克农等组织安社等，是安徽芜湖地区新文化运动的领袖。尤其是在陈独秀、胡适指导下所编写的《白话书信》，是新文化时期面向大众介绍新知识、宣传社会主义新思想的一本畅销全国的大众读物，亚东图书馆前后出了二十多版次。

《新青年》早期的其他两个主要作者易白沙、谢无量，虽然不是安徽籍，但都是追随父辈在安徽长期居住工作，与陈独秀有革命情谊的人士。1916 年 9 月后的《新青年》第 2 卷作者，也有不少是安徽人，如胡适、光明甫、程演生、程宗泗等①；1917 年 3 月后的第 3 卷，陈独秀到了北大，《新青年》进入了一个新时期。但其主要作者仍大多是陈独秀相识的老朋友，如章士钊、蔡元培、钱玄同等。第 7 卷后，又由陈独秀主编且主撰，即使是 1920 年之后《新青年》南下上海，就《新青年》出版方针问题，在陈独秀征求意见的钱玄同、李大钊、周建人、周作人等人中，胡适、高一涵、王星拱等安徽人，依然占有相当比例，而意见的关键两端人物是胡适、陈独秀。

近代化学家王星拱是发表科学文章最多的人之一。王星拱，字抚五，1888 年出生于安徽怀宁。在安徽高等学堂读书时得监督严复赏识，成为安徽高等学堂第一批官费留学生，远赴欧洲学习。1912 年，他和皖籍留学生丁绪贤（现代化学家）等人发起组织科学社（后与留美学生成立的中国科学社合并）。1916 年学成归国任教于北京大学

---

① 此方面统计，见陈万雄：《五四新文化的远流》相关章节，三联书店 1997 年版。

理学院,坚定地站在新文化阵营,用其所学所知,宣传科学精神。他在《新青年》、《新潮》、《少年中国》等新文化刊物上,先后发表《未有生物以前之地球》、《未有人类以前之生物》、《科学的起源和效果》、《什么是科学方法》等,介绍 19 世纪中期以来西方科学观念和科学成就,宣传科学对人类认知和改造自然的巨大成就。王星拱把科学与哲学相结合,对当时流行的封建迷信和旧宗教意识予以科学理性的分析和批驳。1920 年,北京大学出版的王星拱所著《科学方法论》一书,是近代中国第一部系统说明科学方法论的专著。

为《新青年》出版积极奔走的近代出版家汪孟邹、汪原放叔侄,他们所办的亚东图书馆,出版发行了众多宣传新文化的新书刊,《青年》杂志 1915 年得以出版发行是与汪孟邹的介绍帮助分不开的,亚东图书馆出版的《独秀文存》、《胡适文存》和最早用新式标点排版印刷新书,都是那个时代开风气之举,也因此被陈独秀、胡适等称赞为给新文化做了二十多年的"媒婆"。

还有一位就是第一部记录五四运动历史的著作《五四》的作者之一,也是最早写出白话文法书籍的作者、疑问代词"哪"的发明者蔡晓舟。蔡晓舟(1885—1933),安徽合肥人。1908 年曾经参加熊成基领导的安庆马炮营新军起义,失败之后回合肥开办新式学堂。后去北大图书馆任职。20 世纪 20 年代回到安徽,先后在法专、五中任职,是安徽大学筹办的重要发起人。近代以来一群安徽进步知识分子,走在近代中国社会前列,引导社会新思潮,为安徽新文化运动写下了有意义的历史篇章。

第二节　安徽教育事业的革新和推进

一、民初安徽省教育行政机构的沿革

清末新的教育行政机构,自戊戌时期京师大学堂兼管各省学堂事

宜提出,新的管理模式雏形初现。1911 年 11 月 8 日,安徽光复。中华民国成立后,省级教育行政机关多次变更。总体上,安徽与全国相似,但也有本省特殊情况。如 11 月 16 日前后因皖省遭浔军祸皖,仓促成立由军政、民政、财政三司组成的皖省维持统一机关处,教育改由民政司管属,该机构职能即不同于全国其他省份。再如 1913 年,把持安徽军政的军阀都督倪嗣冲致电国务院,在全国最早提出把都督府行政公署原属教育、实业两司,改并为内务司下"设立的教育、实业两科"。①

1912 年,依照废提学使司后新成立的教育部所颁条规,在省设教育司。据《第一次中国教育年鉴》戊编,证以台湾"中央研究院"近代史所张朋园先生所编《民国职官年表初稿》(民国元年至民国 5 年)及大陆所出版的《中华民国时期军政职官志》等资料综合考证,安徽最早出任教育司长的是江谦(1912 年 5 月 8 日出任),5 月 23 日又有汪彼炎代理教育司长。其间邓艺荪(绳侯)出任,12 月 29 日辞免后,江昉 1913 年 1 月 8 日担任,1914 年 5 月 23 日裁撤。其间(1913 年)又有李蕴短暂出任过教育司长。民国 4 年(1915 年)、5 年(1916 年),倪嗣冲任安徽将军,安徽又设巡按使,教育职权设置即发生变化,主政教育人选甚至至今不详,主要原因是原教育司名称已不见,将军府或督军府中只有政务厅长、财政厅长两职权机构,教育司已改为教育科属政务厅。这也是北洋政府下对安徽教育不予重视的一个例证。

据《中华民国时期军政职官志》等资料统计,1916 年 7 月至 1928 年先后出任安徽教育司、厅长的有:卢殿虎(1916 年 9 月 7 日出任)、马邻翼(1918 年 5 月 17 日出任)、胡家祺(1918 年 7 月 5 日署理)、赵宪曾(1920 年 9 月 9 日署理)、张继熙(1920 年 10 月 14 日署理)、杨乃康(1921 年 10 月 26 日署理)、谢学霖(1923 年 11 月 10 日兼代)、卢殿虎(1924 年 1 月 31 日出任)、江昉(1924 年 12 月 20 日出任)、王家驹(1925 年 7 月 30 日出任)、洪逵(1926 年 2 月出任)、吕世芳(1926 年冬暂代)。1927 年 7 月设立安徽省政府委员会,8 月安徽省政府正式成立,下设民政、教育、财政、建设、农工、军事、司法厅及秘书处等机

---

① 《中国大事记》,见《东方杂志》第 10 卷第 12 期,第 2 页。

构,何世桢于 7 月 25 日出任教育厅长,其后任厅长的有韩安(1928 年 3 月 2 日出任)、程天放(1928 年 12 月 16 日出任)。

教育司、厅长名称的变动,对应的是辖属职能范围、内容、工作方式诸多方面的变化。民国初立,教育司下辖总务科(科长 1 人,有机要、文书、统计、会计、编辑课,兼及收发、校对、监印等)、普通科(科长 1 人,辖管国民教育、师范、中等教育、补助教育、社会教育课)、专门科(科长 1 人,辖管高等游学课、文法学课、理医课、农林课、工商课)。1914 年北京政府公布《省官制》,各省行政机构建制陆续发生变动。1915 年,安徽省教育会曾联合其他省份教育会,就北京政府所提出的地方官制改变,认为"巡按使为全省行政官,于教育行政只能提挈大纲,至于考核稽察之权,不得不分诸属吏,而教育科长分位不崇,即使勉力尽职,其实权亦不能稽校地方官吏",吁恳请大总统"俯念教育为立国根本,仍令各省设置教育独立官厅,庶足以专责成而收实效"①。

实际上,自 1913 年军阀倪嗣冲督皖(兼民政长)后,即改教育厅为内务司辖管的一科,前揭引用的 1913 年 9 月《国务院通电各省教育、实业两司归并内务司为两科》电文②,以及《申报》(民国 2 年 9 月 15—16 日、12 月 6 日)都有记载。当时安徽教育科于政务厅下辖属二股,分别办事。③

1915 年,北京教育部拟设备省成立省教育厅计划,"以督办全省之教育"④。在第一届、第二届全国教育会联合大会多次呈请合词具书请愿下,1917 年 9 月 6 日,教育部终于公布《教育厅暂行条例》,原属政务厅中的教育科改为厅,厅长"由大总统简任,秉承省长,执行全省教育行政事务,监督所属职员暨办理地方教育之各县知事"⑤。由行政体制上讲,省教育厅的设立,连同省实业厅、财政厅及警务处分属中央教育、农商、财政、内务等部领导,为中央政府直辖机关,且由大总统简

① 《直隶等省教育会联合呈请设置地方教育独立官厅》,见《教育杂志》第 6 卷 4 号,1914 年,第 34 页。
② 《中国大事记》,见《东方杂志》第 10 卷第 12 期,第 2 页。
③ 《安徽省志·教育志》及《安徽省教育大事记·1916 年》均作 1916 年"省教育司归并巡按使署,改司为科"。
④ 《教育杂志》第 7 卷,第 71 页。
⑤ 《教育公报》第 4 年 13 期,1917 年 10 月。

任。实际上皖省教育厅厅长任免，均受本省行政长官干预、监督，或本地地缘政治因素影响。如赵宪曾 1920 年 9 月 9 日署理教育厅长，前后一月不到，即被替代，原因在于皖籍旅外同乡组织及省内教育界人士坚决反对①；再如 1926 年，一段时间控制安徽政局的五省联军总司令军阀孙传芳干涉教育厅长洪途到会事，都是例证。民国时期安徽首任教育厅长卢殿虎 9 月被发表任命，迟至 12 月履任，也是一例证。1917 年 11 月，教育部核准教育厅署组织大纲和教育厅长职权，12 月，安徽省教育厅正式成立，厅下设三科，"一科管理普通教育及教育行政，二科管理专门教育及社会教育，三科管理厅务及其他"②。自此，教育厅作为省级行政官署中"四厅一处"，即教育厅、财政厅、实业（后改建设）厅、政务（后改民政）厅、警务（后改秘书）处，在民国较长时期得以确立不变。

1918 年 5 月，省教育厅专门召开全省教育行政会议，并组织展示全省教育行政成就展览。1927 年 3 月，在陈调元主持安徽省政务委员会期间，短暂设教育科；7 月，南京国民政府又下令设科为厅，11 月国民政府正式成立教育厅。

民国成立后一段时期，安徽县级地方教育行政机构沿用清制，县设劝学所。1913 年 7 月，教育部通咨各省"一律暂留劝学所"，并"照旧设视学一职，以资补救"③。1915 年 8 月，教育部拟订《地方学事通则草案》，12 月公布《劝学所规程》，规定"各县设劝学所，辅助县知事办理县教育行政事宜，并综核各自治区教育事务"。1916 年 1 月，教育部公布《地方学事通则施行细则》，对自治区立学校设立，分划学区及区董职务管理事务事项、经费管理等，都作了详细规定。4 月，《劝学所规程施行细则》、《学务委员会规程施行细则》颁布，对县劝学所的职能范围、劝学所所长产生办法、学务委员会组成办法及职能管辖内容均有翔实划分及具体执行规定。1918 年 4 月，教育部颁布《县视

① 1920 年 9 月 14 日、10 月 2 日《申报》。

② 王世杰主编、金汉杰主审：《安徽省教育大事记》，安徽教育出版社 1999 年版，第 30 页。

③ 陈翊林：《最近三十年中国教育史》，上海太平洋书店 1931 年版，第 214—215 页。

学规程》。1922 年教育部召开学制会议，"决定改劝学所为教育局"①。1923 年，教育部正式公布《县教育局规程》后，安徽省教育厅随后制发《县教育局规程》，全省各县一律改为县教育局，"县教育局由局长一人，视学及事务员若干人组成。另设董事会，为全县教育立法机关"②，但实际的情况，安徽由劝学所改为县教育局，殊为不易。由于对县级地方教育权力资源的争夺，各地方呈报的局长人选相互攻讦不断，让省教育厅难以选择任命，直至 1926 年底，全省各县局长人选选任"仍然风波不断"③。1928 年 1 月，省教育厅制定并经大学院准予备巡查，公布《安徽省县长办学考试暂行条例》，规定"县长在任满一年后，依本条例之规定，由教育厅长考核办理学务之成绩"并"奖励"或"惩戒"④。同时公布的《安徽省县督学暂行条例》以及后来的《安徽省教育局组织规程》(1929 年)才基本规范了安徽县级教育行政机构的职能范围和运作方式、方法。

民国成立，承续清末视学制度，且纳于教育行政机构范围。1913 年 1 月 20 日，教育部公布《视学规程》，划安徽、江苏、浙江为第三视学区。1914 年教育总长汤化龙在递呈大总统"请各省组织教育厅"文中，明确提出"请以各省政务厅中之教育科及视学官等组织教育厅"⑤。1917 年教育部公布的《教育厅暂行条例》中，也特别规定"教育厅设省视学四人至六人，由厅长委任，掌管视察全省教育事宜"⑥。1918 年正式颁用的《省视学规程》《县视学规程》，进一步翔实规定了省及县视学视察事项、任职资格条件、视察方式及注意事项、经费使用及标准等。1922 年学制会议后，设立的县教育局仍把视学员纳入教育行政组织系统。1928 年，省教育厅改视学室为督学室，设省督学和省视导员，制发《安徽省教育厅督学暂行条例》、《安徽省县督学暂行

---

① 国民政府教育部编：《第一次中国教育年鉴》甲编，开明书店 1934 年版，第 39—41 页。
② 王世杰主编、金汉杰主审：《安徽省教育大事记》，安徽教育出版社 1999 年版，第 43 页。
③ 谢国兴：《中国现代化的区域研究·安徽省(1860—1937)》，台湾"中央研究院"近代史研究所 1991 年版，第 562 页。
④ ［日］多贺秋五郎编：《近代中国教育史资料》民国编下册，日本学术振兴会 1973 年版，第 462 页。
⑤ 《教育杂志》第 7 卷第 1 期，1915 年。
⑥ 《教育公报》第 4 年第 13 期，1917 年 10 月。

条例》，进一步由督学方面完善了省、县教育行政机构的组成。

二、民国初期安徽高等教育的兴办

晚清以来，安徽的高等教育在全国兴办较早，也有一定的教育基础。但民国成立后的很长一段时间内，安徽高等教育几近空白，以致有人说"从清末到 1937 年，安徽真正称得上高等教育的学校，只有一所安徽大学，系成立于民国 17 年"①。我们自不能按当下现代化高等教育标准衡量旧时高校建设。在此时期，安徽高等教育建设的努力一直进行不辍。

民国初期，安徽的混乱政局和军阀昏黑政治，对安徽教育造成极大摧残，这对于有较高素质要求和经费财源支撑的高等教育，形势更加不利。1912 年 6 月，原清末安徽省官立法政学堂、公立法政学堂和私立法政专门学堂，三校合并，成立江淮大学。这是民国初期安徽第一所院系分科的大学，计分文、法两院，学生有千人以上。该校校舍为原安庆姚家口官立法政学堂旧址，主持教育者有刘希平、光明甫、周松圃、程筱苏等。据《第一次中国教育年鉴》记载，1914 年 2 月，教育部令此校改办公立法专。1914 年 8 月，此校以私立安徽法政专门学校名义先予备案，1915 年改称公立法专。据 1915 年 8 月至 1916 年 7 月时段统计公布的《全国专门学校统计表》，该校有学生 433 人，毕业生207 人，辍学生 47 人，死亡 4 人，教职员 35 人，是当时安徽较大的一所高等学校。② 执掌校政者光明甫，思想开明，提倡青年学生要积极响应民国新思潮。1926 年，该校学生成立了安徽高校第一个地下共产党支部。1927 年前后，光明甫遭通缉，省立法专才停办。

1912 年秋，陈独秀辞安徽都督府秘书长，在原安徽高等学堂旧址"重办高等学堂"③，陈独秀富有雄心，拟改校名为安徽大学，自任教务主任，聘请清末曾授学部主事的桐城名家马其昶为校长，但因经费和

① 谢国兴：《中国现代化的区域研究·安徽省（1860—1937）》，台湾"中央研究院"近代史研究所1991 年版，第 562 页。

② 国民政府教育部编：《中华民国第四次教育统计图表》，上海图书馆影印本，第 15 页。

③ 唐宝林、林茂生：《陈独秀年谱》，上海人民出版社 1988 年版，第 55 页。

安徽时政原因,兴办时间不长就被迫停办。此校的注册备案亦不见于教育部卷宗名录。

1922 年 10 月,安庆的省工业专门学校对外招收预科学生,原定"预科办理两年后招收本科学生"。1924 年,省府停办工业专门学校,在原址上改设第一安徽中学[①],安徽兴办高等教育的努力又一次受挫。

五四前后,新思潮在全国流传。引领中国社会新思潮的先驱者如陈独秀、胡适等皖籍旅外人士,都十分关切安徽高等教育的兴办。安徽进步青年蔡晓舟,曾任职北大图书馆等处,随蔡元培、胡适等倡导新文化备受安徽青年尊重。"后从事省立大学,奔走不遗余力。迨 16 年,本省大学正式成立时蔡氏不居筹备委员之位,其先事倡导之功,并不因而湮没"[②]。蔡晓舟于 1921 年间较早提出安徽要办大学。"民国 10 年六、七月间,蔡晓舟为大学事,奔赴北京,在香厂东方饭店,宴请安徽旅京同乡会,报告安徽有设立大学必要之意义,旋由江朝宗、许世英、柏文蔚、李国筠、胡适、高一涵、姚憾、吴复振等 20 余人,联名函请省长聂宪藩予以提倡。函存省政府档案。"[③]蔡晓舟的倡议得到社会各界的支持。1921 年,皖籍人士许世英出任安徽省长,明确表示支持筹建安徽大学,同年底,安徽教育界和社会人士组织安徽大学期成会。1922 年安徽大学筹备处成立并开展活动,如 1922 年 5 月,蔡晓舟即以安徽大学筹备处名义发表文章。

1923 年,由省教育厅报批省政府,将安徽工业专门学校停办后的经费储备起来,拨付将来成立的安徽大学工科用。1924 年,省教育厅、财政厅联合会呈请省政府,建议以厘金的烟酒税加 10% 作为筹建安徽大学的基金。此建议得到省府同意,由卷烟营业凭证税中划拨经费作为建设安徽大学之用。1926 年任省教育厅长的洪逵,促成安徽大学筹备处重新组建并聘请全省各界名家,组成安徽大学计划会议,议定有《安徽大学组织大纲》等组建文件。10 月,正式成立安徽大学

---

① 1922 年 9 月 20 日《申报》。
② 《安徽文化运动先进蔡晓舟先生逝世》,见《学风》,1933 年。
③ 胡健吾的回忆,见沈寂:《也谈蔡晓舟其人》,见《江淮文史》第 4 期,2000 年。

办事处，由省长高世读聘请姚永朴为安大校长，着手创建事项，却因北伐军即将入皖境，安大创办事又一次搁浅。1927 年南京政府成立后，"陈调元来皖经省府之席，经聘余谊密、胡春霖、张秋白、汤志先、雷啸岑、刘文典、吴承宗、廖方新、常宗会、刘复、吴善诸先生，组织安徽大学筹备委员会，并推举刘文典先生为文学院筹备主任，吴承宗为工学院筹备主任，韩安为农学院筹备主任。1928 年 2 月，筹备就绪，以百子桥法政专门学校旧址房舍为第二院，供学生住宿，另租锡麟街圣公会一部分房产为第一院，作为教室、办公室及图书馆，开始招收大学预科生。8 月，筹备委员会推举刘文典先生为院长兼预科主任，开始招收大学文法学院本科生，是为安大成立之始"①。前后经过 7 年筹划，各界人士奔走努力的省立安徽大学创办，标志着民国初年以来安徽高等教育长期几近空白的历史进入一个新时期。

三、安徽省普通教育与师范教育

普通教育涵盖幼稚教育、小学教育、中学教育等几个部分。自戊戌维新运动后，安徽全省学校教育兴起，在所办的学校中占主要份额的是普通学堂教育。到 1911 年，在安徽大约 1000 多所学校中，普通教育类学堂仍然占了绝大多数，在全国普通学校建设中，居中等水平。民国成立后，对于安徽这样一个内陆省份，1000 多万人（1913 年统计安徽约 1410 万人），政局混乱，财政短绌，把发展初等教育作为重点，无疑在方向上是正确的。

（一）幼稚教育的推广

安徽的幼稚教育由清末递嬗而来。民国成立后，教育部在公布的《师范教育令》（1912 年 9 月）中规定，各省要在"女子师范学校于附属小学外，应设蒙养园"，在女子高等师范中的女子中学校"并设蒙园"。② 幼稚教育由清末的蒙养院改为民初的蒙养园。同年，安徽省立女师（即其后的省立第一女子中学）开办 1 个小班，到 1919 年春，该校

---

① 《国立安徽大学校刊》第 2 期，1947 年。
② 《教育杂志》第 4 卷第 8 号。

"添招幼稚园一班"①,省立一些中学和师范学校相继开办省蒙养园。1915 年 7 月,教育部公布的国民教育令中,把幼稚教育纳入国民教育系统,在其规定的第十一条中,明确指出"国民学校得附设蒙养园"②。1916 年 1 月,教育部公布的《国民教育会施行细则》,具体规定了蒙养园教育的实施办法:"蒙养园以教育三周岁至入国民学校年龄之幼儿为目的。""教育幼儿,务令其身心健全发达,得良善之习惯,以辅助家庭教育。幼儿之教育,须与其身心发达之度相符,不得授以难解事项及令操过度之业务。""教育之项目为:游戏、唱歌、谈话、手艺。""蒙养园教育幼儿为保姆。保姆需女子有国民学校正教员或助教员之资格,或经检定合格者充之。检定由国民学校教员检定委员会行之。"③第六次全国教育会联合会议通过"推广蒙养园"议决案后,教育部于 1921 年又一次训令各省:"(1)女子师范学校应设保姆科","(2)除女子师范学校及女子师范讲习所应设蒙养园外,每县至少须设蒙养园一所"。④ 1922 年,根据教育部新颁的《壬戌学制》把蒙养园教育改为幼稚园教育,列入初等教育系统,以法规方式规定"幼稚园收受六岁以下之儿童",正式由学制上确立了幼稚园教育的地位。安徽的幼稚园教育起步迟,推广缓慢。尽管省教育厅三令五申,1928 年教育厅要求各地"实验小学或师范附属小学,尽先设立幼稚园,18 年开始在乡村小学内酌设乡村幼稚园,以期幼稚教育渐次推广"⑤。

(二)小学教育

民国初立,安徽小学教育迎来一个新时期。仅民国元年,安徽小学(包括幼稚园)就有 1430 所,居全国位次第十六名,在校学生数有48375 人,居全国第十七位。⑥ 这与民国初年教育部颁布的法令条规、学制改革以及皖省教育界人士的多方努力有关。1912 年 1 月 19 日,教育部甫设立,即通电各省,发布《普通教育暂行办法》。先是把前清

---

① 《省立第一女子中学沿革及学生数》,见《一年来之安徽教育》。
② 《教育公报》第 2 年第 4 期。
③ 《教育公报》第 2 年第 12 期。
④ 《教育杂志》第 13 卷第 8 号。
⑤ 安徽省地方志编纂委员会编:《安徽省志·教育志》,安徽人民出版社 1997 年版,第 42 页。
⑥ 国民政府教育部编:《第一次中国教育年鉴》丁编,开明书店 1934 年版,第 170—173 页。

的学堂，改称"学校"；管理人员由监督、堂长，一律改称"校长"；各省州县小学，"应于元年三月初五日一律开学"①。9月，教育部公布《小学校令》，规定小学校分为初等小学校、高等小学校两种。各校名称的命名方法，初等小学校与高等小学校并置一处的，以初等高等小学校命名；凡由城镇乡承担经费的，以"某县立高等小学校"称名；凡由"私人或法人担任经费者，名私立初等小学或高等小学校"。学校的设置，初等小学校由城镇乡设立，高等小学校由县设。学习年限上，规定"初等小学校修业期限为四年，高等小学校修业期限为三年"。教育部公布的《小学校令》，还就小学校的设备、就学、职员、经费、掌管及监督等项目分类作了详细的规定。② 由1912年9月公布的《小学校令》及同时期前后公布的《订立小学教则及课程表文》（附教则及课程表）等系列条规，到1913年教育部《拟定强迫教育办法》，以及先后公布的壬子癸丑学制条规，构成了教育部重新修订综合的新的学制系统，即"壬子癸丑学制"。该学制教育期虽然仍为18年，分三段四级，规定初等教育段，分为初等小学校、高等小学校二级共7年，比前清学制减了2年；男女合校，"女子教育与男子教育平等"；"补习教育与高等小学及中学前二年平行"③。新学制掀起的教育变革，方便了安徽这样一个内陆中部省份对初等教育的兴办，尤其是公立（包括县立、城镇设立）和私立的提倡，为安徽小学校教育的建设，提供了制度上的平台。

就皖省初等教育发展的规模论，安徽在民国初期都有相当的发展。据《第一次中国教育年鉴》、《第二次中国教育年鉴》的相关统计，安徽在民国初期前五年的学校数、学生数以及在全国所处位次如下：

---

① 《临时政府公报》第4号。

② 璩鑫圭、唐良炎编：《中国近代教育史汇编·学制演变》，上海教育出版社1991年版，第653—659页。

③ 陶行知：《中国建设新学制的历史》，见朱有瓛主编：《中国近代学制史料》上册，华东师范大学出版社1990年版，第28页。

年代	学校数	在全国位次	学生数	在全国位次
1912 年	1430	16	48375	17
1913 年	993	19	32764	18
1914 年	1109	19	38613	18
1915 年	1410	19	51999	15
1916 年	1526	16	76010	15

注：学生数包括幼稚园。

如把以上数字比较于同时期全国各省学校数、学生数，不难发现以小学教育为中心的安徽初等教育规模和数量，在民初安徽教育史上的重要地位。据安徽省政府经济文化研究中心教育课题组 1987 年 5 月所编《安徽近代教育沿革与统计资料选辑》引用的《中国近代教育史资料·各省学校数学生数岁出数比较表》，民初安徽省学校数量分别为 1457 所（1912 年）、1011 所（1913 年）、1135 所（1914 年）、1437 所（1915 年）；学生数量分别为 52010 人（1912 年）、35419 人（1913 年）、41743 人（1914 年）、55354 人（1915 年）。据《新教育》杂志第 4 卷第 5 期《第五次全国教育统计表》，在 1916 年 8 月至 1917 年 7 月间，安徽国民学校有 1253 所，学生 64014 人，毕业生 2102 人，其中高等小学校 257 所，学生 11207 人，毕业生 1496 人。[①] 在省教育厅设置后的 1918 年，"全省公私立男女国民学校总数 1788 所，高等小学总数 292；国民学校男女学生总数 62616；高等小学校男女生总数 12949 人，以视清末民元之小学及学生数量，其进步已足多矣"[②]。五四运动后，安徽小学教育有了进一步发展，到 1921 年，安徽公私立小学校学生数增加到 65506 人[③]，1923 年，初等学校学生数增加到 95979 人。其中初级小学校 2156 所，学生 73447 人，在全国所处等级第十四位；高等小学校 359 所，学生 18170 人，在全国所处等级为第十六位，较此前时期

①　朱有瓛主编：《中国近代学制史料》上册，华东师范大学出版社 1990 年版，第 311—312 页。

②　《第一次中国教育年鉴》丙编，见朱有瓛主编：《中国近代学制史料》上册，华东师范大学出版社 1990 年版，第 310 页。

③　《各省小学校学生数》，见安徽省图书馆、安徽省政府经济文化研究中心教育课题组编印：《安徽近代教育沿革与统计资料选辑》，第 73 页。

又有所提升。① 1926—1927 年前后，由于受军事形势影响，安徽全省小学教育几乎停办。如合肥县"至 16 年，值鲁军围城，全县学校停闭"②。

（三）中学教育

清末安徽尽管办了 20 多所中学堂，3000 多学生，但体制不备，设施简陋。民国成立后，安徽中学教育的发展有了机遇，民初"壬子、癸丑"和 1922 年"壬戌学制"两次学制改革，皖省中学教育在教育宗旨和学制的完善，以及在全省学校布局等诸多方面，都有了大的改观。

中学教育作为民国初期中等教育的重要部分，经教育部颁《中学校令》《中学校令施行规则》等一系列条规，确立"完足普遍教育，造成健全国民宗旨"，规定"中学校修业年限定为四年"。③ 中学校根据经费来源，分省立、县立、私立三种，在学校的编制、设备、设立变更及废止，乃至学生入学资格、课程科目上等都有详细规定。对男女平等受教育权利的肯定和女子中学学校的兴办，都有规制条文出台。1912年，安徽省即在省城"创设皖省中学与务实中学两校"，1913 年又把两校合并，改称省立第一中学。在同年教育整改中，把清末徽州府在歙县的新安中学改为省立第三中学，原凤阳府中学堂改为省立第四中学，原庐州中学堂改为省立第二中学，芜湖的皖汇中学改为省立第五中学。④ 1914 年，安徽旅宁同乡会在南京创设安徽旅宁中学，举汤继斌为校长，以两淮盐捐为主要经费来源。1917 年，在阜阳设立省立第六中学，在贵池创办省立第七中学；1918 年在宣城创办省立第八中学；1920 年在盱眙创办省立第九中学。除省立之外，民初各县县立中学、私立中学以及联合县立中学也先后设立，中学教育呈渐进发展之

① 全国各项学校学生数统计表（1923 年），见安徽省图书馆、安徽省政府经济文化研究中心教育课题组编印：《安徽近代教育沿革与统计资料选辑》，第 87、98—101 页。

② 《合肥县教育沿革》，见安徽省图书馆、安徽省政府经济文化研究中心教育课题组编印：《安徽近代教育沿革与统计资料选辑》，第 143 页。

③ 《教育部公布中学校令》，《北洋政府教育部档案》，见中国第二历史档案馆编：《中华民国史档案资料汇编》第 3 辑教育，江苏古籍出版社 1991 年版，第 282—283 页。

④ 民初各省中学概况，原载《第一次中国教育年鉴》丙编，见李桂林编：《中国近代教育史资料汇编·普通教育》，上海教育出版社 2007 年版，第 833 页。

势。据 1918 年《安徽教育月刊》第 11 期表册统计,该年安徽中学校公立 11 所,学生 1536 人;私立 1 所,学生 71 人。1919 年,安徽在中学校就读生增加到 3123 人。到 1923 年,全省公立中学 13 所,在读学生 1938 人,在全国处于第十九位。[①] 据《第一次中国教育年鉴》丙编所列《安徽省普通中学校数统计表》,到 1927 年,经调整改造或战事影响,安徽全省省立中学 13 所,县立 16 所,私立 9 所,共 38 所。

由民初以来安徽中学教育建设历程来看,影响较大的有两次大的事件。第一次是 1922 年教育部新学制改革令颁布后,中学修业年限由民初 4 年改为 6 年,分初级、高级两个阶段,各为 3 年,且依设科性质,酌情定为 4 年、2 年或 2 年、4 年;可以单独设立初级中学,高级中学应与初级中学并设;初中施行普通教育,兼设职业科,高中则分普通、农、工、商、师范等科。中等采用选修制和学分制。1923 年,安徽省教育厅经召开学制讨论会议后,对省立中等以上学校进行了较大的改组:在省城安庆开办高级中学校 1 所,把原安庆的省立第一中学改为省立第一初级中学校,原合肥省立第二中学改为第二初级中学校,原歙县省立第三中学改为第三初级中学校,原凤阳省立第四中学改为第四初级中学校,原芜湖省立第五中学改为第五初级中学校,原阜阳省立第六中学和第五农业学校改为第六初级中学校,原贵池第七中学和第七师范改为第七初级中学校,原宣城第八中学和第六农业学校改为第八初级中学校,原盱眙第九中学改为第九初级中学校,原当涂第八师范改为第十初级中学校,原滁县第九师范改为第十一初级中学校,原广德第十一师范改为第十二初级中学校,原和县第十二师范改为第十三初级中学校,原宿县第四农业学校改为第十四初级中学校。另把原霍山第十师范改为省立第一女子初中,原泗县第十三师范改为第二女子初中[②];各中学并按部颁《中学课程标准纲要》,重新组织课程设置,改课时制为学分制。

第二次是 1927 年省教育厅颁布执行经省政务委员会通过的《安

---

① 《全国各省区中学校校数及学生数表》,见安徽省图书馆、安徽省政府经济文化研究中心教育课题组编:《安徽近代教育沿革与统计资料选辑》,第 95 页。

② 《安徽教育公报·公牍》第 3 期,1923 年。

徽省中等教育改造方案》，对地点相近或性质相似中等学校又一次进行大调整和合并。此次调整首先是把全省中学教育划分为6个学区，分别在学区辖属各县兴办中学校。其次规定在各学区设立一所完全中学，由所在地的中学师范改组设立。第三，在各学区设立女子中学一所。第四，在芜湖特设立初中一所。

(四)师范教育

民国初期的师范教育属于中等教育范畴之内，备受新成立的民国政府重视，"顾欲兴办中、小学校，非养成多数教员不可；欲养成多数中、小学教员，非多设初级、优级师范学校不可"①。清末安徽所办的师范学堂以及师范传习所，为民初安徽的师范教育奠定了一定的基础。1912年9月，教育部公布《师范教育令》以及后来公布的《师范学校规程》等，涉及学制、教育宗旨、学科及程度、学校编制及设置、经费等方面，较为系统地确立了师范教育在教育领域的地位。

民国伊始，安徽依教育部条规，将清末的师范学堂改称为学校；划全省为6个师范区，在省城安庆分别设立省立第一师范学校、省立第一女子师范学校；歙县（1913年在紫阳书院校址上筹设省立五师，1914年迁到休宁万安，后改称省立二师）；阜阳（先筹设六师，1914年改为省立三师）、宣城（在原宁国府中学堂址设省立四师）、芜湖（省立第三女子师范学校）等。

到1915年，安徽已有师范学校5所，学生人数474人，已毕业学生数53人；女子师范学校2所，学生数209人。据1916年11月全国教育行政会议安徽省方面的汇报，到该年度安徽全省共有省立师范学校5所，"共计学生十六级，每级经费约年占四千元。又女子师范计二校"，"至省立第一师范附设立讲习科，省教育会附设之单级教授讲习所，均于本年暑期卒业，以费拙未及续办，此外县立师范讲习所呈报有案者计十有一所"。② 此种状况一直延续到1918年，只是学生人数已

---

① 《孙总统令教育部通告各省将已设立优级、初级师范一并开学》，见《中国近代教育史资料汇编·实业教育师范教育》，上海教育出版社1994年版，第789页。

② 《教育公报》第3年临时增刊，1916年12月。

增加至 1063 人。① 1920 年,皖省进一步改制成 9 个学区,在贵池、当涂、滁县分别增设省立第七、第八、第九师范学校。于凤阳又设第三女子师范学校。1922 年,全省再次改划学区,增为 11 个学区,分别在广德(省立第十一师范学校)、休宁(省立第四女子师范学校)设校。此时全省省立师范学校 14 所(含女子师范学校 4 所),以培养小学教员为主要目标,女子师范还兼有培养幼稚员教员为目标。1923 年,因安徽省对中等以上学校进行大改组,原省立第七、第八、第九师和广德第十一师范学校等被改为省立初级中学校,此时全省师范学校数虽然下降为 9 所,共有学生 1737 人,但在全国所处位次在第四位。其中男生 1335 人,女生 402 人;全省师范讲习所 4 所,学生 219 人,在全国处于第五位。② 1927 年,安徽中等学校教育的大调整,使安徽师范学校教育受到很大冲击,如安徽省立第一至第六师,省立第一女子师范至第四师范均被合并到省立中学或女子中学,安徽师范教育一时坠入低谷。

民初以来安徽的师范教育本由清末改组而来,加之民初安徽军阀祸乱教育的现状,在师范教育办学过程中,不尽如人意处很多。恰如 1916 年皖省向中央教育行政会议汇报中所指出的,"各县学务之未能发达,由于经费支绌者半,由于师资缺乏者半"③,由此导致优良素质教师缺乏,滥竽充数者大有人在。但民初安徽师范教育并非没有成绩。首先,在全省兴办教育者勤苦工作和努力下,曾取得一定的成效。如教育部 1914 年视察学务报告中,即指出地处安庆的省立第一师范学校,"规范宏阔,教职员亦称职","二曰女子师范学校,设备虽未完全,整理由极清洁,而教职员勤恳笃实,风纪特见严整,尤为各校之冠"。④ 民初教育家黄炎培在其 1914 年的考察教育日记中,即称赞地处皖南

① 《全国师范学校一览表》(1918 年),见朱有瓛主编:《中国近代学制史料》第 3 辑下册,华东师范大学出版社 1990 年版,第 565—574 页,数字为笔者统计。

② 笔者据《全国各省师范学校概况表》(1923 年)《全国官私立中等学校学生统计表》(1923 年)统计,见安徽省图书馆、安徽省政府经济文化研究中心教育课题组编:《安徽近代教育沿革与统计资料选辑》,第 90—94 页。

③ 《全国教育行政会议各省区报告汇录》(1916 年 11 月),见《教育公报》第 3 年临时增刊。

④ 《教育公报》第 1 年,第 1—8 册。

的省立第二师范学校,有很多学校教育制度建设和教学环节设置、方法值得学习,认为"师范学校,余此行所特别注意者,所见可十数求,最足以移我情者,惟斯校乎"①。1915 年,省立二师学生所制乡土物品、博物标本及资料,被送到巴拿马国际赛会展览。

其次,安徽师范教育的师生员工,在民初以来历次安徽人民反帝反封建以及反对军阀祸皖的斗争中,经常冲在第一线,留下了光辉的足迹。20 世纪 20 年代初期,安庆一师、合肥第六师范的驱逐军阀爪牙的"易长风潮",成为"安徽教育革新的关键"。② 北京五四大游行消息传到安徽后,省立一师学生方洛(乐)舟、常禹元等人即参与筹划安庆响应。方洛舟被推为全省学生会筹备委员会主任委员。凤阳省立第五师范学生成为凤阳地区响应五四运动总罢课和游行示威的主力军。1922 年前后,该校附小教师还在学校教学中向学生宣传中共《向导》、《共产党宣言》等进步书刊。再如 1920 年 11 月,应聘到宣城省立第四师范任教的恽代英,在四师先后成立了社会科学研究会、新文化促进会等进步组织,在宣城、芜湖、安庆等地进行反帝反封建的革命演讲,促进了安徽教育界师生的觉醒。萧楚女在四师任语文教员时,利用课堂教学,向学生推介《新青年》等进步刊物。安徽革命先烈王步文曾在安庆省立一师设秘密图书组,向学生传播《共产党宣言》、《新青年》等进步书刊。

第三,在陶行知等教育家推动下,安徽不仅在师范教育中,推行"教学合一"等进步教育思想,安徽教育界还充分利用环境条件,较早地提出兴办体育养成所等体育教员培养机构。1918 年,皖省教育界人士利用建成的安徽公共体育场,提出兴办全省体育教员养成所。养成所"以提倡体育,养成中小学体育教员及童子军教导员为宗旨"③。招收年龄 18～30 岁之间,中等学校毕业或现任中小学校教员进行培养。

---

① 《黄炎培考察教育日记》第 1 集,商务印书馆 1914 年版。

② 周新民:《五四运动时期的安徽学生运动》。

③ 《教育部咨安徽省长体育教员养成所简章准备案文(第 1608 号)》,《教育公报》第 6 年第 10 期,见《中国近代教育史资料汇编·实业教育师范教育》,上海教育出版社 1994 年版,第 1048 页。

四、民国时期安徽实业与职业教育的兴办

民国成立,承清末实业教育余绪,早年的学制改革也一直按照实业教育布设学堂,次改学校,再改职业学校则到1922年正式确立职业教育始。"当民国5年间,职业教育之声,已喧腾于教育家之口"①。随着职业教育由少数先进的宣传、局部的实践,在全国渐成思潮,职业教育作为新的替代物,为中国教育界普遍接受。

实业教育正式为职业教育所替代,在国家教育体制上得以确立,是民国11年(1922)北洋政府教育部公布的新学制——壬戌学制。其后职业教育制度在国内得以普遍实施。安徽的实业教育过渡到民国的职业教育,过程大体与全国同步。清末安徽的实业教育逐潮而上,总体状况可以说在全国居中游。

民初教育部新颁布办学宗旨公开揭橥实利教育以示天下,安徽实业教育的振兴迎来了一个新时期。由于政局动荡,军阀混乱地方,安徽的实业教育一开始即起色不大。清末实业学堂因辛亥政局演变,大都关门停学,如安庆安徽中等实业学堂,1911年即停办。前揭初等学堂停学更多。

1912年1月,在蔡元培发布的《普通教育暂行办法通令》中,提出"中学堂为普通教育,文、实不必分科"②,根据其后颁布的壬子—癸丑学制,实业教育成为国家教育系统的重要组成部分,清末的实业学堂改为实业学校。根据教育部1913年8月4日公布8月通咨各省的《实业学校令》、《实业学校规程》,实业学校以教授农、工、商必需之知识技能为目的,分实业学校为甲、乙两种:甲种施以完全之普通实业教育;乙种施以简单的普通实业教育,亦得应地方需要,教授特殊技术;甲种学校程度与中学校相同,招收高小毕业生,预科一年,本科三年;实业学校的种类分为农业学校、工业学校、商业学校、商船学校、实业补习学校等。农业学校包括归入的蚕业、森林、兽医、水产学校。艺徒

---

① 黄炎培:《民国六年之职业教育》,《教育与职业》第4期,1918年2月25日。
② 朱有瓛主编:《中国近代学制史料》第3辑上册,华东师范大学出版社1990年版,第1—2页。

学校视作乙种工业学校，或参照工业补习学校办理。甲种学校由省设立，乙种学校由县级城镇乡或工商会设立。有条件者也可设立甲种学校。按经费来源，分别定为省立、县立或城镇乡立实业学校。农工商会设立的实业学校，依所属法人性质分别定为公立或私立实业学校。《实业学校令》及《实业学校规程》对各类实业学校的经费收取、学科实习、实验时间、课程设置等都有较为详细的规定。

民初安徽的实业教育自民国元年（1912）开始举办，教育部1913年8月18日又训令各省把所办甲种乙种学校迅速照章上报，"所有未经报部立案之甲种乙种实业学校，应即查照新章，报部备案。其业经本部暂准立案之甲种乙种实业学校，亦应遵章改订，补报备核"①。根据教育部要求，所办学校均要由各省《政府公报》予以发表，但实际情况省内新办一些实业学校，遗漏上报的情况不少。依据教育部《视察学务报告》，安徽省到1914年新办各种实业学校有个较为准确的概况：

视察所及者四所，属甲种者三：曰省立第一农业学校，在安庆，择地最良，农场、桑园均备，实习甚便，教职员亦称职，只经费方始布置，尚未完耳。曰省立第二农业学校，曰省立第一商业学校，在芜湖，此二校现合设一处，管理训练均极认真，学生注意听讲，颇养成一种严肃风纪；教员类多学识优良，理化讲授尤为精熟。属乙种者，一曰新安商业学校，此校由高等小学改组，于芜埠甚小适宜，学生亦饶有兴味；唯一般普通人民对于实业知识浅薄，故一切未甚发达，亦在提倡者加之意耳。②

依据《教育部行政纪要》所公布的《全国甲种实业学校一览表》等统计，安徽省1915年甲种实业学校已办有2所（农业科），有学生281人，毕业生50人；乙种实业学校（农业类）1所，学生59人，经费1400元；商业类1所，学生数40人，经费420元。③ 到1916年，安徽的实业

① 《教育部训令各省甲种乙种实业学校迅速照章呈报》，见《教育杂志》第5卷第12期，第103页。
② 《视察学务报告》，见《教育公报》第1年。
③ 《全国甲种实业学校一览表》（民国四年度）、《全国乙种实业学校一览表》（民国四年度），见《教育公报》第3年第8期。

教育稍有长进。据《全国教育行政会议各省区报告汇录》（1916年11月）所述："实业学校计甲种农业二,第一校设于省城,内分农、林、蚕三科;第二校设于芜湖,内分农、蚕两种,共计学生九级,每级经费年占三千元。甲种工业一,设于省城,内分土木工程、化学科各一级,每级经费约年占四千元。以上均属省立。至属于各县者,则有乙种农业三,乙种工业、商业各一;又工业补习学校:草帽辫讲习所各一。"并且说明,计划再于芜湖商埠添设甲种商业一所,即以原省立五中校址上改设,把中学"移设于宣城"①。上述情况与同时期《教育周报》所公布的《全国实业学校一览总表》(自民国元年5月起至5年7月底止)数字略有差异。数字统计的差异原因一是统计起止时间不同,另一原因则可能是学校性质的认定以及数字统计的遗漏。

据教育部1918公布的《全国实业学校概况》,1917年安徽有甲种实业学校3所,学生415人,已毕业学生30人,总经费66490元。乙种实业学校3所,学生共228人,毕业生13人,总经费3760元。② 五四前后,在新思潮影响下,安徽的职业教育也有了明显进步。据《教育部公布全国实业学校一览表(1919年)》,安徽省3所甲种农业学校,教员37人、职员37人,16个班411名学生,毕业学生33人,经费63682元;1所甲种工业学校,25名教员,16名职员,8个班173人,毕业学生42人,经费30562元;甲种商业学校2所,14名教员,12名职员,4个班108名学生,经费14898元;3所乙种农业学校,10名教员,3名职员,4个班137名学生,毕业生16名,经费1640元;乙种商业学校4所,21名教员,11名职员,9个班252名学生,毕业学生35人,总经费5444元。③

1921年左右,安徽的实业教育已渐渐转向职业教育。据章伯寅《参观皖赣等省职业与教育报告书》,安徽的很多实业学校,此时已改

①《教育公报》第3年临时增刊,1916年12月出版。
②《教育部档案》,见中国第二历史档案馆编:《中华民国史档案资料汇编》第3辑教育,江苏古籍出版社1991年版,第403—411页。
③《北洋教育部档案》,见中国第二历史档案馆编:《中华民国史档案资料汇编》第3辑教育,江苏古籍出版社1991年版,第420页。

称职业学校,说明安徽在教育部壬戌学制改制之前,已有较多职业教育实践。如由李子寿、卢仲农、王履祥等发起募捐兴办的安徽公立职业学校,"校舍新建,规模宏远,占地至八十亩"。1921 年 8 月开始招生,"木工、金工两科学生共一百名。开办费仅机器一项,已费九千元。每月开支需一千八百元,省款按月补助六百六十元。金工厂,机器已装置完全,不日开工。木工厂,学生成绩全属小件,亦多精雅适用"①。

1922 年壬戌学制颁布,在公布的"学校系统改革案"及由大总统公布的《学校系统令》中,职业教育在新学制中有了新的明确位置。如"小学校得斟酌地方情形,为初级毕业生增置职业准备之教育"。"职业学校学科及期限,得酌量各地方实际需要情形随时订定之。现有之乙种实业学校,得改为职业学校"。"初级中学施行普通教育,高级中学除设普通科外,得分设农、工、商、师范、家事等科"。"高级中学得单设一科或兼设数科。现有之甲种实业学校,得改为高级中学农工商等科"②。新学制强调社会进化需要、发挥平民教育精神、"注意国民经济力"、"注意生活教育"、"使教育易于普及"、"多留各地方伸缩余地"等教育新旨趣。这种"新"最主要体现在职业教育的位置设立上,对安徽教育界来说影响也很大。据《教育与职业》杂志截至 1922 年 4 月 30 前公布的,由中华职业教育社调查的安徽职业教育状况统计,安徽当时的职业学校办学状况为甲种农业学校有:安庆的省立第一甲种农业学校、芜湖的省立第二甲种农业学校、六安的省立第三甲种农业学校、宿县的省立第四甲种农业学校、阜阳的省立第五甲种农业学校、宣城的省立第六甲种农业学校、宿县的县立甲种蚕业学校等。乙种农业学校有:桐城县立乙种农业讲习所、舒城县立乙种农业学校、颍上县立乙种蚕业学校、太和县立乙种蚕业学校、当涂县立乙种蚕业学校、凤阳县立乙种蚕业学校、省立第六甲种农业学校附设蚕业讲习科。甲种工业学校有:安庆旧府署省立第一甲种工业学校、合肥公立甲种工业学校 2 所,甲种商业学校 5 所,乙种商业学校 8 所,职

① 章伯寅:《参观皖赣等省职业与教育报告书》,见朱有瓛主编:《中国近代学制史料》第 3 辑下册,华东师范大学出版社 1992 年版,第 409—413 页。
② 《北洋政府教育部档案·教育部公布学校系统改革案》(1922 年 9 月 29 日)。

业学校 5 所,补习学校 4 所,女子农业学校 1 所,女子职业学校 1 所,女子职业补习学校 3 所,职业师范学校 3 所。[①]

由新学制之前反映安徽职业教育状况较为全面的资料,不难看出办学模式有省立、县立、镇立、公立、私立,甚至有外籍人士所办,种类齐全。尤其是女子职业师范学校,在中华职业教育社调查统计的全国 4 所中,安徽占了 3 所。

1922 年 11 月 1 日《大总统公布学校系统令》颁发后,安徽省积极响应。教育厅于 1923 年 2 月,专门举行实施新学制讨论会,邀请省内外教育专家黄炎培等,会同省教育会、省立学校联合会代表等,就职业教育等问题,经过充分讨论,通过了关于改进职业教育的议案。确定全省现有职业教育机关及其工作范围,其主要内容有:(一)农业教育方面,"以芜湖甲种农校为研究改良全省蚕桑总机关,以六安甲种农校为研究改良全省茶叶总机关,以安庆甲种农校为研究改良全省农林总机关";"徐图改为农科大学"。[②] (二)在工业教育方面,以甲种工业学校改为职业学校,并赞成省教育会建议的在亳县、宣城各添设职业学校 1 所。视地方特产原料等适宜与需要,"添办裨益平民生计之其他工艺科"。(三)在商业教育方面,甲种商校改为新学制中的中学商科,"提倡兼指导商业补习教育,徐图推广于各地"。(四)女子职业教育方面,在省立女子职业学校添设师范科,"养成传授各地女子职业人才",并将原设职业补习科办法,"就本省适当地点,依次推广,一面仍筹设专校"。(五)各县设的乙种农、工、商学校,改为职业学校。县教育行政机关根据调查地方的需要,规定设科及年限。小学校注重职业陶冶,并应就学生适当年龄及地方状况,设职业准备科。(六)设立研究指导全省职业教育总机关。"在教育厅设立职业教育委员会",由厅长及委员共 14 人组成,主要职权是协助教育厅"草拟计划",受教育厅委托,"担任调查指导事宜"。[③] 职业教育计划方案通过后,安徽相当部分原职业学校划改为普通中学,但依新学制规定在中学可设职业

① 资料原载于《教育与职业》第 31—35 期。
② 黄炎培:《改进安徽职业教育办法案》,上海教育出版社 1985 年版,第 123 页。
③ 秦翰才:《各省区职业教育计划概述》,见《教育与人生》1923 年第 5 期。

科规定并未能顺利执行。如宿县的第四农业学校改为第十四初级中学校，宣城的第六农业学校与第八中学改组成第八初级中学校。据《全国各省区中等职业学校校数及学生数表》统计，1923年安徽中等职业学校共9所，1411名学生，每校学生平均数156.8人，列全国第五名。在乙种职业学校学习的学生数有389人。① 1923年4月安徽省教育厅为促进本省农业教育起见，专门组织成立农业教育委员会向教育部呈送简章。同月，省教育厅为改进职业教育，又设立职业教育委员会。② 1926年前后，安徽职业教育进入低潮。1927年12月，省教育厅出台《安徽省中等学校改造方案》，提出改进中等职业教育，全省暂设中等职业学校5所，即男子职业学校4所，女子职业学校1所。其后直到1932年国民党政府颁布《职业学校法》等法规后，安徽职业教育才渐有起色。

北京政府时期的安徽实业与职业教育，虽然存在着计划性差，各省办学人员拘泥成章，甚至误会教育部新颁学校规程附则规定，甲种学校招生时滥收同等学力学生造成学生程度不齐，乙种学校学生毕业后违规进入甲种学校，背离实业教育宗旨等缺点，但安徽的实业学校也有着其特点。根据《安徽省立二甲种学校六年度周年概况报告》作个案分析，仅该校农科建设项目中，即设有农场事务室、软化室、测候所、温床、花房、普通农场、取买田地及房屋、化学分析室等8项；桑科设有烘茧室、桑苗，购置有6700多种书籍和博物理化器械7300多件，农具960多件，学校管理规程也齐全，各种账簿和管理簿记清楚明白。学生除学习规定的课程及实习外，还开展讲习会、游览会、贩卖部，组织学生开设展览会，由管理员率领毕业班学生去全国先进实业教育之地南通考察以及去南京金陵大学、高师农业专修科等地参观调查。

---

① 原载《教育大辞书》1930年版，第1056页，见安徽省图书馆、安徽省政府经济文化研究中心教育课题组等编：《安徽近代教育沿革与统计资料选辑》，第96页。
② 《教育部公报命令》第10年第5期，第38页。

五、民国初期安徽留学教育的开展和教会教育

（一）留学教育

晚清以来，安徽虽是一个内陆省份，但对外教育交流和留学事业起步不迟，并不落后。清末民初，在安徽教育界非常活跃的政界和教育界人士，如陈独秀、潘赞化、光明甫、胡子穆等都有留学背景，他们也是民初安徽新教育的骨干力量。

民国初立，安徽省教育局限于财力原因，留学教育未有大举措。根据政府新颁政策条规，先是对以往所资助的赴外国留学生进行资格甄别和整顿，规模上未能承续晚清以来的数量。1914 年前后，教育部先后公布《管理留学日本学生事务暂行规程》（1914 年 1 月）、《管理留日学生事务规程》（1914 年 12 月）、《管理留欧学生事务规程》（1915 年 8 月）、《管理留美学生事务规程》（1916 年 3 月）、《选派留学外国学生规程》（1916 年 10 月），以上条规都牵涉到安徽省人员选拔、考试安排、驻外经理员外派、学生经费发放等诸多具体事项。安徽的外国留学事业尽管从数量上未有大的跃进，但管理上逐渐走上规范化，如1913 年，省议会讨论通过公布的《安徽省费派遣留学欧美、日本学生规程》19 条，明确指出培养留洋学生的主旨是为安徽地方培养需要的专门人才，详细规定了具体省费管理机构人员组成。其后派赴国外留学的如赴美留学生陶行知（1914 年由金陵大学保送）、孙洪芬、吕碧城、杨武之、谢循初、吴半农等，留学德国的章伯钧、房师亮、高语罕、郑昕等，以及留学英国的朱光潜等都是民国时期国内名家学者。就规模来说，由于民初以来统计数字残缺，仅就搜集到的资料数字统计有：1913—1914 年安徽留学日本官费生（截至 1914 年 7 月，不包括中央各部所遣派）共有 35 人，其中学习理科 1 人，法科 3 人，商科 4 人，医科 3人，农科 1 人，工科 11 人，师范 5 人，预科 7 人。[①] 1913—1914 年安徽留欧各国官费生 14 人，其中留学英国学习理科的 4 人，留学英国、德

---

① 《北洋政府教育部档案》，见中国第二历史档案馆编：《中华民国史档案资料汇编》第 3 辑，江苏古籍出版社 1991 年版，第 609 页。

国学习农科的各 1 人，留学学习工科的英国 5 人、法国 1 人、德国 2 人。① 据《中华民国第三次教育统计图表》，安徽 1914—1915 年留学欧洲各国官费生 12 人，其中留学法国理科生 3 人、农科 1 人、工科 6 人，在比利时学习工科 1 人，留法预备生 1 人。1914—1915 年安徽留学美国官费生 1 人，学习法科。1914—1915 年留学日本官费生 20 人，其中法科 1 人，商科 1 人，医科 3 人，工科 9 人，师范生 2 人，预备生 4 人。② 据《近代中国留学史》（1927 年版）所载，在 1921—1925 年全国各省省费留学生定额图表中，安徽省留欧美定员 12 人，占全国比例 3.78%，居第十四位；留日定额 19 人，占全国 1.77%，居第十七位。1921—1925 年安徽实际留学欧美官费学生人数共 62 人，占全国 5.22%，居第五位。具体人数为 1921 年留美 7 人，留德 2 人；1922 年留美 9 人，留德 8 人；1923 年留美 6 人，留德 1 人；1924 年留美 6 人，留法 6 人，留德 5 人；1925 年留美 4 人，留英 4 人，留法 4 人。③ 到 1928 年，安徽赴外国留学生（含省费生和庚款生）共有 91 人，公费 33 人，自费 58 人④，达到一个小高潮。

值得指出的是，此时期安徽省派赴外国留学生，是在民初以来，军阀祸害地方，地方教育经费严重短绌的情况下遣派的，反映了皖省主持教育行政及教育界人士对此事的高度重视。如民国 7 年（1918）10 月 15 日，教育部《咨各省长京兆尹留日四校补助费请照表列数目期筹汇文》（第 1773 号）；民国 7 年 11 月 4 日，教育部《咨各省省长送续行修正留日学生奖励章程文》（第 1922 号），都反映了安徽方面能够积极办理欠款拨付。⑤ 再如《教育月刊》第 61 期记载，安徽省教育厅呈省公署专文，指出皖省拖欠留美学款，将引起对美交涉。据《安徽教育

① 《北洋政府教育部档案》，见中国第二历史档案馆编：《中华民国史档案资料汇编》第 3 辑，江苏古籍出版社 1991 年版，第 610—611 页。

② 《中华民国第三次教育统计图表》，见陈学恂编：《中国近代教育史教学参考资料》下册，人民教育出版社 1987 年版，第 375—379 页。

③ 安徽省图书馆、安徽省政府经济文化研究中心教育课题组：《安徽近代教育沿革与统计资料选辑》，第 104—105 页。

④ 安徽省地方志编纂委员会编：《安徽省志·教育志》，安徽人民出版社 1997 年版，第 573 页。

⑤ ［日］多贺秋五郎编：《近代中国教育史资料》民国编上册，日本学术振兴会 1973 年版，第 246—248 页。

行政周刊》(第1卷第21期)所记,1928年安徽全省教育经费分经常费和临时费两类。在临时费实际支出费用中,国外留学费用支出42600元,占临时费支出的26.54%。又据《安徽教育行政周刊》第1卷第38期省教育统计,1928年度省教育经费实际支出数为1373430元,用于留学支出数额为赴欧美留学经费52800元(22人,人年均2400元);日本留学生经费9600元(10人,人年均960元);美国自费留学生奖励金12000元(12人,人年均1000元);法国自费留学奖励金12000元(20人,人年均600元);英国自费留学奖励金8000元(8人,人年均1000元);德国自费留学生奖励金8000元(10人,人年均800元);欧美其他国家自费留学奖励金3000元(5人,人年均600元);日本自费留学奖励金9000元(15人,人年均600元);欧美日本留学生置装川资费10000元,总计124400元,占教育经费总支出的9%。由经费的支出,可以看出民初以来安徽留洋学生分为官费生、公费生、庚款生、自费生等几种类型。政府的经费拨付渠道也多元化。

据《安徽省志·教育志》所列1925—1929年安徽省费生和奖学金支出的学生,可以发现去欧美和日本是皖省学生的留学主流。如果扣除因病未出国2人,共75人,其中学习文法类学科20多人,而占大比例的是学习理工类留学生,这也是安徽民初以来使用官费、省费留学生学习兴趣趋向的一个主要特点。

安徽留学生群体在学习期间读书刻苦、勤奋好学,取得优异成绩,博得社会较高声誉后,又反哺贡献于地方教育。例如,籍属安徽绩溪考取1910年清华学校第二批留学庚款生的胡适,回国后被聘为北大教授,成为新文化运动的一位领袖人物,曾为安徽高等教育和教育会等建设积极奔走。再如王星拱、刘文典(清末留学日本)等,成为后来省立安徽大学筹办过程中的中心人物。刘文典则任安徽大学文法学院院长兼预科主任,为筹备时期学校的重要领导。据《安徽教育行政周刊》第1卷第7期文载,1917年2月,安徽省立各中等学校校长16人中有留学外国背景者5人;到1928年7月,经省政府通过的12名新任安徽省立中等学校校长中,有留学外国背景者就有8人。民国初期安徽青年留学外洋,是近代安徽留学运动史的重要阶段。值得书写

的重大活动还有：

1. 赴日留学生，承继了清末皖籍青年大批赴日学习热。据留日学生经理员吴善奉省教育厅令，调查统计皖籍留日学生情况，仅 1917年就有 91 人，其中官费生 6 名，公费生 12 名，自费生 58 名。① 再如1922 年，安徽省府方面因为处理六二学潮和青年学生反对第三届省议会议员贿选运动，以调虎离山策，把一批安徽青年学生运动的骨干公费送往日本学习。国民党一大后的 1925 年左右，安徽又一批青年学子赴日留学。

2. 安徽青年留法勤工俭学运动。五四前后，全国有志青年赴法勤工俭学蔚为潮流。这种半工半读形式具有平民教育精神，打破了由少数权贵富家子弟把持留洋学习机会的求学旧框，得到了安徽青年学生的积极响应。当时教育界先进人士蔡元培、吴稚晖、李石曾等华法教育会人士在国内积极推动，五四后省内青年学生愤于安徽军阀政治的黑暗统治以及对教育界的肆意摧残，诸多因素都促成了安徽青年赴法勤工俭学运动的兴起。皖省学生赴法的主要途径，一般经有关人士或教育厅担保，或参加有关学校组织的考试。如在孙中山先生鼓励帮助下，全椒学生常宗会顺利赴法。安徽教育界先进人士高语罕、刘希平由上海企业家霍守典处筹款，资助尹宽、韩奇等学生赴法留学。当时安徽的社会舆论，大都对省内青年学生赴法勤工俭学运动抱支持鼓励态度。安徽有关人士还在上海成立旅沪安徽留法同学会，帮助留法学生协调省内外关系，接洽赴法学习工作事项。皖省教育厅在 1919—1920 年前后多次专文致函上海华法教育会，介绍保送朱子清等学生。省立第一中学通过考试，录取全省自愿报名同学，经过一年修业，帮助他们提高赴法适应能力。②

据《安徽教育月刊》有关资料统计，华法教育会 1920 年 6 月专函安徽，统计 1919 年 5 月到 1920 年 3 月，自行到法国的皖籍青年学生有 36 名。③ 周恩来在《勤工俭学学生在法最后之命运》文中说，在勤

---

① 《安徽教育行政周刊》第 1 卷第 6 期。
② 《留法勤工助学运动》（一），上海人民出版社 1980 年版，第 207 页。
③ 《安徽教育月刊》第 30 期。

工俭学学生 1579 人中,安徽青年学生有 40 人。当时的《时报》也记载,在 1600 多留法勤工俭学学生中安徽有 40 人。安徽青年赴法勤工俭学运动,是五四时期安徽教育的一个重要事件,反映了安徽青年积极追求进步的新趋向。

3. 安徽进步青年赴苏联留学学习,是此时期又一重要事件。1921 年,经陈独秀介绍,皖籍霍邱人蒋光慈以及吴葆萼等,在上海渔阳里共产国际主办的外国语学社学习俄语。同年蒋光慈、韦素园、吴葆萼等赴苏联学习。中共成立后,1925 年,受陈独秀委托,由高语罕具体筹划执行,安徽进步青年彭干臣、徐梦秋、濮德治、王同荣、薛卓汉(由中共安庆党组织选派),汪菊农、贾斯干、陈原道、廖麟、陈浪沙(中共芜湖党组织选派),两批共 10 人,赴苏联留学。

安徽地方留学教育事业在北京政府执政时期虽有一定成效,但起伏动荡性大,随机性强。1927 年后,国民党政府逐渐加强管理和监督。1928 年 1 月 12 日,经大学院准予备案,发布《暂订安徽国外留学生限制条例》8 条,规定凡皖籍国外留学生,其经费期限,除原案另有规定外,以 6 年为最多年限。已领费逾 6 年者,即停止其官费或津贴。发给留学经费一律由教育经费管理处汇至驻在国中国公使馆,分别给领;无论本人及家属,均不得直接在省县领等。1928 年 8 月 28 日,经省教育厅提议,由省政府委员会讨论通过,公布新的《安徽国外省费生规程》《自费国外留学生奖学金规程》,皖省留学生的学业管理和经费使用监督事项得以逐步完善。

(二)教会教育

安徽地处华东腹地,有长江、淮河两大河流便利交通,鸦片战争之前,就成为外国教会势力渗透的重点地区之一。迄于清末,天主教、基督教传教士深入安徽腹地,由传教活动进一步拓展为办学校、建医院、兴慈善事业等。基督教会在教堂一般设有义学,如在芜湖传教的美国基督教来复会传教士毕竟成、翟士法,在冰冻街创立育英学堂,后改为萃文书院,并附设小学;1912 年,又在凤凰山新校址成立萃文中学,原校址则办毓英女子小学和萃华男子小学。

民国成立,以"民主""共和"相号召,政府要人有欧美教育背景的

出身经历，以及政府政策对教会教育的包容，为民国初期教会教育提供了新的发展契机。如有着数十年历史的基督教会的教育协调联谊组织中国教育会，有组织有计划地把全国教育区域划为八区，其中安徽与浙江、江苏划为第三区，由议事会成员"邝富灼君、潘慎文君、文怀思君"代表。[①] 据 1921 年统计，在基督教势力范围的教会学校及学生人数，安徽的学校：国民学校有 185 所，高等小学校 39 所，中学校 11 所。在国民学校就学男生 2998 人，女生 1320 人，共 4318 人；高等小学校共有学生 1016 人，其中男生 768 人，女生 248 人；中学校学生共 270 人，其中男生 251 人，女生 19 人。[②] 据 1924 年出版的中华教育改进社编《中国教育统计概览》统计，1919—1922 年间，安徽在天主教会学校读书学生数 7279 人，青年会学校学习的学生数 158 人。

民国以来的安徽教会所办学校，对安徽教育来说并非无所贡献。如女子教育的实行，对安徽这样的内陆省份来讲，是有裨益的。如芜湖的圣雅各、萃文中学、育才中学，安庆的圣保罗中学、崇文中学，合肥的三育中学等，在民国初期安徽政治混乱、军阀任意摧残教育的昏暗时期，不仅为安徽培养了一些人才，对收回教育权后的国民政府教育整顿，也积淀了一定的教育基础。但是正如郭秉文先生曾在《中国之高等教育》文中所论："外人在华所立学校，除极少数慈善团体私立研究专门学术者外，多少具有政治或宗教的色彩。"

毋庸讳言，教会学校的普遍设立，是与资本—帝国主义对中国主权的侵犯和夺占相联系的。为此，安徽人民尤其是教育界师生对其进行了长期的抵抗和斗争。1919 年 1 月，由安徽、江苏、浙江三省教育界组成的中国基督教教育会地方联合会之一的"东支那教育会"在上海开会，会议代表雷德芬提出且事后致函安徽教育厅，要求"一定地方以内所有各级之教会学校能得到承认"，即教会学校得到中国承认问题。为此，省教育厅复函，"贵会国人均愿教会学校与各地方公立学校竭诚

---

①　贾腓力：《中国教育会之改组》，见中国基督教续行委员会编：《中华基督教教会年鉴》，民国 3 年（1914）。

②　原文载于中国基督教育调查会编：《中国基督教育事业》，商务印书馆 1922 年版。见陈学恂编：《中国近代教育史教学参考资料》下册，人民教育出版社 1987 年版，第 384—387 页。

相与,自属通论。然与其求形式上之联络,不如求精神上之吻合。今为学生升学转学谋便利计,为学校彼此谋进步计,所有教会学校似应定统一办法,以期与地方公立学校性质逐渐接近。此敝厅所最期望于教会学校者"①。

五四运动发生后,安徽青年学生,如圣保罗学校等师生积极投入运动中,提出"外争国权,内惩国贼,抵制日货,提倡国货"主张。1924年前后,安徽教会学校学生掀起以"反对奴化教育"、"收回教育权"为中心内容的爱国学生运动。在芜湖由美以美会办的育才中学,于是年爆发了驱逐美籍校长斗争。萃文中学学生因不愿上圣经课,主张取消神学必修课和学生自由听课,举行了罢课。圣雅各中学学生因不满教会学校奴化教育,拒绝参加期中考试。1925年5月,圣雅各中学学生因参加悼念孙中山先生逝世追悼会却受校方阻碍压制,该校学生在宫乔岩、王稼祥等进步师生组织下,举行集会演讲和游行,高呼"反对帝国主义文化侵略"、"收回教育自主权"口号,学生们提出向教育厅立案、取消圣经课、取消早晚祷告、取消做礼拜等要求。校方勾结当地军警,试图用开除带头学生、强迫提前放假等手段压制学生,激起学生公愤。学生们成立自治会,并致函芜湖报界,揭露教会学校当局的侵略本质:"教会学校为吾国教育界所弊病已久矣。其故有二:(1)侵犯我国教育之主权;(2)干涉学生信仰之自由。""关于第二项因属学生切身之痛苦,不能不起而力争之,此最近吾校之风潮主因也。弊校(校方)干涉学生之信仰自由最甚者,莫过于强迫读圣经及强迫做祷告之事。"学生向学校提出要求,改圣经为选科,改祷告为自由。不料校长美国人兰斐然,对于学生的要求坚决不允,并宣布放假。学生等愤慨之余,一致决议"决不出校,誓死力争,不达目的不休"②。芜湖的萃文、育才等教会学校学生,为积极支援圣雅各学校学生,纷纷响应罢课。一时间,"圣雅各、萃文中学难以为继"。最后学生们终于争取到教会学校学生信教自由,可自由转学的权利。因被扣上"带头闹事

① 《安徽教育月刊》1919年第13期。
② 1925年5月21日芜湖《工商日报》。

者"被开除的王稼祥,后考上上海大学附中,经团组织推荐于1925年10月去苏联中山大学学习,回国后成为中共早期重要领导人之一。5月中旬,安庆圣保罗中学掀起更大规模的反奴化教育斗争,最后取得省教育厅同意采取各项措施:在省立各校开特别班,收取教会学校退校生;教育厅发给转学证书,任学生自由投考,拨出6000元经费在芜湖、安庆设立新校等。1925年8月,安庆新建建华中学顺利开学,这所由安徽教育界光明甫、李光炯、朱蕴山等为董事、中共党组织暗中支持的新学校的建立,表明安徽教会学校反奴化教育取得了一定成功。

1925年11月,安庆非基督教大同盟成立。在中共党团组织指导下,12月芜湖各校筹备成立非基同盟会。25日、26日,安庆、芜湖两地都召开了以"声讨日本出兵满洲"、"反对奴化教育,收回教育权"为主要内容的群众大会。安庆各校学生参加集会的有2000多人。芜湖由二农、五中等1000多学生参加,会后发表的《芜湖学生联合会告市民书》,揭露基督教是外国侵略者帮凶的本质,号召"我们联合起来反对基督教","我们联合起来肃清基督教","我们团结起来打倒骗人的基督教啊","团结起来打倒帝国主义侵略中国的工具——基督教"。①在中共安徽党团组织领导下,安徽教会学校学生反对西方教会奴化教育、收回教育权的斗争,成为全国收回教育权运动的重要组成部分。

六、民初以来安徽社会教育的推行

晚清以来,西方列强侵略中国,加剧民族危亡,不少社会进步人士呼吁开启民智,实施社会教育。民国建立后,教育部蔡元培、汤化龙等极力推进,社会教育进入一个新的时期。新成立的教育部1912年1月29日,即通电安徽等省都督府,提出"惟社会教育亦为今日急务。入手之方,宜先注重宣讲,即请贵府就本省情形,暂定临时宣讲标准,选辑资料,通令各州县实行宣讲,或兼备有益之活动画影画,以为辅佐。并由各地热心宣讲员集会,研究宣讲方法,以期易收成效。所需

---

① 《中央档案馆存件》,见中共安徽省委党史工作委员会编:《安徽现代革命史资料长编》第1卷,安徽人民出版社1986年版,第349页。

宣讲经费,宣令各地方于行政费或公款中,酌量开支补助"①。6月4日,教育部又通电各省仿教育部社会教育司设置,筹划"暂时办法以谋急进"②。安徽省则在政务厅教育科或后来的教育厅教育司,设有专门职能机构,负责此项事业的推进。县级则由劝学所负责办理。

据教育部1913年8月《视察各学区学务总报告》所列安徽社会教育及其设施状况:(1)在贫民教育方面,"怀宁县属于社会教育者,有半日学校四区,分四城设立,以便失学者补习之用,教授尚有秩序。此外有贫儿教养院一所,贫女初等高等小学校一所,创办一切颇具苦心。惟陁于经费设置未尽完备。芜湖县属有贫民初等小学校一所,亦因经费无出,致多简陋"。(2)通俗教育方面,"皖省通俗教育,据教育司所规划,有讲演会三所,通俗教育报社、通俗教育研究会各一处,惟讲演会系甫经组织,尚未告成。通俗教育报已按日刊发,分送各属,于促进人民知识,开通社会风气,多所裨益"。(3)在图书馆建设方面,"省立图书馆,以旧有文昌宫改建,方事经营,故馆中一切布置,皆未完备,至各室书籍种类无多,陈列亦嫌散漫,虽无经济所困,亦管理未得法耳"。(4)在教育会方面,安徽省教育及怀宁、芜湖两县教育会章已制定完毕,均因经费短绌,"于地方教育未能补助"。③

由此可见,民国初期,安徽社会教育兴办之初,成效不大,就形式上讲,与江苏、福建等省设通俗科学讲演会、宣讲会,发行通俗彩色通报,设通俗教育图书馆编辑所,改良戏曲小说,推广各种青年读物等多样化形式相比,形式单一,内容也简单。据教育部对1912—1916年"各省通俗教育学校"统计,安徽有半日学校10所,每校2个班,每班学生平均约20~30人;简易识字学校69所,每校2~3个班,每班学生平均20人。④

为推行通俗教育,教育部自成立以来多次下文各省,要求予以重视推广。安徽省响应中央政府号召,成立有2所私立通俗教育研究

---

① 《教育杂志·记事》第3年第10期。
② 《教育杂志·记事》第4年4号。
③ 《教育杂志·特别记事》第7卷第1号。
④ 《教育公报·专体》第3年第10期。

会,有会员 30 人。① 1918 年 8 月,安庆设立通俗教育讲演所,次年改为省立通俗教育讲演所,1922 年改为省立安庆通俗教育馆。到 1927 年,安徽全省共开办通俗教育馆 6 所,其中省立 3 所(地处安庆、芜湖、蚌埠),县立 3 所(地处蒙城、郎溪、当涂)。

地处安庆小南门外的安徽通俗教育讲演所,是由原安徽演说团改建的,1919 年改称省立通俗教育讲演所。1922 年迁入清朝旧藩署内。1922 年改为省立安庆通俗教育馆,馆置讲演、图书、体育 3 个部。1928 年后增设博物、游艺两部。设于芜湖的省立芜湖通俗教育馆,创设于 1921 年,置有讲演、图书两部,先是在庐和会馆,1926 年停办,1928 年恢复馆设,迁入原芜湖道尹公署办公。设于蚌埠的省立蚌埠通俗教育馆,1924 年创立于蚌山东北角,开始租用民房七八间办理,分设图书、讲演两部,设备非常简陋,1929 年开始,改称省立第三通俗教育馆。各县属也积极开展社会教育,如皖南绩溪县,1919 年在教育会组织下,开办新新阅报社、通俗讲演所,经常派宣讲员赴城乡演讲,或者在各地通道路口"悬示通俗格言,以资观感"。1920 年,县教育局教育会发起成立体育场,组织天足会。1924 年成立平民教育会。1926 年,由同乡胡适、汪孟邹等发起捐助,成立县立图书馆。

五四前后,平民教育思潮兴起,皖籍人士陶行知是倡导平民教育的先驱。1923 年,他与朱其楚等发起组织平民教育促进会,并于同年 10 月专程赴皖,与安徽教育界人士筹组安徽平民教育促进会。10 月 28 日在安庆开成立大会,会后组织 1000 多人大游行。他还与芜湖徽州同乡共同拟定《徽州推行平民教育办法》。1924 年,他又向省教育厅厅长卢殿虎提出推行平民教育 10 项建议。这一时期前后,合肥、潜山、黟县、休宁、巢县等都有平民教育组织成立,开展工作。1919 年省立五中校长刘希平与高语罕等人在芜湖先后创办平民夜校。1919 年冬,省立三农校长沈子修和朱蕴山、桂月峰等发起成立六安农会,兴办农村文化教育,他们与学生会等联合,在六安城区和北郊菜市湾开办

---

① 《全国各省通俗教育研究会统计表》,见朱有瓛等编:《中国近代教育史资料汇编·教育行政机构及团体》,上海教育出版社 1993 年版,第 394 页。

工人夜校和农民夜校,自编教材,进行新文化宣传。1921 年 1 月,省教育厅训令各中等学校开办义务夜班学校,让中等学校学生于课余时间担任教学。各学校要拟定通俗教育讲题,让学生在放假期间返回原籍宣讲,或者做学术材料调查研究和地方教育状况调查。"这类学校,各地多有设立。"①

开设公共藏书楼图书馆,作为向民众普及知识的阵地,是清末以来安徽社会教育的特点之一。1901 年,安徽开明士绅程建勋等在安庆姚家口北租民房 18 间,倡设公共藏书楼,引起官绅群起响应,在《皖省藏书楼开办大略章程十二条》中,提出藏书楼购置"凡属有益经世之学,无论古今中外,均须随时增购,以供众览,庶备讲求实学,转移风气之用"②。1921 年,邓艺荪在安庆租屋两间,购置并取原藏书楼及高等学堂藏书,提供民众阅览,"此为皖省公立图书馆之始"。1913 年,教育司拨文昌宫及安庆存古学堂为图书馆,图书馆用费列为省教育经费之内。1919 年代理教育厅长董嘉会呈请改进省立各图书馆办法,"图书馆由教育厅收回接办,并将省立图书馆及省立通俗教育馆合并办理"③。1928 年,教育厅颁布图书馆规程 31 条。省县图书馆由此纳入社会教育事业进行规范管理。

第三节　安徽新闻出版与医疗卫生事业

一、民初以来安徽新闻出版

清末以陈独秀创办的《安徽俗话报》为代表的维护地方权益、反帝爱国报刊,代表了安徽出版界进步的出版方向。辛亥革命爆发和中华民国的成立,为安徽出版界民初一个阶段性的兴盛提供了重要的历

---

① 王世杰主编:《安徽省教育大事记》,安徽教育出版社 1999 年版,第 37 页。
② 上海《汇报》第 276 号,1901 年 4 月。
③ 《省立图书馆沿革》,见《一年来之安徽教育》。

史环境。1913年之后袁世凯部下倪嗣冲在安徽的黑暗统治，让民初一段时间兴盛的安徽报刊业沦入低潮。五四新文化运动的兴起，新思潮的传播，又使安徽报刊界在1919年之后的几年时间内，无论是内容还是报刊形态，达到又一个高潮。

（一）民国初期安徽的报刊出版

辛亥革命爆发，中华民国政权的建立，《大清报律》等清朝报章、印刷发行等旧规章废黜。中华民国临时政府成立后，在《中华民国临时约法》第六条第四款中明确规定，人民有"言论、著作、刊行及集会、结社之自由"①，为安徽报刊出版提供了新的历史条件。民初安徽政权更替，时局紊乱，地方势力崛起，安徽地方革命党人的积极努力，促成民初安徽新闻出版出现一个小高峰，在报刊出版形式上，对开版的报纸逐渐替代了旧式册页式，报刊出版地点主要集中在安庆、芜湖、蚌埠等市镇。这一时期著名报刊有《安庆日报》、《安徽船》、《皖江日报》、《民嵒报》、《霹雳白话报》、《民极报》、《皖铎报》、《均报》等。

革命党人以省城安庆为中心，鼓吹革命共和核心价值观，积极兴办了多种影响全省的报刊。"辛亥革命成功后，袁世凯窃取国政，安徽之国民党人袁家声等，创办《民极报》于安庆，旋与《安徽船》合并而为《均报》，仍由袁家声为经理，对于袁政府的措施，多有抨击。同时又有黄柳生等创办《血报》，史伯园等创办《霹雳白话报》。这几种日报，出刊时间虽都不很长久，但皆有光荣的历史。"②如吴氏所说，《安庆日报》③即出刊于1911年11月8日安庆宣布光复日，用意作为安徽省报，把同盟会16字政治纲领作为宣传主旨。清末安徽革命党人韩衍，联合易白沙、包道平等，在怀宁驿口设馆，1912年2月28日出版对开八版的日报《安徽船》，对中华民国成立后的国内政局及安徽政局，多用辛辣语言予以揭露，在国内媒体中产生较大影响。如韩反对袁世凯做大总统，提出："北京城头月已昏，借你肚脐作灯盏，其董卓乎！其董

---

① 中国第二历史档案馆编：《中华民国史档案资料汇编》第2辑，江苏古籍出版社1991年版，第107页。

② 吴景贤：《安徽之新闻纸与杂志》，见《学风》第5卷第2期，1935年3月1日出版。

③ 该报总经理为李公宷，总编辑为夏印农，鲍际唐等为编辑，对开八版，而非册页期刊形式。

卓乎!"他还和党人办有青年军刊物《青年军报》、《血报》,如《血报》公开鼓吹血洗乾坤、血造山河、血溅是非的"此本报之三大主义也",即"以言破坏,则以血洗乾坤;以言建设,则以血造山河;公理所在,以身殉之,则以血溅是非"。1912年农历三月韩衍被刺杀后,《安徽船》不久停刊,与《民极报》合并,1913年6月1日出版新的《均报》。① 民元出刊的《共和急进报》,创刊于1912年元月,比《安徽船》早一个月。铅印,也是对开八版(两大张),社址在安庆城内鹭鸶桥。栏目设有本报告白、社论、各地来电、紧要新闻、本城新闻等。该报主张共和革命,反对南北议和,对安徽政局多有议论。1912年9月出版的《霹雳白话报》,也是安庆革命党人面向大众出版的铅印报纸,主持人史伯园,每周六日有报,周一无报,四开四版,该报新闻栏目分类清晰,如中央新闻、地方新闻、华侨新闻、外国新闻等栏目,编辑室日记栏则说明编辑想法和旨意。《霹雳白话报》到1913年3月18日改出四开八版的《通俗教育报》,社址依然在安庆四方城。报纸以鼓吹通俗教育、推荐新式教育为宗旨,"已变成一张全国发行的专业性报纸"②。

1912年6月1日安庆天台里创刊的《民嵒报》,是程滨遗(筱苏)、韦格六等创办,开始聘请曾任《燕京日报》主笔的吴霭航(哑吭)主持笔政,程也有党人背景,所以1913年后吴实际接办并主持该报。报纸对开八版,辟有本市新闻、本省新闻、国内新闻、国际新闻、副刊等栏目。发行初期,每期附赠有以"伶界"、"花界"为新闻内容的一张《皖江画报》,投合市民时好,"一经刊布,风行一时",最高时大约有5000份。该报自1912年出版,到1938年日本人占领安庆结束,成为安徽地区出版较早,又是出版历史最长的一份报纸。该报初期主张"提倡民主自由,为皖民喉舌",取"民嵒可畏"之意;1927年后又提出"不偏不党"客观办报方针,以民营性质坚持代表民意,在北洋军阀统治下有此成就殊为不易。

---

① 该报1913年1月出刊,淮上军领袖袁家声为总经理,是安徽反袁斗争的主要喉舌。"二次革命"失败后停刊。

② 安徽省地方志编纂委员会编:《安徽省志·新闻志》,方志出版社1998年版,第9页。

有官方背景的"以公报为正式名称的"①政府机关所出版的报刊，首推《安徽公报》，出版于1912年8月，是由安徽都督府及后来的巡按使公署、省长公署等编印，皖省印刷局发行。初为五日刊，1914年后改为日刊，1915年改为三日刊，1920年再改为日刊。报刊主要登载中央和地方示令、法律法规、政策条规等官方文件。1927年后改称《安徽省政府公报》出版。

1914年创刊安庆的《皖铎报》，实际有省议会背景，该报发行人晋恒履，凤台人，为辛亥革命后的首届安徽省议会议长。主笔张耀先，为晋恒履的同乡，该报也与皖北议员联系紧密。对外公开称"无政府色彩"，为对开八版大报。② 到1922年因内部改组，易名《新皖铎》继续发行，但期数新起，主笔仍为张耀先。版面栏目中，一、二、七版为启事、广告类，三、四版为国内消息，五版为本省消息，六版为省城（安庆）消息，八版为副刊。③《新皖铎》的新闻详尽，副刊幽默谐趣。发行量保持在4000份左右。

1915年安徽省由教育会编辑出版、在上海商务印书馆印刷的《教育杂志》，"则完全采取现代杂志分栏编辑的形式，注重于教育学术之研究"，文稿以"关于教授上之心得，教育上之研究，及其他有益教育事业之文字为主"。"内容形式，俱有可取"。该刊1916年改名《安徽教育季刊》续出，1920年停刊。1918年安徽省教育厅编印《安徽教育月刊》，到1925年停刊，"颇能兼及安徽文献及教育问题之阐发与研究"④。1917年安徽实业厅编印《安徽实业杂志》，以研究安徽实业问题为宗旨，1926年停刊。以上为官厅所办杂志，也是民初安徽杂志界向现代杂志形态过渡阶段。

芜湖是民初安徽报刊出版另一个重要地区，除了革命党人背景办报，还有民营报刊。"由同盟会改组的国民党和共和党、社会党先后在芜湖设立支部，创办《安徽民报》、《安徽日报》和《共和日报》、《讽报》

① 吴景贤：《安徽之新闻纸与杂志》，见《学风》第5卷第2期，1935年3月1日出版。
② 端木宪维、孙岳军、汪植培：《安庆现代报刊概况》，见《安徽新闻史料》1989年第2期。
③ 安徽省地方志编纂委员会编：《安徽省志·新闻志》，方志出版社1998年版，第10页。
④ 吴景贤：《安徽之新闻纸与杂志》，见《学风》第5卷第2期，1935年3月1日出版。

等党派报纸。同时民办报纸亦随之发展。除原有的《皖江日报》外，新创办的报刊计有《农业日报》、《皖江潮》、《演说白话报》、《鸠江潮》、《金钟白话报》、《现世报》、《醒世报》、《醒报》、《闲谭》、《皖江新春秋》、《繁华新语》、《芜湖花报》、《直言报》、《灿花日报》等共14种之多"①。其中《皖江日报》出刊于1910年12月21日，是革命党人陈子范等创办，以鼓吹革命反清为宗旨，辛亥光复前后，该报以号外等新闻，及时报道革命消息。张恨水1918年曾在该报副刊连载所写小说《紫玉成烟》。1919年五四新文化运动前后，该报的副刊《皖江新潮》，在高语罕、蒋光慈、郝耕仁、钱杏邨、李宗邺、李克农等笔耕下，鼓吹新文化，反对旧文化和旧的伦理道德，主张安徽社会进步，成为皖江两岸进步青年的重要舆论阵地。1921年，《皖江新潮》被军阀张文生勒令停刊，《皖江日报》也多次被北洋军阀政府查抄。

1915年10月21日芜湖出版的《工商日报》，是南京江宁人张九皋所办，以专刊工商新闻、工商行情以及有关实业商业的媒体，办报宗旨为"记载求忠正，唯善尚播扬"，初为周六刊，比四开四版稍大；1917年后，改为对开日刊，增加了本埠新闻及电讯、副刊等栏目。五四前后用白话报道芜湖学生爱国运动，主持学生反帝行动。抗日战争爆发芜湖沦陷前停刊，其后多变化，为芜湖地区第二种历史最长的民办报纸。

1912年12月，有共和党人背景的报人，在徽州屯溪编辑出版文言文的《新安报》，铅印四开三张六版，"第一版为本埠和外埠广告；第二版为言论（设有'论说'、'专稿'栏目）和专件（法规等文件）；第三、四版国内外大事，有'本馆专电'、'选电'、'时评'和'要闻'栏目，'要闻一'为国际大事，'要闻二'为国内大事，'要闻三'为省内大事；第五版'新安纪事'栏目，为徽州本埠新闻；第六版为设有小说、诗词、亲录等小栏目的副刊和'商情'（本埠市场价格）栏目"②。

1911年，六安光复后，党人张仲舒创办了《六安白话报》。该报为木刻活字排版，用油光纸印刷，四开一张，"专载各地光复及一切新政

① 汪兴泉：《芜湖报刊发展史略》，见《安徽新闻史料》1990年第2期。
② 安徽省地方志编纂委员会编：《安徽省志·新闻志》，方志出版社1998年版，第9页。

消息。助编有张青士、史普年二人。翌年，张仲舒逝世报纸停办"。1917年，党人出身的王仁峰任舒城县桃溪第二高等小学校长时，组织学生创办油印《桃溪浪》、《伏虎刍声》刊物，"以提高学生的民主革命思想，发表自己的政治见解，兼及提高学生的写作水平"①。《桃溪浪》共出10期。

清末编辑过《国民日日报》、《甲寅》杂志的安徽老革命党人陈独秀，1915年由日本回国后，在科学图书社主人汪孟邹帮助下，与上海群益书社合作，当年9月在上海创办了《青年》杂志（后改名为《新青年》）。《新青年》的出版，吹响了新文化运动的号角，在中国社会思想界，公开竖起民主与科学两面大旗。"本志之作，盖欲与青年诸君商榷将来所以修身治国之道。""本志于各国事情学术思潮尽心灌输，可备攻错。"陈独秀欲用"平易之文，说高尚之理。凡学术事情足以发扬青年志趣者，竭力阐述。冀青年诸君于研习科学之余得精神上之援助"②。在《敬告青年》文中，他认为"青年如初春，如朝日，如百卉之萌动，如利刃之新发于硎，人生最可宝贵之时期也。青年之于社会，犹新鲜活泼细胞之在人身。新陈代谢，陈腐朽败者无时不在天然淘汰之途，与新鲜活泼者以空间之位置及时间之生命"。希望中国青年，要有"自主的而非奴隶的"、"进步的而非保守的"、"进取的而非退隐的"、"世界的而非锁国的"、"实利的而非虚文的"、"科学的而非想象的"六大精神。③ 3年后，陈独秀又在6卷1号《〈新青年〉罪案之答辩书》中，公开宣布《新青年》杂志因为拥护民主与科学即德赛两位先生，才犯了几条滔天大罪。但是"要拥护那德先生，便不得不反对孔教、礼法、贞节、旧伦理、旧政治；要拥护那赛先生，便不得不反对旧艺术、旧宗教；要拥护德先生又要拥护赛先生，便不得不反对国粹和旧文学"。"我们现在认定只有这两位先生，可以救治中国政治上道德上学术上思想上一切的黑暗。若因为拥护这两位先生，一切政府的压迫，社会

① 许正英：《六安地区报刊史料遗存》，见《安徽新闻史料》1991年第3期。
② 《社告》，见《青年》杂志第1卷第1号，1915年9月。
③ 陈独秀：《敬告青年》，见《青年》杂志第1卷第1号，1915年9月。

的攻击笑骂,就是断头流血,都不推辞"①。《新青年》是安徽省籍人士寓外办报刊中最著名一种。皖地安庆、芜湖等地都有其代销处。

(二)五四前后安徽新闻出版业

民初安徽新闻出版业虽然一时兴盛,但是北京政府在安徽的黑暗统治,对方兴未艾的新闻出版予以打击和舆论钳制。如 1914 年 12 月北洋政府颁布的《出版法》、1915 年《著作权法》,前者甚至规定"出版之文书图画,应于发行或散布前,禀报该管警察官署,并将出版物以一份送该官署,以一份经由该官署送内务部备案"②;且对所谓名目为"淆乱政体者"、"妨害治安者"、"败坏风俗者"③等书籍不得出版。无论是报业出版或者是教科书的审定、印刷业营业规则等,都置舆论管制之下,不少报刊被迫停刊。

一方面是五四运动前后,随着新思潮、新文化的传播,安徽新闻出版业逐渐由低潮期提升,五四运动在安徽地域社会引起的反响和社会应对,推动了新式新闻出版事业的普及。"从二十年代起,在我省各地,不少进步青年和学生,也积极创办各种宣传马克思主义的报刊。安庆的朱蕴山、蔡晓舟等人主办了《评议报》,蔡晓舟、王步文、黄梦飞、操竹友、薛卓汉等人主办了《黎明周报》、《安庆学生》、《洪水》、《寸铁》以及《安徽学生会周刊》。同时还有学生自己办的油印小刊物,如安庆五中的《实践》、安庆二农的《海灯》等。1920 年,黟县旅京学生舒耀宗、王同甲、欧阳道达三人还创办了以政治评论、科学知识及介绍当地民歌为内容的不定期刊物《古黟新语》。同时,我省的滁县、全椒、凤阳、濉溪、萧县等地先后创办了以马克思主义思想为指导的各种报刊,宣传科学、宣传民主和新文化运动。"④

另一方面是安徽新文化人士对新思潮的积极迎纳,安徽新闻出版出现了令人耳目一新的新气象,有了一批代表性的新闻出版物。如报

---

① 陈独秀:《〈新青年〉罪案之答辩书》,见《新青年》第 6 卷第 1 号。

② 1914 年 12 月 5 日《出版法》。

③ 《大总统公布修正报纸条例申令》,见中国第二历史档案馆编:《中华民国史档案资料汇编》第 3 辑文化,江苏古籍出版社 1991 年版,第 299—304 页。

④ 刘培生:《安徽近现代报业简况》,见《安徽新闻史料》1989 年 10 月创刊号。

纸类有《安徽通俗教育报》,1918 年 6 月在安庆出版,是安徽省教育会主办的周六刊,抱持"评斥军阀,评论时政,勇陈是非,扶持教育"宗旨,反对倪嗣冲为代表的北洋军阀在安徽的暴政,提倡民主、科学观念,敢于报道安徽进步师生反抗军阀摧残安徽教育、镇压安徽学生六二学潮等新闻。1923 年后,该报登载有李大钊等宣传马列主义文章,蔡晓舟、王步文等在该报发表呼吁民主反对军阀统治的文章。1923 年因如实报道学生反对曹锟贿选等消息,一段时间被迫停刊。1926 年被军阀陈调元查封。1921 年,安庆出版日报性质的《民治报》,四开四版,国民党人管鹏等主持,出版了 48 期后停刊,1922 年复刊后,由黄梦飞主笔,反对武人政治,主张国民革命,介绍苏联十月革命及国内政治动态等。1925 年停刊。1919 年安庆出版的《安徽商报》,是面向商界的大型日报,民营性质,主笔吴传绮,"最高发行量达 3000 份,曾与《民嵒报》、《皖铎报》并列为安庆的三大民营报纸"①。

五四新文化运动中安徽进步师生出版的报刊,代表了此阶段安徽新闻出版的新趋向。如 1920 年出版,由朱蕴山任总主笔的安庆《评议报》,以评议安徽时政,反对军阀统治,宣传新文化,积极支持全省教职员联合会和学生联合会反对北洋军阀黑暗统治,反映了教育界进步人士心声。该报 1922 年五一节,出版有《劳动纪念节特刊》,登载反映中国社会主义青年团立场的文献;蔡晓舟所写的《我对于今年劳动节的感想》以及《芜湖劳工会宣言》,以新诗形式撰写,号召被剥削被压迫的广大劳动群众联合起来,和资本家阶级进行殊死斗争。六二惨案发生后,该报登载六安三农学生陈绍禹所写《高琦不死》新诗,斥责军阀镇压青年学生的暴行。1921 年 5 月 15 日出版的《芜湖》半月刊,是聚合芜湖进步师生的芜湖学社所办,为上海民国日报社代印,每期四开四版 1 张,随上海《民国日报》附送或单独发行。前后出版 4 期,总发行处芜湖安徽省立第五中学,设置栏目有评论、研究、译述、文艺、通讯、随感录等,登载有恽代英、高语罕、沈泽民、李宗邺等芜湖进步师生的文章。

① 安徽省地方志编纂委员会编:《安徽省志·新闻志》,方志出版社 1998 年版,第 14 页。

1921 年 4 月 30 日出版的四开四版白话文小报《芜湖学生会旬刊》，为高语罕主持，辟有评论、译著、著述、国内要闻、本省要闻、本会要闻、学生会纪事、本会消息、丛谈、文艺、小说、随感录等多项栏目。该刊公开宣称"我们因为对于旧时一切礼俗、思想，以及家庭、社会、国家组织，固然是不愿无意识的服从，就是对于现在所谓新的思潮，如'德谟克拉西'主义，'布尔扎维克'主义，'安那其'主义，我的友底绪论，也不愿盲目的信仰，事事物物，要给他一个'？'，问他'为什么这样？''为什么那样？'——这就是怀疑的态度"。其后还要下一番"爬梳剔抉"、"分析综合"或"归纳演绎"的功夫，寻出他的因果事，一洗从前笼统、武断的弊病，这就是研究的态度。"有了前头两步功夫——怀疑的、研究的态度——依然不能算完事。还要把我们怀疑、研究的结果，公开的下一个判断"①。

此时期由皖籍知识分子旅外主办的报刊，除了陈独秀主办的影响全国的《新青年》、《每周评论》外，较为著名的还有李辛白在北京主编的《新生活》杂志。1919 年 8 月，北大出版部主任李辛白利用"老百姓"印刷所，在北京老北大不远处后门内东高房 17 号设立新生活报社，主持印刷和发行《新生活》周刊。该刊发行宗旨即面向大众百姓，探讨百姓、社会、国家的新生活。这是北大的新文化派继《新青年》、《新潮》以及论政性质的《每周评论》后，又一个以面向社会大众为鲜明特色的新文化刊物。李辛白、胡适、李大钊、蔡元培、高一涵、陈独秀、傅斯年等都在该刊发表文章，发表文章数量较多的有李辛白、李大钊、高一涵。② 1922 年 5 月 7 日，胡适在北京主持出版的《努力周报》公开提倡"好政府主义"的社会改良主张，这份周报的产生与安徽政局也很有关系。1920 年 8 月，胡适联合蒋梦麟、陶履恭、王徵、李大钊、高一涵等一帮在校园里教书而"不谈政治的人"，发表《争自由的宣

① 中共安徽省委党史工作委员会编：《安徽现代革命史资料长编》第 1 卷，安徽人民出版社 1986 年版，第 192—194 页。

② 陆发春：《新文化与新生活——以胡适及〈新生活〉杂志为讨论中心》，2011 年 4 月胡适研究会、南京大学中华民国史研究中心、中国社会科学院近代思想研究中心主办"胡适的学术与思想国际学术研讨会"论文集。

言》，坦承"我们本来不愿意谈实际的政治，但实际的政治，却没有一时一刻不来妨害我们"①。到了1921年初，又发生了北大教职员为薪俸发起的索薪事件。北京国立八校教职工为索薪不得不罢课停工；胡适无书可教，愈来愈感到政治的腐败，政府的卑劣。接着又发生了请愿学生被士兵肆毒殴打的安徽六二惨案。腐败政治的逼迫，使政治成了胡适"一种忍不住的新努力"②。他联合丁文江等成立秘密性质的努力会，1921年8月他在安庆发表大胆放言的《好政府主义》专题演说③，《努力周报》即此观念下产物。胡适与高一涵为主要编辑和撰写人，该报宣扬资产阶级改良主义，提倡有道德、有操守、有能力的好人，单独的或互助的尽力谋中国政治的改善与社会的进步，一时在北方知识界影响很大。周报后期随送《读书》副刊，但出版到75期即被迫停刊。

1920年12月由上海皖籍人士创办的《新安徽》，是当时在安徽产生较大影响的另一份杂志，该杂志主张以省自治改造地方，如《我们应怎样从根本上改造安徽》所说："我们因为要求'世界大同'底实现，所以就要将中国从根本上来改造一新。因为要改造'新中国'，就不能不从各省改造起。"反对军阀统治，反对各省督军大权独揽，干涉民政，恣睢跋扈，蹂躏民权，督军为民治的障碍物，是现在社会一般所公认，因此只有废督，才有自治。进而提出成立以同业公会为基础的自治机关，递进设立县议会、市议会和省民大会，组织和监督各级机构。并以普及的平民教育，改造替代旧教育。该刊16开本，设立的主要栏目有论说、专著、小说、短评、诗、自治潮、通信、编辑余谈等。④

五四前后，安徽地区由外输入不少马克思主义的书刊；另一方面，像安徽新文化人士编辑的书刊，在安徽和全国影响很大，如五四不久的1919年9月蔡晓舟、杨亮功编辑的《五四》，是最早全面记载五四运

---

① 胡适等：《争自由的宣言》，见《东方杂志》第17卷第16号。
② 胡适：《我的歧路》，见《胡适文存》第2集卷3。
③ 陆发春：《胡适早期"好政府主义"思想新论》，见《安徽大学学报》1996年第5期。
④ 中共安徽省委党史工作委员会编：《安徽现代革命史资料长编》第1卷，安徽人民出版社1986年版，第189—191页。

动过程的历史书籍,"我北京学生,'五四'一役,涵有二义,一为国家争主权,一为平民争人格……'五四'特启端耳。安可无明确记载,向其旨趣于人人。此敝同人所以不揣谫陋,而有《五四》之书也"①。蔡晓舟还撰写有以研究白话为基础的国语语法书籍《国语组织法》,在1920年泰东书局出版时被宣传为中国第一部国语语法书,该书得蔡元培专门作序予以推荐。高语罕根据自己给芜湖商业夜校学生上课的讲义,编写成书。由亚东图书馆1921年出版的《白话书信》,分家庭书信、社交书信、工商书信、论学书信等,"独创一格,采用了来往书信讨论问题的形式"②,给社会大众提供了用白话写信的样本,内容上"皆含有社会极切要,亟待解决的问题,或描写社会的真相,抉出人心的隐秘。时或有戏曲的趣味,时或有小说的意思,时或有诗歌的情感。所说固有'老生常谈',然高小三年级和中学一二年级的学生或将引为亲爱的伴侣"③。该书当年就出了三版9000册,是亚东图书馆,也是安徽新文化人士五四前后出版发行量最多的书籍之一。

以芜湖科学图书社为基础依托成立的亚东图书馆,在辽宁、吉林、云南、贵州、台湾等全国大部省份,东京、纽约及本省安庆、芜湖、蚌埠、屯溪、休宁等处,都有代售处,是民初安徽籍人士兴办的重要出版机构,不仅民初新文化著名刊物《新潮》、《少年中国》、《建设》等为其出版,胡适的《尝试集》、《胡适文存》,陈独秀的《独秀文存》,孙中山的《孙文学说》及《吴虞文录》等新潮书籍,都为其出版发行。亚东也是最早用新式标点分段中国古典小说的出版机构。在1919—1927年间,前后出版新书有70多种。其前身地处芜湖长街的科学图书社,也是安徽售卖新式书刊和《新青年》、《向导》、《中国青年》等马克思主义书刊的重要文化阵地。1922年该社20周年纪念时,胡适推奖其"为文化做了二十年的媒婆",陶行知题词称给安徽"赈济了二十年学术的饥荒"。对科学图书社很了解的安徽新文化先进人士高语罕指出:"安徽近二十年,所谓种族革命、政治战争、社会运动、文化运动,芜湖

① 蔡晓舟、杨亮功:《五四·序》,北京大学出版社1919年版。
② 汪原放:《亚东图书馆与陈独秀》,上海学林出版社2006年版,第79页。
③ 高语罕:《白话书信·自序》,上海亚东图书馆1923年版,第1页。

实据重要地位,而长街之中,方丈危楼,门前冷落之科学图书社,实与之有密切关系!"①

民初以后,安徽新闻出版以省内外机构、社会团体以及个人出版为本体,出版发行书刊报业,如以王亚樵为首的安徽驻沪劳工总会发行《安徽劳工》周刊,著名学者胡朴安1923年排印自撰《朴学斋丛刊》11种。"安徽省内的印刷业和图书发行业,遍及各县城,具规模较集中的首推安庆,次为芜湖。至民国16年(1927),安庆有正谊书局、扬子江出版公司、大德堂书局、官纸印刷局、洛阳楼印书馆、大中华印书馆、东方印书馆、新民印书局、皖江印书馆等"。"书店出售图书以教科书量最大,图书内容反映资产阶级民主革命思想日益增多,主流为三民主义和社会主义学说,古书仍有一定市场,文言文逐步为白话文所代替。"②

二、北京政府统治时期安徽医疗卫生

北洋年间,安徽政权更迭较频,是各方军人势力相争之地,全省行政处于"以军董政"时期,行政混乱,军政不分,省级卫生行政更趋流于表面。1912年,安徽卫生行政隶属省都督府民政司;翌年,属内务局之第四科管理。1914年,在省巡按使公署政务厅下,设第二科之第二课,管理卫生事宜。1915年12月,卫生事宜又改由省民政厅第三科掌管。③ 后随着袁世凯倒台,各地方军阀割据和混战的加剧,安徽省级卫生行政连流于表面的形式都基本没有,这种状况一直延续到南京国民政府在安徽统治地位的确立。然而北洋年间,安徽深受疠疫困扰,加之战争对疫疾的严重影响,面对疫疾的危害,安徽民众的医疗卫生主要靠教会医院、私人医院和个体行医者来保障,地方政府对医疗卫生的重视与否也只能看地方官员的个人倾向。

(一)北京政府统治时期安徽疾病流行概况

北洋年间,安徽境内的主要急性传染病包括天花、霍乱、鼠疫、流

---

① 沈寂:《汪孟邹与陈独秀》,见《陈独秀传论》,安徽大学出版社2007年版,第191页。

② 安徽省地方志编纂委员会编:《安徽省志·出版志》,方志出版社1998年版,第69页。

③ 安徽省卫生志编纂委员会编:《安徽卫生志》,黄山书社1993年版,第30页。

行性脑脊髓膜炎、白喉、痢疾、伤寒、流感、回归热、斑疹伤寒、疟疾、猩红热、麻疹和黑热病等，基本都是法定传染病。另外在安徽有几百年历史的血吸虫病仍在许多地方泛滥。

据《安徽卫生志》记载："民国年间，天花在安徽流行猖獗，几乎每日都有新的患者。"①如 1915 年，沙河乡（属今金寨县）尚前书一家五天内四人死于天花。② 1913 年天花在泗县呈散发性状态，在 1923 年，全县天花又大范围流行。③ 宣城 1922 年夏天在四五岁小孩中，发生天花者十有五六。④ 潜山县在 1927 年就因天花流行死亡达 900 余人。⑤ 霍乱在北京政府统治年间流行肆虐，据《桐城县志》和《中国传染病史料》记载，1918 年桐城的霍乱疫情，死亡惨重。⑥ 1925 年安庆小南门码头一带真性霍乱大流行，高峰时每日发病 200 余例，死亡过半。⑦ 1926 年全国霍乱大流行，安徽诸多县市深受影响。《申报》7 月 30 日、31 日，8 月 9 日、24 日，9 月 2 日，对芜湖、安庆、蚌埠和滁州的霍乱流行均有报道。⑧ 鼠疫在整个民国时期，安徽境内发生较少，但北洋年间时有之，基本为外地传入。1914 年，凤阳城内发生鼠疫，死人无数。⑨ 1917—1918 年，蚌埠、凤阳两地曾被源于内蒙古安北县的肺鼠疫传染。⑩ 1923 年蚌埠再次发生鼠疫流行。⑪ 流行性脑脊髓膜炎在安徽也流行严重，1913 年来安县发现流脑病人 1300 余人，死亡 440 人；1915 年该县又有 1300 余人患流脑，死亡 151 人。⑫ 1919—1920 年包括合

---

① 安徽省卫生志编纂委员会编：《安徽卫生志》，黄山书社 1993 年版，第 208 页。
② 金寨县地方志编纂委员会编：《金寨县志》，上海人民出版社 1992 年版，第 659 页。
③ 泗县地方志编纂委员会编：《泗县志》，浙江人民出版社 1990 年版，第 593 页。
④ 宣州市地方志编纂委员会编：《宣城县志》，方志出版社 1996 年版，第 595 页。
⑤ 潜山县地方志编纂委员会编：《潜山县志》，社会科学文献出版社 1993 年版，第 822 页。
⑥ 桐城县地方志编纂委员会编：《桐城县志》，黄山书社 1995 年版，第 707 页；李文波：《中国传染病史料》，化学工业出版社 2004 年版，第 42 页。
⑦ 怀宁县地方志编纂委员会编：《怀宁县志》，黄山书社 1996 年版，第 789 页。
⑧ 详见《申报》，1926 年 7 月 30 日《芜湖霍乱流行医院拒收病人》、7 月 31 日《皖垣时疫流行》、8 月 9 日《芜湖发生时疫，要求上海接济药品》、8 月 24 日《蚌埠虎疫流行，绅商各界筹划防疫》、9 月 2 日《滁州虎烈拉症盛行之可畏》。
⑨ 滁县地区行署卫生局编：《滁县地区卫生志》，1989 年印，第 264 页。
⑩ 安徽省卫生志编纂委员会编：《安徽卫生志》，黄山书社 1993 年版，第 212 页。
⑪ 蚌埠市地方志编纂委员会编：《蚌埠市志》，方志出版社 1995 年版，第 1112 页。
⑫ 安徽省卫生志编纂委员会编：《安徽卫生志》，黄山书社 1993 年版，第 216 页。

肥、安庆在内的安徽多地也有流行。[①] 在"清代和民国时期,安徽各地几乎终年都有白喉流行"[②]。在凤阳,1914 年的白喉流行遍及全县,死亡率很高,长淮卫一条街上有 10 个孩子患病即全部死亡[③];1921 年再次全县流行白喉。[④] 而 1920 年时属灵璧县的固镇流行小儿白喉,发病率达 40%,死亡率占 80% 以上。[⑤] 黑热病整个民国年间在皖北流行严重,1923 年,美国 Young 氏分析怀远民望医院收治的 171 例病例,将亳县、涡阳、宿城、灵璧、泗县、太和、阜阳、蒙城、颍上、凤台、怀远、五河、寿县、凤阳等 14 个县确定为黑热病流行区。[⑥] 而回归热在民国元年(1912)就在泗县有过大流行。[⑦] 上述其他几项急性传染病,由于安徽所处地理、气候环境,及战乱影响,一直在北京政府统治年间频发,有的成季节性,如麻疹;甚至许多县志都将其中一些设为地方性疾病,如疟疾。据李文波《中国传染病史料》1926 年至 1927 年 5 月关于各省传染病报告表,将"＋"表示局部流行,"＋＋"表示中等流行,"＋＋＋"为大流行;安徽省除鼠疫为"0",流脑为"＋",天花、白喉、痢疾、伤寒、回归热、斑疹伤寒、疟疾、猩红热、麻疹和百日咳均表示为"＋＋",霍乱和流感为"＋＋＋"。

(二)安徽疫病防治工作

北京政府统治期间,安徽医疗卫生行政流于表面,基于全省的卫生防疫机构基本没有,在这种情况下面对频繁流行的传染病,社会应对主要表现在:

1. 教会医院。教会医院是安徽最早的西医医疗机构,著名的教会医院如芜湖弋矶山医院、安庆同仁医院、合肥基督医院、怀远民望医院等都建立于清朝末年,到了民国年间已有一定规模,在疫情发生时

---

① 李文波:《中国传染病史料》,化学工业出版社 2004 年版,第 153 页;安徽省卫生志编纂委员会编:《安徽卫生志》,黄山书社 1993 年版,第 216 页;《皖省时疫流行》,见 1920 年 2 月 25 日《申报》。

② 安徽省卫生志编纂委员会编:《安徽卫生志》,黄山书社 1993 年版,第 213 页。

③ 滁县地区行署卫生局编:《滁县地区卫生志》,1989 年印,第 264 页。

④ 凤阳县地方志编纂委员会编:《凤阳县志》,方志出版社 1999 年版,第 692 页。

⑤ 灵璧县地方志编纂委员会编:《灵璧县志》,浙江人民出版社 1991 年版,第 762 页。

⑥ 安徽省卫生志编纂委员会编:《安徽卫生志》,黄山书社 1993 年版,第 234 页。

⑦ 泗县地方志编纂委员会编:《泗县志》,浙江人民出版社 1990 年版,第 593 页。

能够通过西医治疗手段有效防治疾病。另外有宿县民爱医院、寿县春华医院等建立于民国初年，它们的建立为及时防控安徽传染病作出了贡献。在段祺瑞执政期间，蚌埠发生鼠疫，怀远民望医院的美籍医师曾直接发电报告段政府，而后安徽督军请民望医院派人至蚌埠，协助进行三个星期的消毒，以对鼠疫进行防控。① 1926 年 7 月 31 日，安庆发生霍乱，私人医院健生医院因医疗水平有限，一些重患者须请同仁医院医士诊治。同仁医院还特函疫区警察署将染疫死者的衣服送到郊外，埋到土内，以防疫情进一步扩大。② 民国初年，基于政府的公立医院缺乏，教会医院的医疗水平在境内是最高的，加之其中诸多外籍医师有传教身份，在传教施医过程中积累了丰富的急性传染病治疗和预防经验。特别是比之中医，西医治疗对急性传染病的控制作用更明显。

2. 红十字会。红十字会是慈善救援组织，其标志与现今医院的标志一致，由此可见红十字会与医疗的紧密性。民国初期，红十字会一定程度弥补了安徽官方疫情控制机制上的缺陷。1925 年底到 1926 年初，芜湖天花流行，传染殆遍。芜湖红十字会分会为此联络中华卫生分会和各界代表召开特别会议，会议决定"派员宣讲、城乡多设施种牛痘处所、弋矶医院西医士担任施种义务"③，并与中华卫生会一起分担此次防疫费用。正阳、寿县红十字会曾于 1918—1920 年每届春季施种牛痘，后间有施种。④ 寿县红十字会还于 1919 年在当地成立了寿县红十字会医院。⑤ 可见红十字会在防疫治病中所发挥的重要作用。

3. 私人医院、诊所和个人行医。安徽中医历史悠久，自古以来中医是防治疫病的主导力量，中医人士基本散布民间，民国期间他们在自己的区域内仍发挥着防治疾病的基础作用。西医在晚清就已经传

---

① 安徽省卫生志编纂委员会编：《安徽卫生志》，黄山书社 1993 年版，第 319 页。
② 《皖垣时疫流行》，见 1926 年 7 月 31 日《申报》。
③ 1923 年 1 月 21 日《申报》。
④ 寿县地方志编纂委员会编：《寿县志》，黄山书社 1996 年版，第 739 页。
⑤ 寿县地方志编纂委员会编：《寿县志》，黄山书社 1996 年版，第 735 页。

入,安徽许多县传入西医西药的时间大都在民国的北京政府执政年间。比如:1914 年,汪寿椿在黟县开办汉美医院,是黟县第一所西医医院①;同年,寿县人赵联城到青阳县城区挂牌行医,是该县西医诊所之始。② 1916 年,五河县首次出现西医③;同年,湖北人杨兆坤在太湖县城北门开设和济医院,是县内第一家西医医院④;蒙城县于 1917 年开始有私人西医医院⑤;泾县在 1920 年前后,始有西医个人行医⑥;含山县也 1920 年开始有西医个体行医⑦;同年,来安县人李拱宸从滁县基督教医院学习期满回到县城,创办了来安县第一家西医院——普宁医院⑧;1921 年,西医萧铁梅由外地到无城镇西门挂牌行医兼售医药,开创了无为县西医西药业⑨;1922 年,张少炎在霍邱城关南大街开设少炎医院,为霍邱西医之始,也为医院之发端⑩;1924 年,固镇连城人赵守民在上海仁济医院学徒师满,回灵城开设守民医院,为灵璧县西医之始⑪;在太平县,1925 年才有第一家西医诊所。⑫ 这些医院通过自己掌握的西医治疗技术以及所理解的基于西医的疫情控制方法,对传染病的防控还是起到了重要作用的。如:1914 年,湖北人田久高,由南京购买牛痘浆苗,在来安县种牛痘预防天花。⑬ 1918 年,铜陵县人樊义泰便在铜陵县西湖乡陈村开办时疫医院,用中、西医两法治疗疫疾。⑭

4. 民间绅商团体。在政府防疫机制不完善的情况下,绅商团体发挥他们的社会作用,开展防疫。光绪末年,青阳县民间集资创办

① 黟县地方志编纂委员会编:《黟县志》,光明日报出版社 1989 年版,第 462 页。
② 池州地区卫生志编纂委员会编:《池州地区卫生志》,黄山书社 1997 年版,第 16 页。
③ 五河县地方志编纂委员会编:《五河县志》,浙江人民出版社 1992 年版,第 583 页。
④ 太湖县地方志编纂委员会编:《太湖县志》,黄山书社 1995 年版,第 647 页。
⑤ 蒙城县地方志编纂委员会编:《蒙城县志》,黄山书社 1994 年版,第 445 页。
⑥ 泾县地方志编纂委员会编:《泾县志》,方志出版社 1996 年版,第 817 页。
⑦ 含山县地方志编纂委员会编:《含山县志》,黄山书社 1995 年版,第 558 页。
⑧ 来安县地方志编纂委员会编:《来安县志》,中国城市经济社会出版社 1990 年版,第 427 页。
⑨ 无为县地方志编纂委员会编:《无为县志》,社会科学文献出版社 1993 年版,第 483 页。
⑩ 霍邱县地方志编纂委员会编:《霍邱县志》,中国广播电视出版社 1992 年版,第 743 页。
⑪ 灵璧县地方志编纂委员会编:《灵璧县志》,浙江人民出版社 1991 年版,第 759 页。
⑫ 黄山市(县级)地方志编纂委员会编:《黄山市志》,黄山书社 1992 年版,第 664 页。
⑬ 滁县地区行署卫生局编:《滁县地区卫生志》,1989 年印,第 264 页。
⑭ 铜陵县地方志编纂委员会编:《铜陵县志》,黄山书社 1993 年版,第 553 页。

的施医施药的慈善机构种福堂在 1915 年改称"同仁医药局",设中医中药、西医西药两部,仍致力于疫病防治中的施医施药。[①] 1922 年 8 月,宣城包括绅商在内的社会各界组成了宣城卫生会,以清洁街道、扫除垃圾、施赠医药等为主要宗旨来预防传染病的爆发。[②] 1926 年夏季蚌埠霍乱流行时,绅商各界积极筹划防疫,募捐防疫经费,组织防疫院,并且"无论贫富,分文不取",所购防疫针"足够万人以上打针"。[③]

　　5. 政府应对举措。民国元年(1912),安徽省都督府民政司民治科掌管卫生防疫。次年,卫生防疫改隶第四科管理。1914 年,改由省巡按使公署政务厅第二科的第二课管理"病院及卫生组织、传染病预防及检疫"[④]等事项。随着军阀混战的加剧,"以军董政"局面基本没有改观,无论是卫生行政还是官方设置的防疫机构,都渐渐流于表面应付,但在各方面的压力下也适时发挥了一定作用。安庆作为安徽省会,又为沿江城市,人口流动大,因此时疫常发,防疫压力大。如安庆城设有省会警察厅,厅下设防疫委员会。1926 年夏季,安庆城因某轮船过境,一水手患时疫送安庆健生医院治疗(抬进城时还未诊断为霍乱)而导致市民被染疾。为了防止疫情进一步传播,警察厅命令各区署将不洁水井从速封闭;防疫委员会呈请省长速拨防疫经费。同样在省城安庆,为了更好地防范疫病,1927 年安庆市公安局卫生清洁队下设清洁、疏治、救护、巡查组,分工负责城区的环境卫生,分段施行。同时公布管理浴堂营业、管理厕所、取缔停厝棺柩、限制倾倒脏水等章程。同年,市防疫委员会从上海购买霍乱疫苗数万瓶,注射近万人。在五河县,1916 年,知事王寿炯到任,从外地带来了 3 名西医,是年开办第一家县属西医院,开始介入卫生防疫工作。但第二年王寿炯调离五河,3 名医师相继离走,医院随即停办。1921 年,知事殷葆田成立该县第一家中医防疫院,免费为民防治疾病。翌年,又设立防预时疫委员会,接种牛痘 500 人,注射伤寒预防疫苗 130

① 池州地区卫生志编纂委员会编:《池州地区卫生志》,黄山书社 1997 年版,第 3 页。
② 宣州市地方志编纂委员会编:《宣城县志》,方志出版社 1996 年版,第 591 页。
③ 《蚌埠虎疫流行,绅商各界筹划防疫》,见 1926 年 8 月 24 日《申报》。
④ 安徽省卫生志编纂委员会编:《安徽卫生志》,黄山书社 1993 年版,第 103 页。

人,注射霍乱预防疫苗 300 人。然而遗憾的是,殷葆田离任后,中医防疫院停办。

民国初期安徽疫病频繁,死亡人数很多,给安徽民众造成了很大伤害。为了应对疫情,安徽社会力量主动接受西方医学观念和方法进行防疫,显示了社会力量在防疫中一定的现代性。

第八章
南京国民政府统治时期的安徽政局

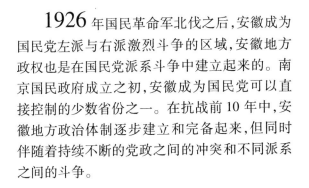

　　1926 年国民革命军北伐之后,安徽成为国民党左派与右派激烈斗争的区域,安徽地方政权也是在国民党派系斗争中建立起来的。南京国民政府成立之初,安徽成为国民党可以直接控制的少数省份之一。在抗战前 10 年中,安徽地方政治体制逐步建立和完备起来,但同时伴随着持续不断的党政之间的冲突和不同派系之间的斗争。

第一节　国民党政权在安徽的建立

一、在血雨腥风中建立政权

1926 年 7 月,国民革命军开始北伐。1927 年 2 月下旬,以第二军、第六军为主力的江右军和以第七军为主力的江左军进入安徽境内,并集结兵力准备向孙传芳控制下的南京进攻。孙传芳的直鲁联军在当涂、博望、溧水一带构筑防线,进行抵抗。3 月 11 日,江左军分三路向当涂发起进攻。双方在当涂薛镇附近老山一带展开激战,直鲁联军主力被击溃。此役是国民革命军东征过程中的重大胜利之一,江右军彻底肃清了江西、安徽两省长江以南的直鲁联军,对南京形成合围之势。

国民革命军在战场取得胜利的同时,新政权的建设在国民党"清党"运动的血雨腥风中开始启动。北伐军进入安徽之际,在中国共产党领导下,工农运动进入了一个新的高潮。在此之前成立了各级国民党左派党部。1925 年 12 月 20 日,安庆市党部正式成立,选举周新民为常务委员;1925 年春夏之交,成立国民党芜湖市党部执行委员会;1926 年 2 月,国民党安徽省临时省党部在安庆邓家坡成立,光明甫、周松圃、朱蕴山为常务委员。北伐军所经之处,又有 10 余处党部成立。总计全省已有 30 余个国民党左派市、县党部组织。安徽国民党左派各级党组织建立后,即领导全省人民支持北伐战争,较好地发挥了革命统一战线组织的积极作用。面对蒋介石叛变革命的种种劣行,安徽国民党左派最早予以揭露。1927 年 2 月,国民党安徽临时省党部发表《安徽省党部之救党主张》、《安徽临时省党部代表团宣言》,反对蒋介石迁都南京,明确提出"打倒党内党外一切反动分子"、"拥护总理联俄联共扶助农工三大政策"、"欢迎中央党部国民政府迁鄂"等主张。[1]

---

[1]　1927 年 2 月 29 日汉口《民国日报》。

1927 年 3 月，召开了国民党安徽省第一次代表大会，有 40 余县的代表参加。随后，各地先后成立了由共产党员薛卓汉、郭诚淑、舒传贤等人领导的农民协会筹备会、妇女协会和省总工会、安庆市总工会，左派力量迅速壮大。

蒋介石对日益发展的安徽国民党左派势力和革命形势十分恐惧。在江西制造了赣州惨案和九江惨案后，一手策划了打击安徽共产党人和国民党左派的三二三事变。1927 年 3 月 20 日，蒋介石由九江到达安庆，强令国民党左派同投机革命的军阀陈调元妥协，并同国民党右派合作成立省党部，遭到拒绝。1927 年 3 月 23 日，在蒋介石的怂恿和支持下，杨虎、刘文明等右派分子假借欢迎蒋介石，召开市民大会。会后，指使流氓组织敢死队，捣毁了国民党左派省、市党部及怀宁县党部、省总工会、省农协筹备处等机关，打伤省党部职员数十人，其中有中共党员薛卓汉和国民党左派光明甫等。由于郭沫若事先派人通报，周新民、柯庆施等人提前安全离开省党部。事变后，蒋介石无视武汉国民政府命令，擅自组织安徽政务委员会，并任命陈调元为该会主席。

四一二反革命政变后不久，1927 年 4 月 18 日，芜湖市公安局长高东澄接受蒋介石指令，指使以流氓崔由桢为首的暴徒，捣毁了国民党左派市、县办公室，查封党部。接着青帮头子马遇伯等冒用"芜湖市工人统一委员会"名义，捣毁了市总工会、妇联、学联和农会，多人被杀。

在芜湖发生四一八事变的同日，安庆国民党右派陈紫枫、张秋白、葛晓东等人组织"清党"委员会，大肆捕杀共产党员和革命人士，共青团员陶唐、何世玲和刘衍奇被杀害，共产党员余鉴民、范关山在潜山就义，光明甫、周新民、沈子修、朱蕴山、朱子帆等 100 余人遭通缉。中共安庆组织遭到严重破坏，部分成员转入地下，部分转移到武汉。

在国民党左派和中国共产党遭到残酷镇压后，安徽又陷入频繁战事之中。蒋介石继续以江苏和安徽为基地进行所谓北伐。5 月 9 日，蒋介石决定分三路北伐。第一路何应钦任总指挥，由镇江攻扬州，直趋淮海；蒋介石自任第二路总指挥，由白崇禧代理，担任津浦路正面进攻任务；李宗仁任第三路总指挥，由芜湖渡江袭津浦路鲁军侧面及救援皖北、六安、合肥等地。至 5 月底，李宗仁所率第三路军先后占领临淮关和蚌埠。

在各方冲突之中,安徽省政府的建立历经波折。1927年元月,陈调元率一旅军队乘船至芜湖,宣布就任国民革命军第二十七军军长兼北路总指挥职。4月4日,派兵向芜湖商会勒索10万元,要求得不到满足后,拘留芜湖商会会长、银行行长。此举激起公愤。当天下午,芜湖各界进行罢市、罢工和游行。6日和7日,国民党左派芜湖市党部发动各界30万人召开驱陈市民大会,决议要求国民政府罢免陈调元国民党中委和安徽政务委员会主席等职务,查办陈调元,调走其部队,并要求江左军总指挥李宗仁为安徽政务委员会主席。大会发出通电和宣言,高呼"打倒票匪陈调元"的口号。① 由于各界人民的反对,陈调元被迫放弃勒索10万元的要求,乘船离开芜湖。5月,陈调元在安庆就任安徽政务委员会主席职。

8月10日,安徽省政务委员会改组,正式成立安徽省政府。国民政府任命管鹏、蒋作宾、周雍能、张秋白、李宗仁、刘复、何世桢、李因、冯玉祥、柏文蔚、陈调元、王天培、马祥斌、韩安等15人组成安徽省政府委员会。下设7个厅,蒋作宾兼民政厅厅长,周雍能兼财政厅厅长,张秋白兼建设厅厅长,何世桢兼教育厅厅长,李宗仁兼军事厅厅长,刘复兼司法厅厅长,李因兼农工厅厅长。按规定,省政府主席应是省政府委员互选产生,但由于政府委员内部矛盾,主席迟迟未能产生。

在省政府委员中,管鹏与蒋作宾是主席的主要人选。蒋作宾虽是湖北人,但其曾任省政务委员会主席,而且张秋白对其倾力支持,甚至说:"管鹏的才识远不如蒋作宾,若推举管鹏做主席是大错特错。"②而管鹏则利用工会等民众团体组织请愿以谋其位,省党部的陈紫枫、李次宋等,表面倡为调处,实际则拥管倒蒋。一部分委员因对选举主席不满,离职而去。省政府内部政潮不断,政府事务陷于停顿。无奈之下,乃决定不设主席,设3名常务委员,各派仍是争斗不断。面对这种状况,张秋白认为设常务委员的办法不合法,转变态度,要求按规定选

---

① 《芜湖民众反对陈调元借饷》,见1927年4月10日《申报》。

② 石慧庐:《安徽省府主席之争及其一再流亡的经过》,见《安徽文史资料》第7辑,第101页。

出主席。安徽籍的政府委员周雍能和王普也出于省籍考虑，转而支持同为安徽人的管鹏，结果管鹏以 5 票当选省主席，蒋作宾以 4 票落败。8 月 18 日，管鹏正式上任，成为第一任安徽省主席。①

　　内部争斗虽趋于平息，但外部的军阀派系斗争使得安徽省政府立即面临困境，连在省会安庆都不能立足。1927 年 7 月以后，国民党内形成了宁、汉、沪 3 个集团：在南京，有蒋介石控制的国民政府和中央党部；在武汉，有汪精卫控制的国民政府和中央党部；在上海，西山会议派也以中央党部的名义进行活动。此外，还有粤、桂、晋等地方势力。宁、汉双方集中了国民党中最重要的一批领袖人物，又各自掌握着一个政府，拥有一支军队，割据着一大块地盘，因而成为最有分量的势力。他们为争夺最高权力明争暗斗，但很快在反共的基础上开始合流。他们为了实现"合作清党"、"统一党务"，进行了一系列酝酿和接触。冯玉祥从中牵线，与各方反复电商，于 7 月 20 日提出解决宁、汉合作的具体办法。汪精卫等表示愿意"和平统一"，同意"迁都南京"。蒋介石、李宗仁、胡汉民等欢迎武汉重要分子到南京"柄政"，赞成各方"共同北伐"。8 月上旬，宁、汉双方基本上达成了妥协。这时，汪精卫等虽然同意与宁方合作，但仍坚持反蒋态度。同时，蒋介石排斥异己，引起桂系的不满，李宗仁、白崇禧等对蒋不再采取积极支持的态度。蒋介石亲自指挥的津浦线上战事的失败，使其进一步陷入困境。蒋介石感到自己的地位还不巩固，便采取以退为进的策略，于 8 月 13 日发表下野宣言，宣布辞去国民革命军总司令职务，然后回浙江奉化。不久，东渡日本。蒋介石的下野，加快了宁、汉合作的步伐。汉方第三十五军军长何键攻占安庆。为避免"误会"起见，8 月 21 日，宁方安徽省政府将省会由安庆迁往芜湖。②

　　省政府迁至芜湖后，借十三道门袁仲轶宅办公，但是，由于蒋作宾、刘复等省府委员没有至芜湖，其他委员也偶尔至芜湖视事，只有接近管鹏的陈紫枫、李次宋常驻芜湖，政府支离破碎。省政府迁到芜湖

　　① 《皖省政府主席问题解决》，见 1928 年 8 月 27 日《申报》。
　　② 《皖省政府省党部迁芜经过》，见 1927 年 8 月 27 日《申报》。

不久,武汉方面的刘兴部队占领芜湖,使在芜湖的省政府"政令不出十三道门袁宅一步"。迫于无奈,管鹏又将残缺不全的省政府迁到南京,寄身于南京红纸廊附近的安平街小学内,实际上这个南京方面任命的政府已名存实亡。①

与此同时,何键在安庆另组省政府,自任代理省主席,并委任各厅厅长,这样在安徽同时出现了两个省政府。② 何键将部下调驻舒城、合肥、桐城、无为一带,令潜山、桐城、怀宁等县筹集军饷 30 万元。何键在安徽大肆搜刮,强迫人民使用伪国库券、中央票,乱拉民夫,强住民房,人民生活苦不堪言。③ 9 月,国民党中央特别委员会在南京成立,由宁、汉和在上海的西山会议派三方面代表组成。因特委会的实权把持在桂系李宗仁和西山会议派手里,汪精卫回武汉后即与唐生智联合,成立中央政治委员会武汉分会,控制湘、鄂、赣三省,反对南京特别委员会。唐生智指挥军队由安庆继续东进,占领芜湖,威胁南京。10 月 20 日,南京特别委员会下令讨伐唐生智。南京讨唐军在广东李济深、四川杨森等军的响应和配合下,先后占领芜湖、安庆、九江、武穴等地。随后重组安徽省政府,陈调元任省政府主席,11 月 5 日在安庆就职,李宗仁代表监督,由陈调元、汤志先、陈中孚、雷啸岑、孙棨、张秋白、韩安、宁坤、柏文蔚、何世桢、刘复、陈家栋等 12 人组成省政府委员会。省政府始设秘书长,由省政府委员刘复兼任。民政厅长汤志先,财政厅长陈中孚(后为陈家栋),建设厅长张秋白,教育厅长何世桢(后为雷啸岑)。10 月 29 日,南京国民政府军事委员会通电称"皖境肃清,皖省政府人员亦经中央任命"④。

至抗战前,安徽省政府变动情况大致如下:1928 年,省政府委员有所变动,委员有陈调元、柏文蔚、吴忠信、刘复、韩安、胡春霖、汤志先、孙棨、张鼎勋、李应生、罗良鉴、袁励宸、李范一、吴醒亚、程天放。

---

① 石慧庐:《安徽省府主席之争及其一再流亡的经过》,见《安徽文史资料》第 7 辑,第 103 页。

② 《皖省政府迁芜后之波折》,见 1927 年 8 月 28 日《申报》。

③ 《1927 年 9 月安徽最近政治情况》,见安徽省地方志编纂委员会编:《安徽大事记资料》上册,1986 年印,第 232 页。

④ 李振华编:《近代中国国内外大事记》第 668 卷,台湾文海出版社 1979 年版,第 4988 页。

刘复兼民政厅长（后为罗良鉴），余谊密兼财政厅长（后为袁励宸），胡春霖兼建设厅长（后为李范一），教育厅长韩安，孙棨兼秘书长。后陈调元调离，由孙棨代理省主席。1929 年春，省主席为方振武。冬间更易石友三，以正在戎行，不及兼顾，由民政厅长吴醒亚代理。省政府下设 4 个厅：民政厅长吴醒亚（后为苏宗辙），财政厅长袁励宸，建设厅长李范一，教育厅长程天放。1930 年 1 月 24 日，国民政府国务会议决议任王金钰为安徽省政府主席。3 月 14 日省政府改组，任马福祥为主席。同年 11 月省政府又改组，陈调元第二次任主席，于 11 月 10 日就职。省政府委员先后有：马福祥、水梓、王之觉、孙绳武、程天放、李范一、马吉弟、金维系、李应生、张克瑶（11 月改组后委员是：陈调元、刘复、朱熙、袁家普、卫立煌、程天放、郝国翼、陈鸾书、于恩波）。下设 4 个厅，民政厅长王之觉（后为朱熙），财政厅长孙绳武（后为袁家普），建设厅长李范一（后为陈鸾书），教育厅长程天放，秘书长水梓（后为刘复）。1931 年，省政府委员增补了刘彭翊、李仲公、范熙绩。民政厅长换为刘复，财政厅长换为刘彭翊，教育厅长先后换为李仲公、何其巩。1932 年 4 月 2 日，国民政府任命吴忠信兼安徽省政府主席，4 月 21 日，履任视事，并任命吴忠信、罗良鉴、何其巩、叶元龙、程振钧、江彤侯、张鼎勋、吴叔仁为安徽省政府委员（后递补委员曹经沅、朱庭祜、刘贻燕）。民政厅长罗良鉴，财政厅长何其巩（后为叶元龙），建设厅长程振钧（后为刘贻燕），教育厅长叶元龙（后为朱庭祜）。石国柱任秘书长（后为曹经沅）。1933 年至 1936 年，省主席一直为刘镇华。省政府委员先为 11 人后为 9 人组成，他们是：刘镇华、湖汝麟、马凌甫、毛龙章、杨廉、刘贻燕、李应生、范滋泽、叶元龙、楚纬经、陈士凯、杨绵仲、王印川。王印川一直兼秘书长。省政府下设 4 个厅：民政厅长马凌甫，财政厅长毛龙章（后为杨绵仲），建设厅长刘贻燕，教育厅长杨廉。

二、安徽省国民党政权体制

安徽省政府是安徽省最高行政机构，依据中国国民党党义及中央法令综理全省政务，在与中央法令不相抵触的范围内，对于省行政事项发布省令，对于所属各机关之命令或处分认为有违背法令逾越权限或其他不当情形时,有权停止或撤销。省政府由国民政府任命委员9～13 人组成省政府委员会,行使省政府职权,负责审批省内情况报告和各厅处等行政机构以及各行署、专署、各县的组织章程、办事细则、人员编制、施政准则、经费等行政事务提案,还负责厅处级以下各行署、专署、县的机构设置和人事任免。

1927 年 8 月,省政府成立时下设秘书处和民政、财政、教育、建设4 个厅。根据《省政府组织法》规定:秘书处掌理省政府委员会一切机要、会议和印信使用,撰拟、收发、保存文件及会计事项,编制统计及报告事项,各厅处职员之进退事项和其他不属于各厅事项等;民政厅典掌县市行政官吏之任免及监督,地方自治、地方行政区划之确定及变更,警政及公共卫生,选举、赈灾及其他社会救济,礼俗,宗教,禁烟,土地登记收用及其他土地行政等事项;财政厅司掌省税务、公债,政府预决算,省库收支,公产及其他财政事项;建设厅主管公路、铁路之建筑,河工及其他水利工程,建筑新市新村,土地之测量,建筑和其他有关农林、工业、商务、矿务等事项;教育厅司典各类学校、教育及学术团体、图书馆、博物馆以及其他教育行政事项。1932 年 8 月,成立保安处,作为省政府职能机构,并受省保安司令部督导。安徽省政府的主要机构由上述 4 厅 2 处构成。

地方行政建制方面也屡有变化。国民政府成立之初,改省、道、县三级制为省、县二级制。安徽省初建时,辖有 60 个县,嗣后,英山划归湖北(1932 年),婺源划入江西(1934 年);复增设嘉山(1932 年 11月)、立煌(1932 年,原属河南,1933 年 4 月改属安徽,1947 年 9 月解放,更名金寨县)、临泉(1934 年)、岳西(1936 年)4 个县。为配合所谓分区"剿匪"之需要,1932 年 5 月,将全省分为 10 区,每区设一首席县长,在区内县长选任。首席县长实为区内各县长中地位最高者,但其职权与区内他县县长相同。首席县分别为怀宁、芜湖、合肥、凤阳、六安、阜阳、泗县、贵池、宣城、歙县。① 1932 年 9 月,豫鄂皖"剿匪"总司令部颁布《剿匪区内各省行政督察专员公署组织条例》,规定"行政督

---

① 钱端升:《民国政制史》,上海人民出版社 2008 年版,第 520 页。

察公署设专员 1 人，由本部委派，简任待遇"。"行政督察专员由省政府加委兼任驻在地之县长"，其地位高于此前的首席县长。行政督察专员实际成为介于省县之间一级常设行政机关。① 安徽全省先后划分为 8 个、9 个，最多时为 10 个行政督察区。安徽的行政督察专员系依据三省"剿匪"总司令部所制定的组织条例设置，其他省份则按内政部所定《行政督察专员暂行条例》设置。行政督察专员地位较低，一般由区内县长兼任，经费有限，每月不过 1300 元左右；而按三省"剿匪"总司令部的设置，行政督察专员则为简任，建制完整，经费也较充裕，每月达 5000 元。1936 年 10 月，行政院颁布《行政督察专员组织暂行条例》，废止此前内政部颁布的《行政督察专员暂行条例》和豫鄂皖"剿总"所颁《剿匪区内各省行政督察专员公署组织条例》，将行政督察专员的职责统一界定为省和县之间常设的"省政府辅助机关"。至此，地方行政制度重新恢复为三级制。

表 8-1　1937 年安徽行政督察专员各区概况

区名	县数	专员驻地	所辖县名
第一区	7	太湖	桐城、怀宁、太湖、潜山、宿松、岳西、望江
第二区	8	芜湖	芜湖、无为、当涂、庐江、巢县、繁昌、南陵、铜陵
第三区	5	六安	六安、合肥、立煌、舒城、霍山
第四区	6	寿县	寿县、霍邱、凤台、怀远、凤阳、定远
第五区	7	滁县	滁县、天长、全椒、和县、嘉山、来安、含山
第六区	6	泗县	泗县、盱眙、宿县、灵璧、蒙城、五河
第七区	6	阜阳	阜阳、亳县、临泉、颍上、涡阳、太和
第八区	6	贵池	贵池、青阳、太平、石埭、东流、至德
第九区	6	宣城	宣城、广德、宁国、泾县、郎溪、旌德
第十区	5	休宁	歙县、休宁、黟县、祁门、绩溪

资料来源：《民国二十八年安徽省统计年鉴》，第 36 页。

　　1927 年，国民政府建都南京，着手改组地方县级政府。1928 年 9

---

① 中国第二历史档案馆编：《国民党政府政治制度档案史料选编》下册，安徽教育出版社 1994 年版，第 458 页。

月 15 日,南京国民政府颁布《县组织法》,规定县政府按县等设置 2 至
4 科,各县又设公安、财务、建设、教育 4 局,必要时得设卫生局、土地
局①,确立了县政府组织的基本架构。安徽在国民政府初期,根据面
积、人口、财政收入、事务繁简将各县分为一、二、三等级。各县政府在
国民政府初期设有 3 科,另有公安局、财政局、建设局、教育局等县外
部行政组织。1931 年起各县公安局撤销,次年改称公安科,或为第一
科。财政局在 1933 年改称地方财务委员会。建设局在 1933 年起部
分改称建设科。1934 年 8 月,教育局改为教育科。1935 年,安徽根据
"剿匪"省份各县政府裁局改科办法大纲之规定,重组县政府,设置秘
书 1 人,设一、二、三科,分掌民政、财政、教育和建设,另设经征处和金
库。1936 年 4 月,增设助理秘书及县行政会议等。②

　　1929 年 10 月,安徽省政府通令各县划分自治区,设立区公所。南
京国民政府时期的区为两种,一种城市的区,一种县下的区。城市的
区属于基层政权组织,县下的区一般是派出机构,非一级政权,基层政
权为乡镇。1928 年 9 月,南京国民政府的《县组织法》,规定县以下为
区,区下为村(里),村(里)下为闾,闾下为邻。区至少以 20 村(里)组
成,百户以下乡村为村,百户以上的市镇为里,25 户为闾,5 户为邻。
1929 年 6 月,改村为乡,改里为镇,每区改为 20 至 50 乡(镇)组成。
1930 年 7 月,再改为 10 至 50 乡(镇)组成区,其居民不得超过千户。
按照国民党政府历次公布的《县组织法》规定,区为县以下地方自治
团体,并兼下级行政的辅助机关。它由区民大会、区公所、调解委员
会、监察委员会组成。1934 年以后,取消区一级政权,改区为辅佐县
政府的办事机构,或县的派出机构,而不是自治团体,乡镇则为县下的
基层政权。1935 年 1 月,安徽省政府又奉命要求各县将原自治区域和
区公所撤销,按每县 3 至 6 区重新划区,并设立区署,作为县以下行政
机关。当年,全省 61 个县共划 225 个区。次年,又增设 3 个区,并按
地域大小、人口多少,将区署分为甲、乙、丙 3 等。

---

① 　《国民政府公报》第 92 期,1928 年 9 月。
② 　国民政府内政部年鉴编撰委员会编:《内政年鉴》,商务印书馆 1936 年版,第 369 页。

安徽省也是当时红色政权发展迅猛的省份之一,在中华苏维埃共和国控制区域内,鄂豫皖(主要由鄂豫边、豫东南、皖西3块苏区组成)是仅次于中央苏区的一块红色区域,又为交通咽喉,国民党认为严重威胁其统治,于是反复投入大量兵力"围剿"。为加紧"围剿"红军和镇压根据地人民的斗争,豫鄂皖"剿共"司令部颁布了《剿匪区内各县编查保甲户口条例》。安徽省61县划分为10个行政区进行办理,规定至1933年1月15日止分三期编组完成。根据当时规定,保甲的编制以户为单位,10户为甲,10甲为保,户设户长,甲设甲长,保设保长,他们负责维护辖区内的秩序,并制定保甲规约,强令居民遵守。据1933年11月安徽省民政厅统计,安徽省(嘉山、立煌两县还没有编制完成而未列入)保甲总数为422区,36811保,361789甲,3793053户,22337318口人,壮丁数为3973435人。[1] 由于各县敷衍者多,不能发挥保甲之实际效能,在1934年1月,安徽省民政厅会同保安处制定《安徽全省复查户口总动员办法》,通令各县区保同时举行户口复查。随后安徽省又制定《整理保甲暨促进剿匪办法》,派员赴合肥等20县,会同当地县长依限将所属保甲各级组织切实整理。此后安徽省还选派人员分赴各行政督察区,会同督察区辖各县县长实地复查,凡有未举办者,或未办完成者,均催促办理。安徽省还制发了整理保甲报告表式,要求各地将保甲应办事项,如抽查户口,取具联保连坐切结,实行户口异地登记,制定保甲规约,筹措保甲经费,绘制各保略图,训练保甲长及壮丁队,建筑碉楼堡寨等工作。截至1935年6月,安徽各县皆已举办保甲。同年7月安徽各县奉令分期改设区署,另划区域,使保甲番号发生变化,于是安徽各地保甲又进行了重新编整。到1936年12月,安徽各县改编保甲事宜基本完成。

三、安徽省国民党内部的派系斗争

国民党安徽地方政权和各级党部建立之后,始终存在复杂的派系斗争,既有中央与地方的争斗,也有政府与党部之间的尖锐矛盾。

---

① 国民政府内政部年鉴编撰委员会编:《内政年鉴》,商务印书馆1936年版,第273页。

在南京国民政府统治初期,国民党新军阀混战直接对安徽政坛形成影响。1929 年 5 月后,方振武任国民党安徽省主席。方振武(1885—1941),寿县人。辛亥革命时参加光复南京战斗,后参加讨袁斗争和随孙中山北伐,1926 年任冯玉祥部第三十四军军长、国民军援陕副总指挥。1927 年以后方振武所部接受武汉政府改编,方振武先后任第九方面军总司令、第一集团军第四军团总指挥等职。他逐步认清了蒋介石背叛革命、独裁专制的面目,积极联系各派势力进行反蒋活动。在北伐中,他先后攻克泰安、济南等地。蒋介石曾任命他为山东省主席,但到 1929 年 4 月突然改任陈调元为山东省主席。其原因主要在于蒋介石认为若将山东交给方振武,将会促成他与冯玉祥的联合,直接影响蒋冯作战的结局。方振武曾联络韩复榘、石友三、唐生智在归德开秘密会议,组织反蒋同盟,约定互相支持,协同动作。这一情况被蒋介石侦知,只是正值讨冯之际,只得先将方振武改派安徽任主席,将其稳住。

由于方振武是安徽人,省内各界对其主持皖政,表现出了极大热情。方也多次表示希望与安徽"各界通力合作,革新安徽局面"[①]。为了贯彻其治皖方针,他成立地方自卫团,力主工兵导淮,创办学校,释放部分被押政治犯,赶修京芜铁路。但他到安徽后发现自己徒有主席虚名,省政府各厅厅长均由蒋介石派定,如民政厅厅长吴醒亚、财政厅厅长袁励宸、建设厅厅长李范一、教育厅厅长程天放等人。方振武要任命各县县长、警察局局长、税务局局长时又遭到吴醒亚、袁励宸等人抵制,双方矛盾激化。[②] 1928 年底,国民党内部汪精卫、陈公博、顾孟余等,为了与蒋介石争权夺利,在上海成立"中国国民党改组同志会",简称"改组派"。安徽柏文蔚、方振武、张慕韩、朱子帆等加入,并在安徽积极发展组织。方振武出任安徽省主席后,韩均衡等随同方振武到安庆,成立改组派安徽总部,负责人为陈必觊、谢仁钊、朱荫桐、朱子帆、朱斐、韩钧衡、张慕韩等 7 人,陈必觊为代理书记。在以太和为

---

① 1929 年 5 月 19 日《民国日报》。
② 施惠政:《蒋介石扣押安徽省主席方振武》,见陆德生主编:《政治风云》(安徽重要历史事件丛书),安徽人民出版社 1999 年版,第 289 页。

中心的皖北各县和芜湖、安庆等地都建立组织。同年秋，总部迁往阜阳，朱葆华代书记，并参与策动驻蚌埠的石友三部军事讨蒋活动，失败后成员逃散。

1929年9月19日，蒋介石以开会为名，电召方振武赴南京，将其扣押；继而又将他加上手铐脚镣，投入汤山陆军监狱。21日，免去方振武安徽省主席等职。① 蒋介石扣押方振武，表面上看是因为方不服编遣，实质上另有原因。至1929年9月，蒋桂、蒋冯、蒋张等战争，虽都以蒋介石集团的胜利而暂告结束，但引起战争的矛盾并未解决，冯玉祥、阎锡山、汪精卫各派在北平召开中国国民党党部扩大会议，成立以阎锡山为首的国民政府，以汪精卫为首的国民党中央党部，实现了各地实力派与各政治派别的反蒋大联合。他们不断派人来安徽策动方振武与反蒋各派，这是蒋介石抢先下手的主要原因。25日，蒋介石以亲信方策、方鼎英与方振武部下鲍刚、阮玄武对调职务。27日，方振武部第四十五师一三三旅旅长余亚农在安庆集贤关发动兵变，逮捕新任师长方策。蒋介石令第六、第十、第十六师"会剿"安徽境内方振武部。28日，国民党政府令吴醒亚代苏宗辙为代理安徽省政府主席。

1929年9月，安徽省政府主席由石友三继任，他不久又奉命兼任津浦路南段警备司令。11月4日，石友三部第十三路军移防入皖，将总司令部设在蚌埠，秦建斌率一部驻安庆。24日蒋介石乘军舰抵安庆，出席石友三就任安徽省主席职务的宣誓典礼。下午乘原舰离安庆回南京。25日，蒋介石突又令石友三率部南下援粤，协助粤军对付李、张联军。为此，石友三与唐生智商议，认为被调往陌生之地充当蒋介石消灭异己之枪手，必为国人所耻笑，不如趁反蒋声势日高，响应南方"护党救国"之行动，发动兵变，以形成对蒋介石的南北夹击之势。在与唐取得一致认识后，石友三在12月2日自任"护党救国第五路军总司令"，并于当夜动用数十门火炮，由浦口向南京炮击，大有进袭国民政府首都之势。14日，石友三部与蒋介石的中央军在津浦路南段发生小战，滁州北沙河桥被毁。17日，石友三在蚌埠自组安徽省政

---

① 1929年9月21日《民国日报》。

府,自任主席。12 月 30 日,张学良、阎锡山等人响应蒋介石号召,联名对外发表通电,表示拥护中央消除叛逆之行动。石友三见原定相互支援的唐生智在中央军包围之中自身难保,自己一意坚持下去难逃覆灭之危险,故决定不战而退,撤兵至徐州。21 日,石友三通电主和,并派人持函赴南京向蒋介石请罪。23 日,又致电主持讨唐的阎锡山,表示归附,并就任河南"清乡"总指挥,部队移防至亳州一带。

1930 年年初,王金钰曾先后短暂地担任过省政府主席。3 月 14 日,国民政府国务会议任命马福祥为安徽省主席。1930 年秋,陈调元再次被任命为安徽省主席。陈调元不仅是一投机成性的军阀,且此前在安徽由于搜刮过度,民怨极大。1932 年以后,包括陈紫枫在内的失意政客,组织安徽人民请愿团,由许世英牵头向蒋介石呼吁,以破坏民主、酷敛民财为由,要求查办陈调元。由于陈调元在高层进行疏通,结果只撤换几个厅长,安排几个反对派人物的官位,平息这场政潮。周佛海在调解这场纷争时,曾说:"安徽这般政客,一贯唯利是图,稍不适其个人私欲要求,即鼓动政治风潮。所以历来主皖者,善终者很少。"①这倒是道出这一时期安徽政局的复杂。

1933 年 5 月,继陈调元之后,投机军阀刘镇华接任安徽省主席。他非蒋介石的嫡系,通过攀结权贵,寻找政治靠山,加入杨永泰的政学系,所以能接任安徽省主席职。尽管刘镇华通过对红军的大规模"围剿"和清除异己,政局趋于稳定。但是,由于国民党高层的 CC 系和政学系的矛盾,又直接影响到了安徽政局。

1935 年之后,安徽国民党政府内部的派系斗争趋于激化。省财政厅长杨绵仲属于 CC 系,他与刘镇华的亲信、省政府秘书长王印川常起摩擦,逼得刘镇华不得不亲自向 CC 系头目陈果夫赔不是。1936 年 10 月,政学系核心人物杨永泰被刺杀后,刘镇华不得不托病辞职。②

南京国民政府建立后,权柄虽基本为蒋介石所控制,但这个政权是多种派系相互妥协的产物,它也是蒋介石、汪精卫、胡汉民与地方实

---

① 谭昆山:《陈调元的反动历史》,见安徽省政协文史资料研究委员会:《军阀祸皖》,安徽人民出版社 1987 年版,第 172 页。

② 马树功:《刘镇华传略》,见《巩县文史资料》第 14 辑,第 48 页。

力派结成的联合体,同时又杂糅进在北洋政府宦海中沉浮的投机军阀。安徽是国民政府控制较紧的几个省份之一,但是,这只是指安徽并没有被变成武装对抗蒋介石的各种地方实力派的基地而已,方振武、石友三的反蒋行动,既反映出反蒋力量对安徽的渗透,也反映出南京国民政府基本上能实现对安徽的掌控。

南京国民政府内部的派系斗争也会直接影响安徽的政局。陈调元虽是见风使舵的典型北洋旧军阀,没有明显的政治派系上的关联,但他在中央依靠的是周佛海之类的核心人物。刘镇华虽是旧军阀,却较陈调元不同,此时已成为新政学系的重要人物。当其新政学系核心人物杨永泰势力煊赫之时,刘镇华在安徽的地位相对比较巩固;当杨永泰被刺杀,新政学系失去靠山,刘镇华便不能安其位。尽管抗战前十年的安徽省政局不像在抗战期间明显受到 CC 系和新桂系矛盾冲突的影响,但是,此时 CC 系已在安徽初立根基。只是因为在地方党政体制,党务系统处于弱势,才没有对安徽政局产生决定性影响。

安徽省党部与安徽省政府之间的关系在这一时期变动颇大,它们之争的冲突与矛盾充分体现地方上的党政争斗。1928 年后,国民党一党独掌全国政权,在"训政"体制下,其党务组织系统与行政组织系统双轨并进。中央党部之下依次设立省党部、县党部、区党部和区分部,分别与省、县、区、乡等行政系统相对应,形成一种双重衙门体制。这是中国有史以来政治控制体制由单轨制向双轨制的重大转变。1928 年 8 月,国民党二届五中全会通过《各级党部与同级政府关系临时办法案》,规定各级党部对于同级政府之举措,有认为不妥时,可以报告上级党部,由上级党部请政府依法查办;各级政府对于同级党部之举措有认为不满意时,亦得报告上级政府,转咨上级党部办理。这样,地方党部与地方政府各自独立,自成系统,两者地位不分轩轾,平行并存,相互制衡,在同一地方层级事实上存在着两个互不统属的官僚衙门。它们之间的矛盾冲突从体制上而言就是不可避免的。孙科当时即指出:"各省省党部,各县县党部,没有一个党部不是和同级政府发生冲突,不过多少而已。"①蒋介石也承认:"无论哪一省,党部与政府都常有意见和冲突,因此党务不能发达,政治亦受障碍。"②在安徽省国民党内部,始终存在着由 CC 系控制各级党部的现象,只是相对抗战时期不是那么突出而已。

1928 年,陈果夫控制了中央组织部,这使他获得可以为所欲为的权力。他利用重新登记党员的机会来清除隐藏的共产党员及其同情者,从而使他在许多省党部的追随者迅速增加。据估计,战前,CC 系成员最多时达 1 万人。从地域上看,CC 系在江苏、浙江、安徽、福建和江西等省最为活跃。③ 自 1928 年起,CC 系人士金维系、刘真如、邵华、方治等开始进入安徽省党部。1934 年苗培成担任特派员以后,直到抗战开始,省党部都是由 CC 系把持着。

根据 1929 年国民党中央制定的《训政时期党务进行计划案》,地方党部只能宣传训政方针,宣传和促进地方自治、新生活运动之类的务虚工作,成为军队和政府的"喉舌",逐渐失去实质性的政治自主权。由于省党部在体制上没有实际干预省政府行政的权力,显得势力单薄。但是,省政府与省党部之间的摩擦依然持续不断,同时也包含着党务系统内部的矛盾。

国民党实行"清党"后,安徽省党部名称改为安徽省党部改组委员会,委员减为 7 人。改组后的常务委员为葛晓东、路锡祉、李次宋 3 人,委员有陈紫枫、邵华、汤志先、夏纯。1927 年 10 月至 12 月,国民党中央特别委员会派刘裴南等来皖,将省党部名称改为临时执监委员会。常务执行委员管曙东、李振亚、金维系,执行委员杜墨林、刘裴南、刘维萍、张仲掖、张卿林。1927 年 11 月 3 日,管曙东、金维系、凌昌策等 3 人被任命为安徽省党部临时执监委员,并由南京赴安庆就任。他们乘坐的船刚抵安庆,即闻岸上枪声四起。上岸后又遇到皖事革新会、学联筹备会游行示威,张贴标语,"任意侮辱"党部委员。安徽省党部办公处也被第三十七军占据,党部委员只能栖身于旅店。刘裴

---

① 孙科:《办学的错误与纠正》,见《中央党务月刊》第 29 期。
② 蒋介石:《党政须团结一致革命方能成功》,见《中央周报》第 38 期。
③ 刘不同:《国民党的魔影——CC 团》,见柴夫:《CC 内幕》,中国文史出版社 1988 年版,第 45 页。

南、方治两委员前往公安局要求取缔标语,公安局局长置若罔闻。省党部又要求继续借用农民协会旧址,但建设厅厅长张秋白又借口拒绝。6日中午,管曙东等3人忽遭人袭击,并被游街示众,遭到殴打。他们不得不全部离开安庆,中央特委会曾派人调查,但也无任何效果。① 临时执监委员会迁蚌埠办公,此时国民党中央特别委员会撤销,安徽省临时执监委员会也随之取消。

1927年12月至1928年2月,葛晓东等第二次来皖,再建改组委员会,时人称二次改组委员会,省党部由蚌埠迁回安庆。但是,省政府再次指使人压迫轻侮省党部,省党部委员被殴打,并被捆绑游街。② 1928年3月,国民党中央命令安徽党务停止活动,派韩安等来皖主持党务,办理党员登记,召开全省党员代表大会,选举新的委员会,至5月间,组织机构改为安徽党务指导委员会。指导委员会组成人员为:韩安、王星拱、金维系、刘真如、李蔚唐、陈访先、方治,新设民众训练委员会,委员为方治、王星拱、刘真如、李蔚唐、陈访先。另外设考查委员,由韩安、李蔚唐兼任。由于内部矛盾重重,先是陈访先不告而别,方治也觉得独力难撑,急电陈果夫报告安徽情况。方治旋被调到青岛特别市任党部委员兼宣传部长,他在安徽只待了不到两个月的时间。③

1929年5月至1930年8月,省党务指导委员会又设执监委员会。执行委员有金维系、徐中乐、周燕生、邵华、刘真如、曹明焕、冷男。1930年3月至12月,由国民党中央派马褐样、程天放、李纯一、田昆山、王建今、熊文照、吴企云7人来皖,成立安徽省党务整理委员会。这时安徽省全省国民党员计12961人,分属3个市党部,56个县党部,4个直属区党部。整理工作的重点,是考察下届党部委员人选,调整各级党部。1931年7月,安徽省党员减到9698人,成立19个县党部整理委员会,1个县指导委员会,3个县执监委员会,7个直属区党部,1个直属区分部。同时也对省党部进行减员,按照国民党中央新颁组织条例规定,省党部设书记长1人,由刘复担任。省党部职员由100

---

① 《管曙东等报告被辱真相》,见1927年11月17日《申报》。
② 《安徽反动势力摧残党务的真相》,见1928年6月6日《中央日报》。
③ 刘思祥:《方治传略》,见《江淮文史》2005年第1期。

余人减为 87 人,改部称为科,设总务、组织、宣传、训练 4 科,每科设主任 1 人。

1933 年 6 月,安徽省党部改组为安徽省党务特派员办事处,由谢水存任书记长。1933 年 2 月,省党部再次改组,称安徽省党务整理委员会,书记长吴遵明,会内职员减为 43 人,主要工作是改组下级党部,为出席第五次全国代表大会选出安徽代表,同时对地方党部进行精减。1934 年 3 月,国民党中央将省整理委员会撤销,派苗培成为特派员,正式成立安徽党务特派员办事处,吴遵明任书记长。

安徽省党部 1926 年建立至 1938 年的 13 年间,改组频繁。其名称依次为省党部临时筹委会,执监委员会,临时执监委员会,党务改组委员会,党务指导委员会,党务执监委员会,党务整理委员会,党务特派员办事处,执行委员会。在 13 年之中,共改变机构名称达 11 次之多。但在设特派员以前,省党部都是由常务委员 3 人负责,但他们的任期没有超过一年的。改设特派员以后,苗培成从 1934 年 3 月至 1938 年 7 月一直稳坐特派员之位,任期长达 4 年零 4 个月。

在县级党部也存在着类似的情况。一些县党部空有招牌,并无实际活动。安徽省"各县党部情形复杂,时有纠纷……一切工作不易推进"①。大多数县党部只设干事、书记各 1 人。有的县党部甚至没有党务干部,如当涂县党部干事不是专职,党部平时无人办公。泗县在筹组地方党部过程中,一度发生派系斗争。一派以莫九经、万家宝、余小鲁、陶修五等同盟会会员为代表,另一派以张一寒(上海大学)、王子玉(徐州中学)、崔希滋等青年学生为代表。他们分别赴省活动,各有安徽省党部的某一方支持,同时回县筹建地方党部,一在南关工艺厂办公(莫九经派),一在北关第一高等小学前院节孝祠理事(张一寒派),两个党部南北对峙(群众称之为南、北党部),先是各自奔走求援,互争不让,继而互相攻讦,大打出手。张一寒派因为得到省党部的支持,于 1928 年春受命成立中国国民党泗县党部指导委员会,组成人

---

① 中国第二历史档案馆编:《中华民国史档案资料汇编》第 5 辑第 1 编政治二,江苏古籍出版社 1991 年版,第 413—452 页。

员有：主任委员张一寒；组织委员崔希滋，干事张凌云、吴健男、石国祯、张仪范；宣传委员臧奇三，干事唐伯愚、傅康乐、胡达观；训练委员朱启后，干事骆再生、朱再新、骆湘生，助理干事朱国钧；监察委员王子玉，委员会秘书王子诚，干事陶麟生。宿县派系斗争也相当激烈。1928 年，李子佳、黄杰等奉省党部之派遣，来宿县改组县党部，企图压制新绅派。这时适逢石友三反蒋军驻宿城，李子佳与其联络，想借石友三之力打击异己。不久，石军撤出宿城，新绅派乃乘机控告李子佳通石反蒋。李闻讯后，半夜缒城而逃。

省党部与省政府之间屡起纠纷，省党部的频繁更迭，县级党政之间的尖锐冲突，在一定程度上说明安徽地方党政关系紧张，这是由训政时期国民党地方党政体制所决定的。国民党中央党政一体化，所以党政纠纷很少发生，地方党政相对独立，所以矛盾频频发生。从安徽的情形可证明国民党是一个组织基础非常脆弱的执政党。国民党开始"清党"后，原由共产党人控制的一些省市党部职位也就成了国民党各派觊觎的目标。为了打倒政敌，各派之间互相攻击对方为共产党。昨日刚以"共产分子"置对手于死地者，今日又可能被其他的竞争对手以同样的手段打下去。地方党部今日改组，明日整理，你争我夺，互相倾轧。省市县党部委员如走马灯一般轮换。《中央日报》在1928 年一篇社评中写道，安徽省党部不到一年，"已经变更五六次……人选愈趋愈下，党的威信亦因此发生动摇。弊害最大的，就是因为省党部变更频繁，互相争夺，演成甲兴乙起、丙去丁来的局面，致使'党内无派'的理想不能实现"①。

地方党政矛盾冲突中，党部始终处于劣势。地方政府可凭借其手中之财政经济权、军事警察权及行政人事权等来控制地方党部，特别是控制地方党部党务经费，从而使地方党部不仅无所作为，而且连生命安全都得不到保障。这一时期党政权力分配体制决定地方党部不可能超越地方政府。这种充满党政矛盾的地方政局，只能使地方党部组织涣散，党部成员素质低下，党员数量低幅增长，政府效能和执政力

---

① 雪崖：《省党部的地位问题》，见 1928 年 3 月 30 日《中央日报》。

受到极大制约。在这种体制之下,派系斗争自然成为不可避免的派生物。安徽因为接近政治中心南京,在人事问题上往往受中央政府内部派系斗争的影响,陈调元、石友三、刘镇华入主安徽,在一定意义上是将中央政府和国民党内部的派系斗争引入安徽,使得安徽在政治上直接受制于中央政府和国民党高层的人员变动。换言之,安徽因其特殊的政治区位,导致其成为南京中央政府高层矛盾的宣泄渠道。安徽在表面上与中央政府联系密切,政治独立性也显得非常微弱,地方政权和地方党部中的派系斗争却反而更为激烈。

四、新生活运动

1934 年在对红军连续发动军事"围剿"和在国民党统治区实行文化"围剿"的同时,蒋介石在江西省城南昌发起的重整道德、改变社会风气的运动,因其从改造国民的日常生活入手,所以被命名为"新生活运动"。其目的在于用封建的伦理纲常来控制人们的思想和言论行动,用生活细节的要求来转移人们对政治、社会问题的不满,以摆脱共产主义思想的影响,维护国民党的统治。新生活运动的主要内容是:以礼、义、廉、耻为基本准则,从改造国民的衣食住行、日常生活做起,如规定要"拔上鞋跟,扣齐纽扣"、"走路靠右,胸部挺起"、"和洽邻里,同谋公益"等;以整齐、清洁、简单、朴素、迅速、确实为标准,在"一个政府,一个主义,一个领袖"之下,绝对统一,绝对团结,绝对服从命令;以生活艺术化、生产化、军事化为目标,要求民众随时准备捐躯牺牲,精忠报国。

1934 年 2 月 19 日,蒋介石在南昌成立了新生活运动促进会,自任会长;7 月 1 日,又成立新生活运动促进总会,自任总会长。1934 年 7 月至 1937 年抗日战争爆发为全面推行时期。其间,新运总会由南昌迁到南京,聘请何应钦、陈果夫、张群等 33 人为指导员,又增设妇女指导委员会,以宋美龄为指导长。在全国各省、直辖市、各县设立分会或支会。

1934 年 3 月,安徽省党部致函省会各机关、各团体、各学校,要求派代表参加筹备促进新生活运动事宜。因为考虑到此时安徽社会动

荡,"民气消沉不振",会上决定成立安徽省会各界新生活运动宣传委员会。该委员会工作期限为两周,主要是从事印发新生活须知要义小册、传单,张贴标语等宣传活动。3 月 19 日起发起宣传周活动,在省党部和第一民众教育馆分期召集各界代表及民众逐日听讲。①

宣传委员会两周宣传工作结束后,于 3 月 31 日正式成立安徽省新生活促进会。制定组织规章,并选出理事 31 人,监事 21 人,常务理事 5 人,常务监事 3 人。4 月 17 日下午 2 时,召开安庆新生活运动市民大会,有机关、团体、学校 162 个和市民 4 万人参会。在省主席刘镇华致词后,举行大游行,颇为壮观。4 月 22 日,由各界人士 400 多人分成 4 队,10 个小组,在全市进行整洁检查,正式拉开新生活运动的序幕。4 月 25 日,省党部第八次设计委员会议上,拟订安徽省各县党部推行新生活运动方案,要求各地推动新生活运动。

1934 年 7 月 1 日,南昌总会成立,颁布改组通告及各省市新生活运动促进会组织大纲。各地的新生活运动的组织也随之进行了改组。至 7 月底,安徽新生活促进会改组完毕,建立各种机构。② 9 月 1 日,正式开始办公。至 1935 年年底,全省 62 个县,除怀宁县系省会所在地、岳西县因成立未久外,其余均设县级新运会。同时设有蚌埠、大通、屯溪、怀宁高河埠、正阳关 5 处直属市镇新运会。

表 8-2　1935 年安徽新生活促进会组织结构

职别	姓名	原有职务
指导员兼常务干事	刘镇华	安徽省政府主席
常务干事及主任干事	苗培成	安徽省党部特派员
常务干事	杨 廉	安徽省教育厅长
干事	马凌甫	安徽省民政厅长
干事	惠 济	安徽保安处长

① 新生活运动促进总会编:《二十三年新生活运动总报告》,台湾文海出版社 1989 年影印版,第 320 页。

② 新生活运动促进总会编:《二十三年新生活运动总报告》,台湾文海出版社 1989 年影印版,第 322 页。

职别	姓名	原有职务
干事	徐会之	省会公安局长
干事	张淡如	省妇女会筹备员
书记	曹毓俊	
调查股长	陈季伦	
设计股长	吴遵明	
推行股长	叶广培	

资料来源：《民国二十四年全国新生活运动》，第 555—556 页。

1936 年 10 月，依据修正省组织大纲之规定，增加建设、财政两厅长任干事，干事增加到 9 人，下设总务、调查、设计、推行 4 股。会务经费每月 800 元。①

根据全国新运总会安排，安徽在抗战前新生活运动大致可分为两个时期。1935 年 3 月前为第一个时期，这一时期新生活运动的中心是要实现社会环境的整齐，主要有：整理市容，打扫住屋，整理公共场所和交通秩序；不准打赤膊，不准当街吸烟，不准随地吐痰，不准随地小便；走路要靠右边走，不准打人骂人，帽子要带好，鞋跟要拔上，纽扣要扣正。② 1935 年 3 月以后，新生活运动进入了以实现三化为中心的第二个时期。其核心工作是三化。1935 年颁发了《生活军事化、生产化、艺术化初步推行方案》即《劳动服务团组织大纲》，公布了第二期新生活运动的 21 项工作项目。主要有：守时运动、民众识字运动、体育运动、开渠筑堤运动、修桥补路运动、提倡国货运动、戒烟戒赌运动等，其中又以实施民众训练与编组、促进社会合作事业的组织、加紧各种社会教育的普及为中心工作。

在新生活运动初期，安徽主要集中在所谓"经常中心工作"上，包括"规矩"、"清洁"两项。由于各地最高行政长官出任新生活运动促

---

① 萧继宗编：《新生活运动史料》，台湾中国国民党中央委员会党史委员会 1975 年影印版，第 367 页。

② 蒋介石：《新生活运动纲要》，新生活运动促进总会 1946 年印，第 4 页。

进会会长一职，亲自抓这项工作，又发动学校、机关组织新生活运动服务团，进行宣传、服务，配以警方的督促、检查，由于有一套较严格的管理制度，第一期新生活运动取得了一定成效。

依照新运总会的解释，规矩运动内容包括礼貌仪容、行为态度、社会秩序、办事条理等，要求做到服装整齐，珍惜时间，习礼义，守规矩等。开展规矩运动，目的在于矫正一般言语粗暴、行为鄙野、服装怪异、日用奢华、办事凌乱、秩序纷扰的现象，以养成重礼义和守规矩的良好习惯、整齐划一的社会秩序和有条不紊的办事方法。如守时运动，除定时鸣炮、鸣汽笛外，还在安庆设立 4 座标准钟，强化市民的时间观念。清洁运动主要以个人、家庭和公共场所为整治对象。个人方面，要求衣服整洁，食物清净，勤洗手脸，勤洗衣服，不随地吐痰等。家庭方面，要求保持庭院、居室、厨房及饮食用具的清洁；家庭访问，该会召集劳动妇女服务员，组织家庭访问团，从"日常生活"、"采用国货"、"家庭教育"、"破除迷信"及"清洁卫生"几个方面深入家庭进行监督检查。① 公共场所方面，要求车站、码头、公园、澡堂、饭馆、娱乐场所保持清洁，灭蚊灭蝇。

1935 年以后，结合新生活运动第二阶段要求，拟订第二期计划大纲。为配合第二期计划，安徽筹办体育会、骑射会、旅行团等团体，训练民众趋于军事化；举行国货展览会，举办国货商场、模范食堂等，养成人民趋于生产化；筹备弹子房、音乐会、摄影会、竞技会，劝导人民趋于艺术化。但是，上述大都并没有得到切实实施，只有体育会稍有成效，1935 年 2 月，安庆成立体育会，聘请 7 位体育专家和热心体育人员组织委员会，组织各单位举行晨操，并由专家教授武术。②

---

① 《新运十年》第 2 卷，《革命文献》第 68 辑，台湾中国国民党中央委员会党史委员会 1975 年影印版，第 4—8 页。

② 安徽省民政厅编：《安徽省二十三年度行政成绩报告》，1935 年印，第 237 页。

表8-3　新生活运动计划大纲(1935年2月至7月)

月份	工作内容
2	一、完成妇女、商民、工人等服务团之组织；二、提倡早起运动；三、筹备弹子房；四、切实检查各业推进情形；五、添设本会门前标准钟一座；六、二一九新运周年纪念日全市清洁大检阅；七、举行新生活展览；八、组织骑射会；九、厉行轮埠码头新生活；十、组织体育会；十一、组织全省各公路新运服务团；十二、组织教育新生活服务团；十三、举行全市大扫除。
3	一、筹建新运大食堂；二、扩大推行区整理市容；三、切实检查公余服务团进行新运情形；四、举行模范家庭展览；五、训练警察；六、组织旅行团；七、完成各县新运会组织；八、办理全省新运通讯网；九、筹建新生活游泳池；十、筹备公民训练；十一、组织摄影团；十二、举行全市大扫除。
4	一、厉行公共娱乐场所新生活运动；二、普设标准钟；三、组织家庭改进会；四、切实检举违反新运事项；五、切实检查青年课余服务团推行新运情形；六、举行民俗运动会；七、实施公民训练；八、组织音乐会；九、办理各服务团间通讯；十、举行全市大扫除。
5	一、视导并推进各县镇新运；二、设置勤劳服务杯；三、催促各县完成各种服务团；四、举行婴儿健康比赛；五、组织弈棋会；六、筹建新生活宿舍；七、筹备国货展览；八、举行全市大扫除。
6	一、切实考查各服务团推行新运情形；二、设置新生活讲座会；三、举行国货服装展览；四、举行论文比赛；五、筹办国货商场；六、举办防疫运动；七、举行全市大扫除。
7	一、筹备新生活食堂；二、提倡健康运动；三、二次视导各县镇新运状况；四、办理全国通讯网；五、筹备电影院；六、举行县市新运成绩总考核；七、拟订第三期工作计划大纲；八、举行全市大扫除。

资料来源：《安徽省二十三年度行政成绩报告》，1935年印，第246—250页。

　　1935年4月，新生活运动促进总会将各种新运团体，统一改组为新生活劳动服务团。蒋介石之所以在生活"三化"推行方案公布的同时，发起劳动服务团运动，是认为生活"三化"运动要能有效推行，必须借助于劳动服务团的组织形式。改编后的劳动服务团几乎包括所有的公职人员，活动范围也涉及社会生活的各个领域。作为新生活运动重要内容的劳动服务运动，其本身没有什么特别的地方，内容也没有超过清洁、规矩及生活"三化"的范围，开展此项活动，主要是通过义务服务的形式，使新生活运动尽可能地推广到社会生活的各方面。

　　这一时期，安徽省组织各种服务团99个，包括青年、军警、工人、妇女、商民，团员3796人，团员服务精神颇佳，围绕整齐、清洁开展工

作,颇有成效。① 在前期工作的基础上,工作范围进一步拓展,进行所谓"季节中心工作",主要包括春季植树、夏季卫生、秋季节约、冬季救济等工作。安徽省教育厅于1935年3月制发《安徽省中等学校学生新生活训练大纲》,提出:中等学校新生活训练,以培养学生"爱国尚公"、"节俭朴素"、"勤苦耐劳"、"清洁卫生"、"审慎有礼"、"友爱互助"、"忠实诚恳"、"遵守纪律"等8种德性及优良习惯为目标。并规定"各中等学校学生新生活训练,由校长主持,教导主任或训育主任及全体教职员协助之"。要求"各校教职员,应以此为躬行实践之鹄的,学校训育亦应以此为训练学生之准绳"。安徽各中学推行"新生活运动",进一步加强对封建道德思想的灌输和学校教育的法西斯化,培养学生成为安分守己、唯命是听的忠顺百姓。省立安徽大学除设置党义、军事训练等必修课程外,还设立训育委员会,管理学校训育事宜。训育委员会设委员11人,除秘书长、教务长、各院长、斋务课主任、体育部主任及主任军事教官为当然委员外,另于教授中聘请2人组成。委员会的主要职责之一是管理学生团体的活动,规定:"各种团体之活动,均须填写制定之表格,呈由训育委员会鉴核,分别予以提倡或驳斥,并同时加以监督。"1936年,该校学生团体有教育学社、英文学会、化学会、数理学会、农学会等5个,参加学生计250人,活动项目有举办民众学校、校工夜班,出刊小报,聘请名人演讲等,所有涉嫌宣传抗日、反对投降的内容,均在严格禁止之列。学校设有新生活运动服务团,由校长任团长,斋务课主任及主任军事教官任副团长,受军训学生为基本团员。在学校还普遍成立青年课余服务团。它分为甲乙两种。甲种为中等以上学校,乙种为小学。以一学校为一团,以该校校长为团长,下设队。全省甲种团13个,95队,939人。乙种团21个,70队,721人。②

除学校之外,其他部门组织也建立各类服务团。在安庆,各政府机关成立公余服务团,计有45个,1039人。各同业公会也组织商民服

---

① 新生活运动促进总会编:《全国新生活运动》,1936年印,第481页。
② 安徽省民政厅编:《安徽省二十三年度行政成绩报告》,1935年印,第236页。

务团,安庆组织的商民服务团有 30 个,707 人。在工人方面,最早由怀宁县工人团体改组委员会办事处,集合各业工人成立服务团。后因不易召集,改为按行业组成共成立 9 个工人服务团,成员 209 人。[①]

除组织各种服务团外,革除陋俗一直是项常规活动。1935 年 6 月至 8 月,省新运会会同省会公安局主办灭蝇运动,进行灭蝇宣传及收买苍蝇运动,在安庆市内广发灭蝇须知小册子,"成绩甚见功效"[②]。1931 年长江大水灾后,曾一度禁止剧院演出。后应商民迭次恳请,允许剧院开业,但要求军警和剧院审查委员会严格管理,"以端风化,而维公安"[③]。据官方调查,通过整顿,安徽境内已无淫秽书画;娼赌除芜湖、蚌埠两地外,基本已绝迹。[④] 此外,还有提倡国货运动,举办国货演讲,筹备大型国货展览会,要求公职人员一律穿戴国货制服。其他还有"一日运动",即以一日所得贡献国家;"援绥运动",自绥东战争发生后,邀集省会各界发起组织"慰劳前方剿匪守土将士大会",以为民族战士精神上物质上之援助,并通告各县新运会推行。少数地区实行新式婚礼,自由离婚也开始出现。1935 年起,凤怀地方法院始在蚌埠受理离婚案件。1937 年 5 月,安庆市社会服务处曾在社交堂举办第三届节约集团结婚仪式,由市长李品和为 13 对新人证婚。[⑤]

国民政府推行新生活运动还直接吸收和借鉴当代西方国家的一些社会改良措施,制定了不少符合现代文明要求的生活目标和行为标准,从而使新生活运动派生出改良社会习俗、提高国民生活素质和文明程度的积极功效,被后人称为"生活改造运动"。

但是,新生活运动的成果连蒋介石自己也不满意。他在《新生活运动两周年纪念之感想》和《新生活运动三周年纪念训词》中,一再对新生活运动现状提出批评。认为新生活运动自创始以来,"就一般的

---

①　安徽省民政厅编:《安徽省二十三年度行政成绩报告》,1935 年印,第 236 页。
②　新生活运动促进总会编:《民国二十四年全国新生活运动》,见沈云龙主编:《近代中国史料丛刊三编》第 53 辑(总第 529 册),台湾文海出版有限公司印行,1989 年版,第 605 页。
③　安徽省民政厅编:《安徽省二十三年度行政成绩报告》,1935 年印,第 238 页。
④　安徽省民政厅编:《安徽省二十三年度行政成绩报告》,1935 年印,第 238 页。
⑤　《新运十年》第 2 卷,《革命文献》第 68 辑,台湾中国国民党中央委员会党史委员会 1975 年影印版,第 4—8 页。

成效和实际情形来说,实在不能满足我们的期望,达到原来的目的",
"除了极少数的地方以外,一般对于清洁整齐的两件事,尚且没有切实
地做到","我们现在到处都可看到新运的标语,而很少看到新运的实
效;到处都可看到推行新运的团体或机关,却是很少看得见有多数国
民确实受了新生活运动的效果。"又说,过去新运工作在推行方面,
"言语多而工作少,方案多而实行少,在推行对象方面只注意到社会的
上层,而未及于下层,只注意到通衢马路,而未及于街头巷尾。所以,
三年来新运的结果,只做到表面一时的更新,而未达到永远彻底的改
革"。蒋介石表示,新生活运动搞成这样,"是很可痛心很可惭愧
的"①。

对于前期新生活运动成效不够理想,蒋介石把原因归结为人们对
他所发起的新生活运动"缺乏真诚",对新生活运动的推行"缺乏热
情"②。而实际情况是,由于回避抗日问题,使新生活运动缺少号召力。
九一八事变后,抗日救亡是国家政治生活的主题,但受制于"攘外必先
安内"的总方针,在抗战爆发前新生活运动的推行中,包括国民党要员
有关新生活运动的文章和演说,以及各级新运机构的文件在内,很少
涉及抗战问题,对"抗日"二字讳莫如深,从不敢公开谈及。安徽省新
运促进会在总结1935年工作时也坦言:"三化运动为目前救亡图存之
唯一途径……矧回顾今年之新生活运动已不若上年之紧张,推原其
故,盖救国之道太多,而危亡又濒睫睫,虽为唯一途径,并无所昭示,使
人民无所适从耳。故环顾本省之新生活运动,几皆进至第一期工作阶
段(即规矩清洁运动——引者注)而止。"③

在组织系统上,新生活运动也存在严重弊端。安徽新运促进会曾
坦言,因新运会的干事主要由各行政长官兼任,他们无力直接对新生
活运动付出多少精力。同时,总会对各市县"似无密切之联络,指挥不

---

① 秦孝仪主编:《革命文献》第3辑,台湾"中央文物供应社"1981年版,第44—46页。

② 《改组前后》,见《新生活运动促进总会会刊》1936年第1期。

③ 新生活运动促进总会编:《民国二十四年全国新生活运动》,见沈云龙主编:《近代中国史料丛刊三编》第53辑(总第529册),台湾文海出版有限公司印行,1989年版,第608页。

能充分灵活"。各级新运促进会的组织也不完整。①

此外,新生活运动提出的一些生活目标和准则,严重脱离中国实际。提倡改进国民生活习俗,使之符合现代社会要求的生活目标和行为标准,这本身无可非议。问题在于当时中国的广大老百姓生活极度困难,许多人连最低限度的温饱都难以维持,哪里还会关心什么"整齐清洁"、"文明生活"。针对新运总会提出的"惜时、节用、爱物"三大口号,当时就曾有人提出,中国的问题"不是惜时,是如何省时";"不是节用,而是有物可用";"虽知爱物,无物可爱"。所以政府提出"惜时、节用、爱物"之类的口号,"实已文不对题了"②。

但是不可否认的是,新生活运动开展的识字、体育、守时、节约、禁烟、禁赌、讲究卫生、提倡国货、造林、放足、举行集体婚礼等多项活动,都不失为健康、文明的社会活动,这对于优化社会环境,提高国民健康、文明素质起到了一定的积极作用。

第二节 国民党统治安徽初期的军事行动

一、国民党在安徽的军事力量

北京政府时期,安徽境内军队系统较为混乱,军队私人化和地方化特征比较明显,随着北伐军进入安徽,安徽逐步纳入南京国民政府直接控制的地区,省军或防军性质的军队已不多见。下面按建制顺序或进入安徽驻防顺序,列出这一时期在安徽驻防的主要国民党部队。

1. 国民革命军第三十三军。1927 年初,柏文蔚收编旧部,编成国民革命军第三十三军。袁家声为第一师师长,张克瑶为第二师师长,岳相如为暂编第三师师长。柏文蔚任军长,常恒芳任政治部主任。军

---

① 新生活运动促进总会编:《民国二十四年全国新生活运动》,见沈云龙主编:《近代中国史料丛刊三编》第 53 辑(总第 529 册),台湾文海出版有限公司印行,1989 年版,第 608 页。

② 《新运视察团三月来工作述略》,见《新运月刊》1936 年第 35 期。

部驻湖北武穴。第三十三军后编入北伐江左军，先后攻占霍邱、凤台、正阳关、寿县。1927年夏初，扼蚌埠、合肥一带。宁汉分裂后，柏文蔚率全军将领联名通电，敦促蒋介石下野。9月至12月追击津浦路南段以西地区的孙传芳军队，再克寿县、凤台，并攻占皖北各地。1928年1月，军长柏文蔚辞职，由第二师师长张克瑶升任，加入第一集团军第三军团贺耀祖指挥的左翼序列，北伐至泰安、莱芜一带。同年冬被编遣。

2. 北伐江左军。1927年1月，国民革命军在汉口集结后，编成江左军和江右军，沿长江两岸向下游进军。江左军由李宗仁担任总指挥，辖第一、第二、第三等3个纵队：第一纵队辖第七、第三十三军，李宗仁兼指挥；第二纵队辖第十军，王天培任指挥；第三纵队辖第十五军，刘佐龙任指挥。第一纵队于3月4日推进到潜山，第三纵队于3月1日到达太湖。3月18日，3个纵队全部进入安庆、六安、合肥一线。至此，安徽皖北要地皆为江左军占领，总指挥部移驻安庆。3月中旬，各路国民革命军开始整理安徽政务，稳定局势，整编新收编之国民革命军。4月底，除留一部驻守安庆、合肥外，大部开往和县至浦口沿江一线，会攻南京。

3. 北伐江右军。江右军由程潜担任总指挥。下辖第一、第二、第三等3个纵队。第一纵队辖第三、第六等2个军，由程潜兼任指挥；第二纵队辖第二军，由谭延闿任指挥；第三纵队辖独立第二师，由贺耀祖任指挥。共有3个军7个师又3个旅。第一纵队主力于2月20日到达至德（今东至县），而后沿贵池、铜陵、繁昌推进，于3月6日占领芜湖，先头部队攻占当涂、采石。第二、第三纵队于2月20日同时进抵祁门，3月6日攻占太平、石埭、陵阳镇、泾县等地。3月中旬，皖南要地皆为江右军占领。江右军控制皖南后，整理皖南政务，整编新收编之国民革命军，布置协同江左军会攻南京。4月底，一部抵南京近郊。1928年3月，部队全部离开皖南。

4. 新编国民革命军第三军。1927年2月，国民革命军进军皖南，驻徽州地区之孙传芳旧部刘宝题师，首先宣布投诚，收编为国民革命军新编第三军。刘宝题担任军长，兼江右军第四纵队指挥官，后参加北伐。

5. 新编国民革命军第十一军。1927 年 3 月，国民革命军由太湖进入合肥、六安沿线地区。18 日，驻守合肥之安武军马祥斌旅宣布起义，收编为国民革命军新编第十一军，马祥斌任军长，继续留守合肥。

6. 新编国民革命军第三十七军。1927 年 3 月，国民革命军沿江而下，驻守大通、贵池、安庆一带的直系皖军陈调元部起义，收编为国民革命军第三十七军。陈调元被任命为北路军总指挥兼第三十七军军长。下辖第一、第二、第三等 3 个师，岳盛任第一师师长，丁翰东任第二师师长，安树珊任第三师师长。改编后的第三十七军，先集结巢县驻扎，后参加北伐。

7. 新编国民革命军第二十七军。1927 年 3 月，国民革命军进入皖北，驻皖北之安武军王普部投诚，收编为国民革命军第二十七军，王普任军长。

8. 新编国民革命军第五军。1927 年 3 月，国民革命军进军皖南，驻广德、宣城之湘军第二师师长叶开鑫率部投诚，收编为国民革命军新编第五军，叶开鑫任军长。下辖第一、第二等 2 个师。邹鹏振任第一师师长，蒋锄欧任第二师师长。编成后驻大通、秋浦一带，后参加北伐。

9. 豫鄂皖“绥靖”督办公署所辖军队。1930 年 10 月，国民政府成立豫鄂皖“绥靖”督办公署，调集 7 个师又 1 个旅，共 10 万兵力，对鄂豫皖革命根据地中国工农红军进行“围剿”。驻扎安徽皖西地区的有第四十六师、第七师、第五十五师。1930 年 11 月初，第四十六师进驻六安至霍山一线，师部驻六安县城。1932 年 3 月，在苏家埠战役中，第四十六师被红军部队歼灭。1932 年 3 月，国民党军为“进剿”红军之需要，将第七师调往安徽，驻守合肥以西一线。师长厉式鼎，辖 3 个旅。第七师 3 个旅全部被红军歼灭，师长厉式鼎被红军俘获。1932 年初，第五十五师调至皖西。师长阮肇昌，辖 3 个旅，同年 5 月初被红军部队歼灭。

10. 李济深右路军。1932 年 6 月，国民政府军事委员会委任李济深为豫鄂皖 3 省“清剿”总司令部副总司令，兼右路军司令，“围剿”鄂豫皖革命根据地红军。8 月，李济深率右路军 7 个师又 1 个独立旅，编

成 3 个纵队又 1 个预备总队,开进皖西地区。司令部设于六安城内。该部于 1933 年离皖南下。

11. 东北军驻皖军队。1934 年 2 月,蒋介石任命东北边防军总司令官张学良为豫鄂皖 3 省"围剿"副总司令。4 月中旬,张学良率东北军 9 个师,陆续调抵豫鄂皖地区。张学良拟用 3 个月歼灭红军,却遭到红军第二十五军的顽强反击,第一一五师有 5 个营被红军歼灭。张部于次年离皖北上。

12. 皖南"围剿"总指挥部所辖部队。1934 年 10 月,国民政府军事委员会在皖南设立"围剿"总指挥部,由刘镇华担任总指挥,辖第十一路军独立旅、第七师 1 个旅、第六十四师 1 个团。总指挥部成立后,刘镇华即率所辖部队开赴皖南。司令部驻屯溪。对皖、浙、赣边区红军游击队进行军事"围剿"。总指挥部于 1935 年 3 月撤销。

13. 豫鄂皖边区督办公署所辖部队。1936 年 2 月,国民政府军事委员会在豫鄂皖边区设立豫鄂皖边区主任公署,任命第十四军军长卫立煌为主任。1937 年 4 月下旬,国民政府撤销主任公署,改设豫鄂皖边区督办公署,任命卫立煌为督办。督办公署设于六安,下辖 14 个师又 2 个旅。抗日战争爆发后,卫立煌升任第一战区司令长官兼第十四集团军总司令,部队调往河北石家庄。

14. 安徽省政府保安司令部。1934 年 8 月,南京国民政府为统一指挥各地保安团队,以配合正规军"清剿"红军,在相关省份成立政府保安司令部。安徽省保安司令部成立初期,内部仅设保安处,由省政府主席兼任司令,但实际负责的为保安处长。保安处直隶于省政府,司令部仅具空名。保安处下辖 2 个保安团、1 个特务大队和各县保安队。到 1943 年春,扩编为 6 个保安团和 2 个独立大队。1943 年 4 月,李品仙重新组建的省保安司令部才掌握实际权力,保安处成为其下属机构。

二、国民党在安徽重大的军事行动

南京国民政府时期,安徽境内战事不断,大致可分为三种类型,一是南京政府成立前后的北伐战事,二是国民党新军阀间的混战,三是国民党军队与红军之间的战事。第三种战事他章另有详叙,此仅叙及前二类战事。

(一)南京国民政府成立前后的北伐战事

1. 江右军的当涂之战。1927 年 3 月 11 日,北伐军江右军总指挥兼第六军军长程潜率军自芜湖分三路向当涂进攻。13 日,中路前锋与直鲁军接触,旋即突入当涂县境。14 日,中路第六军第十七师取青山右侧迂回进占护驾墩,第四十军进至大花津一带;正面第十三师经激战克东梁山,进驻塔桥、大桥、查家湾、梅塘嘴等地;侧翼鲁涤平第二军则向东进入高淳。此时,直鲁守军大部退到采石,仅留少数部队据守金柱关沿姑溪河至丹阳防线。15 日,程潜命令各路北伐军发动总攻击,中路第十七师奉命攻城,拂晓由护驾墩过河猛进,与第四十军毛炳文旅协攻当涂。在歼灭鲁军主力后,当晚逼至十里牌附近,在白纻山、凌云山、上泗渡、十三圩等处遭鲁军抵抗,被猛烈炮火阻击,相持至次日晨 2 时将鲁军击溃,毙伤甚众,俘虏 3000 余人,缴获大量枪械辎重,随即占领当涂县城。弃城逃跑的 300 余名鲁军,退至焦家圩全部被俘。与此同时,贺耀祖的四十军一部选择护驾墩与花津间的狭窄处偷渡过河攻陷薛镇,次日上午占领新市镇,鲁军退向小丹阳。北伐军总预备队第十九师旋由黄池经高淳、小花津、刘村进袭,接着占领博望。次日,程潜总指挥由芜湖抵乌溪镇。16 日,北伐军完全占领当涂、溧水一线,其先头部队已进至慈湖、霍里,程潜率指挥机关由乌溪向大陇口前进。17 日黎明,程潜及第六军政治部主任林伯渠率军进入当涂城,当日在天主堂露天广场召开千人群众大会,受到当涂人民的热烈欢迎。随后,江右军继续北进,与东路军合击攻克南京。

2. 三路北伐军在安徽境内战事。1927 年 5 月,国民革命军决定渡江北伐,共编成三路大军。蒋介石担任总司令。第一路军由何应钦任总指挥;第二路军总指挥由蒋介石兼任,白崇禧代行指挥;第三路军由李宗仁任总指挥。兵力达 13 个军。5 月中旬,三路大军渡江北伐,进入安徽。第二路军于 5 月 17 日攻占全椒,18 日攻克滁县。第三路军于 5 月 16 日攻占定远,21 日攻占蚌埠。第一路军也于天长县向北推进。各路在淮河以南进展顺利。但推进至淮河以北时,遭到孙传

芳、张宗昌余部顽强阻击,北伐军多路战斗失利,部队损失较重。7月24日,蒋介石率第一军(军长何应钦)之第二十师(师长陈诚),赶到蚌埠调整部署。7月28日,蒋介石随进攻部队进驻宿州,指挥第二路军向徐州进击。因总指挥部与各路部队通讯联络中断,各路前进受阻,蒋介石乃电令各路军后撤至蚌埠一线,据淮河之线固守,阻止孙传芳、张宗昌部南进。安徽境内分设4个防区:以第十军军长王天培部驻泗县,为第一防区;以第三十三军军长柏文蔚部和新编第十一军及王金韬之独立师,分驻蚌埠左右,为第二、第三防区;第三十三军之第一师,由袁家声指挥,驻寿县,为第四防区。第六军作总预备队,驻凤阳。四防区连同总预备队,共5个军又1个独立师,依淮河为天然屏障,形成一道坚固防线,阻止北洋军南进。8月下旬,孙传芳之五省联军曾进占蚌埠一线,并渡江攻进龙潭,被国民革命军击退。11月,国民革命军经过休整,举行二次北伐,三路北伐军大部离皖北进。

(二)国民党新军阀混战在安徽境内的主要战事

1. 宁汉战争。1927年,蒋介石、汪精卫相继背叛革命后,双方为争夺权力,爆发了宁汉战争。8月7日,汉方宣布讨蒋,16日组织东征军,任命第三十五军军长何键、第三十六军军长刘兴分别为江左军、江右军前敌总指挥。21日何键部占安庆,宁方王普、夏斗寅两部撤往大通。9月刘兴部占领芜湖。9月,国民党中央特别委员会在南京成立,由宁、汉和在上海的西山会议派3方面代表组成。因特委会的实权把持在桂系李宗仁和西山会议派手里,汪精卫回武汉后即与唐生智联合,成立中央政治委员会武汉分会,控制湘、鄂、赣3省,反对南京特别委员会。唐生智指挥军队由安庆继续东进,占领芜湖,威胁南京。10月20日,南京特别委员会下令讨伐唐生智。南京讨唐军以李宗仁统率江北军沿长江北岸西进;程潜统率江南军沿长江南岸西进;朱培德在江西策应夹击唐军;何应钦、白崇禧分别在津浦线防守奉鲁军,掩护西征军。冯玉祥部队沿平汉线南下,威逼武汉。南京讨唐军在广东李济深、四川杨森等军的响应和配合下,先后占领芜湖、安庆、九江、武穴等地。11月12日,唐生智战败通电下野,13日宁汉双方下令停战,14日南京讨唐军进驻武汉,唐军退往湖南,后被桂系收编。

2. 方振武被扣与余亚农、鲍刚兵变。1929 年 9 月 19 日,蒋介石在南京扣押安徽省政府主席方振武,并派其嫡系整编第六师师长方策,率部于 25 日进驻安庆,强行接管防务。9 月 27 日,余亚农将其部队第一三三旅集中安庆集贤关,趁接受"点编"之机,下令扣留方策宣布兵变,要求以释放方振武作为释放方策的条件,并将部队撤至皖鄂交界的五祖山。10 月上旬,由于蒋军第六、第十、第十六等师的围攻和分化,第一三三旅被打散,余亚农突围出走。同年 10 月 18 日,为反对蒋介石扣押方振武,国民党军第四十五师师长鲍刚率领驻大通、当涂、宣城的二六七团(团长乔明礼)、二七○团(团长刘子彬)举行兵变,向驻扎芜湖的韩德勤新三旅发起攻击,收缴韩部枪支,并通电全国,要求释放方振武。南京政府派重兵围攻。次日,鲍部退至屯溪。10 月底兵败,鲍刚化装出走。

3. 石友三兵变。1929 年 12 月 2 日,国民党安徽省政府主席、第十三路军总指挥石友三与唐生智等密谋,起兵反蒋,下令集中在浦口准备南下与李宗仁、陈济棠作战的部队,隔江炮击南京。3 日撤退到蚌埠。石部在安庆的秦建斌师亦同时将安徽省政府警卫营缴械。石在滁州通电就护党救国军第五路总司令职。12 月中旬,在蚌埠自行组织安徽省政府,石友三任主席,并在津浦路浦(口)蚌(埠)段,与蒋军发生战斗。后经马福祥从中调解,蒋介石任命石友三为河南省"清乡"总指挥,石部撤至河南。

4. 中原大战。1930 年 4—11 月,蒋介石同阎锡山、冯玉祥、李宗仁等,在河南、山东、湖南等地进行的大规模新军阀混战,史称"中原大战"。蒋介石为建立专制独裁统治,继 1929 年全国编遣会议后,又利用国民党第三次全国代表大会,进一步排斥异己,扩充嫡系,引起阎、冯、李等人不满。1930 年 2 月阎通电要蒋下野。3 月 15 日,原第二、第三、第四集团军 50 余名将领联名通电讨蒋,推举阎为中华民国陆海空军总司令,冯、李和张学良为副总司令,刘骥为总参谋长。4 月 1 日,阎、冯、李分别通电就职,张则保持沉默。讨蒋联军的部署是:桂军为第一方面军,由李宗仁统率,出兵湖南,并趋武汉;西北军为第二方面军,由冯玉祥统率,担任河南省境内陇海、平汉两路作战任务,分向徐

州、武汉进攻；晋军为第三方面军，由阎锡山统率，担任山东省境内津浦路、胶济路作战任务，与第二方面军会攻徐州，然后沿津浦线南进，直捣南京；石友三为第四方面军，以主力进攻济宁、兖州，又一部协同第三方面军会攻济南；内定张学良、刘光辉、何键、樊钟秀为第五至第八方面军总司令。此外，任命石友三为山东省主席，万选才为河南省主席，孙殿英为安徽省主席，刘春荣为第十五军军长等。接着，阎、冯、李、石（友三）、樊（钟秀）等部共约 60 万人组成 5 个方面军，分别集结于许昌、郑州、新乡、顺德（今河北邢台）、衡水、归德（今河南商丘）、全县（今广西全州）等地，企图在河南境内陇海铁路（兰州—连云港）、平汉铁路（今北京—汉口）沿线取攻势防御，在津浦铁路（天津—浦口）沿线和湖南取攻势，得手后与蒋军决战，彻底消灭蒋军，推翻南京政府。蒋介石对这场战争早有准备，先后调集约 70 万人组成 4 个军团和 4 个路军，分别集结于禹城、徐州、砀山、宿县（今宿州）、漯河、武汉、萍乡、衡阳、广州等地，企图以一部兵力于津浦铁路沿线先取守势，集中主力于陇海、平汉铁路沿线，先发制人，夺取联系各战场的交通战略要地归德、许昌，与阎、冯军主力决战；武汉行营主任何应钦指挥的部队负责围歼李宗仁部队。4 月 5 日，蒋介石下达讨阎令。中原大战主要有 4 个战场：平汉路战场、湖南战场、津浦路战场和陇海路战场，在安徽境内的战役主要是在津浦路战场和陇海路战场。

1930 年 4 月 30 日，蒋、阎、冯中原大战的前哨战在砀山开始。5 月 8 日，蒋介石检阅津浦线驻军，于当日下午抵蚌埠。10 日，蒋军与阎、冯、李军队在陇海路马牧集及鲁西、皖北两翼开始交战。冯阎联军左路军石友三部沿陇海线进驻吴庄寨、琉璃阁（属曹县）一线，为蒋军陈调元部所阻；中路万选才、孙殿英部进入归德（商丘县）、亳州（今安徽亳州市）以东地区，与蒋军作战。10 日，顾祝同、陈继承、陈诚各军与冯阎联军中左两路在归德以东地区激战。万选才不敌对手，沿陇海线节节败退，孙殿英也退守亳州。万选才乘汽车行至柳河车站南时，被刘茂恩部扣押，送交蒋介石。刘茂恩的倒戈致使联军阵势大乱，蒋军乘势攻占归德、围攻兰封，并将孙殿英部包围于亳州。冯玉祥为解亳州之围，令孙良诚、宋哲元、庞炳勋、吉鸿昌部对宁陵、归德迂回出击,牵制蒋军主力。13 日,孙连仲部与原守鹿邑之孙殿英部一师会合,自 14 日晨起突向围亳的蒋军猛攻,孙殿英亦自城内以全力出击。围城之蒋军第三军王均、第八军叶开鑫、第十师杨胜治各部腹背受敌,从 14 日晨战至中午,向东南退却,亳州解围。中原大战在安徽境内的战斗基本结束。

5. 六安国民党军起义。1931 年鄂豫皖革命根据地第一次反"围剿"斗争结束后,新成立的红四军取得磨角楼、新集战斗胜利。退守六安的国民党第四十六师在红军的不断胜利和兵运工作的影响下,军心日益动摇,加上军官克扣军饷,更引起士兵们的强烈不满。打入该师第一三八旅二七二团担任二营营长的中共党员魏孟贤,联络一营副营长李继武等进步官兵,决定乘农历年关之际,发动士兵以闹饷名义举行武装起义。2 月 15 日,以第一、第二营为骨干起义,摧毁该师 2 个旅部、1 个团部,击毙敌旅长、团长等多人。起义胜利后,魏孟贤率部队进入皖西苏区,后编入红军中央独立第二师。

第九章

土地革命战争时期中国共产党领导下的安徽革命斗争

大革命失败后,在中共中央的指导下,中共安徽地方组织迅速恢复,并有了较快的发展。在中共领导下,安徽人民为反抗国民党反动统治开展了一次又一次革命斗争。在皖西,中共建立了皖西革命根据地,并成为鄂豫皖革命根据地的重要组成部分。在皖南,中共领导了柯村暴动,成立了皖南苏维埃政府。中国工农红军北上抗日先遣队也曾转战皖南。虽然这些革命斗争先后遭受挫折,但革命之火一直在燎原,直至点燃安徽人民抗日的烽火。

第一节　中共安徽地方组织的恢复、发展及其演变

一、中共安徽地方组织的恢复与发展

蒋介石、汪精卫叛变革命以后,安徽笼罩在白色恐怖之中,一些共产党员和革命人士遭到杀害和通缉,各地党团组织被迫停止活动。此时,新旧军阀充斥安徽境内各地,为争夺地盘摆开了新的战场;大小地主和封建宗族势力重新主宰农村;苛捐杂税多如牛毛。大革命时期安徽人民获得的政治权利、经济利益均付之东流,人民群众再次遭受政治压迫,重新陷入经济困境。

为重新推动安徽革命运动,直接领导安徽人民的革命斗争,1927年8月初,中共安徽省临时委员会奉中共中央指示从武汉迁回芜湖。安徽省临委迁回后,分派在武汉受训的安徽党务培训班的活动分子22人赴全省各地寻找、审查党员,进行党员登记和组织整顿工作。此时,安徽省临委由王步文、柯庆施、王心葵组成常委,以柯庆施为书记。

8月7日,中共中央在武汉召开秘密紧急会议,史称八七会议。会议清算了大革命后期陈独秀右倾机会主义错误,确定了土地革命和武装起义的方针,选出以瞿秋白为首的中央临时政治局。这次会议给正处在思想混乱和组织涣散中的党指明了出路,为挽救党和革命作出了巨大贡献。但由于安徽代表未参加八七会议,省临委也未与中央及时联系,直到8月底9月初,省临委委员王步文向中央报告工作才获悉八七会议精神,并带回安徽。其时,中共江苏省委书记邓中夏也在上海向安徽省临委委员周范文传达八七会议精神,并转交八七会议的文件。9月6日,安徽省临委在学习了八七会议文件后,立即制定《关于安徽三个月工作计划纲要》。决定整顿组织,要求彻底肃清有机会主义倾向及工作不力者,提拔优秀的农工同志加入党部委员会;对党员进行重新登记,对党不忠实的、不同意八七会议制定的新政策及在行

动上言论上有机会主义倾向的、1 月内不为党做实际工作的、过去在经济上有手续不清的、行动散漫屡教不改的,均不许登记;要求各党部建立极严格的极密切的极秘密的关系,任何一级党部,3 个月不向上级作报告时,应即解散或改组。它还要求大力发展农工入党,努力向产业工人、手工业工人、雇农、佃农及自耕农方面去发展同志;健全各级组织,特别是芜湖、安庆、六安、宿县、寿县的党组织。《纲要》还对宣传和训练、工运、农运、民运等工作提出了要求。

此后,安徽省临委立即组织党员分赴各地传达八七会议精神、落实《纲要》计划。20 余名六安籍共产党员也分别从上海、芜湖等地返回家乡,开展革命斗争。到 10 月初,全省已有 16 个县、市恢复了地方党组织,其中芜湖市委下辖 3 个区委、8 个支部,有 53 名党员;安庆特别区委有 20 名党员;六安特别区委有 3 个支部、36 名党员;无为特别区委有 3 个支部、16 名党员;南陵特支有 10 名党员;郎溪特支有 13 名党员;旌德特支有 5 名党员。此外,宿县、寿县成立临时县委,泗县成立特别区委,霍邱、凤阳成立特支,凤台、庐江、和县、宣城有通讯员。① 共有党员 252 人,其中工人出身党员 27 人,农民出身党员 11 人,知识分子出身党员 214 人。②

10 月 1 日,中共中央决定组建长江局,代行中央职权,指导湖北、湖南、河南、安徽、江西、四川、陕西 7 省的革命活动与党务,罗亦农为负责人。长江局对安徽省的党务工作提出了具体意见,认为:"安徽党员只有二百余人,这简直是个小团体,是个无知识的知识阶级的小团体,不能算是无产阶级的政党,应即努力积极向农工群众中发展组织,造成真正无产阶级的政党,在三个月内须发展同志千人以上。"③安徽省临委为此制订了组织发展计划,要求各地"特别注意群众的斗争之

① 《安徽省临委关于党务工作概况给中央的报告》,1927 年 10 月,见中央档案馆、安徽省档案馆编:《安徽革命历史文件汇集》第 2 册,1987 年印,第 45—46 页。

② 《安徽省临委通告第八号》,1927 年 10 月,见中央档案馆、安徽省档案馆编:《安徽革命历史文件汇集》第 2 册,1987 年印,第 37 页。

③ 《安徽省临委通告第八号》,1927 年 10 月,见中央档案馆、安徽省档案馆编:《安徽革命历史文件汇集》第 2 册,1987 年印,第 37 页。

扩大,而从斗争中去找对象"①,也就是说,在斗争中谁勇敢,谁站在最前线,谁就可以做我们的同志。10 月 25 日,安徽省临委根据长江局指示精神召开第二次执委会。会议改造了党的组织机构,决议将全省分为 4 个中心区域,由中心区的县委指导邻近各县工作,其中皖中特别委员会设在六安,指导六安、英山、霍山、霍邱、寿县的党务,周范文为书记;在安庆中心区,设立怀宁县临委,指导桐城、潜山、庐江 3 县党务,王步文为书记;在寿县中心区,设立寿县临委,曹广化、方忠一、张真组成临时县委,指导凤台、合肥、霍邱 3 县党务;在宿县中心区,成立宿县临委,指导泗县、凤阳、蚌埠、怀远 4 县党务,李宜春为皖北特派员指导该区工作。会议还决定改组省临委,由柯庆施、王心桌、郭世杰组成常务委员会,柯庆施仍为书记。冬季,省临委在芜湖组织成立了中国共产主义青年团安徽特委,负责人为王教、林立夫。

这时期,安徽周边地区党组织也在安徽建立了党的地方组织。10 月,为发动芜湖沿江的农民武装暴动,尹宽根据中共江苏省委的指示,在芜湖沿江地区成立长江特委,制定《长江特委目前工作计划大纲》。冬季,为开展兵运工作,中共河南省委派人到驻守阜阳的国民党杨虎城部和高桂滋部建立党组织,成立了中共皖北特委,又称杨军特委,并在亳州建立分特委。宿松、阜阳、太和、亳县、萧县、蒙城等县也分别建立不隶属于安徽省临委的县委和区委组织。

为加强安徽党的工作,中共中央特派尹宽(即王竞博)到安徽巡视。11 月底,尹宽以巡视员身份到达省临委所在地芜湖。他在考察安徽党务工作后,向中央作了报告,认为:"安徽的党尚在原始状态,一切工作尚待开始,党的根本弱点,就在尚未打入工农群众,停滞于浪漫的不满现状的知识分子的环境中。自安庆、芜湖这些重要的城市以至六安、寿县等乡镇都是以知识分子为党的基本群众。"②因此,安徽的党组织不能领导工农群众起来斗争,未能形成独立的政治力量。要纠正

①《安徽省临委通告第八号》,1927 年 10 月,见中央档案馆、安徽省档案馆编:《安徽革命历史文件汇集》第 2 册,1987 年印,第 40 页。

②《尹宽关于安徽工作的报告》,1927 年 12 月 9 日,见中央档案馆、安徽省档案馆编:《安徽革命历史文件汇集》第 2 册,1987 年印,第 61 页。

这些缺点，就应发动农民运动及工人运动，扩大抗租抗税及其他经济斗争，从这些斗争中发展党及健全党的组织。根据尹宽的报告，12月6日，中共中央决定暂时解散安徽省临委。8日，中央正式通知省临委停止工作，派尹宽为中央特派员巡视安徽工作，组织全省代表大会；在省临委解散期间，由芜湖县委代办中央与安徽各地党部交通事宜。12月中旬，尹宽开始主持安徽党务工作。12月20日，改组芜湖县委，以郭士杰为书记。但次年1月27日，中共芜湖县委机关便被国民党军警严重破坏，县委书记郭士杰、省济难会负责人王绍虞等40余人被捕，后押往安庆监禁，王绍虞被杀害。不久，尹宽指定朱世珩等负责组织临时芜湖县委，恢复党的一切经常工作。

尹宽主持安徽工作后，巡视了安庆、寿县、六安等地。1个多月后，他向中央提出：安徽工作要以芜湖、六安、阜阳、沿津浦线、怀宁为中心，无为也很重要。他还认为，安徽要预备成立全省总的指导机关，但召开全省代表大会的条件还不成熟，建议中央派数人成立省临委，如中央无人派，就继续实行巡视制度。中共中央接受尹宽意见，于3月中旬批准成立安徽省临时委员会。新一届省临委由尹宽、王步文、王教组成常委，以尹宽为书记。

新一届省临委成立后，立即给潜山县委、皖北特委等党组织发出指示信，批评过去工作中存在的问题，指导今后的工作，如应该发动工农群众的斗争、按照党的组织原则重新把支部切实建立起来、举行兵变配合农民武装暴动建立苏维埃政权等。7月11日，省临委又制定《目前各方面工作决议案》，对城镇的政治运动、职工运动、农民运动、士兵运动、土匪运动、宣传计划、改造组织计划等提出指导意见。对城镇的政治运动提出要从城市中煽起革命的高潮以动摇敌人的统治，最后在城市建立我们自己的政权；推动工人运动，使之成为城镇政治的中坚，进而领导农民运动。对农民运动，要求发动农民群众作反地主、反豪绅、抗租、抗债等政治经济的斗争，宣传土地革命、苏维埃政权的理论，在农运区域尽快建立党的组织，并在斗争中注意训练农民群众、扩大组织。对改造组织计划，省临委提出，要从斗争中改造党的基本组织——支部，使每个支部能独立自主地负工作责任，成为群众的核心;要在斗争中吸收勇敢的农工分子以改造党的成分;要提拔工农分子参加指导机关;尽量严格地淘汰动摇分子等。经过整顿和改造,这时期,党的组织有所恢复,党员数量进一步增加。到 8 月中旬,安徽省临委已在芜湖、南陵、无为、六安、怀宁、潜山、寿县等 7 个县成立市委、县委或区委,支部有 40 个,党员有 338 人(未包括寿县)。①

这年 6 月,安徽省临委还指派省临委委员龚德元为代表出席在莫斯科召开的中国共产党第六次全国代表大会。9 月,团中央书记任弼时以中央特派员身份来安徽巡视指导省临委和团特委的工作。任弼时在龚德元陪同下于 19 日到达芜湖,向省临委传达中共六大会议精神,也听取了省临委的工作汇报。后前往其他地方巡视。10 月 4 日,任弼时在南陵县参加党团员会议时被国民党便衣特务逮捕,并被送往安庆关押。由于任弼时始终未暴露身份,党中央通过其在湖南的亲属将他保释,于次年 3 月出狱。

为进一步加强安徽党的工作,1928 年 11 月 24 日,省临委会通过《安徽目前全省工作大纲》,针对当时存在的问题,提出 10 项具体任务,主要是建立城市工作、深入到我们应有的群众中去、纠正听其自然发展的现象、改正群众的组织工作及工作方法、警惕国民党的"群众运动"、重视党的宣传和鼓动工作、继续发动抗租抗债运动、纠正及整顿党的组织路线、肃清政治和军事投机、建立省委和各地的经常联系等。② 省临委还通过发通告的形式指导全省党的工作,取得一定的成效。到 1929 年 1 月,省临委在 14 个县建立了党的组织,其中安庆、霍山、桐城、无为、阜阳、寿州、六安、潜山等建立县委,太湖、庐江、合肥、南陵、霍邱、芜湖等成立特区组织。这些党组织已拥有党员 1323 人,其中寿县 400 人、潜山 151 人、安庆 110 人、六安 132 人、霍山 120 人、霍邱 115 人,这些党员中农民出身党员占 80%,知识分子党员占

10%，工人出身党员占 4%，士兵出身党员占 3%，其他的占 3%。①

此外，在江苏省委领导下，津浦铁路沿线的宿县、萧县、砀山、蚌埠、凤阳、怀远、五河、泗县的党组织也有较快发展。到 1929 年初，宿县县委建立了 37 个支部和两个特支，有党员 219 人。这年秋，凤阳县有党员 192 人。

第二届安徽省临委本来赋予的任务是："在政治任务上肃清过去之政治的军事的土匪的行动，发动群众的斗争，走入正确的政治路线"；"在组织上创造党的新的基础，和提拔党的新的干部"；然后召集全省代表大会，成立正式省委。② 六安等地党组织也要求及早召开全省党代表大会。省临委决定于 1929 年 2 月 19 日召开全省代表大会。但由于内部意见分歧，召开全省代表大会的计划后被取消。

为解决安徽党的组织内部存在的问题，1929 年 3 月，中共中央在上海召开安徽工作会议。中央政治局常委周恩来、项英主持会议，尹宽等省临委委员、各中心区党组织负责人出席会议。会议期间，曾在安徽省临委担任领导工作的柯庆施、郭士杰等递交书面报告批评尹宽及省临委的工作。如认为他在"政治上指导的错误一直到去年七月没有改变，违反了中央纠正盲动主义的决定"；"省委对于组织上指导的错误，充满机会主义和命令主义"等。③ 为此，5 月 24 日，中共中央发出《给安徽各县委各特区委的指示信》，认为安徽党的组织基础薄弱，指导机关不健全，决定暂时取消安徽省临时委员会，将省临委所辖区域分为芜湖、安庆、六安、阜阳 4 个中心区域，"在这些区域建立中心地方党部，归中央直接指导"；各中心区域的党组织负责指导和帮助临县的工作；中央派巡视员巡视沿江和皖北各县的工作。④ 新成立的 4 个

---

① 《安徽省临委关于组织工作概况给中央的报告》，1929 年 1 月 23 日，见中央档案馆、安徽省档案馆编：《安徽革命历史文件汇集》第 2 册，1987 年印，第 239 页。

② 《安徽省临委通告第十七号》，1928 年 12 月 13 日，见中央档案馆、安徽省档案馆编：《安徽革命历史文件汇集》第 2 册，1987 年印，第 358 页。原整理者标注的日期为 1929 年 12 月 13 日，根据内容判断，应为 1928 年 12 月 13 日。

③ 《王逸常给中央的报告——对省委指导不力的批评》，1929 年 3 月 12 日，见中央档案馆、安徽省档案馆编：《安徽革命历史文件汇集》第 2 册，1987 年印，第 296、298 页。

④ 《中央给安徽各县委各特区委的指示信》，1929 年 5 月 24 日，中共安徽省委党史工作委员会：《安徽现代革命史资料长编》第 2 卷，安徽人民出版社 1991 年版，第 81—82 页。

中心县委组织演变情况如下：

1929 年 6 月 1 日，安庆中心县委成立，书记为赵凫。负责指导怀宁、桐城、潜山、太湖、望江、宿松、庐江、贵池等县委或区委的工作。10月，刘淠西接任书记。次年 9 月安庆中心县委和共青团、工会合组皖北特别行动委员会。11 月，又将其撤销，成立皖北特委（又称"安庆特委"），张照明为书记，隶属江南省委。

1929 年 6 月初，芜湖特支成立，书记宋警梦（士英）。它对外称芜湖中心县委，指导无为、巢县、含山、繁昌、南陵、宣城、旌德、广德等县委或区委的工作。次年 3 月，中央决定重建芜湖市委，委任史秀峰为书记。对外仍称中心县委，负责指导辖区党务工作。9 月，芜湖市委和共青团等合组为皖南特别行动委员会。11 月，又将其撤销，成立皖南特委（又称"芜湖特委"），王步文任书记，隶属江南省委。

1929 年 6 月初，阜阳中心县委在颖上成立，李乐天为书记。它负责指导阜阳、颖上、太和、凤台、亳县等县党务工作。12 月，中心县委机关迁到凤台。次年 6 月，又迁到阜阳。12 月，阜阳中心县委与河南新蔡等县党组织联合自行建立了豫皖边特委。1931 年 4 月，豫皖边特委撤销，成立皖北中心县委，归皖西北特委指导。

1929 年 10 月，六安中心县委成立，书记舒传贤。它负责指导霍山、霍邱、合肥、寿县、舒城、英山等县委或区委的工作。次年 3 月，六安中心县委改属鄂豫皖特委领导。

二、中共安徽省委的建立及安徽地方党组织的演变

1929 年 5 月第二届安徽省临委撤销后，安徽省党的组织一度没有省一级机构。这给安徽各地党组织的发展产生了一定的影响。据统计，到 1930 年初，安徽地方党组织仅有 14 个县委、2 个特区、4 个特支、136 个支部，党员 1200 人。仍"停留在旧的基础上，虽有不断的斗争，很少斗争中发展新的组织，吸收积极分子入党"；"几个重要城市如芜湖、大通、安庆等，经多次破坏，现在虽保存有组织，无新的发展。

产业工人入党的不多"。① 中央虽然对安徽各地开展了巡视，但巡视员停留时间较短，对安徽情况很难深入了解，且各地在工作中若遇到新的、突发的问题，往往不能及时解决。这时期，安徽党的工作主要由江南省委领导。

1931 年 1 月中旬，中共六届四中全会后，中共中央决定撤销管辖江苏、浙江、安徽 3 省的江南省委，将其改为江苏省委，并决定在安徽成立省委机构。1 月 31 日，中央召集王步文、方英（即方运炽）、舒传贤等 5 人开会，王明出席了这次会议。这次会议实际是安徽省委筹备会。会议认为："过去以一省来管理几省是不可能的，所以提议安徽成立省委，已得到中央的同意，具体问题由这个委员会负责。"②会议商定由王步文、霍锟镛（即何昆容）、张亚青、郭春华（即郭学云）担任省委常委，以王步文为书记。会议还商定在霍邱、霍山、六安、潜山、英山成立中心县委；把寿州、凤台、凤阳、舒城、颍上、阜阳等划归合肥中心县委领导；把太湖、宿松、望江、贵池、桐城、庐江、秋浦、东流等划归安庆中心县委领导；皖南各县由省委直接管理，以屯溪为中心，管辖歙县、休宁、黟县、祁门、旌德、石埭、太平。此后，中央决定由方英任省委书记。2 月 15 日，中共安徽省委在芜湖正式成立。会议决定在书记方英未到以前，由王步文任代书记兼宣传委员，霍锟镛任组织委员兼职工运动委员会书记，郭春华任军委书记，以王步文、霍锟镛、郭春华为省委常委。省委机关内设书记处、组织部、宣传部、秘书处、常委秘书处、交通处、文书处、印刷处、发行处，机关刊物为《安徽红旗》。省委还决定全省设 4 个中心县，其中红色区域以霍山为中心，白色区域以安庆、合肥、屯溪为中心。3 月，省委成立妇女运动委员会，张亦平任书记。3 月下旬，根据中央指示，省委及有关部门负责人进行调整，王步文为书记兼组织委员，厉冰心（即厉石青、何冰心）为秘书兼宣传委员，郭春华为军委书记兼职工运动委员会书记。对省委机关也进行压缩，仅

---

① 《安徽省组织统计表及其说明》，1930 年，见中央档案馆、安徽省档案馆编：《安徽革命历史文件汇集》第 2 册，1987 年印，第 383 页。

② 《安徽省委会议记录》，1931 年 1 月 31 日，见中央档案馆、安徽省档案馆编：《安徽革命历史文件汇集》第 2 册，1987 年印，第 385 页。

设秘书处、书记处、印刷处、交通处。

安徽省委成立后，为加强党的组织建设开展了一系列工作：在2月中旬撤销芜湖特委，成立芜湖市委，以省委常委郭春华兼书记。但1个多月后，省委发现"组织市委，增加了许多组织，结果增加了许多会议，把一切工作，多半停顿在会议上，省委没有办法直接到支部里去"①，便取消了市委组织机构，由省委常委郭春华直接管理所有支部，其他省委领导也参与支部工作。省委也撤销了安庆特委，成立安庆中心县委，派刘静波任书记，试图重建组织领导机构，但成效不大。省委还派组织员到广德、郎溪、宣城、繁昌等地巡视，以开辟皖南山区的工作。安徽省委成立之初，对皖西地区党的工作也进行指导，要求将皖西的特委、行委全部取消，成立合肥、霍山中心县委。② 但3月10日，中央决定在鄂豫皖苏维埃区域成立鄂豫皖中央分局、在皖西地区成立特委，皖西地区特委归鄂豫皖中央分局直接管辖。4月17日、5月12日，皖西北特委、鄂豫皖中央分局相继正式成立。此时，津浦路沿线各县仍归江苏省委管辖。安徽省委实际管辖的范围主要是江淮地区、沿江地区及皖南各县。

安徽省委成立后，通过了一系列决议案。如关于组织工作，要求从斗争中发展党的组织，从斗争中吸收工人和劳苦群众，"特别对于工人、雇农，只要他能认识反动派的罪恶，同情于本党或本党主张的，就可介绍入党"。③ 关于士兵运动，要求成立各级党部的军事运动指导机关，用小贩和挑夫队等方法有组织地接近士兵或组织投军运动；要发动士兵日常斗争，组织士兵委员会或各式各样的团体，如兄弟会、同乡会、俱乐部等；确定军运工作以安庆、芜湖、宣城为中心。关于共青团、工会、妇女工作，提出反帝运动是民主革命主要任务之一，与土地革命紧密相关，在今后，共产党、共青团、互济会、工人联合会及妇女联合会

---

① 《安徽省委关于整顿、发展组织等问题的报告》，1931年4月1日，见中央档案馆、安徽省档案馆编：《安徽革命历史文件汇集》第2册，1987年印，第456页。

② 《安徽省委关于皖西工作决议案》，1931年2月25日，见中央档案馆、安徽省档案馆编：《安徽革命历史文件汇集》第2册，1987年印，第408页。

③ 《安徽省委发展组织决议案》，1931年3月28日，见中央档案馆、安徽省档案馆编：《安徽革命历史文件汇集》第2册，1987年印，第438页。

等组织都应该动员各支部各分会组织各式各样的群众反帝团体。省委还通过了关于皖西工作、芜湖工作、安庆工作等决议案。

正当安徽省委有条不紊地开展工作时，省委机关突遭破坏。安庆共青团负责人高翔叛变投敌后，带领国民党军警抓捕省委巡视员张照明，张照明被捕后供出省委秘书厉冰心，厉冰心也随即叛变。此后他们3人合谋逮捕省委机关全体人员。4月6日，省委机关遭破坏，省委书记王步文、省委常委霍锟镛等11人被捕，不久被押送到安庆监狱。在安庆监禁期间，王步文冒着极大的危险，委托出狱的林凌生向中央报告安徽省委机关被破坏的经过，揭露了叛徒。中央获悉此情后，立即切断了同安徽交通站的联系，控制事态的恶化。5月31日，王步文、霍锟镛等在安庆英勇就义。

在安徽省委机关遭破坏的第二天，即4月7日，省委常委郭春华召集省委各部门负责人开会，决定组织代省委，维持省委正常工作。会议商定郭春华代理省委书记兼组织部长，史秀峰代理宣传部长，赵凫代理军委书记。会后，郭春华即赴上海向中央汇报安徽省委被破坏的情况。4月23日，代省委再派史秀峰到中央汇报，请求中央对安徽工作予以具体指导。但由于安徽省委机关内部宗派主义影响严重，存在不团结现象，特别是省委组织部秘书谢节之（即谢节三）带着与皖南互济会、芜湖工会联合会等部门的联名信赶赴上海，并在4月中旬几次给中央写信，认为代省委内部"取消派"分子占据了很重要的岗位，他们正"加紧的有计划的抓着全省组织路线"[1]，"安徽党非常的危基（机），整个党的生命在取消派手中"[2]。为此，中央没有认可安徽代省委，也没有派郭春华、史秀峰回安徽工作。到4月底，代省委的活动自行终止。

为解决安徽党内存在的问题，中央决定派邓小平到安徽省委所在地芜湖巡视。5月初，邓小平在谢节之陪同下到达芜湖。在芜湖工作期间，邓小平指导成立了安徽省临时工作委员会。它由武英（即吴英、

---

① 《谢节三等关于安徽取消派情况给中央的信》，1931年4月18日，见中央档案馆、安徽省档案馆编：《安徽革命历史文件汇集》第2册，1987年印，第466页。

② 《安徽省委组织部秘书谢节三给中央的报告》，1931年4月30日，见中央档案馆、安徽省档案馆编：《安徽革命历史文件汇集》第2册，1987年印，第474页。

武柏林)、刘震(即刘正)、谢节之等人组成,其中武英是皖南互济会书记,刘震是芜湖市工联秘书。[①] 邓小平是在严重的白色恐怖情况下到达芜湖的,在芜湖也仅待了一两天时间,因此他对安徽党组织有关负责人难以深察,对组成人员的安排也不可能广泛征求意见。根据中央的指示,省临时工作委员会的任务,就是在新省委成立之前,"代理省委工作并规定我们目前几点任务"[②]。但临时工作委员会实际从事的工作则是"主要对取消派的斗争",并"在反取消派斗争中要加紧反立三路线与右倾机会主义斗争"[③],即用宗派主义的方式对待代省委的几位同志及皖南县委书记联席会的同志,这样进一步加剧了安徽党组织内部思想的混乱和组织的分裂。

5月中旬成立的皖南县委书记联席会,是皖南的5位县委书记自发成立的组织。因为安全问题,邓小平巡视芜湖和成立安徽省临时工作委员会时,并未在党内通报。这几位书记怀疑新成立的省临时工作委员会是一个宗派主义小组织,便自行成立了联席会,并在各县建立自己的组织工作系统。他们推举黄格非任主席、周景明任秘书,并派任昌举到上海向中央报告工作。但任昌举未找到中央的联络点,没有与中央直接联系上。黄格非等自行成立党的组织,违背了党的组织原则,自然是错误的,但它是在情况不明、形势危急的情况下成立的,理应妥善处置。然而,此时在安徽已同时存在两个组织系统,并互相指认对方为"取消派"或"第二党组织",严重影响了党的工作。为此,6月初,中央撤销了安徽省临时工作委员会。因安徽省临时工作委员会实际管辖范围仅沿江江南地区,便决定恢复芜湖中心县委,直属中央领导。同时解散皖南县委书记联席会,并认为黄格非、周景明、任昌举等从事宗派活动,开除了他们的党籍。

6月上旬,芜湖中心县委恢复,张人亚任书记。此时归芜湖中心

① 武英、刘震后来叛变了革命。

② 《安徽省临时工作委员会给中央的报告》(皖字报告第二号),1931年5月23日,见中央档案馆、安徽省档案馆编:《安徽革命历史文件汇集》第2册,1987年印,第484页。

③ 《谢节三给中央的报告》,1931年7月20日,见中央档案馆、安徽省档案馆编:《安徽革命历史文件汇集》第2册,1987年印,第488—489页。

县委指导的有 34 个县,但有组织关系的只有 20 个县,其余 14 个县多半没有组织,只有党员个人。根据这个情况,中心县委将有组织关系的 20 个县划分为 4 个巡视区,其中芜湖区,包括芜湖、无为、巢县、含山、铜陵、繁昌、南陵等县,以芜湖和无为为工作中心;安庆区,包括怀宁、桐城(分新旧两个桐城)、庐江、潜山、太湖等县,以安庆为工作中心;屯溪区,包括太平、休宁、歙县、黟县等县,以休宁为工作中心;宣城区,包括宣城、广德、郎溪等县,以广德为工作中心。① 芜湖中心县委先后派刘震、金式城到徽州的休宁、祁门、歙县、黟县、太平、泾县及石台、秋浦等县巡视,并于 1931 年 11 月 10 日成立徽州工作委员会。还曾派人到广德指导皖南红军独立团及广德县委工作等。但对是否开除皖南县委书记联席会 3 个负责人的党籍争论不休。8 月,根据中央指示,芜湖中心县委改组,管昌宗接任书记。1932 年春,管昌宗被捕,中心县委活动暂时停止。此前,安庆的党组织已遭到破坏。这样,安徽沿江一带党组织的活动均陷入低潮,并逐渐停止。但皖南地区党的活动依然在开展。

这时期,安徽的地方党组织主要有:

皖北中心县委,又称寿县中心县委。1931 年 3 月 27 日在寿县成立,李乐天为书记。指导区域为凤台、霍邱、颍上、阜阳、太和、蒙城、涡阳和亳县。8 月,中央将皖北中心县委和皖西中心县委合并为皖西北中心县委,书记为吴伯孚。次年 7 月 10 日,又将其分为两个中心县委,恢复皖北中心县委,由中央直接指导,杨守先、宋德渊、吴文元(即张国诚)先后为书记。指导区域扩大到河南的固始、新蔡和息县。1934 年 8 月,中央再将其划为两个中心县委,其中寿县中心县委,指导颍上、凤台、涡阳、蒙城和亳县,仇西华为书记;皖豫中心县委,指导阜阳、太和及河南的新蔡、息县、沈丘、潢川,李大安为书记。

皖西中心县委,又称合肥中心县委。1931 年 3 月 23 日在合肥西乡成立,吴伯孚为书记。8 月,其与皖北中心县委合并为皖西北中心

---

① 《芜湖中心县委刘镜波、商惠来给中央的报告》,1931 年 7 月 23 日,见中央档案馆、安徽省档案馆编:《安徽革命历史文件汇集》第 3 册,1992 年印,第 226—227 页。

县委。次年7月，恢复合肥中心县委，由中央直接指导，程明远（即秦全）、陈良季、张士发先后任书记。指导区域为合肥、巢县、庐江、舒城等县。1934年10月，再与皖北中心县委合并，称皖西北中心县委，刘敏为书记。次年1月，又奉上海中央局的指示，改为皖西北特委，仍由刘敏任书记，一直坚持到抗战。

长淮特委。它是1930年11月由江南省委决定在蚌埠成立的，陈履真、朱务平先后为书记。指导区域为津浦铁路沿线的凤阳、定远、盱眙、泗县、五河、灵璧、怀远等县。次年3月之前，指导范围还包括凤台、寿县和阜阳县。1931年1月，江南省委撤销后，改由江苏省委领导。1932年8月30日，被国民党军警破坏。

徽州工委。它是1931年11月10日在芜湖中心县委指导下在秋浦成立的，储峻滨为书记。指导区域为秋浦、祁门、歙县、休宁、太平、石台、贵池、旌德、东流、黟县及江西的鄱阳、彭泽、浮梁等县。1932年春，芜湖中心县委遭破坏后，它与上级机关失去联系，遂与临近的赣东北省委发生横向联系，并向其报告工作。11月，赣东北省委被改组为闽浙赣省委。徽州工委即划归闽浙赣省委领导，改组为皖南特委。宁春发、李杰三先后任书记。1934年底，皖南特委遭破坏。此外，1934年4月13日，上海中央局批准成立皖南工委，其基层组织分布在青阳、太平、石台、泾县、南陵、铜陵等县的交界地区及芜湖码头。因与皖南特委的基层组织交叉，后来一部分归属皖南特委。1935年春，皖南工委活动终止。

宣城特委。1931年12月宣城县委与上级机关失去联系后，自行将县委改组为特委，辖宣城、宁国、泾县、旌德4县和郎溪、太平、贵池、青阳、铜陵等县一部分区乡组织。刘文龙、吕杏天、钟振光等为负责人。1932年春，宣城特委与徽州工委建立横向联系。次年1月，接受闽浙赣省委领导。1933年秋后停止活动。

皖西特委。1935年2月16日在潜山县成立，徐成基为书记。指导区域先为舒城、霍山、潜山、太湖交界处，后向周边地区逐渐扩大。1936年秋，被改为皖鄂边区特委，何耀榜为书记。管辖区域扩大到宿松、英山、罗田、蕲春、黄梅等县。其后一直坚持到抗战时期。

第二节　中共安徽地方组织领导的工农运动

一、安徽各地农民的武装暴动

自八七会议确定土地革命和武装反抗国民党反动派的总方针后，安徽省临委便把组织发动农民武装暴动作为中心工作，要求各地党组织加强领导、积极推动。早在 1927 年 9 月初，安徽省临委就指出："土地革命和建立农村中之农民政权为彻底的民权革命的唯一的保障，故各地党部应积极努力农运，并督促乡村中同志加倍努力去干！"①10月，省临委确定以六安为中心，以六安、霍山、英山、霍邱、寿县 5 县为第一暴动区域，要求"秘密组织工农武装"，"即刻发起零星暴动，在二三个月内发生大暴动"。② 此后又多次强调要组织、发动农民的武装暴动。还编写了《怎样暴动》、《农协与土地革命》、《苏维埃的意义》等小册子进行指导。邻近省份在安徽建立的党组织也积极推动农民武装暴动。此后，安徽各地农民武装暴动此起彼伏，有力地推动了全国土地革命高潮的来临。这些暴动主要有：

（一）阜阳四九暴动

阜阳四九暴动是在中共皖北特委领导下，由驻阜阳的国民革命军第十九军（高桂滋部）教导团、驻太和的第十军（杨虎城部）军校及阜阳地方党组织领导的农民赤卫队共同参加的一次武装暴动。

1927 年秋，国民革命军第二集团军杨虎城、高桂滋部先后移驻阜阳一带，这两支部队都有中共秘密组织。12 月初，中共河南省委派南汉宸到达皖北，向杨虎城、高桂滋两部党组织传达八七会议精神。这

① 《安徽省临委关于安徽三个月工作计划纲要》，1927 年 9 月 6 日，见中央档案馆、安徽省档案馆编：《安徽革命历史文件汇集》第 2 册，1987 年印，第 15 页。

② 《安徽省临委给长江局的报告》，1927 年 10 月 28 日，见中央档案馆、安徽省档案馆编：《安徽革命历史文件汇集》第 2 册，1987 年印，第 35 页。

时,冯玉祥已在其辖部和辖区内遣送共产党人离军和离境。受冯玉祥节制的杨虎城、高桂滋两部也不得不实行"清党"。白色恐怖笼罩阜阳城乡。阜阳一带还连年遭遇兵灾、战祸,灾荒非常严重,人民生活极为困苦,不少灾民自发地组织起来开展"抢粮"和"吃大户"的斗争。在这种情况下,1928 年 2 月 9 日,魏野畴(化名韦金)在太和主持召开了有 70 多名党员干部参加的紧急会议。会议提出武装反抗国民党,实行土地革命,决定将从军队中撤出的共产党员派往皖北农村开展农民运动,以举行"皖北土地革命大暴动"①;会议决定成立中共皖北临时特委,魏野畴任书记。会后,魏野畴分别向中共中央、安徽省临委和河南省委报告,要求上级派人加强皖北党的领导工作。到 3 月底,皖北特委组建、整顿了阜阳、太和、蒙城、霍邱、萧县和颍上等地党组织,并在亳县设分特委,拥有党员 1300 余人(包括第十九军和第十军内的中共党员)。还在阜阳周围发展农协会员 1 万余人,在阜阳县的行流集和插花集等地组建农民赤卫队,人数达到 2000 余人,并控制了十九军教导团 6 个连武装。

　　3 月 25 日,中共中央给皖北特委发来指示信,要求发展群众、发展党的组织、建立领导机关,认为"军事运动新政策的主要条件是党的新政策,是工农的武装暴动,建立苏维埃政权,实行土地革命"②,要求皖北特委接受安徽省临委的指导,并与河南省委保持密切联系。4 月 5 日,皖北特委在阜阳召开各县县委和第十九军党组织会议,决定将暴动日期定在 4 月底 5 月初。后因叛徒出卖,起义计划和党员名单泄露,党组织遭到严重破坏。4 月 7 日,皖北特委召开紧急会议,决定于 4 月 9 日凌晨发动起义,并成立以魏野畴为总指挥的皖北革命军事委员会。4 月 8 日晚上,中共行流区委和农协负责人李端甫率领农民赤卫队在阜阳行流集解除税警武装,缴获长短枪 19 支,组建 5 个农民赤卫大队,并剪断太和通往阜阳的电话线。9 日凌晨,天下着大雨,

① 《皖北特委给中央报告》,1928 年 2 月 21 日,见中央档案馆、安徽省档案馆编:《安徽革命历史文件汇集》第 4 册下卷,1987 年印,第 2 页。

② 《中央给皖北特委的指示信》,1928 年 3 月 25 日,见中共安徽省委党史工作委员会编:《安徽现代革命史资料长编》第 2 卷,安徽人民出版社 1991 年版,第 66 页。

留守阜阳城内的敢死队队长申明甫在棉被上浇煤油,欲发出起义信号。不料被敌发现,棉被没有点燃。申明甫便带40余人鸣枪向东门冲去。守卫阜阳东门的士兵乘机打开城门,迎来敢死队,准备迎接城外起义军进城。但遭到城内敌人的反扑,东门又被关闭。驻三里湾省立第三师范学校的高桂滋部教导三团的起义人员200余人,听到枪声后,在蔡乘波、杜聿德的带领下打死几个反动军官,然后冲出校门,向东门进攻。由于城里失去了内应,攻城不下,且天将放亮,他们便聚集到文峰塔下。魏野畴决定起义军分路撤离,其中魏野畴、蔡乘波等率领100多人绕城南郊向西南方向转移,杜聿德、申明甫分别带300余人沿颍河西岸向西北方向转移。此时,行流地区的农民赤卫队冒雨赶到阜阳城北郊,因看不到举火信号,便在黎明前退了回去。插花、马店、北苗集和城郊的农民协会也按计划带着大刀、长矛集合起来,因未见到信号,便没有行动。这样夺占阜阳城的计划未能成功。

4月9日上午,杜聿德、申明甫带领起义部队来到行流王官集,与农民赤卫队会师。这时聚集在王官集的农协会员和革命群众达2万余人。起义领导人派人设法与魏野畴联系,但未联系上。下午3时,他们召开祝捷大会,宣布成立皖北苏维埃政府和皖北工农红军。李端甫、李烈飞任苏维埃政府正、副主席,昌绍先、杜聿德任工农红军正、副指挥。到会群众高呼"打倒土豪劣绅"、"实行耕者有其田"、"实行男女平等"等口号。在激昂的口号声中,大会宣布立即开展皖北土地革命。会后,很多青年踊跃参加红军,红军很快扩充到1个团,赤卫队发展到近万人。苏维埃政府还在宋湾、界牌集、绍营等地斗争了20多户地主,取出长短枪60余支,没收200多块银元和一批大米、食盐、食糖、衣物等,并将其分给当地农民。

国民党政府和当地驻军展开了反扑。4月11日上午,高桂滋部留守司令王守义命令梁文铁教导团和所属骑兵及地方民团2000余人攻打王官集。皖北工农红军奋勇还击,激战三四个小时,虽给敌以重大杀伤,但寡不敌众,起义部队被打散,总指挥昌绍先命令当地同志疏散隐蔽,外地同志由杜聿德、苗勃然带领突围。突围部队经过太和县境前、后尚寨时,遭到太和县民团等反动武装截击。经激烈战斗,李端甫、李烈飞等突围脱险,昌绍先负伤牺牲,杜聿德、苗勃然等20余人被俘后牺牲。

魏野畴带领的起义军于4月9日下午转移到阜阳西南90里的老集。当天夜里被国民党第十二军任应岐收编的土匪谭万国部包围。不久,魏野畴被敌人诱捕,起义军被强行解除武装。当天深夜,乘看守松懈之机,魏野畴帮助同处一室的胡怀西逃走,以便向上级党组织汇报。胡问他自己怎么办,他说:"快走,不要管我。"胡含泪离开。敌人发觉后,非常恼怒,当夜便将魏野畴枪杀。起义队伍后被遣散。

中共阜阳县委书记乔锦卿、亳州分特委秘书长张励吾后也被敌人逮捕、枪杀。这次起义共有80余名共产党员和革命群众牺牲。

亳县、太和、颍上、蒙城、霍邱、宿县等地党组织为配合这次暴动,也做了积极准备。但由于阜阳暴动很快失败,这些策应计划大都未能实现。

阜阳暴动虽然失败了,但它打响了安徽人民武装反抗国民党反动派的第一枪,率先在安徽建立了红色革命政权——皖北苏维埃政府,并在黄淮平原上第一次建立了我党领导的工农红军——皖北工农红军。为此,1962年毛泽东主席在与孔从洲谈及这次起义时说:"这次暴动虽然失败了,但它点燃了皖北革命的烈火。"①

(二)郎溪农民暴动

郎溪农民暴动是在中共郎溪特支领导下,在江苏省宜兴县秋收暴动的影响下举行的。

1928年4月下旬,郎溪特支对陈文领导的地方武装进行整编,将其与部分农协会员合编为有500人枪的农民自卫团,陈文任团长,特支书记夏雨初任党代表,在毕桥一带秘密集结待命。同时成立暴动指挥部,夏雨初担任总指挥,并组成以程金鹿为首的工人突击队和建平公学宣传队,作为内应配合攻占郎溪县城。

① 孔从洲:《我随杨虎城将军到皖北》,见中共阜阳县委党史办公室编:《皖北阜阳四九起义》,安徽人民出版社1986年版,第67页。

5月8日晚10时许，农民自卫团从毕桥镇出发，9日拂晓前抵达郎溪县城。黎明时分对县城发起进攻，在工人突击队的配合下，两个多小时便攻占县城，县长和商团团长仓皇潜逃。第二天，暴动指挥部改为工农委员会，夏雨初担任执行主席。工农委员会发布了《告全县同胞书》，宣布不交租、不还债、不纳一切捐税，没收地主阶级土地归农民所有，还打开国民党县政府的积谷仓，将1000余担大米救济贫民，公审枪决两个民愤极大的劣绅。17日，国民党驻芜湖、宣城军队两个营包围了郎溪县城。国民党广德、溧阳县当局也派兵合围郎溪县城。农民自卫团奋力还击，打退了敌人的3次进攻，终因寡不敌众，孤城难守，便在掩护建平公学学生出城后，于19日夜突围，退往宣城水东山区坚持斗争。

尽管斗争遭受挫折，但郎溪党组织并不灰心，仍积极备战，请中央和安徽省临委帮助筹运枪支。5月，省临委发出指示："在郎溪这偏僻农业区域中，我们主要的工作是发动乡村农民群众的斗争，利用乡村一切大小冲突，领导群众起来反抗地主、债主、绅董、官厅等剥削与欺压。"①郎溪特支根据这一指示，转入秘密斗争。

9月，夏雨初前往上海向党组织汇报工作。同月，国民党第九军从浙江经广德到宣城，对在水东山区坚持游击的农民军进行了残酷"围剿"，农民军损失惨重，仅陈文率少数人突出重围。陈文后取道广德，经太湖前往上海。

郎溪暴动虽然失败了，但在当时影响较大，《新闻报》曾连续4天报道这次暴动，惊呼："皖南边境，近来匪势大肆猖獗，声势非常浩大"，"人心惶惶，不可终日"。②

（三）商南起义

商南起义是在中共商罗麻特别区委领导下，在河南省商城县南部地区（今安徽省金寨县）爆发的以民团起义为主与农民暴动相结合的

① 《安徽省临委关于发动工农群众组织暴动问题致郎溪同志的指示信》，1928年5月，见中央档案馆、安徽省档案馆编：《安徽革命历史文件汇集》第2册，1987年印，第143页。

② 《皖南股匪占据郎溪县城》，1928年5月15日《新闻报》，见中共宣城地委党史工作委员会编：《农民暴动》，安徽人民出版社1989年版，第84页。

武装起义。

1928 年 2 月，中共商城县委书记蒋镜青（即蒋明华）到商城南部和、乐两区，以拜年为名，在小河老鸹窝召开党员会议，传达八七会议精神和河南省委各项决定，提出举行武装暴动，建立苏维埃政权，实行土地革命。会上宣布成立商南区委（也称"南邑区委"），漆德琮任书记，周维炯任共青团商南区委书记。3 月，商城县委参与了南五县特委书记范易领导的商城、固始、潢川三县边界大荒坡起义，但该起义很快失败。4 月，商城县委又在商南召开扩大会议，决定在党组织基础较好的和、乐两区组织武装起义。5 月上旬，河南省委指示南五县特委发动商城城南乡的农民暴动，使"固始及光山南部打成一片，先实现商城、固始两县的割据。联络湖北、罗田暴动势力"①。自此，南五县特委就积极准备以商南为中心的武装起义。

商南区委在太平山穿石庙召开党员代表会议，讨论组织武装起义的具体事宜，决定择机起义。会后，商南区委派遣一批党员打入国民党保安队或民团，如漆德玮、吴承阁等到县保安队任中队长，周维炯到乐区民团任教练兼班长，赵瑞祥在和区民团任队长等。这些党员通过交朋友等形式，很快在民团中发展了 40 多名党员，控制了 100 多条枪。

1928 年豫东南地区大旱，广大农民生活非常困苦，与地主阶级的矛盾也极为尖锐。在此情况下，中共中央巡视员郭述申于 12 月下旬来到豫东南，传达中共六大会议精神。为响应中央号召，商南区委决定从日常经济斗争入手，在各地普遍开展抗租、抗债、抗税、抗捐和"均粮斗争"，为起义打下较好的群众基础。因为群众的支持，党组织发展较快，到 1929 年初，商城县已有党员 373 人，主要是在商南地区。

1929 年 3 月 13 日，中共豫东南特委和鄂东特委及红三十一师党委在光山县南竹园召开联席会议，研究鄂东与豫东南武装斗争互相配合及商南武装起义问题。会议决定由鄂东特委"负责发动商南游击战

---

① 《岳凌云、张芳云关于目前工作方针给中共中央的报告》，1928 年 5 月 10 日，见程汉林主编：《土地革命战争时期各地武装起义·安徽地区》，解放军出版社 2001 年版，第 108 页。

争"，并因商城县委遭到破坏，将商南党组织划归鄂东特委领导。鄂东特委"遂把商南、罗田北部、麻城东部划为特别区，由特委直接指挥"①，并决定成立商（城）罗（田）麻（城）特别区委，徐子清任书记。

商南革命力量的发展，使当地反动势力非常惊恐，便大肆搜捕中共党员。在此危急形势下，5月2日，中共商罗麻特委在太平山穿石庙召开紧急会议，决定将原定于中秋节的起义提前到立夏节，即5月6日。会议成立了起义指挥部，徐子清、肖方为暴动总指挥。

5月6日晚，民团开始起义。其时，周维炯利用当地庆迎立夏节的传统，以丁家埠民团教练和值星班长的身份，布置打扫卫生，借机将枪支弹药集中起来。又安排中共党员田继美故意违规，罚其站岗。在晚上大摆宴席时，周维炯等党员乘机把民团团丁们灌得烂醉。然后，周维炯宣布起义，将民团的枪支全部缴获。丁家埠民团30多名团丁，除一人要求回家外，其余全部参加起义队伍。当夜，周维炯又组织起义团丁包围汤家汇民团团总杨晋阶住宅，缴枪10多支，并处决一位住在他家的县"清乡局"委员。与此同时，肖方、华尔忠、廖家堂等8人，化装成挑夫，赶到老盐店，抓住在此收租的杨晋阶和几名团丁。毛月波带领农民武装10多人，歼灭斑竹园民团，缴枪10支。集结于太平山的一支30多人的农民武装攻打吴家店西北侧竹叶庵的民团，团丁17人起义、15人被俘，缴枪17支。徐其虚带领一支30多人的起义队伍，攻打驻白沙河福禄庵的卢银冰民团，俘敌20多人，缴枪11支。李梯云组织农民武装50多人，解决沙堰徐王庙民团，缴枪6支。詹谷堂在南溪火神庙集中200余名农协会员和明强小学、模范小学师生宣布起义，成立农民委员会。可以说，一夜之间，商南一带民团除少数逃往罗田、麻城外，其余均起义或投降。

5月7日，商南和、乐两区农民公开挂出农民协会牌子，宣布一切权力归农会。5月9日，各路起义队伍汇集斑竹园，召开大会，在公审处决大官僚、地主罗维楚后，宣布成立中国工农红军第三十二师，周维

---

① 《鄂东北特委给中央的报告》，1929年5月7日，见中央档案馆等编：《鄂豫皖苏区革命历史文件汇集》第5册，1985年印，第34页。

炯为师长,漆德玮为副师长,徐子清为党代表,徐其虚为师委书记兼参谋长,李梯云为政治部主任。下辖第九十七、第九十八团和特务营、炸弹队。全师共 200 多人。

红三十二师成立后,商罗麻特委立即开展创建革命根据地的斗争。5 月 10 日,在南溪黄鹤湾建立商城县临时办事处,作为临时革命政府,徐其虚任主任。5 月 16 日,红三十二师击溃商城保安大队和亲区民团的进攻,缴枪 48 支。之后向皖西挺进,先后击败六安、霍山等地民团。收编 140 多名投诚士兵,将其编为第一〇〇团。全师发展到 300 多人。红三十二师所到之处,开展打土豪分财产的斗争,帮助组织农民协会和农民武装。1 个多月后,农民赤卫队就发展到四五千人。

对此,国民党当局开展了"清剿"活动。8 月 10 日,国民党军第十三师第三十九旅在民团配合下向红三十二师发起进攻。16 日,第五十六师又进占南溪。为此,商城县委决定将红三十二师主力转移到光山县。随后,国民党军侵占商南地区,詹谷堂等 500 余名党员和革命群众牺牲。

9 月 25 日,红三十二师乘豫东南国民党军西犯之际,返回商南地区,先后捣毁 18 个联保办事处。很多青年踊跃参军,全师很快发展到 500 多人。10 月初,商城县工农革命委员会在南溪成立,廖炳国任主席。几天之内,商城县南部各区、乡、村普遍建立苏维埃政权,初步形成一块以吴家店、斑竹园、南溪为中心,纵横近百里的豫东南革命根据地。12 月 25 日,红三十二师攻克商城县城,毙俘敌 300 多人,并将商城县工农革命委员会迁入县城,改称赤城县苏维埃政府。

(四)六霍起义

六霍起义是发生在以六安、霍山两县为中心,以农民暴动为主体,结合民团兵变的武装起义,包括独山、西镇、桃源河等一系列武装起义。它是继黄麻、商南起义后,鄂豫皖边区爆发的又一次大规模的武装起义。

早在 1927 年 10 月,中共安徽省临委就把以六安为中心的 5 县划为第一暴动区,并成立以周范文为书记的皖中特别委员会,领导暴动。

1928年1月下旬，中共中央巡视员尹宽来到六安，召开六安、霍山、霍邱三县党的活动分子会议，决定撤销皖中特委，将六安、霍山、霍邱三县党组织合并，成立以王逸常为书记的六霍县委（又称"六安县委"），继续准备武装起义。此后，六霍地区普遍开展抗租、抗债、抗捐、抗税、抗夫的斗争，并通过农民协会组建秘密武装。六霍县委还利用矛盾，分化瓦解皖西大刀会和土匪；并乘国民党扩充地方武装之际，选派一批共产党员打进民团，如六安县的毛正初、王退之、李野樵、郭仲西、袁皋甫，霍山县的刘淠西、朱体仁、胡祥仁等被派到民团任队长，逐渐掌握了一批民团。六霍县委在积极准备暴动的同时，不断加强自身建设。到1928年底，建立了8个区委、26个支部，有党员347人。次年1月，六霍县委被撤销，分别成立了六安县委和霍山县委，邹克其（即邹同初）、舒传贤分别任书记。

1929年5月，六霍地区相继爆发霍山诸佛庵民团暴动、六安武陟山农民暴动、六安南庄畈六保联络自卫团（民团）暴动，为六霍地区大规模武装暴动打下了基础。为了统一领导六安、霍山的武装斗争，霍山县委书记舒传贤以省委巡视员名义，组建六霍军事委员会，自任书记，并组建了特务队。8月5日，中共中央巡视员方英在六霍交界的豪猪岭召开六安及邻县县委代表会议，确定发动秋收武装起义，组建工农红军，建立苏维埃政权，创建皖西革命根据地。10月初，方英又在六安郝家集召开六安、霍山、霍邱、寿县、英山、合肥6县党的代表会议，宣布成立以舒传贤为书记的六安中心县委，领导上述6县工作。会议决定11月15日在六安独山举行起义。

但11月7日晚，携带有六安农协会员名册的何寿全等3人被独山自卫团逮捕，形势危急。舒传贤决定提前举行起义。8日下午，数千名农协会员包围独山自卫团魏祝三部驻地马氏祠，激战一个多小时，毙敌4人。民团在纵火烧房后趁乱逃走，起义群众占领独山。

9日，六安中心县委要求六安县各区和邻近各县立即举行武装起义，援助独山起义。西河口、龙门冲、郝家集等地农民迅速揭竿而起。12日上午，六安中心县委在独山镇举行2万余人的群众大会，庆贺起义成功，宣布成立六安县三区工农革命委员会，设政治、参谋、财政、总指挥等部。鲍益三（即朱雅清）任总指挥,方英任党代表。总指挥部组建了70余人的游击队,并从农协会员中挑选2300人组成农民赤卫队。17日下午,总指挥鲍益三及党代表方英率游击队和赤卫队2300余人分3路围攻麻埠,因组织指挥不力与缺乏军事斗争经验,未能攻克。次日,再次攻打麻埠,仍然未果。21日,国民党独一旅驻霍山、六安的两个团分别增援麻埠和独山,游击队被迫撤出战斗。

中共六安六区区委也在11月16日领导了古碑冲、南庄畈、七邻湾一带的农民起义,并以区游击队为主力击溃了汪东阁民团,缴枪40余支。

为进一步扩大起义范围,六安中心县委书记舒传贤、霍山县委书记喻石泉等来到燕子河部署西镇地区起义。11月19日,200多人的农民武装在红三十二师一部支援下,先后攻克闻家店、燕子河、长山冲、漫水河等村镇,仅漫水河一地就俘敌自卫团官兵70余人。西镇起义获得全胜。红三十二师在回师丁家埠时,又在途中攻打3个保安团。起义范围迅速扩大到深沟铺、黄栗杪、上土市、杨家河、包家河、高山铺、太平畈等地,方圆百里都被农民武装占领。起义军遂在西镇地区建立西镇革命委员会和军事指挥部,徐育三任总指挥,所属游击队有300多人。

此后,六安中心县委又发动桃源河起义。12月16日,徐育三率西镇游击队100余人到达桃源河,协助当地农民举行暴动,建立340多人的赤卫队。邻近的石家河、西石门、新店河、黑石渡等地农民也相继举行起义。

12月20日,霍邱县白塔畈农民举行暴动。他们打开几个地主圩子,缴获50多支枪,组建游击队。徐集民团、江店民团也相继起义,并成立了六安四区游击队和四区革命委员会,开辟了以王桥子为中心的游击区。

六霍起义爆发后,国民党统治集团感到震惊,遂于12月中旬组织陈耀汉的独立第一旅和地方武装近千人向起义区域进攻。他们大肆捕杀革命群众,仅独山一地被杀害的就有200多人,六安中心县委组织部长吴干才、军事委员会主任朱体仁和三区区委书记许希蒙等被捕

牺牲。

为应对新的形势,1930年1月6日,六安中心县委在六安县横旦岗九里冲召开全体委员会议。会议讨论了军事组织原则,决定将六安、霍山暴动游击队集中整编为主力红军,调合肥徐百川(即张开泰)来负责军事。接着又召开常委会,决定将独山起义武装整编为安徽红军第一游击队,冯晓山任纵队长;西镇起义武装整编为安徽红军第二游击队,徐育三任纵队长。20日,两支红军游击队集中到霍山县流波礏正式改编为中国工农红军第十一军三十三师,徐百川任师长,张健民任政治部主任。下辖第一〇六团和第一〇七团。全师200多人。

六安中心县委还收编土匪权广义部千余人,将其改编为第三十五师。苏区形势恶化后,这支未及时改造的土匪武装又投敌了。

红三十三师成立后,在六安中心县委的领导下,开展了一些革命斗争。如1930年1月30日(农历正月初一),在霍山县2300多名赤卫队员的配合下,解放霍山县城,释放被囚群众50余人。2月中旬,在红三十二师的协助下,击溃六安县麻埠守敌300余人,并相继围歼独山自卫团,击败据守流波礏的英山自卫团,收复独山、麻埠一带红色区域。4月6日,在潜山工农革命军协同下攻打英山,并于8日打下县城。4月12日,在红三十二师和潜山工农革命军的配合下,再次夺占霍山县城,并成立霍山县苏维埃政府。此后又乘胜东进,配合东北一区暴动农民将六安自卫团围歼。至此,霍山县全县赤化。

4月份,六安县毛坦厂、南官亭、东河口、凤凰台等地举行南山暴动,在全县建立了二、三、四、六、七区苏维埃政府的基础上,成立了六安县工农革命委员会。六安、霍山两地红色区域基本连成一片。

六安中心县委领导的六霍起义的胜利,使皖西革命斗争迈入工农武装割据新阶段,为皖西革命根据地的形成和发展奠定了坚实的基础,而皖西革命根据地,又是鄂豫皖革命根据地的重要组成部分。由六霍起义武装所组建的红三十三师也是鄂豫皖边区工农红军的三大主力之一。

(五)请水寨暴动

请水寨暴动是1930年2月在中共潜山县委领导下,在潜山县后北乡天堂地区(今属岳西县)爆发的一次农民暴动。

大革命失败后,潜山县党组织积极发动农民群众开展抗租、抗息、抗抬高谷价的斗争。六霍暴动成功后,安庆中心县委于1929年12月3日要求潜山县委"加紧潜山的工作"①。同月,潜山县委在梅城召开县委扩大会议,决定以距离县城较远而农运基础较好的第六区(即后北乡天堂地区)为中心,划潜山二区、三区和五区各一半为暴动区域,择机举行暴动,王效亭任暴动总指挥。12月20日,潜山县委书记储醉醒突遭国民党逮捕。为应付这一突发事件,潜山县委决定将一部分农民协会会员组编成3个游击大队;总指挥王效亭在汤池召开衙前中心区委会议,布置各区委积极准备武器弹药,并派程鹏等到霍山燕子河与六霍暴动总指挥舒传贤联系,争取他们支持。与此同时,安徽省临委和安庆中心县委先后派黄埔军校毕业生金赤(原名张云飞)、凌霄和有制造枪支技术的操球等到后北乡,协助王效亭工作。省临委还指示英山县委和六霍县委加强同潜山县委的联系,支援潜山县委的武装暴动。12月底,王效亭又联系舒城县临委,希望他们同时暴动,以策应潜山,使潜、霍、舒、英边界连成一片。

其时,潜山地区因旱虫灾严重,粮食减产很大,群众生活极其困难,但一些土豪劣绅仍不断抬高粮价,激发了群众的反抗情绪。1930年1月3日,在年关将近时,响肠区委派人镇压了组织团防的方廷献。其后,又处决了方廷献的亲戚、企图报复的陈晓初父子。1月29日,即农历腊月三十日,潜山县县长崔树龙派20余名县自卫队员,到响肠、无愁地区,逮捕了3位农协会员。响肠、无愁党组织闻讯后,一面组织人员追击营救,一面报告王效亭。在追击无果的情况下,王效亭召开紧急会议,决定提前举行暴动,要求各区立即组织农协会员,取出埋藏的枪支弹药,3日内到请水寨集中。

自1月31日起,已经暴露身份的党员和农协会员,开始三三两两地隐蔽进入响肠西冲黄毛窝大佛殿一带深山老林。到2月2日,集中

---

① 《安庆中心县委给潜山县委的信》,1929年12月3日,见中央档案馆、安徽省档案馆编:《安徽革命历史文件汇集》第3册,1992年印,第606页。

到请水寨的农协会员已达 80 余人。来自响肠、湖响、无愁、浒槽、天堂等地的群众千余人，扮成拜年客，也来到请水寨。2 月 4 日，王效亭等赶至请水寨，宣布正式暴动。他们将游击队和一部分农协会员整编为中国工农红军潜山独立师，王效亭（化名洪朗光）为师长，陈履谦为党代表，严宽（即凌霄）为参谋长，金赤为教练长。全师 100 余人，有钢枪 16 支、土枪百余条，下辖 3 个大队，隶属中国工农红军第十一军。潜山独立师成立后不久，陈履谦、胡绍瑷便率部攻打五庙，消灭五庙民团，缴获钢枪 5 支，首战告捷。

国民党安徽省政府对请水寨暴动大为震惊，急令潜山县县长崔树龙前往天堂"进剿"。红军获悉后，决定先发制敌。2 月 11 日，独立师、后备队、扁担队等 700 余人，分 3 路前往水吼岭迎敌。经 3 天激战，打败崔树龙率领的 300 余人的民团武装，迫使他们逃回梅城。此战，共毙敌 6 人，缴枪 2 支。

3 月 6 日，崔树龙再次率领县自卫队、区队暨省保安队千余人，采取"正面佯攻、暗抄后路"的战术，兵分 3 路，向请水寨进攻。面对强敌，王效亭决定率潜山红军独立师主动撤离请水寨，向霍山方向转移。后在闻家店与六霍方面的红三十三师、三十二师会合，休整两个星期后改名为潜山工农革命军。

4 月 6 日，潜山工农革命军与红三十三师合攻英山，8 日占领英山县城。此后，红军回师闻家店。红三十三师、三十二师与潜山工农革命军领导人在此召开军事会议，决定 3 师合作，先打霍山，后攻潜山，扩大皖西革命根据地。4 月 12 日，3 支红军攻下霍山后，挥师南下，攻打潜山守敌，回师衙前。在响肠稍事休整后，又击溃水吼岭守敌。潜山工农革命军回师潜山后，再改番号为中国工农革命军第十二军第三十四师。王效亭为师长，陈履谦为师政委，严宽为副师长兼参谋长，苏明为政治部主任。全师下辖 3 个正规团，另外有补充团、教导大队、特务营，有千余人，有长枪 90 支、短枪数十支、土枪 500 余支。

5 月 3 日，在中共潜山县委领导下，潜山县革命委员会在衙前金家大屋正式成立。各地代表千余人参加大会。潜山县革命委员会主席为卫赤（原名王焰才），副主席为朱霞（原名王子成）、秘书长为陈九，下设军事赤卫、财政经济、裁判肃反、粮食、文化教育、土地革命、青年、妇女等8个委员会，以及劳动工作团、总务处、红色互济会和红十字会、警备队、特别营等组织。

潜山县革命委员会成立后，立即着手建立区乡政权，发展地方武装。它协助当地党组织，建立汤池、响肠等16个区农会及40个乡农会。农会会员有10114人，赤卫队员有9424人。为维护治安，县革命委员会开办了军事训练班，每期训练五六十人，时间一个月，学员是从红军中抽调的有文化的战士，共训练了100余人。为解决军需，县革命委员会积极筹措经费，如没收族姓公堂、庵堂、寺庙、地方公所及土豪劣绅的稻谷钱财；保护中小商人，通过他们运进布匹、食盐、药品及其他日用品。还大张旗鼓地宣传新文化、新思想，改革旧教育。

在红三十四师的影响下，周边地区，如原属霍山管辖的头陀河、黄尾河、胡家河，属舒城管辖的沈桥、晓天的人民也纷纷举行武装起义，建立红色苏区，这样六霍苏区与天堂革命根据地连成一片。

6月上旬，中共中央派军事特派员朱瑞由安庆进入天堂苏区视察。朱瑞对红三十四师的军事工作予以充分肯定，将其改为中国工农红军中央独立第二师，由中央直接指挥。王效亭为师长兼政治委员、储余为师党委书记、舒赤民（徐勋）为政治部主任、严宽为副师长，师以下所辖仍旧，有战士700人，长枪90余支、手枪数十支、土枪数百支。红军领导下的游击队和赤卫队合计约2000人。

其时，中共中央正处于李立三"左"倾冒险主义统治时期，不切实际地提出"会师武汉、饮马长江"的军事战略。为执行这个战略，王效亭等人制订了"先打潜山，后打安庆，截断长江"的冒险军事计划。6月17日，王效亭率独立二师1300余人，加上赤卫队、扁担队、童子团共2000余人，兵分3路攻打梅城。次日中午发起总攻，但由于兵力悬殊、准备仓促，攻城失败，二团团长金赤牺牲，副团长兼政委程鹏受伤，严重挫伤了红军指战员的锐气。

7月22日，国民党安徽省政府调派独立第十五旅罗士奇团、省保安队、潜太舒桐怀霍六县联防团及地方民团等6000余人，分3路向天堂地区发起进攻。红军奋起反击，与敌激战10余天，终因力量悬殊、

弹药缺乏,被迫撤退。王效亭率部再度转移到霍山。为补充兵力,县革命委员会所属工作人员、各区乡农会负责人和赤卫队均编入独立第二师。这时,随部转移的还有部分红军家属和避难群众,共约3000余人。在行动不便、粮饷无着的情况下,王效亭在包家河召开红军和随军群众大会,动员随军群众有亲投亲、有友靠友。这样,一部分人投靠亲友,一部分人到江西、湖北、皖南等地谋生。

此后,独立第二师在霍山燕子河、闻家店一带与红三十二、三十三师会合,先后在流波䃥、诸佛庵、落儿岭、金家寨、新开岭、黑石渡等地与国民党军发生激战,但损失惨重、元气大伤。此时,正值夏荒,部队粮饷短缺,弹药也难补充,加上连续作战不利,战士思乡情绪迅速蔓延。为此,9月4日,王效亭又率部回师衙前。在仓促与敌接战后,全师溃败。至此,请水寨暴动宣告失败。

请水寨暴动是发生在安徽省省会附近的一次具有较大规模、长达7个月的农民暴动,在当时影响较大。暴动后形成的天堂革命根据地是一个以天堂为中心,方圆1500平方公里,拥有15万人口的革命根据地。所建立的潜山县革命委员会是鄂豫皖革命根据地最早建立的17个县级政权之一,并成为鄂豫皖革命根据地重要的东南屏障。请水寨暴动还掀起了安庆地区农民暴动的高潮,此后,安庆地区的农民起义此起彼伏,如高河区委领导的高河暴动,桐城县委领导的鲁谼山暴动、欧家岭武装起义,宿松发生的九月暴动等。[①]

（六）其他农民暴动

这一时期,安徽各地发生了许多农民暴动。限于篇幅,不再详细介绍。现根据中共安徽省委党史工作委员会统计、整理的《第二次国内革命时期安徽农民暴动情况统计表》与安徽省军区政治部组织编写的《武装起义一览表》,参考有关资料制成下表,由此基本上可以了解土地革命战争时期安徽各地农民武装暴动情况。

---

① 中共安庆市委党史研究室:《中国共产党安庆地方史》上卷,中共党史出版社2001年版,第161页。

表9-1　土地革命战争时期安徽各地农民武装起义情况统计表①

起义名称	起义时间	起义地点	主要领导人	起义规模
桐城汤沟自卫团起义	1927年10月	桐城东乡汤沟（今属枞阳县）	章逐明、赵耀华	30余人
梅城起义	1927年12月7日	潜山梅城	王步文、余大化、王效亭	1000多人
南陵谢家坝起义	1927年12月31日	南陵谢家坝	俞昌准	2000余人
阜阳四九起义	1928年4月9日	阜阳城及阜阳行流、插花、王人等地	魏野畴、李端甫、李烈飞	上万人
郎溪起义	1928年5月9日	郎溪毕桥、县城	夏雨初、陈文	500多人
商南起义	1929年5月6日（立夏节）	河南商城南部以丁家埠为中心（现属金寨县境）	周维炯、詹谷堂、徐其虚、徐子清	数千人
霍山诸佛庵民团起义	1929年5月初	霍山诸佛庵	刘淠西、朱体仁	50多人
六安武陟山起义	1929年5月17日	六安武陟山	姚中海、王绍周、周天庆	2000余人
六安六保自卫团起义	1929年5月19日	六安南庄畈（今属金寨县）	桂伯炎、袁继安、袁皋甫	30多人
六安流波䃲起义	1929年5月21日	六安流波䃲地区（今属金寨县）	吴江	60余人
霍山包家河起义	1929年9月	霍山县包家河地区（今属岳西县）	王仕斌、汪洋回	300余人
六霍起义	1929年11月8日	六安、霍山的独山镇、西镇、桃源河等地	方英、舒传贤、周狷之、朱体仁、吴干才、徐育三	数千人
霍邱白塔畈起义	1929年12月20日	霍邱白塔畈（今属金寨县）	潘荣初	300余人

①　中共安徽省委党史工作委员会编：《第二次国内革命时期安徽农民暴动情况统计表》，见《安徽党史通讯》1986年第7期；程汉林主编：《土地革命战争时期各地武装起义·安徽地区》，解放军出版社2001年版，第667—677页；中共安徽省委党史工作委员会编：《中共安徽党史大事记（1919—1949）》，安徽人民出版社1992年版。

（续表）

起义名称	起义时间	起义地点	主要领导人	起义规模
六安徐集民团起义	1929 年 12 月 25 日	六安徐集	周猬之、毛正初	300 余人
六安江店民团起义	1929 年 12 月 25 日	六安江店	李野樵	20 余人
霍邱尧冲起义	1930 年 1 月 24 日	霍邱尧冲	蔡简、陈鲁言	数百人
请水寨起义	1930 年 2 月 4 日	潜山县后北乡天堂地区（今属岳西县）	王效亭、陈履谦、严宽	近千人
乌龙庙士兵起义	1930 年 2 月 16 日	霍邱乌龙庙	胡保初、张健白、王志堂	130 余人
杜家北楼起义	1930 年 2 月 28 日	霍邱杜家北楼	杜红光、司仲超	1000 多人
舞旗河起义	1930 年 2 月 28 日	霍山舞旗河	程玉清、江茂林、解宗涛	几十人
潜山五庙八斗起义	1930 年 3 月 7 日	潜山五庙、八斗	胡绍元	300 多人
汪家冲起义	1930 年 3 月 9 日	霍山汪家冲	方小五、张文卫	100 多人
广德起义	1930 年 3 月	广德花鼓塘附近地区	邓国安、王金林	近千人
霍山头陀河起义	1930 年 4 月 2 日	霍山县头陀河（今属岳西县）	胡祥仁	300 多人
霍山东北乡起义	1930 年 4 月 7 日	霍山县东北乡	舒传贤	4 万余人
太湖大石岭起义	1930 年 4 月 14 日	太湖大石岭	甘信元、陈大虎、殷幼堂	2000 多人
黄尾河起义	1930 年 4 月 18 日	霍山黄尾河地区（今属岳西县）	蔡世钊、蔡荣周	300 余人
霍邱河口起义	1930 年 4 月 20 日	霍邱河口集	杜红光、蔡简	1200 多人
怀宁高河埠起义	1930 年 4 月 29 日	怀宁高河埠	操球、操文职	1600 多人
潜山黄柏起义	1930 年 5 月	潜山黄柏	金在荣	560 余人
潜山梅寨起义	1930 年 5 月	潜山梅寨	梅竹松、梅魁北、李凤吾	300 余人

起义名称	起义时间	起义地点	主要领导人	起义规模
庐江罗家嘴起义	1930 年 6 月 6 日	庐江罗家嘴	陈雪吾、章逐明	80 多人
宿县胡楼起义	1930 年 6 月 12 日	宿县胡楼（今属淮北市）	李英、陈钦盘	150 多人
桐城鲁銤山起义	1930 年 7 月初	桐城鲁銤山	吴克正、王定华、黄少庭	150 多人
宿县东三铺水池铺起义	1930 年 7 月 7 日	宿县东三铺、水池铺	冷其英、赵龙云、沈连成、陈凤三	70 多人
萧县黄口起义	1930 年 7 月 10 日	萧县黄口（今属宿州市）	李祥龄、张圣和、纵翰民	2000 多人
泗县石梁河起义	1930 年 7 月 30 日	泗县石梁河	何凤池、魏正斌、丁超武	400 多人
桐城欧家岭起义	1930 年 8 月	桐城欧家岭	陈雪吾	2000 多人
宿松起义	1930 年 9 月 26 日	宿松西源	祝尔昌、吴贵兴	1000 余人
凤台白塘庙起义	1930 年 11 月 7 日	凤台白塘庙	吕少培	1500 多人
夹沟芦村起义	1930 年 11 月 21 日	宿县夹沟、芦村	何凤池、徐明古	400 多人
宣城庙埠起义	1930 年 12 月 10 日	宣城庙埠	张宅中、胡兴奎	500 多人
无为六洲起义	1930 年 12 月	无为六洲	张恺帆、胡德荣、刘静波	200 余人
六安城关士兵起义	1931 年 2 月 15 日	六安城关	魏孟贤、蔡凤玉、李继武	数百人
张集起义	1931 年 2 月 16 日	霍邱张集	张正雨	100 多人
霍邱白塔畈起义	1931 年 2 月	霍邱白塔畈	任怀俊、潘荣初	数百人
寿县瓦埠起义	1931 年 3 月 30 日	寿县瓦埠	方英、曹鼎、方和平	3400 余人
六安河西起义	1931 年 5 月 2 日	六安淠河以西地区	毛正初	500 余人
定远吴圩起义	1931 年 8 月 20 日	定远吴圩	朱阶平、戴国兴、刘朝富	近千人
阜阳长官店起义	1931 年 9 月 26 日	阜阳长官店（今属临泉县）	张蕴华、曹国勋	2500 余人

第九章 土地革命战争时期中国共产党领导下的安徽革命斗争

（续表）

起义名称	起义时间	起义地点	主要领导人	起义规模
凤台黄家坝起义	1931年11月3日	凤台黄家坝（今属颍上县）	唐志远、黄子贞、曹鼎、李英	500多人
六安清水河起义	1932年4月2日	六安市金安区清水河	李守成、杨先周、汪子贵	数百人
合肥双河集起义	1932年4月7日	合肥北乡双河集	崔筱斋、李星三	1700多人
太和起义	1932年4月19日	太和县城关	胡鸣九、傅鲁	2100余人
六安有牛岗起义	1932年4月25日	六安有牛岗	汪孝芝、张俊之	2000多人
宿县顺河集起义	1932年5月8日	宿县顺河集、梅山	王效白、孙叔平、戴晓东	1万多人
颍上三十铺起义	1932年6月27日	颍上三十铺	黄伯安、詹定远、吴子才	2000余人
萧县张庄寨起义	1932年7月12日	萧县张庄寨	朱大同	30多人
凤阳亮岗暴动	1932年7月31日	凤阳亮岗	刘小平、赵连轩	300多人
灵璧大山起义	1932年8月23日	灵璧大山集	顾均、戴文生、徐洪启	150多人
临泉桃花店起义	1933年6月19日	临泉桃花店	崔华楼、张兰芝	1000多人
黟县际村起义	1934年8月2日	黟县际村	余纪一、宁月生	300余人
柯村起义	1934年8月21日	黟县柯村	刘毓标、韩锦侯、宁春生、方再兴	3200多人
太平杜家村起义	1934年12月21日	太平杜家村（今属黄山市黄山区）	曹祥麟、宁坤山	近百人
贵池郑家村起义	1935年1月29日	贵池郑家村	夏金良、闻宗周	2000余人
金竹起义	1935年8月13日	歙（县）淳（安）边界金竹地区	李春海、方中正、张爵一	400余人
高山中秋起义	1935年9月12日	以东至高山地区为中心的贵池、秋浦、东流交界处	欧阳斌、张士其	1800多人

二、安徽各地工人的反抗斗争

（一）安徽白区工人运动

1927年蒋介石在安庆、芜湖制造三二三反革命事件、四一八反革命事件后，国民党左派和中国共产党领导的安徽省总工会筹备处及全省各地工会组织相继被捣毁，工会负责人被逮捕，工人运动陷入低潮。与此同时，国民党右派相继成立安徽省总工会和安庆、芜湖、蚌埠、五河等市、县总工会。八七会议后，安徽省临委制定《关于安徽三个月工作计划纲要》，决定恢复与发展工人运动，努力发展工人支部；提出"工会应当是工人的组织、群众的组织。一般的工会机关，亦应由工人群众自己选举出来"；要求把工人运动作为"本党之基本工作，应以整个党来指挥这种工作"。《纲要》还制订全省工人运动计划，准备在3个月内"用全力注意芜湖、安庆、大通、荻港等处工人运动，尤宜先将芜湖、安庆之产业工人、交通工人（车夫、搬运夫等）及电灯、电话、邮政等工人及荻港等处之矿工秘密组织起来"[①]。

中共中央在接到安徽省临委的工作计划后，于9月19日致函安徽省临委，对安徽党的工作进行指导。在工人运动方面，中央指出："我们固然要宣传工人反对伪总工会，但同时就要加紧领导工人实行经济斗争，要求加工资减时间，工资发现洋，反对开除工人等等。只有经济斗争才能使工人增进阶级觉悟和斗争情绪，才能使工人明了伪工会是欺骗工人的，而我们党是为他们利益而斗争的。"中央认为，在安徽现阶段，要争取工会的公开自由难以做到，因此，"目前安徽工人运动，不是要力争公开工会，而是要严密并扩大秘密工会的组织，以秘密工会为中心，引导工人斗争"。[②]

安徽省临委遵照中央指示精神，加强了对工人运动的领导。先决定由省临委书记柯庆施兼任职工运动委员会书记，后改由省临委常委

---

① 《安徽省临委关于安徽三个月工作计划纲要》，1927年9月6日，见中央档案馆、安徽省档案馆编：《安徽革命历史文件汇集》第2册，1987年印，第13、14页。

② 《中央致安徽省临委函》，1927年9月19日，见中共安徽省委党史工作委员会编：《安徽现代革命史资料长编》第2卷，安徽人民出版社1991年版，第14页。

王心臬负责宣传兼工人运动工作。10 月 25 日，省临委按照长江局的要求和本省客观实际，对工运工作作进一步安排，决定加强芜湖、安庆秘密工会的组织，派人到荻港做工运，发展经济斗争，同时要"防止三十七、六军西山会议派及一切反动派利用工人"①。但由于安徽产业工人较少，工人运动基础比较薄弱，党组织领导工人运动经验缺乏，因此，"我们所组织的工人和能够影响的有组织工人非常之少"，到 1928 年 10 月，也仅 800 余人，并且未经过斗争，组织也很散漫。② 但随着中共地下组织的恢复和建立，芜湖、滁县、宿县、六安、霍邱、庐江、安庆、桐城、潜山、贵池、枞阳、合肥、凤阳、蚌埠、寿县、宣城等地，陆续建立了一些赤色工会组织，开展公开或秘密的斗争。在此基础上，于 1929 年 4 月 21 日，召开了全省职工代表大会。这次大会选举产生了安徽省临时总工会，决定了全省工运工作计划。这样，全省各地工人运动逐渐展开。

在芜湖，1927 年 8 月，中共安徽省临委由武汉秘密迁回芜湖后，立即组织发动芜湖的工人运动，先后恢复和建立裕中纱厂、大昌火柴厂、益新面粉厂、人力车夫等 11 个秘密工会。其中接受中共领导的有 2 个工会，其余 9 个工会，中共"也有相当的影响"③。10 月，在此基础上成立芜湖工会联合总会。此后，它多次领导工人开展斗争，如领导大昌火柴厂工人要求增加工资、益新面粉厂工人反对资方辞退工人、太古公司趸船海员和堆栈理货工人反对封建把头、丝业和烟业店员要求加薪等罢工斗争，都取得胜利或部分胜利。正当芜湖工人运动逐渐开展之际，国民党逮捕了省济难会主任王绍虞、大昌火柴厂工会主席宋筱恒等 30 余骨干分子，芜湖工会联合总会被迫陷于停顿。1928 年 5 月 1 日，在中共领导下，芜湖的人力车夫，机织、缝纫业工人、店员及大昌火柴厂、裕中纱厂、火电厂的工人代表等联合召开芜湖工人代表会。

① 《安徽省临委给长江局的报告》，1927 年 10 月 28 日，见中央档案馆、安徽省档案馆编：《安徽革命历史文件汇集》第 2 册，1987 年印，第 34—35 页。

② 《安徽省临委关于安徽的政治、经济、工运和党内情况给中央的报告》，1928 年 10 月，见中央档案馆、安徽省档案馆编：《安徽革命历史文件汇集》第 2 册，1987 年印，第 198—199 页。

③ 《安徽省临委关于党务工作概况给中央的报告》，1927 年 10 月，见中央档案馆、安徽省档案馆编：《安徽革命历史文件汇集》第 2 册，1987 年印，第 48 页。

该组织成立后,曾为复工运动和反对国民党御用工会做过一些宣传工作。到 10 月,就未再开展活动。1930 年 6 月 11 日,芜湖又成立工会联合会。8 月 2 日,全国总工会派霍昆镛到芜湖工作,后又要求很快建立芜湖总工会和安徽省总工会。遵照全总的指示,11 月,芜湖工会联合会召开第一次代表会,选举涂竹涛为主任、霍昆镛为党团书记。1931 年 1 月和 4 月,涂竹涛、霍昆镛先后被捕,工会联合会又陷于停顿,各企业工会也在无形中瓦解。6 月,中共芜湖中心县委再次恢复芜湖工会联合会,管志民为主席,商惠来为党团书记。此后试图发展各企业工会组织,但成效不大。1931 年九一八事变的消息传到芜湖后,中共芜湖临时中心县委于 9 月 22 日召开会议,提出"要积极起来到下层群众中去鼓动宣传,组织群众,发动反帝国主义的斗争"①。23 日,芜湖百货公司店员工人召开抗日救国大会,声讨日本帝国主义发动九一八事变。10 月 10 日,在芜湖各界抗日救国联合会的组织与推动下,芜湖工人、学生、商人和市民万余人在芜湖体育场召开各界人民抗日救国大会,呼吁全国人民团结起来,反抗日本侵略者,要求国民党政府立即出兵抗日。芜湖工人和学生共同成立日货调查部,查出日货,立即封存,定期集中,当众销毁。芜湖工人还与学生、商人组织各界抗日救国军,天天操练习武,准备直接对日作战。1935 年一二·九运动发生后,芜湖各业工人又同芜湖中等以上学校学生救国联合会一起发表宣言,再次要求国民党政府立即出兵抗日,取缔冀东汉奸组织和伪政府。直到 1936 年仍以各种宣传形式,开展抗日救亡运动。

在安庆,1927 年 10 月中共组建了秘密工会联合会。1928 年 3 月,在操球领导下建立了安庆赤色工会。为加强党对工人运动的领导,1929 年 2 月,中共怀宁县委在机坊工人和纸坊工人中分别建立党的支部;5 月,又建立街道工人支部。7 月,在黄包车工会的领导下,1800 多名黄包车工人为撤销闸门、取消公路牌照举行请愿,并捣毁汽

---

① 《芜湖临时中心县委第四次全体会议记录》,1931 年 9 月 22 日,见中央档案馆、安徽省档案馆编:《安徽革命历史文件汇集》第 3 册,1992 年印,第 270 页。

车站,省建设厅被迫接受工人提出的要求。这年下半年至 1930 年 1 月,安庆理发工人、厨业工人、汽车工人、修路工人、纸坊工人先后发动要求增加工资的斗争,其中厨业工人数百人举行了罢工;黄包车工人还发动反对兵车夫役和牌照捐、车租的斗争。1930 年 2 月,安庆成立互济会,并发展了筑路工人、车夫工人等 5 个分会,积极从事援助、救济被难同志及其家属的工作。因安庆市市政处把持民食维持会,不供应车夫工人大米,4 月 24 日,市互济会领导万余工人、贫民掀起抢米风潮。至次日,全城所有米店均被抢,市政处及处长寓所亦被捣毁,全城一片混乱。为扩大抢米斗争,安庆党、团组织一起组成行动委员会,提出"反对军阀斗争"、"打倒制造米荒的国民党"、"要饭吃、要土地、要工作"的口号,动员全体同志深入工人群众中。受此影响,29 日,高河埠也发生 1000 多人的抢米斗争。5 月 1 日,安庆市互济会又与安庆市自由运动大同盟等 7 团体联合组织五一纪念活动。参加这个活动的 40 多人,在龙门口散发传单,号召过往群众参加游行示威。为更好地组织工人运动,10 月 23 日,安庆中心县委制定《安庆职工运动草案》;11 月,又成立职工运动委员会。九一八事变发生后,安庆工人阶级积极开展反对帝国主义的斗争,先后恢复和成立反日会、抗日救国会、反帝大同盟、义勇军后援会等抗日群众团体。1935 年一二·九运动发生后,安庆各界工人与各校学生、各界群众一起于 12 月 23 日举行声势浩大的游行示威,要求停止内战,一致对外。28 日,怀宁邮务工会、国医工会等 7 团体致电国民党政府,要求"讯电各地方政府,对于爱国运动,加意保护,以振民气,而维国脉"①。

在宿县,1928 年 2 月成立宿县总工会,下辖搬运、黄包车等 14 业工会,会员 1000 多人。该会会长孔效三是中共党员,公开身份为宿县国民党临时县党部农工部干事。宿县总工会虽然以国民党总工会的面目出现,但实际受中共领导。它先后发动工人开展向警察局抗捐、抗税和反对封建把头坐地抽成、不劳而获的斗争,并取得胜利。1928

---

① 1935 年 12 月 29 日《安庆晚报》,见杨文友主编:《中国工会运动史料全书·安徽卷》,安徽大学出版社 1998 年版,第 135 页。

年底和 1929 年春,中共宿县县委和宿县总工会遭到国民党破坏,一些工会骨干被捕,孔效三被迫离开。宿县的工运活动趋于低潮。1930年 5 月 29 日,宿县县委又决定成立宿县工会筹备会,准备以纪念五卅运动为名,把各业工会恢复起来。不久,由于李立三"左"倾错误的指导,中共各级组织均改为行动委员会,工会组织的恢复工作即停顿下来。7 月,宿县行动委员会书记赵云龙被捕牺牲,宿县工人运动再陷低潮,工会组织未再恢复。

安徽其他地方也相继成立工会组织,开展工人运动。如 1927 年 8 月,在中共六安特别区委员会的领导下,成立六安县总工会,并领导工人举行反对物价上涨、要求增加工资的罢工斗争,10 月被解散。1927年 11 月,滁县共青团支部根据中共南京市委的要求成立有 100 多人参加的滁县店员工会和有 20 多人参加的骡行工会,次年 6 月停止活动。1928 年 5 月,庐江县总工会成立,下设店员、理发、木业、茶酒、水泥、铁业、商业等工会。1929 年桐城县建立木业、理发业等 5 个工会,有会员 106 人。1930 年 6 月 3 日,霍邱县建立赤色工会。1930 年秋,巢县建立了店员工会和皮匠工会,1933 年 10 月又建立手工业工会。1931 年 1 月,贵池县建立木匠工会。1932 年,合肥县建立赤色职工会。1932 年 9 月,寿县在淮南西矿建立了矿工工会,在正阳关建立正阳关工会。1933 年 9 月,蚌埠建立 7 个赤色工会小组。1933 年,凤阳县建立百人赤色工会。1934 年 10 月,宣城县建立红军成衣业工会等。[①]

但直到抗战前,安徽白区工人运动发展不够快,且屡遭挫折。如在第一次"左"倾路线的错误指导下,省临委曾计划"领导群众力争工会之公开,实行工人结社、集会、言论、罢工的自由的政治争斗"[②]。中央发现后立即予以纠正,认为在当时的形势下,实无可能,应当加紧领导工人实行经济斗争。1930 年 6 月以后,在"左"倾路线的错误指导下,安徽工人运动又陷入盲动境地。如芜湖市组织赤色五一行动委员

① 安徽省地方志编纂委员会编:《安徽省志·群众团体志》,方志出版社 1999 年版,第 26—27 页。
② 《安徽省临委关于安徽三个月工作计划纲要》,1927 年 9 月 6 日,见中央档案馆、安徽省档案馆编:《安徽革命历史文件汇集》第 2 册,1987 年印,第 14 页。

会,制定《红色五月行动纲领》,提出"我们纪念'五一',是要公开号召群众上马路示威"①,要求组织反对裕中纱厂的黄色工会、实行关车吃饭、反对滥罚工资、提前分红的斗争,结果没有一个群众到集合地点。5月9日,在裕中纱厂门口举行飞行集会时,"不但学生同志到的太迟,连头天晚上交给裕中团员的宣传品,都被带起走了。除了党团公职支部把'五一'、'五三'、'五四'、'五五'、'五九'印出的宣传品,秘密的散发张贴外,丝毫没有表示了"②。安庆中心县委也组织各区飞行集会。5月29日晚上,安庆一中、东南互济会会员10余人在第一乐园集会。30日晚,20多人在龙门口、三牌楼、四牌楼等处集会,散发传单和标语。1932年5月,中共长淮特委在蚌埠组织飞行集会。29日晚,全市党团员和革命群众一起把大街小巷、娱乐场所都贴上标语和传单。次日,一些人又到西游艺场,在演戏正热闹时,突然升起红旗,高呼口号,散发传单,并宣讲红军的伟大胜利。搞飞行集会,对宣传革命思想有一定作用,但实际效果并不大,往往因暴露革命力量造成严重后果。如长淮特委在飞行集会不久就遭到国民党当局破坏。

在此期间,国民党组织与控制的工会有较大的发展。据国民政府实业部劳工司1932年的调查,我们可知,仅安庆就有报业工会、瓦业工会、面业工会、成衣业工会、理发业工会等20个工会,有会员6076人。蚌埠则有五行业工会、面粉业工会、码头业工会、窑业工会、盐粮行业工会、航业工会、转运业职工会、建筑业工会等31个工会,有会员25030人。③

（二）安徽境内革命根据地的工人运动

抗战前在皖西革命根据地,中共也建立了工会组织,开展工人运

---

① 《芜湖赤色"五一"行动委员会红色五月行动纲领》,1930年5月1日,见中央档案馆、安徽省档案馆编:《安徽革命历史文件汇集》第3册,1992年印,第349页。

② 《芜湖市委关于第一次扩大会议情况给中央的报告》,1930年5月24日,见中央档案馆、安徽省档案馆编:《安徽革命历史文件汇集》第3册,1992年印,第105—106页。

③ 国民政府实业部劳动年鉴编纂委员会编:《二十一年中国劳动年鉴》第2编,神州国光社1933年版,第32—34页,见刘明逵、唐玉良主编:《中国近代工人阶级和工人运动》第9册,中共中央党校出版社2001年版,第361—362页。

动。在六安,1930 年 4 月,在独山举行的六安县工人代表会议选举成立六安县工会。县工会下设组织、宣传、武装、生产、文化、青年各部,有会员 2000 多人。8 月,遵照中央有关文件的规定,党、团、工会组织合并。10 月,工会组织恢复。次年 5 月,县工会改为县总工会。在霍山,1930 年 4 月,在霍山县城成立苦力工会。8 月,因党、团、工会组织合并,苦力工会停止活动。次年 5 月,在诸佛庵成立霍山县总工会。在霍邱,1931 年 4 月召开的霍邱县工人代表会议选举产生霍邱县总工会,有工会会员 500 多人,另有雇农工会会员 400 多人。次年 5 月,全县建立 7 个区工会,有会员 2000 多人,雇农工会会员 5000 多人。在商城,1929 年 6 月成立商城县总工会。1931 年 1 月重建后,下辖 8 个区工会、115 个分会,有会员 2352 人。①

1931 年 5 月 30 日,皖西北特区总工会在六安金家寨成立,袁成林任委员长。特区总工会下设宣传、组织、青工和工纠部,领导六安、霍山、霍邱、商城 4 个苏区县总工会。下设区工会 23 个、支工会 139 个,有工会会员 12570 人、工会纠察队员 650 人。特区总工会确定今后 3 个月的工作有 5 项内容:一是整理组织。提出要尽量吸收贫农、手工业者加入工会,加强工人在农村中的领导作用,特区总工会要加强对各县总工会的领导。二是扩大组织。除在苏区普遍发展工会组织外,还要在非苏区建立各县组织。三是教育工作。特区总工会和各县要开设短期训练班,各县要组织宣传队。四是扩大与加强红军。宣传、鼓动身体强健的工人或失业工人自动参加红军,扩大并整理工人武装组织。五是斗争问题。② 此后,随着皖西革命根据地的扩大,又成立了新的苏区县总工会,其中 1931 年 8 月成立了广济县赤色工会和英(红)山县总工会,11 月成立了英(山)罗(田)边区工会,次年 3 月在霍山县燕子河成立了五星县总工会。这些苏区县工会都属于皖西北特区总工会领导。③ 1931 年 12 月,皖西北特区改称道区,皖西北特区

① 安徽省地方志编纂委员会编:《安徽省志·群众团体志》,方志出版社 1999 年版,第 28 页。
② 《中共皖西北特委报告之八——总工会工作报告》,1931 年 6 月,见杨文友主编:《中国工会运动史料全书·安徽卷》,安徽大学出版社 1998 年版,第 59—61 页。
③ 杨文友主编:《中国工会运动史料全书·安徽卷》,安徽大学出版社 1998 年版,第 74 页。

总工会也改称皖西北道总工会。次年 10 月，皖西北苏区大部被国民党军队占领，道总工会撤销，上述各苏区县工会也随之撤销。

皖西北特区总工会及其所属各县总工会在存在的一年多时间里，在党的领导下发挥过一些积极作用，如帮助把土地分配给农民，动员很多工人加入红军，在物质上大力支持红军，为增加工资和八小时工作制进行斗争等。但也存在一些问题，如"不注意发动和领导工人群众日常的经济的斗争、征调工作及物质上帮助红军工作，有些地方不是站在自愿的原则下面而是命令和强迫"；不敢发动增加工资的斗争，甚至提出减少工资，担心破坏与工农的联盟；会员的工会生活不健全等。①

此外，1930 年 2 月，中共潜山县委领导请水寨暴动成功后，于 5 月成立潜山县工会。县工会和县革命委员会组建了修械所和被服厂，生产武器、弹药，制造军服。9 月，暴动失败，县工会亦解散。该工会组织规模较小，开展的活动不多，影响也较小。

第三节　皖西革命根据地的建立与发展

一、皖西革命根据地的形成与发展

皖西革命根据地是在六霍起义的基础上建立起来的。其中 1930 年 3 月下旬中共六安中心县委在六安六区七邻湾召开的六安、霍山、霍邱、寿县、英山、合肥 6 县县委和红三十三师党委联席会议，对皖西革命根据地的形成起了重要的推动作用。这次会议在全面总结过去斗争经验的基础上，提出推进 6 县革命高潮的总任务，即："扩大反军阀斗争、反封建势力的斗争"，"推翻豪绅地主买办资本家的统治，建

---

① 《鄂豫皖特区总工会扩大会议决议案——关于目前形势与工会的基本任务》，1931 年 12 月 8 日，见中央档案馆等编：《鄂豫皖苏区革命历史文件汇集》第 3 册，1985 年印，第 197—198 页。

立工农兵代表会议(苏维埃)政权","加紧领导群众的日常斗争,且更进一步汇合各种斗争,深入到土地革命的武装暴动","加强领导游击战争,扩大苏维埃区域与红军"①等,即把武装斗争、土地革命与根据地建设结合起来。为实现上述总任务,这次会议具体提出了党在组织、工运、农运、游击战争与红军、兵运、青运、妇运方面的任务。还向中央建议成立皖西北特委,管辖地区增加潜山、舒城、凤台、阜阳、颖上等邻近县,而在特委成立前,先扩大中心县委的权力,以便直接指导工作。②

七邻湾会议之后,皖西地区农民武装起义成燎原之势,红色区域迅速扩大,六安、霍山、霍邱、英山、潜山等县都燃起了革命的烈火。各地苏维埃政权纷纷建立,仅4月份就相继成立霍山县苏维埃政府、六安县工农革命委员会、英(山)霍(山)边区苏维埃政府。5月3日,潜山县革命委员会又成立。至此,在皖西地区形成了东抵淠河,西接商南,南至金家铺、水吼岭,北起白塔畈、丁家集,纵200余里,横100余里,人口40余万的皖西革命根据地。

皖西革命根据地是鄂豫皖革命根据地的重要组成部分。早在1930年2月25日,中共中央就根据鄂东、豫东南和皖西已创建苏维埃区域的状况,决定成立鄂豫皖边特委,统一领导鄂豫皖三省边区的革命斗争。3月17日,中央决定郭述申为鄂豫皖边特委书记。次日,中央又决定将红三十一师、三十二师、三十三师合编为中国工农红军第一军,统一指挥作战。5月,红一军正式成立,许继慎任军长,曹大骏任政治委员,徐向前任副军长,并成立了以曹大骏为书记的红一军前敌委员会,红三十一师、三十二师、三十三师依次改编为红一军一师、二师、三师和独立旅。6月下旬,在河南光山县召开的鄂豫皖苏区第一次工农兵代表大会又选举产生鄂豫皖特区苏维埃政府,甘元景为主席。至此,统一的以大别山为中心的鄂豫皖革命根据地开始形成。

正当皖西革命根据地蓬勃发展之时,李立三的"左"倾错误开始

---

① 《六霍六县联席会议政治任务决议案》,1930年4月1日,见中央档案馆、安徽省档案馆编:《安徽革命历史文件汇集》第4册上卷,1988年印,第50页。

② 《六安县委关于六县联席会议情况给中央的报告》,1930年4月13日,见中央档案馆等编:《鄂豫皖苏区革命历史文件汇集》第4册,1985年印,第129页。

对之产生影响。当时李立三主张发动"以武汉为中心的全国总暴动"。长江局总行动委员会要鄂豫皖边区的红军迅速发动武汉周围的地方起义。7月初，六安中心县委在豪猪岭召开六安、霍山两县党的联席会议，讨论中央和鄂豫皖边特委的决议，成立六霍暴动总指挥部，制订六霍暴动总计划，强调凡有党员的地方都要举行起义。7月16—18日，六安中心县委又召集六安、霍山、英山、霍邱4县联席会议，具体落实总暴动计划。而此时，主力红军第一军正西征平汉路，执行李立三提出的攻占武汉的军事计划，原分散在皖西各地县、区游击队和赤卫队也已集中开赴白区活动，皖西苏区武装力量十分薄弱，国民党军队乘机进犯。8月下旬，国民党军新编第五旅会同六安、霍山县自卫团及红枪会组织，共5000余人，大举向皖西苏区进攻。六安中心县委指挥六霍赤卫师和刚组建的红军独立第一师等地方武装，奋力抵抗，苦战月余，终因兵力太弱，不得不带领赤卫队及避难群众万余人转移到商南。国民党军队占领皖西苏区后，大肆屠杀，被杀害的群众有近两万人、革命干部有500多人，舒家庙、团墩、郝家集、新店河、西河口、大化坪、漫水河、独山、闻家店、燕子河、七邻湾、金家寨等根据地中心区域几乎成了无人区，那里"男女三分被他们杀了，十分之三逃的逃，投红军的也有"，"霍山东北区、六安三区十几里路，没有人烟，十家只有三家有人，就是有人亦不全了"①。

面对"左"倾错误造成的严重后果，六安中心县委在实际工作中逐渐认识到"左"的危害，并逐渐改正。8月下旬，实际停止了盲目的武装起义，并撤销六霍暴动总指挥部。9月，舒传贤到上海向中央反映李立三"左"倾错误给革命事业造成的严重损失。该月下旬，中央召开六届三中全会，结束了李立三"左"倾冒险主义在中央的领导。这样，皖西革命根据地又迎来新的生机。10月18日，中央指示鄂豫皖边特委，要统一各苏区的党政领导，统一整编红军，深入土地革命，巩固根据地的发展，建设苏维埃政权，这为进一步纠正"左"倾错误提供

---

① 《舒传贤关于六安中心县委工作情况给中央的报告》，1930年12月10日，见中央档案馆等编：《鄂豫皖苏区革命历史文件汇集》第4册，1985年印，第237页。

了政策依据。

转移到商南的六安中心县委也一直希望收复皖西。早在10月初，就会同中共商城行动委员会和红一军独立旅党委召开联席会议进行研究。会议决定由舒传贤带领六安赤卫队打回皖西。红一军也积极支持收回皖西的行动，指派肖方率补充营东进，与中央独立第一、第二师和军属独立旅合编为红一军第三师，由肖方任师长。为统一领导皖西苏区的斗争，11月下旬，红一军前委和六安中心县委还会商成立了六英霍行动委员会。

这年冬，国民党发动了对鄂豫皖革命根据地的第一次"围剿"。蒋介石亲自在武汉主持召开了湘鄂赣三省"绥靖"会议，决定将其交由武汉行营主任何成浚负责，并专门设立了以李鸣钟为主任的鄂豫皖三省边区"绥靖"督办公署。在形势危急之时，中共中央特派员曾中生主持召开鄂豫皖特委、红一军前委和鄂豫边各县县委负责人紧急会议，传达六届三中全会精神，讨论部署反"围剿"斗争。会议决定取消行动委员会，成立以曾中生为书记的鄂豫皖临时特委和以曾中生为主席的鄂豫皖革命军事委员会。会后，鄂豫皖临时特委组织地方红军分3路抗击国民党军"围剿"，红一军第一、第二师也迅即东进，并在商南与第三师会合。

12月14日，红一军突袭进占金家寨的国民党军队，全歼范熙绩第四十六师1个营及民团千余人，缴获长短枪1300多支、迫击炮2门。初战告捷后，红军又乘势东进，先后攻占麻埠、独山、苏家埠、韩摆渡，然后兵分两路包围六安县城，但未能得手，便以第一师威逼霍山，第二师进攻霍邱叶家集。国民党军见霍山形势危急，急令1个师3个旅从三面合围。红一军决定在运动中消灭敌军。12月30日，红一军在东西香火岭以5个团主力歼灭敌3个团、击溃敌3个团，毙、俘敌达3000余人，缴获长短枪1700余支。此役成为打破国民党军第一次"围剿"的关键。其后，六霍苏区开始恢复。红一军主力进而转战豫南、鄂东，与红十五军相互配合，消灭众多国民党军，收复被占领的苏维埃区域，从而取得第一次反"围剿"斗争的胜利。

为统一鄂豫皖地区党政军领导体制，根据中央决定，1931年1月

中旬，红一军和红十五军在麻城福田河合编为中国工农红军第四军，邝继勋为军长，余笃三为政委，徐向前为参谋长，曹大骏为政治部主任。下辖第十师、第十一师和独立团。全军共 12500 人，由鄂豫皖特委直接领导。

鄂豫皖特委对皖西地区党政军机构也进行了调整。1 月 20 日，鄂豫皖特委派余笃三在金家寨召开六安中心县委、皖西苏区各县委负责人、红一军前委和红十五军前委负责人联席会议。会议决定撤销六安中心县委，成立以姜镜堂为书记的鄂豫皖特委皖西分特委，指导六安、霍山、合肥、英山、霍邱、寿县、舒城、桐城、潜山 9 个县委。因商城苏区与其上级机关交通不畅，也暂由其指导。会议还决定成立鄂豫皖特区苏维埃政府东方办事处，代行皖西苏维埃政府职能，余道江等为执行常委；成立鄂豫皖特区革命军事委员会皖西分会，以姜镜堂、曾泽民为正副主席。4 月 18 日，皖西分特委召开扩大会议。会议根据中共中央的决定，撤销皖西分特委，成立以方英为书记的皖西北特委，隶属鄂豫皖中央分局。皖西北特委除直接指导六安、霍山、潜山、霍邱和河南商城苏区县外，还指导皖西北苏区临近的两个中心县委即皖北（寿县）中心县委和皖西（合肥）中心县委所辖的 15 个县，以及河南的息县、固始、新蔡 3 县。5 月 1 日，又召开皖西北特区工农兵代表大会，成立皖西北苏维埃政府，吴宝才当选为主席，戴季伦被任命为苏维埃政府党团（组）书记。5 月 5 日，皖西军分会改组，成立鄂豫皖特区革命军事委员会、皖西北革命军事委员会，王平章任主席。随着皖西根据地党政军组织机构的调整，党的建设有了较快的发展。到 1931 年 6 月，皖西苏区的党员已达 4956 人，党支部有 293 个，非苏区的党员也有 3800 多人。苏区面积进一步扩大，东西约 400 里，南北 300 余里，其中六安县苏区面积占全县面积的一半，霍山县苏区、霍邱县苏区、商城县苏区面积各占全县面积的 4/5，固始县也成立了革命委员会，有 3 个区在筹建苏维埃政权。

但国民党决不会坐视皖西及鄂豫皖革命根据地的发展。3 月中旬，蒋介石又开始部署第二次"围剿"，围攻的兵力增加到 11 个师，约 13 万人。4 月上旬，国民党"围剿"部队 7 个团越过淠河，在夺占独山、诸佛庵和麻埠后,向皖西北苏区指挥中心所在地金家寨进犯。对此,鄂豫皖特委一方面将活动于皖西的中央教导第二师改编为红四军第十二师,并从霍邱南部开回中心苏区;一方面令红四军军部率红十师第二十九团、红十一师从商南新区东进,打击深入皖西之敌,再回师鄂豫边,对"围剿"之敌各个击破。4 月 25 日,红十一师及红十师第二十九团对独山发起猛攻,红十二师在麻埠外围阻击敌援军,地方武装也积极配合。经过 4 个小时激战,歼灭驻独山国民党军第五十七师 1 个团又 1 个营,约 2000 余人,缴枪 1200 余支,取得了独山战斗的胜利。麻埠、诸佛庵守敌闻讯后,立即逃回霍山县城。皖西之危遂解。随后,红四军军部留第十二师驻守皖西,再率第十师、第十一师西进鄂豫边区。在鄂豫皖特委的领导下,经过 1 个多月的战斗,红四军再次粉碎国民党军的"围剿"。此役国民党军损失 6000 余人,而红军主力则由 3 个师扩大到 4 个师,兵力达到 2 万余人,地方武装包括游击队、独立团、赤卫队等达 10 万余人。

就在鄂豫皖革命根据地第二次反"围剿"正在进行之时,中共中央政治局常委张国焘被中央任命为鄂豫皖中央分局书记。1931 年 4 月 11 日,张国焘、陈昌浩到达鄂东。5 月 12 日,鄂豫皖中央分局正式成立,张国焘、沈泽民、陈昌浩任常委。同时成立鄂豫皖革命军事委员会,张国焘兼任主席,曾中生、邝继勋任副主席。陈昌浩兼任少共(共青团)鄂豫皖中央分局书记。鄂豫皖特委随即撤销。6 月末,鄂豫皖中央分局扩大会议又增补周纯全、高敬亭、王平章、郭述申为分局常委,并成立以蔡申熙为主席的分局监察委员会。在鄂豫皖革命根据地未与江西中央苏区打通前,"中央分局完全直隶于中央政治局,其职权系代表中央而高于省委,中央分局之下视区域的宽广与需要,可以设省委或特区委,再下为各地方党部"①。7 月 1 日,鄂豫皖区召开第二次苏维埃代表大会,选举高敬亭为新一届苏维埃政府主席,王平章为行使政府职能的人民委员会委员长。

---

① 《鄂豫皖中央分局通知第一号——遵照中央政治局决议成立鄂豫皖中央分局》,1931 年 5 月 16 日,见中央档案馆等编:《鄂豫皖苏区革命历史文件汇集》第 1 册,1985 年印,第 1 页。

同年 5 月,中央决定成立鄂豫皖省委,指定沈泽民为书记。6 月,鄂豫皖临时省委成立。1932 年 1 月召开的鄂豫皖省第一次党的代表会议选举产生了新的鄂豫皖省委,沈泽民再次当选为书记,高敬亭、周纯全、成仿吾、郑位三等 7 人为常委。自此,鄂豫皖苏区政权建设迅速展开。

1931 年秋,国民党政府又准备对鄂豫皖革命根据地发动第三次"围剿"。蒋介石在 9 月间曾亲赴武汉予以部署,调集的兵力有 15 个师,约 25 万人。但由于很快爆发九一八事变,全国掀起抗日的热潮,国民党不敢逆潮流而动,便对根据地"围而不剿",第三次"围剿"实际上并未实施。

为反抗日军侵略,鄂豫皖中央分局和皖西北特委号召广大群众加入红军,保卫苏区。当时皖西北苏区掀起了一股参军热潮,六安、霍山、霍邱、商城 4 县都新建和扩建了独立团,使皖西北苏区拥有 5 个赤卫师、15 个赤卫团、3 个赤卫营。在地方武装和群众武装迅速发展后,主力红军也有了新的发展。1931 年 10 月,在六安麻埠成立红二十五军,邝继勋任军长,王平章任政治委员。红二十五军主要活动在皖西北。11 月 7 日,红二十五军和红四军在黄安今红安七里坪合编为中国工农红军第四方面军,红四军军部改为红四方面军指挥部,徐向前任总指挥,陈昌浩任政委。红四军辖第十师、第十一师、第十二师,红二十五军辖第七十三师,兵力合计近 3 万人。

红四方面军成立后,先于 11 月 11 日发起黄安战役,又于次年 1 月 19 日发起商(城)潢(川)战役。3 月 20 日,在皖西地区发起了苏家埠战役。此役历时 48 天,歼灭国民党军 3 万余人,其中俘虏 1.8 万余人,包括皖西"剿共"总指挥厉式鼎、5 个旅长、12 个团长,缴获步枪 1.5 万余支、机枪 250 挺、迫击炮 40 门、电台 5 部,还击毁 1 架飞机。苏家埠战役结束后,皖西地方武装被编入红二十五军,番号为第七十四师、第七十五师。6 月初,红四方面军再次发起潢(川)光(山)战役。红四方面军在成立后的半年多时间里先后发起 4 次战役,共歼敌约 6 万人,成建制消灭的正规部队就有 40 个团。鄂豫皖革命根据地进入全盛时期,其地域范围东起安徽舒城,西至平汉铁路,北临淮河,南达长江边的黄梅、广济县,总面积达 4 万平方公里,人口超过 350 万,拥有 6 座县城,建立 26 个县级苏维埃政府。红四方面军总兵力达到 4.5 万人,地方武装有 20 个县独立团,赤卫军达 20 万人。

二、张国焘推行"左"倾政策与鄂豫皖革命根据地第四次反"围剿"斗争的失败

张国焘自 1931 年 4 月到达鄂豫皖苏区后,为鄂豫皖革命根据地的建设与发展做过一些工作,但也推行了一系列"左"的政策,导致鄂豫皖革命根据地第四次反"围剿"失败。其"左"的政策,主要有两项:

(一)实行"左"的土地政策

张国焘到达鄂豫皖革命根据地后,一方面肯定皖西北特委的工作,认为它在肃清李立三路线的残余、纠正土地革命中的错误、重新分配土地、巩固苏维埃根据地等方面取得了一定的成绩。另一方面,他又认为,"皖西土地分配得一塌糊涂,最坏的是商城,商城的土地没收了来,每人分一斗田,剩下的让它荒废下去或归苏维埃,山地更是不分,这不但侵犯了中农,还侵犯到贫农,简直是反对土地革命(的)最好办法"[①]。实际上,以曾中生为书记的鄂豫皖特委已经纠正了李立三路线在土地分配上"左"的错误。在老区,对地主家属依然分给土地,对富农只没收剩余的土地,并停止向富农"征发";撤销所有集体农场;按照人口和劳动力的标准重新分配所没收的土地。这一切在 1931 年春耕之前就已经完成。在新区,也逐步进行了土地革命,六安县八、九区及二区一部,霍山县四区一部分,霍邱县一、三、五区,商城县四、五区,英山县东北部,以及五县边区、商潢固边区,共有 100 万人分到土地。但鄂豫皖中央分局第一次扩大会议和鄂豫皖区第二次苏维埃代表大会在张国焘的主导下,在土地分配问题上贯彻王明的"左"倾错误,提出"地主阶级和富农土地应全部没收过来,地主阶级土地被没收后,不能取得任何丝毫土地;富农如果要种田地,可分给以较坏的劳

---

① 《张国焘关于鄂豫皖区情况给中央政治局的综合报告》,1931 年 5 月 24 日,见中央档案馆等编:《鄂豫皖苏区革命历史文件汇集》第 1 册,1985 年印,第 37 页。

动份地，但必须以自己劳动去耕种"。新的分配原则是："平均分配一切土地，应以乡为单位，按照人口与劳动力混合起来分配。"①但各地在实际执行中，都将地主扫地出门、将富农赶上山，一些地方甚至从肉体上消灭地主、经济上消灭富农，造成大批地主、富农逃亡，迫使他们死心塌地与共产党为敌。在中农的土地政策上，虽然强调"中农土地以不动为原则"，但又说"我们从教育中宣传鼓动中说明彻底平分一切土地，是彻底肃清农村封建势力最好的办法，使他自动的拿出来平分"②，这就使一些在土地革命后生活上升的中农、贫农受到打击，造成"一些地方地主富农与中农联合暴动"，"各地的荒地也不少"③。

（二）推行错误的"肃反"政策

张国焘在鄂豫皖革命根据地的"肃反"既有判断的失误，也有剪除异己、建立个人统治的目的。其在到达鄂豫皖革命根据地不久，就在给中央的报告中反映："在这一苏区活动最力的反动组织是改组派"，"改组派就是当地富农、地主的一个集团，他们利用苏区的困难和我们的缺点来造谣，反对苏维埃政府。"④认为"'肃反'的对象，主要有三种人：一是从白军中过来的，不论是起义、投诚还是被俘的，不论有无反革命活动，要审查。二是地主富农家庭出身的，不论表现如何，要审查。三是知识分子和青年学生，凡是读过几年书的，也要审查。"⑤采取逼供的方式以获取口供。为防止红军指战员武装反抗，张国焘指示将红四军以营为单位拆散混编。中央分局和鄂豫皖省委还组成巡视团，到各师监督"肃反"。从 9 月 13 日到 11 月中旬，张国焘等以所谓改组派、AB 团、第三党等莫须有的罪名，先后杀害许继慎、熊受暄、周维炯、姜镜堂、廖业祺等多名红军高级干部。据徐向前回忆："将近

---

① 《鄂豫皖军委总政治部关于怎样分配土地的宣传材料》，1931 年 10 月 11 日，见中央档案馆等编：《鄂豫皖苏区革命历史文件汇集》第 3 册，1985 年印，第 262—263 页。

② 《鄂豫皖军委总政治部关于怎样分配土地的宣传材料》，1931 年 10 月 11 日，见中央档案馆等编：《鄂豫皖苏区革命历史文件汇集》第 3 册，1985 年印，第 266 页。

③ 李六如：《各苏区土地问题》，见戴惠珍、王鹤鸣、杨雨润等：《安徽现代史》，安徽人民出版社 1997 年版，第 217 页。

④ 《张国焘关于鄂豫皖区情况给中央政治局的综合报告》，1931 年 5 月 24 日，见中央档案馆等编：《鄂豫皖苏区革命历史文件汇集》第 1 册，1985 年印，第 41 页。

⑤ 徐向前：《历史的回顾》上卷，解放军出版社 1984 年版，第 158 页。

三个月的'肃反'，肃掉了两千五百名以上的红军指战员，十之六、七的团以上干部被逮捕、杀害。"① 又据《鄂豫皖革命根据地史》一书统计，被杀害的红军干部中，军级 17 人、师级 35 人、团级 44 人。②

皖西北地区的"肃反"持续时间更长。张国焘认为皖西北特委"肃反不力"，派陈昌浩前去督导。12 月又在麻埠召开历时 7 天的全区党员大会，强制"肃反"，并将皖西北特委改为道委。不久，又撤销方英的道委书记职务，派王平章接任，并把红二十五军第七十三师调到皖西北"肃反"。仅皖西北地区错杀的干部、战士就达数千人，包括鄂豫皖中央分局委员舒传贤，原红一军政治委员、英山县委书记曹大骏，安徽党的创始人之一、红一军政治部副主任薛卓汉，原中央独立第一师师长徐百川、政治委员詹梦雨，原中央独立第二师师长兼政治委员王效亭等。六安县委机关杀得只剩下两个炊事员。霍山县委、县苏维埃政府机关除少数勤杂、炊事员外全部被捕，190 多人被杀害。这样大规模的"肃反"严重地削弱了鄂豫皖革命根据地党政军的战斗力和影响力，严重损害了党的威信，挫伤了广大党员、干部和革命群众的积极性，也导致鄂豫皖革命根据地第四次反"围剿"失败。

在鄂豫皖革命根据地军民粉碎国民党发动的第三次"围剿"和接连取得四大战役的胜利后，国民党政府又于 1932 年 6 月调集 24 个师又 6 个旅，约 30 余万人，另有 4 个航空队，对鄂豫皖革命根据地进行第四次"围剿"。蒋介石亲自担任鄂豫皖三省"剿匪"总司令，将司令部设在武汉。这时鄂豫皖根据地的主力红军有 4.5 万人，地方红军和赤卫军达 20 万人，部队士气比较高昂，如果指挥得当，有打破国民党军"围剿"的可能。但由于以张国焘为首的中央分局和军委会指挥频频失误，使得反"围剿"斗争一开始就很被动。当时，中央分局判断国民党"围剿"部队，主要是"偏师"，便急于求成，有些轻敌。6 月中旬，张国焘根据中央的训令，命令连续作战达 7 个月之久的红四方面军立

---

① 徐向前：《历史的回顾》上卷，解放军出版社 1984 年版，第 152 页。
② 中共河南省委党史研究室、中共安徽省委党史研究室编：《鄂豫皖革命根据地史》，安徽人民出版社 1998 年版，第 232 页。

即西进到平汉路信阳至广水段作战，但打了几仗，仅攻克鸡公山，歼敌1个团，战果不大。此时，国民党在东线已攻占皖西北淠河以东的新苏区，在西线正向平汉路的信阳至武汉调兵。中央分局决定红军主力南下围攻麻城，威胁武汉。7月初，红四方面军主力5个师向麻城进攻，希望"打下麻城、宋埠、岐亭、黄陂……打到武汉去，实现数省政权的首先胜利"①。尽管此役给国民党军队以较大的打击，但未能实现战略目标。8月7日，蒋介石下令国民党军队向红军发起总攻，要各路以疾速秘密的手段深入根据地中心区域。8月10日，张国焘被迫决定撤出麻城之围，命令红军主力星夜向红安以西转移，迎击国民党军主力，试图一举打破"围剿"。但国民党军采取的是步步为营的战术，红军的进攻虽然毙、伤敌8000余人，却未取得战争的主动权，相反打成得不偿失的消耗战，红安等地相继失守。在此情况下，张国焘命令红军撤出阵地，向东转移，并成立以徐宝珊为书记的中共鄂东北道委和以吴焕先为司令员的鄂东北道委游击队，领导地方武装坚持鄂豫边区的斗争。9月10日，鄂豫皖中央分局、省党政军机关与红四方面军主力到达金家寨，并与红二十五军第七十四师、七十五师会合。

皖西北地区在6月中旬就开始了第四次反"围剿"的战斗。红二十五军的两个师和地方武装为保卫根据地，与数倍于己的敌人反复周旋。但由于开始采取的是固守城池的战术，部队损失较大。到6月底，淠河以东的革命根据地全部失陷，红军据河与敌对峙。此时，红四方面军主力正在麻城围攻敌军，皖西北兵力较为薄弱分散，国民党军又乘机向淠河以西革命根据地全线进攻。7月7日，敌主力开始围攻皖西革命根据地北大门霍邱县城。守城的红二十五军教导团和霍邱独立团共3000人，在军长邝继勋指挥下，抱着与城共存亡的决心，连续打退敌人多次进攻。15日，敌人攻入北门，双方展开激烈的巷战。邝继勋手持大刀，与指战员们一起拼杀，后身负重伤，率百余人撤退。

---

① 《围攻麻城的战役企图与战斗经过》，1932年7月27日，见中共河南省委党史研究室、中共安徽省委党史研究室编：《鄂豫皖革命根据地史》，安徽人民出版社1998年版，第506页。

这次保卫战虽然指战员们的战斗很英勇,但指挥有失误,在强敌围攻之时,仍然一味死守硬拼,导致千余人牺牲、千余人被俘,损失惨重。战后,邝继勋被撤职,蔡申熙任军长。此后国民党军继续向根据地中心区域进犯,蔡申熙指挥红二十五军两个师与地方武装采取机动灵活的战术,与敌人展开斗争,但未能阻止敌人的大举进攻。

红四方面军主力到达金家寨后,鉴于红二十五军第七十四师、七十五师战斗减员较多,方面军总部决定撤销第七十四师和第七十五师二二五团,人员分别编入各主力师。此时,国民党军先后占领罗田、独山、新集、麻埠、流波磏、英山、商城等重要战略据点,正从东、西、南三线向皖西革命根据地中心区推进。红四方面军总部原计划挥师六安,但遭遇强敌;又决定南下英山,会合地方武装,寻机歼敌,但不久获悉敌人已占领英山。9 月 27 日,鄂豫皖中央分局在燕子河召开会议,讨论军事行动计划。会议决定以皖西北道委书记郭述申和东路游击司令员刘士奇、红二十七师副师长徐海东等带领少数兵力在皖西扰敌后方,主力红军先取英山,再向黄麻地区转移。红军主力进至红安以西河口地区时,与敌发生激战。红军尽管毙、伤敌约 3000 人,但自身伤亡也较大,红二十五军军长蔡申熙、第十一师政治委员甘济时牺牲。10 月 10 日,中央分局在红安县河口黄柴畈再次召开紧急会议,决定红军主力西过平汉路,暂时转移到外线作战,再待机打回根据地,并决定由沈泽民为书记的鄂豫皖省委指挥第七十五师、二十七师及各县独立师、团留在根据地坚持斗争。10 月 12 日,中央分局率红四方面军第十、十一、十二、七十三师和少共国际团共两万余人从广水和卫家店之间越过平汉路,于 16 日到达鲍家店。分局和总部决定放弃南下与红三军会合的计划,到鄂豫边原红九军活动地区休整。但国民党军紧追不舍,与红军在枣阳以南的新集地区、枣阳西南的土桥铺地区先后发生激战。红军虽毙、俘敌 3000 余人,自己也伤亡千余人。面对国民党军优势的兵力,红军主力失去了从外线打回根据地的条件。此后,红四方面军西行 3000 余里,历时两个多月,到达四川东部的大巴山脉,同那里的红军游击队合力开辟了川陕革命根据地。而主力红军的西撤,标志着鄂豫皖革命根据地第四次反"围剿"斗争的

失败。

鄂豫皖革命根据地第四次反"围剿"斗争之所以失败，除了敌强我弱外，以张国焘为首的鄂豫皖中央分局在敌情判断上存在错误，开始夸大了方面军的胜利和敌人的失败；在军事战略上也存在明显失误，先是坚持所谓"坚决进攻"的战略方针，后来又未能采取诱敌深入、待机破敌的方针，结果陷入了非常被动的局面；而"张国焘到达鄂豫皖后所实施的第三次'左'倾路线的一系列错误政策，也是促成这次反'围剿'斗争失败的重要因素"，特别是"肃反中杀害了大批有威信、有经验的干部和部队骨干，削弱了革命力量，挫伤了群众的积极性"①。

三、皖西红军的三年游击战争

鄂豫皖中央分局和红四方面军主力西撤后，国民党军仍有 20 万人继续对鄂豫皖革命根据地进行"围剿"。仅皖西北地区，国民党军的主力部队就有 8 个师、2 个独立旅，还有民团、保安队等地方武装。1932 年 10 月下旬，蒋介石下令"清乡"，并限于 12 月 15 日前彻底肃清遗留红军。驻皖西北的国民党军队提出"驻尽山头，宰尽猪牛，见黑（指人影）就打，鸡犬不留"②的口号，实行烧光、杀光、抢光政策。皖西北苏区一片血雨腥风。仅六安一县被枪杀和活埋的干部、群众就有3500 多人。国民党在皖西北还推行严密的经济封锁政策，普遍推行保甲制度。此时鄂豫皖根据地不仅大部丧失，还被分割成鄂东北和皖西北两个互相隔绝地区。在皖西北只剩下赤南县二、三、四、五区，赤城县一、二、三区，六安县三、六区和霍邱县一区的一部分。根据地武装力量也很分散，在皖西北地区只有红二十五军第七十五师二二四团、第二十七师七十九团，霍山、五星、英山 3 个独立团，道区军事指挥部战斗模范营和六安、霍邱两个独立营，六安、霍山、英山 3 个保卫连。

---

① 《中国工农红军第四方面军战史》编辑委员会：《中国工农红军第四方面军战史》，解放军出版社1991 年版，第 194—195 页。

② 戴惠珍、王鹤鸣、杨雨润等：《安徽现代史》，安徽人民出版社 1997 年版，第 232 页。

1932 年 9 月上旬,中共皖西北道委和道区苏维埃政府率直属部队撤出麻埠,向西南转移。在古碑冲与中央分局相遇后,立即掩护红四方面军主力南下。10 月 1 日,皖西北道委在英山县土门潭召开会议。会议根据中央分局指示决定成立鄂豫工作委员会,郭述申为书记;还决定将聚集在英山县以北金家铺地区的红军和地方武装统一整编为中国工农红军第二十七军(亦称"东路军")。次日,红二十七军正式成立,刘士奇为军长,郭述申为政治委员,吴宝才为副军长,江求顺为政治部主任,辖两个师,第七十九师师长为徐海东、政治委员为王建南,第八十一师师部由军部兼。全军共 4500 余人。此后,红二十七军开始了艰苦卓绝的东线转战。先后在宿松的趾凤河、潜山的衙前镇、霍山的头陀河、桐城的大沙河、霍山的磨子潭、赤南的吴家店等地与国民党军队展开激烈的战斗,虽然给敌人以较大的杀伤,但自身伤亡也很严重,郭述申、王建南等均受伤。

11 月 18 日,红二十七军在赤南县大埠口与在赤南坚持斗争的第七十五师二二四团会合。鄂豫工作委员会在此召开会议,部署恢复皖西北根据地的工作,决定由吴宝才、江求顺率领第二团留下恢复和坚持皖西北根据地斗争;郭述申和刘士奇率领第一、第三团和第二二四团赴鄂东北找上级党委。会后,郭述申、刘士奇率 3 个主力团进军鄂东北。11 月 24 日,在红安七里坪附近,与鄂豫皖省委及在鄂东北的 3 个红军主力团会合,由此始知中央分局和红四方面军主力早已离开鄂豫皖根据地。

鄂豫皖省委在听取郭述申、刘士奇的汇报后,根据新的斗争形势,决定撤销鄂豫工作委员会,恢复皖西北道委,仍由郭述申任书记,辖六安六区区委、三区区委和游击区的英山县委、蕲(春)宿(松)太(湖)工委①;撤销红二十七军番号,其中第一、第三团归第二十七师指挥,第二二四团回归第七十五师。鄂豫工作委员会和红二十七军在不到两个月的时间就结束了历史使命。

11 月 26 日,会合于七里坪的 5 个红军主力团向来犯的国民党军

---

① 同年 12 月改为蕲(春)宿(松)太(湖)彭(泽)工委。

两个团发起攻击,由于指挥不统一,仅毙、伤敌数百人,自身伤亡亦数百人。11月29日,鄂豫皖省委在红安县的檀树岗召开最高军事干部会议,决定重建红二十五军。次日,红二十五军正式成立,吴焕先任军长,王平章任政治委员,下辖两个师,其中第七十四师由原第二十七师改编,师长徐海东、政委戴季英,第七十五师师长为姚家芳,政委为高敬亭,全军约7000人,主要在鄂东北地区活动。在此前后,鄂豫皖边区的地方武装也进行了合编和扩编,仅新建的独立师、游击师就有10个,约9000人。其中皖西北道委在地方武装大部先编入红二十七军、后红二十七军大部又编入红二十五军的情况下,仍组建了3个游击师,即第一、第二、第三路游击师,并成立了以吴宝才为总司令的皖西北道区游击总司令部。为恢复和巩固皖西北地区革命根据地,檀树岗会议召开不久,鄂豫皖省委决定由郭述申率红二十五军特务营回皖西北。

皖西北及鄂豫皖革命根据地仍面临着严峻的形势。蒋介石原以为红四方面军主力撤出鄂豫皖根据地后,只需要一次"清剿"就可以消灭尚存的根据地及红军,却发现经过多次"清剿",红军依然保持较强的战斗力。12月12日,他再次下令,实行"驻剿"和"进剿"相结合的大规模划区"清剿",并限令在次年1月底以前,将鄂豫皖根据地和红军彻底摧毁。在此情况下,鄂豫皖省委于12月30日在麻城县大畈召开紧急会议。会议充满着乐观主义情绪,认为"鄂豫皖苏区依靠现在的力量做基础,已经可以巩固起来,完成冲破第四次'包剿'的任务"[①]。为加强鄂东北和皖西北根据地的领导,会议决定取消豫东南道委,将其所辖的光山、罗山、潢川、信阳4县党的组织划归鄂东北道委,将赤南、赤城、固始3县党的组织划归皖西北道委,省委委员徐宝珊、郭述申分别任鄂东北、皖西北道委书记。为加强皖西北地区红军的力量,会议还决定组建红二十八军,"其任务为以赤南为根据地,发展皖

---

① 《鄂豫皖省委临时紧急会议决议案——关于目前形势和反四次"围剿"的任务》,1932年12月30日,见中央档案馆等编:《鄂豫皖苏区革命历史文件汇集》第2册,1985年印,第275—276页。

西北的游击战争,及尽量派游击部队去英山恢复英山苏区的游击战争"①。次年初,红二十八军在大畈正式成立,廖荣坤任军长,王平章任政治委员,程启波任政治部主任,下辖 2 个团 1 个特务营,其中第二四四团由原红二十五军七十四师二二一团改编,第二四六团由留在皖西北的原红二十七军二团改编,军特务营由红二十五军特务营改编。全军 3000 余人。红二十八军组建后立即开赴皖西北地区,在皖西北道委领导的各路游击师的配合下,以大踏步地进退,与国民党军展开斗争,打了一些胜仗,基本打开了皖西北的局面。这年 1 月,又新建霍山工委,归皖西北道委领导。

1933 年 3 月初,鄂豫皖省委总结两个月来的斗争经验,决定将红二十五军集中行动,红二十八军必要时来鄂东北与红二十五军会合,以便在运动中捕捉和创造战机,歼灭孤立、削弱或突击冒进之敌。红二十八军为执行省委决定,由皖西北的赤南向鄂东北前进,在到达麻城县福田河地区时,遭到国民党军第八十九师的阻挠,未能与红二十五军及随其行动的省委联系上。此后,红二十五军北上光山南部地区,红二十八军东返皖西北地区。3 月 27 日至 28 日,红二十八军在赤南的大、小门坎山与敌相遇,并展开激烈的战斗,毙、伤敌数百人。不幸的是,此次战斗中军政治委员王平章牺牲。为给军政委报仇,红二十八军不久在豹子岩地区毙敌 200 余人。此后,红二十八军留下军特务营和第二四四团一营,与皖西北地区的地方武装一起坚持斗争,其余再次开赴鄂东北。4 月初,在麻城北部的大畈地区与红二十五军会合。4 月 8 日,鄂豫皖省委根据中央集中兵力的指示,决定将红二十八军编为红二十五军第七十三师,师长廖荣坤,政治委员王少卿,第二四四团、第二四六团分别改为第二一七团、第二一八团,又从第二四四团、第二四六团各抽一个营编为第二一九团。合编后的红二十五军军长为吴焕先,政治委员为戴季英,副军长为廖荣坤。全军下辖第七十三、第七十四、第七十五师,共 1.2 万余人。这时鄂豫皖根据地被国民

---

① 《鄂豫皖省委给中央的报告》,1933 年 1 月 5 日,见中央档案馆等编:《鄂豫皖苏区革命历史文件汇集》第 2 册,1985 年印,第 286 页。

党军分割的状况有所改变,原丧失的根据地也有部分收回。如在皖西北革命根据地已拥有赤南、赤城两个县和六安的洪家大山区、龙门冲区,霍山的团山区,还控制了固始、霍邱的部分地区。4月下旬,皖西北道委根据省委的指示精神,组建红八十二师,师长芦永彬(不久牺牲,由刘德利继任)、政治委员杨××(后为詹大列),下辖二四四团和二四六团,共1000余人。

5月初,蒋介石任命刘镇华为鄂豫皖三省边区"剿匪"总司令,准备对鄂豫皖苏区发动第五次"围剿"。投入的兵力有正规军14个师又2个独立旅,约10万余人,地方武装约2万人。总司令部设在河南潢川县城。鄂豫皖省委开始并未意识到这是国民党发起的新一轮"围剿",对形势作了乐观的估计。7月10日、11日,红二十五军和红八十二师在麻城的福田河西南黄土岗击溃了国民党第五十四师一六二旅,击毙其旅长郭子权。在此战中,来自皖西北的红八十二师二四四团"独建奇功"①。战后,郭述申率红八十二师返回皖西北。此时,由于红二十五军在5、6月间的七里坪战斗中损失严重,省委决定撤销第七十三师番号,所部分别并入第七十四师和七十五师。全军辖2个师6个团,约6000人。7月17日,国民党军对鄂豫皖苏区第五次"围剿"正式开始。刘镇华指挥所部向鄂东北根据地发起进攻。鄂豫皖省委作出了"死守"、"与土地共存亡"的错误决定,结果部队连战失利,减员达1500余人,被迫撤出鄂东北。9月5日,鄂豫皖省委率红二十五军到达赤南县南溪,与皖西北道委和红八十二师会合。"双河、南溪一带群众闻二十五军之来,送饭者云集,使二十五军连吃饱饭,绝对不愁粮食。"②刘镇华获悉红二十五军到达皖西北后,再次调重兵向皖西北苏区进犯。鄂豫皖省委仍然采取内线单纯防御方针,接连丢失关王庙、汤家汇、双河山、桃树岭、南溪等地。皖西北中心区保卫战也失败了。

---

① 《鄂豫皖省委给中央的报告》,1933年11月10日,见中央档案馆等编:《鄂豫皖苏区革命历史文件汇集》第2册,1985年印,第402页。
② 《鄂豫皖省委给中央的报告》,1933年11月10日,见中央档案馆等编:《鄂豫皖苏区革命历史文件汇集》第2册,1985年印,第408页。

根据新的形势,9 月 26 日,鄂豫皖省委决定皖西北道委率红八十二师等武装坚持皖西北斗争,省委率红二十五军立即返回鄂东北。这时,全军仅剩 3000 余人。10 月 2 日,省委率红二十五军在通过潢(川)麻(城)公路时被敌人分割,沈泽民、吴焕先、戴季英率第七十五师大部、第七十四师一部共 2000 余人向西突破封锁线。副军长徐海东及后续部队千余人被截断在路东,后折返皖西北。省委返回鄂东北后,于 10 月 16 日在红安县紫云寨召开省委扩大会议。会议遵照中央指示,调整、充实了省委领导班子,沈泽民仍为书记,常委有沈泽民、成仿吾、徐宝珊、郑位三、高敬亭等。会后沈泽民在给中央的报告中,检讨了过去工作的失误,提出了一些正确的方针,但 11 月 20 日,他就因病逝世。徐宝珊后代理省委书记。

　　1933 年 10 月初,返回皖西北的红二十五军后续部队同皖西北道委及红八十二师会合。11 日,皖西北道委在南溪东北的吕家大院召开扩大会议,决定将红二十五军后续部队与红八十二师合编,重建红二十八军,徐海东任军长,郭述申兼政治委员。下辖第八十二师、第八十四师,原第八十二师建制不动,师长刘德利、政治委员詹大列;第八十四师由原红二十五军后续部队组成,师长黄绪南、政治委员周化贤。全军共 2300 余人。会议采纳徐海东的建议,制定不打消耗仗、不硬拼、积极向外线游击、寻机歼灭敌人、夺取敌人物资以保障部队供给的军事行动方针。此后,在皖西北道委的领导下,红二十八军与皖西北各路游击师互相配合,在皖西北开展游击战争,先后在熊家河、石门口、皂靴河、葛藤山、金刚台、南庄畈、徐家集、大顾店、黑石渡、毛坦厂等地大量歼灭国民党军。到 1934 年 3 月,红二十八军已发展到 3200余人,地方武装也有很大发展,共有枪万余支。皖西北革命根据地恢复到东西长 130 余公里、南北宽 50 余公里,其中赤南、赤城两个县、6个区和六安六区、三区为巩固苏区,并开辟了六安一区和霍邱一区两块游击区。

　　1934 年 4 月 16 日,红二十五军东征到赤南县汤家汇西北的豹子岩,与红二十八军会师。根据鄂豫皖省委的决定,次日,两军再次合编为红二十五军,徐海东任军长,吴焕先任政治委员,郭述申任政治部主

任。全军辖第七十四师、七十五师，其中第七十四师由原红二十八军第八十二师改编，师长梁从学、政治委员姚志修；第七十五师由原红二十八军第八十四师和红二十五军第七十五师合编，师长丁少卿、政治委员高敬亭。全军共 3000 余人。另从原红二十八军第八十二师抽调两个营和皖西北第三路游击师，合编为新的八十二师，留在皖西北，师长兼政治委员江求顺（后师长林维先、政治委员江求顺），共 1000 余人。此时，国民党政府已调集东北军到鄂豫皖地区"清剿"。5 月初，省委决定恢复罗田、英山、霍山苏维埃区域，但红二十五军转战未果，不久便返回鄂东。为保卫皖西北苏区的秋收，8 月中旬，省委率红二十五军再次进军皖西北。9 月 4 日夜，曾攻占太湖县城，消灭国民党安徽警备第一旅，缴获大批物资。7 日，红军主动撤离。此举震惊了国民党，鼓舞了在困难中坚持斗争的皖西北苏区人民。同月，省委认为郭述申在"肃反"中领导不力，撤销其道委书记的职务，由省委常委高敬亭接任。

1934 年 9 月，受中央委派程子华到达鄂豫皖边区。11 月 11 日，鄂豫皖省委在光山县花山寨召开常委会，传达了程子华带来的中央领导人的指示精神，讨论了今后行动方针。决定红二十五军遵照中央指示作战略转移，以开创新的根据地，高敬亭领导地方红军武装留在鄂豫皖边区坚持斗争。会议还对红二十五军领导班子进行了调整，决定程子华任军长，吴焕先任政治委员，徐海东任副军长，戴季英任政治部主任。11 月 16 日，鄂豫皖省委率红二十五军，对外称中国工农红军北上抗日第二先遣队，从罗山县何家冲开始长征。后于次年 9 月胜利到达陕北，创建了鄂豫陕革命根据地，兵力也由不足 3000 人发展到 4000 余人，地方武装发展到 2000 余人。徐向前后来评价说：红二十五军"西征北上的战略行动，成为主力红军北上的先导，为把中国革命的大本营建在西北建立了特殊的功勋"①。

红二十五军长征后，留在鄂豫皖边区的红军及伤病员仅 3500 余

---

① 徐向前：《中国工农红军第二十五军战史·序言》，见《中国工农红军第二十五军战史》编审委员会编：《中国工农红军第二十五军战史》，解放军出版社 1990 年版，第 3 页。

人,且分割在鄂东和皖西北几个零散的地区,其中皖西北地区2000余人,而国民党军则有17万之众。国民党军在根据地大肆杀戮革命群众,苏区的中心区域,如大化坪、漫水河、舒家庙、麻埠、金家寨、七邻湾、燕子河、闻家店、南溪、吴店等几成一片焦土,连片十几里甚至几十里都成了无人区。面对如此恶劣的环境,在皖西北道委的领导下,红八十二师和游击师艰难地转战于舒城、潜山、霍山、立煌等地。12月初,在霍山县长山冲与国民党军第六十五师第一九四旅第三八七团和黄英民团遭遇时,损失过半,师长周世觉牺牲。省委常委、皖西北道委书记高敬亭将余部整编为红二一八团,罗成云为团长,熊大海为政治委员,全团兵力近700人。1935年2月1日,高敬亭在立煌县抱儿山与方永乐、徐成基率领的鄂东北独立团会合后,始知鄂豫皖省委率红二十五军已经西征及省委交给他的任务。两天后高敬亭在太湖县凉亭坳召开干部会议,决定将红二一八团和鄂东北独立团合并,第三次重建红二十八军,自任政治委员,统一领导鄂豫皖边区党政军工作。红二十八军下辖第八十二师和手枪团,八十二师师长罗成云、政治委员方永乐,军直属手枪团团长余雄,全军共1000余人。凉亭坳会议是继续坚持鄂豫皖边区斗争的关键,从此边区的革命斗争又有了统一的领导和指挥。2月16日,高敬亭在潜山县驼岭白果树再次召开会议,决定在舒城、霍山、潜山、太湖4县交界地区开辟新的游击根据地,组建以徐成基为书记的皖西特委。

红二十八军在皖西北道委和高敬亭的领导下,突破国民党军频繁的军事"清剿"和经济封锁,采取机动灵活的游击战术,打击敌人的有生力量。如2月15日,奇袭潜山县王庄,抓获并处决曾任安徽省政府代省长、时任省政府委员兼财政厅厅长的余谊密;7月15日,袭击国民党第二十五路军别动队,俘敌130余人,缴获一批物资。还恢复和发展了潜山县委、潜山工委、英(山)罗(田)边区委、舒(城)桐(城)边区委;建立了舒霍潜边区委、宿松县委、岳西县委、宿黄(梅)边区委;创建了舒霍潜太游击根据地,到年底,便扩大到皖鄂边区。为适应此形势,1936年秋,高敬亭主持召开皖西特委会议,将皖西特委改建为皖鄂边区特委,辖区扩大到宿松、英山、罗田、蕲春、黄梅等县。此时,皖

鄂边区的游击根据地已扩大到10余县。

1937年红二十八军又粉碎了鄂豫皖边区"剿共"总指挥卫立煌制订的春季"清剿"计划。国民政府军事委员会决定提高鄂豫皖边区"剿共"指挥机关的职权，于4月27日撤销了鄂豫皖边区主任公署，改设鄂豫皖边区督办公署，以卫立煌为督办。督办公署设金家寨，下设岳西、经扶、信阳3个督办处。卫立煌提出"剿抚并施"、"三分军事七分政治"的原则，强调"军政同时并进"，企图瓦解、消灭红军武装。红二十八军虽然遭受一定损失，但他们迅速分散应敌、各自为战，保存了主要的力量。在这期间，行动敏捷的便衣队发挥了重要作用。郭述申等在总结这段历史时说："二十五军走后，二十八军打了三年，还保持1000多人，就是靠便衣队补充的。"①

1937年七七事变爆发后，民族危急。高敬亭根据中央指示精神，向国民党鄂豫皖边区督办公署发出停止内战的函件，得到卫立煌的响应。经过谈判，两军停止内战。红二十八军和皖西北地方武装后改编为新四军，东进奔赴抗日战场。

四、皖西革命根据地的建设

皖西革命根据地建立后，为巩固政权，开展了一系列建设活动。主要有：

（一）政治建设

皖西革命根据地政治建设中最主要的是政权建设。六霍起义后，中共六安中心县委就指出："现在我们暴动，打土豪，杀劣绅，不仅是把富人打倒就算事，还要把富人用来杀穷人的一把刀夺过来，拿在穷人手里，这样才能永远不受富人欺。苏维埃政权也就是从富人手中夺过来的一把刀。"②因此，在皖西革命根据地建设过程中，各级党组织都很重视苏维埃政权建设。

① 郭述申等：《鄂豫皖便衣队一些历史资料》，1944年11月28日，见中共河南省委党史研究室、中共安徽省委党史研究室编：《鄂豫皖革命根据地史》，安徽人民出版社1998年版，第706页。
② 六安县第六区苏维埃筹备处印：《建设苏维埃政府宣传大纲》，1930年3月，见中共河南省委党史研究室、中共安徽省委党史研究室编：《鄂豫皖革命根据地史》，安徽人民出版社1998年版，第399页。

早在独山暴动不久,为组织麻埠暴动,中共六安中心县委就召集河口区委及区农协组织革命委员会,内设政治、参谋、财政、总指挥等部。到 1930 年上半年,在六安中心县委的领导下,在皖西根据地先后建立霍山县苏维埃政府、六安县革命委员会、英山县革命委员会,还建立一些区、乡苏维埃政府,如霍山县有 6 个区苏维埃政府,六安县有 3 个区苏维埃政府。县苏维埃政府设土地委员会、裁判兼肃反委员会、经济委员会、文化委员会、粮食委员会、赤卫委员会、财政委员会、交通委员会。区苏维埃组织与县苏维埃相同。乡苏维埃政府仅把财政委员会取消,设财政委员,其余同区苏维埃政府。乡苏维埃下设村苏维埃,但继续保存农协支分会组织。凡是中农、贫农、雇农、工人及独立劳动者、学生及革命职业者都有选举权及被选举权,而"地主、豪绅、资本家、富农、僧侣、道士、地舆(如改业者例外)、反动的政党分子以及充任统治阶级官吏、警察、宪兵、法警、差役者,皆剥夺其选举权和被选举权"。[①] 安庆中心县委领导建立的潜山县革命委员会,下设财经、粮食、军事、裁肃、文教、土地、青年、妇女等委员会。在红军控制区域,各区、乡也建立了起临时政权作用的农会。到 1930 年 6 月中旬,先后建立了 16 个区农会、40 余个乡农会。

随着统一的皖西革命根据地的形成,1931 年 1 月,设立鄂豫皖特区苏维埃政府东方办事处,行使皖西地区苏维埃政府职能,指导的区域包括六安、霍山、合肥、英山、霍邱、寿县、舒城、桐城、潜山等县。5 月,在皖西北特委的领导下,皖西北特区工农兵代表大会选举产生了皖西北特区(12 月改为道区)苏维埃政府,领导皖西北各县和皖豫边区、皖鄂边区部分县苏维埃政府。六安、霍山、商城、霍邱、固始等县还建立了县一级苏维埃政府,其中六安县的苏区面积占全县面积的二分之一,霍山、霍邱、商城县苏区面积占全县面积的五分之四。到 1932 年 8 月,皖西北已建立六安、霍山、五星、赤城、红山(英山)、红城(霍邱)、固始、赤南等 8 个县级苏维埃政权。但第四次反

---

① 《舒传贤关于六安中心县委工作情况给中央的报告》,1930 年 12 月 10 日,见中央档案馆等编:《鄂豫皖苏区革命历史文件汇集》第 4 册,1985 年印,第 224 页。

"围剿"失败后,皖西革命根据地大部丧失,县级及县以下各级苏维埃政府大多随之解体。到年底,在皖西北苏区县级苏维埃政府仅存赤城、赤南两个。次年6月,虽又成立了六(安)霍(山)县苏维埃政府,但8月便解体。10月,皖西北道区苏维埃政府主席吴宝才在内部"肃反"中被错杀,此后未再任命新的主席。道区苏维埃政府的职能事实上已为中共皖西北道委所替代。11月,鄂豫皖省委率红二十五军实行战略转移,鄂豫皖省苏维埃政府工作人员亦随同转移。这样在皖西北苏区仅有县级苏维埃政府在发挥作用。到1935年6月,仅有的赤城、赤南两县苏维埃政府也在国民党军严酷的"围剿"下,难以支撑,被迫解散。但随着舒(城)霍(山)潜(山)太(湖)游击根据地的建立,1935年3月,皖西特委曾建立舒霍潜边区苏维埃政府,同年冬又成立皖鄂边区工农民主政府。在此前后,皖西北苏区还活跃着大批便衣队,它"实际上是党政军三位一体的武装工作队","以做群众工作为主,并执行苏维埃的政纲法令"①。这些苏维埃政府和便衣队一直坚持到抗日战争全面爆发。

这时期,在皖西革命根据地还建立了工会、农民协会、妇女协会等群众组织。

工会组织方面,1931年5月30日,成立了皖西北特区总工会。六安、霍山、霍邱、商城、英(红)山、五星等县也成立了总工会。其主要任务是尽量吸收贫农、手工业者加入工会,以加强工人对农村的领导作用,更广泛地团结广大贫农和中农。皖西根据地工会组织情况前文已有述及,这里不再赘述。

农民协会是农民群众的战斗组织,是教育农民、领导农民进行经济与政治斗争的指挥机构。凡是雇农、佃农、半自耕农、农村中的手工业者,不论男女,不分民族,年满18岁,要求入会者,经自愿申请,3名会员介绍,所在乡农协执委会通过,即成为会员。一般是5至9人为分会,3个以上分会成立支会,3个以上支会成立乡会,3个以上乡会

---

① 林维先:《红旗永不倒》,见《皖西革命回忆录》第1部下卷,黄山书社1984年版,第11页。

成立区会,3 个区会成立县农民协会。① 农民协会在苏维埃政权建立之前代替它发挥作用。苏维埃政权建立之后,只保留支、分会,主要任务是发展生产,保证红军粮食,组织运输支援前线。在贯彻"立三路线"时期,还曾成立贫农委员会(后来改称贫农团),为的是把贫农和雇农团结起来,领导中农,反对富农。贫农委员会只在乡设立机关,乡以下分若干组,受乡苏维埃政府指挥。

妇女协会是劳动妇女的群众组织,一般只设立分会。但各级共青团、工会、农会等组织均设有妇女部或妇女委员会。乡以上各级党委也都设立妇女委员会或妇女部,领导妇女工作。其主要任务是组织广大妇女参加土地革命,拥军优属,支援前线,保护妇女儿童的合法权益。1931 年 5 月后,还以乡为单位成立妇女生活改善委员会,以解决妇女生活上的问题及加强对群众的教育与训练。

此外,在皖西革命根据地还成立了少年先锋队、童子团、赤色教师联合会、赤色学生联合会、反帝大同盟、革命互济会等群众组织。这些组织对动员群众、宣传革命、支援前线,都发挥了积极作用。

(二)经济建设

皖西革命根据地的经济建设主要是领导土地革命。土地革命的中心内容是铲除封建土地制度,实行"耕者有其田",即让广大无地、少地的农民得到土地。

在土地革命前,皖西地区的土地占有情况极不合理,极少数地主、官僚、军阀占地60%,商业资本家占地10%,而人口占大多数的贫雇农及中农只占30%的土地。② 无地或少地的农民不得不当雇工或租种地主田地,既受地主的经济剥削,还要承担国民党政府的苛捐杂税,生活极其艰难。为此,早在1928 年春,皖西党组织就领导农民开展抗租、抗债、抗捐、抗税、抗夫的"五抗"斗争。1930 年春,皖西革命根据地连成一片后,皖西苏区即开展了土地革命。这年 4 月,六安六区就

①　《六安县委的报告——六安党组织及政治经济情况》,1929 年 8 月 8 日,见中央档案馆、安徽省档案馆编:《安徽革命历史文件汇集》第 4 册上卷,1988 年印,第 24 页。

②　《六安县委军事报告第一号》,1930 年 2 月 20 日,见中央档案馆等编:《鄂豫皖苏区革命历史文件汇集》第 4 册,1985 年印,第 64 页。

参照鄂豫边革命委员会的《土地政纲的实施细则》，制定《六安六区土地政纲实施细则》，规定没收土地的原则为：凡豪绅地主所有之土地、祠堂庙宇祖积公积之土地及一切官产、经革命政府肃反委员会宣布没收财产之反革命分子之土地、富农剩余之土地一律没收。土地分配的原则为：分配土地的多少，以粮食需要（全家人口要多少粮食吃）为主要条件；分配土地时男女权利平等；分配土地时不可以面积为标准，要以出产为标准；分配土地尽先分给革命死难家属等。① 随后，六安中心县委将其转发给皖西苏区各地执行。为保证土地革命的顺利进行，各级苏维埃政府还专门成立土地委员会，具体领导土地分配事宜。到1930年7月，六安的三、六、七区，霍山的一、二、三、五、六、七区和四区的部分地区，以及霍邱、英山的少数赤区都进行了土地革命，约有32万贫苦农民和手工业工人分得土地。当然，在土地分配中也不同程度地存在侵犯中农利益、绝对平均主义等错误倾向。

1930年8月至9月间，国民党军队对皖西苏区发动"围剿"，占领部分苏区，地主豪绅乘机反攻倒算，土地分配的成果基本丧失。到冬季，皖西苏区第一次反"围剿"获得胜利，苏维埃政府再次收回土地，并予以分配。5月，皖西北苏区根据过去土地分配中存在的问题，重新进行土地分配。基本原则是：没收地主阶级的土地，平均分配一切土地，红军中的战士、贫农、雇农应分得较好的土地，"富农分坏田，地主不分田"，不侵占中农的利益，自耕农的土地不没收并可以继续耕种。② 到夏季，皖西北苏区完成土地重新分配工作，除地主外，每户农民都按人口多少分得一份土地。"在分配土地以后，大多数群众表示欢喜，因为过去批一点田地尚花费许多经济（寄庄酒席酬谢人），现在一文钱不要花尚得好土地使用，自由耕种，对苏维埃的认识比以前要好得多。"当然，在分配土地过程中也仍然存在一些问题，如"商城不是没收豪绅地主、富农的土地与平均分配一切土地，而是没收一切土

---

① 《六安中心县委报送六安六区苏维埃大会的各种决议案》，1930年4月17日，见中央档案馆等编：《鄂豫皖苏区革命历史文件汇集》第4册，1985年印，第149—151页。
② 《皖西北特委政治决议案》，1931年6月，见中央档案馆等编：《鄂豫皖苏区革命历史文件汇集》第4册，1985年印，第321—323页。

地,实行平均分配一切土地";"六安六区没收富农土地,不分配富农以土地"等。[①] 不过,这些问题很快得到纠正。

皖西革命根据地为发展经济,还制定了一些经济政策。如为发展苏区商业,皖西北苏区政府曾修改过去实行的有限制地保护中小商人利益的政策,提出中小商人营业自由。为打通苏区和白区的贸易往来,1930 年,六霍苏区制定了鼓励白区商人来苏区贸易的政策,规定凡外地茶商到苏区来买茶叶一律不征收税赋;1931 年春,又决定在苏区和白区交界的地区设立"赤白交界贸易场",鼓励苏区货物外运。为减轻劳动人民负担,苏区政府实行统一累进税制,贫苦农民包括城市工人和贫民的生产经营不征税。税种分粮食税(田地税)、营业税、佣金税、进口税(自白区进口货物)和特种税等 5 种。苏区商店因规模较小,营业额不大,实际上一般是按月征收。苏区还规定,工人、农民股份消费合作社等一切合作性质的经销行业,可根据具体情况实行免税。农业税收,以每人 4 担稻谷为基数,超过部分的税赋实行累进税制,贫农和烈军属免征。为稳定苏区经济、打破国民党政府的金融封锁,苏区政府创办苏区银行,发行货币。1931 年 5 月初,在金家寨成立皖西北特区苏维埃银行,发行 5000 元纸币,后又增发 3.5 万元纸币,还发行了面值 5 元的银币,20 文、50 文的铜币。5 月 15 日,鄂豫皖特区苏维埃银行在新集成立。苏区经济虽然由于国民党军队的封锁、"围剿",总体较困难,特别是粮食一直很匮乏,但在采取上述措施后,有明显的成效,如:"麻埠是皖西六霍等县出产品集中的地方,外客大部分都集中在此地,小商甚发达。茶叶上市,街上挤满了四乡来往的行人,小贩比较旧的时候虽然赶不上,但在整个皖西北苏区几个城市比较起来,总算热闹极了!""独立(山)龙门冲、姜家店子、西两河口(六安三区)以及六区之金家集,均逐渐由萧条冷落而繁盛起来了!"[②]

---

① 《皖西北特苏对鄂豫皖特区苏维埃政府的工作报告》,1931 年 6 月,见中央档案馆等编:《鄂豫皖苏区革命历史文件汇集》第 4 册,1985 年印,第 427—429 页。

② 《皖西北特苏对鄂豫皖特区苏维埃政府的工作报告》,1931 年 6 月,见中央档案馆等编:《鄂豫皖苏区革命历史文件汇集》第 4 册,1985 年印,第 419 页。

（三）文化建设

在苏维埃政权建立以前，皖西地区广大农村文化教育非常落后，几乎没有像样的中、小学，只有少数村塾、蒙馆，文盲占总人口的90%以上。中共及其领导的苏维埃政府对此极为重视。六安中心县委、皖西北特委和皖西北特区苏维埃政府及其领导的六安、霍山、英山、赤城（汤家汇、双河一带）、霍邱等县级苏维埃政府，均设立文化委员会；区、乡也配备了文化委员，负责领导所在地区的文化教育工作。1930年3月，六安中心县委还在金家寨以南七邻湾召开六安、霍山、英山、霍邱、合肥等县与红军三十三师党委联席会议，专门通过《宣传教育工作决议案》，强调要发展无产阶级文化教育事业，培养领导革命斗争人才。

1. 教育。皖西苏区从师资培养入手。1930年3月七邻湾会议后，中共六安中心县委即在七邻湾和麻埠开办师资训练所，培养、训练从事苏区文化教育事业的师资。同年春，赤城县委、县苏维埃政府也在苏区开办师资训练班。参加学习的人员多数是原农村私塾教师和农村知识分子。他们经过1个多月的短期学习和政治教育后，被分配到学校担任教师。由于有了师资，不久仅六安六区（金家寨）就设有小学22所，在校学生达1700多人。苏维埃政府还在七邻湾举办女子速成识字班、农民夜校，并开办1个培训青年干部的干部班。到夏季，因国民党军队侵犯，苏区学校停办，深秋时又逐步恢复。1931年5月，皖西北特区苏维埃政府成立后，又在麻埠设立特区干部学校、军区干部学校、模范文化学校。这3所学校一直办到次年9月国民党军队攻陷麻埠止。其学生以后多数转入红二十五军。皖西苏区的县、区苏维埃政府也在一些中心街道如独山、诸佛庵、白塔畈等地设有师范小学，培训识字教师。皖西苏区中心街金家寨、麻埠、南溪、叶家集，设有列宁模范高级小学，各乡村普遍设立列宁小学或将原农村小学更名为列宁小学。六安、霍山、赤城、赤南等中心苏区平均每乡有三四所，霍邱、英山、五星等县学校少一点。到1932年，皖西北苏区中心地区的小学生入学率达80%以上。

皖西苏区的教育制度是工农义务教育制，即对工农及其子女实行免费教育,生活困难的可由乡苏维埃政府提供课本、笔墨,特殊困难的,乡苏维埃政府还提供衣服和伙食。但对地主、富农、商人及其他剥削分子子女则一度规定不准入学,后虽允许入学,但征收特定额的学费。学生在校主要有三项任务,即学习、劳动、宣传,以学习为主。学习的课程,在小学一般只有国语、算术、珠算、音乐、体操,也组织学习政治宣传材料。规模较大较好的学校,如麻埠、诸佛庵、金家寨等地的学校,还设有地理、历史、政治常识、自然常识等课。苏区的教材主要是自己编印。《鄂豫皖特区第二次苏维埃代表大会关于文化教育政策》规定:凡属于宣扬孔孟之道的、基督教会的以及一切地主资产阶级的教材一律不能使用。为此,苏区政府组织编写了一批新的国语课教材,如《列宁初级小学国语》、《列宁高级小学国语》等,内容主要有:歌颂中国共产党,宣传反对迷信、妇女解放、工农联合,介绍苏维埃政府等,红军作战胜利的战况也被写进教材。教学方法比较灵活,当时课本不足,教师就把课本或歌词写在黑板上,让学生抄下来。师资不足,就组织高年级的学生辅导低年级的学生。还组织学生到识字班、夜校教唱歌、教识字。这样,学生既学习了一些文化知识,也接受了革命思想教育。

2. 文化。皖西苏区群众文化非常活跃。各级苏维埃政府都创办有俱乐部(也有叫红军俱乐部、列宁室)。它是文体活动场所,一般区一级设中心俱乐部,乡、村设俱乐部,组织群众唱歌、演戏、举办演讲会和政治讨论会,开展秋千、木马、球类等小型多样的体育和游艺活动。苏维埃政府很重视剧团建设,涌现了一大批新型剧团。特区、县苏维埃政府建有新剧团,区、乡苏维埃政府建立业余剧团或宣传队。鄂豫皖特区(省)苏维埃剧团,皖西北道委剧团,六安、商城、霍山、霍邱等新剧团都很有影响,金家寨、麻埠、流波䃥等大集镇的业余剧团也较有影响。这些剧团,大都以演话剧、歌舞为主,有时演一些活报剧、舞蹈、秧歌、地方戏等节目。演出的内容主要是用文艺的形式配合当时的政治宣传。如六安新剧团演出的有话剧《混战》、《独山暴动》、《夺取政权》等;商城红日剧团演出的有歌舞《八月桂花遍地开》,话剧《打商城》、《穷人调》,小品《反动派吵嘴》;省苏维埃剧团演出的有活报剧

《赶走日本强盗》等。

皖西苏区文艺形式多种多样。这时期涌现了大批革命歌谣。这些歌谣内容丰富,题材广泛,主要是反映火热的现实生活,与当时的革命斗争密切相关。如歌谣《当兵就要当红军》,其歌词是:"当兵就要当红军,处处工农来欢迎,官长士兵都一样,没有人来压迫人。当兵就要当红军,阶级敌人要认清,买办豪绅和地主,坚决打倒不留情。"①此外,还有墙报、标语、壁画、漫画、对联等,都很通俗易懂。如1930—1931年金家寨境内每逢庆祝县、区、乡苏维埃政府成立时,主席台两边往往贴对联,有一副为:"斧头劈开新世界,镰刀割断旧乾坤。"②皖西北特委仅在1931年4月至6月,就印发各种传单、标语、宣言达231种、11590份。为解决纸张不足的问题,就用本地土产的皮纸写,还用粉笔石灰写,以致"虽然山冲小道,也贴得花花绿绿"③。

皖西苏区也很重视报刊的出版发行。皖西北特委设有党报委员会和党报编辑部,负责审查和编辑这些报刊。当时皖西北特委、苏维埃政府及各县创办的报刊有:《火花》(半月刊)、《红旗》(三日刊)、《苏维埃周报》、《赤色先锋》、《鲁森堡》(周刊)、《雪花报》、《红光日报》、《红日报》、《红日半月刊》、《咆哮》、《少年先锋》等,起到了很好的宣传效果。

---

① 《当兵就要当红军》,见唐健民主编:《皖西风云录——皖西苏区革命文化史料选编》,1994年印,第366—367页。

② 金寨县文化局:《金家寨苏区文化》,见唐健民主编:《皖西风云录——皖西苏区革命文化史料选编》,1994年印,第245页。

③ 霍山县文化局:《霍山县苏区文化概述》,见唐健民主编:《皖西风云录——皖西苏区革命文化史料选编》,1994年印,第254—255页。

第四节　皖南土地革命运动的开展

一、柯村暴动与皖南苏维埃政府的建立

1932 年 11 月，中共赣东北省委改组为闽浙赣省委后，在皖南地区活动的党组织徽州工委（后改为皖南特委）、宣城特委相继接受闽浙赣省委领导。1934 年 1 月，闽浙赣省委作出《关于开展白区工作发展苏区的决议案》，要求全省党组织加紧开展白区工作。此后，皖南地区党组织迅速发展壮大，党员人数迅速增加：1934 年初在皖南的北部建立石青太中心县委，辖太平县委、青阳县委和石台毛坦河区委。6 月，在石青太中心县委的基础上又成立太平中心县委，辖石台县委、泾县县委和黟祁县委。1934 年春，在歙县建立歙县中心县委，辖歙南县委、歙北县委、休宁县委、绩溪县委及浙江的淳安县委。到秋季，已拥有党员 1000 余人，有组织的农民达 3000 余人。这年春，还在皖南西北部的贵秋东地区①成立贵秋东中心县委。11 月，又在泾县成立宣宁旌泾中心县委，下辖从太平中心县委划入的泾县县委、宣城区委、宁国特区委和旌德县的党组织。在闽浙赣省委的领导下，皖南地区先后发动黟县际村暴动、柯村暴动、太平杜家村暴动、贵池郑家村暴动等一系列武装起义，其中柯村暴动在皖南地区影响较大。

（一）柯村暴动

柯村，原属石埭县，今属黟县，位于黟县、祁门、石埭、太平 4 县交界处。这里山高林密，道路崎岖，交通闭塞，80% 农民几乎没有土地，生活极其困难，而不足 6% 的地主豪绅却占有 80% 的农田。为激发农民革命积极性，1930 年 9 月，韩锦侯、储汉仪等共产党员在请水寨暴动

---

① 即贵池、秋浦、东流三县的简称。民国时期的秋浦县、东流县，在新中国成立后合并为东至县。贵池县现改为池州市贵池区。贵秋东地区按今天的行政区划，指贵池区的西南部、东至县的东北部、石台县的西北部和祁门县的北部地区。

失败后就来此开展革命活动。1933 年 11 月，宁月生（又名"宁春发"）、黄天贵又率红军从赣东北至此，协助韩锦侯、储汉仪等在乌头坑建立了中共祁黟区委。此后，黟、祁、石、太交界地区的村庄相继建立支部会、农民团、少共团等组织，并以此为中心向四周扩散。次年春，在拜祭堂建立太平县委，韩锦侯任书记。6 月，又进一步成立太平中心县委，刘毓标任书记。7 月，太平中心县委遵照闽浙赣省委建立新苏区的指示，决定在抗租平债斗争的基础上，发动农民武装暴动，创建皖南新的苏区。8 月初，闽浙赣省委同意举行暴动，但要求待省委派出的武装和干部到达后进行。太平中心县委根据省委的指示，对暴动做了细致的安排。

8 月中旬，中心县委地下交通员在给新棚的储汉仪送信途中被捕，密信被搜，暴动计划泄露。中心县委随即召开紧急会议，研究对策。适逢皖南特委军事部长宁月生在参加际村暴动后，带领一支拥有 16 支枪的游击武装迂回赶到。中心县委决定提前举行暴动，并在拜祭堂设立暴动指挥部，由韩锦侯任总指挥。暴动指令迅即传达到各支部、各村庄。8 月 22 日凌晨，杨家墩、乌头坑、新棚、柯村一带 3200 余位农民在 100 多名党员的组织、带领下举行武装暴动。各村农民团、赤卫队手持大刀、长矛、土枪向当地土豪劣绅发起进攻，先后镇压黟县自卫团团总汪晓堂和胡炳希、汪炳才、胡昌阳等豪绅，缴获枪械 300 余件，并摧毁当地国民党的基层政权。

9 月初，闽浙赣省委派出的红军游击大队在政委宁春生的率领下，攻占祁门县城之后进入柯村地区，并在茅山岭击溃国民党太平县自卫队，起义声势进一步壮大。在红军游击大队的支持下，柯村地区农民开仓放粮，烧毁地契债据，张贴"为土地、为自由、为苏维埃政权奋斗到底"、"中国共产党万岁"等标语口号。在暴动浪潮的推动下，许多农民踊跃报名参军，红军游击大队迅速扩充为 4 个大队，农民团、地方游击队也由秘密转向公开。

9 月，太平中心县委召开扩大会议，由宁春生传达闽浙赣省委的指示，并研究了发展党组织、建立苏维埃政权、分配土地等问题。会后，太平中心县委由拜祭堂迁到柯村。此时，太平中心县委辖太平、石埠、黟祁、泾县、青阳5个县委,18个区委,68个支部,拥有300余名党员。农民团、妇女、儿童组织也有进一步的发展。至此,柯村暴动取得初步成功。

(二)皖南苏维埃政府的建立

根据闽浙赣省委指示,经过一段时间的筹备,1934年10月,皖南苏维埃政府在柯村成立,宁春生任主席,方再兴任副主席。下设财政、供给、土地、裁判(又称"肃反委员会"或"保卫局")、交通、印刷、文教、修枪等部。此后,各县、区、乡也相继建立或筹备建立苏维埃政权。

皖南苏维埃政府成立后,立即领导农民进行土地分配。分配的原则是:参照赣东北苏区的做法,以村为单位,按人口平均分配土地,其中贫农、雇农和红军家属分好田,富农分差田,地主及外逃人员不分田,具体由农民团掌握。为搞好土地分配工作,皖南苏维埃政府还专门举办有200余人参加的土地训练班,讨论、制定土地分配的方法、步骤。结果,在以柯村为中心,东西50里、南北30里的范围内,有600多户、3200余人分到土地,每人平均2亩多。

为有利于苏区的建设,皖南苏维埃政府流通使用名为"中华苏维埃共和国国家银行"的货币,当地农民称之为"红军票"。皖南苏维埃政府还举办各类训练班,如干部、工会、农会和白区工作训练班等,并在新棚设立了红军皖南总医院,以医治暴动中受伤的人员。

皖南苏维埃政府非常重视武装建设。以宁春生带领的红军游击大队为基础,吸收地方游击队的骨干,成立中国工农红军皖南游击大队,各县、区、乡也建立了游击武装,还建立农民团、赤卫队等群众性军事组织。这些革命武装为保卫苏维埃政府发挥了重要的作用。他们先后在木子岭、打鼓岭、方家岭、朗坑、杨家墩等地与国民党的地方武装展开10余次战斗,共毙敌70余人、俘敌60余人,缴获各类武器600多件。

二、中国工农红军北上抗日先遣队转战皖南

1933年10月,国民党调动百万军队,对各个根据地发动了第五

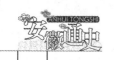
次"围剿"，其中以 50 万兵力重点围攻中央革命根据地。为调动和牵制国民党军队以减轻中央革命根据地的军事压力、配合即将实行的战略大转移，1934 年 7 月，中共中央和中央革命军事委员会决定调中央革命根据地的红七军团第十九师到外线作战，"深入到敌人的深远后方去，经过闽江流域，一直到杭江铁路及安徽的南部吸引蒋敌，将其兵力从中央苏区调回一部到其后方去"①。该部对外称中国工农红军北上抗日先遣队，对内仍称红七军团，由寻淮洲任军团长、乐少华任政委、刘英任政治部主任、粟裕任参谋长、曾洪易为随军中央代表。全军共 6000 余人。7 月初，该部从江西瑞金出发，转战福建、浙江两省后，于 9 月下旬、12 月初两次抵达皖南，并在此与国民党军展开激战。

（一）第一次转战皖南

红军北上抗日先遣队第一次到达皖南的时间是 9 月 25 日。时该军自浙西越大连岭到达皖南歙县的石门一带。湘鄂赣粤闽五省"剿匪"军预备军总司令陈调元率兵堵截。先遣队利用两省边境复杂的山区地形，在皖南的歙县、休宁县，浙江的淳安、开化诸县间与其周旋了 3 天。27 日，先遣队回淳安、开化。为使部队有机会得到休整，30 日，先遣队又进至婺源县段莘地区的清华街，并继续向皖赣边推进。而皖赣边区是位于赣北的浮梁、昌都、鄱阳、彭泽和安徽的秋浦、东流、祁门边界地区的一块狭长的苏区。10 月 3 日，先遣队在祁门县查湾歼灭当地反动武装，随后休整 3 天。8 日，在浮梁县程家山与前来接应的皖赣分区委领导的皖赣红军独立师会师。此后，先遣队连日与敌作战，十分疲劳，15 日，撤至秋浦县黎痕苏区休整。皖赣分区为先遣队妥善安置伤病员，补充 500 名新战士。皖赣红军独立师也深入敌后，牵制敌军，使先遣队摆脱了被动的局面。

这期间，中央军委来电，告之国民党正调集 22 个团的兵力分 6 路前来"围剿"，要求先遣队立即脱离敌人，自行决定向皖南或赣东北转

---

① 军委会：《关于组织北上抗日先遣队红七军团作战训令》，见中共安徽省委党史工作委员会编：《安徽现代革命史资料长编》第 2 卷，安徽人民出版社 1991 年版，第 481 页。

移。军团多数领导认为,部队最终目的地是皖南,应继续留在皖赣边,与地方党和游击队密切配合,发动游击战争,以扩大皖赣苏区。中央军委 18 日曾复电同意。但 21 日又电令先遣队前往赣东北苏区。此时,中央红军已经开始战略大转移,中央苏区成立以项英为首的中央分局和中央军区,先遣队受中央军区指挥。这时去赣东北无疑是冒险行动,但先遣队 3000 名将士仍然于 10 月底,经浮梁、德兴之间,突破敌军两道封锁线,进抵闽浙赣苏区中心区——赣东北苏区德兴县的重溪地区。

粟裕后来回忆说:七军团自瑞金出发到进入闽浙赣苏区,转战闽、浙、赣、皖 4 省的几十个县镇,历时近 4 个月,行程 3200 多里。广大指战员"连续行军作战,深入敌人腹心,击退了敌人无数次的截击、追击和'围剿',打了一些胜仗,粉碎了敌人企图消灭我军的企图。我们沿途还尽可能地开展群众工作,宣传党的抗日救亡主张,扩大了党和红军的影响。部队虽然战斗和非战斗减员较大,但沿途陆续给各游击区留下了一千多名军事骨干力量,到达闽浙赣苏区时还保持了约三千多人"[1]。

(二)第二次转战皖南

1934 年 11 月 4 日,中央军委电令红七军团与闽浙赣苏区红十军合编为红十军团,继续高举红军北上抗日先遣队的旗帜。原闽浙赣军区司令员刘畴西任军团长,乐少华任政委,刘英任政治部主任。原红七军团改编为第十九师,寻淮洲为师长,聂洪钧为政委;原红十军改编为第二十师,师长、政委由红十军团军团长、政委兼任。同时,闽浙赣苏区党政军领导干部也作了调整,方志敏由省委书记改任苏维埃政府主席兼军区司令员,曾洪易任省委书记兼军区政委,粟裕调任军区参谋长。此后,红军北上抗日先遣队第二次转战皖南,主要任务是"企图在皖南创造一块新的苏区"[2]。

11 月 18 日,红十九师率先从重溪出发向皖浙边开进。同日,中央

---

① 粟裕:《回顾红军北上抗日先遣队》,见 1981 年 7 月 26 日《解放军报》。
② 粟裕:《回顾红军北上抗日先遣队》,见 1981 年 7 月 26 日《解放军报》。

军区电令红十军团领导立即将红二十师转移到外线，同先行出发的红十九师会合，争取以运动战消灭敌人，创造皖浙赣新苏区。中央军区还决定，由方志敏、刘畴西、乐少华、聂洪钧、刘英5人组成红十军团军政委员会，方志敏为主席，随红十军团行动。24日，红二十师离开闽浙赣苏区首府葛源，经重山关到德兴县重溪，于29日突破国民党军封锁线，向皖南进军。12月4日，红二十师进抵婺源大坂。3天后，到达休宁县龙湾、月潭一带，沿途摧毁敌碉堡百余座。在蓝渡至西馆途中还截获国民党第二十一旅军车4辆，缴获迫击炮2门、枪支100余支。红十九师自12月2日在徽杭公路的横溪桥伏击安徽保安团18辆运兵车，并击毁其中一辆后，便于次日进入安徽省境。10日，红十九师和红二十师在黄山汤口会师。

汤口会师后，红军北上抗日先遣队声威大震。蒋介石急令浙江保安纵队司令俞济时为指挥官，调集11个团兵力专事"追剿"；命令赣浙闽皖边区"剿匪"总指挥赵观涛、安徽省政府主席兼保安司令刘镇华分别在浙西、赣东、皖南等地堵截。俞济时受命后，将指挥部设于歙县，企图在汤口地区对红军实施南北夹击。12月13日，先遣队越过康岭、焦岭、任马岭向谭家桥进发，途中获悉国民党补充第一旅王耀武部孤军追抵汤口，决定利用乌泥关至谭家桥段公路两侧有利地形伏击敌军。

14日凌晨1时左右，先遣队进入阵地。6时，国民党补充第一旅第二团作为前卫进入设伏地区。红十九师立即发起攻击，打伤敌团长周志道。但由于敌尚未完全进入伏击圈，得以有机会反扑，便将兵力布置到公路西侧，集中火力向战斗力较弱的红二十师阵地发起攻击。红二十师指战员奋力反击，但因缺乏阵地战经验、红十九师又不能及时增援，以致阵地失守。敌随即夺去乌泥关、石门岗制高点。战场形势发生逆转。此后，红军为夺回阵地，先后发起4次冲锋，但未能如愿。到傍晚，国民党增援部队第二十一旅从太平向谭家桥靠近。在此情况下，先遣队为保存实力撤出了阵地，经留杯荡向旌德下洋、孙村一带转移。此役是红十军团全部转向外线作战后的第一次战斗。方志敏指出："这一仗关系重大，差不多是我们能不能在皖南站住脚，完成自己战斗任务的一个关键。"①事实上,这一仗由伏击战打成了消耗战,虽然打死打伤敌军 200 余人,自身却付出伤亡 300 余人的代价。红十九师师长寻淮洲为夺回制高点,带头冲锋,结果身负重伤,后在部队转移到泾县茂林地区途中牺牲,时年 24 岁。军团政委乐少华、政治部主任刘英也在战斗中受伤。

谭家桥战斗后,先遣队沿旌德庙首、泾县茂林、太平新丰、青阳陵阳、石埭雍溪行进。途中,先遣队将部队改编为 3 个师,即增设第二十一师,胡天桃为师长。12 月 18 日,先遣队兵分 3 路到达皖南苏区中心柯村。在此休整期间,方志敏主持召开红十军团军政委员会会议,总结谭家桥战斗失利的原因,研究下一步行动计划,并对皖南苏区工作进行了指导。针对皖南苏区敌我力量发生的巨大变化,方志敏要求将柯村苏区转为游击区。为完成此任务,他从先遣队留下一个侦察营,加上原来的皖南红军游击大队,组成皖南红军独立团,以熊刚为团长、刘毓标为政委。全团 500 多人,由皖南特委领导。

就在红十军团军政委员会加紧布置皖南苏区工作时,尾追之敌也临近柯村,企图对红军前后夹击。为避开强敌,22 日,先遣队离开柯村,向黟县城西北的碧山一带转移。25 日,先遣队经休宁蓝渡进到歙县许村。在此,红十军团军政委员会决定调红十九师政委聂洪钧为皖南特委书记,以加强皖南地方党的力量,准备发动年关暴动,配合红军创建根据地。此后,先遣队在歙县、休宁、黟县、祁门、婺源等崇山峻岭之中与敌周旋,战斗 10 余次,虽予敌以一定的杀伤,但始终未能扭转被动的局面。1935 年 1 月 8 日,先遣队经休宁桃林进入浙江开化。月底,在江西怀玉山遭国民党军围攻失败,方志敏、刘畴西等被俘后牺牲,粟裕率余下的 800 名红军将士突围到浙南开展游击战争。至此,先遣队的行动结束。

先遣队虽然失败了,但它转战闽、浙、赣、皖诸省,牵制了国民党十几万大军,策应了中央红军的战略转移,扩大了党和红军在途经各省的影响,也推动了抗日运动的发展。

---

① 《方志敏文集》,人民出版社 1982 年版,第 95 页。

先遣队离开柯村后,太平中心县委和皖南苏维埃政府迅即召开会议,部署将苏区转为游击区,基层干部转入秘密斗争,并选派40余名骨干随皖南红军独立团行动。皖南红军独立团为保卫先遣队留下的数百名伤员和柯村苏区的革命群众,联合地方游击队,与"清剿"的国民党军展开了艰苦的斗争,一直坚持到1935年春末夏初。此后,逐渐向休宁、开化、婺源边界转战,并在休宁与婺源边界的鄣公山建立了游击根据地。这期间,皖南苏维埃政府主席宁春生、副主席方再兴先后被俘牺牲。

三、皖南红军的三年游击战争

1934年底,在闽浙皖赣革命根据地被敌人分割成几块、红军北上抗日先遣队在皖南失利后,皖南特委和闽浙赣省委失去联系。此后,皖南各地党组织分别在鄣公山、泾（县）旌（德）宁（国）宣（城）地区、贵（池）秋（浦）东（流）地区开辟游击根据地,继续同国民党进行革命斗争。1936年皖浙赣省委成立后,皖南游击战争又有了统一的领导。

（一）鄣公山游击根据地的建立

1935年1月,中国工农红军北上抗日先遣队失败后,皖南地区党组织也遭到严重破坏。皖南特委政治交通主任、休宁县委书记熊一飞,特委组织部长、歙县中心县委书记张金载,特委少共书记苏承屏先后被捕叛变。3月下旬,皖南特委负责人王弼又在太平被捕叛变。在此情况下,太平中心县委决定把与皖南特委有联系的交通站转移出去,并向闽浙赣省委报告。于是,刘毓标、熊刚带领皖南红军独立团1个营离开柯村,经黟县、祁门、婺源,到了德兴的广田山,找到新任省委书记关英。关英在听取刘毓标等的汇报后,介绍了闽浙皖赣苏区局势紧张的情况,要求他们在补充一些弹药后,赶紧回皖南,掩护皖南苏区转为游击区,开展以黄山为中心的游击战争。[①]

刘毓标等在那里停留3天后,就返回柯村附近。但在1个多月的

---

① 刘毓标:《柯村暴动始末》,见中共黟县县委党史办公室编:《古黟烽火》,1990年印,第119—120页。

时间里,仅找着独立团留在柯村的那个营,未能与皖南苏维埃政府主席宁春生和中心县委联系上。此时,柯村周围国民党派驻重兵,残酷地镇压革命群众,不停地追击独立团。刘毓标、熊刚决定转移部队。当他们来到祁门、休宁、婺源、浮梁4县交界的鄣公山时,发现这里山高林密、地势险要、群众基础也较好,便决定在鄣公山开辟游击根据地。他们在这里发展了一批党员,在鄣公山、莒莙山、石屋坑建立党支部,并在周边普遍建立农民团、妇女会等群众组织。此后党组织发展到鄣公山附近的白山、洪源及休宁石屋坑、里广山、里庄、上大连、下大连等地。这里逐渐发展成为皖浙赣三年游击战争的中心根据地。1936年4月,皖浙赣省委成立后,皖南红军独立团改编为皖浙赣独立团,转战在以鄣公山为中心的皖浙赣边区,直到三年游击战争结束。

(二)泾旌宁宣游击根据地的建立

泾旌宁宣游击根据地是中共泾旌宁宣中心县委领导泾县、旌德、宁国、宣城4县边区广大群众创立的游击根据地。该地早在1930年前后就有党组织开展活动,具有较好的群众基础。1934年12月中旬,方志敏领导的红军北上抗日先遣队在谭家桥战斗失利后,经旌德、泾县向太平转移,到达新丰后,方志敏决定派李步新留下做地方工作。李步新便前往泾县的西南乡一带,后又到东乡开展活动。同时期,先遣队第十九师团长王歧山因掩护主力部队转移而留下,在与青阳县委领导的一支游击队会合后在九华山一带打游击,不久来到泾县东乡戴杨村一带。这支队伍后发展到七八十人枪。1935年1月,皖南特委决定成立泾旌宁宣中心县委,以洪维恭、李步新为正、副书记。此后,中心县委根据方志敏指示皖南党"要积极开展游击战争,秘密发展党的组织,宣传抗日"[1]的精神,深入发动群众,开展武装斗争。因国民党军队追击,中心县委领导的游击大队向宣城、宁国、旌德一线行动,先后攻克宣城溪口镇、白果树乡公所,缴获长短枪30余支。但在游击大队向宁国进军,驻扎大王乡时,遭到国民党军第四十六旅1个营袭击,突围中李步新负伤。游击大队返回游击中心区泾县东乡继续活动。到

①　中共宣城市委党史研究室编:《中共宣城地方史(1919—1949)》,2001年印,第83页。

5月,游击大队发展到100多人枪。

在游击大队胜利的推动下,泾旌宁宣边区党组织有了很大的发展。7月,泾县县委成立,吴小凤任书记。各县也相继成立区级党组织,如宣城有3个区委,宁国成立宁国特区委,旌德有旌德区委。泾旌宁宣边区群众运动也有较快发展,各地纷纷成立农会、妇女会、青年团、儿童团、赤卫队等群众组织。在基层,农会实质上取代国民党组织的保甲制度。初步形成包括泾县戴杨村、黄土岭、蔡村坝、汀溪、漕溪、榆桃岭、乌雀岭,旌德的十一都、三溪,宁国的大小坑、车盘坑、板桥、大王山,宣城的溪口、大小麦坑、何村等纵横百余里的游击根据地。在宣城的周王、新田,泾县西南乡的水东翟、万村、小河口、麻岭、茂林、厚岸一带也有党的秘密组织。

泾旌宁宣边区在创建过程中经历了许多艰难险阻。1935年4月至5月间,共青团皖南特委书记苏建平、徐世良先后叛变投敌,破坏了太平、泾县一部分党组织。7月,洪维恭遭宣城县保安队偷袭牺牲。继任的中心县委领导工作不力,造成部队思想混乱。直到10月李步新伤愈归队,担任中心县委书记,对部队和地方党组织进行整顿后方有好转。在李步新带领下,中心县委领导群众进行抗租、抗债、抗丁斗争,群众被发动起来,游击根据地的发展也进入高潮。到年底,中心县委领导的红军游击大队发展到200多人枪,地方赤卫队也有近300人。

此时国民党调来正规军第七十七师、第七十八师和第四十六旅一部,在宁国、旌德、宣城3县保安队的配合下,对游击中心区进行大规模"清剿"。他们驻扎在板桥、漕溪和汀王殿,采取分进合击的战术,把根据地团团包围起来。在国民党重兵"清剿"和叛徒出卖下,吴小凤等80余人牺牲,地方党组织大部遭到破坏。中心县委决定突围向南转移。1936年2月,李步新带领保存下来的100多人,从泾县涌溪出发,经旌德、太平、石台、黟县到达休宁西乡鄣公山,找到闽浙赣省委,并继续坚持游击战争。

(三)贵秋东游击根据地的建立

贵秋东游击根据地是闽浙赣革命根据地的组成部分。早在1930

年就有一批共产党员和革命知识分子来此开展革命活动。1932 年 9、10 月间,中共徽州工委和秋浦县委曾发动、组织贵(池)秋(浦)祁(门)边区暴动,但在争取国民党军队兵变时暴露目标,秋浦县委书记李鸿明等被捕牺牲,暴动失败。1934 年下半年,在皖南特委领导下,在原贵秋东县委的基础上建立贵秋东中心县委,夏金良为书记。次年 1 月,在皖赣红军独立团的支持下,中心县委成功地领导了以郑家村为中心的暴动,建立县苏维埃政府。但由于国民党军的反扑,暴动仅 9 天就失败了。

1935 年 1 月,红军北上抗日先遣队在谭家桥战斗失败后,江天辉部在婺源山历崛口与皖赣分区司令员周成龙及独立师政委王丰庆、师长匡龙海所率部队会合,不久转移到贵秋东地区,与在该地活动的江从新等所率武装会合。他们在东庄、青峰岭、罗汉圩、八都塔、北山欧、丁香树、唐田、张溪、四门江家等地发展党组织,领导农民进行抗租抗债斗争。其间,独立师曾外出活动一段时间。农历三四月间,周成龙等率独立师再次来到贵秋东地区。不久,闽浙赣省委常委滕国荣也来到贵秋东。为统一领导,1935 年 6 月,在秋浦高山成立了江南特委,周成龙为书记。江南特委成立后,组建了贵秋、贵东、贵祁 3 个县委,余文先、黄天贵、江寿康分别任书记,并将匡龙海领导的皖赣红军独立师留下的部分兵力和江天辉领导的皖赣边红军游击大队、倪南山领导的红军长江游击大队整编为红军独立团,杨艳溪任团长,王丰庆任政委。贵秋、贵东、贵祁 3 县也都成立了游击大队。红军独立团和地方游击队先后在九都塔、牌楼、塘埂、丁冲等地伏击国民党军,毙伤 300 多人,缴枪 200 余支。

1935 年农历八月中秋节(9 月 12 日),江南特委在高山发动了中秋暴动。秋浦北山欧村等村庄有 200 多人参加暴动。随后发展到以高山为中心,东起贵池的狮茅岭、西至东流的白水家、南到秋浦的鸡头岭、北达贵池的鸡公岗,纵横七八十里的广大区域,5 万多农民手持土枪、刀、矛等武器,捣毁国民党区乡政权,捕捉土豪劣绅,还处决两个恶霸地主。暴动后成立江南特区苏维埃政府,以欧阳斌为主席,下设财政部、土地委员会、肃反委员会等机构,还成立特区总工会、妇女会、青

年团、互济会等群众团体。与此同时，成立贵秋、贵东县苏维埃政府。特区各级苏维埃政府建立后，一方面积极发展武装，镇压土豪劣绅；一方面领导土地委员会和农民团，进行土地分配工作。其时，各县、区、乡均成立了土地分配委员会，他们以乡或区为单位，按人口、田地多少分配土地。还将全乡土地分为4类：一类田最好，分给红军和雇农；二类田比较好，分给苏维埃工作人员和贫农；三类田一般，分给较富裕的中农和生活比较好的人；四类田最差，分给地主、富农和已被处决的反革命分子的家属。

1935年冬，国民党派兵进攻高山地区。红军独立团在农民团等地方武装的配合下，先后在牌楼、塘埂、丁冲等地击溃保安团的进攻，但在11月的赉田伏击战中失利。余文先、黄天贵也在东流地区与敌战斗时被俘。次年初，高山被国民党军占领，几百名参加革命的群众惨遭杀害。江南特委机关和红军独立团开始分散游击。在寡不敌众的情况下，这年3月，红军独立团、特区保卫队和游击队、赤卫队不足千人，组成红军纵队和江南红军挺进大队，在王丰庆、江天辉率领下，撤离高山游击根据地。此后，这两支武装均到达郭公山，同闽浙赣省委会合。

(四)皖浙赣省委领导的皖南游击战争

赣东北苏区第五次反"围剿"失败后，中共闽浙赣省委决定分散坚持斗争。1935年秋，省委书记关英等6人来到休宁郭公山。在关英的联络下，李步新、王丰庆、江天辉等先后率部来到郭公山。原在赣东北坚持斗争的余金德、余熙庆、滕国荣等也率部来到郭公山。

为统一和加强党的领导，1936年3月，闽浙赣省委在郭公山召开省委扩大会议，决定将闽浙赣省委改为皖浙赣省委，以关英为书记；确定省委工作总的方针是：开展广泛的游击战争，大力进行抗日宣传工作，积极发动与组织群众，发展党的秘密组织，巩固与扩大以郭公山为中心的皖浙赣边区游击根据地；决定将皖南红军独立团改编为皖浙赣红军独立团，熊刚为团长，刘毓标为政委，下辖3个营，约800人；决定成立5个特委，即：以余金德为书记的赣东北特委，以王丰庆为书记的皖赣特委，以邵长河为书记的上浙皖特委，以赵礼生为书记的开婺休

（浙皖）特委，以何英为书记的下浙皖特委。省委机关常驻休宁县石屋坑、高舍一带。

皖浙赣省委成立后，加强了党对根据地各项建设的领导，对有关政策也作了一些调整。如，在党的建设上，要求新发展的党员须具备三个条件，即成分出身好、社会关系好、经过革命斗争的长期考察。在武装建设上，坚持党对红军武装的绝对领导，实行政治工作和政治委员制度；部队的政治工作以党支部为核心；坚持党的生活制度，适时召开小组会，进行政治思想和工作的检讨。在斗争策略和活动方法上，坚持在军事行动的掩护下，领导群众抗租、抗息、抗税和反抽丁的斗争；广泛建立各种群众组织，如农民团、妇女会等；大力发展党、团员，建立党、团支部；在赤白交界区域，教育群众采用"白皮红心"的策略。在统一战线上，实行打击首恶分子，争取中间力量，大力发动群众的政策。

由于执行了较为正确的政策，皖浙赣边区游击战争有了进一步的发展。鄣公山游击根据地由休宁西乡扩大到祁门舍会山一带，成为皖浙赣边游击中心区域和省委的常驻地之一；开婺休游击根据地得到巩固和发展；下浙皖特委在歙县、遂安、淳安交界地区开辟了一块游击根据地；上浙皖特委开辟了宁国与广德之间的一块根据地，武装斗争区域曾扩大到泾县、宣城、广德、郎溪、宁国及浙江孝丰（今安吉）、于潜、昌化（今属临安）。

皖浙赣红军独立团也有了较大的发展。在成立后的一年间，接连打了几个大仗、胜仗。1936 年 7 月 7 日，关英、熊刚、刘毓标率独立团会同开婺休特委领导的游击队一举攻入开化县城，击毙狱警等 6 人，俘敌百余人，释放"囚犯"90 余人，缴获机枪 6 挺、步枪百余支。在回师鄣公山途中，又在沱川月岭脚下伏击国民党军两个连队，打死打伤敌 30 余人，缴机枪 4 挺、步枪百余支。12 月 21 日，刘毓标率独立团一个营，会同上浙皖特委程祥元领导的游击队，从宁国奔袭昌化城，活捉两个乡长，缴步枪 70 多支，释放"囚犯"百余人。在战争胜利的鼓舞下，皖浙赣红军也有了较快的发展。到 1936 年 9 月，红军独立团发展到 1100 余人，各特委领导的游击队有 600 余人。到年底，整个皖浙赣

红军游击队更达到近 3000 人。

　　1936 年 12 月西安事变和平解决后,国民党采取"北和南剿"的政策,加紧对南方游击根据地"围剿"。1937 年 1 月,国民党闽浙赣皖边区"绥靖"公署主任刘建绪在浙江衢州召开"绥靖"会议,限令 3 个月内全部肃清边区红军游击队。在十几个师、旅的国民党军队和闽浙赣皖保安团队的"围剿"下,皖浙赣边形势开始恶化。2 月,关英派熊刚、刘毓标各带一连人前往浙西南寻找刘英、粟裕,自己随独立团撤离鄣公山到皖浙边活动。不久,独立团在浙西被打散,关英与部队失去联系,后隐居在玉山境内,熊刚率二三十人返回。所属特委及地方游击队在各根据地开展游击活动时,均遭受重大损失:3 月下旬,下浙皖特委书记何英叛变,下浙皖特委和游击武装遭受重大损失;5 月 9 日,皖赣特委游击武装被打散,特委书记王丰庆被捕,后逃脱归队;6 月 2 日,上浙皖特委和游击队在广德县野鸡冲被敌冲散;开婺休特委书记赵礼生和司令员邱老金也被敌逮捕,特委损失严重。此后,各地被打散的红军游击队又逐渐聚集到祁门舍会山。抗日战争爆发后,经与国民党地方当局谈判,这些红军游击队被编入新四军。

第十章

南京国民政府统治时期的安徽经济

1927—1937 年安徽的经济发展呈现比较复杂的状态,各行业发展极不平衡。民族工矿业发展速度放缓,但交通运输业得到较为迅速的发展,为经济发展和市场扩大提供了一定的基础,同时也出现一批包括淮南煤矿在内的新企业。财政金融较前有了较大发展,已建立起较为完备的银行体系,财政制度也趋于完善,但财政收入仍没有增加。20 世纪 30 年代,受世界经济危机的影响,形成空前的农业大萧条,对安徽经济影响甚巨。总体来看,安徽并没有因为邻近国民政府首都南京的政治区位而获得经济上的进步,与江浙地区的经济差距进一步拉大。

第一节　工矿业

一、工业

南京国民政府成立后,安徽省政府下设建设厅,主管全省工商业,但鉴于工业"向不发达"的状况和财力限制,无力进行大规模的政府投资,只能"以倡导为入手",要求各县举办一些所谓民生工厂。[①] 20世纪30年代以后,安徽的工矿业在结束了一战后短暂的发展之后,总体上处于一种衰退的状态,工业种类没有得以拓展和增加,相反一些大型企业纷纷陷入经营困境。从工业门类来看,仍集中在纺织、面粉、电力、火柴等有限的几个部门。在机器工业的布局上,仍以芜湖、蚌埠、安庆三地较为发达。"至其他各县,均处内地,无工业之可言,所有者大多数为家庭手工业"。[②]

表 10-1　芜湖工业概况统计表(1935 年)

类别	家数	资本总额(元)	工人数	年产值(量)
机器	9	25600	232	118000 元
棉织	49	64146	769	64040 匹 34500 打
电气	1	700000	55	1500000 度
肥皂	3	11700	42	22720 箱
卷烟	1	20000	30	30 箱
印刷	5	20000	60	1350 令
纺纱	1	1000000	430	10977 件
面粉	1	200000	30	268000 包

---

① 安徽省建设厅:《安徽建设现况》,见《中国经济》1935 年第 8 期。
② 陈筱南:《安徽实业概况》,见《实业统计》第 3 卷第 6 号,1936 年。

（续表）

类别	家数	资本总额(元)	工人数	年产值(量)
皮坊	3	2500	21	1830 张
袜业	10	1270	62	282200 打
碾米业	90	308340	507	860000 担
纽扣	2	368	22	1180000 粒
制冰	1	7000	4	2000 元
总计	176	2360924	2264	——

资料来源：陈筱南：《安徽实业概况》，《实业统计》第3卷第6号，1936年，第110页。

（一）电力工业

从 20 世纪初芜湖明远电厂创办以来，电力工业成为近代安徽发展较为迅速的工业门类。1929 年，安徽省 10 家电灯公司加入全国民营电业联合会，芜湖明远电灯公司总经理沈嗣芳任该会总干事长，芜湖、蚌埠两公司代表分别被选为该会执行委员和监察委员；铜陵大通振通电灯公司创办人祝大椿也是该会成员。但是，电力工业在这一时期发展速度明显减缓，经营也出现困境。安庆电灯厂是设立较早的安徽电灯厂之一。1921 年后，经营即陷入困境。1927 年后，改由省建设厅直辖，称省会电灯厂，1937 年又由国民政府建设委员会接收整理，但经营状况不断恶化。

20 年代初期，由于工业用电需求量不断扩大，芜湖明远电厂添购 800 千伏安德西门子汽轮发电机 1 台，解决此前电力不足的问题。此后，又不断增加投资，更换和增添发电设备。但为偿付西门子洋行货款和解决生产资金不足问题，以提供企业人事权和行政权为条件，向浙江银团借款 15 万元。1934 年，吴兴周因公司亏损，辞去总经理之职，仅在董事会任职，李彦士接任总经理。李彦士对企业人事进行大改组，经营有所起色。是年夏天起，两台电机每天轮流运转一台，实行日夜供电。1936 年 5 月，李彦士病逝，公司另聘沈嗣芳为经理，由于沈精于业务,管理有方,公司业务更臻发达。① 日军侵占芜湖后,明远被日军侵占,改名为华中水电株式会社。②

创办于 1919 年的蚌埠耀淮电力公司由于管理得当,企业一度得到较快发展,电厂先后添置三台发电机,并架设两条 2200 伏特的高压线。但是,由于收费制度落后,偷电现象普遍存在,亏损愈益严重。1933 年顾松林接任经理后,革除弊病,严肃厂纪,加强管理。电厂特聘上海会计师协会整顿财务,按时查账,又聘请军警人士担任电灯公司检查员,协助职员取缔私灯,追收电费,使多年欠费状况得以改善。电厂大力推行表灯制,取消包灯,组织工人整修用电线路,积极增添发电设备,购买了两台发电机,使电厂装机容量增为 650 千瓦,保证电灯公司有足够的电力供给全市。③

这一时期,安徽全省有 29 家电厂,总投资近 500 万元,占机械制造业投资总额的近 40%。但除了上述明远和耀淮厂经营状况较佳外,其他企业由于资金、技术、管理等方面的原因,亏损者居多数。安徽电厂发展受到限制的主要原因在于电力主要用于照明,只有明远等少数企业供应生产用电。

(二)面粉业

津浦铁路通车后,蚌埠迅速成为皖东北物资集散之地。1928 年安徽建设会议就提出"拟在蚌埠组织面粉公司案",称"蚌埠位于凤阳北境,产麦颇称丰富,应即组织面粉公司,以利民食"。1927 年以后,蚌埠出现信丰面粉厂、宝兴面粉厂两家大型面粉厂。信丰面粉厂于 1928 年建成,创办人为冯继怀、朱再岑,投资 33 万元,装有 11 台美式磨粉机,日产元宝牌商标面粉 2800 包上等粉。④ 1931 年淮河大水之后,市场萎缩,加之美国面粉涌进中国市场,信丰面粉厂备受冲击,工

---

① 谢国兴:《中国现代化的区域研究:安徽省(1860—1937)》,台湾"中央研究院"近代史研究所 1991 年版,第 425 页。

② 吴名骝、葛宗仁:《芜湖明远电厂的演变》,见安徽省政协文史资料研究委员会:《工商史迹》,安徽人民出版社 1987 年版,第 86 页。

③ 顾松龄:《蚌埠耀淮电灯公司半年业整理之经过》(全国民营电业联合会第五届年会论文),《电业季刊》1933 年第 2 期。

④ 安徽省政协文史资料委员会:《江淮工商》,安徽人民出版社 1987 年版,第 84 页。

厂只得租赁给他人经营,更名为兴记面粉厂,直至日伪时期。①

宝兴面粉厂于1929年筹建,1930年投产。创建人杨树诚于1921年在徐州开设宝兴面粉厂,蚌埠宝兴面粉厂为分厂,投资额140万元。该厂装有德式磨粉机25台,日产大钱牌商标的上等面粉6000包。该厂产品大部分沿津浦、陇海铁路北运。抗战前,工厂有职工180人,聘德国工程师瑞德主持生产。1934年,工厂已增值为200万两银元。在这种情况下,"该厂鉴于皖北出产黄豆、芝麻、各种杂粮,特在厂内立地,创办植物油厂,已派专员赴沪订购机器,建筑工匠已来蚌着手预定各项零件。房屋建筑,今年方可兴工,为三层大厦"。1936年植物油厂新建大楼在宝兴面粉厂附近落成。②

由于内部组织涣散,冗员过多,芜湖益新面粉厂连年亏损,每况愈下,至1931年益新负债已高达14万元,超出全部资产。在这种情况下,无法继续经营,被迫交由债权团代表苏紫封、朱晋侯组织复兴会进厂代管,类似破产处理。直到抗战前夕,由宝兴面粉厂代为清偿了全部债务,益新产权得以收回。③

(三)纺织业

芜湖裕中纱厂于1916年由陈绍吾、江干卿、宁松泉等人集资20万两银元创办,厂址在芜湖陶沟与狮子山附近。由于裕中纱厂是在一战结束之际开业的,此时日本开始在华设立大批纱厂,对裕中纱厂形成巨大的市场压力。当时裕中纱厂资本小、产量低、成本高,"加之厂房建筑粗制滥造,地基不牢,机器震动,出的纱支粗细不匀,不受顾客欢迎,在市场上不能与日厂棉纱竞争",因此,销路停滞,产品积压,资金周转不灵,债务日益沉重。1922年后经营日益恶化。1922年前,全厂日产纱40件,至1930年,日产纱仅28件,降低了30%。1925年,纱厂和纱号发生矛盾,产品销不出去,流动资金周转不灵,而芜湖市的金

① 蚌埠市工商业联合会、蚌埠市政协文史办公室合编:《蚌埠工商史资料》,安徽人民出版社内刊第164号,第127—135页。
② 《安徽面粉工业发展概况》,见安徽省政协文史资料委员会:《江淮工商》,安徽人民出版社1987年版,第85页。
③ 章向荣:《芜湖益新公司创建始末》,见安徽省政协文史资料研究委员会:《工商史迹》,安徽人民出版社1987年版,第68页。

融界对纱厂信用抱有怀疑态度,不愿贷款周转,导致工厂一度停工。最后只得请李鸿章的继子李伯行出任董事长。他到芜湖后与银行、纱号协商,初步解决了贷款和棉纱的销售问题,同时向实业银行抵押借款 60 万元,勉强解决了资金问题。但是,此后纱厂仍未摆脱亏损的局面,到 1929 年底,亏损达 40 多万元。由于裕中纱厂经营一步步走下坡路,负债累累,各股东不愿继续经营,进入 20 世纪 30 年代后,裕中纱厂出现了 3 次出租的衰败景象。①

1931 年长江发生大水灾,裕中纱厂被淹,损失惨重。在这种困难情况下,无法继续开工生产,股东纷纷要求出租。最终,与上海安泰铁工厂经理沈海涛签订租办合约,期限 3 年,每年交租金 6 万元。②

沈海涛租办裕中纱厂后,改名为芜湖裕中盈记纺织股份有限公司,自任总经理,股资约 10 万元,工厂于 1931 年 12 月复工生产。开工后,即爆发上海一·二八事变,交通受阻,难以采购到原棉,棉纱销售也受到严重影响。此时工厂各股东互相攻击,导致经营管理混乱。不到半年,股本全部亏尽,沈海涛被迫远走南京。

沈海涛经营失败后,裕中董事长刘晦之到天津请中国实业银行总行常务董事李季芝出面租办。李季芝虽自任经理,却不来芜湖亲自理事,而在天津设立裕中纱厂办事处,通过电话、信件遥控企业经营,厂内具体事务由副经理陈公孟主持。陈公孟是时任福建省长陈仪的哥哥,并不懂纱厂经营。他与地方帮会勾结,贪污舞弊,至 1936 年工厂负债总数已高达 180 万元,为总资本的 180%。中国实业银行为了保护自身的利益,急欲清理债务关系,委托地方法院两次拍卖,始终无人问津。后经法院判决,全部产权转归中国实业银行所有。③

因为当时政府规定银行不得经营企业,中国实业银行与中一实业公司于 1937 年 2 月签订租约,并将该厂改名为中一纱厂,后改为中一纺织厂,赵志游任经理。赵志游进行人员调整,改进生产设备,经营状

---

① 中共安徽省委中级党校:《芜湖纺织厂史》,安徽人民出版社 1960 年版,第 9—11 页。
② 中共安徽省委中级党校:《芜湖纺织厂史》,安徽人民出版社 1960 年版,第 26 页。
③ 刘素珍:《芜湖裕中纱厂三十年间史》,见中国近代纺织史编辑委员会编:《中国近代纺织史研究资料汇编》第 3 辑,1988 年印,第 32 页。

况有所好转。1938 年 12 月,芜湖沦陷,裕中纱厂改为伤兵医院,设备机器遭到严重破坏。

（四）卷烟业

1917 年,英美烟公司在凤阳县境内门台孜兴建烤烟厂。1919 年投产,拥有一间大型烤烟厂房,复烤机 1 部,由一台 5.5 千瓦蒸汽机带动;同时,置有锅炉房,安装英制两吨卧式锅炉 5 台。烟厂平均每年开工约 4 个月,开工时一般临时招雇 400 名左右破产农民和失业劳工进厂做工,实行一班制生产,日烤烟叶 1 万公斤。烤烟成品均装车运往上海。此厂 1924 年改属上海大英烟草公司,1932 年改属上海颐中烟草公司,1937 年改属上海振兴烟草公司。

迅速发展的烟草种植业,为蚌埠地区卷烟工业的兴起提供了充分的原料。1926 年英美烟公司买办兼翻译范雨田筹资购买了 2 部花旗牌卷烟机,在太平街办起蚌埠第一家卷烟厂,称大来烟厂。在所有工序中,仅卷烟使用机器,其他均手工操作。全厂 130 多人,大多为当地无业市民。几位上海技工负责配料、操作和维修机器。生产原料烟叶来自凤阳,盘纸、香精购于上海,烟包上的商标也在上海印制。大来烟厂首批生产的来富牌香烟,是蚌埠最早的一个香烟品种。1929 年工厂改组后更名为大来烟草股份有限公司,生产渐有起色,可日产香烟 10 箱左右,品种也有增加,如具有浓厚地方特色的蚌精牌香烟。抗战爆发后,烟厂迁出蚌埠,暂租刘府烟行维持生产。日军占领后,工厂倒闭。[①]

（五）手工棉纺织业

第一次世界大战之后,国内市场棉贱纱贵,纺织业获利日厚,一度衰落的安徽手工棉纺织业出现了短暂的复苏。其时安徽手工棉纺织业以皖南、皖中各县较为发达,皖北各县稍次。据安徽省建设厅对全省土布业的调查,机坊所用织机,有木机、铁机二种。"木机各大市镇即可购得,每架约值 10 元左右,均织粗布;铁机统购自外埠,每架约需 40 元左右,价格昂贵,故各地尚未普遍使用。"[②]织品中以白大布、格子

---

① 刘学海:《蚌埠烟草业和东海烟厂》,见政协蚌埠市委员会、蚌埠市志编纂委员会编:《蚌埠古今》第 1 辑,1982 年印,第 78—81 页。

② 《安徽全省土布产量统计表》,见《经济建设》半月刊,民国 25 年(1936)12 月第 4 期。

布、条子布、爱国布为最多,洋线布、线呢次之。20 世纪 30 年代初,全省各地纷纷建立棉纺织工厂。据 1934 年统计,省内手工棉织工厂已有 38 家,比上年增加了 25 家。据 1936 年调查统计,全省土布年生产能力已达 200 多万匹,年产土布万匹以上的县有 17 个。[①]

20 世纪 20 年代后期,芜湖棉织业的机坊已由清末的 30 多家发展到 500 余家。机台也由清末的五六十张发展到 2000 张以上,棉织机坊遍及大街小巷。芜湖的棉布不仅遍销本省各地,而且还远销到湖北、江西、河南、山东、江苏等省的大部分地区。芜湖毛巾也畅销于长江中上游一带城镇。许多浴室都使用芜湖"邵兴记"机坊生产的澡巾。当时芜湖市场物价稳定,商业往来活跃,原料既能赊购,产品也能赊销。淡季资金周转困难,只要自己有信用担保,不但能够预收货款,也可以向银行、钱庄抵押或借贷。这些都促进了棉织业的迅速发展。[②]安庆的手工棉纺织业仅次于芜湖,拥有布机 2000 张左右。合肥地处江淮腹地,自古盛产棉花、盛行纺织。工人近千人,年产土布 9 万余匹。[③] 据 1937 年调查,合肥有织机大约 1 万架左右。织户人口约 10 万,占全县总人口的 1/13。"尤其是东南乡,几乎无家不织,所产棉布自给有余,且行销他乡。"[④]

表 10-2 1936 年安徽各县土布生产情况表   单位:匹

县名	土布产量
怀宁	367900
桐城	90000
潜山	20500
望江	50000
芜湖	150500
当涂	30000

① 安徽省地方志编纂委员会编:《安徽省志·纺织工业志》,方志出版社 1993 年版,第 5 页。
② 安徽省政协文史资料委员会:《江淮工商》,安徽人民出版社 1987 年版,第 91—92 页。
③ 陈筱南:《安徽实业概况》,见《实业统计》第 3 卷第 6 号。
④ 刘树潘:《合肥布业情况》,见《安徽合作月刊》1937 年第 7 期。

（续表）

县名	土布产量
南陵	12600
巢县	32300
广德	21000
六安	70000
合肥	980400
舒城	150000
寿县	40000
凤阳	25000
定远	50000
太和	15000
宣城	12000

资料来源:《经济建设》(半月刊)1937 年第 17 期。

（六）印染业

至 1935 年,芜湖印染业由欧战后的 6 家增加到 22 家,职工 91 人。绩溪有染坊 1 家,职工 11 人。歙县有染坊 3 家,职工 26 人。[1] 一些印染基础较好的地区,也相继设立印染工厂。1936 年,安徽省国民政府通令各县筹设民生工厂,各职业学校增设染织科。[2] 安徽省建设厅考虑芜湖、安庆为当时省内织造花色布匹最多的地区（当时芜湖织机有 4000 架以上,其中有半数织造色布;安庆织机 2000 张,亦有半数以上织造色布）,曾计划在芜湖、安庆各设印染整理工厂一所,以图改良色布[3],但因抗日战争的爆发而落空。

二、矿业

安徽矿藏资源丰富,这一时期矿业仍持续发展,并出现了大型煤

---

[1] 《安徽省芜屯公路沿线经济概况》,1935 年印。
[2] 安徽省地方志编纂委员会编:《安徽省志·纺织工业志》,方志出版社 1993 年版,第 46 页。
[3] 《国民经济建设运动委员会安徽省分会中心工作计划大纲》,见《经济建设月刊》1937 年第 7 期。

矿淮南煤矿,只是各种不同类型的矿业企业发展状况不同,有的规模迅速增长,有的则因多种原因陷于衰退。安徽各类矿砂大多以初级产品的形式运往外省和国外,省内消费量极为有限。

安徽矿藏丰富,经过民国初的勘测开发,煤铁矿的开采已颇具规模。1929 年,安徽省官矿局成立,受省建设厅管辖,李文华任局长。鉴于以前官矿办理之不善,安徽建设厅曾拟定《安徽省开发矿产办法大纲》及《官矿让与商矿章程》,根据上述文件,全省保留官矿 18 区,其中宣城 12 区,芜湖县 1 区,宁国县 3 区,怀宁县 1 区,东流县 1 区,其余官矿区一律开放,准由人民依法承领,以兴矿业。铁矿主要为商办或官商合办,当时矿山分为国营、省营、商营 3 种形式。国营矿业共有 14 区,其中以建设委员会所辖的淮南煤矿规模最大。省营矿业主要有水东及馒头山煤矿,由于省营煤矿经费困难,这两个煤矿先后转为商营。安徽商办矿业数量不断增多,成为矿业的主体力量。至 1936 年,全省商办煤矿 79 区,铁路 13 区,硫黄矿 1 区,锑矿 1 区,金矿 2 区。所产铁矿砂,基本上销往海外。据海关统计,1928 年全省铁矿产量 17.68 万吨,1929 年上升到 41.68 万吨,高的一年 1936 年产量约 57 万吨。1936 年铁矿砂出口为 57 万余吨,煤矿产量在 80 万吨以上。[1]

(一)煤矿

晚清和北京国民政府时期,池州、烈山、宣城等地虽有煤矿企业,但采掘规模有限。20 世纪 30 年代开始投产的淮南煤矿是华东地区最大的煤矿企业。1929 年,国民政府建设委员会派人到淮南调查,筹建淮南煤矿。当年,国民政府建设委员会取得了淮南舜耕山一带的九龙岗、洞山、上窑 3 矿的开采权,面积 22 平方公里。建设委员会自 1929 年至 1935 年共投资 153 万余元,主要开采九龙岗矿区,淮南煤矿井下水量不多,沼气也少,开采方便。该矿煤质甚佳,含硫量少,属于优质煤矿。1930 年 3 月 27 日,国民政府建设委员会成立淮南煤矿局。次年,淮南煤矿局九龙岗东矿、西矿陆续投产。1937 年 7 月,淮南煤矿局、淮南铁路局合组为淮南矿路股份有限公司,下辖煤矿、铁路两局。

① 刘贻燕:《最近安徽经济建设概况》,见《经济建设月刊》1936 年第 4 期。

宋子文控股的中国建设银行及中央、交通等银行拥有 80% 股票，获得控股权。淮南煤矿发展迅速，产量大幅度提高。1930 年出煤仅 100 吨，到 1936 年已达 50 万吨以上。①

（二）铁矿

安徽铁矿主要集中在当涂、繁昌沿江一带。这里铁矿蕴藏丰富，显于山巅，宜于露天开采，且又位于长江南岸，运输便利。铁矿主要有 4 家：繁昌县裕繁公司，当涂县宝兴公司、利福民公司和振冶公司。这 4 家公司均被日本以贷款预购的方式控制。大量的铁矿砂以低贱的价格源源输入日本。根据芜湖海关历年出口的数量统计，自民国初年至抗日战争爆发 20 年间，日本从安徽掠夺的铁矿石共达 668 万吨，平均每年销往日本铁矿石 31.8 万吨。这些铁矿石成为日本东洋制铁所、三井、三菱会社等钢铁企业冶炼钢铁的重要原料。1934 年，芜湖海关输往日本铁矿石 47.2 万吨，约占是年日本进口铁矿石总量的 22%。1936 年，芜湖海关输往日本铁矿石 71.3 万吨，约占是年日本进口铁矿石总量的 19%。②

这一时期新增的最大铁矿公司是福利民公司，1930 年正式开采南山铁矿。在南山的南坡分东、中、西 3 段进行开采。第一年产矿就达 8 万吨。1932 年一·二八事变后，公司被迫短期停产，但重新生产后经营兴盛，1934 年、1935 年间，有工人 670 多人，年产矿石 10 万吨以上，1936 年年产矿石达 22.7 万吨，创下公司最高年产量，在当涂铁矿各公司中也是首屈一指。③

为发展钢铁生产，1919 年，开滦矿务局曾与宝兴公司联合，在秦皇岛、吴淞口和浦口 3 处中选择一处设立钢铁厂，但未能成议。④ 国民政府也曾筹划在马鞍山兴建钢铁厂。1932 年 6 月，省建设厅派员赴马鞍山一带测勘，选择兴建钢铁厂厂址。但是至抗战前，安徽始终未能成立钢铁企业。安徽的铁矿企业经营状况完全取决于世界市场对铁

① 李春昱等：《中国矿业纪要》，第 7 次，国立北平研究院地质学研究所 1945 年版，第 691 页。
② 《芜湖海关十年报告》，1922—1931 年。
③ 董世松：《昔日当涂铁矿》，见《马鞍山文史》第 3 辑，第 74 页。
④ 陈筱南：《安徽实业概况》，见《实业统计》第 3 卷第 6 号。

路矿砂的需求。一战期间,钢铁需求激增,生铁价格每吨曾涨至 300 元以上,安徽的铁矿公司大都是在这一时期呈请执照开采的。但是,安徽铁矿"仅以供给日本为唯一之销路,甚至砂商非先与日人订立合同,不敢从事开采"[①]。但是,随着铁价下降,日本存砂增多,铁矿停业的也随之增多。1932 年,宝兴公司和福利民公司也停止出矿。[②]

表 10 – 3 福利民、宝兴、益华公司输日矿石表 　　单位:吨

年度	福利民	宝兴	益华	合计
1929 年		145000	14908	159908
1930 年	16000	107950	26993	150943
1931 年	58470	37650	16597	112717
1932 年	25800	33710	—	59510
1933 年	119000	—		119000

资料来源:王鹤鸣、施立业编著:《安徽经济轨迹》,安徽人民出版社 1991 年版,第 473 页。

第二节　交通业与淮南铁路建设

一、交通业

1927—1937 年,是安徽近代交通建设较为迅速的时期,此时期以轮船、火车及汽车为运输工具的近代化交通运输网初步形成。其中公路建设取得了较为快速的发展,至抗战前安徽已经形成了以省会安庆为中心的省内公路交通运输网络,公路建设里程达 5731 公里,位居当时全国各省公路交通建设第四位,仅次于经济较为发达的江苏、浙江等省。安徽的航运交通、铁路交通建设也都取得了一定的成绩,并开始在安徽经济建设、社会生活中发挥着重要的作用。

---

① 《安徽之矿冶》,见《中国建设》第 11 卷第 4 期。
② 《安徽之矿冶》,见《中国建设》第 11 卷第 4 期。

（一）公路

安徽近代公路运输发端于皖北，最早出现的汽车运输是 1920 年在五河至泗县间的旧式汽车运输；第一条公路是 1922 年修建的安庆集贤关至怀宁的公路。1927—1937 年，安徽的公路交通得到了较快发展。

1928 年 8 月，南京国民政府交通部召开全国交通会议，初步制订了全国国道计划，把全国的公路分为 3 类，即国道、省道、县道。同年筑路事宜移归铁道部管辖。1929 年 2 月，铁道部召集江苏、浙江、安徽、湖南、湖北、福建、山东、河南、河北、陕西、宁夏等 11 个省的政府代表，组建国道设计委员会，制定了国道路线网、国道工程标准等，并拟定 12 条国道干线，分别是京桂、京滇康、京藏、闽新、京蒙、京黑、张远、甘藏新、绥新、黑蒙新、迪疏、陕桂等 12 线，共长 67553 公里。[①] 这 12 条国道干线，大多数都经过安徽。[②]

为了配合铁道部制订的国道干线计划，安徽省建设厅拟订了安徽省国道、省道计划路线，计划修筑京芜等国道 10 条，省道 52 条，县道 297 条。[③] 但因财力不济，只能先选择其中两条重要公路筹资修建，一是芜湖至屯溪，二是安庆至蚌埠。选择先修这两条路的理由是"皖省南北交通，则异常阻滞，非赶修公路以资补救不可；应将芜屯及安蚌两路限期完成"[④]。最终因财力所限，该计划无果而终。[⑤]

1932 年 8 月，全国经济委员会召开苏、浙、皖 3 省公路会议，组建 3 省道路专门委员会，督修 3 省联络公路，计划路线共 6 条，其中就有 3 条通过皖境：京芜路（芜湖—慈湖镇）、宣长路（宣城—界牌）、杭徽路（徽州—昱岭关），共长 201 公里。[⑥] 三路于 1933 年 11 月竣工，费时仅 15 个月。1932 年 11 月，全国经济委员会将三省联络公路扩大为苏、

① 《十年来公路建设》(1936)，见中国第二历史档案馆编：《中华民国史档案资料汇编》第 5 辑第 1 编财政经济（九），江苏古籍出版社 1990 年版，第 250 页。

② 周一士：《中国公路史》，近代中国史料丛刊（第 93 辑），台湾文海出版社 1957 年版，第 124 页。

③ 周昌柏主编：《安徽公路史》第 1 册，安徽人民出版社 1989 年版，第 43—45 页。

④ 周昌柏主编：《安徽公路史》第 1 册，安徽人民出版社 1989 年版，第 48 页。

⑤ 安徽省政府建设厅编：《一年来之安徽建设》，1933 年印，第 2 页。

⑥ 中央党部国民经济计划委员会编：《十年来之中国经济建设》上册《安徽省之经济建设》，台湾"中央文物供应社"1976 年影印版，第 12 页。

浙、皖、赣、鄂、湘、豫 7 省联络公路,拟修筑 11 条国道,其中有 5 条经过安徽,它们分别是:京陕干线(在皖境公路里数长 322 公里)、京黔干线(在皖境公路里数长 414 公里)、京川干线(在皖境公路里数长 288 公里)、商祁干线(在皖境公路里数长 562 公里)、京鲁干线(在皖境公路里数长 80 公里),这些公路均于 1936 年前完成。[1]

在全国经济委员会的 7 省干线支线联络计划的基础上,安徽省也拟订了本省的配套修筑计划。该计划包括 4 个部分:一是国道干线,二是与邻省联络干线,三是省内联络干线,四是支线。时任建设厅厅长的刘贻燕曾指出,7 省联络干线"经过皖省境内颇多,皆与皖省经济文化各方面有密切之关系,乃根据此项议决,并参酌皖省社会之需要,将已修待修之路线,作一新规划,俾脉络贯通,效用增宏"[2]。

至抗战爆发前夕,安徽共修建纵横干支线 31 条,约 4000 公里,加上已完成的其他路线和部分县道,通车里程共达 5731 公里,居全国 28 个省市中的第五位。其中有路面的 3301 公里,为全国第四位;土路 2430 公里,为全国第十三位。联络公路干线 1737 公里,支线 2113 公里,合计 3850 公里。就公路总里数而言,皖省公路较之 1932 年以前全省境内公路里程数增长了 38 倍之多。[3] 可见此阶段皖省公路建设取得了相当大的成绩。

这一时期安徽公路的数量虽有大幅提高,但因筑路经费紧张,修筑的公路标准低,甚至有的名义上为公路,实际上并不能通行汽车。相比较而言,皖南地区公路质量较高,路面多铺碎石;皖北则多为土路。"皖北以限于财力,土路通车者为多"。[4]

1927—1937 年,随着安徽公路里程的不断增加,公路运输业务也日有扩展。1929 年,全省公路管理处在安潜太、芜当、合巢等段公路配备客车 20 余辆,客货两用车 6 辆。1932 年后,客运业务渐趋发展,客车数量不断增加,至抗日战争爆发前夕,全省车辆发展到 500 辆,其

① 安徽省政府建设厅编:《一年来之安徽建设》,1933 年印,第 3—5 页。
② 刘贻燕:《安徽一年来之交通》,见《交通杂志》第 2 卷第 5 期,1934 年。
③ 周昌柏主编:《安徽公路史》第 1 册,安徽人民出版社 1989 年版,第 117 页。
④ 《安徽公路铁路展筑状况》,见 1936 年 10 月 14 日《申报》。

中大部分为客车。① 同时,商营汽车公司也有较大的发展。1933 年,商人吴兴周集资租下京芜路芜湖至当涂段公路,成立京(南京)芜(湖)路西段长途汽车公司,有大客车 7 辆,小客车 3 辆,货车 2 辆。1933 年 11 月,徽州商人程君瑞、钱士青等人组建杭徽公路歙(县)昱(岭关)段长途汽车公司,有大客车 10 辆,小包车 10 辆,专营杭徽公路歙昱段客运业务。1934 年 2 月,徽州商人曹霆声、曹九如组建鸿飞汽车运货公司,拥有货车 21 辆,办理杭徽公路歙县至昱岭关段货运业务。② 同时,一些商办公路公司也开始进行联运。如歙昱长途汽车公司与浙江省公路运输单位签约,办理互通杭州至屯溪间的直达联运。③ 公路联运的施行,不仅促进了皖省汽车运输业的发展,而且还有利于加强皖省与外界的交流,带动皖省经济发展、社会进步。

　　(二)水运

　　南京国民政府成立后至抗战爆发前,随着政治的稳定、经济的发展,安徽江河航运业得到了进一步发展。民族航运公司(大轮、小轮)纷纷添购轮船,扩建码头和货栈,增加新航线,降低运价,安徽江河航业一度呈现繁荣景象。

　　1931 年 7 月 1 日,南京国民政府为加强对全国航运事业的管理,设立上海、汉口、天津、哈尔滨 4 个航政局,安徽地区属于上海航政局。上海航政局起初在安徽组建了芜湖、安庆、蚌埠 3 个航运办事处和运漕、三河、南陵、华阳、盱眙、正阳 6 个登记所,后因精简机构需要,仅留芜湖 1 个办事处。其主要职责是对管辖区域内的船舶进行检丈、登记等事宜。

　　自 1926 年轮船招商局在芜湖港建设了近代安徽第一座近代化栈桥式码头后,在此后 10 余年间中外航业公司纷纷在芜湖港扩展码头、仓库等港口设施,至抗战爆发前,以近代码头仓库为标志的芜湖港口设施已具有相当规模。④ 据统计,当时在芜湖口岸的码头船共有 19 座,趸船 19 艘,其中,民族轮船公司 8 家,有码头 9 座,趸船 9 艘,占总

　　① 安徽省地方志编纂委员会编:《安徽省志·交通志》,方志出版社 1998 年版,第 177 页。
　　② 安徽省地方志编纂委员会编:《安徽省志·交通志》,方志出版社 1998 年版,第 158 页。
　　③ 中国公路交通史编审委员会:《中国公路运输史》第 1 册,人民交通出版社 1990 年版,第 170 页。
　　④ 马茂棠:《安徽航运史》,安徽人民出版社 1991 年版,第 225 页。

数的47%;外国航商6家,有码头10座,趸船10艘,占总数的53%。①

安庆港在这一时期也得到了较快的发展。除外商在安庆建立的码头、趸船外,轮船招商局、三北等实力雄厚的官办、官商合办或商办轮船公司亦纷纷在安庆投资添建新码头,建立新囤船和仓库,民营小轮公司也兴建码头和仓库。民营小轮公司共有4家,船只共7只,总吨数达348吨。此时期,航行于沪汉航线的招商局及三北、太古、怡和、日清等中外轮船公司的大轮均停靠安庆。新安和记、广济、兴祥、湘吾、同济、泰昌、大盛、扬子、泰安等民营小轮公司,也航行于安庆至九江、枞阳、桂家坝、池州、大通、芜湖等地。以安庆为起点的航线达7条。②

自1912年津浦铁路通车后,蚌埠成为皖北水陆交通枢纽和物资中转站。皖北乃至豫东粮食和土特产品,通过水运云集蚌埠,转运火车运销外地。火车运来的大量物资至蚌埠,沿水道用船转运到淮河上下游。港口转运物资急剧增加,港口很快呈现繁盛局面。③ 1937年前,各商号、轮运公司纷纷在蚌埠港口兴建码头、仓库、货栈,其中较有名的是于20世纪20年代兴建的面积达2万余平方米的五行仓库,共21幢;通向港口的专线铁路达3条之多,公路也有数条;港口日吞吐量最高可达5000吨,逐渐成为淮河中游的水运中心。至1937年止,蚌埠港的轮船公司达10个,轮(汽)船26艘,客货驳船30余艘,开辟以客运为主的客货兼营航线7条,航线里程1084公里。为统一管理客货运输,1934年由蚌埠商会出面,协商成立长淮民营轮业合组公票处,各轮船公司实行集体联营,统一规定班期,划一票价。④

在轮运业发展的同时,长江流域的民船(木帆船、排筏)运输业也有一定的发展。"由于轮船具有载(拖)量大、航速快等优点,长江干流运输,客商多选择轮运;内河支流运输,皆以民船集散中转,形成轮、木船结合的运输格局。"⑤如芜湖是青弋江、巢湖流域以及皖南、淮河流

① 芜湖市地方志编纂委员会:《芜湖市志》,社会科学文献出版社1995年版,第506—518页。
② 安徽省地方志编纂委员会编:《安徽省志·交通志》,方志出版社1998年版,第536页。
③ 蚌埠市地方志编纂委员会:《蚌埠市志·交通邮电》,方志出版社1995年版,第516页。
④ 蚌埠市地方志编纂委员会:《蚌埠市志·交通邮电》,方志出版社1995年版,第516—521页。
⑤ 芜湖市地方志编纂委员会:《芜湖市志》,社会科学文献出版社1995年版,第521页。

域的物资集散地，所以芜湖不仅是最大的轮船进出港，也是安徽最大的木帆船集散港。据芜湖海关 20 世纪 30 年代的统计，芜湖港有各类民船 58338 只。①

与芜湖、安庆比较起来，淮河沿线"航运主要为中国人经营，而非外国人经营"②。因资金、技术、管理等方面的限制，国人经营的航运公司不仅资金薄弱、规模小，而且船只少、吨位小，无法满足淮河客货运输大增的需求，这种供需不足之间的矛盾随着港口扩建、货运物资运输的急剧增加而更显突出。再加上淮河有些支系河流水滩淤浅，吨数稍大的小轮无法航行，这些都为淮河流域的民船（木帆船、排筏）运输业提供了继续生存和发展的空间，"蚌埠成为淮上船只集结最密处，蚌埠港常年驻泊木帆船 1000 多只，最多时达 5000 多只"③。传统的民船运输在淮河流域运输物资中所发挥的作用远远大于轮船运输。

屯溪港为新安江安徽段最大的港口。新安江皖段因地处皖南偏僻山区，且河道多水流湍急、滩多水浅，不利于大吨位轮船航行，所以传统的民船（木帆船、排筏等）运输相对于长江流域和淮河流域而言受到的排挤和打击要少得多。在近代，担任新安江主要运输任务的仍是民船（木帆船、排筏等）。据统计，这一时期屯溪有大小木船 600 余条，开辟了屯溪至渔亭、屯溪至休宁县上溪口、屯溪至龙湾、屯溪至杭州等 4 条航线。

（三）邮电

安徽邮电新式交通事业，出现于清末，但始终发展缓慢。安徽省于 1912 年实行裁驿归邮；其后，客邮与民信局也被取缔。但是，邮政大权多被洋员把持，直至 1937 年，安徽邮政才结束"客卿主政"的历史。至 1934 年，全省有一、二等邮局 41 个，三等邮局 69 个，省内铁路邮线长 301 公里，汽车路邮线长 55 公里，轮船暨快船邮线 1201 公里，跑差邮线 1.15 万公里。

1919 年 7 月，安徽邮务管理局增设储金处（亦称"邮政储金管理

① 马茂棠：《安徽航运史》，安徽人民出版社 1991 年版，第 228 页。

② 沈世培：《文明的撞击与困惑——近代江淮地区经济和社会变迁研究》，安徽人民出版社 2006 年版，第 272 页。

③ 蚌埠市地方志编纂委员会：《蚌埠市志·交通邮电》，方志出版社 1995 年版，第 520 页。

局"),开办邮政储金事务。1930 年 5 月,邮政储金汇业总局在沪成立,与邮政总局均直属于交通部,管理体制完全独立。因邮政储金是以邮政资产为担保,不另设资本,安徽邮政储金业务全部由邮局兼办。1931 年,改归苏皖邮务管理局储金处管理。1936 年 3 月,国民政府重新颁布邮政总局和邮政储金汇业总局组织法,改邮政储金汇业总局为邮政储金汇业局,归属邮政总局。1936 年 12 月,芜湖、蚌埠设邮政储汇办事处,专门办理当地储汇投资事业,直属邮政储金汇业局南京分局,为邮政储汇局在安徽的直属机构,其人事、财务、物资、经营等由邮政储金汇业局直接管理,与安徽邮政管理局无隶属关系。

抗战前,安徽电话电报有了一定发展,形成了粗具规模的通讯网络。安徽的电信主要包括电话、无线电报和有线电报三种。安徽有线电报始于晚清,无线电报始于 1928 年。国民政府建设委员会在安庆、芜湖等地,设立无线电台 4 处,后因无线电台统归交通部管理,上述电台也被撤销。1931 年春,安徽省陈调元为"围剿"皖赣交界处红军,筹设相关各县无线电台,专供军事之用,此为安徽自办无线电报的开端。此后,在安庆、芜湖、蚌埠等地由省财政拨款设立电台,1931 年,省建设厅始在蚌埠架设特等短波无线电台。[①] 至 1934 年已在安庆、芜湖等31 地设立无线电台,同时设有安合路军用临时电台。1927 年,国民政府交通部在上海专设电政总局直接管理全国电信,部内仍设电政司。同年,裁撤安庆电政监督处,按重新划分的电政管理区域成立安徽电政管理局,管辖全省各电报局。管理局长兼任安庆电报局长,直属交通部电政总局和电政司。同年,废除巡线总管,改设省线工务处。1928 年,全省电报局重新划分为 1 至 5 等局(或管业处),均直属管理局领导,各局之间互不统属。全省大部分县拥有电台,"年来迭经颁布各项管理章则,严格整顿,于政情之宣达,颇称便利"[②]。

安徽电话最早是出现在芜湖和蚌埠的市内电话,用户比较有限。1933 年 5 月,蚌埠首开长途电话,初达凤阳,后发展至南京、宿县、明

---

① 《安徽之无线电》,见《中国建设》1935 年第 3 期。
② 刘贻燕:《安徽一年来之交通》,见《交通杂志》第 2 卷第 5 期,1934 年。

光、怀远等地。设备有英制磁石交换机 2 座,交换机容量为 40 门,电路 8 条,蚌埠电话局至 1936 年,已装有 300 门容量之磁石式交换机,用户数 218,装机数 2370。[①] 至 1934 年省会安庆仅有 50 门和 100 门交换机各一台,有新式电话机 31 台,老式电话机 99 架。1929 年,安徽设立全省电话工程处,但随后裁撤。长途电话主要是随公路路线延长而发展起来的。在各地地方政府的努力下,有 20 余县设有长途电话线,总长度约有 2000 公里。[②] 1933 年 6 月,安徽设立省长途电话管理处。对已有线路进行整顿,提高技术标准,并规定无论是"省办县或各区所办者,皆须互相联络,并于经过这重要城镇,筹设分所或代办所,俾附近民众得以随时通讯"[③]。至 1934 年,长途电话线路长度已达 1 万余公里。1934 年至 1935 年,长途电话管理处和干线工务处同时撤销,全省部属无线电台与长、市话均并入安徽电政管理局统一管理。[④]

二、淮南铁路和江南铁路

(一)淮南铁路

南京国民政府成立后,把铁路建设的重心放在江南,试图构筑以南京为中心的铁路交通网络,以此加强对江浙皖地区的开发建设。在此背景下,时任南京国民政府建设委员会委员长张静江为便利淮南煤矿产煤运销长江流域,确保京沪地区的能源供应,主持修建了淮南铁路。在张静江的组织领导下,淮南铁路建设速度之快、工程造价之低、运营成效之好均堪称国内一流,是当时中国铁路建设成功范例之一。淮南铁路的建成通车,对促进安徽近代经济的发展也起了一定的促进作用。

初建淮南煤矿时,为将淮煤运出,1931 年初自九龙岗矿区至淮河南岸洛河镇,修筑了一条长 12 公里轨距为 800 毫米的窄轨轻便专用铁路,钢轨每码重 30 磅,全路计有大小桥梁 6 座,涵洞 22 座。运煤设备计有德国制 10 吨机车 1 辆、英国制机车 2 辆及英国制钢质煤车 40

① 蚌埠市科技局编:《蚌埠科技志》,1988 年印,第 142 页。
② 曹觉生、龚光朗:《安徽交通之一瞥》,见《安徽建设月刊》第 3 卷第 4 号。
③ 《安徽长途电话网之分布》,见《中国建设》1935 年第 3 期。
④ 安徽省建设厅:《安徽建设现况》,见《中国经济》第 3 卷第 8 期,1935 年。

辆,每车载重 10 吨。总计铁路及车辆两项,投资共达 27089 元。[①]
1931 年 9 月,矿洛铁路正式通车。在淮南铁路没有修建前,淮南煤矿
主要通过这条铁路将煤运达淮河沿岸之洛河镇,然后再装船由淮河水
运至蚌埠,由津浦铁路运销京沪等地。每天分三班运煤,每班开驶两
趟。这条专用铁路是淮南最早的铁路。

但是这条铁路沿线地势较低,雨季时容易被水淹没;且路轨较窄,
只能行驶烧汽油的小火车头,马力很小,运量有限,每趟仅运七八十吨
煤,无法满足淮煤运销的要求,常导致煤炭积压。为此,淮南煤矿局又
另外修建了一条从九龙岗经大通到淮河沿岸田家庵的专用铁路,并建
立了田家庵火车站。淮南煤矿的煤运至田家庵火车站,然后再转运至
淮河田家庵码头,装船运至蚌埠,再利用津浦铁路运至京沪等地。这条
铁路修通后与矿洛铁路一起使用,它们在淮南铁路未修筑前成为淮矿
煤炭外运的主要通道。直到抗战爆发后,才将其拆除。

由于淮南煤矿产量不断上升,1929 年 5 月淮南煤矿开始创办,次
年春天淮南煤矿局成立。[②] 当年 8 月,即可日产煤百吨左右,至年底已
日产煤 500 吨。到 1931 年冬,经过 3 年经营,投资 150 万,使整个矿
业粗具规模,日产煤 2000 吨,成为当时华东地区唯一的大煤矿。[③] 此
时矿局所产煤炭由小火车经矿区内修筑的轻便铁路运往洛河,装船经
淮河水运至蚌埠,再由津浦铁路南运浦口,销往京沪等地。如此运销
存在以下弊端:"更番装卸,损耗既多;冬季(淮河)水涸,复需停运;津
浦铁路运输繁忙,运煤车辆不足,常造成煤炭积压。销售方面,运费过
高,影响成本,难以在市场上竞争。"[④]当时依靠津浦路运煤出长江者有
四五家煤矿公司,运力已显不足。自矿厂至蚌埠上车,起卸费每吨

<hr>

① 中国第二历史档案馆编:《中华民国史档案资料汇编》第 5 辑第 1 编财政经济(五),江苏古籍出
版社 1994 年版,第 898—899 页。
② 中国第二历史档案馆藏资源委员会档案《淮南煤矿概况》(1935 年),中国第二历史档案馆编:
《中华民国史档案资料汇编》第 5 辑第 1 编财政经济(五),江苏古籍出版社 1994 年版,第 894—905 页。
③ 《张静江先生文集》,台湾"中央文物供应社"1982 年版,第 135 页。
④ 《民国 23 年 10 月 15 日呈国府文》,台湾"中央研究院"近代史研究所藏,建设委员会档案,
23 - 03 - 28。

第十章 南京国民政府统治时期的安徽经济

0.72 元，由矿山运至浦口，每吨约需运费 4 元余，运费过高。① 淮矿产煤运销不畅的局面随着其产量、销量的增加更加突出，急需修筑运煤专线。早在淮局成立之初，张静江即有建设铁路至芜湖对岸的计划。② 他的基本设想是设立专用铁路从田家庵矿区，经大通、九龙岗二矿区，经水家湖、下塘集、合肥、巢县、铜城闸到芜湖对岸，将淮煤直接与长江相连。他在致铁道部函中特别强调了建设新的出江口，是为了"该矿运输独立，以谋积极发展"③。此路建成，既可以使淮煤"运费低廉，俾能以廉价燃料分配皖北各县，以促进工业之发展"，又可"辅助开发皖北巢肥一带肥沃之区"④。

1929 年 7 月起，铁路的勘测工作正式启动，首先测定矿山至蚌埠铁路。1930 年起，开始铁路的全面勘测，分别从合肥与芜湖对江之二坝向北测量。至 1931 年 5 月，测量工作完成。9 月 15 日，绘图工作也结束，勘测的路线自矿山经合肥、巢县而达芜湖对江之二坝，长约 215 公里。工程预算初为 841 万余元。但是，因资金不足，未能立即开工。⑤ 为减少建设经费，缩短工程时间，将淮南铁路终点由二坝改为裕溪口。之所以选择裕溪口作淮路终点，是因为二坝水浅，大轮无法停泊，需建码头，费用大。而裕溪口水深，江水最浅时亦达 8 米，可停泊大轮。二坝至芜湖 10 华里，裕溪口至芜湖 20 华里，所增路程有限，但建设费用可省 60 万元。且二坝建码头，需增加土方 200 万方，势必延长半年始能通车。所以，建设委员会同意以裕溪口为淮南铁路终点。⑥ 最终确定的线路是由矿局南行经合肥直达芜湖对岸之裕溪口，全长 215 公里，外加卷线岔道及矿厂码头各处复线 40 公里，合计 255 公里。

为解决铁路建设资金问题，1933 年，建设委员会以淮矿资产作抵押，通过上海的交通银行、中国银行等金融机构，发行电气事业公债，

① 1936 年 6 月 3 日《申报》。

② 《张静江先生文集》，台湾"中央文物供应社"1982 年版，第 258 页。

③ 《建设委员会致铁道部函》，1933 年 11 月 28 日，建设委员会档案，23 - 24 - 10 - (1)。

④ 《张静江先生文集》，台湾"中央文物供应社"1982 年版，第 137 页。

⑤ 王树槐：《张人杰与淮南煤矿，1928—1937》，台湾"中央研究院"近代史研究所集刊，第 17 期（下册），第 254 页。

⑥ 《民国 24 年 3 月 12 日淮局呈文》，建设委员会档案，23 - 24 - 10 - (2)。

筹集资金 300 万元,工程随即正式启动。① 同年 12 月,建委会成立淮南铁路工程处,设总工程师一人,处理全部事务,总工程师由淮局总工程师、建委会专门委员程士范兼任。② 淮南铁路工程处成立后,总工程师程士范组织淮路矿合段测量队,对淮南矿区至合肥段进行细测。1934 年 2 月,该段测量完竣,即开始兴筑矿合段。③ 淮路筑路资金系陆续筹集而得,故该路工程采取分段修筑的方式进行,分四段施工,依次修建矿合段、合巢段、通淮段、巢江段。这几段工程采取一面测量、一面施工办法,施工完成段先期通车营业。分段依次修建既克服了筑路资金筹措不及的状况,又做到了边施工边收益,且不影响整个工程进度。

1934 年 2 月,矿合段开始招标筑路,至当年 12 月,铺轨工程完成。1935 年 2 月 1 日,矿合段即开始营业。1934 年 8 月 11 日,合肥至巢县段及通淮段(大通至田家庵)开工,并先后于当年 12 月 31 日、次年 5 月底建成通车。1935 年 2 月,淮南铁路三期工程巢江段(巢县至长江北岸裕溪口)开工,次年 5 月建成通车。

1935 年 12 月,全路贯通,耗时不及 2 年,耗资 850 万元;每公里造价 2.8 万元,比预算节约 1.2 万元,是当时世界上造价最低的铁路,也是建造速度最快的铁路之一。1936 年 1 月 20 日,全线正式通车,张静江、吴稚晖等到九龙岗主持通车典礼,许多外国使节派员参加,国外报纸赞许此路为当时世界上造价低廉、建筑速度快的铁路之一。

1937 年秋,淮南铁路局成立,同年成立了淮南矿路股份有限公司,下辖煤炭、铁路两个局,总经理由程士范担任,公司总股本为 1000 万元。淮南铁路建成后,从捷克引进了 16 台改进后的机车、300 多辆煤车和 1 列客车,从此,客、货列车开始在淮南线上运行。当时,淮南铁路以九龙岗为中心,调度、管理、维修机构全部设在九龙岗,沿线设有 20 多个站,不过除了田家庵、大通、九龙岗和合肥 4 个站较大,有正式票房以外,其余多为竹笆车站。每天开行蚌埠、裕溪口 2 对车,每列车 7~8 节车厢,每车厢乘坐 55 人,列车最高时速 40 公里,年旅客发

---

① 1935 年 2 月 17 日《申报》。

② 铁道部铁道年鉴编委会:《铁道年鉴》第 3 卷,商务印书馆 1936 年版,第 1511 页。

③ 铁道部铁道年鉴编委会:《铁道年鉴》第 3 卷,商务印书馆 1936 年版,第 1512 页。

送量不到 10 万人。

淮南铁路建成后,解决了煤炭外运问题,使淮南煤矿的产量、销量大增。淮南煤矿最早在 1931 年开始在产地售煤,并陆续在洛河、蚌埠设栈。1932 年 1 月,淮南煤矿局浦口煤厂建成,淮南煤炭开始运销长江流域,但由于运输和煤价影响,销售量不高。淮路建成后,每日发运煤列车 11 列,直达裕溪口卸下,再通过其他交通工具,在三五天内即上达安庆、九江、汉口,下至南京、镇江、南通、上海。这样,既节省了运输时间,又降低了运费。淮路通车后的 1936 年与前一年比较,淮煤运至浦口、无锡、上海 3 处的费用分别降低了 20.4%、23%、31%。运输时间的节省,运费的降低,使淮煤的销售价格下降,淮煤上海的售价由 1935 年每吨 11 元降至 1936 年每吨 9 元,浦口的售价由 8.9 元降至 8 元。淮南铁路的开通使淮煤有了相当独立的销售通道,淮煤市场竞争力提高,对外销售量大增。1936 年的对外实际销售量为 66 万多吨,比 1935 年的 36 万吨增长近一倍。淮路通车后,淮南煤矿销煤量快速增长,淮煤总产量由通车前 1935 年的 29 万吨增加到 1936 年的 58 万多吨,占当时安徽煤产量的 1/4 以上。1935 年,淮矿运费支出 1357188 元,1936 年支出虽上升为 1788295 元,但与对外销量增长一倍相比,显然节省不少费用。淮南煤矿盈余历年也有所提高,1933 年盈余为 115099 元,1934 年为 241884 元,1935 年达到 351836 元。至 1937 年 6 月,淮南路矿资产总值达 1080 万元。① 淮南煤矿的发展跃上一个新台阶,出现了产销两旺的发展势头。

淮南铁路“纵贯皖北,沟通江淮”的特点,促进了安徽经济的发展。由于淮南铁路的开通及煤矿开采,原本只是一座煤矿山的舜耕山地区及淮河南岸一个小镇的洛河集,发展成为一个新兴工业的淮南市,田家庵为全市的商业中心,洞山为政治、文化中心,人口数十万,除矿业外,另有机器制造厂、电力厂、卷烟、榨油、面粉、碾米、造纸等工业。② 沪、宁、苏、杭等地的工业产品以及洋货,成批涌进淮南,淮南地

① 马陵合、廖德明:《张静江与淮南铁路——兼论淮南铁路的经济意义》,见《安徽师范大学学报》2005 年第 1 期。

② 曾石铃:《安徽风物志》,黄山书社 1985 年版,第 8 页。

区及皖西的土特产,如六安的茶叶、竹器等山货由此外运,使当时的田家庵、大通、九龙岗3镇空前繁荣起来,一时商贾云集,淮南开始有了工矿城市的雏形。[①]

淮南铁路通车对改善安徽两个重要城市合肥与芜湖之间的贸易交流提供了极大的便利。合肥虽是一座有着2000多年历史的古城,也曾起过沟通长江与淮河流域物资水陆转运的作用。但在隋唐之后,随着大运河的开通,合肥的中转作用降为地方性的了,只有本地的米麦通过水运销往芜湖,而且春冬水浅,只能夏航而冬停。自津浦铁路通车后,合肥商业"乃衰落不及以前三分之一。以交通之不便,商旅货物,皆舍合肥而趋蚌埠"。但是,淮南铁路通车后,合肥至长江之间,已可朝发夕至。1936年1月28日,四等客车2403号由淮南矿试车开往合肥,翌日返回。2月1日,合肥火车站正式发售客票,办理客运业务。客车由一台机车牵引,连挂四等车厢数节,自8点钟从合肥火车站开出,于17时30分到达淮南。逢单日由合肥开往淮南矿,称为1次;逢双日由淮南矿开往合肥,称为2次。[②]随着客货运量的增加和行车设备的完善,车次增加,客运量增加。更主要的是,铁路使六安的茶、麻,三河的米,舒城的棉花集中于合肥,昔日商业繁荣得以重现。抗战前,城内约有商家900户。淮南铁路的修通对于合肥城市的扩大也产生了直接的影响。1934年淮南铁路修建时,从火车站向南修了一条"老马路"直连崇德街,成为城市新的商业地段。合肥人口也因铁路的开通有了较大的增长,20世纪20年代仅有2~3万人,抗战前夕已增加到7.7万人。在近代化综合性交通运输网络架构下,合肥的地理格局优势日益凸显,其雄厚的发展潜力日益显现。[③]

(二)江南铁路

在开发建设淮南路矿的同时,张静江还主持修建了民营江南铁

---

① 方传政:《宋子文财团与淮南煤矿》,见《淮南文史资料》第7辑,淮南市政协文史资料研究委员会1987年编印,第2页。

② 合肥市地方志编纂委员会:《合肥市志》,安徽人民出版社1999年版,第235页。

③ 谢国兴:《中国现代化的区域研究:安徽省(1860—1937)》,台湾"中央研究院"近代史研究所,1991年版,第595页。

路,该路是这一时期安徽省内建成通车的另一条铁路。

1933 年 4 月,张静江发起成立商办江南铁路股份有限公司。股东会推选张人杰、李石曾、张公权等 19 人为董事,并从董事中推选张静江、李石曾、张公权、杜月笙、张啸林、叶堂、钱新之等 7 人为常务董事,李石曾为主席董事。同时产生了 7 名监察人,张人杰为总经理。5 月 3 日,董事会议决任命庞龙浩为协理,周贤颂为襄理,洪绅为总工程师。6 月,在芜湖设立办事处,洪绅为工程处长,周贤颂为运输处长,周延鼎为总务处长。该年年底,公司增补董事,宋子文继任主席董事。1933 年 5 月 21 日,在芜湖怡和码头举行江南铁路奠基典礼。7 月 10 日,正式破土动工。

公司成立初期只筹集股份 100 万元,后扩展至 300 万元。在筹款期间,除得到了张静江及其建委会的大力支持外,还得到了江南铁路公司董事会成员的全力帮助。公司董事会股东汇集了当时党政界、银行界炙手可热的要人,如李石曾、宋子文、张公权、陈光甫等。他们在工程资金筹备方面起到了关键的作用,“就资金的筹措运用来说,他们是铁路公司的血脉,其高度效率,决不在政府机构之下”①。据有关资料记载,截至 1937 年 7 月抗战爆发,张静江个人、建委会及其属下企业为江南铁路的建设和运营募得的资金高达 270 万余元。② 此外,江南公司虽是商办企业,但是由于该公司的特殊地位,江南铁路公司发行的公司债付息得到国民政府铁道部担保,京沪各银行踊跃承销江南铁路公司发行的公司债。丰裕的资金为江南铁路的顺利修筑提供了保障。

江南铁路公司为节省筑路资金,效仿淮南铁路,采用分段分期施工的办法。该公司计划先修芜湖至孙家埠段,长约 90 公里,需经费约 200 万元。芜湖至湾沚一段,已有前清皖路的旧基。江南铁路公司以 36 万元的低价从铁道部手中购买宁湘铁路芜湾段全部产权。③ 1934 年 2 月,芜湖至竹丝港间 22 公里竣工,即通车营运,发售临时三等客

① 谢国兴:《中国现代化的区域研究:安徽省(1860—1937)》,台湾“中央研究院”近代史研究所,1991 年版,第 309 页。

② 建设委员会档案,23 - 04 - 25 - (1),1935 年 4 月 30 日。

③ 铁道部铁道年鉴编委会:《铁道年鉴》第 3 卷,商务印书馆 1936 年版,第 1466 页。

票。1934 年 7 月 30 日,芜(湖)宣(城)段建成通车。11 月 25 日,宣孙段完工通车。芜孙段工程进展甚为迅速,前后耗时不到一年。

在宣孙段建设期间,张静江等人即积极筹划京芜段建设。经数月之筹划,亦于 8 月 25 日正式开工。① 京芜路计分四期施工,第一期由芜湖至当涂县属的大桥镇,第二期由大桥至当涂,第三期由当涂至江宁县属的铜井镇,第四期由铜井至南京,全线长约 100 公里,建筑经费 400 万元。② 京芜铁路开工后,工程进展迅速,次年 5 月初全线通车。后江南铁路公司为发展首都及便利该路与京沪、津浦等路联运起见,开始修筑京沪线尧化门与江南铁路中华门之间的联络线,由江南铁路公司与京沪路局共同承建,全长约 22 公里。1935 年 10 月,测量工作完毕并开始施工,次年 2 月竣工。4 月,江南、京沪两路在南京光华门接轨,运营上海芜湖间直达客车。③ 此段铁路由江南铁路公司承租,租期 15 年,年租金 3 万元。该段线路及其设施的养护维修和管理,也由江南铁路公司承担。④

江南铁路全线建成后,每日在南京芜湖间开行客货混合列车 4 对,在芜湖孙家埠间开行混合列车 3 对。后来有所增加,每日在尧化门至中华门间开行混合列车 5 对,在中华门至芜湖江边间开行 8 对,在芜湖江边至孙家埠间开行 6 对。⑤

芜宣段即近完工之际,江南铁路公司股东会经过讨论,向铁道部提交了庞大的连接东南 5 省铁路计划。该路自南京至福建、广东边境,中经江苏、安徽、浙江、福建、广东 5 省,全长 1000 余公里,筑路经费约需 3000 万元。公司决定分 5 段修筑。即京芜为第一段,芜孙段为第二段,孙家埠至浙江江山为第三段,江山至福建延平为第四段,延平至广东诏安为第五段。⑥ 公司这一计划抛出后,社会舆论一度对民营铁路公司在铁路建设中的作用寄予了极大的希望。"此路果成,利

---

① 1934 年 9 月 20 日《申报》。
② 《江南铁路公司计划书》附表《本路京河段建筑经费概算表》,建档 23 – 04 – 25 –（11）。
③ 铁道部铁道年鉴编委会:《铁道年鉴》第 3 卷,商务印书馆 1936 年版,第 1452 页。
④ 章丽廷:《昙花一现江南一线》,见《铁路春秋》1992 年第 2 期。
⑤ 张雨才:《中国铁道建设史略》,中国铁道出版社 1997 年版,第 245 页。
⑥ 《江南铁路公司呈准兴建五省铁路》,见《铁路协会月刊》第 6 卷第 3 期,1934 年 3 月。

益当出芜乍数倍以上。"①

九一八事变后，国民党政府深恐日本帝国主义步步进逼，更为紧迫地筹划往后方撤退的路线。这年年底，蒋介石召见铁道部长张公权时指出：一旦中日战争爆发，京沪铁路势必丢失，因此必须修筑一条"自南京往后撤退之运输路线"②。当时考虑最短的路线是利用江南铁路已成的南京至孙家埠一段，再以孙家埠为起点，经宁国、绩溪至歙县，折向东南入浙江省境，再经威坪、淳安、茶园、罗桐、寿昌、后徐，达龙游县城西门外，与浙赣铁路相衔接，以达衢县，定名为京衢铁路。铁道部原拟把孙家埠至歙县一段交由江南铁路公司继续修筑，部方同时修筑歙县至衢县一段，但因江南公司无力续办，只好于1936年5月在宣城成立京衢铁路宣衢段工程局筹备施工。由承包商在山东、河北招来筑路工1万多人，拓建路基向皖南东部与浙赣线上的衢县接轨。嗣以此线离海岸线较近，如发生战争易被侵略军切断，而且新安江、信江等大桥工程艰巨，因此决定由歙县经休宁、祁门入江西省境，再经景德镇、乐平达贵溪与浙赣铁路相接，名为京贵线，旋又改称京赣线。京衢铁路宣衢段工程局则改称京赣铁路宣贵段工程局。又因时局日趋紧张，非赶工不可，乃划全线为皖、赣两段，分别由宣贵工程局和赣境工程处施工。皖段、赣段先后于1936年5月和11月开始测量设计工作，同年9月和次年3月开工。1937年7月和10月分别开始铺轨。

抗日战争爆发后，战事迅速蔓延，1937年12月宣城及南京相继沦陷，皖、赣两段先后于11月21日和12月20日被迫停工。停工时，皖段的路基、隧道、桥涵等工程已基本完成，轨道已自孙家埠铺过歙县，长约160公里，并由宣贵段工程局组织临时营业。宣城沦陷后，该段宁国至歙县间仍继续行车，转运铁路材料。当时路局在孙家埠设料厂，该厂坚持了半年，期间曾被日军放火烧掉大批木材，其他材料由列车运至绩溪，然后换装卡车，运至屯溪利用水路放排南运。③

江南铁路通车后对于安徽省交通网络的完善有着非常积极的促

---

① 《江南铁路公司议筑五省铁路感言》，见《铁路协会月刊》第6卷第3期，1934年3月。

② 张公权：《抗战前后中国铁路建设的奋斗》，台湾传记文学社1974年修订版，第167页。

③ 周贤颂：《一个未过河的小卒子》，台湾尔雅出版社1981年版，第60页。

进作用。江南铁路的开通在促进皖南地区物资外运的同时,也为京沪地区的工业品输入提供了便利的运输条件。1936 年京沪杭地区输出江南沿线各站的各种日用生活品达 10 余万吨,提高了当地人们的生活水平,加强了两地的经济互动。[①] 江南铁路自身也获得了较好的经济效益。1935 年营业收入月平均 5.6 万元,1936 年增至 7 万元,1937 年上半年又增至 14 万元,1937 年 7 月份进款高达 18.6 万元。该路在抗战前只经营了两年,即因抗战爆发被迫停顿。197 公里线路被拆毁一半。抗战胜利后,仅运营 80 天,余下 90 公里线路又被拆往津浦路。1949 年才勉强恢复通车。该路总计商办 15 年,先后运营时间还不到 3 年半。[②]

第三节　商业与芜湖米市

一、商业

1927 年至 1937 年,安徽作为一个邻近国民政府首都南京的一个省份,各地商业贸易并没有得到更多发展机遇,反而呈现逐步恶化之势,一些商业城市由一时的繁荣逐步走向衰落。

20 世纪 20 年代末期,安徽商业曾一度有所发展。当时,不仅是城镇,即使是一些偏僻的街集,商业活动也比较繁荣。如太湖县徐桥集,在 30 年代初期,就形成了一条长达 3 华里的商业大街,400 多家店铺沿街而立,主要经营生铁、南北货、土产、日杂、布匹、皮革、金银器皿等,商品集散远达江西、湖北腹地。安徽交通环境的改善,铁路、公路的建成通车,城镇的发展,促进了商业的发展和繁荣。在铁路和公路沿线出现了像蚌埠、临淮关、明光等大大小小的物资集散中心。各市镇规模较大的商业行业除传统的米、茶、土产日杂以外,工业品的批

---

① 《江南铁路京河段沿线各地运进货物吨数表》,见《江南铁路公司计划书》附表二(甲),1936 年,建设委员会档案,23 - 04 - 25 -(1)。

② 章丽廷:《昙花一现江南一线》,见《铁路春秋》1992 年第 2 期。

发、零售也逐渐增多。30 年代初，繁昌、正阳关、怀远、凤阳、宿县、蒙城、涡阳、颍上、嘉山、亳县、临泉、宣城、泾县、舒城、巢县、和县、合肥等 17 个县均有煤炭销售机构，共有煤商 108 家，其中繁昌一县就有 14 家。煤商的经营规模大小不等，年销售量最多者达 4000 余吨，最小者也在几十吨。阜阳等地的煤商还成立了煤炭同业公会，协调同业销售中的问题。米、烟、酒等同业公会，也几乎遍及全省城镇，到 1929 年，全省 60 个县就有 57 个县成立了商会和各种同业公会。①

1927 年南京国民政府成立之后，连年不断发动内战。1928 年后驻皖的国民党军队有第一军、第十军、第十九军、第三十军、第二十三军、第四十四军以及新编第四独立师，分别向驻地凤阳、英山、霍邱、南陵、寿县、祁门、当涂、来安、合肥、舒城和屯溪等县市索要军费 6296.6 万元，相当于当年省财政收入的 3 倍。② 为摆脱财政困境，安徽省政府加紧了对人民的搜刮，除加重田赋附加以外，还打着"裁厘"的旗号，加重了对城镇工商业的税收。1931 年，国民政府实行"裁厘加税"制度，实行统税和营业税，营业税划为地方税种。安徽省政府为了增加收入便寻机增加营业税的税种和税率。1925 年全省的城镇牙、当等各项税收仅 36.48 万元，1931 年改为营业税后，相应的税收上升到 163.5 万元，是 1925 年的 4.48 倍，其中茶叶的营业税就增加了 2 倍，有的营业税甚至增加了 5 倍到 10 倍。③ 这极大地增加了商人的负担，加剧了商业的衰落。

九一八事变后，日本帝国主义不仅武装占领了我国东北三省，而且也加紧对关内，特别对华东地区的经济掠夺，其主要手段是倾销日货，日商在安徽境内到处开设洋行。一时间，省内大小商贩争相依附，以推销洋货为主的五洋业（指国外产的火柴、肥皂、蜡烛、香烟、煤油）遍布大小城镇，仅芜湖市就有 200 多家，其中由外商直接经营的还不

① 程必定：《安徽近代经济史》，黄山书社 1989 年版，第 245 页。
② 安徽通志馆纂修：《安徽通志稿·财政考》卷 1《计纲》，1934 年排印本。
③ 中国社会科学院近代史研究所中华民国史研究室编：《中华民国史资料丛编·大事记》第 17 辑，中华书局 1983 年版，第 31 页。

足 10 家。① 合肥经营国货的商店在廉价日货的压力下,连续三次降价,许多商店纷纷倒闭。全城 78 家布店中,就有 46 家倒闭破产。有的商人虽有几万元资本,数年之后就全部蚀光,并发生大商人因破产而自杀的惨剧。②

抗战前 10 年,安徽发生多次大的水旱灾害,农产品输出受到很大影响,同时列强加大农产品输入量,引起国内农产品价格的暴跌,使近代以来慢性的农业危机急剧演变为空前的农业大萧条,导致人民生活困苦不堪,购买力急剧下降,城市商业活动也受到很大影响。

(一)主要商埠

芜湖在 1876 年就被辟为对外通商口岸,是安徽唯一的通商口岸。进出口贸易的迅速增加,以及米市的兴起,促进了芜湖商业的发展。芜湖是较为典型的"因商而兴"的城市,商业成为城市发展的主要动力,城市也相应成为商业中心。围绕米粮贸易与加工发展兴起 82 个行业 5400 多家商店。③ 至 1932 年,芜湖商业共有 44 业 1650 家,有店员、学徒 10018 人,资本高达 19814700 元,全年营业额达 91643400 元(其中米业为 5282 万元),成为仅次于上海、武汉的商业巨埠,被誉为"皖之中坚"、"长江巨埠"。

由于城市人口增多和商业活动繁盛,饮食业也相继发展,茶楼酒肆到处可见,旅馆、澡堂、小吃、戏院也陆续发展。在米市贸易发展中逐渐形成了外连全国商埠、内通安徽江南江北广大腹地的商品流通网。据统计,1930 年前后的京广杂货业有店铺 25 家,货源多数来自上海、南京、广州等处,"货类共有三千余种",最畅销者为"中日火柴、纸烟,英美煤油,德美日玻璃,中美英洋烛,日本洋伞"等。20 世纪 30 年代以后,米市衰落,对芜湖商业造成重大影响。据《国际贸易导报》记载:"现在米市既不行,各行业都随之逊色,街面上店铺十有九家在闹穷,空的门面成年无人租。"④

① 安徽省政协文史资料研究委员会:《工商史迹》,安徽人民出版社 1987 年版,第 22、23 页。
② 安徽省政协文史资料研究委员会:《工商史迹》,安徽人民出版社 1987 年版,第 155 页。
③ 张学恕:《长江下游经济发展史》,东南大学出版社 1990 年版,第 427 页。
④ 《芜湖米业近况》,见《国际贸易导报》第 8 卷第 4 号,1936 年 4 月。

1902 年,《中英续议通商行船条约》签订之后,安庆成为对外商埠。安庆位于九江与芜湖之间,沿江物产多集散于芜湖、九江两通商口岸。安庆长江支流甚少,陆路交通发展不快,各地运往安庆的货物不多,商业贸易发展比较缓慢。但安庆长期作为安徽省会、官府衙门,高等学府均集于此,三牌楼、四牌楼一带高楼栉比,市面尚称繁荣。到 1937 年,安庆人口已达 10 万,大小商店 1100 多家,同业公会 46 个。当时的利民街、国货街、倒扒狮街、西正街、吴樾街等主要商业街道两旁,茶楼酒肆,店堂林立,市面比较繁荣。①

表 10 - 4　安庆商业概况统计表

类别	家数	职工人数	资本总额(元)	1934 年营业额(元)	1935 年营业状况
银楼业	4	114	46000	430000	增加 6000 元
京广杂货	5	78	25000	213000	持平
杂货糖业	5	100	40000	339000	持平
国药业	3	49	15000	66000	增加 1900 元
绸布业	5	90	33000	550000	增加 2000 元
总计	22	431	159000	1598000	增加 9900 元

资料来源:陈筱南:《安徽实业概况》,《实业统计》第 3 卷第 6 号。

蚌埠自津浦路通车后,渐成镇集,至 20 世纪 20 年代,已成为皖北地区盐粮和津沪等地工业品的集散市场,发展成为一个十几万人口、48 个行业的商埠,街市不断扩大,商业繁荣。蚌埠主要商业行业包括盐粮、百货、糖纸、茶麻、牲畜、五洋杂货、油酒、土产、绸布、煤炭、堆栈、转运、饮食服务等。1927 年,全埠经营百货纺织的商户有 193 家,其中,百货批发商 9 家,棉布批发商 33 家,多集中在老大街、二马路一带,较著名的商号有天成百货公司、三级鞋店。② 1931 年,拥有盐行 40 余家、粮行 50 余家、浴池 20 余家。③

蚌埠商业中特别有影响的是盐、粮行业。据抗战前粮业公会统

---

① 安徽省地方志编纂委员会编:《安徽省志·商业志》,安徽人民出版社 1995 年版,第 127 页。
② 蚌埠市地方志编纂委员会:《蚌埠市志》,方志出版社 1995 年版,第 429、430 页。
③ 《安徽各大市镇之工商现状》,见《安徽建设》第 3 卷第 2 号,1931 年。

计，仅粮食一项，每年从豫南、皖西、皖北水路用帆船运蚌转口的就在30万吨左右。据盐业工会和盐行合组办事处的统计，每年从下江用帆船运蚌和铁路运蚌的食盐，再由运粮船装回豫南、皖西、皖北销售的亦在30万吨左右。还有竹木茶麻、纸糖布匹、日用百货、桐油食油等，上下转运销售的，吞吐量在百万吨以上。

倪嗣冲督皖后，军政要人、达官显贵络绎而来，且以"酬醉往还、花天酒地"为乐，刺激了服务型商业的发展，几年间，大旅馆、饭店先后开设。1929年，菜馆业达到鼎盛时期，大小菜馆、风味小吃部计60家，南北风味荟萃，且形成沿淮菜系。①

但是，由于主要交易品为农产品，交易量波动颇大。1931年大火灾之后，农村经济破产，蚌埠商业即陷入不景气之中。1934年上半年，大小商店倒闭者约有四五十家之多。1934年下半年，由于华北地区发生旱灾，农产品价格飞涨，而皖北各地又粮食丰收，"号称破产之皖北农村经济，忽转生动"。蚌埠的商业又呈活跃之势，"购买力极度增强，颇有复兴之气象也"②。1936年初，又因皖北旱灾，农村破产，"全市商业，日渐衰落……闭歇招盘者，不下二十（余）家"③。

1927年至1937年，安徽商业的进出口贸易发生了重大变化，传统的商品性农产品出口如米、茶等受到外国商品的冲击而逐渐减少，煤铁等原材料出口日渐增多。"从出口到国外的货物来说，铁矿石称得上是芜湖港贸易的一大支柱，在平常的年份里，该产品占到直接对国外输出物品价值的百分之九十五以上。"④铁矿石已成为芜湖海关对外贸易最重要的出口物品。而当时输入安徽的货物，除小部分是国内其他通商口岸输入的土货外，大部分是从国外输入的洋货。芜湖海关输入洋货的稳步增长，反映了帝国主义国家对安徽经济侵略的逐步加深。

---

① 蚌埠市地方志编纂委员会：《蚌埠市志》，方志出版社1995年版，第468、475、478页。
② 陈筱南：《安徽实业概况》，见《实业统计》第3卷第6号。
③ 《蚌埠商业衰落》，见《市政评论》第4卷第3期，1936年。
④ 《芜湖海关十年报告》（1922—1931年）。

（二）商业组织

1928年，根据《商会改组大纲》的要求，安庆商民协会改组为安徽省总商会，在芜湖成立安徽省商业联合会。芜湖商务总会会长汤善福当选为安徽省商业联合会会长。1929年8月15日，南京政府颁布《商会法》，各县商会依照进行了改组。同时公布《工商同业公会法》，各县开始组织同业公会。

芜湖商会组织发展始于1903年由"十三帮"商董共同筹建的芜湖商务总会，1904年7月，奉安徽省劝业道工商部批准，颁给关防，正式成立。1927年，一部分行商和小商贩因不能加入商会，乃成立芜湖商民协会分庭抗礼，经常在税捐摊派方面和商会发生矛盾。1930年，县政府解散了芜湖商民协会，并规定领照的工商户必须参加商会组织。1927年至1937年，芜湖商会称为芜湖总商会，先为董事制，设会长、副会长各一人。1930年，改委员制，设主席、副主席各一人，委员若干人，常委三至五人。芜湖商会成立以来，主要活动有协调税收和摊派捐款，办理开业、歇业登记和收取会费。①

蚌埠商会成立于1911年，首任商会长是高蔚轩。商会设在现中山街北段的荣华旅馆中。商会领导成员最初由商民直接推选，以后随着同业公会的出现和增多，开始由各同业公会推派代表选举产生。同业公会主要负责协调同业内部问题，如粮业公会工作主要是核定米价、经办纳税、调停同业矛盾等。开商号必须经过同业公会同意，缴纳会费，再报请商会批准，领取到行帖，才能开业。1928年，蚌埠同业公会达到48个，为当时省内同业公会最多的城市。其中商户较多、影响较大的有粮业公会、盐业公会、淮盐运商业公会、棉布业公会、百货业公会、银钱业公会。这些同业公会构成了商会的基层组织。控制同业公会大多是同业中生意较大或与官府关系密切的商人。有的同业公会实际具有商业把头性质，与普通商户是剥削与被剥削的关系。蚌埠商会成立后，安徽军政官员和名流显贵均与

_____

① 《解放前的芜湖商会》，《芜湖文史资料》第4辑，第29—30页。

商会关系密切,对商会颇为礼遇。随着蚌埠商业的发达,商户增多,商业界内部以及与社会的矛盾不断出现,商会变动颇大。1927—1937 年,蚌埠商会共选举三届会长,分别是卢宠之(1927—1929)、高蔚轩(1930—1934)、顾松龄(1934—1937)。[①] 蚌埠商会在一定程度上能维护商民的利益,调解商户之间的矛盾,保护商店免受地痞无赖的骚扰。

1928 年,安庆成立安庆总商会,实行委员制,有 30 多同业公会参加商会组织(手工业未加入)。由各同业公会的代表直接选举,共选出 15 名执行委员,其中有 5 名常委,外设监察委员若干名,张政森当选为主席。1933 年,安庆总商会更名为怀宁县商会,徐笃庵当选为主席,胡子穆、张素椅、贺葆荆、许仲孚任常委。[②]

此外,各地商会还成立了商民武装组织,创办了学校。1920—1932 年,芜湖县商会建立商团,团部设宁渊观。商团武装人员 40 名左右,有步枪 30～40 支,服装粮饷由各商家摊派。团长陆如珩,副团长张九皋,教练胡鹏。共 3 个班,分别驻万安救火会、湖北会馆和宁渊观。民国初年,芜湖县总商会筹办私立乙种商业学校,校址设西门詹家巷。前后任校长于逊成(总商会秘书兼)、鲁杰夫(原任教务主任)。该校为七年制完全小学(初小 4 年、高小 3 年),高小二年级起,增设家什簿记、商业簿记、商业信札 3 门课程。1937 年冬,芜湖沦陷后停办。办校 24 年,毕业生近千人。[③]

二、芜湖米市的兴衰

1920 年到 1936 年,芜湖米市尽管还维持着相当的集散数量,但在虚假繁荣的背后,却隐藏着严重的危机,1927 年以后,芜湖米市便江河日下,景象日非了。

---

① 傅华昌:《蚌埠的商业和商会》,见安徽省政协文史资料委员会:《江淮工商》,安徽人民出版社 1987 年版,第 43 页。

② 叶荣、焦舜:《安庆旧商会简介》,见中国民主建国会安庆市委员会、安庆市工商业联合会等合编:《工商经济史料专辑》,1986 年印,第 76 页。

③ 《解放前的芜湖商会》,见《芜湖文史资料》第 4 辑,第 34 页。

表 10－5　洋米进口和芜米出口比较表　　　　单位:石

年份	全国进口洋米数	芜米出口各埠数
1923	22434962	1138076
1924	13198054	2985869
1925	12634624	6178205
1926	18700797	1577592
1927	21091586	578039
1928	12656254	2843655
1929	10822805	2401026
1930	19891103	1696461
1931	10740810	2426247
1932	22486639	1304720
1933	21419066	2111527
1934	12553349	1218741

资料来源:《芜湖米市调查》,第 63 页。

　　1927 年至 1937 年,安徽几乎连年有灾,粮食收成锐减,农村经济大伤元气。1931 年水灾后,国民党政府以赈灾为名,免征洋米、洋麦进口税,使大量洋米洋麦倾销国内市场。仅 1933—1935 年,进口洋米为 33629092 石,洋麦为 20573140 石。[①] 农村经济的衰落,严重影响了芜湖米市稻米的供应,芜湖米市取自本地的米源完全断绝,刺激了洋米的进口和米价的上扬。大量输入的洋米侵夺芜湖米市传统的销售市场。芜湖米通常运销至北方的烟台、天津、大连,东部的上海、宁波,东南沿海地带。广东、福建一直是缺粮省份,每年需要进口米粮达一千六七百万石之多,此处是芜湖米的主要销纳市场,最多时广东方面销纳芜米达三四百万石,占芜米出口总数的一半以上。芜米经烟台商帮运至烟台后,再运往天津、大连等处,由于路途较远、销售数量有限,"烟台一处,每年仅销芜米 20 余万石耳,天津大连销售较多。但就烟台帮势力所及之各埠而言,对于芜米之销纳亦不过 70 万石耳"。宁波

----

　　①　王维德:《芜湖米市概况》,见《工商半月刊》第 6 卷第 3 期,1934 年。

销纳的芜米数量也很有限，"每年最多不能超过四五十万石"。上海、南京等处所需芜米，由皖省商帮直接贩运，"每年运销数量亦及全省米粮出口全数三分之一强"。在 30 年代之前，洋米也有少量的进口，运往缺粮地区销售，如广东、福建每年接受洋米 1000 万石之多，但不至于对芜米市场产生威胁。1930 年以后，受资本主义经济危机的影响，南洋各地橡皮加工业一蹶不振，于是很多地方由种植橡树而改种水稻，就近供应我国东南地区，侵占了芜米销售的主要市场。据统计，1932 年，由安南输入华南洋米 750 万石，由香港输入者 110 余万担，加其他地区输入者共计 2240 余万石，其中九龙、广州、汕头 3 个口岸占了 60％。"芜米在华南一带的销场被剥夺殆尽；洋米输入数之惊人，实为芜米之致命伤也。"[①]此外，九一八事变后，日本占领东三省，利用当地有利的自然条件扩大稻谷种植面积，"每年可产米数百万石；不但大连方面已不须芜米进口，且已有剩余输入天津烟台等处"[②]。

洋米质优价廉，且外国米业组织资本雄厚，技术先进，进行大批量生产加工和运输，在进入我国市场时还享受免税待遇。而芜米在市场价格相对稳定的情况下，未经机器烘干，且有不法商贩掺杂，质量比不上洋米，特别是运费昂贵使经营芜米变得无利可图。1933 年 10 月，蒋介石在致汪精卫、朱家骅、顾孟余电中称"据报以前芜湖之米，经上海转口至青岛，每百斤需运费七角，天津七角四分，烟台、威海卫六角七分，大连六角五分，现在粮商运米赴津，因运费过高，按之目前市价，每包约亏数角至一元有奇，芜湖迁运广州或天津者，运费之昂，亦复称是，致国米滞销日甚，洋米进口愈多，农村经济，势益穷肇"[③]。

1931 年，国民政府废除厘金制，裁撤内地常关和全国厘金局，改征营业税和统税。芜湖也奉命裁撤安徽、江苏两个米厘局，并撤去 50 里外的常关和厘金局，改征营业税和统税裁厘使芜湖米市丧失了粮源的保障，税则的改变造成安徽产米区的稻米四处外流，无所约束。以前对各地米粮"犹可加以相当拘束，自厘金制度废止后，安徽米谷更可

① 《中国建设》第 11 卷第 4 期。
② 陈必贶：《芜湖米业之实况及其救济方法》，见《东方杂志》第 31 卷第 2 号，1934 年 1 月，第 21 页。
③ 《十省市粮食工作会议》，见《农村复兴委员会会报》6 号，1933 年 10 月，第 76 页。

自由出口,不必经过芜湖”,各县米谷视米价高低择地而贾,仅此一端,芜湖即“失米市之中心作用,内地米粮任意运销……乃有一落千丈之势”①。自此,各地米船改泊芜湖附近的澛港和裕溪口,稻米开始向价高处分流,芜湖米源锐减。

由于政府对米市缺乏有效管理,提供良好的商品流通环境,芜湖米市始终处于无政府的状态,“市场状况,无一负责机关为之明白调查,米业所感受之困难,亦无负责机关为之办理,米业本身发生之弊病,亦无负责机关加以纠正”②。米粮交易中流通环节过多,各种陋规和苛捐杂税的普遍存在,导致米市弊端丛生,米商视为畏途,芜湖米市交易量日趋萎缩。

1937年4月,由宋子文、孙科、吴铁城等人发起组织华南米业公司,分别在芜湖和广州两地设立仓库和碾米厂,从事皖产大米向华南地区的贩运,垄断和控制安徽的大米市场,使本已萧条、萎缩的芜湖米市更是雪上加霜。

芜湖米市组织的落后和繁杂,则是米市衰落的内在原因。芜湖米市的交易组织主要由5部分组成:(1)米粮采运业,即米号,这是一种特殊的中间商,主要由广、潮、烟、宁四大帮组成,为各地客商在芜湖采运米粮。采运业包办了芜湖米粮的全部出口交易,基本操纵了粮食市场。(2)米行业,又称江广米行,是采运业买卖粮食的一种中间商。江广米行由镇江迁来,几乎都是镇江人,他们与广帮、潮帮有很深的业务往来,故取名江广米行。江广米行领有牙帖(营业执照),有对出口粮食居间介绍的特权,米粮交易必须通过江广米行才能成交。(3)杂粮业,又名箩头行,是近郊农民与消费者之间粮食交易的中介人。(4)磨坊业,主要代人磨米收取租金,同时兼收乡间来的租谷。(5)碾米及堆栈业,芜湖碾米厂主要用机器加工乡间运来的稻谷碾成糙米待价出售,另还设堆栈,租与米行或米号堆存粮食。③ 复杂的经纪组织使得芜湖米市交易程序繁琐、费用沉重。此外,由各地输入芜湖的米粮,

---

① 王维德:《芜湖米市概况》,见《工商半月刊》第6卷第3期。
② 社会经济调查所:《芜湖米市调查》,社会经济调查所1935年印行,第84页。
③ 《芜湖米市概况》,见《工商半月刊》第6卷第3期。

沿途需缴纳保安、营业、米捐、学捐、庙捐、闸捐等捐税;抵芜完成买卖交易后,每石米又得缴纳自治捐、公安捐、善堂捐、米捐、学捐、码头捐、公会捐等;在运输、上下码头、斛量等过程中,还有额外的敲诈勒索事情发生,这样,又得付"解工额外贿赂费用"、"开舱费"、"首仓香烟钱"、"扛包工人窃米洗浴费";又要按例付给地痞"水地保"、"河会"的勒索,还要经受流氓的抢米等。"长江各埠之有米市交易者,其开支使费之大,莫过于芜湖。"①米市的行规陋习,使流通费用高昂,削弱了芜湖米市的竞争能力。

交通方面对芜湖米市也产生了一定影响。粤汉铁路早在前清末年开工兴建,到 1929 年,除株韶段外大部分通车,1936 年全线通车。粤汉铁路竣工前,华南地区缺粮,因陆路运输不便,不能向附近的湘、鄂、赣等产米省采购,才舍近求远求诸芜湖米市。广东国米输入向以皖米最多,桂米次之,湘赣之米较少,迨其通车后,湘米跃居首位。据统计,1936 年广东省全年输入的国米数量,其中湘米占 50%,皖米、赣米、桂米、江浙米各占 20%、15%、10%、5%。粤汉铁路全线通车,导致米粮流通渠道变更,皖米在广东的销路大部分为湘、赣米粮所取代,影响了芜湖米粮的出口。

芜湖米市的衰败是 20 世纪 30 年代农业危机的一个缩影,也是本地区农村经济破产的写照。米市是芜湖社会经济发展的支柱,芜湖围绕米粮贸易和加工,米业成为芜湖社会经济发展的基础和依托。20年代以后,由于内外商业环境都发生了改变,芜米输出额渐减,米市逐渐衰落,与米市有关的行业也纷纷倒闭或减产。以前客商运米到芜湖脱售后,"皆在此购货",所以"数百万金融仍在芜流通",促使芜湖商业兴旺,而随着芜湖米市的衰落,芜湖工商业也随之遭受沉重打击。驻芜各帮米商在盛时有 50 余家。1931 年以后,由于市场日渐恶化,米号数也随之减少,到 1936 年,芜湖登记在册的米号只有 27 家,次年又停业 4家,仅剩 23 家。机米厂 1906 年只有一两家,到 1913 年已有四五家,及至 1917 年前后,增加到 10 家。米业兴盛时,机米厂的每年营业一般都

---

① 《东方杂志》第 31 卷第 12 期。

在 80 万担至百万担之间,1931 年后减至二三十万担,1936 年则仅有七八万担的营业量。机米厂也因生意清淡而被迫停业 3 家。砻坊业在 1936 年前后经营状况也不如前。当时砻坊只有 41 家,20 年前犹有 90 余家,不但数量少,而且经营规模比以前也大为逊色。20 年前每年加工大米均在 20 万担,而 1936 年前后大米的加工量只有 10 万担左右。① 仰赖米业为生的各个行业工人如码头工人大批失业。米市的衰落使芜湖城市人口锐减,由 20 世纪初的 13.7 万人降至 1920 年的 12.7 万人。据 1936 年统计,"工人失业者在五六千人"。运输业也受到打击,城市经济趋于萧条。以前民船装米到芜,在内港停泊的每日总有三四千只,但到 30 年代,在芜湖民船公会登记的,平均一年还不到 2000 只船。② 许多船户因米市衰落而失去生计,周边农村经济也大受影响。

虽然芜湖米市的稻米出口有所减少,但与长沙、九江米市相比,仍然有很大的优势。1930—1937 年,芜湖米市的年均稻米出口量超过了长沙和九江。③ 无锡米市虽然没有详细的记录,但根据史料记载,其稻米出口仅在个别年份上超越了芜湖。因此,虽然芜湖米市在 30 年代有所衰落,但总的来说,在抗日战争爆发前,芜湖仍然是整个安徽稻米产区的主要米粮集散地和销售市场,也是全国性的米粮集散市场,在四大米市中仍保有领先位置。

第四节　农业与水利

一、农业

安徽一直是农业大省,但进入近代以后,农业的发展步履维艰,耕地抛荒,农产减收,农民日益贫困化,离村现象严重,农村金融枯竭,基

---

①　朱孔甫:《安徽米业调查》,见《社会经济月报》第 4 卷第 3 期,1937 年。

②　《芜湖米业近况》,见《国际贸易导报》第 8 卷第 4 期,1936 年。

③　徐正元:《中国近代四大米市考》,黄山书社 1996 年版,第 39 页。

层社会结构濒临崩溃。到民国时期,农民的生活更加贫困。北京政府和南京政府虽然采取了一些兴农的措施,但是在内忧外患的社会背景下,作用很小,农业危机不断加深。20 世纪 30 年代,受 1929—1933 年资本主义经济危机的影响,农业问题急剧恶化,突出表现为农产品价格指数和农产品购买力在 1932—1934 年间的持续下降,形成空前的农业大萧条。

1929—1933 年席卷资本主义世界的经济危机不仅给西方各国带来了严重破坏,而且深刻影响殖民地半殖民地国家的经济社会生活,当时的中国遭受了巨大的冲击。由于中国是个落后的农业国,这场危机对农村地区的影响尤其深刻,资本主义国家采取种种措施加强对我国农村的渗透与掠夺,从而使中国农村业已存在的危机进一步加剧。帝国主义的关税、货币、倾销等政策限制了我国农产品的输出,增加了外国剩余农产品的输入,排挤了我国农业出口的市场空间,引起国内农产品价格的暴跌,使近代以来慢性的农业危机急剧演变为空前的农业大萧条。在关税壁垒面前,许多农产品的销路一落千丈。华茶本在世界市场颇具竞争力,但许多销茶地提高茶叶关税,影响了华茶销路。根据海关统计,1931 年输出茶叶总值 5108 万元,1932 年减至 3908.7 万元,约减 1/4。因此,茶叶价格也在迅速降落。据税则委员会调查,祁门红茶价格 1933 年比 1932 年降低 41%,比 1931 年降低 57%。[①] 近代安徽落后的工商业不可能为农业劳动力的转移提供一条有效的途径,农村人口,要么成为流亡者,要么滞留农村。农村经济变成了贫农经济,农民陷入了破产境地。20 世纪 30 年代,安徽农户负债的比例为 66.5%,每户平均负债额 118.04 元。安徽借贷现金的农户占 63%,借贷粮食的农户占 56%。1936 年金陵大学的调查显示,安徽农户平均负债比例高达 80%。[②]

这一时期安徽土地占有情况较晚清更为集中。1913 年,安徽自耕农、半自耕农占农户的 49%,佃农占 51%;到 1934 年,自耕农、半自

---

① 章有义:《中国近代农业史资料》第 3 辑,三联书店 1957 年版,第 628 页。
② 严中平:《中国近代经济史统计资料选辑》,科学出版社 1955 年版,第 342 页。

耕农下降为 43%，而佃农则上升为 57%。当时，土地大部分集中在少数军阀、官僚、豪绅、地主手中。1935 年土地委员会调查显示：霍邱有地 2.5 万亩以上至 8 万亩者 13 户，五河有地 3000 亩以上者 6 户，泗县有地 2000 亩以上至 2.5 万亩者 4 户，灵璧有地 6000 亩以上至 1.5 万亩者 3 户，蒙城有地 10 万亩者 4 户，涡阳有地 5000 亩至 1 万亩者 4 户，亳县有地 1000 亩至 4000 亩者 7 户，太和有地 1 万亩者 1 户，阜阳有地 3000 亩以上至 1 万亩者 16 户。[1] 随着土地兼并的加剧，必然带来租佃关系的扩大，佃户和无地户在农村所占的比重不断增加。以 1943 年的统计为例，可以看出安徽省农民阶层的变化：当涂县佃农 55%，芜湖 64%，青阳 77%，贵池 67%，宣城 55%，休宁 80%，太平 70%，歙县 65%，宁国 55%。[2] 土地兼并的加剧和租佃关系的扩大，反映了安徽农村经济在危机中日益走向两极分化的趋势，它与农业生产的衰落形成了一个明显的恶性循环关系，加深了近代安徽的农业危机。

抗战前，安徽农业陷入衰退，还与持续不断的重大自然灾害有关。这一时期对安徽影响最为巨大的当属 1931 年的江淮大水灾。1931 年春夏，江淮各地普降大雨，淮河、长江水势同时暴涨。皖北地区 5 月下旬始大雨不断，6 月大雨兼旬，7 月暴雨达 7 次，洪水很快漫溢开来，"7 月 1 日世界红十字会电国民政府、安徽省政府，报告皖北大水成灾"。水势所至，庐舍荡然，罹难民众，不知凡几，形成全省性特大水灾。8 月淮河干堤决口达 6 处，"淮水泛滥，濒淮各县，多成泽国，平地扬帆，不见屋宇，波涛汹涌，仅露树梢，无论田庐苗禾尽付巨波，水上浮尸，在在皆是，断柱零椽，随流漂止"[3]。安徽沿江流域大雨从年中持续到 9 月 16 日，历时近 3 个月，长江干流和主要支流河道堤圩 250 多处溃决，沿江地区亦洪水肆虐，居民尽陷洪患之中。芜湖地势低洼，7 月遭受暴雨，8 月飓风过境，内河洪水澎湃，长江巨浪汹涌，内冲外撞，水位逐渐上涨，破堤多处，积水、秋潮积灌，宛如一片大湖。

---

① 郭汉鸣、洪瑞坚：《中央政治学校地政学院研究报告之五》，见《安徽省土地分配与租佃制度》，正中书局 1937 年版，第 45—46 页。

② 金陵大学农学院农业经济系编：《河南、湖北、安徽、江西四省农作制度》，第 17 页。

③ 《皖北奇灾》，见 1931 年 8 月 3 日《民国日报》。

1931年特大水灾,安徽全省60个县中的48个县受灾,占全省县数的80%;大小圩堤溃决3950余处,受灾田亩3293万亩,占全省农田的67.3%;灾民有1069万,占全省人口的49.3%;急需赈济的灾民831万,财产总损失约38346万元;因灾死亡11.2万人,灾情奇重。1931年全省的水稻种植面积比1915年、1916年、1918年、1919年都要少,比1915年减少17.8%,比1919年减少了21.4%;亩产量,除了1918年、1919两年较低以外,1931年亩产量分别为1915年、1916年的92.3%和96%;1931年的总产量分别比1915年和1916年减少了24.6%和22.8%。1919年至1931年的14年间,1931年的棉花产量是最低的,其种植面积、单产、总产量,比1919年分别下降了34.4%、53.3%、70.7%,比收成最好的1924年分别下降了62.8%、56.8%、84.8%。而且,1932年棉花生产能力还没完全恢复到灾前水平。①

1934年,干旱持续数月之久,禾苗枯萎,颗粒无收,致使粮食产量大幅度降低。据南京国民政府实业部中央农业实验所估计,1934年主要农作物与平常年收成数量相比,收成损失率分别是:水稻为62%,高粱为49%,玉米为43%,小米为18%,棉花为89%,大豆为37%。在当时所调查的各受灾省中,安徽位居前列,并高于各省受灾损失的平均值,尤其是水稻与棉花,其损失率分别比各省平均值高出25和52个百分点。②

表10-6 1927—1937年安徽自然灾害概况

年份	灾害类型	受灾概况
1928	大水	稻作一项损失400余万元
1929	大旱、蝗虫、水灾	罹灾县数:41县;罹灾民:5461882人
1930	大水	受害人口745749人
1931	大水	40年不遇之大洪水,罹灾农户占全省总数的52%,灾民为9632070人,田地3140307亩,损害合计300700000元。农田被水淹没数月,麦收占30%,秋收则全无,溺死22862人,48县被淹没

---

① 安徽省地方志编纂委员会编:《安徽省志·农业志》,方志出版社1998年版,第101页。
② 《民国二十三年各省旱灾损失估计》,见《农情报告汇编》,1934年,第12页。

（续表）

年份	灾害类型	受灾概况
1932	大旱、大水、虫灾	皖北、皖东旱灾严重
1933	水灾、蝗灾	灾民户数 607700 户，灾民数 2696900 人，10 余县被淹没
1934	特大旱灾	受灾县数 49 县，被灾田地 18061426 亩，灾民 8718540 人，稻麦损失 56802007 担
1935	大水、虫灾、冰雹、风霜	被害县数 14 县，人口 454564 人，损失合计 8934000 元，宣城、屯溪变成水区

资料来源：[韩]金胜一：《近代中国地域性灾害政策考察——以安徽省为例》，《北京大学学报》1997 年第 4 期；王鹤鸣：《安徽近代经济探讨》，第 213 页。

　　由于天灾人祸，安徽农业生产很不稳定。进入 20 世纪 30 年代以后，安徽农业生产水平与各省的距离进一步扩大了。安徽粮食作物生产水平不仅落后于江苏、浙江，而且也落在湖南、湖北等省后面。在整个长江流域，安徽是农业生产比较落后的一个省份。

二、水利业

　　1931 年水灾发生后，国民政府于 8 月 16 日在上海紧急特设由宋子文、许世英、余庆澜等人组成的南京国民政府救济水灾委员会。救灾会特设工赈处，利用救灾麦面代发工资，进行以工代赈。救灾会在全国划分 18 个工赈区，聘请一批水利专家和工程技术人员赞襄工务，工赈处下设工程局执行具体的工作。安徽是受灾最重的省份，也是工赈工作办得较好的省份之一。安徽共设 5 个工程局，分设于芜湖、安庆、正阳关、蚌埠和五河，组织灾民修建江淮干堤。为统一这次工赈工作，安徽省政府成立全省工赈委员会，并颁布《安徽省工赈办法大纲》，安徽省境内的工赈主体工程由两部分组成：一是长江南岸采石矶至方定州和北岸乌江至湖口以下皖江堤岸；二是淮河北岸颍河口至峡山口、店子集至荆山脚、怀远涡河口至浮山潼河口堤防和淮河南岸洛河街至新城口、余家滩至枣巷、小溪至泊岗等堤防，工程总长 1500 多公里，同时完成了淮河北岸堤防涵闸 9 座。仅芜湖区即补修堤坝 2739 处，共完成土方 2500 万立方米，工赈工资以赈麦代发。除此之外，"安徽各县还以急赈麦举办了县内小型工赈,计皖中、皖南 170 处,皖北 188 处"①。

因 1931 年水灾,安徽特设省水利工程处,各县、区等水利组织纷纷成立,并受建设厅和省水工处的领导。同时,国民政府特设救济水灾委员会,代替 1929 年设立的导淮委员会业务,在皖北淮河流域设立工赈局办理事宜,次年,工赈局改为皖淮工程局。长江流域 10 个工赈局于 1932 年改为江汉和江赣工程局,1933 年又合并为江汉工程局。该局和皖淮工程局分别于 1934 年和 1935 年归属全国经济委员会。从 1931 年末至 1935 年这一段时间里,全省水利行政和业务,由中央和省实行双重领导,其后便很快结束,原因是中央经费困难。

1932 年 10 月,安徽省制订水利建设初步计划,即自 1932 年 11 月 1 日至 1935 年 5 月底,共分 4 期进行,其工作重点是修治省境堤防、沟渠、塘堰、涵闸;协助江赣、皖淮工程局修固江淮干堤和办理防汛事宜;进行河、湖区(如华阳河区)水利工程测量并着手实施;办理全省治本性水文测量,以完成施治江淮大溇及较大河川的准备工作。制订这些计划的指导思想,即是就地方民力,"先求小成"。在短期内和无重大灾荒发生的情况下,这种办法是有一定积极作用的,实践也证明了这一点。

治淮一直是安徽水利工程的重中之重。1929 年 7 月 11 日,国民政府在南京成立导淮委员会,直接隶属国民政府,并聘请国际联盟组织专家考察团视察淮河流域。不久,国际联盟聘请潘利尔、高德斯维金、蒲得利等欧美著名水利专家,组成考察团,实地勘察淮河流域。国联专家考察团经过对苏北、皖北地区的实地勘察,基本肯定导淮委员会工程处所拟的工程计划,建议导淮委员会先建三河活动坝、洪泽湖围堤、邵伯和淮阴船闸、运河西堤,以及改建惠济河闸,以控制洪泽湖水,发展淮河下游的航运与灌溉。随后,国民政府指示导淮委员会工程处,根据国联专家的建议,重新制订导淮工程计划。国民政府并聘请美国工程师史笃培和荷兰工程师蒲得利为导淮委员会顾问。② 之后导淮委员会工程处根据"择其急需,逐渐推进"的原则,拟订两年施工

① 安徽省地方志办公室编著:《安徽水灾备忘录》,黄山书社 1991 年版,第 27—41 页。
② 汪胡桢:《皖淮水灾工赈工程成绩》,见《工程周刊》第 1 卷第 21 期,1932 年 1 月 21 日。

计划。1933 年,导淮工程开始启动。

整个工程所用劳动力均采用工赈方式,严格管理,科学施工。共修复与新建堤防 318.9 公里,完成土方 10844203 立方米,赈工为 98350 人,每立方米土方发放赈粮 2.23 斤,共用赈粮 12092 吨。其中怀远县所筑堤防最长,凤阳次之,盱眙最少。怀远县所属赈工所得之赈粮约为 5328 吨,可救活灾民数十万。

由国民政府救灾会在皖设局办理的工赈工程,自 1931 年底开始至 1932 年 9 月结束,共完成土方 45851604 立方米。后由全国经济委员会接办,至 1934 年 2 月因经费困难而停止,共完成土方 12442 立方米。在经费无着的情况下,省政府发动民力续修,自该年 3 月至 1937 年,共完成土方 49006555 立方米。① 在 6 年中,由中央工赈完成的江淮干支堤土方占江淮干支堤修筑总土方数的 54.26%,皖省只占 45.74%,略次一点。②

总之,这一时期安徽水利建设较有成效,并且也在一定程度上发挥了保障人民生命财产安全和促进农业生产发展的成效。如 1931 年后,长江水位以 1937 年为最高,1933 年和 1935 年次之。1933 年,江堤仅有两处溃口。1935 年溃口 3 处,淹没面积 1900 平方公里,受灾田亩 40 余万亩,仅及 1931 年的 1/8。1937 年,虽有少数沿江和内湖圩堤溃决,但受灾面积不及 1935 年的 1/10。淮堤方面,1937 年汛期水位"为民二十以后所仅见",干支堤有多处溃决,"总计沿淮两岸所受损失约六百四十万元,此次本省淮南河流域农产总收获比较,则所受损害,亦不过百分之三"。"此则历年培修堤工之成效也"③。水利建设对促进农业生产的作用,已露端倪。据统计,国民政府主办的淮河导治工程结束后,水稻平均每亩多收 80 斤,大、小麦平均每亩均多收 25 斤,大豆多收 16 斤,玉米多收 17 斤。④ 此外,高粱、皮棉等农作物每

①　《安徽政治》1938 年第 16 期。

②　中央党部国民经济计划委员会编:《十年来之中国经济建设》上册《安徽省之经济建设》,台湾"中央文物供应社" 1976 年影印版,第 1 页。

③　《安徽政治》1938 年第 14 期。

④　王云五:《中国水利问题》,商务印书馆 1936 年版,第 268 页。

亩平均产量都有所提高。

这一时期安徽还着力实施内河、湖泊区域性的水利综合治理工程,集防洪、灌溉、航运等多种功能于一体。这些工程主要是华阳区、陈瑶湖区、寿县安丰塘、皖河、黄溢河区和巢湖区,但因经费不足、工程艰巨,大部分只完成查勘工作即告搁浅,只有皖河和黄溢河区完成部分工程。

第五节　金融与财政

一、金融业

民国时期,安徽金融业特别是银行业的发展进入一个新的时期。国民政府中央银行、中国银行、交通银行、中国农民银行、中央信托局、邮政储金汇业局、中央合作金库(总称"四行二局一库")在安徽的分支机构,居全省金融主宰地位,另有省内的官办省、县银行和民办商业银行,外埠商业银行、邻省地方银行也来安徽分设机构。到20世纪30年代中期,安徽的金融业形成了由国家银行分支机构、地方官僚资本控制的地方银行和传统钱庄"三足分割"的局面。

(一)国家银行在安徽的分支机构

1929年2月,中央银行开始在安徽省的安庆、芜湖、蚌埠三地,分设机构。初设均为支行,1935年一并改为三等分行,均直属总行管辖。[①] 安庆分行设立于1929年2月,初设为支行,开业10个月后奉命裁撤,1934年5月复设办事处,1935年改称分行,1937年12月撤离,未再复设。芜湖分行是1929年2月设立的,初设为支行,1935年改称分行,1937年12月撤离。蚌埠分行也是1929年2月设立的,初设为支行,1933年3月改为办事处,1935年改称分行,1937年12月撤离。

---

① 中央银行组织,二等以上分行为管辖行。

中央银行安徽机构所经营的业务主要有：推行法币、收兑白银和硬币、收解国库税款、调拨通货、调剂金融。芜湖、蚌埠两行1932年至1934年每月发放中央银行钞票平均为5～8万元，1935、1936两年增为每月80～100万元；安庆分行1934年月平均10万元左右，1936年增为月平均40万元左右。收兑白银、硬币，1935年至1936年6月，芜湖、蚌埠、安庆3行集中转解白银25万两、银元523.92万枚。

中国银行在1927年后改为特许的国际汇兑银行。自南京国民政府成立至抗战爆发前，中行在安徽机构有较大发展，除原有行、处外，先后增设屯溪支行，歙县、宿县、合肥、明光、临淮关、淮南煤矿等办事处，滁县办事分处，六安寄庄，三河临时寄庄，共有行、处、寄庄15个。滁县分处直属南京分行，其他处、庄，均隶属于芜湖、蚌埠、屯溪3个支行。

国民政府时期，中国银行总行受命为专营国际汇兑的专业银行，安徽分支机构因无国际汇兑业务，主要经营以工商业为主要对象的存放汇业务。此外，在发行权尚未集中于中央银行前，办理本行纸币发行；在农贷未集中于中国农民银行前，经办农村贷款的发放等。

交通银行在1927年后，成为特许的发展全国实业的国家银行。至抗战前夕，民国初年开始设立的交通银行分支机构仅存蚌埠、芜湖支行和宣城办事处。1936年12月另设淮南煤矿办事处。交通银行在安徽的分支机构，为总管理处垂直管辖，资本由总管理处拨给，联行往来自成系统，与当地政府、金融机构都有往来关系。交通银行安徽各行处经常性业务有吸收存款、发放工商业贷款、办理押汇及汇兑业务。

1933年9月16日，中国农民银行在安庆开设安徽分行，基金总额15万元。1934年6月1日设立六安办事处。1934年9月21日，安徽分行奉令移设芜湖，改称芜湖分行，并升格为管辖行，营业基金法币25万元，安庆则改设办事处。四省农民银行改组为中国农民银行后，于1936年4月增设屯溪办事处，1937年1月和4月增设歙县和合肥两个分理处。

邮政储金业务主要是协调一种类似银行活期储蓄的存簿储金，吸收公教人员小额存款和团体存款。安徽是最早开办邮政储金业务的省份之一。1920—1928年，各地邮政局、所陆续开办储蓄业务，由于邮政与储蓄合为一体,并以邮政收入作存款担保,储户数与储金总额逐年增长。1930 年邮政储金汇业总局成立后,未在安徽设立分局[①],省内邮政储金汇兑业务,仍由各地邮局兼办,同时又受邮政储金汇业局管理。

(二)安徽地方银行

1935 年,南京国民政府颁布《设立省银行或地方银行及领用或发行兑换券暂行办法》,准许各省普遍设立省银行,以协助推广法币。当时,安徽省财政厅厅长杨绵仲鉴于皖省农村经济亟待扶持、地方建设事业百废待兴等情况,向财政部申请筹办安徽地方银行。1936 年 1 月 16 日,安徽地方银行在芜湖二街的徽州会馆内成立,注册资本法币 200 万元,实收半数,由省财政厅拨给,后于 1941 年增资至 500 万元。安徽地方银行实行总行制,隶属省政府。组织体制为董事会和监事会领导下的行长负责制。董、监会人选由省政府指派,董事长由财政厅厅长兼任,正副行长由董事会遴选,省府批准。

初创之时,该行以"不以谋利为目的,唯谋地方经济之发展"为号召,在首任行长程振基和全体员工的励精图治、艰苦努力下,逐渐在全省境内形成一个金融网络。组织机构方面,总行内设文书、会计、营业、出纳、金库五股,并拨款 10 万元成立了储蓄部,独立从事储蓄业务。1936 年 8 月,接办安庆惠济官质和和县公质,成立了企业部,不久改为信托部;为发行辅币而增设发行股。次年 5 月,奉省府令接管全省农仓,又添设农贷部,不久因抗战爆发而撤销。在业务部门外,先后增设了经济研究室和总稽核室,担任省内外经济金融的调查研究和本行账务稽核。1937 年,受中央银行委托代收盐税,在大通、运漕、汤家沟等交通要道增设盐税处,兼办银行业务,不久也改为办事处。至七七事变,安徽地方银行已有分行 3 个,办事处 50 个。全省 62 县除偏僻的几个县外,皆有该行机构。而此之外,全省只有 12 个县有银行。因此,安徽地方银行的建立,在安徽金融史上具有非常重要的意义[②]。

---

① 邮政储金汇业局民国 25 年(1936)编印的分局以上职员名册,只列有蚌埠、芜湖两个办事处,隶属南京分局。

② 程振基:《序言》,见安徽地方银行经济研究室:《三年来之安徽地方银行》,1939 年印。

该行又以振兴皖省经济为己任,贷款水利工程建设和农副产品加工业,协助兴修公路网,促进茶叶外销等等,对地方事业贡献良多。1935 年 12 月,该行尚未正式开业,即派员在芜湖、安庆、蚌埠划区收兑,并以省府名义下达通知,以收兑硬币多寡作为县长的主要业绩。至 1938 年底,计收兑硬币 500 余万元。另一方面积极拓展各项业务,存款除揽收军政机关款项外,大力吸收商民存款和储蓄。存款余额由 1936 年底的 177.48 万元,增长到 1937 年上期的 367 万余元,放款集中在红茶外销和农工等建设性贷款上。开业之初即与江西裕民银行联合举办皖赣红茶外销业务,一次投放 134 万元。同时贷款省公路网、电话网建设 84 万元,投资 55 万元兴建芜湖米、油厂和纱厂。①

相对于国家银行和各商业银行而言,安徽地方银行在调剂农村金融方面作用更加直接和深入。当时该行放款的三个原则分别是"放款对象必须为合作社或其他类似的组织;放款最好为实物贷款,如肥料、种子、饲料、农具、耕牛等,使放款能直接运用于生产方面;渐渐养成农民储蓄的习惯,使他们的生产资金能进入自治的境地,以免永远受他人的扶助"②。而安徽地方银行在省内大部分县市建立起来的金融网络,很好地帮助了其对农村经济金融扶持的深入展开和实施。

(三)私营银行

国民政府对商业银行的控制较松,抗战前 10 年是商业银行发展的兴盛时期。中国实业银行于 1928 年在安庆设办事处,1929 年 8 月在芜湖设办事处,1933 年升格为支行,1937 年安庆、芜湖处、行分别撤离;太平银行于 1930 年至 1935 年在合肥设办事处;徐州国民银行于 1930 年至 1937 年在宿县城内设办事处;除此以外,上海商业储蓄银行、浙江兴业银行、大陆银行、江苏农民银行、中国农工银行也在安徽设立支行等分支机构。

安徽境内的各家商业银行,主要业务有存款、放款、汇款,附属业务有票据承兑、贴现、押汇和代理收解款项、买卖生金银及有价证券、

---

① 杨馥如:《中国农业金融的趋势与本行投资农村采取的步骤》,见《安徽地方银行旬刊》1936 年第 7 期。

② 芜湖市金融志编纂委员会编:《芜湖市金融志》,黄山书社 1999 年版,第 157—158 页。

贷募公债和公司股份。规模较大者除经营上述各项业务外,还经办仓库、保管、信托、保险等业务,中国实业、浙江兴业等银行还曾发行过纸币;规模较小的银行只办存款、放款及押汇、贴现,汇兑很少或不办;办事处以下的机构主要以存、汇为主,放款较少。

中国实业银行为官商合办的金融机构,资本总额 1000 万元。1915 年由原中国银行总裁李士伟,财政总长周学熙,国务总理熊希龄、钱能训及一些实业家创办。1919 年 4 月 26 日,该行正式成立。1929 年 8 月,中国实业银行在芜湖设立办事处,地址在进宝街 7 号。1934 年,改升支行。芜湖办事处成立未久,适逢 1931 年长江大水灾,将放款重点转向农村,在芜湖租赁仓库代存米谷,发放粮食押款,并与南陵县政府合作承办米粮及耕牛救济放款,扶持灾后农村恢复生产。[①]1931 年 3 月,中国实业银行在安庆西门内司下坡设立办事处,隶属南京分行,首任主任何本植。其时安庆办事处人员 7 人,由于业务不足,奉命于 1937 年 6 月裁撤,办理清理手续,并经总行委托中国银行安庆办事处代办未了事宜。[②]

二、保险业

随着经济的不断发展,施工作业中的工伤事故、交通运输中的人员伤亡及其他意外事故逐渐增多和自然灾害接连不断,使得保险的需求不断增大;与此同时,一些资本所有者(特别是银行业)认识到保险业所蕴涵的巨大潜力,纷纷投资保险业,使得这一时期的保险业呈现了蓬勃发展的局面。保险业务不断扩大,保险机构也由上海等地向其他口岸和内地商埠延伸。

1927—1937 年,安徽的经济得到较快的发展,尤其是沿江的芜湖、安庆和沿淮的蚌埠,经济发展明显快于其他地区。经济的发展也必然带动保险业的兴起,中外保险公司纷纷将分支机构或代理处向内地延伸,仅据《中国保险史》资料统计,截至 1937 年,仅华商保险业在安徽设立的保险代

---

① 吴剑华:《抗战前中国实业银行安庆办事处述略》,见安庆市政协文史资料委员会:《安庆工商经济史料专辑(3)》,1991 年印,第 166 页。

② 中国保险学会:《中国保险史》,中国金融出版社 1998 年版,第 137 页。

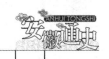

理处就达 35 个。① 发展最快的还是芜湖、安庆和蚌埠等地。

民国时期，安徽省境内没有自办的保险公司，只有外埠保险公司所设的分支或代理机构。国民政府时期，各类保险公司代理机构遍布全省各地，主要包括国有银行开办的保险公司，主要有中央信托局保险部。1935 年 10 月 1 日在上海成立，在芜湖、安庆、蚌埠 3 地设有分部，安徽地方银行也有部分行处代理其保险业务。中国保险股份有限公司 1931 年 11 月 1 日在上海创办，先后在芜湖、蚌埠、屯溪、安庆、滁县、明光、临淮关、宿县、六安、大通、合肥、歙县等地的中国银行分支机构设有经理处。这些保险公司资本雄厚，分支机构分布广。

民族资本的保险公司在这一时期发展也较迅速，这些保险经营形式灵活。太平保险股份有限公司 1929 年成立于上海，在芜湖、安庆、合肥、六安、宣城、蚌埠、屯溪、明光等地设有代理处。中国天一保险股份有限公司 1931 年 9 月成立于上海，在芜湖、明光设有代理人。宝丰保险股份有限公司 1931 年 9 月成立于上海，在安庆、蚌埠、芜湖、临淮关设有代理处。太安丰保险公司是 1935 年 5 月由太平、安平、丰盛公司合并成立的，在安庆、蚌埠、六安、屯溪、合肥、宣城、芜湖设有代理处。

表 10－7 抗战前安徽保险公司概况

市县	代理人或代理机构	代理公司名称	地址
屯溪	中国银行	中国保险公司	不详
安庆	中国银行	中国保险公司	吴樾街
	上海银行	宝丰保险公司	国货街
	张述尧	先施寿险公司 先施保险公司	小南门正街
蚌埠	上海银行	宝丰保险公司	华昌街
	公记	通易保险公司	公记栈房
	李定中	中央信托局保险部	大东巷
	中国银行	中国保险公司	二马路
	顾松龄	华安保险公司	大通煤矿公司

---

① 中国保险公司由中国银行投资 500 万元创办，宋汉章为董事长，过锦云为总经理。

市县	代理人或代理机构	代理公司名称	地址
芜湖	上海银行	宝丰保险公司	中长街
	中国银行	中国保险公司	二街
	许汉甫	永宁保险公司	进宝街
	屠均	中央信托局保险部	仁义里
临淮关	上海银行	宝丰保险公司	关大街

资料来源:中国保险年鉴编辑所编:《保险年鉴》,1936年,第186—187页。

除此以外,由外国资本在中国经营的太古、公平、美亚、保宏、鲁麟、百立泰、新大陆、北美洲等保险公司,也分别涉足芜湖、安庆、蚌埠等地,通过经纪人招揽保险业务。

1937年2月18日,国民政府行政院颁布的《保险法》规定,经营保险业者,必须呈请中央实业部核准,才得开始营业。保险业务种类分"财产保险和人身保险两种",一家保险公司只能经营其中一种。按照《保险法》规定,民国时期,安徽保险业在城市中开办过火险、运输险、人身险等。另外,和县农村试办过耕牛保险。

芜湖作为开放口岸,交通便利,加上芜湖米市的兴起和发展,使得长江运输业相当发达,伴随交通运输业的发展和城市经济的兴起,货物运输保险和火灾保险的需求也不断扩大,来芜湖开展保险业务的中外保险公司不断增多,纷纷委托洋行或设立代理处经营保险业务。先后来芜湖开展保险业务的有外商的怡和洋行、太古洋行等,代理各家外商保险公司的保险业务,主要是货物运输和火灾保险业务;华商则有中国保险公司、先施保险公司等,也纷纷委托银行和钱庄为其代理保险业务。

芜湖开埠之后,美国一家保险公司来芜设立机构。1929年至1935年,芜湖的华商保险公司有宝丰、中国、永宁、四明、中国天一、太安丰等几家。外商保险公司有太古、公平、美亚、保宏、鲁麟、百立泰、新大陆、北美洲等。保险公司业务以火险及运输险为主,年保险总额400余万元,保费收入7.3万元,赔款4万元。1935年,华商保险公司

保费收入占芜埠保费收入总额的 3/10。芜湖保险业多受上海总公司管辖，随着抗日战争的爆发，保险公司大部分收歇撤离。①

安庆是安徽的省会，又有便利的长江水道，加上洋务运动时期及其后来兴起的一些新兴近代化企业的发展，保险业也取得了很快的发展，经营方式主要是几家银行和钱庄为中外保险公司代理有限业务。据《安庆地区简志·金融志》记载，抗日战争前，先后有中央信托局保险部、中国保险公司、先施保险公司，分别委托安庆中央银行、中国银行、安庆大旅馆设立代理处。太平、安平、丰盛保险（太安丰保险集团）在安庆也有代理人，均分别为其公司代理承保各大商号货运和银行质押贷款物资的运输险和火险。如 1934 年中国保险股份有限公司委托安庆中行代理该公司开办保险业务。是年 3 月 8 日，安庆中行在吴樾街单独设立门面，成立安庆经理处。1936 年中央信托局安庆分局曾办理人寿保险和物产保险业务。② 与此同时，英商太古洋行、百立太保险公司，也分别在安庆聘请代理人，为其招揽业务。

1931 年，上海合群保寿公司在蚌埠设立分支机构，开办保险业务。抗日战争前，还有中国、中央、太平、太古、太平洋、美亚等保险公司共 10 余家，分别在埠蚌开办水、火灾及运输等保险业务。1935 年，各家公司保险费收入合计约 8 万元法币，其中，华商占 40%，外商占 60%。这一时期，保险业以承保银行质押物资为主，与银行互相依附，关系密切。各保险公司之间为争揽业务，始则开展竞争互相倾轧，后而达成妥协以图共存。1936 年，中国银行、交通银行、上海银行、金城银行和江苏银行在蚌机构共同经营的五行仓库，堆存大量物资。对这一险源大户承保份额，开始各家保险公司互争，后由银行公会斡旋，达成按比例承保协议。其中，中国、宝丰、太平洋 3 家公司分别由中国、交通、上海 3 家银行介绍，各承保 25%；太平保险公司由江苏银行介绍，承保 5%；中央保险公司承保 10%。

抗战前宣城有 2 家保险公司，最早为四海保险公司宣城总经理

① 芜湖市金融志编纂委员会编：《芜湖市金融志》，黄山书社 1999 年版，第 224 页。

② 安庆地方志编纂委员会编：《安庆市志》，方志出版社 1997 年版，第 1002 页。

处,1935 年 3 月设立于宣城振宣印刷厂内。1934 年 8 月,上海华民合群保寿有限公司宣城经理处,设立于锦城友立医院内。

1935 年 5 月,国民政府正式颁布《简易人寿保险法》,规定简易人寿保险业务由邮政部门独家办理。同年 8 月,邮政总局颁布《简易人寿保险章程》。次年 5 月,合肥及三河邮局开办简易寿险。这一险种保额低,保费少,适于贫民大众。到该年年底,合肥邮局共卖出百余份。[①]

1934 年,上海商业储蓄银行与南京金陵大学农业试验所联合在和县乌江镇农业试验区试办耕牛保险。投保办法是由农民组成耕牛保险协会组织自保。保户投保时交给保证金 5 元,无须另交保险费,经营损益由银行负责。试办耕牛保险的目的在于保障农业贷款资金的安全。由于农民对保险认识不足,投保者极少,只好停办。

三、财政收支

1927 年 3 月,安徽省成立政务委员会,为全省行政最高机关,下设财政科,掌理全省财政事宜。1927 年 7 月,省政府成立,改财政科为财政厅,内置总务、赋税、核放等 3 科,及秘书室、清理财政委员会等,并附设省金库,另外在芜湖、蚌埠分设财政办公处,附设分金库,此后厅内机构屡有调整,但变化不大。县级财政机构包括财政科与财政局。1927 年后,县政府改组,仍设第二科掌赋税及财务事项。1933 年 5 月,改第二科为财政科。1935 年 1 月,复改为第二科。1928 年 5 月,省政府通令各县设立地方财政管理处,掌理全县公款公产事宜,各县次第成立。1931 年 1 月,复改为财政局,掌理全县地方财政事宜,内设监察委员,监察地方财政。1933 年 2 月,省政府划一县政府组织,将财政局改组为县地方财务委员会,下设审核、出纳两组。1935 年后,随着经征处、县金库陆续成立,县地方财务委员会职掌减缩,仅负责县地方财政监督及审核。

1928 年 4 月,国民政府公布"划分国家收入地方收入标准案"。

---

① 张梁任:《我国之邮政简易人寿保险》,见《交通杂志》第 4 卷第 3 期,1936 年。

同时,财政部颁发《各省财政厅管理国税章程》,规定省财政厅对于管理国税"遇有筹拟变更日制之处,应先行呈部核夺。中央与地方政令未能一致时,省财政厅应依照中央规定办理"。至于省上缴的国税,规定"未经财政部核准之款,不得在所收国税项下动用抵解"①。当时安徽的情况比较特殊。安徽的厘金仍归安徽征收,但要求安徽每月向中央解款 30 万元,安徽驻军的军饷和征税机关费用由中央拨款。这一规定一直延续到裁厘之后。②

1931 年厘金裁撤后,各省政府"急不暇择,只有捐之可征,有赋之可加,既不问其苛,亦不计其杂"③。因为安徽财政亏空,中央财政曾由关税项下每月补助安徽 5 万元。及盐斤加价归中央办理和本由地方征收的米照捐停办后,中央补助款增至每月 20 万元。④ 由于中央补助不足解决地方财政的困难,地方政府征收的田赋附加和苛捐杂税较前有了很大的增加,导致民众不满。1934 年 5 月,财政部召开第二次全国财政会议,会上通过了废苛减赋案。根据相关规定,安徽省财政厅查出各类杂捐,每年共收银元 120.3 万元⑤,均取自契税、牙税、牲畜税等附加,用于公安、保卫、教育、建设、自治费等。8 月,安徽省财政厅发出《核减附加办法》,清理苛捐杂税。安徽先后进行了二期整理赋税工作。第一期从 1934 年 7 月至 12 月,整理的情况是"属于省地方者,乃无苛杂。县地方杂捐附加,以各项地方行政关系,虽未能立即完全免除,但已由财政厅核定办法,逐步裁撤"⑥。铜陵县 1933 年征收的各种附加中,有田赋附加 74627 元,契税附加 1500 元,牙税附加 600

---

① 《安徽财政月刊》创刊号。

② 龚光朗、曹觉生:《安徽财政之过去现在及将来》,见《安徽建设月刊》第 3 卷第 6 号,总第 30 期,1931 年。

③ 《申报年鉴》(1935 年),第 G95 页。

④ 龚光朗、曹觉生:《安徽财政之过去现在及将来》,见《安徽建设月刊》第 3 卷第 6 号,总第 30 期,1931 年。

⑤ 《安徽省杂项捐税概况》(1934 年),见《安徽省工商税收史料选编》上辑第 2 册,安徽省人民政府税务局 1987 年编印,第 872 页。

⑥ 《安徽省第一期整理赋税概况》,见《安徽省工商税收史料选编》上辑第 2 册,安徽省人民政府税务局 1987 年编印,第 875 页。

元,牲畜税附加 162 元,屠宰税附加 1438 元,合计 78327 元,占正税的 80%。① 各县所以多苛捐杂税,与国家地方财政体制划分不完整有关,当时只明确规定省一级地方税的征收范围,而省与县税收如何划分则没有明确规定。地方税源都被省级财政控制,县级财政并不具备独立性,县财政中经费由上级财政划拨,但保安、教育、实业等方面的经费则需自筹,地方只能通过增加捐税和田赋附加来解决县级财政问题。至 1934 年 12 月,财政厅派员分赴各县调查,提出整顿办法:属不合法税捐或未经呈准或非急要用途的计有杂捐 70 余种,款额 6.8 万元;随田赋征收的 28.9 万元;杂税附加 11.7 万元,令各县立即废除。收入虽属苛杂而支出尚属正当的,有 150 多种、28.4 万元,令各县在同年 12 月以前另筹抵补办法,然后加以废止。② 1935 年 4 月起,安徽进行第二期县级杂捐、附加的整理。省财政厅厅长杨绵仲在招待全省各县县长会议上说:"各县捐税遂由无而有,由少而多,由临时而永久,只有增加,没有削减,层床叠架,五花八门,蠹国病民,莫此为甚。"1934—1935 年,安徽共裁减各县田赋附加及串票费等 108 种,地方杂捐 254 种,各县杂税 104 种,1936 年又废除苛捐杂税 25 种,先后共废除苛捐杂税 491 种。③ 其中裁减田赋附加 91.9 万余元,废除杂捐 27.5 万余元,各县地方杂税 14.7 万余元。④

　　经过安徽省政府几年的努力,财政状况有了一定程度的改善,具体表现在财政收入方面较以前有了较大幅度的提高,财政赤字大为减少,甚至一度有了盈余。财政厅曾称"皖省财政,今由贫乱而入于治,积欠且次第结清,为民国八年来未有之气象"⑤。1928 年省库收入为 840.39 万元,1936 年省库收入 2131.48 万元,比 1928 年增长 153.6%。1936 年省库支出 2041.93 万元,比 1928 年增长 196.4%。安徽财政收入在全国各省当中居于落后地位,在财政支出上用于发展

---

① 《安徽民政季刊》第 1 卷第 1 期,1934 年。

② 《申报年鉴》(1935 年),第 G96 页。

③ 朱兴良:《安徽的县地方财政》,见《安徽政治》第 4 卷第 5 期,1941 年 2 月。

④ 《安徽省第二期整理赋税概况》,见《安徽省工商税收史料选编》上辑第 2 册,安徽省人民政府税务局 1987 年编印,第 883 页。

⑤ 《皖财政整理概况》,见《银行周报》1935 年第 35 期。

实业、教育的经费极少。1930 年安徽全省的教育费和建设费，仅分别占财政支出的 2.6% 和 2.18%，而党务费高达 11.9%，是教育和建设费用总和的两倍多。安庆、芜湖两市的市政处，省建设厅的公路处，因经费不足而于 1930 年 10 月撤销，市政和公路建设到 1931 年时就基本停办。[1]

1931 年，国民政府裁厘并实行统税与营业税后，营业税划为地方税种。1931 年 1 月 26 日，省政府颁发《安徽省营业税规程》，从是年 1 月 1 日起，除已由中央征收特种捐税的以外，凡在省境内开设铺店的商户，每年均应申请领营业牌照，缴纳营业税及营业牌照登记费。1932 年 4 月，安徽省政府颁发《安徽省特种货品营业税征收暂行章程》，于水陆交通要道设立安庆等 27 个总局，开征茶叶、竹木、棉麻、茧丝、蛋、粮食、植物油、纸张等 8 类产品的特种货品营业税。对省外输入销售的上项货品，照安徽规定征税；只经过但不在省内销售的不征税。"此种营业税特税局，全皖共设 27 所，另立堵卡百余处，星罗棋布，完全厘金之复活，且征税之货物课额，较昔日厘金，尤为苛繁。"[2]1933 年，因内战经费开支过大，省财政入不敷出，从 4 月份起提高税率，按营业收入额计征的，除绸缎业征收 20‰外，其余行业改征 5‰、8‰和 10‰；按资本额计征的，改为 6‰、10‰和 15‰。增加营业税引起了商人的强烈不满。1931 年春，一些商会和商人曾派代表向政府请愿，但遭到了镇压，激起了商界的公愤，省内和省外的皖籍人士纷纷向南京政府控告，当时的省政府主席陈调元因此两次受到弹劾而被迫提出辞职，但最后因蒋介石"慰留"而得以留任。[3]

南京国民政府时期，安徽财政制度化、法制化程度得到进一步提高。在财政制度改革中，力图运用立法程序来规范政府的财政活动，颁布了一系列的财政法律、法规，并付诸实施，并初步建立了适应现代资本主义经济发展要求的新型税制结构。但由于经济落后和长期战乱，安徽财政状况并未得到根本好转。

① 《安徽财政月刊》1930 年第 1 期。
② 《安徽民政月刊》，第 19 期。
③ 程必定：《安徽近代经济史》，黄山书社 1989 年版，第 274 页。

第十一章

南京国民政府统治时期的安徽文化

南京国民政府时期的安徽文化,是指南京国民政府成立后到全面抗战爆发前的安徽文化。这一时期,国统区的安徽文化初步复苏,安徽籍的作家群流派纷呈,安徽的文学艺术、教育、新闻出版、科学技术、学术思想、医疗卫生事业有了一定的发展。1929年5月立夏节起义成功后,中国共产党领导创建了皖西革命根据地,又称皖西苏区。皖西苏区的文化和国统区的文化形成了鲜明的对比,其主要特点是革除旧文化、建设新文化,内容丰富,形式活泼,生动地展现和推动了如火如荼的革命斗争。

第一节　安徽文化初步复苏

一、流派纷呈的安徽籍作家群

民国文坛有鲁迅倡导的文学团体"未名社",其主要成员除鲁迅、曹靖华外,韦丛芜、韦素园、李霁野、台静农、李何林,均为安徽霍邱人。未名社主办的刊物《莽原》,先后由鲁迅、韦素园主编,李霁野等编辑。未名社活动以译介外国文学为主,兼及文学创作。1928年4月,曾被北京国民政府以"共产党机关"罪名一度查封。鲁迅评价未名社"是一个实地劳作,不尚叫嚣的小团体"①。

> 那存在期,也并不长久。然而自素园经营以来,介绍了果戈理(N. Gogol)、陀思妥耶夫斯基(F. Dostoevsky)、安特列夫(L. Andreev),绍介了望·蔼覃(F. Van Eeden),绍介了爱伦堡(I. Ehrenburg)的《烟袋》和拉夫列涅夫(B. Lavrenev)的《四十一》。还印行了《未名新集》,其中有丛芜的《君山》,静农的《地之子》和《建塔者》,我的《朝花夕拾》,在那时候,也都还算是相当可看的作品。②

值得一提的是,未名社5位霍邱青年人,同为鲁迅所器重、培养,皆卓然成家。

韦素园(1902—1932),以译介外国文学为主,兼及文学创作。1926年译完俄国果戈理的小说《外套》,由未名社出版;译著俄国短篇小说集《最后的光芒》,1928年由商务印书馆出版;译著北欧诗歌小品

---

① 鲁迅:《且介亭杂文末编·曹靖华译〈苏联作家七人集〉序》,人民文学出版社1973年版,第72页。
② 鲁迅:《鲁迅作品集》,北岳文艺出版社2004年版,第485页。

集《黄花集》，1929 年由未名社出版。他写了 10 篇散文小品、近 20 首新旧诗歌，集为《西山朝影》、《山中之歌》。还有谈论文艺问题的几篇杂文，几十封书信。据《鲁迅日记》记载，韦素园写给鲁迅的书信 48 封，鲁迅复韦素园的书信 40 封。鲁迅复韦素园的书信，有 26 封收在《鲁迅书信集》里。1932 年 9 月 26 日，韦素园安葬于北京香山东麓的万安公墓内。鲁迅先生手书"呜呼，宏才远志，厄于短年，文苑失英，明者永悼"碑文。鲁迅在《忆韦素园君》一文中说："他是楼下的一块石材，园中的一撮泥土，在中国第一要他多。他不入于观赏者的眼中，只有建筑者和栽植者，决不会将他置之度外。"①

台静农（1902—1990），字伯简，现代小说家，安徽霍邱人，中学时代热爱文学，后入北京大学研究所国学肄业。20 世纪 20 年代后期在《莽原》半月刊和《未名》半月刊发表一系列短篇小说，并于 1928 年和 1930 年结集出版短篇小说集《地之子》、《建塔者及其它》。编有《关于鲁迅及其著作》一书，1926 年 7 月由北京未名社出版，为最早的鲁迅研究资料专集。台静农和鲁迅成为终生挚友，据《鲁迅日记》记载，在他们 11 年半的交往中，交往在 180 次以上。台静农致鲁迅信件 74 封，鲁迅致台静农信件 69 封，经保存收录于《鲁迅书信集》中的有 43 封。"鲁迅集子中看到的台静农，是一个才华极高的文学青年，创作了一些不同于流俗的立足于现实生活的小说，有着来自泥土的朴拙及对低卑生命的关怀。"②

1930 年 3 月 2 日，在共产党领导下，中国左翼作家联盟在上海成立。钱杏邨成为大会选举的常委，蒋光慈成为候补委员。他们是 20 年代末 30 年代初的无产阶级革命文学运动的倡导者和实践者之一。

蒋光慈（1901—1931），又名蒋光赤，并曾用蒋宣恒、蒋侠僧等名，中国小说家、诗人，无产阶级革命文学的倡导者之一，安徽霍邱人。他从 1926 年发表第一部中篇小说《少年漂泊者》起，到病逝前一年完成的长篇小说《咆哮了的土地》止，在短短的 5 年间，创作出版的短篇小说集和中、长篇小说就有近 10 部，还有短篇集《鸭绿江上》、中篇小说

① 鲁迅：《鲁迅作品集》，北岳文艺出版社 2004 年版，第 485 页。

② 蒋勋：《夕阳无语——敬悼台静农先生》，见《蒋勋散文精选集》，广西师范大学出版社 2003 年版，第 86 页。

《短裤党》等都是比较优秀的作品。他的理论和创作在一定程度上反映了无产阶级革命文学的成长发展。《蒋光慈文集》由人民文学出版社1983年11月出版。

钱杏邨（1900—1977），现代文学理论批评家、文学史家、作家，原名钱德富，又名钱德赋，主要笔名有阿英等，安徽芜湖人。1926年加入中国共产党。1930年参加左联并当选为常务委员后，又担任中国左翼文化总同盟常务委员。他倡导无产阶级革命文学，并成为左翼文坛一名活跃的理论批评家。短篇小说集《革命的故事》、《义冢》、《玛露莎》，中篇小说《一条鞭痕》，诗集《饿人与饥鹰》、《荒土》，叙事长诗《暴风雨的前夜》，报告文学集《上海事变与报告文学》等先后出版。著有《现代中国女作家》（1931年）、《现代中国文学论》（1933年）、《中国新文坛秘录》（1933年）、《中国新文学运动史资料》（1934年）、《晚清戏曲录》（1934年）、《夜航集》（1935年）、《现代十六家小品》（1935年）、《小说闲谈》（1936年）、《海市集》（1936年）、《晚清小报录》（1936年）、《晚清小说史》（1937年）等。

吴组缃（1908—1994），现代小说家、散文家、古典文学研究家，原名吴祖襄，字仲华，安徽泾县人。1933年直升清华研究院深造，他与季羡林、林庚和李长之并称为清华"四剑客"。1935年8月，他写的《泰山风光》是当时内容最丰富、文字最长的一篇散文。1936年，他与欧阳山、张天翼等左翼作家创办《小说家》杂志。他虽非左联成员，却曾参加反帝大同盟、社会科学研究会等团体，并且在创作倾向上也与左翼作家一致。其《西柳集》（小说集）由上海生活书店1934年出版，《饭余集》（小说散文集）1935年由文化生活书店出版。

朱光潜（1897—1986），著名美学家、教育家、文艺理论家、中科院院士，笔名孟实、孟石，安徽桐城人。1930年获英国爱丁堡大学文科硕士学位，1933年获法国斯特拉斯堡大学文科博士学位。回国后，历任四川大学文学院院长，北京大学西语系主任、文学院代院长，中华全国美学学会会长，是中国当代美学研究领域的开拓者。主要著作有《悲剧心理学》、《谈美》、《文艺心理学》、《诗论》、《西方美学史》、《谈美书简》等。其中《文艺心理学》，开明书店1936年出版，它是中国第

一部提出自己独到见解的文艺心理学专著;《西方美学史》是中国第一部全面系统阐述西方美学思想发展的专著。

方东美（1899—1977），安徽桐城人，为桐城派散文创始人方苞的后裔。从小在浓厚的儒家文化氛围中长大，1921—1924年赴美国留学，获威斯康星大学硕士学位。他早年和中年主要在中国大陆展开学术活动，后移居台湾，直至去世。1936年夏以前，他受中国文化，尤其是儒家文化的熏陶而走向对西方哲学的追求，其代表作为《生命情调与美感》、《科学哲学与人生》，此后代表作有《中国人生哲学概要》、《哲学三慧》、《生生之德》、《原始儒家道家哲学》，被海内外学术界誉为一代硕儒。他是一个学贯中西的大家，是一个"世界主义"者。①

方令孺（1897—1976），安徽桐城人，桐城派的后代，散文作家和女诗人。1929年开始写新诗，与新月派的另外两位才女凌淑华、林徽因齐名。她的侄儿方玮德是一位天才新诗人，少年成名。外甥宗白华是哲学家也是文学家。方令孺的诗歌创作不多，但艺术成就极高。《灵奇》、《月夜在鸡鸣寺》、《听雨》、《悼念寒冰》等是这一时期的代表作。她的诗读上去像久经淘洗、推敲后的成品，篇篇都是精心之作。她的散文文字清新，情感细腻。巴金主编的《文学丛刊》第七集集中出版了她的一本散文集《信》，为许多读者所喜爱。1980年台湾出版了《方令孺散文集》，1982年上海文艺出版社出版了《方令孺散文选集》。

张恨水（1895—1967），现代小说家。原名张心远，祖籍安徽潜山岭头乡黄岭村。他在近半个世纪的写作生涯中，创作100多部中、长篇章回体小说，总字数近2000万。他还写有大量文艺性散文和新闻性散文，再加上3000首左右的诗词和一些剧本，全部作品在3000万以上。假设他在一生中不间断地写作了50年，那么每天至少要写出1600字以上。人称"章回小说大家"、"通俗文学大师"、"散文大家"、"诗坛名家"、新闻战线上的"徽骆驼"。

苏雪林（1897—1999），原籍安徽太平，素有"安徽才女"之美誉，早在20世纪二三十年代，她就与冰心、丁玲、冯沅君、凌叔华并称"中

---

① 宛小平:《方东美与中西哲学》,安徽大学出版社2008年版,第329页。

国五大女作家"。曾在安徽大学、武汉大学等校任过教授。她笔耕 80载,执教 50 秋,出版著作 50 部,是集作家、画家、学者于一身的中国文坛女杰。

二、活跃的安徽艺术

安徽的戏剧由农村走向城市。1928 年春夏之交,泗州戏许大毛子班从农村进入蚌埠市的笑歌舞台。许大毛子即魏月华,她是泗州戏著名女艺人,她挂牌主演女角,改变了传统的男人演女角的局面,深受欢迎。①泗州戏是由民间说唱发展起来的比较典型的板腔体唱腔剧种,其唱腔南、北方风格交融,婉约与豪放并蓄,尤其是女声唱腔,婉转柔情,优美动人,被誉为"有拉魂的魅力",故旧称"拉魂腔"。拉魂腔戏班,是孙化贤在宿县创办的。建班时没有班名,因班主孙化贤在1933 年有了名声,观众送给他一个"万人迷"的外号,遂命名为"万人迷拉魂腔班"。拉魂腔艺术的形成与发展在泗州(今泗县),新中国成立后为体现剧种的地方特色,改名泗州戏。泗州戏是与徽剧、黄梅戏、庐剧并列的安徽四大优秀剧种之一。

庐剧,原名"倒七戏",又称"小倒戏"等,由于它的流行区域在皖中古庐州一带,所以 1955 年 3 月,经中共安徽省委宣传部批准,正式将"倒七戏"改名为"庐剧"。在旧社会,这个剧种是被禁演的。起初只在边远的山区和乡村演出,1920 年以后,由董少轩、李凤山等组成的班子,进入芜湖市唱地摊。1930 年,庐剧艺人王四、董少轩、胡月斌等,对传统的唱腔进行了初步改革。他们从农村进入芜湖大花园、南京下关、上海小沙渡等地上演《孟丽君》等连台本戏,适应城市观众的需要。1933 年,由于戏唱得好,以箱主仁义、班头仁义、演职员仁义而命名的"三义班",既演庐剧本戏和折子戏,也演京剧传统戏,提高了庐剧的表演艺术,影响与日俱增。

黄梅戏是中国优秀传统文化的重要组成部分。经 200 多年的岁

---

① 孙成友:《淮北第一代泗州戏演员魏月华》,见《江淮文史》1997 年第 1 期。

月沧桑,至今有"一曲黄梅遍九州"①的活力。辛亥革命后,潜山的长春班、望江的合意堂、怀宁的白云芳班等黄梅戏的职业班子渐渐多了起来。1926年,黄梅戏进入省城安庆,在市中心的吴樾街剧场登台演出。1931年,安庆市区有新舞台、爱仁戏院、国民大戏院等黄梅戏的演出场所,分别有多个职业班社挂牌演出,剧目为《上竹山》《游苏州》《劝姑讨嫁》等。由于确立安庆官话为道白语言,黄梅戏唱腔逐渐趋向柔和统一,并相继涌现出查文艳、潘孝慈、蔡天赐等一批优秀演员,黄梅戏逐渐成为安庆老城最受欢迎的新剧种。不久,数十名黄梅戏艺人分批乘船东下,将黄梅戏唱到上海滩。黄梅戏走进大城市后,吸收融化京剧、越剧、扬剧、淮剧等剧种的程式动作,丰富了表现手段;还对传统唱腔、乐器伴奏、服装、化妆、舞台美术等方面进行改革,在唱、念、做、打方面,均有创新;还陆续编排、移植了《文素臣》《华丽缘》《宏碧缘》《蜜蜂记》等一批新剧目,深受群众欢迎。这些举措,又带动了农村黄梅戏班社的成长。

戏院建设也有一定成就。1931年寿县首创"共乐舞台"戏园,内设500座位。1936年六安城关月来茶馆改建为中兴剧社,抗战爆发后戏园停废。1933年皖钟大舞台建成,内设800多个座位,是当时省会安庆唯一的大戏院。该戏院以安庆演员10余人为班底,经常聘请全国各地京剧名伶来此演出传统剧目;从上海演出回来的黄梅戏著名艺人丁永泉等,曾一度在该剧场正式演出黄梅戏。1936年,唐位中建立颖州大舞台,坐北朝南,草木结构,1938年被日军炸毁。

花鼓灯是安徽省优秀的民间歌舞艺术,也是世界上单一语汇最多、最能以肢体语言表达复杂情节和人物情感的民间舞蹈之一,在全国乃至国际上都有较高的知名度,曾被周恩来总理赞誉为"东方芭蕾",2006年被国务院列入首批国家级非物质文化遗产名录。

> 花鼓灯流传在淮河流域。它以锣鼓为乐,运用折扇、手绢和花伞,通过优美的动作和民歌小调表达男女之间的爱情,叙

---

① 胡维草:《中国传统文化荟要》(1),吉林人民出版社1997年版,第795页。

述人们之间动人的故事,抒发丰收之后欢乐的心情。它来源于大众,深深扎根于广大人民之中,始终受到人民的喜爱。①

花鼓灯的角色分为两大类,男角和女角。男角称"鼓架子",动作粗犷有力,多筋斗武技;女角称"拉花"（1953 年改称"兰花"）,手执手帕、扇子作舞。花鼓灯主要由舞、歌、锣鼓、小戏曲 4 部分组成,每一部分都可以单独表演,具有鲜明的艺术风格和浓郁的民俗特征,是淮河文化在舞蹈方面的集中表现。

据《凤台县志》记载,花鼓灯"宋代就流传于淮河流域的凤台、怀远一带",经过明、清、民国初年的发展,花鼓灯受到当地人民的喜爱。1932 年,为了庆祝淮河流域特大洪涝灾害后的丰收,当地人民大闹花鼓灯。此后,花鼓灯进入兴盛时期。其主要特点:一是流行地区广阔,参加活动的人数众多,1933 年,在凤台尚塘集一次"抵灯"中,40 多个灯班、400 多名花鼓灯艺人连续演出四天四夜;二是表演艺术有很大发展,舞蹈动作更丰富,服装由原来宽边大袖清代装束改为时装,花鼓歌《绣荷花》、《绣兜兜》、《败调》等已很完整;三是陆续涌现出冯国佩、郑九如、石金礼、田振起、陈孝恭、黄华山等一批著名的艺人,他们分别丰富和完善了蚌埠、凤台、颍上花鼓灯三大流派的艺术。

蚌埠花鼓灯,以冯国佩、郑九如等为代表。冯国佩,艺名"小金莲"。1930 年他开始学习花鼓灯,20 岁成名。他扮演的拉花（即兰花）,俊俏妩媚,动作优美动情,舒展大方,善于把生活和劳动中的动作融合提炼,创造出新的舞蹈语汇,形成了独特的艺术风格。他善于在大的拐弯处和快速动作中刹住,显得格外洒脱健美。② 他是花鼓灯表演艺术家、国家一级演员。他的出生地蚌埠禹会区秦集镇西南冯嘴子村,2004 年10 月被誉为中国花鼓灯生态保护村,2005 年 4 月被中国艺术研究院舞蹈研究所、中国舞蹈家协会命名为"中国花鼓灯第一村"。

郑九如,男,怀远县人。他的父亲郑广发是有名的大鼓架子。他

① 《吴晓邦舞蹈文集》第 4 卷,中国文联出版社 2007 年版,第 403 页。
② 汪以平主编:《舞蹈艺术通论》,南京大学出版社 2006 年版,第 97 页。

14 岁跟父亲玩灯，因其聪明好学，能唱会跳，后来成为享有盛名的拉花（即女主角）。他塑造的拉花端庄文静，唱腔深沉，独具特色。他包头上场时，身材苗条，扮相俊秀，服饰素雅，又总爱穿着一双白鞋，长此以往，便赢得了"小白鞋"的艺名。他在舞蹈艺术上，善于表演刚强高傲性格的农村姑娘，动作舒展、洒脱、敏捷、干净利落、节奏性强，以多变的扇花和各式各样的风摆柳博得观众喜爱。①

石金礼，怀远县人，艺名"石猴子"，著名花鼓灯鼓架子。他 10 岁时习练花鼓灯，14 岁开始上场玩灯，擅演小鼓架子。他翻跟头轻巧、利落，飘逸稳健，整个舞蹈表演灵活多变，风趣活泼，流露出猴拳的风格特点。他在舞蹈艺术上的创新源于生活，又高于生活，充分表现了淮河人民淳朴、粗犷、开朗、乐观的性格特征，富有强烈的艺术感染力。

凤台花鼓灯，以田振启、陈孝恭等为代表。田振启，艺名"田小银子"，讲究男女角色的传情，着重人物的刻画和思想感情的交流，动作优美细腻，舞动起来纤巧利索，俊俏敏捷。这与其腿功比较扎实有关。表演上他特别注意造型，很讲究三道弯的艺术效果；在音乐方面，唱腔多，音域广，委婉动听；伴奏上以锣为领奏乐器。②

陈孝恭，号敬之，艺名"一条线"，凤台县人。他 14 岁开始组班演出，技艺不断创新。在扮演少女时，一个嬉水动作，一个扑蝶式，无不形神兼备。舞蹈时，肩部、腰部、腿部可做波浪形抖动。他表演细腻，动作轻盈秀丽，以颤颤的动作和优美多变的手巾花、扇花形成了颤、颠、抖的独特风格，具有销魂落魄之魅力。他嗓音甜润，明亮婉转，吸收了各地山歌小调的优点，形成了独特的花鼓歌唱腔，优美动人，被称为"一条线调"。新中国成立后，陈敬之在凤台县文化馆工作，成了专业艺术工作者。③

颍上花鼓灯，著名的代表性艺人有黄华山、白玉山、吴玉勤、蒋茂先等先辈，有《抢板凳》、《抢手绢》、《游春》等一批有人物有情节的传统舞蹈节目。其表演特点：整体风格憨厚、淳朴、原生态。颍上花鼓灯

① 《荆涂春秋》第 3 辑，怀远县政协文史资料委员会 1992 年印，第 118—120 页。
② 汪以平主编：《舞蹈艺术通论》，南京大学出版社 2006 年版，第 97 页。
③ 凤台县地方志编纂委员会编：《凤台县志》，黄山书社 1998 年版，第 548 页。

除在题材、形式、音乐、舞蹈等方面与淮南、蚌埠两地区的花鼓灯有相似之处外,亦有自身的特点。它舞蹈动感特强,节奏紧促有力,动作韵味十足,速度快捷敏锐,架势变换频繁,表演场面炽热欢腾,演员情绪欢快激昂,唱腔粗犷高亢,整个演出气氛富丽堂皇,地方特色浓郁。2006 年 5 月 20 日,颖上花鼓灯经国务院批准列入第一批国家级非物质文化遗产名录。

花鼓灯大场的演出,由于地区不同,在人数上亦略有不同。蚌埠、怀远一带"跑单不跑双",凤台、颖上一带"跑双不跑单"。

美术创作出现了黄宾虹、汪采白等一批大家。

黄宾虹(1865—1955),原籍安徽省歙县西乡潭渡村,潭渡村绿树葱茏,水天一色,现有黄宾虹纪念馆,掩映在林木深处。他作画"师古人不若师造化",刻意创造,丰富发展了新安画派,成为"近世山水创作的一个突兀高峰"。他的绘画理论与绘画实践,使新安画派在中国画史上占有一个永恒的并且相当显赫的位置。[①]

汪采白(1887—1940),歙县西溪村人,现代新安画派名家。他作画落笔沉着,清新雅致,意境超远。他酷爱黄山胜景,曾 5 次入山观光写生,留下黄山画稿近万幅。他精选得意之作 36 幅,1936 年由上海华东照相平版印刷公司彩印出版,画册名《黄海卧游集》。胡适在该画册序言中说:"汪采白先生用青绿写他最熟悉的黄山山水,胆大而笔细,有裁剪而无夸张,是中国现代画史上的一种有意义的尝试。"[②]许世英也作序说:"采白之画","他日当与二石、瞿山并传,识者当知余言之非谬也"。[③]"二石"即石涛、石豀,瞿山即梅臣,皆是大画家。《黄海卧游集》原稿藏安徽省博物馆。1990 年,安徽美术出版社出版了《汪采白画集》。

吴作人,安徽泾县籍画家,是中国当代油画的开拓者之一。1930年赴法国留学,1933 年,获皇家美术学院雕塑构图第一名。1935 年秋,应徐悲鸿之函约回国,任中央大学艺术系讲师。1936 年作油画

---

① 郭因、俞宏理、胡迟:《新安画派》,安徽人民出版社 2005 年版,第 189 页。

② 朱益新主编、歙县地方志编纂委员会编:《歙县志》,中华书局 1995 年版,第 694 页。

③ 安徽省政协文史资料研究委员会编:《安徽文史资料》第 30 辑,安徽人民出版社 1989 年版,第 196 页。

《玄武湖上的风云》。同年，与吕斯百、刘开渠在南京举办联展。1937年，由徐悲鸿提名为中国美术会理事。徐悲鸿称他是"中国艺坛代表人之一，天才高妙，功力湛深"①。他画的《齐白石像》、《知白守黑》是不朽之作。

王子云（1897—1990），中国现代美术史家，安徽萧县人。1931年留学法国巴黎，他的油画《杭州之雨》、《巴黎协和广场》、《巴黎老街》，雕塑《少女》等先后在法国春季沙龙、秋季沙龙和独立沙龙展出，并被收入1935年巴黎出版的《现代美术家辞典》。

刘开渠（1904—1993），安徽萧县人，中国雕塑界的知名人物。1933年夏回国，9月任杭州艺术专科学校教授兼雕塑系主任。1934年受抗日救亡运动的鼓舞，创作了反映抗日战争的巨型雕塑《一·二八淞沪抗战阵亡将士纪念碑》。这是我国第一座抗日战争纪念碑，立于杭州西子湖畔。该碑是为纪念1932年1月28日，在淞沪战役中阵亡将士而立的。碑顶塑造了临战状态的两尊抗敌将士铜质立像，台座镶有4块石刻浮雕，表现出抗日将士的伟大牺牲精神和刚强不屈的意志，是我国纪念碑雕塑中不可多得的作品。著名的美术评论家林文静说："在中国近年各处所兴造的铜像之中，这是唯一比较有永久性的作品。"②

张曙（1909—1938），中国作曲家，原名张恩袭，出生于安徽歙县。从小受到家乡徽戏音乐的熏陶，8岁时已能拉二胡为徽戏伴奏。中学毕业后，入上海艺术大学（1928年改为南国艺术学院）音乐科、上海国立音乐院，主修声乐，兼学大提琴、钢琴、琵琶和作曲。在校学习期间，他举行过二胡独奏音乐会，曾参加田汉领导的南国社，为《南归》等话剧作插曲。九一八事变后，与聂耳、任光等人发起组织中国新兴音乐研究会，期望开创出既能代替大众呐喊，又保持高度艺术水准的中国革命新兴音乐道路。他创作了《抗日进行曲》、《还我河山》、《保卫国土》等表现人民强烈救国热情的歌曲。1937年，张曙为田汉的话剧《最后的胜利》而写的插曲《日落西山》，民族风格浓郁，旋律清新优

---

① 傅宁军：《吞吐大荒徐悲鸿寻踪》，人民文学出版社2006年版，第189页。
② 纪宇：《青铜与白石雕塑大师刘开渠传》，人民文学出版社1986年版，第169页。

美,抒发了抗日爱国的真挚情怀。他积极开展抗日宣传活动。光未然回忆说:"我和张曙相识于 1937 年 5 月的上海救亡运动热潮中","我和张曙合作的歌曲是《在绿星旗下》。这是应世界语学会要求所写的会歌,主题是以斗争求得自由与和平。"①

三、新闻出版业的发展

十年内战时期,国民党反动派对革命人民除了军事"围剿"外,还进行文化"围剿",许多进步出版物遭到查封。1930 年 12 月,国民政府颁布的《出版法》,对于报刊、图书等出版物的限制多达 44 条。合肥联一书店就是这一时期被查停业的。国民党安徽省党部宣传部发布"严禁共党刊物"的规定。1936 年安徽省政府设立新闻检查所,委任贺净宇为所长,并在芜湖、蚌埠各设 1 名检查员。在国民党的控制下,安徽的新闻出版业发展缓慢。

报纸业有了一定发展。北京国民政府时期,安徽有报纸 81 家。1935 年国民党安徽省党部特派员称:本省有报馆 58 家,在 62 个县中尚有 23 个县没有办报。官办的报纸和民办报纸的领导体制和内部机构设置不完全一样。民办报纸,一般是集股经营,由股东组成董事会,实行董事会领导下的社长负责制。官营报纸,多数实行社长负责制,社内设置若干职能部门。官营报社的负责人,都是国民党的嫡系。创刊于 1928 年的《民国日报》,后易名《皖报》,是国民党安徽省党部机关报。该报社社长由国民党省党部宣传部长熊文煦兼任。创刊于1929 年的《皖北日报》,直属国民党中宣部,社长邵建功是国民党中央任命的。不久,该报为国民党安徽省党部机关报,委派唐少澜为社长。

当时被称为"皖省五大日报"的是:《皖江日报》、《工商日报》、《民喦报》、《皖铎报》、《安徽商报》。其中《民喦报》、《皖铎报》、《安徽商报》,是并列为安庆的三大民营报纸;《皖江日报》、《工商日报》这一时期均在芜湖出版。这 5 家日报,每期 4 ~ 10 个版面不等,发行量均在三四千份。1930 年,《皖江日报》曾刊出"共产党万岁"的标语,报馆被

---

① 1998 年 12 月 25 日《人民日报》,第 12 版。

封禁1年。1932年,《工商日报》曾增出《芜湖工商日报晨刊》和《芜湖工商日报晚刊》,及时报道各地有关抗击日军的消息。这5家日报,于抗日战争爆发沿江沦陷后停刊,其中《工商日报》在抗日战争时期曾出三河版;《皖江日报》抗日战争胜利后又复刊,一直延续到1949年4月解放。这5家报纸(除去停刊时间),报龄均在20年以上,是民国时期安徽存在时间最长、发行量最多、影响较大的5家大报。

1927年8月至1937年7月,安徽省国统区创办期刊80余种,其中安庆61种,芜湖5种,合肥2种,南京2种,余者为1种。可见主要集中在安庆、芜湖,发展极不平衡。

安徽的广播电台和通讯社也发展缓慢。早在20世纪30年代初,芜湖就开办了安徽最早的民间私营无线广播电台——大有丰广播电台和亨大利广播电台。大有丰广播电台发射功率为10瓦,有2名工作人员,开始播出的大多是文艺节目,1937年后增加《抗日救亡歌曲》、《芜湖新闻》、《儿童教育》等节目。1937年11月,芜湖被日军侵占,大有丰广播电台和亨大利广播电台停止播音。[①] 这一时期,安徽新增的通讯社达68家,安庆市占34家。通讯社除设社长主持事务外,还有编辑、记者。警光通讯社,1928年在安庆市创办,由省警察局发行,发行人张竞侯,其宗旨是在三民主义领导下,宣传政令,报道地方新闻。休宁新闻通讯社,1932年在休宁城内创办,社长吴梅先,自筹经费经营,1936年12月因吴社长另有高就,该社同仁推选项萍先为社长。还有一些通讯社,政府机关每月给予一定的津贴,多属于半官方性质。

安徽省立图书馆设在省会安庆市,是安徽最早的省级图书馆,也是抗日战争以前安徽省最大的文化出版机构。该馆的分支机构,有1930年2月创设的巡回文库,有1934年2月创设的临江分馆。该馆的出版物共分定期刊物、单行本书籍、本馆书目、各种临时刊物4种。其中以定期出版的月刊《学风》和《安徽省图书馆丛书》为主。

《学风》杂志,馆刊,16开本,新闻纸印刷,综合性文史学术类,创

---

① 《当代中国的广播电视》编辑部选编:《中国的广播电台》,北京广播学院出版社1987年版,第373页。

办于 1930 年 10 月。一般每年出 1 卷,出到第 7 卷第 5 期(1937 年 6 月 20 日),因抗战开始而停刊。《学风》的宗旨是"整理中国文化,阐发安徽文献,培养民族意识,倡导良好学风"。该刊学术水平较高,发行遍及全国,至今仍为许多图书馆所珍藏。《学风》出版的有关论著,有的后来由商务印书馆出版单行本,如陈东原的《中国教育史》,商务印书馆 1935 年出版,宛敏灏的《二晏及其词》,商务印书馆 1935 年出版;有的被收入丛刊,如孙传瑗的《安徽革命纪略》,新中国成立后被收入翦伯赞主编的《中国近代史资料丛刊·辛亥革命》中;还有其他许多史学论著,亦大多被收入中国史学会编的《中国史学论文索引》中,供史学研究工作者参考。当时许多中青年作者,后来都成为国内知名的学者。

该馆出版的《安徽省图书馆丛书》多种。主要有王气钟著《汉赋研究》,罗根泽著《唐代文学批评研究》,吴景贤著《紫阳书院沿革考》和《金正希评传》,张振城著《李义山评传》,姚永朴著《旧闻随竹》,李非著《安徽风土志》,赵郭、陈仲炎著《安徽新教育史》,宛敏灏著《安徽词人小志》,姚子素著《桐城文派史》,张树侯著《淮南耆旧小传》,陈东原等编《安徽先贤传记教科书初稿》;还有《安徽省立图书馆概况》、《安徽省立图书馆图书分类法》、《安徽先贤像》(第 1、第 2 辑)、《教育杂志索引》、《安徽著述人物志》、《馆藏中文书目》、《图书双周刊》。1934 年和 1935 年又出版了该馆 22 周年纪念特刊和文物展览特刊等。

安徽省立图书馆还是进步人士和革命者的据点和庇护所。在1931—1937 年,共产党员刘复彭(刘丹)利用馆员的合法身份在此进行地下工作。当时安徽大学、安庆高级中学等校进步学生,经常在此通过刘复彭传阅该馆馆藏的国民党禁止的进步书刊和革命书籍。共产党员曹觉生(曹祥华)曾长期寄居省立图书馆内,并在《学风》上连载《陕北漫谈》,介绍进步学生的革命活动,并揭露榆林等地教育腐败情况。[①]

《安徽丛书》的出版。1931 年 3 月,以江彤侯(安徽省通志馆馆长)为主任的《安徽丛书》编审会在上海成立,着手编辑影印关于安徽

---

① 　徐学林:《徽州出版史信叙论》,安徽美术出版社 1995 年版,第 108 页。

地方文献和历代皖籍作者重要著作,汇成《安徽丛书》这部大型的地方丛书。《安徽丛书》编审会编辑出版的《安徽丛书》,自 1932—1936 年先后影印出版了 6 期,连同附录 30 种,共达 360 多卷。

第一期,1932 年影印芮曰松著《禹贡今释》等 10 种,60 多卷;

第二期,1933 年影印 4 种,57 卷,为清人程瑶田的专辑;

第三期,1934 年影印 6 种,连同附共 31 卷,为清人黄生、江永、夏燮等著作;

第四期,1935 年影印,80 卷,为清人凌廷堪的专辑;

第五期,1935 年影印黄山志专辑,连同附共 21 卷;

第六期,1936 年影印,为清人戴震专辑,连同附共 100 卷。

此外还影印了第一集《安徽清代名家词》,计 11 种,21 卷;还印有《安徽丛书》每期的内容提要并附作者小传及吴江金天翮著《皖志列传稿》9 卷等书。

《安徽丛书》自第二期起,每期重点突出,所收都是名家名著,又都是根据善本影印,是一部很有影响的地方丛书。它是我省著名学者、出版家共同发起并组织的民办民助的一次大型的出版活动,为保存、阐发安徽文献作出特殊贡献。该丛书全国各大图书馆均有珍藏。

刘氏兄弟出版自著、自编、自印大型丛书。刘声木(1878—1959),安徽庐江县人。刘氏兄弟(声木、体乾、体智)均为庐江籍著名学者、藏书家、出版家,都在民国年间出版过线装丛书,其中自编、自著、自印的大型汇刻铅排本线装《直介堂丛刻》于 1929 年出版,向为士林珍视。全书共有 19 种 249 卷,分为《初编》、《续编》、《鼻烟丛刻》3 个部分。这套丛书对考古、考证、图书版本学有重要的参考价值。刘声木辑《桐城文学渊源考》13 卷及其《补遗》13 卷,收录自明代归有光以下作家 1223 人,《桐城文学撰述考》4 卷及其《补遗》4 卷列作者 238 人,收书目 2370 余种。桐城文学渊源考和撰述考,考其师承,录其名氏,括其生平,详其著作,提示传记、评论之所在,兼具“学案”、“目录”、“索引”之作用,“实为研究桐城文派最佳之工具”①。刘声木所著《苌楚斋随

---

① 吴孟复:《桐城文派述论》,安徽教育出版社 1992 年版,第 231 页。

笔》,计 150 卷,是《清代史料笔记丛刊》中的一种,对古籍版本、著述体例、学术源流、诗文等,多有论述,是一本极富价值的文史参考书。刘氏著述绝大部分没有出版,今藏天津图书馆刘氏未刊稿本尚有 41种,300 余卷。此外,北京图书馆线装书库所藏 1930 年刘体智影印出版的鲍鼎编《善斋吉金录》10 种 28 卷 28 册,含刘氏收藏乐器、礼器、古兵、度量衡、符牌、玺印、梵像、镜等;还藏有刘氏 1935 年自辑的《小校经阁金石文字》18 卷 18 册、《小校经阁金文拓本》18 卷 18 册。刘氏兄弟出版的图书,资料价值大,品位高。

合肥蒯氏家刻出版了一批旧籍及自著。1929 年,曾在江宁刊蒯寿枢辑《蒯氏家集》4 种 18 卷。

私人书局还有歙县人曹吉甫约于 1921 年创办福生书局,曾印刷表格、簿本子、《练江报》、《抗日杂志》等。此外,歙县许村人许柏堂于 1933 年创办紫阳书局,曾铅印《民国歙县志》、《徽声日报》。1936 年因所印报纸的重要新闻标题字误被查封,后改名为"集成书局"。

安徽通志馆和文献委员会建立后,成果颇多。安徽通志馆,本为文献委员会的下属机构,但于 1930 年 8 月 5 日先于文献委员会成立。聘歙县江彤侯担任安徽通志馆馆长,合肥徐曦、颍上余炳成先后担任副馆长,徐乃昌为总纂,金天顺、洪汝恺、程演生、潘田、胡晋接、武同举、吴承仕等为委员,并拟定了"凡例"及"目录"草案。通志馆下分采辑、编纂两部。各市县教育局长为采访员,再由他们各保荐二人,供通志馆聘任,负责采集工作。通志馆派专门人员与各县联络、督促工作。民国时期安徽大部分志书,都是在这时完成的。共计完成:

1. 省志 1 部。《安徽通志稿》157 卷(1931)。

2. 县志 6 部。《定远县志初稿》(1932)、《六安县志》(1934)、《新修绩溪县志》(1934)、《宁国县志》(1936)、《太平县志稿》(1936)、《当涂县志稿》(1936)。

3. 县志略 8 部,志补 2 部。《怀宁县志略》(1936)、《桐城县志略》(1936)、《亳县志略》(1936)、《涡阳县志略》(1936)、《临泉县志略》(1936)、《泗县志略》(1936)、《凤阳县志略》(1936)、《宣城县志略》(1936)、《颍上县志补》(1930)、《无为县小志》(1931)。

此外，还出版有绩溪乡土历史、绩溪乡土教科书、绩溪乡土历史教科书（1930）。以上列举各类志书，与旧志比较，颇有革新。采用新技术、新方法，提高了志书的质量，科学性增强。

四、科学技术的发展

民国时期，安徽没有专门的科学技术管理机构，只是在省长公署实业厅、省政府建设厅内，有少数科室从事水利工程设计、农技推广等技术管理工作。

1933 年 3 月，安徽省建设厅通过省府公布祁门茶场组织规程，将原北京政府农商部在祁门南乡平里村创设的安徽模范种茶场接管改名为安徽省立茶叶改良场。1934 年国民政府经济委员会农业处提议，将江西修水和安徽祁门的茶叶改良场合并为一场，场部设在祁门，经费由农业处补助。1936 年，农业处撤销，茶业行政仍由实业部领导，祁门茶场复归省立，由中央每年补助经费数万元。参与筹建安徽省立茶叶改良场并任场长的胡浩川（1896—1972），曾于 1921 年赴日本静冈县农事试验场攻研茶叶生产技术，1924 年学成回国后，先后任上海园林局技佐、实业部上海商品检验局技士、中国茶叶公司总技师、皖南农林实验场场长等职。他致力于提高祁红品质，促进祁红进入国际市场。他和他的团队，比较系统地研究了茶树育种、栽培管理、鲜叶分析、采摘和红茶制作等技术问题，着重分析了茶叶的成分、茶叶在制作过程中主要成分变化与品质的关系。其研究成果，在实践中得到应用。1935 年，该场制作出夏茶祁红，打破祁红不采夏茶的习惯。为推广机制红茶，他们还从德国、日本和台湾省购买有关机器设备，为建设现代化茶厂打下基础。1932 年起，胡浩川与吴觉农合著《祁门茶叶复兴计划》、《中国茶业复兴计划》。《中国茶业复兴计划》一书，由商务印书馆于 1935 年出版发行，15.1 万字，分 4 篇 16 章，分别论述了中国茶叶的重要性，中国茶叶复兴的必要性，复兴中国茶叶的途径，复兴茶叶的经费，中国茶叶在产业上的地位等。①

---

① 叶学益编著：《茶苑》，人民武警出版社 2004 年版，第 186 页。

20 世纪 30—40 年代，安徽的地质调查首先对皖南的造山运动与铁矿成因进行较为深入的研究，对黄山、九华山和休宁兰田第四纪冰川、震旦纪古冰川遗址有所发现。参加调查的除全国著名地质学家李四光以外，还有安徽地质学家许杰。许杰（1901—1989），1925 年毕业于北京大学地质系，1930 年任中央研究院研究员，是中国笔石学和笔石地层学的重要奠基人。20 世纪 30 年代初期，他对安徽、江西、浙江、江苏及湖北一带进行地质调研，采集大量含笔石地层的化石标本，于1934 年发表《长江下游之笔石》专著，对我国南方奥陶系、志留系笔石相地层时代的划分起了先导作用。1936 年，他对安徽太平县谭家桥一带地层进行考察，首次发现在宁国页岩之下的绿色页岩中，有保存完好的、与英国特马豆克期笔石相当的重要化石。1937 年在浙江西部的于潜塔山采集到奥陶纪上部和下志留统底部的大量笔石化石，是中国华南区奥陶系和志留系分界处的首次重大发现。1947 年通过对皖南、浙西及赣北的宁国页岩中 3 个心笔石的中国新种研究，进一步明确中国华南区笔石群与澳大利亚笔石群的密切关系。1948 年与马振图教授合作，首次在扬子区发现刺笔石，并建立了寒武、奥陶间的宜昌期的 3 个化石带（含笔石乙属两种及亚种）。[①] 他撰写的《长江下游之笔石》的第 2 册文稿，可惜在抗日战争中散失，他对此一直深以为憾，直到 1983 年出版《许杰笔石论文集》时，才作了修改和补充。他还全程考察三峡地区的地质剖面，为三峡地区的地层划分、对比和化石带的建立进行了开创性的工作。

阮维周，滁县（今滁州市）人。1935 年毕业于北京大学。曾留学美国，1945 年获芝加哥大学哲学博士学位。回国后任天津北洋大学教授兼地质系主任，北京大学地质系教授，中央地质调查所地质师。去台湾后，历任台湾大学地质系教授、主任、理学院院长，台湾"中央研究院"总干事，台湾地质学会理事长，"中央研究院"院士。阮维周主要从事岩石学及地球化学的研究及教学工作，对地质科学的各分门如

① 许杰：《我的地质科研之路》，见中国科学院院士工作局编：《科学的道路》（下），上海教育出版社2005 年版，第 1056 页。

岩石学、矿物学、矿床学、区域地质学及矿物的合成等均有重要贡献。著有《中国矿产资源》等。

王志稼（1895—1981），教授。江苏苏州人。1920年毕业于东吴大学生物系。1925年获美国芝加哥大学植物学硕士学位。曾任中央大学教授，光华大学教授、生物系主任。新中国成立后，历任复旦大学、华东师范大学、安徽师范大学教授、生物系主任，上海植物学会第一届主席，安徽省植物学会第一、第二届理事长，中国民主同盟盟员，第三届全国人大代表。王志稼自1930年起即发表研究报告，所得标本包括南京、苏州、安徽、江西、湖南、四川和西洞庭山，所报告的种类大都是蓝藻和绿藻，还论述过食用海藻和藻类与饮用水的关系。"他是我国最早的一位藻类学家。"①创造性地编写了我国第一部高中生物课本及《公民生物学》。

丁绪贤（1885—1978），字庶为，中国化学教育家、化学史家。生于安徽阜阳，曾获伦敦大学化学系荣誉学士学位，回国后曾任北京高等师范学校、北京大学等校教授。1925年，北京大学出版了他的《化学史通考》，是中国讲授和研究化学史的先驱者，为中国学者研究化学史和讲授化学史课程奠定了基础。几年后，鉴于《化学史通考》初版已售罄，上海商务印书馆约以再版。清样排出后，时值日军发动一·二八事变，书馆遭劫，所有书稿均毁之一炬。他又重新修改书稿，于1936年由上海商务印书馆以"大学丛书（教本）"名出第二版。第二版增补库珀（A. S. Couper）、迈尔（V. Meyer）、拜耳（A. Bayer）及埃尔利希（P. Ehrlich）等人传记，增加了电离学说最新发展、20世纪最新元素及中子、电子的发现，以及原子结构理论等，人物照片由原40幅增至80幅。

侯宝璋（1896—1976），凤台人，是成就卓著的病理学家、博学多才的医学史专家、学贯中西的医学教育家。李约瑟在他的巨著《中国科学技术史》的序言中写道：侯宝璋是他当时"在中国巡回研究中国科技史所尊重和依靠的病理学家、解剖学家和医学史学家"。他的中医学史研究造诣也引起了美国国会图书馆的注意，并促成了后来美国国

---

① 中国植物学会编：《中国植物学史》，科学出版社1994年版，第311页。

务院聘请他去讲学之行。① 1979 年和 1999 年版《辞海》均有词条记载：侯宝璋于 20 世纪 30 年代发表我国第一部《病理组织学图谱》，在肝脏病与肿瘤研究方面作出贡献，提出并证明了华支睾吸虫寄生与肝癌发生的关系。

张庆生（1908—1982），滁县人，著名医学家、教授。1932 年获美国纽约州大学博士学位。先后任协和医院外科住院医师、耳鼻喉科助教、讲师。1936 年他撰写的《中国人的鼻窦发育——100 个婴儿头颅的解剖》，发表在美国杂志上。这是国内关于这方面第一份研究资料，对儿童鼻窦病的诊断和治疗有重要指导意义。②

王星拱（1887—1950），怀宁（今安庆）人，留学英国，获硕士学位。回国后，历任北京大学教授、安徽大学校长等。1928 年 7 月，任国立武汉大学筹委会、建筑设备委员会委员，教授兼化学系主任、理工学院院长、理学院院长、教务长、副校长。1933 年 5 月至 1945 年 7 月，任国立武汉大学校长。后调任国立中山大学校长。他担任武大校长 12 年，实际主持校务 17 年，在长期的教学与教育管理工作中，逐渐形成了注重基础课的教学、"研究实学"、摆正理论与应用的关系等一系列颇有见地的办学主张。在他的不懈努力下，武汉大学于 1935 年开创研究生教育，1936 年设立农学院，发展成为有 5 个学院 15 个系和 2 个研究所的综合性大学。武汉大学逐渐与北京大学、清华大学、中央大学、浙江大学一起，被世人并誉为"民国五大名校"。

张贻惠（1886—1946），字少涵，安徽全椒人，中国早期数理学家、教育家。1925—1930 年出任北京师范大学校长。1933—1937 年任北平大学工学院院长。抗战爆发后，随校西迁，先后任西北联合大学、西北大学教务长兼物理系主任直至抗战胜利。他在力学、光学、原子物理学等方面有着较深的造诣。他是当时中国高等学校开设原子物理学的第一人。1929 年 8 月 19 日，他倡导并筹备成立了中国数理学会。他曾任《中国物理学报》编委长达 6 年之久（1932—1938），是中国物

---

① 黄树则主编：《中国现代名医传》（2），科学普及出版社 1987 年版，第 31 页。
② 滁州市地方志编纂委员会编：《滁县地方志》，方志出版社 1998 版，第 1289 页。

理学会名词审查委员会委员,参加了该委员会1933年在上海召开的第一次名词审查核定会议。他在传播和普及科学知识、宣传和推动全国度量衡统一工作方面作出很大贡献。①

社会科学也有一定的发展。桐城方乐天著《东北国际外交》一书,1933年12月由上海商务印书馆出版。全书共分俄日战役以前、欧战前后、九一八前后、日本政治兼并时期、满蒙计划之完成、亚洲门罗主义之开始等6章。歙县南乡大律师吴迪贤(1910—1945),上海东吴大学法学院毕业,著《立宪政体发达史》一书,1933年由徽州紫阳书店出版。20世纪30年代,安徽法政专门学校和原来的安徽大学,分别编著《法学通论》、《宪法》、《行政法》、《民法》、《商法》、《刑法》、《诉讼法》等教材,对当时安徽省的法律教学和新法学传播有一定促进作用。

对桐城派的研究有了长足的进步。此前,以陈独秀、胡适等为代表的五四新文化运动主将全面批判与全盘否定桐城派,目的在于动摇古文正宗地位,推行白话文,进行文学革命,在当时有其重大的现实意义。但由于受客观条件限制,由于陈独秀等人存在着用思想学术推进政治变革的企图,使得他们在这场文学革命中,在对待具体事物时缺少历史唯物主义的批判精神,在论述上走极端,缺少学术意义。一些严谨的学者开始运用新的理论和方法,以实事求是的精神,理性评价桐城派的历史地位,初步建立研究桐城派的学术范式。早在1922年3月,胡适在《五十年来中国之文学》中,论及曾国藩死后的桐城湘乡派,肯定古文是古文学中"最正当最有用的文体",认为"唐宋八家的古文和桐城派的古文的长处只是他们甘心做通顺清淡的文章,不妄想做假古董",而且由于"桐城派的影响,使古文做通顺了,为后来二三十年勉强应用的预备,这一点功劳是不可埋没的"②。1935年他在《〈中国新文学大系·建设理论集〉导言》中进一步发展了自己这一观点,他说:"姚鼐、曾国藩的古文差不多统一了十九世纪晚期的中国散文。""古文经过桐城派的廓清,变成通顺明白的文体。"③他曾对学生

---

① 宋立志主编:《名校精英·北京师范大学》,远方出版社2005版,第139页。

② 《胡适文存》第2集,黄山书社1996年版,第188页。

③ 《胡适全集》第12卷,安徽教育出版社2003年版,第256页。

魏际昌写作《桐城古文学派小史》时说：

> "桐城谬种，选学妖孽"！大家都这样讲，你同意吗？既
> 称为"学派"而不曰"文派"，便不单纯是文章上的事了。"文
> 章韩欧"以外，还有"学行程朱"哪，密斯特魏，你应该把它彻
> 底探讨一下。①

这体现了胡适治学的求实精神，而看到桐城派在古典文学与白话
文学之间的过渡作用，堪称胡适的一大贡献，颇能启迪后人。

此期出版的各类文学史专著，也对桐城派进行了客观评述。1929
年，中山书局出版钱基博著《〈古文辞类纂〉解题及其读法》一书，介绍
阅读清姚鼐编的《古文辞类纂》的方法。1933 年 8 月，上海世界书局
出版光华大学中国文学系主任钱基博著《现代中国文学史》一书，5 年
之中 4 次再版。该书阐述中国文学兴衰得失的递变轨迹，自成一家之
言。其中详细论述了多位桐城派后期作家作品产生的来龙去脉和生
活基础，从深广的历史背景中探讨"文章得失升降之故"，其中网罗各
家逸闻轶事颇多。1934 年 5 月，上海商务印书馆出版郭绍虞著《中国
文学批评史》，该书用 6 个专节 5 万字的篇幅探讨了桐城派代表作家
的文学观和文论体系，并对乾嘉以来骈文家、汉学家、经学家在事与
道、体与辞、义与法等一系列重大理论问题上与桐城派的分歧和论争
作了详尽而合乎实际的阐述。

现代学术意义上的桐城派研究的奠基之作是姜书阁著《桐城文派
评述》，由上海商务印书馆 1933 年出版。全书分为桐城派以前之古
文、桐城派之三祖及其义法、桐城派之别支阳湖诸子、桐城派之传播、
对于桐城派古文之批评、附表等 6 章。该书对桐城派的缘起、传衍、发
展、递变和衰落进行了全面评述，承袭并发挥了胡适的观点。他说：

---

① 全国政协文史资料委员会编：《中华文史资料文库》第 14 卷，中国文史出版社 1996 年版，第
63 页。

平心思之，不当以其（指桐城派，引者注）短处而尽抹杀之也，即民国以来，新文学之鼓吹，恐亦非先有此派通顺文章为之过渡，不易直由明末之先秦两汉而一变成功也；惟过渡太长，为不值耳。[①]

其后出版的桐城派研究专著还有姚子素的《桐城文派史》和梁堃的《桐城文派论》，但影响均不及姜著。

五、医疗卫生事业的进步

公办医院。安徽省会施医所，是安徽最早的省级公办综合医院。1927年，省政府在省会安庆市大南门开办安庆市官医院，第二年改为此名。经费全由政府筹拨，对贫困者免费。医院设西医部、中医部。中西医门诊每天一两百人。1930年3月，国民政府建设委员会淮南矿务局在淮南九龙岗设立淮南矿务局医院。医院建筑面积100多平方米，设内科和外科，病床4张，卫生技术人员和职工共4人，其中院长兼内科医师，另有外科工程师、护士、勤杂工各1人。医院半日门诊，每日门诊40~50人，不收门诊费。1935年，宣城红十字会医院接受政府补贴，改称宣城医院，这是安徽省第一所县医院。该院主要业务是门诊治疗、戒鸦片烟、防疫3项。1938年，宣城为日军侵占，该医院解体。

教会医院。1927年，西班牙教会在铜陵大通创办天主堂诊疗所，在铜陵顺安创办圣母诊所。1929年，加拿大基督教在寿县县城创办春华医院。1930年，美国基督教会在和县乌口镇创办基督教诊所，1940年停办。1931年，中国教士在广德创办公教医院。

美国基督教美以美会（后并入卫理公会）派遣传教士兼医生赫怀仁（W. E. Hart）于1888年到达芜湖，当年在扬子江畔的弋矶山创建了我省第一所西医院，名为芜湖医院，英语全称"Wuhu General Hospital"，即今皖南医学院弋矶山医院的前身。

由于该院仅有的一幢二层砖木结构的病房楼在1923年的火灾中

---

① 姜书阁：《桐城文派评述》，商务印书馆1930年版，第96页。

焚毁,在任的包让院长募捐,重建病房楼一幢,其南面为三层,北面为六层。1927 年,大楼主体工程基本完工,部分工程未完成。医院有 X 线诊断机等医疗设备,设有内、外、妇、儿科及化验室、X 线室、手术室。病床由 1889 年的 45 张增加到 75 张①,成为当时省内一流的综合性教会医院。这座现代化医院吸引了一批名医,肺科专家吴绍青博士,外科专家沈克非博士,儿科专家陈翠贞博士,护理学家潘景芝、王雅芳、林斯馨等,外籍医学博士包让、华安、慕赓扬、华蔼兰等。吴绍青(1895—1980),著名医学家,今巢湖人。1915 年考入美国人办的湘雅医学院,获博士学位。他在芜湖弋矶山医院工作多年,后来又在重庆中央医院、国立上海医学院等处工作,历任医师、主任、代理院长、院长、教授、中国防痨协会总干事等职。潘景芝当时是国内外著名的护理专家,1930 年 2 月 1 日至 8 日在上海举行的第十届全国护士会员代表大会上,她当选为会长。林斯馨 1926 年毕业于北京协和医学院高等护士学校,先后数次到英、美等国留学,1931 年获英国注册护士证书。

合肥基督医院。1929 年医院附设 1 所护士学校,由中国护士长韩玉梅任校长,是年开始招生,男、女兼收。学员边工作边学习,学制 3 年,不收学费及伙食费。抗战之前的几年里,医院的日常工作及发展较稳定,对社会及百姓做了不少有益的事情。从以下医院 4 年工作统计资料可以说明这一点。

表 11-1　合肥基督医院 1932—1935 年工作统计表

年份	全年门诊量(人次)	收治住院病人(例)	手术治疗(例)	种牛痘(人次)	出诊治疗
1932	19825	1175	389	550	
1933	13200	871	293	1222	
1934	14627	784	283	663	681
1935	16297	761	222	423	460

资料来源:陆翔、陆义芳:《安徽省近代几所教会医院概述》,《中华医史杂志》2000 年第 1—4 期,第 229 页。

---

① 周维海主编:《中国医院大全·安徽分册》,光明日报出版社 1989 年版,第 154 页。

私立医院。这一时期,开设私立医院、诊所的数量有了增加。以安庆为例:1929 年,杨博儒在大士庵开办博儒医院,设内科,有病床 20 张,每日门诊 50～60 人,1937 年停办;程松友在西门外大关开办松友医院,设内科,有病床 5 张,每日门诊 20～30 人,1951 年停办;汪义恒在西门外板井巷开办恒义医院,设内科,每日门诊 20 余人,1951 年停办;陈松亮在墩头坡开办广济医院,设内科,每日门诊 10 人以上,1953 年停办。1934 年,吴卫康在吴樾街开办卫康医院,有病床 4 张,设内科、外科、妇产科,1937 年停办。医院的医生,不少人具有较高的社会声望。桐城籍阮志岳,留学德国获得医学博士,他在安庆姚家口法治街 17 号开设诊所,曾得到柏文蔚等 40 多位安庆知名人士的推崇。柏文蔚等知名人士曾在 1933 年底的安庆《民报》上联名刊登启事,称阮为"宜城抱病之福星"。

1929 年,安庆市开设妇孺医院,专事妇科、儿科和接产。第二年安庆博爱医院内附设产科及病理检查室。

1929 年,安庆博爱医院举办牙科讲习班,培养牙医 10 人。

护士职业学校。即芜湖医院怀让高级护士职业学校。1926 年,医院附设护士学校,取名"芜湖医院护士学校"。为纪念医院的创办人、第一任院长赫怀仁和第二任院长包让,1936 年前后学校改名为"芜湖怀让高级护士职业学校"。学校创办人,首任校长是曾担任全国护士会会长的著名护理学家潘景芝。据 1935 年 8 月《安徽政务》月刊载:高级助产护士职业学校教学计划为学制 3 年,理论教学 2 年,开设医学基础和临床等 20 门课程计 1148 学时,临床实习 1 年为 3915.5 小时。学生在校期间费用有全公费、自费或由校办医院资助。学生毕业后由政府分配,或留医院任职,或自谋出路。学校严格筛选淘汰,1931 年仅 1 人毕业,1930 年和 1935 年各 4 人毕业。自 1929—1950 年,该校毕业生共 18 届,147 人。

中医中药。1929 年国民政府中央委员会通过《废止旧医以扫除医事卫生之障碍案》,1933 年汪精卫再次提出废止中医的主张。虽然这些图谋受到全国人民的强烈反对而未能得逞,但政府歧视和限制中医的政策并未改变,致使中医受到排挤、摧残。安徽和全国一样,中医药进入缓慢发展阶段,但中医仍然是不可或缺的、占绝对优势的防病治病渠道。1935 年,国民政府行政院卫生署颁布《医师暂行条例》,对省内个体开业医生进行登记。全省登记情况不详,据屯溪公安局当年统计,登记的合格中医有 16 人。1937 年 1 月起,全省各地又按行政院颁发的《中医条例》及卫生署核准的"中医审查规则"继续对中医进行审查。为团结中医药界人士,推行中医事业,全省各地曾建立中医师公会等多个团体。以徽州地区为例:1930 年 3 月 2 日成立全国医药总会歙县支会,共有会员 60 多人,支会设义诊所,并编辑发行《歙县医药杂志》2 期;1931 年、1934 年和 1938 年歙县、休宁、黟县先后成立中医师公会或国医公会;1943 年奉省政府令,各地中医公会(国医公会)改称"中医师公会",歙县、休宁等县中医师公会均设有一些义诊所,歙县中医师公会计设义诊所 14 个。

卫生防疫。南京国民政府成立后,安徽省内的卫生防疫管理隶属省政务委员会(后改为民政厅)。1926 年,鉴于连年急性传染病流行,安徽省政府责成省民政厅第三科负责卫生行政管理,每年 7—10 月在省会安庆设立安徽省会夏令临时防疫所。翌年,在安庆成立安徽省会夏令防疫委员会。1924—1929 年,美国福斯特和梅莱耐,以及省内学者刘梦九等先后报告安庆、芜湖、繁昌、无为、巢县、大通(今属铜陵)、宿松等地有血吸虫病人。此后,李赋京、任言永在绩溪、歙县一带发现钉螺和血吸虫病人。1931 年长江水灾,霍乱在全国范围内流行,涉及安徽 19 个县、市,患者达 3349 人,死亡 1214 人。芜湖市弋矶山医院除了进行日常的医疗活动外,还在灾疫时期开展公共预防治疗救灾活动。

> 医院设立临时救济医院,(1931 年 10 月—1932 年 5 月)共收治住院病人 423 人次,门诊 13379 人次,接种牛痘 1653 人次。1932 年夏,芜湖霍乱流行,医院又设立临时霍乱医院,共收治霍乱病人 262 人次,死亡 34 人,开展霍乱预防注射超过万人(1932 年 6—9 月)。①

---

① 《中华医史杂志》2000 年第 1—4 期,第 229 页。

医院的救治,减轻了灾疫给百姓带来的痛苦。1932 年 7 月,省政府在安庆各区及轮船码头预防注射霍乱、伤寒疫苗 18726 人,医治霍乱病人 157 人(死亡 34 人)。根据 1933 年统计,怀远民望医院共治疗黑热病人 350 例。1934 年全省 47 个县预防接种共计 270332 人,其中种痘 193277 人,伤寒预防注射 25900 人,脑膜炎预防注射 7932 人,霍乱预防注射 43223 人。

第二节　安徽新式教育缓慢发展

一、安徽新式教育缓慢发展

（一）高等教育

20 世纪 30 年代初期,安徽的高等教育有了发展。据统计,1931 年安徽省专科以上学生总数与我省最近人口比例:学生总数 1916 人,人口总数 21715396 人,每百万人口中学生数(占比例)88 人,位居全国第九位。同年出国留学生安徽籍 14 人,占全国 3.1%,其中留欧美 8 人,留日 6 人,全部为自费生。此后,安徽的高等教育发展缓慢。

安徽大学是安徽历史上第一所综合性大学。1921 年,陈独秀、胡适、陶行知等省内外一批皖籍知名学者极力倡导筹建安徽大学,培养本省所需人才。同年 8 月,安徽大学期成会成立。9 月,安徽省长许世英明确支持筹建安徽大学,并承诺由省政府拨发正常的教育经费。1922 年 3 月,安徽大学筹备处成立。但因政坛矛盾、军阀混战等种种原因,延至 1926 年 10 月安徽省府聘桐城清末举人姚永朴为大学校长,进行筹办工作。同年秋,决定在安庆百花亭省立高中筹设大学预科。又因北伐军兴,一度停顿。1927 年 9 月,省府复聘余谊密、刘文典、胡春霖等 11 人为安徽大学筹备委员会委员,决定设文、农、工 3 院,分预科和本科,先招预科生,再招本科生,并议决"划全省契税收入七十二万元为基金"①。1928 年 2 月，以安庆百子桥边法政专门学校等地为校舍和教室，预科开始招生。8 月，文法学院成立，始招本科生。刘文典任文法学院院长兼预科主任。1929 年 1 月，定校名为安徽省立大学。2 月，教育厅厅长程天放兼任校长。他上任后，析文法学院为文学院和法学院，停办工学院改设理学院，聘请名师，建立健全学校的管理体制和规章制度。6 月，程辞职，王星拱继任校长。王上任后，理学院成立，完善了文、法、理三院，拟成立农、医、工学院。1930 年 7 月，杨亮功继任校长，预科停止招生，更名为安徽省立安徽大学。1931 年 6 月，杨亮功辞职。7 月，聘理学院何鲁代理校长，理学院增设生物系。这时，学校发展为 3 个学院 10 个系，即：文学院，洪达任院长，设中国文学系、外国文学系、哲学教育系，一年级不分系；理学院，丁绪贤任院长，设算学系、物理学系、化学系、生物学系；法学院，陶环中任院长，设法律学系、政治学系、经济学系。此外，学校设总务处、教务处、图书馆、校务会议。据统计：1931 年，课程 213 种，每周上课 938 学时；教职员 134 人；在校生 431 人；设备价值 26880 元；图书 21590 册；收入 369900 元，支出 372000 元。②

1932 年 3 月，何鲁辞职，程演生为校长。6 月，组成以许世英为董事长，李国杰、柏文蔚、周学熙、方振武、方时简、张贻惠等 15 人参加的安大董事会。同月，首届本科生 96 人毕业。8 月，停办生物系，原有学生送浙江大学借读，并改哲学教育系为教育系。1933 年，第二届本科毕业生 118 人。1934 年 1 月，傅铜接任校长。6 月，第三届毕业生 100 人。同时奉部令停办法学院，政治学系、经济学系合并为政治经济系，改属文学院；法律系撤销，原有学生送北平朝阳学院借读；理学院算学系、物理学系合并为数理系。并筹办农学院，先后增设农艺学系、农经学系、森林学系。1935 年 1 月，农艺系始招新生。6 月，第四届毕业生 100 人。7 月，李顺卿接任校长。停办政经系，原有学生送法政学院借读。同年第二学期，在校学生 395 人，教员 66 人。1936 年，第五届毕

---

① 安徽省教育厅编：《民国十九年之安徽教育》，1931 年印，第 335 页。
② 国民政府教育部编：《第一次中国教育年鉴·教育统计》，开明书店 1934 年版，第 34—35 页。

业生 97 人。1937 年,第六届毕业生 45 人。[①] 至此,安徽省立安徽大学经多次调整,分设 3 院 8 系,即:文学院的中文、外语、教育系,理学院的数理、化学系,农学院的农艺、农经、森林系。全校教职员 135 人,在校学生 271 人。建校 11 年,共培养 6 届本科毕业生 556 人。[②]

（二）中等教育

安徽省中等学校得到恢复和发展,各项规章制度也逐步建立。1927 年,安徽省制定实施《中等教育改造方案》。省政当局,将地方教育的进展情况,列为各县政绩考核重要内容之一,并制定教育视导制度,划定视导区,建立视导网(1936 年)。教育厅设督学室(1928 年教育厅将视学室改为督学室),遴选一批具备真才实学、富有教育工作经验,并在教育界负有一定声望的人士担任督学。督学有职有权,对中等学校校长和县市教育局长,可根据视察情况,报请省政府予以奖惩。督学对各地教育机关和学校的视察报告,由省政府或教育厅批转,要求各地各校贯彻执行。

中学教育的结构。根据 1927 年安徽省实施的《中等教育改造方案》,将师范与中学合并,在高中分设普通科和师范科;实业学校改为职业学校,并适当进行调整合并。1930 年,教育部为促进职业教育的发展,通令各省限制设立普通中学,要求各省酌添办高、初级农工科职业学校,自 1931 年度起,各普通中学一律添设职业科目或附设职业科目,各县立中学应逐渐改为职业学校或乡村师范学校。但安徽省只有 2 所中学设置职业科,县立中学概未改办。1933 年,安徽教育厅又制定《改进中学教育方案》,决定将中学、师范、职业学校各自单设。

历年的沿革。1926 年,北伐军兴,安徽各中等学校暂时停办。1927 年,奉令复兴,同时安徽省教育厅鉴于各中等学校所在地,疏密不均,学区分配,亦多未合,特提请省政府会议通过安徽中等教育改造方案,根据普通原则及安徽省特殊情形,略分下列 5 项:

① 《安徽师范大学校史》,安徽人民出版社 2008 年版,第 36 页。
② 据安徽师范大学档案馆馆藏档案《1947 年国立安大毕业生纪念册》统计。

（1）全省划分为六个学区。（2）每学区设省立完全中学一所，就所在地之省立中学、师范改组之。（3）每学区设省立女子中学一所。（4）全省设省立中等职业学校五所。（5）芜湖设省立初中一所。①

于是原省立一中与一师合并为省立第一中学（设安庆），三中与二师合并为省立第二中学（设休宁），六中与三师合并为省立第三中学（设阜阳），八中与四师合并为省立第四中学（设宣城），四中与五师合并为省立第五中学（设凤阳），二中与六师合并为省立第六中学（设合肥）。芜湖之初中，于1929年改称为省立第七中学。1930年，就原滁县十一中学恢复，继续办理，改称为省立第八中学。原省立一女师改称为一女中（安庆），二女师改称二女中（芜湖），三女师改称三女中（凤阳），四女师改称四女中（休宁隆阜）。

1928年和1929年，又添设省立第五女中（阜阳）、第六女中（合肥）两所。至于省立男子中学，经1927年中等教育改造方案之施行，中师合并，设备完整，内部充实，至此愈臻完善：计省立一中，设高中普通科两班，师范科两班，初中六班。三中设高中师范科、普通科两科，初中三班。四中设高中师范、普通两科共五班，初中五班。五中设高、初中共十一级。六中设高中师范科三班，普通科两班，初中五班。七中设高中一班，初中四班。八中设初中两级，学生人数100余人。此外各中等学校附设有实验小学与幼稚园等。1930年秋，教育厅以一中学生2000余人，规模之大，为全省中学之冠，提请省府会议通过，将省立一中高中部单独设立，即省立高级中学。仍分设师范与普通两科，学生270余人。

安徽的中等教育发展缓慢。据统计：1930年安徽省中等学校88所，其中中学16所（男10、女6），初级中学45所（男41、女4），师范学校18所（全为男），职业学校9所（男7、女2）。中等学校数排全国第十三位。1930年安徽中等学校学生12336人（男9852人，占80%；女

---

① 国民政府教育部编：《第一次中国教育年鉴·教育概况》，开明书店1934年版，第204页。

2484 人）排全国第十七位，每万人中受中等教育的人数 5.68，排全国第二十三位。1930 年安徽中等学校经费 1623472 元，排全国第十六位。[①] 1936 年，安徽省中等学校 89 所，比 1930 年增加 1 所，中等学校的学生 14918 人，比 1930 年增加 2582 人。

1. 中学教育

中学教育的普及面是较差的。1930 年，全省的中等学校不少仅设有初中班。全省尚有 30 多个县没有中学。1934 年，省教育厅按《改进安徽中等学校方案》的规定，省立中学以学校所在地命名，县立中学以学校所在县命名。据统计：1935 年安徽全省共有普通中学 59 所，学生 12862 人；1936 年全省共有普通中学 64 所，学生 16425 人；同年，全省中等学校 89 所，中等学校学生 14918 人。

中学有公立和私立两种，公立中学占主导地位。1935 年，安徽全省共有公立中学 38 所，学生 8608 人；私立中学 21 所，学生 4254 人。1936 年，全省共有公立中学 42 所，学生 10603 人；私立中学 22 所，学生 5822 人。1935 年和 1936 年，公立中学的学生分别是私立中学的学生的 2.02 倍、1.82 倍。

私立中学在发展国民教育，培养国家建设人才方面，起了一定的作用。有不少私立中学为当地热心教育人士所创办，而且卓有成绩，有的还具有光荣的革命传统。如枞阳私立浮山中学，为著名爱国民主人事房秩五创办。

房秩五（1877—1966），爱国民主人士，教育家。1924 年弃官返乡，在枞阳创办浮山小学。1928 年 1 月开办了中学，4 月组成校董事会，房秩五为董事长。中共党员周新民、黄镇、郑曰仁（即郑举之）等应聘到该校任教，将学校教育与农民运动紧密结合。1929—1932 年，浮山中学中共支部先后组织领导反对当局推行旧教育制度、限制学生民主自由的 3 次学潮，直接或间接参加和领导几次革命斗争和武装暴动。房秩五为维护浮山中学，保护中共地下组织作出了重大贡献。

---

① 国民政府教育部编：《第一次中国教育年鉴·教育统计》，开明书店 1934 年版，第 105、106、107、125、104 页。

1941 年 5 月,浮山中学校舍遭到日军飞机轰炸,平房数百间被夷为平地,房秩五从各地募捐基金,修复了校舍,1946 年高中部正式招生。1951 年,房秩五作为特邀代表参加全国政治协商会议,受到周恩来总理、朱德总司令接见。

在公私立中学中,还有专收女生的女子中学。南京国民政府成立后,女子受教育渐多。大学、小学多为男女同校,而中学多为男女分校,或同校而分班,也有少数偏僻的县由于女生人数过少实行男女同校。1935 年,全省共有女子中学 11 所,女生 2645 人。1936 年,全省共有女子中学 12 所,女生 3960 人。这 12 所女子中学中,省立 6 所、县立 2 所、私立 4 所,女子中学学生占全省中学生的 31.77%。①

1927 年,安徽省教育厅制定《中等学校教职员待遇暂行条例》,改时薪制为月薪制,规定专任教员每周授课时数和薪金标准。高中教员月薪为 120～160 元,初中教员月薪为 80～120 元。兼任教员待遇,仍以课时为标准,高中每小时 7 元,初中每小时 5 元。私立中学,有实行月薪制,有实行时薪制,但一般全年只发 10 个月薪金。1936 年,颁行《安徽省立中等学校教职员待遇办法》,规定省立高级中学教员薪金分为 14 个等级,级差为 10 元,最高级为 210 元,最低级为 80 元;省立初级中学教员薪金也分为 14 个等级,最高级为 190 元,最低级为 60 元。县立、私立中学教职员待遇远比省立中学低。抗日战争以前,中学教师待遇较高,当时物价低,消费少,一个教师的工资收入,一般可以维持 5 口之家的生活尚有余裕。但军阀混战时期,移用教育经费作军饷,经常克扣教师工资,且教师工作无固定保障,所以教师生活仍较清贫。②

2. 中等师范教育

南京国民政府成立后,安徽实施中等教育改造方案,将师范学校全部并入中学内,计一师并入一中,二师并入二中,三师并入三中,四师并入四中,五师并入五中,六师并入六中。一女师改称一女中,二女师改称二女中,三女师改称三女中,四女师改称四女中。名称虽经取

① 《安徽教育要览》第 3 回,安徽省政府教育厅 1936 年编印,第 46 页;《安徽教育要览》第 4 回,安徽省政府教育厅 1936 年编印,第 5 页。

② 安徽省地方志编纂委员会编:《安徽省志·教育志》,方志出版社 1997 年版,第 251 页。

消,而实际仍存在。但由于师范丧失独立性,社会地位下降,师范生人数减少,由1923年的1737人减到1931年的1025人,减少41%。

为落实1928年全国教育工作会议议决的乡村师范学校制度办法,安徽省于1929年在贵池单独设置省立第一乡村师范学校,在桐城设立桐城乡村师范学校。1930年,在蚌埠设省立第二乡村师范学校,在涡阳、太和两县分别设立农村师范学校。此后,还有怀宁车形乡村师范学校(效法晓庄师范)等乡村师范学校的成立。阜阳、巢县、潜山、太湖、天长、霍邱、泾县、蒙城、无为、怀远、太和、宣城、含山、石埭等县义务教育师资养成所共14所。乡村师范学校招收初中毕业生,培养乡村小学教员,学制3年,后缩短为2年或1年。义务教育师资养成所招收高小毕业生,培养义务教育师资,学制1—2年。

1933年,安徽省实施新的中等教育改革方案,普通中学、师范学校、职业学校分别单独设置。已并入中学的高中师范科,恢复单独设校,由省设立;原前期师范及义务教育师资养成所改为简易师范学校,由县设立。同年,设省立安庆女子师范学校、省立陵阳乡村师范学校。1934年,在歙县设立徽州师范学校,将张治中创办的黄麓师范学校扩建为黄麓乡村简易师范学校等。同时,为推进初步义务教育所,增设短期小学师资培训班,推广陶行知提倡的"艺友社"(试行"教学做合一",师傅带徒弟,以培养师资),还举办塾师训练班,以适应推进义务教育的需要。

> 抗战以前,全省共分为六个师范学校区,已按区设置省立师范学校六所,连同第一五六区省立简易乡村师范学校三所及第一区省立女子师范学校一所计有十校共办师范科三十三班,幼稚师范科一班,简易师范科十四班,连同县中附设简师科二班,共五十班。培养师范生一八三六人。[1]

加上登记任用待业的历届师范毕业生,推行二部制等,基本上满

---

[1] 教育部教育年鉴编纂委员会:《第二次中国教育年鉴》,商务印书馆1948年版,第950页。

足了全省推行初步义务教育所需要的师资。为矫正不切实际的流弊，做到基本学科与专业训练科目并重，提高了人才的素质。

3. 中等职业教育

为改进中等职业教育，根据《中等学校改造方案》，自 1928 年起，全省暂设中等职业学校 5 所，保留了原有县立职校 6 所、公立职校 3 所、私立职校 2 所。1930 年，安徽省职业学校 9 所，加上中学及师范学校附设的职业班 3 所，共 12 所，学生 1603 人，其中农业、工业、商业、其他学校学生分别为 632 人、521 人、120 人、330 人。[①] 根据教育部 1931 年 8 月的通令，安徽的普通中学开始设立职业科。但至 1932 年，在安徽的几十所中学中，设职业科的只有 2 所，学生 151 人。全省单独设立的职业学校有 10 所，学生 1789 人。

安徽的职业学校有高、初两级，分为工业、农业、商业、医务、家事 5 类。高级职业学校，以授予青年较高深的生产知识与技能，培养实际生产与管理人才，并培养向上研究之基础。其招生对象，一是初中毕业生或同等学力，年龄在 15 ~ 22 岁者，学制 3 年；二是高小毕业生或相当程度，年龄 10 ~ 20 岁，学制 5 ~ 6 年。初级职业学校，学制 1 ~ 2 年，以授予青年简易的生产知识与技能，培养其从事职业的能力；招收高小毕业生或有相当文化程度，年龄在 12 ~ 18 岁者。

1934 年，教育部制定《职业学校各科课程教学大纲设备纲要汇编》，以谋职业学校的课程设置及教学、实验的统一。至此，职业学校的课程设置基本定型。

职业学校的专业课师资非常缺乏。以 1928 年、1935 年为例，安徽职业学校专业课教师与额定数相比，分别缺 83 人、135 人，各占专业课教师的 1/3 和 1/2。

安徽省公立职业学校对学生以不收学费为原则，私立职业学校按照教育部规定的标准收费。[②] 教育部规定，职业学校毕业生须服务 4 年方准升学。但政府无法保证学生就业。各职业学校都按要求设立

---

① 国民政府教育部编：《第一次中国教育年鉴·教育统计》，开明书店 1934 年版，第 105、108 页。

② 喻本代等：《中国教育发展史》，华中师范大学 1999 年版，第 493 页。

了"学生职业介绍部"，以谋学生出路，但成效不佳。职业学校毕业生从事本专业的很少，大部分学生自谋职业。

1937 年，安徽省共有职业学校 15 所，学生 1853 人。职业学校的经费在中等学校中所占的比重，1933 年为 21.8%，1937 年为 20.5%，没有达到教育部规定的不得低于 35% 的标准。

这一时期，安徽国统区的中等教育有一定的发展。中学教育为高一级学校输送一批批合格生源，为地方建设培养劳动后备力量；职业教育为国家和地方造就具有一定文化知识和专业技能的应用型人才；师范教育为初等教育乃至初中教育培养一批批师资，促进了安徽基础教育的发展。

（三）初等教育

安徽的初等教育，包括幼稚园、初级小学和高级小学。据统计：1911 年小学幼稚园 1430 所，入学儿童 48375 人；1929 年小学幼稚园发展到 4539 所，入学儿童增加到 201879 人；1930 年小学幼稚园 4385 所，入学儿童 199082 人，入学率为 9.11%，在全国排名第二十五位。[①] 安徽国民学校及高级小学：1931 年学校 4164 所，学生 201717 人；1932 年学校 3832 所，学生 221854 人；1933 年学校 4226 所，学生 222200 人；1934 年学校 3866 所，学生 216790 人；1935 年学校 5415 所，学生 320325 人；1936 年学校 5921 所，学生 384214 人。[②]

据 1936 年全国初等教育概况调查显示：初等教育在校儿童数，安徽 384214 人，而江苏 1167538 人，浙江 1207597 人，江西 846793 人，分别是安徽的 3.04 倍、3.14 倍、2.2 倍；在校教职员数，安徽 15873 人，而江苏 28760 人，浙江 36150 人，江西 28408 人，分别是安徽的 1.8 倍、2.3 倍、1.8 倍。

传统私塾教育与新式小学并存，私塾招收的学生占据国统区小学教育的 50% 左右。1935 年，安徽有私塾 14388 个，塾师 14424 人，学生 188925 人（相当于当年小学生数的 59%）。

---

① 中国第二历史档案馆编：《中华民国档案资料汇编》第 5 辑第 1 编，江苏古籍出版社 1991 年版，第 560—564 页。

② 以上数据，根据第一、第二次中国教育年鉴的数据统计。

1928 年颁布的《安徽省小学校长任免暂行章程》和《安徽省小学教员任免暂行章程》规定:市、县立小学校长,由市、县教育局长遴选合格人员,呈请市、县政府委任;小学教员仍由校长聘任。教师一部分来自中等师范、简师毕业和短期师资培训班结业,大部分来自中、小学毕业生和社会知识分子,也有一些私塾出身的塾师任小学教师。

1930 年,全省小学教师共计 11990 人,其中师范大学或高等师范毕业的 216 人,旧制师范或高中师范毕业的 2848 人,大学、中学毕业的 4115 人,短期师范毕业的 2212 人,检定及格的 568 人,不及格的 2031 人。公立小学的教师占大多数,私立学校的教师占少数。1932 年,全省小学教职员共 11777 人,私立小学教职员 2928 人,占 24.86%。1934 年,全省小学教职员共 11839 人,私立小学教职员 2713 人,占 22.9%。

国民政府公布"三民主义"为教育宗旨,以"忠孝仁爱,信义和平"陶融儿童及青年道德。要求儿童整个身心融于三民主义教育之中,使儿童个性、群性,在三民主义指导下平均发展。

二、陶行知与平民教育

陶行知(1891—1946),原名文濬,后改名行知。安徽歙县人。人民教育家。1914 年赴美国留学时,他就认为教育可以救国救民,立志使全国人民都有受教育的机会。1917 年回国后,他积极推行乡村教育,以改造广大农村,进而改造中国社会。

1923 年,他在南京组织南京平民教育促进会,后来又共同倡议成立中华平民教育促进会,以主要精力从事平民教育运动。他说:"平民教育,是一个平民读书运动……今日之平民教育,就是将来普及教育的先声。"①但他又认为通过平民教育的发展,打通"阶级"限制,创造一个"四通八达的社会",这当然是一种幻想。然而,他到处组织平民学校、平民读书处,还在北平亲自参加平民教育活动,这是他为人民大众的教育而探索和奋斗的起点。他在从事平民教育的过程中,开始关

---

① 《陶行知全集》第 1 卷,四川教育出版社 2005 年版,第 565 页。

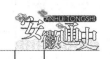
注农民、农村教育问题，主张以平民教育来改造中国社会。

> 我们的新使命，是要征集一百万个同志，创设一百万所学校，改造一百万个乡村……为中国一百万个乡村创造一个新生命，叫中国一个个的乡村都有充分的新生命，合起来造成中华民国的伟大的新生命。①

他指出："中国农民占全国人口总数的百分之八十五"，"中国的乡村教育关系全世界五分之一的人民。"②为了让培养出来的教师将来能到农村去，他又提出"师范教育下乡运动"，在乡村里大办师范教育，利用乡村的环境来改造乡村教师，使他们不仅能教育乡村，还能建设乡村、改造乡村。

1927 年，陶行知在南京郊区创办晓庄学校，1928 年改名晓庄师范，以造就好的乡村教师去办理好的乡村学校、改造乡村为宗旨。他以晓庄师范为试验基地，主张"生活即教育"、"社会即学校"、"教学做合一"，培养学生生活实践的创造能力。"生活即教育"被称作陶行知的生活教育理论的本体论，"社会即学校"是陶行知的生活教育理论的又一主张，"教学做合一"是生活教育理论的方法论。什么是生活教育理论？陶行知在《谈生活教育》中明确指出，生活教育理论是半殖民地半封建的中国争取自由平等的教育理论。

> 生活教育是给生活以教育，用生活来教育，为生活向前向上的需要而教育。从生活与教育的关系上说，是生活决定教育。从效力上说，教育要通过生活才能发出力量而成为真正的教育。"教学做合一"是生活法亦即教育法。为要避去瞎做、瞎学、瞎教，所以提出"在劳力上劳心"，以期理论与实践之统一。"社会即学校"这一原则，要把教育从鸟笼里解

---

① 陶行知：《中国教育改造》，人民出版社 2008 年版，第 70 页。
② 《陶行知全集》第 2 卷，四川教育出版社 2005 年版，第 291 页。

放出来。"即知即传"这一原则,要把学问从私人的荷包里解放出来。"行是知之始,知是行之成",是教人从源头上去追求真理。工学团或集体主义之自我教育,是在团体生活里争取自觉之进步。[①]

这是陶行知对生活教育所作的最明确、最全面、最概括的论述。

1928 年,陶行知支持创办了浙江湘湖师范。九一八事变后,陶行知在《申报》上发表一系列宣传抗日的文章,积极投身抗日救亡运动。他主张把国难教育与大众教育结合起来,"使受教育者都能实践力行,从行动上去求得真知识;并使大众组织起来,自动做他们的事……于是我们就可以造成极伟大的民族力量,来解除一切国难"[②]。他还提出"科学下嫁"运动。

1932 年,他在上海、宝山交界处创办平民教育组织——山海工学团,提出以"工以养生,学以明生,团以保生"为宗旨,将工场、学堂、社会打成一片,对大众实施培养普遍的军事、生产、科学、识字、运用民权、节制生育的六大训练,即:

（一）普遍的军事训练,使人人成为保国的健儿;

（二）普遍的生产训练,使人人成为造富的工人;

（三）普遍的科学训练,使人人能在劳力上劳心;

（四）普遍的识字训练,使人人获得传达思想的符号;

（五）普遍的民权训练,使人人成为中华民族的主人;

（六）普遍的生育训练,使人人到了生育年龄可以生得少,生得好,以再造未来更优良的民族。[③]

他以工学团的形式普及工农大众的教育,唤醒工农大众抗日救国的觉悟,培养他们生产、长进、互助、自卫能力,从而拯救整个中华民族

① 《陶行知全集》第 4 卷,四川教育出版社 2005 年版,第 358 页。
② 《陶行知文集》(上),江苏教育出版社 2008 年版,第 470—471 页。
③ 《陶行知全集》第 4 卷,四川教育出版社 2005 年版,第 66 页。

于生死关头。

除工学团外，陶行知又提出"小先生"的办法。他认为小先生有比大先生好的地方：小先生可以解决中国最难普及的女子教育的问题；可以改变中华民族只看重"老成"的观念；可以让人人都有受教育的机会，而且"一个钱也不花的做到"；能加强学校与学生家长之间的联系。

陶行知还强调教育工作的创造精神。在他早期从事新教育运动时写的《第一流的教育家》一文中指出："敢探未发明的新理，即是创造精神；敢入未开化的边疆，即是开辟精神。创造时，目光要深；开辟时，目光要远。总起来说，创造、开辟都要有胆量。"①

陶行知的平民教育的目的是培养能服务于人民、贡献于国家的人。陶行知认为传统的教育是"吃人的教育"②，生活教育培养的人应该是身体健康、自力更生、全心全意为人民服务的人，而不是要升官发财的人。

> 他要教人做人，他要教人生活。健康是生活的出发点……他不教人升官发财，他只教中国的民众起来做主人，做自己的主人，做政府的主人，做机器的主人。他教人要在劳力上劳心。即使有人出来做官，他是要来服侍农人、工人，看看又吃农人或工人的人，他要帮助农人、工人把他干掉。③

山海工学团的学生张劲夫回忆道："陶夫子首先教我怎样做人，如何做人。夫子之道何谓也，一言以蔽之：'人民第一，人民至上，一切为人民。'"另一学生张健回忆道："陶行知再三指出，他办学培养的目标是为工农大众服务的'人中人'。他既反对学生将来做地主资本家官僚政客的'人上人'，又反对把学生培养成受剥削压迫的'人下人'。"④

1934年，陶行知应安徽省教育厅邀请，到安庆作《攻破普及教育

---

① 《陶行知文集》（上），江苏教育出版社 2008 年版，第 42 页。
② 《陶行知全集》第 1 卷，四川教育出版社 2005 年版，第 22 页。
③ 《陶行知全集》第 3 卷，四川教育出版社 2005 年版，第 520 页。
④ 周毅、金成林编著：《创造奇葩——陶行知的弟子们》，四川教育出版社 2001 版，第 34、202 页。

之难关》的专题讲演,有力地推动了全省普及教育工作的开展。1935年初,陶行知应省教育厅长杨廉之约,介绍学生程本海(绩溪人)、朱泽甫(怀宁人)等7人担任安徽省教育厅视导和6个师范学区辅导员,并在上海亲自为他们进行专门训练。同年,陶行知向张治中推荐晓庄师范指导员杨效椿任黄麓师范学校校长,晓庄学生马侣贤任黄师附小校长。黄麓师范以晓庄师范为榜样,实践陶行知乡村教育思想,推动普及教育,影响及于全省。同年程本海、戴飘、潘祖训、汪秋平、汪曼雯、盛震叔、林其英等晓庄学生支持颍上唐润之创办甘罗乡村教育社,并开展中共地下工作,王光宇等即在此就学,受到革命的启蒙教育。①

1939年,他在重庆创办著名的育才学校,1944年10月参加中国民主同盟,不久当选中央常委兼教育委员会主任,主编《民主教育》和《民主》杂志。抗战胜利后,他主张新民主主义的政治和教育,提出了"民主的、科学的、大众的、创造的"四大方针。1946年1月,与李公朴等人在重庆创办了社会大学,并担任校长。1946年7月25日,他因积劳成疾,患脑溢血,病逝于上海,年仅55岁。他以"捧着一颗心来,不带半根草去"的赤子之情,为人民的教育和民族的解放事业鞠躬尽瘁,奋斗终生。陶行知病逝后,延安各界举行了隆重追悼大会,郭沫若盛赞他"二千年前孔仲尼,二千年后陶行知"。宋庆龄称他是"万世师表"。周恩来高度评价他"是一个毫无保留追随党的党外布尔什维克"。毛泽东亲笔写悼词,称他是:"伟大的人民教育家!"

第三节 皖西苏区的文化

一、教育

皖西苏区建立后,根据当时革命斗争形势发展需要,制定以干部教

---

① 安徽省地方志编纂委员会编:《安徽省志·教育志》,方志出版社1997年版,第14页。

育为重点、以普及群众教育为方向的教育工作方针。1932 年 2 月，皖西北特区赤色教师、学生联合会第一次代表大会宣言中进一步阐明：

> 我们的文化教育是为了广大工农群众的需要，建筑在广大工农群众身上，把过去陈腐的资产阶级专利的教育完全废去，实现苏维埃的文化教育，使工农群众都有读书识字的机会，把文化教育工作应用到工农实际生活上去。①

1930 年 3 月，皖西各级苏维埃政府贯彻皖西 6 个县与红军第三十三师联席会议精神，开始筹设教育行政机构，各类教育都有较大的发展。各个学校校长主持全面工作。规模较大的学校设教务、训导、总务 3 个处，各设主任 1 人（一般由教师兼）；学校设校务委员会，由校长、各处主任和教师、学生代表组成；学生中成立学生公社，在学校党组织领导下，管理学生日常生活；一般列宁小学都建有共青团小组，形成民主化管理。当时的办学形式有：创办列宁小学，为青少年普及文化知识；开办识字班和业余学校（又称"夜校"）；举办短训班，主要培训干部。

1932 年 1 月 16 日，鄂豫皖苏区文化教育委员会、鄂豫皖总工会决定从列宁纪念日（1 月 21 日）到 1 月 28 日在全区举行识字运动周活动，为此发布《识字运动周宣言》，宣言写道：

> 我们的阶级敌人剥夺我们读书识字的机会，文字在敌人手里起过很大的作用，证明了它是一种有力的武器，我们现在要拿起这种武器来加强我们的战斗力。亲爱的工农同志劳苦弟兄们：我们大家都尝够了不识字的痛苦，现在当我们的敌人进攻的时候，我们多认识一个字就和多有一颗子弹一样的。②

---

① 蒋应平主编、六安市政协委员会编：《六安文史》，中国文史出版社 2006 年版，第 308 页。
② 张耀纶等：《鄂豫皖苏区教育史》，河南大学出版社 1988 年版，第 245—246 页。

皖西苏区认真贯彻落实这一精神,努力开展识字运动。

皖西苏区干部教育,主要有学兵连、随营学校、训练班、军政干部学校等多种形式。党政干部学校和训练班等党政干部教育和各种专业学校、训练班等专业干部教育。学兵连有红军第三十二师学兵连,1929年5月在金寨南溪创办,培养120余人;鄂豫皖边区特委学兵团,1929年9月在金寨斑竹园创办;培养地方赤卫队干部100余人。随营学校有教导二师、红军第十二师随营学校。军政干部学校有燕子岩军政干校、彭杨军政干校、霍山军政干校,军政干校共培养550余人。地方干部学校有麻埠干部学校、六安六区妇女干部学校、皖西北党务干部学校、赤南县师范学校、女子职业改进社、蚕桑技术改进社等,共培养400余人。红军医院还办有红军卫生学校及党务、干部各种训练班,根据学习的内容决定学习时间,以解决急需解决的政策性问题或技术性较强的问题。皖西苏区的干部教育,重视思想政治教育,办学形式机动灵活,培养了大批人才。

皖西苏区的学校教育,主要是中小学教育。1931年,皖西北特区苏维埃政府在六安麻埠开办的模范学校,具有中学的性质。由区、乡选调一批具有小学四年级以上文化程度的青年住校学习,共有学生100多人,这也是安徽革命根据地最早建立的一所中学。这所模范学校于1932年10月红军主力西撤后停办。

皖西苏区普遍设立列宁小学。列宁小学为五年制,分初级小学和高级小学,初小3年,高小2年。采用半日制和全日制。半日制主要接纳大龄儿童,实行半工半读,以适应苏区大龄儿童普遍帮助家庭劳动的实际情况。教学内容按照《小学课程教授大纲》规定,初级小学设国语、算术、游艺3科,高级小学设国语、算术、社会常识、自然常识、游艺等科,另外还有劳作实习和社会工作组成的课外教学。《中华苏维埃共和国小学制度暂行条例》规定,小学教育要使儿童成为有能思想的头脑,有能劳作的双手,有对于劳动的坚强意志的完全的新人物。"必须采取启发式,要充分发展儿童自动的能力和创造性",反对注入式;反对把整个的科学知识加以人为的呆板的分割的教授法,"必须采

用混合和统一教授的方法"；"绝对禁止强迫威吓，甚至敲打的手段"①。1929年5月，赤城县六区一乡在金寨亚湾识字班基础上创建皖西苏区第一所列宁小学。据不完全统计，1932年皖西苏区各县设有列宁模范学校（设于县苏维埃所在地，相当于高级中心小学）8所，列宁高级小学32所，列宁模范小学（设于乡苏维埃所在地，相当于初级中心小学）170多所，列宁初级小学850所，在校学生共4万多人。当时，皖西苏区学龄儿童入学率达57%，而国民党统治区的学龄儿童入学率仅为13%。

皖西苏区的群众教育，主要有夜校、业余学校、识字班、读报组等多种形式。夜校是劳动群众利用晚间学习的学校，大多数依托于列宁小学，教师大多由小学教师和高年级的学生担任，教材是自选或自编的，每晚上课3小时。识字班主要为上夜校有困难的群众参加学习提供平台，办学的实体主要依托村赤卫队、妇救会等群众组织，班长一般由教师或识字的村民担任，其组织形式灵活，简单易行，效果颇佳。读报组成立于边界或人口较少的地区，办学形式更为灵活。读报组以识字为主，同时进行时政教育。1931—1932年，皖西苏区的中心区和巩固区的群众参加学习的人数占总人口数的20%~40%，群众教育取得一定的成效。

皖西苏区重视师资队伍建设。为解决教师短缺的困难，苏维埃政府制定优待教师条例，提高教师的政治待遇；举办师资训练班；聘请干部兼职当教师；留用表现较好的私塾先生；动用和吸收一些非工农出身的知识分子任教；广泛吸收非苏区的革命的文化工作人才来苏区任教。如此等等，稳定、培养和扩大了教师队伍。

皖西苏区加强教材建设。鄂豫皖区苏维埃第二次代表大会通过的《文化教育政策》规定：以马克思列宁主义为指导，由教育委员会统一编写相关教材。编写既有革命内容又有乡土气息、寓思想教育于识字之中、通俗易懂、语言简练的教材供教学使用。当时，除鄂豫皖苏区编写的《列宁初级小学国语》、《列宁高级小学国语》、《儿童识字课

---

① 江西省教育学会编：《苏区教育资料选编》(1929—1934)，江西人民出版社1981年版，第120页。

本》、《儿童课本》、《红军儿童课本》、《工农业余课本》、《政治课本》、《社会常识》、《自然常识》和《算术》等教材以外,皖西苏区还结合当时的政治形势、革命前途编写了有很强的号召力的《先苦后甜三字经》、《十恨》、《来救星》等歌谣,为红军小学和便衣队的教育提供课本。除自己编写外,自然、算术等科,大多数采用商务印书馆出版的教材。

皖西苏区因陋就简、就地取材解决校舍和教学设备问题。小学课堂多在祠堂、神庙或大院里,课桌椅学生从家自带,黑板则用墙壁,学校办公费每月仅一两元红票,粉笔、墨水都是自制的。利用乘凉时、喝茶时、田头旁、灶头旁,随时随地教学,起初画地为字,随后各立一簿,学写起来。

皖西苏区积极筹措教育经费,努力减轻人民负担。教育经费列入苏维埃政府的财政预算。对于工农及其子女实行免费教育;对于生活困难者,由乡苏维埃政府发给课本、笔墨,并适当帮助其家庭解决生活方面的问题;一些特别困难的学生,乡苏维埃还供给其衣服和伙食。[①]对地主、商人及一切依靠剥削别人的分子征收特定额的学费;提倡学生一边读书,一边生产,勤工俭学,自筹资金。

为了丰富文化生活,皖西苏区还建立了一批图书馆和阅览室。

二、新闻与出版

第二次国内革命战争时期,中国共产党和安徽革命根据地创办的报刊有40余种。报刊的负责人多数由所属党、政、军部门负责人兼任,办报刊的骨干多数是从机关、部队抽调出来的优秀干部、知识分子、地下党员和新闻工作者。

1927年5月下旬,经中共中央批准,中共安徽省临时委员会在武汉成立。八七会议后,中共安徽省临时委员会由武汉秘密迁至芜湖,并在芜湖创办《每周通讯》,这是中共安徽省临时委员会的机关报。该报比较多地刊载中国共产党的有关方针政策。

1929年3月,由中共地下党掌握的公开发行的《长江晚报》在安

---

① 《安徽文史资料·文化教育》第15辑,安徽人民出版社1983年版,第37—38页。

庆创办。总编刘文若撰写了揭露蒋介石叛变革命罪行的长篇连载文章,引起极大轰动。10 月,社长许习庸和总编刘文若被逮捕,报社被查封。10 月 4 日,刘文若在安庆北门集贤关就义。

1930 年秋,中共长淮特委机关刊物《红旗报》在蚌埠创刊,为油印八开,它主要以党员、团员、赤色群众为服务对象,逢纪念日也出特刊面向广大群众。

1931 年 2 月,中共安徽省委成立,王步文为省委代理书记兼宣传部长,并在芜湖创办《安徽红旗》周刊。4 月,省委机关遭到敌人破坏,王步文等被捕牺牲,《红旗周刊》被迫停刊。

1931 年 4 月,中共皖西北特区委员会在金家寨成立。为加强宣传,特委创办《火花》、《红旗》两种报刊。5 月 1 日,皖西北特区苏维埃政府成立,出版特区苏维埃机关报《苏维埃周刊》。《火花》为半月刊,原单张油印两版,后改为小册子,能容一万三四千字,出版 5 期。同时还出版"五一"、"五四"、"五五"特刊 3 期,每期印 200 ~ 300 份。共发行了 1590 份。《红旗》单张油印一版,共出 9 期,每期约 200 份,最多的一期印 300 份。《党的建设初步》,半月刊,中共皖西北特委组织部创办。此外,还有中共皖西北特委妇女部创办的《鲁森堡》周刊和少共皖西北特委创办的《赤色先锋》半月刊。

在中共县一级党委中,无为县委于 1930 年 5 月创办《新闻周刊》,油印发行。霍山县委于 1931 年春创办《雪花报》,为 3 日刊,油印四版,社长项国平。此外还有霍邱县委创办的《红光日报》,皖北(寿县)中心县委创办的《皖西布尔什维克》、《皖北真理报》等,商城县委在汤家汇(今属金寨县)创办的《红日报》、《红日半月刊》、《红日五日刊》、《红日画刊》、《红日漫画》等,赤城县委创办的《咆哮》,少共赤城县委创办的《少年先锋》、《共产儿童》。据不完全统计,鄂豫皖苏区的党、政府、军队中先后创办的报刊有二三十种。在中央分局成立之前,"这些报纸的印刷不是很精致,但是群众非常爱看,而且愿意购买"①。这个时期的报刊,存在的时间都不长,国民党军队占领后,报纸即停业。

---

① 《鄂豫皖边界苏区概况》,1931 年 5 月 10 日,见 1931 年 6 月 20 日《红旗周报》。

这些报纸虽然都是内部的,但对马克思列宁主义在安徽的传播和安徽党的建设,发挥了巨大作用。

苏区主要出版机构有:

皖西北特区苏维埃文化教育委员会。1931年5月设立,分设学校教育、社会文化、国家出版3个单位。

鄂豫皖苏区石印科。1929年初建立,崔兴远任科长,主要任务是印刷政府文告和鄂豫皖苏区苏维埃银行的纸币,以及各种标语、传单、书报等。

皖西红日印刷厂。1929年12月25日建立,以印刷《红日报》为主,同时开展各种宣传教育活动。

文明印刷社。1931年春成立,主要印刷《皖西北日报》、《红日》半月刊、学校课本、小唱本、传单、标语等宣传材料。

三、文化团体

皖西苏区红军文化团体主要有宣传队、俱乐部和新剧团。

宣传队多是一些群众性文艺宣传组织,各级苏维埃都组织有宣传队,多则十几人,少则三五人,一般在街头、广场、较大村庄或群众集会上开展演出宣传活动。1929年11月,霍山县西镇暴动胜利,建立西镇文艺宣传队,由12人组成(其中女9人),他们自编节目,向群众演唱,欢庆胜利。同时还组织妇女编织草鞋,慰问红军,护理伤病员。这支宣传队在漫水河一带活动3年多。1932年春,苏家埠战役期间,红四方面军中的宣传队配合六安县苏区的宣传队在阵地上向被围困的国民党士兵宣传俘虏政策,唱《白军士兵好可怜》、《兵变歌》等歌曲,瓦解了敌军士气,很多士兵纷纷投诚,起到了"无形炮弹"的作用。

俱乐部是广大工农兵自我教育的组织,在地方乡以上单位和红军团以上单位设立。其主要任务是开展文娱活动,组织演讲会,举办识字班、读报班等。六安县列宁俱乐部,1931年5月在独山镇建立,有20多人。曾演出《土豪自叹》、《恶魔》、《改造博士》、《白色士兵哗变》、《送郎出征》等戏剧和《八月桂花遍地开》、《十二月慰劳》、《十劝哥》等歌舞。

新剧团是皖西苏区创建的一种新型的艺术表演团体。它的成员来自爱好文娱的工农群众和进步知识分子。从1930年春到1932年秋，皖西苏区的六安、霍山、霍邱等地苏维埃政府都建立了新剧团。影响较大的有红日剧团、金家寨剧团等。这些新剧团演出频繁，有时路经国统区，冒着枪林弹雨，冲过封锁线，为红军和群众演出。金家寨剧团隶属少共六安县六区区委，有30多人，曾演出《独山暴动》、《混战》、《夺取政权》、《新生活》等剧目。1931年秋，与红日剧团合并，扩大到70多人，直属皖西北特委。翌年秋，红军主力西征进入川陕，剧团解体，部分人员随红军西进。

四、文化活动

皖西苏区群众的文化活动主要有绘画、戏剧、舞蹈、歌谣等。

皖西苏区的绘画，多见于画报、报刊插图、大型宣传画、小型木牌画、漫画、壁画等。

特别是壁画，形象易懂，也为群众喜闻乐见。1930—1933年是苏区群众创作壁画的活跃时期，沿道口的村庄、集镇的墙壁上、山边的崖石上，都有宣传队员和文化工作者创作的壁画。例如，保留至今的金寨县古碑冲葛氏祠内的两幅壁画，已成为金寨县和安徽省重点文物保护单位。两幅壁画均长3.5米，高1.35米，分别画在正殿东西山墙上。东墙壁画面是：人们在旭日下笑逐颜开地丈量土地；题曰：拥护第三国际，完成土地革命。西墙壁画面是：一个头戴礼帽的帝国主义分子，正在嘴啃象征中国地图的画饼，讽刺帝国主义吞并中国；题曰：看你怎么吞下去；两边对联是：打破数千年黑暗，现出全世界红光。①

皖西苏区的戏剧，都是围绕革命斗争中心任务新编的。其演出形式活泼多样，或以话剧，或以地方戏，或以活报剧，或载歌载舞，不受剧种限制，设备虽简单，但都有创新。1930年，大别山爆发了请水寨（今岳西县境内）暴动，在中国共产党领导下，先后成立中国工农红军潜山独立师、红军第三十四师，成立了苏维埃政府——潜山县革命委员会。

---

① 李文芳编著：《中国名胜索引》，中国旅游出版社1987年版，第375页。

其领导人陈履谦、王进、王赤等,革新黄梅戏的内容,将大别山革命斗争中的真实事件,以黄梅戏的形式表现出来,创作出《土劣自叹》、《送夫当红军》以及《新三字经》、《十二月》等一批黄梅戏剧本。其剧本在"文化大革命"期间皆由潜山县"革委会"文化委员会刻印。① 他们还带头扮演黄梅戏中的角色。

皖西苏区的舞蹈,有传统舞蹈,也有现代舞蹈。传统舞蹈有独具特色的狮舞、龙舞、花鼓灯舞。1932 年春,为庆祝红军第三次反"围剿"的胜利,六安苏维埃所在地独山镇举行盛大的灯会,80 余种灯连续演出 5 昼夜。现代舞蹈有歌舞活报剧、小歌舞、歌舞小戏,还有小学生跳的《春天快乐》、《葡萄仙子》、《月明之夜》等。

皖西苏区的歌咏活动,开展得比较普遍。由于历史的原因,苏区识字的人不多。但歌咏活动,识字的能唱,不识字的也能唱。《皖西苏区文化史》中记载的歌谣有 300 多首,包括皖西苏区军民斗争生活的各个方面,如《旧社会的苦》、《反国民党歌》、《送郎当红军》、《党是我的亲爹娘》、《红军都是英雄汉》等。其中以《八月桂花遍地开》为代表。歌词是:

　　八月桂花遍地开,鲜红的旗帜竖呀竖起来,张灯又结彩呀,张灯又结彩呀,光辉灿烂现出新世界。亲爱的工友们呀啊,亲爱的农友们呀啊,唱一曲《国际歌》庆祝苏维埃。

　　站在革命最前线,不怕牺牲冲呀冲上前,为的是政权呀,为的是政权呀,工农专政如今要实现。亲爱的工友们呀啊,亲爱的农友们呀啊,今天是我们解放的第一天。

　　苏维埃政府为人民,人民政府大呀大家庭,人人有家庭呀,人人有家庭呀,爱政府就是爱呀爱自己。亲爱的工友们呀啊,亲爱的农友们呀啊,爱政府爱家庭要有一样心。

　　八月桂花遍地开,红军队伍多呀多豪迈,消灭反动派呀,消灭反动派呀,革命胜利幸福来,亲爱的工友们呀啊,亲爱的

① 中国戏曲志编辑委员会:《中国戏曲志·安徽卷》,中国 ISBN 中心 1993 年版,第 100 页。

农友们呀啊,跟着共产党打出新世界。跟着共产党打出新世界。①

这是 1929 年农历八月,商南(今属金寨)佛堂坳小学教师、共产党员罗银青根据县委指示,为庆祝苏维埃政权建立而写的歌词,配以当地民间流传的喜乐欢快的八段锦曲调,组织宣传队到处演唱,从而流行全国各苏区以至全国,成为象征红军和苏维埃时期的一首代表性歌曲。2005 年 10 月,《八月桂花遍地开》随"神六"唱响太空。

这一红色经典歌曲诞生的时间、地点和创作者等问题在历史文献中早有定论,它诞生地是安徽省金寨县。近年来,有人认为这首歌曲诞生在江西苏区。其实,鄂豫皖三省党史研究部门,对这首歌曲的诞生地进行了全面、认真的考证。1992 年 6 月,中共河南、安徽两省委党史研究室,联合组成编辑委员会,共同编写的《鄂豫皖革命根据地史》(1998 年底由安徽人民出版社出版)一书中明确记载:共产党员、佛堂坳小学校长罗银青在商城县工农革命委员会成立时创作著名革命歌曲《八月桂花遍地开》,时间是 1929 年桂花盛开的农历八九月间,地点是商南地区的佛堂坳小学。商南地区就是现在的安徽省金寨县斑竹园、吴家店、果子园、南溪等地区,佛堂坳小学即果子园乡佛堂坳小学。

为适应革命斗争需要,皖西苏区在南溪等地先后创办多家赤色邮政局。现在皖西革命烈士纪念馆内珍藏着红军战士卢炳银写给父亲卢义章的两封家信,信封上加盖赤城县第一区、第七区邮政支局和赤城县、红安县赤色邮政局的 4 枚邮戳,红黑两色印迹仍然鲜艳夺目。②其中一枚邮戳实际封曾送往北京,参加 1985 年 10 月举办的"中国人民革命战争邮票展览",引起了邮政和集邮界的关注。

---

① 中共金寨县委党史办公室编:《大别山苏区民歌选》,安徽文艺出版社 1989 年版,第 89—90 页。

② 姚振亚、黄建霖主编:《中国集邮年鉴》,中国集邮出版社 1988 年版,第 204 页。

《安徽通史》编纂委员会　编

安徽通史

民国卷（下）

9

主　编◎宋　霖
　　　　房列曙
副主编◎汪谦干

全国百佳图书出版单位
时代出版传媒股份有限公司
安徽人民出版社

目　　录

第十二章

日本帝国主义发动全面侵华战争后的安徽政局

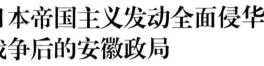1937年7月7日,卢沟桥事变(又称"七七事变")爆发,中国人民的全面抗战开始。

中国共产党是民族革命战争和抗日民族统一战线的倡导者。在中共的努力和国民政府的回应下,第二次国共合作正式形成。红军主力改编为国民革命军第八路军(简称"八路军"),南方8省(含安徽)红军游击队改编为国民革命军陆军新编第四军(简称"新四军")。

继上海、南京沦陷之后,日军大规模侵入安徽省境内,奸淫烧杀,无恶不作。国民党领导下的国民政府军、共产党领导下的新四军和安徽人民进行了英勇的抵抗,沉重地打击了日本侵略者,谱写了民族自卫战争的壮歌。

第一节　国共合作共同抗战在安徽

一、岳西、开封谈判与红军改编

(一)岳西谈判与红二十八军集中湖北黄安七里坪

卢沟桥事变爆发的次日,中国共产党向全国发出通电,指出:"全中国的同胞们! 平津危急! 华北危急! 中华民族危急! 只有全民族实行抗战,才是我们的出路! 我们要求立刻给进攻的日军以坚决的反攻,并立刻准备应付新的大事变。""我们要求南京中央政府立刻切实援助二十九军,并立即开放全国民众爱国运动,发扬抗战的民气……立即肃清潜藏在中国境内的汉奸卖国贼分子,及一切日寇侦探,巩固后方。我们要求全国人民,用全力援助神圣的抗日自卫战争!"通电最后呼吁:"全中国同胞,政府,与军队,团结起来,筑成民族统一战线的坚固长城,抵抗日寇的侵略! 国共两党亲密合作抵抗日寇的新进攻!驱逐日寇出中国!"①同日,毛泽东、朱德、彭德怀等,致电蒋介石,表示:"红军将士,咸愿在委员长领导之下,为国效命,与敌周旋,以达保土卫国之目的。"②7 月 9 日,彭德怀、贺龙、刘伯承、林彪等发表《人民抗日红军要求改编为国民革命军并请授命为抗日前驱的通电》,通电包含了致"各省军政长官"③。7 月 14 日,中共中央军委主席团,向全国红军发布《关于红军改编为国民革命军及加强抗日教育问题》的命令。④

在鄂豫皖边游击区坚持斗争的红二十八军,曾经因为被国民党军队包围封锁,长期与中共中央失去联系。卢沟桥事变爆发后,红二十

---

① 《中国共产党为日军进攻卢沟桥通电》(1937 年 7 月 8 日),中央档案馆编:《中共中央文件选集》第 11 册,中共中央党校出版社 1991 年版,第 274 页。

② 《红军将领为日寇进攻华北致蒋委员长电》(1937 年 7 月 8 日),中央档案馆编:《中共中央文件选集》第 11 册,中共中央党校出版社 1991 年版,第 278 页。

③ 中央档案馆编:《中共中央文件选集》第 11 册,中共中央党校出版社 1991 年版,第 280 页。

④ 中央档案馆编:《中共中央文件选集》第 11 册,中共中央党校出版社 1991 年版,第 287 页。

八军政委高敬亭在鄂东北，偶然从国民党报纸上看到了有关国共合作共同抗日的消息。

为证实消息是否真实，高敬亭率部队从鄂东转移到皖西，寻找中共皖鄂边特委书记何耀榜，7月13日，在岳西县南田村与何会面，看到了由姜术堂从西安七贤庄带来的《中国人民对日作战的基本纲领》、《中央关于抗日救国运动的新形势与民主共和国的决议》等文件，经研究分析，对国共合作共同抗日的消息确信无疑。

14日，高敬亭主持召开干部会议，商讨与国民党地方当局进行谈判的具体方案，决定争取主动，在党中央未派领导人来之前，以红二十八军的名义向国民党豫鄂皖边区督办公署提出停止内战、一致抗日的停战谈判倡议，并派何耀榜为红二十八军正式代表，与国民党当局谈判。

15日上午，高敬亭派便衣队交通员金孝广，把致督办公署督办卫立煌的信函，送到了岳西县第三区蛇形岗炮楼。①

事情进展非常迅速。信函迅即被送到第三区区署。区长李德保立即转呈岳西县县长方少石。② 方立刻转给三十二师师长王修身，王立即呈电卫立煌："据岳西县方县长转据该县李区长报告，红军高敬亭派人来表示愿和平谈判，但必须卫督办派代表来。"

卫立煌同意谈判。他的高级参谋刘刚夫也认为这是一个新局面，力主停止内战、抗日雪恨。卫遂派其为全权代表，前往岳西与红军谈判，同时通令边区各专员、县长和各分区司令尽量给以便宜行事，并负责保障安全。刘刚夫表示："将来抗日史上有我一个名字，总算我对祖国对民族尽了军人的天职，死也甘心。"高敬亭信函15日送出，刘刚夫18日就抵达了岳西县城。

另一方面，安徽省政府得到报告，即派郭副官到岳西。郭与第三

---

① 以上4段据何耀榜：《大别山上红旗飘》，中国人民解放军历史资料丛书编审委员会编：《南方三年游击战争·鄂豫皖边区游击区》，解放军出版社1992年版，第316—326页。

② 岳西县地方志编纂委员会编：《岳西县志》，黄山书社1996年版，第27页。

区区长李德保协助刘刚夫,参加谈判。①

此期间发生了一个插曲。15 日上午信函送出,中午就接到了豫鄂皖边区督办公署岳西办事处回信。下午,该办事处联络参谋赵某来到蛇形岗炮楼,与何耀榜见面。赵某完全是一副招安的派头,说:"你们缴一挺重机枪赏 500 元,一挺轻机枪 150 元,你们的人到我们这里来,全部官升一级。"何耀榜予以斥责。正在这时,赵参谋的上峰打电话到炮楼来找他,接完电话,他脸色大变,连声说:"对不起,对不起,我不了解上峰谈判的条件,差一点坏了大事。"仓皇离去。

7 月 17 日,安徽省政府郭副官由李德保陪同来到南田村,与何耀榜见面。郭态度诚恳,说:"我是为了国家的命运、民族的存亡,真心实意来参加谈判的。因为贵军是在安徽境内和卫督办举行谈判,所以南京方面要安徽省派人来协助谈判。""请何先生放心,谈判是会成功的。兄弟阋于墙,外御其侮,无论如何,我将搭桥到底。"

19 日晨,郭副官再到南田村,说卫立煌的正式代表刘刚夫和三十二师师长王修身昨日已到岳西,请何代表翌日去谈判。何耀榜提出要求:包围红军的三十二师和保安团后退 20 里。郭立刻联系办理,11 时,何耀榜和高敬亭站在山头上听到国民党军的军号声,看到四周的军队集中起来,向后退去。12 时,郭副官和李区长上山,高敬亭以红二十八军政治部"李守义主任"的身份会见了他们。

20 日上午 8 点多钟,何耀榜由郭副官、李区长陪同,骑马前往县城。一路上有许多老百姓夹道欢送。中午时分,抵达县城。方县长在城外迎候。城外空地上站满了黑压压的人群,这是岳西县各界人士自发组织起来的欢迎队伍。中午,方县长在县政府大厅设宴,席间,何耀榜与刘刚夫见面。何告诉刘:"高敬亭政委现在在鄂东北,这里由军政治部李主任负责,我是正式谈判代表。"午宴后,双方就停战、部队集合地点、时间等问题进行初步交谈。

下午 5 时许,何耀榜与卫立煌直接通了电话。卫说:"何先生提出

---

① 以上 3 段据刘刚夫:《第二次国共合作我参加豫鄂边区和谈前后的回忆》,中国人民解放军历史资料丛书编审委员会编:《南方三年游击战争·鄂豫皖边区游击区》,解放军出版社 1992 年版,第 522—527 页。

的问题，我没有意见。为了实现谈判和停战，我提议双方都组成谈判代表团，再共同组织成谈判委员会、文字起草委员会，所有在谈判中达成的协议，都要形成文字，经双方同意后签字。"何耀榜同意了卫立煌的提议。随后，何、刘商定：正式谈判在红军控制区青天畈的上青小学举行；22 日开始；督办公署方面以刘刚夫为正式谈判代表，郭副官和李德保为协助；红军方面由"李守义主任"负全责，何耀榜为正式谈判代表。当晚，何耀榜赶回南田村，向高敬亭汇报，并共同拟定了谈判条款。①

此时，刘刚夫对红军的和谈诚意心存怀疑：和谈是高敬亭倡议的，现在正式谈判了，高反倒远去了鄂东，而且，"李主任"今天又不露面。他没有想到"李主任"就是高敬亭。当晚，他向卫立煌报告：和谈形式已经告成。卫立煌为保证密切联系和及时解决问题，特拨给刘刚夫专用电台一部，并指示："如果对方确有诚意，集合时间能不超过一个月的话，我可以马上将十一路军全部调走。"②

十一路军为刘镇华部，下辖第十五军第六十四师、第六十五师和该路独立旅，是"清剿"红二十八军的主力，此时正与红二十八军处于近距离对峙中。3 个月前，刘镇华辞去安徽省政府主席和兼任的安徽全省保安司令职。

22 日，停战谈判在青天畈上青小学正式开始，共进行 6 天，史称"岳西谈判"。

青天畈地处大别山腹地，周围是海拔 1500 米左右的鸡笼尖、阎王尖、洞光门、多枝尖、公界尖等崇山峻岭，距岳西县城将近百里之遥，是红二十八军活动的革命老区。上青小学设在规模甚大的汪氏宗祠内。祠堂大厅内原贴有两副对联："斧头劈开新世界；镰刀割断旧乾坤。""青少年立志，为求得民族解放，红遍神州；天柱山可攀，愿我军振起精

---

① 以上 5 段据何耀榜：《大别山上红旗飘》，中国人民解放军历史资料丛书编审委员会编：《南方三年游击战争·鄂豫皖边区游击区》，解放军出版社 1992 年版。

② 刘刚夫：《第二次国共合作我参加豫鄂皖边区和谈前后的回忆》，中国人民解放军历史资料丛书编审委员会编：《南方三年游击战争·鄂豫皖边区游击区》，解放军出版社 1992 年版。

神,登峰造极。"①

谈判中,双方都同意立即停战。红军为坚持独立自主原则,同意将番号暂定为"鄂豫皖工农抗日联军",以后番号由两党中央决定。双方唯独在集合时间上产生了分歧,督办公署要求一个月内集合完毕,红军要求非半年不可,理由是红军分散处于国民党军的包围中。刘刚夫表示:"为了真诚救国,我愿在会后请卫督办撤走围剿部队。"不久,卫立煌复电:"为了表示诚意,我已令十一路军全部和三十二师一个旅撤围北上。对方如有诚意,亦应在一个月内尽快集合完毕,出发抗日。"经谈判最终达成:3个月内集合完毕。②

此时,刘刚夫已经判断出:"所谓李主任者,即高敬亭是也。"③

接下来的谈判是顺利的。因为双方都有诚意。

何耀榜代表红军提出12项条款:(1)我军集中地点以湖北省黄安县七里坪为中心,以及礼山县的宣化店、黄陂站,罗山县的张家湾一带地区。(2)我军在鄂豫皖三省设三个办事处,分别驻河南省确山县、湖北省黄安县、安徽省立煌县(今金寨县)。(3)允许言论、出版、集会、结社自由。(4)释放政治犯。(5)我军开赴抗日前线所需交通工具由国民政府负责。(6)我军驻地如有土匪扰乱或违反社会秩序者,有权予以镇压。(7)我军开赴七里坪集中途中,国民党军队不得堵击或追击,如发生冲突,由国民党军队负责。(8)我军若有老弱病残者探亲人员返乡,国民党军队和当地政府应保障他们的生命安全,如认为可疑者,应交送我办事处处理。(9)我军指战员的家庭,一律享受抗日军人待遇。(10)过去被强卖的妇女,凡是愿意回原籍原夫者,当地政府应予协助妥善安置。(11)过去我指战员的家庭,凡是被没收的财产或受罚款,均应如数退回。(12)上述条款限于鄂豫皖边区,凡属全国性的问题以及我军番号的最后确定,应由两党中央最后确定。④

----

① 中共岳西县委党史研究室:《红二十八军在岳西》,中央文献出版社2008年版,第123页。

② 何耀榜:《大别山上红旗飘》,中国人民解放军历史资料丛书编审委员会编:《南方三年游击战争·鄂豫皖边区游击区》,解放军出版社1992年版。

③ 刘刚夫:《第二次国共合作我参加豫鄂皖边区和谈前后的回忆》,中国人民解放军历史资料丛书编审委员会编:《南方三年游击战争·鄂豫皖边区游击区》,解放军出版社1992年版。

④ 此为何耀榜回忆。与刘刚夫的回忆有详略不同,无内容冲突。

督办公署方面提出 8 项条款：（1）不经政府许可，不得扩兵。（2）停止一切活动，以利抗日。（3）军队行动要事先呈报。（4）集合后不能在各地保留便衣队。（5）不得破坏交通。（6）彼此不得报复从前斗争仇恨。（7）集合时间不能超过 3 个月，届期应即开出抗日，不得有任何借口。（8）集合地点在黄安县七里坪。①

以双方条款为基础，经一字一句斟酌删改达成的协议，宣读无异议后，由李德保执笔成文，请上青小学教师汪恭顺用毛笔誊抄 4 份②，各自存照和上报两党中央。

7 月 28 日，签字仪式在九河朱家大屋举行。在锣鼓鞭炮声中，"李主任"和刘刚夫在协议上签字，并合影留念。刘刚夫将督办公署护照交给"李主任"，并允立即电请卫立煌再通令各县，在友军过境时，不得稍存歧视。

两位谈判代表心境有同有异。他们后来各自写下了历史回顾。何耀榜写道："这是一件具有重大历史意义的事件，表明我们开始由反对国民党'清剿'到共同反对日本帝国主义的侵略战争的转变。在这场激烈的错综复杂的谈判斗争中，我们在没有得到党中央关于谈判的具体指示的情况下，政治敏锐，立场坚定，同国民党顽固派进行了针锋相对的斗争，始终掌握着谈判的主动权，使谈判基本上遵循我们提出的条款进行，从而顺利地达成了协议。"刘刚夫写道："我由小界岭王家祠堂回岳西县，沿途鸣放爆竹，络绎不绝，我当时喟然有感，与其说是欢迎我，倒不如说是老百姓厌苦内战、期求和平来得干脆。"③

有象征意义的是：安徽本无岳西县设置，因为这片地方为潜山、太湖、霍山、舒城 4 县的边区，为红二十八军根据地，直接威胁到省会安庆的安全，于是，安徽省政府为了"清剿"四县边区的红军，于 1936 年 1 月从上述四县析出这片地方，设置了新县治，以地处"潜岳之西"而

---

① 此为刘刚夫回忆。与何耀榜的回忆有详略不同，无内容冲突。他的"停止一切活动，以利抗日"在何的回忆中细化为"不打土豪"、"不得在国民党军队中发展中共党员"、"不得在各地保留便衣队"。

② 中共岳西县委党史研究室：《红二十八军在岳西》，中央文献出版社 2008 年版，第 124 页。

③ 何、刘二人前引之文。

名岳西。因此，有红军战士说："没有红二十八军，就没有岳西县。"①——岳西县，原为"剿共"而设，时隔一年半，又以国共和谈共同抗日而闻名遐迩。

停战后，按照协议，国民党军从岳西撤围，部分被捕红军和革命群众被释放，被强迫迁居别处的群众迁回了祖居地。国民党地方政府还不断派人前来慰问。

8月初，高敬亭在鹞落坪主持召开干部会议，指出要警惕国民党当局背信弃义突然袭击，并且重新规定了各部队进驻七里坪的时间和路线，批评了部分人"革命到底了"的麻痹思想。会后，署名"中国工农红军第二十八军高敬亭"的布告，在岳西及相邻各县张贴，内容只有一句话："当此国难日亟、民族危亡之际，凡本部同仁愿意抗日者，一律到湖北省黄安县七里坪集合。"②

卫立煌也电告各地，不得阻止红军集中。③

七里坪是湖北省黄安县（今名红安县）县城之北的一个大市镇，地当鄂豫皖三省交界处的大别山西麓。高敬亭选择这里作为红二十八军集中整编地点，是因为在七里坪至宣化店一带，红军有较好的群众基础，北面大山是黄礼罗经（黄安、礼山、罗田、经扶交界处）老根据地，西面大山是罗陂孝新（罗田、黄陂、孝感、新县交界处）老根据地，可以防备国民党当局背信弃义搞突然袭击，也有利于整编后发展工农抗日武装。

其时，七里坪由国民党军一〇三师一个团和一个地方保安团驻守。

8月上旬，高敬亭、何耀榜率红二十八军手枪团二、三分队和潜太游击队，从岳西县鹞落坪出发，经湖北省罗田县的东界岭、麻城县乘马岗，河南省经扶县的箭河、闵家山、高山岗、卡房等地，向七里坪汇集。

---

① 岳西县地方志编纂委员会编：《岳西县志》，黄山书社1996年版，第2页；中共岳西县委党史研究室：《红二十八军在岳西》，中央文献出版社2008年版，第2页。

② 中共岳西县委党史研究室：《红二十八军在岳西》，中央文献出版社2008年版，第126页。

③ 中共河南省委党史研究室、中共安徽省委党史研究室编：《鄂豫皖革命根据地史》，安徽人民出版社1998年版，第734页。

途中,在高山岗与特务营、手枪团一分队会合。9月下旬,中共商南县委除留下熊家河便衣队外,率其余便衣队和商南大队开赴七里坪。10月初,中共皖鄂边区特委机关和所属便衣队200多人,在岳西县土门胡家祠堂集中后,开赴七里坪。10月下旬,到桐柏山区找豫南游击队的军特务营和手枪团二分队返回七里坪。

至此,红二十八军和鄂豫皖边区各地党组织及其所属的地方武装、便衣队,除极少数不易集中的便衣队外,分别在黄安县七里坪、两道桥和礼山县宣化店、黄陂站集中完毕,共约1800人。①

(二)开封谈判与鄂豫边红军集中河南确山竹沟镇

在改编中与红二十八军合编成同一支部队的,还有鄂豫边红军游击队1500人。它与红二十八军不相统属,停战谈判不同,集中地点相异。后来又以它为基础组建了另一支同级部队,征战在安徽抗日战场。

鄂豫边红军游击队,是在中共鄂豫边省委领导下于1936年1月组建的。队长由省委军事部部长周骏鸣担任,省委书记张星江兼任指导员,开辟了桐柏山根据地。②

1937年3月,中共中央北方局给省委发来指示信,要求停止执行土地革命时期的方针政策,停止打土豪的行动,与国民党进行和平谈判。这一指示在省委和红军中引起争议。因为周骏鸣原为中央红军红五军团的团长,省委派他去陕北延安向中共中央汇报。

周骏鸣和邓一飞先到北平,与北方局柯庆施、徐子荣接上关系。然后,周骏鸣于4月上旬抵达延安,中央组织部根据周的汇报整理出《周骏鸣关于组织游击队的经过活动情形给中央的报告》。③ 中央安排周骏鸣以鄂豫边省委代表的身份,出席了5月2日至14日召开的中国共产党全国代表会议(又称"苏区代表会议")和5月17日至6

① 中共河南省委党史研究室、中共安徽省委党史研究室编:《鄂豫皖革命根据地史》,安徽人民出版社1998年版,第734—736页。

② 《中国人民解放军步兵第七十师简史》(1989年印行本),第3页。

③ 中共河南省委党史工作委员会编:《抗战时期的河南省委》(二),河南人民出版社1988年版,第1—4页。

月 10 日召开的中国共产党白区代表会议。周得以全面地了解了中央的政策和策略。周骏鸣在中央苏区即与朱德相识，他问朱德："中央的大红军谈判成功了，我们小游击队怎么办呢？国民党也不同我们谈判，还要消灭我们。"朱德回答说："你的力量太小，国民党看不起你，怎么会跟你谈判呢？回去放手猛烈地扩大力量，发展到他无法消灭你的时候，他就会跟你谈判了。"①

会议期间，中共中央决定重建河南省委，由朱理治任省委书记。此时的河南省委管辖的范围，不但包含了河南省，而且还包含了皖北、苏鲁边、鄂豫边等地区。因为此时长江局尚未成立，中共中央将长江以北、黄河以南的 4 个组织（皖北特委、苏鲁边特委、鄂豫边特委、河南工委）都划归朱理治领导。朱理治与周骏鸣进行了深入的交谈，支持他们大力发展武装。②

周骏鸣回到鄂豫边后，传达中共中央和河南省委的指示，放手发展武装，在短时间里使游击队人枪猛烈增多。7 月岳西谈判成功后，红二十八军曾派出小部队短期支援鄂豫边。10 月，鄂豫边红军游击队扩编为豫南人民抗日军独立团，周骏鸣任团长，王国华任政训员（即政委），下辖 5 个连和 1 个手枪队，不久扩编为 2 个营，并于 10 月 27 日攻占确山县竹沟镇。③

国民党信阳专员武旭如提出与红军谈判，因武无诚意，谈判未果。中共鄂豫边省委遂派省委统战部部长马志远（刘子厚）、独立团一营政委张明河，去河南省省会开封，与国民党河南省政府谈判，行前议定了 3 项原则：（1）独立团听编不听调；（2）干部自配；（3）保证粮饷供给。豫皖"绥靖"公署主任刘峙命河南民军司令张钫为谈判代表。经谈判，张钫接受了独立团提出的条件，双方达成了改编协议，张钫即拨给独立团 1000 套军装和 3000 元经费。④

鄂豫边红军集合地在确山县竹沟镇。

---

① 周骏鸣：《百年征程——周骏鸣自传》，解放军出版社 2005 年版，第 51 页。
② 朱理治：《往事回忆》，《纪念朱理治文集》，中共党史出版社 2007 年版，第 570 页。
③ 《中国人民解放军步兵第七十师简史》，（1989 年印本）第 10 页。
④ 中共河南省委党史工作委员会：《中共河南党史》上卷，河南人民出版社 1992 年版，第 389 页。

（三）两支红军改编前后

7月15日，即高敬亭致函卫立煌并由此开启岳西谈判的同日，周恩来在江西庐山将《中共中央为公布国共合作宣言》交给了国民党方面。宣言重申发动全民抗战、实现民权政治、改良人民生活3项基本要求，并作4点承诺："（1）孙中山先生的三民主义为中国今日之必需，本党愿为其彻底的实现而奋斗。（2）取消一切推翻国民党政权的暴动政策及赤化运动，停止以暴力没收地主土地的政策。（3）取消现在的苏维埃政府，实行民权政治，以期全国政权之统一。（4）取消红军名义及番号，改编为国民革命军，受国民政府军事委员会之统辖，并待命出动，担任抗日前线之职责。"①9月22日，国民党中央通讯社发表了这个宣言。9月23日，蒋介石发表关于《中共中央为公布国共合作宣言》的谈话。至此，第二次国共合作正式成立。

第二次国共合作从一开始就充满了曲折。

6月间，中共闽粤边特委和红军游击队负责人何鸣与国民党军第一五七师进行停战谈判，6月26日达成合作抗日协议，并接受国民党的要求，将部队开到福建省漳浦县城驻防。不料，7月16日，第一五七师以点编发饷为名，将800多名红军游击队员骗入体育场，全部缴械，史称"何鸣事件"。后经中共多方交涉，才退还部分枪支，释放被扣人员。有鉴于此，中共中央对南方红军游击队的谈判、集中、改编，均取慎重态度，防止类似事件再度发生。

9月9日，高敬亭、何耀榜就红二十八军同国民党地方当局谈判情况，写信向中共中央报告，由八路军驻西安办事处主任林伯渠转到延安，他们在报告中说："我已开始提出与国民党议和停止内战，现在正在进行谈判。此时谈判的结果是，白军久驻之七里坪、宣化店、黄陂岔、岢垅阿等地，已经撤退，我们已驻扎这一线地方。""各处地方现已准备集中，但到处地方工作亦保持有实力的布置。""经过长期的战争，到现在，干部完全缺乏，对于军政两方面的工作，均受极端困难

---

① 《周恩来选集》上卷，人民出版社1980年版，第77页；中央档案馆编：《中共中央文件选集》第11册，中共中央党校出版社1989—1991年版，第9页。

的。""上级若不及时派人前（来）指示,恐马上还要受胁制,是因为他说要马上调往前线抗战。""祈上级急急的派一主要负责同志前来,以作主张一切,是为至盼。"①在高、何写信时,中共中央代表郑位三、萧望东等人已经奔走在延安到鄂东七里坪的途中了。不几日,郑、肖抵达七里坪。

在郑、肖离开延安时,毛泽东与他们谈了话,说明了党的政策和策略。此后,毛泽东于9月15日和10月15日,两次致电林伯渠,对高部工作作具体指示。在9月15日电报中指示:"(1)不要收回各县便衣队。(2)部队不要集中,依原有区域分驻。(3)要求国民党发给养,如不发给仍打土豪,但改取捐款方法。(4)一切大问题听候两党中央谈判解决。(5)不许国民党插入一人。(6)时时警戒,不要上国民党的当。"在10月15日电报中指示:"请你给信与郑位三、高敬亭,重复说明坚持独立性、拒绝外人、严防暗袭及持久的艰苦奋斗等项。告诉他们,还要准备相当长的时间才能与国民党成立协定,取得给养(董老正在南京交涉)。"在张闻天、毛泽东10月30日致秦邦宪、叶剑英的电报中,则强调指出:"在何鸣部人枪没有如数交还之前,不能集中。"②

9月28日,在未经与中共方面正式谈判并征得同意的情况下,国民政府军事委员会铨叙厅发布《通报》:"兹奉委员长核定","任命叶挺为新编第四军军长"。10月6日,蒋介石电令江西省政府主席熊式辉:"(1)鄂(豫皖)边区高俊(敬)亭部,(2)湘(鄂)赣边区傅秋涛部,(3)湘(粤)赣边区项英部,(4)浙闽边区刘英部,(5)闽西张鼎丞部,以上各节,统交新编第四军军长叶挺编遣调用。除分令叶军长外,希分别查照为要。"③

叶挺,字希夷,1896年生,广东惠阳人,保定陆军军官学校第六期毕业,曾任孙中山大元帅府大本营警卫团二营营长。1924年赴莫斯

---

① 中国人民解放军历史资料丛书编审委员会:《南方三年游击战争·鄂豫皖边游击区》,解放军出版社1992年版,第44—46页。

② 中共湖北省委党史资料征集研究委员会、中共武汉市委党史资料征集研究委员会编:《抗战初期中共中央长江局》,湖北人民出版社1991年版,第80、93、103页。

③ 中国人民解放军历史资料丛书编审委员会:《南方三年游击战争·综合篇》,解放军出版社1995年版,第1432、1443页。

科,进入东方大学学习,1925 年加入中国共产党。在 1926 年夏开始的北伐战争中战功显赫,被誉为"北伐名将"。大革命失败后,先后参与领导八一南昌起义和广州起义。起义失败后受到党内处分。不久,根据党的指示到莫斯科,向共产国际报告广州起义详细情况,受到共产国际东方部部长米夫和王明(陈绍禹)的严厉批评和无情打击,而且不容许申辩。叶挺愤而离开莫斯科,脱离共产党,度过了近 10 年的流亡生活。抗日战争爆发后,他从澳门来到上海,准备投身抗日,报效国家。他是国共两党都要争取的人物。

蒋介石错误地估计了叶挺。叶挺 11 月 3 日抵达延安,受到了中共中央的热烈欢迎。叶挺表示完全接受共产党的领导。11 月 7 日,项英也到了延安。叶挺和项英共同商讨了南方红军游击队改编及新四军组建事宜。12 日,叶挺到达武汉。13 日,叶挺首次以新四军军长的身份向报界发表谈话。经过国共两党的多次谈判,最终达成了将南方各省红军游击队独立成立 1 个军、军直辖 4 个支队的协议。长江以南的红军游击队,改编为新四军第一、第二、第三支队;长江以北的鄂豫皖边区的红二十八军和鄂豫边区的豫南人民抗日军独立团,合编为新四军第四支队。

新四军的组建,特别是各级干部的选配,均在中共中央直接领导和具体指导下进行。叶挺在其间发挥的重要作用,举他的一封电报,就足以证明——当国民政府军政部部长何应钦紧急催促他完成改编事宜时,他首先做的是请董必武、叶剑英将此情况报告中共中央,然后自己专电毛泽东:"毛主席:新四军改编事,已请董、叶电告。刻军何催办甚急,如何决定,请即复他,便处理。叶挺 12 月 11 日。"[①]他的政治立场,与中共无异。

日本帝国主义扩大侵华战争,8 月 13 日进攻上海,淞沪抗战爆发。11 月 19 日,苏州沦陷,南京成了一座危城。次日,国民政府宣布迁都重庆。各军政机关迁武汉办公。武汉成了中国政治、军事、抗战文化

---

① 中共湖北省委党史资料征集研究委员会、中共武汉市委党史资料征集研究委员会编:《抗战初期中共中央长江局》,湖北人民出版社 1991 年版,第 111 页。

的中心。

进入 12 月,中共在南方的工作和新四军组建工作,迅速加快。9日,中共中央政治局会议在延安召开,决定由项英、周恩来、博古、董必武组织长江局,领导南方各省和上海、河南省及新四军的工作;由周恩来、王明、博古、叶剑英组成中共中央代表团,到武汉继续与国民党谈判,协商合作事宜,推动统一战线工作。会议 14 日结束。结束前一日,南京沦陷。18 日,周恩来、王明等抵达武汉。21 日,周、王、博与蒋介石会议。23 日,中共中央代表团和长江局举行联席会议,商定工作方针,关于新四军问题,会议认为南方各地区红军游击队应当迅速集中,全部开往抗日前线。25 日,新四军军部在汉口成立,军长叶挺,副军长项英,参谋长张云逸,副参谋长周子昆,政治部主任袁国平,副主任邓子恢。

红二十八军和鄂豫边红军的改编,进展加速。27 日,高敬亭、周骏鸣抵达武汉,与叶挺、项英共商改编和东进安徽战场作战事宜。同日,周恩来、叶剑英致电毛泽东、朱德、彭德怀,说明:"(高敬亭部)出动津浦、平汉战区。该部要暂归李宗仁指挥。"李宗仁时任第五战区司令长官(一个月后兼任安徽省政府主席)。28 日,毛泽东致电周恩来、项英:"(高敬亭部)可沿皖山山脉进至蚌埠、徐州、合肥三点之间作战,但须附电台并加强军政人员。"29 日,周恩来主持中共中央代表团和长江局联席会议,听取傅秋涛汇报湘赣情况,高敬亭汇报鄂豫皖情况,张明河(周骏鸣部一营指导员)汇报鄂豫边情况。[①] 会后,将新四军组建方案,呈报国民政府军事委员会。

1938 年 1 月 8 日,军政部部长何应钦签颁通报,核准新四军"编为四个游击支队,以陈毅、张鼎丞、张云逸、高俊(敬)亭分任司令。所有该军经费、抚遣费、开拔费等,均已规定。并令归陈总司令诚指挥"[②]。

---

① 中共中央文献研究室编:《周恩来年谱(1898—1949)(修订本)》,中央文献出版社 1998 年版,第401—404 页;《抗战初期中共中央长江局》,第 123 页。《百年征程——周骏鸣自传》,第 367 页。

② 中国人民解放军历史资料丛书编审委员会:《南方三年游击战争·综合篇》,解放军出版社 1995年版,第 1456 页。

1月16日,新四军领导人决定将全军整编为8个团队的方案上报中共中央书记处:(1)傅秋涛部编为第一团队,谭余保部及赣南编为第二团队,皖浙赣边编为直属大队,合为第一支队。(2)张鼎丞、邓子恢部编为第三团队,闽西南编为第四团队,合为第二支队。(3)黄道部编为第五团队,叶飞部编为第六团队,合为第三支队。(4)高敬亭部编为第七团队,周骏鸣部编为第八团队,合为第四支队。[①] 此方案由项英致信王明、周恩来、博古并报中央书记处,但未获批准。只保留了"周骏鸣部编为第八团队"及其建制名称。

最终,红二十八军改编为第四支队第七团、第九团、手枪团。鄂豫边红军改编为第四支队第八团队。战斗序列为:司令员高敬亭,参谋长林维先,政治主任萧望东。第七团:团长杨克志,政委曹玉福,参谋长林英坚,政治主任胡继亭。第八团队:团队长周骏鸣,政委林凯,参谋长赵启民,政治主任徐祥亨。第九团:团长顾士多,政委高志荣,参谋长唐少田,政治主任郑重。手枪团:团长詹化雨,政委汪少川。直属队:队长周子昆兼。教导队:教育长冯达飞,政治主任余立金。

二、舍会山谈判和皖浙赣边红军的改编

舍会山在祁门县南端,处安徽祁门、婺源、休宁与江西浮梁4县交界处,山脉东西延伸150余华里,南北宽五六十华里,山高林密。其间散布着数十个村庄,以舍会山村、宋家山村较大。这里中共组织较健全,红军武装保存较多,是皖浙赣边游击区的中心区之一。舍会山南麓是浮梁县的瑶里村。瑶里西南八九十华里是浮梁县城和景德镇。

皖浙赣边区地域广大,在鼎盛时曾包括安徽18个县、浙江10个县和江西15个县。北至安徽郎溪、宣城、贵池,南至江西上饶、弋阳、贵溪,东至浙江孝丰(今安吉)、于潜(今属临安)、寿昌(今属建德),西至鄱阳湖东岸的湖口、都昌、鄱阳(今波阳),面积7万多平方公里,直逼国民政府统治中心地区宁沪杭。

———————

① 中共湖北省委党史资料征集编研委员会、中共武汉市委党史资料征集编研委员会编:《抗战初期中共中央长江局》,湖北人民出版社1991年版,第141—142页。

舍会山谈判开局甚为艰难。因为中共方面在舍会山谈判前，处于极为不利的态势。继 1937 年 2 月 11 日皖浙赣省委及部队遭袭击、省委书记关英不知去向之后，2 月 13 日，下浙皖特委又遭敌袭击，特委书记何英叛变投敌。6 月 2 日，上浙皖特委及所属部队在广德县境内遭突袭，仅 30 余人突围。景德镇中共组织因叛徒出卖而遭破坏。

国民党方面"剿共"态度十分强硬，直到 8 月 29 日颁发的《江西省政府改编红军游击队的训令》，仍称"惟念中央对于西北匪军，准予自新，责令前驱。本兼司令仰体斯旨，对于本省残匪特予以自新之路。凡属诚意来归者，一律不咎既往，准予收编"①。叛变后当了浙赣皖边区主任公署招抚委员的何英，在 8 月 31 日《徽州日报》上刊登《何英招抚旧同志》，号召旧部"向政府投诚"，并且承诺"只要你们坚决过来，绝无问题。你们可在就地向政府投诚可也。希望你们大胆地派出代表过来接头，我负责担保完全责任"②。显然，国民党方面不想与红军进行和平谈判，而是图谋通过"剿"和"抚"的两手，迫使红军投诚。但这个图谋没有达成。

中共中央继 7 月 15 日发布《中国共产党为公布国共合作宣言》之后，8 月 1 日发布了《中共中央关于南方各游击区域工作的指示》，明确指出："在保存与巩固革命武装、保障党的绝对领导的原则下"处理武装问题，"较大的红色部队，可与国民党的附近驻军或地方政权进行谈判，改变番号与编制以取得合法地位，但必须严防对方瓦解与消灭我们的阴谋诡计与包围袭击"。"在取得与国民党驻军停战谈判机会后，即当用大力量，利用时机，进行整顿和训练，并掩护当地群众工作。用一切方法提高部队每个指战员的政治水平及坚定的意识，防止一切收买利诱分化的阴谋"③。这个指示，为南方党的组织和红军提供了工作的指针。

---

① 中国人民解放军历史资料丛书编审委员会：《南方三年游击战争·综合篇》，解放军出版社 1995 年版，第 1421 页。

② 中共安徽省委党史工作委员会编：《安徽现代革命史资料长编》第 3 卷，安徽人民出版社 1995 年版，第 11 页。

③ 中国人民解放军历史资料丛书编审委员会：《南方三年游击战争·综合篇》，解放军出版社 1995 年版，第 403、404 页。

9 月下旬，在赣粤坚持了三年游击战争的项英、陈毅，先后到南昌，与江西省政府秘书长刘体乾等进行了谈判，并于 26 日达成协议。项英经过力争，给中共中央驻南京的代表发去电报。博古接电后，一方面转报延安，一方面回电项英。不久，各游击区的国民党军队全部撤离，一些共产党员和爱国人士也陆续从狱中获释。①

国民党中央通讯社 9 月 29 日对南昌谈判作了报道，全文如下："湘赣边境、浙皖赣边境、赣闽边境等地游击队首领项英，与省当局商洽所部改编手续事毕，于二十九日午返队，将率领所部在中央政府指挥之下效命抗敌。项濒行时，特致书各边境游击队，略谓：'中国在近几年来，由于日军阀积极侵略，使民族危机到最后存亡的关头。我们因民族危机的紧迫，为挽救国家的危亡，为求达中华民族的独立解放，于是取消过去苏维埃运动和暴力夺取土地等政策，以求得全国团结一致共赴国难。余遵照最近党中央的宣言，已正式宣布停止游击战争，放弃过去一切活动，把全部游击队改编为抗日救国的武装，统一于政府指挥之下，效命杀敌。望接告后，立即集中，听候改编，以便追随全国友军和第八路军之后，为挽救国家危亡和民族解放而英勇的战斗。'等语。"中央社的报道所引的项英的话，除"统一于政府指挥之下"应为"统一于国民政府指挥之下"外，均为项英致书包含皖浙赣边区在内的南方各边区红军游击队的内容。② 其后，在国民党方面，江西省政府主席兼保安司令熊式辉、闽浙赣皖边区主任公署主任刘建绪，均相应发表对下属各部的训令或告民众书，发布了西北红军改编为第八路军和朱德、彭德怀分任总、副指挥的消息。

10 月底，国民党方面的代表闽浙赣皖边区主任公署的中校参议兼别动队队长张甫成，到舍会山，与中共皖赣特委委员江天辉进行停战谈判。江天辉的谈判在中共皖赣特委副书记李步新的领导下进行。江天辉提出 4 个条件：（1）准许我方通行无阻，派人联络各地红军人员。（2）停止向我方进攻，撤退根据地周围驻军，解除移民并村封锁，

① 中共江西省委党史研究室：《中共江西地方史》，江西人民出版社 2002 年版，第 456 页。
② 中国人民解放军历史资料丛书编审委员会：《南方三年游击战争·综合篇》，解放军出版社 1995 年版，第 1433、418 页。

恢复群众生产自由。（3）释放一切政治犯。（4）我方可以不打土豪，但要负责供应我方部队的给养。[①]

为了便利谈判，经红军代表提议，由国民党方面从瑶里的江家下到舍会山的梅树坞架设了一条专用电话线。谈判以在舍会山和瑶里见面和通电话两种形式进行，最终达成协议：（1）国民党当局停止向游击队的进攻，撤退在根据地周围的一切驻军。准许游击队派人联络各地红军人员。红军人员过境应通行无阻。（2）国民党当局解除"移民并村"的封锁，恢复群众生产自由，释放一切政治犯。（3）红军游击队停止打土豪，停止对当局的敌对行动。全部给养可以自由购买。[②]

12 月中旬，李步新、江天辉到南昌找项英、陈毅汇报谈判情况，项英已去延安，他们见到了陈毅。19 日夜，陈毅在他们的陪同下，经景德镇、瑶里，到达舍会山，向皖浙赣边红军游击队传达党的指示，宣传党的抗日民族统一战线政策，并指示将皖浙赣边红军游击队改编为江西省抗日义勇军第一支队。尔后，陈毅赴景德镇与当局就支队设办事处有关事宜进行交涉，达成协议，办事处于月底成立，李步新任主任。新四军正式成立后，该办事处改为新四军驻景德镇办事处。12 月下旬，陈毅将从延安派到江西工作的陈时夫、朱辉、李华楷、张振东、刘玉林、袁大鹏等人派往景德镇，参加皖浙赣红军的改编工作。其后，红军游击队 350 多人先后集中到舍会山进行政策学习和军事训练，然后开赴瑶里，准备欢度春节。

1938 年 1 月 13 日，已经发表任新四军第一支队司令员的陈毅，带邱佐桐、戴传前一行，赴瑶里指导训练和改编工作。陈毅代表中共中央东南分局宣布，将皖赣特委改称为皖浙赣特委，李步新任书记。[③] 陈毅在瑶里还召集当地保长、甲长、地主、工商业者及在地方上有声望的人士开会，宣传国共合作抗日。1 月 23 日，中共皖浙赣特委印发《为

---

① 李步新、江天辉、刘毓标等当事人的回忆。《南方三年游击战争·皖浙赣边游击区》，解放军出版社 1994 年版，第 162、187、241 页。

② 中共黄山市委党史研究室编：《中共黄山地方史》，1997 年印本，第 86 页。

③ 刘树发主编：《陈毅年谱》上卷，人民出版社 1995 年版，第 207—214 页。

拥护国民政府及国军坚决抗战驱逐日寇告民众书》。①

2月，皖浙赣红军游击队在瑶里召开抗日誓师大会，启程开往歙县岩寺，被改编为新四军第一支队第二团第三营。②

第二节　日军对安徽的侵略

一、日军侵入安徽和省会安庆陷落

1937年8月13日，日本帝国主义侵略军悍然进攻中国最大的城市上海，淞沪抗战爆发。中日军队激战3个月，日军以死伤4万人的代价，于11月12日占领上海。

安徽与上海仅隔江苏省，所以，淞沪抗战期间，国民政府调集大批军队向安徽一带集结或过境。战争爆发后，又有大量难民拥向安徽。

上海沦陷后，日军调集8个师团、2个旅团及海军一部共20万兵力，分3路会攻国民政府首都南京。其中，以第十军的第六、第十八师团从南路进攻安徽广德、芜湖一线，图谋切断防守南京的中国军队的后路。

最早侵入安徽省境的这两个师团，第六师团师团长谷寿夫中将，下辖两个旅团，一是步兵第十一旅团，旅团长坂井德太郎少将；二是步兵第三十六旅团，旅团长牛岛满少将。第十八师团师团长牛岛贞雄中将，下辖两个旅团，一是步兵第二十三旅团，旅团长上野龟甫少将；二是步兵第三十五旅团，旅团长手塚省三少将。

日军11月30日攻占广德，12月10日占领芜湖，12月11日占领当涂。12月13日，南京沦陷。

南京沦陷后，日军从长江下游溯长江西进武汉，大规模侵入安徽

---

① 中国人民解放军历史资料丛书编审委员会：《南方三年游击战争·皖浙赣边游击区》，解放军出版社1995年版，第90页。

② 中共黄山市委党史研究室编：《中共黄山地方史》，1997年印本，第89页。

省境。

首先,日军大本营为打通华北与华东的陆上交通,切断陇海铁路,歼灭中国军队第五战区李宗仁部主力,决定南北对进,攻占徐州。日军一路以华中方面军上海派遣军第十三师团为前锋,沿津浦铁路北犯,该师团师团长荻洲立兵中将,下辖两个旅团,一是步兵第二十六旅团,旅团长沼田德重少将;一是步兵第一〇三旅团,旅团长山田栴二少将。12月18日,日军占领滁县,21日占领来安,以一股占领全椒。已占领扬州之日军第十一师团(师团长山室中武中将)于22日派出一部占领天长,旋即退出。1938年1月2日占领盱眙,18日占领明光。2月2日起,一路犯凤阳、定远,一路犯临淮关,对蚌埠形成包围之势。第五战区所部奋勇抗击,终因工事尽毁、无险可守,蚌埠、临淮关、凤阳均告失陷,中国军队退守淮河以北。日军2月4日占领怀远,9日占领小蚌埠,此后与中国军队在津浦线南段展开拉锯战,呈胶着状态。5月5日,日军发动全线进攻,9日占领蒙城,18日占领萧县。19日,宿县、徐州陷落。日军占领徐州后,24日占砀山,30日占涡阳,31日占亳县,31日日机轰炸阜阳、颍上。6月3日攻占淮南煤矿,4日占领凤台,5日占领寿县。9日,中国军队在黄河花园口决堤放水,河南省17县一片汪洋,水头冲过陇海铁路泛滥到安徽境内,沿贾鲁河夺淮河而下,140万灾民无家可归。日军约4个师团陷于黄泛区,损失达两个师团以上。尔后,中国军队沿贾鲁河黄泛区与日军对峙,达6年之久。

1938年2月18日,日军大本营命令撤销华中方面军、上海派遣军、第十军建制,编成华中派遣军,最高司令官由松井石根大将换为畑俊六大将。

在4月6日中国军队取得台儿庄大捷后,日军华中派遣军为进行徐州会战,13日令第九师团(师团长吉住良辅中将)在凤阳附近集结,第十三师团在蚌埠、怀远间集结;23日,又令第六师团沿和县、巢县、合肥一线作战。23日当日,第六师团坂井支队自芜湖渡江北犯,24日占和县,26日占含山,30日占巢县。4月27日,国民政府军事委员会通电各战区,详列本月18日至20日日军在芜湖、溧阳、宜兴、繁昌、荻港等地大量施放毒物、毒气及军民受害情况,令各战区注意防范。5

月 13 日,合肥失陷。陈诚 29 日呈电蒋介石,陈述合肥失陷经过:守城之宋世科第一九九师出现叛军,一触即溃,第二军团军团长徐源泉、师长徐继武害怕牺牲,仓促逃命,参谋长张思全指挥无方,为合肥失陷之主因。[①]

合肥和巢县的失陷,致日军基本控制了淮南铁路。6 月 1 日,日军华中派遣军令第六师团从合肥附近出动,进攻安庆,并由波田支队协同海军沿江上溯会攻。8 日,舒城失陷。12 日,安庆失陷。13 日和 17 日,日军先后占领桐城、潜山。

安徽省省会安庆的失陷,揭开了武汉保卫战的序幕。此后,中日两国军队在广阔的安徽战场上展开了长达 7 年多的激战,许多县城、村镇及交通要点失而复得,得而复失,几易其手,战况至为惨烈。

二、日军在安徽的暴行

日军在安徽的暴行,罄竹难书。

（一）狂轰滥炸,残害平民

首先是轰炸广德机场和广德县城。广德机场始建于 1932 年,1934 年重建。淞沪抗战爆发后,中国空军第二轰炸大队进驻,这里成为中国空军出击轰炸上海吴淞口、杭州湾等地日军和日舰的基地之一。8 月 14 日,日机数架袭击广德机场未遂,10 月 6 日轰炸了广德县城。在南京保卫战期间,日军首先将凶焰烧向广德,11 月 26 日至 30 日,日机数十架轮番轰炸机场、县城和誓节渡等集镇,县城房舍被摧毁殆尽,炸死炸伤平民 200 余人。[②] 此后,日军飞机空袭安徽,几无虚日。

从 12 月 5 日起,日机 60 余架次连续 3 天轰炸芜湖,投掷燃烧弹、穿甲弹,从湾里机场到车站、码头和商业中心的十里长街、国货路、吉和街、陡门巷等主要街道,大部分被炸成废墟,大火延烧 20 多天,此为古老江城的空前浩劫。停泊在英商怡和洋行趸船外舷的"德和号"客

---

① 《陈诚转报合肥作战情形及失陷经过代电》(1938 年 5 月 29 日),中国第二历史档案馆编:《中华民国史档案资料汇编》第 5 辑第 2 编军事(2),江苏古籍出版社 1994 年版,第 619 页。

② 广德县地方志编纂委员会编:《广德县志》,方志出版社 1996 年版,第 19、468、477、482 页。

轮被炸下沉,船中6000多人妇孺占大多数,死伤不可计数。[1]

1938年3月27日,日机5架轰炸合肥,死伤平民300余人,炸毁房屋千余间。[2] 在6月12日日军总攻安庆时,先用飞机和军舰轰炸、炮击沿江军事目标及民房,沿江商店和住房一半以上被毁。[3]

日军侵占安庆后,以安徽省政府迁居地立煌县(今金寨县)为重要轰炸目标。6月15日至11月2日,先后12次疯狂轰炸流波䃥,扫射居民,投掷炸弹和燃烧弹,炸死500多人。[4]

日军对未能侵入的徽州地区也未放过,12月3日,7架日机轰炸古城歙县,以机枪扫射半小时始去,毁房42间,死伤56人。[5]

据安徽省政府1944年编纂的《安徽概览》记载:"抗战初起,敌寇原拟恃优势之空军,将我空军一鼓聚歼,获得绝对制空权,短期内即可使我屈服。故对我各地空军场站,如本省广德、芜湖、安庆、蚌埠、合肥等地不断轰炸。其他水陆交通要地,亦时遭敌机袭击。自武汉退守后,敌因实力损失过半,无力进犯,始以空军滥炸我后方城市,欲使社会秩序紊乱,抗日信心动摇,以遂其侵华目的。故本省各地,莫不惨受其祸。综合言之,敌机过去轰炸范围为重要都市及主要交通线,今则延为面的轰炸,其范围遍及各小城市及乡镇。过去轰炸目标属于军事地点,今则为文化、商业区。过去轰炸以破坏为手段,今则以烧杀为手段,由此足见敌寇阴谋毒计之一般。"

各年度损害情形如下:1937年8月至12月,日机在安徽各地共投弹1973枚,我方死伤816人,损毁房屋17386间。1938年日机在安徽各地共投弹9017枚,我方死伤8093人,损毁房屋89056间。1939年日机在安徽各地共投弹2281枚,我方死伤2026人,损毁房屋6588间。1940年日机在安徽各地共投弹2420枚,我方死伤1387人,损毁房屋6896间。1941年日机在安徽各地共投弹1939枚,我方死伤

---

① 中共安徽省委党史研究室编:《日本军国主义祸皖罪行辑录》,2005年印本,第99页。
② 中共安徽省委党史研究室编:《安徽省抗战时期人口伤亡和财产损失·省级综合卷》,中共党史出版社2010年版,第5页。
③ 中共安徽省委党史研究室编:《日本军国主义祸皖罪行辑录》,2005年印本,第149页。
④ 中共金寨县委党史办公室编:《金寨县革命史》,安徽人民出版社1991年版,第256页。
⑤ 安徽省档案馆、蚌埠市档案馆编:《日本侵华在安徽的罪行》,1985年印本,第65页。

1713 人,损毁房屋 4974 间。1942 年日机在安徽各地共投弹 388 枚,我方死伤 173 人,损毁房屋 1920 间。1943 年日机在安徽各地共投弹 761 枚,我方死伤 204 人,损毁房屋 1531 间。总计 6 年零 6 个月,日机在本省各地共投弹 18779 枚,我方死伤 14412 人,损房屋 128351 间,平均每百枚炸弹死伤 56 人,毁房屋 683 间。其财产损失,不可计数。①

另一项统计,各年度被日机轰炸的地区为:1937 年度:怀宁、芜湖、广德、宣城。1938 年度:桐城、怀宁、六安、合肥、立煌。1939 年度:桐城、至德、青阳、宣城、亳县、东流、无为、广德、南陵、铜陵、太湖、宿松、贵池、怀宁、潜山、望江、立煌、泾县、太平、宁国、全椒、来安、繁昌、定远、六安、舒城、天长、郎溪、临泉、凤台、怀远、合肥、阜阳、歙县、黟县等 35 县。1940 年度:无为、宿松、太湖、潜山、青阳、望江、太和、东流、贵池、怀宁、至德、桐城、宣城、南陵、涡阳、休宁、泾县、广德、太平、绩溪、石埭、歙县、宁国、临泉、霍山、六安、霍邱、郎溪、铜陵、合肥、繁昌等 31 县。1941 年度:怀远、亳县、太和、阜阳、颍上、寿县、全椒、立煌、霍山、桐城、庐江、歙县、贵池、宿松、潜山、休宁等 16 县。1942 年度:立煌、全椒、广德、南陵、含山、巢县、合肥、宁国、宣城、歙县、绩溪、阜阳等 12 县。1943 年度:宁国、宣城、怀远、涡阳、亳县、青阳、太平、歙县、合肥、寿县、六安、桐城等 12 县。②

(二)血腥屠杀,残害妇女,烧毁房屋财产

日军侵入安徽,自广德始。日军嗜杀成性,广德一县被炸死、烧死、杀死的平民,就达 2.4 万人。距县城 30 华里以内的村庄,大多变成废墟。日军驻广德期间,经常派出小股部队四处杀人。1937 年 12 月上旬,日军"扫荡"邱村、彭村,在邱村的前路村,五六十个群众躲在一条大沟内,日军用机枪扫射,打死 47 人;在彭村的西米桥,七八十个群众被日军围在小树林内,日军用机枪扫射,将群众全部杀死,其中张友龄的妻子身怀有孕,背着一小孩凫水逃命,泅至河中,被日军开枪打

① 安徽省政府编:《安徽概览》,安徽企业公司印刷厂 1944 年印,安徽省档案馆 1986 年重印,第 318—320 页。
② 参见中共安徽省党史研究室编:《安徽省抗战时期人口伤亡和财产损失·省级综合卷》,中共党史出版社 2010 年版,第 17 页。

死。在城郊山关岭，周美生一家老小 9 口被日军关在屋里活活烧死，其中 13 岁的男孩周春生从烈火中翻窗逃出，被日军拎起双腿，重又投入火中烧死。在誓节乡红应村，日军惨无人道地将 5 名老妪衣服剥光，强令在地下爬行，然后举枪瞄准肛门射击，5 位老人当场殒命。日本士兵还常常用刺刀捅进幼儿的肛门或腹部，高高举起，悬空摇晃，看着小孩惨叫挣扎而死，日军在一旁围观，捧腹狂笑。①

日军在安徽制造了许多骇人听闻的惨案，对安徽人民犯下了滔天罪行。

盱眙县城大屠杀。1938 年 1 月 2 日，日军占领县城，从 8 日到 12 日在城内大肆奸淫烧杀，屠杀居民和外地逃难来的近 2000 人，其中 100 多户全家被杀绝。10 日，日军四处纵火，县城变成一片火海，烧毁房屋 8000 多间。②

凤阳县城大屠杀。1938 年 2 月 1 日，日军占领凤阳府城，5 日在府城实行"杀光、抢光、烧光"的三光政策，残杀群众 5000 余人，烧毁房屋 4000 余间。③ 年轻力壮的男子，全部被杀。青年妇女为避免被辱，多半投井或跳河沟自杀。城内有一口 10 多丈深的井，平时能供城内大半人口的吃用水，被妇女的尸体填满了。没死的妇女，均遭日本兵强奸。日军强奸妇女有的在大街上公然行之，还强迫其丈夫或家人跪在一边观看。妇女被强奸后也多半被杀害或者自杀。④

凤阳县山马家惨案。1938 年 2 月 4 日（农历正月初五），300 多个日军闯进该村，一进村就把一个趴在墙头上向外张望的 10 多岁小男孩一枪打死，然后挨门逐户搜索，将青壮年全用铁丝穿过手心，连成一串，拉到村东涧沟里，用机枪扫射。不能走的老人和孩子，都被当场打死。妇女全被强奸。村民马洪章较胖，两个日本兵架着他的胳膊，另一个日本兵用刀一块一块割他身上的肉，直到血流尽惨死。有一户人家几个月大的婴儿被日军搜出后摔死在地上，老奶奶被打死，媳妇遭

---

① 广德县地方志编纂委员会编：《广德县志》，方志出版社 1996 年版，第 488、489 页。
② 盱眙县县志编纂委员会编：《盱眙县志》，江苏科学技术出版社 1993 年版，第 18、600、601 页。
③ 凤阳县地方志编纂委员会编：《凤阳县志》，方志出版社 1999 年版，第 21 页。
④ 中共安徽省委党史研究室编：《日本军国主义祸皖罪行辑录》，2005 年印本，第 136 页。

到轮奸,后被开肠剖肚。日军在该村住了3天,将这个原本宁静和平的小山村,变成了人间地狱,临走时将村庄烧成一片焦土。这次惨案共有350多平民被日军残杀,16户被杀绝。①

怀远县黄柏郢惨案。1938年2月14日,怀远县农民自发性武装组织红枪会拔除了日军新城口据点,击毙日军多人。红枪会在黄柏郢村祝捷。18日清晨,驻蚌埠的日军一队冲进该村,见人就杀,共残杀190多人,伤40多人。当天下午,日军再次进村屠杀,将幸存的100余人全部杀死。②

凤阳县圩山洼惨案。日军占领凤阳城后,向刘府、武店一带侵袭。小股日寇在进犯刘府时遭到红枪会会众的阻击,遂蓄意对这一地区实行报复性"扫荡"。圩山,位于凤阳城西南约15华里处,北临凤淮路。为免遭日军毒手,凤阳城里的居民和圩山附近群众300余人,白天到圩山洼躲避,天黑后视情况决定是否回家。1938年2月27日上午,日军步兵百余人、骑兵10余人西行至庙山铺时发现圩山里有逃难的群众,随即进行包围,肆行屠杀,近的用刺刀挑,远的用枪打。12岁的靳维良被刺了9刀惨死。有的村民头颅被割下。有一位妇女被杀后,她的两个月大的婴儿尚在她怀中吸奶。此次惨案共被杀300多人,圩山洼里尸横遍野,血流成河。③

砀山县周寨惨案。1938年5月16日晚间,日军第十六师团(师团长中岛今朝吾中将)一部,押着沿途抓来的160多名无辜百姓,闯进周寨,逐户搜查抓人,全村200多大人小孩被抓。17日清早,日军把360多人分别带到寨南、寨北和寨东北等处,全部用刺刀穿、马刀砍杀死中国百姓,其状惨不忍睹,全寨有18户被杀绝。日军纵火焚烧民房,全寨1800多间民房被烧毁1600多间。④

嘉山县香炉蒋、天门陈、高郢惨案。1938年5月17日,一支游击

---

① 中共安徽省委党史研究室编:《日本军国主义祸皖罪行辑录》,2005年印本,第136页;凤阳县地方志编纂委员会编:《凤阳县志》,方志出版社1999年版,第565页。

② 中共安徽省委党史研究室编:《日本军国主义祸皖罪行辑录》,2005年印本,第75~79页。

③ 中共安徽省委党史研究室编:《日本军国主义祸皖罪行辑录》,2005年印本,第137页。

④ 砀山县地方志编纂委员会编:《砀山县志》,方志出版社1996年版,第368、369页。

队袭击了守护津浦线上明光与石门山之间铁路桥的日军,然后经高郢、天门陈、香炉蒋、杭郢一带撤走。日军认为袭击与这一带村民有关。18 日,日伪军 60 余人从明光出发,先闯进香炉蒋村(现属凤阳县),堵上寨门,挨户捉人,将 60 多村民和外地路过的人赶到一片空地上,用机枪扫射,再用刺刀戳,又放狼犬到尸体堆里嗅咬,共残杀 56 人。中午,日伪军闯进天门陈村,用同样的残暴方法屠杀 30 人,全村百余间房屋被烧光。高郢村村民闻讯外逃,但该村伪维持会头子邓宝仁阻止说:"没有关系,我来维持,人跑了反而坏事。"许多人听了他的话就未走,他的侄儿已经出了村又被他叫了回去。下午 2 时,日军包围高郢,逢人就捉,连欢迎日军的邓宝仁及其家人也被捉。日军将他们驱赶到村西南打谷场上,先用机枪扫射,后对倒下的人无论死活都补上一刀,再放火焚尸。高郢村 51 人和路过的盐贩子二三十人,全被残杀。[①]

宿县渠沟惨案。1938 年 5 月中旬,日军曾窜扰渠沟,杀人放火,村民纷纷逃离,进山躲避。下旬,麦子熟了无人收,日军哄骗联保主任房百楼和保长周学信,让他们动员村民回来收麦,并且保证不侵害村民。待村民回来收完麦后,日军第九师团(师团长吉住良辅中将)一部,冲进渠沟,搜捕了全部村民,强迫他们 5 人一排跪下,用刺刀从背后反复猛刺,直到刺死。日军连小孩也不放过,将小学生程玉坤和赵圣田活活勒死。房百楼和周学信及其家人也被杀害。七旬老人赵加恒奋起反抗,抓起一块半截砖将一名日本兵砸得脑浆迸裂而死,老人旋即被残杀。日军轮奸了 3 个青年妇女,然后将她们杀害,用刺刀剖开肚子,肠子流了一地。63 岁的萧氏被轮奸后,被刺刀戳死。有 4 个日本兵闯进村民楚金山家抢掠,欲侮辱楚妻,楚奋起反抗,被残杀,楚妻被轮奸后惨遭杀害。全村被杀害 264 人,32 户被杀绝,全村 700 间房屋被烧,粮食和家禽家畜被抢光。[②]

萧县牛眠村惨案。与渠沟惨案发生同时,更加血腥的屠杀发生在

---

① 中共安徽省委党史研究室编:《日本军国主义祸皖罪行辑录》,2005 年印本,第 147 页。
② 中共安徽省委党史研究室编:《日本军国主义祸皖罪行辑录》,2005 年印本,第 242、243 页。

90 华里外的牛眠村。日军在这里残杀了回家收麦子的 197 名村民，同时残杀了从萧县县城和附近的大冯庄、吴庄、菜园、张庄等 42 个村庄逃难到牛眠村的平民 1583 人。日军进村后，强迫村民挖了 6 个大坑，然后用刺刀轮番杀人，推进坑里。日军还在村东和村西活埋了 220 多人。日军将 400 多人关在几间草房里，先用刺刀把他们一个一个戳死，再浇上汽油焚烧。日本兵变着花样杀人，村民王其时的儿子王运转和张庄和的幼子被打倒在地，日军用一只脚踏着他们的一条腿，两只手抓着另一条腿，把两个孩子活活撕成两半。日军把村民王恒太和妻子珠氏摞在一起，从上面一刀戳死。日军强迫郑振升等 3 位老人搓绳，然后用绳把他们绑缚在一起，一刀刺死。近 200 名妇女被强奸。粮食和家畜家禽被抢光。①

巢县温家套惨案。温家套由河口村、温村和孙村 3 个相邻的村落构成，面临碧波万顷的巢湖，背靠岗峦绵延的青台山，是个富饶的鱼米之乡。1938 年 9 月 24 日，看押修淮南铁路民工的日军班长野村郎，窜到孙村，欲强奸吴邦金之妻孙氏，被愤怒的村民打死，沉尸巢湖。汉奸伪维持会会长朱维民向驻龟山的日军队长小桥告密。日军强迫修铁路的 12 名民工下湖捞尸，捞到后将这 12 人集体枪杀。温家套 3 村村民全部外逃。日军指使汉奸朱维民哄骗村民回家，说："只要赔偿 400 担米钱，就可以买安。不再杀你们了。"村民们求亲告友，交足了这笔钱，陆续回家。不料，10 月 7 日（农历八月十四日，中秋节前一天）凌晨，小桥带领 100 多名日伪军，携小钢炮、轻机枪、重机枪，一部分伪军乘汽艇，包围了温家套，见人就杀，逢屋就烧。孙村陈士宏的妻女被日军挖掉双乳，抛尸巢湖。村民孙善武的奶奶已是七旬老人，日本兵用枪尖挑着她，倒着头放在火上烧，身体被烧得蜷缩成一团。日军发现有人藏在砻坊的楼上，就放火烧，向屋内扔手榴弹，逃出来的人，出来一个杀一个，80 多人无一幸免。砻坊后院地洞里藏着 37 个人，一个孩子的哭声被日军听到，日军把一大桶汽油倒进地洞，然后引燃，37 人全部罹难。没有杀完的群众被赶到大院里，用机枪扫射，然后放火焚

---

① 中共安徽省委党史研究室编：《日本军国主义祸皖罪行辑录》，2005 年印本，第 244、245 页。

尸。屠杀从凌晨持续到下午,村民被残杀 316 人,房屋被烧毁 900 多间,停泊在巢湖上的 18 条大民船被日军烧毁。劫后,温家套成了无人区。此后每年的这一天,幸存在外的温家套人都要举行"超度苦人会"。直到 1945 年日本投降后,才陆续有人返乡。①

泗县双沟惨案。1940 年 9 月 16 日(中秋节)下午,日军第十三旅团一部 300 余人、伪军 100 余人,分乘 50 多艘钢板划子和汽艇,从盱眙沿淮河驶往双沟。抗日民主政权区队 20 多人奋勇狙击,毙伤日伪军 20 多名,击毙一名日军小头目,终因子弹打光撤至施马主。日伪军冲进双沟镇,分散为三五人或七八人一组,或以疯狂杀人取乐,或凌辱妇女。开浴池的刘四夫妇被杀后肠子淌出。任大汉的母亲被杀害,5 岁的孩子抱着母亲遗体痛哭,被日本兵撕成两半。街上被杀平民超过200 人,20 多名妇女被强奸,连圣母庵的小尼姑也未能幸免。日军拦截和驱赶到街北乱坟岗空地的三四百名平民,被押至石魁巷朱家贵等3 家的 9 间屋内,天黑后,日军在房顶泼上汽油燃烧,然后用机枪从大门和窗口扫射,往屋里扔手榴弹,进行灭绝人性的大屠杀。同时在镇中到处放火。这次惨案中,600 多人被杀害,其中 21 户被杀绝,3800余间房屋被烧毁。昔日繁华市镇,成了一片废墟。在大屠杀中,仅两人幸存,吕毛人藏在尸体堆下面,挨了 4 刺刀,日军走后才爬出来。11岁的丁长富躲在墙框内,被日军发现后用刺刀刺中右胸和肩膀,昏死过去,日军走后才苏醒逃生。②

类似以上的惨案,在全省各地都有发生。

在安徽主要城市中,日军烧杀奸淫同样惨无人道。

在安庆。日军 1938 年 6 月 12 日进城之时就滥杀无辜市民行人200 余人,大街小巷,死尸累累。强奸妇女的恶行,无日无之。为制造恐怖气氛,日本宪兵穿着便衣,在汉奸带领下在城乡滥捕滥杀"中国兵",只要他们认为像"中国兵"的青壮年,就将其抓走,施以电刑、鞭抽、狗咬、灌冷水、上夹棍、坐老虎凳、火烙铁、穿手心,夜间押上汽车,

① 中共安徽省委党史研究室编:《日本军国主义祸皖罪行辑录》,2005 年印本,第 123—129 页。
② 中共安徽省委党史工作委员会编:《侵华日军在皖罪行录》,安徽人民出版社 1995 年版,第 10—13 页。

开到东郊集体枪杀,或者用汽艇开到长江江中心,交给新兵当活靶子,用刺刀戳死,然后推入江中,让尸体随江水漂去。宪兵队头子在工作调动时,不愿把被关押人员留给继任,全部杀害了事,名曰"清号子"。日本投降后,在宪兵队队部发现的被害人"良民证"就装满了两箩筐,没有"良民证"的被害人更是无计其数。安庆市民视宪兵队所在的吴越街为虎口魔窟,都不敢走那条路。①

在合肥。日军 1938 年 5 月 14 日占领该城时,在 12 架飞机掩护下,从德胜门、小南门入城。居民向西、北方向奔逃。日军尾追其后,对手无寸铁的平民开枪射击,街道小巷内横尸遍地。北门外石桥桥面狭窄,市民蜂拥上桥,夺路而逃,日军用机枪扫射,桥上桥下填满尸体,河水为之断流。16 日,日军挨家挨户搜捕中国士兵,青壮年男性只要是剃光头或平顶头的,或穿灰、绿、蓝色衣服的,都被抓到苗圃、卫衙大关等地集体屠杀,有 5000 人惨遭杀害。合肥日军警备司令古性与三郎,公开宣称自己有杀人瘾,一天不杀人就感到难受。有一次,他下令将掳来的 200 多名难民,用铁丝穿手心、锁骨,押到南门外,指挥日本兵先用刺刀戳小腿,然后割颈椎。许多人因为喉管未断,不会很快死去,呼号惨叫,惨不忍闻。在占领合肥期间,日军经常在夜间突击检查户口,凡认为是形迹可疑者,就抓进宪兵队,被抓进去的人几乎没有生还的希望。合肥沦陷后,没有外逃的妇女绝大多数是老、幼、病、弱和庵里的尼姑。日军强奸妇女的兽行令人发指,在龚湾巷东侧黄锡侯家,一位 60 多岁的老太婆卧病在床,被日军轮奸致死。大西门内莲花庵一位老尼和城隍庙之侧水净庵的一位十一二岁的小尼姑妙静,遭日本兵强奸后,羞愤投水自尽。日军还经常三五成群,持枪到城郊农村奸淫妇女。

在蚌埠。日军 1938 年 2 月 2 日占领该城后,烧杀抢掠淫,无恶不作。继 2 月 18 日制造黄柏郢惨案后,6 月 2 日(端午节)又在城西郑郢村制造惨案,残杀平民 20 人,烧死 1 人,烧毁房屋 500 间。②

① 中共安徽省委党史研究室编:《日本军国主义祸皖罪行辑录》,2005 年印本,第 150 页。
② 中共蚌埠市委党史研究室编著:《中国共产党蚌埠地方史》,安徽大学出版社 2007 年版,第 94—95 页。

在芜湖。日军1937年12月10日占领芜湖后,首先占据赭山顶上的芜湖中学,在那里设立日军司令部,并在全市占领高楼据点,构筑工事,其后又在铁路、江边码头等处构筑坚固工事,置江城人民于罪恶的枪口之下。日军见市民稍有不满举动,即行枪杀;见有驶往长江对岸的民船,就用机枪扫射。仅在1938年一年,市区万字会统计被日军残杀的同胞留下的遗体,即有997具。日军进城不久就建立了"皇军慰安所",抓去许多妇女供日本兵糟蹋。①

外国记者哈罗德·约翰·廷珀利(Harold John Timperley)在1938年出版的《侵华日军暴行录》(*Japanese Terror in China*)中,记录了日军在芜湖的残暴行径。廷珀利是澳大利亚人,先后任路透社、美联社和《曼彻斯特卫报》驻华记者,他写道:"芜湖是长江流域一个相当繁华的商埠,距南京58英里,距上海263英里,约有人口14万。"接着,他公布了一位在芜湖的外国传教士1937年12月30日写给他的信:"日本兵对尚未撤退的少数中国士兵,极力进行摧残。对于不能满足日军苛刻要求的平民,也同样如此。任何试图驶往对岸的民船或舢板,都遭到了机关枪的扫射。某条船有3人因此负伤,其中一人竟然中了10颗子弹。幸亏该船漂荡到了医院前的岸边,伤者才得以入院治疗。""(日军)占领芜湖后的最初一周里,暴徒们滥杀无辜,恣意抢劫,其酷烈程度远远超过我在华二十年里所经历过的任何事变。"这位正直善良的传教士,在12月30日的信中写道:"芜湖没有发生过激烈的战斗,所以情况尚不似其他多处那样严重。日本士兵似乎特别注意搜索和强奸妇女。因此在一段时间内,保护妇女就成了我们的主要活动之一。"

(三)实施化学战和制贩毒品

化学武器是国际公法明文禁止使用的战争手段。侵华日军根本无视国际公法,在中国19个省区使用了芥子气、路易氏气、光气、氢氰酸、二苯氰胂、苯氯乙酮、氰溴甲苯等化学毒剂。日军驻安徽的"登部队"配备了大量的化学武器。有案可稽的日军在安徽境内施行化学

---

① [英]田伯烈:《外人目睹中之日军暴行》,江西人民出版社1987年版,第161页。

战,达 78 次之多。日军发射毒气弹、中红筒、毒气筒和催泪性、窒息性、喷嚏性的毒气,致使中国军队官兵 1881 人中毒,有的当即死亡。1939 年 5 月 6 日和 7 月 14 日、1941 年 1 月 1 日,日军步兵和空军分别在当涂县博望、无为县、潜山县向平民施用化学武器,致多人中毒。①

引诱中国人吸毒,是日本帝国主义旨在摧残中国人的身体、泯灭中国人抵抗意志的罪恶手段。同时,日本军方还从中攫取了巨大的财富。随着日军对华东部分地区的占领,由日本人操控的贩毒网络,很快布满了华东地区,共设 200 多家制毒、售毒点,每月赚取两三百万日元。在这一恶毒策略施行后,中国人吸毒人数急剧增长,仅江淮之间,就由战前的 5 万人猛增到 40 万人。在安徽的贩毒、制毒网络,主要由"登部队"及后来的中国派遣军第四课(统制课)控制。

"登部队"仅在上海沪西和南市两区,就直接控制土膏行 30 多家,向安徽等地发售土膏。该部还向安徽大量倾销红丸,由驻芜湖的日军直接发售,并在马鞍山、繁昌、当涂等地设代销点,各乡镇还有支店。由于这是日军经营的,各支店均不敢拖欠毒款。

第四课则是通过汪伪政权,采取专卖政策,通过盛宣怀之侄盛文颐在上海开设宏济善堂药店,统筹贩运鸦片业务。该堂下设土行,分布各省;土行之下设零售商店和戒吸所(实际上是"倡吸所")。第四课每半年收烟税上千万元。宏济善堂在蚌埠和芜湖都设有分堂。

设在伪省会蚌埠的分堂,由伪省长倪道烺和日本军官小仓克己合作操控,一切产销运及利益分配都由小仓决定。蚌埠的分堂从 1939 年 8 月成立到 1943 年年底解散,共经销鸦片约 1000 万两,获利大部分被日军拿走。为了怂恿中国人吸毒,"戒吸所"以嫖带烟,用烟妓招引人上钩,蚌埠时有"四姐妹戒吸所"、"一乐戒吸所"、"得意戒吸所",等等,它们由日军控制,没人敢惹。

设在芜湖的分堂,还有种植毒品的任务。他们从日本人的"兴亚院"运来罂粟种子,在沿长江和皖南一带的和县、当涂、繁昌、含山等县

---

① 参见中共安徽省党史研究室编:《安徽省抗战时期人口伤亡和财产损失·省级综合卷》,中共党史出版社 2010 年版,第 8、9 页。

及一些拉锯作战的地区,强迫农民种植。每年七八月收获季节,日伪军都要派出大批人员下乡收购,集中到芜湖分拣,运往上海总堂。加工成的鸦片称为"皖土",外运倾销。上述几县每年收购量约 7000 余担。①

三、日军在安徽的占领

日军在安徽的占领,皆以血腥的战争手段达成。

日军没有占领安徽全境。在沦陷区,日军只占领了一些县的县城和重要集镇,但在广大的农村,仍然是国共两党军队的游击区。在许多地方,日军不敢轻易出据点,对乡村的抢掠,通过"扫荡"和汉奸的协助方得施行。

抗战开始时,安徽辖 62 县。安徽省政府秘书处 1945 年 8 月编制的《安徽省战时损失概况》,将所属县分为 6 类,其中,"全部沦陷县"应作"县城和大部分主要集镇沦陷县",余类推。

(1)县城和大部分主要集镇沦陷县:宿县、泗县、灵璧、五河、滁县、定远、芜湖、广德、当涂、郎溪、盱眙、凤阳、天长、来安、嘉山 15 县。

(2)县城和部分主要集镇沦陷县:无为、全椒、和县、巢县、含山、宣城、东流、铜陵 8 县。

(3)半沦陷县:桐城、怀宁、望江、合肥、寿县、亳县、怀远、南陵、繁昌、贵池、至德、青阳 12 县。

(4)小部沦陷县:庐江、宿松、涡阳、蒙城、凤台 5 县。

(5)曾遭日军窜扰但完整县:太湖、潜山、六安、霍邱、立煌、舒城、霍山、岳西、阜阳、临泉、太和、颍上、泾县 13 县。

(6)未遭日军窜扰而完整县:宁国、休宁、歙县、祁门、黟县、绩溪、旌德、太平、石埭 9 县。②

日本帝国主义发动的侵华战争,严重破坏了中国正常的社会发展和人民生活,给安徽人民造成了深重的灾难。安徽人口,据 1936 年国

---

① 中共安徽省委党史工作委员会编:《侵华日军在皖罪行录》,安徽人民出版社 1995 年版,第 201—203 页。

② 参见中共安徽省党史研究室编:《安徽省抗战时期人口伤亡和财产损失·省级综合卷》,中共党史出版社 2010 年版,第 4 页。

民政府内政部统计处《全国选举区户口统计》为 23265368 人①，1939年为 22390554 人，1943 年为 21978667 人，1944 年为 14442457 人，比战前减少 8822911 人。②

第三节　国民党军在安徽正面战场的抗战

一、战前准备

安徽是国民政府首都南京之西的首道屏障，地当连接华北与华中的津浦铁路的南端，正面战场抗战之艰苦和激烈，势在必然。

安徽正面战场抗日，是上海淞沪抗战、南京保卫战、徐州会战、武汉保卫战的重要组成部分。

早在 1932 年"一·二八"淞沪抗战爆发时，日军在上海的猖狂进攻，就已经严重地威胁到了首都南京的安全。因此，国民政府军政部在 1936 年将全国划分为 60 个师管区时，就先从苏、浙、皖、赣、豫、鄂 6 省做起，在安徽境内设安（庆）庐（州）、芜（湖）徽（州）2 个师管区，另有徐海、淮阳、淮泗、豫东 4 个师管区与安徽相关者或相邻。

国民政府的军事备战，包含了订颁兵役法令、壮丁训练管理、对高中和专科以上的学生实行军事训练、整建三军、储备弹药粮秣被服等方面。在划分全国 11 个大国防区域、9 个防空区时，江浙皖（含上海）俱为一区。③ 特别是空军建设，尤以安徽为重点，至七七事变爆发时，中国空军共有 9 个大队，含 3 个轰炸大队、1 个攻击大队、3 个驱逐大队、2 个侦察大队。第二大队为 3 个轰炸大队之一，驻广德。第九大队

①　参见中共安徽省党史研究室编：《安徽省抗战时期人口伤亡和财产损失·省级综合卷》，中共党史出版社 2010 年版，第 4 页。以上统计皆为抗战时期安徽的行政区划，未及此前此后变更的婺源、萧县、砀山等县。

②　安徽省地方志编纂委员会编：《安徽省志·人口志》，安徽人民出版社 1995 年版，第 23 页。

③　蒋纬国总编著：《国民革命战史》，第 3 部第 2 卷，台湾黎明文化事业股份有限公司 1979 年版，第 119—128 页。

为唯一的攻击大队,驻蚌埠。① 第二大队在淞沪抗战中曾重创日军,因此,日军侵入安徽,首攻广德乃属必然。

抗战初期,在皖南、苏浙皖边驻守的是国民党军川军第二十三集团军,总司令刘湘,副总司令唐式遵,下辖第二十一军,军长唐式遵兼,副军长范绍曾;第二十三军,军长潘文华。第七战区成立后,司令长官刘湘,后陈诚任副司令长官。在长江以北津浦铁路南段驻守的是桂军第十一集团军,总司令李品仙,下辖第三十一军,军长刘士毅,副军长覃连芳。第二十一集团军,总司令廖磊,下辖第七军,军长周祖晃;第四十八军,军长韦云淞。川军第二十军,军长由第二十七集团军总司令杨森兼。第十军,军长由第二十六集团军总司令徐源泉兼。东北军第五十一军,军长于学忠。江南各部归第三战区(司令长官部设屯溪)和第七战区(司令长官部设武汉)指挥。江北各部归第五战区(司令长官蒋介石兼,9 月 19 日由李宗仁任)指挥。随着战事推演,其间序列和驻地多有变更。

南京保卫战开始后,日军以第六师团、第十八师团进占广德、芜湖,断中国军队的后路。

中国军队统帅部赋予第三战区、第七战区和首都卫戍军的任务是:"(1)第七战区除固守现地(广德、芜湖地区)外,其左翼须以有力部队留置于安吉、孝丰山地,相机攻击敌侧背,迟滞其前进。(2)第三战区依前令开始转进以后,须以有力部队分别留置于龙潭以南、广德以北各山地,迟滞敌之前进,掩护主力之行动,并破坏重要交通线。(3)各地区须与首都卫戍军相策应,对敌作战保持动作之自由。其损失过大之部队,应酌令其撤退于宁国、芜湖以西地区,积极整理补充待命。"②

---

① 蒋纬国总编著:《国民革命战史》,第 3 部第 3 卷,台湾黎明文化事业股份有限公司 1979 年版,第879 页。

② 《蒋介石致顾祝同等密电稿》(1937 年 11 月 30 日),中国第二历史档案馆编:《抗日战争正面战场》上册,凤凰出版社 2005 年版,第 472 页;参见郭汝瑰、黄玉章主编:《中国抗日战争正面战场作战记》上册,江苏人民出版社 2002 年版,第 619 页。

二、广德保卫战

日军盯上广德,自淞沪抗战第二日始。

当时,驻广德的中国空军第二大队下辖第九、第十一、第十四共3个中队,装备诺斯罗普—2E 轰炸机 27 架,大队长张廷孟,副大队长孙桐岗。8 月 13 日,淞沪抗战爆发。14 日,第二大队飞临上海吴淞口轰炸日舰,击中日军旗舰"出云号",傍晚返航时,日机数架尾随而至,被我高射炮击落一架,余遁去。其后,第二大队频繁出击杭州湾和上海一带,皆予敌重创。18 日,日军空军机群轰炸广德机场,一日机被我击落,飞行员毙命,4 名机组人员被生擒。因广德机场防空严密,日军 10 月 6 日轰炸了广德县城。① 日军强攻广德,除了阻断南京中国守军退路的战略意图外,进击广德机场之中国空军第二大队,乃其重要的战略目标。

广德守军为川军第二十一军第一四五师,师长饶国华中将。饶国华,四川资阳人,1895 年生,1912 年投笔从戎,以作战勇猛和屡建战功,在十余年间由下士升为排、连、营、团、师长。他为人正派,治军严明,出川前嘱托夫人:"余此去,为国战,义无反顾,自古忠孝难两全,老母年高,烦代奉养。"9 月 1 日,饶率部在四川万县登轮东下,11 月 20 日抵南京下关,即奉令开赴广德驻防。

22 日,饶部进抵广德。此时,日军已逼近广德。饶率部迅即奔赴城东 30 华里处之界牌布防,以确保广德机场的安全。

23 日,日军集重兵分两路进犯泗安、广德。泗安中国守军不支,撤向宁国。

25 日,蒋介石电令:"第七、第三两战区之作战地境如左:遂安、淳安、昌化、广德、蜀山镇之线。"并且强调:"第七战区以一部确保广德、孝丰各据点。"②

同日,日军第十八师团在师团长牛岛贞雄中将的指挥下,进犯广德。饶国华率师部特务连和一旅一营,与日军及伪满军丁藏山部展开

---

① 广德县地方志编纂委员会编:《广德县志》,方志出版社 1996 年版,第 19、481 页。

② 《蒋介石关于变更第三第七战区等战斗序列作战地境密电稿》(1937 年 11 月 25 日),《中华民国史档案资料汇编》第 5 辑第 2 编军事(2),江苏古籍出版社 1991 年版,第 288 页。

遭遇战,经半日苦战,击退了伪军的进攻,饶国华身负轻伤。26 日,日军出动 27 架飞机,对广德前沿阵地、广德县城和广德机场进行狂轰滥炸;出动 4000 步兵在坦克、装甲车的掩护下,大举进犯。27 日,机场失守。饶国华亲临前线督战,率部冲入敌阵,与日军肉搏,腹部中弹仍喊杀不止,一鼓作气夺回机场。28 日,界牌失守。饶部退守祠山岗,动员当地民众用大批石头、树木、门窗、桌椅等物阻断广泗公路。同日,日军在飞机、大炮掩护下,分三路直扑广德,遭到中国守军的坚决抵抗。川军官兵英勇作战,不怕牺牲,抱着炸药包,跃出堑壕,冲上日军坦克车、装甲车和汽车,拉开导火索,与日寇同归于尽。同时,与日军展开白刃格斗。第一四五师伤亡过半。团长刘儒斋违背军令,擅自撤退,致全线溃退,祠山岗失守。30 日下午,日军攻陷广德县城。

30 日,饶国华率余部一营,组织反攻,被日军包围于十字铺。他痛感军人失土,愧对国人,决定自戕殉国。他给刘湘、唐式遵写了遗书:"刘儒斋不听指挥,以致兵败,职唯有不惜一死,以报甫公(刘湘字甫澄)知遇暨川中父老之情","本部扼守广德,掩护友军后撤集中,已达成任务。我官兵均不惜牺牲,为国效力,忠勇可嘉,深以为慰。广德地处要冲,余不忍视陷入敌手,故决与城共存亡,上报国家培养之恩与各级长官爱护之意,今后深望我部官兵奋勇杀敌,驱寇出境,还我国魂,完成我未竟之志,余死无恨矣!"写完遗书,饶国华带领卫兵连奔向机场,下令向机场各仓库的油桶射击,顿时爆炸声不断,火光冲天,仓库顿时变成一片废墟。黄昏时,饶国华来到广德城东门外,嘱卫士铺好军毯,盘腿坐下,怒视敌方,以手枪自戕,时年 42 岁。①

饶国华的遗体由民生公司"民俭"轮运回四川,沿途所经各地,军民均举行公祭。12 月 11 日,国民政府明令褒扬。12 月 12 日,遗体运抵重庆,国民政府为其隆重举行公祭仪式。蒋介石亲撰挽联。国民政府追晋其为陆军上将。

饶国华将军的英风壮节,激励了全军官兵,旋于 12 月 5 日、29 日

———————
① 徐则浩主编:《安徽抗日战争史》,安徽人民出版社 2005 年版,第 88—90 页;广德县地方志编纂委员会编:《广德县志》,方志出版社 1996 年版,第 482 页。

两度克复广德。1938年1月2日，我空军在芜湖江面炸沉日舰两艘。10日，我空军两次轰炸广德机场，第一次炸毁日机10余架，第二次炸毁日军新建的汽油库。13日，第三战区顾祝同部进攻广德日军，宁国及浙江三市岭游击队亦分路围攻，日军外援断绝，仓皇退走，广德遂告收复。20日，刘湘在武汉病逝，弥留之际口述遗嘱，中谓"敌军一日不退出国境，川军则一日誓不生还，以争取抗战之最后胜利，以求达到我中华民族独立自由之目的"。24日，唐式遵等川军将领在皖南前线发表通电，表示："苟一息尚存，倭寇一日未去，拼将热血溅我河山，抗战到底誓不生还！"①

3月12日，毛泽东在延安纪念孙中山逝世13周年及追悼抗敌阵亡将士大会上讲话，他说："8个月中，陆、空两面，都做了英勇的奋战，全国实现了伟大的团结，几百万军队和无数的人民都加入了火线，其中几十万人就在执行他们的神圣任务当中光荣地壮烈地牺牲了。这些人中间，许多是国民党人，许多是共产党人，许多是其他党派及无党无派的人。我们真诚地追悼这些死者，表示永远纪念他们，从郝梦麟、佟麟阁、赵登禹、饶国华……诸将领到每一个战士，无不给了全中国人以崇高伟大的模范。"他号召："在中央政府与蒋委员长领导下，在这回大战中，齐心一致，一定要把亡国奴或亡国奴威胁的锁链摆脱掉。"②

三、津浦路南段阻击战

在淞沪会战激战方殷之时，国民政府军事委员会为提前部署扼守津浦与陇海铁路交会、横跨皖、鲁、苏、豫4省要冲的徐州地区的防务，于1937年10月16日成立第五战区，以李宗仁上将为司令长官，设司令部于徐州。防堵华北日军南下和东战场日军北上，保障对津浦铁路及周边地区的控制，是其主要的战略任务。

第五战区制定的方略为："敌如由津浦南段北攻时，则以新属于本战区之兵团，于浦口、滁县、明光等处，逐次抵抗，求得时间之余裕，最

---

① 李新总编：《中华民国大事记》，第4册，中国文史出版社1997年版，第242页。
② 《毛泽东文集》第2卷，人民出版社1993年版，第113、115页。1983年9月10日，四川省人民政府追认饶国华为革命烈士。

后于临淮关以西淮河之线竭力拒止该敌,俟北方会战成功后,再转移兵力击灭之。"①

津浦路南段阻击战由第五战区副司令长官兼第十一集团军总司令李品仙上将指挥。他 12 月 27 日将集团军总司令部从徐州南移正阳关,部署扬州、天长至和县一线以西的防御和纵深配置。

李品仙对所属各军下达的命令为:(1)于学忠军(第五十一军)位置于淮河北岸,沿淮河北岸构筑防御阵地,拒止敌之北进。并以一部进至南岸防守蚌埠,不得已时再撤回淮河北岸固守。(2)第三十一军(刘士毅部)以一部在刘府附近,主力在凤阳、红心铺附近占领阵地,行攻势防御,对沿铁道线北进之敌实施侧面攻击,将敌切断分割包围而歼灭之。另以一部进出张八岭、明光一带实施游击,迟滞并引诱敌之前进。(3)徐源泉之第十军即由现地速向合肥推进,策应第三十一军之作战。杨森之第二十二军在徐军未到达前,以一部留驻和县、裕溪口等处警戒江防外,主力即移驻安庆,担任长江北岸一带之防守。(4)第二十一集团军(总司令廖磊上将)应即日由九江渡江北返,向合肥集结整理待命。(5)第十一集团军总部于(1938 年)元月 5 日移驻寿县。②

日军占领南京后,立即纠集 4 个师团的兵力,渡江北犯,企图打通津浦铁路,北取滁县、明光、蚌埠、宿县、徐州,与华北日军会合。第十一师团(师团长山室宗武中将)进犯扬州,第十三师团(师团长获洲立兵中将)进攻滁县。18 日陷滁县。

中国军队统帅部,对津浦路南段阻击战高度重视。蒋介石 1 月 11 日在开封召集第一、第五两战区团长以上军官训示时,强调必须"保持津浦铁路"。13 日,蒋又召集第五战区将士训示:"我军战法,应于硬性之外参以柔性,务在交通要线上,配属有力部队,使任正面阻止战斗,同时以军队联合组织训练之民众,施行游击,以牵制破坏敌之后方,前呼后应。敌如攻我正面,则游击队由各方进攻。敌如攻我游击

① 蒋纬国总编著:《国民革命战史》第 3 部第 5 卷,台湾黎明文化事业股份有限公司 1979 年版,第 118 页;《第五战区关于徐州会战的作战方针及指导要领》,中国第二历史档案馆藏。
② 《第五战区第三分区津浦南段战斗详报》(1938 年 7 月 13 日),中国第二历史档案馆藏。

队,则不与决战,以收长期抗战之效。"①

中国军队在津浦路南段进行了英勇顽强的抵抗,利用滁县至嘉山县县城明光镇之间的丘陵山地,与日寇激战,逐层坚守,反复争夺,张八岭、三界一带战况激烈,阵地数易其手,成功地迟滞了日军北进的步伐。日军从占领南京到攻占滁县仅相隔5天,从占领滁县到攻占明光,却用了整整一个月。

李品仙,字鹤龄,广西苍梧人,1892年生,保定军官学校第一期毕业,是桂军重要将领。抗战爆发后率部到东战场抗敌,辅佐李宗仁,立功甚著。他对津浦路南段滞敌作战的战绩和效果是满意的,这从他2月1日在寿县集团军总部所作的一首七律可以看出:"连营百里正阳关,刀戟寒光耀九寰。八桂精英来岭表,两淮豪杰起田间。旌旗远蔽符离野,壁垒横跨大别山。收复神京朝夕事,蝦夷斩罢宝刀还。"②

四、淮河保卫战

日军占领明光后,整合兵力大举北犯,向淮河一线猛攻。为此,国民政府军事委员会向第五战区下达了坚决死守的命令:"对由津浦路南段前进之敌,须固守徐(州)蚌(埠)两要地,非有命令不得撤退。"③于是,淮河保卫战就在两个战场展开,一是淮河一线的固守,一是津浦南段的反攻和袭扰。

(一)淮河阵地的固守

防守淮河一线阵地的是东北军第五十一军,军长由第三集团军副总司令于学忠上将兼任。于学忠,字孝侯,山东蓬莱人,1890年生于辽宁旅顺,自幼随父亲在军中长大,后成为东北军中地位和影响仅次于张学良的重要将领。他忠贞爱国,1936年支持张学良和杨虎城发动西安事变,与中共建立了良好的关系。1937年1月张学良失去自

---

① 蒋纬国总编著:《国民革命战史》第3部第5卷,台湾黎明文化事业股份有限公司1979年版,第121页。

② 《李品仙回忆录》,台湾"中外图书出版社"1975年版,第141页。

③ 蒋纬国总编著:《国民革命战史》第3部第5卷,台湾黎明文化事业股份有限公司1979年版,第121、122页。

由，杨虎城、于学忠二人被国民政府撤职留任。抗日战争爆发后，于学忠率五十一军驻防青岛，2 月 2 日奉命防守淮河。此时，在由东北军改编的各军中，均有健全的中共组织秘密存在，直接受中共河南省委书记朱理治领导。① 中共第五十一军工委书记为项乃光，共有秘密党员110 余人。其中，解方、贾陶等人还担任着连、营、团、旅一级的官职，深受于学忠的信赖和倚重。②

2 月 2 日，蚌埠沦陷。是日，李宗仁令于学忠部急趋淮河一线防堵。2 月 4 日，怀远沦陷。是日，五十一军进入指定位置，以一一三师固守蚌埠北岸一线，以一一四师固守临淮关对岸一线，以六七九团为军预备队。

淮河保卫战是在极为不利的条件下进行的。首先，抗战爆发前，国民政府在南京附近大规模修建"国防工事"，"蚌埠阵地"亦在其中，蚌埠在淮河南岸，修建工事时假想敌从北方而来，所以就建在了南岸，蚌埠沦陷后，这些工事全被日军使用。第二，中国军队仓促弃守，蚌埠发电厂未及破坏，南岸民船全被日军掳走，南岸大小修船的船坞和码头皆被日军占据，成为日军抢渡淮河的绝好条件。第三，淮河以北的怀远县城已被日军占领，与中国军队淮河守军仅隔一条涡河。总之，这是一场先机尽失的战争。

东北军将士自九一八事变东北沦丧，撤至关内已经 6 年多，国破家亡，他们怀着对日寇的刻骨仇恨，决心拼死一搏。

2 月 5 日，敌我展开炮战，淮河北岸一片火海。7 日，五十一军一一四师（师长牟中珩）第六八〇团和第六八一团在五河县黄坂、郭府一带与日军遭遇，肉搏整日，予日军以重创，我军亦阵亡一半。③

8 日，日军发动总攻，在飞机、火炮的配合下，强渡淮河向北岸的小蚌埠发动猛烈进攻。日军在民船船头堆上沙包，或以棺材塞满泥土作掩护，突现于河面。第五十一军在简易野战工事中顽强抵抗，但被日军优势炮火压制，连头都抬不起来，更谈不上击敌于半渡了。日军

① 吴殿尧、宋霖：《朱理治传》，中共党史出版社 2007 年版，第 234—236 页。
② 中共东北军党史组编著：《中共东北军党史概述》，中共党史出版社 1994 年版，第 53—99 页。
③ 五河县地方志编纂委员会编：《五河县志》，浙江人民出版社 1992 年版，第 6 页。

一度攻入小蚌埠,第五十一军第一一三师(师长周光烈)第三三七旅(旅长窦光殿)指挥英勇抗击,第六七四团团长梁忠武率部反攻,与日军肉搏,将敌击退。9 日,日军七八百人在飞机大炮掩护下再渡淮河强攻,第六七四团赵营伤亡过半,退出小蚌埠,幸该团孙营及时赶到,与日军展开白刃战,夺回小蚌埠阵地,日军被击毙或在河中翻船落水溺毙三四百人。

10 日,日军出动飞机 12 架俯冲轰炸五十一军阵地,五六百人渡过河来。同时,在一向平静的临淮关方向,日军以飞机 5 架,掩护步兵渡河,占领北岸大堤,后续日军继续强渡。从小蚌埠到临淮关数十里淮河防线上,敌机轰鸣,炮弹炸裂,敌我混战一处。小蚌埠阵地上,敌我双方全凭白刃和手榴弹拼杀,血战长达 4 小时,双方士兵俱精疲力竭,下午 4 时,赶来增援的第六七八团,运动至小蚌埠西北、西南,对日军构成围歼之势,日军仓皇退渡河南。在临淮关方面,日军 3000 人在晏公庙西强渡淮河,占领多个村庄,师长牟中珩和三四二旅旅长李雨霖亲临火线指挥反击,夺回阵地。11 日,日军以一个师团兵力,在 10 余架飞机和数十门大炮掩护下,在临淮关强渡淮河,第五十一军经 3 日血战,将日军打退至淮河堤下。[1]

淮河之战,是华中日军在占领南京后遭遇到的最顽强的抵抗。

第五十一军浴血奋战,坚守住了淮河阵地,在全国产生了巨大影响。中外记者纷纷报道,国内各大报纸每天皆以头条新闻刊出淮河战况。《大公报》记者范长江采写的《淮上观战记》连载后发表,反响甚巨。

中共第五十一军工委在此战中发挥了重大作用。工委号召全体秘密党员冲锋在前、不怕牺牲、甘当无名英雄。中共党员、第六八四团一营营附罗广智,在反击渡河日军的激战中身负重伤,坚持在火线指挥战斗,直到壮烈牺牲。中共党员贾陶在淮河之战中表现出过人的军事指挥才能,他后赴延安,1955 年被授少将军衔,曾任中国人民解放军炮兵学院副院长。中共党员解方在战后不久升任该军第三三七旅

---

①　张德良、周毅主编:《东北军史》,辽宁大学出版社 1987 年版,第 476—479 页。

上校副旅长,在党内任中共第五十一军工委书记,后赴延安,在抗美援朝战争中任中国人民志愿军参谋长,被彭德怀誉为"诸葛亮",1955 年被授少将军衔,曾任中央军委训练部副部长。① 秘密党员们在火线上大搞宣传鼓动,一面与日军激烈鏖战,一面高唱《大刀进行曲》《救亡进行曲》,给日军以很大的震慑,在其后不久的台儿庄大战中,发生了一件战场奇闻——日军在与第五十一军对峙时,听到了这雄壮慷慨的歌声,通过喊话惊问:"请问贵军是哪一军?"②

第五战区为使第五十一军能得到休整和补充,从北线调第五十九军(军长张自忠中将)接替第五十一军防务,同时令津浦路南段我军发起进攻,牵制日军。张自忠指挥第五十九军乘势反攻,于 16 日完全夺回淮河北岸阵地。

后第五十九军北调,阵地仍由第五十一军防守,于学忠誓言与阵地共存亡。

淮河阵地岿然不动,成了凶悍日军无法逾越的天堑。

(二)津浦路南段的反攻与袭扰

津浦路南段反击战,是淮河保卫战的重要组成部分。

蒋介石 2 月 9 日急电李宗仁:"在合肥方面集结之我军,应迅速准备向滁州以北地区攻击前进,同时须在合肥地方选择战术要点、要线构筑阵地,为进攻之据点。"14 日又发布"限即到"训令:"(1)决对津浦南段敌人加以彻底打击。(2)于学忠军应竭力阻止铁路正面敌人之前进。(3)张自忠军应以主力攻略怀远。(4)李品仙、廖磊两部应以主力进攻定远,并各以一部进出明光、全椒间,破坏铁道。"③已经于 6 日开抵合肥的第二十一集团军(总司令廖磊上将),指挥第七军、第四十八军执行了反攻和袭敌任务。第七军(军长周祖晃)下辖第一七〇师(师长徐启明)、第一七一师(师长杨复昌)、第一七二师(师长程树

---

① 中共东北军党史组编著:《中共东北军党史已故人物传》,中共党史出版社 1995 年版,第 168—176 页。

② 中共东北军党史组编:《中共东北军党史概述》,中国党史出版社 1994 年版,第 95 页。

③ 《蒋介石部署徐州会战密电》(1938 年 2 月),《中华民国史档案资料汇编》第 5 辑第 2 编军事(2),江苏古籍出版社 1991 年版,第 508—509 页。

芳）。第四十八军（军长廖磊兼）下辖第一七三师（师长贺维珍）、第一七四师（师长王赞斌）、第一七六师（师长区寿年）。

2月9日，亦即蚌埠日军向淮河北岸发起总攻的次日，第七军由定远，经红心铺，向津浦铁路进击，切断了日军的后方联络线。第四十八军协同第三十一军，对刘府、考城、蚌埠之敌发动攻击，毙敌1000余人，击毁敌战车10余辆，并且一度收复凤阳、考城。蚌埠日军原有一部已渡至北岸，不得不退回南岸防守。津浦路之东的游击部队乘势收复天长、盱眙、临淮关等处，与日军在津浦路南段形成对峙状态，给五十一军于学忠部以有力的策应。[1]

同时，李品仙令第三十一军（军长刘士毅）主动出击，在空军支援下，将津浦路南段截为数段。

安徽省地方保安部队也投入战斗。驻巢县之保八团和驻含山之保九团，分别向雍家镇、西梁山、和县、江镇一带游击进攻。保七团则在藕塘一带设防。[2] 保九团赵达源部600余兵力于3月中旬从和县挺进到江浦县星甸，接着在乌衣、东西葛一带截断津浦路，并于3月22日收复江浦县城，给南京日军以震慑。[3] 在天长、高邮、仪征一带，由抗日义士陈文收编部分国民党军溃散士兵组成的陈文部队（后改编为第五战区苏鲁皖游击总指挥部第三路军第二团），在扬州附近伏击日军、拔除日伪据点、惩办汉奸，予日军以袭扰和牵制。[4]

3月14日，第五战区令第三十一军接替于学忠部淮河防务，继续与日军隔河对峙。至此，淮河防线已固守了40余日，依然在顽强坚守中。

淮河保卫战的意义是重大的。在战略上，粉碎了华中日军与华北日军合击徐州的战略图谋，为北线战场赢得了宝贵时间，使得我军在徐州附近的台儿庄地区大量歼敌成为可能。在政治和全国军民的心

① 《李品仙回忆录》，台湾"中外图书出版社"1975年版，第141—142页。

② 《廖磊1938年3月10日战况电报》，转引自中共安徽省委党史工作委员会编：《安徽现代革命史资料长编》第3卷，安徽人民出版社1995年版，第31页。

③ 《南京3月28日战况综合报告》，转引自中共安徽省委党史工作委员会编：《安徽现代革命史资料长编》第3卷，安徽人民出版社1995年版，第31页。

④ 天长县地方志编纂委员会编：《天长县志》，社会科学文献出版社1992年版，第119页。

理上,打破了日军"不可战胜"的神话,振奋了南京沦陷后一度低沉的士气,鼓舞了全国抗日战场。

4月6日,第五战区取得台儿庄大捷,歼日军万余。

五、蒙城保卫战

4月7日,日本大本营下达"大陆命"第八十四号命令,第三项为:"华中派遣军司令官,以一部兵力协助华北方面军击破上项徐州附近之敌,占据徐州(不含)以南津浦路及庐州(即合肥)附近地域。"①

战场形势急转直下,中国军队决定弃守徐州,实行有计划的撤退。廖磊部第二十一集团军奉命牵制日军,掩护撤退。在5月1日制定的《国军作战指导方案》中,有以下部署:"行持久抵抗时,第一步将右翼退至运河后方,以两翼依托洪泽湖、微山湖。第二步退守蒙城、涡阳、亳州、归德之线(此时津浦南段亦退至合肥、寿县,联结于蒙城之右翼)。""津浦南段对铁道正面行佯攻,对含(山)、(全)椒间应取积极攻势,牵制敌之北犯。""第七军(欠一师)集结于蒙城附近,为第五战区之战略预备队。"②

5月4日,日军第九师团、第十三师团从蚌埠、怀远出动北犯。

5日,日军一举突破我第七军和第三十一军的防线,直扑蒙城。廖磊和第四十八军军长韦云淞急报李宗仁:"淮河北岸及淝河、涡河等处已发现敌之番号,兵力为第十三师团全部、第三师团一个旅团及第七联队,总计约在7个联队以上。连日敌以炮空猛轰及战车六七十辆冲击,继以步骑兵攻击,致一七〇、一七一两师大部被冲散,现正收容整理继续战斗中。"③被冲散的两个师皆属第七军,为第五战区的战略预备队。

——徐州撤退突现危急之局。如果蒙城迅速失陷,第五战区有计

---

① 郭汝瑰、黄玉章主编《中国抗日战争正面战场作战记》上册,江苏人民出版社2002年版,第711页。

② 中国第二历史档案馆编:《中华民国史档案资料汇编》,第5辑第2编军事(2),江苏古籍出版社1991年版,第525、526页。

③ 《李宗仁转报集中兵力攻击淮北以解徐州之危密电》(1938年5月7日巳时),中国第二历史档案馆编:《中华民国史档案资料汇编》第5辑第2编军事(2),江苏古籍出版社1991年版,第609页。

划的撤退就会变成无计划的溃退。

6日，廖磊急令第四十八军第一七三师副师长周元中将，率第一〇三三团（团长凌云上上校）至蒙城坚守。周元在桂军中以作战勇猛和顽强著称。当晚，该部冒雨从田家庵赶到蒙城，在城外四周连夜赶筑野战工事。

7日晨，日军进至城东南30里处。周元先发制敌，发起攻击，拖住日军整整一天。日军的后继部队赶到后，以猛烈炮火掩护进攻；日骑兵200余沿涡河北岸戒备西进，在距城10余里处南渡涡河。当晚，两军在城郊激战整夜。

8日拂晓，日军步、骑、炮兵3000余和装甲车30辆从东南方向攻城。敌机5架轮番向城中和郊外阵地轰炸。敌30余门大炮猛烈轰击。蒙城城墙多处被炸毁。周元指挥与敌近战，展开肉搏，至午打退了日军绝对优势兵力的六七次冲锋。我军伤亡惨重，周元命一部撤入城内防守。下午3时，日军百余冲至西门城角，强行爬城，我军贾营长率一连残部17名勇士，勇猛反攻，将敌击退。深夜，日军数百名再次发动猛攻，我军集合残部百余人，与敌肉搏，阵地得而复失、失而复得凡5次，一直血战到拂晓，阵地仍在我军手中。在西门激战的同时，晚10时，日军以密集炮火轰击南门，南门守军伤亡殆尽，日军百余爬城而入，被我赶来增援的士兵以手榴弹和拼刺刀全歼，使南门转危为安。东门、北门亦经肉搏将敌击退。

9日凌晨3时，我军子弹已将耗尽，周副师长命令侯敌逼近时再射击，再近则投手榴弹，然后发起反冲锋，与敌肉搏。我军毙伤日军甚众。天亮以后，日军以猛烈炮火轰击东、西、南城门，从5时30分到8时20分共发射炮弹2000余发，以上3个方向均有日军千余以机枪扫射。南门外守军伤亡殆尽，南门城楼被轰塌，6时30分，日军装甲车和步兵冲入南门，周副师长和凌团长率余部勇猛与敌肉搏，一小时内就毙伤日军500余名。此时，日军的装甲车和骑兵已在县城中心横冲直撞。战至8时，东、南、西三面城墙上已经布满了日军，唯北门尚在我第四连及一营之一部的坚守中。8时25分，日军装甲车冲至北门。我军至死不屈，连伤员、夫役都参加了战斗，奋勇冲杀。周副师长、中校团附谢荣森、二营营长蓝权等近 2000 名将士壮烈殉国。毙伤日军约 1600 人。战后,日军在城中搜捕士兵伤员和居民,用铁丝穿手心押到文王庙前塘边集体屠杀。①

蒙城保卫战的战略意义重大,它直接关系到徐州一带近 50 个师的中国军队的安全有序的撤退。因此,在武昌的蒋介石于 11 日巳时急电李宗仁和白崇禧,称:"蒙城为战略要点,关系津浦、陇海及鲁南作战者极大。不得以牵制为目的,应乘敌突入机会,由侧方背后夹击而歼灭之为要。"②

显然,蒋介石得到了不实的报告,相隔六七个小时后,他于申时雷霆震怒地给李宗仁和李品仙发来特急电报,称:"此次怀远方面之敌开始北犯,其先兵力仅一联队,余未经剧烈战斗即被突入。不旋踵蒙城又告陷落,深用诧异。各该方面之指挥官暨守备部队长,着一并查明具报,以凭核办。"③蒋电对日军兵力的表述严重失实,英勇壮烈的蒙城血战三昼夜,变成了"不旋踵"(一转脚后跟),而且严令查办了。廖磊急忙将凌云上的报告发长篇电文给白崇禧副总参谋长说明情况,才没有被惩处。

13 日,中共《新华日报》发表《悼周元师长》,痛称"国家失去了良将"。日军 8 月 20 日撤走后,蒙城各界将殉国将士遗骸安葬在庄周祠侧。为周将军单立一墓,立《周副师长殉国记》碑于墓前。1940 年,蒙城城关镇改名为"周元镇"。

抗战胜利后,蒙城保卫战被称为"本省抗战最壮烈之一役"。1985 年 5 月 13 日,中华人民共和国民政部正式追认周元将军为革命烈士。

六、含山保卫战

安徽各地地方武装的抗敌也很英勇,含山为其中一例。

---

① 安徽省文献委员会编行:《安徽文献》第 2 卷第 5、6 期合刊,1947 年 4 月 30 日出版。蒙城县地方志编纂委员会编:《蒙城县志》,黄山书社 1994 年版,第 383、384 页。

② 《蒋介石令饬李宗仁等率部夹歼蒙城之敌密电》(1938 年 5 月 11 日),《中华民国史档案资料汇编》,第 5 辑第 2 编军事(2),江苏古籍出版社 1991 年版,第 610 页。

③ 中国第二历史档案馆编:《中华民国史档案资料汇编》第 5 辑第 2 编军事(2),江苏古籍出版社 1991 年版,第 611 页。现多种史著对此役表述不实不公,有史著竟称蒙城保卫战只"苦战 1 日夜"。

含山县原有保安独立中队共百余人，武器落后，除少量步枪和手枪外，多为土枪、鸟枪、大刀和长矛。1936 年 1 月就任县长的邱瑞荃，是山东莱阳人，毕业于南京金陵大学，时年 31 岁，是个有强烈爱国心和责任感的青年。淞沪抗战爆发后，他积极备战，在十字路训练壮丁，收编了从淞沪战场溃退下来的原属冯玉祥部和十九路军蔡廷锴部的旧部史正祥、张庆坤、周一平等 60 余人，并以他们为骨干，将保安队改组成县民众常备自卫队，邱瑞荃兼任总队长。下辖 2 个中队、8 个分队，共 300 多人，配备了 8 挺机枪、一批新式步枪，弹药充足。

1938 年 1 月 13 日，日军飞机一架空袭含山，炸毁东郊得胜河上木船 1 艘。2 月 15 日，日机两架空袭县城，炸死居民 13 人。4 月 13 日，日机 10 余架次轰炸县城，居民死伤 200 余人，毁房百余间。[1]

4 月 23 日，日军第六师团坂井支队，由当涂县采石镇渡江北犯，24 日占领和县。25 日，日军分乘 5 艘汽艇沿得胜河西犯，在腰铺分兵登岸，水陆并进。邱瑞荃和一中队中队长史正祥率部在县城东 15 华里张公桥设伏，迎头痛击侵略者，激战两小时，击毙日军五六十人，常备队只十余人受伤，无一人阵亡，首战告捷，日军仓皇退回和县。

26 日下午 3 时，日军集千余兵力，在飞机、大炮和骑兵的配合下，猛扑含山县城。邱瑞荃率部在北门外构筑工事固守。日军派出两架飞机至县城和阵地上空俯冲扫射，炮兵在官塘一线向阵地轰击，骑兵冲锋夺路，步兵轮番发起冲锋。日军动用如此多的兵力和兵种，强攻一个县城，其间包含有对昨日战败的疯狂报复。

邱瑞荃沉着指挥，在史正祥等作战经验丰富的抗日老兵的得力辅佐和含山当地子弟兵的齐心奋战下，多次打垮了日军的猖狂进攻，大量地射杀日军。一支县常备队，在兵力悬殊、装备悬殊的劣势下，作如此英勇的抵抗，并且固守 3 小时之久，是不多见的。战至黄昏，日军见正面强攻不下，分兵向东门和西门发起钳形攻势。此时，常备队伤亡已达 200 人，弹药亦已打光，邱瑞荃下令转移，撤到清溪一带休整，县

---

① 中共巢湖市委党史研究室编：《安徽省抗战时期人口伤亡和财产损失·巢湖卷》，中共党史出版社 2010 年版，第 38 页。

政府则迁到含山县北部的仙踪。县城遂告沦陷。

对坚决英勇的含山抗敌,当局本应给予嘉奖和支援,但是,当邱瑞荃赶到无为县石涧埠,向驻在那里的皖中行政公署专员赵凤藻汇报战况时,却被其以县城失守为理由,宣布将他撤职,同时宣布由范国瑛接任县长。邱瑞荃得知省政府已经责令省保安第四团、第七团和第八团协助地方收复含山城,当即向赵凤藻表示:"对免我的职,没有意见。但含城既然在我手中失去,也应由我亲手收复,交予范县长再卸职。"赵允,令邱、范两县长整理常备队,收复含山。范中途住进运漕,不再露面。邱只好一人奔赴陶厂镇,迅速收集区乡武装,补充壮丁,仍编成两个中队,约300人,驻大庙待命。

邱瑞荃派人进城侦察,得知日军大部已经撤走,城中仅留百余人。邱征得省保安团各团的同意,决定袭取含山城。5月9日拂晓,邱率部扒开王巷附近的水关洞,潜入城中,指挥敢死队向各处预定目标发起猛烈进攻。日军毫无准备,仓皇应战,毙伤甚多,被挤至小西门外。恰此时有千余日军从和县开往巢县路过含山,立即投入反攻。省保安团在城外发数炮后撤退。邱瑞荃率部奋战,损失200余人,毙伤日军百余人,邱负伤,率余部从东门和南门突出,向梅山、花山撤退。

战后,邱瑞荃黯然去职。9月20日,日军自行撤走,范国瑛进城履任。[①]

七、安庆保卫战

坐落在长江北岸的古城安庆,时为安徽省省会。安庆古称宜城,倚山面江,襟带吴楚,水路扼南京与武汉间之长江中段,陆路处江淮要冲,自古为兵家必争之地。

在南京保卫战期间,日军于1937年11月26日先后出动飞机数百架次,轰炸安庆和附近各县城。南京沦陷后,安徽省政府于1938年1月13日迁六安。3月6日,安徽省政府向国民政府军事委员会呈报

---

①　含山县政协文史资料委员会编:《含山文史资料选辑》第1辑,1988年印行;含山县地方志编纂委员会编:《含山县志》,黄山书社1995年版,第415、477、486页。

了《安徽省抗战军事计划》，将太湖、潜山、岳西、舒城、霍山、立煌、六安、霍邱等县作为本省的战守根据地，其中以霍山、岳西、立煌3县为核心；向东设3道防线，第一道防线自华阳起，经望江凉泉、石牌、桐城大关、南港，舒城桃溪、化子岗，上派河，合肥下塘集，瓦埠、沈家桥、正阳关、沿淮河南岸至三河尖；第二道防线自宿松许家岭起，经徐家桥、新仓、黄泥港、潜山龙井关、关庄、晓天镇、官亭、五十里铺、椿树岗、桥头集、众兴集、二刘集至霍邱；第三道防线自太湖县城起，经小池驿、王家牌楼、水吼岭、岳西磨子潭、管驾渡、霍山独山镇、石婆店、开顺街至叶家集；并以蔴埠、流波磇、歇马台、金家寨等处为最后之根据地。作战方针为：恃险抵抗，阻敌深入，以为武汉之屏障。①

日军在占领南京后，战略目标是夺取武汉，就中路而言，安庆首当其冲。因此，3月25日，日军飞机空袭安庆东郊。27日，两次空袭安庆。

中国军队统帅部决定加强安庆防务，蒋介石4月30日给李宗仁的训令中，有以下4项涉皖："（1）廖磊部先以一部佯攻诱敌，离开阵地而击破之。（2）徐源泉部到达合肥，即向当面之敌攻击前进。（3）杨森所部主力应开前方，攻击巢湖以南之敌，酌留一部守备安庆及沿江要点。（4）已令罗树甲师开合肥，归徐源泉指挥，并令唐式遵抽调两团至安庆增防，归杨森指挥。"②其后，随着战争的推进和战场形势的变化，计划多有变更，但是，由川军唐式遵部守备安庆没有变更。

日军5月19日占领徐州后，日军大本营提出的任务是："华中派遣军应以主力沿淮河地区，另以1个军沿长江地区攻占汉口。"③几乎同时，中国军队统帅部对日军的行动，作出了以下判断："（1）以一路沿陇海线西进图取郑州，以断我平汉线之联络，同时安阳方面之敌沿平汉南下，以夹击黄河北岸之我军。（2）以一路由合肥经六安、潢川

---

① 安徽省政府报呈：《安徽省抗战军事计划》（1938年3月6日），中国第二历史档案馆藏。
② 中国第二历史档案馆编：《中华民国史档案资料汇编》第5辑第2编军事（2），江苏古籍出版社1991年版，第516页。
③ ［日］日本防卫厅防卫研究所战史室编纂、天津市政协编译委员会译校：《日本帝国主义侵华资料长编》上册，四川人民出版社1987年版，第439页。

趋信阳,以图截断平汉线,再转而南下进逼武汉,或待陇海一路占领郑州后,再沿平汉线南下取信阳、武胜关,同时以一路由合肥、六安经商城、潢川,再南转经麻城、黄安,与平汉路之敌会攻武汉。(3)以一路沿长江北经大别山南麓,由安庆、太湖、宿松、黄梅与海军协同而会攻武汉。"①这个判断是准确的。只是,日军第一路因为 6 月 9 日黄河花园口决堤而受阻,致使其后日军西进的主战场在安徽境内。

5 月 31 日,李品仙致电国民政府军事委员会军令部,首先是承认失误:"蒙城之危不及援,合肥之守遂失利,一着之差,摇动全局。合肥之失,虽有前因,而部队脆弱、官兵怯敌,无可讳言。职统率偏军,待罪营中,既不能纾宵旰之忧,复不能坚肥、巢之守,疚心无已。"接着,是报告敌情:"近复据各方情报:江南之敌继续渡江,至今未已。长江敌舰增至十余艘,停泊刘家渡、无为县属襄安镇南,从事扫海。大征民工,尽量修理合(肥)巢(县)公路、合肥机场,西进野心昭然若揭。"再接着,是请求:"请将三十一军控制淮南,吴奇伟军从速开六安。""长江封锁线若无重炮,自不能确实掩护,请饬刘总司令速派炮兵与得力部队,扼守封锁线,巩固江防,阻止敌海军主力之西进。"最后是结论:"若仅以现在兵力,防水陆西进之敌,委实困难,倘再有失职,虽万死无补戎机。"②显然,即将开始的安庆保卫战,不可能是死守。对防线被突破和安庆失守,高层已有估计。

6 月 1 日,日军第六师团分路进攻安庆,一路波田支队协同海军沿江西上,一路坂井支队从合肥南下,两支日军皆甚凶悍。

6 月 7 日,日军停泊长江下游大通江面之舰队,协同其陆战队一部,于红杨楼附近登陆。同日,日军 2000 余由合肥向舒城东北桃溪镇一四五师(原师长饶国华殉国后,由佟毅任师长)阵地猛攻,8 日陷桃溪镇,9 日陷舒城,随即分向桐城、潜山西犯。徐源泉奉命侧击舒城以北之敌,以四十一师(师长丁治盘)与一九九师(师长罗树甲)由双河

① 《对武汉附近作战之意见——统帅部指导方案》,中国第二历史档案馆:《抗日战争正面战场》上册,江苏古籍出版社 1987 年版,第 711 页。
② 《蒋介石转告李品仙关于固守津浦线南段及巩固江防之作战原则快邮代电》(1938 年 5 月 31 日),《中华民国史档案资料汇编》第 5 辑第 2 编军事(2),江苏古籍出版社 1991 年版,第 621 页。

向舒城方向攻击,以四十八师(师长徐继武)及保安两团守备六安。日军于皖北西犯获胜后,遂以空军掩护海陆军,于 11 日向安庆(怀宁)以东棕阳(今枞阳)大王庙登陆,被击退;12 日,日军再向安庆东南及西南方面登陆,守备部队为一四六师八七二团及保安团队,伤亡甚重。此时,二十七集团军(总司令杨森)之大部受无为方面敌人的牵制,而大小关及舒城以南之战斗,又属不利,以致无法应援,安庆遂告失守。杨森乃以一部在安庆以北之集贤关及大小关等地阻敌前进,主力则向潜山、太湖方面转进。安庆(怀宁)陷敌后,日军海军第三舰队掩护波田支队,于 24 日在空军掩护下沿江西犯。江北方面,日军陷安庆、桐城后,分向新仓、马石堰之线前进。徐、杨两军各部于太湖至潜山西北之线及猫儿岭、龙井关、三祖寺西北高地一带占领阵地,阻日军西犯。廖集团则在霍山、六安方面与日军对峙中。①

防守安庆城的是川军第二十一军(军长由第二十三集团军总司令唐式遵兼)第一四六师(师长周绍轩)第四三六旅(旅长由周绍轩兼)第八七二团(团长林绍成)和安庆保安团。

第八七二团的《战斗详报》是对该役记述的最早文本——该团 5 月 17 日奉调从东流北渡,至安庆接收防务。该团下辖第一、第二、第三营和迫击炮连,每营 3 个连。以此兵力防守省城,显属极其单薄,亦可见并非死守。林绍成团长以第一营(营长马国荣)一、三两连驻安庆城东侧团部附近,以二连驻防江口;以第二营(代营长朱百炼)四、五两连驻大渡口,六连担任炮兵阵地掩护和安庆机场警戒;以第三营(营长张广才)全部驻守安庆之东 90 华里处的枞阳。安庆保卫团守安庆西门。6 月 10 日、11 日,日军兵舰 30 余艘和大批拖木船溯江而上,10 余架飞机沿江轰炸,将我阵地完全炸毁;日舰 10 余艘和拖木船 10 余只,冲至安庆江面,作出向南岸进攻姿态,实谋北攻。6 月 12 日凌晨 4 时,日军以飞机大炮掩护海军陆战队六七百人(军旗号有"势多军舰宝津"等)在新河口、大王庙、药王庙强行登陆,将我军击溃,然后,一股犯菜子湖、破罡湖,一股在飞机低飞的掩护下沿江堤趋安庆,沿途以

---

① 台湾"国防研究院"、台湾中华大典编印会合作:《抗日战史》,1966 年版,第 80 页。

焚烧民房来显示已到达的地点。守军死力抵抗，5时阻敌于马家窝，之后节节抵抗，予敌杀伤。日军在进攻时，让汉奸在阵前喊话："同胞们，都是穿衣吃饭，不要打枪！"进至安庆城外后，与守军作阵地战，激战至午后4时。午后4时，昨日虚攻南岸的日舰，炮轰守军阵地及安庆城，在南门、皖亭街一带登陆，被击退，改向西门攻城。5时，杨森电令："务在安庆东侧地区尽力抵抗，万不得已时，即利用本文夜暗（按：12日为文日）经集贤集、总铺、莲花铺、大桥头、三桥头，向新仓转进。"晚9时30分，守军在倾盆大雨中撤出安庆，此役全团阵亡31人。①

安庆沦陷后，日空军第一、第三、第四飞行团和日海军第二联合航空队第十二、第十三、第十五航空队先后占据安庆机场；长江江面上，日舰麇集。②

日军13日陷桐城，17日陷潜山，其后以主力继续西犯武汉，进入江西省境，夺取马当要塞。26日马当失陷后，我长江南岸险要尽失，日军复将攻击重点转移于长江北岸，进犯皖西、皖中地区，7月26日陷太湖，8月4日陷宿松。

安庆失陷，是武汉保卫战的开始。安徽省政府从六安迁立煌县办公。中国军队主力在坚持皖西和皖中地区抗敌的同时，空军还多次出动，轰炸安庆一带日军。6月19日轰炸安庆江面的日舰，击中3艘，2艘起火。20日轰炸东流江面日舰，2舰起火，1舰沉没。24日和25日，7次轰炸东流江面日舰，予敌重创。25日轰炸安庆机场和安庆江面日舰及芜湖机场，予敌重创。26日轰炸安庆机场，击毁敌机4架，安庆机场上弹坑累累。③ 8月27日，中国军队收复潜山、太湖，28日收复宿松。

此后，我军以皖西为基地，坚持抗敌，予敌重创，斩获甚多。

---

① 《陆军二十一军一四六师四三六旅八七二团安庆潜山两次战役战斗详报》（1938年6月），中国第二历史档案馆藏。
② 怀宁县地方志编纂委员会编：《怀宁县志》，黄山书社1996年版，第314页。
③ 《钱大钧等关于武汉会战空军战斗要报》（1938年6—7月），《中华民国史档案资料汇编》第5辑第2编军事(3)，江苏古籍出版社1991年版，第1—8页。

八、安徽抗日人民自卫军和省保安团的抗战

遍及安徽各县及区、乡的安徽抗日人民自卫军，是第五战区长官司令部 1938 年 1 月命令组建、建成后由省政府和各县县政府领导的地方武装。它是政府动员全民抗战的产物。①

1937 年 12 月 24 日，国民政府军事委员会委员长兼行政院院长蒋介石致电各战区司令长官，规定："凡在战区内之党政各级人员，须受战区司令长官指挥。无论在任何情况下，（省）主席、专员、县长及各级党务工作人员，不得擅离所属境地；如违，以军法论处。" 12 月 30 日，又规定：各战区设党政委员会，委员会主席由战区司令长官兼任，副主席由省政府主席兼任，下设秘书长一人，分党务、政务、国民军训等 3 个处。1938 年 1 月 26 日，国民政府任命第五战区司令长官李宗仁为安徽省政府委员兼主席。李宗仁军务繁忙，省主席由省府委员、民政厅厅长张义纯代理。张是李宗仁信任的老部下，原任第四十八军军长，安徽合肥人，符合李宗仁宣示的"安徽人办安徽事"和"皖人治皖"。

李宗仁在任命发表后，宣布了他的治皖方针，略谓："皖省为抗敌前线，武汉屏障，关系重大，不言而喻。今后工作之艰苦，自在意中。""至于施政方针，总求政治与军事打成一片，政府与人民打成一片。"他提出：在民政方面，使吏治清明，贪污绝迹，迅速清剿盗匪；教育方面，鼓励实行普及教育，组织民众，训练民兵；财政方面，公平负担，量出为入，金融周转，商货流通；建设方面，改良农业，提倡副业，开发军用资源，建设防御工事。稍后，李宗仁发表《告全省民众书》，强调：首先，必须铲除 5 种人：（1）营私舞弊的贪官污吏；（2）鱼肉乡民的土豪劣绅；（3）不守纪律的武装部队；（4）杀人劫舍的土匪强盗；（5）敲诈善良的流氓地痞。其次，禁绝下列 4 种事：（1）虐待应征壮丁，擅加捆缚殴打；（2）妄征民间财物，不给赔偿；（3）擅拉夫役，不给工钱；（4）藉征

---

① 安徽省政府编：《安徽概览》，安徽企业公司印刷厂 1944 年印，安徽省档案馆 1986 年重印，第296 页。

兵征夫为名,敛财肥己。再次,向全省人民提出 3 点期望:(1)不畏敌,不轻敌;(2)不怕官,不侮官;(3)不怕兵,不轻兵。最后号召:"江淮是历史上英雄义士的发源地,安徽人素来是不怕死、不丢人的。安徽人的庐墓,不容许别人践踏。安徽人的妻女,不容许别人奸淫。安徽人的人格,不容许别人侮辱。与其为奴隶而生,无宁为气节而死! 安徽省二千三百万同胞快起来,保卫安徽,保卫中华民国!" 2 月 13 日,李宗仁和张义纯、章乃器、邵华、杨绵仲、刘贻燕、杨廉等省府委员,设计委员梁贤达、徐警予,书记长胡摩尼,处长王锡钧及省政府各厅处全体职员 300 余人,在国民党中央委员黄季陆的监誓下,在六安行署大礼堂宣誓就职。①

　　组建安徽抗日人民自卫军,是为了进行全民的战争动员。各县都设立司令部,辖常备、后备各队,以县长兼任司令,另设副司令辅助之;常备队按各县财力,编为若干大队;后备队则为无供给制,尽由各区、乡、保甲之壮丁编成,武器则使用民众私有的枪炮或戈矛等。② 总司令由代理省主席张义纯兼任。省政府制订的计划是:"对于战区之行政督察、专员、县长、区长等行政人员,应仿照中央调整战时各省主席之意旨,以熟谙韬略、确有战时施政经验者充任为原则。凡重要交通点线之区县,尤为切要。其已沦为战区之地,则悉应擢选正式军人充任专员、县长、区长,使能直接统率民众,武力从事游击,协同国军挽回危局,收复失地。"③

　　张义纯认为,安徽历来是产兵之地,皖北尤甚,"皖北各县人民素有'淮上健儿'之称,抗日情绪颇高,即使编组十万武装部队,亦有可能"。张决定:"大县编组一大队(三个中队为一大队),中县编组两中队,小县编组一中队。武器兵饷均由各县自给,但须县政府统筹。"安徽抗日人民自卫军共分 5 路,石寅生、岳相如、余亚农、宋邦翰、张节分任各路司令。为节省经费和人力,张决定以全省保安司令部的机构和

<hr />

　　① 《安徽政治》创刊号(1938 年 2 月),安徽省图书馆藏。
　　② 安徽省政府编:《安徽概览》,安徽企业公司印刷厂 1944 年印,安徽省档案馆 1986 年重印,第 296 页。
　　③ 《安徽省抗战军事计划》(1938 年 3 月 6 日)。

人员兼办自卫军的各项事务。①

1939年1月，各县抗日人民自卫军名称停用，改称"国民兵自卫队"，由县长兼任总队长，社训教官兼任副总队长，并设总队附一员以资助理，不久为节省经费和统一事权，将总队部合并于县政府，所有事务统由县政府军事科兼办，以达军政合一。后又将全省62县分为3等，甲等18县，乙等22县，丙等22县，按其等级和财力来规定其常备队的人数。②

在武汉会战期间，安徽省军政当局对各路自卫军进行整理，又将各路编余及地方武装，改编为第一、第二两个总队和第一至第七模范大队。两个总队分别以汤承斌、唐养吾为总队长。7个模范大队分别以郑抱真、张献庭、储造时、荆有章、潘节三、童汉璋、姚燕如为大队长。③

由中共地方组织发动、领导，或者其中有中共党员活动并受党组织影响的一些抗日武装，也编入了抗日人民自卫军的序列。如，凤阳抗日游击大队被改编为第一路第三直属大队，中共寿县中心县委书记曹云露任大队长，全大队有300多人。又如，霍邱县抗日武装被编为第一路第六支队，中共党员李崇一任政治部主任，全支队有2000人。合（肥）六（安）舒（城）抗日游击队被编为第二路第一支队，中共党员桂俊亭、张志一分任正副队长，有800多人。再如，以中共党员汪伯民领导的舒城县秦家桥游击队为基础扩编而成的第三行政督察区抗日自卫军独立第一大队，共有700多人，由中共党员张志一担任指导员，该大队不久被改编为六安县抗日人民自卫军第八大队；同县第五大队独立第四中队由中共党员赵凯等人领导组建。还如，宿县东部地区抗

---

① 张义纯：《新桂系统治安徽概述》，安徽省政协文史资料研究委员会编：《安徽文史资料选辑》第1辑，1983年印，第5页。又，关于6路司令，《安徽概览》表述为石德纯、李武德、方钦、岳相如、余要农、宋邦翰，按：第六路8月被裁撤，余要农显为余亚农之误植。再，《安徽抗日战争史》记述5路司令为石寅生、李武德、岳相如、余亚农、宋邦翰；方钦为第三路司令。

② 安徽省政府编：《安徽概览》，安徽企业公司印刷厂1944年印，安徽省档案馆1986年重印，第297页。

③ 安徽省政府编：《安徽概览》，安徽企业公司印刷厂1944年印，安徽省档案馆1986年重印，第297页。

日武装由中共党员沈联成、赵汇川率领,被编为第六行政督察区抗日游击指挥部第三支队,等等。①

全省抗日人民自卫军是一支庞大的民众武装,仅常备队就有5万多人。他们积极配合正规军和省保安团作战,侦察敌情,破坏敌人交通,袭击小股敌军,扰敌后方,打击和牵制了日军的大量兵力。

抗日英雄成本华,是和县抗日人民自卫军战士,在1938年5月11日守卫县城的作战中,城陷被俘。她刚强不屈,绝不向日寇低头,以轻蔑的冷笑回应日军的劝降,始终昂然傲视残暴的敌人,视死如归。她壮烈殉国时,年仅24岁。50多年后,一个参与虐杀成本华的侵华日军老兵表示谢罪,并且说:"我们杀死了成本华,但是我们敬佩她。成本华那轻蔑地笑,让我们看到那场战争的必然结局。"②

保安团是直属于安徽省政府和全省保安司令部的地方武装。抗战爆发后,整编成12个团和2个大队。在1938年2月各地建立起抗日人民自卫军之后,当局先后将第十、第十一、第十三、第二、第五、第七共6个团拨补给了正规军,第三团因为人数过少而遭裁撤。仅余的第一、第四、第六、第八、第九共5个团和2个特务营,除第一团开驻皖南归第三战区指挥外,其余均归安徽省政府管辖、全省保安司令部指挥。

省保安团原先编制为:每团辖3个大队、1个迫击炮中队和1个机枪中队;每大队辖4个中队;每中队辖3个分队;每分队辖3个班;每班14人;共有官佐1165人,士兵18911人。在日军侵入安徽省境后,保安团配合正规军抗敌,在战争中伤亡和减员甚巨。1938年,在团以上增设了2个支队司令部;将原有的大、中、分队,改为营、连、排;每团增设通信排、担架排;每团增设无线电台;每连增设战斗兵18名;共有

① 徐则浩编:《安徽抗日战争史》,安徽人民出版社2005年版,第104、105页。

② 成本华史事资料,首先由北京学者方军在日本调查时从侵华日军老兵山下弘一处获得,重庆记者夏显虎跟踪调查,樊建川在四川建川博物馆陈列宣传。参见和县政协文史委员会编:《和县文史资料》第7辑,2009年印行;中共巢湖市委党史研究室编:《安徽省抗战时期人口伤亡和财产损失·巢湖卷》,中共党史出版社2010年版,第61页。

官佐627人、士兵10717人。①

国民党军正规军在安徽战场抗敌的各个战役和战斗中，均有保安团的配合或参战。在以保安团为主的作战中，以含山和县与无为之间的黄雒河之役、合肥大蜀山之役、含山运漕无为之役和皖西保卫大别山根据地诸役之战绩为最著。

因为全省保安司令部兼办全省的抗日人民自卫军事务，所以，保安团与各县抗日人民自卫军，在抗敌作战中多有配合与协同。

① 安徽省政府编：《安徽概览》，安徽企业公司印刷厂1944年印，安徽省档案馆1986年重印，第295、296页。

第十三章

中国共产党与新四军抗战在安徽

　　抗日战争时期,中国共产党领导的敌后抗日根据地共有 19 个,其中苏南、苏中、苏北、淮南、淮北、皖江、鄂豫边、浙东 8 个抗日根据地隶属于华中抗日根据地。皖江抗日根据地则位于安徽省境内,淮南、淮北两个抗日根据地大部分地区也在安徽省境内。鄂豫边抗日根据地,到抗战后期也已发展到皖西一带。抗日烽火燃遍安徽大地,安徽人民经受抗日战争的洗礼,为抗日战争的胜利作出巨大的贡献。

第一节　中国共产党安徽地方组织的建立与发展

一、皖中地区中共组织的建立与发展

1937 年 8 月，周恩来代表中国共产党与国民党当局交涉，要求释放政治犯。在此背景下，李世农和许多难友从南京监狱出来，到八路军驻南京办事处（中共代表团）接上关系，并留下担任接待工作。不久，张恺帆、桂蓬从国民党苏州军人监狱释放，也到八路军南京办事处报到，经过组织审查，恢复党籍。11 月，八路军南京办事处根据中共中央关于重建长江中下游地区党组织开展敌后游击战争的指示，派李世农到安徽无为县，组建中共皖中工作委员会。李世农任书记，张恺帆、桂蓬任委员。"这是安徽最早恢复的党组织"[①]。皖中工委先后隶属八路军南京办事处、中共中央长江局领导。

皖中工委成立以后，领导成员分头到皖中各县开展恢复党组织工作。1937 年 11 月，通过政治考察，在无为县陆续恢复一批在土地革命时期入党而后又与党组织失去联系的老党员的党籍，并建立中共无为县工作委员会，胡德荣任书记。1938 年 1 月，成立中共舒城特支，鲍有荪任书记。2 月，中共党员方珂德与李世农取得联系，以抗敌后援会名义在桐城组建抗敌宣传队，开展抗日救亡宣传、秘密发展党员的工作。

4 月，为加强对长江以北地区和大别山地区抗日救亡活动的领导，中共中央长江局决定，成立中共安徽省工作委员会，并对长江以北和大别山地区的中共组织进行调整，中共皖中工作委员会改称为中共舒城中心县委员会。舒城中心县委以桂蓬为书记，隶属中共安徽省工

---

① 李世农：《对党忠诚办事认真》，编入徐承伦等：《郑抱真传》，当代中国出版社 2004 年版，第163 页。

作委员会。与此同时，新四军第四支队在东进至舒城、庐江、巢县途中，也通过开展党的工作，促进一些地方党组织的恢复和建立。在中心县委的领导下，先后建立中共庐江县委、桐城工委、巢南工委，中共舒城特支改为舒城县委。

1939 年 3 月，中共鄂豫皖区党委决定撤销中共舒城中心县委，成立中共舒无地委，黄岩、周新武先后为书记，隶属中共鄂豫皖区党委，下辖无为、舒城、桐城县委，桐（城）怀（宁）潜（山）中心县委，庐江县委及和（县）含（山）中心县委。不久，地委机关由舒城县东沙堤、晓天一带迁到庐江县东汤池、无为县开城桥一带，领导皖中地区党的工作和抗日活动。由于国民党顽固派不断制造反共"摩擦"，中共鄂豫皖区党委于 7 月下旬转移至庐江东汤池新四军江北指挥部。8 月 16 日，区党委在东汤池召开党员代表大会，选举出席党的七大代表。11 月，中共鄂豫皖区党委与新四军江北指挥部由庐江东汤池撤到皖东定远县藕塘地区。区党委组织部长何伟留下，于 1940 年 1 月组建皖中军政委员会，统一协调皖中党政军的组织领导。同年 5 月，因皖中反"摩擦"失利，中共舒无地委随新四军江北游击纵队撤往定远县藕塘一带。6 月，根据中共皖东津浦路西省委的决定，中共舒无地委改为中共巢湖地委，周新武任书记。先后隶属中共皖东津浦路西省委、中原局。下辖无为县委，和（县）含（山）巢（县）无（为）中心县委，巢北、巢南县委[①]，舒（城）庐（江）县委，桐（城）庐（江）潜（山）怀（宁）无（为）中心县委（1940 年 9 月撤销），桐（城）庐（江）无（为）县委。

二、皖西地区中共组织的建立与发展

1938 年 1 月，中共中央将在延安学习的中共党员张如屏和曹云露派回安徽，在寿县杨家庙成立中共安徽工作委员会。曹云露任书记，张如屏任组织部长兼统战部长，宋天觉任宣传部长，隶属中共河南省委。中共安徽工委活动区域主要在寿县、凤阳、霍邱、六安、合肥一带，积极恢复和发展党组织，组织抗日武装，开展抗日游击战争。到 4 月，

---

① 巢北县委和巢南县委均于 1940 年底撤销。

计建立 4 个支部,发展党员 20 余人。①

在恢复建党活动的同时,安徽工委积极开展抗日游击战争。1938年1月,在寿县杨家庙组建皖北抗日游击支队,3月,该部 200 多人在张如屏率领下开进凤阳县境内,易名为"凤阳抗日游击大队"。5月4日,凤阳抗日游击大队攻入被日军占领的凤阳县城,全歼伪军守备队,逮捕伪维持会长,解救被维持会强拉"慰劳皇军"的十几名中国妇女。这是中共抗日武装在安徽打响的第一仗,政治影响很大,当时国民党办的《武汉日报》就报道了"我游击队进袭凤阳城,颇为得手"②的消息。同时,中共安徽工委还派人到合肥以南地区,联络赵干臣组织的抗日武装,成立肥南抗日游击大队,下辖 4 个中队,计 500 多人。这支武装后于 1939 年春被改编为新四军第四支队九团第三营。

抗日战争初期,国民党安徽省政府由安庆迁至六安,国民党安徽省党部也随之迁至六安。根据这一情况,中共中央及时发出开辟大别山工作的指示。为加强中共在皖西大别山的抗战领导力量,1938年4月,中共中央长江局派彭康等人由武汉到六安,与先期在此活动的张劲夫等人取得联系,建立中共安徽省工作委员会,彭康任书记,李世农任组织部长,张劲夫任宣传部长,谭光廷任军事部长。原安徽工委,改为中共寿县中心县委。6月,省工委决定搬到立煌县附近桃树岭新四军四支队兵站。7月,"长江局派刘顺元、喻屏来安徽",调整充实省工委的领导力量,"彭康仍任书记,刘顺元任组织部长"③,张劲夫任宣传部长,谭光廷任军事部长,委员有喻屏、黄岩、曹云露、郑维孝。

安徽省工委隶属中共中央长江局,1938年11月以后隶属中共中央中原局。安徽省工委的任务是统一领导长江以北安徽党的组织,帮助和推动国民党桂系军队抗战。

中共安徽省工作委员会下辖中共寿县中心县委(原安徽工委改称),中共舒城中心县委(原中共皖中工作委员会改称),中共岳西中

---

① 安徽地方志编纂委员会编:《安徽省志·政党志》,方志出版社 1998 年版,第 16 页。另一说:喻屏担任组织部长。见张劲夫:《抗日战争时期我在安徽的经历》,安徽人民出版社 1998 年版,第 32 页。

② 徐则浩主编:《安徽抗日战争史》,安徽人民出版社 2005 年版,第 65 页。

③ 安徽地方志编纂委员会编:《安徽省志·政党志》,方志出版社 1998 年版,第 16 页。

心县委(领导岳西、太湖、潜山、怀宁4个县党的工作),中共太湖中心县委(下辖太湖、宿松、潜山、望江、岳西、桐城、怀宁等县党组织),中共立煌、凤台县委,霍山县工委,滁县特别支部,皖六专署特别支部。

安徽省工委在抗日民族统一战线和发展党的武装方面,做了大量工作。前者主要以安徽省民众总动员委员会及所属组织为重要依托,积极与各界进步人士充分合作,推动国民党桂系力量坚持抗战;在省民众总动员委员会派往各地的工作团中,不少共产党员被委任为工作团长,他们结合动委会的抗日宣传工作,团结争取大批进步青年,协助地方党迅速建立党组织,推动抗日救亡活动的开展。后者主要由省工委及各级地方党组织直接派人以合法名义打入县、区政府内部掌握武装;另一方面,以地方党组织积极协助新四军第四支队发展武装。

在中共中央长江局西迁重庆之前,由于武汉失守,长江局根据中共中央决定,将湖北省的鄂东北地区两个特委、河南省的豫东南特委和安徽省皖西地区的党组织,合并成立鄂豫皖区党委。

1939年初,在立煌县白水河成立中共鄂豫皖区委员会,中共安徽省工委撤销。区党委书记郑位三、组织部长兼统战部长何伟、宣传部长彭康、民运部长张劲夫、军事部长谭希林,统一领导津浦路以西、平汉路以东、浦(口)信(阳)公路以南鄂豫皖三省边区党的工作,属中共中央中原局领导,下辖中共鄂东北、豫东南、舒无特(地)委,六安、霍邱、潢川、英山中心县委及立煌县委。皖区党委通过安徽省动委会及各地工作团的合法组织开展工作,举办三期党员干部培训班,继续恢复和发展党组织,其成绩是主要的;但提出党在大别山地区的任务是帮助五路军(即桂系)建立大别山根据地是错误的。造成这一错误的原因,张劲夫认为是郭述申对党的六届六中全会的精神没有传达清楚。①

1939年7月,中共中央发来指示明确指出:鄂豫皖区党委的工作重点,要坚决转移到敌占区去,要向东发展配合新四军主力部队,到敌后去放手发动群众,发展武装,独立自主地开展游击战争,建立抗日根

---

① 参见张劲夫:《抗日战争时期我在安徽的经历》,安徽人民出版社1998年版,第40—41页。

据地。全国已先后发生几起国民党顽固派残杀中共干部、战士的惨案,如平江惨案、竹沟惨案等。为避免桂顽可能的袭击和到敌后抗战,中共鄂豫皖区党委于 1939 年 7 月由立煌县转移至庐江县东汤池新四军江北指挥部,后又随指挥部迁至皖东敌后。

在庐江县东汤池时期,中共鄂豫皖区委员会机关驻在新四军江北指挥部南面的村庄里,他们的电台与中共中央中原局随时可以直接联系,与留守立煌县的何伟也可以随时联系。区党委转移到此直到同年 12 月,做了不少工作:一是经过筹备于 9 月在这里召开鄂豫皖区党代表大会,选举出席党的七大代表;二是办党员训练班;三是办《抗敌报》(江北版),经过各种关系向大别山区公开发行。

中共鄂豫皖区委员会从驻地立煌县撤退后,为了坚持大别山的抗日斗争,同年 8 月,成立中共立煌市委,李丰平任书记,接替区党委在立煌县的工作。不久,中共立煌市委和中共立煌县委合并为立煌中心县委,书记为李丰平,负责立煌、霍山、商城 3 个县的抗战工作。同年 11 月,中共中央中原局鉴于大别山区形势逆转,决定撤销鄂豫皖区党委,成立鄂豫边区党委和皖西省委,分别领导大别山及周围地区的工作。在中共鄂豫皖边区党委和皖西省委的领导下,皖西地区人民继续英勇不屈地开展抗日斗争,并反击国民党顽固派挑起的反共"摩擦"。

1940 年 2 月,中共皖西省委在立煌县成立,李丰平任书记,吴皓任组织部长,秘书江明,属中共中央中原局领导,辖中共立煌中心县委和中共霍邱中心县委。3 月,省委机关迁至霍邱。主要以秘密方式领导皖西、大别山区及周围地区党的工作。5 月,因国民党新桂系不断制造"摩擦",形势恶化,省委负责人及所有干部奉命转移到豫皖苏新四军六支队地区,皖西省委工作结束。①

三、皖南地区中共组织的建立与发展

抗日战争爆发时,活动在皖南地区的中共组织只剩下皖赣特委。1937 年 12 月初,中共皖赣特委代表皖浙赣边区党组织和红军游击队,

---

① 安徽地方志编纂委员会编:《安徽省志·政党志》,方志出版社 1998 年版,第 17 页。

与国民党闽浙赣皖"绥靖"公署进行停止内战共同抗日的谈判成功。为便于皖浙赣边党的领导工作，中共中央东南分局将中共皖赣特委改称为中共皖浙赣特委，王丰庆、李步新分别任正副书记。皖浙赣特委下辖中共都（昌）彭（泽）中心县委、祁（门）浮（梁）中心县委和黟（县）休（宁）特支，共有党员510名。1938年1月，中共皖浙赣特委移驻浮梁县瑶里，2月初，李步新任书记，率领部队到歙县岩寺集中。皖浙赣特委在东南分局的领导下，积极动员各地红军游击队下山集中，完成部队整训改编。随着中共中央东南分局随新四军军部和新四军第一、第二、第三支队陆续移驻岩寺，当时浙江、江西的中共地方党组织已恢复和健全，为迎接皖南抗日形势高潮的到来，东南分局决定撤销中共皖浙赣特委，分别成立中共皖南特委和中共赣北特委。4月，中共皖南特委在歙县潜口成立。书记先后为李步新、邓仲铭、谭启龙，组织部长陈时夫，宣传部长黄祖炎，统战部长余华。皖南特委主要领导郎溪、黟县、石埭（即石台）、绩溪、太平、青阳、贵池、泾县、旌德等县党的工作。同时，在屯溪成立中共徽州中心县委，隶属中共皖南特委。5月，中共皖南特委机关由潜口移至太平麻村。8月，皖南特委随新四军军部、东南分局机关驻泾县云岭丁家山后，开始担负沿江各县党组织的恢复及民众发动工作。皖南特委对外以新四军民运部的名义进行工作。

四、淮南地区中共组织的建立与发展

1938年5月，日本侵略军先后打通津浦、淮南铁路并占领淮南地区全部县城，国民党势力退入大别山及其以西地区。在徐州失守后的第三天即5月22日，中共中央书记处发出《关于徐州失守后对华中工作的指示》，要求长江局"在津浦以东、陇海以南、长江以北的江北广大地区内，即应建立一个能独立领导工作的工委，其主要任务为发展游击战争"①。根据这一指示，1938年8月，中共中央长江局决定建立

---

① 《中共中央书记处关于徐州失守后对华中工作的指示》（1938年5月22日），中国人民解放军历史资料丛书编审委员会编：《新四军·文献》（1），解放军出版社1994年版，第114页。

中共皖东工作委员会,刘顺元任书记,李世农任组织部长,喻屏任宣传部长,谭光廷任民运部长。皖东工委隶属中共中央长江局,长江局撤销后,改由中共中央中原局领导。皖东工委主要活动在淮南铁路和津浦铁路之间的津浦路西地区,包括巢县、全椒、定远、滁县、含山、和县以及寿县、合肥一部分地区。

皖东工委在新四军第四支队的配合下,积极开展建党工作。1938年12月,建立巢县县委,鲍有荪(女)任书记。1939年2月,建立省动委会第三工作团中心支部,李世农、董毓华先后任书记。同月,建立周家岗直属区委,郑时若任书记。3月,建立肥东工委,谭光廷任书记。4月,建立定(远)凤(阳)县委,程明远兼任书记。同月,建立和(县)含(山)全(椒)县委,时生任书记。

1939年4月24日中共中央发出《关于建立皖东抗日根据地的指示》,几天以后,中共中央中原局将中共皖东工委改为中共苏皖省委,刘顺元任书记,李世农任组织部长,喻屏任宣传部长,谭光廷任民运部长,郭述申、方毅、祁式潜、苗勃然为委员。为配合第五支队东进开辟津浦路东地区,中共苏皖省委于同年7月成立以李世农兼任书记的中共津浦路东工委,发展党的组织,开展敌后抗日斗争。路东工委下辖以江靖宇为书记的来(安)六(合)滁(县)边区县委、以陈志方(房祖英)为书记的天长工委、以陈东明(陈虹)为书记的盱(眙)嘉(山)工委。除中共津浦路东工委外,中共苏皖省委还先后下辖定(远)凤(阳)、合肥、和(县)江(浦)3个中心县委,和(县)含(山)全(椒)、巢县、全椒、寿县、藕塘中心区5个县委,合肥、天长、定凤3个工委,周家岗、珠龙桥2个区委。至11月,计有中共党员1200人以上。

五、淮北地区中共组织的建立与发展

1938年2月,萧县路南工委、永城工委、砀山工委成立。10月,中共中央山东分局湖西特委决定建立萧县中心县委,领导萧、宿、永、夏、砀5县党的工作。11月,中共豫皖边工作委员会在河南省鹿邑县成立,书记张爱萍,领导豫东、皖北、皖西地区党的工作。隶属中共中央中原局领导,下辖睢县、杞县、太康、永城、亳县、涡阳等县党组织。

1939年3月,遵照中共中央中原局书记刘少奇的指示,中共豫皖边工作委员会撤销,在河南省永城县书案店成立中共豫皖边省委,书记张爱萍,副书记吴芝圃,组织部长周季方。隶属中共中央中原局领导,下辖中共睢杞太特委和中共皖北特委。8月,中共豫皖边省委改称中共豫皖边区委员会。9月,中共山东分局根据中共中央指示,将陇海路南的皖北、苏北地区划归中原局领导,并将萧县中心县委(包括萧、宿、永、夏、砀地区)划归豫皖边区党委领导。边区党委遵照中原局指示遂改称中共豫皖苏边区委员会。吴芝圃、刘子久先后任书记,刘瑞龙、向明、周季方、吴芝圃等先后任副书记,组织部长为周季方,宣传部长为曹获秋,保卫部长为黄赤波,向明、谢邦治先后任民运部长,周季方兼任秘书长。边区党委先后下辖中共皖北特委、中共皖北、泽东、涡浍、陇海路南、淮上、睢杞太地委等。1940年底,全边区有中共党员7600人(不含军队党员数)。

1938年10月,中共安徽省工委派江上青等共产党员到皖东北地区工作,组建中共特别支部,江上青任书记。12月,中共中央山东分局决定成立中共苏皖边区特委,由李浩然代理书记。1939年2月,山东分局派杨纯(女)到泗县,组建中共皖东北特委。3月,中共皖东北特委在泗县管镇成立,杨纯任书记,委员有江上青、江彤、孟戈非,统一领导泗县、五河、灵璧、宿县等地的党组织,特支同时撤销。根据山东分局的决定,中共苏皖边区党委于同年6月在邳(县)以南地区成立,苏皖边区特委撤销。苏皖边区党委由金明任书记,李浩然任组织部长(未到职),张彦任宣传部长,钟辉任军事部长,邵幼和任社会部长,张震寰任青年部长,张克辛任武装动员部长。苏皖边区党委领导淮海、盐阜、邳睢铜和皖东北等广大苏皖边区党的工作。此时区党委工作重点放在苏北地区。9月,中共苏皖边区委员会机关从邳睢铜地区移至泗县张塘。11月,在苏皖边区党委领导下,撤销中共邳睢铜中心县委,成立中共苏皖边区委员会一地委,后改称中共邳睢铜地委,书记李云鹤,领导铜山、邳睢、邳南、睢宁、睢灵萧宿5个县委。12月,根据中共中央决定,苏皖边区委员会由隶属山东分局领导改为隶属中原局领导。1940年9月下旬,苏皖边区党委机关从泗县东移淮海区。同时,在苏皖边区党委领导下,成立中共皖东北地委,张彦任书记。皖东北地委领导泗南、泗北、泗宿、淮泗、泗五灵凤、盱凤嘉、淮泗 7 个县级办事处和泗县第五、第八 2 个直属区委。下辖中共宿东地委,领导宿东、宿灵、萧铜 3 个县委及津浦路西地区 6 个县秘密党组织,全边区有中共党员 2600 人。

第二节　新四军在安徽开辟敌后战场

一、新四军整编与开赴敌后

七七事变后,面对日军的大规模入侵,国共两党再度携手合作,共同抗日。两党经过多次谈判,最后议定将中国工农红军改编为国民革命军第八路军,将在中国南方湘、赣、闽、粤、皖、浙、鄂、豫 8 省 14 个地区坚持 3 年游击战争的红军游击队改编为国民革命军陆军新编第四军(简称"新四军")。

1937 年 9 月 28 日,国民政府军事委员会铨叙厅发出通报:经"委员长核定","任命叶挺为陆军新编第四军军长"①。叶挺是北伐战争时期的名将,在广州起义失败后离开共产党,在海外寓居 10 年,毛泽东在延安得到叶挺"完全接受共产党的领导"的承诺后,同意他出任军长。1939 年新四军成立两周年时,新四军领导人确定 10 月 12 日为新四军的建军节。

1937 年 12 月 25 日,新四军军部在汉口太和街 26 号(现在的汉口胜利街 332—352 号)成立。1938 年 1 月 6 日,新四军军部由武汉迁驻南昌市三眼井高升巷(现南昌市友竹花园 7—8 号)原北洋军阀张勋的公馆内。

1938 年 3 月至 4 月间,新四军军部和江南部队奉命到达皖南歙县

---

① 彭德怀等:《中共著名将领亲历记》,国防大学出版社 1995 年版,第 369 页。

岩寺集中整编,在这里被整编为新四军第一、第二、第三支队。江北各游击队奉命到达湖北黄安(今红安)七里坪和河南确山县竹沟镇集结,在立煌县(今金寨县)流波礓改编为第四支队,在河南确山县竹沟镇设立新四军四支队八团留守处。4月4日,军部离开南昌,5日进驻皖南的岩寺(今安徽黄山市徽州区)。短短两个多月,散处在南方8省14个地区40多个县的红军游击队,迅速完成集中整编。新四军各支队的组成情况如下:

第一支队辖第一、第二团;第二支队辖第三、第四团;第三支队辖第五、第六团;第四支队辖第七、第九团,第八团队,手枪团;军部直属机关部队辖教导总队及特务营,这是一支中国共产党领导的抗日军队。红军游击队下山前总数不超过3000人,下山后整编中扩大为全军约10300人,6200余支枪。随后即在长江南北作战略展开。

中共东南分局和新四军军部决定,以第一、第二、第三支队部分干部和侦察分队组成先遣支队,在粟裕率领下,于1938年4月28日由皖南岩寺出发,向苏南敌后挺进,执行战略侦察任务。5月中旬,先遣支队到达苏南镇江地区。5月12日,陈毅、傅秋涛率领第一支队由太平出发东进,不久踏入江苏境内,直指茅山,开辟江南战场。6月中旬,第一支队到达苏南溧阳竹簧桥,随即展开于镇江、句容、金坛、丹阳地区。6月23日,项英在给陈毅的指示信中指出:"你们目前应以茅山、瓦屋山为根据地";"主力主要集结于茅山、瓦屋山、新桥一带,策应各方";"现二支队出动,当以茅山以北为宜。"①

在第一支队进入苏南敌后的6月中旬,罗忠毅、王集成率第二支队从皖南出发东进。6月下旬,粟裕回支队主持工作。8月下旬,张鼎丞到达当涂。部队在芜湖、当涂、宣城、江宁、溧水等地,积极开展抗日游击战争。其所辖第三团在当涂、芜湖一带烧毁日军列车一辆,长途奔袭官陡门据点;第四团在黄池、青山等地进行反"扫荡"战斗和水阳伏击战,他们还积极动员、组织群众抗战,扶助地方抗日游击队。8

---

① 《关于第一、二支队进入敌后的行动原则》(1938年6月23日),《项英军事文选》,中共中央党校出版社2003年版,第496—497页。

月,又在当涂和宣城水阳镇分别成立抗战动员委员会。

新四军第三支队组成后,于1938年6月底至7月初在东起芜湖、宣城,西至青阳、大通镇,南起章家渡,北至长江的横宽百余公里,纵深约60公里的狭长地带布防,英勇抗战。先后取得红杨树战斗、马家园战斗、谢家坳战斗、塌里王战斗、黄毛山战斗、坝埂头战斗、繁昌保卫战和皖南反"扫荡"等一系列战斗的胜利。其中影响较大的战斗有马家园战斗、5次繁昌保卫战、泾县保卫战。1938年10月底至11月初展开的历时4天的马家园战斗,新四军第三支队一部以少胜多,打死打伤日军300余人。5次繁昌保卫战由新四军第三支队副司令员谭震林直接指挥,第三支队和第一支队第一团、第二支队第三团密切配合,粉碎日军的"扫荡",打死打伤日军1000余人。1940年10月2日,集结在京沪线上的日军第十五、第一一六师团各一部约8000余人,伪军两三千人,由三木石太郎指挥,再次大举"扫荡"皖南。第二次皖南反"扫荡"自10月2日至11日,历时10天,大小战斗数十次,其中左坑的围困战、枫坑的截击战、泾县城的争夺战最为激烈,总计歼敌近3000余人,收复泾县城,大获全胜。

二、新四军军部和中共中央东南局在皖南

新四军军部于1938年5月5日离开岩寺,进驻太平县,而后又于26日进达南陵县土塘。8月2日军部迁至泾县云岭罗里村。同时,中共中央东南分局和中共皖南特委也随迁至此。此后至皖南事变爆发,中共中央东南(分)局和新四军军部在皖南三年,在这里领导新四军和东南地区的抗日游击战争。

中共中央东南分局是抗日战争时期中共中央设在东南地区的派出机构,受中共中央和中共长江局双重领导,并与新四军军部同时成立。1938年11月,根据中共六届六中全会决议,撤销长江局,将中国中央东南分局改为中共中央东南局,直属中共中央领导。中共中央东南(分)局在皖南三年主要任务是领导新四军工作,恢复和发展东南地区党组织机构,并以共产党的名义,广泛动员民众援战抗战,扩大抗日根据地,建立健全民众抗日组织,最大限度地支援新四军抗战斗争。

东南分局（东南局）除领导新四军内党的工作外，还通过皖南、苏南等几个特委，加强对地方党的领导。中共皖南特委于 1938 年 4 月在歙县潜口成立，李步新、邓仲铭、谭启龙先后任书记。皖南特委在东南局的正确领导和新四军帮助下，先后建立徽州、歙（县）、绩（溪）、休（宁）、太（平）、石（棣）、旌（德）、铜（陵）、南（陵）、繁（昌）中心县委，太平、旌德、铜陵、铜陵敌后（沦陷区）、繁昌、南芜宣、南陵、宣城、广德、青阳、泾县、泾太、泾旌太、旌泾太等县委，泾旌太、石棣中心区委，太平区委和绩溪特支。到 1940 年 6 月底，皖南地区共建立 14 个县委党组织，党员达 11502 人。群众组织及人员有：工抗会员 1912 人，农抗会员 14798 人，青抗会员 574 人，妇抗会员 230 人，商抗会员 250 人，儿童 540 人，其他会员 737 人，合计共有群众 21116 人。[①]

在东南分局（东南局）和新四军军部的领导下，各抗日团体积极参加减租减息运动，"军部出二五减租的告示，由农抗进行"。"利率减为一分到一分半，谷利（本来一担谷三斗利）减为一斗五到二斗，但进行得不普遍。"[②]在党组织较强、统战工作较好的地方，还建立群众抗日武装，如泾南边的自卫队至少有 1500 余人，沙洲游击队发展到 300 多人，繁昌获港也组织一支游击队，还有农民自卫队、冬防队、除奸队、猎户队、递步哨等。他们在维护社会治安、配合新四军作战方面，发挥了很好的作用。在发动群众创建根据地方面，因位于国民党统治区，又由于受项英错误思想的影响，到皖南事变前，只在铜陵及繁昌一个区、青阳两个区建立政权机构。其他地区，均设立抗日动员委员会，含有半政权性质。1940 年秋，成立皖南敌后军政委员会，统一领导皖南敌后游击区的党、政和武装组织。

1939 年 8 月，中共中央政治局在延安召开扩大会议，张鼎丞在会上作《关于新四军与东南党的工作》的报告。政治局扩大会议充分肯定了新四军与东南局取得下列成绩：发展统一战线；扩大党的组织；进

---

① 《曾饶关于皖南党与群众组织状况的报告》（1940 年 10 月 2 日），《中共中央东南局》编辑组：《中共中央东南局》下卷，中共党史出版社 2006 年版，第 880 页。

② 江天辉：《皖南特委工作报告》（1941 年 6 月），《中共中央东南局》编辑组：《中共中央东南局》下卷，中共党史出版社 2006 年版，第 921 页。

行战争的动员;进行青年和妇女工作;开展工农运动;建设部队和武装力量。1940 年 6 月,周恩来主持南方局常委会,他在听取新四军政治部主任、东南局委员袁国平关于新四军和东南局地区党的工作的汇报后指出:一年来东南局的工作在项英的领导下是正确的。

1939 年 2 月 23 日,中共中央军委副主席、国民政府军事委员会政治部副部长周恩来偕同先期离开皖南军部到南方活动的叶挺军长到达云岭。周恩来在军部历时 20 天,把主要精力放在传达六届六中全会有关"发展华中"的精神和确定新四军发展的战略方针上。他多次听取新四军领导人汇报和各支队负责人的意见,召开各种座谈会,深入基层了解情况,先后给新四军指战员作了《目前形势和新四军的任务》等报告①,提出新四军向敌后发展的 3 个原则。他说:"哪个地方空虚,我们就向哪个地方发展";"哪个地方危险,我们就到哪个地方去创造新的活动地区";"哪个地方只有敌人伪军,友党友军较不注意没有去活动,我们就向哪里发展"。周恩来与新四军领导人商定"向南巩固,向东作战,向北发展"②的方针。

周恩来到皖南的另一任务,是做好叶挺、项英的团结工作。在这之前,由于某些方面的原因,叶、项工作关系不协调,叶挺提出辞职。1939 年 1 月 8 日,周恩来向中共中央提出解决叶、项工作关系的原则:"共产党领导必须确定,工作关系必须改变,新四军委员会可以叶正项副,项实际上为政委。"③10 日,中共中央书记处复电同意周恩来的各项意见。④经过周恩来做工作,叶挺表示愿意回新四军工作。周恩来到云岭后,向军部领导干部传达中共中央关于叶挺、项英分工的意见,并与项英多次恳谈,要项英搞好同叶挺的关系。在周恩来的帮助下,项英作了自我批评,表示要同叶挺搞好团结。此后,叶、项关系有所

①　《周恩来军事文选》第 2 卷,人民出版社 1997 年版,第 176—177 页。
②　《中共中央书记处对新四军发展方针的指示》(1940 年 1 月 19 日),中国人民解放军历史资料丛书编审委员会编:《新四军·文献》(1),解放军出版社 1994 年版,第 141 页。
③　《周恩来建议叶挺任新四军委员会主任致中共中央书记处电》(1939 年 1 月 8 日),《新四军·文献》(1),第 106 页。
④　《中共中央书记处同意叶挺为新四军委员会主任致新四军等电》(1939 年 1 月 10 日),《新四军·文献》(1),解放军出版社 1994 年版,第 107 页。

改善。

周恩来完成上述任务后,于3月14日离开军部。15日,途经安徽太平县三门村,再次经过开明绅士刘敬之家,应刘敬之之子的请求,欣然挥毫题词:"绥靖地方,保卫皖南,为全联导,为群众倡。"周恩来的皖南之行,为打开华中抗战局面起了重大作用。

三、新四军江北指挥部的成立与第四、第五支队挺进皖东

1938年4月,日军侵占和县、含山、巢县县城。5月,日军占领合肥。6月,安庆沦陷。为抗日救亡,4月至10月,第四支队由安徽霍山地区向皖中地区展开,取得蒋家河口、范家岗、棋盘岭和无为、庐江两县城等战斗的胜利,初步打开皖中地区抗战局面。11月,遵照毛泽东关于"现在安徽中部最便利我军活动"①的指示,项英和军分会派张云逸参谋长率干部数十人和军部特务营过江到江北,向高敬亭传达军部指示,贯彻四支队东进的方针。张云逸同国民党安徽省主席兼第二十一集团军总司令廖磊进行谈判并达成协议,划无为县和皖东地区为新四军第四支队的活动范围。1939年1月,在原第四支队第二纵队的基础上扩建组成新四军江北游击纵队。新四军江北游击纵队的主力坚持巢县、无为地区,一部进入和县、含山县坚持抗日游击战争。3月,四支队主力东进淮南津浦路西地区,江北游击纵队和舒无地委坚持皖中的抗日斗争。

1939年5月5日,经中共中央批准,军长叶挺、政治部副主任邓子恢,相继从皖南渡江,来到江北第四支队驻地庐江汤池南3里处的严家松园,组建新四军江北指挥部。新四军参谋长张云逸兼任指挥,徐海东(时在延安)、罗炳辉任副指挥,赖传珠任参谋长,杨梅生任副参谋长,政治部主任由新四军政治部副主任邓子恢兼,副主任张劲夫。江北指挥部统一指挥江北新四军。同时成立党的江北指挥部前委,张云逸任书记,统一指挥江北新四军部队和地方武装。

---

① 《毛泽东、王稼祥、刘少奇关于张云逸可率部过江活动致项英等电》(1938年11月10日),《新四军·文献》(1),第392页。

在新四军江北指挥部组建前后,叶挺、张云逸都曾动员滞留在皖中的第四支队主力东进。"但由于高敬亭思想跟不上形势,对中共中央关于东进敌后抗日的方针执行不力,行动迟缓,丧失了开辟皖东的最有利时机"[1]。1939 年 6 月 24 日,高敬亭在肥东县青龙厂被错杀。[2]

新四军江北指挥部成立后,使皖中的抗日救亡形势迅速发展。但是,1940 年 4 月,国民党桂系李品仙所部制造"摩擦",酿成牌楼事件,使江北游击纵队蒙受巨大损失,被迫撤出皖中。为了贯彻中共中央中原局关于建立皖中抗日根据地的指示,中共舒无地委和纵队于 7 月返回巢(县)无(为)含(山)一带,会同皖南来的由林维先率领的新四军第三支队五团三营开展斗争。9 月,成立和(县)含(山)巢(县)无(为)各区联合办事处,侯奕斋任主任。中共无为县委先后在无为建立 5 个区级抗日民主政权。12 月,为做好接应军部及皖南部队北渡长江的准备工作,成立了渡江指挥部。至此,皖中地区抗日根据地初步形成。

新四军江北指挥部成立后的同年 6 月,以第四支队为主的新四军江北部队扩编为第四、第五支队和江北游击纵队。第四支队司令员由江北指挥部副指挥徐海东兼任,戴季英任政委,下辖第七、第九、第十四团;7 月,以第四支队第八团为基础,在定远县成立第五支队,司令员罗炳辉,副司令周骏鸣,政委郭述申,下辖第八、第十、第十五团。江北游击纵队扩编为 3 个大队,司令员孙仲德,政委黄岩。经过两个多月的发动群众和开展游击战争,以第四支队展开于淮南津浦路西地区,开创以定远县藕塘为中心的津浦路西抗日根据地;第五支队展开于淮南津浦路东地区,开辟以盱眙县半塔集(现属来安县)为中心的津浦路东抗日根据地;江北游击纵队在巢县、无为地区开展抗日游击战争,并保持与军部联系。

---

① 中国人民解放军历史资料丛书编审委员会:《新四军·综述·大事记·表册》,解放军出版社 1993 年版,第 28 页。

② 1977 年 4 月 27 日,中国人民解放军总政治部发出《关于高敬亭同志平反的通知》指出:"高敬亭同志参加革命后,在毛主席党中央领导下,在坚持鄂豫皖地区革命斗争中是有功的,虽在四支队工作期间犯有严重错误,但是可以教育的,处死高敬亭同志是错误的",应"给予平反,恢复名誉"。

11月底，刘少奇率中共中央中原局机关进入皖东，直接领导皖东地区的抗日斗争。1939年12月和1940年1月至2月，刘少奇主持召开3次中共中央中原局会议，传达党的六届六中全会精神，确定向东发展的战略任务，强调建立抗日民主政权、发展抗日武装的极端重要性，确定建立抗日根据地的方针和任务。

皖东津浦路西抗日游击根据地。1939年12月21日至23日，四支队在徐海东亲自指挥下，取得津浦路西周家岗反"扫荡"的胜利，毙、伤敌人160余名，俘日军分队长1名、伪军4名。① 1940年3月，新四军第四支队一部攻占定远县城。3月17日，成立定远县抗日民主政府，魏文伯任县长。这是淮南地区第一个抗日民主政权。4月中旬，定（远）凤（阳）滁（县）3县联防办事处成立，魏文伯任主任。6月，成立皖东津浦路西联防司令部，司令员魏文伯，政治委员彭康。8月1日，皖东津浦路西各县人民抗敌联防委员会办事处在定远成立，黄岩、童汉璋先后任主任。9月中旬，路西联防办事处决定成立合肥东南各区联合办事处、和含巢各区联合办事处2个县级政权。至此，皖东津浦路西地区建立6个县的抗日民主政权，以藕塘为中心的路西抗日根据地连成一片。

皖东津浦路东抗日游击根据地。1939年9月，新四军在路东成立第五支队驻来安办事处，汪道涵、江靖宇先后任办事处处长。为执行中共中央发展皖东的战略，第五支队在罗炳辉率领下，以半塔为中心，实施战略展开。与此同时，罗炳辉率第五支队一部与苏皖支队协同作战，粉碎日军2000余人对皖东津浦路东天长、仪征、六合地区的"扫荡"，歼敌300余人。1939年9月到1940年5月，第五支队3次攻克来安城，消灭日伪军600余人，粉碎日伪军对皖东"扫荡"。1940年3月15日，来安县抗日民主政府成立，县长先后为郑伯川、江靖宇，这是津浦路东第一个抗日民主政府。4月5日，刘少奇率中原局和江北指挥部机关由津浦路西移至路东半塔集附近的大田郢。4月18日，皖东

---

① 《周家岗反"扫荡"战斗详报》（1939年12月21至23日），中国人民解放军历史资料丛书编审委员会编：《新四军·文献》（1），解放军出版社1994年版，第409页。

津浦路东各县人民抗敌联防委员会办事处成立,贺希明、邓子恢先后为主任。

为了争夺华中,李品仙、韩德勤于 1940 年 3 月奉命调集 20 余团兵力从东西两面夹击皖东。第四、第五支队和苏皖支队奋力作战,攻克定远城,取得半塔集保卫战的胜利,粉碎顽军的进攻。[①] 6 月,李品仙所部再次制造"摩擦",并进占合肥古城集、青龙厂等地。中旬,第四、第五支队在古城集猛烈反击,迫使李品仙部往回撤。江北指挥部即令停止追击,并与其谈判,达成以淮南铁路为界的停战协定。是役,第八团政治委员刘树藩牺牲。此后,皖东抗日根据地还平定盱眙县大通镇、来安县屯仓区等地的反动地主武装暴乱。

8 月,新四军第五支队开辟淮宝地区,并在此和八路军第五纵队会师,沟通了皖东、皖东北、苏北地区的联系。9 月 5 日至 17 日,江北新四军粉碎了从南京、扬州、蚌埠等地出动的日军第十五、第十七师团及伪军各一部共万余人对皖东地区的 7 路大"扫荡",毙伤日伪军 600 余人。

到 1940 年底,皖东根据地已建立 15 个县级政权,新四军主力和县区武装已发展到 3 万多人,人民自卫军 10 万人,进行大小战斗 200 多次,歼灭日伪军 9000 余人。根据地人口近 200 万,控制面积达 3 万余平方公里。[②] 至此,皖东抗日根据地正式形成。

四、新四军游击支队、八路军苏鲁豫支队挺进豫皖苏和皖东北

1939 年初,彭雪枫率新四军游击支队向豫东、皖北敌后挺进,经过数月的敌后游击战争,先后取得了芦家庙、永城等一系列战斗的胜利,歼伪军 1300 余人,建立永城城东四村集第二区抗日区署,部队得到了迅速发展,很快打开了豫皖边的抗日斗争局面。3 月,八路军苏鲁豫支队越陇海铁路南下,在萧县、宿县地区与新四军游击支队会合,开辟豫皖苏边区抗日根据地。6 月,新四军游击支队主力进军宿县、

---

① 《半塔守备战详报》(1940 年 4 月),《淮南抗日根据地》编审委员会编:《淮南抗日根据地》,中共党史资料出版社 1987 年版,第 36—41 页。

② 马洪武等编:《抗日战争事件人物录》,上海人民出版社 1986 年版,第 223 页。

蒙城、凤台、蚌埠之间的淮上地区,设立缉私机构,解决部队的经济困难,打开了抗战局面。

8月,中共豫皖苏省委改为中共豫皖苏边区党委。11月,豫皖苏边区联防委员会在涡北新兴集成立,主任吴芝圃,副主任刘宠光,这是豫皖苏边区最高行政机构。还成立了豫皖苏边区参议会,吴芝圃任议长。各地抗日民主政权也相继建立,此后,豫皖苏抗日根据地已粗具规模。

1940年2月1日,新四军游击支队改番号为新四军第六支队,辖4个总队,共12个团。

1940年3月,日伪军2000余人分数路"扫荡"豫皖苏边萧(县)永(城)地区,历时一个多月。第六支队取得反"扫荡"的胜利,共毙敌佐野联队长、北山大尉以下数百人。第六支队第一总队长鲁雨亭在李黑楼战斗中牺牲。

为了发展华中,毛泽东决定八路军增援华中,"使八路军、新四军打成一片"①。根据中央的部署和八路军总部的命令,八路军第二纵队政治委员黄克诚率第三四四旅、新编第二旅共1.2万余人,于6月下旬抵达安徽省涡阳县的新兴集豫皖苏边区,与新四军第六支队合编为八路军第四纵队,彭雪枫任司令员,黄克诚任政治委员,辖4个旅。随后,八路军苏鲁豫支队也越过陇海铁路抵达泗县。为了扩大豫皖苏边根据地,并解决财政困难,第四纵队以一部坚持涡北边区斗争,一部南下怀远、凤台,打击日军。

8月初,为了实现刘少奇提出的"向东发展,向西防御",集中力量发展苏北的方针,由黄克诚率3个团及教导营,从豫皖苏边区东进到皖东北地区,执行开辟苏北的任务。8月16日,部队整编,成立八路军第五纵队。八路军第五纵队2万余人,在司令员兼政治委员黄克诚的率领下,执行东进淮海的任务。第四纵队由彭雪枫任司令员兼政委,张震任参谋长,萧望东任政治部主任,共2万余人。9月,第四纵队一部坚持涡北边区斗争外,主力进驻淮上。从此,豫皖苏边区进入了以

---

① 《毛泽东军事文集》第2卷,军事科学出版社、中央文献出版社1993年版,第523页。

淮上为中心的发展时期。

9月，八路军第五纵队主力在高沟、杨口地区粉碎日伪军两次"扫荡"。随后，第五纵队一部进入淮海地区，初步开辟了淮海抗日根据地。与此同时，八路军第五纵队第二支队主力，坚持皖东北斗争，配合新四军第五支队开辟淮（安）宝（应）地区，沟通与皖东地区的联系。之后，又配合第五支队粉碎日军对淮南津浦路东的"扫荡"，坚持了皖东北地区，保持了与皖东区、淮海区的联系。11月，八路军第四纵队在蒙城板桥集与日军2000余人激战一周，歼敌400余人，击落飞机1架，击毁汽车10余辆。

12月中旬，国民党军汤恩伯部准备向豫皖苏边区进犯，当时八路军四纵奋战淮上，根据地中心永城一带较为空虚，国民党顽固派策动豫皖苏边区保安司令耿蕴斋、第六旅副旅长兼第十八团团长吴信容、第十七团团长刘子仁欺骗裹胁部下8个连队叛变，豫皖苏根据地形势迅速恶化。

到1940年底，豫皖苏边区党委辖淮上、涡浍、陇海路南、豫皖和睢（县）杞（县）太（康）5个地委、2个专署、5个县政府和6个办事处。其中萧县、亳县、涡北（涡阳北部）县、宿南（宿县南部）县抗日民主政府，宿西（宿县西部）和砀南（砀山南部）县办事处及淮上办事处所辖怀（远）蒙（城）、怀（远）凤（台）两个县办事处，均在安徽境内。

皖南事变后，国民党顽固派又重点进攻该地。因敌强我弱，部队疲劳，新四军第四师作战失利，于1941年5月中旬奉命向津浦路东撤退。到6月8日，第四师和豫皖苏区党委全部转移到皖东北抗日根据地。

在此之前，皖东北根据地已具规模。早在1939年4月即有李浩然率八路军陇海南进支队和中共苏皖边区特委机关南下，建立了邳睢铜抗日游击根据地。6月，中共苏皖边区委在邳南地区成立。8月，通过共产党员江上青和彭雪枫部张爱萍等人有效地进行统战工作，在皖东北成立了八路军、新四军驻皖东北办事处，张爱萍任处长。八路军、新四军在皖东北与国民党安徽省第六专署盛子瑾正式结成合作抗日的统一战线。6月1日，日军1700余人"扫荡"灵璧以北张山集地区。

八路军苏鲁豫支队一部展开反"扫荡"作战,毙敌 300 余人。此后,苏鲁豫支队、陇海南进支队、新四军游击支队第四总队屡创日军,迅速打开了皖东北的抗战局面。

12月下旬,新四军第六支队派张太生率领支队主力第一团及党政干部 120 余人,随张爱萍越津浦路到皖东北,与第六专署武装等部改编为第六支队第四总队,辖第十一、第十二团及独立团,张爱萍为总队长兼政委。中共与盛子瑾统战关系的确立,引起了国民党安徽省政府的反对。1940 年初,李品仙派马馨亭率领部队 1000 余人,进驻泗县地区,企图取代盛子瑾,扩大反共阵地。在张爱萍统一指挥下,制定了"援盛(子瑾)打马(馨亭)"的正确方针,区党委派部队在大柏圩击退前来"驱盛"的桂系马馨亭部,盛子瑾因被国民党安徽省政府通缉而出走。至此,皖东北地区完全为八路军、新四军控制。

1940 年 3 月 24 日,皖东北召开第一届各界人士代表大会,成立皖东北抗日民主政权,名称仍沿安徽省第六行政区督察专员公署,推选陈粹吾为专员(后为刘玉柱),任命张爱萍为皖东北保安司令兼政委。同时,皖东北区党委成立,刘子久任书记。

至 1940 年 9 月,皖东北抗日根据地辖有泗县、盱凤嘉、泗五灵凤、泗宿、淮泗 5 个县、16 个区、104 个乡政权。它与豫皖苏、苏中、苏北抗日根据地相接,战略地位十分重要。

第三节　皖南事变与新四军军部重建

一、皖南事变

1940 年 9 月 27 日,德国、日本、意大利 3 国订立军事同盟条约。日本为了配合德国在欧洲的侵略行动,实现南进的方针,企图早日结束其侵华战争,加紧对蒋介石集团的诱降。英国、美国为了自身的利益,积极支持中国的抗日战争,以牵制日本的军事力量,遏止日本的南进政策,加紧拉拢蒋介石。苏联为防止日本北进,避免自己在欧洲和远东两线作战,也积极支持国民党政府抗战。蒋介石集团把国际形势的这一变化,当做消极抗日、积极反共的可乘之机。

蒋介石制造皖南事变,与国内形势的变化也是分不开的。蒋介石在华北反共碰壁后,就把反共的矛头指向华中。因为:蒋介石在华中地区,有汤恩伯的第三十一集团军、李品仙的第二十一集团军、唐式遵的第二十三集团军、韩德勤的鲁苏战区部队和冷欣的游击区部队,总兵力在 50 万人以上;新桂系和蒋介石联手,形成蒋、桂、何联盟,增强了顽固派的军事实力;华中是联系华北与华南的枢纽,为了控制华中,达到割断新四军与八路军战略联系这一目的,1940 年 3 月蒋介石密令李品仙、韩德勤调集 20 余团兵力进攻皖东,又命令江北新四军第四、第五支队南调。当八路军一部已经南下与新四军第六支队合编为八路军第四、第五纵队后,蒋介石改南调为北撤,并以所谓中央提示案的形式提了出来。国民党方面还发起黄桥战斗,企图将中共武装赶出华中。1940 年 9 月至 10 月,韩德勤先后调集 26 个团的兵力进犯黄桥地区,在陈毅、粟裕的指挥下,新四军共歼灭韩德勤部 11000 人,取得了黄桥战斗的胜利。黄桥战斗后,国民党顽固派蓄意要报复。1940 年 10 月 19 日(皓日),何应钦、白崇禧在蒋介石指使下,以国民政府军事委员会正副参谋总长的名义,向八路军总司令朱德、副总司令彭德怀、新四军军长叶挺发出皓电,诬蔑八路军、新四军"不守战区范围自由行动"、"不遵编制数量自由扩充"、"不服从中央命令破坏行政系统"、"不打敌人专事并吞友军",并将中央提示案"正式抄达"①,限令黄河以南的八路军、新四军于一个月内全部开到黄河以北地区。

中共中央于同年 11 月 9 日(佳日)以朱德、彭德怀、叶挺、项英的名义发表佳电,列举抗战以来八路军、新四军坚持敌后抗日,收复失地的事实,驳斥皓电的造谣诬蔑;又历数国民党顽固派不断制造"摩擦"的罪行,揭露了他们以"投降代独立,以分裂代团结,以黑暗代光明"的险恶用心。佳电还申明长江以北的抗日军队不能撤退的理由,拒绝

① 《皖南事变》编纂委员会编:《皖南事变》,中共党史出版社 1990 年版,第 82 页。

了国民党的无理要求；但为了顾全大局，答应将江南的正规部队移至江北。①

佳电发表后，国民党顽固派进一步策划围歼皖南新四军的阴谋活动。11月14日，国民政府军事委员会军令部拟订《剿灭黄河以南匪军作战计划》，决定第一步以第三战区兵力于1941年1月底以前"肃清"江南新四军，然后"肃清"苏北新四军。第二步以第五战区兵力于2月28日前"肃清"黄河以南八路军、新四军。12月9日，蒋介石发出手令，限江南新四军于1940年12月31日以前开赴长江以北地区，黄河以南的八路军、新四军于次年1月31日以前开赴黄河以北地区。10日，徐永昌致蒋介石"签呈"：建议立即以命令下达《剿灭黄河以南匪军作战计划》，并下令第三战区妥为准备，"届时彻底扫荡江南"新四军。同日，蒋介石用"特急密电"命令顾祝同："应按照前定计划，妥为部署"，如果到了规定的时间，江南新四军仍不遵命就地北渡，"应立即将其解决"②。遵照蒋介石的旨意，顾祝同制订了"进剿"新四军的计划。

1941年1月4日晚，乌云笼罩下的皖南一片漆黑，新四军军部皖南部队，奉命踏上北移的征途。北移部队分三路：一纵为左路；三纵为右路；二纵为中路，军部、教导总队及军直机关人员随二纵行动。每路各2000多人，踏上北移的征途。

1月6日，蒋介石命令第三、第五战区：

（一）查朱、叶各部，尚未恪遵命令向黄河以北移动。

（二）决强制执行之。

（三）第三、第五战区应并用军政党综合力量，迫其就范。

（四）特须注意防止该部向江南山地及大别山或豫西流窜，影响大局。

（五）务避免以大部队在前线致敌所乘，我军应以游击

① 中央档案馆编：《皖南事变》（资料选辑），中共中央党校出版社1982年版，第83页。

② 《蒋介石密令顾祝同"解决"江南新四军的反共电文》（1940年12月10日），安徽省文物局新四军文史征集组编：《皖南事变资料选》，上海人民出版社1983年版，第113页。

战要领避难就易,避实击虚,计出于万全,勿致牵动全局。

（六）关于局部及剿抚进退诸机宜,统由各该长官负责处理为要。①

顾祝同接到命令后,于 6 日下午 3 时命令上官云相:

叶挺、项英不遵命令,以主力由皖南渡江就指定位置,乃擅率驻皖南所部于支(4 日)晚开始移动,企图窜据苏南,勾结敌伪,挟制中央,似此违背命令,自由行动,破坏抗战阵线,殊堪痛恨。为整饬纪纲,贯彻军令,对该军擅自行动部队决于进剿,仰贵总司令迅速部署所部开始进剿,务期于原京赣铁路以西地区,彻底加以肃清,并严督党政方面配合军事积极工作,俾绝根株。又对该军化整为零,企图流散时之清剿,并希预为计划及准备为要。②

6 日下午 5 时,上官云相下令所属各部:"集团军以迅速围剿该匪之目的,于苏南及宣城方面对敌伪暂取守势,即以主力于明(7)日拂晓开始围剿茂林、铜山徐一带匪军。"③当日下午 6 时,国民党第一四四师各部已迅速占领章家渡、文村、云岭、北贡里、汀潭、下浒、中村、溪口等地,切断了皖南新四军的后路。在蒋介石的一手策划下,国民党重兵对皖南新四军的血腥镇压即将开始。

6 日 7 时,二纵老三团三营派出的一个警戒排在茂林附近的高坦附近遭国民党第四十师一二〇团搜索部队袭击。9 时,三纵特务团一营二连在麻岭遭第四十师一一九团搜索部队袭击。国民党顽固派打响了袭击皖南新四军的枪声。下午,新四军军事会议在茂林的潘家祠堂召开。会议决定:一纵全部出球岭;二纵的 3 个营出丕岭,2 个营出博道岭(又名"缚道岭");三纵(欠五团)出高岭,五团为全军后卫,随

---

① 中共中央党史研究室:《中共党史资料》第 37 辑,中共党史出版社 1991 年版,第 32—33 页。
② 中共中央党史研究室:《中共党史资料》第 37 辑,中共党史出版社 1991 年版,第 33 页。
③ 中共中央党史研究室:《中共党史资料》第 37 辑,中共党史出版社 1991 年版,第 33—34 页。

二纵行动。各部于本日黄昏开始行动，正午前会攻星潭；攻下星潭后，分二路进攻三溪顽四十师师部。下午5时，第三十二集团军总司令上官云相命令所部：7日拂晓以主力"围剿"皖南新四军。

7日拂晓，一纵激战球岭，再战举山。如果再前进一步，占领榔桥河镇，就能和中路纵队形成夹击星潭之势。但国民党第五十二师占领了榔桥河镇、榜山等地，8日，把第一纵队封锁在榔桥至白华公路的西侧。这样，第一纵队从左翼攻打星潭的计划失败了。

第三纵队特务团攻占了顽军还未来得及设防的高岭，7日上午10时半，在濂岭之南与第四十师一一八团工兵营第一连遭遇，经过半小时战斗，将其打垮。牛栏岭被第七十九师的拦截，特务团激战牛栏岭，8日拂晓退守濂岭，中午，遭到第七十九师占领。这样，第三纵队特务团从右翼会攻星潭的计划也失败了。

第二纵队于7日凌晨离开茂林、凤村一带，向丕岭进发。老三团三营只用了20多分钟就解决了战斗，歼第四十师第一二〇团的一个排，击溃其一个连，占领了丕岭。山口（地名）是会攻星潭的必经之路，第四十师一二〇团占领了山口左右高地至里方坑之线阵地，封锁了二纵通往星潭的道路。中午，叶挺下令新三团攻打星潭，新三团未能突破山口阵地。第二纵队攻打星潭，也未能突破山口阵地。

星潭久攻不下，叶挺从前线回百户坑召开会议，研究对策。会议从7日下午3时开始，时断时续，一直开到深夜，但真正开会的时间还不到两三个小时。会上，叶挺提出两个方案，没有获得通过。军部参谋处作战科长李志高提出第三方案，决心继续攻打正面，任何牺牲在所不惜。项英则主张尽量减少牺牲，拿下山口阵地。叶挺同意这一方案。这样，第二纵队又继续攻打山口阵地，直到深夜，不但没有攻下，而且伤亡达七八百人。于是，周子昆提出第四方案，部队撤回丕岭以西，由高岭翻出，避免与第四十师作战，并可与三纵会合，以便转到太平洋溪间丘陵地带。但又恐与第七十九师遭遇。大家基本接受这一方案。

百户坑会议后，叶挺军长立即来到五团，命令五团由全军的总后卫改为前锋，由原路返回，连夜翻越丕岭，于8日拂晓前占领高岭。五团在高岭坚守了3天，完成了叶军长交给的任务。8日中午，军部经过里潭仓，沿着濂坑向南开动，前往高岭。因为向导带错了路，误走濂岭。此时，特务团已撤回濂岭。军部转身折回，改向高岭前进，尚未到达高岭，即见三纵司令员张正坤从高岭撤回，于是，以教导总队为前卫，一举攻占了高坦，打算折回茂林。

此时，包围圈步步紧缩。南面，第七十九师于 8 日先后攻占牛栏岭、濂岭、七十二罐。第一四四师一部占领南容附近，与新四军激战到深夜，至 9 日仍在对峙中。北面，第一〇八师主力于 8 日占领丁王殿、巧峰镇等地，并向大康王地区推进。东面，第四十师于 8 日夜经山口、丕岭等地向高岭推进。东北面，第五十二师正在阻击第一纵队。西面，新七师第二旅于 8 日到达青弋江北岸。第一四四师已占领云岭、茂林等地，主力向高坦攻击前进。8 日 21 时，顾祝同电令上官云相称："限电到 12 小时一举而聚歼"新四军，"勿使逃窜分散为要"①。

四周都响起了枪声。项英"临时动摇"，率少数人离队，延安命令小姚（饶漱石）接替项英的工作。叶挺率部于 9 日晚离开高坦，10 日拂晓转战石井坑。10 日 14 时许，项英率少数武装离队后归队，与叶挺、饶漱石见了面，项英起草电文向党中央请求处分。这时，聚集在石井坑的新四军指战员约 5000 余人。叶、项致电毛泽东、朱德称：

> 我全军被围于泾县、茂林以南，准备固守，可支持一星期。请以党中央及恩来名义，速向蒋、顾交涉，以不惜全面破裂威胁，要顾撤围，或可挽救。上下一致，决打到最后一人一枪，我等不足惜。一周后如无转机，则将全部覆没。盼立示。②

11 日党中央回电说：

> 希夷（叶挺）、小姚（饶漱石）的领导是完全正确的，望全党全军服从叶、姚指挥，执行北移任务。你们的环境虽困难，

---

①　安徽省文物局新四军文史征集组编：《皖南事变资料选》，上海人民出版社 1983 年版，第 179 页。
②　中央档案馆编：《皖南事变》（资料选辑），中共中央党校出版社 1982 年版，第 132 页。

但用游击方式保存骨干，达到苏南是可能的。①

这封电报，说明党中央对叶挺、饶漱石领导的支持，同时也不同意叶挺"固守一拼"的方针。

石井坑，位于章家渡南约30多里处，东、南、北三面高山环抱，山高林密，只有西北面入口处为丘陵地带，入口的两侧，一边是狮形山、另一边是象形山，由入口处向东南方向延伸，长约10余里，宽约1里，散落着几个村庄，100户人家。此时，石井坑已被顽军6个师层层封锁，我军出发时，每人只带了3至5天的行军粮和有限的弹药，经过几天的战斗，子弹快打完了，粮食快吃完了。石井坑无法解决5000余人的吃饭问题，买不到粮食，他们靠宰杀骡、马充饥；弹药只能靠从顽军手里夺。叶挺军长在石井坑布防，坚守石井坑的制高点东流山。

东流山是黄山的余脉，位于茂林镇的东南侧，离泾县城三四十华里，主峰海拔800多米。它是石井坑的制高点，东流山在手中，则石井坑存，东流山丢了，则石井坑亡。因此它关系着新四军的安危，成为两军反复争夺的要点。

1月10日午刻（13—14时），第四十师一一九团、一一八团一部占领了东流山的制高点。黄昏，新四军第五团和教导总队前来增援，夺回制高点。申刻（17—18时），第一四四师四三○团又攻至东流山腰②，被新四军击退。

11日15时，第四十师一一九团和一一八团将"东流山之最高峰""占领大半"，17时"全部占领"东流山③，这是东流山第二次失守。叶挺派陈忠率1个整编营和新、老三团一部反攻，11日傍晚又夺回了东流山最高点。

12日下午，上官云相增调兵力，开始总攻。"17时即将东流山攻克"。东流山失守后，白山、憨山头纷纷告急。叶挺命令余立金带领教导总队发起反冲锋，堵住敌人，让军部有时间组织部队分散突围。余

① 中央档案馆编：《皖南事变》（资料选辑），中共中央党校出版社1982年版，第133页。
② 安徽省文物局新四军文史征集组编：《皖南事变资料选》，上海人民出版社1983年版，第185页。
③ 安徽省文物局新四军文史征集组编：《皖南事变资料选》，上海人民出版社1983年版，第211—212页。

立金召集教导总队干部会议,决定将教导总队的 4 个队合并为两个大队,反攻东流山,掩护军部和主力部队突围。战斗到 13 日凌晨,香炉墩、象形山相继失守,教导总队面临腹背受敌的威胁。叶挺命令教导总队边打边撤,掩护军部向火云尖转移。教导总队撤离东流山,到了北面的白山山腰时,石井坑原军部所在地已经成为一片火海。

12 日下午,电波从延安带来了党中央和中央军委以毛泽东、朱德、王稼祥名义发出的关于新四军应速谋突围的明确指示:

> 你们当前情况是否许可突围,如有可能,似以突围出去分批东进或北进(指定目标,分作几个支队分道前进,不限时间,以保存实力,达到任务为原则)为有利,望考虑决定为盼。因在重庆交涉恐靠不住。同时应注意与包围部队首长谈判,并盼将情形告知。①

叶军长看完电报,还没顾得上回电,东流山已失守。叶挺召开营以上干部会,宣布决定突围,他沉着地对大家说:你们都是共产党员,为了保存革命的种子,现在你们愿意当突围司令的,都可以当突围司令;带干部的、带兵的都可以,带三五个人也可以,方向是到苏南,或者到江北,也可以到徽州去打游击,也可以在原地坚持斗争。总之,突围的方向你们可以自由选择,没有钱,可以到后勤部去领。叶军长动员后,军部有关同志就砸了电台,销毁了文件,全军开始分散突围。

第二纵队的突围战斗,是分两路进行的。纵队首长决定以新三团二营营长巫希权、一营政委张玉辉率领 600 多人为左路,在石井坑以西、香炉墩以南,沿高坦北面一条小路打出去,经茂林向章家渡方向突围;以新三团团长熊梦辉、参谋长张日清、政治处主任阙中一率 800 多人为右路,在石井坑西北,狮形山与香炉墩之间,经凤村向章家渡方向突围;纵队部随右路突围。12 日晚上八九点钟,突围战斗开始了,部队历经千辛万苦,受到巨大损失,渡过长江,到达无为泥汊镇、陈瑶湖,

---

① 中央档案馆编:《皖南事变》(资料选辑),中共中央党校出版社 1982 年版,第 136 页。

胜利完成突围任务。

12日晚上从石井坑突围的还有一支队伍,这便是第二纵队政委黄火星、特务团团长刘别生、军部参谋张云龙率领的特务团和军部警卫连、侦察连、通信连的部分指战员。这支突围部队出发的时间较前面的两支迟,到达江北的时间却最早。

14日下午,叶挺军长下山谈判被扣。到1946年3月4日获释,经历了五年零两个月的铁窗生活。在此期间,叶挺表现出一个共产主义战士的崇高品质与坚贞不屈的革命气节。

第一纵队司令员傅秋涛率领部队,激战举山,三战三节水,坚持老虎坪的斗争。于1941年2月2日,傅秋涛等12人经过化装突围到了六师师长兼政委谭震林的师部。[①] 江渭清、熊应堂一行30余人经过塘山头、乌龙峡,沿着天目山山脚到竹箦桥、黄金山,又东渡长荡湖、太湖,在谭震林的师部和傅秋涛部会合,那已是莺飞草长的阳春三月了。

第三纵队特务团冲破第一四四师封锁线,一路血战,航渡青弋江,向铜陵、繁昌江边进发,大部突围到江北。

第三纵队政委胡荣突围时腰部受伤,在大康王附近的九峰山胡冲岗,被国民党军队包围,他掩护妻子李秀英上了山,然后摔出一颗手榴弹,炸倒了几个敌人,又用手枪同敌人对峙了一阵,因伤势太重,走不脱,当后面的敌人快冲进房子时,胡荣便用最后一颗子弹对准自己,壮烈牺牲。

第三纵队司令张正坤奉叶挺军长的命令,率五团死守东流山。12日下午2点钟左右,张正坤从山上下来,快到白山时,国民党军一颗炮弹打过来把他炸伤。弹片从左小腿的内侧进去,从外侧出来,胫骨断了,血不断地流。他的爱人许筠含着泪水给他包扎,堵上3个急救包,才把血堵住。15日,张正坤和许筠在石井坑被俘。后来,他们被囚禁在上饶集中营的七峰岩监狱。一天夜晚,张正坤与两个难友撬开牢门越狱,为了战友的安全,张正坤和追捕的敌人搏斗,然后,纵身跳下悬

---

① 有"傅秋涛率后续部队千余人突围"、"率两千余人突围"的说法,有人认为傅秋涛率部"突围渡江到无为一带"。以上说法都不正确。

崖。43 岁的张正坤带着一身 13 处枪伤，离开了人间。

第二纵队司令员周桂生在突围中受了伤，在左坑的石桥上，碰上了一队国民党军队押着许多新四军被俘人员。被俘人员中有个号兵，见到了他，喜出望外，竟忘记了目前的处境，脱口而出喊了一声："周团长！"国民党兵一听，立即说："我以为你是老百姓，原来是个团长啊！快，把他捆起来！"周桂生见势不妙，忙说："我先解个小便。"随即纵身从桥上跳下去，光荣牺牲了。

军政治部主任袁国平于 1 月 19 日在突围战斗中牺牲。

副军长项英、副参谋长周子昆在在突围中被叛徒刘厚总杀害。

在皖南事变中，新四军有近 2000 人突围。新四军的突围，与皖南特委及各县县委的领导以及皖南人民的帮助是分不开的。

皖南事变后，国民党实行"清剿"，破坏革命组织，捕杀党员干部，搜缴枪支弹药，逼迫群众"自首"，发动地主向农民"倒租倒息"。为了反抗国民党的迫害，皖南地方党发动与组织群众，建立了黄山游击队、皖南游击队等几支游击队，建立樵山抗日游击根据地，坚持抗日游击战争，保证了红旗不倒。同时，新四军第七师派杨明、彭嘉珠、何志远、巫希权等率领部队重返皖南，恢复和发展了抗日根据地。

二、重建军部

1941 年 1 月 17 日，国民政府军事委员会发布通令，国民政府军事委员会发言人发表谈话，诬蔑新四军为"叛军"，宣布取消新四军的番号，并声称将叶军长交"军法审判"①。

皖南事变发生后，中共中央同国民党顽固派展开了针锋相对的斗争。1 月 20 日，中共中央革命军事委员会发布命令，用以对抗重庆军委会 1 月 17 日的通令。延安命令的主要内容是：任命陈毅为新四军代理军长，张云逸为副军长，刘少奇为政治委员，赖传珠为参谋长，邓子恢为政治部主任。1 月 25 日，重建的新四军军部在苏北盐城宣告成

---

① 《国民政府军事委员会发言人谈话》（1941 年 1 月 17 日），中央档案馆编：《皖南事变》（资料选辑），中共中央党校出版社 1982 年版，第 173 页。

立，陈毅代军长发表就职演说。全军编为7个师和1个独立旅，它不属于哪一个战区的战斗序列，跟国民政府军政部不发生任何关系，完全是中国共产党独立领导下的一支军队。在中共中央军委发布了新四军所属7个师的军政负责人委任令后，蒋介石以行政院院长名义发布训令，无非追说一次新四军的番号已被撤销了，重弹1月17日通令的老调，但他却不敢下令再解散新四军、通缉陈毅代军长。蒋之所以不敢这样做，是与中国共产党政治上的全面反攻和国内外施加的压力分不开的。

　　1月14日，中共中央"决定在政治上军事上迅即准备作全面大反攻，救援新四军，粉碎反共高潮"①。刘少奇主张政治上全面反攻，军事上取守势。毛泽东十分重视并接受了刘少奇的建议。1月22日，毛泽东以中共中央军委发言人的名义对新华社记者发表谈话，用以对抗1月17日重庆军委会发言人的谈话。毛泽东的谈话，提出了中共关于解决皖南事变的12条办法，这是中国共产党政治上反攻的主要武器。中共中央认为：提出12条的最终目的，不在于蒋介石承认12条或12条的一部分，而在于以攻势打退攻势。中国共产党开展政治上的全面反攻，是很讲斗争策略的，同时披露了皖南事变真相。

　　蒋介石一手制造皖南事变和发布1月17日命令，他没有料到华中大举"剿共"的军队会遭到日寇的"扫荡"，破坏他原来的计划。日军宣称："蒋介石盲目抗战几年，只做了皖南事变反共一件好事"②，蒋介石原想以反共停止日寇的进攻，岂料日军分三路向豫南大举进攻。自1月24日至2月10日进行的豫南战役（又称"河南战役"），造成了国共关系缓和的契机。毛泽东于2月2日（豫南战役期间）指出："中日矛盾仍属第一"，"只有恢复国内团结，才能抗御日寇之进攻，挽救国家于危亡"③。日军发起上高（位于南昌西南）战役、晋南中条山战

　　① 《毛泽东、朱德、王稼祥关于政治上军事上准备反攻的指示》（1941年1月14日），中央档案馆编：《皖南事变》（资料选辑），中共中央党校出版社1982年版，第146页。

　　② 陈毅：《皖南事变的真相》（1944年8月），中央档案馆编：《皖南事变》（资料选辑），中共中央党校出版社1982年版，第164页。

　　③ 《毛泽东军事文集》第2卷，军事科学出版社、中央文献出版社1993年版，第629、626页。

役后,蒋介石要求八路军出动,配合作战,毛泽东于 5 月 14 日指示彭德怀:"我们的基本方针是团结对敌,是配合作战。"15 日,毛泽东进一步指出:"与正面友军配合作战,决不计较国民党的反共仇恨。"①毛泽东在《关于打退第二次反共高潮的总结》一文中进一步说:

> 在中国两大矛盾中间,中日民族间的矛盾依然是基本的,国内阶级间的矛盾依然处在从属的地位。一个民族敌人深入国土这一事实,起着决定一切的作用。②

这是继 1941 年 2 月 2 日以来,毛泽东再次指明的抗战期间国共矛盾必然走向缓和的客观依据。

蒋介石发动皖南事变和发布 1 月 17 日命令,没有料到英、美、苏等国并不赞同。英、美出于他们自身的利益,不赞成中国内战。1941 年 2 月,美国总统罗斯福的代表居里来华。2 月 8 日,居里会见蒋介石,"面呈罗斯福总统亲函"。信中说:我们希望"国共双方"消泯歧见,"更密切地合作,俾有利于对日本作战的共同目标"③。居里还告诉蒋介石:"美国在国共纠纷未获解决前,无法大量援助中国,中美间之经济财政各问题不可能有任何进展。"④美国政府将拟议援华的5000 万美元暂缓实施。英国政府在收到驻华大使卡尔关于皖南事变的报告后,深表关切,并由卡尔面见蒋介石,劝其停止国共冲突,并警告蒋介石:"内战只会加强日军的攻击。"⑤英国政府还宣布,暂缓开通滇缅公路,以此作为对蒋介石的惩戒。1 月 25 日,苏联驻华大使潘友新会见蒋介石,就新四军事件向重庆政府提出质问,并声明"进攻新四军削弱了中国人民的军事努力。这有利于日本侵略者。对中国来说,内战将意味着灭亡"⑥。

---

① 《毛泽东军事文集》第 2 卷,军事科学出版社、中央文献出版社 1993 年版,第 641、643 页。
② 《毛泽东选集》第 2 卷,人民出版社 1991 年版,第 781 页。
③ 1941 年 2 月 7 日、2 月 9 日《扫荡报》。
④ 1941 年 3 月 9 日《新中华报》。
⑤ [西德]王安娜:《中国——我的第二故乡》,三联书店 1980 年 5 月版,第 361 页。
⑥ [苏]瓦·崔可夫著,万成才译:《在华使命:一个军事顾问的笔记》,新华出版社 1980 年版,第 59 页。

蒋介石一手制造皖南事变和发布 1 月 17 日命令,没有料到全国爱国党派和民主人士一致谴责国民党顽固派倒行逆施、消灭异己、破坏团结的罪行,坚决支持中共在皖南事变中的严正立场。

正是在这种情况下,蒋介石不得不转而与中共暂时寻求妥协。

1 月 27 日,蒋介石在国民政府纪念周上发表演说,故意把皖南事变说成是绝对没有任何政治性质的"整肃军纪"问题,并表示:"凡遵令抗战建国纲领之一切个人、团体和党派,政府绝对尊重其应有之自由与独立之人格,而予以法律之保障。"他妄图以此推卸罪责,缩小事态范围。

1941 年 2 月,国民党积极筹备订于 3 月 1 日召开的第二届国民参政会。在参政会的筹备和召开期间,国民党积极劝说中共代表出席参政会。中国共产党为了恢复国共团结,重整抗战阵容,坚持对敌抗战,鉴于国民党拒绝接受中共提出的 12 条善后办法,中共中央采纳了周恩来、董必武的建议,同意以中共 7 名参政员名义将 12 条提到参政会要求讨论,以 12 条作为出席参政会的条件。蒋介石在诱骗中共出席参政会的同时,又动员了 8 个小党派来包围中共让步。为了争取中间势力的同情,中共以让步的姿态提出了《临时解决办法 12 条》(即第二个 12 条),作为出席参政会的条件。这个 12 条,不提取消蒋介石的 1 月 17 日命令,不提取消一党专政及惩办何应钦等国民党无法办到的要求,而是要求承认中共两个集团军共 6 个军;承认边区及敌后抗日政权的合法地位;华北、华中、西北防地维持现状;释放叶挺及所有被俘干部等。蒋介石未能答应第二个 12 条,中共参政员没有出席二届一次参政会。3 月 10 日,也就是第二届一次国民参政会闭幕的那天,重庆的《新华日报》出了增刊,全文发表了中共 7 名参政员不出席参政会的全部文献,公布了中共不出席参政会的事实经过,向全国人民进一步揭露了蒋介石的反共面目。3 月 14 日,蒋介石约周恩来谈话。蒋也不再提起中共军队北移的问题,明确讲"只要听命令,一切都好说",还表示一些具体问题可以提前解决。

第四节　中国共产党在安徽开辟和发展抗日根据地

一、中共中央中原局、华中局在安徽

1938年10月25日武汉失守,根据国内外形势变化和需要,11月中共六届六中全会决定:撤销长江局,设中原局和南方局。中原局以刘少奇为书记,统一领导长江以北河南、湖北、安徽、江苏省党的工作。

1939年11月初,刘少奇(化名胡服)率中共中央中原局领导机关和一批干部,到达安徽涡阳县北乡新兴集,检查和指导豫皖苏边区工作。12月初,刘少奇率中原局机关抵达皖东津浦路西定远县藕塘镇附近山黄家村新四军江北指挥部驻地。此后至1940年10月,先后驻滁县瓦屋薛、得胜集、定远县的湾杨村、皖东津浦路东半塔集大田郢。同年10月21日,刘少奇率中原局机关离开皖东,31日到达苏北阜宁县东沟镇,11月24日进驻盐城。1941年4月27日①东南局与中原局合并,组成华中局,中原局工作结束。1943年1月10日,新四军军部和华中局机关被迫由苏北阜宁县停翅港迁至安徽盱眙(今属江苏)黄花塘村一带驻扎了两年零八个月,直到1945年9月19日北上山东。这一时期,中原局、华中局在安徽为领导华中抗战作出了贡献。

(一)理顺江北地方党和新四军的关系,加强了党的领导

抗战初期,江北的地方党和新四军不是领导和被领导的关系;地方党受长江局领导,军队受皖南军部领导。武汉失守后,中共中央长江局迁至重庆。党的六届六中全会决定:撤销长江局,设中原局和南方局;中原局以刘少奇为书记,统一领导长江以北河南、湖北、安徽、江苏省党的工作。中原局落实了中央的指示,根据斗争发展的需要,适时地调整了地方党的组织机构及其隶属关系,加强了党的领导。

---

①　一说5月20日。

（二）在华中局时期，确立了党的领导体系

华中局在党中央的领导下，负责领导中共豫皖苏边区、皖东北区、皖东津浦路东区、皖东津浦路西区、皖中区、盐阜区、淮海区、苏中区、苏南区、鄂豫边区等10个区党委。区党委相当于省委建制，并按照华中局领导下的"区党委—地委—中心县委—县委—区委"的组织系统，调整了党的各级组织。

（三）创造性地实施了中共中央"发展华中"的战略方针

刘少奇在到达安徽涡阳县北乡新兴集时，就考虑了实施中共中央"发展华中"的战略方针。1939年11月11日，刘少奇提出"创造苏北根据地。在苏北我们活动的可能性更大，更可放手"①。12月19日，刘少奇指出：苏北地区"是我们突击方向，应集中最大力量向这方面发展"②。1939年12月至次年2月，中原局连续召开会议，讨论华中发展方向、根据地建设和统一战线等问题，决定在华中向西防御、向东发展，开辟苏北的战略任务；明确了在华中首先创建皖东抗日根据地的方针和任务，研究了反"摩擦"斗争策略。同时建议中共中央派八路军一部南下，新四军主力北上，大力发展华中。

（四）十分重视根据地的开辟和建设

中原局在广泛了解华中敌我顽三方的基本情况后，制定了开辟皖东、皖东北抗日根据地的方针、任务。刘少奇生动形象地把根据地比喻为家，要放手扩大新四军，扩大游击队，有了兵，就要有个家！历史上的流寇主义，没有一个能够成功，抗日战争没有根据地也不可能取得胜利。

（五）正确执行抗日民族统一战线政策

刘少奇强调必须坚持抗日民族统一战线中又团结又斗争的方针，只有敢于坚决进行反"摩擦"斗争，敢于争取反"摩擦"的胜利，才能求

---

① 金冲及主编：《刘少奇传》上卷，中央文献出版社1998年版，第358页。

② 《刘少奇关于目前华中发展地区及工作部署致中共中央书记处等电》(1939年12月19日)，中国人民解放军历史资料丛书编审委员会编：《新四军·文献》(1)，解放军出版社1994年版，第137页。

得生存和发展,才能扩大和巩固抗日民族统一战线。[①] 在反"摩擦"斗争中,他强调坚持"有理、有利、有节","人不犯我,我不犯人,人若犯我,我必犯人"的原则立场,对不同的派别采取不同的策略,以争取多数,最大限度地孤立和打击最顽固者。

(六)贯彻党的建军思想,推进新四军的革命化正规化建设

一是加强部队的政治教育,加强纪律,提高对日作战的勇气与牺牲精神。二是改善士兵待遇,禁止打骂虐待士兵,废除肉刑,实现官兵平等。三是实行经济公开,由士兵们推举公正廉明的代表管理监督。四是严格淘汰那些对抗战动摇与不坚定的分子。

1942 年 3 月 19 日,刘少奇在华中局干部、群众的热烈欢送下离开华中,遵照中央决定,回延安参加党的七次代表大会。刘少奇领导华中敌后抗战功勋卓著,正如陈毅在华中局高干会议上所讲的:"他始终灵活地估计形势,""而且估计的都是正确的,能够把整个历史行程的转折点抓住。我想这完全是一种革命领导的艺术,也是马列主义实际运用最精彩的一页,应该成为抗战史上以及我党历史上最精彩的一页。"

二、淮南抗日根据地的建立与发展

淮南抗日根据地位于安徽省东部和江苏省西部,东起运河高邮湖,西至淮南铁路瓦埠湖,南濒长江滁河,与日本的中国派遣军总司令部及伪政权所在地南京隔江对峙,北临伪安徽省省会蚌埠,与淮河相连。以津浦铁路为界,分为路东、路西两个地区。基本区面积 2.1 万余平方公里,人口 330 余万。

在皖南事变前,以藕塘为中心的皖东津浦路西抗日游击根据地已经连成一片。1941 年 5 月,皖东津浦路东抗日游击根据地先后建立来安、天长、嘉山、高邮、盱眙、仪征、六合县抗日民主政府,半塔直属区抗日民主政府和淮宝办事处。

1941 年 1 月下旬,新四军第四、第五支队和江北游击纵队合编为

---

① 中共中央文献研究室编:《刘少奇年谱》(1898—1969)上卷,中央文献出版社 1996 年版,第 272 页。

新四军第二师,副军长张云逸兼师长,罗炳辉任副师长,政委郑位三,辖第四、第五、第六旅和路东、路西两个联防司令部。3月,第二师在路西地区击退日伪军3000余人的进攻,毙伤日伪军500余人,恢复了路西根据地的基本区。4月,第二师向侵占天长等地区之日伪军展开进攻,歼日军80余人;在金牛山以南陈庄地区,毙伤日军200余人,伪军300余。5月下旬至6月初,第二师粉碎了由来安、滁县、六合、天长等地出动5000余日军在飞机掩护下对路东根据地中心区半塔集、竹镇集进行的报复"扫荡"。

5月,中共中央华中局决定将皖东津浦路东、津浦路西2个省委改称皖东津浦路东、津浦路西2个区委,由以邓位三为书记的皖东党政军委员会统一领导。

1942年1月,皖东津浦路东各县人民抗敌联防委员会办事处改建为淮南苏皖边区行政公署,方毅任主任,汪道涵任副主任。先后(至1943年1月)建立了来安、天长、嘉山、高邮、盱眙、仪征、六合、冶山县抗日民主政府,建立了第一至第四直属区抗日民主政府以及淮宝、湖西、水南3个办事处。皖东津浦路西各县人民抗敌联防委员会办事处成立后,先后(至1943年1月)建立了滁县、全椒、定远、凤阳、定怀[①]、合肥、定(远)怀(远)、凤(阳)定(远)嘉(山)、全(椒)合(肥)县抗日民主政府,建立了定东南、寿县东南2个办事处以及合肥东南联合区办事处等。1942年1月,津浦路东参议会召开,选举邓子恢为参议长。9月,津浦路西召开临时参议会,选举魏文伯为参议长。路西联防办事处改由童汉璋任主任。

1942年,第二师实行主力部队地方化。10月,国民党桂顽乘津浦路西兵力薄弱之机,以第一七一师及安徽保安第六团等6000余人,占领路西中心区藕塘镇。11月,第二师在罗炳辉副师长指挥下,在地方武装配合下,毙伤俘国民党军团长以下官兵1500余人,缴获大批武器弹药。第二师也付出了重大代价,每团均伤亡300余人。[②]

---

① 1941年2月,定远改称定怀县。

② 中共滁州市委党史研究室:《淮南抗日根据地史》,安徽人民出版社2001年版,第84—85页。

1943 年 1 月,新四军军部和华中局机关从苏北移至第二师师部所在地淮南盱眙县黄花塘。从此,黄花塘成为华中敌后抗战的指挥中心。淮南、淮北、皖江抗日根据地的各项工作也直接受军部和华中局指导。

2 月,根据中共中央和华中局关于精兵简政和实行党政军一元化领导的指示,成立了以谭震林为书记、刘顺元为副书记、罗炳辉为委员的淮南区党委,辖津浦路东、路西两个地委,赵启民、谭希林分别任书记;新四军第二师兼管淮南军区,师长罗炳辉兼任司令,谭震林兼任政委。撤销津浦路东地区的淮南苏皖边区行政公署和路西联防办事处,统一成立淮南苏皖边区行政公署,方毅任主任,汪道涵任副主任。下辖路东、路西两专员公署,汪道涵、郑抱真分别任专员。从此,淮南抗日根据地有了坚强的统一的领导核心,为以后抗日根据地的巩固、发展乃至反攻创造了有利的条件。

1944 年上半年,第二师(兼淮南军区)主动向日伪军出击,并粉碎日伪军两度对路西地区的"扫荡"。1945 年 8 月,淮南军区部队分别克复定远、天长、来安、嘉山、盱眙、六合等县城,并连克津浦铁路沿线张八岭、施家郢、淮南铁路沿线下塘集、朱巷及水家湖、蚌埠铁路沿线的炉桥、刘府等地,歼灭伪军 1000 余人,并向凤阳、怀远推进。

到抗战胜利时,新四军第二师主力部队和地方武装发展到近 5 万人,民兵 20 万人,共歼灭敌伪军 6.1 万人,自身伤亡 2 万余人。淮南解放区共建立 2 个专员公署,17 个县级抗日民主政权,拥有人口约 330 余万,面积 2 万平方公里。淮南地区人民为抗日战争作出了重要贡献。

三、淮北抗日根据地的建立与发展

淮北抗日根据地东依运河,西达黄泛区,南临淮河,北抵陇海路,位于淮北津浦路东西两侧,横跨豫、皖、苏、鲁 4 省。由豫皖苏、皖东北、邳(县)睢(宁)铜(山)3 块地区组成,是华北八路军和华中新四军的联系枢纽。

豫皖苏抗日根据地早在皖南事变前已形成。1941 年 1 月下旬,日军发起豫南战役,国民党军队败退,八路军四纵队西进收复失地。2月 9 日,日军突然撤回原防,豫南战役结束。国民党汤恩伯 9 个师 10

余万军队,东渡新黄河,向豫皖苏边区发起进攻。新四军四师(皖南事变后八路军四纵改建制为新四军四师)被迫进行自卫,经过3个月的反摩擦斗争,终因寡不敌众,战斗失利。根据华中局指示,于5月撤离豫皖苏边区,转移到皖东北地区。此后,豫皖苏抗日根据地除睢杞、太和、萧县部分地区有共产党地方组织及武装力量继续坚持斗争外,其余地区全被国民党军占据。

第四师主力部队和豫皖苏边区地方党政干部奉命转移到皖东北地区,增强皖东北地区的抗战力量。早在1940年9月下旬,为执行向东发展,开辟苏北根据地的任务,金明率苏皖区党委随八路军第五纵队主力东移苏北淮海敌后,皖东北的抗日战争进入极其艰苦的时期。1941年2月初,张爱萍率部队从苏北回师皖东北,全部恢复皖东北根据地。3月15日,第三届皖东北各界人士代表大会召开,成立皖东北参议会,推选孔祖南和吴静宣为正副参议长。5月,发起洪泽湖水上战斗,剿灭湖上匪患,建立洪泽县抗日政权。皖东北根据地此时业已扩大。它包括泗县、五河、灵璧、宿县、凤阳、嘉山、盱眙7个县的全部或一部,总面积1万平方公里,人口约200万。1941年8月,第四师骑兵团成立。

同年8月23日,中共中央华中局决定将邳睢铜和淮宝与皖东北地区合并,划淮河以北、陇海路以南、运河以西、津浦铁路以东的广大地区为淮北苏皖边区。同时撤销皖东北区党、政、军、参议会等机构,成立中共淮北苏皖边区委员会(简称"淮北区党委"),刘子久为书记;成立淮北苏皖边区行政公署,刘瑞龙为主任;成立淮北苏皖边区参议会;成立淮北苏皖边区保安司令部(11月7日改称淮北苏皖边军区),赖毅为司令员,刘子久兼政委。同时,成立淮北苏皖边区军政党委员会,邓子恢为书记,统一领导淮北苏皖边区党政军工作。1942年11月,根据地实行党政军一元化领导,淮北区党委重新改组,邓子恢为书记。同时撤销淮北苏皖边军区,由新四军第四师兼淮北军区,彭雪枫兼司令员,邓子恢兼政委。同时撤销淮北边区军政党委员会,淮北区党委统一领导全边区的工作。

淮北军民积极开展反"扫荡"、反"蚕食"和反"摩擦"的武装斗争。

11月至12月,历经37个战斗,歼日伪军700余人,取得33天反"扫荡"战役的胜利。[①] 1943年3月,发动山子头战斗,歼灭进入根据地中心区的国民党顽固派韩德勤部,俘韩德勤及其官兵各1000余人,粉碎国民党顽固派妄图摧毁淮北抗日根据地的阴谋。1944年春,有重点地对日伪军展开攻势作战。3月至5月,第四师部队在东起运河、西至津浦铁路之战线上,攻克守备薄弱的日伪军据点51个,歼灭日伪军2000余人,解放泗县、灵璧、睢宁之间的广大地区。6月下旬,第四师又攻克泗(县)北之张楼据点,全歼盘踞该地达6年之久的伪军500余人,解放整个泗北地区。8月,第四师西征,收复原豫皖苏边区失地,建立8个县的抗日民主政权。

1945年2月至5月上旬,新四军淮北部队袭击五河、新集、泗县,并攻占运河线的豆瓣集(今淮阴西)。连克旧县、泗阳县城等30余个据点,共歼灭日伪军3000余人。5月下旬,第四师(兼淮北军区)共1.3万人的兵力,发起宿南战役,歼伪军2100余人,收复宿西南地区,使淮北津浦铁路西8个县连成一片。9月至10月,又攻克灵璧、萧县县城及宿县东北多处据点,歼灭伪军4000余人,并争取永城县以西的伪军第十八师4000余人起义。

到抗战胜利前夕,淮北军民共毙、伤、俘日伪军6万余人,第四师发展到2万余人,组织地方武装2万余人,民兵发展到26万人,胜利地完成坚持和发展淮北地区抗日战争的任务。淮北根据地建立2个专员公署,24个县级抗日民主政权,拥有人口600多万,总面积达4.1万平方公里。在抗日战争中,淮北地区人民作出重要的贡献。

四、皖江抗日根据地的建立与发展

皖江抗日根据地位于安徽中部长江两岸,东起江浦、当涂,西至怀宁、彭泽,南抵宣城、南陵,北临滁河、合肥,与敌伪区、国统区犬牙交错,由无(为)巢(县)中心区和含(山)和(县)、皖南、沿江、巢(县)合

---

① 《三十三天反"扫荡"战役述略》(1943年2月13日),中国人民解放军历史资料丛书编审委员会编:《新四军·文献》(3),解放军出版社1994年版,第544—545页。

（肥）庐（江）4 块基本区域组成,战略地位十分重要。

1939 年 5 月,新四军江北指挥部及其前委在庐江县东汤池成立后,统一了江北的军事领导,使皖中的抗日救亡形势迅速发展。1940 年 9 月成立和、含、巢各区联合办事处和部分区乡民主政府。至此,皖江地区抗日根据地初步形成。

皖南事变重建新四军军部后,皖中地区的新四军部队整编为新四军第七师,张鼎丞为师长（未到职）,曾希圣为政治委员。遵照军部"立即成立县政府","建立根据地"的指示①,1941 年 5 月,无为县抗日民主政权在无为县白茆洲三官殿成立,民主人士吕惠生任县长,县政府下辖 9 个区。

皖中根据地采取"掩蔽据点,稳步向四周发展"的方针,使根据地扩展到安徽的大江南北,以便与日伪作斗争。早在 1941 年 3 月,林维先率第七师挺进团西进,开辟以桐西蒋潭地区为中心的游击区。4 月 22 日,与第五师四十二团政委张体学在宿松县陈汉沟会合,从而打通第七师和第五师的联系。7 月,挺进团西进,在太湖、望江、宿松泊湖区与中共赣东北特委领导的游击队会合,开辟以泊湖为中心的抗日根据地。9 月,中共桐庐潜怀中心县委撤销,分别成立中共桐怀潜中心县委和中共桐庐中心县委,属中共鄂皖边区地委领导。到 1941 年底,实现向西发展的战略任务,使桐东、桐西、泊湖、鄂东一线基本成为新四军第五师和第七师的联络通道。

在挺进团西进的同时,向南恢复皖南。1941 年 3 月,第七师先后派杨采衡、何志远、杨明、彭嘉珠等率部分武装进入铜（陵）繁（昌）青（阳）地区,与胡明领导的黄山游击队和当地党组织一起,于同年 7 月建立铜（陵）繁（昌）行政办事处,后来属皖中行政公署领导。9 月,第七师派五十七团过江抵皖南地区,会同地方武装开展抗日游击战争,向东进击到芜湖、当涂、宣城地区,打通与新四军第六师的联系。经过

---

① 《陈毅、刘少奇、赖传珠关于无为及江南部队一律称新四军第七师致曾希圣等电》(1941 年 4 月 21 日),中国人民解放军历史资料丛书编审委员会编:《新四军·文献》(2),解放军出版社 1994 年版,第 797 页。

艰苦斗争,铜(陵)繁(昌)敌后游击根据地形成。[①]

向东北开辟和含及巢北地区。1941年9月至11月间,第七师先后派出4个连的兵力分批进入含山、和县敌后开展游击战争。11月间成立新四军含和指挥部,接连攻打含山县陶厂、和县娘娘庙、戚桥等日伪据点,并成立陶运区、清林区两个区政府。

1942年4月底,中共皖鄂赣边区党委在无为县恍城区成立(亦称"皖中区党委"),何伟任书记。7月,皖中参议会第一届会议在无为恍城召开,选举民主人士金稚石为参议会议长(后李步新兼)。并成立皖中行政公署,吕惠生任行署主任,唐晓光(后为张恺帆、魏文伯)任副主任。并选举产生行政委员会,统一领导根据地的行政与经济工作。在各地先后建立一部分县、区、乡抗日政权。在和含地区设和含专员公署,2个行政办事处,1个含巢督导处;在皖南地区设皖南专员公署,辖2个县政府、5个行政办事处;在沿江地区设沿江专员公署和3个行政办事处。至此,皖中抗日根据地正式形成。

1943年3月,根据地实行党的一元化领导,组建以曾希圣为书记、李步新为副书记的皖中区党委;新四军第七师实行地方化,改编为皖南支队、沿江支队、含和支队、巢合庐游击支队和师属独立团,成立新四军皖中军区(第七师师部兼军区机关),下辖皖南、沿江、含和3个军分区,军区和军分区司令由师长、支队长兼任,政治委员由区党委书记和地委书记分别兼任;将全地区划分为皖南、沿江、含和3个行政区,巢无、巢合庐2个直属县。

1944年四五月间,成立由马守一为书记的贵西工委,打开贵池西部地区的抗战局面。11月中旬,沿江联合行政办事处成立,并进一步开辟东流、至德、彭泽地区,逐步形成沿江敌后抗日游击根据地,控制沿江两岸地区,实现打通第七师与第五师联系的任务。同年,第七师和地方武装部队对日伪作战,大小战斗共达760余次,消灭敌人3104人,解放国土4500平方公里,人口60万。

---

① 《安徽近现代史词典》,中国文史出版社1990年版,第183页。释皖中抗日根据地:下辖沿江、皖南、和含3个地委、16个县委。

　　1945 年 3 月，皖中行署改称皖江行署，随后区党委、军区等领导机关和群众团体亦相继改称皖江。自此，皖中抗日根据地即称皖江抗日根据地，3 月 19 日，皖南专员公署成立，江靖宇任专员。4 月，新四军第三师独立旅划归第七师指挥，26 日，收复十庙村、绰庙等地，恢复新四军七师和二师的交通联系。5 月，在无为黄龙岗，歼灭日军 80 余人。五六月间，七师沿江支队三渡巢湖，攻打桐荫镇、张家畈等日伪军据点，毙、伤、俘日伪军 200 余人。8 月，第七师解放无为、攻克巢县城以南、长江以北所有日军据点。在江南，收复北至当涂、南到青弋江、东达宣城的广大地区。

　　到抗日战争胜利时，新四军第七师主力和地方部队发展到 2 万人，皖江根据地建立 3 个专员公署、14 个县级抗日民主政权，拥有人口 300 万，面积达 3 万平方公里。皖江地区人民为抗日战争的胜利作出了重要贡献。

五、安徽抗日民主根据地的各项建设

（一）党的建设

　　安徽各抗日根据地边区党委相当于省委，其下依次为地委，市、县委，区委，乡党支部。据统计：皖江抗日根据地到 1943 年 6 月党员发展到 11000 人；淮南抗日根据地到 1943 年底有党员 22378 人；淮北抗日根据地到 1945 年 5 月有党员 38969 人。各抗日根据地"有组织有计划的以马克思列宁主义重新训练党的干部与党员，了解党的新政策，要有计划的有系统的举办党校与训练班"①。为了克服困难，坚持抗战，争取胜利，各抗日根据地在全党范围内开展整风运动，加强党的思想建设。

（二）政权建设

　　安徽各抗日根据地边区政府相当于省级政府，其下为专区，再下为市、县。行署设有民政处、财政处、粮食处、建设处、教育处、保安处、

---

　　① 中国人民解放军历史资料丛书编审委员会编：《新四军·文献》（1），解放军出版社 1994 年版，第 14 页。

高等法院等机构。此外,废除保甲制度,改过去的县、区、乡、保、甲 5 级为县、区、乡 3 级。县级组织与行署大体相同,乡保级设行政委员会,另设乡公所。安徽各抗日根据地,在政权民主化的过程中,基本上实现"三三制"的原则;基本上实现乡级政权的民主选举制度;全面进行精兵简政工作,减轻人民的负担;在廉政制度方面,颁布惩治贪污条例,建立一整套新的财经制度和民主监督机制。

（三）财政经济建设

安徽各抗日根据地相继建立各级财政机构,并以统筹统支、量入为出为原则,相继建立和健全预决算、会计、审计、金库制度。其财政收入,主要有田赋收入、公粮留成、地方税、罚没、缴获、生产、节约和其他收入等项。抗日民主政府曾"把一切国赋省税划为省款,一切地方税款划为县款。省款收入用作抗战部队及联防办事处各机关的开支;县款收入用作县区乡政府及地方部队的开支"[①]。一切收入,全部上交金库;一切现金支出亦由金库拨付或由银行代理。1942 年,淮南银行、淮北地方银号、大江银行分别成立,发行抗币共 90 多种,主辅币种类齐全,形成独立的金融货币体系。

（四）商业贸易发展

安徽各抗日根据地都成立贸易管理局,领导与组织根据地的商业贸易。其贸易政策是对内自由,对外管制。对内自由,就是在根据地内的市场,凡符合人民利益,遵守民主政府法令的,可自由公平贸易。对外管制,就是对阻碍抗战,损害人民利益的商业行为坚决制止。边区政府对粮、油、棉等土产物资,实行统购与专卖制度,由贸易局统一组织收购,有计划地进行输出,并有计划地争取必需品的输入,严格控制资敌物资出口。这种统制主要由商人经营,但均应经过贸易局登记,由贸易局规定出口的数量。皖江根据地和新四军第七师在贸易方面有出色的成就,第七师由此在新四军中有"富七师"的称誉。安徽各抗日根据地,大力发展公营商业、合作社经济和私营商业,其公营商

---

① 邓子恢:《抗日民主政府一年来施政工作总报告》(1941 年 1 月 14 日),《淮南抗日根据地》编审委员会编:《淮南抗日根据地》,中共党史资料出版社 1987 年版,第 68—69 页。

业在商业经济中占主导地位。

（五）农业生产

安徽各抗日根据地区党委和政府遵照毛泽东提出的"发展经济，保障供给"、"自己动手，丰衣足食"的号召，建立健全农业生产部门，制订发展农业生产计划，领导根据地军民开展轰轰烈烈的大生产运动。各抗日根据地民主政府，根据各村各户的具体情况，帮助群众解决生产中的耕牛、种子、低利借贷问题；订立生产计划，提倡多种经营，开发农业技术，努力提高单位面积产量；在自愿互利的基础上，成立劳动互助组；开垦荒地，兴修水利，开展灭蝗和救灾工作。根据地的大生产运动，粉碎敌人的经济封锁，保障部队供给，改善人民生活，克服根据地的经济困难。

（六）工业生产

皖江抗日根据地把地方上的"四匠"（铁匠、木匠、皮匠、泥水匠）和城镇妇女组织起来，织毛巾，打铁，箍桶，制鞋，做纸浆。① 1942 年底，皖江根据地建立造纸厂和印刷厂，添置铅字和购买大型印刷机，印刷教材和《大江报》。② 七师直属的工厂即有被服厂、兵工厂、制革厂、鞋厂、雨衣斗笠厂、染织厂以及卷烟厂等。全师 2 万多干部战士过冬的袜子，只需 1 个半月的时间即可完成任务。淮南和淮北的手工榨油业比较发达，生产的食用油除满足根据地军民生活需要外，每年有近 10 万担销往外地。1941 年春，新四军第二师供给部开办新群烟草公司，生产"飞马牌"香烟，日产 2500 条以上，每月香烟 1500 箱。"飞马牌"烟大量出口到敌占区，换回根据地紧缺物资。③ 新四军第二师军工科科长吴运铎，为军事工业作出贡献，被誉为"中国的保尔·柯察金"。淮北工厂，分纺纱、织布、化学、被服、造纸纺纱、机器制造 6 部。还有大小 3 个炸弹厂和修械所，能批量生产炸弹、地雷、子弹、刺刀等。

① 叶进明：《皖江抗日根据地的财经工作》，中国共产党历史资料丛书：《皖江抗日根据地》，中共党史出版社 1990 年版，第 322 页。

② 吴锦：《第七师部分军需物资的采购工作》，《皖江抗日根据地》编审委员会编：《皖江抗日根据地》，中共党史出版社 1990 年版，第 344—345 页。

③ 徐则浩：《安徽抗日战争史》，安徽人民出版社 2005 年版，第 370 页—382 页。

（七）改善民生

一是减租减息。具体办法是二五减租或三七分租；减息办法为年利率一般为一分，最高不得超过一分半，废除一切高利贷，农民得到实惠。二是增加工资。工资按物价之增涨而增加，一般增加二成至五成，减少工作时间，改良工人待遇。三是减轻民众的负担。共取消 13 种杂捐杂税，只保存田赋、契税、屠宰税、烟酒税、牙贴税 5 种。另外，确保党政机关和军队不得随意支配公粮和滥用民夫。每保民众负担为全部收入的比例，在敌伪区占 17.7%，在旧政权时占 26.6%，在抗日民主根据地占 13%。①

（八）文化教育

在抗日战争期间，新四军建立战地服务团、抗敌剧团、大众剧团、拂晓剧团、大江剧团等各种文艺团体，抗日文化活动颇具影响。1941 年皖南事变前，新四军军部有《抗敌报》、《抗敌画报》、《抗敌》（杂志），各支队都有报刊。皖南事变后，各根据地的省委、地委，新四军军、师、旅各级，各军分区，都有自己的报刊。新四军在皖南时期，陈毅执笔集体讨论的歌词、何士德作曲的《新四军军歌》，激励着抗战前线的广大指战员冲锋陷阵浴血奋战，它的旋律已经回响半个世纪，激励着一代又一代军民的心。安徽抗日根据地的美术和文学创作十分活跃。为了培养人才，淮南抗日根据地先后创办有抗大八分校、淮南行政学院和江淮大学等 11 所干部学校；淮北抗日根据地先后办起抗大四分校和淮北苏皖边区行政学院；皖江抗日根据地办有抗大十分校。第二师、第四师、第七师还创办其他干部学校，如二师创办的干部学校有 10 余所，抗战 8 年中，共为部队培训干部 4000 余人。此外，中小学教育和社会教育取得较好的成效。

---

① 刘瑞龙：《淮北苏皖边区三年来的政府工作——在淮北地区第二届参战会上的报告》（1942 年 10 月），中共安徽省委党史工作委员会编：《淮北抗日根据地》，中共党史出版社 1991 年版，第 133 页。

第十四章

新桂系在安徽的统治

新桂系是指以李宗仁、白崇禧、黄绍竑（黄旭初）为首的广西地方实力派，是民国时期影响最大的地方实力派，是在消灭陆荣廷、沈鸿英为首的旧桂系基础上发展起来的。其骨干成员还有李品仙、廖磊、夏威、程思远、刘斐、王公度、胡宗铎、陶钧、叶琪等。新桂系自1938年到1949年在安徽进行长达12年的统治，对安徽产生了深远的影响。抗日战争时期，新桂系既有推动第二次国共合作、积极抗战的一面，也有积极反共、消极抗战的一面；既有和国民党中央斗争的一面，也有服从其统治的一面，表现了新桂系作为地方实力派的特殊性。解放战争时期，新桂系协助蒋介石发动全面内战，在安徽进行政治压迫和经济剥削，给安徽人民带来了深重的灾难。

第一节　新桂系在安徽统治的确立和巩固

一、新桂系在安徽统治的确立

新桂系从 1925 年统治广西以来,势力发展很快,到抗战爆发时,自称可出师 20 万,后备军有 110 余万,将来可征兵 300 万,已发展成为国民党的一个集政治派别、军事集团和经济实体于一体的地方实力派。[①] 抗日战争爆发后,日本帝国主义成为中华民族的共同敌人。在这种情况下,新桂系积极主张抗战,有与日本侵略军作殊死决战的决心,并有很强的政治野心,想以军事实力为后盾,乘机北上强占地盘,扩张势力,以达到"问鼎中原,执掌中枢"的目的。而安徽,物阜民众,地处华东腹地,襟江带淮,战略地位重要,"特别是大别山区,南扼长江,北制陇海,西进可以切断平汉路,东下可破袭津浦线,并可威胁南京、武汉、徐州、郑州、开封等大城市和战略重镇"。[②] 这样,新桂系就利用抗战的机会,想把安徽作为壮大实力、问鼎中原的理想宝地。

同时,蒋介石为维护其独裁统治,素以威胁和利诱来巩固统治。他把中央控制的安徽地盘作为羁縻军阀的工具,频繁更动安徽人事。抗战爆发后,他为了拉拢新桂系反共抗日,并想利用新桂系军事实力在战略要冲的安徽抵挡日军进攻,减缓国民党中央军事压力,又把安徽送给新桂系。蒋桂之间长期存在着矛盾,蒋介石也担心新桂系的重新崛起威胁中央,就把新桂系安排到离首都南京很近的安徽驻守,易于控制,而且可以借日军之手削弱异己,达到一箭双雕的目的。新桂系入主安徽是蒋介石利用和控制新桂系的结果。

抗战爆发后,新桂系军队从广西开到蚌埠、徐州一带抗日。1937

[①] 《大公报》1937 年 10 月 11 日。
[②] 蒋文华、袁竞雄:《国民党桂系简史》,漓江出版社 1992 年版,第 151 页。

年 11 月 12 日,李宗仁就任第五战区司令长官,驻节徐州,直辖山东全省和长江以北江苏、安徽大部,新桂系势力因此进入安徽。安徽大江以北的皖北地区,就属于第五战区范围。1938 年 1 月 11 日下午,在归德行辕举行的谈话会上,蒋介石为使地方行政机构配合军事,达到军政合一,并笼络广西李宗仁集团,提议李宗仁兼任安徽省主席。① 随着安徽芜湖、蚌埠、合肥相继失陷,大片土地沦陷,时任安徽省主席的蒋作宾惧敌而逃,于 1938 年 1 月 13 日把省政府从旧省治安庆迁到六安。不久,蒋作宾辞职。25 日,国民政府行政院正式任命李宗仁任第五战区司令长官,兼任安徽省主席。2 月 1 日,李宗仁在六安正式宣布就任安徽省主席,改组省政府。一周后仍回徐州,主席职务由民政厅长张义纯代理。2 月 11 日,行政院又任命李宗仁兼安徽省保安司令。3 月以后,安徽沿江沿淮各县和津浦、宁芜、淮南 3 条铁路线上各城镇相继沦陷。日军进攻武汉,省政府又迁往立煌县(今金寨县)。

新桂系主皖期间,更换了 5 任主席,形成了李宗仁(任期为 1938 年 2 月至 1938 年 10 月)、廖磊(任期为 1938 年 10 月至 1939 年 10 月)、李品仙(任期为 1939 年 11 月至 1948 年 9 月)、夏威(任期为 1948 年 9 月至 1949 年 3 月)和张义纯(任期为 1949 年 3 月至 1949 年 4 月)5 个时期。新桂系统治安徽的 12 年中,李品仙任职的时间最长,从抗战中期到胜利以后,为时将近 9 年。

二、新桂系在安徽统治的巩固

新桂系能够占据安徽,也是以军事力量为基础的。李宗仁第五战区统辖长江中下游以北、黄泛区以南、津浦路以西的鄂豫皖的大部分地区。在这一地区,部队成分复杂,有新桂系军队,有李宗仁难以指挥的中央军和杂牌军,有些人觊觎安徽的统治。抗战初,新桂系的两个集团军都进驻安徽,李品仙第十一集团军驻寿县,廖磊第二十一集团军驻合肥。武汉会战后,廖磊第二十一集团军留守大别山区,下辖第七、第四十八军(1942 年后又增加了第八十四军),还组建大量游击部队和保安

---

① 李宗仁、唐德刚:《李宗仁回忆录》下卷,广西人民出版社 1980 年版,第 714 页。

部队。有兵才有土,新桂系的军事实力是长期把持安徽的后盾。

为了维护其在安徽的统治,新桂系竭力保持它对安徽的军事控制,与蒋介石嫡系顾祝同和汤恩伯部不断摩擦。皖南划归顾祝同的第三战区,地方各县人事行政归省府,为争夺皖南的政治经济大权,顾祝同直接任命广德、南陵县长,设立第三战区皖南党政办事处,直接对各县发号施令,而新桂系极力与顾争夺,维护其在皖南的利益。淮北的凤台、颍上、阜阳、临泉、太和、亳县、涡阳、蒙城(涡河以北是新四军控制区)、阜南、界首(利辛尚未建县)等县,本属于安徽省政府管辖,专员、县长由省政府直接委派。1940年,国民党中央在这个地区设立苏鲁豫皖边区总司令部及苏鲁豫皖边区党政分会,在临泉泉河北岸约七八里的大于庄、小于庄、老于庄一带设立边区总部及党政分会,委任汤恩伯为总司令和分会主任,汤摆出"中原王"的架子,独揽边区的军事、政治、党务、特务等,控制界首、沈丘、阜阳这一东西长达七八百里,南北有百余里的真空地带,借以作为抗战时期的根据地。这个地区是国民党军进入鲁苏的要冲,是兵源补充、物资供应的基地,涡、淮水上交通又是敌我物资进出的通道,是一块肥肉,大家都想争夺。汤恩伯倚仗自己是"天子门生",异常骄横,遏制新桂系向中原扩张,新桂系与汤恩伯进行明争暗斗,后经协调,划分了军事势力范围,沙河以北归汤军,新桂系军队驻防的一个团撤出。除军事控制争夺外,还争夺税收权。新桂系在这些地区设有货物检查处征收捐税,收入颇丰,而1941年汤恩伯在界首召开皖北税检人员会议,设立淮北货检总所和8个货检所来抢夺财源,遭到李宗仁的反对。

抗战后期,重新划定战区,把长江以北、淮河以南、安徽西部直至海边的广大区域划定为第十战区。这个区域向来属于李品仙的部队活动范围,第十战区司令长官自然应由李品仙出任,但是蒋介石有意以嫡系刘峙为司令长官兼安徽省主席,想借设立第十战区的机会,把新桂系的军事力量排挤出安徽。李宗仁凭其实力坚决反对,宁愿把自己第五战区司令长官让给刘峙。最后,李品仙还是当上了第十战区司令长官,蒋限制新桂系并夺走安徽地盘企图落空。新桂系对蒋介石亦很警惕,因此,新桂系有意加强和各方面的联系来抵制蒋系。

李宗仁上任之初,为争取支持,显示民主,起用一些皖籍人士和名流,对安徽省政府进行局部改组,建立起对安徽的统治机构。由第四十八军军长张义纯任民政厅长,并代理省政府主席。张义纯是新桂系重要骨干,属于外江派,又是安徽籍,且与张治中是同学兼同乡好友,以他主政显示"皖人治皖",既可缓和安徽人的抵触情绪,又可与中央皖籍要人沟通关系,拉拢地方士绅与新桂系合作。救国会"七君子"之一的章乃器为省政府委员会委员、省民众动员委员会秘书长,广西大学教授朱佛定为省政府秘书长,青年党的十九路军将领丘国珍任保安处长。其他如财政厅长杨锦仲、教育厅长杨廉、建设厅长刘贻燕等职务不变。

廖磊继任时又对省府进行改组,规定用人必须由省府委派,各厅不能擅自任用,控制人事大权。从省府主席到厅长和处长,直到行署专员和县长,大部分是广西人。从广西调陈良佐任民政厅长,章乃器为财政厅长,蔡灏为建设厅长,方治为教育厅长,赖刚为省保安处长。专区行署的人员如皖南行署主任黄绍耿,皖北阜阳地区专员兼保安纵队司令先后为郭造勋、李盛宗、张威遐,皖东第五专区专员先后为李本一、姜一华、曹茂琮,皖中地区专员林中奇,桐庐地区专员闭有青,怀宁地区专员范苑生。除方治、章乃器外,其余都是新桂系或亲桂系。李品仙上台后,调整党政班子,选用新桂系及亲信,强化统治,通过成立党政军总办公厅,实行党政军一元化。

新桂系在"行新政,用新人"的口号下,全面改组地方政权,把省府控制的 36 个县的县长全部换成新桂系分子。李宗仁在武汉快沦陷时,从广西调来张威遐、阎有清、李一鹿、宋厚乃、林中奇等一批骨干,分任专员、县长和厅局科秘书等职。被视为"左倾学生"的广西师专学生刘敦安、麦世发等也相继调来充实各基层力量,从而奠定了新桂系统治安徽的基础。

廖磊上台后,为了适应地方政权重建需要,1938 年 12 月在立煌开设安徽省政治军事干部训练班(简称"干训班"),在各行政督察区设10 个分班,培养大批亲桂系的人员来掌握安徽政权。廖磊兼任班主任,陈良佐任教育长,负责具体领导工作。每期 3 个月,训练内容包括政治、军事和业务训练。干训班共办 6 期,毕业 10661 人。[①] 廖磊对干训生寄予厚望,委以重任,任命他们为县长、县府干部和乡镇长、保长,并把任用干训生作为考核县长业绩标准,帮助对付旧势力。还对基层保甲人员订立保甲人员训练办法,各县分别设班训练。

李品仙任职后,集中力量培养亲桂系的地方干部。1940 年 3 月,正是国民党掀起第二次反共高潮时期,李品仙在立煌县城东面约 25 里的古碑冲开设鄂豫皖边区党政军干部训练班,后改为安徽党政军工作人员训练班,这实际上是个集中营的别名。训练班的地址设在距古碑冲街约一里多路的一条山谷里,背面就是长春岭。班本部下设教务处、训导处、军训总队部,班主任由李品仙兼任。4 月把安徽省政治军事干部训练班改为安徽省地方行政干部训练团(简称"省干团")。安徽党政军工作人员训练班办了一期后停办,时间是 1940 年 4 月 1 日到同年 6 月底,结业 2278 人,业务都由省干团接办,使培训制度化、系统化。培训对象囊括了高级、中级和基层各级干部。党政班轮流调训省府各厅处的科长、科员、县长、专员公署及县政府之科长、区长,省党部之科长、科员,各县党部书记长、各中学之校长、训导主任及教师等;地方行政干部训练团的训练对象为地方基层行政人员,如乡、镇、保长,县政府以下各级单位的干事,小学校长、教员,国民兵团之专职干部等,并招训优秀社会青年予以训练以备补充。李品仙非常重视通过干部训练培植拥护新桂系政权的亲信,强调培训标准是培养学员的能力,特别是注意他们对新桂系是否忠诚。训练内容特别注重思想整顿,清除有"异党"嫌疑的人,打击进步力量。训练班的宗旨就是查出哪些人是共产党或倾向于共产党。其训练内容则为 60% 的政治(包括上政治课与所谓"精神讲话"),40% 的军事(包括生活的军事管理),政治课内容极简单,除了所谓"总理遗训",就是所谓"总裁训辞",精神讲话则大都是胡讲一通,除此以外,还得每天每人记一篇日记,日记中须记述每天的思想动态及对外界事物的感想,每星期还有 6 个晚上须开讨论会。他们欲利用这些方式来达到其考察思想之目的。最讨厌的还是指导员或主任指导员的个别

---

① 孔宪成:《安徽干部训练之检讨》,《安徽政治》4 卷 12 期,1941 年 12 月 31 日,第 35 页。

谈话。这种谈话往往从晚饭后谈到深更半夜,借以从无意中得到他们所欲得到的东西,搞得学员们筋疲力尽。李品仙懂得要加强新桂系在安徽的统治,除依靠新桂系外,必须利用更多的准桂系和亲桂系的外籍干部,特别是中上级的外籍干部。除省干团外,还设行政督察区训练班,如在屯溪设立第六、第七、第八区联训班,第一、第二、第三区联训班附在省干团中训练,称为乡政组。在各县设训练所,所有区、乡、保各级基层行政人员以及县政府人员都必须经过训练。为严密掌握干训生,除要他们定期汇报外,省干团增设联络指导处,由李品仙弟弟李品和任处长,统辖各县干训同学通讯处,形成一个系统。这些干训生侦查各级行政人员和地方人士对新桂系的态度和思想行动,向李品仙密报,发挥特务组织的作用。截至 1944 年 9 月共训练 46088 人。① 这些干训生被任命担任各地、各部门要职,成为忠实于新桂系的地方骨干,构成新桂系在安徽统治的基础。

新桂系通过一系列措施,控制了安徽党政军权力,巩固了新桂系政权。但是,抗战胜利后,1945 年 11 月安徽省政府迁至合肥。随着人民解放军的不断挺进,合肥人心浮动,1948 年 12 月 3 日,省政府由合肥迁到安庆。4 日,省政府在宣城设皖南行署,由省保安副司令张义纯担任主任。7 日,省政府皖南行署改设于屯溪。1949 年 3 月省会再迁皖南屯溪。1949 年 5 月安徽全省解放,新桂系溃逃重庆,张义纯被俘,新桂系在安徽的统治结束,国民党在安徽的 22 年统治也从此结束。

第二节　新桂系统治时期安徽省政权体制

一、党政军一体化

抗战前国民党对政府是采取公开、外部控制的形式。省党部控制

---

① 安徽省政府编:《安徽概览》,安徽企业公司印刷厂 1944 年印,安徽省档案馆 1986 年重印,第 34 页。

省政府,县党部控制县政府,省县政府须将施政纲领送至同级党部审核。1938 年国民党临时全国代表大会决定了调整党政关系原则 3 项:中央采取以党统政的形态;省及特别市采取党政联系的形态;县采取党政融化,即融党于政的形态。其特点是以党统政、党政联系、融党于政。省政府主席为省党部主任委员,省党部与省政府常举行联席会议,省党部出席者为主任委员、委员、书记长,省政府出席者为主席、委员、秘书长,由省党部主任委员或省政府主席担任联席会议主席,联席会议的决议分别由省党部或省政府施行。在省政府举行省政府委员会全体会议时,省党部主任委员均得列席。省党部直接参与监督省政府的施政,加强了国民党对政府的控制。安庆将要沦陷时,省党部独自从安庆迁往屯溪。是时,省党部的主任委员是刘真如,书记长是王秀春,委员有余凌云、魏寿永、李仁甫、张一寒、程中一、宋振榘等。省党部人员到了屯溪以后,认为屯溪地区并不安全,同时偏于南部,对皖北的工作不易开展,所以于 1939 年 2 月迁到立煌,在屯溪设立一个通讯处,负责转递省党部和 3 个党务督察专员办事处、皖南各县县党部、几个直属区党部之间往来的文件。重要的或是有时间性的文件都用电报传转。通讯处由科长张俊负责,两个干事,几个办事员办理事务工作。那时沿江地区都为日军占领,江南江北交通阻塞。省党部为了加强皖南各县的党务督导工作,经报中央党部批准,将原有的通讯处扩大组织,改为皖南办事处,仍设在屯溪。抗战初,由于安徽省党部一度迁往屯溪,李宗仁和廖磊为安徽省主席时,也未担任安徽省党部主任委员,省党部对政府的影响有限。

1941 年 1 月皖南事变发生后,国民党为了进一步集中权力,反共反人民,特在国民党中央成立最高党政委员会,由蒋介石兼任委员长,每个大的战略区成立分会,统一领导党政军各部门。举凡大的决策,都要经过这个机构的讨论决定,交由地方党政军务部门执行。"那时,豫鄂皖边区也在立煌成立了这一最高权力机构,由第五战区副司令长官李品仙兼任主任委员。与此相适应,各省党政军最高领导人也是由一个人担任。当时的李品仙,既是第五战区副司令长官(司令长官李宗仁,驻湖北老河口),又是安徽省政府主席(按惯例,兼任省保安司

721

令、省军管区司令、国民党安徽省党部主任委员），此外，还是第二十一集团军总司令，集党政军大权于一身，颐指气使，贪纵骄横，使桂系的势力达到空前膨胀的程度。"①党政军一体化领导体制，使省党部实际成为新桂系统治工具。

二、设立安徽省民众总动员委员会

安徽省民众总动员委员会是抗战的产物，是半官半民间的抗日组织。李宗仁主皖后，宣布要"发动民众力量，保卫安徽，保卫中华民国"②，积极抗战。1938 年 2 月 23 日在六安城关孔庙成立了第五战区民众总动员委员会安徽省分会（后改称第五战区安徽省民众总动员委员会，廖磊时期改称为安徽省动员委员会，一般简称"动委会"），3 月 5 日正式开始办公。省动委会组织最高机构为常务委员会，公推常务委员 11 人。主任委员李宗仁，副主任委员沈子修，各部部长有朱蕴山、童汉璋、周新民、光明甫、狄超白、覃寿桥、朱子帆、邱国祯等。动委会在六安北大营开设训练班，训练青年参加抗日工作团。动委会主任委员，例由省政府主席兼任，先是李宗仁，后是廖磊和李品仙。动委会委员，大多是桂系省政府各机关、安徽省党部主要负责人和高级职员，以及社会上素有众望的人士。委员人数先后总计约有 100 多人。动委会先设有秘书室及总务、组织、宣传、后勤、情报 5 个部，后又增设战时文化事业委员会和妇女工作委员会。动委会设立各行政督察区动员指导处。区动员指导处设有办事处。李宗仁在动委会成立后离开六安，代理省政府主席张义纯为主任委员，章乃器任常委兼秘书主持日常工作。不久，章调任新职，秘书一职由朱蕴山继任。1938 年 5 月 5 日，国民党又在屯溪成立安徽民众抗日总动员委员会皖南办事处，统一领导皖南各县动委会的工作。10 月 1 日，第三战区长官部下令将该办事处撤销，另成立皖南动委会，改属顽固执行"消极抗日、积极反共"政策的第三战区政治部领导。

---

① 田世庆：《抗战胜利后国民党内部的派系斗争》，安徽省政协文史资料研究委员会编：《安徽文史资料》第 12 辑，内部发行，安徽省政协文史资料委员会 1983 年编印，第 1 页。
② 安徽省政府秘书处：《安徽政治》1 卷创刊号，1938 年 2 月 26 日，第 5 页。

省动委会成立后，各地县、区、乡镇，大多成立了动员会的组织，规定县动委会主任委员由县长兼任，设指导员一人，由省动委会委派，负实际责任，并设立指导员制度，指导民众动员工作，县分会由动委会选派，区、乡镇由县分会聘任。在江北片，1938 年 5 月，在六安和潢川举办工作团团员训练班，省动委会将学员编成 40 个直属工作团，分配到长江以北各县专门从事民众动员工作。到 1938 年 7 月，江北 40 个县都有县分会，区动委会 124 个，乡镇分会 798 个。据 1939 年 5 月统计：省动委会直属工作团 43 个，委托工作团 30 个，县属团正式呈报者 34 个，直属团以 20 人为定额，委托及县属团平均也每团约 20 人，合计约 2400 人。工作团在各地先后建立有青年、农民、工人、商民、妇女、文化界抗敌协会。据 1939 年 7 月统计，全县性质的青抗会 31 个，会员 6381 人，区乡镇青抗会 563 个，会员 33950 人；农抗会 12 个，会员 3141 人，区乡镇农抗会 1664 个，会员 268089 人。[①] 如 1938 年 4 月，六安县动委会在六安城关刘家公保第成立，由中共六安县委书记邹同礽任指导员。这时，县委还在六安城关开设救亡书店，创办《六安日报》，并先后组织成立了城关及张家店、罗管、苏家埠、新安等 4 个区动委会，大大推动了六安抗日救亡运动。"六安各级动委会和抗日工作团，实质上是国共两党合作抗日的统一战线组织。这是国共两党在六安的第二次合作。这次统一战线的实际领导权，仍然为共产党所掌握，因而开创了六安各地抗日救亡的新局面。"[②]动委会在扩大统一战线、团结各阶层抗日方面，发挥了积极作用。

三、完善省级机构

安徽省政府委员会是省级最高行政机构，设政府主席。省政府委员会下设总办公厅、军管区司令部、保安司令部，并下设民意机关省临时参议会。1938 年 9 月国民政府公布《省临时参议会组织条例》，安

---

① 徐承伦：《安徽省民众总动员委员会成立》，丁剑主编《影响安徽的大事》，黄山书社 1995 年版，210 页。

② 胡苏明：《我的回忆》，安徽省政协文史资料研究委员会编：《安徽文史资料》第 17 辑，安徽人民出版社 1983 年版，第 82 页。

徽第一届临时参议会于 1939 年 7 月在立煌开幕,江炜为议长。但参议会的权力和参议员的选举都受到诸多限制,行政院提出"省临时参议会对于省政,仅立于赞襄地位,一切责任均由省政府负之"①,加上新桂系的拉拢,参议会对加强新桂系在安徽统治起到了重要作用。

1940 年李品仙上台后,召开党政整建大会,对省府机构进行调整,除民政、财政、建设、教育等厅外,增设物资管理处和粮食管理处,以便管理战时物资和粮食。此外,秘书处增设人事科,管理全省人事,以及成立总办公厅。1941 年第三次全国财政会议决定田赋改征实物,又成立田赋管理处,1943 年 9 月田粮合并为省田赋粮食管理处。1943 年还成立省物价管制委员会。1940 年安徽省政府委员会设委员 9 人,由中央简派一人为主席,秘书长及各厅长由委员兼任,1944 年委员为 13 人,1944 年 10 月开始合署办公。这样,1944 年安徽省政府下设秘书处、民政厅、财政厅、建设厅、教育厅、设计考核委员会、会计处、田赋粮食管理处、物价管制委员会、高等法院、卫生处。

1940 年 3 月蒋介石在中央人事行政会议上首次提出《行政三联制大纲》,在国民党五届七中全会后正式施行。行政三联制是指将行政管理过程中的设计(或计划)、执行、考核 3 个环节加以联接。1943 年安徽根据国防最高委员会制定的《党政各机关设计考核委员会组织通则》,把过去归秘书处的设计考核工作独立出来成立了设计考核委员会。

四、设立行署和行政督察区

安徽沦陷后,日军严密封锁长江,把安徽分割为皖北和皖南两个部分。抗战期间,在安徽省政府下设立皖南行署和皖北行署,在行署下设立 9 个行政督察区。

大江以南的皖南地区,地处前线,情况复杂,沿江各县如宣城、当涂、芜湖、广德、郎溪、青阳、铜陵、东流等县城沦陷,南陵和繁昌县部分地段一度为叛军张昌德占据(张昌德原是川军的一个团长,叛变后依

---

① 陈之迈:《中国政府》(3),商务印书馆 1946 年版,第 161 页。

附日军,成立所谓"皖南独立方面军");本地区军事上属于第三战区,受蒋介石嫡系第三战区司令长官顾祝同的指挥,不是新桂系天下。为了统一领导皖南的行政工作,1938年4月国民政府行政院公布了《安徽省政府皖南行署组织暂行规程》,决定在皖南屯溪设立皖南行署,作为省府的派出机构,管理皖南各专区、各县,到1945年11月才撤销。行署没有正式部队,只从驻在屯溪的一个省保安团调来一连多人,其力量仅能维持屯溪当地治安。当时皖南有4个专区、22个县,其中有1/3以上县份或者完全沦陷,或者县城沦陷,未沦陷的县份也因江、浙战争失利和蒋介石不战而放弃南京的影响,人心惶惶不安。各县县政府人员都随时准备逃跑,很少有坚持抗战的打算,有的县长更是趁火打劫,胡作非为。由于一些县变成沦陷区,皖南行署所能管辖的完整县份不多,仅休宁、祁门、太平、黟县、石埭、歙县、至德、旌德、泾县、绩溪等县而已。

新桂系为了加强对皖南的控制,3次更换行署主任,历任主任为戴戟、黄绍耿和张宗良。戴戟在"一·二八"淞沪抗战时是第十九路军师长兼淞沪警备司令,是抗日名将,抗战开始后回安徽任省政府委员,皖南行署成立时被任命为第一任主任。他虽然能与第三战区配合,但是对新桂系李品仙则不屑与之为伍,终于在1940年拂袖而去。第二任是新桂系黄绍耿。此人任职两年多,做了不少坏事,引起安徽地方派系的不满,1942年春被免职。1942年1月国民政府行政院任命张宗良为皖南行署主任兼安徽全省保安司令皖南行营主任。张宗良是第三任,也是最后一任主任。张宗良能当上皖南行署主任,是新桂系上层领导集团和安徽地方派系之间斗争的结果。黄绍耿的劣行,引起安徽地方派系的不满,新桂系知道,如果在这个位置上再换一个广西人,或者换一个亲桂系的安徽人,必然要引起安徽人的更大不满,甚至可能危及新桂系在安徽的统治。张宗良是非新桂系,他是陈诚的人,与新桂系首领李宗仁、白崇禧关系也不错,是李品仙的得力助手、民政厅长韦永成的好友。此外还有很重要的一点,张和第三战区司令长官顾祝同也有关系,顾的政治部主任李寿雍是张的留英同学,顾的亲信中将高参卢旭是张的小同乡。通过在重庆与新桂系和安徽地方

派系的接触,双方同意张宗良出任皖南行署主任。

抗战以后,皖北、皖东情况复杂,驻扎在皖北临泉、界首一带的是蒋介石嫡系汤恩伯部,驻涡、蒙、颖一带的是东北军的骑兵何柱国部,在皖东之淮河两岸,有泗县安徽第六区行政督察专员盛子瑾与盱眙县长秦庆霖拥兵称雄;津浦路东的凤阳、定远、嘉山一带,又有自称凤、定、嘉3县游击司令的高平甫霸踞;寿(寿县)、凤(凤台)与淮南,则有程华庭、倪荣仙等土皇帝,路家云(绰号"小疯狗")、梅友和等土匪,各拥有人枪数千。再加上日军与伪军时时进犯,地主武装与土匪常常窜扰,早已形成无政府状态。当时国民党省政府为了加强与皖东北各专县的联系,经省政府委员会议通过,1938年11月在寿县堰口集王圩子筹设安徽省政府皖北行署,颁布《安徽省政府皖北行署组织暂行规程》,管理第五、第六、第七行政督察区所属25个县的所有省属机关。[①]皖北行署设行署主任1人,代表省政府对皖东北各专县推行政令。行署主任颜仁毅。行署之下,分设1个秘书室,民政、财政、教育、建设、保安5个科,1个视察室,1个译电室及1个缮写室。另外还有1个武装特务大队。当时行署的职权范围,省府明令指出:行政方面,不能不经请示而直接任撤县长;财政方面,不能不经请示而直接截留税收。皖北行署形同虚设。1939年10月廖磊死后不久,驻省府的常恒芳、石寅生、吴授廷、胡锡畴等向省府代主席朱佛定建议:皖北行署建立已有一年,原议设置于皖东盱眙、来安、嘉山3县的山区,既便于督导各专县政令的推行,又利于皖东北山区游击的发展,不料设署后,徒增民众负担,一无成就,拟请撤销,以纾民困。1941年元旦李品仙奉命来皖后,皖北行署即明令撤销。颜仁毅亲率行署人员于1941年1月15日左右,经定远西乡吴家圩撤回立煌。

1932年安徽省开始分设行政区,后又改为行政督察区,到1936年,有10个行政督察区,管辖62县。日军侵入安徽以后,先后占领省境津浦、淮南、芜宁等铁路沿线及水陆交通要道,并逐渐向内地侵扰。于是省内各地,除远离水陆交通要道外,都成为战争游击区,地方政区

---

① 《安徽政治》1卷24期,1938年11月10日,第18—19页。

必须加以改变,以适应新的形势。据 1944 年《安徽概览》载,从 1938
年到 1942 年,重新划分行政督察区为 9 个。区属各县,除少数无敌踪
者外,有些县长期为日军占领,有些屡遭骚扰,有些当地交通要道或接
近敌区,其治所均曾经变动。第一区,专署驻桐城县,管辖桐城、怀宁、
潜山、望江、太湖、无为、庐江、宿松 8 县;第二区,专署驻六安县,管辖
六安、合肥、舒城、寿、立煌、岳西、霍邱、霍山 8 县;第三区,专署驻阜阳
县,管辖阜阳、临泉、亳、太和、涡阳、颖上、蒙城、凤台、怀远 9 县;第四
区,专署驻宿县,管辖宿县、泗县、灵璧、五河 4 县;第五区,专署驻全椒
县古河,管辖全椒、滁、和、定远、巢、含山 6 县;第六区,专署驻泾县,管
辖泾、芜湖、广德、当涂、南陵、宣城、宁国、繁昌、郎溪 9 县;第七区,专
署驻休宁县,管辖休宁、歙县、祁门、黟、绩溪、旌德 6 县;第八区,专署
由贵池县池州镇移驻石埭县乌石垅,管辖贵池、至德、太平、东流、石
埭、青阳、铜陵 7 县;第九区,管辖盱眙、凤阳、天长、来安、嘉山 5 县。
1938 年各县县城先后为日军侵占,只保留第九专区名义,将所属各县
归第五专区兼管,各县后来也寄治全椒县西南境。[①] 第五区地处皖东,
当时共辖滁、全椒、巢、含山、和、定远、来安、凤阳、天长、盱眙、嘉山等
11 个县和 1 个肥东办事处。这一地区的东、西、北三面环绕着津浦和
淮南两条铁路,南面则是滚滚长江,俱被日伪严密警戒着,因而与国民
党安徽省战时省会立煌隔绝而自立为一个特区。

五、实施新县制

安徽省原辖 60 县,后英山划归鄂,婺源划归赣,又增设嘉山、立煌
(1932 年)、临泉(1934 年)、岳西(1936 年)等 4 县,共有 62 个县,江北
40 个,江南 22 个。1939 年 9 月,安徽省 62 个县有 20 个县县城沦陷,
有敌踪者 7 县,国民政府能保持完整的只有 35 个县,政令尚可通行。
各县原分为 3 等,1940 年按照行政院规定分为 6 等,一等 9 县,二等
10 县,三等 9 县,四等 11 县,五等 12 县,六等 11 县,后因各县环境不
同,又根据情况降等或提等。有的县是国民党完全统治区,有的是半

---

① 李天敏:《安徽历代政区治地通释》,1986 年印,第 168—179 页。

完全统治区。

县政府组织在战时是有变化的,完整县份县政府的组织按照新县制的规定设立,半完整县份组织可按实际需要加以损益。1939年9月国民政府公布《县各级组织纲要》,除县政府组织办法外,不同以前之处是设立县民意机构和新保甲制度。1941年8月又公布《县参议会组织暂行条例》,县参议员由乡镇民代表会选举,县参议会有一定的民主、自治色彩,职权比省参议会高,并限各省于1944年成立。1941年安徽开始实施新县制。所有实行新县制县份,一律设置秘书室、会计室,以及民政、财政、建设、教育、军事5科。1942年又在第一、第二等县设置粮政科和社会科,各县增设助理秘书1人。1943年将县府秘书改为主任秘书,原助理秘书改为秘书,并于年底将粮政科裁撤。1944年各县增设合作指导室,并择县设立社会科,同年底将军事科裁撤,业务由国民兵团办理,其余县府内部人员也相继调整。按照中央要求,到1944年各县均成立了临时参议会作为民意机关。

保甲是新县制的基础。安徽省实行保甲制度是从1934年开始的,原属自卫性质,组织为区、联保、保、甲。① 新桂系认为安徽传统的保甲组织积弊严重,在抗战期间不能发动民众,必须改革。李宗仁上台时就强调刷新政治要从安定社会秩序、健全基层组织做起。廖磊上台后,把广西实行多年的以"三自"(自治、自卫、自给)、"三寓"(寓兵于团、寓将于学、寓征于募)为内容的政教卫合一的基层政权建设办法搬过来,改造基层政权。

首先,改革区署制度。区负责监督指导。1935年安徽省全省有区署225区,1936年增设3区,1937年依照行政院《分区设署暂行规定》,将原有区署加以调整。1935年又奉行政院颁布《县政府分区设署规程》,根据本省情况,通令凡不合设署标准的,一律裁并,其各县接壤地区、地位重要的,可以设立联合区署。1939年9月颁布的《县各级组织纲要》中规定,"县之面积过大有特殊情形者得分区设署",作

---

① 之光:《安徽保甲的过去与现在》,《中原月刊》1939年第3期。

为"县政府之辅助机关,代表县政府督导各乡办理各项行政及自治事务"①。

其次,对乡(镇)、保、甲的区划作了改革。1939年1月起,根据中央法令,参酌本省情况,安徽省政府制定《安徽省战时各县区乡镇保甲组织大纲》、《安徽省战时各县乡镇公所组织暂行规程》、《安徽省战时各县保公所组织暂行规程》,把安徽的区、联保、保、甲改为区、乡(镇)、保、甲制度,把联保改为乡(镇),它以行政为中心,教育和地方武装都从属于行政。这样可以取缔越级直属,简化隶属系统,规定乡镇保甲组织以十进位为原则,但是因为交通和自然环境限制的,可以8保以上、15保以下编为1乡镇,11保以上者编为甲级乡镇,10保以下者编为乙级乡镇,凡有5保以上在城厢或市集之内的称为镇,余均为乡。保的编成,也有8甲以上15甲以下的弹性规定,有特殊情况,可按级呈请核定,特准扩大乡镇保的范围。其乡镇保的名称,以当地地名或适当名称称呼。经过这一划定,奠定了安徽新县制的基础。1941年8月9日国民政府公布的《乡镇组织暂行条例》规定,乡镇之内编制为保甲,以十进位,每乡镇以10保为原则,不得少于6保,多于15保;保以10甲为原则,不得少于6甲,多于15甲;每甲以10户为原则,不得少于6户,多于15户。设立民意机构,甲设户长会议,可选举罢免甲长,执行政令等;保内各户推1人组织保民大会,可选举罢免保长及乡镇民代表大会代表,可议决保甲规约、人工征集等事项;乡镇有乡镇民代表大会。② 到1942年,安徽又按照国民政府公布的《乡镇组织暂行条例》略有调整,划编乡镇保甲,仍以十进原则,乡镇不得多于15保;保不得少于6甲,多于15甲;甲不得多于15户,少于6户。一面通令各县,按照人口、经济、文化、交通等情况为标准,由县政府拟定绘图呈由省府核准,报请内政部备查,一面派遣督导人员到各县协同编制,编后统计,除沦陷区外,全省有1400个乡镇,1.5万个保。乡保区划经过这两次调整后,过去纷乱复杂之现象渐次纠正,一切行政设

---

① 徐矛:《中华民国政治制度史》,上海人民出版社1992年版,第246—247页。
② 中国第二历史档案馆编:《中华民国史档案资料汇编》第5辑第2编《政治》(1),江苏古籍出版社1991年版,第126—130页。

施亦较为便利。

　　再次，对乡镇公所、保办公处的组织作了调整。乡镇保甲基层行政实行政教卫合一的"三位一体"制，以集中事权。新桂系建立的保甲制度，客观上巩固了基层政权，提高了基层行政效能，加强了对农村社会的控制，这对防范敌伪、团结民众抗日有一定的作用。但它有鲜明的反共指向，带有警察化、特务化的特点。1941 年 1 月，国民党颁布了《运用保甲组织防止异党活动办法》，使保甲制度同乡镇制度、国民兵制度、警察制度相混合，并与国民党的党团工作和特务工作紧密结合，使基层政权"多位一体"，牢牢控制基层社会。

第三节　新桂系与国民党中央争权斗争

一、李宗仁主政时期的斗争

　　新桂系主皖初期，安徽政治力量主要有安徽地方势力、新桂系和国民党蒋介石嫡系 CC 系。三种力量相互矛盾，形成了复杂的政治局面。除了 CC 代表的反动势力以外，还有中共代表进步力量等多个派别。桂系与 CC 系早就有矛盾，早在 1927 年，宁汉分裂后，桂系自恃北伐有功，逼迫蒋介石下台，9 月 15 日成立了国民党中央特别委员会代行中央职权，蒋下野。11 月，蒋的亲信陈果夫以反特委会为名，把留沪的党政干部组织起来，成立中央俱乐部。CC 是其英文缩写，故简称"CC"，也有认为是陈果夫、陈立夫兄弟的姓氏英文简称。安徽本是 CC 系的地盘，控制党、政、文教、财经等部门，地方封建势力也和 CC 相勾结。新桂系要从 CC 系手中夺走安徽，双方争权夺利必然发生。

　　是时，CC 系控制着国民党安徽省党部和省政府教育厅，省党部主任委员刘真如和教育厅长方治都是 CC 分子。新桂系控制着安徽省政府以及在皖军队，想笼络地方力量以巩固其统治地位，进而赶走 CC系，以独霸安徽。新桂系为站稳脚跟，联络 CC 系外各派系和无党派人士,拉拢安徽名流,任命常恒芳、光明甫、沈子修、朱蕴山、朱子帆、周新民等为省民众总动委会委员,章乃器为财政厅长。新桂系为调动抗战力量,扩大政权基础,强调和各方面的联系,把省内有威望的人士充实进各级机构,联合民主势力加强自身力量,以"铲除政治积弊"的名义打击蒋系势力。

1938年1月13日,由于日军溯江西上,蒋作宾把安徽省会由安庆迁往六安。徐州会战后,5月21日,日军大本营决定扩大战果,由华中派遣军向淮河以南,华北方面军向陇海路西进,想消灭皖北、豫东的国民党军队,打通平汉、津浦、陇海线,进攻武汉。六安安全面临严重威胁,新桂系张义纯、朱佛定等认为皖北人口土地众多,大别山地形复杂,容易建立根据地,主张省会迁往大别山立煌县,而CC系的苗培成、卓衡之等认为皖南比较富庶,补给容易,立煌过于贫瘠,主张省会迁往皖南屯溪。当时皖南属于顾祝同的第三战区,如果省会迁往屯溪,CC系就可得到蒋系顾祝同帮助,重掌政权,使省府脱离新桂系控制。新桂系自然不能容忍大权旁落,官司打到国民党中央,而蒋要求安徽军事上坚持3个月,政治上长期坚持,以牵制日军西进,故此裁决省会迁往立煌。CC系不服气,省党部主任委员刘真如将党部撤往屯溪,武汉失守后又溜往重庆,直到1939年安徽局面稳定后才回来。新桂系的主张是有利抗战的,CC系的逃跑主义遭到进步人士的批评。省会迁移之争,新桂系获胜,打击了CC系。

二、廖磊主政时期的斗争

廖磊任安徽省主席时,新桂系与CC系双方在安徽争权夺利,互相倾轧,斗争极为尖锐、复杂。在省地县3级政权组织中,新桂系极力排斥CC系,直接控制政权,肆意扩大势力。在省级政权中,排斥CC系进入省府。地方上,极力排斥CC系,支持干训生巩固基层政权,每撤换一个旧县长,必派一个新桂系的新县长,乡镇长必须由干训生担任,限制依靠CC系的地方豪绅势力,打击依附CC系、对抗新桂系的地方封建势力,以巩固基层政权。桐城绅士光香九是一个把持地方的恶霸,自恃有CC系作后台,敢于和新桂系对抗,对新桂系的措施诸多阻

挠破坏。新桂系桐城县长罗成钧发现他暗中通敌,报告到省府,廖磊和陈良佐商量后,复电立即拿办,就地枪决。这是给依附 CC 系的人一个狠狠打击,使各地封建势力不再敢公开反抗,新桂系统治安徽的措施得以顺利推行。CC 系也极力与新桂系争权,反对廖磊实行的"三自"政策,提出"皖人治皖"主张。教育厅长方治还指责干训班未经中央批准,是黑耳朵机关,铨叙时不算资历等,1939 年和刘真如在省党部内开办党务干部人员训练班,与廖磊办的政治军事干部训练班唱对台戏,并在物质上给予受训人员优厚待遇,与廖磊争夺青年。1939 年春,教育厅一个 CC 系科长公开反对新桂系政教卫合一遭到扣押,教育厅长方治立即告到蒋介石那里。蒋来电申斥,廖磊却公开说:"如果有人敢反对我的方针,我就把他关起来,最多我不干省主席,但我的总司令什么人也搞不掉。"①方治吓得只好溜到重庆向蒋申诉。

在对待共产党的方式方面,彼此意见也有分歧。以方治和国民党省党部主任委员刘真如为首的安徽 CC 系分子,坚决站在反共反人民的立场,公开反对同共产党合作抗日,摧残压迫抗日的进步力量。而廖磊、民政厅长陈良佐等一部分新桂系分子,在初到安徽时,立足未稳,表面上不能不赞同国共合作,一致对外,因而和当时主张抗日的人士比较接近,另一部分新桂系高级将领如张淦、徐启明、张义纯等则主张积极反共,排挤进步势力。CC 系分子看到新桂系和中共及进步人士合作,借 1939 年第一次反共高潮之机,不断向重庆密报,说廖磊庇护共产党,打击国民党的"忠实同志"。方治获得章乃器按月补助新四军高敬亭部活动经费的收据,把扳倒章乃器作为打击新桂系手段之一,亲去重庆告状,使章乃器 1939 年 6 月去职。蒋以此责问白崇禧,而积极反共的新桂系高级将领亦向李、白告状。李、白也不断来电责备廖磊。廖磊本患有高血压症,至此骤形严重,任职只一年多时间,竟至一病不起,1939 年 10 月逝世于立煌。CC 系取得胜利,但是没有捞到任何好处。

---

① 吕祖杰:《桂系培养新爪牙的"干训班"》,安徽省政协文史资料研究会编:《文史资料选辑》第 1 辑,内部发行,安徽省政协文史资料委员会 1983 年编印,第 61 页。

三、李品仙在抗战时期的妥协与斗争

李品仙在抗战时期与 CC 系关系由妥协发展到斗争。李品仙上台时正值国民党掀起第二次反共高潮，李品仙晋谒蒋介石，报告反共计划，蒋深表嘉许，给以全权，嘱其实行全部反共政策。因而李品仙能够独揽党政军大权，任安徽省党部主任委员，把过去 CC 系分子控制的省党部夺了过来。开始时李品仙认为与 CC 系关系搞好了才能搞好安徽政治，因此，请陈果夫从中央政治学校选派毕业生到安徽工作，把 CC 系周天固作为自己的随从秘书，利用老部下苏民、杨绩荪与 CC 系关系作为沟通桥梁。为了表示公正无私，他将新桂系立煌、霍山、六安 3 县县长以贪污、走私罪拘拿执办，不料却引起新桂系分子的愤慨，他们密电李宗仁、白崇禧控诉李品仙勾结 CC 系、打击新桂系干部，一些人还到立煌香山寺廖磊墓地哭灵，以致李、白来电责问，使李品仙改变对 CC 系的态度。从此，加强了斗争，绝对不容许 CC 系染指政权。

皖省人事安排是由新桂系与陈果夫、朱家骅等共同商定，经蒋介石批准。在省府方面，新桂系占绝大多数，省党部方面，CC 系和接近 CC 系的分子占绝大多数，一个控制省府，一个控制省党部，双方似乎平分秋色。为确保新桂系独揽政权，李品仙在党政等机关人事安排上排挤 CC 系。他成立党政军总办公厅，下设党务、政务、军务 3 个组，办公厅主任、主任秘书及党务、政务、军务 3 个组长均由新桂系或亲桂系分子担任。本来党务组长该由省党部书记长兼任，但李品仙为提防 CC 系，始终不让 CC 系卓衡之担任，而让老部属苏民担任，从而使省党部形同虚设，CC 分子也就有职无权了。在党部人事安排上，党部书记长要经过国民党中央组织部决定，新桂系不能任意操纵，他便安排其他派系如朱家骅系的张一寒、方宏孝、王述曾，改组派的程中一，老部下苏民、杨绩荪等担任委员牵制 CC 系；还采取"消极防御，积极渗透"的办法，派新桂系或反 CC 系分子担任秘书和科长一类的职务，暗中监视 CC 系；派亲信黎民兴任党部秘书，陈天任等当科长。凡 CC 系卓衡之签派的县党部书记长，李品仙都要改换别人，而 CC 系对省党部委员

和省党部书记长人选也极力排斥新桂系。①

在行政方面，李品仙、韦永成等对人事抓得很紧。对于省府委员、厅长和专员，则抓得更紧，CC 分子除非由上面硬派下来，否则休想染指。省教育厅长多年来为 CC 系在安徽的核心人物方治把持，新桂系为挤走方治，曾采取多种方式，甚至武力威吓，最终挤走方治，而保举三青团的万昌言继任，使 CC 系在皖又失去了一个重要据点。每次调整县长，事先都是由他们和几个广西亲信分子密商，尽量先录用桂系人员；其次，以少数名额，安置省县参议会、三青团、军统和其他各方面倾向新桂系的人员，但决不轻易让 CC 系分子插足。例如刘真如、卓衡之几次力保 CC 系分子武斌，李、韦等始终是敷衍应付，口惠而实不至，拖了大半年，还是由苏民和杨绩荪力争，才把他派到黟县去。后来如蒋慎良、汪毅等出任县长，也不知费了多少唇舌。而与军统有关的人，如游铨、李宣、刘文潮等，都很快先后做了桐城、立煌等县县长。对于省立学校校长的任用，同样抓得很紧。方治所签派的人，提到省府常会上，经常和新桂系分子发生争吵，有时搞得面红耳赤，下不了台。有关教育经费的问题，也每每引起争执，彼此喋喋不休。

李品仙还笼络在皖其他派系黄埔系、复兴社、军统、三青团和无党派人士，孤立 CC 系。针对 CC 系提出的“皖人治皖”，新桂系借此重用亲桂系的安徽人，除张义纯、戴戟、朱子帆、陶若存等外，还有刘和鼎、范苑声、储应时、陈维沂、高长柱、王贯之、汪平、汪幼平、张宗良等，给他们担任要职，击败了 CC 试图用“皖人治皖”的口号打击桂系的策略。②

在干部培训领导权问题上新桂系与 CC 系也有一番斗争。1940年，国民党中央对全国干部训练制定整套办法，在中央设中央训练委员会和训练团；各省设训练委员会和省地方行政干部训练团；各县设训练所。CC 系攻击新桂系脱离中央，要求把干训班改为省训团，隶属 CC 系掌握的重庆中央训练委员会。李品仙一面停止干训班，一面以

① 莫济杰、〔美〕陈福霖：《新桂系史》第 2 卷，广西人民出版社 1991 年版，第 376 页。
② 刘立道：《新桂系在安徽的一些政治措施及其与 CC 的斗争》，广西区政协文史资料委员会编：《新桂系纪实》中册，南京市源流印刷厂 1990 年印，第 387 页。

鄂豫皖边区党政分会名义设立鄂豫皖边区党政军工作人员训练班,获准在重庆中央战地党政委员会备案。CC 系退而求其次,力争鄂豫皖边区党政军工作人员训练班的教育长或训导处长应由省党部书记长卓衡之兼任,李品仙坚决不答应。CC 系夺取干部训练领导权计划落空。① 1940 年夏,国民党中央任命刘真如为省训团教育长。李品仙无法拒绝中央任命,只好采取补救措施,在刘真如到职前将省训团干部全部配好,使刘成为孤家寡人。团主任李品仙,副教育长范苑声,教务处长王贯之,训导处长宋厚祁,总务处长孙肇辛,军训大队长覃彪,军训大队副罗立光,其余的政治教官、政治指导员、各队队长、各处科长、科员等都是新桂系或亲桂系者。李品仙还把团主任印章和自己的私章交给副教育长代行职权。教育长刘真如完全被架空了,CC 系争夺干部的希望完全成为泡影。② 1943 年刘真如调任安徽学院院长,教育长由黄绍耿接任,CC 系又失去一个据点。

虽然双方的斗争是国民党内不同派系争权夺利的斗争,是蒋桂矛盾的表现,但是在中日民族矛盾成为主要矛盾的历史条件下,新桂系抵制蒋介石消灭异己,削弱 CC 系力量,联合进步力量,动员人民抗日,对争取抗战胜利是有积极意义的。

四、抗战胜利后的斗争

抗战胜利后,新桂系与 CC 系矛盾和斗争逐步发展,进入"你死我活"斗争的新阶段。这时,CC 系由防御转为反攻。

抗战胜利后,省党政机构进行了调整。刘真如重新把省党部主任委员夺了过去,安徽 CC 系大将范春阳接任书记长,原有委员绝大部分仍旧留任,唯有杨绩荪被摈斥,被免去了委员职务。省府人事方面,民政厅长韦永成早已声名狼藉,特别是在抗战胜利后,他利用接收蚌埠的机会,大发其接收财,群言啧啧,终于被迫辞职,调秘书长黄同仇接任其职;秘书长遗缺,派苏民兼任。嗣后,财政厅长桂竞秋辞职,由财

---

① 莫济杰、[美]陈福霖:《新桂系史》第 2 卷,广西人民出版社 1991 年版,第 372 页。
② 刘立道:《新桂系在安徽的一些政治措施及其与 CC 的斗争》,广西区政协文史资料委员会编:《新桂系纪实》中册,南京市源流印刷厂 1990 年印,第 382 页。

政部派 CC 系濮孟九继任；濮辞职后，又改派杨中明接替。教育厅长汪少伦因竞选立法委员辞职，遗缺由朱家骅系翟桓继任。建设厅长储应时辞职，由刘贻燕继任；刘辞职后，由李品仙保荐三青团主任张宗良接替，并陆续推荐林中奇（新桂系）、张威遐（新桂系）、陈子英、杨绩荪等为省府委员。

1946 年 5 月 8 日，安徽省立怀远中学全体师生为修建校舍，前往涡河北岸大王庙搬运砖瓦，一名工人被国民党国防部第十二防毒队士兵打入涡河水中，激起师生义愤，发生冲突，士兵竟开枪打死 1 名学生，并毒打前来了解情况的该中学校长周平。第二天，防毒队又派 40 多名士兵到怀远中学追捕学生，再次开枪，学生伤亡多人。该校要求省教育厅及省政府查办凶手，但是新桂系政府不予理睬，反而撤去周平校长职，进一步激起安徽人民的愤怒。刘真如、方治等人认为把新桂系赶出安徽时机已到，于是，一面联合皖籍人士向南京国民政府请愿，要求惩办"怀中惨案"的罪魁祸首，并在报上公开揭露李品仙在安徽的种种劣迹，要求撤惩李品仙；另一方面，发动上海交通大学、暨南大学、同济大学等 33 所大中学校，南京中央大学、中央政治学校、东方语专、国立药专等 23 所大专学校以及无锡国立边疆学校等校皖籍学生联合组成京沪区各大中学校安徽学生救乡运动联合会，发表《为李品仙暴政虐民告社会各界人士书》以及《李品仙治皖十大"政迹"——安徽学生的控诉》等铅印传单，散发宣言，张贴标语，并结队游行，声讨李品仙。从 1946 年下半年起，CC 系方治、邵华等就在南京、上海开始酝酿反李品仙运动，而在 1947 年到 1948 年间，斗争最为尖锐，逐渐形成高潮，使新桂系臭名远扬。

新桂系为了挽救其在皖政权，内外配合，全力以赴，和 CC 系及其他反桂反李势力，进行坚决的斗争。首先，在省外方面，于南京设立办事机构，负责搜集情报，联络报社、通讯社及其他有关方面，争取支援，并在京、沪的安徽人士当中进行拉拢分化。最初派安徽人夏馥棠、陈子英等为省府驻京代表，负责主持，后又派萧洁宇（新桂系外江派，湖南人）为代表兼驻京办事处处长，夏、陈从旁协助。又根据工作需要，随时加派其他人员去京联络活动。当时动员的人很多，如参议员陈献南、专员汪幼平等，都曾奔走京、沪和合肥之间，为新桂系效劳。南京党政高级人员和安徽元老，如吴忠信、许世英、张治中、杨虎等，多由李、白和李品仙等亲自出马，进行联络。1946 年 12 月，张治中回巢县原籍探望亲友，李品仙在合把举行党政军各界盛大的欢迎会，在会上致词欢迎，对张恭维备至，大捧特捧，得到张的表扬。这在当时动荡的局势中为新桂系帮了大忙。李品仙除尽力争取安徽元老支持外，还多方拉拢其他方面的力量，引为己助。各报社、通讯社，通过萧洁宇等收买拉拢，一般很少登载反李的宣传材料，有时仅简单地披露一点反李运动的新闻。只有《救国日报》、孙慕迦（复兴社的骨干）所主办的南京《中国日报》不肯为新桂系卖力。

其次，在省内方面，进一步加强领导机构，调整和巩固核心组织，集中力量打击 CC 系，并和京、沪一带的反李运动相对抗。多年以来，新桂系在安徽除大力培养干训生作为基干外，并利用地方派系的矛盾，在各界上层人士当中进行工作，以争取他们的同情，扶植准桂系的力量。如以江彤侯、陶若存为正副议长的省参议会和合肥、安庆等县大部分县参议会以及省三青团主任张宗良等，基本上都能和新桂系配合一致，互相呼应，成为维护新桂系反动政权的有力工具。在反李运动发生后，李品仙为了应付当时斗争紧张局势，一面调整省府内部的人员，一面把各机关的亲信干部组织起来，成立安徽省公务员业余进修会，以黄同仇、黄绍耿、林中奇、陈子英、杨绩荪、苏民等为核心；又把省县参议会、三青团以及其他机关团体中倾向新桂系或与 CC 系有矛盾的安徽中上层人物，组成安徽建设研究会，以陶若存、张宗良、程中一（曾任专员及省参议会秘书长）、朱子帆（省参议会秘书长）、汪幼平、常恒芳、储应时、汪少伦、范苑声（专员）等为核心。这两个组织，在李品仙直接领导之下，密切配合，分途进行拥李活动。有时分别秘密集会，有时在李品仙家里举行联席会议。会议的主要内容为汇报情况、研究对策和布置工作。如在 1947 年春季，省参议会在合肥开会，各县参议会议长亦多到会。由建设研究会及进修会的分子出面，策动他们单独或联合打电报到国民党中央拥李，并组织邻近南京的安徽各县一些士绅赴京请愿。在这两年当中，由于动用这两个组织的力量，

抗拒 CC 系和反李运动的强大攻势,省内没有受到省外的反李浪潮波及,使李品仙得以苟延残喘。特别是在办理国大代表和立法委员、监察委员的选举中,由于建设研究会的力量,新桂系配合各县县政府,把持操纵选举,沉重地打击了 CC 分子,使他们纷纷落选。其当选立委的如朱子帆、王丹岑、汪少伦、徐君佩、奚伦、陈紫枫、徐中岳、刘启瑞、端木杰、陈铁、汪新民、李荫五、黄梦飞、马景常等,多系同情新桂系的人物或中间分子。至于 CC 方面,只有邵华、佘凌云等极少数的人当选。范春阳原来参加桐城区立法委员竞选,因遭到新桂系和研究会的打击而失败。国大代表中,同情和支持新桂系的人更占多数,如陈献南、陈天任、范苑声、李应生、张一寒、虞荫生、丁澄芳等,这些人对维护新桂系政权和支持李宗仁竞选副总统,都起了一定的作用。省党部方面,刘真如、范春阳等原与方治、邵华等内外配合,暗中进行反李活动。刘于 1947 年病死,CC 分子陈访先继任,仍以范为书记长。不久,党团合并,以张宗良为副主任委员,并派濮孟九、范任(省社会处长)及原任三青团干事夏赓英等为委员。陈、范虽与方、邵暗通声气,但因省党部内部党团之间有矛盾,不能为所欲为。加之,李品仙对陈亦尽力敷衍应付,提拔其亲信程朱溪为第十区行政专员,因此省党部在这个时期内没有露骨地表示反李。

安徽倒李与保李斗争一直延续到 1948 年。1948 年 8 月,国民政府以“怀中惨案”、群情激怒为由,免去李品仙安徽省政府主席职务,由新桂系另一重要人物第八“绥靖区”司令部司令官夏威接替。至此,CC 系虽然达到倒李目的,但是,安徽的政权仍然掌握在新桂系手中。继任的新桂系夏威和 CC 系的斗争仍然时起时伏,没有停止,直到 1949 年国民党统治在大陆垮台才结束。

第四节　新桂系统治安徽时期国共两党关系

一、李宗仁主政时期国共两党关系

历史上新桂系与中共既曾合作,又曾对立。第一次国共合作时,新桂系与中共合作共同北伐。但在蒋介石叛变革命时,新桂系却成为反共急先锋和刽子手。从 1930 年到 1936 年,新桂系立足广西自保,为对付蒋介石和维护自身利益,实行反蒋"剿共"抗日并举的"骑墙政治"。1936 年西安事变促成国共第二次合作,形成抗日民族统一战线。同时,新桂系也有抗战的要求,李宗仁主张"焦土抗战",要动员民众,坚持全面持久战争,在施政方针中主张政治和军事打成一片,政府与人民打成一片,只有依靠群众,才能壮大抗日力量。同年新桂系与中共签订《抗日救国协定》,接受了中共和平解决西安事变的原则,响应中共建立抗日民族统一战线的主张,实现了从反蒋抗日到逼蒋抗日,再到拥蒋抗日的转变。1937 年 6 月,张云逸到广西与桂系及刘湘代表签订川、桂、红抗日救国纲领草案。

抗战爆发后,中共长江局及时派出张劲夫等干部到安徽开展工作,成立安徽省工作委员会,发展抗日民族统一战线。南京沦陷前夕,皖籍国民党左派人士朱蕴山到中共办事处会见了董必武、叶剑英,董、叶告诉他,现在团结抗日救国要紧,赞成他迅速回安徽发动群众,开展抗日救亡工作。随后,他去会见第五战区司令长官兼安徽省政府主席李宗仁,向李建议,发动群众组织总动员委员会,集中人力、物力,实行全面抗战。李采纳了朱的建议,并相约在六安会晤。朱蕴山根据山西组织民众的经验向李宗仁建议,恢复孙中山三大政策,组织民众总动员委员会来集中人力物力全面抗战,得到同意。与此同时,周恩来要章乃器搞好同新四军的合作,彻底释放政治犯。共产党通过朱蕴山、章乃器做新桂系统战工作,参加动委会筹备,团结地方进步力量、争取

中间力量的新桂系,对顽固的 CC 系坚决斗争,利用动委会来团结青年发动群众。这样,与新桂系的统一战线形成。

李宗仁为了在安徽站稳脚跟,一面排挤 CC 系势力,一面起用安徽地方势力和进步人士。他就任第五战区司令长官后,在中共建议下,成立了第五战区文化工作委员会,聘请共产党员钱俊瑞担任文工委主任,并委以中将军衔。文工委中的委员也大都是共产党员,如孟先章、李伯乐、刘江陵、臧克家、李相符、夏石龙、孙林等。在第五战区各辖区成立文化站、文化工作队、战地服务队,对当时第五战区的抗战动员和贯彻中共统一战线起了很大的宣传和促进作用。蒋介石命令撤销文工委后,李宗仁把这些共产党员安排到战时干训团,充当政治教官或任政工总队政治指导员。复兴社的张元良要求李宗仁逮捕共产党员,遭到李宗仁的拒绝。[1] 李宗仁主皖后,积极抗战,整顿省政,开放政权,进行改革,同共产党保持统战关系。在安徽省民众总动员委员会中,邀请中共党员以及各阶层、社会名流、无党派知名人士、各种政治力量的代表参加,结成广泛的抗日民族统一战线,协助政府和军队全面抗战。中共中央长江局派大批干部到安徽,恢复党组织,开展救亡运动。1938 年 4 月成立以彭康为书记的中共安徽省工委(1939 年 1 月改为中共鄂豫皖区党委)统一领导江北和大别山区的党组织,帮助推动新桂系抗战,抽调干部进入各级动委会工作,中共党员周新民、张劲夫分别担任省动委会组织部副部长和总干事,他们利用合法的身份,积极团结国民党左派和爱国民主人士开展抗日活动,使动委会工作得以在中共的指导下进行。安徽省动委会名义上是国民党新桂系举办的,但在抗战初期,实际上是中共地下党员和一些进步人士在起作用。其中主要骨干,在党员中除周新民、张劲夫、童汉璋、狄超白等,在六安办公时即参加工作外,唐晓光、史迁、詹运生、房斌、朱凡、许晴、汪胜文、陈良、陈国栋、顾训芳、孙以瑾、蒋岱燕、朱澄霞、刘芳、李一鸣等,后来都参加了其中的具体工作。在进步人士中除朱蕴山、章乃器、沈子修、光明甫、常恒芳、朱子帆等在动委会筹备期间即参加工作外,翟宗文、胡

---

① 文思:《我所知道的李宗仁》,中国文史出版社 2003 年版,第 128—129 页。

竺冰等后亦参加其中的实际工作。先后相继成立的中共安徽省工委和鄂豫皖区党委对动委会工作非常重视,主要由张劲夫负责联系,沟通情况,表里相应。当时,云集在省政府所在地的各界爱国民主人士和广大热血爱国青年,都团结在大别山区中共组织领导下从事活动。就连新桂系省府很多干部及其部队一些政工人员和广西青年学生军,也都逐渐向中共组织靠拢,接受中共领导。后来他们中大多数人都参加了共产党。在省动委会秘书室的总务、组织、宣传、后勤、情报5个部中,总务、组织、宣传、后勤4个部的部长由皖籍爱国进步人士朱蕴山、沈子修、光明甫、常恒芳担任。副部长则由共产党员或抗日民主人士周新民、狄超白、童汉璋、朱子帆担任。一般工作由组织部副部长周新民处理,组织部主任干事张劲夫主管人事,动委会中成立的中共地下支部及各级党小组都直接和张劲夫联系,还在彭家湾办了一个训练班,由詹运生负责发展党员。在动委会中起主要作用的是地下党员周新民、张劲夫和一些进步人士。各地县、区、乡镇设立动委会,由县长兼任县动委会主任委员,设立指导员制度,设指导员一人,由省动委会委派,指导民众动员工作,县分会由动委会选派,区、乡镇由县分会聘任。派往各县的指导员大多是共产党员或进步青年,负责主持日常工作。由于进步势力占绝对优势,动委会实际上成为中共地下党领导下的抗日民族统一战线的组织。动委会表面上看起来属于新桂系领导,实际上是以共产党员为核心的进步力量掌握着领导权。省动委会在动员全省民众抗日,促进第二次国共合作在安徽的形成,支持国共两党军队在安徽的早期抗战,发挥了积极的作用。

新桂系与中共合作也促成了国民党内其他地方实力派加入抗日民族统一战线,促成了国民党由不抵抗向抗日的转变。抗日战争初期,中共对新桂系进行了大量的统战工作,新桂系也与中共进行了友好的合作。

二、廖磊主政时期国共两党关系

廖磊刚继任安徽省主席时,由于形势还很危急,对固守安徽3个月没把握,白崇禧曾指示他要和各方面联系,他以为是指和中共及进

步力量联系,因此很重视动员工作。他加强对各县动员工作的具体领导,组织政工总队,增设战时文化事业委员会和妇女工作委员会,增加了动员经费,设立了 5 个督察区办事处,派遣视察员督导工作。廖磊也想利用进步力量帮助他固守安徽。动委会发展过程表明了新桂系极力同中共争取抗战领导权的斗争。开始时新桂系明确规定各级动委会主任由同级行政长官担任,企图以此控制实权,后来发现受中共控制时进行人事调整,直至最终解散了动委会。

　　1939 年安徽形势初步稳定,国民党转向反共,制定《限制异党活动办法》,CC 系分子也回到大别山公然破坏团结抗战,方治在《皖报》叫嚣"对共产党来一个大扫荡",打击周新民等进步力量。朱佛定曾向朱蕴山说:"白崇禧对共产党成见很深,坚决反共,生怕地方势力左倾,廖自然是执行白的企图。"①在反动顽固势力影响下,廖磊加大了对动委会的控制:一是调整人事,排挤共产党员和进步人士。在各级动委会中安插亲信,章乃器、周新民、朱蕴山、狄超白、童汉璋、常恒芳等纷纷去职,使用大批干训生担任各级行政官员和动委会指导员、工作团团长,削弱了进步力量。二是改变动委会的工作重心,由民众动员转向协助行政健全基层保甲组织。针对顽固派对动委会的限制,中共鄂豫皖区党委指导动委会内中共党员团结爱国人士进行反击。在1939 年 3 月 18 日召开的讨汪锄奸大会上,号召反对分裂,翟宗文痛斥方治是"自私自利、自落下流、自掘坟墓",揭露他贪污救济款 20 万元,历数方治 10 大罪状,要求廖磊对其公审。大敌当前,廖磊还是维持了国共合作,"现在的国共两党是站在一条战线上合作抗敌"②,要求改进动员工作,各县组织政工总队和工作团深入乡村增强抗战力量。动委会中进步力量还是占优势,工作开展得有声有色,群众动员的规模和作用都大大超过初建时期,取得了很大成就。

　　① 朱明:《回忆父亲朱蕴山和安徽省民众动员委员会》,安徽省政协文史资料研究委员会编:《安徽文史资料》第 25 辑,安徽人民出版社 1986 年版,第 41 页。
　　② 安徽省秘书处:《安徽政治》第 2 卷 10、11 期合刊,1939 年 6 月 15 日,第 6 页。

三、李品仙主政时期国共两党关系

1939 年 1 月、11 月国民党召开了五届五中、六中全会,颁布了《共党问题处置办法》、《沦陷区防范共党活动办法草案》、《异党问题处理办法》、《处理异党实施办法》、《运用保甲组织防止异党活动办法》等一系列反共文件,由"政治限共"走向"军事限共",掀起了第一次反共高潮。1939 年冬廖磊去世后,安徽抗日统一战线局面随之发生变化,新桂系由联共抗日,滑向联蒋反共。1941 年皖南事变后,国民党反共高潮蔓延到第五战区,这年秋,李宗仁也宣布反共。李品仙就职前就指责廖磊秉性过于单纯,面见蒋介石详呈"大别山区当前状况,以往得失和今后方针",诬蔑新四军制造"摩擦"。

1940 年 1 月李品仙在安徽就职后,实行党政军一元化,公开全面反共。国民党大肆鼓吹"一个主义,一个党,一个领袖,一个政府"。根据 1939 年 12 月 26 日国防最高委员会公布的《修正各省市县动员委员会组织大纲》的规定,裁减动委会各级机构,改组省动委会,迫害各工作团、学生军内的进步人士,破坏抗日民族统一战线。他指使亲信杨绩荪等在《皖报》上发表《动员委员会怎么动?》、《干部集中训练之意义》等文章制造舆论。2 月,李品仙在立煌召开鄂豫皖边区党政整建大会,明令"清除潜伏在机关、部队、学校内从事捣乱,分化抗建力量的异党分子"①,规定军政人员、教师、学生必须加入国民党或三青团;扩大各县党部编制,增加经费,以加强反共活动;部署在各地积极反共,撤换进步人士,清洗各级行政机关;把各级动委会人员集中立煌训练,强迫公务人员集体入党和联保连坐;裁撤省县动委会机构,撤销区以下动委会、区指导处、省县各工作团、县政工总队、指导员,改组战时文化事业委员会和妇女工作委员会,颁布《安徽省各种抗敌协会组织章程》,把动委会直属的民众团体划归国民党省县党部领导。改组后的动委会基本成为新桂系控制的御用工具,改变了李宗仁、廖磊时期的国共合作局面。

李品仙还建立第二十一集团军总部党政大队和参谋处第二科、安

---

① 《李品仙回忆录》,台湾"中外图书出版社"1975 年版,第 176 页。

徽省党部人事调查室、保安处情报科、军管区司令部失业军人调查室、立煌警备司令部参谋处、三青团特勤小组等特务机构,实行特务统治。在立煌办了联合感训所,杀害所谓"共党嫌疑分子"。这些机构严刑逼供,惨无人道。第二十一集团军总部党政大队上校秘书尤铨审讯办法就是用铁钉把人的手钉在桌子上,再用绳子把人勒死。李品仙还制定专门反共的党政军特种汇报制度,要求这些机构特务头子每周四汇报一次,汇报内容为4项:共产党和新四军的活动情况;敌伪的最近情况;各方面有无不满新桂系的情况;各机关有无新的问题。1940年各县也设立了以反共为中心的特种汇报会,由县长、书记长、中统调查室调查专员组成。还拨专款组织行动队,直接从事捕人、杀人的反共反人民活动。又以省府人事室主任王镇华负责组织新桂系核心小组,利用各机关接近新桂系的青年,侦查各机关人员的活动情报。李品仙还培养王贵和等哥老会分子作为爪牙,犯下很多罪行。1941年春,杀害了共产党员刘洪等7人。特别是1943年在立煌制造大惨案,逮捕了共产党员麦世法、刘敦安、陈达五、余会之、林采薇、胡承祧、樊政、徐寿林等多人,他们中的绝大多数被杀害,同案受害的还有史迁、詹运生等,共14位烈士。还把安徽学生军及其他各种抗日的民众团体解散,宣布撤销新四军驻立煌办事处。撤换各级进步干部,把未转移到新四军的大量人员集中在干训班,灌输反动思想,逮捕迫害共产党员和进步人士,制造白色恐怖,使用特务杀害共产党员和动委会骨干。各县顽固分子秉承旨意制造了大量惨案。

针对国民党与新桂系反共倾向的增长,中共鄂豫皖区党委根据中央和中原局指示,1939年6月在庐江东汤池召开会议决定,从维护抗日民族统一战线大局出发,避免同新桂系"摩擦",将动委会中地下党和进步力量有计划地转移到新四军控制区。从8月到1940年5月间,新四军公开机构(驻立煌办事处及四支队兵站),大别山所有省、县动委会及省、县工作团,在新桂系二十一和十一集团军内党员,在省政府民政、财政两厅等单位工作的党员,广西学生军,第五战区青年军团,安徽省学生军团及进步群众组织中的党员和进步分子约3000人,先后以视察工作、巡回宣传、调动工作等方式,通过在新桂系机构内的秘密党员,拿到省政府、省动委会的通行证,分期分路撤到淮南、淮北、皖中根据地,胜利地完成了撤退任务。张劲夫回忆:"1940 年春,桂系公开反共,我们的同志已经基本撤完,包括 40 多个工作团、广西学生军和桂系军队内的地下党员和靠近党的爱国青年,以及省干训班、省府各厅的一大批进步人士在内,总数达三千人。其中,仅桐城县就将近有五百人撤到解放区。"①1940 年 3 月 20 日,新四军参谋长张云逸致电李宗仁、白崇禧,强烈谴责李品仙的反动罪行。5 月 13 日《拂晓报》刊登了张百川代表动委会、第七专区动员指导处以及阜阳、临泉等县动委会、工作团 2500 余人致电李、白,揭露李品仙"纵容腐化落后分子,摧残热血进步青年,进攻抗日友军,封闭进步刊物的倒行逆施"②,要求严加惩处。

第五节 新桂系对中共军队的"围剿"

一、李宗仁、廖磊主政时期的合作

在李宗仁、廖磊主政时期,新桂系初到大别山,立足未稳,建立游击战区,有许多困难,得到了新四军的支持,与新四军曾进行过合作抗战。早在 1937 年 12 月,毛泽东就要求高敬亭率部沿皖山山脉进至蚌埠、徐州、合肥 3 点之间作战。高敬亭率新四军第四支队挺进皖北舒城、桐城、庐江、无为地区开展游击战争以配合正面战场作战。1938年 5 月 12 日,蒋家河口首战告捷,打响新四军华中敌后游击战第一枪。为配合武汉会战,第四支队还在合安公路两侧设伏,袭击日军运输队。8 月在舒城大杼街歼敌 51 人,9 月在合六公路的三十里岗歼敌百余,10 月在合六公路的椿树岗毙伤敌军 146 人,毁汽车 65 辆。此

---

① 张劲夫:《抗战初期国共合作在安徽的基本过程和概况》,安徽省政协文史资料研究委员会编:《安徽文史资料》第 25 辑,安徽人民出版社 1986 年版,第 8 页。

② 转引自徐则浩:《安徽抗日战争史》,安徽人民出版社 2005 年版,第 49 页。

外,还在大关、小关、范岗、平坦、棋盘岭、铁铺岭等伏击战中重创日军。据统计,1938 年 5 月至 11 月,第四支队在皖中的数十次战斗共毙伤敌军 1000 余人,俘 10 人,毁汽车 150 余辆,缴获大批物资。[1] 为贯彻中共中央"东进北上"战略,11 月,张云逸率新四军军部特务营到无为,与桂系建立了统战关系,廖磊同意新四军成立江北游击纵队抗战,并划定各自防区,以淮南路及无为县为界,桂系不向东,新四军不向西。1939 年孙仲德率领新四军江北游击纵队在巢、无地区及淮南路两侧进行游击作战,有力地配合了国民党及桂系的抗战。1939 年端午节前,桂系突袭安庆,在政治、军事上都产生了很大影响,打破了日军的欺骗宣传。其成功的一个重要原因就是有新四军的真诚合作,很多情报都是新四军提供的,保证了袭击的胜利。合肥大蜀山伏击战也是双方合作抗日比较成功的例子,桂军第一三八师第四一二旅旅长龙炎武和戴季英率领的新四军第四支队合作歼敌 300 余人,缴获大量武器物资。这一时期,新桂系多由新四军第四支队提供情报,大江南北的交通,新四军有专人维持,畅通无阻,桂系的人员物资过江,常得到新四军掩护。另外,廖磊举办游击训练班,请叶挺、张云逸等讲课,"省财政厅在武汉印制的省公债和地方银行的小额钞票(即本票)各一、二百万元运到皖南后,是由新四军掩护渡过长江的。[2]

新四军也得到了新桂系的支持。1938 年底,新四军参谋长张云逸和第四支队政治部主任戴季英到立煌与新桂系当局谈判,就第四支队的作战区域给养问题达成协议。新桂系廖磊批准财政厅每月给新四军第四支队经费 3 万元。[3] 1939 年 5 月和 7 月,新四军军长叶挺偕张云逸、罗炳辉两次到立煌就第四支队的活动范围、合作对日作战、设立新四军驻立煌办事处并由财政厅支付拖欠的新四军军饷等问题与新桂系达成协议。这一时期,驻立煌附近的中共鄂豫皖区党委有效地

---

① 徐则浩:《安徽抗日战争史》,安徽人民出版社 2005 年版,第 176 页。

② 广西区政协文史资料委员会编:《新桂系纪实》中册,南京市源流印刷厂 1990 年印,第 329—330 页。

③ 据《安徽政治》1939 年 1 月 10 版,廖磊讲话为每月 2 万元。而孙诗圃在《章乃器在安徽》(《文史资料》第 119 辑第 23 页)中与章乃器自己的回忆都是 3 万元。故本文从 3 万元之说。

在动委会、学生军和其他领域发展党的组织，训练党的干部，开展救亡活动，还发展了一些由中共领导的武装。廖磊不可能对此全然不知，但他与中共未曾发生"摩擦"。

李宗仁、廖磊时期，虽然新桂系目的是"为我所用，以我为主"，但新桂系和中共在安徽的合作抗日是相当好的。客观上，新桂系为立足大别山，巩固在安徽统治，要和中共为首的进步力量搞好关系，争取人民支持。主观上，李宗仁、廖磊比较开明民主，注意团结各方面的力量，特别是同中共讲团结。廖磊批驳日军和顽固派散布的"新四军赤化安徽"谣言，认为新四军在努力抗战，要求精诚团结。李宗仁、廖磊在安徽与中共团结合作抗日，取得了很大成就。廖磊病逝后，周恩来、朱德、彭德怀、叶剑英、叶挺等都曾致电哀悼。《新华日报》发表短评："安徽省主席廖磊将军，是我国坚持敌后作战，并屡歼敌顽的名将之一，当抗敌进入更加艰困的相持阶段的时候，他的逝世无疑是中国民族的重大损失！"[①]

二、皖南事变前的军事"摩擦"

安徽是华中的要冲，新桂系把安徽看成自己的地盘，与在安徽发展根据地的新四军必然发生冲突。1938 年中共中央六届六中全会制定的战略部署是"巩固华北，发展华中"。1939 年 4 月 1 日，中共中央书记处发出《关于发展华中武装力量的指示》。5 月，叶挺到庐江成立江北指挥部，整顿第四支队，成立第五支队。8 月，第四支队开辟了以定远藕塘为中心的津浦路西根据地，第五支队开辟了以来安半塔集为中心的津浦路东根据地。年底，第六支队创建以萧、宿、永、夏地区为中心的豫皖苏根据地。1940 年 2 月 7 日在《关于建立苏北、皖东北根据地的指示》中指出了八路军、新四军及党的组织在苏北及皖东北目前的总任务。经过整顿，新四军获得了极大发展，到 1940 年 2 月，新四军第四、第五支队由 7000 余人扩大到 1.5 万余人，地方武装发展到 5000 万余人，党组织和群众团体获得普遍发展。抗战期间，中国共产

---

① 1938 年 11 月 1 日《新华日报》。

党在安徽开辟了淮北、淮南、皖中3块抗日根据地,并相应建有抗日民主政权。新四军的发展引起国民党及新桂系的不安与恐慌。国民党在华北掀起第一次反共高潮失败后把"摩擦"中心转至华中。新桂系有"控制安徽,图谋中原"的野心,把安徽看成自己的地盘,同中共大力发展华中的战略必然发生冲突。1940年3月,国民党下达《剿办淮河流域及陇海路东段以南附近地区非法活动之异党指导方案》,要将新四军"压迫于大江以南或相机剿灭之"。1940年起,蒋介石多次密电李品仙"剿办"新四军,企图将新四军"压迫于大江以南或一举剿之",或截断南北新四军的联系,"将其向倭寇较多之地区压迫"①。新桂系在大别山的兵力部署也有两面性,以大别山为根据地,以立煌为核心,向陇海、津浦及皖西、鄂东沿江据点之敌经常进行游击,主要目的在于确保其大别山根据地。另一方面,更重要的是为了对付共产党领导的鄂豫皖边区的新四军。李品仙上台后挑起与新四军的"摩擦",在鄂中、皖东、淮北大举进攻新四军,尤其是皖东的争夺非常激烈。皖东情况也很复杂,敌伪在合肥、巢县、含山、淮南路沿线驻有重兵,定远、滁县、全椒西北是新四军的活动范围,新桂系为争夺这一地区,派正规师为主干,配以部分游击纵队和地方武装,在全椒古河设立皖东指挥部和皖东行政督察专员公署。在皖东北,第六行政区督察专员盛子瑾与张爱萍、刘玉柱、江上青等共产党员合作,发展抗日武装,成立新四军驻皖东北办事处,触犯了新桂系和地方顽固势力利益。1940年1月,李品仙派马馨庭率千余武装取代盛子瑾,在新四军"援盛打马"情况下遭到失败,李品仙恼羞成怒,以"叛逆"罪明令通缉盛子瑾。次年2月,盛出走后中共在皖东北成立抗日民主政府。

1939年9月,廖磊就请蒋介石下令将新四军南调。1940年3月,蒋介石再次命令新四军江北部队全部南调,电令李品仙、韩德勤、李仙洲先肃清淮南路两侧及蒙、涡、永、宿各附近地区新四军,尔后相机进出于洪泽湖南北附近地区,协力将新四军压迫于大江以南,或一举"剿灭"。

---

① 《蒋介石密令"剿办"苏皖鲁豫边区八路军新四军致李品仙电》(1940年3月28日),中国科学院历史研究所第三所南京史料整理处编:《中国现代政治史资料汇编》第3辑,第13册,1959年印。

1940 年 3 月 4 日，津浦路西战斗打响。桂军第一三八、第一七一师与李本一、颜仁毅部游击纵队向新四军定远藕塘的第四支队大举进犯，进逼驻定远大桥的江北指挥部。中共中央指示采取"攻势防御"。刘少奇、张云逸调集新四军第四支队、第五支队、江北游击纵队、苏皖支队协同作战。第四支队首先将向界牌集、大桥一带进犯的李本一部击溃，3 月 11 日攻占了定远城，赶走了县长吴子常。高塘铺战斗消灭了颜仁毅部，颜逃往寿县。桂军在新四军的反击下遭重大失败，损失 2500 余人，被俘 1000 余人，被迫同意和谈，达成了"以淮南路为界，分区抗日"的协议。3 月 20 日，新桂系保安第八团又在无为扣押新四军军饷 7 万多元，枪杀新四军人员 20 多人。4 月 21 日，新桂系趁新四军主力东援半塔集之机，调保安第四、第八团及第一七六师共 4000 余人进攻江北游击纵队驻地照明山，参谋长桂逢洲以下 100 余人牺牲，余部被迫转移至皖东津浦路西根据地。桂军占领巢无根据地，第一七六师进驻桐城、庐江。

　　由于李品仙对新四军的进攻，安徽政权已极端反动。1940 年 3 月 21 日，中共中央军委电令抽调八路军南下援助新四军，八路军第三四四旅于 6 月和彭雪枫第六支队汇合。4 月 1 日在致刘少奇电中指示"对皖东摩擦，在有理有利条件下，坚决打击之"①。5 月 4 日，毛泽东指示"放手发展抗日力量，抵抗反共顽固派的进攻"，认为反顽斗争是绝对必要和正确的。这样，新桂系进攻必然遭到新四军的坚决打击。6 月，桂军第一三八师再次进攻古城、青龙厂，企图占领津浦路西，被第四、第五支队歼灭 1000 余人，不得已重新和谈，商定以淮南路为界分区抗敌。新四军不计前嫌，与桂系一致抗日。8 月，日军 1 个联队的兵力向涡、蒙进攻，新四军彭雪枫的部队协同李盛宗的第十一、第十四游击纵队和徐良的骑兵第三师收复涡、蒙县城，此役击落敌机 1 架。但李品仙在涡蒙战役结束后，认为新四军阻碍了桂系怀远河溜货物检查处收税，为了消灭新四军，并控制税收，就电令李盛宗指挥所部乘胜进攻在怀远的新四军，以便控制怀远。8 月 16 日，李品仙还致电蒋介

---

① 中共中央统战部：《中共中央抗日民族统一战线文件选编》下册，档案出版社 1986 年版，第 406 页。

石要求迅速调新四军离皖。9月，桂军5个师，李仙洲1个师，周岩3个师，已集中在皖西一带，桂军1个师已越过淮南东路，汤恩伯9个师连日由鄂开豫，已在南阳集中。第一三八师全部越过淮南路，皖东的桂军达到1万余人，师部驻栏杆集，驻扎各处必筑工事，深沟高垒，征调民夫，滥伐树木，又是旱灾之年，百姓怨声载道。10月16日，白崇禧电令第一三八师附属第十游击纵队、保安第八团、皖东各县地方团队、政工突击队等，"组成扫荡队，派遣于淮南路东策应苏北之作战，并逐次整理皖东行政，恢复政令，肃清残余匪伪"[①]。并规定第一期目标是八斗岭、梁园、银屏山以东，津浦线以西，限11月中旬完成。第二期目标是蒙城、凤台、寿县、吴山店以东，津浦线以西，限年底完成。11月间桂军占领梁园、大马厂、复兴集、草庙集、周家岗，新四军第四、第五支队和江北游击纵队在界牌集、陈集、王山头与桂军激战，击退了桂军进攻，守住了皖东根据地的门户。但新四军损失也很大，"由于皖东七、八、九团工作不好及最近作战失利，我们部队战斗力比桂系弱，所以皖东已成了最薄弱部分"[②]。李品仙报告：1940年1月，在许家岭打死张体学部30余人；2月，在西王集打死共军100余人，在鸡鸣桥打死300余人；7月在景营等地打死80余人；11月在黄冈打死120余人；12月在界牌集打死300余人，表明新桂系已由联共抗日滑向反共。

三、皖南事变中桂系的反共

从1939年起，在日本诱降下，国民党营垒出现了动摇和分裂，蒋介石由抗战初期比较积极抗日转向消极抗日，积极反共。国民党五届五中全会确定了"防共"、"溶共"、"限共"、"反共"的方针。1939年10月国民党五届六中全会更从"政治限共"转向"军事限共"。在此前后，国民党顽固派便制造了一系列反共"摩擦"事件。1940年7月16日，国民党公布中央提示案，要求第十八集团军和新四军全部调到冀察两省及鲁北晋北，并将新四军编为两个师，加入第十八集团军作战

---

① 安徽省文物局新四军文史征集组编：《皖南事变资料选》，上海人民出版社1983年版，第104页。
② 《刘少奇在皖东》编审委员会编：《刘少奇在皖东》，中共党史出版社1990年版，第89页。

序列,限一个月内到达,企图把中共军队赶往黄河以北。这个无理要求被中共拒绝,国共冲突加剧。新桂系亦步亦趋,从 1940 年下半年开始,又走到了与蒋合流的道路上,李品仙一改过去李宗仁、廖磊的一些比较开明的做法,开始在鄂中、皖东、淮北 3 区大举进攻新四军。华中反共"摩擦"事件纷至沓来,新桂系则充当了急先锋的角色。1940 年 10 月 4 日至 6 日,韩德勤部在黄桥战斗中惨败,国民党受到强烈刺激,新桂系也感到新四军威胁了大别山。10 月 19 日,蒋介石指使其正副参谋长何应钦、白崇禧发出皓电,污蔑新四军破坏团结与抗战,严令第十八集团军和新四军各部队在一个月内全部撤至黄河以北,并要八路军、新四军由 50 万人缩编为 10 万人,并对其他规定切实遵行。11 月 9 日中共发出佳电,据理驳斥,但表示同意江南新四军北移。11 月 14 日,国民政府军委会拟订了《剿灭黄河以南匪军作战计划》,规定第五战区在次年 2 月 28 日前肃清黄河以南八路军、新四军。29 日,曹甸战斗,打击了韩德勤,更加刺激了国民党。12 月 8 日,何、白再发齐电,重申前令,进一步作反共的舆论动员。9 日,蒋介石下达《展期限新四军北移手令》,要新四军于 12 月 31 日前限期移到江北,10 日密电顾祝同到期"将其解决,勿再宽容"。

皖南事变中,地方实力派都站在中间立场,与蒋、何积极合作向新四军进攻的只有新桂系。这次反共高潮,是在蒋桂联盟下进行的,新桂系参加反共,是使蒋介石敢于发动此次高潮的实力上的原因。新桂系作为大地主大资产阶级的代表,同中共代表的人民群众有矛盾,"他们在抗日战争中虽然有时表现进步,不久仍然反动起来"[①]。新桂系有着根深蒂固的地盘观念,把安徽的新四军看成是逐鹿中原的主要对手,把新四军挤出安徽是新桂系反共最重要的出发点。蒋介石还威胁利诱驱使新桂系反共。桂南会战后白崇禧被降级并被撤销了桂林行营主任职务调回重庆,蒋介石即通过何应钦对他施加压力,迫其积极为掀起第二次反共高潮作准备,白乃改变其政治立场。于是,皓电发出后,白崇禧电令皖桂两省务使党政军各级人员及皖桂两省青年民众警觉中共暴

---

① 《毛泽东选集》第 2 卷,人民出版社 1991 年版,第 747 页。

动,要李品仙确保安徽。李宗仁被任命为华中"剿共"总司令,李品仙为淮南区总司令。李品仙积极搜捕突围到江北的新四军,由第四十八军制定了"清剿"办法,调桂军主力 3 个师在沿江封锁,派一七六师在无为一带布防,以免新四军北渡威胁新桂系地盘,迅速将牛埠、土桥、厌河、六百丈等处新四军彻底肃清后,以一部在沿岸要点警戒,以主力置于适宜机动位置,乘渡江立足未定而击灭之。电令第四十八军军长苏祖馨在新四军登陆地点防堵。桂军在庐江、无为一带进攻接应渡江的新四军游击纵队,夺去船只器材。皖南行署黄绍耿也电令各县严密监视,搜集情报,进行"清乡","以根绝异党"①。新桂系还派兵向新四军根据地进犯,皖北进攻彭雪枫,皖东进攻张云逸,皖中在桐城、庐江、无为、襄安地区进攻无为游击队。李宗仁称,从 1940 年 12 月到 1941 年 5 月,桂军携地方武装共袭击新四军 124 次,"伤毙俘匪军 6700 余人,获步枪 259 支,轻机枪 4 挺,手枪 300 支……其他物品多种"②。1941 年 1 月新桂系不仅参与了皖南事变,而且在事件中担任了重要角色。皖南事变发生后,新桂系在广西、华中都进行了反共活动。

但是,也要看到,蒋桂之间也存在深刻矛盾,新桂系在这次反共中,并未得利,反受损失,一部分地盘被蒋夺去。新桂系要利用国共矛盾维护自身利益,并没有把大别山 3 个军全力投入反共,还留有余地,并用反共作为向蒋索要经费军械的借口,保存扩大实力,以增加政治资本,新四军还能帮新桂系减轻日军的压力和牵制蒋的吞并。新桂系也还是抗日的,下层官兵甚至将领都反对反共,如第一七六师团长朱文勇为反对进攻新四军而自杀,师参谋应云霖发动部队起义。因此,中共还是尽力争取桂系,采取"一打一拉,又打又拉"的策略。

四、皖南事变后桂系的反共

皖南事变后,新桂系在安徽的反共和进攻新四军没有停止,重点是在皖东。皖东县城被敌伪占据,农村又是新四军根据地,新桂系县

①《皖南事变》编纂委员会编:《皖南事变》,中共党史资料出版社 1990 年版,第 96 页。
②蒋文华、袁竞雄:《国民党桂系简史》,漓江出版社 1992 年版,第 167 页。

政府撤到全椒古河附近避难。新桂系实际控制面积仅约东西 200 里、南北 80 里地区。1941 年,桂军第七军副军长漆道徵任皖东指挥官,辖第一七一师 3 个团、第一七二师 1 个团、保安第三团、第十游击纵队,军事部署主要是对付新四军第二师。1941 年 5 月,桂军趁新四军对日军反"扫荡"之机,采取"滚筒战术","蚕食"淮南津浦路西根据地,想把新四军挤出路西。到 10 月,已"蚕食"100 余座村镇。11 月 16 日至 17 日,在大桥战斗中新四军第二师全歼第一七一师第五一一团韦冈营和来援的 1 个营,桂军死伤达 1100 多人。桂军产生极大恐慌,被迫全线收缩,恢复原来态势。新四军第二师第四旅第十一团获得"铁锤子团"称号。1942 年 4 月,第二十一集团军制订了争夺皖东的指导方案,要将新四军"扫荡"出滁定公路以北地区封锁之。10 月,第五战区制订《全面剿匪计划》,定于年底前完成,把安徽分为两个区:巢南区,第四十八军军长苏祖馨以主力及地方武装"搜剿"该地区及巢湖以南无为、庐江;巢北区,第七军军长张淦以主力向巢湖以北及津浦淮南南路"搜剿"。1943 年 9 月,李品仙在岳西召开县团级以上军政会议,具体部署进攻新四军。12 月在合肥唐家圩召开会议,部署对皖中、皖东为期 3 个月的全面"清剿"计划。1944 年 11 月,桂军第一七一师主力5 个营和地方武装共 8000 余人,在第五一二团团长蒙培琼指挥下进攻路西,占领曹家岗、郭集、青龙集等地。19 日在占鸡岗战斗中,桂军被新四军第五旅歼灭 4 个主力营共 1900 余人,蒙培琼及 3 个营长被俘。新四军第四旅也乘胜攻占周家岗等地,桂军被歼 300 余人。

1943 年 11 月,桂军第一七六师和第八游击纵队进攻皖江巢、无根据地,新四军第七师在磨盘山一带与之激战,桂军被歼 1100 余人,皖江根据地得到稳定。同时,新四军第二师也在路西击破了桂军进攻。1944 年 6 月,桂军第一七一师袭击新四军巢北支队,使之损失重大。7月,桂军占领江浦、全椒地区,切断了新四军第二师和七师联系,企图占领皖中。8 月,桂军第一七六师第五二八团、常备队 5 个中队、1 个迫击炮连共 2000 余人进攻巢、无区,在周家大山、天井山、葫芦山等地与新四军第七师激战,此战,桂军死亡 1 个营长、3 个连长及 300 余人,侵占皖江根据地失败了。李品仙不甘心失败,提出"大举清剿,务绝匪

患"口号,继续进攻新四军。1945年2月,第一七六师集中5个团再次进攻巢湖、无为区,3月,第一七一师又进攻和县、含山地区,又调第一七二师东来,总兵力达到1.3万人,向新四军第二师和七师进攻。新四军组成路西自卫反顽指挥部,从4月14日至20日在黄龙庙、王子城、界牌集等地连续激战,损失桂军3600余人,沟通新四军第二师和七师联系,而新四军也损失2500余人,双方形成对峙局面。① 7月,新四军巢湖大队在青龙厂一带歼灭第一七二师100余人。9月,第七师从皖江根据地北撤,李品仙立即调集第一七一、第一三八师及地方武装2万余人,抢占要点,企图消灭第七师。新四军采用声东击西的战法,使新桂系企图落空,胜利完成了北撤任务。

新桂系在安徽的反共和进攻新四军,表明桂系政治的反动和极力维护地盘的野心,限制了人民革命力量的发展。解放战争时期,新桂系则跟随蒋介石发动内战,全面走向反动。但是,也应看到,抗战中新桂系在安徽对新四军基本上是由西向东的驱逐战,出发点是"确保大别山根据地",维护桂系地盘。与蒋系顽固派"围剿"殆尽的做法有着不同,在国民党中央和中共之间处于灵活地位,留有余地,没有完全倒向蒋介石。也要看到,新桂系作为最有影响力的地方实力派,其领导人有着浓厚的爱国主义思想和民族气节,其在安徽的8年抗战,取得重大战果,在正面战场和敌后游击战中杀伤大量日军,威胁津浦、淮南、平汉、陇海路和长江交通,牵制了日军西进、南下,配合了第五战区和其他战区的作战。新桂系在安徽的抗日、联共又反共、拥蒋又防蒋,说明其抗战受到阶级和狭隘派别利益的局限。

---

① 郑云华、舒健:《新四军抗战纪实》,人民出版社2005年版,第747页。

第六节　新桂系在安徽的抗日斗争

一、正面战场

抗战初期,国民政府军在安徽正面战场,向日军作了英勇的抵抗,有力地抗击了日军的入侵。其时,皖南由第三战区和第七战区指挥抗战,江北由新桂系领导的第五战区指挥抗战。

抗战爆发后,李宗仁任第五战区司令长官,白崇禧任副总参谋长,迅速完成战争动员,桂系军队立即开赴华东抗战前线。桂系李品仙第十一集团军的第四十八军立即奔赴上海,参加淞沪会战。廖磊第七军也由徐海线调往吴兴、溧阳布防。第七、第四十八军另组成廖磊为总司令的第二十一集团军在蕴藻浜、浏河、大场、真如、徐家市、长兴、吴兴等地作战,予敌重大杀伤。但由于敌我装备力量悬殊,桂系军队伤亡惨重,第七军伤亡过半,第四十八军全军 3.5 万人死伤达 2 万余人,二十一集团军原有旅长 6 人,数日之内 3 死 2 伤。在吴兴战斗中,第七军第一七〇师 4 个团剩下不足 1 个半团,第一七二师只剩下 1 个团 2 个营。是役后廖磊奉命将部队撤回浙西休整。

日军占领南京后,为占领徐州,日军在南线派 3 个师团沿津浦线南段和淮南线向北进攻。第五战区制订北攻南守计划,在南线实施防御作战,以一部阻敌于淮河,另以两三个军置于刘府、凤阳、红心铺一带,迟滞敌人,寻机将其逐段歼灭。由李品仙率第三十一军,于学忠、杨森、徐源泉各军及安徽境内部队实施南线作战。李宗仁要求津浦路南段各兵团于浦口、滁县、明光等处逐次抵抗,最后将北进之日军阻止于淮河南岸,命令第十一集团军担任长江以北安徽境内游击作战,第三十一军防御临淮关和淮河一带。李品仙将第十一集团军总部移驻寿县,并制订计划,于学忠部第五十一军固守淮河、蚌埠,徐源泉部第十军防守合肥,杨森部第二十二军警戒江防,第二十一集团军渡江北

返合肥参加作战,第三十一军主力在凤阳、红心铺附近实行攻势防御,对沿铁道线北进之敌截断歼灭,另一部在张八岭、明光一带游击,迟滞日军。廖磊率第二十一集团军从浙西徒步沿浙赣路经衢县、江山、上饶至南昌集结,乘车经南浔路至九江下车,然后乘轮渡江。部队以团为单位在黄梅集结后,沿公路经宿松、太湖、桐城、舒城到合肥集中,再从合肥之东店埠向北至张八岭间布防,对定远、怀远、和县方面向东警戒,特别监视裕溪口,防止日军由水路进攻巢湖,并沿淮河南岸向北警戒,保卫徐州的侧背安全。

桂系在进行淮河、蒙城保卫战后,又进行了皖西北保卫战。1938年5月12日,蚌埠之敌进攻宿县,廖磊令第七军第一七一师师长杨俊昌死守宿县,但在敌优势兵力围攻下,杨俊昌且战且走,放弃了宿县,结果被判处10年监禁。14日,日军第十三师团挺进队炸毁陇海铁路。15日,第五十二军第二十五师一部在砀山李庄与日军3000余人遭遇,经激战歼敌千余,内有联队长1人,击毁战车14辆。16日,面对南北敌人合围的不利态势,李宗仁下达突围命令。由廖磊指挥淮北兵团从宿县、固镇一带向太和、阜阳、颖上、凤台、寿县、正阳关之线转进,以李品仙指挥淮南兵团确保官亭、舒城、怀宁之线。廖磊指示第二十一集团军一面要掩护徐州后撤部队物资安全渡过颖河及李宗仁从宿县、永城间突围,一面确保凤台、寿县,防止敌向皖西进犯。

18日萧县失守。19日敌占徐州后转向西进。21日第八军第一〇二师在韩道口、砀山、韦楼阻击1个师团日军,终因寡不敌众,24日砀山失守。凤台处淮河突出部,日军获洲师团占领田家庵后向寿县、凤台进攻,第四十八军第一七三、一七四师在寿县八公山至瓦埠湖间占领阵地,阻击日军西进,经激烈战斗后转移到淠河以西。日军于6月4日占领凤台,5日占领正阳关、寿县,集中于合肥。9日花园口决堤,打破了日军沿陇海线西进的计划。

李宗仁指挥的徐州会战,历时5个月。新桂系在津浦线南段,紧紧咬住日军达4个月之久;在明光、淮河、蒙城等战役中不怕牺牲,勇敢顽强,粉碎了日军速战速决计划,为保卫武汉赢得了时间,取得了辉煌战绩。

徐州会战结束后,日军把矛头指向武汉,企图席卷皖、豫,控制津浦、陇海、平汉线,拿下武汉,进逼西南,迫中国投降。日军组成的华中派遣军下辖的第十一军有 6 个师团,第二军有 8 个师团,海军万吨以下军舰 120 艘,1 个航空兵团有飞机 400 余架,总兵力达 30 余万。

为了确保武汉,国民政府统帅部训令第五战区淮南李品仙兵团在桐城、霍山、六安等地阻敌西进,固守无为、安庆、庐江等地,准备侧击沿江西进之敌,无论情况如何变化亦必须固守大别山作为根据地。1938 年 7 月,第五战区制订作战计划,以积极之行动确保鄂豫皖边山地及长江沿岸各要点。

6 月 2 日,日军第六师团从合肥南下,第九师团由蒙城南下。据李品仙 6 月 4 日密电,南下之日军万余人围攻凤寿既设阵地,第四十八军与优势之敌激战,消耗敌军;日军在飞机、大炮、坦克、毒气掩护下,进攻寿县,强渡淝河,占领正阳关。守合肥以西的徐源泉第二十六集团军,从大蜀山不战而撤至六安;第七军立即赶赴大蜀山构筑阵地,阻敌西进。日军向舒城、桐城方向进攻杨森第二十七集团军阵地,8 日占舒城。蒋介石在 9 日密电中严令杨森固守安庆、桐城,严令徐源泉攻击由合肥向舒城转进之敌。11 日,蒋介石再次严令徐源泉积极作战,称:"该军 3 师之众当两三千之敌,使敌如入无人之境,既失合肥,复陷要地,以致安庆告急,将何以自解? 着该军迅速侧击向安庆突进之敌,否则安庆失陷,该徐总司令须负全责。"[1]然而,徐源泉畏敌如虎,动作迟缓,12 日才到舒城附近。11 日,日舰 40 余艘、商船 12 艘、汽艇 80 余只、木船数百只载波田支队,在空军掩护下,向安庆大举进攻,在安庆下游 20 公里处登陆。第二十军第一三三师在桐城源潭铺、十里铺、大关、小关等处与日军第六师团激战两天后西撤,12 日桐城陷落。杨森因兵力不足,且腹背受敌,遂放弃安庆向潜山、太湖撤退,同日安庆陷落。蒋介石极为震怒,严令杨森死守石牌、潜山、太湖,要战至最后一人,以掩护马当封锁线。15 日以军令部长徐永昌名义训令杨森:"据报犯安庆之敌只陆战队数百,未经力战,轻弃名城,贻笑友邦,殊属

----

① 中国第二历史档案馆:《抗日战争正面战场》上卷,江苏古籍出版社 1987 年版,第 670 页。

遗憾……最小限须固守潜山、石牌,以策马当封锁线之安全为要。至于舒、桐西方山地并太湖,如有余力,仍望兼顾,并请与徐克成部切取联络。"①

日军继续西进。桂军在高河埠、潜山、小池一带与敌激战,在老岭头设伏毙敌数百。但日军炮火猛烈,又有空军支援,于18日占领潜山。桂军退至潜水西岸,顽强阻击,适逢山洪暴发,河水猛涨,强渡的日军被击毙、溺毙者达1000多人。19日,日军占领石牌。日军第十一旅团因连续作战,伤亡较大,不敢再向西进,重心转向江南。此时,第三十一军到达太湖附近,第七军亦到达广济、黄梅,第三十一军接替第二十七集团军的太湖防务,在潜山西北一带高地与日军对峙。

6月22日,李宗仁电令:"应充分采用内线作战原则,迅速集中绝对优势兵力,先于太湖、宿松、英山、广济间狭隘地区,将溯江西进之敌聚而歼之,然后转移兵力,将敌各个击破。若处处设防,逐次使用兵力,反予敌以各个击破之机会。拟请于宿、太、英、广间使用五师以上之完整部队,选择有利阵地,拒止敌人,另以五至七个完整师之兵力,控置于潜山、英山间地区而侧击之,必可将此深入敌寇于最短时间予以歼灭。"②负责指挥大别山及以南地带防守的李品仙,重新部署沿潜山、太湖、宿松、黄梅、广济各处构筑工事,纵深设防,以第八十四军防守黄梅及以南地区,第三十一军防守宿松、凉亭、太湖一带,留1个师在广济作预备队;第二十一集团军以1个军在立煌、霍山一线阻击由合肥西进之敌,固守立煌,1个军转进张家榜,侧击大别山南麓之敌;李延年军守卫田家镇;王赞绪第二十九集团军为总预备队。③7月2日,正阳关、凤阳、寿县一带日军向蚌埠方面退去,舒城、桃溪镇之敌亦向东撤去,舒城被自卫军收复。在潜山的数千日军,仍向守军攻击,李品仙令安徽保安第五、第七、第八、第九各团配合第四十八军向舒、桐推进,牵制怀、潜之敌,并相机袭击潜山,收复各地。第三十一军以主力配置于太湖以西大别山东麓,以一部配置于潜山至太湖、宿松的公

① 中国第二历史档案馆:《抗日战争正面战场》上卷,江苏古籍出版社1987年版,第672页。
② 中国第二历史档案馆:《抗日战争正面战场》上卷,江苏古籍出版社1987年版,第676页。
③ 《李品仙回忆录》,台湾"中外图书出版社"1975年版,第148页。

路地区。

7 月 25 日,九江失守后,长江北岸之敌再掀攻势,日军第六师团沿潜太公路进攻太湖,遭到第三十一军坚决阻击。第一三一师和第一三五师与日军第六师团激战,第一三八师与日军第二师团外加有炮二三十门、飞机 6 架的另 1 个旅团在太湖激战,桂军逐步抵抗,层层消耗敌人。经 3 天激战,日军 27 日占领太湖。同日,日本海军陆战队在舰炮支持下占领小池口。第三十一军在凤凰岭、穆凉亭、花凉亭及太湖北端的四辆山、风虎山之主阵地,继续与敌激战。在宿松凉亭河一役,日军破坏国际公约,施放毒气,致中国军民 600 人惨死,日军自己亦伤亡1700 余人。在太湖之西,第三十一军与日军顽强鏖战,反复争夺每一个山头、村庄,在五六天的激烈战斗中,杀伤了大量日军。据日军第六师团战后统计:在与第三十一军战斗的几天中,共遭到大小约 290 次反击。这几天日军死伤 4000 余人,第三十一军伤亡 2000 余人。8 月2 日,日军占领宿松,4 日占黄梅,之后因伤亡太大而停止前进。李品仙再次调整部署,以第六十八军、第八十四军在黄梅西北团山河、大河铺、大金铺等地构筑防守阵地,以第三十一、第七、第十、第四十八军在太湖、潜山西北山地,随时准备向日军侧背发动攻势,以便切断潜山、太湖、怀宁、安庆之交通线。日军感到威胁,将潜山、太湖日军转至宿松、黄梅,由小池口进行补给。

代理第五战区司令长官白崇禧于 8 月 16 日发布命令,把战区分为左、中、右 3 个军团,李品仙率右翼以大别山南麓为根据地,将长江北岸敌人消灭,廖磊兼安徽省主席率中央军团固守大别山东麓各隘口阻挡敌人窜入,在大别山游击根据地长期抵抗,并集结军队协助左右翼进攻。廖磊第二十一集团军不断向皖西、鄂东出击,策应黄梅、广济作战,截断日军交通,威胁日军后方,逼使其屡进屡退,一筹莫展。26日,第四十八军、第七军向日军猛烈攻击,当晚收复潜山、太湖,28 日收复宿松,切断敌人后方联络。28 日拂晓,李品仙命令向黄梅之敌全面反攻,第四十八军一七六师攻占魏家亭、桂家湾,第八十四军第一八九师进占石家咀、刘家湾,歼敌甚众。30 日,日军在增加兵力后向广济反扑,并使用毒气,致使第八十四、第六十八、第三十一军牺牲较大,

战斗极为惨烈。李品仙在9月3日战报中说："截至本日止，八十四军损失已达二分之一以上，一七六师伤亡亦占二分之一。刘军团一一九师每团仅余二三百人。"①于9月6日被迫放弃广济。8日，李品仙组织反攻，日军仓皇败走。此后，桂军与日军对峙于广济、界岭之线，直至武汉弃守。

在皖西南阻击战中，桂军第十一集团军（下辖第四十八、第八十四军）、第二十一集团军（下辖第七、第三十一军）共11个师（第一八八、第一八九、第一七三、第一七四、第一七六、第一三一、第一三五、第一三八、第一七〇、第一七一、第一七二师）与第二十六、第二十七、第二十九集团军一道勇敢作战，不怕牺牲，重创了日军，为保卫武汉作出了贡献。

日军为策应沿江作战，牵制中国军队，于8月27日从合肥出发，第十师团进犯六安，第十三师团进犯霍山。于学忠第五十一军仅有第一一四师第六八三、第六八四2个团守卫六安，与敌激烈巷战后不支，退守淠河。29日，日军占六安后，使用窒息弹，强渡淠河。第十三师团在重炮、飞机的支援下，全部摧毁中国守军阵地，冯治安第七十七军第三十七师伤亡甚大，坚持两天后霍山失守。白崇禧急调第三十一军1个师，赶到立煌，守卫根据地，并派孙连仲到商城指挥。此时，日军第十六师团也加入作战，于9月5日攻陷张老埠、南河，6日在固始近郊激战后占据东关，7日至12日，进攻富金山。在此役中，桂军共毙伤日军6000余人，重伤其旅团长沼田德重，4个联队长2死2伤。日军遭此沉重打击，恼羞成怒，归咎于汉奸，将百余汉奸全部杀死。日军3个师团继续向商城、潢川方向进攻，10月12日陷信阳。因为中国军队在大别山的阻击，日军的迂回进攻未能起到作用，延至26日才进至麻城。

日军为策应武汉会战，10月12日在广东大亚湾登陆，21日占领广州。国民政府军委会调整部署，10月25日主动放弃武汉。

---

① 中国第二历史档案馆：《抗日战争正面战场》上卷，江苏古籍出版社1987年版，第718页。

二、坚持敌后游击斗争

新桂系在皖西大别山区建立了游击根据地,创建了敌后战场。

武汉弃守后,抗日战争进入相持阶段。1938 年 11 月,国民政府召开南岳军事会议检讨得失,重新调整部署,增设冀察、鲁苏游击战区,蒋介石在手订第二期抗战要旨中提出,"政治重于军事,游击战重于正规战,变敌后方为前方,用三分之一力量于敌后"。对大别山区,早在武汉会战作战方针中就提出"应指定 12 个师以上兵力,在大别山区设立游击根据地,向安庆、舒、桐、合、六及豫东、皖北方面挺进游击,尤须积极袭击沿江西进之敌"[①]。1939 年颁布国民政府军第二期作战指导方案中要求:"国军应以一部增强被敌占领地区内力量,积极展开广大游击战,以牵制消耗敌人。""第五战区以一部保持大别山游击根据地,积极向鄂东、豫南、皖北游击。主力守备荆沙(汉宜公路)及襄樊(襄花公路)各地区,极力保持现在态势,尽量吸收敌人多数兵力而消耗之。"[②]国民政府军委会把安徽省在军事上分为 3 块,皖西北 10 余县归汤恩伯苏鲁豫皖边区,皖南归顾祝同第三战区,其余归新桂系鄂豫皖边区,要求开展游击战争。

在大别山根据地建立之前,安徽就有抗日人民自卫军等民众武装,配合正规军,开展游击战,破坏交通,袭扰日军。大别山位于鄂豫皖 3 省边境,西北连桐柏山,南临长江,地形险要,是良好的游击地区。徐州会战后,国民政府军委会定大别山为华中战略要点,其地可东窥津浦,西出平汉,南下长江,北袭陇海,战守皆宜,于军事上很有价值,故军委会令五战区负责筹划确保。第五战区司令长官李宗仁在夏店召集廖磊和李品仙开会,讨论由谁留守大别山打游击。李品仙默不作声。李宗仁认为"廖磊为人笃实持重,比较适宜于这项艰苦工作"。廖磊说:"好得很呀! 我愿意在大别山打游击!"[③]1938 年 10 月,廖磊被任命为鄂豫皖边区游击总司令、安徽省政府主席兼省保安司令。总

---

① 中国第二历史档案馆:《抗日战争正面战场》上卷,江苏古籍出版社 1987 年版,第 661 页。
② 中国第二历史档案馆:《抗日战争正面战场》上卷,江苏古籍出版社 1987 年版,第 32—33 页。
③ 李宗仁、唐德刚:《李宗仁回忆录》下卷,广西人民出版社 1980 年版,第 758 页。

司令部设在立煌,以桂军第二十一集团军第七、第四十八军的第一七一、第一七二、第一七六、第一三八等4个师为基础,后来增加了第三十九军和第八十四军,及沈光武、黄瑞华第二、第三游击纵队和程汝怀鄂东游击队,另有本省8个游击纵队、6个保安团等地方武装。徐源泉第二十六集团军被命令在大别山区协助廖磊打游击,但徐源泉不遵军令,私自撤到平汉路之西,被撤职。桂军为坚持大别山阵地,除立煌外,又在皖东津浦路东之五河、皖北之周家口、鄂东之麻城等地,分设若干游击根据地,以加强游击力量。

桂军在大别山建立根据地,得到了中共的帮助。中共安徽省工委利用动委会发动人民,帮助桂系扩军、训练干部、巩固政权,且新四军在安徽抗战也牵制了日军对大别山的进攻。

武汉弃守后,撤入大别山的桂军与撤至鄂西北,控制荆、襄、随、枣的第五战区主力,经常东西呼应向平汉线进击,牵制占领武汉的日军。桂军还不断向津浦铁路、淮南铁路、皖北、皖中敌军袭击,收复淮北、皖西的一些县城,将势力扩张至皖东、皖中,迫使日军退保芜湖、怀宁、合肥、蚌埠等交通要道和点线。

1939年4月上旬,第五战区根据军委会命令发动"四月攻势",廖磊派第七军军长张淦率该军主力,副军长王赞斌指挥第二、第三游击纵队,向信阳、广水、花园日军进行袭击。5月,日军第十一军(此时辖9个师团及1个混成旅团)为确保武汉,发动了第一次随枣会战。李宗仁再次命令廖磊集团以大别山为根据地,向鄂中及皖中一带游击,并以有力部队攻击武胜关以南及花园、广水、信阳,以资策应。张淦第七军根据廖磊的命令,分兵3路出击,进攻宣化店以南至长江的禹王城、黄安、东埠、新洲、团风、下巴河一线的日军,迫使日军从汉口及长江下游地区抽兵支援,从战略上配合了第五战区的作战。王赞斌部署游击纵队黄瑞华部对五里店及信阳、柳林间,沈光武部向柳林、鸡公山、宣化店,第一七二师陈开荣团向武胜关、九里关、三里城进攻,在敌后牵制了日军。5月5日,第一七六师丘清英旅,与新四军合作,在反正伪军郝文波部的引导下,获得了袭击安庆的胜利,击毁日军军车6辆,焚敌弹药库2

所、飞机库数间，焚毁敌机 2 架，我阵亡尉官 7 人，伤亡士兵 200 余人。① 9 月，第一七六师再次袭击安庆日军，破坏飞机场和油库，在桐城练潭围歼日军 200 人，缴获舰艇 1 艘和机枪、步枪 40 多支。

10 月 23 日，廖磊病逝。李品仙继任廖磊之职，桂军军事力量扩大，除正规军及游击纵队之外，至 1941 年，安徽保安司令部已下辖 6 个保安团、巢湖警备大队、泊湖水警大队、沿江特派员公署巡警队、5 个区独立大队及 5 个区独立中队，还有各县国民兵常备队。虽然桂系转向反共，但是仍然继续对日作战。

在 1939 年 12 月到 1940 年 1 月冬季攻势作战中，第五战区向日军发动进攻，鄂豫皖边区也向日军频频进攻。1940 年 4 月，日军第十一军发动枣宜会战，第五战区根据国民政府军委会的要求，部署第二十一集团军兼大别山游击总司令李品仙指挥所部对沿江日军据点和交通线进行袭击，并以有力部队对平汉线南段攻击，威胁日军后方。李品仙以第七军第一七二师由麻城向黄陂进击；以豫南游击纵队向黄安、应山出击；以鄂东程汝怀部于浠水破坏长江交通；以第四十八军一七六师进攻黄梅、武穴；以第一三八师进攻安庆。桂军与日军第十三师团进行反复争夺战，在广水、信阳截断平汉路，牵制了大量日军，有力地支持了襄樊方面的作战。战后，第五战区肯定该部的军事进攻"为本战役中有价值之处置"②。

桂军不断进攻日伪军。1940 年春，桂军在凤台阻击日军 2000 余兵力的进犯，毙敌 300 余人。8 月，第一七六师在无为襄安之役，毙敌 300 余；10 月又在潜山、怀宁与日军激烈战斗，毙敌数百名，打死日军战马 12 匹，击沉日艇 1 艘，击落日机 1 架。

1941 年 3 月，日军第十三师团、第十五师团向皖东"扫荡"，企图以梁园为中心围歼桂军第一三八师。第一三八师在第一七二、第一七一师的增援下，在合肥梁园、巢县、柘皋之战中，歼灭日军 2000 余人，攻克据点多处，并且迫使伪军 1000 余人反正，粉碎了日军占领皖东的企图。在此役

---

① 《安庆文史资料》第 16 辑，第 211 页。范苑声在第一七六师阵亡将士墓碑志铭说此役歼敌百余，《安徽概览》抗战大事记却记载歼敌千余。

② 中国第二历史档案馆：《抗日战争正面战场》下卷，江苏古籍出版社 1987 年版，第 824 页。

中,第一七二师团长卢明阵亡,桂军官兵伤亡数百人。此役"为我边区作战最惨烈一役,使安徽能在敌后长期者,此役实为最重要的关键"①。

9月,日军发动第二次长沙会战。第五战区命令大别山兵团"以豫鄂边兵力向花园、广水挺进,夹击平汉路南段之敌,以巢南区兵力向安庆、望江之敌攻击"②。此时,大别山兵团主力下辖第八十四军、第四十八军、第七军。从25日到10月10日,第八十四军向鄂东、平汉路南段进攻;第七军向巢北区淮南铁路沿线的关山、下塔集、合肥、巢县、全椒进攻;第四十八军向沿江安庆、无为之敌进攻,拖住日军近3个师团兵力。是年冬,日军1个联队向高河埠、青草隔、石牌一带"扫荡",遭桂军第一七六师和第一三八师的伏击,日军损失惨重。其后,1942年6月,第一七六师与日军在安庆城郊狮子山、寨山、洪家船、大杨山等地激战中,共击毙日军中队长西田以下约200余人。在日军进犯黄梅时,该师又及时赶到,击毙日军中队长崎山等70多人。1944年3月,日军进犯桐城练潭镇,被击毙300余人。10月,驻安庆的日军再次进犯练潭、大横山、双港铺,一七六师毙伤敌300余人。

1942年12月18日,日本新任第十一军司令官塚田攻大将由南京飞汉口,在太湖弥陀寺上空,被桂军第四十八军第一三八师第四一二团三营九连高射炮击落,机上12人全部毙命。塚田攻是抗日战争中在中国战场上被击毙的职务最高的日军司令官。日军为了报复及寻找尸骸,集中了2万兵力,从合肥、安庆、武汉3地进攻大别山抗日根据地。19日,日军第三师团、第六十八师团及第十四旅团由鄂东松铺南进,第一一六师团集结于望江,第四十四师团集中于石灰窑,各路分进合击。桂军第二十一集团军以第七军防御六安、霍邱,以第四十八军防御潜、太、桐、庐一带,以第八十四军防御商城、潢川一带,以第三十九军防守鄂东黄梅、罗田、英山一带。23日,鄂东日军主力经罗山、潢川,一部经麻城向商城、立煌进攻,安庆日军向潜山佯攻,合肥日军向六安佯攻,黄冈日军经浠水、英山向北进攻。桂军各部在罗田、麻

---

① 《李品仙回忆录》,台湾"中外图书出版社"1975年版,第203页。
② 蒋纬国:《抗日御侮》第7卷,台湾黎明文化事业股份有限公司1978年版,第157页。

城、商城、立煌等地进行抵抗和反击,次年1月6日,日军被迫南退。

为加强大别山区的游击战争,国民政府军委会于1945年1月重新设立了1940年4月撤销的第十战区,以李品仙为司令长官,总部驻立煌,辖平汉线以东、黄河以南、长江以北地区,有16个步兵师、2个步兵旅、2个骑兵师。4月,重划第十战区辖境为鄂豫皖边界,共3个集团军。日本投降后,1945年9月24日,李品仙作为第十战区司令长官于蚌埠主持了受降仪式。

抗战期间,国民党军开辟了大量敌后游击根据地,鄂豫皖边区大别山抗日根据地,是其中唯一坚持下来的敌后根据地。其他根据地都未能坚持,不是被消灭,就是投降。大别山抗日根据地之所以能够坚持,在于新桂系行之有效的政治、军事、经济举措,在于桂军将领有坚定的抗日立场,也因为桂军有较强的战斗力。新桂系以大别山区为依托,开展游击战争,使日军困守于点线之内,有效地控制了安徽约40个县的政权,自身的实力也得到了加强和扩张。

第十五章

日伪在安徽沦陷区的统治

抗日战争时期，大片国土相继失陷，安徽境内形成了地域辽阔的沦陷区。在沦陷区，日本侵略者扶植起伪省、县、区各级政权，不断加强对它们尤其是伪省政府的控制，并通过伪政权，强化保甲制，设立特务机关，试点"清乡"运动，对沦陷区民众实施残暴的殖民统治。为了将安徽变成日本对外扩张的稳固基地，日本侵略者在安徽除驻扎大量军队外，又豢养了数目众多的伪军，作为自己逞凶肆虐的帮凶。1945年8月，抗战胜利，日本法西斯在安徽沦陷区近8年之久的罪恶统治才告终结。

第一节　安徽沦陷区的范围和特征

1937 年 11 月,日军侵入安徽省广德县,从而揭开了日本法西斯军队侵略安徽的序幕。现按各县重要地域沦陷先后为顺序,扼要介绍各县沦陷的基本情况。

当涂县:1937 年 12 月 8 日,该县县城沦陷。其他失陷的重要地区有薛镇、丹阳、博望、采石等 11 镇,失地占全县面积的 95%。[①]

芜湖县:1937 年 12 月 10 日,日军占领芜湖县城(即今芜湖市区)。其他失陷的重要地点有澛港、官陡、清水等主要乡镇。1940 年前后,国民党芜湖县政府能行使职权的仅有白沙、十连两联保(1939 年废除联保,改设乡公所,析为白沙、十连、陶辛 3 乡)。失地占全县面积 95%。

滁县:1937 年 12 月 18 日,日军占领该县县城。县境失陷的其他重要地点还有乌衣、珠龙、沙河集等乡镇。失地占全县大部。

嘉山县:1938 年 1 月,日军占领该县最重要的城镇明光镇,后来即以此作为伪县治所在地。县境张八岭、管店、三和集等重要地点亦落入敌手。该县失地占全县面积的 90% 左右。

凤阳县:1938 年 2 月 2 日,日军占领凤阳县城及隶属凤阳的蚌埠。临淮关、长淮卫、刘府、小溪河等重要地域也告失陷。该县失地占全县面积的 90% 左右。

怀远县:1938 年 2 月 4 日,日军进占怀城。田家庵、九龙岗、马头城、大通等地也沦为沦陷区。该县失地占全县面积的 65%。

---

① 安徽省政府:《安徽省廿八年度统计年鉴》,1940 年编印(该书材料截止时间为 1940 年 6 月),第 156 页。另据 1945 年 8 月《安徽省战时损失概况》一文(载安徽省档案馆、蚌埠市档案馆编:《日本侵华在安徽的暴行》,1995 年内部发行),当涂划为全部沦陷县份。其来源出于《安徽概览》一书(安徽省政府 1944 年编印)所记:"县地方建设经费:本省六十二县,除第四行政区之泗县、宿县、灵璧、五河,第五行政区之滁县、定远,第六行政区之芜湖、当涂,第九行政区之盱眙、嘉山、天长、来安、凤阳等十三县份完全沦陷,经费停支外,其余四十九县三十二度岁出预算总额为 17538920 元。"(该书第 162 页)

合肥县：1938年5月14日，日军侵占合肥县城，在此前后，占领了撮镇、双墩、烟墩、大兴、岗集等重要乡镇。失地占全县面积的40%。

巢县：1938年5月15日，日军占领该县县城，其他失陷重要地点为烔炀、半汤、中垾、夏阁等乡镇。失地占全县面积大部。

宿县：1938年5月19日，日军侵占宿县县城。县境大店、百善、夹沟、临涣、濉溪、时村、符离集等地纷告失陷。失地约占全境面积的50%以上。

怀宁县：1938年6月12日，日军占领怀宁县城及该县所辖的安庆城区。月山、洪镇、集贤关等地亦告失陷，县境大部成为沦陷区。

宣城县：1938年夏，该县最重要的城镇之一湾沚镇失陷，日伪后来即以此为伪县治所在地。至1943年3月，日伪控制新丰、新河庄、水阳、河西、金东等乡镇。同年10月，县城第四次失陷，落入敌手。失地占全县面积的60%左右。

繁昌县：1938年6月20日，日军占领该县最重要的城镇之一荻港镇，至1939年已占有桃冲、三山、横山、旧县等重要乡镇。1944年5月4日，繁昌县县城又落入敌手，该县大部沦陷。

宿松县：1938年6月29日，日军占领该县复兴洲区，随后进占毗邻的坝头。后来即以复兴镇为伪县治所在地。失地占该县面积的15%，属小部沦陷县份。

贵池县：1938年10月28日，日军占领该县县城，殷家汇、观前、乌沙闸、黄湓等镇均为沦陷区，失地占全县面积的70%。

东流县：1938年10月28日，日军占领该县县城。在此前后，大渡口、下隅、瓦垄桥等地纷告失陷。该县失地占全县面积的70%，属大部沦陷县份。

灵璧县：1938年11月6日，日军再度占领该县县城。双沟、固镇等重要乡镇也成为沦陷区。据统计，该县失地占全县面积的70%，属大部沦陷县份。

泗县：1938年11月8日，日军占领该县县城，县境屏山等地也告失陷。但所占面积有限，属小部沦陷县份。

铜陵县：1938年11月26日，日军占领该县县城。其他失陷的重要地区有大通、和悦洲、新庙、凤汀洲等地,县属大部失陷,失地占全县面积的70%。

天长县:1938年12月14日,日军第二次占领该县县城,并侵占仁和集、秦栏、芦龙、金集等地,县境大部失陷。[①]

青阳县:1938年12月16日,日军由铜陵侵入青阳县境,占据店门口至陈家大山一线,店门口、茶山、乌龙塘、陈家大山、塔山、童埠等地成为陷区。后来日本侵略者即在乌龙塘村设伪乌龙区区公署,下辖4乡,直至抗战结束。1944年4月,驻青阳国军第二十三集团军第五十军第一四四师师长张昌德在青阳茗山冲投敌,县境又有相当部分沦入敌手。综计抗战期间该县前后失地在县境半部左右。

望江县:1939年2月20日,日军占领望江县城。在此前后,日军侵占华阳镇、吉水镇、青林镇等地,县境半部沦入敌手。

桐城县:1939年4月,日军占领该县汤家沟镇,后来即以此作为伪县治所在地。在此前后,枞阳镇、义津、杨溪桥、老洲湾、六百丈等地也成为沦陷区。该县失地占全县面积一半。

亳县:1939年4月26日,日军第二次侵占亳县县城。其他沦陷重要地点有张溪、化关、大寺等乡镇。失地占全县面积大部。

全椒县:1939年4月26日,日军第二次占领全椒县城。县境仙鹤镇、凤凰镇、高皇乡、沿河乡等乡镇亦陷敌手。失地占全县面积小部。

五河县:1939年5月20日,日军第二次占领五河县城。新集、安淮、小溪、顺兴等地也落入敌手。失地占全县面积半部。

寿县:1940年4月12日,日军第二次占领寿县县城。在此前后,日军侵占双东、吴山、下塘等乡镇。该县失地占全县面积30%左右,属小部沦陷县份。

和县:1940年4月27日,日军占领和县县城,县境被日军控制的

---

① 《安徽省廿八年度统计年鉴》谓该县失地占全县面积的30%(该书第154页)。《安徽省战时损失概况》一文将天长县列为全部沦陷县份。据1941年初伪民政厅文件,天长县原分五区,日伪控制第一、第二区全部及第三、第四两区之一部,实际"已拥有原治三分之二以上区域"(《民政厅推进政治订定本年度计划》,(伪)《芜湖新报》(1941年3月22日)。此一说法较为符合实际。此前的1940年4月,中共领导的天长县抗日民主政府已在铜城镇建立,后不断扩大,直至日本投降,因此,该县也不存在全部沦陷的情况。

重要地点还有乌江、雍家镇、裕溪镇、沈家巷、姥镇、黄山寺等地。失地占全县面积大部。

含山县：1940年5月，日军第二次侵占运漕，后来即以运漕为伪县治所在地。在此前后，日军还侵占了铜城闸、东关、林头、县城、清溪、陶厂、长岗集等地，县境大部沦陷。

定远县：1940年5月13日，日军第二次占领定城，并侵占县城周边地区，县境小部失陷。

凤台县：1940年5月22日，日军第五次侵占凤台县城，另占中山镇、山王集、蔡家岗等地。失地占全县13%，属小部沦陷县份。

来安县：1940年5月27日，日军第四次侵占来安县城。县境水口镇、相官集、板桥、汉河等地也纷纷失陷，县境大部沦入敌手。

无为县：1940年7月17日，日军第二次侵占无城。在此前后，襄安、黄姑闸、开城桥、三官殿等地纷告失陷。失地占全县面积小部。

盱眙县：1940年9月15日，日军侵占盱城，县境旧县镇、津里镇、桑集乡、安淮乡等乡镇亦落入敌手。失地占全县面积半部左右。①

涡阳县：1941年1月，日军占领该县义门集，后来即以此地为伪县治所在地。在此前后，丁冢、新兴、赵屯、周桥等乡镇纷告失陷。失地占全县面积小部。

庐江县：1941年3月，日军侵占该县盛家桥镇及白湖南端的黄姑闸、陶家湾等地，即在盛家桥建立伪政权，1943年7月才撤走。该县失地占全县面积小部。

蒙城县：1941年，日军侵占该县重要乡镇板桥集，后来日伪政权即在此设立伪县治。除板桥集外，日军还侵占其周边的赵家集、张家集、王集、许疃、乌衣、瓦埠、石山孜等处。失地占全县面积小部。

---

① 《安徽省廿八年度统计年鉴》未记载该县1940年失陷有关情况。《安徽省战时损失概况》列此县为全部沦陷县份。查1940年9月日军攻占盱眙县城前，中共即在盱城成立民主政府。日军占县城后，民主政府迁至县东南的新铺等地，1942年12月，下属区由初时3个增至8个。1943年2月，成立盱嘉办事处，驻高家港，下设10个区公所。1944年9月，恢复盱眙县抗日民主政府，府治仍在高家港，抗战胜利，迁至县城（《盱眙县志》，第523—524页）。故该县从未全部沦陷过。又查1941年初，伪县政权辖15个镇16个乡［《安徽省盱眙县地方自治区域调查表》（伪），1941年2月，中国第二历史档案馆藏］，势力及于县西六十里的津里镇。参酌抗日民主政府辖区情况，该县失地占全县面积半部左右。

至德县：1938 年，日军侵占贵池后曾冲进至德县境内，占领历山一带。1942 年 1 月，至德县城及重镇尧渡街失陷，县境半部成为沦陷区。日军直至抗战结束才撤走。

郎溪县：1943 年 10 月 1 日，日军第五次侵占郎溪县城。梅渚、东夏、涛城等重要乡镇纷告失陷。失地占全县面积大部。

广德县：1943 年 10 月 2 日，日军第四次侵占广德县城。誓节、山北、开化等乡镇亦被敌占。失地占县境半部左右。

南陵县：1938 年日军侵占芜湖后进占南陵县奎潭镇。该镇后来数年一直由伪芜湖县政权兼管。[1] 1944 年 4 月 14 日，日伪军侵占南陵县城及周边地区。县境半部沦陷。

从上述 40 县的沦陷情况看，大部沦陷的县份共计 21 个，它们是当涂县、芜湖县、滁县、嘉山县、凤阳县、怀远县、巢县、宿县、怀宁县、宣城县、繁昌县、贵池县、东流县、灵璧县、铜陵县、天长县、亳县、和县、含山县、来安县、郎溪县。半部沦陷的县份计 9 个，即合肥县、青阳县、望江县、桐城县、五河县、盱眙县、至德县、广德县、南陵县。小部沦陷的县份共 10 个，它们是宿松县、泗县、全椒县、寿县、定远县、凤台县、无为县、涡阳县、庐江县、蒙城县。

安徽沦陷区在其形成与扩大过程中，呈现出以下几个特征：

从形成过程看，日军主要通过在各地频繁展开军事行动，不断"蚕食"的办法来扩大沦陷区。此一方式明显不同于其他省份。江苏省沦陷区随着日军侵略的深入先自东向西，后自南向北而扩大，浙江省沦陷区先在浙西而后在浙东不断扩大，湖北省沦陷区则自东向西扩展。安徽沦陷区的形成没有明显的路径，这与抗战爆发后安徽省情有关。沪宁等地失守后，安徽境内各地驻扎国民党重兵，新四军也驰骋于江淮大地，新四军军部即设于安徽省泾县境内，因而安徽城池争夺战较他省尤烈，如宣城、来安、广德等县县城均 4 次易手，才落入日军手中，凤台、繁昌、郎溪等县县城曾 5 次易手，其他县县城也多次易手。正是

---

[1] 《芜湖伪组织调查表》（1940 年 10 月），安徽省档案馆藏。《安徽省政府民政厅芜湖县政视察报告书》（伪）（1942 年 6 月），中国第二历史档案馆藏。

因为遭遇中国军民的顽强抵抗，日军在安徽很难通过一两次大战役达到攫夺大片中国国土的目的，只有通过在安徽各地不断"蚕食"的办法来扩大沦陷区。

从持续时间看，安徽各沦陷区持续时间长，殖民化程度深。在沦陷区的 40 县中，存在时间少于 3 年者只有庐江、郎溪、广德、南陵 4 县，其他都在 3 年以上，其中县境遭受日军蹂躏长达七八年之久的县份多达 20 余个。

从日军侵占的重要地点看，安徽沦陷区主要集中在以下 3 类地区：（1）重要城镇，安庆、蚌埠、芜湖 3 地近代化程度最高，为安徽经济、文化最发达地区，因而成为日军在安徽攫夺的首选；（2）战略物资产地，如怀远县、宣城县煤炭丰富，繁昌、当涂等县铁矿资源丰腴，沿江一带盛产棉花，这些地区不可避免成为日军侵略安徽的重要目标；（3）交通要道，安徽沦陷区主要集中在津浦铁路安徽段、淮南铁路、宁芜铁路及长江水道、淮河水道的周围，均系安徽交通最便捷的地区。

第二节　伪安徽省政府的建立与更迭

一、伪安徽省政府的建立

侵华战争期间，日本侵略者在中国推行"分而治之"的策略，在中国各地扶植傀儡政权。早在 1932 年 3 月，即在中国东北地区建立起以末代皇帝溥仪为首的伪满洲国。1937 年 12 月，日本又在北平扶植起以北洋余孽王克敏、王揖唐为首的伪中华民国临时政府，统辖华北各地的沦陷区。全面侵华战争的战火烧到华中地区后不久，1938 年 3 月 28 日，以皖系政客梁鸿志为首的伪中华民国维新政府在南京登场。1940 年 3 月 30 日，汪精卫集团在南京上演"还都"闹剧，伪中华民国维新政府被汪伪国民政府取代。

1938 年 2 月初，日军侵入安徽仅两个月，日本侵略者即开始酝酿建立伪安徽省省级政权。伪中华民国临时政府首领王揖唐为皖系政客，将倪道烺推荐给日本侵略军。[①] 倪道烺（1879—1951），字炳文，安徽阜阳人。倪嗣冲族侄。北洋军阀统治时期，历任芦盐运销总局总办、安徽凤阳关监督、安徽特派员、直鲁联军预备军军长等职。1921年至1927年，又曾任烈山煤矿总经理。[②] 国民党执掌全国大权后，倪道烺被通缉，财产被没收，避居天津英租界。1938年2月底，倪道烺由天津至北平，拜会日本军部有关负责人。日本军部派日本特务小仓克己充当倪道烺的顾问，帮助筹划成立伪政权事宜。倪道烺一面指使把兄弟唐少侯及唐之义子傅君实等人在蚌埠成立伪蚌埠自治委员会，一面在天津网罗到邓赞卿、岳逸如等人。王揖唐向倪推荐了旧僚龚维疆、朱荣汉、汪吟龙等汉奸，供其驱策。7月初，倪道烺等到上海，与日本华中派遣军特务机关及维新政府首领梁鸿志[③]，初步商定了组织伪安徽省政府的班底人选。

7月12日，伪维新政府颁令"特任倪道烺为安徽省省长"，随后分别任命一批汉奸担任伪安徽省政府秘书长、财政厅长、警务处处长、参事等职。[④] 随后唐少侯等人在蚌埠挂起"安徽省省长公署筹备处"的牌子[⑤]，联络伪蚌埠东亚政治研究会等汉奸团体，举行所谓反蒋反共和平大会。倪道烺一行于10月11日抵蚌，17日先行视事并启用印信[⑥]，28日举行"就职典礼"[⑦]。

按照伪维新政府颁布的《省政府组织条例》，伪安徽省政府为安徽沦陷区域内行政最高机关。伪省长倪道烺"综理全省政务并指挥监督所属道、县、市等各机关及其职员"。[⑧] 伪省政府由伪民政厅、财政厅、建设厅、警务处、秘书处、教育厅等厅处组成，另设参事二人。

---

① 《倪道烺反省书》（1951年5月17日），蚌埠市公安局档案室藏。
② 《倪道烺口供》（1951年5月），蚌埠市公安局档案室藏。
③ 《倪道烺反省书》（1951年5月17日）。
④ 《中华民国维新政府令》，(伪)《政府公报》第14号。
⑤ 《会务纪要》，《东亚政治研究会月刊》(伪)第1卷第1号，1938年9月1日版。
⑥ 《倪道烺呈》（1938年10月17日），中国第二历史档案馆藏。
⑦ 《倪道烺呈》（1938年10月28日），中国第二历史档案馆藏。
⑧ (伪维新政府)《省政府组织条例》，蔡鸿源主编：《民国法规集成》第99册，黄山书社1999年版，第307页。

伪安徽省政府成立时,辖区只有凤阳、怀远、宿县、泗县、灵璧、嘉山、滁县、巢县、合肥、当涂、芜湖、怀宁等12县①,不足安徽全境的1/5。而此12县中,尚有部分国土由中国军队控制。

各地伪基层政权只听从当地日军指挥,对伪省府的命令多不买账,如北方宿县、泗县、灵璧属以徐州为中心的华北日军占领地,当地伪政权实际由华北日军操纵,芜湖、当涂两地伪政权归南京特务机关掌控,怀宁伪政权由安庆特务机关控制。伪安徽省政府实际行使治权的只有巢县以北的数县。后来随着沦陷区的逐步扩大,伪省府的管辖范围才有所放大,但各地受封不受命的状况仍然十分严重。倪道烺鉴于以安庆为中心的长江沿岸各县无法指挥,曾拟在安庆设置行政督察专员,以便管理,终未实现。②

以倪道烺为首的伪安徽省政府是日军的傀儡政权。他们宣扬日本"无利我土地之心,无仇我人民之意"③。双手沾满中国人民鲜血的日军战犯,被他们称为"人民之救星","和平之天使"。④ 他们恢复设立伪县治、编查保甲户口、收编土匪武装组织"绥靖队"、组织乡区防共自卫团等⑤,死心塌地维护日本侵略者的统治。伪省政府还怂恿地痞赵瀛洲等人于蚌埠设立慰安所,强迫120余名妇女供日军奸污,并在蚌埠设立宏济善堂,贩卖毒品。⑥ 种种恶行,令人发指。

伪安徽省政府系日本侵略者拉拢各方势力拼凑的产物,其骨干成员从一开始就分成了两大派系,一派为倪道烺系,有伪财政厅长唐少侯、伪建设厅长吴稚久、伪民政厅秘书主任邓赞卿等人;另一派为王揖唐系,其成员主要为王揖唐推荐的伪省政府秘书长龚维疆、伪教育厅长汪吟龙、伪省政府参事朱荣汉等人。两派在亲日卖国方面完全一致,但在争权夺利上各不相让。龚维疆担任伪省政府秘书长,地位重

① 《安徽省治安状况》(第一次全国警政会议安徽省警务处报告),《蚌埠新报》(伪)1940年8月27日。
② 《内政部呈文》(伪)(1940年2月28日),中国第二历史档案馆藏。
③ 《安徽倪省长庆祝维新政府成立初周纪念大会演说辞》(1939年3月28日),《安徽省公报》(伪)第3号,1939年3月版。
④ 《华中最高指挥官山田中将莅蚌倪省长欢迎词》(1939年4月15日),《安徽省公报》(伪)第4号。
⑤ 《安徽省政府施政情形》(伪)(1939年2月),中国第二历史档案馆藏。
⑥ 《蚌埠市军事管制委员会军法处关于倪道烺的判决书》(1951年5月),蚌埠市公安局档案室藏。

要,倪道烺亟思去之,在蚌视事后的第四天即 1938 年 10 月 21 日,就致密函予维新政府行政院院长梁鸿志,称龚"与各厅处均不融洽",要求撤去其伪秘书长职,并推荐把兄弟唐少侯之义子、原烈山煤矿会计主任、伪蚌埠自治委员会委员长傅君实继其职,并特别声明,日军蚌埠特务机关长西田对此"亦极表同情",梁鸿志只得于 10 月 27 日,即伪安徽省政府正式开张的前一天,下令龚维疆改任伪省政府参事。① 1939 年 4 月,龚呈请辞去伪参事职。② 倪道烺立即荐任自己的死党、曾任烈山煤矿公司协理的浙江嘉兴人岳逸如继任其职。③ 此前伪民政厅秘书主任邓赞卿在倪道烺极力推荐下,由代理伪民政厅长改任厅长。④ 王揖唐系另一人物汪吟龙也不得不于 1939 年 7 月调往外省,其职由伪立法院院长温宗尧推荐的吴文继任。朱荣汉转而投靠倪系,才勉强保住伪参事位子。安徽伪政权几乎完全操于倪道烺手中。

二、伪安徽省政府的更迭

汪伪国民政府成立后,内部关系错综复杂,渐渐分化出以汪精卫夫人陈璧君、褚民谊、林柏生等人组成的公馆派;以汪伪行政院副院长周佛海、罗君强、丁默邨等人为核心的 CC 派;伪立法院院长陈公博等人自为一派,他们之间钩心斗角,互相倾轧,导致地方政局迭遭影响。汪伪国民政府期间,伪安徽省政府多次发生更迭。

汪伪政府正式登场前,日方反对大规模换马,仅主张逐步更动。伪维新政府下的伪安徽省政府暂时得以保全。⑤ 1940 年 3 月 29 日,伪省长倪道烺与伪民政厅长邓赞卿、财政厅长唐少侯、建设厅长吴稚久、教育厅长谢学霖、警备处长金田、秘书长傅君实、参事朱荣汉和岳逸如等人联名致电伪国民政府代主席兼伪行政院院长汪精卫,庆贺"还

---

① 《倪道烺函》(1938 年 10 月 21 日),中国第二历史档案馆藏。
② 《倪道烺呈》(1939 年 4 月 12 日),中国第二历史档案馆藏。
③ 《行政院训令》(伪)(1939 年 7 月 1 日),中国第二历史档案馆藏。
④ 《维新政府令》(1939 年 5 月),《安徽省公报》(伪)第 5 号,1939 年 5 月版。
⑤ 黄美真、张云编:《汪精卫国民政府成立》,上海人民出版社 1984 年版,第 564、703 页。

都"，以表效忠。① 汪精卫则指示皖省一切政务照常。② 各机关先前悬挂的五色旗被汪伪国民党的青天白日旗所取代，为了区别于国统区的国民党，旗子上另挂一条黄色飘带，上书"反共和平建国"6 字。

1940 年 4 月 1 日，汪伪政府行政院举行第一次会议，伪警政部部长周佛海即提出"安徽省警务处处长金田拟调部，遗缺拟调徐仲仁充任案"③，获得通过。金田名义上升迁，实则失去了实权。5 月 4 日，徐至蚌埠接印视事。

汪伪集团要承继原国民党的"法统"。1940 年 6 月，汪伪中央政治委员会第十一次会议决定取消伪维新政府时期承继北洋军阀统治时期的省长制，恢复原南京国民政府时期实行的省政府主席制，省政府委员增至 9～11 人，省政府委员会为最高权力机关。伪省政府的改组又为汪伪国民党向地方渗透势力提供了良机。倪道烺为争得先机，于 8 月中旬赶往南京，与周佛海磋商新的伪安徽省政府的人选事项。9 月 18 日，主要由周佛海拟定的伪安徽省政府委员人选名单交给汪精卫核定。19 日，汪伪中央政治委员会第二十一次会议通过汪精卫提交的"改组安徽省政府"④案。20 日，伪国民政府据上述议决任命倪道烺、叶震东、陶思澄、邓赞卿、钱慰宗、傅君实、徐仲仁、张拱宸、胡志宁等 9 人为伪安徽省政府委员，并以倪道烺为伪安徽省政府主席，叶震东兼伪民政厅长，陶思澄兼伪财政厅长，邓赞卿兼伪建设厅长，钱慰宗兼伪教育厅长，傅君实兼伪秘书长。⑤ 10 月 10 日，倪道烺等人在蚌埠通电就职。⑥

此次改组意味着伪国民政府夺取安徽地方政权的初步成功。倪系重要人物如唐少侯、吴稚久、岳逸如等人均被闲置。倪系势力受到重大打击。其他担任委员的人物除留任原职的徐仲仁系维新派外，其

① 《安徽省政府电》(1940 年 3 月 29 日)，《安徽省公报》(伪)第 16 号，1940 年 4 月。
② 《汪院长电皖省府一切政务照常》，1940 年 4 月 7 日《蚌埠新报》(伪)。
③ 中国第二历史档案馆编：《汪伪政府行政院会议录》第 2 册，档案出版社 1992 年版，第 8 页。
④ 中国第二历史档案馆编：《汪伪中央政治委员会暨最高国防会议会议录》第 3 册，广西师大出版社 2002 年版，第 100—101 页。
⑤ 《国民政府令》(伪)(1940 年 9 月 20 日)，中国第二历史档案馆藏。
⑥ 《安徽省政府呈》(伪)(1940 年 10 月 10 日)，中国第二历史档案馆藏。

余 5 人清一色为汪伪国民党的中层人物。其中担任伪民政厅长的叶震东系伪行政院内政部长陈群同乡、周佛海至交。陶思澄与叶震东为周佛海部下。钱慰宗属 CC 派,来安徽前曾担任过伪教育部高等教育司司长。张拱辰为安徽霍山人,初为西山会议派分子,后投入汪精卫等组成的改组派阵营,任伪省府委员前长期担任伪安徽省党部筹备委员会主任委员。胡志宁与伪国民政府社会部部长丁默邨关系密切,1940 年 8 月,经丁默邨提名,胡志宁被任为伪社会运动指导委员会安徽省分会主任委员。对于先前调至安徽担任伪警务处处长的徐仲仁,汪伪国民政府 1940 年 10 月初于伪安徽省警务处增设副处长一职,任命合肥人、安徽有名的党棍魏曙东担任此职,以牵制徐仲仁。

倪道烺不甘心于权力争斗中落于下风,于 9 月下旬赶往上海、南京等地活动,极力推荐唐少侯、岳逸如担任待增的伪安徽省政府委员。① 伪国民政府杜绝倪道烺的觊觎之心,以最快的速度任命安徽另外两名党棍绩溪人胡大刚、宿县人马骥材为伪安徽省政府委员。② 10 月 17 日,伪行政院致函伪国府文官处,称伪安徽省政府委员 11 人已满额,倪道烺"所请自应毋庸再议,该唐少侯岳逸如二员应予存记备用可也"③。

倪道烺唯恐自己的位子不保,竭力投靠汪精卫,但他到底不是汪的嫡系,何况他还不愿加入伪国民党,甚至在仪式和典礼场合也不愿诵读孙中山遗嘱④,其被汪伪国民政府剥夺实权,只是时间的迟早而已。

1941 年 12 月 18 日,汪伪中央政治委员会第七十四次会议讨论汪精卫提出的改组江苏、安徽两省伪政府案,决定调倪道烺任伪国民政

① 《倪道烺呈文摘由》(1940 年 10 月 4 日),中国第二历史档案馆藏。
② 《汪伪政府行政院会议录》第 4 册,第 339 页。《国民政府令》(1940 年 10 月 17 日),《安徽省公报》(伪)第 22 号,1940 年 10 月版。
③ 《行政院致国民政府文官处函》(伪)(1940 年 10 月 17 日发),中国第二历史档案馆藏。
④ 《支那官僚政治之现状》(日文),日本南满洲铁道株式会社调查部上海事务所调查室 1942 年撰,存辽宁省大连市图书馆。

府委员，其先前担任的伪安徽省政府委员兼主席职务，由高冠吾接替。[1] 倪道烺黯然离开安徽。12 月 23 日，伪行政院任命王震生、董修甲、钱慰宗、马骥材、谢泽同、徐仲仁、胡志宁、陈以益、邓赞卿、魏曙东为伪安徽省政府委员，并以王震生兼伪民政厅厅长，董修甲兼伪财政厅厅长，马骥材兼伪建设厅厅长，钱慰宗兼伪教育厅厅长，徐仲仁兼伪警务处处长，谢泽同兼伪秘书长。[2] 1942 年 1 月 1 日，高冠吾率各伪厅、处长、委员同时就职。高冠吾是江苏崇明人，早年毕业于保定军官学校，历任军职，此前任伪江苏省主席。

经过此轮改组，汪伪国民党在安徽的势力又得到扩展。高冠吾来到安徽，人生地不熟，其根基人脉远逊于前任倪道烺，他自江苏来到安徽，旧属只带来曾任伪江苏财政厅厅长的董修甲，而董就任后几天即重新回到江苏任职，伪财厅一职不得不改由高冠吾兼任。这样，伪省政府内只有伪警务处处长徐仲仁因早期在南京时与他存在隶属关系，较为亲近。其他各委员中倪系人物仅邓赞卿一人得以保全，其余几乎都为汪伪国民党人物。尤其是伪民政厅厅长、寿县人王震生来安徽前充伪中央社会部专员，是 CC 派丁默邨的亲信，1940 年 12 月伪国民党安徽省党部成立，担任常委，亦系安徽有名党棍之一。他不买高冠吾的账，两人曾因任免伪县长问题大闹摩擦，高也无可奈何。

高冠吾主政安徽期间，伪省政府内设机构及人事多有变动。1942 年 4 月 28 日，伪行政院第一〇九次会议，决定高冠吾兼任伪安徽省保安司令部司令，准其辞伪财政厅厅长兼职，免去谢泽同伪省府秘书长兼职，改任伪省财政厅厅长，同时任命庐江人刘祖望为伪安徽省政府委员兼伪省府秘书长。12 月，伪省府委员胡志宁调任，其职由曾任伪国民党南京市党部主任委员的刘云接替。1943 年 1 月 8 日，伪省府于安庆设立办事处，伪怀宁县长马云腾兼任处长，代表伪省府节制铜陵、贵池、东流、望江、宿松、桐城、彭泽、湖口等 8 县伪政权。同月 20 日，

———————————

　①　中国第二历史档案馆编：《汪伪中央政治委员会暨最高国防会议会议录》第 10 册，档案出版社 1997 年版，第 9—10 页。

　②　中国第二历史档案馆编：《汪伪中央政治委员会暨最高国防会议会议录》第 10 册，档案出版社 1997 年版，第 71—72 页。

汪伪最高国防会议第二次会议,为适应汪伪政府对英美"宣战"的需要,强化各省伪省长的权力,特通过调整地方行政机构案,规定各伪省政府主席制改为伪省长制,现任伪省政府委员,免去委员名义,调任为伪参事,兼任厅、处、局长、秘书长的,统改为专任。会议决定"特任高冠吾为安徽省长"。[①] 2 月 1 日,高冠吾在蚌行伪省长就职典礼。[②] 8 天后,伪最高国防会议通过《修正省政府组织法》,将伪民政厅、秘书处二者合并为伪政务厅。原任伪秘书长刘祖望出任厅长,3 月初,该厅正式成立。随后伪省府陆续成立伪社会福利局、伪经济局、伪保安处、伪清乡事务局、伪粮食局等机构,分别以章树钦、邓赞卿、李乾璜、谢泽同、刘云等人为局、处长。伪省政府的建制渐趋复杂,机构也愈发臃肿。

高冠吾到安徽时,正值汪伪中央发动"新国民运动"。该运动表面是要沦陷区的人们尤其是公职人员日常要身穿"国民服",重大场合举行"国民呼",并克制宴请、赌博等活动,其实质是培植奴化服从观念,忠心耿耿地为日本主子效力。高冠吾将推行"新国民运动"作为施政的重中之重。在伪省政府策划下,1942 年初,蚌埠等地遍贴伪省府拟制的推广"新国民运动"的标语,以广宣传。高冠吾还下令伪省警务处,对聚众赌博者,可逮捕"法办"。怀宁等县举行万民宣誓运动,伪县府派员赴各机关、团体监督,强迫大众宣誓励行"新国民运动",各校学生、各机关分别编队在剧场、会所、街头轮流演讲。1943 年 1 月初,于蚌埠中山公园举行"新国民运动与精神总动员大会",成立"新国民运动"促进委员会安徽省分会,各县普设支会,负责人由各伪县长担任。11 月,高冠吾兼任"新国民运动"促进委员会安徽省分会主任委员。高冠吾对日本主子奴颜婢膝,对汪伪中央俯首帖耳,干了不少丧尽天良的坏事,到头来仍旧免不了再遭排挤的命运。

1943 年底,世界反法西斯战争逐渐扭转不利局面。日本等法西斯国家深陷战争泥潭,不能自拔。汪伪国民政府加快攫夺地方政权的

---

① 中国第二历史档案馆编:《汪伪中央政治委员会暨最高国防会议会议录》第20册,档案出版社 1997 年版,第 139 页。

② 《皖省府改设省长制高省长昨行就职礼》,1943 年 2 月 2 日《安徽日报》(伪)。

步伐,企图建立稳健有效的伪地方政府。1943 年 12 月 30 日,汪伪最高国际会议举行第三十六次会议,准予伪江西省省长邓祖禹辞职,调高冠吾继其职,又"特任罗君强为安徽省省长"①,当时伪江西省管辖的县份只有几个,远少于安徽。高冠吾虽甚怏怏,也只能离皖赴赣。汪精卫不愿周佛海派势力过大,欲将长江沿岸之怀宁、东流、繁昌等 10 余县拨归伪江西省管辖,以各方以其割裂省制,无一赞同而作罢。②

罗君强(1902—1970),湖南湘乡人,与周佛海同乡,CC 派头目之一。罗早年加入中共,后脱党,1925 年加入国民党。1927 年起追随周佛海,历任行政院秘书、军委会秘书等职。汪伪政权成立后,历任伪中央党部副秘书长、伪中央执行委员、伪边疆委员会委员长、伪中央税警总团长、伪司法行政部部长等职。周佛海倚之为左右手。

1944 年 1 月 17 日,伪国民政府下令,免去伪政务厅厅长刘祖望、伪建设厅厅长马骥材、伪保安处处长李乾璜、伪警务处处长魏曙东、伪经济局局长邓赞卿、伪粮食局局长刘云、伪"清乡"事务局局长谢泽同等人职务,任命胡泽吾为伪政务厅厅长,杨又春为伪建设厅厅长,郭尔珍为伪保安处处长,满其蔚为伪警务处处长,王翰章为伪经济局局长,彭望杕为伪粮食局局长,蔡羹舜为伪清乡事务局局长。③ 前伪省政府官员仅保留伪财政厅厅长傅君实、伪社会福利局局长章树钦 2 人。1月 22 日,罗君强举行就职典礼,标榜以"平正稳健渐进"6 字为推进伪省政原则,"以确保治安,增强生产为省政重点"。④ 这一届伪安徽省政府几乎完全由罗君强一人掌控。除伪保安处处长郭尔珍系伪军事委员会参谋总长鲍文樾推荐外,其他几乎都是他的旧部。1944 年 9 月,罗君强又兼任伪军事委员会驻蚌埠绥靖公署绥靖主任一职⑤,他在安徽沦陷区更是一手遮天。

罗君强在安徽的最大"政绩"莫过于推行行政督察专员制度。南

---

① 中国第二历史档案馆编:《汪伪中央政治委员会暨最高国防会议会议录》第 22 册,档案出版社 1997 年版,第 347 页。
② 南京市档案馆编:《审讯汪伪汉奸笔录》下册,凤凰出版社 2004 年版,第 916 页。
③ 《国民政府令》(1944 年 1 月 17 日),《国民政府公报》(伪)第 591 号,1944 年 1 月 21 日版。
④ 《新任安徽罗省长昨举行就职典礼》,1944 年 1 月 24 日《申报》(伪)。
⑤ 《国民政府令》(1944 年 9 月 14 日),《国民政府公报》(伪)第 694 号,1944 年 9 月 18 日版。

京国民政府时期,即已实施这一制度。行政督察专员介于省、县之间,代表省政府对各县施政进行督察。抗战后期,汪伪国民政府决定袭用这一制度。1944 年 3 月,经罗君强推荐,伪国民政府任命伪安徽省第一区清乡督察专员蔡美舜兼伪安徽省第一区行政督察专员[①],伪专员公署设于芜湖,范围为芜湖、当涂、无为、繁昌、宣城 5 县;高燮为伪安徽省第二区行政督察专员,伪专员公署设于安庆,范围为怀宁、铜陵、桐城、贵池、东至、望江、宿松 7 县。1944 年 5 月,汪伪中央决定遍设伪行政督察专员作为伪省行政机构改革的一部分。安徽沦陷区在 1944 年 6 月划为 7 个行政督察区,不久改为 9 个,7 月初最终决定设 8 个。[②]取消原设之第一、第二区行政督察专员公署,重新统一划分。除第八区辖 7 县外,其他区分别为 3 县或 4 县。第一至第八区伪专员公署所在地依次为凤阳、田家庵、明光、滁县、巢县、芜湖、郎溪、怀宁。7、8 两月,汪伪国民政府分别任命谭庶潜、何仲英、周乐山、孔宪铿、林仰溪、罗君强、黄一平、高燮为伪第一至第八区伪行政督察专员。8 月,各伪专员就职视事。[③] 然而,伪专员公署制度的推广,并未达到预期的行政效果,相反,为那些贪赃枉法、营私舞弊者提供了机会。后来,各地伪专员时生弊案,屡遭揭发。

1944 年 11 月,汪精卫在日本病死,留下巨大的权力真空,各方之间围绕最高统治权的斗争趋于白热化。伪立法院院长陈公博在公馆派支持下,继承汪伪国民政府主席、伪军事委员会委员长、伪行政院院长三大显职。周佛海则以伪行政院副院长名义兼任伪上海特别市市长,但他一身不能二用,就由伪国民政府调任自己的心腹干将罗君强为伪国民政府委员暨伪上海特别市政府秘书长,代他执掌上海大权。伪安徽省省长职务,则交给林柏生,借此抚慰公馆派。这是伪安徽省政府发生第四次更迭。

林柏生(1902—1946),广东信宜人。早年毕业于岭南大学,投身

---

① 《国民政府令》(1944 年 3 月 24 日),《国民政府公报》(伪)第 620 号,1944 年 3 月 29 日版。《汪伪政府行政院会议录》第 25 册,第 93 页。

② 《安徽省行政督察区》(伪)(时间不详),中国第二历史档案馆藏。

③ 《安徽省各区行政督察专员公署呈文》(伪)(1944 年 8 月),中国第二历史档案馆藏。

国民革命,曾留学苏联中山大学。1924 年起开始追随汪精卫,成为改组派骨干分子。抗战前曾任《南华日报》社长、《中华日报》负责人、立法院委员等职。抗战开始后,随汪精卫一同投靠日本,任汪伪国民党中央常委、伪中央宣传部部长、复刊的伪《中华日报》社长、伪行政院宣传部部长、伪"新国民运动"促进委员会常委兼秘书长、伪中国青少年团总监等职,为汪精卫股肱之一,又系公馆派头目之一。因长期主持汪伪国民党中央宣传工作,故有"中国的戈培尔"之称。12 月 27 日,伪最高国防会议第六十二次会议特任林柏生为伪安徽省省长,兼驻伪蚌埠绥靖主任。① 1945 年 1 月 8 日,伪行政院第二三六次会议,通过改组伪安徽省政府,任命范谞为伪政务厅厅长,许惕生为伪教育厅厅长,钟仁寿为伪建设厅厅长,伍麟祉为伪警务处处长。1 月 24 日,林柏生于蚌举行就职典礼。②

在伪省政府成员中,范、伍两人均为林柏生同乡。林的旧属也多得到安置,如伪宣传部指导司司长刘石克得到伪清乡事务局局长的位子,伪宣传部参事褚保衡被委为伪《安徽日报》社长,原伪宣传部总务司司长、宣传事业司司长梁秀予出任伪安徽第一区行政督察专员,原伪宣传部中央社社长赵慕儒被派充伪安徽第三区行政督察专员。一时公馆派势力炙手可热。

1945 年 6 月下旬,世界反法西斯战争已接近尾声,伪行政院举行第二五七次会议,通过"改组安徽省政府"案,决定撤销伪政务厅及伪警务处,恢复伪民政厅、伪秘书处,任命范谞为伪秘书长,梁秀予为伪民政厅厅长,韩清健为伪建设厅厅长,刘石克为伪清乡事务局局长。因战争很快结束,这次改组不过是一场沐猴而冠的闹剧而已。

林柏生为给自己留条退路,就任伪省长没几天即派人与国民党安徽省政府联系,暗通款曲。③ 因其已失去利用价值,国民党方面未予置

---

① 中国第二历史档案馆编:《汪伪中央政治委员会暨最高国防会议会议录》第 24 册,档案出版社 1997 年版,第 273—274 页。《国府昨颁明令》,1944 年 12 月 28 日《申报》(伪)。
② 《皖林省长昨宣誓就职》,1945 年 1 月 25 日《申报》(伪)。
③ 1945 年 2 月 9 日李品仙致蒋介石电,引自秦孝仪主编:《中华民国重要史料初编——对日抗战时期》第 6 编"傀儡组织"(四),台湾中国国民党中央委员会党史委员会 1981 年印,第 1535 页。

理。日本投降后,林柏生于 8 月 25 日仓皇逃往日本,其他要员也作鸟兽散,伪省政府仅留若干看守人员。8 月 30 日,国民党收复工作团团长韦永成接收伪安徽省政府,从此,伪安徽省政府彻底烟消云散,日本在安徽的殖民统治终告结束。

第三节　安徽沦陷区伪政权的军事力量

一、驻皖伪中央军的建立与扩大

1938 年下半年,日本华中派遣军特务部出台"维新政府二十八年度施政大纲",遵照大纲,伪绥靖部 1939 年的重点工作为:"(1)分苏、浙、皖三省治安工作,进展区域为四个绥靖司令部(各冠以地名)于苏州、杭州、南京、蚌埠四地,各区保有兵力二团五千人。(2)上项部队整备后,本年度内,更拟扩大,在淮阴、会稽、安庆、芜湖等四区,设立绥靖区筹备区……"①于是加快了在各地收编国民党败军、散兵游勇、地主武装、帮会势力的步伐,加紧拼凑伪绥靖军。在安徽沦陷区,伪绥靖部于伪安徽省政府成立后不久,即于伪省会蚌埠设立伪"绥靖"部驻皖办事处②,以杨紫侯为办事处处长③,具体负责安徽境内的收编安抚工作。1939 年初,又将蚌埠四周划为"绥靖"军管区④,定名为伪"绥靖部"安徽第一区。⑤

在伪省政府的大力协助下,伪绥靖部驻皖办事处收编安抚活动很快就有效果。1938 年 11 月,安徽原抗日武装将领沈席儒率部降日。

---

① 中国第二历史档案馆编:《中华民国史档案资料汇编》第 5 辑第 2 编附录(下),江苏古籍出版社 1997 年版,第 50 页。

② 《安徽省省长倪道烺呈》(伪)(1938 年 12 月 1 日行政院抄发),中国第二历史档案馆藏。

③ 《皖省会军政商民昨开追悼会》,1940 年 3 月 28 日《蚌埠新报》(伪)。

④ 《维新政府治下一年来之进展史》,1940 年 1 月 1 日《蚌埠新报》(伪)。

⑤ 中央档案馆、中国第二历史档案馆、吉林省社会科学院编:《汪伪政权》,中华书局 2004 年版,第 499 页。

沈系怀远县仁和集人，抗战初期于家乡聚集帮会势力，扯起武装，被驻防寿县石集的皖北抗日人民自卫军第一路总指挥部委任为第八支队副支队长。徐州等地失陷后，沈率领该支队第一大队数百人，前往蚌埠投靠日军①，被委为伪淮南清乡司令②，不久，他先前的上司、第八支队长杨海青也带领该支队第二大队前往蚌埠接受日军改编，受沈席儒节制。沈又陆续收编蚌埠周围的杂牌地方武装数百人，队伍迅速扩大。所需薪饷统由伪绥靖部发给。经过日军数月的编组训练后，1939年初，沈被委为伪绥靖部安徽第一区绥靖队第一支队司令③，杨海青担任参谋长，下设 2 个大队，每大队设正、副大队长各 1 人；大队下辖 3 个中队，每中队辖 3 个小队；每小队辖 3 个班，每班 16 人。全支队伪官兵共计千余人，分驻蚌埠、明光、定远等地。驻防各地后，又收编伪淮北清乡司令华维清部等地方武装近千人，沈的地位上升。1939 年 7 月，伪维新政府撤销伪绥靖部安徽第一区绥靖队称谓，改设伪蚌埠地区绥靖队及伪庐州地区绥靖队，以沈席儒担任伪蚌埠地区绥靖队上校司令。④

几乎与沈席儒卖国求荣的同时，国民党安徽地方部队将领王占林也在密谋投靠日军。王占林，安徽怀远人，早年为冯玉祥西北军的将领。曾任国民联军旅长、国民革命军师长。抗战初期，担任国民党安徽别动总队第一游击司令，隶属于国民党安徽游击总司令部。1938年 6 月前后在津浦线阻击日军北上的战斗中，部队被打垮，仅剩千余人，避居五河县浍河一带。11 月与日伪方秘密接触，商谈归降改编事宜。⑤ 1939 年初，所部开向蚌埠，接受日军改编。⑥ 王占林先被委为伪蚌埠"剿匪"司令，后任伪绥靖部安徽第一区绥靖队第二支队司令⑦，7

　　① 杨海青：《日伪汉奸沈席儒》，安徽省政协文史资料研究委员会编：《安徽文史资料》第18辑，内部发行，安徽省政协文史资料委员会 1983 年编印，第 204 页。
　　② 《凤阳县伪组织调查表》（1940 年 10 月），安徽省档案馆藏。
　　③ 《安徽省政府训令》（1939 年 6 月 30 日），《安徽省公报》（伪）第 7 号，1939 年 7 月版。
　　④ 《维新政府令》（1939 年 7 月 1 日），《安徽省公报》（伪）第 7 号，1939 年 7 月版。
　　⑤ 《安徽省省长倪道烺呈》（伪）（1938 年 12 月 1 日行政院抄发），中国第二历史档案馆藏。
　　⑥ 《安徽凤阳县公署工作概况报告书》，《县政研究》（伪）第 2 卷第 2 期，1940 年 2 月版。
　　⑦ 《安徽省政府训令》（1939 年 6 月 30 日），《安徽省公报》（伪）第 7 号，1939 年 7 月版。

月 1 日被委为伪庐州地区绥靖队上校司令。① 同月 27 日,王占林升任少将司令。① 王的司令部及主力第十团暂驻蚌埠、寿县、凤台一带,并未立即开向合肥地区。②

汪伪国民政府成立后,取消前政权的伪绥靖部,所有军队统受伪军事委员会指挥。1940 年 3 月 22 日,伪中央政治会议决定将维新政府时期的伪绥靖军改编为伪苏浙皖绥靖军,在南京设立总司令部,前伪维新政府绥靖部部长任援道担任总司令,另在杭州、苏州、蚌埠、庐州等 7 个地方设立"绥靖区"。3 月 30 日,伪国民政府正式任命任援道兼伪苏浙皖三省绥靖军总司令。③ 原伪绥靖部驻皖办事处改为伪苏浙皖绥靖军总司令部驻皖办事处,杨紫侯继续担任该办事处处长,并兼任伪苏浙皖绥靖军庐蚌地区司令部军法处处长。④ 原伪蚌埠地区绥靖队司令部改称伪苏浙皖绥靖军蚌埠地区司令部,原伪庐州地区绥靖队司令部改称伪苏浙皖绥靖军庐州地区司令部。⑤ 1940 年 10 月 4 日,伪国民政府任命沈席儒为伪苏浙皖绥靖军蚌埠地区司令(少将),王占林为伪苏浙皖绥靖军庐州地区司令(中将)。⑥ 部队编制方面,开始放弃"绥靖队"时期的"团—大队—中队—小队—班"体制,改用"团、营、连、排、班"。⑦ 沈部司令部继续设于蚌埠,下辖伪苏浙皖绥靖军第九团及司令部直辖工兵、特务两连,分驻蚌埠、明光、怀远、五河等地。王部之庐州地区司令部于 1940 年 11 月 16 日移出蚌埠,迁往合肥,原有主力第十团刘朝山部随同前往,另新成立第十七团王雪如部。王占林部分驻寿县、凤台、合肥、巢县等地。⑧

除上述地区外,安庆、芜湖、滁县等地也组建了伪绥靖军。驻扎安

① 《维新政府令》(1939 年 7 月 1 日,1939 年 7 月 27 日),《安徽省公报》(伪)第 7 号,1939 年 7 月版。
② 《苏浙皖绥靖军总司令部呈》(1940 年 4 月 25 日),《绥靖公报》(伪)第 1、2 期,1940 年 5 月版。
③ 《国民政府令》(1940 年 3 月 30 日),《绥靖公报》(伪)第 1、2 期,1940 年 5 月版。
④ 《苏浙皖绥靖军总司令部任免令》,《绥靖公报》(伪)第 3 期,1940 年 6 月版。
⑤ 《苏浙皖绥靖军总司令部训令》(1940 年 5 月 15 日),《绥靖公报》(伪)第 1、2 期,1940 年 5 月版。
⑥ 《军事委员会训令》(1940 年 10 月 22 日),《绥靖公报》(伪)第 7 期,1940 年 10 月版。
⑦ 《苏浙皖绥靖军总司令部呈》(1940 年 4 月 25 日),《绥靖公报》(伪)第 1、2 期,1940 年 5 月版。《苏浙皖绥靖军所属部队九月份剿匪报告》(1940 年 9 月),《绥靖公报》(伪)第 6 期,1940 年 9 月版。
⑧ 《苏浙皖绥靖军总司令部呈》(1940 年 11 月 14 日),《绥靖公报》(伪)第 8 期,1940 年 11 月版。《王绥靖司令昨视察抵巢》,1940 年 8 月 27 日《芜湖新报》(伪)。

庆的伪绥靖军首领刘迈,抗战初先任国民党军第七军团参谋,继在国民党军第九纵队担任望江支队支队长,活动于怀宁、望江一带。1939年冬,因在国民党军突袭安庆战斗中,贻误战机,刘惧怕处分,率所部于1940年1月13日抵达望江县城,接受日军改编。[①] 2月,调至安庆对岸大渡口镇。[②] 不久刘迈被委为伪苏浙皖绥靖军安庆独立营中校营长[③],10月1日,伪国民政府改任他为伪苏浙皖绥靖军第二独立营中校营长。[④] 刘部共3连,分驻安庆、怀宁、宿松、桐城等地。芜湖方面,1939年初,当涂地方武装夏明才部受伪芜湖县公署收编,受训3个月,改编为南京地区伪绥靖队第五中队,即派为中队长,调驻江苏句容。9月夏升为南京地区伪绥靖队第六团第五大队少校大队长,后又升任伪绥靖军南京地区第八团团副兼第二营营长,1940年8月,夏调回安徽,担任伪苏浙皖绥靖军芜湖地区独立营中校营长[⑤],10月1日,伪国民政府任其为伪苏浙皖绥靖军第一独立营营长。10月7日,夏在宣城县湾沚镇与新四军作战中被击毙[⑥],其职由杨英接替。[⑦] 滁县地区伪绥靖队前身为1939年初成立的淮南水警队,同年11月该队改组为淮南水警组。[⑧] 1940年4月,日伪拟在滁县增设滁县地区伪绥靖队司令部,即令淮南水警组全部开赴滁县[⑨],改编成伪苏浙皖绥靖军滁县独立大队,委派前淮南水警组组长王连铮担任中校大队长,初归庐州地区司令王占林指挥,后改由蚌埠地区司令沈席儒节制,王连铮后来被委为沈部独立营营长,驻防滁县、来安、全椒等5县。[⑩]

1941年1月,汪伪军事委员会又将伪苏浙皖绥靖军改编为伪第一

① 《苏浙皖绥靖军安庆独立营本部定于本日举行周年纪念大会》,1941年1月13日《安庆新报》(伪)。

② 《安庆特务机关欢宴刘迈队长》,1940年2月14日《芜湖新报》(伪)。

③ 《苏浙皖绥靖军总司令部任免令》,《绥靖公报》(伪)第3期,1940年6月版。

④ 《军事委员会呈》(伪)(1940年9月30日),中国第二历史档案馆藏。

⑤ 《苏浙皖绥靖军总司令部任免令》,《绥靖公报》(伪)第5期,1940年8月版。《地区司令部落成典礼纪》,1941年2月4日《芜湖新报》(伪)。

⑥ 《苏浙皖绥靖军总司令部呈》(1940年10月15日),《绥靖公报》(伪)第7期,1940年10月版。

⑦ 《杨营长视事后布告维护治安》,1940年10月21日《芜湖新报》(伪)。

⑧ 《安徽警务处扩编淮南水警组》,1939年11月21日《芜湖新报》(伪)。

⑨ 《苏浙皖绥靖军总司令部呈》(1940年4月12日),《绥靖公报》(伪)第1、2期,1940年5月版。

⑩ 《滁绥靖队担任津浦南段防务》,1940年11月19日《芜湖新报》(伪)。

方面军,仍以任援道为伪总司令,下辖 7 个师、3 个旅、2 个独立团,安徽各地伪绥靖军再度扩充,其中沈席儒升任该军第六师师长,师部设于巢县,其主力伪第二十一团团长由王连铮担任。沈部驻防合肥以南至和县裕溪口的淮南路沿线。王占林升任伪第七师师长,师部设合肥,驻防寿县、凤台、定远、合肥、滁县、来安、全椒 7 县。^① 杨英被委为独立伪第十团团长^②,仍驻芜湖。刘迈被委为伪独立第十一团团长^③,仍驻安庆。1941 年 11 月,伪第一方面军又将驻防芜湖、前伪长江中区地区司令张亚南收编的江南杂色武装伪暂编陆军第五路军改编为伪第一方面军暂编陆军独立步兵团,团长罗义辉,仍驻芜湖。^④ 至此,伪第一方面军在安徽沦陷区部署军队达 2 个师、3 个团之众。

在伪第一方面军组建前后,安徽沦陷区还滋生过另外两支伪中央军,一为 1940 年 12 月成立的伪中央暂编陆军第三旅,伪旅长李宗盛,驻凤阳等地;一为 1941 年 8 月成立的伪中央救国护民独立师,伪师长刘子清,驻无为等地。

1943 年随着大量的正规国民党部队投降日军,兵源、素质均较差的伪第一方面军地位下降。该年 3 月,汪伪军事委员会将伪第一方面军缩编成 2 个军、4 个师、1 个独立步兵团。各部防地也作了大幅更动。其中伪第六师与伪第七师合并,成立伪第一方面军第二军第四师,以王占林为伪师长,沈席儒为伪副师长,下辖第十、第十一、第十二团,第十团团长由王绍之担任,沈席儒兼伪第十一团团长,原伪救国护民独立师并入,由刘子清担任伪第十二团团长,师部仍设合肥,部队分驻合肥、巢县等地共 150 余处。刘迈为伪第一方面军独立步兵团团长,仍驻安庆。原驻芜湖的伪第一方面军暂编陆军独立步兵团奉命调往外省。

抗战中后期,敌我双方的力量对比开始发生变化。安徽沦陷区对于拱卫伪都南京的重要性日益凸现。为确保南京的安全,同时也是为

---

① 《驻肥陆军第七师王师长发表谈话》,1942 年 12 月 25 日《安徽日报》(伪)。

② 《杨营长擢升第十团团长》,1941 年 2 月 15 日《芜湖新报》(伪)。

③ 《独立第十一团团长奉令后已在安庆组织团部》,1941 年 2 月 21 日《芜湖新报》(伪)。

④ 《五路军改编为第一方面军暂陆军独立步兵团》,1941 年 12 月 8 日《芜湖新报》(伪)。

了扩张嫡系或准嫡系势力于安徽地方,以牵制安徽本土势力,汪伪中央频繁调动他省伪军进入安徽。这些军队主要包括以下几个番号的伪中央军:(1)汪伪和平救国军第一军;(2)汪伪第一方面军第三师第七团;(3)伪中央税警团诸大队;(4)伪暂编陆军独立步兵第十五旅;(5)伪警卫第二师;(6)伪第三方面军。

除上述伪中央军外,安徽沦陷区还组建了两支情况特殊的伪军,一为盘踞合肥等地的伪皖中清乡第二师,一为驻扎南陵等县的伪皖南独立方面军。它们既不归伪中央指挥,也不受伪省政府调遣,只听命于当地日军的指挥。薪饷、服装、械弹统统自筹,将官亦系自行任命。

从数量上看,安徽沦陷区的伪中央军具有相当规模。沦陷区面积只及安徽全境一半,通常驻扎的伪中央军及特殊部队居然达五六个师之众。这些伪军,虽然数量庞大,然而素质低下,成分复杂,缺乏严格训练,装备较差,备受日军欺凌,士气不高等则为普遍现象,因而战斗力十分有限,能够独当一面担任作战任务的伪中央军非常稀见,通常只能在日军展开军事行动时充当帮凶角色。尽管伪中央曾采取过设立军官学校轮训军官、选派军官赴日参观学习等办法,战争后期又在蚌埠设立伪军事委员会驻蚌埠绥靖主任公署,意在协调地方伪军行动,提高部队作战能力,但实际并未产生多大效果,仍未能挽救伪政权日薄西山的命运。抗战结束前后,安徽沦陷区的伪中央军绝大多数被国民党军收编。

二、伪地方军的建立与扩大

伪地方军系指1942年后伪省、县地方政权按照伪国民政府的有关条规组建的伪保安团队。它们大多由各县先前成立的防共自卫团演变而来。

各地沦陷初期,国民党军政人员早已撤退,地方权力出现真空,一时地方武装蜂拥而起。这些武装,固然不乏真正为了抗日而组建者,也有不少系纯粹保护家园免遭外来势力侵入而成立者,但大多是借抗日之名而实际打家劫舍者。它们的存在,既不利于沦陷区社会秩序的恢复与稳定,也对新成立的伪地方政权构成了一定的威胁。为了早日恢复地方秩序,各地伪政权对上述武装大都采取招抚收编的办法,组建地方武装,以作为自己的支柱。这是各县防共自卫团成立的社会基础。

1939 年初,伪安徽省政府曾按照伪维新政府内政部、绥靖部咨送的《乡区防共自卫团组织条例》,参酌本省情形,制定《安徽省乡区自卫团组织暂行规程》,令行伪民政厅饬属遵办,但不久又奉令改名称为伪乡区防共自卫团。① 该规程取法古时寓兵于农的原则,规定各地在编组保甲的基础上抽编壮丁组成乡区防共自卫团。县设总团,下分若干中队,分驻各区,县总团设团长一人,由伪省政府任命。枪支、经费均系自筹。各团丁日常分班巡逻,农忙时参加生产,农闲时则加紧操练,一旦有警则参与搜查、围捕,甚至作战等行动。各县防共自卫团统受伪民政厅管理。该规程出台后,伪民政厅一再严令各县遵章组织,但各地情况复杂,形势多变,致各县防共自卫团在成立时间、名称、团丁来源、编制、机构、装备等方面差异甚大。在成立时间上,当涂防共自卫团成立于 1938 年 11 月②,为最早成立的县份。1939 年 1 月,灵璧防共自卫团成立,伪省府委任雷杰三为伪团长。③ 芜湖防共自卫团则迟至 1939 年 12 月才成立,1940 年 2 月,呈奉伪民政厅指令核准。巢县防共自卫团至 1941 年 4 月尚在筹备之中。各地防共自卫团名称也多不一致,如五河县称保甲自卫团,泗县称人民自卫团。团丁来源方面,只有凤阳等少数县份系遵章办理,其他县份,大多系收编地方杂色武装而组成。在机构、人数及武器装备等方面,各县情形相差较大。

随着各县防共自卫团的相继建立,伪安徽省政府迫切希望组建直隶于伪省政府的防共自卫团。1941 年初,伪省政府借口伪省会防务重要,抽调伪灵泗边区防共自卫团雷杰三部来蚌,辅助军警协同保卫治安,并定名为伪安徽省联合防共自卫总团,4 月,伪省政府令委雷杰三为该团副团长,团长则由伪省政府主席倪道烺兼任。全团不过二三

---

① 《安徽省政府施政情形报告书》(伪)(1939 年 2 月),中国第二历史档案馆藏。
② 《安徽省政府民政厅当涂县县政视察报告书》(伪)(1942 年),中国第二历史档案馆藏。
③ 《安徽省政府令》(1939 年 1 月 5 日),《安徽省公报》(伪)第 2 号,1939 年 2 月版。

百人。① 随后伪省政府先后通过《安徽省联合防共自卫总团部暂行组织规程》、《安徽省联合防共自卫团组织条例》等，并请准汪伪军事委员会，使这一组织进一步常态化，从而为伪省政府直接掌握武装打开了口子。

总的来看，各地组织的防共自卫团多为乌合之众，素质极为低下，既缺乏系统训练，武器装备又严重不足，因而战斗力普遍不高，根本不是中共领导的新四军及游击队的对手，广大农村沦陷区的实际控制者至少自 1940 年起逐步转为中共武装力量。为扭转不利局面，1942 年汪伪国民政府决定将防共自卫团这一准军事组织改造成与伪正规军一样的伪保安团队，在沦陷区全面推行保安队制度，以加强地方的武装力量。该年 3 月 13 日，汪伪国民政府同时颁行《保安制度大纲》、《省保安司令部暂行组织条例》、《区保安司令部暂行组织条例》、《省保安队暂行编制表》，令各地照章实施。根据《保安制度大纲》，各省"设省保安司令，由省政府提请军事委员会与行政院转呈国民政府任命，掌理省保安事宜，省保安司令通常由省政府主席兼任之"，各县设立"县保安大队部，通常以县长兼任大队长"，省保安队的编制如下："一、各县就现有之自卫团队各编成一保安大队，视其县份之大小、财政状况得组成甲乙丙三种：甲四中队，乙三中队，丙二中队。二、各县编余之自卫团队由省政府视实际需要及财政状况编成若干团，但团数不得超过省保安区二分之一，倘人数不足时得另行设法编补之"，该大纲对保安队的教育、训练、军官任免、奖惩、薪饷、枪械等事项均作了详细规定，除薪饷系由伪省财政负担外，其他均与伪正规军相同。②

1942 年 4 月，伪国民政府委任高冠吾兼任伪安徽省保安司令。6 月 8 日，高冠吾就任此职，组成伪安徽省保安司令部，并发表成立宣言。不久，撤销伪安徽省联合防共自卫团，将其改为伪省直辖保安大队，同时训令各县取消防共自卫团名义，改组为县保安队，富余人员另组县保卫团。

各县奉命后，纷纷将原防共自卫团改编为县保安大队，县设保安

---

① 《蚌埠敌伪姓名人枪一览表》（1941 年 9 月国民政府怀远县政府制），安徽省档案馆藏。

② 《保安制度大纲》（1942 年 3 月 13 日公布），蔡鸿源主编：《民国法规集成》第 93 册，黄山书社1999 年版，第 133—135 页。

大队部,伪县长兼任伪大队长。大队下分为若干中队,各驻本县要冲,薪饷由地方统一负担。伪省保安司令部则先后在蚌埠、滁县、当涂、芜湖、怀宁等地举办保安训练团,抽调各县伪保安队官兵集中训练,并统一旗帜、服装式样,统一伪保安队歌曲。安徽沦陷区自上至下开始形成一整套的伪保安队体系。

1943 年 1 月,汪伪国民政府又公布《保安队暂行组织要纲》,对伪保安队的各项规定更加明细,其中最大的变化即在伪省政府内增设伪保安处,该处处长受伪省保安司令之命掌管全省保安队事务,此外还规定伪省保安处附设特务大队(伪省政府以 4 个中队为限);省设保安教导团,掌全省保安队之教育训练;县保安队设队本部,队长由县长兼任并得设副队长,下设若干中队;保安队之编成及队员之补充以征募之人员补充为原则;伪军事委员会负监督指导之责;伪省保安司令指挥监督伪保安处、伪教导团并统辖县保安队;保安队官兵之薪饷及给养准照军队之饷章,由伪省政府规定后呈请伪军事委员会核准;县保安队之经费以地方财政负担之,兵器弹药之补充呈请伪军事委员会由该会核准之;保安队之装备以轻机枪以下之近战火器为主,以不配备重武器为原则。此外,该条例对伪省保安处、伪教导团、县保安队本部、县中队等建制的编制均作了详细规定。据此条例,1943 年 7 月伪国民政府任命寿县人李乾璜为首任伪安徽省保安处处长。8 月 3 日,李在蚌埠就职。此前伪省保安司令部直辖大队已被改编为省保安处直辖特务大队,同时成立伪省保安教导团,约有枪 300 余支,伪团长为寿县人李干青。各县伪保安大队也重新整编,经伪保安处派员点验,得到了较大扩充,如伪芜湖保安队 1942 年时仅编就 2 中队[①],至 1943 年 4 月,扩充至 5 中队,合计官兵 620 余人。[②]

1944 年,罗君强"主政"安徽后,积极加强伪保安队建设。除继续设立伪省保安教导团外,另在合肥、安庆两地设立伪保安训练团,抽调各县保安队予以训练。针对各县保安队多不足额的实际,伪省保安处

---

① 《关于本府卅一年度行政概况报告》(伪芜湖县政府)(1942 年 12 月),芜湖市档案馆藏。
② 《第十次县政会议记录》(1943 年 4 月 3 日),《芜湖县政月刊》(伪)第 10 期,1943 年 6 月 15 日版。

提出"强化保安队兵力"办法,予以贯彻。至 1944 年 11 月,全省伪保安队官兵接近 2 万人①,规模已相当惊人。

1945 年初林柏生就任伪安徽省长时,伪省保安处已于 1944 年 10 月被撤销。伪国民政府决定自 1945 年起强制实施"设立区保安司令部"一案,即凡已实行伪行政督察专员制度之省份,均按伪行政督察专员之设置,另设伪区保安司令部,即由各伪行政督察专员担任各区伪区保安司令。这时各县伪保安队实力强弱不一,如伪寿县保安中队 1945 年 6 月时仅有 42 人,不得不改编为伪警察队,同期伪定淮特别区保安队却拥有 8 个中队,且枪械充足;伪兴淮特别区保安队也有 6 个中队,官兵多至 768 人②;而伪第八区行政督察专员公署所属怀宁等县伪保安队人、枪均严重不足,无法抗衡国共方面的游击队。③ 其他区的伪县保安队大都积弱,与此相类。抗战结束前后,它们或被改编,或被消灭。

三、伪警察队伍的建立与扩大

除伪军外,伪警察队伍是各地伪政权依赖的又一支重要的武装力量。

各地沦陷初期,社会秩序紊乱至极。为早日恢复社会秩序,确立稳固的殖民统治体系,各地伪政权在发轫之初,就积极创建伪警察队伍,如宿县在伪治安维持会时期即创办了执行警察职责的伪保卫团,团丁达到 50 人。④ 伪蚌埠自治委员会在辖区内设置伪警察署 5 所,警察有 120 人。伪当涂自治委员会内设保安课,并于要冲设立保安出张所,编制巡查班,四处梭巡。⑤ 伪安庆自治委员会也设立了公安科,招募警士,维护治安。⑥ 伪芜湖自治委员会成立时首先招募警员,组织自警团,维持市面及交通秩序,继而将自警团扩大为伪警察局,另置分局

---

① 《安徽省政现状——罗省长访问记》,1944 年 11 月 8 日《申报》(伪)。
② 《安徽省第二区行政督察专员公署视察报告》(伪)(1945 年 6 月),中国第二历史档案馆藏。
③ 《安徽省第八区行政督察专员公署行政概况报告》(伪)(1945 年 3 月),中国第二历史档案馆藏。
④ 《宿县县公署施政概况》,《县政研究》(伪)第 2 卷第 2 期,1940 年 2 月 29 日版。
⑤ 《太平府当涂县自治委员会工作报告书》(伪),中国第二历史档案馆藏。
⑥ 伪行政院宣传局编:《维新政府治下各地复兴状况》,1940 年印,第 184 页。

5 处,附设于各伪区公所内,招募警察多至 140 多人,并设立警吏养成所,招募学警 40 人,以期养成警务人才。[1] 上述各地伪警察队伍的初创活动为随后全省伪警政系统的建立打下基础。

1938 年 10 月伪安徽省政府成立后,即按照伪维新政府《各级警察机关暂行编制大纲》加紧在安徽沦陷区建设自上而下的伪警察体系。

首先,于伪省政府内设置伪警务处,指导全省伪警政工作。该处于 1938 年 10 月正式挂牌成立,由上海滩臭名昭著的流氓打手、皖南人金田担任伪处长。此后迄伪维新政府退出历史舞台,金田一直把持该处,成为伪安徽省警察队伍的最大头目。

其次,于蚌埠设立伪省会警察局。1939 年 1 月 7 日,伪维新政府任命金田兼任伪安徽省会警察局局长。[2] 此前金田已将伪蚌埠自治委员会设立的警察署接管,并予以改组,扩充为伪省会警察局,1939 年 1 月 1 日正式挂牌办公。[3] 同年 7 月,该局局长改委彭镇江。至 1940 年上半年,全局警察、警员共计 562 人,另有夫役、雇员 104 人[4],建制十分完备。安庆、芜湖两地也各设特设警察局。

再次,于各县设立伪警察所。1938 年 12 月,首先委任贾京照为伪巢县警察所所长。1939 年 1 月,又委伪滁县知事黄新农兼任伪滁县警察所所长,随后又相继委任凤阳、怀远、合肥、嘉山、芜湖、当涂、怀宁等县伪警察所所长。[5] 1939 年 9 月,全省警政会议于蚌埠举行,通过县警察所所长不得由县知事兼任,各县兼任者统统另委。至伪维新政府结束前夕,全省委定伪警察所所长的县份计 21 个。宿县、泗县、亳县、灵璧 4 县因接近华北,情形特殊,各该县除警察外,另有武装警察队之设置。各县视情酌设分驻所、派出所若干,如宿县设分驻所 4 处,一在城内,一在符离集,一在大店,一在濉溪,并在任桥、西寺波、县城等 3

---

[1] 《芜湖自治会工作报告》(伪),中国第二历史档案馆藏。

[2] 《维新政府令》(1939 年 1 月 7 日),《安徽省公报》(伪)第 2 号,1939 年 2 月版。

[3] 《安徽省政府施政情形报告书》(伪)(1939 年 2 月),中国第二历史档案馆藏。

[4] 《安徽省会警察局》(彭镇江),《县政研究》(伪)第 2 卷第 5 期,1940 年 5 月 20 日版。

[5] 《安徽警务处过去一年来工作概要》,《安徽省公报》(伪)第 15 号,1940 年 3 月版。

处车站各设一派出所。伪凤阳县警察所所内设 3 组，外于凤阳、临淮、长淮卫、小溪河、刘府各设分所 1 处。各县警察人数、枪支多寡不一，如 1940 年初，五河县有伪警 200 名，同期嘉山却有 369 人，当涂近 500 人，宿县警察仅及百人，合肥只有六七十人。

伪维新政府时期，安徽沦陷区的警察名义上大都系招募而来，实际上应募者多为前政府留下来的警察、回乡军人、土匪、散兵游勇等，间或也有各地伪中华青年团分支机构推荐的团员。伪警察以欺凌百姓最为民众仇恨。为改变这一状况，1939 年伪警务处及伪芜湖警察局曾分别于蚌、芜两地举办警士教练所，轮训各地警员。伪省政府分别于 1939 年 9 月、1940 年 2 月两次举办全省警政会议，试图规范各地警政工作。① 但各地警察扰害百姓作奸犯科的事例仍旧层出不穷。这是由伪警察的反动本性决定而产生的必然现象。

作为伪维新政府时期维护社会治安的主要军事力量，各地伪警察队伍承担着诸多反动的社会功能。维护所谓治安当然是其主要的社会功能。通常的做法是，各地警察与当地伪自卫团联络，联合巡查放哨，一面抽查户口，检查旅馆、车站、寺庙等公共场所，又于各要冲设置哨兵检查站，对过往行人严密检查，还经常会同日军参与搜捕等行动，其中 1940 年 6 月 25 日，伪省会警察局出动大批伪警察，会同日军，于蚌埠开展嫌疑分子大搜查，一夜拘捕 418 人。② 有的地方伪警察甚至承担作战任务，如当涂治权最普及，"惟新四军不断觊觎，该县警察所，几至无日不出发剿匪，或接触情事"③。

汪伪国民政府时期，伪警察队伍进一步扩大。伪省政府继续设立伪警务处，作为全省警政的最高指导机关。自 1940 年 5 月徐仲仁取代金田继任伪省警务处处长起，先后担任此职者还有魏曙东、满其蔚、伍麟趾 3 人。至于县及县以下警政，1941 年 4 月起开始变动，各县伪警察所奉命一律升级为伪县警察局，局以下则改为警察所。④ 警察所

① 《全省警政会议》，1940 年 2 月 2 日《蚌埠新报》（伪）。
② 《安徽省政府函》（伪）（1940 年 7 月 12 日），中国第二历史档案馆藏。
③ 《安徽省治安状况》，1940 年 8 月 27 日《蚌埠新报》（伪）。
④ 《和县警察所奉令改县警局》，1941 年 4 月 27 日《芜湖新报》（伪）。

外另设分驻所、派出所。级别提高后,警员人数严重不足,各地纷纷扩大招募警士的规模,警政进一步完善。据 1943 年 8 月伪警务处填报的文件,截至 1943 年 7 月,安徽沦陷区共设伪警察局(分局)所 76 个,分驻所 91 所,派出所 155 个,警察队 9 支,消防队 3 支,侦缉队 2 支,水巡队 6 支,员额共计 9127 人,装备有机关枪 17 架,步枪 3235 支,手枪 197 支。① 沦陷区的伪警政发展到巅峰。

抗战后期,伪警察队伍日渐走下坡路。由于新四军等中共武装力量已深入广大农村,并向城区包围,伪警察的活动范围逐渐减少,最后不得不龟缩在县城等少数城镇中。② 抗战胜利,长期助纣为虐的伪警察队伍终于被扫进了历史的垃圾堆。

第四节　日本侵略者对安徽沦陷区伪政权的控制

一、日本侵略者对伪维新政府时期伪安徽省省、县政权的控制

各地伪政权成立后,日本侵略势力始终对它们实施严密的控制,使其成为日方推行殖民统治的走狗与工具。伪政权一切活动均听从日方安排,唯日本侵略者意志是从。

伪维新政府时期,参与控制伪安徽省政府及各县伪政权的日方侵略势力主要有以下 3 类:第一类为政治势力,其机构为"兴亚院"华中联络部。第二类为外交势力,其机构为日本驻南京领事馆蚌埠分馆及芜湖分馆。第三类为军事势力。战争时期,军方在日本各政治势力中最有发言权,各沦陷区又处在它们的占领之下,因此,对沦陷区伪政权的监控主要由它们实施。此类势力由各地日军警备部队、宪兵队、特务机关构成。其中特务机关负责具体指导。

---

① 《各级警察机关现况统计调查表》(伪)(1943 年 8 月),中国第二历史档案馆藏。
② 《安徽省第四区行政督察专员公署行政概况报告书》(伪)(1944 年 11 月),中国第二历史档案馆藏。

日军通常于每个师团或独立混成旅团驻地设立一个特务机关，操控驻地除作战以外的一切事务，特务机关设特务机关长一人，通常由退伍的陆军大佐或中佐担任，机关内职员主要为退伍中下级军官，但负责经济、文化等事务的官员多来自满铁会社、日商上海内外纱厂等经济机构、日本驻华报刊机构、教育机构。特务机关长受所在地警备司令及上级特务机关的双重监督指挥。各特务机关于辖区内各县派设特务班，设班长一人，负责对当地伪政权的幕后指导事宜。安徽沦陷区最早设立的特务机关为蚌埠特务机关，该机关成立于1939年5月1日，首任机关长为西田中佐，机关员仅20余人。① 1939年2月，原田久男大佐接任机关长职后②，该机构迅速扩充。安徽沦陷区的另一个特务机关为安庆特务机关，成立于1938年5月下旬③，机关长为袖山中佐。下设治安、文教等科，各置主任一人。由于伪维新政府时期，日军第一一六师团占领区只有怀宁县成立伪县政权，安庆特务机关的主要业务即为操纵伪怀宁县公署。至于芜湖、当涂两县的特务班，则归南京特务机关管理。④

伪维新政府时期，上述参与操控安徽沦陷区伪政权的各股侵略势力既相互勾结，又相互制约。它们为使伪政权俯首帖耳，使其严格地服务于日本的殖民统治政策与侵华权益，开展了大量的活动，牢牢地控制伪省、县政权。

（一）政治方面的控制

这方面的控制首先体现在人事安排上。日本侵略势力尽可能地把死心塌地投靠日方的汉奸安排进伪政权。伪省政府官员的任命、解职或辞职，需经蚌埠特务机关及其上级华中派遣军特务机关本部与伪维新政府最高顾问的批准。伪县政权官员尤其是伪县知事的任命，通常由当地警备队或特务班推荐，如果日方事后变卦，也可以强行赶走被任命的官员，甚至将其处死，根本不顾及伪政权颜面。这方面事例

---

① 《成立三周年纪念，蚌特务机关举行庆祝礼》，1941年5月20日《芜湖新报》（伪）。

② 《蚌埠特务机关长原田久男发表就任一年来感想》，1940年2月14日《蚌埠新报》（伪）。

③ 《安庆特务机关三周年，各界筹备庆祝》，1942年5月28日《安徽日报》（伪）。

④ 《苏浙皖三省各县县知事姓名及任期表》，《县政研究》（伪）第2卷第1期，1940年1月30日版。

很多,姑举两例说明。

其一为龚维疆辞职。龚本为伪省政府秘书长,但因非倪派,还未上任即被改为伪省政府参事。1939 年 1 月,倪道烺公然向伪维新政府行政院呈请将龚的参事一职解除。对此事伪行政院院长梁鸿志也无法做主,请示伪维新政府最高顾问原田熊吉,原田熊吉即发函征询蚌埠特务机关对于解除龚的职务的意见。1939 年 2 月 4 日,原田熊吉致函梁鸿志:"安徽省长呈请将该省府参事龚维疆解职一事,据蚌埠特务机关长意见,鉴于该省内部情形,此时未便遽予解职,相应函请贵院暂缓办理,俟明真相后,再行协议解决。"①龚维疆得以暂时留任。后来,日方出于安慰倪道烺的需要,又变而同意龚解职,龚也就不得不离开安徽。

其二为伪天长县知事宣惟善不能到任。宣系天长县劣绅,1939年 1 月 15 日,伪天长县治安委员会成立,宣经日军驻天长司令官及宪兵队长推荐,出任委员长。② 数月后,日军天长警备队向伪省政府推荐宣担任首任伪天长县知事,伪省政府即于 1939 年 7 月 17 日"委宣惟善试署天长县知事"③,但宣惟善不能完全体会日本主子的心思,他在致伪行政院的呈文中,竟然指责日军不谙中国风俗,每行一政辄多不合时宜,往往中道更张。日军得悉内情后,宣惟善即被天长警备队挡驾,无法到任。④ 1939 年 7 月,原伪天长县治安委员会被日方改组为伪天长县自治委员会,会长刘星北。宣惟善被彻底赶出政治圈子。伪省政府颜面扫地,连倪道烺也感觉心寒。1939 年 8 月,他在致梁鸿志的密呈中称:道烺来长乡邦,瞬逾 10 月,"行政每多窒碍,县治未易推行,匪特建树毫无,亦且愆尤丛集,远如宿县知事薛禾萱未经到任即被处死,灵璧县知事张子北又被华北驻军宪兵队逮捕治罪,近如天长县知事宣惟善当地警备队先荐后拒,未能到任,教育厅长汪吟龙因伤害家属被驻蚌宪兵队发觉,引咎辞职,凡此诸案道烺或措置未当,或失察

① 《南京特务机关本部函》(中支特政第 77 号,昭和十四年(1939)二月四日),中国第二历史档案馆藏。
② 《安徽省天长县治安维持委员会呈》(伪)(1939 年 4 月),中国第二历史档案馆藏。
③ 《安徽省政府令》(1939 年 7 月 17 日),《安徽省公报》(伪)第 7 号,1939 年 7 月版。
④ 《倪道烺辞职函》(1939 年 8 月 3 日),中国第二历史档案馆藏。

难辞,无衷自问,内疚良多",唯有辞职一途。倪对日本主子的一通牢骚,梁鸿志也无法帮其排遣,梁仅于倪的原函上批:"会议传观",与大家通通气而已。翌日梁复倪信,仅仅表示"时局多艰,勿萌退志"①。可见,日本侵略者对伪政权官员呼之即来,挥之即去。伪政权官员稍有不敬,即随便找一借口将其逮捕关押,甚至处死。因此,伪政权的人事大权始终被日方实际掌控。

其次,日方向伪省政府派遣顾问,对伪省政府施政进行幕后操纵。早在伪安徽省政府筹备时期,曾经协助倪道烺出任伪安徽省长的小仓克已即担任筹备处顾问。② 后来小仓因大肆参与贩卖毒品被迫去职。伪安徽省政府成立后,日方逐步加强对它的控制。1939 年 1 月,华中派遣军特务机关本部致函伪行政院,要求各地聘用日本人,须先经特务机关许可,否则必须解职。③ 2 月,伪维新政府最高顾问原田熊吉草拟《顾问服务要纲》,规定"中国方面所规划之重要事件,应先与顾问协议,顾问认为必要事项,经获得日本方面关系机关之谅解后,再为事务之处理","中国方面各机关间相互为事务之联络,其重要事项应先与所属顾问商量,然后实施,俾行辅导之"。其第十条特别强调,"未经设有顾问之各省、市政府,则由当地之特务机关长指挥其管内之中国各机关所属日员,执行主席顾问之业务"。④ 该要纲颁布时,伪安徽省政府尚未正式设立顾问。根据该要纲,安徽沦陷区蚌埠特务机关长、安庆特务机关长及各县特务班班长实际履行与顾问一样的职能。所有重要事务,如果没有他们的参与,将会变得非常棘手,甚至根本无法付诸实施。而一旦由他们主导后,事情就会完全是另外一副样子。1939 年 10 月,伪维新政府顾问部决定于各省遍设顾问。该月 25 日,伪安徽省政府在日军特务机关本部及蚌埠特务机关授意下,正式聘请木村辰雄为伪省政府秘书处暨民政厅顾问,高井虎男为伪财政厅暨建

　　① 《倪道烺折呈》(1939 年 8 月 3 日);《行政院复函》(伪)(1939 年 8 月 4 日),中国第二历史档案馆藏。

　　② 《会务纪要》(1938 年 8 月 15 日),《东亚政治研究会月刊》(伪)第 1 卷第 1 号,1938 年 9 月 1 日版。

　　③ 《安徽省政府训令》(1939 年 1 月 28 日),《安徽省公报》(伪)第 3 号,1939 年 3 月版。

　　④ 中央档案馆、中国第二历史档案馆、吉林省社会科学院编:《汪伪政权》,中华书局 2004 年版,第 495 页。

设厅顾问,韭井俊影为伪教育厅顾问。① 这些顾问均配置助理、事务员,于伪省政府组织顾问部,伪省府许多重要会议直接于顾问部举行。② 根据 1939 年 10 月伪行政院院长梁鸿志与"兴亚院"华中联络部部长津田静枝订立的《中华民国维新政府顾问约定》,伪安徽省政府各厅、处官员于所管事项中重要之事项,须预先与该顾问充分开诚协议后处理之。③ 各顾问借此监控伪安徽省政府施政。各县伪县政权虽未设立日方顾问,但其施政完全受特务班或当地警备队掌控,各种重大活动无不有他们的参与。有的县份,日本特务班班长极为跋扈,甚至伪县知事行文须经其签署。④ 各地警备司令或警备队长也经常以通牒形式指令所在地伪政权开展某些活动,如 1939 年 6 月,伪芜湖警备司令即以公文通过伪芜湖县公署,指出本市各伪机关职员佩戴证章而不携安居证者众多,今后仅佩证章而不带安居证或县民证者,一律不许通过各岗位。伪县知事接令后只能饬所属遵办。⑤

除上述活动外,日方对于各地伪政权头面人物多采取笼络与监视双管齐下的办法。这也是操纵政治的重要手段。倪道烺即为明显的例子。日本侵略势力对他一方面施以甜头,如"倪在 1927 年被国民政府没收的全部财产,由日本政府出面全部归还","日本政府又通过维新政府,将二万元军票送给倪"⑥,甚至满足其愿望,调走其对手龚维疆,由其死党岳逸如继任其职;另一方面,又派日本宪兵担任其贴身侍卫,名义上是要保护他的安全,实则对其严密监控⑦,倪道烺一直希望建立直属自己的军队,日方除同意建立一个 300 人左右的联合防共自卫团外,始终不让步,有时对倪的颜面也不顾及,前述伪宿县知事薛禾萱未到任即被处死等例子即为显证,日方借此杀鸡儆猴,警告倪不要

① 《安徽省政府公函》(1939 年 10 月 25 日),《安徽省公报》(伪)第 11 号,1939 年 11 月版。
② 《省会各长官联席会议》,1939 年 12 月 30 日《蚌埠新报》(伪)。
③ 中国第二历史档案馆编:《中华民国史档案资料汇编》第 5 辑第 2 编附录(上),江苏古籍出版社 1997 年版,第 180 页。
④ 南京市档案馆编:《审讯汪伪汉奸笔录》上册,凤凰出版社 2004 年版,第 404 页。
⑤ 《司令官整理治安》,《芜湖新报》(伪)1939 年 12 月 16 日。
⑥ 《支那官僚政治之现状》(日文)(1942 年),大连市图书馆藏。
⑦ 《我在安徽参加敌伪的五年》(沈伯乐),《郎溪文史资料》第 1 辑,郎溪县政协 1986 年编印。

轻举妄动。日方就是这样将倪道烺玩弄于股掌之中，使其服服帖帖地为日本殖民统治效劳。

（二）军事方面的控制

伪政权的军事力量是日本侵略势力逞凶肆虐的帮凶，但它们也并非铁板一块。战争期间，各地伪军及伪警察开小差及向国共两党军队投诚者屡见不鲜。为了最大限度地发挥伪政权军事力量的帮凶作用，防止异动，日本侵略者千方百计对其实施严密控制。

首先，向各伪军警机关派设指导官或顾问。军队方面，1938 年初，伪绥靖部安徽第一区甫一成立，伪绥靖部日籍顾问即派齐藤齐、杰田吉助、青木立男 3 人为该区伪绥靖队第一支队沈席儒部指导官，铃木嘉卫门、伊东隆、铃木吾市、伊藤定一 4 人为第二支队王占林部指导官。[①] 这些指导官除负责伪军的训练和指导外，还充当日本侵略势力的耳目，监视伪军官兵的行动。后来成立伪蚌埠地区绥靖队司令部及伪庐州地区司令部，日方又各派少佐 1 人充当顾问，住在司令部内。各地营、连均派该指导官，督察一切。这些安插在伪军部队中的顾问及指导官拥有很大权力，"莫说官兵调换必须通过他们，即是平常琐事，也必须事先与之商妥后才能进行，否则，若为得知，则必受其指责"[②]。驻扎安庆、芜湖等地的伪军情形基本相同。至于警察机关，伪省警务处成立不久，伪内政部日方顾问即指定蚌埠特务机关宪兵准尉永田松次郎担任该处指导官[③]，指导推进沦陷区警务工作。1939 年 3 月经伪维新政府最高顾问向伪行政院推荐，浅海清一担任伪安徽省警务处顾问。[④] 自此以后，沦陷区伪警务系统就处在他的操纵之下。1939 年 10 月，因伪警政业务不断扩大，日方又向伪省警务处增派田中

① 中央档案馆、中国第二历史档案馆、吉林省社会科学院编：《汪伪政权》，中华书局 2004 年版，第 499—500 页。

② 杨海青：《日伪汉奸沈席儒》，安徽省政协文史资料研究委员会编：《安徽文史资料》第 18 辑，内部发行，安徽省政协文史资料委员会 1983 年编印，第 207 页。

③ 《警处永田指导转任南京警厅》，1940 年 1 月 10 日《蚌埠新报》（伪）。

④ 《安徽省政府呈》（1939 年 4 月 4 日），《安徽省公报》（伪）第 4 号，1939 年 4 月版。

俊彦等人为该处指导官。① 除伪省警务处由日籍顾问、指导官操控外，伪省会警察局、芜湖伪警察局、安庆伪警察局及各县警察所普设日籍指导官，如蚌埠特务机关成员小岛秀英充任伪省会警察局指导官②，伪怀远县警察所聘请该县宪兵队长本多次郎为指导官，巢县特务班成员长桥维义充任该县伪警察所指导官，各地伪警察机构的活动几乎均由他们定夺。

其次，控制伪军警机关的派设、训练、出警出勤等事项。一支地方武装能否被收编，完全视日方的意见而定。通常情况下，投日的武装也会首先与附近日军取得联络，如获得许可，即出具所谓"归顺誓约书"，听从日方改编，再指定防地。③ 这样，哪些地方部署伪军、部署多少，完全由日方控制。各地伪警察机关的设置，情形大致相类，有的县份设置伪警察分所分驻所，只需当地日军警备长官一句话，即可设立，无须请示上级机关。④ 伪军警的训练，更是完全受日方掌控。伪军中设置大量的日籍指导官，日常训练即由其策划实施。伪警察队伍的训练除各机关指导官外，另有伪省警务处设立的专司训练的警士教练所，该所也派设日籍指导官。⑤ 伪省蚌埠会警察局警察训练时，教练员除该局指导官外，还有来自蚌埠警备司令部、蚌埠领事警察分署等机构成员。⑥ 至于伪军换防或出动参与日军军事行动、伪警出勤、执行治安任务，均由当地日军长官、日方顾问或指导官安排。伪军警长官除了服从其调遣外，根本没有半点置喙余地。

其他方面的控制涉及武器、经费、思想等方面。伪军警的装备一直较为低劣，尤其缺乏重武器。即使是伪军警平常必不可少的子弹，日军管理也极为严格，时人揭露驻守安徽各处日军"觉伪军之不可靠，

① 《伪维新政府军事顾问部检送顾问部职员调动名单的通牒》（1939 年 11 月 4 日），载中国科学院历史研究所第三所南京史料整理处编：《中国现代政治史资料汇编》第 3 辑，第 109 册，1959 年印。
② 《安徽省会警察局》（彭振江），《县政研究》（伪）第 2 卷第 5 期，1940 年 5 月 20 日版。
③ 《安徽省政府咨》（1940 年 2 月 23 日），《安徽省公报》（伪）第 14 号，1940 年 2 月版。
④ 《安徽警务处呈》（1940 年 4 月），《安徽省公报》（伪）第 16 号，1940 年 4 月版。
⑤ 《小岛秀英先生任警教所指导》，1940 年 2 月 1 日《蚌埠新报》（伪）。
⑥ 《安徽省会警察局》（彭振江），《县政研究》（伪）第 2 卷第 5 期，1940 年 5 月 20 日版。

皆朝发弹药数发,入夜即行收还"①。伪军警的活动经费,向赖伪维新政府补助,名之为"治安费",可是,"倪政府把安徽的治安交给日本军主宰,治安费用全部归日军机构管理"②,如此一来,日军掌握了分配伪军警活动经费的大权。日本驻军长官、宪兵队长或特务机构有关人员还经常到伪军警机构训话,实施思想控制。③

（三）财政方面的控制

伪维新政府时期,日本侵略者对伪安徽省政府财政的控制主要是通过控制伪维新政府的财政来实现的。战前,各省省政府的收入大宗为田赋,而各地沦陷初期,社会千疮百孔,经济凋残至极,原有田赋征收册籍均无留存,而伪政权势力并不能在乡村行使有效控制,因此,在伪省政府成立的很长一段时间内,基本没有自己的收入,只能仰仗伪维新政府拨款。而伪维新政府的财政完全受制于日方。在属于伪中央税款的关、统、盐、特4大类税收中,关税收入,根据1938年4月英日签订的《中国海关问题协定》,日占区关税存入日本横滨正金银行,关税全部由"兴亚院"控制,日方只将关税的一小部分提供给伪维新政府。统税亦由"兴亚院"控制,每月由该机关拨交一部予伪维新政府。盐税虽然由伪维新政府征收,但其中的大部分须交给日方,作为日军治安补助费。④ 特税即鸦片税,鸦片由日本人控制的宏济善堂专卖。经营所得,绝大部分上交"兴亚院",小部由"兴亚院"再转给伪维新政府,其经营状况及收入支配即在华日机关也不能得其详。⑤ 伪维新政府的财政,小部分依赖直接征收之部分盐税及伪苏浙皖税务局附带征收之印花等税税收,大部分由伪维新政府每月开具预算向"兴亚院"领取,⑥完全受日方控制。1938年8月前后,倪道烺在上海筹备伪

---

① 张义纯:《三年来安徽敌我之态势》,安徽省政府秘书处编:《抗建中之安徽》丙编军事,1941年印,第3页。

② 《支那官僚政治之现状》(日文)(1942年),大连图书馆藏。

③ 《怀远宪兵队长莅警察所训话》,1940年2月18日《蚌埠新报》(伪)。

④ 上海市档案馆编:《日本在华中经济掠夺史料1937—1945》,上海书店出版社2005年版,第264页。

⑤ 南京市档案馆编:《审讯汪伪汉奸笔录》上册,凤凰出版社2004年版,第421页。

⑥ 南京市档案馆编:《审讯汪伪汉奸笔录》上册,凤凰出版社2004年版,第96页。

安徽省政府期间,即与伪维新政府财政部商定月拨补助费 10 万元。伪省政府虽一再压缩开支,仍捉襟见肘。1939 年初,伪省府人员增多,入不敷出,2 月份伪维新政府补助费忽按 8 成拨发,伪省政府难以为继,不得不呈文伪行政院,请求仍按原议 10 万元发给[1],但无济于事。自 2 月至 11 月的 10 个月中,共领得补助费 81 万元。[2] 月均 8 万元,勉强维持运转。如遇特别事项需要经费,就必须向蚌埠特务机关提出申请,如 1939 年底,伪蚌埠公路工程局局长秦松亭奉蚌埠特务机关面谕,蚌埠四郊公路应予翻修,该局经查勘,估计经费需要 14000 元,即向伪建设厅请拨经费,伪建设厅即转呈伪省政府,"祈转商蚌埠特务机关拨款以便兴修"[3]。蚌埠特务机关拥有"兴亚院"华中联络部发给的巨额活动经费,故能操纵其间。其他特务机构的情况大致相同。

(四)教育文化方面的控制

教育方面,除韭井俊影担任伪教育厅顾问、各县教育费悉依特务班掌控的第四种交付金外,日本侵略者还在各校强行安置日本人担任日语教员,掌握学校实权。1939 年 5 月 7 日,伪维新政府最高顾问原田熊吉照会伪行政院长梁鸿志,要求所有中小学校亟应课以日语教育,其教员,省立模范小学须聘请日本人充任,中学及其同等以上学校日语教员,中、日两国人一体任用。此后,"兴亚院"华中联络部专门设立日本教员养成所,对即将前往各校担任日语教员的日本人进行培训,卒业后即派往各地中小学校担任日语老师。这些日本人,形式上均由伪教育部敦聘,但其薪俸却由伪教育部顾问室或"兴亚院"发给,他们只受日方监督。其中分发安徽沦陷区担任日语教员的有伪省立模范中学的伊藤薰、深泽泉,伪蚌埠模范小学的宫肠泽一,伪蚌埠第一小学的田村隆等人。[4] 他们实际掌管着各校的一切事务。在他们的不断干预下,沦陷区初级小学二、三、四年级和县立各小学五、六年级均

---

① 《安徽省政府呈》(1939 年 3 月 22 日),《安徽省公报》(伪)第 4 号,1939 年 4 月版。
② 《财政部一年来工作概况》,1940 年 1 月 1 日《蚌埠新报》(伪)。
③ 《安徽建设厅呈》(1940 年 1 月),《安徽省公报》(伪)第 13 号,1940 年 1 月版。
④ 《教部分发专授日语教员》,1940 年 1 月 23 日《芜湖新报》(伪)。

开设了日语课。各校缺乏日语教员，蚌埠特务机关下属的蚌埠班为此下令，凤阳各校如缺少日语教员，可直接到该班文化系申请。该班又以凤阳县各学校现行日语教学时间不适合儿童身心，特作改正，饬知各校执行。① 其他地方的特务班也直接插手教育事务，如 1939 年宿县教育用品缺乏，伪县署向宿县特务班请示办法，即由岛田班员会同伪县署人员赴上海购办，事情才得以解决。② 1939 年底，芜湖各校开春课本无着，各校公推芜湖班班员远山出面向伪教育部催索。③ 由于形成了只要日本人参与事情就易于办理的社会风气，各地伪教育机关争相借重日本人。

　　文化方面，也受到日本人的严密操控。日常的放映电影、举办摄影图片展、开办文化讲座、拟制宣传口号等活动，悉由日军报道班及特务机构内文化系等日方势力进行控制，策划实施。对于宣传喉舌的报纸，日方尤为重视。伪《蚌埠新报》创办后，蚌埠特务机关即派班员小崎龙雄担任该报的指导。④ 小崎龙雄调往合肥担任特务班班长后，此报即受蚌埠特务机关文化主任今野满道、新闻指导官中村道英、伪蚌埠警备司令部报道班丸山中尉等人指导。⑤ 蚌埠特务机关文化系还经常召开记者恳谈会，对伪《蚌埠新报》等报记者不断予以训诫。⑥ 伪《安庆新报》系安庆特务机关委派汉奸江质清改组前伪安庆自治委员会的《振兴报》而成立，其经费由南京日军报道部宣传指导班按月赞助。伪《芜湖新报》办事人员，也经常被驻芜日军长官召去训话。该报各版稿件，除电讯一栏外，均须于每日下午 17 时前，分送南京特务机关芜湖班及芜湖宪兵分队核阅，予以审查。⑦ 纸张为紧张物资。安徽等华中沦陷区报纸用纸之供给，由报业联络室办理，该室附设于日

① 《蚌埠班改正日语教学时间》，1940 年 2 月 15 日《蚌埠新报》（伪）。
② 《宿县县公署施政概况》，《县政研究》（伪）第 2 卷第 2 期，1940 年 2 月 29 日版。
③ 《县署前日召开校长联席会议》，1939 年 12 月 31 日《芜湖新报》（伪）。
④ 《淮南视察记》，1939 年 12 月 15 日《蚌埠新报》（伪）。
⑤ 《中村、丸山二氏奉令他调》，1940 年 4 月 4 日《蚌埠新报》（伪）。
⑥ 《特务机关文化系召开记者恳谈会》，1940 年 1 月 28 日《蚌埠新报》（伪）。
⑦ 秦孝仪主编：《中华民国重要史料初编——对日抗战时期》第 6 编"傀儡组织"（三），台湾中国国民党中央委员会党史委员会 1981 年印，第 898—911 页。

本派遣军报道部,由伪维新政府宣传局向该室购纸,再经特务机关分配。[1] 因此,沦陷区各报由创办至运营,均由日方掌控。

二、日本侵略者对伪安徽省、县政权的控制

汪伪国民政府成立后,1943 年 3 月,日军决定整合安徽沦陷区除皖北 4 县以外的所有特务机关,将蚌埠特务机关改组为安徽省联络部,首任部长为樱庭子郎大佐。[2] 后来继其职者有渡边、中山等人。原先与蚌埠特务机关平级的安庆特务机关改为安徽省联络部安庆支部。原南京特务机关芜湖支部先改为安徽省联络部芜湖出张所,所长代理为岛田,后易名为安徽省联络部芜湖支部。各县联络官事务所改为出张所,各设所长一人负其责,另置联络员、助理等人员,原蚌埠特务机关庐州支部也改为庐州出张所。另外,安徽省联络部在淮南设置了淮南派遣局,在池州设立了池州派遣所等机关。自此以后,具体指导各地伪政权的工作即由安徽省联络部及其派遣机构担任。

(一)政治方面的控制

为了尽量减少汉奸色彩,汪伪曾乞求日方不向汪伪政权派遣顾问、取消各地特务班等事项。日方在关键问题上绝不松口,只在某些方面作了形式上的让步。1939 年 12 月,日汪双方达成《中日新关系调整要纲》,该要纲附录《秘密谅解事项》,其中汪伪国民政府不聘请日本政治顾问,为处理日本军队与地方伪省、县政府合作事宜,暂于各伪省政府设立交涉专员,由日本军队指定专任人员担任。日本军队与伪省、县政府打交道时,以外交手续办理,不以命令或文件或口头通知。日方还许诺各县宣抚班即特务班将逐步予以撤销。根据这一秘密谅解,伪维新政府时期伪省政府聘请的日方顾问木村等人于 1940 年 3 月 28 日离蚌返国。[3] 日方虽不派设政治顾问,却在伪省政府内派设了联络官。首任伪安徽省政府联络官为小川一重。[4] 后来继任者有

① 《汉奸宣传组织全为敌方控制》,1940 年 4 月 23 日《新华日报》。
② 《日驻华派遣军当局调整特务机关机构》,1943 年 3 月 29 日《当涂新报》(伪)。
③ 《省府顾问木村、高井、韮井三氏今日离蚌返国》,1940 年 3 月 28 日《蚌埠新报》(伪)。
④ 《蚌特机省连第四七号来通知一件》(1940 年 7 月),中国第二历史档案馆藏。

高桥五平等人。这些联络官均系蚌埠特务机关指委，实系日方安插在伪省政府内的耳目。原由政治顾问承担的责任，实际改归蚌埠特务机关。至于日方许诺取消各县特务班，汪伪国民政府成立后不久，日方确实将各县特务班取消，但又设立了联络官事务所。联络官与过去的特务班班长并无二致，甚至有过之而无不及。

伪政权的人事大权始终由日方控制。据汪伪集团二号人物陈公博战后交代，"各省的长官任免是须当地日军同意的，各县的长官任免是须各省的联络部征求军队同意的"①。安徽沦陷区许多事例可以佐证。1940 年 7 月，和县马濂溪等人呈文伪内政部，控告伪县知事翟翰樵 10 大罪状，倪道烺为翟辩护说："该县警察所长胡正刚志在必得知事一席而他方面以其缺乏政治经验未肯同意，以致发生种种枝节，其实翟知事视事尚未及两月，当不至有如许罪状也。"②"他方面"指日方。日方没有同意，胡正刚就不能谋得伪知事一职。日方不但完全控制人事任免，而且掌握伪政权官员生杀大权。1940 年 7 月，宿县日军宪兵队因对伪宿县县知事陈巽生不满，借口伪宿县县署人员发生所谓的共产嫌疑案，突将陈巽生等人关押。伪省政府民政厅派员赴宿晤会当地日军司令，同时上报伪内政部。经伪外交部驻皖交涉员一再交涉，陈虽恢复自由，但不得不下台，办理伪县政交接。③

日方还操控伪省、县政权的重大施政活动。举凡清查户口、编组保甲、举行宣传、开办训练所、召集重大会议等悉由日方幕后指导。汪伪巨奸之一梅思平交代，伪国民政府成立后，"华中各地宣抚班首先撤销，每县设一联络官，专司日军与县政府间之联络事务，不得干涉县之行政，政府成立遂即实行。但各省、县联络官与省、县政府之冲突日必数起，其中全视省、县长之能力、人格为转移。县长之贪污不法者，往往反恃联络官为护符，而置中央及省之政令于不顾，亦往往因此引起省长与日军间之冲突"④。各县联络官的跋扈举动甚至引起汉奸奴才

① 南京市档案馆编：《审讯汪伪汉奸笔录》上册，凤凰出版社 2004 年版，第 36 页。

② 《倪道烺函》(1940 年 7 月)，中国第二历史档案馆藏。

③ 《安徽省长倪道烺电》(伪)(1940 年 7 月 13 日)，中国第二历史档案馆藏。

④ 南京市档案馆编：《审讯汪伪汉奸笔录》上册，凤凰出版社 2004 年版，第 404 页。

的不满。1940 年 12 月,伪安徽省政府委员兼民政厅厅长叶震东呈文伪行政院,称"选据各视察及各县长报告,各县连络官每多干政,法令不易奉行,庶政亦难推动,金请转呈妥筹改善方策前来等情前来。伏查各县连络官、旧各班长其初设置目的,在谋地方政府与驻军之密切联系,其他与军事无关之县政似不应参预,反滋扞格",请求日方驻各县联络官,对于县政设施,其无关于军事者,概请勿予过问。后来汪伪内政治安联席会议曾试图通过外交途径改变现状,日方始终不松口,此事最终不了了之。① 各县联络官干政如故。此外,有些重大施政活动,须事先获得日方许可,如 1943 年初,东流、望江、铜陵、贵池等县设立伪县治,事前即与安庆特务机关联络,获得其同意后才得以付诸实施。② 特殊情况下,日方人员甚至从幕后走向前台,直接发号施令。如1940 年 6 月,巢县米价飞涨,"巢县部队联络官皆川清氏拟订方案,限制米谷价格,日昨已通达各机关"。③ 安庆特务机关也经常与伪怀宁县政府合出布告,发布命令。④

战争后期,特别是在汪伪国民政府宣布"参战"后,日本侵略者在操控伪政权的手法上作了部分调整。1943 年前后,日方允许汪伪国民政府去掉"国旗"上的黄色飘带,"交还"日本租界,停止发行日本军用票,同意向日侨征税,特别是 1943 年 3 月将各地特务机关改称联络部,声称"废除"以往的"对中国方面的指导",今后只是掌握中国方面活动的实际情况和给予"善意的支援";甚至还表示尊重中国主权,不干涉中国政治。⑤ 实际上,日方只不过手法较先前隐蔽。如对于伪省、县政权的会议,日方代表必出席重要者,一般性例会或不重要的会议才避免抛头露面⑥,省联络部依旧经常行文调查各县县政。⑦ 各地联络

①　《内政治安联席会议公函》(伪)(1941 年 1 月),中国第二历史档案馆藏。

②　《内政部呈》(伪)(1942 年 12 月 14 日),中国第二历史档案馆藏。

③　《巢连络官关心民食》,1940 年 6 月 24 日《芜湖新报》(伪)。

④　《安庆特务机关、怀宁县公署布告》,1940 年 5 月 22 日《安庆新报》(伪)。《安庆特务机关、怀宁县政府会衔布告》,1942 年 6 月 2 日《安庆新报》(伪)。

⑤　中央档案馆、中国第二历史档案馆、吉林省社会科学院编:《汪伪政权》,中华书局 2004 年版,第911 页。

⑥　《合肥县保卫团总团部第一次会议录》(伪)(1943 年 4 月 14 日),安徽省档案馆藏。

⑦　《连络部颁发式纲目调查各县状况》,1943 年 7 月 1 日《安徽日报》(伪)。

部派出机关也依旧对所在地伪政权予以严格监督,如 1944 年,省联络部池州派遣所发给伪贵池县政府表格,要求每月逐项填写,上报实施县政情形。这些表格多达十几种,几乎涉及施政的各个方面。① 伪政权的施政依旧处在日本侵略者的严密监控之下。

(二) 军事方面的控制

1939 年日汪双方谈判时,汪方希望不要派遣顾问,日方承诺不派政治顾问,但对停派军事顾问,则断然回绝。1940 年 11 月,日伪订立《中日间基本关系条约》,附有《秘密换文》,其中第五条为"中华民国政府按同日本政府间另外的协议决定,关于中日协力事项,招聘日本人技术顾问及军事顾问,并采用日本人职员"。② 1941 年日伪又达成《秘密谅解事项》,进一步明确"中国最高军事机关得聘军事顾问,其职权在辅助设计中国一般国防军事之设施及中日防共军事协力事项。辅助设计中日防共军事协力事项之顾问,得由最高军事机关派往防共军事上之必要地点服务"③。由此,日方大量派遣人员进驻伪军部队中,充当顾问或顾问辅佐官。其中松波少佐、中岛中佐先后充任伪第一方面军第六师沈席儒部顾问,小出钟一中尉担任第七师王占林部顾问辅佐官,望青上尉、凌少春上尉、青木中尉先后为驻安庆伪军刘迈部顾问辅佐官,谏山为驻芜之第一方面军独立第十团杨英部顾问。这些顾问或顾问辅佐官有权出席所在部队最高军事会议,并动辄致训,还经常随同所在部队长官出外考察下属。伪警察系统也有大量日人充当指导官,如伪怀远警察局指导官为林松太郎,伪省警务处有联络专员竹本少佐。1942 年 10 月,汪伪政权又请派军事顾问于各地伪警察机关,不久,日方即派宪兵中佐大井英夫充任伪省警务处顾问,宪兵少尉喜多和三郎担任该处顾问辅佐官。日方对伪警察队伍的控制进一步强化。

---

① 《县政府月报实施》(伪)(1944 年 11 月),安徽省档案馆藏。

② 中央档案馆、中国第二历史档案馆、吉林省社会科学院编:《汪伪政权》,中华书局 2004 年版,第802 页。

③ 中央档案馆、中国第二历史档案馆、吉林省社会科学院编:《汪伪政权》,中华书局 2004 年版,第814 页。

日方可以指挥伪军警。1943 年日伪订立的《治安协定》规定："日本军各军司令官、各兵团长、各地区警备队长及各地宪兵队长并准此之部队长，暂时之间关于治安肃清上重要事项有必要时，对于在其担任地域内之中国方面治安机关之长官得指挥之。"①日方据此获得了指挥伪军警的权力。后来日方借口清乡经常调遣指挥驻芜湖之陆军第三师部队。②

伪军警的建制、装备、驻地、训练等事项也受到日方控制。1942 年后，各县虽设立伪保安队，但伪省府一直没有直属的势力雄厚的伪保安团，伪国民政府"迭经交涉，日军部均不赞成"③。日方还严格控制伪军子弹，每兵一般不超过 10 发。日方还经常使伪军分防，不让其过分集中，集中若超过团以上即遭日军严重监视。④ 1940 年 7 月，各地伪警察局严重缺乏子弹，不得不请求蚌埠特务机关出面，向南京有关方面申请补充。⑤ 伪警察的服装备制与否也由日方定夺。⑥ 特务机关还决定伪警察津贴的多少。伪军警的训练更是由日方实施。各地开办的伪保安训练团，主持教务者几乎全为日本人。1943 年起，各地伪警察及伪保安队之教育训练，统由当地日军及宪兵队中派遣教官、助教实施。

(三)其他方面的控制

工矿方面。近代安徽工业并不发达，屈指可数的几家工厂或已内迁，或已毁于战火，矿业完全落入日方手中，如淮南煤矿由日方握实权的日伪合办公司淮南煤矿股份有限公司开采经营，宣城水东煤矿、宿县濉溪煤矿、当涂铁矿、桃冲铁矿、铜官山铁矿等安徽著名矿产悉由日商组织公司开采。

---

① 中央档案馆、中国第二历史档案馆、吉林省社会科学院编：《汪伪政权》，中华书局 2004 年版，第 893 页。

② 中国第二历史档案馆等合编：《日汪的清乡》，中华书局 1995 年版，第 263 页。

③ 许映湖、王仰清整理：《周佛海日记》，上海人民出版社 1984 年版，第 424 页。

④ 南京市档案馆编：《审讯汪伪汉奸笔录》上册，凤凰出版社 2004 年版，第 20、403 页。

⑤ 《蚌埠特务机关长樱庭子郎致南京宪兵大佐森健太郎函》(昭和十五年(1941)七月十九日)，中国第二历史档案馆藏。

⑥ 《安徽省东流县县政筹备处第四次县政会议提案表》(伪)(1942 年 10 月)，安徽省档案馆藏。

交通方面。安徽沦陷区的铁路统归日商华中铁道股份有限公司经营，公路则归日商华中都市公共汽车公司运营，水路由日清轮船公司、上海内河轮船公司等日商公司垄断运营。电讯归华中电气通信公司把持。

商业贸易方面。盐业由日商华中盐务公司独自经营，沦陷区茶叶贸易由上海三井、三菱洋行控制。其他如棉花、蚕丝、桐油、粮食等物产的贸易绝大部分由日商垄断。

金融方面。日军大量发行军用票，与伪法币同等效力。如此一来，伪省、县政权的经济命脉完全受制于日方。

日方向伪省政府派设经济顾问。1941 年 1 月，汪伪政权成立最高经济机关——伪全国经济委员会，隶属于伪行政院，统筹汪伪辖区经济建设及发展规划。不久汪伪方面聘请青木一男担任最高经济顾问，但地方伪政权暂未设立经济顾问。1943 年 1 月，伪全国经济委员会级别提高，改隶伪国民政府。日方为了便于操纵沦陷区经济，决定于各省派设经济顾问。1943 年 4 月，伪国民政府全国经济委员会聘请原田清为伪安徽省政府经济顾问，顾问辅佐官为秋原应辙、平野正雄、节山弘田 3 人。[①] 后来秋原应辙常驻在芜湖，节山弘田常驻在安庆。这些顾问及顾问辅佐名义上职责为财政经济等事项之咨询及联络[②]，实则权力极大，重要物资的获得与支配均由他们定夺。据罗君强战后交代，他担任伪安徽省省长时，所要的香烟、火柴、白糖、煤油等，都是通过原田清的联系与安排。[③] 伪省长尚且如此，其他伪官员更不在话下了。

教育方面。1940 年 7 月，伪教育部同意在都市小学高年级中补授日语，初级中学以上则将日语列为必修科。各校继续由"兴亚院"派驻日籍教员。此外，特务机关还经常召集当地文教界的汉奸，举行文化教育座谈会，讨论文教改进事宜，甚者日本文部省也从日本派代表前来参加。各地日方人物也不时至学校视察致训。

① 《高省长昨设宴欢宴原田顾问》，1943 年 4 月 20 日《安徽日报》（伪）。《原田顾问昨宴各长官》，1943 年 4 月 24 日《安徽日报》（伪）。

② 《安徽省政府训令》（1943 年 4 月 6 日），《安徽省公报》（伪）第 67 号，1943 年 4 月 15 日版。

③ 《伪廷幽影录》（罗君强），《近代史资料》总 63 号，中国社会科学出版社 1986 年版，第 109 页。

文化方面。各地举办电影放映、举行漫画书法巡回展览等活动多由日方幕后指导。蚌埠特务机关专门设置新闻事业联络员。日方要员还经常访问当地伪报社。

第五节　安徽沦陷区伪政权的罪恶统治

一、强化保甲制

保甲制是宋代以来历代统治者控制地方基层的一种社会制度。它集维系基层政权、严格管理户籍、维护社会治安、确保赋税征收等诸多功能于一体，非常有利于统治者操控基层社会，因此，这一制度肇始于宋后，在明清大兴，清末民初虽一度废止，但 20 世纪 30 年代初，南京国民政府为了对付中共革命武装，又在全国各地厉行保甲制。安徽为"剿匪"的重点地区，保甲制更是在各县推广开来。抗战爆发前，全省已普遍建立起保甲组织。

抗战爆发以后，伪省政府主席倪道烺曾经放言："本人以为县政最紧要之点首在确立治安……治安须从举办保甲入手。"①伪民政厅也一再强调"编组保甲为一切政治设施之始基"②。伪维新政府成立后不久，日军特务机关曾为其拟订"施政"大纲，明确要求伪政权"强化各镇乡之自卫能力，彻底实行户口调查及连坐法制度"。③ 依据日方指示，1938 年 5 月底，伪维新政府内政部、绥靖部联合出台推行保甲制的纲领性文件——《清乡区内各县编查保甲户口暂行条例》，其主要内容为：（1）各县普遍实行划甲编保。先由各县知事划全县为若干区，

---

① 《安徽省第二次县政会议开会倪主席致词》（1941 年 7 月 15 日），《安徽省公报》（伪）第 31 号，1941 年 7 月版。

② 《皖民厅通令各县举行户口总复查》，1942 年 12 月 29 日《安徽日报》（伪）。

③ 秦孝仪主编：《中华民国重要史料初编——对日抗战时期》第 6 编"傀儡组织"（三），台湾中国国民党中央委员会党史委员会 1981 年印，第 144 页。

并遴派编查委员分赴各区协同办理。保甲之编组以户为单位，户设户长，10户为甲，甲设甲长，10甲为保，保设保长，保以上城区为坊，设坊长，乡区为乡或镇，设乡、镇长。（2）清查户口，发放门牌。保甲编完后，由编查委员清查户口，发给门牌，门牌注明第几保第几甲及户主家庭情况，悬于门首，以便核对。（3）订立保甲规约。保甲编定后保长召集甲长开会，订立保甲规约，共同遵守。其规约中应行订定之事项有境内出入人之检查取缔事项、"匪患"之警戒通讯及搜查事项、"防匪"碉堡或其他工事之筹设事项等内容。（4）5家互保，联保连坐。各户户长应联合甲内他户户长至少5人共具联保连坐切结，互相劝勉监视。如有一家发生有不轨之行为，其出具切结之保人4户应受连坐处分。（5）上报户口异动。各地须按月向所在警察机关呈报所在地人口出生、死亡、迁移、婚嫁、分居等情况。①

1938年10月，伪安徽省政府训令伪民政厅行文各县，要求遵行上一条例，并将联保切结等式样颁发各县，命令填报。伪民政厅"迭次撰拟章程办法，限令各县清查户口，严编保甲，重以连坐之法，申以互揭之条，悬以出首之赏，严以究隐之罚"②。伪民政厅还编制《安徽省民政厅直辖各县知事政治成绩考核总表》，该表有一栏为"保甲编置概况及全县是否一律办竣抑已办未办各若干"，另一栏为"户口清查概况及事变前与现在之总数比较"③，办理保甲情况成为伪省府考核地方伪官员的重要标准。

各地伪县署成立后，即依令编组保甲，但进展大都迟缓，至1940年初伪国民政府登场前夕，各县举办保甲的情况大致可分为以下几类：（1）编组较彻底的县份有芜湖、凤阳等个别县。（2）编组情况一般的县份有怀宁、合肥、宿县、滁县等多数县。（3）编组滞后的县份有泗县、怀远、巢县等少数县。从各县推行保甲制情况看，各县编组保甲，城区尚可，乡区多不彻底，也不稳定。在推行保甲的项目上，各县主要

① 《清乡区内各县编查保甲户口暂行条例》，蔡鸿源主编：《民国法规集成》第99册，黄山书社1999年版，第281—287页。

② 《安徽民政厅过去一年来工作概要》，《安徽省公报》（伪）第13号，1940年1月版。

③ 《安徽民政厅训令》（1939年11月），《安徽省公报》（伪）第11号，1939年11月版。

着力于保甲编组,其他如给发门牌、订立保甲规约、实施联保连坐切结等措施多不到位。① 后来伪省政府承认,这一时期保甲虽"曾严厉实施,但因运用失宜,未臻实效"②,"只以办理多不切实,未能发挥实际效能"③。

1940 年 3 月伪国民政府成立后,伪省、县政权采取一系列措施,强化保甲制度的实施。

其一,各级伪政权颁行了一系列与保甲制相关的"法令"规章条例。伪中央政府颁行的重要"法规"有 1942 年 4 月公布的《修正县保卫团法》,1942 年 5 月出台的《各省市警察机关发给人民居住证及旅行证办法》、《人民请领居住证及申请书须知》,1943 年 4 月颁布的《各县编查保甲户口暂行条例》,1944 年 3 月颁发的《省市县保甲委员会组织规程》,1944 年下半年颁布的《各县区推行保甲工作纲要》等。伪安徽省政府拟定的重要"法规"有 1941 年 7 月公布的《安徽省清查户口编组保甲暂行规程》,1944 年出台的《各县区保甲办事处暂行组织规程》、《县自警团组织规程》、《保甲长训练实施办法》、《保甲指导员服务规则》、《安徽省各县区保甲人员考核及奖惩暂行办法》、《省会清查户口须知》等。伪县政府颁行的重要"法规"有 1941 年 11 月伪怀宁县署公布的《户口异动呈报办法》,1945 年 3 月伪芜湖保甲办事处公布的《强化保甲工作实施大纲》等。上述"法令"条规几乎涉及保甲工作的所有方面,使得保甲制的施行进一步细化、量化。

其二,各级伪政权设立专门机构,加强对保甲工作的指导。汪伪政权成立的最初几年,保甲工作仍由伪民政厅承担管理,但部分县份开始设立专门机构推进保甲工作,如 1941 年 9 月,伪南京区治安督察专员公署成立保甲推进委员会,隶属该公署的安徽县份有芜湖、当涂、和县、含山、巢县、无为、繁昌等县。④ 同年 11 月,伪怀宁县政府成立保甲整理委员会,伪委员长一职由伪县长马云腾兼任。1944 年 3 月,伪

① 《民厅分令各县办理联保切结》,1942 年 2 月 15 日《安徽日报》(伪)。
② 《国民政府安徽省政府第一次县政会议纪录》(伪)(1940 年 8 月),第 32 页。
③ 《国民政府安徽省政府第二次县政会议纪录》(伪)(1941 年 7 月),中国第二历史档案馆藏。
④ 《内政部呈》(1941 年 9 月 7 日),《内政公报》(伪)第 18 期,1941 年 9 月版。

国民政府公布《省市县保甲委员会组织规程》，规定省保甲委员会直隶伪省政府，县保甲委员会直隶伪县政府，对于各该地方清查户口、编组保甲、协助各项民众运动及推进地方自治事项负指导监督之责。4月，伪安徽省保甲委员会成立，伪政务厅厅长胡泽吾担任主任委员，傅君实、郭尔珍、谭庶潜、林仲溪等汉奸担任委员。随后，芜湖、凤阳等县纷纷成立县保甲委员会。这些机构的设立，使保甲工作的指导得到了强化。

其三，开办培训机构，对保甲长实施轮训。1942年下半年，巢县、凤阳等县多次开办保甲人员训练班，学员由各地自保甲长选送，每期学习两三周，授以各项保甲科目，结业后各回原地继续供职。1944年6月，伪省保甲委员会于蚌埠开办保甲干部人员训练班，全体学员69人，结业后分别安插至各县保甲委员会担任秘书及指导员。

其四，组织自警团，充实地方自卫力量。伪国民政府成立初期，各县虽组织了防共自卫团，但与保甲组织没有干系。1943年，伪中央政权决定各县组建伪保安队同时，地方上须组建与保甲紧密相连的壮丁队。据该年4月公布的《各县编查保甲户口暂行条例》，保甲长得将本保甲内18岁以上45岁以下之男子编成壮丁队，由保甲长统率，农忙时参加生产，农闲时进行训练，担负救灾、抵抗异己力量、建筑碉堡等事务。但各地仍多沿用以前的"保卫团"称谓。1944年上半年，伪省保甲委员会下令各县统一举办自警团，各保甲内18—45岁男子均须参加，县设总团，由伪县长兼总团长，区设区团，由区长兼区团长，区团下设若干联队，联队下设若干分队。随后芜湖、怀宁、全椒、嘉山等县纷纷撤销原有的自卫组织，改设自警团。自警团与保甲组织挂钩。

其五，改发居住证，加强对民众的人身控制。汪伪国民政府成立初期，各地伪政权继续强迫民众领取县民证。伪芜湖县政府发布公告称：未领县民证者将不认其为芜湖市民。1940年6月，日伪在蚌埠实施大搜查，未领县民证者遭拘捕。1942年5月，伪内政部鉴于县民证系由各地保甲辗转请领，难免百密一疏，决定换发居住证，领证者须本人亲往警察机关申领并按手印。同年9月1日起，全省停发县民证，改发居住证。领取该证，需本人持自身相片连同户口对照表前往主管之警察署所填具申请书,依单申请,较以前申领县民证更加繁复。从而对民众的人身控制更加严密。

除上述措施外,各级伪政权还通过举行户口总复查,掀起保甲宣传周、召集保甲会议、甄别伪坊乡长及伪保甲长人选等办法,不断强化保甲制。广大沦陷区民众不得不承受着日伪推行保甲制所产生的深重灾难。

二、设立特务机构

为了操控沦陷区的治安,防范与镇压抗日分子与抗日组织,打击异己势力,日伪除自上而下建立一整套的伪警政系统及推行保甲制外,还在各地遍设特务机构,强化法西斯统治。

伪省、县政权建立初期,防范与镇压抗日分子与抗日组织的任务主要由各地伪警察承担。伪民政厅也于 1939 年初设立情报室,"专司侦查民众倾向,刺探敌方动态"[1]。据该室办事简则,该室系依照《情报组织暂行条例》及情报统系表之规定设立,其办事人员由伪厅长就各科室职员中遴派,职掌为"关于匪共组织内容及其首领行动之侦查报告事项"、"关于秘密团体之组织、反动分子所在地及其行踪之侦查报告事项"、"关于公共团体之组织内容及宗旨正当与否之调查监视报告事项"等,同时规定该室外勤人员专门办理探查事项,所得情报随时经过伪民政厅长报告伪省府第四科及通报伪警务处情报系与蚌埠特务机关。[2]

1939 年 8 月,原在日本扶持下的上海汉奸特工组织与汪伪国民党合流,被改组成伪国民党中央执行委员会特务委员会特务工作总指挥部,因其办公地址位于上海极司菲尔路 76 号,故称"76 号特工总部",主任丁默邨,副主任李士群、唐惠民。9 月,76 号特工总部开始向上海以外的地方发展,首先于南京成立了特工总部南京区,原特工总部副主任唐惠民担任区长。该机构不久即将触角伸向长江中下游各地。

---

① 《安徽民政厅过去一年来工作概要》,《安徽省公报》(伪)第 13 号,1940 年 1 月版。
② 《安徽民政厅情报室办事简则》,《安徽省公报》(伪)第 11 号,1939 年 11 月版。

1939 年冬,特工总部南京区区长苏成德派潘元恺、郭建飞等人来芜策划成立了特工总部南京区芜湖站,站址位于芜湖西门 11 号,后来"11号"即成为其代号。[①] 站长潘元恺,副站长郭建飞。后潘离任,郭麦龄、廖克远先后继其任。内部设有 4 股、1 队、1 台。4 股为总务股、组训股、情报股、侦行股,1 队为警卫队,1 台为电台。该站另有一个公开的外围组织芜社,设在柳春园 9 号,故又称为"9 号"。社长由潘元恺兼任,另设书记长 1 人,内部分组织、情报、总务 3 个组,每组配组长、干事各 1 人,主要任务是发展组织,刺探情报,掩护特工人员。该站另在当涂、和县、含山、合肥等地设立特工站或特工组,作为自己的下属机关。[②] 各站或组又于县境重要地点设立联络点,如含山县运漕站即于该县铜城闸、林头等地设点。[③] 至此,南京区芜湖站即于大江南北构筑起了严密的特工网络。

1940 年 5 月,特工总部南京区蚌埠站成立,站长徐国弼,站址位于蚌埠二马路天锡里 5 号。该站另设副站长、秘书各 1 人,内设总务、组训、情报、侦行 4 股,另配 1 部无线电台。外设怀远组、临淮组、明光组、五河组、滁县站等机构。[④] 各站、组又组建自己的下属机构,如滁县站即于全椒、来安等地派设联络员。[⑤] 与芜湖站一样,蚌埠站也有自己的外围组织蚌社及蚌社领导的黎明文艺社。这样,日伪在淮河流域建立起以蚌埠为中心的特工体系。

1942 年 7 月,伪特工总部将南京区芜湖站与蚌埠站合并,成立特工总部安徽区,本部仍设芜湖西门 11 号,区长由原任南京区副区长王

① 《汪伪芜湖特务组织》(俞正东),芜湖市政协文史资料研究委员会编:《芜湖文史资料》第 2 辑,1986 年印,第 225 页。

② 《汪伪芜湖特务组织》(俞正东),芜湖市政协文史资料研究委员会编:《芜湖文史资料》第 2 辑,1986 年印,第 228、230、236 页。

③ 《汪伪"十一号"特务组织在运漕》(李卓),葛瑞常主编:《安徽文史资料全书·巢湖卷》,安徽人民出版社 2007 年版,第 259 页。

④ 文斐编:《我所知道的汪伪特工》,中国文史出版社 2005 年版,第 293 页。

⑤ 《汪伪特务机构政治保卫局滁县支局情况》(袁隆祯),何席章主编:《安徽文史资料全书·滁州卷》,安徽人民出版社 2007 年版,第 54 页。

玉华担任,副区长由郭麦龄担任,秘书高谦。[1] 内设总务科、组训科、情报科、侦行科。安徽区本部还配有一支警卫大队。原芜社易名皖社,下设总务、组训、情报、调查和游艺等 5 个组。皖社不断吸收成员,按照行业、地区,编成文化、教育、市党部、河南、东门、吉和街、法华庵等小组。这些小组成员散布芜湖全城各个场所,收集情报向"11 号"汇报。

特工总部安徽区本部除于芜湖设立河南直属组外,还设立了宣城站、当涂站、合肥站、蚌埠站、运漕站、荻港站、广德组、和县组等分支机构。这些站、组又于本地及邻县设立了众多的联络点,将触角伸向社会各个角落。

1943 年 9 月,汪伪特工总部发生狗咬狗的斗争,特工头目李士群被毒死。不久汪伪中央取消特工总部,改设军事委员会政治部,下设政治保卫局,该局内部又分第一、第二局,其中第二局管辖苏、皖两地特务机构。安徽沦陷区的特务系统随之发生变化。11 月,特工总部安徽区本部改组为伪国民党政治保卫局第二局芜湖分局,局长裘君牧,副局长苏麟阁,秘书秦汉云。内部编制与安徽区基本相同,外设宣城、当涂、合肥、繁昌 4 个支局和无含直属组、巢县支组、和县直属组等。安徽区蚌埠站被撤销,另外成立伪国民党政治保卫局第二局蚌埠分局,局长李乃光,内设总务、情报、组训、侦行 4 科及电台室、秘书室、挺进第三队,外辖滁县支局、明光支局、五河支局等。各支局又于各地设立直属机关,如 1944 年滁县支局于全椒、乌衣、滁城等地设组,而滁城组又细分为东关、西关、南关、北关 4 个小组并均有代号。各地特务组织愈来愈严密。

上述特务机关的罪恶活动主要如下:

其一,刺探情报。这是特务机构最主要的职能。它们搜集情报的范围非常广泛,如芜湖特工搜集的情报即包括:(1)新四军及其江北纵队的军事调动、驻扎地点以及人数、枪支、马匹等情报;(2)芜湖地

---

① 《汪伪芜湖特务组织》(俞正东),芜湖市政协文史资料研究委员会编:《芜湖文史资料》第 2 辑,1986 年印,第 228 页。

方物资流动及经济情报；（3）芜湖汪伪各行政机关人员调动、思想状况等情报；（4）渝方谍报机关在芜活动、渝方军事力量在江南移动等情报；（5）在芜湖日本人掌握的江南、淮南铁路运输情况。①

其二，破坏敌对组织，镇压抗日分子。芜湖等地失陷后，国共两党均派大量情报人员进驻沦陷区，开展地下工作，国民党特务机构还在芜湖等地设立分支机构。它们对日伪殖民统治构成了严重威胁，因而成为伪特工部门重点防范的对象。1942 年 2 月，国民党驻芜湖特工机关被芜湖站侦破，文件、器具悉落敌手，全体人员被捕，组织完全瓦解。② 1943 年 3 月，含山县运漕镇 27 岁青年赵斌因向中共方面提供情报，被逮捕，3 月 30 日被枪杀于芜湖。③ 不少抗日分子被捕后，受尽酷刑，还被送到南京“感化院”，继续遭受迫害。

其三，敲诈民众，鱼肉百姓。如芜湖特务侦知行商运输货物情报，即随便扣顶帽子，将商人的物资全部没收，勒迫交钱后才能放行；对坐商则先加罪名，逮捕上刑，开出价码，交钱取保释放。伪特工机构负责人过生日等私事，各商均要备厚礼相送，否则即有无妄之灾。各地民众不胜其扰，苦不堪言。

各地特工机构罪行累累，罪孽深重，被当地民众视为魔窟。

三、试点“清乡”运动

1938 年新四军挺进大江南北后，队伍迅速扩大，至 1940 年底建立了江苏茅山和安徽皖东、皖中等抗日根据地。新四军纵横驰骋于苏浙皖等省的广大乡村，频频出没于汪伪政权的核心地带，对日伪殖民统治构成了严重威胁。为了清除新四军等一切抗日势力，建立所谓稳固治安区，1941 年汪伪政权开始实施“清乡”运动。其办法为划定“清乡区”，建立封锁线，采取军事“清剿”、政治控制、经济掠夺、思想奴化等手段，打击抗日势力，达到所谓“确立治安”及“改善民生”两大目的。

---

① 《汪伪芜湖特务组织》（俞正东），芜湖市政协文史资料研究委员会编：《芜湖文史资料》第 2 辑，1986 年印，第 231 页。

② 《芜特工站破获蓝衣社组织》，1942 年 2 月 24 日《安徽日报》（伪）。

③ 《破坏和平扰乱地方供认不讳，赵斌执行枪决》，1943 年 4 月 4 日《安徽日报》（伪）。

该年 5 月,汪伪政权成立"清乡"委员会,由汪精卫兼任委员长、陈公博、周佛海兼任副委员长,全面指导沦陷区的"清乡"事宜。先从苏南开始,再为浙、沪,最后拓展至其他省份。

1942 年下半年,伪国民政府将安徽沦陷区的"清乡"提上议事日程。12 月 1 日,汪伪政权出台《清乡委员会 1943 年度上半年清乡工作要领》,涉及安徽的是"清乡委员会委员高冠吾应自 5 月 1 日起于蚌埠附近或芜湖设立模范地区,开始清乡准备工作,上述两地究择何地开始工作,容当再定,而暂定于 10 月底以前完成"①。日本侵略者倾向于将"清乡"地点放在芜湖周围,其原因除芜湖、当涂属南京的重要屏障外,更由于芜、当两地物产丰实,粮食、铁矿称冠全省。1943 年初,日方多次与高冠吾交涉,希望伪省会移至芜湖,驻南京日酋也曾两度向伪行政院副院长周佛海提出同样要求,为周拒绝。2 月中旬,汪精卫前往徐州,道经蚌埠,才知内情,周佛海乘机建议于芜湖设立"清乡"委员会驻皖办事处,就近指挥芜湖周围的"清乡"事宜,至于伪省会迁移之议,则作罢论。周的主张得到了汪精卫认同。②

3 月 23 日,伪行政院第 154 次会议,决定设立"清乡"委员会驻皖办事处,高冠吾兼任主任。5 月 21 日,"清乡"委员会驻皖办事处于芜湖挂牌,开始办公。③ 办事处筹组初期,即在芜湖开办"清乡"干部训练所,学员 99 人系各县选派或招聘。5 月中旬,该所学员举行毕业典礼,驻芜日伪各要员悉数到场,兼所长高冠吾亲自致训。6 月 1 日,毕业学员全体出动,编查芜湖市区户口,至 8 月初,将芜、当两县保甲编查全部办竣。

1943 年 5 月 20 日,汪伪最高国防会议决议取消"清乡"委员会,"清乡"事务由伪行政院及各伪省政府办理。6 月 1 日,汪伪行政院增设"清乡"事务局,作为指导各省"清乡"的最高机关。"清乡"委员会驻皖办事处撤销。另于芜湖增设伪省政府"清乡"事务局,谢泽同为

① 中国第二历史档案馆编:《中华民国史档案资料汇编》第 5 辑第 2 编附录(上),江苏古籍出版社 1997 年版,第 353 页。
② 许映湖、王仰清整理:《周佛海日记》,上海人民出版社 1984 年版,第 236 页。
③ 《清委会皖办事处筹设检问所》,1943 年 5 月 26 日《安徽日报》(伪)。

局长。

1944年2月，伪安徽省长罗君强致电伪行政院，建议于芜湖、怀宁两地分别设置伪第一、第二行政督察区，又芜、当两县为"清乡区"，拟设置第一区"清乡"督察专员公署，专员即由伪第一区行政督察专员兼任①，得到允准。3月下旬，伪"清乡"事务局由芜湖迁往蚌埠。②

按照伪政权的部署，芜、当两县"清乡"本格工作自1944年10月1日正式开始。③由于此前"清乡"准备时期较长，许多原本属于本格阶段实施的项目如组织爱乡会、成立自卫团等工作已提前完成，因此，本格阶段的任务并不十分繁重。这一阶段，伪政权主要从事以下活动：（1）设立封锁线，检问所等"清乡"设施正式投入使用，大批检问员常驻检问所，盘查过往行人及行李，实施坚壁清野。（2）对抗日势力活跃的地区进行"扫荡"。当涂县北部与江苏接壤地带，新四军频繁出没，日伪军联合出动，对该地进行疯狂"扫荡"。两县境内小股抗日游击队，则归伪保安队流动"清剿"。④（3）组织芜湖军警联合督察处。本格工作开始后，因策动各伪军警从事边区"扫荡"工作，对于芜湖市区治安为求进一步强化，乃将先前各机关合组之巡逻队扩充为芜湖军警联合督察处，取缔非法武装团体，维护市内秩序。⑤（4）强化保甲。芜、当两县保甲编组完成后，即办理抽查、复查，并积极整理保甲图籍及连坐切结等工作。（5）组织伪警防团，定期举行"匪警"及防空演习。（6）10月起于各县区组织情报网。（7）组织"清乡"宣传队及流动宣传班，组织"清乡"剧团，并巡回乡区演出，发行"清乡"周刊，加大宣传，推行社运、青运，争取渝方青年"来归"，并组织招待所。⑥

---

① 《安徽省长罗君强致行政院电》（伪）（1944年2月17日），中国第二历史档案馆藏。

② 《清乡局由芜迁蚌，新任孔局长业已视事》，1944年4月5日《安徽日报》（伪）。

③ 中国第二历史档案馆编：《中华民国史档案资料汇编》第5辑第2编附录（上），江苏古籍出版社1997年版，第393页。

④ 中国第二历史档案馆编：《中华民国史档案资料汇编》第5辑第2编附录（上），江苏古籍出版社1997年版，第403页。

⑤ 中国第二历史档案馆编：《中华民国史档案资料汇编》第5辑第2编附录（上），江苏古籍出版社1997年版，第403页。

⑥ 中国第二历史档案馆编：《中华民国史档案资料汇编》第5辑第2编附录（上），江苏古籍出版社1997年版，第402页。

伪政权标榜"清乡工作在不扰民不害民之原则下,得以平静顺利推行"。① 实际上,芜、当两县民众饱受"清乡"之苦。他们除负担加重外,还要承担更多巡更、训练等活动,经常受到汉奸的欺凌。芜湖军警联合督察处更是横行不法,许多住户遭到搜查直到倾家荡产。各处检问所职员不仅在其辖区内任意没收商品,处罚旅客,还凭着一张检问卡,在市区恣意妄为。芜湖长街某商号,因出售少量颜料给一屯溪顾客,被检问员侦悉,认为"资敌"有据,竟将其资产充公,店主经有力者缓颊,方免入囹圄。清乡本格阶段本为 6 个月左右,芜、当两县的"清乡"本格阶段自 1944 年 10 月 1 日开始后,伪安徽省第一区"清乡"督察专员公署原拟于 1945 年 3 月底完成第一区"清乡"本格工作②,最后因民怨沸腾,不得不提前两月,于 1945 年 1 月底结束"清乡"工作。③伪政权的"清乡"工作终于在内外交困中走向破产。

---

① 中国第二历史档案馆编:《中华民国史档案资料汇编》第 5 辑第 2 编附录(上),江苏古籍出版社 1997 年版,第 395 页。

② 中国第二历史档案馆编:《中华民国史档案资料汇编》第 5 辑第 2 编,附录(上),江苏古籍出版社 1997 年版,第 394 页。

③ 《皖芜当两县封管所裁撤》,1945 年 4 月 10 日《申报》(伪)。

第十六章

抗日战争时期的安徽经济

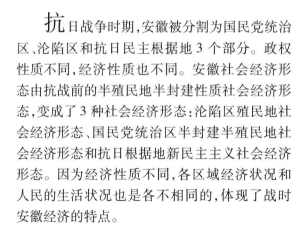

抗日战争时期,安徽被分割为国民党统治区、沦陷区和抗日民主根据地3个部分。政权性质不同,经济性质也不同。安徽社会经济形态由抗战前的半殖民地半封建性质社会经济形态,变成了3种社会经济形态:沦陷区殖民地社会经济形态、国民党统治区半封建半殖民地社会经济形态和抗日根据地新民主主义社会经济形态。因为经济性质不同,各区域经济状况和人民的生活状况也是各不相同的,体现了战时安徽经济的特点。

第一节 沦陷区经济

一、日伪对沦陷区农村经济的破坏和掠夺

日军在占领安徽初期,对沦陷区农村采取野蛮的摧残政策,在军事进攻中,每占领一地前都从南京、徐州派遣大批飞机滥炸城乡,使许多地方变成一片废墟,烧杀、奸淫、抢掠、破坏,无所不为。从城镇的工厂、商店到农村的茅屋、车辆、牲畜、粮食等,都是破坏和掠夺的对象,往往是整村整村的烧杀,制造了许多骇人听闻的惨案。日军在"速战速胜"的阴谋破产以后,便改换花招,推行"以战养战,以华制华"的侵略方针,在农村,在保持落后的封建剥削制度的同时,极力扶持各级汪伪政权,收买地主汉奸,强化法西斯式殖民地统治,对占领区农村进行更残酷的搜刮和掠夺。

首先,加重田赋和苛捐杂税的剥削。抗战前,安徽田赋和苛捐杂税就已经很重,日伪政府在继承这些赋税杂捐基础上,还以种种借口加重了田赋和苛捐杂税。日伪人员可以任意找个借口向农民要钱、要粮,额外勒索要占农民总负担一半以上。当时,农民头上的捐税负担大体有5类之多:(1)县税,包括田赋和县以上政府的各种临时派款;(2)区公所费,包括伪区公所的各项开支费;(3)乡村公费,包括伪乡、村公所人员的薪金和各种费用;(4)杂支费,包括修筑碉堡、工事和各种兵差夫役费;(5)日伪军据点的军费供给和各种临时性的军费摊征等。以上费用,相当一部分没有定数,日伪人员可以任意找个借口向农民要钱、要粮,额外勒索要占农民总负担的一半以上。以田赋来说,日伪政府在夏、秋两季分别征收,征收数额都大大超过原定纳款。据皖北地区调查,麦一登场,农民缴纳田赋要占总收入五分之一以上,加上秋季再征及其他附加,仅田赋负担约占农民收成五分之三左右。更有甚者,将其势力未达到的游击区、抗日根据地的一部分田赋,强行摊

到沦陷区农民头上，进行"田赋加征"。如1940年，"繁昌敌伪近拟征收二十九年（1940）上期田赋，每亩正附税约一元贰角"[①]。日伪政府为了避免物价上涨带来的损失，1944年秋后，改变计口留粮政策，把田赋征收由货币改为实物，实行田赋征实。田赋征实，即不论农民的收成及食用所需，只按亩征粮。在安徽，田赋按每亩粮食年产量的10%征收，地主和佃户各负担一半。并分上、中、下3等田地估算产量，许多地方因为难以分等级，伪政权就一律按中等田计算，分上、下两季收缴，上季4成，收小麦；下季6成，收大米。没种米麦的，由其他杂粮和油菜子等定价折交以代替米麦。至于苛捐杂税，更是名目繁多，除原封不动地征收国民党统治时各种税捐以外，还新增自治户捐、自卫队捐、特别人口捐、粮谷捐、粮食进城捐、茶碗捐等数十种。此外，还有相当多的"黑头捐"。

其次，对农业生产和农产品销售采取严格的统制政策。强迫沦陷地区农民，根据日本侵略者意图安排耕种，并制定"增产政策"，以满足他们军事需要，达到"以战养战"的目的。各县伪政府设立增产委员会事务局，监督农民按日本侵略者意图耕种，极力推进农村殖民地化。对农产品运销严加统制，规定了严格的粮食移动办法，各地粮、油、棉运销，必须经粮管局批准，并在集镇和路口设立关卡，凡商民向封锁线外携带粮食5斤以上的，加以没收和处罚。在沦陷区城镇实施"计口授粮"的限额配给制度，对民间消费进行统制，量少价高，许多民众随时都有断炊之虞。日本侵略者还通过各种手段掠夺安徽农产品。1941年通过汪伪安徽地方政府在安徽大搞"清乡"，不久又成立所谓"清乡"事务局。"清乡"是为了"肃清共匪，安定民生"，而"安定民生"就是进一步搜刮掠夺，以实现"以战养战"的罪恶目的。在敌伪地区实行经济统制，诸如米、布、棉纱、食盐等均属统制物品，军宪警联合稽查处及各地检查所肆无忌惮地敲诈勒索，压榨百姓。其掠夺手段主要是"征发"和"低价收购"。所谓"征发"，是日伪军在给养困难时，

---

① 上海市档案馆编：《日本在华中经济掠夺史料（1937—1945）》，上海书店出版社2005年版，第184页。

就地向农民征粮,分文不给。所谓"低价收购",是以极低的官价向农民强迫收购农产品,标准官价一般不到市价的一半。日伪收购粮食,只付给很难流通的日军军用券和信誉极低的汪伪中储币。这样,所谓"低价收购",无异于向农民公开抢劫。1940 年,日伪用这种办法在江淮之间强迫收购小麦 10 亿斤,第二年又增加到 20 亿斤。日军从安徽占领区掠夺来的粮食、棉花等,大部分运往日本国内和其他地区。

再次,大肆掠夺土地和劳动力。日军侵占土地主要用于修筑军事设施,日本的资本家、浪人和企业公司侵占土地主要用于开矿山、建厂房。如日军占领铜官山后,在矿区周围无偿圈用民间耕地 3000 多亩。日本帝国主义对淮南地区的农业也残酷掠夺,强占耕地,抢夺粮食。在攻陷滁县后,仅一次就掠夺 24 万石小麦作军粮,还霸占定远农场近万亩土地。在淮南、马鞍山等地也掠夺了农民的大量耕地和房屋,使许多农民失地离家。日伪不仅连年向农民派夫抓丁,还经常抓劳工,大肆掠夺安徽的劳动力,每次"扫荡"抗日根据地,都抓去大量青壮年农民去服劳役。如从 1938 年到 1945 年,日军从皖北、河南等地抓骗 7 万多农民到淮南煤矿做苦工。安徽许多农民因此而被抓、被骗。日军还强行征兵,如"敌在芜征兵声浪日高,在芜之一般青年现纷纷向外逃避,芜湖各处征兵数目有说每方(每联保为一方)四名,有说每保两名。征兵的用意是调往南京训练六个月后,再分发各地"[①]。1945 年 5 月,伪安徽省政府秘书处突然接到南京拍来要伪省长林柏生亲译密电一份,令安徽于半个月内征集 8 万壮丁送往大连训练充当炮灰。结果,时隔月余,各专、县多未完成,日本之特务机关昼夜电话频催,弄得鸡犬不宁。抽丁拉夫,民不堪命。

二、日伪对沦陷区工矿业的破坏和掠夺

抗战爆发后,日本侵略者对安徽占领区工矿业的政策,1938 年底以前是疯狂破坏,之后是大肆掠夺。

日军在占领安徽之初,对安徽的工矿业主要集中地芜湖、蚌埠、合

---

① 上海市档案馆编:《日本在华中经济掠夺史料(1937—1945)》,上海书店出版社 2005 年版,第 174 页。

肥、安庆等少数几个城市和沿江一带，疯狂推行"杀光、烧光、抢光"的"三光政策"，这些地方的工矿企业，除了淮南煤矿有少量设备内迁大后方外，其他都未及内迁而全部落入日军手中，因而遭到了疯狂的破坏。芜湖市是近代安徽省工商业最发达的城市，集中了约占全省一半的轻工企业，1937年12月10日被日军占领后，成为安徽省第一个沦陷的城市，当时几个比较大的工厂如裕中纱厂、益新面粉厂、大昌火柴厂、明远电厂等以及大量的手工作坊遭到破坏。蚌埠是民国时期兴起的皖北工商业中心城市，1938年2月2日被日军占领，是继芜湖之后沦陷的安徽第二个大城市。沦陷前，蚌埠市遭到日军20多天的轰炸，破坏很大。国民党军队在溃逃前炸毁蚌埠淮河大铁桥，日军又封锁淮河，依靠津浦铁路和淮河而繁荣起来的商市，顿时失去依托而受到致命的打击。全市15万人口有10万人逃离，整个经济一度处于瘫痪状态。合肥在沦陷前遭到日军长达5个月、40余次的轰炸，300余人被炸死，一半以上市民被迫逃离，大量房屋倒塌，工商业遭受破坏。1938年5月14日被日军占领后，合肥最大的企业跃远电灯公司，就因设备大部分被炸坏而停产。全市142家纺织作坊，也所剩无几。1938年6月11日，日军占领安庆后，见人就杀，见商店就抢，公开掠夺人民财物，全城被洗劫一空，一些工厂、作坊停产，一些工商业者逃离，著名的胡玉美酱园店总店及罐头厂的财产被日军没收。日军还对安徽占领区和尚未被占领区的其他城镇进行疯狂滥炸，许多城镇几遭毁灭。这使本来就不发达的工商业遭到毁灭性的打击。

为了实现"以战养战"的目的，在经济上大肆掠夺占领区的资源，其对安徽占领区工矿业政策由破坏改为掠夺。日本帝国主义对我国工矿业的掠夺，大体采用"军管理"、"委托经营"、"中日合办"、"租赁"和"收买"5种手段，在安徽，多是前3种手段。所谓"军管理"，就是企业由日本军方占领和管理，由于军方不懂经营，大多又将企业委托给日本的工商企业代为经营，但企业的决策权由军方操纵，直接为军方服务。如芜湖的裕中纱厂以及芜湖明远电灯公司、安庆电灯厂、蚌埠光华电灯公司和合肥耀远电气股份有限公司等电业企业，就被日本侵略者"军管理"。所谓"委托经营"，就是日本帝国主义指派日本浪人或资本家在占领区任意劫夺工厂,由日本浪人或资本家自行经营,军方不予干涉。用这种手段掠夺的工厂有:芜湖益新面粉厂、芜湖大昌火柴厂等。面粉业被日军的破坏尤为严重,绝大部分面粉厂毁于战火。芜湖益新面粉厂是当时全省最大的面粉厂,战前厂主举家逃走,芜湖沦陷后,益新面粉厂被日本"华友厂"占领8年。所谓"中日合办",就是对占领区的企业,日本军方或资本家凭借其军事、经济势力,强行加入少量股金而获取实际上的操纵权和经营权,中方资本家只是傀儡、附庸,名为"合办",实为独占。这种情况多是在前两种方式基础上发展而来。被这种形式掠夺的企业有:马鞍山和繁昌的铁矿、淮南煤矿以及芜湖、安庆、合肥和蚌埠的一些纺织厂、面粉厂等。工业合办,如芜湖的裕中纱厂(中一纱厂)本为"军管理"工厂,1938年12月日本近卫首相发表对华基本方针,实行所谓"中日经济合作"后,也实行"中日合办"。

矿业合办也比较明显,掠夺的资源更多。日本帝国主义对安徽矿业的掠夺,主要集中在煤、铁、铜。1939年4月,日本侵略者为大肆掠夺矿藏资源,在上海成立了华中铁矿有限公司,同年12月,改名为华中矿业株式会社(股份有限公司),将苏、浙、皖3省的煤、铁、锰及钛、镓等稀有金属置于日本的控制之下。华中矿业公司掠夺重点是安徽的矿产资源,安徽马鞍山一带的桃冲、南山、凹山、箩卜山、钟山、姑山、梅子山等地的铁矿为重点,所采铁矿全调往日本。其第一期计划就是开采安徽当涂宝兴公司、利福民公司、益华公司和振冶公司的铁矿。在马鞍山成立矿业所,日本人田省、野岛任矿业所总管。到1945年日本投降,每年平均总采矿量为80万吨。日盘踞马鞍山矿区不足8年,计被劫走的铁矿约达537万吨之多。日本侵略者除大肆掠夺当涂、繁昌铁矿外,还疯狂掠夺铜官山铁矿、庐江矾矿等资源。铜官山矿在l939年到1945年6年间,日本人开挖矿井2个,日产矿石数百吨,所采铜矿均运往朝鲜提炼。日本侵略者对淮南煤矿煤炭的掠夺更加凶残。1938年6月4日,日军占据淮南矿后,为了满足侵华战争的军需方面,组成日军特务部淮南炭田调查队到淮南矿进行调查,于同年9月21日以"委托经营"的形式将商办大通矿交日本垄断集团三菱饭冢

煤炭矿经营,宋子文财团的九龙岗矿交三井矿业公司经营。在九龙岗设立淮南矿业所,下设大通矿、九龙岗矿、田家庵电厂、九龙岗机修厂,并霸占淮南铁路。1939年4月又将两矿合并组成日华合办淮南煤炭股份有限公司,总公司设在上海,由日军军部直接控制。1940年6月"中日合办"达成协议,成立淮南煤矿股份有限公司,资本1500万元,中方以矿产和原有设备、物资作价入股,仅作价433万元,只占总股金的28.9%;日方股东除三菱、三井外,又增加了华中公司、振兴公司,共占有总股金的71.1%,以绝对优势控制淮南煤矿。新公司成立使生产能力逐步上升,1944年的年产量达88.2万吨,并计划进一步扩建为年产250万吨的大型煤矿。日本在淮南煤矿进行疯狂的掠夺性开采,成千上万矿工死于劳役和瘟疫,"日本侵略者就是采用这种以人换煤的手段,到1945年8月无条件投降,在淮南煤矿经营7年,共掠夺和破坏煤炭资源达1200多万吨,回采率不及40%"[①]。其中,掠夺煤炭430余万吨,断毁煤炭达800余万吨,不仅缩短了矿井服务年限,还给以后的开采带来极大的困难。

抗战时期沦陷区工矿业在日本军国主义殖民统治下,变成殖民地经济,是被日本帝国主义及其走狗压迫和剥削的经济,使本来就很薄弱的安徽民族工业陷入了绝境。

三、日本对沦陷区金融业的掠夺与控制

抗战爆发后,安徽各地原有的银行如中国银行、中央银行、交通银行、农民银行、安徽省地方银行、上海银行、江苏银行、金城银行、浙江兴业银行、中国实业银行和大陆银行等纷纷撤离,沦陷区的银行体系被完全摧毁,未能及时撤走或处理的诸行及其分支机构的物资和房产被日军全部抢占。据1939年中国银行蚌埠市支行报告统计,这家银行堆放在仓库的抵押物资全被日军抢劫一空,计有小麦58370包、大米8444包、黄豆5335包、稻子4557包,以及杂粮、油料、茶叶、食糖、纸张、布匹等物资。银行办事处也变成了日保安司令部,其他银行也

---

① 王乐平:《安徽现代革命史资料长编》第3卷,安徽人民出版社1995年版,第337页。

遭到同样命运。如蚌埠交通银行就被日特务机关"清川公馆"所占，金城银行则成为"慰安所"驻地。芜湖、安庆、合肥等县市情况也大体如此。

抗战前在蚌埠、芜湖、合肥、安庆等地已有日本正金银行办事机构。日军占领安徽后，除了抗战前就在蚌埠、芜湖、合肥、安庆等地已有日本正金银行办事机构外，还在各地扩大银行机构。伪安徽省政府为维持战争经费，中饱私囊，设立财政厅管理金融和税收。在伪维新政府时期，安徽就在蚌埠成立了伪华兴商业银行支行和伪中国银行安民银行，开展外币兑换、金融担保等项业务。伪安徽省政府成立后，在蚌埠又陆续开设伪中央储备银行、伪正金银行、伪安徽省银行等 12 家银行。[①] 当时，新建的银行机构分为 3 类：一是日本人直接经营的银行，即原来的伪正金银行和于 1939 年 5 月成立、总部设于上海的伪华兴银行。伪正金银行掌握货币发行权，控制了沦陷区的金融活动，是日伪银行的"太上皇"。伪华兴银行是日本帝国主义控制华中、华东地区金融活动的中枢，并发行货币、公债，办理汇兑、抵押贷款和储蓄业务，是日伪银行界的大老板。二是日伪合营的银行，这类银行有 1 家，即 1939 年 12 月成立、总行设于蚌埠的伪安民银行，开办资金为法币 50 万元，总经理是日本人。该行拥有辅币发行权，后来辅币发行虽未出笼，但仍具有办理汇兑和存放款的垄断地位。又如日伪在安庆设立的安庆中日金融组合，是安庆的伪中日联合银行。三是汪伪政府经营的银行，这类银行有两家，即伪中央储备银行和伪安徽省银行。伪中央储备银行是汪伪政府于 1941 年 1 月成立的官办金融机构，总行设于南京，通过发行中储券，排斥法币，成为日军支付军费的工具，以日伪币和掠夺的法币来控制金融市场，套取法币外汇基金，以破坏中国经济。伪中央储备银行成立后，在安徽设立的机构有蚌埠支行，芜湖、安庆、宿县 3 个办事处。伪安徽省银行是伪安徽省政府受日本帝国主义指使，于 1939 年 11 月成立的，总行设于蚌埠，在沦陷区各县市设有分行。伪中央储备银行、伪安徽省银行都控制着货币的进出流通

---

① 徐则浩主编：《安徽抗日战争史》，安徽人民出版社 2005 年版，第 273 页。

和汇兑往来，是金融界的地方霸主。这样，就建立了日伪操纵的金融体系。

日本银行滥发军用手票（简称"军票"）和联银券，强行使用军用券，限制伪币使用，禁止法币流通，并以极低兑换率强迫民众以法币兑换军用券。军用券与法币的兑换率，1940 年 4 月为 1:2.1，1942 年 2 月上升到 1:4，2 月后又骤然上升到 1:7.5。1943 年 4 月，停止发行军用券，改用伪中央储备银行发行的中储券，用 100 元中储券折合 18 日元军用券的比率把军用券全部收回。通过一兑一换，日伪银行搜刮了人民的大量财富。为了进一步搜刮财富，日伪银行有意滥发货币，制造通货膨胀，如 1938 年发行军用券 3000 万日元，而到 1941 年底仅华中地区流通的军用券就达 12 亿日元之多。中储币的滥发也十分惊人，从 1941 年 1 月到 1945 年 8 月，发行总额竟增长了 30 多万倍！日军为收买民心及维持其军票的价值，凡出售粮食和购买食盐、食糖以及到日军随军商店、家属商店购买食物和日用品，都尽量给予所谓"便利"，以扩大日本军票的发行，来榨取中国人民的脂膏。日军对伪币（华北的华兴券、汪伪的储备券）却有意贬低，限制使用，时常把军票的兑换率提高，每 2 元伪币才换到军票 1 元。1942 年 3 月，日本正金银行硬性规定，中储币与日本的军票的比价是 5:1。日本的军用票越发行越多，又无物资作后盾，造成物价一日数涨，百姓痛苦难言。"敌人在沦陷区内除强征农民粮食外，并发行大量纸币，高价收买，运往东北及其本部"[1]。日本侵略者的金融掠夺和通货膨胀政策，使安徽沦陷区物价飞涨，有些地方物资贫乏，物价甚至超过全国平均水平。到 1943 年初，安徽物价上涨很快。如蚌埠市的米面价格，竟有一日间连涨 3 次的纪录。其他物价也竞相上涨，到抗战结束时，"伪中储券更加贬值，不如草纸"[2]。

---

① 上海市档案馆编：《日本在华中经济掠夺史料（1937—1945）》，上海书店出版社 2005 年版，第190 页。

② 杨邦太、朱渭滨：《忆芜湖钱庄业》，见安徽省地方志编纂委员会编：《安徽文史资料全书·芜湖卷》，安徽人民出版社 2007 年版，第 364 页。

四、日本侵略者对沦陷区商业的统制和掠夺

日本侵略者对沦陷区商业进行统制，推行经济殖民地化政策，是通过日本洋行垄断占领区的商业。日本人在沦陷区设立了大批洋行，大约有 3 类：一是日本大财团或官僚贵族开办的，如昭和、三菱、阿部市、三井、大丸、大阪等，专营棉纱、棉布、食糖、煤油、香烟等大宗商品的批发业务；二是日本普通商人或股份公司开办的，如黑田、吉长、长崎等，它们拥有一定的资本，既批发，也零售；三是挂着日本洋行的招牌，实际上却是日本浪人、朝鲜商人或汉奸经营的，它们一般资本较小，经营品种不固定，但有相当大的活动能力。[①] 当时在安庆、合肥、芜湖、蚌埠等沦陷城市都有大量的洋行，如安庆有 15 家之多，以后猛增至 30 余家，加上为其服务的银行、金融组合和轮船公司，为数就更多了，从倒扒狮子街、四牌楼、府前街、市政街、吴樾街、庆云街直至东门，几条热闹街道的大铺面，几乎全被日本洋行及所办的商店所占。日本洋行的主要任务是，抢购粮食（包括大麦、黄豆、玉米等）、土产、各种工业原料，倾销大批日本剩余物资和各种日用品，维持其厂商生产，榨取高额利润，为其侵华战争增加财源。这些洋行以日军和日本军国政府为靠山，基本上垄断了安徽沦陷区的商业。

日本侵略者在沦陷区对粮食、布匹、食盐、军需品等物资实行严格的统制。如粮食实行计口配给制，从生产、消费到存储，每个环节都要统制，对农民未被征收的粮食，也强迫登记、入仓。对食盐也限量配给，每人每月半斤。为了控制物资交换，设立了一些管理机构，只许洋行经营，不许华商经营。如日军在侵占安庆后，成立食米管理处、柴炭管理处、物资交换所，凡日用民生必需品油盐柴米，都严加控制，不许安庆原来的行业自由经营。日本洋行为了垄断经营食盐、食糖、棉布、纸张等紧缺物资，不许华人经营，与特务机关相互勾结，华商到外埠进货或在本埠采购，必须持有日本特务机关发给的"派司"（即采购证），特务机关利用发证机会收取佣金，从中盘剥、刁难中国商人，并规定所

---

① 程必定：《安徽近代经济史》，黄山书社 1989 年版，第 302—303 页。

进之货必须是与日本洋行无竞争的商品。若没有"派司"购货,则以"资敌"罪论处,没收货物,甚至被杀害。华商即使有"派司",所采购物资若超过规定的限量也要遭受重罚。日本洋行对安徽沦陷区的商业垄断,是一种封建、军阀式的专横垄断,是宗主国对殖民地的法西斯式掠夺性垄断。如日军在安庆西门同安门设立的洋行五洲公司生产酱油、面粉、肥皂,低价收购原料,高价出售产品,牟取暴利。

为了控制物资销售,日本洋行通过伪政府和伪商会,组织所谓消费合作社和各种销售组合。汪伪政权成立后,在南京成立了伪日华消费合作总社,设安徽分社于蚌埠,合肥、安庆、芜湖等地设支社,乡、镇设出张所,民间商店或销售点,被迫组成各种各样的组合,如香烟组合、食盐组合、煤油组合等,受出张所的控制,这实际上是对民间商业的公开并吞和奴役,从而构成对重要物资配给的销售网络。城乡居民被迫入股,每股交费 2 元,入股取得社员资格并发给配给证,方能购买到食盐、煤油、火柴、食糖等定量配给的控制物资和生活必需品。支社以上的理事长都由日本洋行或汉奸担任。日本洋行控制主要物资的销售渠道,垄断和控制广大集镇乡村贸易。例如 1938 年合肥除成立维持会、大民会外,又组织合作社,由汉奸王平波任理事长,专替日人推销五洋货物,交换物资,将日军以前在上海、南京等地掠夺来的棉纱、香烟、洋糖等,换取内地金、银、铜元及铁等,以合作社为交换枢纽,一面配给内地商号,一面输出日方。合作社内分设纱业、布业、糖业等理事长,专司其事。① 如日军占领淮南路北段军事重镇下塘集后,下塘日本商人见掳掠物资和剩余日货销售量巨大,便想乘机发财。他们首先开设黑田洋行专卖洋杂货,高喜三郎为经理,继而设立三和洋行专卖棉帛色布;细见繁夫为经理,后又开办通源公司专门经理食盐;薮庄七郎为总经理。并组织伪商会和合作社,由李洪甫等荐举张广盛、娄明英、李修长等为负责人。所售货物,多取分配方式,独食盐由各乡按

---

① 汪其天、吴介五:《合肥沦陷目睹记》,安徽省政协文史资料研究委员会编:《安徽文史资料选辑》第 3 辑,安徽人民出版社 1982 年版,第 75 页。

人口多少备价领售。① 另外，一些中国人开的商号，也有日伪入股经营。如安庆西门外和东门外一带的粮行、油号、皮花行、木行、花纱行、山货行及城内外的药房、盐店等生意均极兴隆，许多资本雄厚的经营者，都与日本宪兵队特务、伪政府、军警头目有勾结，让他们名义入股，从中分肥，依靠他们的庇护，大发国难财。日军还在合肥等城市设立酒吧间、食堂及"慰安所"，强迫我国妇女供兽兵取乐。

日本侵略者在安徽沦陷区大肆掠夺战略物资，尤其是粮食、棉花、茶叶、桐油、矿产等。其掠夺方法有4种：（1）通过在芜湖、安庆、合肥、蚌埠开设各种洋行收购。合肥市场上米、麦、棉花、皮革、钢铁、桐油、药材乃至名人字画、古董文物、精致家具、金银细软大量被日本洋行搜罗抢夺运到日本。粮食一向是日本侵略者掠夺的重点物资，日伪成立以南京为中心的粮食联营社，重点就是掠夺安徽的大米、小麦、大豆。该社从安徽掠走的粮食不计其数。日军在安庆就低价收购粮食达5万余担，囤于东门朱家坡及西门操江场粮库，然后运到东京和葫芦岛。在芜湖等地抢购米粮，如1941年一次就调进250万条麻袋，在安徽抢购200万石粮食，致使该年皖南地区出现严重粮荒，繁昌、铜陵、南陵、宣城、郎溪、广德、青阳等县人民多采蕨根为食，许多人被活活饿死。（2）以统制食盐、以盐换粮的办法，把食盐抓在手里作为掠夺粮食等军用物资的重要手段。如日军特务机关指使伪安庆物资统制委员会华中开源公司、皖岸盐务管理处，掌管食盐的调运及分配。对居民食盐实行配给（每人每月半斤），商店经营的盐，要由特务机关核准。日军利用食盐，通过它的侵略机构，如物资交换所（设在安大旧址及吴樾街）、子盐公司、裕华盐业公司等，以盐换粮食等物资。（3）以滥发军票和伪币掠夺我国的物资。（4）日本最野蛮的一手是公开抢夺人民财物，不时派出部队下乡骚扰，抢劫粮食、牲畜及财物无数。

在安徽沦陷区，各地的日本洋行基本上控制了商品进出，资源大多来自日本。当时日本黑田、三井和三菱等大洋行在合肥大量倾销日

---

① 李武德：《淮南路沦陷八年琐记》，安徽省政协文史资料研究委员会编：《安徽文史资料选辑》第10辑，1983年印，第166页。

本商品，"仁丹"、"中将汤"、"大学眼药"、"味四素"等商品广告，贴满街头巷尾，还大量倾销"红丸"、"白面"（海洛因）和吗啡等毒品，从日常生活用品到儿童玩具，全是东洋货。由于日货倾销面广量大，合肥、安庆、芜湖、蚌埠等城市还成立"五洋业"公会，把"五洋"正式作为一大商业行业。

日军在占领区内到处设立关卡，限制物资流动，并对各种物资的流进流出征收重税，进行经济掠夺。如从蚌埠到凤阳的刘府仅 25 华里，就要收地方税、营业税、出境税、入口税和过路税等 5 道税；从芜湖到合肥，一路要过 20 多道关卡，关关受检，关关纳税。设立税警所，征收进出货物税，如"繁昌敌伪合办之货物稽征事业，迩来日见加剧，刻于湫港、三山、旧镇、荻港等处分设伪税警所，来往货物概须估价或验发票。抽收百分之五货税，方可通行"。甚至对市民也按人征税，如在芜湖，"凡在芜之男子必须每月纳税一角，合龄壮丁每人每月需纳税五角"[1]。

1938 年后，日军虽占领了安徽大片土地，但却处于中国共产党领导下的淮北、淮南和皖江抗日据地以及国民党统治区的四面包围之中，也经常受到新四军、八路军的打击。日军在沦陷区进行商业垄断和掠夺，对非沦陷区商业经济，一方面采取经济封锁政策，在边界地区设立封锁管理处（站），对抗日根据地的必需品如布匹、棉纱、药品、军火等实行封锁政策，严格禁止粮食、食盐、布匹、药品及其他军需物资的输出，企图困死敌后军民。还设立货物出入统制委员会，管理货物进出。另一方面又想方设法掠夺非沦陷区经济。这种掠夺有两种方法：一是倾销日货，收买战略物资。二是大量收买走私物资。抗战期间，日本侵略者在安徽许多城镇、交通要道和边界地区设立走私据点，走私活动十分猖獗，并常出动军队武装走私。当时在安徽沦陷区的重要走私据点有蚌埠、芜湖、古河和南陵等。走私活动带来了黑市的繁荣，当时安徽沦陷区重要城镇都有黑市活动。

---

① 上海市档案馆编：《日本在华中经济掠夺史料（1937—1945）》，上海书店出版社 2005 年版，第 183—184、174 页。

　　日本侵略者对安徽占领区商业贸易的垄断和各种掠夺,使安徽沦陷区的商业完全变成一种殖民地商业,给民族商业以沉重的打击,使很多商号逃离、倒闭,幸存的商号又受到日伪各种统制的严格限制,受到日本侵略者的压迫和剥削。在日本侵略者的严酷经济统治和城市配给制下,物价猛涨,黑市猖獗,民不聊生。

第二节　国民党统治区经济

一、农村经济凋敝

　　从抗战以后,安徽农村经济由于受到战争的破坏,封建主义的剥削和压迫,西方资本主义的入侵,处于不断衰败的境地。

　　抗战时期新桂系在安徽能够统治的地区主要是皖西、皖南山区和皖西北地区,以及日军未能占领的一些农村,如以津浦路西全椒、巢县、含山3县边界的古河镇为中心,由国民党占领。由于沿交通线市、县相继沦陷,大量人口逃到皖西、皖南山区,如皖西立煌县在1934年人口为238734人,到1940年达282159人,增加18%;又如皖南歙县在1934年人口为328406人,1940年达370514人,增加13%。[①] 由于沿交通线市、县相继沦陷,大量人口逃到皖西、皖南山区,人口增加,给国统区经济发展带来了压力。又由于战时军政开支浩大,桂系加重了捐税的剥削。尤其在李品仙执政时期,由于他贪财好利,军中结余尽入私囊,利用省财政厅、货检处、立煌企业公司、省地方银行、粮政局(田粮处)、产销税局、战时货运督察室和缉私大队等,搜刮民脂民膏,使安徽百姓雪上加霜。

　　农民主要遭受田赋征实、征购、借购、捐献的剥削。抗战前,安徽的田赋一般征收银两、银元和纸币,剥削每户农民数字还有一定限额。

---

　　① 王鹤鸣:《安徽近代经济探讨》,中国展望出版社1987年版,第274页。

抗战后由于国民政府滥发法币,货币贬值,通货膨胀,于是国民政府在1941年3月下令将田赋由征货币改征实物,并与官价征购粮食一起实行,规定从1941年下半年开始,田赋正附额每元折征稻谷2市斗,产麦区得征等价小麦,产杂粮区得征等价杂粮。但是一到第二年就增加一倍多。1941年8月安徽省田赋管理处成立,田赋便从该年度起改收实物,安徽田赋本来由直属中央财政部的省田赋管理处征收,省田赋管理处受国民党省政府的指挥、监督,主管全省经济事宜,各县也设立相应的田赋管理机关,办理赋额的分配、征收。除田赋征实外,国民政府推行强制性粮食征购政策,安徽省1940年按照国民党指示,在立煌成立省粮政局,直属国民政府行政院粮食部,并在皖南屯溪设立分局,在皖东设粮政办事处,又成立县粮政局,负责采购军粮和公粮,1941年田赋改征实物以后,它的权限扩大,负有收、拨、储运的责任。田赋处和粮政局是重叠机构,在1943年秋合并,改称田赋粮食管理处,直属中央财粮两部。田赋征实,缺乏固定标准,征收额有逐年增加的趋势。省粮政机关把本省需要上缴中央的公粮、省级公粮和军粮总额确定全省征实额,然后下达各县,各县再附加上地方军粮和县级公粮后摊派到各区、乡、保、甲的农民头上,严令在秋后一、二月内缴清,层层附加,落实到农民头上已是一笔很大的数字。其征实标准,规定以1941年田赋省县正附税总额,每元折征籼稻2市斗,小麦1市斗4升,高粱3市斗,每年秋收起征。当年度确定应征稻谷104万市担,小麦19万市担。按1941年田赋省、县正附税总额,每元折征籼稻2市斗,小麦1.4市斗,高粱3市斗,并于每年秋收起开始征收。自1941年9月至1942年6月,安徽共征实物919120石。1942年,田赋征实标准又有提高,每元折征籼稻3.6市斗,小麦2.5市斗,折实标准几乎增加1倍。国民政府还规定,在田赋征实的同时,以官价征购粮食,名曰军粮,其征购数量与田赋征实标准相同。由于提高了田赋折实标准,加以又同时征购军粮,安徽在1942年底共征实、征购粮食达300万石以上。当时安徽各县还同时征购县级公粮,对有田50亩以上的大户,分5级进行征收,每亩征收5升至2.5市斗,是年度安徽各县共征公粮103万石。这样,安徽在1942年度共征实、征购、征收粮食达400万石以上,较之 1941 年度大幅度增长。在 1942 年安徽省核定征收粮食中,田赋征实数额为谷 150 万市石,随田赋带征军公粮为谷 100 万市石,麦 50 万市石,总计谷麦共 300 万市石。1943 年中央额定军、赋粮和县级公粮折合稻谷共为 3461500 石,公粮、赋粮、军粮合计折合稻谷实征得 3518654 石。各县贪官污吏额外多征,假公肥私,每年都要按照任务总额增加 50% 至 80% 不等。在征实过程中,许多秤粮人员使用"草零五"的大秤,每百斤多秤 5 斤,或脚踢稻箩后,乘摇晃时秤之,每百斤多秤 3 至 5 斤,或以土、糠、秕、不净,收粮 100 斤,浮收 10 多斤,或不收官僚、地主应缴的粮,而给以收据,等等。田赋征实、军粮和公粮,表面上是由田地所有者负担,但是实际上地主往往采取多种手段,如"佃户代完东租",即地主提高地租率,把田赋转化为地租,把田赋的相当一部分就转嫁到佃农头上,或因各地粮仓不够,在"大户保管"赋粮时,与官僚军阀政府相勾结,用加收的"小户"(中小自耕农)之粮,代完自己的粮食任务,把田赋转嫁给其他自耕农。运交粮食时,长途运送,还要贿赂验收人员,"农民运交一担粮,实际须付出两三担粮的代价"①。由于安徽远离重庆,法币很久才能到农民手中,而等农民拿到粮款时,却又贬值了。农民遭受田赋征实、征购、借购、捐献之苦,而军阀、官僚和恶霸地主却趁机发国难财,从中贪污舞弊,中饱私囊。由于战时法币贬值,这种折实、征购大大加重了农民的实际负担。

　　在苏鲁豫皖边区,汤恩伯部派出的驻防部队,只要驻在水路的河口,或陆路的孔道,无不设卡收税的。假盘查来往行商有无夹带武器、弹药、黄金、白银、烟土、吗啡等违禁物品为名,以达到敲诈勒索的目的。如查到有上项违禁品时,即予没收。但如能托人花钱,也就万事大吉。汤恩伯为了解决军粮,仅在安徽阜阳第七行政督察专区,当时就要军麦 20 万大包。每包计重 200 斤。那是 1941 年春季,正值青黄不接,七区专员李盛宗把总部命令如法炮制,层层下达到各县、区、乡,督促赶办,毋违军令。当时七区的百姓,除直接受新桂系李品仙的统

---

① 苏民:《新桂系统治下的安徽粮政》,安徽省政协文史资料研究会编:《安徽文史资料选辑》第 14 辑,1983 年印,第 135 页。

治压榨外,还有蝗灾、旱灾、水灾以及遭受敌伪蹂躏与轰炸。天灾人祸,民不聊生。如此强征大批军麦,使得许多人家只有卖田卖地,卖儿卖女,卖衣卖物,倾家荡产,设法交送军麦。交送后,有的生活无着,逃荒外流;有的死于沟壑,家破人亡;有的铤而走险,沦为匪盗。尤以在运送军麦时,正值阴雨连绵,道路挖断,泥水没膝,民工车马寸步难行,其苦实不堪言。汤恩伯部各集团军、各总指挥部、各挺进纵队司令部以及各军部、师部等单位,或路过乡镇,或驻扎乡镇,还向当地居民索取军粮军柴,更是不胜列举。甚至一个营、一个大队的副官,或一个连、一个中队的特务长,手里只要出示一张条子,就可向各乡镇联保直接索取粮、柴。不到三天两日,部队开拔了,所有没有用完的粮、柴,都由司务长、军需、副官等人贪污中饱。这个部队刚走,那个部队又到,此去彼来,川流不息,皆是如此。其中尤以乡镇联保经手主办者,大秤小秤,以多报少,层层克扣剥削。尤为可恶者,即县长、区长等,常和部队长官相互勾结大吃空头。汤恩伯给边区人民带来的灾难,真是罄竹难书。

在抗战期间,老百姓负担最重的是兵、粮、夫3种。国民党在全国皆兵的借口下,大肆征兵。国民党的所谓征兵,就是向老百姓要钱、要命。征兵配额,系按照各县等级(即安全、半沦陷、沦陷)大小和人口比例摊派。征兵任务,自然落在各县县长的身上。主管兵役的机关,在中央设有兵役署(后改兵役部),各省设军管区司令部,县设兵役科,另外设有征训、训练壮丁的师、团管区。征兵法令,多如牛毛,其中有所谓抽签的手续和安家费的规定,其实都是骗人的东西。有钱有势的可以通过买卖顶替的办法免征。

抗战初期,桂系与中共合作较好,通过动委会等形式宣传、发动、组织民众保家卫国。人民积极参军参战,组织游击队打击日军。后期,桂系趋向反动,利用保甲控制民众,利用《兵役法》强行抓丁。"三丁抽一,五丁抽二",是当时强征壮丁的规定。如不愿意充任兵役,除通过告苦说情外,尚需缴纳食米20石。安徽征兵月额为1万人,后减为6000人,从1939年5月起为每月为8000人。从1938年3月到1943年底共征兵346610人,募兵51297人,合计397907人,共训练壮丁 571687 人。用这些壮丁组织保安团、常备队和自卫队,充实了桂系力量。

百姓还被组织起来放哨,修建工事,组织担架队、运输队,支援前线。国民党安徽省政府和各厅处于 1938 年迁驻大别山立煌县后,沦陷区各地的难民大部向皖西各县逃难。军、公、民所需的粮食,为数甚巨。省粮政机构通知未沦陷、半沦陷各县民夫编成运输队,自秋至冬向立煌送粮。关于粮食运输队的食宿问题,原本有每人发给若干来往食宿费列表报销这一规定的,实际上都是官样文章,一文不给。绝大部分县处都是征夫役,叫农民自带食宿费运输。送粮民夫一般来往达七八百里,需要十多天的行程,食宿费用所需甚巨,农民只有借高利贷自筹。自筹不够者,挑米百斤,沿途食用,日行百里,翻山涉水,饥寒交迫,在途中生病致死者时有所闻。最惨的是 1942 年发生的一桩惨案。那年 11 月,下了一场大雪,有运输队农民 200 余人,鱼贯攀登距立煌30 里险峻的长春岭时,前头 10 余人滑倒,依次撞倒后面的人一起从岭上滚下,跌坠于悬岩之下。脑碎骨折而死者达百余人,血肉模糊重伤者近百人,而无人过问。抗战胜利后,国民党省政府及各厅处迁至合肥以后,各县农民送粮的痛苦依旧有增无减。

1937 年秋,日军由南京进占江北。皖东属于国民党第五战区,为桂系所统治,全椒县古河镇成为国民党桂系统治中心,这里设有安徽省第五行政督查专员公署、国民党军第一七一师师部(部队驻扎在定远藕塘一带,封锁解放区)。专署所属的各县流亡政府,则设在古河东20 华里的程家市及古河左边一带,地方部队有第五战区第十挺进纵队司令部设在古河,3 个支队分驻全椒、和县一带。该部队差不多是一支土匪队伍,司令柏承君是一个杀人不眨眼的魔鬼。地方部队和调集的桂军(一师),合计约 1 万多人。这些军队在地方牵牛绑票,贩货资敌,强拉壮丁,敲诈民财,冤杀无辜,为所欲为,无恶不作。皖东广大人民在 8 年抗战的艰苦岁月里,饱受了反动统治者的苛捐杂税、敲诈勒索以及强抓壮丁、夺取民女的种种痛苦。

皖南当时在军事上属于第三战区指挥的川军唐式遵(唐系战区副司令长官兼第二十三集团军总司令)部范围,各县壮丁多数配交川军

部队。

驻在临泉的汤恩伯苏鲁豫皖边区总部先后组织了50万大军,约有40万人枪皆取之于4省边区各地,尤以皖北为最多。汤恩伯搜缴民枪的办法是利用指挥部、指挥所及各个挺进纵队采取软欺硬骗手段,向人民搜缴。以第十七纵队而论,先后组军3次,前后合计枪支8000余,壮丁近万名。当时边区正遭水旱、蝗灾,汤恩伯部队如此搜刮,可见人民所受苦难之深。如以界首为中心向皖北方面的蒙城、河溜、龙亢、阜阳、太和等有新筑、补筑、修筑的公路,从界首向河南方面的紫店、槐店、水寨、沈丘等也有新筑、补筑、修筑的公路,还有第二十八集团军以阜阳为中心的阜颍公路、阜蒙公路、阜太公路等,构成了一个以临泉边区总司令部为中心的公路网。所有这些公路,在修筑时,需用的材料,如木料、石子、沙子、砖头等,全是向百姓征工征料,常年徭役,怨声载道。如送石子、木料、砖头等车辆牛马,有民工累病、累死的,有牛马累病、累死的。这还不算,最可恶的是区、乡、保甲,层层敲诈。有钱者生,可以免送,那些无钱无势的老百姓,就被逼得叫苦连天了。

农村土地大部分被地主占有,农民多佃种地主的土地,忍受繁重的地租、高利贷等封建剥削。如皖南泾县水东村4个保,500多人,地主、富农每人平均有5~7亩土地,雇农、贫农、工人3个人还没有1亩土地。贵池附近有些地方,土地完全操控在地主手中,群众占有之土地在1%以下,住的房子也是地主的。整个皖南的地主、富农,不到人口之15%。重租高利,是农民遭受剥削的重要内容。民国时期,地主的剥削日益加重。地主小亩出租,大斗受粮,对佃户勒索各种附加租,地主迫令佃户从事各种无偿劳役,带有浓厚的原始封建强制性。如在皖南,地主对农民的剥削有三七分（地主得3/10）、四六分（地主得4/10）、对半分等分租形式,种茶叶的,地主得收获的3/4;此外还有奴隶式的剥削方式,祁门一带,贫农所有的、所用的一切都是地主的,每年收获所得,除自己维持最低限度生活所需外,全部交与地主。额外剥削也是免不了的。地主以土地的占有剥削农民,又以高利贷剥削农民。农村普遍受高利贷的剥削,如巢县南银屏山一带,1942年几乎每个农民都受地主的高利贷剥削。农村高利贷的形式有典当和私人借贷两种。高利贷种类很多，如"驴打滚"、"五装十"（借五还十）等，一般分为货币借贷和实物借贷，利息又因情况不同，差别很大。青黄不接时，地主放粮，以最高价折成现金，等稻麦登场后又以最低价收粮，仅仅两三个月，就本利相当。后来因为通货膨胀，有的高利贷又转为利息高、债期短的实物抵押借贷。如在皖南，高利贷一般的是加 2、加 3，亦有月利 1 分的；借 1 担谷，还 1 担米；借旧（青黄不接时）还新（新谷下来时），每担的利息还 5 斗，时间只差 1 个月或 20 天；以前债主收利钱时，如收不到即掠夺其资财。

国统区受到国民党军队、日军和土匪的侵扰。日伪军对非占领区的城乡还频频"清乡"、轰炸，自 1937 年 8 月至 1943 年底的 6 年半中，日机对安徽国统区的轰炸达 1518 次，平均每次出动飞机 4 架，损失不计其数。① 桂系逐渐反动，桂军甚至倡导"桂人万里从军，离家年久，财色方面不能不予以通融"，军纪也不断松弛。在安徽江北一带，新桂系部队驻扎地方的官兵，不少人吃喝嫖赌，聚赌抽头，有的强占民房，强占民妻，甚至窝匪通贼，杀人越货，罪恶种种，不一而足。1943 年在第二十一集团军总司令部驻地附近立煌红石岩竟发生 3 个桂兵抢劫第二十一集团军总司令李品仙爱妾罗啸如案件。② 国统区土匪也普遍存在，如巢湖一带就有 3 股土匪，近 3000 人枪，经常拦劫商人、打家劫舍。

抗战以后，政治腐败，战争破坏，水利失修，自然灾害也连年不断。特别是 1938 年夏国民党军队炸开黄河花园口大堤，"黄河于花园口、赵口溃决后，大溜南注，下趋贾鲁河、颍河而入淮，复东注洪泽湖，由张福河及入海水道入海"③。黄河夺淮，使皖北的亳县、涡阳、太和、阜阳、颍上、蒙城、临泉、凤台、霍邱、寿县、怀远、凤阳、定远、天长、五河、泗

————————

① 安徽省政府编：《安徽概览》，安徽企业公司印刷厂 1944 年印，安徽省档案馆 1986 年重印，第 325—326 页。

② 翁介中：《李品仙祸皖纪实》，安徽省政协文史资料研究会编：《安徽文史资料选辑》第 10 辑，1983 年印，第 19—20 页。

③ 《经济部关于 1942 年上半年工作报告》（1942 年 9 月），见《中华民国史档案资料汇编》第 5 辑第 2 编财政经济(5)，江苏古籍出版社 1997 年版，第 116 页。

县、盱眙、灵璧等18县被淹,安徽受灾面积2345万亩,受灾人口约300万,死亡人口407514人。

新桂系在安徽大肆搜刮,聚敛大量财富,为桂军扩张提供了经济支持。除了政府苛捐杂税的诈取外,还有重租高利的封建剥削,加上自然灾害,农村经济陷入全面危机,生产水平下降,粮食产量降低。据国民党省政府能控制或部分控制的43县份的统计,1940年稻米产量为28.99亿斤,麦子产量为21.6亿斤,到1944年稻米、麦子产量分别只有17.16亿斤和12.07亿斤,4年之中分别下降40%和44.4%。必须指出,面对农村经济的全面危机,国民党省政府也采取了某些发展农业的措施,但这些措施大多是官样文章,流于形式而逐一破产。如1941年8月成立省粮食增产督导处,在皖南设立分处,将国统区划为5个增产区,推行"战时一亩地运动",号召农民垦殖荒地、改良品种、推广绿肥,并派出技术人员下乡督导。从形式上看甚为热闹,但实际上并没有认真执行。因为省政府当局根本不愿为农业花钱,所需经费仅靠国民政府农林部每年拨的少量经费,1941年5万元,1942年9万元,1942年23万元,1944年89.03万元。农村经济是单一的农业经济,是很脆弱的,在帝国主义和蒋介石政府的重重破坏与压榨下,日益凋零,田地荒芜,庐舍为墟,民不聊生,不能抵御灾荒。当时淮北流行的一首歌谣说:"农民头上三把刀,税多租重利息高;农民面前三条道,逃荒要饭卖妻小。"[1]

二、工业的发展

抗战期间,在国民党安徽省政府控制的皖西、皖南山区,难民众多,加上国民党军队,人口骤增,对工业品需要量大为增加,而本来皖西和皖南山区交通阻塞,上海、南京、汉口等地输入的工业品就少,抗战时期输入的工业品更少,原来畅销的洋布、洋纱、洋烟等几乎断绝,使山区军民日用生活品更加紧张。在供求矛盾尖锐的情况下,迫切需要发展手工业、工业。在难民中不少人有专门的技术,并有丰富的劳

---

① 安徽省钱币学会编:《华中革命根据货币史》(第2分册),中国金融出版社2000年版,第94页。

动力,为山区工业发展提供了技术和劳动力条件。国民党安徽省政府为巩固统治需要,一方面鼓励皖西、皖南山区发展工业,另一方面还经办一些工业,促进了山区工业的发展。

抗战期间,皖西和皖南山区的手工业都获得一定发展,特别是在芜湖、安庆、合肥等地的手工织布业遭到日军破坏的情况下,皖西和皖南山区的手工织布业发展显著。据 1939 年皖西 13 县统计,共产土布67 万匹,还有其他皮纸、棉纱等手工产品,产量比抗战前均有大幅度增长。望江县农村妇女十之八九都从事手工纺织业,年产量虽少,但平均每机也能生产土布百匹,除少量自用外,大部分销往内地。又如1940 年六安东桥一带有针织机 200 部以上,针织机主要是木机,分散在农民家里,系家庭手工业,所产袜子、毛巾销往大别山区。在皖南山区,"抗战以后,垂死的乡村手工业,却一般有了复苏的现象,我们在铜(陵)、繁(昌)、南(陵)、泾四县调查的结果,主要的手工业,如面粉业、油坊、织布坊、烟坊、纸坊等,都逐渐地繁盛起来,而且它还在继续不断地发展下去"[①]。南陵黄山乡一带,以前根本没有商业性的织布机,只有少数家庭木机织布,抗战以后,这里开设了好几家机坊,每天可生产土布六七十匹,日夜开工生产还是供不应求。在铜、繁、南、泾各县的农村,面粉业也很兴盛,凡人烟稠密地方,一般都开设有面粉坊,并都能获利。一直在皖南乡村很重要的油坊业在抗战期间也有发展,如繁昌铁门闩、铜陵南部罗家店、泾县章家渡等地油坊的生意兴旺。在繁昌赤达乡、泾县章家渡一带的烟坊以及泾县的纸棚生产都为战前数年所未有。

抗日战争前,皖西、皖南山区的商品经济有所发展,但是自然经济仍然占主导地位,工商业发展落后,城镇仅有一些手工作坊,没有较大规模的工矿企业,比安徽交通沿线的市、县相对落后。抗战爆发后,作为安徽工商业中心的芜湖、蚌埠、合肥、安庆等沿交通线市县相继沦陷,工业遭到破坏,皖西、皖南山区工业有了发展。1939 年,国民党安徽省政府控制的皖西、皖南山区新设工厂 30 家,资本 10 余万元,其中

---

① 《抗敌》第 9 期,第 125 页。

一半是纺织厂、毛巾厂，其他为肥皂、印刷、榨油等工厂。上述工厂大多为商办企业，规模较大的有太平县平民工厂，资本1.4万元，职工达300人。这些工厂大多为手工操作。1940年，皖西、皖南山区又新设工厂60家，资本达30余万元，其中一半也是纺织、染织、毛巾厂，另有5家造纸厂、3家卷烟厂，此外是肥皂、榨油等工厂。其中规模较大的是霍山力生实业社，专门生产纸张、布匹、肥皂等产品，资本为5万元。上述60家企业，14家为官办企业，3家为官商合办企业，其余的是商办企业。[1] 1941年，皖南歙县、宣城和皖西立煌、岳西等18县又新设工厂24家，资本共30余万元，生产纸张、肥皂、蜡烛、棉纱、铸铁、油墨等15种产品。这3年中虽然设立的工厂有110多家，资本达70余万元，对发展皖西、皖南地区的工业，满足抗战期间边区人民的日用需要起了一定作用，但是它们规模都较小，多为手工操作。1942年倡设潜山（水吼岭）、立煌（流波磃）、舒城（卢镇关）造纸示范厂；霍山（磨子潭）冶铁示范厂、太湖（弥驼寺）冶铁示范分厂；舒城（申梅河）纺织示范厂、六安（毛坦厂）、太湖（徐家桥）纺织示范分厂；六安（苏家埠）麻织示范厂，立煌（麻埠）、霍邱（叶家集）麻织示范分厂，对经济发展有促进作用。

安徽国民统治区的工业，大多是1940年以后兴办的，先后开工的有176家工厂。这些工厂的特点是：（1）企业性质有官办、商办和官商合办3种类型，其中官办40家，商办103家，官商合办33家，分别占企业总数的22.7%、58.5%和18.8%。（2）企业规模都比较小，据1944年的统计，上述企业的资产总额2700万元，平均每个企业仅19.1万元；各类企业的平均资产规模，官办企业24万元，官商合办企业20万元，商办企业仅9万元。（3）这些企业大多是利用当地原材料生产当时急需的军工、民用产品，行业范围广，主要行业有纺织、造纸、机械、卷烟、榨油、制革、印刷、化工等，其中以纺织、卷烟、造纸为大宗。至于矿业，当时开采的只有庐江矾矿和皖南的若干煤矿，规模都很小。

商办即民办工业企业103家分布较广，差不多国统区各县都有，

① 《安徽省二十九年度统计年鉴》，第54—59页。

其中又以休宁、桐城、舒城、六安4县最多。根据1944年的统计,休宁县有制皂厂、箔厂、牙刷厂、染织厂等13家,桐城县有染织厂、皮革厂、卷烟厂、制皂厂等10家,舒城县有卷烟厂、印刷厂、制皂厂等7家,六安县有军服厂、麻织厂、卷烟厂等6家。商办工厂的产品大多是日用物品、军需用品和小型农具,其中以烟厂和纺织厂最多。像桐城、舒城这类不是烟区的县,就有9家小卷烟厂,舒城7家商办工厂的总资本73万元,其中烟厂资本就达65万元,占全县商办工业企业资本总数的90%左右。其他县大多也有一两个卷烟厂。纺织厂的情况也类似,差不多各县都有。国统区的工业在抗战时期有了一定程度的发展,特别是民办工业企业发展迅速,并在1942年形成了一股办实业的热潮,民营工厂多是在这一年兴办的。当时,民营工厂生产了国统区的卷烟、化工等日用品的几乎全部,纺织、印染品的大部。当时全省资本超过百万元的工厂有7家,其中民营工厂4家,分别是六安新新卷烟厂、霍山新华卷烟厂、涡阳福华公司和庐江利生卷烟厂,涡阳福华公司拥有资本200万元,规模最大,生产的"财神牌"、"令箭牌"香烟很畅销。

经过几年的发展,皖西、皖南山区和皖西北地区出现了一批半近代化企业,并形成了一批区域性的小型加工中心。如省政府所在的立煌县城,有数十家工厂,省内官办企业8家,规模较大的3家都在立煌县,资本占省营官办企业总资本的60%左右。抗战胜利后,省政府迁至合肥,皖西、皖南山区的难民返回芜湖、安庆、蚌埠等市县,一度繁荣的皖西、皖南工业又逐渐衰落。

三、新桂系地方官僚资本的发展

抗战期间,新桂系利用执掌安徽省政府的机会,横征暴敛,聚敛巨额财富,形成新桂系的地方官僚资本,创办了一些官僚资本企业。

1940年,安徽省政府建设厅在立煌、屯溪等地设立了民生纺织厂、化学工艺厂、皖南纺织示范工厂、第六区纺织实验工厂、皖西卷烟工厂等5家省营工厂,资本达30余万元,职工共600余人。为了发展官僚资本企业,1941年10月1日,安徽省政府设立安徽企业公司,张宗良、韦永成、储应时等5人为官股董事,桂竞秋、江炜、吕荫南为官股

监察,张宗良任董事长,韦永成、储应时为常务董事,桂竞秋为常务监察,聘罗川仙为经理,程万孚、储贤卿为协理。由程万孚在屯溪负责筹设皖南分公司。原定资本 1000 万元,其中官股 6 成,商股 4 成,但实际官股只有 600 万元,商股不足 200 万元,在此 600 万元的官股中,又复提拨 100 万元作为省府供应社的资金,所以实际运用资金仅 700 万元。安徽企业公司以推广商业、辅助农桑、发展工业、开发矿业为任务,目的是增加生产,调节物资。公司设立生产部门和贸易部门,生产部门有纺织厂、印刷厂、化学工厂、制革厂、丝织厂、炼铁厂、卷烟厂、造纸厂、农场。纺织厂购买新式纺织机,自纺自织自染,生产各种布匹;印刷厂购买各种印刷机器,印刷各种图书杂志、学校教材、银行收据、会计账表;化学工厂聘请化学业专家,采用上等原料,制造肥皂、油墨、洋烛及其他日用化学品;制革厂聘请优良技师,选购原料,制造纹皮、底皮、带皮;丝织厂利用皖南大量土丝,制造各种绸缎袜带;炼铁厂淘取铁砂炼铁,制造各种农工器具;卷烟厂采用定远、刘府、许昌等地烟叶,机制各种卷烟;造纸厂利用土产原料,制造各种纸张;农场办理畜牧、养鱼、园艺及各种植物、桐、漆、特种林产。① 当时公司广告称,生产部门承接的业务为,承印各种图书杂志学校教材、银行条据、会计账表及套色证券股票,定织各式花样布匹、绸缎、线毯、蚊帐,定制新颖皮件、男女新式靴鞋;出产各种绸缎、各种布匹、各种皮革、各色油墨、各种纸张、各种卷烟、线毯蚊帐、丝线男女袜、毛巾丝带、新颖皮件、男女靴鞋、肥皂洋烛。② 公司成立后,扩充原省营工厂,同时又新设一些企业,共用资金 255 余万元,约占总资本额的 32% 强,控制了官办企业和官商合办企业。

官办企业分为省立和县营两种,其中省立 8 家、县营 32 家。8 家省立工厂是:(1)省立舒城纺织厂。该厂原为第五战区经委会创设的裕皖纺织厂,1942 年 5 月移交安徽建设厅接办,改称省立舒城纺织厂。原有资金 12 万元,后增拨 30 万元,以漂染纺织为业务范围。除新购

① 《中原月刊》第 8 卷第 6 期封底,1943 年 12 月 31 日。
② 《中原月刊》第 9 卷第 6 期封底,1944 年 9 月 30 日。

厂屋 35 间外,并添置新式纺织机等项设备,配合原有全部工具从事生产,1944 年计可生产棉纱 1 万市斤,棉织品 1 万匹,毛巾 1000 打,棉袜 1500 打,并附织土绸。(2)省立立煌小型机械厂。安徽省向无机械工厂,所有农工必要机械都从外省购买,军兴后交通梗阻,采购困难,而原有机械损坏,修理装配亦都无法进行,于是在 1943 年筹设省立立煌小型机械厂 1 所,制造农工生产工具,除利用本省前正阳职业学校原存各种机械加以修理装配外,并建造厂屋、添购柴油发动机及各种机件等,总金额为 165 万元。1944 年计划,拟于上期制造纺纱机 180 部,磨纱机 60 部,弹花机 10 部;下期制造纺织机 24 部,织袜机 20 部,制糖分蜜机 12 部,并试制榨油工具及造纸工具,设计 2 马力打浆机及压光机等,配售各地工厂使用。(3)省立黄山造纸厂。1944 年皖南黄山筹设省营造纸厂 1 所,由经济部补助安徽省工矿事业费内拨出 10 万元为该厂周转金,并呈奉院令核准在安徽省 1944 年度新兴事业费内列支该厂资金 60 万元,设纸槽 10 具,以 6 槽制造新闻纸,4 槽制毛笔连史纸及钢笔连史纸,每日每槽可出新闻纸 1 令。(4)省立旌德纺织厂。1940 年设立的皖南纺织示范厂,到 1943 年改称今名,经营纺纱、缫丝、织绸、织布、漂染等项业务。原有资金 3 万元,后将该厂盈余 13.56 万元拨充资本。全年计可出产棉织品 2400 匹,丝织品 3600 匹,毛巾 4200 打,线袜 5500 打,棉纱 12000 市斤。(5)省立泾县纺纱厂。该厂原名是 1930 年设立的皖南六区纺纱试验厂,1943 年改称今名。原有资金仅 1.5 万元,后因物价高涨,不敷周转,将累年盈余拨充资本,以种棉、纺纱、织布为主要业务。1944 年计可出产棉织品 1200 匹,毛巾 1800 打,棉纱 10800 市斤。(6)省立立煌电力厂。该厂发电机及木炭代油炉,1942 年运到立煌,1943 年底发电,供应省总台电源及装配各机关电灯。(7)省立立煌干电池厂。因江北省县电台计有 40 余座,长途电话遍布各县,电料消耗,每月需干电池 700 余打,而来源枯竭,购办困难,就设立干电池厂,该厂资金 100 万元。(8)省立度量衡制造厂。1941 年于立煌筹设省度量衡制造厂 1 所,制造度量衡新器,供给江北各县使用,资金 10 万元。1944 年计可出产量器 960 件,衡器 10080 件,并于皖南、皖北各设分厂 1 所。除皖北分厂因阜阳已成立县

厂业经裁撤外,皖南分厂设于屯溪,计有资金 5 万元,制造新器供给皖南各县使用。

安徽省营官商合办工厂,计有印刷厂 1 所,资金 30 万元,印刷报刊、刊物、书籍、表册等。纺织厂 1 所,资金 40 万元,经营漂染纺织业务。屯溪丝织厂 1 所,资金 324840 元,专织各种绸绫。休宁芳口造纸厂 1 所,资金 10 万元。六安卷烟厂 1 所,资金 50 万元,出品"中山门"及"实塔牌"香烟。炼铁厂 1 所,资金 14 万元,利用土产铁砂炼铁。制革厂 1 所,资金 30 万元,制造皮革及皮条。化学工艺厂 1 所,资金 15 万元,制造肥皂、油墨、粉笔、墨水、墨汁等。立煌造纸厂 1 所,资金 39 万元,制造平光报纸。苏家埠麻织厂 1 所,资金 20.8 万元,织造麻袋。潜山造纸厂 1 所,资金 10 万元,制造平光纸。天柱青年纺织厂 1 所,资金 10 万元,经营纺织业务。企中造纸厂 1 所,资金 10 万元,制造印刷用纸。以上工厂共计 13 所,系由安徽省企业公司主持办理。又皖南实业公司设有制革厂、纺织厂、造纸厂、火柴厂各 1 所,分别从事专门生产,适应社会需要。

安徽企业公司除设立工厂以外,还经营商业贸易,包庇走私,开展信托等业务。它和省地方银行合作,资本为财政厅投资,银行提供资金,公司组织贸易,公司经理罗园仙和银行行长张岳灵均系李品仙心腹。省地方银行在行内设立信托部,与李品仙暗地里大做生意,所办货物大部分为油盐粮食、茶麻、布匹、百货等,在各地设分行,大放高利贷,收买金银。李品仙妻子罗啸如私下做生意均由张岳灵筹款,罗园仙购货和销售。这两个机构反映了新桂系官僚资本的发展。安徽企业公司的创立,标志着新桂系官僚资本的发展新阶段。公司几乎控制了皖西、皖南地区的工业生产,利用当地丰富资源、廉价劳力,又以政治、军事实力为后盾,获取高额利润。

四、商业盘剥

抗战时期,由于日军交通封锁,安徽国统区聚集的大量难民和军政人员,迫切需要食盐、棉布、火柴、肥皂等日用必需品。虽然日军占领了安徽安庆、芜湖、蚌埠、合肥等几个大的城市,但是,就全省来说,空隙地带还是很多,因此投机商人便乘机而起,把国统区农产品运到敌占区销售,把沦陷区商品贩运到国统区,这时,敌占区工业品大量涌进,农产品大量涌出,一时进出口商业贸易很发达,在皖北怀远河溜和豫皖交界界首集形成了两座闹市,吞吐着沦陷区和国统区的巨额商货和物资,另外繁昌、叶集等边界城镇,商业活动也很繁荣。受之影响,国统区内商业活动也逐步兴起。新桂系见有利可图,一方面设立货物检查站,对正常行商进行盘剥,另一方面进行商业投机。

1938年秋,国民党蒙城县长兼抗日自卫军司令葛昆山,派出他统率的地方团队,借检查为名,拦路勒索,继则以该县财政局名义,印制税票,派遣"干员",在移村集、王氏集、团城等处设卡收税,收入甚巨。怀远、宿县、涡阳、亳县以及其他各县、镇的军政头目都纷纷设站检查,设卡收税。1939年初,安徽境内长江北岸和涡、淮流域地方秩序逐渐恢复,各县市场更加活跃,进出口商货数量更大。安徽省政府主席廖磊知道了游击边区商业繁荣情况,在和第五战区司令长官李宗仁密电磋商之后,在财政厅下设立货物检查总处,由当时省财政厅长章乃器分别委派许多货物检查处处长,到交通要道的各县设立17个货物检查处,正式设卡征税,并把各县自行设立的检查处予以裁并或撤销。在各县货检处下设分处、分所,由财政厅发一本百货检查应否报税的简章,内容分货物种类,即土产与敌货两样,纳税多少,什么货当报等。但是,简章不细,税务人员凭好恶征收,没有标准,不高兴就给它一个"充公"。新桂系在安徽设置货检处,在布告上说是为了杜绝敌货进口,严禁物资外流,切实执行抗战时期经济封锁政策,并晓谕商民等共知大义,争取最后胜利等。实际上,这些设在安徽各县货检处的巨额收入是惊人的,对运进立煌的大小百货、杂货、香烟、棉布、食盐等敌货,运出立煌的竹、木、茶、麻、桐油、猪鬃、粮食等土产,见物报税。

1940年1月,李品仙以第二十一集团军总司令兼任安徽省政府主席。到任后即发现安徽财政厅货检处流弊百出,贪污中饱,无法统计,对省库收入与军政开支影响极大,对货检又采取进一步措施,专门成立了安徽全省进出货物检查管理总所,负责调整各县货检处的工作。安徽各县货检处原属财政厅管辖,这时由总所管理,另成系统。安徽

各县货检处调整后,分别在边区要地设立货检所,以番号排列,每所管辖两三县。其中收税最多的,在皖北有怀远、蒙城、涡阳、亳县、太和等县,以蚌埠、商丘为输出中心;在皖中,有无为、庐江、巢县、合肥、怀宁等县,以芜湖、合肥、安庆为输出中心。每处每月税收都在二三十万元以上。皖南方面,则以屯溪为中心,宣城、繁昌、南陵、祁门等县税收,也不低于皖中、皖北各县。1939 年夏,皖东方面,也在盱眙、天长、来安境内设立了货检处。总计当时安徽货检处的税收,每月约在 280 多万元。据不完全统计,每年货检处收入在 3 亿元左右,一部分归李品仙,一部分给桂系部队头目,一部分解往老河口李宗仁处。这样巨大的收入,从未在省内作过正当用途,而大多被用于军阀扩充势力的军费和被军政官员所贪污吞没。

1939 年 7 月,省府又成立所谓安徽省护商缉私队,是安徽省特种部队,司令部设在庐江,有 3 个大队,第一大队驻守亳县、太和,第二大队驻守庐江、三河,第三大队驻守襄安、土桥,专对经货检处检查过的商人货物,以防走私资敌为名,再行检查,实际上是向商人公开索要买路钱。商人给护商缉私队送了一个别号,叫"护商吃私队"。如芜湖的一个商人在庐江购买 20 担鹅毛,一次就被勒索买路钱 3000 元,有的商人还被无端杀害。到 1940 年 7 月,李品仙下令裁撤护商缉私队,所有部队仍归还保安团建制。至此,护商缉私队这个特有的武装才告结束。货检处和护商缉私队的设立,严重限制了国统区的正当商业活动,给合法商人造成了负担。

五、商业走私

国民党除了对正当的商业活动进行盘剥以外,还进行商业投机和走私资敌活动。抗战初期,对日经济反封锁虽然给日军以沉重的打击,但是也带来了一些困难,如物品缺乏、农产品流通不畅、物价上涨等,使走私活跃起来。新桂系在安徽走私资敌,最初还是偷偷摸摸地进行。安徽企业公司成立后,在办一些企业的同时,还设立贸易部门,进行商业贸易。这些贸易主要是走私,秘密以物资资敌,赚取了大量利润,专门采集内地农、矿产品,如粮食、棉花、竹、木、茶、麻、桐油、生漆、皮革、肠衣、牲畜、家禽、蛋类以及铁砂等,从正阳关、河溜运到蚌埠销售,资敌的绝大部分物资从无为、庐江运到芜湖销售。然后,再从沦陷区购买大量的日本货,如食盐、香烟、呢绒、人造丝布、丝绸、棉布、洋酒、化妆品、日用品等,运回内地销售。它的市场遍及皖、豫两省以及西安、老河口、重庆一带。每月所赚的利润无法估计,从正阳关到蚌埠的运销业务,每月往返的贸易总数约在两三千万元,资敌物资从皖中的无为、庐江运往芜湖方面,每月进出总额约在七八千万元以上,利润在总数的一半以上。从 1941 年安徽企业公司成立到抗战胜利,他们赚的钱无法计算。李品仙因而能在香港买了很多房产并有大量在外国银行的存款。当时李品仙为大肆搜刮地皮,中饱私囊,除公开组织安徽企业公司外,还组织了一个秘密经济集团,名为"中和庄",总负责人是曾任安徽省地方银行的行长张岳灵,住在立煌。皖西各县都设有秘密机构,专门贩运当时的违禁物品,铜、锡、米等从史、淠两河经正阳关出口,到沦陷区去资敌,又从蚌埠、寿县运鸦片烟土以及日用百货、布匹、糖、盐等,到皖西来贩卖。李品仙还与汪伪安徽省政府勾结,共同走私。正阳关是皖北走私的重要通道。它位于淮河的上游,史、淠两河与从阜阳流经颍上的沙河,都在正阳关汇合,流入淮河,正阳关又是当时敌后通往沦陷区的重要进出口,属于第十战区管辖。蒋介石的嫡系汤恩伯部队,在阜阳设立了一个重建区总司令部,军事上不受第十战区的指挥,经常截夺经过正阳关附近沫河口子的走私物资。驻在寿县县城(离正阳关 60 里)的日军常到正阳关附近骚扰。李品仙为了保护自己走私资敌、避免贩运的违禁物品受到损失,设立一个正阳关守备司令部,以曾任六安县长的广西人罗培中为守备司令。罗培中在六安任县长时贪污有名,是六安搜刮地皮的能手,百姓送他绰号"罗百万"。他的任务就是保护安徽企业公司和"中和庄"在正阳关设立的办事处,与汪伪政府在正阳关设立的对外贸易公司之间的走私贸易。安徽企业公司和"中和庄"还在蚌埠关设立办事处,与敌伪贸易机构接头,办理这些走私的工作。"中和庄"正阳关负责人毛宝山也时常到蚌埠去,接头走私。1940 年,李品仙派高级参议赵寿山到蚌埠,与汪伪国民党安徽省党部主任委员张拱震等在蚌埠合组一个贸易

公司，借以贩卖沦陷区和大后方两地货物，从中攫利。国民党官僚军阀的走私资敌，使安徽国统区投机性商业更加畸形发展。在皖南、皖北地区，商人走私猖獗。皖南地区物产丰富，战前，这里的物产多运往芜湖、南京、上海等城市销售，又从这些城市买回布匹及日用品。

另外，淮北非桂系管辖的国统区走私也盛行。及至抗战军兴，当时陇海、津浦、京汉各铁路线的重要城市，均被敌伪控制，新四军、八路军也在积极建立游击根据地，西自漯河、水寨，东至河溜、龙岗，南从淮河沿岸，北到涡河南岸，这一地区，当时已成一个四不管的真空地带。此时界首商业蓬勃发展，成为长江以北、黄河以南的物资进出唯一的内地口岸，时称"小上海"、"小南京"。再如山东省政府及东北军于学忠部退驻阜阳，东北军何柱国部骑二军退驻河南沈丘，各部军队武装走私之风甚炽。有将大批战区物资公开资敌，同时，又把大批烟土、海洛因从敌伪区运进。尤以何柱国部骑一军为甚，如在当时挂着骑二军少将参谋的陶天相、少将陈宏毅、上校朱锦韬（皆东北人），都是公开地大搞走私。何柱国为了走私的安全，曾亲自派一个武装经济大队，公开保护走私，并保护大批商民走私。何柱国以广西龙乡的关系，曾先后两次携带重金厚仪，亲自去立煌同李品仙联系，以期发展个人势力，并为新桂系扩大影响。在苏鲁豫皖边区建立后，汤恩伯各部队除收税外，尚有大批公开的武装走私。边区总司令部，挺进两路总指挥部，军、师、团部，以及各个挺进纵队司令部、警备司令部、各个督察处和船舶管理所等大小单位，都是公开地武装走私。界首警备司令部还特地成立一个武装缉私大队，专供对敌陷区掩护走私之用，并护送巨商大贾，公开走私。如界首巨商饶绍周的三泰店、肖希龄的天泰店等，每次走私，总在数万匹布，大架车要拉几十辆。又如挺进第二路总指挥部的走私，王仲廉总指挥每到苏北"扫荡"时，总要带去几百辆架车、马车货物，到徐州一带出售，回来时，又带回大批烟土、白面、京广杂货等。此外，还有安徽企业公司界首办事处经理谷养云，与汤之船舶管理所所长陈宏毅公开勾结，以"物资交换"为名，把大别山区皖西一带的茶、麻、竹、木、桐油、生漆等运往蚌埠，大批走私，公开资敌。总之，新桂系利用主政安徽的机会，特别是李品仙任安徽省政府主席以后,打着抗日的旗号,对安徽人民极尽搜刮之能事,聚敛了大量财富,为桂军的扩张提供了经济支持。

六、章乃器整顿财政

安徽的经济本来就不发达,自然灾害频发,财政历来入不敷出。抗战前每年地方财政收入约 700 万元,而地方支出每年千余万元,每年还要靠中央补助 300 余万元。1938 年,安徽大部分富庶地区变成了沦陷区,新桂系能统治的地区实际上只有 3/4 左右,统治地区越来越缩小,并为经济落后地区;而黄河决口,皖北顿成泽国,民力更加凋敝。这就给安徽财政经济带来了很大困难,常入不敷出。如 1937 年公教人员有两三个月发不出饷。[①]

李宗仁就任安徽省政府主席以后,在当时抗日形势的推动下,积极抗战,组织了由共产党员、进步人士参加的动委会,为了解决财政经济困难,聘用了善于理财的爱国人士章乃器为安徽财政厅长,整顿安徽财政。章在出任财政厅长前,曾向李宗仁提出铲除贪污腐化、厉行节约、禁止浪费等就职条件,李全部接受,并表示对章的工作全力支持。章乃器在任期间,主要采取了如下的整顿措施:在节流方面,他提请省府在全省开展"铲除贪污,反对浪费"运动。就铲除贪污来说,财政厅当时曾经检举过教育厅长杨廉的贪污劣迹,把早已跑到四川的杨廉处以极刑,还扣押过寿县县长和立煌商会会长,把不少贪污的县长和税务局长等查办撤职。经过雷厉风行的打击贪污,在 1938 年下半年和 1939 年上半年那段时期内,在省政府系统的各部门,特别是财政部门的各级机构中的贪污之风大为收敛。省财政厅反对浪费的办法是事前严格审核各单位预算,事后严格审查预算实际执行情况。关于开源方面,首先发行银行本票,搞活金融流通。当时军政机关经费开支增长很多,银行和社会上流通的钞票顿形短缺。当时安徽省银行有一定数量的硬通货(金银等)储备,但省银行无权发行钞票,而硬通货

---

① 章乃器:《抗战初期我在安徽的一段经历》,安徽省政协文史资料研究委员会、安徽省社会科学院历史研究所编:《第二次国共合作在安徽》,安徽人民出版社 1986 版,第 112 页。

又不能在市场上流通。所以省府决定以财政厅名义在立煌印发省银行本票（约 200 万元）作为钞票，以应社会的急需。本票使用时间不长，发行数目也不大，但是缓解了 1938 年冬季立煌金融困难。其次，设立货物检查处，征收货物过境税。货物检查处设立后，税率虽然不高，但由于每日货物进出的数量很大，税的收入就十分可观。不仅解决了财政困难，而且有盈余，可以兴办各种事业。只是在他离任以后，货检处变成秕政，令人痛心。再次，整顿赋税，取消非法摊派，统一征收各种合法赋税，国统区各县分批设立税务局，加强税务部门的力量。同时，整顿各县财政和保甲经费。

章乃器从 1938 年 3 月正式出任安徽财政厅长到 1939 年春离任的一年多时间里，整顿安徽财政经济，取得了成效。安徽财政有了一年多的短暂复苏，财政收入增加。从下表可以看出从 1939 年到 1941 年省财政增长情况。

表 16 - 1　1939—1941 年安徽省财政收入比较表　　单位：元

项目	1939 年	1940 年	1941 年
田　赋	2962473	2942477	3680332
契　税	403511	1077337	2088447
普通营业税	283699	587558	1604713
烟酒牌照税	113414	122218	187653
牙　税	190636	241333	655501
茶　税	217614	548635	686821
检查费及产销税	2825162	6141656	12214461
合　计	6996509	11681214	21117928

资料来源：《八年来之安徽·财政》，第 31 页，见王鹤鸣：《安徽近代经济探讨》，中国展望出版社 1987 年版，第 218 页。

从表中可以看出：（1）抗日战争爆发后，安徽财政收入逐年增加，1940 年较 1939 年增收 67%，1941 年又较 1940 年增收 80%，增收幅度很大。（2）安徽各项税收均有所增加，除田赋和烟酒税增加稍缓外，其他各税收入均成倍增长。以 1941 年与 1939 年相比，契税、普通营业税增加 4 倍,牙税、茶税和检查费、产销税增加 2 倍以上。(3)检查费、产销税已接近田赋收入,1939 年,占全省收入的 40%;至 1940 年,产销税为是年田赋收入的 1 倍,占全省收入的 52%,到 1941 年产销税猛增为田赋收入的 3.3 倍,占全省收入的 57.8%。

这种情况维持不久,财政很快又陷入更为严重的危机。1942 年,省政府强令省会以外的各学校教师每月减薪 5 元,1944 年又强令减薪一半,在财政支出中大砍教育经费和建设经费。为了增加财政收入,增设许多新税目,任意向人民和工商业界强行勒取苛捐杂税,其税种除了国民政府规定的统税、盐税、印花税、所得税、田地赋税等外,还有省、县、保、乡征收的牙帖税、烟酒税、牲畜税、土膏税、花捐、房地产捐、筵席捐、娱乐捐、银行基金捐、救灾捐、伤兵捐、门牌捐、卫生捐、迷信品捐、壮丁费、保甲费、慰劳费、"清乡"费,以及保安、教育、筑路、建设、自治等附加捐和各种各样的摊派,苛捐杂税和摊派种类达 100 多种。苛捐杂税税负也很重,如皖北地区印花税,1942 年收取总额为 50 万元,1943 年就达 388 万元,仅一年时间就增加了 6 倍多。大批官吏在财政危机中大发国难财,广大人民群众和工商业者却承受着财政危机的沉重负担。

七、建立战时财政体系

为建立战时财政体系,安徽省政府在 1938 年 9 月下旬召开皖西财政会议,参加会议的有立煌、岳西、舒城、潜山、太湖、宿松、六安、霍山、霍邱等 9 个县的有关人员。会议拟订《整理各县财政方案》,通过了 20 件议案,重要的有:统一各县征收机构,各县成立税务局统一征收各税;实施新的会计制度,成立各县会计室;改进金库制度,恢复地方银行各县分行处;限制保甲经费;清理各县救国公债,确立地方附加为地方收入等。1939 年春,省政府鉴于日伪向内地倾销日货、行使伪币,决定在与日伪接近地区的交通要道,设立进出口货物检查处,配备 9 个武装缉私中队,防止日货输入,禁止物资资敌,实行反封锁,并对由沦陷区输入及向外地输出的货物,征收检查费。1939 年,国民政府

公布《县各级组织纲要》，将地方财政明确分为省级、县市级财政，县市财政有了独立收入。1940年8月，因开征检查费未经国民政府批准，迭次奉令停征，遂废除检查费，仿照湖南、江西各省成例，改征战时产销税。1939年，省政府委员常会修正通过《安徽省各县会计室暂行章程》。同年11月，省政府会计处成立，省财政厅所办的岁计、会计事宜均交其接办。次年6月，省政府令各县成立会计室，办理地方岁计、会计及县政府所属机关经费审计事宜。1940年4月，省政府委员常会通过《安徽省县各级组织纲要实施计划》，其中"确立县乡镇财政制度"部分中，规定了省、县、乡镇财政收入的具体项目。划归乡镇财政的收入，暂由县政府统一征收，按月拨给乡镇公所，按预算规定支用。1941年6月全国财政会议，又决定将省级财政并入中央财政系统，即由以前中央、省级、县级三级财政，改为中央、县级二级财政，原省有各税交中央驻省国税机关，省级经费经中央核定，由省财政厅依有关法令按期代理签发各机关经费。

在抗日战争进入最艰苦的时期，国民政府在财政上采取上述集中财权的做法，其主要目的是进一步加强以蒋介石为首的四大家族在财政上的垄断地位。同年12月，省政府转发国民政府改订财政收支系统实施纲要，原属国家及省、市的收支归国家财政，县及乡镇的收支归自治财政。同年，为保障抗日战争的军粮需要，省政府根据行政院的决定，将田赋由征收货币改为征收实物，同时随赋征购粮食。

第三节　抗日民主根据地经济

一、减租减息运动

在抗日战争时期，安徽有淮南、淮北、皖江抗日民主根据地，抗日根据地的经济是新民主主义经济，由公营经济、合作社经济和私人经济3种成分组成。公营经济主要是军需工业、政府和军队开办的工商业;合作社经济主要是人民群众自愿组织起来的生产、消费合作社（组）;私人经济主要是个体农业、手工业和私人商业。"殖民地半殖民地束缚之否定,是新民主主义的第一个特点,其次便是封建剥削关系的废除或削弱"。[1] 为了打败日本侵略者,坚持抗日民族统一战线,根据地各级抗日民主政府,从发展生产入手,改善人民生活,增加财政收入,积极发展公营经济,鼓励和发展合作社经济,提倡和奖励发展私人经济,并与日伪作经济斗争,打破日伪的经济封锁,使抗日根据地的经济获得了巨大发展。抗日根据地实行的经济政策是抗日统一战线的政策,新民主主义的财经政策。

　　抗战以来,共产党在各抗日根据地实行的土地政策,是抗日民族统一战线的土地政策,也就是一方面减租减息、一方面交租交息的土地政策。这一政策在各根据地实行以后,曾经获得广大群众的拥护,团结了各阶层的人民,支持了敌后的抗战。因而减租减息是中国共产党在抗日战争时期重要的土地政策。1938 年到 1939 年之间,敌后各根据地相继建立后,中共中央即提出二五减租（即按原租减去 25%,也称"四一减租"）和分半减息或一分减息（即年利最高不得超过 15% 或 10%）的口号。1942 年 5 月,华中局发出的关于减租问题的指示强调,"目前只宜实行二五减租的口号,以免对统一战线不利"[2]。安徽因为根据地建立较迟,减租减息政策的实施起步与其他地区相比较晚。抗战前,安徽广大农村经济是半殖民地半封建性质的经济,帝国主义的压迫与洋货倾销,使得民族资本主义不能发展,封建土地占有关系顽固地统治着农村经济,土地集中严重,农民承受着重租高利和苛捐杂税的封建剥削。从当时华中 4 省资料看,在广大农村的全部农户中,自耕农占 39%,半自耕农占 25%,无地的佃农占 36%。如淮南路东来安县安乐乡,占总人口仅 6.86% 的地主,却占有总土地的 81.92%。田租一般是对半分,如来安县,"地主对租种田地的佃户,他们采取四六分租、五五分租和借一还二等办法剥削农民,使广大贫雇

　　[1]　许涤新:《中国国民经济的变革》,中国社会科学出版社 1982 年版,第 62 页。
　　[2]　《华中局关于减租问题的指示》（1942 年 5 月 17 日）,见《华中抗日根据地财政经济史料选编》第 1 卷,档案出版社 1984 年版,第 20 页。

农终年不得温饱"①。此外还有无理的额外剥削,如交租稻之外还要交租草,送年礼,押板钱,办看租酒,做义务工。高利贷名目繁多,利息很高,有 3 分、5 分至 10 分。捐税则遍地皆是,有军阀的、政府的、地方的。此外军阀豪绅恶棍在乡间鱼肉百姓、强取豪夺、敲诈勒索之事更是所在多有。农民就是在这种帝国主义与封建势力压迫与剥削之下生存。要建立根据地,动员广大农民齐心抗日,必须限制封建地租和高利贷的剥削,调整农村雇佣关系,实行减租减息政策。

安徽 3 个抗日根据地减租减息是有领导、有计划、有步骤地进行的。各根据地派出大批工作队分赴各地,进行减租减息宣传,并制定具体方法。在安徽 3 个抗日民主根据地中,淮北根据地的减租减息开展得比较早,1939 年冬和 1940 年春,在刘少奇指导下,彭雪枫、吴芝圃、刘瑞龙等就在永城领导减租减息运动,逐步积累经验,并在全区逐步推广。淮北减租工作自 1940 年开始实行,当时只有个别地方减租。1941 年减租范围达 22 个区、98 个乡、687 个保,减租粮 9000 余石,有 9000 余户佃农得利。1942 年减租范围增至 39 个区、196 个乡,减租粮 31366 石,有 19240 户佃农得利。1943 年增至 65 个区、412 个乡,减退租粮共计 50896 石,有 42756 户佃农得利。1944 年增至 899 个乡,减退租粮增到 112118 石。

淮北减息工作从 1940 年开始,当时只在个别地方实行分半减息,1941 年减息工作仍按老债分半减息执行。1942 年到 1943 年根据地的新债,借粮听涨不跌。由于 1942 年收成不好,1943 年春荒很严重,政府拨公粮办平粜,给予救济,又号召贫富借粮互助。因为经过 1943 年的彻底改善民生,加之 1943 年年成比较好,1944 年春政府发放了春荒贷款,修筑河堤以工代赈,因此缺粮的大为减少,私人借贷也很少。

1938 年 4 月,新四军第四支队到达皖东地区开展抗日游击战争,1940 年春,淮南抗日民主政权的建立,为减租减息创造了条件。津浦路东联防办事处成立后,颁布《减租减息条例》,实行三七分租、退还押板、分半给息、老债停息还本、借粮还粮、借钱还钱等规定(指过去借

---

① 中共来安县委党史研究室:《来安战争年代》,黄山书社 1998 年版,第 171 页。

的粮款），并取消看租酒、租鸡、租草、义务劳动等陋规。同年冬季，颁布解决当田纠纷条例，确定无偿退回当田及打折取赎办法，并规定其最高限度为 50%。为了发展根据地经济，1941 年 2 月津浦路东各县联防办事处在《抗战时期施政纲领》中，规定了财政经济政策，要求改善租佃关系，保障佃权，禁止无故欠租；实行三七分租，取消一切附租及义务劳役等。1940 年 8 月 1 日，津浦路西各县联防办事处成立后，也开展了减租减息工作。如嘉山县，1941 年秋，实行三七分租、二五减租的轰轰烈烈的减租减息运动。1942 年 5 月，津浦路西临时参议会第一届第二次大会通过《津浦路西三七分租与改善东佃关系暂行条例》规定，原分租者一律提种后三七分租（即东三佃七），实行包租者，一律减二五，即缴原租额的 75%。

1941 年秋，皖江根据地进行减租减息宣传发动工作，先后颁布《二五减租试行办法》、《减息法令》，租税按二五减租执行，利息按原定利息减去 25%，同时废除各种苛捐杂税。1942 年夏，民主政府对减租减息政策又相应做了适当修正与改进，减租政策实施办法及减额调整为："勘租田地先由地主佃农双方自行评租，评租委员会在旁边监督（租稻票应经评租委员盖章），发生纠纷时加以调解仲裁"；"分租田地无押板的按收获量二五减，有押板的地主得 35%，佃农得 65%"。减息政策调整为："老债付息超过原本一倍者，停息分期还本"；"老债付息超过原本两倍者，本息停付"，"今后债务息额法令不予规定，听任民间自行处理"。① 到 1944 年，皖江根据地的土地政策为，"一方面保证东方要执行二五减租，改善佃方生活；一方面保证佃方要执行合法交租，以维持东方的合法收益与正当生活"②。如 1943 年，巢南银屏区政府在全区发动群众开展减租减息运动中，各乡成立评租委员会，乡农会主任任主任委员，开明士绅代表 2 人，佃农和中小地主代表 2 至 3 人，逐村逐保进行评议，登田察看，按年景好坏，结合固定租额，评出交租额，扣下 25% 给佃农。这就是当年的二五减租。如贫农、佃农有借

① 王乐平：《安徽现代革命史资料长编》第 3 卷，安徽人民出版社 1995 年版，第 584—585 页。
② 安徽省财政厅、安徽省档案馆：《安徽革命根据地财经史料选》(2)，安徽人民出版社 1983 年版，第 519 页。

地主、富农钱或粮的高利贷，也要实行二五减息。农村中的中、小地主多数是开明士绅或是地方实力派，他们占统治地位，大多数都拥护政府减租减息法令。他们也要求抗日，是抗日统一战线中间派，是争取团结的对象。自实行减租减息运动后，广大农民生产积极性有了很大提高，农民经济生活也有了很大改善。在1943年秋收时期，皖江根据地的和含地区，坚持执行减租与交租政策，全地区计减租12700余担，受益佃户5690户，使群众生活得到改善，农民生产和抗战的积极性得到提高。减租减息不仅在抗日根据地普遍推广，而且还推行到广大的抗日游击区。不过，游击区的做法与根据地有所不同，主要是实行让租、让息，让租让息的成数不作划一规定，一般由各县民主政府根据具体情况确定。游击区一旦成为根据地，便依法减租减息。

抗日根据地始终把贯彻执行党的减租减息政策作为根据地建设的重要环节来抓，通过减租减息，减轻了农民负担，人民生活水平显著提高，极大地调动了农民群众的生产和抗日热情，团结了各阶级共同抗日，巩固了抗日民族统一战线。

二、发展农业生产

为发展农业生产，安徽各抗日根据地开展了互助合作运动和大生产运动。在淮南根据地，津浦路东各县联防办事处在1940年颁布《合作社组织大纲》，指示各级民主政府协助合作社组建工作。1943年，华中局《关于开展生产运动的指示》指出，要研究和提倡当地群众习惯中所存在的各种劳动互助形式（如延安的变工，淮南的扯伙和换工），以组织劳动互助运动。在减租减息的基础上，根据地号召个体农民组织起来，走互助合作生产的道路，开展了农村互助合作运动。1943年秋天，淮南区发出开展互助合作的号召，各县都加强领导。1944年春，互助合作运动广泛开展。根据地互助合作组织形式多样，有各种合作社和互助组。

合作社，是组织群众的最重要形式，是新民主主义经济，是集体经济，也有公私合营，目的在于培养工农群众在经济上的优势地位。如淮南根据地合作的形式，分生产合作社、消费合作社、运销合作社、信用合作社、利用合作社 5 种。综合性合作社则兼营消费、生产、运输等。群众在合作社中可以获得很多经济利益。如皖江根据地的合作社组织早在江北游击纵队时期的民运工作中就开始了。1942 年民主政权建立初期,妇女工作主要是在贫苦妇女中提倡抗日自救,组织纺纱、织布、做军鞋等合作社。以后在农抗会的领导下,组织农业生产互助小组。手工业生产合作社,城镇妇女和农村女青年入社的居多。不过,到 1942 年秋冬,合作事业还没有全面开展,后来才普遍建立。无为、湖东两县从 1944 年 3 月开始组织群众性的合作社,无为县组织 3 个生产合作社,14 个消费合作社,股金 10966500 元,社员 28902 人,占全人口数 1/10,占全户口数 1/2;湖东县组织 10 个消费合作社,股金 2191400 元,社员 9421 人,占全人口数 1/15,占全户口数 1/3。群众从合作社组织中可以得到的经济利益为红利、廉价食盐、代换香油的利益,以及节省时间和人力的利益等。

在互助合作中,大量的是农业互助组。农业互助组是农民自愿参加的,互助分为忙时互助和常年互助。互助的内容很广,有耕牛互助组、人力互助组和水利工作上的互助组。互助的形式也多种多样,主要有扯伙、换工、耕牛队、匀田互助等形式,扯伙就是盛行于淮南根据地一带的三五家农民的结伙互助;换工就是互帮干活;耕牛队是把村里的耕牛集中起来,以多余牛力的户帮助没有耕牛的户,在淮南根据地,一般是一个牛工换一个半人工。匀田互助是人田比较均匀的一些农户之间的劳动互助,人工负担公平,简单易行。兴修水利由民主政府发出号召,农民自愿组织起来,在水利委员会领导下集体挑塘,开挖沟渠,农民还组织车水班,分班做工。还有喂牛互助组,有的称官牛小组,互助形式多样化。官牛由一户专养,其他各户负责出一部分牛草,忙时,谁使用谁喂养。闲时轮流喂养。

生产互助在根据地发展很快。1944 年午收时,津浦路东地区已经组织起 6000 到 8000 个互助组,出现了大批生产积极分子、劳动模范、劳动英雄,培养出一批领导生产的好干部,农民逐渐认识到集体劳动的好处。仅来安县已组织起互助小组 3909 个,包括 12545 户,其中有全劳动力 73745 个,半劳动力 10865 个,牛力 9245 个,粮田 100195

担种（一担种合6亩3分）。平均全县已有67%组织起来,结果省工、省伙食、多收粮值法币53614523元。同时也改变了社会的风气,不仅许多"二流子"参加生产,就是地主也参加了生产。淮北根据地在生产建设方面,通过兴家计划、劳动互助、合作社、生产竞赛将劳动力组织起来,据直属9县和邳睢铜的统计,1944年订兴家计划的共70053户、劳动互助8061组,全边区在61个区368个乡已有了合作社。皖江根据地的无为县许楼乡,1943参加互助组的农户就占农户总数的90%。农民互助合作,有效地克服了许多农户劳力不足、耕牛不足、工具不足等困难,从而能不误农时地耕作、收获,促进了农业生产的发展。

1941年至1942年是中国人民抗战最艰苦的时期,为了战胜困难,中共中央及时提出了开展生产自给和精兵简政运动,要求各根据地"军民两方同时发动大规模生产运动"。1943年10月,华中局发出开展生产运动的指示,要求当年冬季内各区党委、地委、县委普遍发动各地各乡群众制订1944年的生产计划,开展生产运动。新四军第二师、第四师、第七师及各地地方部队,响应中共中央号召,一面打仗,一面生产,开展了大生产运动。

在淮南根据地,早在1941年初邓子恢就要求开展生产运动,并颁布了《农民借贷所组织大纲》、《垦荒暂行条例》等,创造条件,鼓励发展生产。1942年淮南根据地军队就开始响应党的号召,一面打仗,一面生产,新四军第二师要求每个连队都有地,并在连队间开展生产竞赛。1943年生产自给工作更加健康发展,津浦路西部队积极开垦荒地,做到每人一亩,到1944年部队的生产取得显著的成绩。部队生产主要是建设菜园及农场,第二师政治部还给全军部队、机关下达生产任务,要求每人每年必须做到蔬菜和食油完全自给,草鞋自给两双,每月猪肉自给一斤,以及其他方面的生产指标。1943年提出生产运动主要是发展农业和手工业,地方区乡级、部队营连队一律禁止经营商业。

在皖江根据地,1942年3月曾希圣在《一年来工作总结》中,明确要求军队和政府开展春耕生产和水利建设,搞大生产运动。如1943

年初春,新四军第七师在巢南银屏区创立的区政府广泛组织发动群众,学习南泥湾精神,推动大生产运动,号召农民开荒种地,并规定"谁开谁种,谁种谁收"。如烈军属劳力不足,以保甲组织互助组、换工队,实行互助换工的办法,解决劳力不足的困难。如银屏区大岭乡开垦荒山荒地200多亩,因地制宜种植经济作物。大岭山高多种茶,小岭地低多种麻。为了进一步推动大生产运动,政府经常对群众宣传"增加生产,支援抗日"、"劳动光荣,懒惰可耻",把生产劳动积极者评为劳动模范,对懒汉、"二流子"进行思想改造教育工作。1942年春,淮北苏皖边区行政公署发出关于加紧春耕运动的指示信,要求多种粮食,组织植棉、植树、纺织、兴修水利和开荒垦殖,提出了大生产运动的六大任务。

安徽各根据地大生产运动,在中国共产党的正确领导下,取得了巨大成绩,促进了根据地农业的发展。

首先,开垦了大量荒地,修建了许多水利工程。由于兵荒马乱和水旱灾害,土地荒芜较多,淮北、淮南、皖江根据地有大片荒地。大生产运动中开垦了大量荒地。淮北苏皖边区政府制定了垦殖暂行条例,规定开荒地3年不收税,5年不收租。苏皖边区在1943年春就开垦荒田470多顷。在淮南根据地,路东来安县周村在1943年开垦了全部荒地,耕地面积增加37%,由于精耕细作、加强管理,全村粮食产量比上年增加了45%以上。皖江根据地设立了垦荒局,领导组织公私荒山荒地的开垦,仅1942年就开垦公荒7000多亩。根据地还兴修水利,苏皖边区政府于1942年成立了全边区水利委员会,各县成立了相应机构,有计划有组织地兴修水利。据1943、1944年的统计,苏皖边区共组织民工207万余人,疏浚和治理大小河道106条,筑河堤15道,共计土方183万立方。仅盱凤嘉县修筑的7条河,当年就增产粮食500万斤。其中最有影响的是1943年发动群众在敌人鼻子底下抢修淮北大堤。这项工程在治淮指挥部和工委领导下,从1943年冬开始到1944年春,大约4个多月时间,发动淮北、浍南、路东3个区近2万名民工,修复了东起毛滩、西到长淮卫、80华里长的淮北大堤,大大减轻了洪涝灾害,促进了沿淮地区农业生产的发展。淮南根据地也成立了水利委员会及办事机构,县、区、乡每逢冬春都组织农民修塘筑坝、

疏通河流。皖江根据地从1942年到1944年先后修建了无为县的惠生堤和季家闸、陈家闸、黄桥闸，和县的新闸、和含的沿江七洲堤以及黄汰圩的改建等大型水利工程，其中惠生堤工程最大。

其次，提高了经济收入，改善了军民生活。由于部队机关战士来自四面八方，有很多人熟悉农业生产，在生产中使用先进耕作方法施肥、灌溉、精耕细作，收获量比当地农民多得多，使粮油、畜牧业、林业和瓜果蔬菜等生产都获得发展。大生产运动给根据地人民生活带来很大变化，根据地农民收入水平随之逐年提高。

最后，机关、部队的生产，对改造社会风气，培养劳动观念，树立劳动光荣的思想，改造"二流子"、懒汉起了很好的作用，军队、机关以自己的行动，动员各阶层人民参加抗日根据地的经济建设，推动了群众性的生产运动。

抗日根据地通过减租减息、互助合作和大生产运动，农业生产有了很大发展，农副业产品日渐丰富。减租减息和经济建设的开展，为新民主主义经济的发展奠定了基础。

三、发展工业

安徽抗日根据地农村集镇在抗战前无机器工业，只有不多的手工作坊，农村商业多为私营的集市贸易形式。抗战期间，由于日伪顽对抗日根据地实行严密的经济封锁，根据地内的日用消费品十分紧缺，其中棉布最为紧缺。为了粉碎敌人的经济封锁，改善军民生活，恢复和发展农村经济，安徽各抗日根据地实行了保护和发展工商业的政策。

在抗战时期，淮北、淮南、皖江抗日根据地针对农村集镇只有不多的手工作坊而无机器工业的局面，依靠自己的双手，兴家立业，白手起家，办起了纺织、卷烟、榨油、造纸、服装、毛巾、鞋袜、皮革、肥皂、油漆、造船、农具、采矿业和军工等许多工业、手工业。淮北津浦路东的半城设有机制修配厂和造弹厂，淮南津浦路西定远的藕塘设有兵工厂。这些工厂都能够自造大刀，改制枪械，加工子弹，制造枪榴弹等，及时供应第二师、第四师的军事需要。此外，藕塘地区还设有被服厂、卷烟厂、肥皂厂、造纸厂、土膏站等；滁县的沙洼设有纺织厂，能够生产布匹、毛巾、袜子、手套、鞋子、军衣、军帽、绑腿、饭盒等;路西大赵家的榨油厂,是淮南根据地最大的一个榨油厂之一,它供给路西部队、机关和广大群众的全部食油;来安的新张家纺织厂、泗南半城的被服厂,也都是当时根据地内有名的工厂。这些工厂的建立,不仅解决了军民日常生活的需要,而且能够向根据地以外输出商品,换取根据地所需要的物品。当时定远朱家湾香烟厂生产"飞机牌"香烟,不仅供给了根据地军民的需要,而且大量向外输出,换回军需品、工业品、医药等,这对打破敌人的经济封锁起了很大的作用。皖江抗日根据地在汤家沟镇等也兴办了造纸厂、印刷厂、榨油厂、军服厂、香烟厂等。皖江根据地还办了联合工厂,生产食品、纺织品、皮革、油漆和小型木船等产品,在和县功剩桥一带就有大小工厂9个。此外,皖江行政公署还在江北巢无地区办起有1000名工人的巢南煤矿,在江南的繁昌等地依靠群众分散开采小煤窑。军工方面,新四军第七师军工部在皖江根据地办的兵工厂有300多工人,皖江行政公署在和含地区办起4个小型兵工厂,拥有车床铣床等设备,制造掷弹筒、子弹、炸药和修理枪支。在根据地工业中,纺织业发展最为明显。1943年秋冬,淮北、淮南根据地党组织和民主政府领导了广大群众,大力开展了纺织运动,发展了家庭手工业,广大妇女都纷纷组织纺织小组、纺织合作社等。这些工厂,有的是公有制工厂,是公有制经济,是根据地新民主主义经济的领导力量;有的是公私合营工厂,很多是招股集资,如淮南抗日根据地在天长铜城镇创办的群众烟厂,是以天长铜城镇黄雅庭等几个商人合办的群众烟草股份有限公司为基础扩大发展的,新四军第二师供给部投资1500元支持。抗日根据地的民族工业振兴,私营工业也逐渐兴起。如在淮南根据地,1943年春,开明人士朱雨江、李戏鸿等人倡导集股创办自强烟草公司。民间个体手工卷烟、合作社手工卷烟生产迅速发展。

四、发展商业

安徽各抗日根据地很重视商业贸易,制定了正确的商业政策。在淮南抗日根据地,抗日民主政府确定营业自由政策,保证工商业者按照资本主义自由竞争原则去办工厂、开商店、雇工人、做买卖、赚钱,奖

励和扶植工业、手工业的倡办与发展；取消营业税，减轻店房租；改善工人生活，实行增加工资；调解劳资纠纷；自己银行发行钞票流通市面，调节金融。在皖江抗日根据地，商业政策为，"我们的对外贸易，都是采用'以物易物'公平交易。根据地内，农副产品等经济作物出口（系指出根据地之口），可换回棉布、日用品和兵工厂生产的机器设备等，在敌占区也可用特货（烟土）换回武器弹药等军用物资"①，对境内只要不违背政府法令，不贩卖违禁物品，不偷运逃税，概依法保护，对境外采取赋税形式予以管理，即一切土产外运须经政府批准，遵章纳税；手工业方面，举办家工艺社，设立卷烟厂，发展方向是纺织业，并欢迎外地资本家及地主来根据地投资，经营工商业，繁荣根据地。在淮北抗日根据地，1941 年 9 月到 1942 年 12 月实行的财经政策，在贸易方面，规定对外贸易统制，根据地内大宗剩余品有计划地输出，换取根据地的必需品；对内贸易自由。从 1943 年 1 月到抗日战争胜利，在贸易方面，淮北抗日根据地实行了对粮食的统制与专卖；加强了对油盐的全面管理；严格了对进口的洋纱洋布的管理；开展了各根据地之间的贸易；建立了与淮南、苏中、淮海根据地的贸易关系。根据地工商业的发展，是在根据地军民同敌伪顽的经济封锁进行顽强斗争的过程中取得的，也是共产党的新民主主义经济政策正确指导的结果。

安徽根据地商业分为对内、对外两个部分，商业政策就是对内自由和对外管制。对内自由就是符合人民的利益，服从民主政府法令，只要不通敌，不贩卖违禁品，不违反政策法令，都可以自由营业。对外管制就是对损害根据地人民利益，妨碍坚持抗战，对发展根据地工农业生产有危害的商业行为坚决制止。根据地民主政府取缔了日伪和国民党的各种苛捐杂税，取消私商在贸易方面的垄断，大力发展公营商业、合作商业和私营商业。

公营商业，是根据地商业经济的发展方向，可以调节市场物价，保护人民利益。公营商业企业的任务是经营根据地内名特产的收购和

---

① 郑守一：《回忆巢南坚持敌后斗争的片断》，安徽省政协文史资料研究委员会编：《安徽文史资料》第 17 辑，安徽人民出版社 1983 年版，第 35 页。

对敌占区的进出口贸易,对日伪开展反经济封锁斗争等。如淮南根据地建立公营商业始于1942年初新四军第二师供给部开办的永丰祥商号。其经商活动侧重于通过爱国商人,将收购的农副产品运往敌占区,换回军需物资,交给抗日部队,日常商业中也经营京广杂货。同年末,并入利华商行。设立货检处,征收进口税、出口税和过境税,上述税收统称为国税。1944年春淮南根据地货物检查处与贸易局合并,以县为单位成立货物管理局(简称"货管局"),下辖货管分局,既经营商业,又管理货检税收工作。津浦路西从1942年春起在各县主要集镇设立民生商店,1945年底,民生商店改名为裕民商店。还在淮阴、盱眙等县设3个分店。

皖江根据地紧邻南京、芜湖、安庆等大中城市,与敌占区、国统区犬牙交错,而且这一带物产丰富,工商业比较发达,皖江根据地和新四军第七师利用地理位置特点,搞活内外贸易,允许多种经济形式商业企业并存,不仅创办了一些国营商业、合作社商业,还保护个体商业和民族资本主义商业。如1941年5月,无为县政府成立同时,即成立了皖中财政经济委员会,下设货检处和税务局。1943年秋在无为县汤沟镇西北的陈家湾成立了皖江贸易局,主要任务是对敌占区开展贸易,以满足根据地民用、军用和建设根据地的物质需要,贸易方式为易货贸易(以物换物)。皖江贸易局由蔡辉任局长。贸易局对外特种贸易由曾希圣亲自抓,联络部长殷洛夫,社会部长唐晓光、财经处长叶进明具体领导贸易局的工作。师部相应地增建水上武工队(队长周云祥),负责水上治安并秘密护航。贸易局开辟无为二坝为对外商港,由李树华负责联系接待,汤家沟为开放商埠,镇上派了专人开设饭店(由赵以勤负责主持)和集成号商行(由沈益民老先生出面),专门接待来往客商和进行贸易活动,通过爱国人士委托敌占区的商人采购物品,收购运进来的各类货物以盐为主,并采购被日伪严格封锁的机械、钢材、火药、雷管、电讯器材等。对江芜湖设立联络点,由船帮头子杨大炎负责联系接待和货运。以上诸种,都以公开面目出现,广事招徕客商。自根据地公开号召物资交换、易货贸易、公平买卖之后,汤家沟顿时商业繁荣,曾有"小上海"之称。不仅肩挑背负的各路行商小贩多

如过江之鲫，而且资本雄厚的私商亦趋之若鹜（其中有不少是爱国商人）。当时，公私并举，各种形式的公司、商号犹如雨后春笋纷纷成立。当时，与第七师和皖江贸易局经常发生联系的，有上海的通汇公司、安源公司和中华物资公司，以及芜湖的海记公司等。这种特种贸易一直持续到解放战争时期。

合作商业是当时根据地商业的主体力量，各区乡镇都办了消费合作社，相当多的农民自愿参股入社，淮北、淮南、皖江抗日根据地首先在服务于群众、满足群众利益要求的基础上，在群众自愿原则下，办起了合营合作社。当时，来安半塔、定远藕塘、滁县刘集、泗南半城、怀远赵集、嘉山潘村等地，都先后办起了合作社。淮北根据地在 1944 年就拥有 347 个合作社，社员总数达 23.4 万人，股金总额达 1635.6 万元。在淮南根据地的合作社经营中，建立最早、影响最大、规模最大的是来安半塔合作总社，它是 1940 年为解决当地群众换油吃油困难采取集资入股、民办公助的方法兴办的，经过两年的努力，事业兴旺，发展为产、供、销一条龙服务，并兼营地方信贷的综合性企业，下设古城、旧铺、屯仓分社及多处代销处和各种企业。民众合作社经商是集体性商业。合作社里的商品，价格比私商的价格略低些。这种合作社的建立，既符合群众利益的要求，也增加了根据地财政收入，有力地支援了根据地各项建设事业的发展。

私营商业也是根据地商业的重要组成部分。它促进了根据地商品的流通和市场的繁荣，活跃了商品经济，特别是在敌人严密的经济封锁下，沟通了根据地和敌占区以及国民党统治区的商品流通，有利于粉碎敌人的经济封锁。如津浦路东天长的铜城、六合的竹镇成为商业中心，津浦路西定远藕塘和朱家湾，私商云集，成为当地的商业中心，也是私营商业商行的活动中心。其他集镇的商业也相当活跃，如合肥东乡的青龙厂，大店有两家，大作坊有一个，烟丝、布匹、西药、杂货行、棉纱行买卖兴隆。[①] 私营商行有粮食行、油行、花生行、瓜子行、蛋行、烟丝行等。

---

① 龚意农主编：《淮南抗日根据地财经史》，安徽人民出版社 1991 年版，第 201 页。

由于正确地执行了党的政策，工商业得到恢复和发展，为抗日战争的最后胜利奠定了物质基础。

五、改善财政状况

1940 年以前，根据地和新四军第二师、第四师、第七师等部队经费就十分紧张，1941 年春皖南事变以后，国民政府停止了对新四军的军费供给。在 1941 年至 1942 年抗战最艰苦时期，抗日根据地必须独立自主、自力更生地解决紧迫的财政经济问题，保障坚持敌后抗战军队的供给，发展和巩固抗日根据地，夺取抗日战争的胜利。抗日根据地从发展经济入手，以增加财政收入。其财政政策的特点是：取之于民，用之于民，一切为了抗日战争的胜利。财政的基本任务是，"保证抗战经费，实行合理负担，废除苛捐杂税，改善人民生活"①。

抗日根据地财政经济建设主要采取了以下措施：

首先，设立财政机构，配备财经干部。抗日根据地相继建立各级财政机构。淮南津浦路东、路西根据地各县联防办事处建立了财政机构，路东为财政经济委员会，路西为财经处，下设税务局、货物检查处、粮食局、统计局、经建局、总金库等。1942 年，华中局成立财政经济委员会，曾山为主任，吸收各个根据地负责财政经济工作的人员为委员。财经干部开始大多数是从民众总动员委员会及其工作团中抽来的中共党员和抗日积极分子，以及第四支队东进途中吸收的抗日进步青年。为了训练财经干部，在路东办了多期财会训练班，结业后学员分配到各地做财政经济工作。如皖江根据地在七师成立后，部队就有4000 多人，县区乡干部和政府机关脱产的工作人员也有 2000 多人。虽然是供给制，吃饭穿衣打仗都得要花钱，全靠自供自给。在第七师党委领导下，成立了一个财政经济委员会，简称财经会。经济来源，靠税收、公粮田赋和对外贸易。财经会下设税管局、贸易局、大江银行、香烟厂、被服厂、妇女工艺社等经济生产机构。

<hr />

① 《华中抗日根据地财政经济政策草案》(1942 年 2 月)，江苏省财政厅编：《华中抗日根据地财政经济史料选编》第 1 卷，档案出版社 1984 年版，第 42 页。

其次，发展生产，保障供给。抗日民主根据地为了贯彻"发展生产，保障供给"的方针，积极发展根据地生产。根据地建立前经济很落后，人民长期遭受封建地主和官僚资本的剥削，天灾战祸不断，人民生活十分困难，特别是青黄不接的春荒时候尤为艰难。抗日民主政府建立后，取消了13种旧捐税，如保甲费、户口捐、牛头捐、印花税等，发放贷款救灾，还动员富户借余粮给农民，政府作保按期归还贷款和利息，解决农民的实际困难，执行二五减租政策，废除高利贷剥削，制定了分半给息、老债停息还本、借粮还粮、借钱还钱等规定，还帮助农民解决生产中的许多困难，如保护耕牛、调配种子等，调动了农民生产积极性；为了鼓励农村集市贸易，减轻了牙帖税，重新规定了百值抽一的牙行费用，发展多种商业。还积极发展手工业和工业，建立多种形式的企业。在农、工、商业发展的基础上，抗日民主根据地军民的供给得到了保障，达到了经济自给的目的。

再次，统筹统支，统一税制。按照中共中央指示，严格建立各级预算决算制度，实行统筹统支，实行统一的累进税制。在财政工作中，建立收入系统、支付系统、保存系统（金库）、审核系统四大系统，尤以金库系统为重要。根据地的财政来源主要是各项税收。由于根据地财政经济的特点是抗战的、统一战线的和自力更生的，并有着保证供给、改善民生和同日伪作斗争的任务，因此，民主政府确定税收原则：一是要保证根据地生产、物资和工商业的发展，确保财政收入；二是以税收为杠杆，控制、调整和疏抑外来商品的流通，争取"进出口"平衡。所以，税收一般偏低，而且根据不同时期的不同商品情况，灵活调整制定。抗日民主政府废除了国民党和日伪的一切苛捐杂税，统一税制，税不重征，仅开设农业税、契税、进出口税和过境税、执照税、营业税等5种税目，使一般人能够承担，而拥有较多财产的资本家、地主、商人，也要缴纳与其财力相适应的税款，为抗战出力。根据地不仅税种少，而且税率轻，一般只有国统区同类税的一半左右。如在皖江根据地，新四军第七师在这里的工作人员都是多面手，既会打游击，又能做宣传，还会征税收税搞商业贸易。由于当时税收法令严明，税收政策合理，不仅对根据地的工商业者给予支持，而且对过往客商也加以保护，有时派武装护送。如巢湖、白湖土匪很多，为了保护客商过湖的安全，在魏家坝专设一支武装护商队，护商队对商客分文不取，有些客商说，共产党新四军纪律严明，政策深得人心，到了根据地，比在家里还安全。"根据地里只要完过一次税，就畅通无阻，而到了大后方（国民党占领区），交了国税，还有多种多样的地方捐"。① 农业上征收的农业税主要是公粮田赋，量较轻。如皖江根据地的郑守一由皖江的财政经济委员会调到巢南银屏区政府任财粮区员，仍搞经济工作，任务是征收全区 8 个乡公粮田赋（即农业税）。征收的有稻米实物，也有折收现金，货币流通以大江币（简称"抗币"）为计算标准，在游击区征收田赋税，根据各地情况灵活掌握应用。在巢城游击区不仅要征收田赋税，而且还要开征大烟捐，以增加经济收入，保证部队供给。

最后，厉行节约，精兵简政。根据地通过厉行节约，以减少支出。财政支出主要是军费和地方政府开支，其中军事开支占财政支出的70% 以上。1942 年 9 月，华中局军分会发出的关于精兵简政的通知指出，精兵简政必须进行深入的政治教育和动员，要有精密的计划和步骤，在计划精兵简政中应当注意下列基本方针，即在精兵方面应注意在提高部队质量与加强战斗实力的原则下，调整编制，缩减编并某些单位，充实连队，规定战斗人员与直属队人员数目及比例（连队 6:1，直属队 4:1），严格紧缩后方机关，减少人员马匹，抽调一批有相当能力的地方干部到地方军及群众中工作，在简政方面应注意在紧缩行政机构、提高行政效率的原则下，裁减骈枝机关，合并单位，达到各级短小精悍适合敌后游击战争环境，严格遵照政民脱离生产干部及杂务人员不得超过居民 1% 的规定，减少大批杂务人员、马匹及伙食单位，克服行政机关庞大脱离群众的现象，加强下层机构使政权进一步依靠群众。爱护培养和节省民力，是精兵简政的中心问题，切实计划开辟各根据地敌后边区整理财政税收，发展生产事业，厉行各种节约运动，严格注意公粮保管及分配。各战略单位应以精简工作为冬季的中心工

---

① 郑守一：《回忆巢南坚持敌后斗争的片断》，安徽省政协文史资料研究委员会编：《安徽文史资料》第 17 辑，安徽人民出版社 1983 年版，第 35 页。

作任务,不得有任何忽视,或借口拖延现象。

为了减少军政开支,安徽根据地根据中共中央和华中局指示,实行精兵简政,努力发展生产自给,减轻人民负担。淮北第四师在地方武装建设上,一般的乡队规定半脱离生产的精减到三四人,区队留30人左右,县队也限制在100人以下。与此同时,政府机关及其人员也进行了精简。淮北根据地自1942年9月到1943年1月,就进行3次精兵简政,仅边区政府机关,第一次精减了22%,第二次又精减了72%,第三次精减后只剩下50人。淮南抗日根据地在1941年脱产人员高达6.7%,特别是1941年夏季灾荒,使抗日军民缺吃少穿,连每天每人1斤粮、3钱油盐的最低供给标准也难保证。淮南第二师和路东地方联防司令部首先动员了军队中老幼人员回乡生产,把第二师原来的9个主力团,缩编为6个主力团。津浦路东、路西两个联防司令部所属之独立团,建1个至2个主力连,其他连取消排,充实班;1942年把原来路东、路西两个行署合并为苏皖边区淮南行署,把原来的路东8县合并为来六、天高、盱嘉、仪扬4个办事处,人员也精简了。淮南地区规定县级机关中为23人,区级机关中规定为8人,乡政权为3人。规定乡长、支书、财粮员为脱产干部,其余均不脱离生产。根据这一规定,当时在县、区、乡各级机关中,也大大减了人员。通过精兵简政,不仅精简了机构和人员,充实了下层,精干了部队,而且大大地减轻了人民的负担,从而节约了大量的军政费用。安徽根据地财政工作贯彻执行了党的方针政策,通过大生产运动,不但减轻了人民的负担,还改善了生活,改善了财政状况,扩大了统一战线,加强了根据地的建设,度过了艰苦困难阶段,支援了伟大的抗日战争。

六、改善金融状况

抗战初期,安徽各根据地市场上货币流通十分混乱,日伪币、法币以及其他杂币混合并行。为了改善金融状况,安徽各根据地在与日伪进行金融货币的斗争中,建立了自己独立的金融机构,发行了抗币。

1941年,华中局根据中共中央指示,决定在抗日根据地成立银行,发行货币。在华中革命根据的各战略区内,建立了银行、印钞厂,发行了分别流通于各个战略区的抗日根据地货币,后来统称为"抗币",区别于陕甘宁边区的"边币"。安徽各根据地都设立了金融机构,直到 1945 年才合并到华中银行。在淮北地区,1942 年 6 月 28 日在淮北行署所在地泗东县半城集(今江苏泗洪县境内)正式成立淮北地方银号,发行淮北地方银号币,简称"淮北币",泛称"边币"或"抗币"。1942 年 2 月淮南路东区建立了淮南银行,发行淮南币。1943 年淮南抗日根据地实行党政军一元化领导,路西淮南银行发行的纸币为路西版,在纸币正下方加印"路西"两字;路东淮南银行发行的纸币为路东版,在纸币正下方加印"路东"两字;路西、路东两行所发行的纸币只能在各自区域内使用,不能相互使用。抗日战争期间,淮南币钞厂共生产淮南币 38827457.27 元。皖江根据地在 1943 年 6、7 月间设立大江银行,初设在无为县团山李大榆村(行署财经处所在地),发行大江币,收兑日伪法币,兑换破旧大江币,代理金库,发放贷款。

为了建立独立自主的货币市场,3 个根据地在银行抗币发行后,坚决打击日伪币,防止日伪套取法币外汇,要求"伪币决不准在根据地内使用,只有到了敌区才能使用伪币"[1],逐步排斥经常贬值的法币在解放区流通,使根据地的物价不受其影响。如淮南根据地在 1942 年秋季发行抗币后,就采取了各种措施限制法币在根据地流通,对于持有法币的商人和群众,要他们到淮南银行下设的兑换所按一定的比例兑换成抗币使用。这样,抗币就很快占领了根据地的金融市场,而且流通范围也日益扩大,不仅游击区和边缘地区群众愿意使用抗币,就连敌占区来做买卖的商人,也愿意以抗币进行结算。根据地银行在"发展生产,保障供给"方针的指导下,发行货币。其业务工作范围包括代理金库、发放生产性贷款。生产性贷款主要是农业贷款,也包括工商贷款。根据地发放贷款数额很大,粉碎了敌人经济封锁,还帮助群众达到生产自救的目的,对于解决贫农的困难,发展工农业生产,促进商品流通,繁荣根据地经济建设,起着很大的作用。

---

① 曾希圣:《一年来工作总结》(1942 年 3 月 30 日),安徽省财政厅、安徽省档案馆编:《安徽革命根据地财经史料选》卷二,安徽人民出版社 1983 年版,第 481 页。

第十七章

抗日战争时期的安徽文化

日本帝国主义对中国发动的侵略战争，不仅是一场军事战争和政治战争，同时也是一场文化战争。日本侵略者不仅极大地破坏了安徽的文化资源和文化财产，还用殖民文化腐蚀沦陷区人民的抗战意志。当此国难时期，国统区在动荡之中艰难地从事文教事业，中国共产党人在大江南北的敌后抗日民主根据地兴起抗战文化建设。沦陷区日伪政权则试图推广不得人心的殖民文化。

第一节　国民党统治区的文化

一、文学艺术

日本侵华,给中国的文化事业造成巨大损失,据初步统计,抗日战争时期安徽文化领域的财产损失(主要包括各类古迹、字画、图书、图书馆所、民众教育馆所、体育设施、祠堂、庙宇、城墙和古塔等),"其中直接毁于战火或者因战争需要而自行毁弃的文化财产损失金额有据可查的共计 14860642 元(按 1937 年 9 月汇率折算),剩余的损失因各种原因而无法估算"①。

(一)戏剧

抗日战争开始以后,随着皖东、皖中大部分地区的相继沦陷,安徽艺术界遭到极大的破坏,各种文化团体或者宣布解散,或者转移到西南大后方,人才流失严重。留下来的仁人志士纷纷来到大别山区,响应政府号召,各种宣传抗日的艺术团体纷纷成立。借助艺术形式宣传抗日的戏剧运动成为这一时期的主流。戏剧团主要是由政府和部队创建,也有几支青年学生自发组织的戏剧团体,他们借助戏剧的形式,到各地演出话剧、歌剧等,丰富了国统区人民的文化生活,受到了民众的热烈欢迎。戏剧以宣传抗日为主题,以保家卫国为宗旨,起到了团结和教育民众的作用,对于鼓舞斗志、团结军民、打击日寇发挥了良好的功能。

省会安庆沦陷以后,转战至大别山区的安徽大学部分师生组织成立了安徽大学流亡宣传团,成为抗战开始后安徽首个戏剧团体。他们深入部队、医院,慰问抗战士兵和伤员,演出了一些抗战剧目,深受广

---

① 中共安徽省委党史研究室编:《安徽省抗战时期人员伤亡和财产损失》,中共党史出版社 2010 年版,第 53 页。

大官兵的喜爱。1938 年 3 月，安徽省政府在安庆失守以后转战至六安，各地伤员亦纷至沓来。安徽大学流亡宣传团和在六安的第十一集团军救亡工作团、广西学生军上海演剧第二队和第八队联合举行了公演大会，慰问受伤的士兵。六安一时搭起多个戏剧的舞台，戏剧之风极其活跃，鼓舞了民众的抗战情绪和抗战热情。

1938 年秋天，安徽省政府被迫转移至立煌县，地处大别山区的小城顿时成为人口聚集的临时省会。为了振奋人心，挽救岌岌可危的战局，省军委会于 11 月底作出决议，成立下设于政治部的抗战演剧第六队，积极推动戏剧人才的培养和戏剧形式的普及，以期达到鼓舞抗战的目的。大别山区成为安徽江北戏剧抗战的中心地域。与此同时，安徽省动委会亦有 40 多个戏剧工作团体经常活跃在对敌斗争的前沿，冒着日寇的枪林弹雨，服务在抗日的最前线，发挥了很大的作用。

1939 年初，国统区的戏剧工作者曾经联合皖北和皖南的部分戏剧团体成立了戏剧研究会。在此影响下，皖中成立了青年剧团和火线剧团，皖北组织成立了抗战艺术社，这些文艺团体用戏剧、话剧、快板等群众喜闻乐见的艺术形式，深受广大官兵的喜爱，一时间好评如潮。

1940 年 5 月，安徽省政府又在河南、湖北交界地带成立了鄂豫皖边区党政分会抗日建国艺术社，同年 6 月国民政府在安徽成立了安徽三民主义青年团青年艺术社（后改青年剧社），促进了安徽戏剧的发展。随后不久，国民政府第五战区政治部第二区队来到立煌，又扩充了这一时期安徽戏剧事业的发展力量。这 3 个戏剧团体的建立和加入，迅速成为安徽国统区戏剧运动的领军团体。此时，安徽戏剧团体的演艺水平迅速得到提升，"演技水准已可与西南大后方剧团媲美了"[①]。随后国民党安徽省党部将上述 3 团体的骨干分子整合编入宣传大队，集中负责江北地区戏剧演出任务，这也成为抗战后期安徽国统区最为重要的戏剧团体。

1943 年秋天，省立安徽学院成立了艺术专科，其中设有戏剧一门，从此在抗战的烽火中安徽国统区有了新兴的戏剧教育事业，培养

---

① 常恒芳：《八年来的文化事业》，安徽省政府秘书局编：《八年来之安徽》，1946 年 9 月。

了一批为抗战服务的戏剧人才。在皖南,由于日寇骚扰相对较少,抗战戏剧团体演出形成了以屯溪为中心的活跃场面。剧团不仅有军队组织的伤兵之友社屯溪之社荣誉剧团,还有屯溪业务剧团(后改名东南业余剧团)、青年剧社等。浙西的民族剧团、国民党第一九二师剧团和第四十五师凌云剧团,也经常在皖南一带演出,取得了良好的效果。

(二)美术

全面抗战爆发以后,安徽抗战美术宣传工作的特点之一,往往是与宣传团体开展的戏剧、音乐等工作同时进行,而美术抗敌救国运动也蓬勃发展起来。在安徽抗战战场到处可见宣传抗战的墙书、画展和绘画。在抗战前线,到处都活跃着美术家的身影。全民抗战的热情、士兵前线的英勇杀敌、抗战忠烈人物事迹、百姓的流离失所、日寇的凶残暴虐都成为这一时期美术表现的主题。美术宣传工作取得了较为丰富的成果。

1939 年 6 月,安徽省文化事业委员会为了整合全省的艺术界抗战力量,组织成立了抗日绘画研究会,专职进行抗战宣传画报的创作,出版有《大别山画报》等。同时,安徽省动委会名下的宣传部还专门成立了绘画标语队,张贴抗日主题的绘画,到全省主要抗战地区进行绘画宣传,有力地支援了国统区的抗战工作。

在国家与民族的生死存亡面前,安徽美术界成立了一系列支援抗战的艺术团体,艺术家用他们手中的画笔为民族解放斗争服务。其中比较有代表性的有在大别山成立的抗建艺术社,他们定期出版有关抗日建国的画刊,在安徽抗战的主要街区和乡镇绘制大幅壁画,以期鼓舞人心、团结抗日,极大地发挥了美术的宣教功能。安徽省保安司令部政治部和青年艺术社等艺术团体,也定期在部队战斗的区域绘制了一些壁画。国民党安徽的第十一游击纵队出版有《抗战画报》,在临泉有地方政府出版的《民众半月画报》,阜阳创办了抗战画社,经常编印画刊。在皖南屯溪,组织成立了东南木刻社,编印出版了两期东南木刻集。

在编印画报、绘制壁画的同时,国统区还举办过几起特色鲜明的大规模画展。比较著名的有国民党文化委员会在 1939 年抗战爆发的

七七纪念日举办的七七文化展览会,期间展出了大量有关安徽及全国抗战的图画。1940年抗日进入极其艰苦的时期,抗建艺术社也举办了一期七七抗战图画展览会,展览了大量珍贵的抗战图画。展览中表现了多种形式的绘画作品,不仅有中国传统艺术形式的图案和木刻、炭画等,还有诸如西洋画风的油画、粉画和水彩画等。国统区还出现了募捐画展的运动,这种画展以1941年元旦国民党安徽省党部举行的抗战义捐最为有名。期间展出了很多抗战漫画,并在现场将展览的名人字画拍卖以充抗战慰劳经费,广泛宣传安徽人民的抗日斗争。与此同时,安徽省青年抗战协会也举办了一期抗战漫画展览会,内容包括绘画、木刻和塑像等。同年11月三民主义青年团安徽服务社亦举办了一期抗战画展览,宣扬抗战忠勇的史绩,同时介绍了一些大后方的抗战动态。1942年元旦期间国统区各界人士联合举办了战利品和书画展览会,绘画方面有国画、漫画、宣传画多种。同年4月,立煌文化界又举行了一次大规模的美术展览会,除了一般的美术作品外,艺术家们还联合绘制了一部大型连环画《一心堂》。安徽省国防生产展览会也在展览期间展出了大量有关生产建设的漫画和照片。在皖南,屯溪青年团也曾经举办过几次大规模的画展,内容充满了生活和战斗的气息。[①]

把可歌可泣的抗战英烈编成画片,刻成图形,简称史画。史画在抗战的新形势下也迅速发展起来。安徽省政府专门聘请画家绘制了《蒙城之战》、《台儿庄》等大型油画数幅。此外,安徽省文献会也绘制了《民族老英雄方珌舟率众杀敌》等史画数十幅用以纪念伟大的抗日战争。

（三）音乐

全面抗战爆发以后,国统区音乐工作者和戏剧家、美术家一道,在抗日救亡的旗帜下团结起来,投入到抗日宣传的实际斗争中。安徽各地组织的群体性抗日宣传活动,会前都要举行一些歌咏比赛,达到激发民众情绪的作用。每到一处,都有抗战的歌咏吟唱,军队举行的音乐会也不少。1939年安徽省文化事业委员会发起组织成立了歌咏研

---

① 常恒芳:《八年来的文化事业》,安徽省政府秘书局编:《八年之安徽》,1946年9月。

究会,抗日文艺宣传活动蓬勃开展起来,抗战的歌声传遍江淮大地。歌咏研究会的会员非常多,经常练习歌咏比赛,还多次演唱过《黄河大合唱》等曲目,达到了很高的艺术成就,充满了激动人心的情感力量。同时为了团结青年音乐家的抗日力量,1941 年在立煌还成立了安徽省青年音乐研究会,定期组织音乐讲座、教授抗战歌曲,举办大规模的音乐晚会多次。安徽省青年剧社和安徽抗建艺术社也曾经多次举办过音乐会,具有相当高的艺术水准。

在抗战胜利前夕,安徽国统区曾经邀集众多音乐家在文化界宣传周上举行了《生产大合唱》的公演活动。其他比较重要的社团如新干部音乐社也举办一些群众公演。

随着教育事业的恢复,开拓专业的音乐事业,培养和提供大批音乐人才成为时代的要求。在安徽教育界的共同努力下,国统区音乐教育家克服抗战的艰苦环境,培养了一批具有音乐专业水平的优秀人才,音乐教育取得了长足的发展。从 1944 年起,国统区各级学校许多爱好音乐的教师和学生纷纷成立了各种新的音乐社团,其中比较著名的有省立安徽学院音乐系教授李傑民带领成立的学生业余合唱团,他们组织有关抗战音乐的学习和演出活动,赢得了极高的赞誉。

二、新闻出版

抗战时期原国民党统治区新闻出版事业受战争的冲击较大,但得益于军事抗战的需要,反而在民国初年的基础上得到了一定程度的继续发展。很多报纸、杂志和图书在这一时期大量出版。新闻工作的主要形式是报纸和刊物,通过报纸媒介来宣传抗战的信息和政策,成为新闻传播的主流。这一时期安徽国统区发行的报纸为数不下数十种。国统区新闻出版事业在传授知识、教育民众、抗击日寇方面发挥了极其重要的作用。

1939 年,安徽省政府为了统一全省文化工作力量,指导各地文化事业的推进,组织成立了战时文化事业委员会,定期出版刊物,成为全省的文化指导机关。安徽全省的新闻出版事业在文化事业委员会的领导下,成绩卓著。虽然委员会几经组织机构变更,但是因为统一围

绕在抗战救国的主题之下,新闻出版业表现出了良好的发展势头,"时至今日,全省各县无不有报纸的刊行而且精彩可睹"。① 除了新闻指导机构的建立,安徽省新闻界还成立了中国青年记者协会安徽分会,介绍最新的新闻理论和经验。在安徽分会的领导下,国统区新闻出版事业在饱受战争的摧残后又渐趋繁盛。抗战八年安徽省国统区主要出版的刊物如下:

表 17-1 抗战时期安徽国统区主要报刊简表

刊名	创刊或出版时间	主办单位或主持人	报刊类型	地址	备注
安徽政治	1938.2	安徽省政府	月刊	立煌	
中原	1939.9—1945.10	中原出版社	月刊	立煌	共出 68 期
中原副刊	1941.4	中原出版社	月刊	立煌	共出 6 期
中原文化	1941.10	中原出版社	月刊	立煌	共出 12 期
春秋	1940.3	中山学社安徽分社	月刊	立煌	共出 40 期
文化月刊	1939.7	文化事业委员会	月刊	立煌	共出 6 期
写作月刊	1939.9	写作研究社	月刊	立煌	共出 2 期
编译月刊	1940.7	文化工作委员会	月刊	立煌	共出 12 期
战地教育	1939.9	战地教育研究会	月刊		共出 2 期
抗敌晚报	1937—?	当涂抗敌后援会	日刊	当涂	
皖南新报	1937.1.—?	李汝祥、唐石英	日刊	屯溪下街	
徽州晚报	1937.3.10—?	马民导、邵痴公	日刊	屯溪下街	
徽州报	1937.10.10—?	国民党歙县党部	周刊	歙县城	
午报	1937 年冬—1938.12	周宪鲁	日刊	阜阳	
安徽学生报	抗战前夕—?			安庆	

① 常恒芳:《八年来的文化事业》,安徽省政府秘书局编:《八年来之安徽》,1946 年 9 月。

（续表）

刊名	创刊或出版时间	主办单位或主持人	报刊类型	地址	备注
燃犀报	抗战时期	望江县圣公会		望江县	
国难旬刊	1937.11	南京安徽中学徽州分校	旬刊	屯溪	
大通日报	1937.4.21—1939	黄怀白		大通三民街南段20号	抗战后迁往太平
抗战	1937.12.1—?			贵池	
军声周报	1937.5—?	国民党驻蚌第八十五师		蚌埠	
皖报（屯溪版）	1938.12—1944.6.26	国民党安徽省党部	日刊	屯溪西街	
岳西周报	1938.12—?		周刊	岳西县	
桐报	1938.12复刊	汪光和	3日刊	桐城县叶氏享堂	
前线日报	1938.10.1—1939.4	国民党第二战区	日刊	屯溪正街	
淮上新报	1938年冬—1944年冬				警字第9358号
动员旬刊	1938.7—?			泾县	
屏钟	1938.10—?	绩溪民众动委会	周刊	绩溪	
祁门旬刊	1938.12.21—?	国民党祁门县党部	旬刊	祁门城内	
徽钟旬刊	1938.1	省立徽州中学	旬刊	休宁万安	
天长快讯	1938.1.26—1938.6	李路旗	日报	天长县	
长江日报	1938.3—1938.6	费力夫	日报	安庆	
青年战线	1938.4—?	天长县青年救国会	3日刊	天长县	
一日报	1938年秋—?	何大启	不定期	天长县	共出35期
抗建青年	1938.11.10—?	屯溪抗建青年社	旬刊	屯溪第一公园内	
舒城战报	1938.8.11—1940	舒城县动委会、抗日救国会，胡泽润	4开	舒城梅河镇老当铺	

（续表）

刊名	创刊或出版时间	主办单位或主持人	报刊类型	地址	备注
团结日报	1938.5.16—1938.8	王永受	8开4版	全椒县	
战友	1938—？	休宁县动委会		休宁县城	
星火周报	1938.2—1938.5	崔思权		太平仙源	
联中晨报	1938年秋	六县联立中学	周刊	宣城	
抗战壁报	1938	旌德战地服务团		旌德县	共出86期
动员报	1938年秋—1938年冬	县民众总动委	8开2版	阜阳	
太和动员导报	1938—1940.1	张翼天、邹新亭		太和县	
动员三日刊	1938—1940.2	涡阳县动委员	3日刊	涡阳县	
联中晨报	1938下半年	联立中学	周刊	旌德	
皖东日报	1939.2.15—？	安徽省第五行政督察专员李本一		全椒县古河	警字第10538号
新宿松	1939.5.1—？		日刊	宿松县小东门	
团结旬刊	1939—1941	安徽战时文化动委会	旬刊	屯溪下黎阳	
前锋半月刊	1939.12.15—？	程中一	半月刊	休宁县城	
宣报	1939.12.25—1944.3.16	徐羊我		泾县	
扫荡简报（徽州版）	1939.12—？	国民党军委会政治部	日刊，8开2版	歙县潭渡	
潜报	1939.5.22—？			潜山	
皖南人	1939—？	太平县政府	半月刊	太平仙源	
大别山日报	1939.5.16—？	安徽省总动委会		立煌	
巢县动员周刊	1939.3.5—？	廖湘波	周刊	巢县	
含山动员报	？—1940	含山县动委会	周二刊	含山县	
先导日报	1939.5.30—？	孙岱停		青阳南阳湾	

刊名	创刊或出版时间	主办单位或主持人	报刊类型	地址	备注
霍邱日报	1939.6—1948.6	王耕阳	2 日刊	霍邱县	警字第 8542 号
皖北导报	1939.3.25—？		日报	定远县	
前哨报	1939.7—1940	发行人朱兴良	8 开 2 版		
颍川日报	1939 年秋—1947	卢方阁	8 开 1 版	界首	
战斗报	1939.5—1940.4	萧县常备总队政治处	8 开 1 版	萧县	
新霍山报	1939.2—？	梁秀群	3 日刊	霍山城关文盛街	
皖中日报	1939.11.20—1940.3.26			庐江县	
民众	1939.11.1—？	民报旬刊社	旬刊 16 开 8 版	太平县许家村	
新太湖	1939.6—？	俞厚民		太湖城内圣公会	
桐城日报	1939.10—？	张期弧	4 开 4 版	桐城县	
战时新闻	1939.9—1940	张之房		怀远县胡町区葛家瓦房	
徽州导报	1939.11.12—1944.9	国民党歙县县党部	5 日刊	歙县城南街	京警皖字第 8314 号
太平捷报	1939—1942	太平县政府	3 日刊	太平仙源	
太湖动员导报	1939.9.1—？	岳西县民众教育馆	3 日刊		
铎报	1939.7—1945.6	余叔文	日刊	来安县	
怒潮	1939.2—1939.7	阜阳专区民众抗日动委会	周刊	阜阳	
淮风日报	1939.9.1	朱兴良	5 日刊	定远西乡	
阜阳话报	1939 年冬—1945	秦曼紫	3 日刊	阜阳	警字第 7666 号
阜阳画报	1939—？	抗战艺术社		阜阳	
淮上青年	1939.11—？	阜阳青抗会		阜阳	
民众日报	1939.11—？	太平县		太平	
前锋报	1939 年春—1940.3	蒙城县青抗会			

（续表）

刊名	创刊或出版时间	主办单位或主持人	报刊类型	地址	备注
皖东北日报	1939.2.17—？	安徽第六行政督察公署	日刊		
皖东日报	1939.4.1—1945.8	李本一等	日刊	全椒古河镇	
岳报	1940.4.24—？	柳志介	3日刊	岳西县关帝庙	
宿风报	1940.6—1941年春	王正林		宿县	
新天长报	1940.6—1946.5	天长县抗日民主政府	周2刊		
皖南政工	1940.9.18	省动委会皖南办事处	半月刊	屯溪下黎阳	
皖南人	1940.7.16—1940.11.5	黄乐民、路耕谟	半月刊	屯溪黎阳	
火炬周报	1940.9.18—1946.9迁芜湖	王远江		屯溪	
动员旬刊	1940	陈舜义		天长县	
淮上日报	1940年初—1948.7.31	刘平衡		阜阳	
六安日报	1940—1948.12	国民党六安县党部	2日刊	六安棚场巷	警字第7634
芜湖晚报（宜宾版）	1940.9.1—创刊约一年停刊	张衡山	3日刊	四川宜宾县	
颍川日报	1941.10			颍川	
大众半月刊	1941.10—1942.7		32开		
新无为报	1941—1942	舒城地区	4开4版	舒城	
祁门白话报	1941.9.1	许泽仁	5日刊16开4版	祁门县青云里	警字第8581号
皖南青年	1941.10.10	三青团屯溪分团	旬刊	屯溪	
先导日报	不详	祁广田主编		太平县乌石乡	有1941.9.14该报存报一份
新休半月刊		休宁县新县制辅成会	半月刊	休宁县城	
安乐乡讯	1941	金懋农	月刊	休宁瓯山	
动员旬刊	1941.7	县动委会	8开2版	祁门县城	
导报	1941年秋—1948年秋	马立业	2日刊	萧县	

刊名	创刊或出版时间	主办单位或主持人	报刊类型	地址	备注
新生	1940.11	毕尚莹	月刊	屯溪贾资	
皖南经济通讯	1941	吴企云	月刊	屯溪隆阜	
定远周报	1941年春		16开	藕塘	
诚报	1941—1948	赵觉民	2日刊	灵璧县	
民生导报	1941.12.26—1948	殷全道	5日刊	绩溪县	
舒报	1941—1948	查建中	日报	舒城	警字第7638
新霍山日报	1941.9.2—1942.2.19	王贯之		霍山城关	
桐干	1941.3	皖干训练通讯处桐城分处		桐城	
桐城半月刊	1941.11		半月刊	桐城	
桐城新干部	1942.6	琚立民		桐城	
复兴日报	1943.5—1949.4	吴搏全	日报	屯溪	国民党皖南行署背景
中央日报（安徽版）	1942.7.18—1945.10迁沪	国民党中宣部东南战地宣传专员办事处	日刊4开4版	屯溪栗里	社长：马有真
现代中国	1942.11	张文伯	月刊	屯溪	
东南半月刊	1942.11.12	潘湛钧、周家治	半月刊	屯溪栗里	
怀远导报	1942.5—1947.3	徐斯恭	3日刊	怀远县龙区白家湖	警字第9359
宿松日报	1942年春—1949年春	国民党宿松县党部		宿松县	
旌德导报	1942.5	穆警予		旌德县城	警字第9400
太和日报	1942—1945	杜绍虞		太和县	警字第7683
重建导报	1943.3.1已出233号			临泉	
庐江日报	1942	朱植培		庐江钟鼓楼	警字第7595
路东农民	1942.4				津浦路东总农抗
国政周刊	1942.5	国师特党部		桐城县	

（续表）

刊名	创刊或出版时间	主办单位或主持人	报刊类型	地址	备注
青阳旬刊	1943.9—1946.6.20			青阳	
新望江	1943.12	容安		望江县老鸭滩	
农民报	1943年秋—1944	皖中抗联	不定期		
力行	1943	张一寒、胡养蒙		屯溪下黎阳96号	
新休宁报	1943.10.26—1947.2	戴瑞、吴梅先	3日刊	休宁新街	1946.12迁至屯溪黎阳
凤台话报	不详，1943.5.3已见报纸			凤台	
时代青年	1943.5.15	三青团桐城分部		桐城	
贵池简报	1943.10.10	章难生、汪昌发、韩士桓	3日刊	贵池棠溪	京警皖字第4号
庐江晶报		金泽潜		庐江城内	
安徽日报	1943.10.1—1947.5	詹若清	日刊	合肥县、立煌县	警字第988号
桐城日报桐城新干部合刊	1943.2.13		4开2版	桐城县城	范苑声题报头
公论杂志	1943.7	范春阳	半月刊	金寨县	
宿松力报宿松新干部合刊		国民党宿松县党部	隔日刊	宿松县	
黟报	1943.9.1	王珩之	5日刊	黟县城考棚	1948年11月再次复刊
胜利报	1943年夏—1945.8	柏承君兼		全椒古河镇	国民党第十挺进纵队机关报
至德白话报	1943.2—1944.12	国民党至德县党部	半月刊	至德县	
东流白话报	1943.7.7	张恕	月4刊	东流县	
阵中周报	1944.1.2			立煌县	
民声三日刊	1944.1.31	桐城青草区党部	3日刊	桐城	

刊名	创刊或出版时间	主办单位或主持人	报刊类型	地址	备注
太湖新干部	1944.7 已见有报纸	陈学海	旬刊	太湖县联络站	
望江简报	1944.12.15	宋镇涛、宋恩绅		太湖县联络站	
挺进报	1944.8.9	第五战区第八纵队特党部	周刊	潜山	
新歙县月刊	1944.1	国民党歙县县政府	月刊	歙县县城	
新太平报	1944.1.1—1946 年冬	国民党太平县县党部	5 日刊	太平县城	
中国日报	1944.9.1	张寒	日刊	屯溪阳湖	1945.9 迁南京
无为新闻报	1944.5.1		5 日刊	无为县城	
正义报	1944.9.18	马正九	3 日刊	屯溪民生路 10 号	
长江报（晚刊）	1944.8.13—1944.11	曹秉乾	日刊	屯溪民生路	
明报	1944.7.7—1945.8	社长唐升节	周刊	歙县斗山街 86 号	
民族正气	1944.9.8	主编娄子匡	双周刊	歙县城内	
祁门简报	1944.9.18	国民党祁门县县党部	周刊	祁门青云里	
民教画报	不详	寿县民众教育馆	半月刊	寿县	
太湖青年日报	1945.2.1	刘干、马学衡	日报	太湖县西门	
青年报	1945.7.9—？	三青团安庆省分会团部		立煌县石场	
安徽民报	1945.11.1—1946.6	孙尧阶	3 日刊	芜湖合肥会馆	
中国民报	1945.1；1945.9.16 迁镇江	李寿雍	日刊	屯溪栗里	
祁门青年	1945.6.1—？	三青团祁门县分团部	旬刊	祁门县城	
文化界周刊	1940.4	中国青年写作协会安徽分会	周刊	立煌	

（续表）

刊名	创刊或出版时间	主办单位或主持人	报刊类型	地址	备注
文艺丛刊	1940.7	文化工作委员会	月刊	立煌	
战时文化	1939.7	文化学会	月刊	立煌	
安徽合作	1940.1	省建设厅	半月刊	立煌	
大众知识	1940.7	文化工作委员会	月刊	立煌	
动员月刊	1940.8	省动委会	月刊	立煌	
国民月刊	1940.9	省军管区政治部	月刊	立煌	
安徽青年	1940.11	三青团安徽支团	月刊	立煌	
安徽学生	1940.5	省教育厅	月刊	立煌	
安徽儿童	1940.5	省教育厅	月刊	立煌	
安徽教育	1942.1	省教育厅	月刊	立煌	
安徽妇女	1938.11	省妇女运动委员会	月刊	立煌	
妇女教育	1940.7	省妇女战时教育推行委员会	月刊	立煌	
古碑冲	1940.4	党政军培训班	三日刊	立煌	
国民教育指导月刊	1941.1	教育厅	月刊	立煌	
新人	1940.5	干部训练通讯处	月刊	立煌	
公余生活	1945	公余生活社	周刊	立煌	
训练辅导	1941.9	省干训团	月刊	立煌	
新干部	1941.9	省干训团	月刊	立煌	
战力	1941.9	战地干部训练团	月刊	立煌	
忠勇月刊	1943.10	国民党军队特党部	月刊	立煌	
安徽限制	1944.1	物价管理委员会	月刊	立煌	

刊名	创刊或出版时间	主办单位或主持人	报刊类型	地址	备注
抗战	1941.10	党史委员会	月刊	立煌	
学生界	1941.12	北新书局	月刊	立煌	
安徽驿运	1943.9	驿运管理处	月刊	立煌	
安徽动员	1943.4	省动委会	半月刊	立煌	
抗战艺术	1939	安徽省抗敌协会皖北办事处	月刊	阜阳	
安中青年	1944.12	上海私立安徽文艺研究室中学颖州分校	月刊	阜阳	
文化通讯	1942.2	中国文化服务社	月刊	屯溪	
军中文化	1943.8	国民党第五十军特别党部	月刊	休宁	
江南文辑	1944.5	该社编辑	月刊	屯溪	
动员通讯	1939.4	第三战区皖南动员委员会	半月刊	屯溪	
文萃周刊	1945.3	复兴日报社	周刊	屯溪	
防空月刊	1942.8	省防空司令部	月刊	立煌	
生活周刊	1939.3	广西学生军	周刊	立煌	
文艺	1945.1	青年文艺社	月刊	立煌	

注：本表根据1946年常恒芳撰《八年来的文化事业》、《安徽省志·出版志》与《安徽省志·新闻志》等资料统计编制而成。

抗战时期安徽国统区新闻出版业表现出以下几个主要特点：

（1）由集中到分散，地县兴办报刊增多。抗战前安徽报纸和通讯社大约分别为32家和14家，在安庆、芜湖、蚌埠失守后，新闻出版业重点迁移到屯溪、立煌等地，在地域上分散开来。

（2）国民政府和国民党地方党部主导办报，发布通讯，策划出版。如由省党部主办的《皖报》（屯溪版发行为党部负责人萧继宗、立煌版发行为党部负责人杨绩荪）；由地方党部主办的分别有《巢县日报》、《蒙城日报》、《涡阳日报》、《潜报》、《庐江日报》、《颍上新报》、《宿松

力报》、《新太湖》、《凤台话报》等。

（3）白话报刊的发行。白话报刊是清末民初面向市井大众流行一时的报刊形式,国民政府成立后,逐渐推行国语报刊,清末民初浅近明白或以俗语为主的白话报,渐进退出新闻报刊主流。但在抗战这一特殊历史时期,白话报刊再次成为国民党推行所谓"抗战建国的国策",宣传和发布抗战消息的新闻工具。如安徽地方性语言强烈的报刊:《宣城白话报》、《祁门白话报》、《立煌话报》、《阜阳话报》、《临泉话报》、《凤台话报》。战时环境的改变,也使不少战前报刊如《徽州日报》,开辟地域性语言特色的专栏。

（4）报刊发展规模和质量受战争形势影响,因而在时段性上不同,成效不一。战争初期由于政局多变、政府迁移,印刷工具的缺乏,报纸出版只能勉力维持发布简单消息,大别山外围地县也因遭受敌寇侵扰,时有战前报刊一蹶不振而停刊的现象。到1940年9月安徽战局基本稳定后,国民党安徽地方政府由党政推动督导,文化界人士参与下,新闻出版业粗具规模。其主要原因首先是政府财政予以补贴,前后受助的有:《新霍山日报》、《淮上新报》、《无为日报》、《庐江日报》、《新桐日报》、《舒城战报》、《突击周报》、《合肥日报》、《太和动员导报》、《巢县动员》、《涡阳日报》、《长江日报》、《新盱报》、《新宿松报》、《童抗周报》等。其次,在抗战中期特别设立的职能机构文化委员会的技术指导下,报刊开始追求质量。

（5）根据战时地方条件,灵活处置报刊形式。如在皖江沿线安庆、芜湖等地被日军占据后,南北交通隔断。国民党安徽省党部主持的《皖报》,分立煌、屯溪两地分别出版。其后又改办形式简要的《皖报简刊》,主要面向前线军队将士,供给重庆大后方和安徽战区消息,对军队官兵实行免费赠送阅读。立煌在战争中期,成立大别山新闻社,自1940年始,每日对安徽国统区发布新闻稿,每周发布一次长篇通讯稿,主要反映大别山地区抗战实况和省政府行政运行情况。

（6）由省、县政府编译机构策划出版书籍。如安徽省政府编译《安徽政治》（月刊）、《省府公报》,主要面向本省公务人员和社会人士研究阅读。策划编纂出版供给各级干部自我训练的书籍资料,以期养成政治学术化的研究风气。主要有《抗建中之新安徽》、《新安徽之建设》、《安徽一年》、《安徽政治建设实绩》、《国际战争形势与中国总反攻》等。

抗战初期国民党安徽省政府在立煌成立有大别山新闻社,集中处理信息的收集和发布工作。在皖南建有皖南通讯社、皖南新闻社和复兴通讯社,报道并编发新闻及长篇通讯稿件。抗战后期,国统区成立新闻处,将上述几个新闻机构统一置于安徽省政府的领导之下。

三、社会团体

社会团体的范围比较广泛,涉及内容比较多。民国时期国民政府在安徽的社会团体遍布全省 62 个县,人事管理和组织机构比较健全。抗战初期,敌骑所至,庐舍为墟,各地的社会团体大都处于停顿状态。8 年抗战期间,国民政府也做了一些恢复社会团体的工作,如服务社会教育机构,"督促各县从速恢复各级小学及社教机关"[1]。至抗战相持阶段,安徽国统区人民在克服巨大的困难后,很多社会团体得以恢复。[2] 但是因为战争的破坏,特别是 1942 年日寇侵入临时省会立煌,以前诸多成果又重新毁于战火。加之全省大部沦陷,人力、物力捉襟见肘,直至抗战结束,安徽国统区社会团体一直是惨淡经营,总体上没有超过战前的水平。比较有特色的例如大别山诗社,出版有诗歌周刊;安徽学院史地学会、星社等;为服务抗战成立的"话剧、平剧、音乐、美术等研究会"[3]。

四、战火纷飞中的教育事业

日本侵华,给中国的教育事业带来巨大损失,据初步统计,"安徽省战争时期教育领域直接经济损失共计为 1569507.3 万元,间接损失

---

① 方治:《一年来之安徽教育·前言》,1939 年 12 月。

② 据安徽省政府秘书处编:《安徽政治》1942 年第 5 卷 2 - 3 合期《一年来安徽各部门工作及今后设施》文所统计,至 1942 年初,安徽省全省范围各类社会团体总数约 1067,其中农会 324,公会 177,同业公会 268,商会 125;教育会 34,学生自治会 4,兵役协会 41,公益团体 62,抗敌团体 22,体育团体 1。

③ 常恒芳:《八年来的文化事业》,安徽省政府秘书局编:《八年来之安徽》,1946 年 9 月。

共计 292767.4 万元"①。

安徽国统区的学校教育主要分为中等、初等教育的恢复和高等教育的创建几个部分。安徽大部地区沦陷以后，国民教育遂告停顿。1938 年以后国统区政府采取了一些恢复教育的方针和措施，创办临时小学，恢复各县普小和中等学校，厉行教育的改进，救济高中毕业生，创办省立学院。经过 8 年来的调整和不断扩充，到抗战结束时，安徽省国统区的中小学校数量已经超过战前的水平，取得了较为可观的改变，但是限于人力物力的束缚，办学质量上还有很大的提升空间。

（一）初等教育

抗战爆发以前安徽省共有省立小学 33 所，学生 12500 余人。各县、区、私立小学共有 3793 所。抗战爆发以后，日本侵略者所到之处，各地学校被迫停课。皖南和皖西地区也因为时局混乱，地方财政入不敷出而陷于困境，纷纷倒闭。教师或者逃往西南大后方，或者改行做小生意以勉强糊口。战争过后，地方经济又遭到极大的破坏，不可能在很短的时间内复校开课。直到 1938 年秋战局渐趋稳定后才有所改观。鉴于教育事关民族兴亡之大计，国统区政府于是着手恢复各级教育机构，救济失学儿童，加强抗战的力量。国统区政府拟定《省立临时小学暂行规程》，规定临时小学经费可以在教育部拨发的义务教育经费中提取，每所临时小学可以提供每年 3260 元的资助。学生就地入学，根据实际情况迅速开课。"抗战军兴以后，复遭倭寇摧毁，经自二十八年（1939）度起，先后成立省立临时小学共 41 所，恢复普小 3038 所，短小 1517 所。"②1940 年春，安徽省政府制订了安徽省国民教育实施三年计划，规定自 1942 年起 3 年内全省设立中心小学 1446 所，国民学校 8765 所，能够达到每一个乡镇有一个中心学校，每两个保可以有一个国民学校的标准。而且计划以全省学龄儿童 231 万人和失学民众 616 万人的标准将上述学生分配于以上各个学校当中，以便在以

---

① 中共安徽省委党史研究室编：《安徽省抗战时期人员伤亡和财产损失》，中共党史出版社，2010 年版，第 52 页。

② 安徽省政府编：《安徽概览》，安徽企业公司印刷厂 1944 年印，安徽省档案馆 1986 年重印，第 256 页。

后的三年中安徽省的国民教育入学率可以达到60%以上。到1943年底,国统区共有中心学校1553所,国民学校9376所,已经超过了预期的规定标准。在校长任用方面,抗战以前各县区的小学校长均由专人专任。1939年以后国民政府实施政教合一的规定,中心学校和国民学校的校长由保长兼任。到1942年,国民政府又规定可以结合当地具体经济文化发展情况安排专人担任学校校长。

随着各地小学的陆续恢复,教师的需求日益增加。国统区政府于是制定了《安徽省二十九年(1940)各县举办乡镇保小学教师短期训练班办法》,要求各区县根据当地实际情况,开设教师训练班,毕业后由各县统筹任用。教师待遇虽然增加,但是依然赶不上物价飞涨的速度,教师生活普遍很差。

(二)中等教育

安徽中等教育在抗战初期几乎全部停办。战前安徽共有中等学校88所,学生约2万余人。抗战开始以后,除皖南徽州中学等五校免于战火继续开办外,其余大多停办。1938年国统区政府在立煌、舒城、宿松、至德分设临时中学4所,收容因战火而失学的青年学生。1939年安徽大部分地区均落入日寇之手,失学青年成倍增加。教育乃国家之根本,学生长久辍学,危害无穷。国统区政府一方面派人登记失学青年的数量,一面在后方筹设临时中学。同年底国统区在江北地区共建临时中学11所,扩充皖南徽州中学等五校办学规模,计有学生7214名恢复学业。随着失学青年的不断拥入,原有16所中学已经无法满足当时的招生规模。1940年春,国统区教育厅又在立煌、霍邱等地设立临时中学3所。同时尽量扩充原有学校的办学规模,用以收容失学青年。到1940年底,省立临时中学共有学生11607人,教育恢复初见成效。此时的收容青年运动,主要以抢救青年、免遭敌伪迫害和利用为目的,故学生质量参差不齐,出现了明显的下滑。到1941年战局较为稳定后,国统区政府开始强调中等教育的质量而为国家培养优秀的人才。所以在追求数量的同时开始关注教师的培训和学生课业的督导工作。

国统区政府先后颁布了《非常时期教育实施纲要》、《临时中学课程纲要》以应对战时特殊时期的要求。1942年为了加强教学质量,国

统区政府命令本年初恢复会考制度,同时规定各校严格遵守战时课程标准和教学计划表。教师在教学过程中须严格遵照教学进度施教,用以考核教师、改善教法。考核成绩优秀的老师颁给奖金。对于学生则加强领导,严格要求。整顿校风,对于不守校规破坏校纪者严惩不贷。同时继续实行新生活及精神总动员和劳动服务训练,提高学生的综合素质。加强党化教育和思想控制,强化三民主义的宣传来指导青年学生的思想。对于从沦陷区来到临时中学就读的青年学生,免收学费就近插班入读,以示奖励。

（三）师范教育

师范教育是国统区中等教育的一个部分。抗战开始以后,学校大多停办,中小学教师或者逃离,或者改行他业。随着国统区中小学教育的日益恢复,沦陷区青年的大规模拥入,临时中小学的不断创办,教师缺口日益严重,对于教师的需求成为抗战时期国统区教育界面临的一大难题。抗战以前安徽省单独设立师范教育学校培养专门教师人才,抗战开始以后,师范学校也不可避免地惨遭日寇铁蹄的摧残,除皖南一部外大多停办。

抗战初期国统区仅存皖南徽州师范学校和省立池州师范学校（前身为陵阳乡村简易师范）两所,根本无法满足日益增长的学校教师的需求。1940年安徽省教育厅在临时省会立煌筹设成立省立立煌师范学校,后迁至霍山更名为霍山师范学校。同时,在临时中学创设简易师范班,为国家培养中小学教师。1941年国统区教育厅在现有行政区划的基础上,将全省分为9个师范区。在第一师范区建立省立太湖师范学校一所,在第三师范区创建省立颍州师范学校一所。同时,遵照国民政府教育部的命令在第三师范区创办省立第一师范学校,专门招收苏北、鲁南、豫东南及皖北沦陷区的中等学校的失学青年。连同原有第一师范区的霍山师范学校、第二师范区的省立徽州师范学校、第八师范区的省立池州师范学校,到1941年底安徽国统区共有省立师范学校6所。

在国统区各县,省教育厅规定可以在各县县立中学设立简易师范班。到1943年底,国统区共有省立师范学校6所,在校生6533人;县立师范学校16所,在校生3370人,基本缓解了教师队伍的不足问题。

师范生有别于普通高中生的地方在于除了学习基本的教育学科以外，还必须有实际的教育教学实习。安徽省教育厅要求各师范学校严格按照国民政府教育部颁布的《师范学校学生实习办法》执行，保证师范生在各附属小学有足够的实习机会以增强专业训练。虽然按照规定师范生所有书籍和伙食费用由政府免除，"惟本省限于经费，每年除津贴学生膳食外，其书籍制服仅酌予补助，年来物价增涨，各校学生膳食，亦深感不敷支应"①。

（四）高等教育

抗战以前，原有一所颇具规模的省立安徽大学。1937 年以后因为安庆沦陷、经费不足而被迫停办。抗战进入相持阶段以后，安徽省国统区政府考虑到安徽远离西南大后方，高中毕业生升学渠道不畅，决定筹设一所战时大学，培养抗战人才，增强抗战实力。

1. 安徽省立临时政治学院

安徽大学停办后，安徽省教育厅感到高中毕业生的升学问题特别严重，于 1939 年开始筹划成立战时学院。到 1941 年，安徽省政府根据国民政府教育部制定的《游击区及接近前线各省设立临时政治学院办法》的规定，设立安徽省立临时政治学院一所。经省政府决议，聘请万昌言、苏民、杨继孙、张岳震、张明时、李则纲、朱立余等为筹备委员。指定由刘真如担任第一任院长，负责具体的筹划和学校场馆的建设。9 月开始招生，改由刘乃敬为院长。

学院下设文史系、教育系、政治经济系、法律系四系，文科法科两大门类。各科修业年限为一年，招收高中毕业生。学院下设教务处、训导处、总务处、会计室和军训大队部，注重劳动服务和军事训练，带有鲜明的战时特色。共有在校生 237 人，筹备经费 69360 元。1942 年停办。

2. 安徽省立师范专科学校

1942 年 8 月，安徽省立临时政治学院停办以后，安徽省政府决定在原有基础上成立省立师范专科学校。在临时政治学院原有校舍和

---

① 安徽省政府编：《安徽概览》，安徽企业公司印刷厂 1944 年印，安徽省档案馆 1986 年重印，第273 页。

师资的基础上加以扩充，仍旧聘请刘乃敬为院长，同年 9 月开始招生。全校共有教职工 84 人，下设国文、英语、史地、数学及教育等五大科目，每科设有主任一人，具体负责每科事务。学制 3 年，学生修习期满合格后授予毕业证书，并颁发教育部授予的中等学校教员资格证明书。该校共有学生 344 人，每科一、二年级各 1 班，共有 10 班。1943 年并入省立安徽学院。

3. 省立安徽学院

1943 年 7 月，安徽省教育厅考虑到抗战胜利后，急需各项建设人才用于战后的重建工作。而省立安徽大学因为战争的缘故已经停办多年，立煌的省立师范学校又是以培养师范专科学生为主，范围过于狭窄。于是决定将省立师范专科学校改为省立安徽学院，以原有学科为基础逐步增设理、工、农、医诸科，奠定现代大学的基础。原有省立师范专科学校的学生，除教育科外均转入安徽学院就读。11 月 1 日，学院正式开课，聘请朱佛定为院长。学院有中国文学、外国文学、数学、历史地理、政治经济系 5 个系，加上原有的银行专科和师范科，共 7 大类。除师范专科和银行专科修业 3 年外，其余各系修业 4 年，毕业后授予学士学位。抗战胜利以后省立安徽学院随安徽省政府迁至合肥。

抗战时期在皖南行署治理区，"早先有上海法学院及上海法政学院的设立，因咸属私立，虽有救济，限制颇严，所设学科又仅限法政，故本省最高当局早有创办公立及实科大学，以救一批无力升学者或有志实学者之士。去年……设立了苏浙皖大学先修班"，不到短短一年的时间，又经皖南行署主任张宗良筹备，1944 年 7 月在屯溪成立了安徽学院皖南分院。[1]

---

[1] 《三年来皖南行政剪报》第 1 集，《复兴日报》1944 年 11 月 26 日，第 173 页。

表 17-2　省立专科以上学校概况表

校名	校址	设立年月	校长	教职员人数	学生数	全年经费	设置科系	备注
临时政治学院	立煌	1941.7	刘乃敬	61	237	303598	文史系、教育系、政经系、法律系	1942.7结束
师范专科学校	立煌	1942.8	刘乃敬	84	344	807048	国文、英语、数学、史地、教育	1943.7结束
安徽学院	立煌	1943.8	朱佛定	113	550	1116000	中文、外语、数学、史地、政经五系，师范、银行两专科	

注：本表引自《安徽概览》，第 280 页。

（五）社会教育

1. 安徽省立图书馆

战争爆发，安庆沦陷以后省立图书馆停办，图书馆珍贵藏书转移到罗家岭，以避战祸。1939 年春，图书由罗家岭转移至黄甲铺一带。年底，再转运到临时省会立煌，重新选地造馆，对外开放，供大众阅读。省立图书馆有馆长 1 人，主任 4 人，助理员 2 人。主要下辖 3 部，总务部负责文件的起草、预算编制、金钱出纳、印信与制表等。采编部主要负责中外图书的采购和登记工作，同时整理专题书目。研究部负责各级图书馆的调查和统计，研究各项课程和读者问题，举办图书馆的研究、民众代笔、交涉等事项。

图书馆在工作人员较少、经费缺乏的情况下，接收皖北各中学的残存图书，藏书量依然达到 4 万余册。因为日寇进犯立煌，图书馆藏书大部被毁，损失惨重。此后，省立图书馆在图书文献方面于抗战时期一直没有得到很好的修复。

2. 民众教育馆的恢复

安徽全省 62 县在抗战爆发以前均建有民教馆，抗战开始以后受战争影响大多停办。抗战后期，皖中和皖北部分地区相继得到收复。安徽省政府命令各县政府在收复地区重建民教馆。1940 年安徽国统区抗战形势有所改观，遭受战争破坏而重新建立的民众教育馆有 30 余所，主要在桐城、太湖、宿松、庐江、潜山、无为、六安、合肥、寿县、霍

山、立煌、岳西、全椒、颍上、阜阳、蒙城、临泉、太和、青阳、宣城、泾县、南陵、屯溪、宁国、休宁、祁门、黟县、绩溪、旌德等县。因为情况特殊改建为流动施教团的有 11 个，主要在望江、贵池、和县、亳县、凤台、盱眙、广德、怀宁、嘉山等地。

表 17－3　安徽省设立各级民众教育馆一览表（1944 年统计）

馆名	职员数	经费数	组织构成	主要事业
省立屯溪民众教育馆	12	52408	教导、生计、艺术、辅导四部	兼管体育场、中心辅导、乡村实验、附设图书室、民众学校
桐城县立民众教育馆	4	12000	教导、艺术两组	图书室、民众、歌咏队、民众学校
庐江县立民众教育馆	4	30000	教导、艺术两组	民众学校、巡回文库、巡回教育队
太湖县立民众教育馆	4	8100	教导、艺术两组	民众学校、图书室、宣传队
合肥县立民众教育馆	3	15000	总务、教导两组	民众代笔处、宣传队
岳西县立民众教育馆	3	12000	教导组	民众学校、民众代笔处
寿县县立民众教育馆	5	15840	总务、教导、艺术三组	民众学校、民众代笔处、民众歌剧队
霍邱县立民众教育馆	6	30000	总务、教导、艺术、生计四组	民众学校、民众歌剧队、小本借贷
立煌县立民众教育馆	5	10080	教导、艺术两组	民众学校、民众歌剧队
舒城县立民众教育馆	4	12000	教导、艺术两组	民众学校、各种讲习会、各种比赛会
霍山县立民众教育馆	3	7200	教导、艺术两组	民众补习班、通俗讲座、民众代笔处
阜阳县立民众教育馆	8	45000	总务、教导、艺术、生计四组	民众学校、民众歌咏队、图书室
临泉县立民众教育馆	7	12000	总务、教导、生计三组	民众歌剧队、各种运动会、各种竞赛会
涡阳县立民众教育馆	4	15000	教导、艺术组	国术研究班、图书室、游艺室
蒙城县立民众教育馆	4	7200	教导、艺术组	图书室、民众代笔处、游艺室
太和县立民众教育馆	4	7200	教导、艺术、生计三组	民众学校、座谈会、农场
颍上县立民众教育馆	6	7200	教导、艺术组	民众学校、民众歌剧队、游艺室
全椒县立民众教育馆	3	3600	教导、艺术组	民众学校、民众歌剧队

馆名	职员数	经费数	组织构成	主要事业
六安县立民众教育馆	8	45000	总务、教导、艺术、生计四组	民众学校、通俗讲座、游艺室
潜山县立民众教育馆	3	6000	教导、艺术组	民众识字班、宣传队
宿松县立民众教育馆	3	9600	教导、艺术组	通俗讲座、运动场、图书室
泾县县立民众教育馆	3	3600	教导、艺术组	巡回施教队、图书室、各种竞赛会
宁国县立民众教育馆	3	5040	教导、艺术组	通俗讲座、各种运动会、民众歌剧队
休宁县立民众教育馆	3	24000	教导、艺术组	民众学校、民众代笔处、各种竞赛会
歙县县立民众教育馆	5	9600	总务、教导、艺术组	图书室、运动场、巡回讲演队
祁门县立民众教育馆	3	5040	教导、生计组	通俗讲座、民众代笔处、举办垦殖运动
广德县立民众教育馆	6	8400	总务、教导、艺术组	民众学校、图书室、民众歌剧队
黟县县立民众教育馆	3	3780	教导、艺术组	民众学校、运动场
绩溪县立民众教育馆	3	3600	教导、艺术组	图书室、民众代笔处、民众歌咏队
青阳县立民众教育馆	3	3600	教导组	流动施教
石埭县立民众教育馆	2	720	教导组	民众代笔处、壁报
巢县县立民众教育馆	3	7200	教导组	流动施教
望江县立民众教育馆	2	3600	教导、艺术组	民众学校、运动场
怀宁县立民众教育馆	2	5400	教导、艺术组	民众代笔处、民众学校
无为县立民众教育馆	2	1500	教导组	民众代笔处、壁报
凤台县立民众教育馆	3	9000	教导、艺术、生计组	民众学校、各科竞赛会、通俗讲座
怀远县立民众教育馆	3	3600	教导、艺术组	民众学校、民众歌剧队
含山县立民众教育馆	3	3000	教导组	民众学校、壁报
宣城县立民众教育馆	2	12000	总务、教导、艺术、生计四组	民众学校、民众代笔处、通俗讲座
南陵县立民众教育馆	2	3200	教导、艺术两组	民众学校、民众歌剧队
郎溪县立民众教育馆	2	5400	教导、艺术组	通俗讲座、民众代笔处

（续表）

馆名	职员数	经费数	组织构成	主要事业
旌德县立民众教育馆	3	3600	教导、艺术组	民众学校、壁报
贵池县立民众教育馆	3	7200	教导、艺术、生计组	巡回讲演队、民众代笔处、民众学校
太平县立民众教育馆	3	3600	教导组	民众代笔处、壁报
至德县立民众教育馆	3	3600	教导组	民众代笔处
亳县县立民众教育馆	3		教导组	三十三年（1944）呈请恢复设置

注：本表根据《安徽概览》第282—284页编制。

3. 调整流动施教团

为了宣传抗战，国民政府教育部命令各省遵照浙江省实施流动施教团的方法，组织流动施教团进行抗战宣传。安徽省政府在1939年3月整合政治军事干部训练班、湘西教师返皖服务团和本地优秀教师若干人组织成立安徽流动施教团。流动施教团下辖3部，经费各2860元，分别在江南、江北和日占区活动，深入敌占区流动施教，以期达到唤醒民众的民族意识，训练民众抗战技能的目的。流动施教团成立以后，第三团设在皖南，由皖南行署就近督导。第一、第二团"沿太湖、宿松、望江、潜山、怀宁、桐城、庐江、无为、巢湖、合肥、舒城、六安等县，以宣传、教导、组织、训练等方式，深入战区，唤醒民众民族意识"[1]。

1940年因为经费短缺的缘故，且各县民众教育馆多已恢复，流动施教团停办，"所有团员，于七月间分别调入党政军工作人员训练班及地方行政干部训练团教育组受训，结业后派驻皖北一带继续工作"[2]。

4. 创办电影教育工作队

电影教育工作队是1938年11月创办的。工作队下设教导、电影、制剧3组，以流动放映的方式在皖南、皖西和鄂东巡回播放，行程达数千里。创办1年就在启发民众的抗战意识方面发挥了良好的效果。工作队主要放映关于"一、抗战建国、防空、防毒、民族英雄、国际

---

① 方治：《一年来之安徽教育》，第32页。

② 李品仙：《安徽省政府二十九年度工作报告》丁编，第10页。

时事等各种教育影片。二、收接关于中央广播电台所播消息传达于民众。三、收接中央广播电台所播消息暨工作地区之抗战实况、社会动态,用新闻式、漫画式、标语式、小品文字式、诗词歌曲式等摘要以街头壁报,向民众报导"①。

为了扩大电影教育工作队在抗战宣传方面的影响,1939 年底安徽省政府特别提请国民政府教育部重新领取新制作的抗战影片 10 部,继续前往各地轮流播放。1943 年春,因为日寇侵袭立煌,电影机械全部被毁,不得不停办。

五、医疗卫生

(一)省、县医疗机构的设置

抗战以前,安徽省卫生行政是由省政府"民政厅内设科掌管"②。省、县 2 级的管理机构尚未建立起来。"卫生管理体系战前虽有省立及县立之医事卫生组织,如省施医所、教育厅卫生教育委员会,合肥、宣城等县卫生院等,唯因其业务完全为限于地区之医疗救护,欠缺整个卫生行政体系,故该时可谓为安徽卫生行政萌芽时期。"③安徽卫生事业在抗战之初陷入停顿状态。1938 年 12 月,在省政府迁移的途中,在六安设立安徽省临时卫生治疗所,不久停办。1938 年 10 月,"成立安徽省政府医务所于立煌,将以前省立施医所及省会卫生教育委员会原有经费共计 820 元"④,作为常款。

1940 年 8 月,国民政府行政院颁布省卫生处组织大纲,安徽省因条件有限,未能成立。只是在该年秋,在卫生署的帮助下,成立了安徽省卫生总队。11 月,在省政府医务所基础上扩充成立了省立医院,筹划全省卫生行政业务的行政职能,主属民政厅。

1941 年 5 月,民政厅添设卫生科,增加卫生行政工作人员。这年

---

① 方治:《一年来之安徽教育》,第 38 页。
② 安徽省政府编:《安徽概览》,安徽企业公司印刷厂 1944 年印,安徽省档案馆 1986 年重印,第 42 页。
③ 蒋曾勋:《四年来之卫生设施概况》,安徽省卫生处编印:《安徽省卫生处成立四周年纪念特刊》,1946 年。
④ 熊科贤:《安徽省卫生事业之回顾与前瞻》,《安徽政治》第 4 卷第 10 期,1941 年。

的省卫生总队下设3个分队,第一分队驻立煌;第二分队驻桐城;第三分队驻阜阳,"其中心工作为:(1)医疗;(2)防疫;(3)社会卫生教育;(4)学校卫生;(5)环境卫生;(6)妇婴卫生;(7)临时急救。该队所办各项工作,对于民众及有关各方,概不收费,故其工作推行,颇称便利"①。各县的诊疗所,也在1941年改为县卫生院。

在省、县医疗和卫生防疫工作得以初步开展、人员事务增多的情况下,省政府开始筹划成立省卫生处,以掌理全省卫生行政和卫生医疗技术事务。1942年11月16日,隶属省政府的安徽省卫生处正式成立,民政厅原管理之卫生业务,均移交该处办理。这是一个对此后安徽省卫生行政起到奠基作用的措施。原安徽省卫生总队并入卫生处,原总队辖属的第一分队改组为六安中心卫生院,第二分队改组为桐城中心卫生院,第三分队改组为阜阳中心卫生院,增设屯溪中心卫生院。各中心医院负责办理所在地的卫生医疗业务,协助行政区内各县院技术工作,督导业务推行。

1943年1月,日军突然窜扰战时省会立煌,省卫生处房屋和设施损失惨重。为适应战时环境,省政府又作结构调整,将卫生处改隶民政厅,经费编制均予缩小。除省立立煌医院仍继续举办外,原设六安、桐城、阜阳、屯溪之各中心卫生院一律裁撤。后经省府委员常会决议,本省各地中心卫生院改为各该地省立医院得以保存。1944年,阜阳等地增设有大田集卫生分院、泗溜集卫生分院等。1945年,在安庆、芜湖、蚌埠②分别增设省立医院1所。

县级医疗卫生机构的设置,主要是从省政府到立煌后开始全面布置的。1939年6月,省政府制定《各县诊疗所暂行规则》。1940年,省政府饬各县要设置诊疗所,"计分3等,一等每月经费373元,二等每月经费297元,三等每月经费252元。除环境特殊之县份外,计有52县诊疗所成立,其中属西医者32所,中医者26所"③。1941年,各县诊疗所遵照中央政府颁布的县各级卫生组织纲领,改为县卫生院。安

① 章永成:《我与安徽卫生》,《安徽省卫生处成立四周年纪念特刊》。
② 蒋曾勋:《四年来之卫生设施概况》,《安徽省卫生处成立四周年纪念特刊》。
③ 熊科贤:《安徽省卫生事业之回顾与前瞻》,《安徽政治》第4卷第10期,1941年。

徽辖县中设置的有桐城、怀宁、庐江、太湖、宿松、望江、潜山、六安、合肥、寿县、霍邱、立煌、舒城、霍山、岳西、阜阳、临泉、太和、蒙城、凤台、颍上、泾县、宣城、歙县、祁门、绩溪、旌德、太平、石埭、休宁、全椒、和县、含山、亳县、南陵等共36县卫生院。[①] 各县卫生院,也分3等,所拨经费有差异。规定工作重点着重于医疗防疫及救护训练等工作。1942年至1943年,增加了广德、涡阳、郎溪、宁国、贵池、无为、怀远、巢县、黟县、青阳、铜陵等县卫生院。1945年,各县卫生院经费改为甲乙丙丁4等,"甲等卫生院全年经费为48万元,乙等卫生院全年为11.65万元,丙等卫生院全年为8.47万元,丁等卫生院全年为5.38万元"[②]。以上举措,为战后安徽医疗卫生事业的进一步恢复,提供了一个较好的环境。

(二)医疗卫生事务开展概况

1. 医疗检验与医药救济

日军侵入安徽,给安徽人民造成了巨大的人员伤亡和物力损失。诊疗战时人员的人数,在省、县卫生机构成立后,逐年增加。据省政府相关部门统计,在1943年度,省立立煌医院医疗病人50027人,省立桐城医院诊疗26627人,省立阜阳医院诊疗3283人,省立六安医院诊疗107348人,省立屯溪医院诊疗27727人。另一项统计显示,省、县医院在1940年度共诊疗152473人,1941年度131227人,1942年度79719人,1943年度343746人。[③]

全省各中心卫生院从成立之初起,均沿用省卫生总队的成例,对于病人概不收费。后来,因为就医者日众,加上采购药品的交通线被日军破坏,药品输入甚少,各卫生医疗机关用药困难,1943年各中心卫生院奉命改组为省立医院时,援照省立立煌医院的成例,酌向病人收取药品成本费。

到1945年,省立桐城医院有病床8张,药品84种,器械75种,房

---

① 蒋曾勋:《安徽卫生之回顾与前瞻》,《安徽政治》第9卷第7、8合期。
② 安徽省卫生处编:《安徽卫生概览》,1946年印,第5—6页。
③ 安徽省政府编:《安徽概览》,安徽企业公司印刷厂1944年印,安徽省档案馆1986年重印,第46—47页。

屋25间,其中病室4间;省立阜阳医院有病床20张,药品96种,器械62种,房屋53间,其中病室16间;省立六安医院有病床121张,药品300种,器械99种。[1]。

2. 卫生防疫

在抗日战争第二阶段开始后,由消极的治疗转入积极的预防,逐渐成为安徽地区卫生部门人员逐步接受的观念。在抗战中后期,安徽省卫生行政部门,按照国民政府卫生署的布置,开展了基本的预防疾病、卫生防疫工作。

安徽抗战期间,没有专门的防疫卫生专责机关。每年在各地疫病流行之时,皆由省卫生处临时派员,并饬下辖县卫生院,发起组织防疫委员会,办理疫病隔离、消毒、医治等防治工作。在设有省立医院的立煌、桐城、六安、屯溪、阜阳,当疫病发现时,立即抽调医护人员,或组织临时医防队,前往医治,阻止疫病的蔓延。1945年,成立了省医疗防疫大队一队暨第一、第二、第三3个医防分队,专门担负巡回医疗与预防疫病之责。

安徽在抗战期间对传染病的发现与治理,主要集中在对霍乱、伤寒、赤痢、天花、麻疹、流行性脑脊髓膜炎、回热病、黑热病、日本住虫吸虫病等病症的防疫工作上。

首先,是高度重视对天花的预防。因为安徽不能自制痘苗,省卫生处必须在每年春季及天花流行期间向外地订购疫苗,才能实施种痘。如1943年,卫生处向西北防疫处订购疫苗650打,配发给省、县各级卫生医事机关应用。在这年的2月间,令饬省立立煌医院派员,前往省会立煌的各机关团体,施种牛痘,并通告市民,按时自动赴该院门诊部接种。1944年,省卫生处除饬省立医院另购牛痘苗外,又代各县卫生院统筹购运3000打,加上国民政府卫生署赠送的1000打,分配转发给各地使用。在省政府所在地立煌,是普种痘苗最好地区之一,省立医院调查各机关学校种痘情形,凡未种者,一律派员前往施

---

① 《安徽省各省立医院设备一览表》(1945年),安徽省卫生处编:《安徽卫生概览》,1946年印,第15页。

种,并在该院门诊部于每日上午免费为市民种痘。1945年1月,立煌警察局发现天花病例,经省卫生处派员紧急前往办理隔离消毒,治疗病者,并为该局人员普遍种痘,疫势得以控制。省卫生处对省、县各级医务机关,都在春季普遍实施种痘,防患于未然。

其次,是对霍乱的防治。1943年,省卫生处在立煌召集当地各机关团体学校,共同组织夏令卫生委员会,并成立临时巡回防疫队,轮流赴各机关及各乡接种霍乱疫苗。是年6月,立煌燕子河一带发现霍乱,省卫生处立即派员,会同省立立煌医院医师,携带药品前往救治,并在该地普遍注射霍乱、伤寒混合疫苗。1945年,除了继续按时办理夏令卫生运动,并饬各县遵照实施,规定防疫费之外,还在立煌举办预防注射、卫生宣传、清洁大检查等工作。1945年,省政府迁至合肥,省医疗大队暨三分队除大队部留设合肥外,第一、第二、第三分队分别迁驻到桐城、芜湖、阜阳3地,分任巡回医疗防疫工作。该年入夏后,和县、含山、芜湖、巢县、嘉山、合肥先后发现霍乱,省卫生处立即电饬省医防第一、第二分队派员分别前往疫区工作。8月间,在合肥成立省立传染病医院,先后隔离霍乱第一例病者3人,省会卫生事务所派员在交通要道实施检疫,普遍注射霍乱疫苗,成功防止了霍乱在合肥的蔓延。9月,泗县、灵璧、凤阳、怀远等地霍乱流行,省卫生处派省医防第三分队,全部迁驻固镇,分头防治,并派省医防大队技正、医师、护士,会同省卫生处的技术人员,前往皖东北及津浦路沿线,协助督导防疫工作,同时,由省立蚌埠医院会同有关团体组织设置临时隔离医院,加紧救治疫病并阻止其蔓延,至10月疫势始告消减。

再次,是对脑膜炎的防治。1944年春,庐江、岳西先后发现脑膜炎,省卫生处督饬各县卫生院加紧防治,旋告治愈。同年4月,省立立煌医院收治脑膜炎病例1例,经隔离治疗,未蔓延开。5月,紧邻安徽的河南商城一带有脑膜炎流行,省卫生处立即派员携药前往防治,未几,疫势戢止。

据安徽省卫生处1946年统计,安徽省种痘人数1943年为148417人,1944年为220623人,1945年为126288人;注射霍乱疫苗人数

1943 年为 92266 人,1944 年为 57126 人,1945 年为 992911 人。①

3. 环境卫生

首先,是改建、改良人民日常饮水水井。1943 年,由省政府令饬各县实施改良饮水。省卫生处在立煌将原由省卫生总队建筑的 7 眼水井加以改良,1944 年又在立煌石稻场龚家畈等地各建成示范水井一眼。据安徽省卫生处 1946 年统计,到 1945 年,安徽省改建水井 7238 眼,改善水井 1173 眼,饮水消毒 5578 次,清洁检查 4159 次。②。

其次,是公厕建设。省卫生处成立后,于 1942 年冬在立煌等地调查公私厕所情况。1943 年,国民政府颁行《全国公厕建设实施方案及标准图样》,省卫生处在上陈省府、转饬各县遵照实施的同时,按照甲种厕所的图样,在立煌建筑示范厕所 1 座。1944 年,又参照丙种厕所的图样,在立煌改善石稻场、戴家岭、龚家畈原有公厕 3 座,并在石稻场及龚家畈各添设示范公厕 1 座。据 1946 年统计,1943 年度改良公厕 655 座,添建 232 座;1944 年改良 534 座,添建 649 座;1945 年改良 695 座,添建 1684 座。③ 在全省各县中,以亳县、蒙城、宣城、歙县、太平、黟县成效好,"皖中各县多将旧厕改良"④。

再次,对城市垃圾进行清除也是环境卫生的一项重要内容。省卫生处对省政府所在地的商店以及一般居民的家庭,每年平均举行 2 次清洁检查;又令各县由各地方政府团体分别举行地方清洁检查,此项工作在夏令卫生运动及新生活运动时合并举行。例如,1944 年至1945 年,省卫生处在立煌举行了 2 次清洁比赛,对成绩优良者,给予奖状,以示鼓励;对成绩低劣者,予以劝告或警告,促其改良。省卫生处饬令各地,普遍设立垃圾箱,并会同警察局管理,还推广焚化、填埋两种处理方法。

4. 医疗卫生人才的培养

抗战期间,艰难困苦,一切人力均感窘迫。而卫生事业需要很多

---

① 石毓秀:《四年来之防疫与环境卫生》,《安徽省卫生处成立四周年纪念特刊》,第 25—27 页。
② 安徽省卫生处编:《安徽卫生概览》,1946 年印,第 5—6 页。
③ 安徽省卫生处编:《安徽省卫生处成立四周年纪念特刊》,第 28 页。
④ 安徽省政府编:《安徽概览》,安徽企业公司印刷厂 1944 年印,安徽省档案馆 1986 年重印,第 45 页。

的医疗技术人员,虽然多方罗致,仍然不敷分配使用。在安徽卫生行政部门任职的熊科贤,1941 年在省政府办的《安徽政治》杂志上发表《安徽省卫生事业之回顾与前瞻》,提出"本省卫生人员至感缺乏,倘为普及卫生事业,应设卫生人员干部训练所,加紧训练。非然,则不足以应需要。但训练卫生人员,似可暂以初级为限——为卫生行政人员、佐理医师、公共卫生护士、助产士、检验员、卫生稽查员等"①。1943年 7 月,省卫生处会同省教育厅,筹设安徽省立立煌高级助产护士职业学校 1 所,招收两班学生,每班 20 名,加以培养和训练。②

抗战胜利后,多年任职于省卫生机构的蒋曾勋,著文呼吁"设置卫生人员训练所一所。本省迄无医学院校之设置,而现今之安庆省立医事职业学校,亦仅为训练护士、助产士及药剂士 3 项初级医事人员,且每年毕业人数甚少,供不应求,加之本省交通不便,待遇较低,外籍之医事人员,不易获致,以致本省医事人员,至感缺乏,为补救计,今后一旦补助中辍,影响业务定大"③。

第二节　抗日民主根据地文化④

一、文学艺术

部队的文艺工作者和政府组织的业余剧团经常到各地演出话剧、歌剧等,丰富了群众的文化生活,内容以抗日救国为主,起到了教育人民、团结人民、鼓舞斗志、打击敌人的作用,受到群众欢迎。

在淮南地区,1941 年 4 月中旬,津浦路东根据地在天长县葛家港

① 熊科贤:《安徽省卫生事业之回顾与前瞻》,《安徽政治》第 4 卷第 10 期。
② 安徽省政府编:《安徽概览》,安徽企业公司印刷厂 1944 年印,安徽省档案馆 1986 年重印,第 45 页。
③ 蒋曾勋:《安徽卫生之回顾与前瞻》,《安徽政治》第 9 卷第 7、8 合期。
④ 此节为中共安徽省委党史研究室施昌旺编审撰写。

913

召开文化界抗敌协会第一次代表大会,会议总结了根据地建立以来津浦路东地区的文化工作,成立了津浦路东苏皖边区文化界抗敌协会,选举祁式潜等13人为常务理事,祁为理事长。路东地区农民剧团、青年剧团、民兵剧团等各种民间团体纷纷建立,到1944年底,路东地区共有农民剧团300多个,群众戏剧工作者达1500余人。天高办事处1944年9月的一次文艺汇演活动,参加演出的剧团有80多个。在群众性的自编自演活动中,产生了许多优秀剧目,如洪山戏《贺新年》、《王金副参军》,话剧《生产互助》、《劝夫参军》,歌剧《我们钢铁的圩》等。专业团体也在延安文化座谈会的精神鼓舞下,纷纷下乡、下连队体验生活,学习并挖掘民间艺术,进行戏剧大众化、民族化的探索。

在淮南地区的专业文艺剧团中,抗敌剧团和大众剧团是比较突出的两个。抗敌剧团于1940年4月在半塔集成立,团长兼指导员孟波。剧团其后又3次进行调整,演出了许多剧目,话剧、歌剧、民歌、应景剧、活报剧都演出过。如皖南事变后,即创作演出了歌曲《茂林血债》和话剧《两肩仇恨》。1941年冬,陈毅到第二师视察工作,抗敌剧团在盱眙岗村演出了话剧《最后的命令》。1942年夏,抗敌剧团在作曲家贺绿汀的指导下,排演了《游击队歌》、《垦春泥》、《拿起刀枪干一场》、《旗正飘飘》和《1942前奏曲》等。为配合整风运动,抗敌剧团又排演了苏联话剧《前线》。大众剧团是淮南另一支著名的文艺团体,1940年9月在半塔集成立,始称路东办事处宣教团,团长张泽易。1941年8月,以该团为基础,组建40余人的淮南大众剧团总团,团长孙铮,政治指导员张泽易,下辖8个分团和1个美术队。该团先后演出《农村曲》、《黄河大合唱》等。在1942年5月路东第一次青年代表大会期间,演出了张泽易编导的三幕话剧《第三代》,10月,为庆祝津浦路东农民抗敌协会代表大会召开,演出了五幕话剧《李桂五》。1942年底,大众剧团分为2个团,第一团主要演话剧,第二团主要演民间戏剧,其中第二团演出的现代地方戏《保家乡》很受欢迎。是年冬,何仿在金牛山地区采集了老民歌《鲜花调》,后改编成民歌《茉莉花》,传遍全世界。1944年,剧团在路东各县巡回演出《保家乡》、《送子参军》、《丁赞亭》及缪文渭创作的《生产互助》,推动了根据地的旧剧改革。大众剧团主要活动在天长、高邮、仪征、六合、盱眙、嘉山等敌后广大地区。华中局社会部部长潘汉年、新四军政治部宣传部长钱俊瑞、新华社华中分社社长范长江曾到剧团观看演出并与演员座谈，称赞大众剧团是"新四军中的状元剧团"。此外，淮南地区还有第四旅抗战剧团、第五旅前锋剧团、第六旅战斗剧团等。

由于淮南根据地文艺工作成绩突出，1943年12月，华中局决定以淮南路东地区为实验区，首先从报刊和戏剧方面着手，探索为工农兵服务的新路子，并派范长江协助淮南区党委开展群众文艺实验工作。1944年1月，范长江在淮南区党委召开的新文艺运动实验区座谈会上发表了《对于华中文艺工作几点意见》的讲话，对文艺工作的指导思想和对文艺工作者的认识以及戏剧工作提出了要求。范长江的讲话，深入实际，非常具有针对性。淮南区党委号召学习这篇讲话，推动了淮南文艺运动的发展。

在淮北根据地，成立了边区文化协会、戏剧协会等团体，部队和地方都成立了文艺工作团，如第四师的拂晓剧团、第九旅的奋斗剧团、第十一旅的创造剧团、抗大四分校的生活剧团以及地方上的人民剧团等。各县也都成立了文工团、农村剧团、民间艺人演唱队等，这些文艺团体以戏剧、话剧、活报剧、快板等农民喜闻乐见的形式，深受广大军民的喜爱。拂晓剧团是活跃在淮北敌后的一支文化尖兵。1938年11月，彭雪枫创议组建拂晓剧团，以青年学生为骨干。剧团先后演出《参加新四军》、《保卫麦收》、《军民一家人》、《傻小子打游击》、《赛西施送郎》、《刺寇》、《三江好》等剧目。1939年冬，徐海东路过新四军游击支队驻地新兴集时，拂晓剧团演出了自编京剧《徐大将军粉碎日寇扫荡》，徐海东看后称赞演得好，希望多演以人民群众为主角的剧本；延安文艺座谈会以后，拂晓剧团坚持文艺为工农兵服务、为战争服务的方针，演出了大型话剧《前线》、《铁血将军》，还排演了一些小型民间剧目，如河南坠子《良女劝母》，大型秧歌剧《反攻依靠谁》，淮北民间流传的跑旱船、花挑子、打花棍等，都非常受欢迎，当时人们称颂彭雪枫领导下的第四师有3件宝：骑兵团、拂晓剧团和《拂晓报》。1945年8月，拂晓剧团改编为华中军区政治部所属的文艺工作团。

在皖江根据地，区党委很重视文艺工作，对文艺工作提出的要求是："组织流动的通俗宣传队，发展农村剧团、农村歌咏队，启发大众文艺创造，改造旧形式、灌注新内容，创作民歌、小调、街头诗、通俗画报等。"皖江地区成立了许多文化娱乐部、文工队、歌咏队和农民业余剧团，演出一些抗战剧目。第七师的大江剧团在当地颇负盛名。该团于1942年春成立，团长叶诚。剧团曾演出过歌剧《农村曲》、《银屏山下》，话剧《自卫队》等，特别是苏联的话剧《前线》，演出后对部队指战员教育很大。

二、新闻出版

安徽各敌后抗日根据地，创办了许多报纸、杂志，编辑出版了大量图书。通过这些形式，向根据地军民及敌占区群众宣传党的路线、方针、政策，评论国内外政治形势和战争进展状况，传授文化科学知识和技能，从而使新闻出版事业在教育人民、组织人民、打击敌人、建设根据地的伟大斗争中，发挥了极其重要的作用。

当时，新闻工作的主要形式是报纸，通过报纸来宣传与贯彻党的政策。但地方有时也有与党的政策与策略不符的言论出现，华中局宣传部在《关于改进宣传工作的指示》中指出："我们的报纸还不能很好的真正的反映各阶层的实际生活、情绪和要求，不能描绘群众运动与斗争的实际的生动的内容，只是笼统的八股式的某些群众情绪高涨、斗争胜利等一套，这样就不能使报纸与群众发生密切联系，不能起宣传者与组织者的作用。"为节省人力物力并提高宣传工作的质量起见，特规定："区党委办一党报，一党刊，总的群众团体如有可能亦可办一以工农群众为对象的通俗报纸，其他如关于青年知识分子及文艺性质的刊物可采取报纸副刊的形式，不必另办，地委县委不必另出版报纸刊物"；"部队方面，师政治部可出以部队为主要对象的一报纸一杂志，单独行动担负一个地区任务的旅可出一以战士为主要对象的报纸，此外的旅与团不必另出"①。新华社华中分社社长范长江也对华中

---

① 中共中央华中局宣传部：《关于改进宣传工作的指示》，1942年6月17日。

根据地的新闻工作提出了自己的看法:各根据地除已出版的一般性报纸之外,应着重出版一种专门供工农阅读的刊物(如《淮南大众》、《淮北大众》、《盐阜大众》等)和专门供战士阅读的刊物,其对部队已出版有专门报刊者(如《拂晓报》部队版),应将其内容主要为对战士之用。他认为工农兵的报刊的特点是,出版期数不在乎密,而在乎内容充实丰富,每期印数要印得多,销量要广;图画应与文字各半,而且图画与文字应该互相配合。

根据地报纸杂志繁多,有淮北根据地的《拂晓报》、《军事杂志》、《人民报》、《党内通讯》、《人民通讯》、《人民画报》、《政府工作》、《大众半月刊》以及通俗读物《大众小丛书》等;淮南根据地出版的报刊有《新民主报》、《新路东报》(后改名为《淮南日报》)、《抗战报》(江北版)、《淮南大众》、《路东农民》、《淮南党刊》等;皖江根据地有《大江报》、《武装报》等。在这些报刊中,最突出的代表要数《拂晓报》、《淮南日报》和《大江报》。《拂晓报》是新四军第四师政治部的机关报,1938 年 9 月创办,随军转战了豫皖苏边区和淮北苏皖边区。1942 年,《拂晓报》与《人民报》合并,成为淮北区党委的机关报,仍命名为《拂晓报》。因为内容丰富,版面新颖美观,成为边区军民喜爱的一张报纸,发行量达五六千份,在当时国民党陪都重庆都有发行,并被一位反法西斯的国际友人带往国外,参加国际展览。毛泽东曾为该报题词"坚持游击战争",还写信给彭雪枫,称赞《拂晓报》办得好,希望大家努力。彭雪枫在《贺〈拂晓报〉500 号——5 年来〈拂晓报〉的检讨》一文中认为是"油印报之传播最远、读者最众的黄金时代"。

《淮南日报》是淮南区党委的机关报,其前身是 1940 年 12 月津浦路东省委创办的《新路东报》,社长包之静。1941 年 5 月,路东省委改称路东区党委后,《新路东报》成为路东区党委机关报。1944 年 4 月 1 日,《新路东报》正式改名为《淮南日报》,四开四版,发行量也由油印报的几百份增至铅印报的 5000 份。《淮南日报》经常刊登皖东军民反"扫荡"、反"摩擦"的战斗消息,以及根据地政权建设、群众工作、生产活动、文化教育等方面的消息。

《大江报》创办于 1942 年 3 月。经皖中军政委员会和第七师师部

研究决定,在第七师政治部举办的《战斗报》的基础上,创办《大江报》,由原来的部队报纸扩大为区党委机关报,区党委宣传部长周新武兼任《大江报》社社长,舒文任总编辑,主持日常工作。《大江报》创办之初是油印的四开报纸,其油印的技术很高,每张蜡纸最高纪录可以印到300多份。发行量达3000多份。区党委书记曾希圣十分关心《大江报》的出版和发行,重要的社论,他都要审查,有时他自己也写社论;《大江报》快速准确地传达中央和华中局的指示和有关政策法令,报道各地的先进事迹和战斗、工作经验,及时介绍根据地生产、减租及整风的情况,对加强和推动根据地建设起了积极作用。

三、根据地的教育事业

根据地的教育,分为干部教育、社会教育和学校教育3个门类。

在干部教育方面,根据地创建之初,文化教育就被列为军队建设的一项重要内容,建立了各种教育组织和学习制度,制订了教学计划,解决教材问题,使政治教育、时事教育、军事教育和文化教育都得到了较为深入的开展;不少地方举办了干部训练班,为根据地培养了一大批干部,正如刘少奇指出,当时我们为了解决缺乏干部的问题,其中采取的一个办法,就是"开办了许多一星期毕业的训练班,把这些人立即分派到各地去进行工作"①。根据地逐渐扩大,形势稳定之后,旨在培养干部的学校纷纷建立。这些不同类型的学校,其必修课程的设置,大同小异,一般有政治理论、军事知识、时事政策、社会发展史等。办学条件都很艰苦,没有固定校舍,没有齐全设备,没有充裕经费,一般都是依靠师生自己动手,盖土屋,制作教具,生产粮食以自给自足,尽管如此,学校坚持坚定正确的政治方向,艰苦朴素的工作作风,理论与实际相结合,学习与生产劳动相结合,培养出大批军事的、政治的、经济的、文化的干部。各根据地著名的干部学校有以下几所:

江淮大学。1942年9月,经华中局批准,新四军军部和江苏省委共同创办了这所新型的革命大学,校长为著名教育家韦悫,党代表为

---

① 《刘少奇选集》上卷,人民出版社1981年版,第257—258页。

梅益。教师有经济学家何封、哲学家李仲融以及复旦大学土木系主任孙绳曾等著名学者。学生主要是来自上海的之江、大同、大夏、沪江等大学和苏州工专以及部分中学。学校开设有土木、教育、农学、医学4个系和一个普通科。学校先设在天长张洪郢附近，后因局势紧张，于1943年4月分散隐蔽，10月在淮北泗南仁和集重新开学。1944年6月，根据地急需干部，经上级党组织批准，学生全部分配工作，前后共培养干部120名。

抗日军政大学第四分校。1940年初，中共中央决定将第六支队的随营学校扩建为抗大四分校，并命令总校组建一支200余人的华中先遣大队到六支队，加强四分校的领导与教学力量。学校于1940年3月成立，校领导大都由六支队首长兼任：彭雪枫任校长，吴芝圃、张震为副校长，刘作孚为教育长（后为方中铎）。1944年，冯文华为专职副校长，学校也改名为雪枫军政大学。抗战胜利后，学校于1945年9月与华中野战军随营学校、苏中公学合并，更名为雪枫军政大学，继续为部队培养人才。抗大四分校从创办到结束前后达5年半，培养干部5000多名，是抗大总校在新四军中创办最早、历时最长、吸收革命知识青年最多、成绩最为显著的一所分校。

抗日军政大学第八学校。由新四军第二师创办，是在原江北指挥部军政干校的基础上建立起来的。1941年5月创立，1945年8月结束。校址先设天长张公铺，后迁龙岗，再迁葛家巷；校长由师长张云逸兼，副校长由副师长罗炳辉兼，冯文华为教育长；共举办了4期，培养干部2500多名。该校地处淮南根据地中心区，环境比较安定，学校充分利用这一条件，坚持以教学为中心，教学质量高，成绩卓著。陈毅代军长在华中各抗大分校的教育工作会议上，曾表扬过八分校所取得的成绩。

抗日军政大学第十分校。1945年5月15日正式成立，校址在无为县团山李夏家祠堂。校长由七师代师长谭希林兼，政治委员由七师政委曾希圣兼，陈仁洪任副校长兼教育长，杜建华为副校长。学员近千人，分别为来自七师部队和皖江地区的知识青年，也有一些是上海、南京等地投奔解放区的青年，共分为6个队。抗战胜利后学校停办。

淮北苏皖边区行政学院。1941年8月开办，院长由淮北行署主任

刘瑞龙兼,孟东波为教育长。学校下设师范、财政、行政、运动4个专业,学员大多是各县的区、乡干部,也有一部分知识青年。学院无固定学制,根据学员程度和形势发展,或半年,或三四个月一期。先后共办3期,培养干部828人,1942年12月结束。

在社会教育方面。为提高人民群众的文化水平,动员群众参加抗日,各根据地都把社会教育当做重要工作来抓。1941年3月,淮南津浦路东省委颁发文件,提出社会教育的具体要求:在各保各乡的小学校内,或小学校外,要建立民众学校、夜校、识字班、民众文化俱乐部等民众教育活动中心,组织各种识字班、壁报、演讲、音乐、戏剧、体育等一切适合于民众需要及民众所喜欢参加的活动。小学教员就成这一保、这一乡社会教育的主持者。开办冬学、民校,对广大群众进行政治和文化教育,成为社会教育所采取的主要形式。其办学方针是"明理第一,识字第二"。

淮北根据地从1943年起开展冬学运动,仅淮宝一县就建立冬学400所,学生1500余人。据1944年12月统计,全边区共有民校1830个班,学生66383人,出现了"白天个个忙生产,晚上人人上学校"的新气象。淮南津浦路东地区于1941年开始冬学运动,全区民校、识字班达288处,入学群众4602人,大众俱乐部63所,图书阅览室38所。1942年民校增加到332处,入学群众达22152人。皖江根据地组织冬学和识字班,对成年人进行扫盲,在中心区内,广大青年文盲以进识字班为荣。行署编印扫盲课本——《民众读本》,要求人人学会1000个字,提高认识,懂得一般性的问题。在冬学运动中,淮南根据地创造了"小先生制",对开展社会教育起了重要作用。所谓"小先生制",就是由学校教师培养一批学习好的"小先生"再去教失学儿童。它既弥补了师资的不足,又使失学儿童有读书学习的机会。对于一些路程远、家务重不能定期入学的青壮年妇女,"小先生"便送字上门,方便了妇女们的学习。1943年《解放日报》曾报道:"三年来路东社会教育已经创造了不少新的方式,如竹镇小学实验的'小先生制'仅仅半年已经培养了六七个工作得好的小先生,使三百个学龄儿童找到了门径。"①由于冬学运动在各抗日根据地普遍深入的开展,使广大群众在一定程度上摆脱了文盲状态,增强了民族意识,提高了抗战知识和技能,推动了减租减息、生产互助、交纳公粮、民兵练武参战、动员青壮年参军等项工作,从而促进了根据地建设事业的发展。

在学校教育方面。抗战爆发前,淮北地区的县平均只有各类小学41所,淮南地区的县只有20余所,皖中每县仅10多所,适龄儿童入学率为10%左右(包括私塾);抗战爆发后,特别是1938年安徽沦陷后,由于时局混乱,经费无着而大多关门,淮北津浦路东8县只剩下小学40所,平均每县5所;皖中每县不足10所;淮南地区则因县库存款被国民党县长逃跑时席卷一空而全部停办,教师或受聘为塾师,或靠做小生意糊口。中学方面,1936年安徽全省虽有中等学校81所,但主要设在城市和县城。抗日民主政府建立后,广大农民在政治上和经济上翻了身,也迫切希望在文化上翻身,许多适龄儿童也急需上学。针对这种情况,淮南、淮北、皖江各根据地都把教育作为本区建设的一项重要事业,采取了许多措施。

(一)建立健全各级教育行政机构

各根据地都设置了专门的教育行政机构,配备教育行政干部,负责对本地区教育事业的指导和管理;行署及专署一级设立教育处;县一级设立教育科(教育局)或文教科;区和乡设立教育委员会,配有专人办公;行政村设校董会或教育委员会,负责本村的教育事宜。为加强对基层教育工作的领导,各地都明文规定,区、乡的负责同志要参加本级的教育委员会,村的行政负责人参加本村的校董会。淮北苏皖边区政府于1943年还特别规定,小学校长参加当地行政机构并担负一定的职责,这样既提高了教育地位,又密切了学校与地方政权的关系,使地方政权能负起发展、监督教育的职责,并及时解决教育上的一些问题。

(二)多方筹集教育经费,实行教育经费独立

虽然各地经费紧张,但为保证教育事业的正常开展,各级政府都

---

① 中共滁州市委党史研究室:《淮南抗日根据地史》,安徽人民出版社2001年版,第190—200页。

尽量压缩其他方面的开支以增加教育经费。淮南根据地 1940 和 1941 两年教育经费占整个根据地财政支出的 34%。淮北根据地 1941 和 1942 两年的教育经费占财政支出 25%（以上均不包括军费支出）。皖中地区在发展小学教育上采取以改造私塾为主的方针，情况稍好：各根据地采取措施，加强学产管理，实行教育经费独立。

（三）培训教师队伍，提高教师素质

创办师范学校，在规模较大的中学内开设师范班；创办各种教师训练班、速成班，将愿意从事教育工作的知识分子、半知识分子集中起来，经短期的培训后充实到教育部门；将流亡学生和知识分子组织起来，稍加培训后即派往学校任教。由于措施得力，教师队伍迅速扩大，如淮北 1940 年初教师不足百人，1943 年底即达 1500 人；淮南 1941 年初有教师近千人，是抗战前的两倍。

（四）重视知识分子，大力改善教师待遇

首先是提高对知识分子的认识。淮北区党委在《关于加强领导国民教育工作的指示》中指出："首先要改变领导干部轻视知识分子对中国革命的作用，轻视争取和培训知识分子的意义，轻视通过国民教育工作是便于开展文化统一战线工作等，而应认识这一工作具有培训知识分子与开展统一战线的双重作用，对根据地建设与巩固有重大意义。"淮北行署主任刘瑞龙的几次报告，阐述非常精辟。他说要"动员知识分子以及半知识分子，不论进步的甚至某些不进步的知识分子，只要他是抗日的不反动的即使有些缺点，可以改造他、提高他，让他来做乡村教师"，"我们欢迎敌伪区的知识分子、半知识分子到根据地来，就是他过去反动，今天不反动也好，我们正要求他做教育工作，我们抗日的政府不记过去，也不管你将来怎样，只要你今天抗战便行，不做汉奸便行，我们要很好地进行农村文化的统一战线工作"①。1942 年 10 月召开的淮北地区第二届参议会上他作了题为《淮北苏皖边区三年来的政府工作》报告，强调"不管哪一党哪一派，只要是赞成抗日民主的，愿意为抗日民主教育服务的，均一律延聘为教师，不仅网罗边

---

① 中共安徽省委党史工作委员会编：《淮北抗日根据地》，中共党史出版社 1991 年版，第 83—84 页。

区原有的人才,而且招请了敌占区的师资前来"①。在党的统一战线政策感召下,大批有民族自尊心,愿为抗战尽一份力量的知识分子都投奔到根据地,参加教育工作。根据地政府还千方百计提高教师待遇。在政治上,有计划地在教师中发展党员,凡是忠诚于抗战事业,努力工作,符合入党条件的知识分子,党组织一视同仁,加以吸纳。同时还养成尊师重教的风气,认为"小学教师为国尽忠,为民族尽瘁,不亚于战场上的战士",他们的作用与功勋是很大的。还规定发至县级的党内文件,中学党员教员可以阅读;发至区级的文件,小学党员教员可以阅读。在生活上,教师享有较高的待遇。淮南根据地规定教师薪水"以养活一个半人为原则";淮北是"以养活一人至二人为原则";皖中"以能养活二人为原则"。至于具体标准,淮北和淮南小学教员每人每月粮 100 ~ 180 斤;皖中小学教员每月大米 160 ~ 180 斤。而此时沦陷区工人每年是 200 ~ 700 斤粮食,中学教员的薪水也仅 70 斤粮食。②

（五）对旧教育进行改革

根据中共中央提出的"必须改变教育的旧制度、旧课程,实行以抗日救国为目标的新制度、新课程"指示,安徽各抗日根据地对旧教育的改革依据 3 个原则进行:一是改革必须符合抗战的需要,符合劳动人民的需要;二是必须根据各根据地的客观实际,特别要依据当地的教育基础和经济状况进行;三是要从能力和实际水平出发。在上述原则指导下,根据地的教育改革颇有特色,形成了独特的教育新体系。其主要特点是:在教育制度上打破了单纯的学校教育体制,建立起以干部教育为核心,以社会教育为基础的新体制;在教学内容上,删减了一些内容陈旧的课程,注重政治教育,强调理论联系实际,强调社会实践,改变了过去那种只知在书本上寻章摘句、不问社会需要的"读死书",将战争和根据地建设所需要的知识教授给学生,做到教育真正为抗战服务;在教育方法上,废除了旧教育那种死记硬背的"注入式"教学方法,代之以民主和谐、以说理为主、以受教育者自我教育为主的新

---

① 中共安徽省委党史工作委员会编:《淮北抗日根据地》,中共党史出版社 1991 年版,第 138 页。
② 张维城:《宿迁市一个月来的群众运动》,1945 年 10 月。

方法；在师生关系上，改变了以往师道尊严、师生对立的状况，建立起师生打成一片、相互学习、相互提高的新型关系。

各根据地废除了奴化的、封建的、法西斯主义的旧教育，创立了民主的、科学的、大众的新民主主义教育，形成了一套行之有效的教育方法和管理方法，为抗日战争和根据地建设培养了大批干部和各种专业人才。

第三节　沦陷区文化

一、汉奸文艺的泛起

为了对抗国统区的进步文艺及抗日根据地的抗日文艺，日伪安徽当局在沦陷区大力培植汉奸文艺。它们充分利用戏剧、电影、音乐、文学等文化形式，向沦陷区民众广泛散播奴化毒素，借以维系其反动统治。

在文学艺术各种形式中，戏剧不仅最易为民众广泛接触与接受，而且宣传面极广，社会影响的力度也非常深远，因而受到日伪的特别重视。早在沦陷初期，各地伪政权出于粉饰统治的需要，致力于帮助社会人士恢复剧院。1941 年前后，各地剧院的恢复与新创粗具规模，蚌埠拥有蚌埠大戏院、蚌埠大剧院、移风剧社、月宫游艺社等 11 家剧院。[①] 芜湖开设了复新大舞台、新新大戏院、娱乐大戏院等 8 家剧院，安庆也有华林剧院、兴亚剧场等剧院。这些剧院，或由自家戏班表演，或由外请的剧团登台。所表演的戏剧，除部分为黄梅戏、梆子戏外，大多为京剧及话剧，在表演剧目上，少量为各剧团戏班自编自排的剧本，情节多新奇、怪诞、恐怖，如《妓女大闹状元府》、《夜探殡仪馆》等，其余多为传统剧目，如《霸王别姬》、《打鼓骂曹》、《贵妃醉酒》、《潘金莲》、《女状元》等。这些剧目的上演，营造了歌舞升平的虚假社会现

---

① 《商业繁荣之象征》，1940 年 4 月 9 日《蚌埠新报》（伪）。

象,麻醉了民众的民族意识,因此为日伪政权所许可。除此之外,各剧院也要紧密配合日伪的需要,直接充当文化奴役的工具,每遇伪政权的各种纪念、庆祝日军战胜的大会、"中日亲善周"的游艺大会等重大场合,各剧院或提供活动场所或由自己的戏班表演宣扬日伪"国策"的剧本。如1940年3月,蚌埠月宫游艺场所聘请的上海银花剧团表演了为汪伪登台涂脂抹粉的剧本《和平之花》。① 安庆华林戏院也被伪政权要求编演"和运"戏剧,至少每两周一次。②

为了追求戏剧最大的社会效果,日伪还纷纷成立完全御用的剧团,如伪大民会安庆联合支部组建的兴亚剧团、伪铜陵县自治会成立的和平剧团③、芜湖日伪势力拼凑的养正剧团④等,这些剧团几乎都是七拼八凑而成,所表演的话剧,纯为宣传日伪的那一套而摇唇鼓舌,根本没有任何艺术性可言,因此必然受到民众的唾弃,如1945年5月,伪政权在蚌埠东方电影院排演洪漠的戏剧,从开演至谢幕,喝倒彩之声掌声不绝,虽宪兵干涉也不能阻止,人们纷纷以提前离场表示抗议。⑤

此外,日伪安徽政权还经常邀请外省甚至日本的反动剧团来皖演出。如1939年12月,伪大民会总部的远东剧团被邀至合肥等地公演,所演话剧内容极为反动。⑥ 1941年2月前后,该剧团又在伪国民党中央宣传部的指导下,排演了为汪伪"和运国策"摇旗呐喊的四幕舞台话剧《火烛之后》,除在南京、上海等地公演外,还曾窜至蚌埠、芜湖等地上演⑦,产生了极为恶劣的社会影响。日本的田村踏曲马团、东京大东亚歌剧团等文化殖民机构也纷纷来到安徽,从事罪恶表演。⑧

为了将戏剧完全纳入自己需要的轨道,日伪还对戏剧活动实施控

① 《"月宫游艺场"广告》,1940年3月17日《蚌埠新报》(伪)。
② 《戏剧审委会为策进和平运动再饬华林戏院编演和运戏剧》,1941年2月16日《安庆新报》(伪)。
③ 《铜陵县各机关合组和平剧团》,1941年10月21日《安庆新报》(伪)。
④ 《芜养正剧团接办芜湖广播电台》,1942年8月13日《安徽日报》(伪)。
⑤ 《蚌埠风景》,1945年5月12日《申报》(伪)。
⑥ 《远东剧团旅肥公演》,1939年12月15日《蚌埠新报》(伪)。
⑦ 《远东剧团在复新舞台表演》,1941年2月16日《芜湖新报》(伪)。
⑧ 《大东亚歌剧团来蚌表演》,1944年6月11日《安徽日报》(伪)。

制。1939 年 3 月,伪省警务处出台了《安徽省警务处管理剧场规则》,对各剧场的开设、营业等方面均作了详细规定。① 不久,怀宁等县纷纷组织戏剧审查委员会,各剧院须于开演前一日将剧本送交审查,经许可后才得开锣。② 凤阳等县则归伪警察机构审核,甚至戏院加座也受其干涉。③ 1942 年,伪民政厅令饬伪凤阳县政府转饬各娱乐场所将唱词剧情逐日送呈伪民政厅核准后始可演唱。④

电影方面,日伪充分认识到"电影一项,实为新中华宣传之利器"⑤,因而竭力利用与操控。战争初期,各地电影放映完全中断。随着殖民秩序的逐渐确立,各地陆续开办了一批电影院,其中名声较大者有蚌埠电影院及其后的蚌埠东方电影院、芜湖佛光电影院与东和电影院、安庆皖江电影院及安庆剧场等影院。除固定影院场所外,日伪还经常组建放映班至公共空地甚至农村放映。

日伪在沦陷区放映的电影分为以下几类。

其一为亲日片。这一类片子或由伪方所拍,或由日伪合拍。其中以《万世流芳》与《春江遗恨》两片最为典型。前者由伪中华联合制片有限公司摄制于 1942 年上半年,该片以鸦片战争前后的林则徐为主题,表面似在弘扬林则徐抗击英美侵略的功绩,骨子里贩卖的是日本殖民者"大东亚战争"的那一套。后者由日伪合拍于 1944 年,臆造日本武士高杉晋帮助晚清太平军作战剧情,主演均由日伪名角担纲,该片意在宣扬日本人才是中国的救世主,是一部彻头彻尾的亲日片。这类片子虽在沦陷区放映电影数量上所占比重不高,但却主导着沦陷区电影业界的发展方向。其所产生的社会影响也是最为恶劣的。

其二为纪录片。这一类片子较多,政治倾向极为鲜明。日伪每遇重大集会场合甚至作战场合,均由电影公司或有关记者摄制纪录片。如汪精卫集团 1940 年召集所谓实施宪政会议、日本小学生生活、1942

① 《安徽省警务处管理剧场规则》,《安徽省公报》(伪)第 3 期,1939 年 3 月版。
② 《怀宁县公署组织戏剧审查会》,1939 年 11 月 18 日《芜湖新报》(伪)。
③ 《警局严饬各戏院按容量规定座位》,1940 年 5 月 31 日《蚌埠新报》(伪)。
④ 《安徽省民政厅检查剧情戏词》,1942 年 5 月 4 日《安徽日报》(伪)。
⑤ 《友邦映画班莅泗表演》,1940 年 1 月 22 日《蚌埠新报》(伪)。

年汪伪巨奸储民谊视察安庆、1942 年日军在东南亚作战等均曾摄成纪录片,在各电影院上映,以配合日伪的施政。[①]

其三为日本影片。抗战前几年,英美等西方国家摄制的电影如《魂断蓝桥》等影片尚能在沦陷区上映,日本所拍的片子如《白兰之歌》等也在沦陷区播映。1941 年日本偷袭珍珠港对英美开战后,沦陷区各电影院放映的外国电影完全由日本电影独占,各电影院通行的做法为放映一部伪方片子时,加映一部日本片子。

其四为伪方所拍休闲消遣影片。这一类片子在电影市场上数量最多。其情节不是男欢女爱、三角恋爱,或为家庭纠葛,亲族乱伦;不是凶杀恐怖,即为怪诞离奇。其中歌舞色情片有《凌波仙子》、《影城记》、《花开花落》等;爱情家庭纠葛题材片有《红粉知己》、《断肠风月》等;凶杀片有《寒山夜雨》、《女僵尸》等;侦探片有《千里眼》、《夜明珠》、《珍珠衫》、《福尔摩斯》等;滑稽片有《难兄难弟》、《六十年后上海滩》;武侠片有《大闹长春店》、《女子男儿》、《女海盗》等;戏剧片有《孙悟空大闹天宫》、《铁扇公主》、《花木兰从军》、《荞麦记》等。

日伪的上述电影,一部分迎合了甘心附逆的汉奸的口味,一部分满足了沦陷区心灵空虚的部分人群的需要,故各电影院营业畸形发展,生意十分兴隆。[②] 为了防范电影中出现对殖民统治不利的情节,日伪当局对电影的制作与放映均作严格规定。1939 年 3 月,伪省警务处出台电影放映管理规则,要求所有电影放映前需通过检查。[③] 1940 年1 月,伪维新政府设立电影检查所,规定中外影片未经检查者不得映演,电影片含有反东亚和平之主义者等情形者均不得核准。不久,伪省警务处奉伪内政部命,下令沦陷区内放映电影,均须提前接受审查。[④] 汪伪时期,对电影放映的控制进一步趋紧。

除了话剧、电影,日伪政权对音乐、摄影、漫画等艺术形式也十分注意控制与利用。

---

① 《青年团指导部映放战地影片》,1943 年 1 月 12 日《安庆新报》(伪)。
② 《各游艺场生意兴隆》,1940 年 4 月 4 日《蚌埠新报》(伪)。
③ 《安徽省警务处取缔电影院规则》,《安徽省公报》(伪)第 3 期,1939 年 3 月版。
④ 《未经检阅影片,警处奉令饬属概予严禁放映》,1940 年 3 月 6 日《蚌埠新报》(伪)。

音乐方面，伪国民党中央宣传部曾组织汉奸艺人，炮制了百余首反动歌曲，主要有《东亚进行曲》、《建国歌》、《反共和平歌》、《实施宪政歌》等歌。这些歌曲或为汪伪施政歌功颂德，或为日伪合作阿谀奉承。汪伪中央随后通过伪国民党安徽省各级党部或大民会安徽各地分支机构将这些歌曲下发给沦陷区各机关、各学校，反复演唱。① 各地伪民众教育馆也纷纷设立音乐室予以配合。各处汉奸组成的宣传队通常设有专门的音乐部。安庆特务机关还专门为伪怀宁县青年团指导部宣传队音乐部配备西乐号鼓笛器等音乐设备。② 伪怀宁县教育局也曾举办音乐讲习会，由日人授课，参加者为公私立中小学及民众学校教师。日伪还组织"和运歌咏团"③，多次主办歌咏比赛。1943 年起，各学校又遵汪伪教育部令，统一开设音乐课。在日伪的操控下，音乐逐渐成为伪政权向社会灌输奴化意识的重要手段。

摄影方面，日伪深知摄影对于实施殖民统治的重要性，除向沦陷区大量推销配备了大量摄影图片的图书如《维新政府初周纪念册》、《国府还都周年纪念刊》、《汪主席东渡访日》等书刊外，还经常举办摄影展览。1942 年，日伪政权在蚌埠、芜湖、安庆等地多次举办"大东亚战争写真"展览。这些展览规模庞大，内容多为日军在东南亚、南亚、澳洲等地作战图片，意在向人们展示日军所谓"赫赫战功"，制造恐日、惧日、媚日、崇日气氛，如该展览 1942 年 10 月在安庆举办时，图片节目单为"皇军进驻泰国"、"缅甸战线"、"澳洲"、"阿留地岛"、"印度"、"马来战线"、"香港陷落"、"东亚民族交欢"、"军神"、"世界之名将"、"安庆风景"等内容，伪政权强迫各机关、各学校、各团体等前往参观，制造壮观景象。④

与摄影一样，漫画亦为教化的重要手段。日伪为巩固其殖民秩序，对漫画也大加利用。各地成立的宣传队，通常都设有专门的漫画

① 《大民会奉颁宣传部制发歌曲》，1940 年 5 月 27 日《安庆新报》（伪）。《芜湖市党部宣传科工作概况》（伪）（1941 年 8 月），中国第二历史档案馆藏。

② 胡栋廷：《本县青年团工作概况及展望》，怀宁《县政月刊》（伪）第 1 卷第 2 期，1943 年 2 月 1 日版。

③ 《青年文化研究会筹组歌咏团》，1942 年 5 月 13 日《安徽日报》（伪）。

④ 《大东亚战争影片展览会》，1942 年 10 月 25 日《安庆新报》（伪）；《东亚战争影展三日，观众突出数万余人》，1942 年 10 月 29 日《安庆新报》（伪）。

部,其职责为出发宣传时,于各处墙上张贴漫画。其内容或疯狂攻击中共,如灵璧等县曾大量出现《赤魔不死,大乱不止》漫画,或为日军唱赞歌;有的漫画显示,中国老妇带小孩跪在路边乞讨,日军士兵上前施舍等。除于各处张贴漫画外,伪政权还经常举办漫画展览,如1942年5月芜湖举行所谓"击灭英美宣传周",即于伪芜湖民众教育馆内举行漫画展览,作品均系各中小学校师生选送,伪政权强迫各阶层民众前往参观。① 1942年,伪怀宁县教育局还曾征集各校学生关于"新国民运动"图画,送交日伪双方合办之"大东亚解放画片展览会"②。日伪企图通过这些内容胡编乱造的漫画,潜移默化地消泯民众的民族观念。

为了粉饰太平,点缀门面,日伪政权还对文学有所培植。汪伪时期,蚌埠先后产生了和风文艺社与黎明文艺社两个文学团体,前者借伪《安徽日报》发行文学刊物《和风旬刊》,后者则独自发行以文学创作及理论研究为主要内容的综合刊物《黎明月刊》。滁县也有青年文艺社。除上述文学刊物外,沦陷区发表文学作品的主要阵地即为各报副刊及随报发行的刊物,如《蚌埠新报》副刊《蚌珠》、伪《安徽日报》副刊《皖铎》、《淮风》、《大地》,《芜湖新报》副刊《湖光》,《安庆新报》副刊《新蕾》以及随伪《安徽日报》出版的《民众旬刊》等,均曾大量刊发文学作品。其他刊物如怀宁《县政月刊》、《皖青旬刊》等均设有文艺栏。所登的文学作品形式多样,包括文学理论研究、诗歌、散文、小说、传记、闲话等。这些作品只有极少数具有文学欣赏价值,如《黎明月刊》第四期所刊登的姚雪垠《屈原诗的产生问题》、臧克家《一朵悲惨的花》。其余的大多数作品均格调不高,没有多少文艺价值,其中不乏低级趣味和诲淫诲盗的无聊作品,如伪《安徽日报》的副刊上曾刊登《女性交际问题》、《侍女的裤带》等文。这些腐蚀民族意识的作品构成了沦陷区文学创作的主流,适应了日伪殖民统治的需要。

---

① 《芜湖县政府半年来宣传工作报告》,《芜湖县政月刊》(伪)第1期,1942年10月15日版。
② 《怀宁县教育局工作概况》,怀宁《县政月刊》(伪)第1卷第3期,1943年3月1日版。

二、新闻出版领域的罪恶活动

日伪政权深知控制舆论宣传阵地的重要性，始终严密掌控新闻与出版，以适应日本维护殖民统治的需要。

沦陷区的新闻事业主要由通讯、报纸、广播三部分组成。

舆论宣传离不开通讯。为了操控舆论，1938年3月下旬，日伪当局于南京成立了大型通讯机关——伪中华联合通讯社，负责采访新闻，编辑、收发新闻电讯。该通讯社成立后不久，即将触角伸向安徽，分别于芜湖、蚌埠设立了分社，其中王哲生为芜湖分社社长，张益龄为蚌埠分社社长，蚌埠分社下分编辑、采访、电台、缮写、事业、印刷各部，与日本同盟通讯社蚌埠支社合署办公。[①] 1940年5月，汪伪国民政府将伪中华联合通讯社与汪伪国民党中央宣传部所办的伪中华通讯社予以合并，成立伪中央电讯社，除继续于芜湖、蚌埠两地设立分社外，另于庐州、大通、巢县、安庆等地设立通讯员。抗战后期，又设立了伪中央社安庆通讯处[②]。蚌埠分社、芜湖分社各设主任一人、总编一人，配备收发报机，职责除采访本地新闻外，另每日与总社互通电讯，交流新闻，供给各报刊各机关各团体使用。[③] 安徽沦陷区各报除副刊外，各版消息大都采用伪中央电讯社蚌埠分社、芜湖分社及各地通讯员通过交流得来之电讯及本地采访之新闻。甚至特稿也是如此。通讯及采访业务完全由伪中央电讯社分支机构控制，所以沦陷区报纸新闻栏目均强烈依附于伪中央电讯社分支机构。

不过，就受众与社会影响而言，沦陷区最为重要的新闻实体当首推报纸。伪省、县政权对报纸的创办与发行十分重视。1938年5月15日，伪蚌埠自治委员会即在蚌埠特务机关的扶持下，创办了安徽沦陷区第一份报纸——《蚌埠新报》[④]。此后至抗战后期，安徽沦陷区先

---

① 《原田特务机关长视察中联同盟两社》，1940年1月28日《蚌埠新报》（伪）。
② 《中央社安庆通讯处筹备完成即将成立》，1944年12月1日《安庆新报》（伪）。
③ 秦孝仪主编：《中华民国重要史料初编——对日抗战时期》第6编"傀儡组织"（三），台湾中国国民党中央委员会党史委员会1981年印，第700—701页。
④ 《本报创刊两周举行纪念典礼》，1940年5月14日《蚌埠新报》（伪）。

后存在过 15 种报纸。其具体创办等情况如下表。

表 17-4　安徽沦陷区伪报纸简表

报纸名称	所在地	创办年月	负责人	型　　号	停刊年月	备　　注
蚌埠新报	蚌埠	1938.5	张益龄	日出对开一张	1941.10	1941 年 10 月易名为《安徽日报》
振兴报	安庆	1938	江质清	日出四开一张	1939.1	1939 年 1 月易名为《安庆新报》。该报创办月份不明,系三日刊
芜湖新报	芜湖	1938.7	朱繡封	日出对开一张半	1945.8	
安庆新报	安庆	1939.1	江质清	日出四开一张	1945.8	该报前身为《振兴报》
当涂新报	当涂	1939	张新吾	日出四开一张	1945.8	该报创办月份不明
新皖日报	合肥	1939.8	方尚明	日出四开二张	1945.8	该报系油印
淮南报	巢县	1940.1	王立民	日出四开一张		该报停刊年月不详
嘉山日报	嘉山	1940.7	卜其五	日出四开一张	1945.8	
东亚报	贵池		汪梅痴			该报 1940 年存在,其他不详
含山新报	含山	1941	贾朴	日出四开一张		该报创办月份不明
滁铎	滁县			周出四开一张		该报系周刊,伪滁县民教馆创办,1941 年存在,其他不详
安徽日报	蚌埠	1941.10	胡大刚	日出对开一张	1945.8	该报前身为《蚌埠新报》

（续表）

报纸名称	所在地	创办年月	负责人	型号	停刊年月	备注
淮南新报	大通特别区	1942.9	艾金三			该报三日刊,型号及停办年月不详
东流新闻	东流	1942.9				伪东流自治会创办,其他不详
芜湖晚报	芜湖					该报1942年存在,其他不详

在上述报纸中,以伪《蚌埠新报》及其后的伪《安徽日报》最为重要。伪《蚌埠新报》初创时,经费短绌,人员不足,办公设备简陋。随着伪省政府成立,该报成为伪省政府机关报,办报条件大为改善。报社内设编辑部、总务部、营业部和印刷所。除副刊外,各版消息大都采用伪中华联合通讯社蚌埠分社供给的电讯,少量为在蚌埠本地采访的新闻。发行偏重于皖北。伪国民政府时期,该报被改组为伪《安徽日报》,版面得到扩充,版式也加以改善,阵容进一步扩大。伪《安徽日报》除正常每日出版自己的内容外,还不定期为其他伪党政机关代出专刊,如伪省党部主编的伪《安徽党务》,伪省立民教馆主办的伪《民众旬刊》等,数目达十余种之多。1944年6月,该报成立董事会,伪省长罗君强担任名誉董事长,伪国府委员倪道烺为董事长。[①] 该报一直至抗战胜利,才结束其罪恶历史。如从该报前身伪《蚌埠新报》创办算起,伪《安徽日报》前后共发行了2357期,远超沦陷区其他报纸。

沦陷区各报通常由社论、新闻、特载、副刊、广告等元素组成,其中新闻内容最多,既有国外、省外的消息,也有省内各地的新闻,更有本地的新闻。新闻内容不仅涉及政治、经济、军事,也涉及文化、教育、社会等方面。尽管这些汉奸报纸报道的侧重点各有不同,型号版式也多差别,但在摧残民族意识,为日本殖民统治秩序鼓噪上完全一致。大致而言,这些报纸所贩卖的内容主要包括以下几个方面:宣传日军所谓辉煌"战功"及日方人员对中国民众所谓"爱民"、"亲民"政绩;报道

---

① 《本报成立董事会》,1944年6月22日《安徽日报》(伪)。

伪中央政权及伪省、县政权的施政活动;贩卖卖国理论;兜售汉奸文艺等。

　　为了全面发挥汉奸报纸反动喉舌的作用,日伪当局对沦陷区报纸实施严密控制。日方除由特务机关文化系或特务班指定人员指导当地报纸外,日酋还不时考察报社,予以训诫。伪中央政权在日方指使下更是使尽手段操控地方报纸。1938 年 6 月,伪维新政府行政院设立宣传局,伪《蚌埠新报》等报成为其直属报纸。汪伪国民政府时期,继续强化直管制度,将安徽沦陷区的伪《安徽日报》、伪《芜湖新报》、伪《安庆新报》、伪《当涂新报》、伪《新皖日报》、伪《淮南报》等 6 家报纸划为伪中央宣传部直属报纸,报社人事、报纸编辑及计划均由其定夺。汪伪国民政府于 1940 年还成立了伪中央书报发行所及伪中央报业经理处,前者成立后,于蚌埠设分所,在芜湖、安庆设支所,另于合肥等地设分销处或代理处,安徽沦陷区报刊的发行全部由该机构代理。后者成立后也于蚌埠设立了驻在专员,各沦陷区报社纸张、油墨、印刷机器等器材的供给、报纸广告的介绍等均由这一机构掌控。此外,日伪还推行严格的新闻审查制度。1939 年 4 月,伪省政府就出台了新闻宣传检查法规。同年 9 月,伪维新政府鉴于各地日军特务机关对当地报纸检查仅及于军事类,不涉政治、经济等方面,恐有疏虞,乃由伪行政院秘书厅及伪宣传局合拟《检查新闻暂行标准》,伪议政会议通过后即颁行沦陷区。伪省政府接到通知,即转发饬属遵办。[①] 此后各地伪警察机关会同日军特务部门对各报所有新闻逐日审查。汪伪国民政府成立后,进一步强化这一制度。1940 年 10 月,汪伪政府出台《全国重要都市新闻检查暂行办法》,规定未设新闻检查所的省份,由各该省伪宣传处设立新闻检查室,承担审查之责。1943 年,汪伪中央又通过《战时文化宣传政策基本纲要》,要求对新闻等文化阵地实施严密监控。安徽沦陷区各报的审查一直由伪省政府宣传处负责。

　　除通讯社与报纸外,广播亦为新闻宣传领域的重要工具。日伪政权视之为推销奴化理念的利器,竭力经营。抗战爆发前,安徽广播事

---

① 《安徽省政府训令》(1939 年 11 月 28 日),《安徽省公报》(伪)第 11 期,1939 年 11 月版。

业极为落后,全省只有含山等几个县装设了收音机,广播电台仅芜湖开设了两家民营广播电台,抗战开始后即告停顿。日军占领芜湖后,于芜湖特务班中二街宿舍内设立了伪芜湖广播电台,由特务机构经营。1942 年 8 月,该台由日伪合办的芜湖养正剧团接办,更名为伪芜湖养正广播电台[①],实权完全操之于该团团长山本玄素手中。该台播音节目主要为转播伪中央广播电台的新闻,播送伪中央电讯社芜湖分社采访编辑的新闻、芜湖日伪头目的讲话及日伪政权的各种布告、训令,播放中日唱片音乐及转自上海的话剧及时事评述等[②],鼓吹"中日亲善"、"兴亚反共"、"大东亚共荣"等奴化思想。在未设立广播电台的地区,伪政权鼓励各伪军、政、经、文、教机关,伪社团及工厂、企业、商社等广购收音机[③],借以宣传。每遇重大活动,伪政权为了扩大宣传效果,还于城中各重要场所或交通要道分置无线电机,接收各处放送的新闻,对过往行人施以宣传。[④] 为了加强对广播的管理,1941 年,伪中央宣传部成立了伪广播无线电台管理处,负责各地广播电台的注册登记、播音节目的审定等事项。1942 年,伪宣传部又出台了《装设无线电收音机登记暂行办法》,要求沦陷区所有收音机均须登记。蚌埠登记收音机,由伪省会警察局负责。[⑤] 1943 年,蚌埠收音机用户更须经伪省会警察局审核,发给改装检验证明书后始准装设,违者一经查出,将以通敌治罪。[⑥] 芜湖、安庆等地也开展了登记无线电收音机的活动,企图将广播宣传完全纳入到日方确定的轨道。

沦陷区的出版物,除报纸外,期刊与图书也是其中非常重要的组成部分。

沦陷区的期刊是随着伪省、县政权的确立而逐渐发展起来的。它主要是为适应日伪进行宣传战的需要而存在,贩卖的东西多与汉奸报

---

① 《芜养正剧团接办芜湖广播电台》,1942 年 8 月 13 日《安徽日报》(伪)。
② 《芜湖广播电台播音节目》,1940 年 1 月 12 日《芜湖新报》(伪)。
③ 《普及广播宣传》,1942 年 9 月 27 日《安徽日报》(伪)。
④ 《各街无线电收播新闻》,1940 年 3 月 3 日《蚌埠新报》(伪)。《庆祝国民政府还都三周年安庆街头转播节目》,1943 年 3 月 29 日《安庆新报》(伪)。
⑤ 《收音机应即登记》,1942 年 8 月 1 日《安徽日报》(伪)。
⑥ 《登记收音机限本月三日以前送验》,1943 年 9 月 2 日《安徽日报》(伪)。

纸相同。安徽沦陷区最早创办的期刊为 1938 年 9 月 1 日在蚌埠创办的伪《东亚政治研究会月刊》，该刊由蚌埠汉奸组成的伪东亚政治研究会主办，由文化汉奸唐沛生、张益龄等人编辑。不久，伪大民会蚌埠联合支部也于蚌埠推出了伪《新安徽》月刊。此后至抗战胜利前夕，安徽沦陷区各机关、各社团先后创办过 50 多种期刊，其中一部分系借伪《安徽日报》、伪《安庆新报》等报出版发行。

　　沦陷区的期刊，参与创办的机关社团众多，经费情况也千差万别。从办刊时间上说，大多数期刊办刊时间甚短，只有伪《安徽省公报》等极少数期刊延续了多年。与上海、南京等地不同，安徽沦陷区的期刊几乎全部属于汉奸刊物。如从主办方划分，安徽沦陷区的期刊大致可以分为以下几类。

　　第一类为伪省、县政府直接主办的刊物。这一类刊物基本上都是为了紧密配合伪政权的施政而开办。伪安徽省政府主办的伪《安徽省公报》、伪凤阳县政府发行的伪《凤阳县政府公报》、伪芜湖县政府创办的伪《芜湖县政月刊》、伪怀宁县政府创刊的怀宁伪《县政月刊》等，均属于此类。在这些刊物中，最重要的当推伪《安徽省公报》。该刊自 1939 年 1 月发行第一期，至 1943 年 11 月，发行至第八十二期，前后发行长达 5 年时间。该刊初为月刊，由伪省政府秘书处第四科编辑发行，自 1942 年 1 月第三十七期起，改为每半月出版一次，1943 年 5 月第六十九期起改为伪省政府政务厅印行。该刊开设了"命令"、"公牍"、"训令"、"法规"、"附录"等栏目，刊载了大量的伪省长讲话、施政布告、人事任免、"法令法规"、来往公函、工作报告等方面的内容。

　　第二类为伪省、县政权系统的一些部门所办的刊物，如伪省警务处创办的伪《皖警月刊》，伪教育厅创办的伪《安徽教育周刊》，伪省立民众教育馆主编的伪《民众旬刊》，伪怀远县立民众教育馆主办的伪《怀远周报》等均属于此类。

　　第三类为汪伪国民党等汉奸社团创办的刊物。如汪伪国民党安徽省党部曾长期借伪《安徽日报》出版的伪《安徽党务》半月刊，伪芜湖市党部创办的伪《先声》刊物，伪大民会蚌埠联合支部发行的伪《新安徽》月刊，伪安徽省妇女会主办的伪《妇女旬刊》，伪中日文化协会

安庆分会创办的伪《安庆文化季刊》等均属此类。这一类刊物在沦陷区刊物中数量最多，涉及领域十分广泛，产生的社会影响极为恶劣。

第四类为伪军队、警察、特务机构主办发行的刊物，如伪第一方面军独立第十一团于安庆创办的伪《迈进》月刊，伪皖南独立方面军安庆办事处于安庆创办的伪《新生》刊物，伪淮南警察机关主办的伪《淮南警讯》，伪特工总部蚌埠分支机构外围组织黎明文艺社创办的伪《黎明月刊》等均属于此类。

第五类为学校等教育机关创办的刊物。如蚌埠私立崇正中学1943年6月创办的伪《崇中期刊》，蚌埠私立蔚成职业中学1942年4月创办的伪《蔚成生活周刊》等属于此类。这类刊物，尽管多为教学方面的内容，但均不可避免地烙上殖民统治的印记，也应归入汉奸刊物之列。

图书方面，其出版与发行也受日伪当局统制。伪维新政府时期，日本人村上蕃于上海组建伪华中印书局，另有日伪合办的伪上海三通书局，伪三通书局成立后不久，于蚌埠设立分局，于芜湖设立门市部。①这两个出版机构几乎控制了华中地区大部分出版业务。前者主要任务为承印教科书，后者则负责教科书的发行，另外编印出版日语工具书及介绍日本文化的读物，如《日华新辞典》、《基本日语读本》等之类。教科书等出版物大量涌向安徽沦陷区。日本发动太平洋战争后，控制了整个上海，原来在孤岛苦撑的商务印书馆、中华书局、世界书局、开明书店、大东书局被日军霸占，1943年夏，日伪将上述5家出版机构合组为伪中国联合出版公司，承接停业后的伪华中印书局的出版任务。上述5家出版机构在蚌埠均设有分店②，并营业至抗战胜利前夕。由于沦陷区出版业普遍凋零，这些出版机构除承印发行教科书外，其他方面的图书出版很少。

沦陷区的出版活动，除上述专业出版机构设在安徽的分店经营外，还有伪省政权、县政权、伪报社、伪社团也参与其中，安徽沦陷区自

---

① 《恭贺新年》，1941年1月1日《芜湖新报》（伪）。
② 《蚌埠风景》，1945年5月12日《申报》（伪）。

身产生的图书,绝大部分由这些机构编印出版,如伪省政府秘书处编印的伪《安徽省政年刊》、伪亳县县政府编印的伪《亳县县政年刊》、伪芜湖县政府编印的伪《芜湖县政府第一次县行政会议纪》、伪《安徽日报》社编印的伪《蚌埠指南》①、伪怀宁县干训所编印的伪《中华青年团怀宁县干部训练所第一届团员毕业纪念刊》,等等。不过,由于日伪把宣传战的重心主要放在报刊上,安徽沦陷区出版的图书并不多。

三、奴化教育的推行及其破产

在占领安徽大部地区后,日本侵略势力除在政治上实施残暴的高压统治、经济上进行疯狂的掠夺外,还对广大的沦陷区民众,尤其是青少年,竭力推行反动的奴化教育,企图泯灭他们的民族意识,以巩固其殖民统治秩序。

抗战爆发前,安徽教育事业较为发达。全省除省立安徽大学外,尚有省立男女中学、师范、职业等 20 余所中等教育学校,与县立、私立中等学校合计已在百校以上,在校学生达 1.5 万余人,小学方面,省立小学达 20 余所,学生 1 万余人,县、私立小学多至 4000 余校,在校学生达 20 余万人,约占全省人口 6%。② 抗战爆发以后,沦陷区各学校除部分内迁外,大多毁于日军炮火,只有极少数外国教会所办中小学得以硕果仅存。而校舍未遭重大破坏者,多被日伪各军政机关霸占使用,因此,抗战初期沦陷区的教育几乎完全停滞。

随着殖民秩序的确立,日伪逐渐把推行奴化教育提上议事日程。首先于沦陷区建立自上而下的教育行政机关。1938 年 12 月,伪安徽省政府增设伪教育厅,桐城人汪吟龙担任首任伪厅长。③ 其后担任此职的汉奸有吴文、谢学霖、钱慰宗、严恩祚、许惕生等人。该厅下设 4 科及秘书、督学、编审 3 室,其中第一科主管文书、人事、会计、庶务、调查统计,第二科主管高等教育、中等教育、初等教育,第三科主管社会教育、特种教育,第四科主管体育、卫生等。至于各县具体负责教育管

---

① 《蚌埠指南编辑室启事》,1943 年 5 月 29 日《安徽日报》(伪)。
② 《二年来安徽省教育概况》,1942 年 5 月 8 日《安徽日报》(伪)。
③ 《维新政府令》(1938 年 12 月 8 日),《安徽省公报》(伪)第 1 期,1939 年 1 月版。

理的指导事宜,维新政府时期,由各伪县公署第三科承担。伪国民政府时期,经济基础较好的当涂、怀宁、芜湖、凤阳等县于伪县政府内增设教育局,但大多数县份囿于经济困难未设专局,仍由伪县政府第三科负责教育事项。①

在学校的恢复与设置上,日伪政权视其为推行奴化教育的最为重要的环节,不遗余力地开展活动。

小学方面,因各小学通常规模不大,投入不多,因此最易恢复,沦陷区各地率先恢复的学校即为小学。1938 年,伪芜湖自治委员会即恢复小学 5 所。② 伪蚌埠自治委员会于难民区内也开设小学 2 所,学生 300 余人。③ 伪省、县政权成立后,各地恢复小学的步伐加快。1939年 10 月,全省恢复的公立小学达到 80 余所④,至 1940 年 2 月,沦陷区的公立小学增至 108 所,加上私立的 13 所,沦陷区小学共 121 所,教职员 768 人,学生 18615 人。⑤ 各县均设伪县立模范小学 1 所,另设完全小学、初级小学若干。至 1942 年上半年,伪县立小学上升至 174校,区立、私立者 25 校,教职员 1624 人,学生 34145 人⑥,这些小学大多分布在芜湖、怀宁、凤阳、滁县、当涂等县。

其次,恢复的学校即为中学。伪教育厅成立后,即派员筹备重设中学。1939 年 3 月,伪县立芜湖中学率先恢复。⑦ 继之为伪县立怀远中学。该年下半年,上述两中学分别改为伪省立芜湖中学、伪省立怀远农业中学,伪教育厅另行创设了伪省立滁县工业中学、伪省立怀宁中学、伪省立蚌埠中学(不久改称伪省立模范中学)。⑧ 后至 1942 年下半年,伪教育厅又分别添设了伪省立职业中学、伪省立合肥中学、伪省立芜湖女子中学。这样,至 1942 年底,伪省立中学达到 8 所。除伪

———————

① 《安徽省政府教育厅训令》,《安徽省公报》(伪)第 74 期,1943 年 7 月版。
② 《芜湖县最近教育概况》,1940 年 8 月 3 日《芜湖新报》(伪)。
③ 《蚌埠市自治委员会代表傅君实报告并建议》(伪),中国第二历史档案馆藏。
④ 《安徽省政府成立初周纪念感言》(倪道烺),《安徽省公报》(伪)第 10 期,1939 年 10 月版。
⑤ 《皖属各县小学统计》,1940 年 2 月 26 日《蚌埠新报》(伪)。
⑥ 《二年来安徽省教育概况》,1942 年 5 月 8 日《安徽日报》(伪)。
⑦ 《二年来安徽省教育概况》,1942 年 5 月 8 日《安徽日报》(伪);《芜各界民众代表通过胪陈朱知事政绩之呈文》,1940 年 8 月 3 日《芜湖新报》(伪)。
⑧ 《安徽教育厅过去一年来工作概要》,《安徽省公报》(伪)第 14 号,1940 年 2 月版。

省立中学外,各伪县政权也创办了 10 余所县立中学,如伪凤阳县立初中、伪定淮区中学、伪宿县县立中学、伪当涂县立中学、伪寿凤联立高中等。此外,沦陷区还存在十几所私立中学,较著者有西班牙天主教会创办的安庆崇文中学,西方势力所设的蚌埠崇正男子中学、蚌埠崇正女子中学及芜湖内思中学、怀远淮西中学,伪蚌埠商会会长高蔚轩创办的伪蚌埠蔚成商业中学,安庆六县劣绅合组的伪安庆六邑中学。总计沦陷区恢复或创设的公、私立中学近 40 所。

师范教育方面,因沦陷初期各地教师或远走他乡,或不肯与日伪合伍,故各地教师奇缺。为了培养师资,日伪在恢复师范教育上也颇费心机。1941 年 8 月,伪省立蚌埠师范学校成立,开始招生。① 随后又添设了伪望江简易师范学校、伪六县联立师范(设于巢湖)、伪七县联立师范(设于安庆)等校。② 上述 4 校除伪省立师范学校培养高中师资外,其余 3 校均只能培养小学师资,其中伪安庆区 7 县联立师范学校下设普通师范科、幼稚师范科、简易师范科、工艺师范科。

除建立上述初等教育、中等教育等学校外,伪省政权曾企图创设高等教育学校。抗战开始后,原省立安徽大学内迁,沦陷区高等教育完全停顿。1940 年,一批皖籍汉奸于南京创办伪私立安徽大学,仅招收先修班两班即告停顿。③ 伪维新政府时期,伪教育厅虽有筹复安大之意,但一直未付诸行动。1943 年下半年,伪省政府又拟筹设伪安徽大学④,并于年底经伪第十二次省政会议议决,决定设立伪国立安徽大学筹备委员会,伪省长高冠吾任筹委会主任,伪省厅拨款 120 万元作为开办费⑤,但随着高冠吾调离安徽,创设伪安徽大学之议终成泡影。⑥沦陷区的高等教育体制始终未能确立起来。

---

① 《安徽省政府令》(1941 年 8 月 14 日),《安徽省公报》(伪)第 32 期,1941 年 8 月版。
② 《安徽省政府委员会第十二次会议记录》(1942 年 4 月 14 日),《安徽省公报》(伪)第 43 期,1942 年 4 月版;《教厅筹款开办联合师范》,1942 年 1 月 29 日《安徽日报》(伪);《安庆区七县联立师范学校续招新生广告》,1943 年 9 月 3 日《安庆新报》(伪)。
③ 《安徽大学正式开课》,1940 年 10 月 3 日《芜湖新报》(伪);《江淮法学院普及桑梓高材教育》,1941 年 2 月 24 日《安庆新报》(伪)。
④ 《教政当局筹复安徽大学》,1943 年 8 月 30 日《安徽日报》(伪)。
⑤ 《昨第十二次政会通过筹设国立安徽大学》,1943 年 12 月 28 日《安徽日报》(伪)。
⑥ 《安徽大学缓办》,1944 年 3 月 10 日《安徽日报》(伪)。

日伪推行奴化教育，于学校教育外，对社会教育也十分重视。主要通过设立伪民众教育馆、图书馆、体育场、公园等大众文教娱乐机构，开展举办民众学校、设立阅报室、阅书室，举行体育运动、游园大会等各种形式的活动，来实现对社会大众的教育。日伪开展社会教育，目的当然在于通过潜移默化的方式，向一般民众灌输奴化观念，使他们甘心充当顺民，借以巩固殖民统治体系。

日伪的社会教育，首在伪民众教育馆的恢复与创设。1939 年，伪省立民众教育馆在蚌埠挂牌成立，内设民众阅报处、社会服务处等机构，广征各地报纸及图书小册，民众可自由出入取阅。① 与此同时，当涂、合肥、怀远等县也恢复设立了伪县立民众教育馆。1940 年，在伪教育厅督促下，凤阳、全椒等县也纷设伪民众教育馆。1942 年上半年，不包括已划归伪苏淮特区的皖北 4 县，其他安徽沦陷区设有伪县立民众教育馆的县份达到 14 个。② 这些民教馆内部通常设有书报室、音乐室、乒乓象棋等室，伪省立蚌埠民教馆甚至有自己的篮球队。除日常事务外，他们还开展诸如设立民众夜校、树置阅报牌、开办日语讲习班、筹办集团结婚等活动③，对社会民众千方百计灌输奴化观念。

开设图书馆也是日伪开展社会教育的一项重要活动。1941 年伪省立图书馆在蚌埠成立，出于奴化教育需要，短短 1 年时间，藏书增至万余册，尤其征集本省先贤著述及本省各县志书颇著成效，成为该馆馆藏的特色。该馆除日常书报借阅外，还定期举办学术讲演，开办地质标本等专项展览。④ 除伪省立图书馆外，芜湖、滁县、全椒等县也设立了伪县立图书馆。

公共体育场方面，各地原有公共体育场多遭战火破坏，毁损严重，无法发挥其功能。伪省、县政权成立后，出于奴化教育需要，纷纷拨款修复。1940 年，伪省立蚌埠公共体育场修复开张。⑤ 在此前后，设立

---

① 《省立民教馆设备完善》，1939 年 12 月 17 日《蚌埠新报》（伪）。

② 《二年来安徽省教育概况》，1942 年 5 月 8 日《安徽日报》（伪）。

③ 《省立民教馆筹办第二届集团结婚》，1942 年 4 月 13 日《安徽日报》（伪）。

④ 《省立图书馆举行第五次学术讲演》，1942 年 1 月 5 日《安徽日报》（伪）。《省立蚌埠图书馆展览地质学书籍》，1942 年 10 月 5 日《安徽日报》（伪）。

⑤ 《本埠公共体育场亟应重新规划整理》，1940 年 4 月 8 日《蚌埠新报》（伪）。

伪县立公共体育场的县份有宿县、滁县、当涂、凤阳、怀宁等县。至1942 年下半年,沦陷区公共体育场共计 7 处。① 这些体育场除日常供民众体育锻炼外,还定期举办各类运动大会,各类比赛等重大文体活动。

日伪政权通过上述种种罪恶活动,逐渐在沦陷区建立起殖民教育体制后,即大力实施与强化奴化教育,为日本的侵略政策服务。奴化教育渗透到了社会的每一个角落,内容及表现形式多种多样。主要体现在以下几个方面。

其一,大力强化日语教育。1939 年 5 月,伪维新政府最高顾问原田熊吉照会伪行政院长梁鸿志,要求所有中小学均应课以日语教育,伪维新政府只得俯允。汪伪国民政府成立后,日方强迫中小学将日语作为必修课,伪教育部不得不同意于都市小学高年级补授日语,初级中学以上均将日语列为必修科。至于日语教材,均由日方编写提供。② 此外,日方还强迫各伪县政权设立日语专修学校,安徽沦陷区大多数县份均设立了此类学校。这些学校广征社会青年学习日语,为日方培养奴才。它们通常每两三月即办一届,每届人数均很多,如 1942 年 9 月,伪芜湖县立日华语学校日语部第十一期招生多达 170 人。③ 这些学校的学生多免缴学费,毕业后由伪县政府推荐至伪党、政、军、经、文各机关工作。④ 另外,各地伪民众教育馆、图书馆等机构也纷纷开展开设日语补习班、组建日语研究会、举办日语演说竞赛等活动。通过上述活动,沦陷区的日语教育不断得到强化。

其二,普遍使用伪教育部删改的"国定教科书"。伪维新政府时期,规定中学教科书须采用伪教育部编辑或审定者。⑤ 汪伪国民政府时期,组织编审委员会及伪国史编译馆编撰各级学校教科书,于 1940年、1941 年分别推出,颁发各地应用。⑥ 这些所谓的"国定教科书",均

① 《申报年鉴(民国卅三年(1944)度)》,第 962 页,《申报》社 1944 年 7 月编印。
② 《凤阳县政府施政概况报告表》(1941 年 9 月)(伪),中国第二历史档案馆藏。
③ 《芜日华语学校行开学礼》,1942 年 9 月 17 日《安徽日报》(伪)。
④ 《日语校招收男女新生》,1940 年 2 月 6 日《蚌埠新报》(伪)。
⑤ 《中学暂行规程》(1939 年 8 月颁布),《教育公报》(伪)第 18 期,1939 年 9 月版。
⑥ 《申报年鉴(民国卅三年(1944)度)》,第 944 页。

将各学科原有教材中的可能激发民族意识的课文或字句予以删除或修改，以迎合日本侵略者的教育意图，培养所谓的顺民。

其三，由日方掌握教育实权。伪维新政府时期，伪省政府聘请了日人韭井俊影充当伪教育厅的顾问，韭井俊影名为顾问，实则操控一切大权。各地日方特务机关或特务班均有专人负责当地的文教事业，充当幕后的操纵者。各校则派有担任日语教员的日本人。这些日本人系由"兴亚院"所派，工资由日方发给。他们名义上是日语教员，实际校内一切大事均得过问。汪伪国民政府时期，除伪教育厅不再派日人充当顾问外，其他并无变更，甚至有过之而无不及，如伪怀宁县教育局曾规定当地公私立中小学校长与日语教师每月须举行联络会议两次，商讨教育改进等事宜。①

其四，加强对广大师生的人身控制与思想控制。教员方面，伪维新政府时期，伪省政府多次调派各地教员前往南京教员养成所接受奴化教育，并定期举行教师资格甄选，迫使各地教员俯首帖耳。伪政权又利用组建伪中国教育建设协会安徽分会等团体之机，对入会教员不断灌输奴化观念，迫其听命于各伪组织。1941 年 2 月，伪教育厅甚至出台了《安徽省各教育机关人员连环保证暂行办法》②，要求各教员出具契结，互相担保，如有人违犯，担保人须连同担责，迫使教员之间互相监视。学生方面，除组建伪中华青年团、伪中国青少年团等反动团体牢笼其身心外，还在教学中开设"公民"、"修身"等必修科，向学生灌输"反共睦邻思想"。各地学生还须经常参加各社会机关组织的各项活动，如对当地日酋的欢迎和欢送仪式、日军战胜的庆祝大会、日军阵亡将亡的追悼大会、"中日体育运动大会"、"中日联欢大会"，等等，不一而足，将广大学生捆绑在日本法西斯的战车上。因此，对学生的训育，无一不与奴化有关。

战争后期，随着日军在各战场节节败退，日本殖民统治的危机日趋加重。安徽沦陷区的奴化教育也渐渐走向破产。各县教育经费竭

---

① 《校长暨日教师联络会规定每月举行两次》，1942 年 10 月 6 日《安庆新报》（伪）。
② 《安徽省各教育机关人员连环保证暂行办法》，《安徽省公报》（伪）第 26 期，1941 年 2 月版。

蹶，物资短缺，教学危房长期得不到修缮，教育设备、体育器材等长年无法更新，导致办学条件极为恶劣。教师待遇低下，师资普遍缺乏。各校开课均严重不足，各校在校生数愈来愈少。迫于现实，伪教育厅不得不缩小办学规模，1943 年底，伪六县联立师范学校改为伪巢县县立中学。[①] 1944 年初，伪省立模范中学与伪省立师范学校合并成伪省立蚌埠中学，学生仅 230 人。[②] 1945 年，伪省立合肥中学也改归县办，伪安庆七邑联立师范则并归伪省立怀宁中学。各校无不在凄风苦雨中勉强维持，教学质量低劣，更属普遍现象。社会上失学青少年比比皆是。[③] 对于奴化教育萎缩的现况，连伪方文件也不得不承认，如伪安徽省第三区行政督察专员公署 1944 年 12 月的工作报告即称"本区各县教育以治安不能确保，经费不易筹拨，工作更感落后"，"盱、定两县教育几成点缀工作"。[④] 当涂县为汪伪所谓"实验县"，据伪《申报》报道，1944 年 9 月时，全县"教育甚低落"[⑤]。当涂为安徽沦陷区最早设立伪教育局的县份，经济基础优于他县，教育尚且低落，其他县的情形更为糟糕。所有这些均表明，沦陷区的奴化教育已经走到了尽头。

---

① 《六县联立师范改为巢县县中》，1943 年 12 月 26 日《安徽日报》（伪）。

② 《严兼校长发表蚌中施教重心》，1944 年 3 月 14 日《安徽日报》（伪）。

③ 《普设简易小学，省饬教厅拟订办法》，1945 年 3 月 17 日《安徽日报》（伪）。

④ 《安徽省第三区行政督察专员公署工作报告书》（1944 年 12 月）（伪），中国第二历史档案馆藏。

⑤ 《当涂与江宁两实验县区一瞥》，1944 年 9 月 7 日《申报》（伪）。

第十八章

安徽战场对日伪军的反攻与抗日战争的胜利

抗日战争后期在安徽战场上，淮南、淮北、皖江抗日根据地的军民均从 1944 年开始对日伪军发起了局部反攻，并对阻碍反攻的国民党顽军进行了坚决的自卫反击；国民党军也进行了阜阳保卫战，粉碎了日军攻陷阜阳、控制皖北的企图，保护了阜阳人民的生命财产安全。在国内外友人的支持下，安徽人民终于迎来抗日战争的胜利，并举行了隆重的受降仪式。

第一节　解放区战场开展局部反攻

一、淮南抗日民主根据地军民的局部反攻

淮南抗日民主根据地军民对日伪军的反攻开展得较早。在津浦路东地区,1944 年 1 月 24 日夜,新四军盱嘉支队司令兼政委朱云谦率部攻进盱眙县城,全歼伪警察局、县政府警卫队和区队一部,共歼敌 200 余人,缴枪 100 多支,初步改变了盱嘉地区对敌斗争的被动局面。1 月 27 日夜,津浦路东军分区副司令罗占云和来(安)六(合)支队司令程启文指挥来六等 5 个支队的部分武装攻克了来安县雷官集伪据点,全歼伪警卫第三师第七团第二营第五连和伪六合县自卫团全部,生俘 169 人,缴获一批枪支弹药。6 月 1 日,路东军分区司令罗占云又率独立第四团攻克六合县东沟镇伪据点,全歼伪警卫第三师 1 个营,毙伤伪军 80 多人,俘 200 余人,给南京日伪军以极大震动。6 月 29 日,嘉山县总队、路东军分区独立营在第二师师部学兵连的配合下,攻打黄泥岗日伪据点,经过两天一夜的激战,毙伤日伪军 30 余人,俘 80 余人。同月,路东军分区的来六支队奉命拔掉滁县大王郢的日伪据点,消灭 1 个伪军中队。8 月 6 日,来六支队又在滁县乌衣小街伏击伪军 1 个连,毙敌 70 余人,俘 30 余人。津浦路东地区抗日军民还于 2 月 8 日、11 月 19 日、12 月 22 日 3 次袭击驻六合县的日伪军,共毙伤日伪军 150 余人,俘虏伪军 400 余人,并奇袭南京对岸的大厂镇、葛塘、水家湾等外围敌据点,震惊南京城。

1945 年 2 月 14 日,日华中派遣军第十三军团山本旅团,以主力千余人,纠集伪军,由扬州经天长向高邮湖西岸金沟镇等地进犯。在新四军第四师配合下,第二师师长罗炳辉调集路东地方武装 3000 余人进行反击,日军被迫于 4 月 18 日退回高邮、扬州。在两个多月的战斗中,新四军毙伤日伪军 260 余人,俘日军 4 人、伪军 525 人,粉碎了日

伪军企图打通淮河到高邮湖的交通线,分割淮南与苏中、苏南根据地联系的计划。4月的一天,日军又对盱嘉地区进行"扫荡",路东军分区盱嘉支队立即进行有力反击,趁夜袭击明光东北的旧县、桑戴地区及上苗伪军据点,歼守敌300余人,并于次日击毙前来报复性"扫荡"的明光警备司令井上。

总之,在津浦路东地区,军分区所属各支队,在第二师主力部队的配合下,担负在路东的作战任务,不仅粉碎敌人的多次"扫荡",还主动出击,开展局部的反攻。津浦路东地区军民的斗争,扩大和巩固了抗日根据地,保卫了驻在淮南津浦路东地区的华中局、新四军军部、淮南区党政军机关和整个路东地区的安全。

在淮南津浦路西地区,抗日根据地军民也开展了攻势作战。1944年3月2日,路西军分区凤定嘉总队凤四区区队向凤阳县红心铺伪据点发起攻击,俘虏伪军40余人,收复红心镇。5月27日始,新四军第二师第五旅又开展反"扫荡"战斗。其时,日军第六十一师团1个大队及伪军共2500余人正"扫荡"淮南津浦路西根据地,企图合击中心区藕塘镇。第五旅官兵不仅有力地回击日军的"扫荡",其第十三团还乘定远县城内只有少数日伪军把守的有利时机,突然捣其巢穴,毙伤日伪军10余人,俘伪军22人。这次反"扫荡"战斗历时7天,共毙俘日伪军100余人。10月21日,第五旅第十四团和旅警卫连袭击凤阳县殷涧伪据点,并于次日打退两股增援的日伪军,共毙伤日军70余人、伪军100余人,收复殷涧。11月9日,日军第六十一师团一部和伪军共7000余人,分7路再次向津浦路西抗日根据地中心区藕塘、张桥等地"扫荡"。在新四军第二师政委谭震林的指挥下,第四、第五旅和路西地方武装开展游击战争,歼敌700余人,迫使敌军于11月16日分路撤退。

新四军不仅要打击日伪军的"扫荡",还要同国民党顽军进行斗争。如11月19日,新四军第二师刚刚击退日伪军对藕塘等地的"扫荡",国民党桂军第一七一师4个主力营和地方武装一部共计2000余人分两路进攻路西,连占曹家岗、郭集、青龙厂等地,并向新四军第二师第五旅的占鸡岗等阵地扑来。第五旅和路西军分区第十八团被迫进行反击,经过两天的战斗,歼灭桂顽 1600 余人,其中俘虏 1000 余人。第四旅第十团还趁势攻克周家岗等据点,歼灭土顽 300 余人。此役胜利,改变了路西格局,支援了第七师。

1945 年 3 月 4 日,为配合第七师的行动,第二师主力又对周家岗至肖家圩子一线国民党桂系顽军据点发动全面进攻,连克肖家圩子、界牌集等据点 12 处,歼灭顽军 300 余人。桂顽不甘心失败,又调集第七军第一七二师第五一五团及军属迫击炮连等支援第一七一师,总兵力达 1.3 万余人。为彻底解决津浦路西地区反顽斗争问题,4 月 5 日,新四军军部决定成立路西战役指挥部,任命第二师政委谭震林、第三师第七旅旅长彭明治为正、副指挥。4 月 15 日,新四军第二师、第三师第七旅和第七师一部联合向包围在黄疃庙地区的顽军发起攻击,经过连续 6 昼夜激战,攻克王子城、黄疃庙、八斗岭等据点 13 处,歼灭国民党顽军 3600 余人,其中生俘 1299 人。但新四军也付出了较大的代价,第二师第五旅第十四团团长兼政委朱茂绪在战斗中牺牲。7 月,桂顽第一七二师 4 个营又向肥东白龙厂地区进攻,坚守阵地 7 昼夜的巢北支队三连在第五旅第十四团、第六旅第十八团和巢北支队主力的支援下,打退了顽军的进攻。

经过反"扫荡"、反"摩擦"斗争的考验,通过攻势作战,淮南抗日民主根据地军民摧毁了一批日伪据点,基本上把敌人逼到津浦、淮南两条铁路沿线和一些主要公路沿线及长江、淮河边上的孤立据点内,不仅巩固和扩大了解放区,还为即将到来的战略反攻奠定了坚实的基础。到 1945 年夏,淮南抗日根据地面积达 2 万平方公里,人口达 280 多万。

二、淮北抗日民主根据地军民的局部反攻

淮北抗日民主根据地军民也迅速地开展了局部攻势作战。在津浦路东地区,淮北苏皖边区主力部队、地方部队和民兵,在根据地人民的支援下发起春季攻势作战。新四军官兵从 1944 年 3 月 21 日开始,直到 5 月 5 日止,历时 45 天,在东起运河、西至津浦路,横宽数百里的战线上,对日伪各据点同时发起猛烈进攻,共进行大小战斗 60 次,攻

克日伪据点 46 处,毙伤日伪军 523 人,俘虏伪军 1296 人,缴获长短枪近 2000 支。这次战斗解放大片国土,恢复了泗县地区,使泗宿、泗灵睢、灵北、宿北各县完全连成一片。6 月,新四军又发起张楼战役。张楼位于泗县东北部,处在淮北地区东西往来的必经之路上,战略地位十分重要。1938 年沦陷后,一直被后来任伪淮海省"剿匪"支队第六总队队长的张海生占据,成为日伪重要据点。该地驻有伪军近千人,装备精良,堡垒坚固。1944 年 6 月 6 日,新四军第四师第九旅第二十五团、二十六团主力各一部,在第十一旅第三十一团、三十二团、泗灵睢总队的配合下,向张楼之敌发起攻击,到 7 月 12 日结束战斗,共毙伤日伪军 290 余人,俘伪总队长以下官兵 530 余人。张楼的解放,打通了淮北地区东西往来的交通线。

在淮北津浦路东地区也开展了反顽斗争。1943 年 12 月 26 日至 1944 年 1 月 8 日,新四军宿东游击支队和第十一旅第三十一团、骑兵团,第九旅第二十七团发起了灵北张大路战役。张大路是灵璧北部重镇,多年来为日伪军据点,在遭到新四军打击后,日伪军于 1943 年 12 月 20 日撤退,随即被国民党军占据。在张大路战役中,新四军共歼顽军 200 余人,俘 150 人,虽未攻克张大路据点,但为以后的进攻积累了经验。

1944 年 8 月,新四军第四师主力西进后,国民党顽军企图在萧(县)、永(城)地区围歼新四军西进部队。为打破国民党军的阴谋,新四军军部决定集中路东主力,先打击和歼灭由路东向西运动的国民党暂编第一军第三十三师段海洲部和苏北挺进军第十四纵队苗秀霖部,确保路东和路西的联系,再集中主力对付涡(阳)蒙(城)地区北上的顽军。为统一指挥路东地区的部队,9 月 6 日,军部成立临时指挥部,第三师第七旅旅长彭明治任司令,第四师第九旅旅长韦国清任政委。9 月 10 日,中共中央军委命令路东淮北部队配合西进部队,"消灭段、苗于萧、永地区,不得让其逃逸"。[1] 9 月 12 日,段海洲和苗秀霖集中 6

---

[1] 中国人民解放军历史资料丛书编审委员会编:《新四军·文献》(4),解放军出版社 1995 年版,第 331 页。

个团,兵分两路,企图从符离集以北过津浦路,西进萧、永地区,配合南北两路军夹击新四军。彭明治、韦国清指挥第七旅和第九旅第二十六团,在宿县西北的刁山、白山、周场阻击顽军,经过 4 天激战,歼灭顽军 4000 余人,粉碎顽军西进图谋。与此同时,西进部队第十一旅第三十一、第三十二团先后攻克大回庄、板庄、曹圩、吴楼、百善站、铁佛寺、五铺等据点,俘获顽军 2000 余人,切断宿(县)、永(城)日伪交通。

随着路东的扩大和路西的收复,淮北路东和路西已连成一片。为适应新的斗争形势,经华中局和军部批准,1944 年 12 月 17 日,淮北区党委调整组织机构,下辖 3 个分区,分别成立地委、专署、军分区,其中原路东直属 9 县为第一分区,成立直属工作委员会,谢邦治任书记,张辑五任副书记,张震球任司令员,康志强任政委,第一专署由淮北行署兼;路西新区为第二分区,设立第二地委,由吴芝圃任书记,赖毅、何启光任副书记,张震兼司令员,赖毅兼政委,第二专署由彭笑千任专员;原路东第三、第四两分区合并为第三分区,成立第三地委,张太生任书记兼政委,刘玉柱任副书记,赵汇川任司令员,王烽舞任第三专署专员。这时,淮北苏皖边区党委管辖范围已由原路东的苏北、皖东北地区扩大到路西的豫东、皖北和苏北地区,故改称为淮北苏皖豫边区党委,仍简称淮北区党委。

到 1945 年,随着新四军的发展壮大,淮北路东军民加强了对日伪军的攻势作战。1945 年 2 月 9 日,淮北军区第三分区对盘踞在萧(县)、铜(山)、灵(璧)交界的尤集据点发起攻击,经过 3 个小时的激烈战斗,歼灭了伪淮海省保安"剿匪"第一支队第二总队,俘获了总队长刘夫庭以下 1500 余人,而新四军仅伤亡 20 余人,以极小的代价取得了较大的胜利。从 4 月 15 日起,淮北解放区主要是路东地区军民开展了春季攻势,攻打边区周围的日伪据点,破击洋(河)众(兴)、灵(璧)固(镇)、泗(县)灵(璧)公路,后又攻打灵璧、睢宁之间的日伪军。经过 1 个月的战斗,到 5 月 15 日战役结束,共毙伤日伪军 550 多人,俘伪军 1500 余人,攻克泗阳县城和大店、虞姬墓、新兴集等日伪据点 20 处。6 月 19 日,路东军民又发起了睢宁战役。新四军第四师兼淮北军区趁日军撤离,仅有千余伪军驻守之机,集中第九旅和淮北第

三军分区独立一、二、三团以及泗宿独立团、萧铜总队等部队,对睢宁县城及其周围据点发起攻击。到 7 月 10 日战役结束,解放了睢宁县城及其外围 17 个集镇,歼灭伪军 2200 余人,收复国土 300 余平方公里,使淮北第一、第三两分区完全连成一片。

淮北津浦路西地区,原为彭雪枫领导的新四军第四师创建的豫皖苏边抗日根据地,1941 年春反"摩擦"战斗失利后,奉命撤出。1944 年 4 月日军发动豫湘桂战役后,驻守在平汉路两侧的国民党军在 37 天丢失 38 座县城,大片国土沦陷。为打开河南抗战局面,7 月 25 日,中共中央发出《关于发展河南敌后工作的指示》,并在致华中局的指示电中,同意华中局提出的"四师抽五个团兵力,进入永城、夏邑、萧县、宿县地区建立阵地,打通与睢杞太的联系,并相机控制新黄河以东之地区";要求新四军第三师"派一部进入淮北地区"。① 8 月上旬,华中局和新四军军部根据中共中央指示,成立以彭雪枫为书记,由彭雪枫、吴芝圃、张震 3 人组成的行动委员会,率领第十一旅 2 个团、第九旅 1 个团、萧铜独立团及骑兵团等 5 个团西进。8 月 15 日,彭雪枫率第四师主力在泗南县半城大王庄誓师西征。20 日,西征部队越过津浦路,进入路西。但遭到国民党苏北挺进军第四十纵队的阻拦。23 日,新四军第四师西征部队对退守萧县小朱庄的该部展开猛烈攻击,全歼该部,生俘纵队司令王传绶、副司令王忠鼎以下官兵 1500 余人,还击溃第二十八纵队,争取该部吴信元支队起义。吴信元部随即被改编为第四师萧县独立旅,留在萧县负责维护后方交通。小朱庄一战,打开了西进通道。因此,"士气振奋,人民归心,敌伪披靡,土顽瓦解"②。第四师西征部队继粉碎日伪军 2000 余人的跟踪"扫荡"后,又攻克了永城县东南的黄庄、菊集、马庄等日伪据点,迅速地恢复了萧(县)永(城)宿(县)地区。

新四军的胜利进军,激起国民党军的恐慌。9 月 6 日,第一战区副

---

① 中国人民解放军历史资料丛书编审委员会编:《新四军·文献》(4),解放军出版社 1995 年版,第 309 页。

② 邓子恢:《哭雪枫同志》,转引自马洪武、童志强:《新四军发展史》,山西人民出版社 1997 年版,第 457 页。

司令长官汤恩伯命令暂编第一军军长王毓文统一指挥在津浦路东、路西的国民党部队合击新四军。王毓文指挥4个师、7个纵队的兵力，向萧（县）永（城）宿（县）地区进逼。9月10日，中共中央军委指示第四师"西进部队，应立即在萧（县）夏（邑）永（城）地区布置初步根据地，布置反顽战场，准备迎击来攻之顽部"①，并要求其他部队予以配合。12日凌晨，彭雪枫指挥第四师第九旅第二十五团、第十一旅第三十一团和骑兵团向盘踞在夏邑县东北的八里庄国民党苏北挺进军第二十八纵队第八十二支队李光明部发起攻击，歼灭李光明支队1000余人。同日，彭明治、韦国清指挥津浦路东部队发起宿（县）灵（璧）阻击战，击溃国民党第三十三师和第十四纵队两支西犯武装，打破其夹击计划。不幸的是，在八里庄战斗即将胜利时，彭雪枫被流弹击中，光荣牺牲，年仅37岁。

　　1944年9月13日，中共中央电示华中局，决定调新四军第三师副师长张爱萍任第四师师长、韦国清为副师长。9月15日，新四军军部决定韦国清率第二十六团赴路西，会同师参谋长张震、政治部主任吴芝圃指挥西进部队继续作战。10月8日，西进部队以3个团兵力，分3路合击国民党第三纵队胡式如部，全歼该部900余人，从而控制砀南地区，打通了陇海铁路南北的联系。但国民党军不甘心失败，又乘日伪向第四师西进部队"扫荡"之机，在王毓文的指挥下，集中4个师、2万余人进犯萧永地区。为打破顽军的合击，新四军军部决定组织一次规模较大的自卫战役。10月13日成立路西战役野战指挥部，韦国清任指挥，彭明治任副指挥，张震为参谋长，吴芝圃为政治部主任。10月19日，国民党暂编第十四师等向永北保安山、夫子崖等新四军驻地进攻，野战指挥部立即予以反击，并趁势发起了涡北战役。历经8天连续作战，新四军歼灭顽军3600余人，直追至涡阳城下。10月下旬，八路军冀鲁豫第六分区司令王秉璋率2个团和2个骑兵连南下，在涡阳曹市集附近与西进部队会师。11月底12月初，第四师西进部队对涡北地区残留伪顽武

---

　　① 中国人民解放军历史资料丛书编审委员会编：《新四军·文献》(4)，解放军出版社1995年版，第331页。

第十八章　安徽战场对日伪军的反攻与抗日战争的胜利

装进行清剿,基本上肃清涡河以北的顽军。至此,新四军第四师主力在西进的4个多月中,在兄弟部队的大力支援下,拔除日伪顽据点36处,歼灭日伪军1.3万余人(包括起义、投诚的3700余人),收复豫皖苏边区失地,控制东自津浦铁路、西至商毫公路、南起涡河、北迄陇海铁路的广大地区,扩大了新四军西线战略反攻的阵地。

随着淮北路西地区新的组织机构第二军分区的成立,路西新区加强了对日伪的攻势作战。在1945年淮北解放区的春季攻势中,第二军分区武装于5月7日、8日攻取了涡北新兴集及附近的张老家、小张圩等3个据点,毙俘伪军300余人。5月21日至7月15日,第二军分区主力在第四师参谋长兼第二军分区司令员张震的指挥下,发起宿南战役,经过56天的战斗,相继攻克任集、袁店集、界沟集、孙町集等伪军据点,毙伤伪军200余人,俘3000人,收复了涡北、浍南广大失地,解放国土500平方公里,使淮北第二军分区8个县连成一片。这是第四师西进作战以来的第二次大捷。

三、皖江抗日民主根据地军民的局部反攻

新四军第七师和皖中抗日根据地军民在频繁的反"扫荡"、反"摩擦"中度过艰难的1943年,并获得初步的发展。到1944年初,主力部队已达到7900余人,辖有沿江、含和、皖南3个支队兼军分区,6个正规独立团,2个大队;地方武装发展到2300余人。皖中抗日根据地初步具备了实行局部反攻的条件。1945年初,由于皖中抗日根据地已发展到长江以南的广大地区,中共皖鄂赣区党委决定将皖中抗日根据地改名为皖江抗日根据地,皖中行政公署也改名为皖江行政公署。

（一）巢无中心区反日伪顽斗争

1944年1月5日,中共中央华中局、新四军领导人张云逸、饶漱石、赖传珠致电第七师,要求他们"必须抱定独立坚持原有地区斗争的决心,在任何情况下,采取一切可能的方法去坚持和保持巢无地区"①。

———————

① 中国人民解放军历史资料丛书编审委员会编:《新四军·文献》(4),解放军出版社1995年版,第720页。

战斗在巢无中心区的主要是第七师沿江支队,它以第七师第五十八团为基础,加上桐城、庐江、无为边区的部分地方武装组建而成,第七师副参谋长林维先任支队长兼政委,支队部机关驻无为县尚礼岗。为坚持巢无中心区,沿江支队几次挫败顽军的入侵。2月中旬,桂顽纠集3个支队、4个营及一些地方武装对巢无中心区发起大规模进攻,先后侵占泉塘、祈雨山、探儿坳、桥头埂等地。沿江支队予以有力还击,将其赶出了根据地。此次反顽斗争前后达1个多月,共毙伤顽军200余人。7月中旬,桂顽第一七一师占领江浦、全椒地区,隔断新四军第七师和第二师的联系。第一七一师和第一七六师又从东西两面夹击第七师主力和巢无中心区。8月23日,桂军第八游击纵队司令龙炎武又指挥第一七六师第五二八团、无为县常备队约2000余人,分两路向周家大山西侧的天井山、葫芦山猛攻,第七师沿江支队独立团一、二两营,白湖团三营奋起还击,以猛烈的火力大量杀伤顽军后撤退,顽军随即向周家大山、龙头山阵地进攻。在巢湖大队增援下,沿江支队独立团、白湖团分路出击,收复了阵地。此战新四军以1个团的兵力重创顽军1个团,毙顽军300余人。

沿江支队还趁日军在皖中实行战略收缩之机,对日伪军不时出击,动摇了一部分伪军军心。如沿江支队沿江团在进入贵池后,就争取了一批伪军反正。沿江支队还几次挫败日伪军的"扫荡"。10月25日,日军获港警备司令调集铜陵、顺安等据点几百名日伪军企图"扫荡"无为东部地区。新四军第七师及时发现,迅即作了部署,在林洲头、六洲等地狙击敌人,还袭击敌军占据的三官殿、汤家沟等地。27日,敌军便退回原防。1945年2月14日,日伪军又集结3000余人分路对临江地区和无为县的仓头、分路口、开城桥附近及无南地区进行"扫荡"。无为、临江、无南等地部队的主力迅速撤离该地区,从侧后袭击小股日伪军,并分散活动于敌后各交通沿线,进行破坏、袭扰,迫使日伪军先后收缩兵力退回原据点。23日,反"扫荡"斗争结束。

正当第七师积极准备对日伪军进行反攻时,桂军第一七六师两个团和地方保安部队3个团于2月21日分两路经沐家集和周家大山向巢无中心区发动大规模进犯。22日,两路军在严家桥会合,23日占领

石涧埠。沿江支队采取了"隐蔽主力,适时出击"的方针[1],开展灵活的游击战,以白湖团防守沐家集南北地区,独立团、巢湖大队和沿江团二营防守周家大山至象山魏地区。经过袭扰桂顽后方和沐家集、葫芦山、菩萨山、照明山等一系列战斗,桂顽被迫于26日撤退。此战,沿江支队共毙伤俘桂顽近千人,缴获长短枪160多支,自身伤亡100余人。桂顽遭此打击后,再也不敢对巢无中心区轻举妄动。

5月和6月,沿江支队独立团曾三渡巢湖对日伪军作战,攻打了桐荫镇、张家疃等据点,毙伤俘日伪军200余人,并在渡巢湖时,缴获满载物资的敌船7艘、轻机枪2挺、长短枪近百支。

为统一皖江地区的军事指挥、增强部队的机动能力,5月5日,新四军军部将第三师独立旅划归第七师指挥。6月16日,第七师恢复第十九旅编制,旅长林维先,政委黄火星,参谋长熊应堂,政治部主任余明。原第十六团、师独立团、白湖团分别改为第五十五、第五十六、第五十七团。

第十九旅成立后,一部坚持巢无地区斗争,一部在江南配合皖南支队发展皖南根据地。7月20日,在第七师特务营配合下,该旅第五十六团向巢湖南岸长岗集、散兵镇、盛家湾等日伪据点发起进攻,连克3个日伪据点,歼灭日伪军300余人,切断巢县至盛家桥的公路交通。

(二)和含地区反日伪顽斗争

在和(县)含(山)地区坚持斗争的主要是第七师含和支队。含和支队是以新四军第七师第五十五团与含和独立团为基础,连同和含地区地方武装合编而成,由第七师参谋长孙仲德兼支队长、政委。支队机关驻和县南义乡。下辖独立大队、教导队和按行政区域分别成立的江全大队、含巢大队和游击大队。

由于和含地区位于滁河与长江之间,是一条战略通道,各方争夺十分激烈。新四军适时地抓住有利时机开展反攻。1944年2月7日,江全大队进军江浦县星甸庙,17日歼灭绰庙集日伪军50多人;5月,在当涂打掉1个日军据点;6月,袭击全椒县陈家浅伪军据点等。

---

① 中共巢湖市委党史研究室编:《皖江抗日根据地史》,2001年印,第299页。

国民党顽军对和含地区一直虎视眈眈。1944 年 3 月,顽军第十纵队第二支队与日伪勾结,在和县善后集设立和含浦办事处,企图以此为跳板,进攻和含根据地。7 月至 8 月顽军皖东游击区指挥官、第七军副军长漆道征又两次下令"进剿"和含根据地,攻占十村庙、腰埠、金城庙、石桥等重要集镇。

日伪军则多次"扫荡"和含地区抗日根据地。10 月 27 日夜,日伪军在对无东地区"扫荡"失败后,又纠集 3000 余人分别从和县戚桥、姥桥、黄山寺、沈家巷、含山、铜城闸等地出发,进犯含和支队驻地,企图一举摧毁和含地区的党政军机关和后方基地。含和支队在此前两天已获悉情报,预做准备,日伪军在 28 日晨进入中心区后,立即遭到含和支队的阻击。经过 3 天较量,日伪军无功而返,含和支队各部亦分路返回驻地。

就在这次反"扫荡"不久,顽军又轮番向和含抗日根据地进攻。1944 年冬到 1945 年春,顽军第一七一师、第十游击纵队和省保安团再次进攻津浦路西的淮南抗日根据地与和含地区抗日根据地的北部地区,占领含和支队从日伪军手中解放的张家集、十村庙、田家渡等地。为解决津浦路西及和含地区屡遭桂顽进攻的问题,1945 年 4 月 5 日,新四军成立第二师、第七师路西战役指挥部。在指挥部的统一部署下,4 月 19 日,第七师代师长谭希林、参谋长孙仲德率领两个团进至江(浦)全(椒)地区,攻打江浦十村庙、全椒高黄庙等顽军据点,以策应路西反顽作战,同时接应第三师独立旅的到来。星甸庙、绰庙集、田家渡等据点顽军见势不妙,自行撤退。23 日,独立旅和接应的含和支队在十村庙会师。第三师独立旅进抵皖江根据地后,第七师实力增强,反攻的力度加大。26 日,在独立旅配合下,含和支队击溃从赤镇、香泉等地出动的顽军,恢复第二师和第七师的交通。

6 月 9 日,日伪军 1 个混编大队 400 余人,由漕河南下,进攻在小老窝的独立旅第二支队第五团。第五团依托既设阵地进行反击,后与敌人展开白刃战,毙伤日伪军 180 余人。

(三)皖南地区反日伪顽斗争

在皖南地区坚持斗争的皖南支队,是以新四军第七师第五十七团

为基础,连同铜陵、繁昌、无东、无南各县地方武装合编而成,第七师政治部副主任黄火星任支队长兼政委,梁金华任副支队长。支队下辖独立、铜陵、繁昌、无东、无南5个大队及皖南黄山游击队。1944年初,又组建独立团。

第七师皖南支队在反"扫荡"、反"摩擦"中逐步发展,并积极地开展局部反攻。1944年2、3月间,皖南支队独立团在团参谋长谢长华的率领下,进驻铜陵顺安铁湖嘴,伏击100多名日伪军。1周后,又与铜陵大队配合,攻克日军梨桥据点,毙伤日军5人,俘伪军10余人。4月,铜青南大队又攻克日军扫把沟据点。6月,皖南支队以独立团为基础,加上无南大队和繁昌大队合编成临江团,另成立繁昌游击大队。

7月初,临江团分批从江北临江渡江南进,秘密开赴繁昌乌阳冲,后进驻铜陵县闸口汪等地。自此,皖南支队的活动中心即由原江北的临江、无南转至江南的铜陵、繁昌、南陵县,活动范围扩大到芜湖、宣城、青阳、泾县、贵池等县的边缘地区,加速了皖南抗日根据地的开辟和巩固。

临江团进驻皖南后,日伪顽军经常派兵"扫荡"、"清剿",临江团则抓住时机予敌以狠狠打击。在短短的两三个月内,就取得多次战斗胜利。如临江团一营在铜陵大队的配合下,袭击青阳县永圣桥的特工武装,歼灭李孝廉部50余人;后在水龙山击溃顽特工部队挺进二纵队。临江团二营在九榔乡200余民兵的配合下,与日军1个小队、伪军1个营及顽军南陵县大队一部激战,俘伪军10余人。

皖南山区游击战争也出现了新局面。这年秋,皖江区党委指示皖南山区,"在斗争方针上,应该放手大胆,转变山棚战术,号召下山,在广大群众中公开进行活动,并积极争取斗争的胜利"①。在皖南山区开展斗争的中共山地中心县委决心组织几次胜利的战斗。12月8日凌晨,刘奎、洪林、唐辉3支游击队协同第七师侦察连共200多人,包围太平县谭家桥红庙顽据点,打死打伤顽军12人,俘42人。后又消灭

---

① 参见张要先:《新四军第七师暨皖江抗日根据地简史》,北京地区新四军暨华中抗日根据地研究会新四军第七师暨皖江抗日根据地分会编印,第105页。

了宁国县甲路乡公所、绩溪县九华乡公所的顽军。

皖南支队支队部及其直属队在江北也连续取得反"扫荡"斗争的胜利。5月11日拂晓，日伪军3000余人，突然"扫荡"白茆洲，占领小江坝、三官殿、汤家沟一线。中共皖南地委和皖南支队机关立即转移到六洲、宫棚一带隐蔽，待机出击。当晚风雨交加，能见度极低，他们乘机从距敌仅20多米的一个缺口突围至圩里、庄陈家、陈家湾一带，随即组织精干小分队，奇袭三官殿、汤家沟一线，迫使敌军在12日晚撤回原据点。11月25日，日伪军3000余人，再次"扫荡"白茆洲，皖南支队长梁金华率部成功地从日伪军在陆地和江面封锁的结合部突围。日伪军在白茆洲搜索了一天，一无所获，只得于28日撤走。

1944年12月25日，中共中央华中局和新四军军部要求"皖南支队应全部开赴江南，以全力经营皖南"[①]。随后，皖南地委和皖南支队机关渡过长江，到达铜繁中心区舒家店一带。此时，皖南支队已拥有临江团、临江总队、皖南支队警卫大队、南繁芜总队、铜青南总队、宣城大队、黄山游击大队等武装，约3000人枪。

日伪顽军企图将皖南支队部及其主力消灭或迫返江北。1945年2月，顽军第一二九师4个团，配合伪皖南独立方面军2个团及驻铜陵日军，总兵力近万人，联合进攻皖南支队。当时，顽军第一二九师从正面进攻水龙山，伪皖南独立方面军2个团进攻孙村、赤滩、黄浒一带，日军驻守铜陵，伺机出击。皖南支队经过六天六夜的紧张战斗，终于打退了日伪顽军的联合进攻。

皖南支队也积极开展对日伪军的反攻。3月，皖南支队攻克了威胁铜繁地区的水龙山日军据点。夏天，在皖南支队主力协助下，南（陵）芜（湖）总队连续取得芜湖县的老鹳嘴、竹丝港、施家渡、赵家大桥和南陵县的许村埠、马仁渡等战斗的胜利，拔除了一批日伪据点。

---

① 参见张要先：《新四军第七师暨皖江抗日根据地简史》，北京地区新四军暨华中抗日根据地研究会新四军第七师暨皖江抗日根据地分会编印，第104页。

第二节　国民党军组织阜阳保卫战

　　1944年初，世界反法西斯战争已转入战略反攻阶段。在太平洋战场，美军发起攻势作战，日本政局和战局均陷入内外交困之中。为了摆脱困境，日本大本营决定打通一条从朝鲜釜山经过中国到东南亚的大陆交通线，以使中国大陆上的日军和孤立在东南亚的日军联系起来。4月18日，日军开始打通大陆交通线作战。为配合这一作战，日军从郑州沿平汉线向南发动了一次规模很大的行动。这月中旬，日军在安徽田家庵、寿县一带集结第十三师团的1个联队、伪军3个团，配备炮兵、骑兵、空军，计划进攻阜阳，占领皖北，以牵制国民党汤恩伯部对徐州、郑州的增援。驻守阜阳的国民党骑兵第二军及时侦悉日军的图谋，并从日军侦察机上掉下来的二万五千分之一的军用地图的标记上判断日军将由东南方向发起进攻。为此，骑二军军长廖运泽立即改变部署，采取了放弃涡河防线，集中主力部队保持机动的方针。决定调派暂第十四师以三十里铺为界，深沟坚垒，固守阜阳；军特务团开赴颍上，占领前沿阵地，尽量与敌保持接触，诱敌深入；第一一七师撤离涡河防线后，进驻沙河东岸，保障暂第十四师左翼安全，并以一部相机袭击敌后勤部队与水上船只；骑八师撤离涡河防线后，进驻阜阳城西南，控制由三十里铺至颍上西南地区，保持机动；骑三师以主力控制太和及其附近，并负责对涡阳、蒙城方向警戒，阻止日军由东北方向增援，掩护全军后方安全。军指挥所设在阜阳西北10余里的泉河北岸。国民党苏鲁豫皖四省边区总部，又将暂第九军的暂第十三师临时调拨给骑二军，作为军预备队，驻扎在阜阳西南的张寨。骑二军计划在阜阳城下对敌进行合围，以优势兵力全歼来犯之敌。

　　4月24日，日伪军1万余人在空军掩护下，由寿县经正阳关、杨湖镇，沿颍河西上向阜阳进犯。27日，敌军进至颍上，向国民党军前沿阵地发起猛攻。骑二军特务团在予敌以阻击后，按预定计划且战且退,引诱敌军。敌左翼骑兵骄横狂妄,尾随追击时,单兵直入。廖运泽立即抓住战机,令骑八师全体出动,向孤军深入的日骑兵部队迎头痛击。骑八师有 5000 余人,来自青海、甘肃,官兵性格剽悍,作战勇猛,师长马彪虽年逾花甲,仍亲临前线拼杀。骑八师在颍上十八里铺与日前哨部队遭遇时,趁日军下马准备作战但尚未集结之机,发起旋风式的攻击,先用马踏,再用大刀居高猛砍,日军未及招架,即被击散。日骑兵队 200 余人,仅 20 余骑生还。而骑八师几无伤亡。骑八师还袭击日军炮兵,很多驮炮的马匹被击毙,日军只能拉着大炮走。战斗进行整整一天,国民党军初战告捷。

日军不甘心失败,稍作整顿后,便在 3 架飞机和炮火的掩护下,向国民党军驻地发动了更大规模的进攻。骑八师将士奋力拼杀,且战且退,在不断消耗日军的有生力量后,于 5 月 5 日撤至颍上县六十里铺地区。日军在攻占颍上县城后,企图在六十里铺地区包围骑八师主力。其时,驻守六十里铺地区的尚有阜阳县 3 个自卫中队,但这 3 个中队长都贪生怕死,临阵率队脱逃,致使国民党军阵地右翼无人,日军得以集中优势兵力包围骑八师。骑八师面临的处境极其危险,但他们毫不畏惧,反复冲杀,激战待援。在战斗中,骑八师击落一架日机,打死该机上的 6 名日军。骑八师的伤亡也很惨重,师司令部被袭击,少将副师长兼政治部主任卢广伟及 6 名官兵以身殉国。为解救骑八师,骑二军军部调集军特务团回师参战,军预备队暂第十三师的 1 个团也紧急驰援。随后,骑八师从左翼突破撤出阵地。为严明军纪,骑二军将 3 个临阵脱逃的中队长就地正法,对英勇杀敌的骑八师进行慰问。

6 日,日军攻至阜阳城东南的三十里铺,其前锋到达阜阳东十八里铺。驻守十八里铺的阜阳警戒部队,立即配合骑二军特务团、军预备团英勇抗击,击毙日军第十三师团参谋长。日军无心恋战,在炮火掩护下向寿县撤退。国民党军趁势追击,暂编第十四师第三团黄冠伟营于 10 日收复颍上县城,12 日收复杨湖镇。至此,阜阳保卫战胜利结束。

阜阳保卫战是皖西北地区自对日作战以来最激烈的一次战斗,共歼日伪军 900 余人,不仅粉碎了日军攻陷阜阳控制皖北的企图、保护

了阜阳人民的生命财产安全,也在一定程度上挫灭了日军的威风,迫使日军龟缩在田家庵及津浦线的据点里,不敢轻易地对皖北、皖西采取大规模的军事行动,同时增强了人民抗战的信心,鼓舞了人民抗战的士气。当时,国民党的《中央日报》、《扫荡报》等很多报纸,均用头版头条报道了这一消息。[①]

第三节　国内外友人对安徽抗战的支持

一、海内外华人对奋战在安徽的新四军的支持

抗日战争时期,新四军军部较长时期设在安徽,所属部队也有几支始终战斗在安徽。因此,海内外华人对安徽抗战的支持,主要体现在对新四军的支持上。而国内对新四军支持最突出的当属上海人民。

（一）上海人民对新四军的支持

新四军初建时,中共中央东南分局（后东南局）与中共江苏省委有工作联系,而江苏省委领导江苏、上海及沪杭线、沪宁线一带地下组织工作。因此,1938 年 5 月,中共中央指示上海地下党:"应派一些得力干部到新四军战斗的地方去,并从上海有系统动员学生、工人、积极分子、党员到那里去工作。"东南分局也希望上海地下党:"做好对新四军的宣传工作,尽可能输送干部到新四军去,经济上能给予援助,并掩护新四军后勤部门同志在上海采购,帮助新四军发展壮大。"[②]这样,新四军在发展过程中得到了上海地下组织和上海人民的大力支持。

1. 经济方面的支持

抗战初期,上海人民支持新四军最重要的活动是上海红十字会煤业救护队携带 20 余辆汽车加入新四军。上海红十字会煤业救护队是

---

① 参见廖运泽:《阜阳保卫战》,安徽省政协文史资料委员会编:《抗战风云》,安徽人民出版社 1987 年版,第 97—100 页;张宁等:《阜阳通史》,黄山书社 1998 年版,第 297—298 页。

② 中共上海市委党史资料征集委员会主编:《上海人民与新四军》,知识出版社 1989 年版,第 5 页。

1937 年八一三事变后成立的,原为上海煤业同业公会设立的救护委员会。11 月,上海失守后,部分煤业救护队员,在叶进明、乐时鸣、忻元锡、周中奎等率领下,随国民党军队西撤,经苏州、无锡、南京、芜湖,到达皖南屯溪。1938 年 1 月,又移往南昌。在共产党员叶进明等动员下,一批救护队员要求参加新四军。此举得到新四军驻南昌办事处主任兼中共中央东南分局统战部长黄道和组织部长陈少敏的热情支持。叶挺、项英等新四军领导也接见了煤业救护队队员。此后,煤业救护队开始为新四军服务。120 余名救护队员,驾驶着 20 多辆汽车,在忻元锡、黄公道、陈昌吉等率领下,分别前往湘赣边、粤赣边、闽北、闽西、湘鄂赣、赣东北等地区,将奉命改编为新四军的红军游击队领导人和伤病员接到南昌,后又运送到皖南岩寺。煤业救护队的到来,对新四军加速组建进程具有重要作用。因为此前新四军仅有 1 辆小汽车,物资、伤病员的运输均非常困难。在集中运输任务完成后,这批煤业救护队员一部分参加了新四军兵站建设工作,当时"除了一个延安来的同志当站长外,差不多兵站的工作都由他们负责了"[1];一部分到教导队学习半年后,分配到军部各单位,也有少数调到东南局。在兵站工作的队员们,利用红十字会的特殊条件,不断往返温州、宁波、屯溪、南昌和岩寺之间,接运从上海来的各类人员 2000 余人。他们还利用上海红十字会煤业救护队的名义,在煤业爱国人士的支持下,从上海获得了一些物资。煤业救护队还帮助新四军筹建印刷所。1938 年夏,军部决定在泾县小河口建一个印刷所,叶进明、忻元锡、陈昌吉等为此多次往返上海和皖南之间。他们在上海地下党的帮助下,采购印刷设备,招募技术人员,并将他们送往皖南,建成新四军第一家印刷厂。时任新四军秘书长李一氓后来写道:"上海煤业救护队入新四军参加抗战,于新四军建军初期之后方勤务有极大贡献。其从业人员皆经过锻炼成为今天华东地区财经工作成绩卓著的骨干。"[2]他在回忆录中专门

---

① 《李一氓回忆录》,人民出版社 2001 年版,第 253—254 页。

② 参见中共上海市委党史资料征集委员会主编:《皖南从军纪实——上海红十字会煤业救护队抗战史料选编》,中共上海市委党史资料征集委员会 1987 年印。

设了一节谈论上海煤业救护队。① 时任东南局青委书记、青年部长的陈丕显后来也称赞上海煤业救护队为"三十年代青年的光辉榜样"②。

上海人民为支援新四军多次开展捐献活动。1938 年 9 月，上海各救亡团体为纪念九一八事变 7 周年，决定征募棉背心 20 万件。中华职业教育社和地方协会，募得龙头细布 7000 匹、胶鞋 4.9 万双，其中龙头细布 4000 匹、胶鞋 2 万双支援了新四军。上海地下党又发起节约救难、捐募寒衣、义卖义演的群众性活动。到 1939 年 10 月，"参加捐献者超过 10 万人，职业界各团体群众参见捐献的，先后有 5 万人"③。上海《每日译报》挂的是英商的招牌，实际上是中共江苏省委主办的一份报纸。它在发布愿意代收群众捐献的消息后，上海市民及各团体踊跃捐献。据统计，上海工商界捐款总额有 17.85 万元。这笔款子后通过译报社转交给新四军。1939 年，在上海地下党的组织下，中国职业界妇女俱乐部又举办物品慈善义卖会。在中国国货公司、永安公司等支持下，募得 100 余万元，还有大量物品。俱乐部主席、中共党员茅丽瑛因此遭到汉奸暗杀。募得的款物，除部分用于救济难民外，大部分药品和款项后都通过译报社转交给了新四军。

在上海地下党的领导下，上海人民还帮助新四军解决一批紧缺的军需物资。如 1941 年帮助皖中抗日根据地兵工厂采购生产手榴弹、地雷炸药的导火原料黄磷、赤磷；1943 年帮助淮南抗日根据地兵工厂采购一批柴油发动机和制造迫击炮筒的无缝钢管。1942 年 4 月开工生产的淮北印钞厂、5 月成立的淮南印钞厂、1943 年创办的大江银行印钞厂所需的设备、原料均是上海地下党设法采购的。1944 年，淮南抗日根据地在组建淮南烟厂时，上海人民又帮助采购敷料、卷烟纸，找关系设计"飞马牌"烟盒图案，使该厂顺利投产。

---

① 《李一氓回忆录》，人民出版社 2001 年版，第 253—255 页。

② 参见中共上海市委党史资料征集委员会主编：《皖南从军纪实——上海红十字会煤业救护队抗战史料选编》，中共上海市委党史资料征集委员会 1987 年印。

③ 财政部财政科学研究所、新四军研究会上海高校专题组编：《上海地下党支援华中抗日根据地》，华东师范大学出版社 1987 年版，第 193 页。

2. 人力方面的支持

在中共江苏省委的领导下，上海人民在人力上也给予了新四军极大的支持。上海难民工作委员会等组织了大批人士到皖南参加新四军。

上海难民工作委员会，是江苏省委在 1937 年冬组建的，主要是对上海难民进行抗日教育和阶级教育，以激发难民的抗日热情和阶级觉悟，并动员爱国青年参加新四军，开展抗日斗争。汤镛、周克（即周新民）先后任书记，朱启銮为党团书记。在上海难民工作委员会的组织下，在赵朴初等爱国人士的推动、支持下，部分难民以"移民垦荒"的名义先后来到皖南参加新四军。其中第一批 700 余人，在汤镛、朱启銮率领下，以上海市慈善团体联合救灾会（简称"慈联会"）组织的名义，于 1938 年 8 月从上海出发，乘船抵达温州后，在新四军温州办事处的接应下，经青田、丽水、金华、寿昌、歙县，抵达军部所在地泾县云岭。第二批是 1938 年底从上海出发，有两三百人，仍由朱启銮带队。第三批是 1939 年离开上海的，约 300 人，由党外人士裴苏达带领抵达皖南新四军军部。赵朴初在 1938 年曾有诗记载此事："挥手汽笛鸣，极目楼船远。谈笑忆群英，怡怡薪与胆。雄风舞大旗，万流助浩汗。同弯射日弓，待看乾坤转。"[①]赵朴初还回忆："以慈联会的名义，用慈联会的经费，输送到新四军的难民前后不下一二千人。"[②]中共中央对上海地下党此举给予充分肯定，认为"能从日寇包围的情况下，从租界中选出大批难民支援新四军，这是上海地下党成功的壮举"。[③]

上海有些慰问团在慰问新四军后，也有部分人留下来参加新四军。1938 年元旦前夕，以何士德为团长的国民救亡歌咏协会宣传团一行 17 人抵达南昌后，在新四军驻赣办事处的鼓励下，除 1 人去延安外，其余均参加了新四军。5 月，以周肇基为团长的上海职业救亡协会战地服务团一行 13 人，到浙江温州、瑞安一带进行抗日救亡宣传活

① 参见沈去疾编著：《赵朴初年谱》，上海辞书出版社 2008 年版，第 16 页。
② 赵朴初：《抗战初期的上海难民工作》，上海《党史资料丛刊》第 2 辑，上海人民出版社 1981 年版，第 45 页。
③ 参见马洪武主编：《华中抗日根据地史》，当代中国出版社 2003 年版，第 594 页。

动后,有 8 人赴皖南参加新四军。1939 年 2 月中旬,江苏省委组织第二批慰问团,即"上海地方协会派赴三战区的慰劳第三战区将士的演剧团"一行五六十人前往皖南慰劳新四军。4 月底,慰问团抵达新四军军部。在完成慰问演出任务后,副团长殷扬(后改名扬帆)等大多数团员留下参加新四军。这些人主要是戏剧界的知识青年,他们后来对活跃新四军的文化工作发挥了较大作用。

上海还支援新四军大量技术人才。如 1938 年夏筹建的新四军泾县小河口印刷所三任所长叶进明、忻元锡、陈昌吉均来自上海。新四军和华中根据地此后陆续开办的多家印刷厂、印钞厂的技术人才也大多来自上海。仅上海印刷系统动员到根据地的就有 100 多名党员和 1000 多名工人积极分子。新四军医务人员也有不少来自上海,如新四军军医处处长沈其震就是叶挺军长从上海邀请去新四军的。上海地下党还曾动员上海红十字总医院、宝隆、仁济、同仁、广仁、宏德、仁德等医院及华美、华洋等药房的医务人员七八十人到新四军工作。上海还为新四军输送了一批通讯技术人员。这批人员是应地下党要求,在赵朴初的组织下,由上海慈联会以为难民学技术、谋生路为名筹办的无线电讯训练班培养的。对外称神州中学无线电班。1939 年 7 月开学,12 月结业。共培养了 50 余名学员,其中参加新四军的有 38 人。据电训班学员翁履康回忆:"这些同学后来都成为骨干,工作在军部、一师、六师、七师等部。在通讯等不同岗位上为中国人民解放事业和社会主义建设事业作出了应有的贡献。"[1]

对于抗日战争时期从上海输送到新四军的人员,全国人大常委会原副委员长彭冲在为《新四军中上海兵》一书作序时称:"据不完全的统计,有组织输送到新四军的就达二万余人,还有许多上海青少年通过自己寻找的线索,突破层层封锁,来到华中各根据地参加新四军的更是不计其数,不仅是补充了兵员,也为新四军干部储备和人才培养提供了有利条件。"[2]仅 1941 年初成立、1942 年底撤销的新四军上海

---

① 翁履康:《赵朴初与慈联电训班》,《云岭》2005 年第 2 期,第 36 页。

② 《新四军中上海兵》编委会编:《新四军中上海兵》,上海文艺出版社 2007 年版,第 2 页。

办事处就组织、护送 2000 余人到新四军各根据地,其中 70% 是江苏省委从上海各条战线动员、参加新四军的人员。

上海人民对新四军的支持还表现在精神鼓励上。如 1938 年 12 月中旬、1939 年 2 月中旬上海人民两次组织慰问团到新四军驻地参观、慰问,极大地鼓励了新四军的士气。慰问团回沪后,又向各群众团体、统战对象做报告,传达在新四军的见闻,宣传新四军的抗战事迹,并通过举办小型展览,展示新四军赠送的纪念品、战利品和照片。上海的《译报周刊》还出版了新四军特刊和新四军小丛书,《每日译报》、《申报》、《大美晚报》(英文)、《文华》、《良友》、《文献丛刊》等报刊也发表了一批宣传新四军抗战的文章。此举进一步扩大了新四军的影响。

(二)海外华人、华侨对新四军的支持

在中华民族危难的时刻,海外华人、华侨心系祖国,踊跃捐钱捐物,支援祖国抗战。对军部设在安徽的新四军,华人、华侨也给予了极大的支持,主要是经济方面和人力方面的支持。

1. 经济方面的支持

海外华人、华侨在经济方面对新四军的支持,主要是捐钱捐物。在这方面,有许多动人的、可歌可泣的事例。如马来亚侨团组织抗敌后援会,专门成立"援新(四军)委员会",开展援助新四军的活动。1938 年 8 月,马来亚柔佛华侨工人用募集的 4 万多元购买了两辆雪佛兰牌救护车及一批军用急救物资,后将 1 辆汽车通过八路军驻武汉办事处转赠给新四军。1939 年初,在马来亚吉隆坡召开的南洋惠侨救乡会第二次代表大会决议将华侨捐款的 40% 分配给新四军。菲律宾粤侨联合会妇女慰劳分会捐款 2 万元,为新四军购买一批医药用品和冬季服装。菲律宾华侨劳工团联合会专门组织慰劳团,在团长王西雅、政治指导员沈尔七带领下,带着大批药品,于 1939 年 5 月从马尼拉出发,经香港取道越南,于 8 月初到达皖南新四军军部。1940 年 9 月,菲律宾华侨妇女慰劳分会又委托路易·艾黎带给新四军法币 11.19 万元。据曾任新四军敌工部长的林植夫回忆,他"一次就收到

香港转来的华侨捐献款项 200 万元（国币）"①。特别值得一提的是，泰国华侨、新四军第二支队敌工干事陈子谷，1939 年因祖父在泰国去世，便借到泰国继承遗产之机，以叶挺军长秘书的身份为新四军开展募捐，在很短的时间里就募集到近万套棉衣款。陈子谷将个人所得遗产折合法币 20 万元、募捐来的棉衣费法币 6 万元，共计 26 万元，全部捐给新四军。陈子谷还将分得的戒指卖掉，为新四军购买了一部电动手摇两用油印机。新四军军长叶挺非常感动，在《抗敌报》上称赞陈子谷是一个"富贵于我如浮云"②的爱国赤子。

广大华人、华侨还通过保卫中国同盟为新四军捐钱捐物。保卫中国同盟是宋庆龄 1938 年 6 月 14 日在香港发起筹建的，总部设在香港西摩道 21 号。宋庆龄曾通过该组织主办的《保盟通讯》呼吁大家从物质上、精神上支援新四军，并亲自布置、检查支援工作。在宋庆龄的呼吁下，华人、华侨踊跃捐款捐物。如 1938 年冬和 1939 年 2 月，保卫中国同盟上海分会通过上海各界慰劳团转交给新四军 7 万元和大批物资，如手术器械、药品、食品、被服、文化用品等，保卫中国同盟每月还向新四军医院捐助 1500 元经费。在 1939 年度，由保卫中国同盟经手的华侨捐赠给新四军的款项即达到港币 13155.1 元、法币 35666.93 元。③ 1939 年 5 月 1 日，宋庆龄又通过《保盟通讯》发起为新四军募集 2 万条毛毯的运动，经过各方努力，到 1940 年 2 月，新四军实际接受的毛毯数远远超过计划数，其中大部分为华侨捐赠。新四军卫生部长沈其震在 1938—1940 年间曾 3 次到香港，向宋庆龄要求手术器械、药品等物资，每次都满载而归。据保卫中国同盟记载，华侨捐给新四军的抗日款项，仅 1942 年 2 月一笔就有 35666.93 美元。④

① 参见马洪武主编：《新四军与抗日战争》，南京大学出版社 1995 年版，第 517 页。

② 参见任贵祥：《华侨与中国民族民主革命》，中央编译出版社 2006 年版，第 363 页。陈子谷在上饶集中营的狱友季音在《狱友陈子谷》一文中说："这笔巨款的到来，顿时使部队走出困境，解决了将士们的冬衣问题。叶挺军长十分高兴，写了个条幅赠给陈子谷：'富贵于我如浮云。'"参见《炎黄春秋》2009 年第 2 期，第 73 页。

③ 郑灿辉等：《宋庆龄与抗日救亡运动》，福建人民出版社 1986 年版，第 193—194 页。

④ 参见曹晋杰、王世谊：《海外华侨对新四军和华中抗日根据地的支援》，《上海党史研究》1995 年第 4 期，第 38 页。

2. 人力方面的支持

一些华人、华侨不仅捐款捐物支持抗日战争，还亲自投身这场火热的民族战争，其中有不少人参加新四军。如抗战初期，八路军和新四军都急需医护人员和汽车司机，香港八路军办事处奉命两次向海外大规模地招募技术人员，其中一次就从马来亚、新加坡、印尼等地为新四军招募146名华侨司机。据调查，抗战初期，"参加八路军的华侨约400名，一半以上去了前方，参加新四军的华侨比八路军中的华侨还要多"，"仅新四军军部和直属支队的华侨就有七八十人"①。而当时经香港八路军办事处送往延安或新四军的华侨技术人员和华侨青年就有五六百人。其中，菲律宾华侨对回国参加抗战非常热情。1937年10月，中华民族武装自卫会菲律宾分会在报纸上刊登广告，征召华侨青年回国参战。几天之内，从各地赶来报名的就有六七十人，该会从中挑选28人，组成以沈尔七为总领队的菲律宾华侨救国抗日义勇队。他们在福建龙岩参加新四军第二支队后，第二支队将其命名为菲律宾华侨回国随军服务团，沈尔七、戴血民为正、副团长。此后，随军服务团被编入第二支队政治部宣传队，随第二支队从龙岩来到歙县岩寺。后又与南洋各地前来参加新四军的华侨青年编为第四连，开赴抗日前线。次年冬，沈尔七等又奉命返回菲律宾，向华侨宣传新四军的抗日事迹，动员侨胞参加抗战。这便有了上文提到的菲律宾华侨劳工团联合会慰劳团。该团在完成慰问任务后，全部参加新四军。军政治部把大部分学员送到教导队学习，结业后大多分配到新四军各部参加敌后游击战争。沈尔七留在军政治部从事民运工作。1941年他第三次奉命回菲律宾组织人力、物力支援新四军，但在返程时，因香港被日军占领，便转往东江游击队。次年5月在一次战斗中牺牲，年仅28岁。1941年10月，抗日军政大学华中大队又将到此学习的东南亚各国华侨青年编成一队，并在次年4月毕业后将他们分往新四军工作。

在新四军中有许多华侨成长为优秀将领。如出生于菲律宾的叶

① 《华声报》1985年8月13日，参见郑复龙：《论东南亚华侨援助新四军的历史成因及其贡献》，《华侨华人历史研究》2002年第3期，第81页。

飞后任新四军第一师师长兼苏中军区司令员；曾在菲律宾谋生的李子芳后来担任新四军政治部组织部长；曾在马来亚吉隆坡尊孔中学任教的梁灵光后任苏中军区四分区游击指挥部政治部主任、南通县长兼保安旅长、苏中四分区专员；泰国华侨陈惠曾任新四军组织部青年科科长，并被推选为中共七大代表；菲律宾华侨林友映曾任新四军第六师十八旅五十四团党委委员、一营政治委员等。

二、外国友人对新四军抗战活动的支持

抗战时期，一些外国友人对新四军的抗战活动给予极大的支持。有的直接参与新四军的抗战活动，为新四军募款、培训医护人员等，更多的是通过新闻报道宣传新四军、歌颂新四军，使国内外人民了解新四军在艰难困苦条件下坚持抗战的事实，这为新四军在国内外赢得了广泛的同情和支持。

（一）直接参与新四军的抗战活动

直接参与新四军抗战活动的外国友人有艾格尼丝·史沫特莱、琼·尤恩、罗生特、路易·艾黎等。

艾格尼丝·史沫特莱不仅是著名的记者，长期宣传中国共产党及其领导的革命军队，还亲身参与新四军的抗战活动，在新四军生活了一年零四个月。她是1938年11月以国际红十字会记者的名义由重庆到达皖南新四军军部的。副军长项英应史沫特莱的要求介绍了新四军的历史和发展、在敌后开展游击战争等情况，并提到教导总队第八队是个女生队，多数是有知识的热血青年，抗战热情很高。史沫特莱便专门到教导总队第八队去采访，将这些女战士持枪操练的情景拍成照片寄往国外，宣传新四军女战士的风采，并拿出部分稿费帮助第八队建一个澡堂。史沫特莱还在新四军军医处处长沈其震的陪同下访问太平县小河口的新四军后方医院。在这里她发现医院的设施太简陋，但卫生条件较好，医务人员的服务态度更好，对待伤病员如兄弟，颇为感动。此后，她又遍访长江以南新四军3个支队所属的20个医疗队，发现均存在缺乏药品、医疗设备，缺少医护人员的状况。她感到很焦急，不仅将自己的稿酬全部捐献给医院，还写信给鲍威尔和葛拉克女士，请她们帮

助沈其震在上海购买药品。英国驻华大使曾转交给史沫特莱 2000 美元,她拿出 1000 美元资助逃到皖南新四军驻地附近的难民,将 1000 美元交给新四军民运部。史沫特莱还帮助新四军开展卫生运动,办卫生学校,参与组建红十字会救护总队等。史沫特莱成天与战士们生活在一起,对伤病员充满了关爱之情。她不仅经常送鲜花和水果给伤病员、用自己的稿酬买鸡蛋给伤病员吃,还亲自为伤病员喂饭喂汤,甚至端屎尿盆。1939 年 9 月起,史沫特莱又先后访问了新四军江北指挥部和鄂豫挺进纵队。1940 年 3 月,她因病离开新四军,经重庆、香港,回到美国就医。后受到麦卡锡主义的迫害,被迫迁居英国。

琼·尤恩是一名加拿大护士。1937 年底,她参加了由加拿大和美国共产党组织的援华委员会医疗队,与白求恩一道来华,为白求恩的助手和翻译,先后在延安和晋绥抗日民主根据地工作。1939 年 1 月,她应沈其震要求,帮助将一批在上海、由国际友人捐赠的医疗物资、衣服等护送到皖南新四军军部。此后,她留在皖南,帮助新四军培训战地医护工作人员。她曾与史沫特莱一起,设法解决医院的尸体解剖问题,帮助医院做骨架标本。在新四军医院工作期间,她还帮助照顾伤病员,为他们送茶倒水、盛粥端饭。5 月 31 日,在参加完军部第一期护士及卫生员训练班的结业典礼后,琼·尤恩应史沫特莱请求,前往上海帮助难民募集资金、衣物,并帮助新四军采购药品。后因局势日益恶化,琼·尤恩便回到加拿大。

奥地利籍医生罗生特参与了新四军的医疗卫生工作。罗生特原名雅各布·罗森菲尔德,出身于奥地利一个犹太人家庭,1928 年获维也纳大学综合医学博士学位。因从事反帝运动及反对希特勒德国吞并奥地利受到德国法西斯迫害,于 1938 年冬来到中国,在上海开设个人诊所。1941 年 3 月 21 日,经沈其震介绍,罗生特带着诊所全部医疗器械和药品到达苏北抗日民主根据地参加新四军。在新四军工作期间,罗生特不仅为苏北地区军民服务,还冒着生命危险奔走于新四军驻华中的各部队及其根据地,被当地老百姓亲切地称为"当代华佗",陈毅则称他为"活着的白求恩"。其中,1942 年 3 月,罗生特到安徽来安大刘郢新四军第二师驻地,为副师长罗炳辉等官兵检查身体和治

病,培训医护人员。他后来说:"对我来说,在这个师工作的这几个月令人特别愉快,因此当我被派到四师工作时,对二师我简直是难舍难分。"①在新四军第四师及淮北抗日民主根据地工作期间,罗生特除为师领导检查身体及为医护人员讲授医学知识外,还应师长彭雪枫的要求,对根据地卫生所提出一些整顿措施,修订一些医疗护理制度、技术操作常规,健全各级医疗工作机构。1943年9月,罗生特离开新四军第四师前往山东抗日民主根据地。

新西兰人路易·艾黎在新四军驻地推动工合运动,对新四军组织生产自救,克服战时经济困难,支持长期抗战发挥了积极的作用。工合运动开展以后,路易·艾黎兼任东南区办事处主任。为把工合运动推进到新四军驻地附近,以便更直接地支援新四军,路易·艾黎决定筹建浙皖地区工合办事处,并于1939年5月前往浙北和皖南考察。7月,工合东南区浙皖办事处在屯溪成立,章秋阳为主任。新四军政治部民运部派中共党员叶进明、蒋传源、侯蔚文到办事处工作。工合东南区对浙皖办事处工作非常重视,汇来4.9万元经费,后又将国外捐款的1/3供给新四军。1940年夏秋之际,路易·艾黎与埃文斯·卡尔逊等再次前往皖南考察工合运动。11月,路易·艾黎又将浙皖办事处从东南办事处中划分出来,成为直属总会领导的区级办事处。皖南地区的工合运动由于得到新四军的支持,发展很快。据1941年3月统计,皖南各地先后建立各种生产合作社66个,社员660人,社员认股21433元,实缴股金5930元,贷款22.2万元,每月生产产品价值30万元。②但由于路易·艾黎及工合浙皖办事处支持新四军,国民党极为愤恨。后借皖南事变之机,破坏新四军驻地的工合泾太事务所,皖南工合运动被迫停止。路易·艾黎后来在回忆这一段经历时说:"在东南区,我们安排让工人把机器、物资从宁波疏散到浙江西部的遂安

① 参见龙美光:《罗炳辉与罗生特》,《江淮文史》2005年第4期,第30页。
② 参见曹天生:《新四军与皖南"工合"运动》,《安徽农业大学学报》(社科版)1999年第4期,第60页。

去,靠近新四军,以便能够帮助他们制造手榴弹,修理卡车、机器,等等。"①新四军军长叶挺对皖南地区工合运动的成效颇为赞赏,1939年10月10日,专门致信工合国际委员会,称:"你们经常援助在皖南游击区建立工业合作社,我们极为感谢,你们的感情我们将永不忘怀。""皖南工业合作中心(即工合事务所)对我们的帮助是重要的,这些工业使我们各区难民参加了生产工作,得到了救济。"②

（二）宣传、报道新四军

抗战时期,宣传、报道新四军的外国友人较多。

埃德加·斯诺是最早对中国革命抱有同情和理解的外国新闻记者之一。他1928年来华,曾撰写记述中国革命的著作《西行漫记》。抗日战争爆发后,他多次采访新四军领导人叶挺和项英。1938年7、8月,他在武汉分别采访叶挺、项英。在对项英的采访中,斯诺对新四军的前身——南方红军游击队的历史进行了详细了解,对这支部队悲壮的经历感到由衷敬佩,认为这是一支"决死的部队",这样的部队才是中华民族抗战的希望。他将这篇采访记以《项英的一支铁军》为名,刊发在《亚细亚》月刊和《良友》画报第143期上。他表示,要让全世界知道,新四军是一支出生入死、久经革命锻炼的部队,是一支有坚定信仰、有坚强意志,得到广大人民支持、与人民血肉相连的部队。斯诺称赞新四军是"长江下游日占区的游击部队中坚";对其游击战的作战方法也极为推崇,说是"到目前为止,它是唯一的达到了使一个全能主义的侵略者无法收获他全部胜利成果的方法"③。1939年12月,斯诺在与叶挺再次会晤时,获悉新四军军费微薄、枪支弹药严重缺乏,决定以实际行动帮助新四军渡过难关。1940年他通过国际友人和海外华侨募集到一笔可观的资金,在新四军皖南地区开办了工业合作社,生产新四军急需的地雷、手榴弹、子弹、刺刀、被服等军需品。1941年

---

① 路易·艾黎:《工合运动记述》,全国政协文史资料研究委员会编:《文史资料选辑》第71辑,中华书局1980年版,第103页。

② 参见曹天生:《新四军与皖南"工合"运动》,《安徽农业大学学报》(社科版)1999年第4期,第59页。

③ 参见游国斌:《斯诺报道中的新四军》,《福建党史月刊》2003年第4期,第38页。

1月6日国民党发动皖南事变后，斯诺通过八路军驻香港办事处负责人廖承志获悉此消息，便于1月21日率先把皖南事变的真相以《大屠杀》为标题，写成电讯稿，通过美国《纽约先驱论坛报》公之于众。

美国女记者艾格尼丝·史沫特莱是在新四军中采访时间最长、也最著名的友人之一。她不仅以实际行动支援新四军，还用她手中的笔宣传新四军。她说："每当我向国内或国民党统治区发去一篇报道，就感到像完成一件神圣的使命。因为我能使全世界正义的人们知道这里正在进行着艰苦的斗争，知道你们正在卓有成效地打击日本侵略者。他们都会来支援你们。我做了这样的事，心里特别愉快。"[1]为让国外人民及时了解新四军在抗日战争中的重要作用和缺医少药的情况，她写了一系列的新闻报道。为让这些报道传递出去，她总是先用打字机打好文章，然后缝在化过装的新四军女战士的衣服或手帕里，带到上海，寄给自己供职的英国曼彻斯特卫报社，有些文章还寄给美国的进步报刊和上海的英文报纸《密勒氏评论报》。1938年和1943年，她还先后出版了记述八路军和新四军抗战事迹的《中国在反击》和《中国的战歌》两部书。

汉斯·希伯也热情地报道新四军的事迹。汉斯·希伯出生于克拉科夫（原属奥匈帝国，现属波兰），第一次世界大战后加入德国共产党。1926年到中国参加北伐军，1932年在上海发起成立第一个国际马列主义学习小组。抗日战争爆发后，他于1938年访问延安。1939年2月至3月间，在上海地下党的安排下，他以美国太平洋学会《太平洋事务》月刊记者的身份，与史沫特莱和美国记者杰克·贝尔登一起，从上海经浙江到达皖南新四军军部。在此期间，适逢中共中央南方局书记、国民政府军事委员会政治部副部长周恩来视察新四军。他听了周恩来在新四军军部大礼堂的报告后，迅速将周的讲稿整理出来，以《周恩来论抗日战争新阶段》为题，发表在1939年6月出版的《美亚评论》杂志上。在皖南，汉斯·希伯访问了新四军军长叶挺及军部教导队、后方医院等，见到了项英、陈毅、粟裕等新四军将领。随后他将在

---

① 张浩青、王凡：《史沫特莱在云岭》，《党史博览》2003年第4期，第32页。

皖南的所见所闻,写进《长江三角洲的游击战》一文。他写道:"新四军通过同装备精良的敌人作战,依靠宣传群众和关心人民的利益,赢得了人民的信任,不论是穷人和富人,都信任新四军。""新四军在日本占领区作战,使人民中的失望情绪得以克服。新四军尽力做好民族统一战线工作,使广大人民树立争取最后胜利、解放中国、建设新中国的信心。"①1941 年 1 月皖南事变发生后,汉斯·希伯极为愤慨,认为国民党政府做了日本军队想做而没有能力做到的事情,立即将前次访问叶挺的记录整理成《叶挺将军传》,发表在 3 月出版的《美亚评论》杂志上。他还呼吁国民党政府立即释放叶挺,停止对八路军和新四军的一切进攻。不久,他又撰写了《中国的内战摩擦有助于日本》一文,进一步揭露皖南事变的真相。新四军军部在盐城重建后,汉斯·希伯于 1941 年 5 月再次访问新四军。在苏北,他完成了一部 8 万字的书稿《中国团结抗战中的八路军和新四军》。9 月,他前往山东抗日民主根据地。11 月 30 日,在山东沂南县与日军的作战中牺牲,年仅 44 岁。后被安葬在山东临沂地区烈士陵园。罗荣桓、黎玉、肖华在其纪念碑上题词:"为国际主义奔走欧亚,为抗击日寇血染沂蒙,希伯英灵永垂不朽。"②

《大美晚报》记者杰克·贝尔登是 1939 年随上海慰问团慰问新四军后留在皖南的。他当时住在军部附近的村子里,亲眼见到新四军和老百姓关系密切,犹如一家人。在皖南期间,杰克·贝尔登访问项英,也亲眼见到项英同伤病员谈心、做思想工作的情景,深为钦佩,称他是"新四军的灵魂"、"本质上是一个坚强的人物"。③ 他还参观了新四军医院,认为新四军对士兵的救护,比中国任何军队都要好。也看到新四军尽管军费极为紧张,但依然每天免费为 150 个老百姓看病。他还考察了新四军的战俘工作,亲眼见到十几个日本战俘正安逸地等待着回国的机会,亲身体会新四军"不杀俘虏,优待俘虏"的政策。几个月后,他回到上海,在《大美晚报》上连续发表 14 篇关于新四军的报道,

---

① 参见徐则浩、宋霖主编:《新四军军部在皖南》,当代中国出版社 2003 年版,第 365 页。
② 源泉:《追忆国际主义战士汉斯·希伯》,《湖北档案》2006 年第 5 期,第 45 页。
③ [美]贝尔登等:《成为时局中心的新四军》,远东书局 1941 年版,第 44、48 页。

涉及新四军的成立、政治工作、敌军工作，以及项英和士兵的日常生活等许多方面，还配发了不少照片。这对扩大新四军的影响发挥了重要的作用。1941年，远东书局将这14篇文章编入《成为时局中心的新四军》一书中。

美国海军陆战队的埃文斯·卡尔逊少校曾同路易·艾黎一起两次到皖南考察、调查工合运动，访问新四军，对新四军有直接的感受。埃文斯·卡尔逊16岁参加美国陆军，在20世纪20年代就奉派来到中国。抗战爆发后，他走访5个省，考察了几个抗日民主根据地，同八路军一起生活过，也曾为他们英勇抗战的精神所感动。在给报社发稿时，他称赞中国共产党为中国最进步的民主势力，因此被美国海军部惩罚，被迫辞去服役23年的职务。他还撰写《中国陆军》一书，对八路军和新四军予以极高的评价，认为这两支军队，在士气与体格上，都是远东第一等的，可惜装备太差。新四军比八路军更困难，在政治上还要承受更多的压迫与限制。埃文斯·卡尔逊对新四军缺乏医药和冬衣深为同情，曾在《保卫中国同盟》上撰文呼吁。1941年1月6日皖南事变发生后，他于同月下旬回国，向美国政府报告皖南事变的真相，并发表抨击国民党政府的演说。太平洋战争爆发后，埃文斯·卡尔逊曾率领美军200余人，突袭太平洋马金岛上的日军，全歼守敌300人。

出生于波兰的伊斯雷尔·爱泼斯坦，幼年就随父母来到中国，1931年中学毕业后，进《京津泰晤士报》任记者，后历任《北平时事日报》编辑，美国合众社、《联合劳动新闻》记者。抗日战争爆发后，他奔走于中国南方，亲身体验中国共产党领导的人民军队和广大人民群众对日军的英勇抗击，也访问了叶挺。为此，他在1939年出版的《人民之战》中，用一章的篇幅描述新四军。在该书中，他认为，新四军是一个能得老百姓真心全力支持以共同抗敌的战斗的模范。1945年，伊斯雷尔·爱泼斯坦赴美国，任纽约《联合劳动新闻》总编辑，后参加美国争取远东民主政策委员会。

国际反侵略会派到中国的代表夏逊克斯在对中国遭受日本侵略进行调查与慰问时，也曾到过新四军驻地。此后，他在《中国抗战与太平洋新形势》一书中，以《叶项两将军访问记》为题记述了他对叶挺、项英的访问。在文中,他不仅介绍了新四军的一般情况,还特别介绍了新四军改造日本战俘的工作,赞赏新四军发扬人道主义精神,把日本战俘改造成为反法西斯的和平战士。夏逊克斯以亲身经历告诉人们:"我在新四军总部看见他们(指战俘),跟中国士兵过着同志似的自由自在的生活,玩耍。"[1]

这些外国友人对新四军及其领导人客观、公正的报道,不仅使国内外人民了解到中国共产党领导的新四军在极其艰难的环境下顽强地抵抗日本的侵略,也使国内外人民了解到新四军的后勤补给极为困难,弹药、粮饷极度匮乏。通过他们的呼吁,新四军赢得了国内外人民的信任,也得到了一些捐助的款项,缓解了经济压力。这为新四军持久抗战创造了良好的条件。

三、盟军、外国友人在安徽的抗战活动

抗战时期,美国等盟军在安徽开展过一些军事行动,主要是空军飞行员轰炸日军重要军事设施。其中部分飞行员因飞机遇险跳伞,获安徽抗日军民营救。

1942 年 4 月 18 日,美国飞虎队空军上校杜利特尔率 16 架 B52 轰炸机,从航空母舰"黄蜂号"起飞,轰炸日本东京。原计划完成行动后到浙江衢州机场降落,但由于衢州上空风雨交加,飞机与地面失去联系。在油料耗尽后,杜利特尔命令各自弃机跳伞。机上 75 名飞行人员,分别降落到安徽歙县、宁国与浙江临安、三门等地。除 8 人落入日军手中,其余飞行员均被皖浙两省人民营救,其中歙县营救 5 名飞行员。

1944 年 7 月末,美军第十四航空大队有六七架飞机由江西上饶前往安庆轰炸被日军占领的安庆机场。其中一架 P51 型战斗机在俯冲投弹时,被日军地面炮火击中,不能继续升空,被迫在机场附近旱地上降落。飞行员约翰中尉随即离开飞机向远离机场的方向奔跑。正在机场附近执行任务的新四军沿江支队战士发现后,营救了他。据他自己说:"大约 1 个多小时以后,当我和这些武装的人走向一个山地的林

---

① 参见徐则浩、宋霖主编:《新四军军部在皖南》,当代中国出版社 2003 年版,第 372 页。

中小道时,我听到飞机降落的方向传来了枪声,这时我们离那飞机降落处已有十几公里远了。很明显,那是机场的守卫部队在搜寻我的下落,幸好这些武装人员已把我带走了。"①第四天,约翰被护送到新四军第七师司令部所在地无为县山水涧村,师政委曾希圣亲切地会见他,并指示师卫生部医院医好他的脚伤。后根据上级指示,约翰被护送到繁昌,交给国民党繁昌县政府和第三战区委派的代表,再由他们护送到驻江西上饶的美国空军基地。

1944 年 10 月 2 日上午 10 时许,一架美军 B29 型轰炸机执行任务时,在滁县上空被日军炮火击中,后在嘉山县管店爆炸。飞行员们成功跳伞。中共领导的嘉山县横山区抗日游击队在打退日伪军后,成功营救了 4 名飞行员,另有 2 人因在飞机中弹时受伤,降落后坠地身亡,但也将遗体抢出。盱(眙)嘉(山)抗日游击队和交通员管得华也各营救了 1 名飞行员。获救飞行员后被护送到盱眙县黄花塘新四军军部驻地,并于 10 月 14 日移送给国民党桂系第一七一师。牺牲的飞行员被安葬在自来桥山上,遗骸于 1946 年 5 月交给美方代表。不幸的是,仍有两名美军飞行员被日军打死、俘虏。

1945 年 1 月 2 日,一架美军飞机在宿县上空作战时,被日军炮火击中,坠落到县南 45 里的白圩子村小张庄东侧。当时中共领导的宿南游击队恰在此处执行任务,区长王国藩、游击队长潘成焕立即带队予以营救。救出美军飞行员瓦特少校。第二天,日军数十人前来小张庄搜抢飞行员和飞机残骸,王国藩、潘成焕率部反击。结果,美军飞行员获救了,王国藩等 3 名游击队员牺牲。此后,瓦特被护送到淮北抗日民主根据地,受到新四军第四师师长张爱萍、政委邓子恢的热情接待。再几经辗转,瓦特返回美国。

1945 年初夏,又一架美军 B24 型轰炸机飞临繁昌获港上空,轰炸

---

① 王敬之:《抗战期间新四军七师营救两个美国飞行员纪实》,《无为党史资料选编》第 8 期。王敬之时在新四军第七师参议室工作,因有一些英语基础,曾为获救的美国飞行员约翰和约翰逊提供翻译服务和安排他们在皖江根据地的生活。但王哲在《营救美国空军飞行员脱险记》一文中认为,美国空军飞行员遇险的时间为 1944 年 11 月下旬,飞行员名叫克雷斯曼。(参见安庆市政协文史资料委员会等编:《安庆文史资料选辑》第 24 辑)顾万钧在《难忘的岁月——一个老战士的回忆》中则认为是 1944 年 4、5 月间,飞行员名为约翰·魏德迈。(参见芜湖市政协文史资料委员会编:《芜湖文史资料》第 8 辑,第129 页)

正在装运铜陵铜官山矿石的日军运输舰,因为俯冲轰炸的高度太低,触到舰上架设的无线电天线,飞机不能再爬高,于是向北冲向黑沙洲方向,插入长江北岸边浅滩中,飞行员约翰逊上尉被弹出机舱。皖江根据地泥汊区政府立即组织群众将约翰逊营救上岸,并将其送到皖南铜繁行政办事处。后根据上级指示,送到国统区,由国民党政府接收后送回原基地。

第四节　抗日战争胜利在安徽

一、新四军在安徽对日伪军的战略反攻

1945 年 5 月 8 日,法西斯德国宣布无条件投降,欧洲战争结束。德国投降后,盟军的作战中心迅即东移,全力对付日本法西斯。为迎接抗日战争胜利的到来,中国共产党加紧了战略反攻。8 月 9 日,中共中央主席毛泽东发表《对日寇的最后一战》,号召"中国人民的一切抗日力量应举行全国规模的反攻,密切而有效力地配合苏联及其他同盟国作战。八路军、新四军及其他人民军队,应在一切可能条件下,对一切不愿投降的侵略者及其走狗实行广泛的进攻。歼灭这些敌人的力量,夺取其武器和资财,猛烈地扩大解放区,缩小沦陷区"①。但蒋介石无视中国共产党及其领导的军队在抗日战争中的巨大贡献,企图垄断受降权,剥夺解放区军民接收胜利果实,在获悉日本政府乞降后,于 11 日下令第十八集团军总司令朱德"所有该集团军所属部队应就原地驻防待命",不许收缴敌人枪械。但同时命令国民党各战区将士"加紧努力,一切依照既定军事计划与命令积极推进,勿稍松懈"②。

---

① 中国人民解放军历史资料丛书编审委员会编:《新四军·文献》(5),解放军出版社 1995 年版,第 5 页。

② 中国人民解放军历史资料丛书编审委员会编:《新四军·文献》(5),解放军出版社 1995 年版,第 13 页。

中国共产党与之针锋相对。8 月 11 日,中共中央要求各地党组织"猛力扩大解放区,占领一切可能与必须占领的大小城市与交通要道,夺取武器与资源,并放手武装基本群众,不应稍有犹豫"①。12 日,中央军委指示华中局,"在江南方面立即有计划地分路发动进攻","主要的是去占领各该县的农村市镇";"江北方面,应将津浦路以东,长江以北,陇海以南,运河两岸,这一整块地区打成一片,占领所有城市,解放所有地区。"②

8 月 15 日,日本天皇裕仁通过广播宣布无条件投降。

为将日本侵略者彻底赶出中国,根据中共中央和中央军委的命令,结合华中地区日伪军拒不向新四军投降、国民党军抢占交通要道的实际,华中局和新四军军部决定,以第二、第三师及第七师主力分别集结于津浦路西,歼灭当面之敌;以第四师配合八路军歼灭陇海路之敌;以各军区武装迅速向本区内敌占城镇进攻。新四军军部公布了有关省、市领导人的名单,其中安徽省主席为罗炳辉。8 月 17 日,又决定:"我各主力部队,应集中注意对伪军作战,求得迅即解决伪军之目的。"③21 日,再次指示对日伪军的作战方略:"中国战场敌军亦尚未正式签字投降,我各地部队随应即派部队包围封锁敌军据点,威逼其缴械投降。""如敌坚不投降,则不应硬拼,而应首先以全力解决伪军(特别是顽化伪军)。"④为加强华中地区对日伪军的反攻工作,中共中央决定将在延安参加整风和七大的陈毅调回华中。8 月 26 日,中央任命陈毅为新四军军长、华中局副书记,饶漱石为新四军政委、华中局书记。遵照中共中央和华中局、新四军军部的指示,安徽各抗日根据地军民加紧了对日伪军的反攻。

① 中国人民解放军历史资料丛书编审委员会编:《新四军·文献》(5),解放军出版社 1995 年版,第 10 页。

② 中国人民解放军历史资料丛书编审委员会编:《新四军·文献》(5),解放军出版社 1995 年版,第 52 页。

③ 中国人民解放军历史资料丛书编审委员会编:《新四军·文献》(5),解放军出版社 1995 年版,第 74 页。

④ 中国人民解放军历史资料丛书编审委员会编:《新四军·文献》(5),解放军出版社 1995 年版,第 93 页。

在淮南抗日根据地,第二师兼淮南军区部队立即发起对淮南铁路和津浦铁路沿线及日伪军在淮南地区所占重要城镇的进攻。第二师第四旅在8月14日进攻滁县、全椒,攻克陡岗、腰铺等10多个日伪据点。第五旅在8月14日攻克定远县城,次日又向淮南铁路北端进攻,收复刘府、炉桥等10余处日伪据点,直逼蚌埠,共毙伤拒不投降的日伪军100余人。由于桂顽抢占蚌埠和滁县、全椒县城,第四、第五旅便停止进攻,转移到路东地区集结,准备对付桂顽的东犯。第六旅向淮南铁路沿线进击,攻克朱巷、下塘集等据点,歼敌30余人,逼近水家湖、淮南煤矿。8月17日,新四军军部将路东地方部队组编为独立旅,罗占云为旅长、李世焱为政委、谭知耕为副旅长兼参谋长,下辖第三、第四、第五团。另组建路东军分区,朱云谦任司令、李世农任政委、胡定谦任参谋长。独立旅和路东军分区随即进击长江沿岸,解放了长江北岸的水口镇和乌衣镇,俘乌衣镇据点日军30多人、伪军80多人。20日,师长罗炳辉指挥特务团、六合支队和师独立旅第四团,攻克六合县城。8月下旬,第二师又组建南京支队,淮南区党委城工部副部长陈雨田任司令、张登任政委。南京支队迅即攻下栖霞、龙潭,兵临南京城下,准备配合第一师部队接管南京。各县地方武装也纷纷向本县境内的日伪军据点发起攻击。

第二师部队在敌工人员努力的基础上,还争取了一批伪军起义。8月13日,伪首都警卫第三师师长钟健魂率所部3000余人起义,这是华中地区伪军起义人数较多、影响较大的一次。20日,南京伪航空训练处中校飞行教官周致和、黄哲夫等6人驾驶着原汪精卫的座机"建国号"从扬州机场飞往延安。伪航空训练处副处长、空军少将白景丰等17人也先后起义,进入淮南抗日根据地。

到9月2日,第二师兼淮南军区部队共作战200余次,歼灭日伪军9000余人(含反正的3000余人),解放定远、来安、盱眙、嘉山、六合、天长等6座县城及大批村镇据点,使淮南抗日根据地面积扩大到2.1万多平方公里,人口330多万,拥有17个县政权,第二师兼淮南军区已拥有正规军33706人、地方武装14125人。

在淮北抗日民主根据地,第四师兼淮北军区部队向津浦路徐

（州）蚌（埠）段两侧地区发动进攻。第九旅攻克了宿县西南孙疃集据点，歼灭伪军第十五师一部，计700余人，迫使五河县东北的双沟据点伪军全部投降。8月25日，第十一旅、萧县独立旅向河南永城县城发起攻击，全歼守敌，计毙伤伪军200余人，俘伪县长丁石平、副总队长杜春台以下1000余人。继之扫除萧县外围各据点，并向陇海路徐州至砀山段进军。路东军分区于8月24日攻占五河县城，俘伪县长以下500余人，又乘日伪军逃窜之机，收复泗县、泗阳、宿迁县城，并配合淮南军区部队向蚌埠推进。9月5日，淮北军区第三军分区又夺取灵璧县城，全歼守城伪军，俘总队长赵树森以下1300余人。

第四师也做了分化、瓦解伪军的工作。9月中旬，在第十一旅的配合下，驻守永城西部的伪第四方面军张岚峰部第十八师4000余名官兵在师长杜新民（中共党员）的率领下起义，被华中军区授予"人民解放军独立第二军"番号，杜新民任军长、冯文华任参谋长、王子光任政治部主任。

到10月31日止，在两个半月时间内，第四师兼淮北军区部队共进行较大的战役及战斗21次，收复泗县、泗阳（再度解放）、宿迁、五河、永城、萧县、灵璧等7座县城（包括日军投降前解放的睢宁县城则为8座），攻克浮山、双沟等68处据点，夺取车站11处，毙伤伪军官兵2074人，俘虏伪军官兵7250人、日军3名，争取伪军反正4000余名。至此，除津浦、陇海铁路沿线仍为日伪军占领外，淮北地区全境解放。在大反攻中，第四师力量进一步增强，又成立了第十二旅，下辖第三十四、三十五、三十六团，部队发展到3.2万余人、地方武装2.3万余人。

在皖江抗日民主根据地，第七师兼皖江军区部队在7月下旬对日伪军展开战略反攻。7月25日，第十九旅第五十六团和旅部特务营，对巢（县）盛（家桥）公路沿线日伪据点发起进攻，到26日战斗结束，攻克巢湖南岸的散兵、长岗井、盛家湾等据点，歼灭日伪军600余人。此战是第七师组建以来规模较大的一次战斗，打通了巢无中心区与巢北游击区的联系。8月10日朱德总司令发布进军命令后，第七师兼皖江军区部队对日伪军发起更大规模的进攻。当晚，第七师代师长谭希林和第十九旅参谋长熊应堂指挥第五十五团三营、第五十六团等进攻巢县城南的望城岗,经过 3 天围点打援的激战,毙伤伪军 500 余人,俘虏 300 余人。与此同时,第五十五团一部与临江地方武装一部也经过 3 天激战,攻克裕溪河北岸重镇运漕,全歼运漕镇守敌日军 1 个小队、伪军 1 个中队,俘日军 1 人、伪军百余人。8 月 17 日,第三师独立旅奉第七师之命令,向无为县城和襄安镇的日伪军发起进攻,解放无为县城和襄安镇,歼灭日伪军 100 余人。8 月 23 日,代师长谭希林、参谋长孙仲德、第十九旅政委黄火星指挥第五十五团、第五十六团与含和独立团攻克了淮南铁路南端和裕溪河沿岸的重镇雍家镇据点,歼灭伪军 1200 余人,其中俘虏 800 余人。此战是皖江根据地和第七师打击日伪军投入兵力最多的一次。

在大反攻中,第七师投入较多兵力解决皖南战事。8 月中旬,皖南支队长梁金华指挥第十九旅临时南渡长江的第五十五团第一、二营及皖南支队第二团,攻打防守严密的中分徐,歼敌 1 个多营,使铜陵、繁昌、南陵 3 县的抗日根据地连成一片。继而,临江团等部又先后攻克望江圩、荻港、裕溪口、澛港等日伪据点。第七师皖南部队还清除芜湖周围的日伪据点,一度攻入芜湖市内,占领部分市区。和含地区的地方武装曾袭击长江中大、小黄洲及当涂、马鞍山等地日伪据点。新四军苏浙军区也向皖南进军。从 8 月 7 日开始,苏浙军区第三纵队向郎溪日伪军据点发起猛烈进攻,一举攻克梅渚、东夏等 37 个日伪据点,歼灭日军一部。8 月 24 日,苏浙军区一纵十六旅在郎溪县游击队的配合下,解放郎溪县城。28 日,又解放广德县城。与此同时,苏浙军区第三纵队第九支队,在当地武装的配合下,分别攻下宣(城)当(涂)地区的沈村镇、新河庄等日伪据点,全歼伪独立十五旅旅部及 1 个独立团,并与皖南支队所属的南芜总队一部在宣城的黄池、水阳一线胜利会师。至此,苏南解放区宣芜公路以东地区的大小日伪军据点全部被拔除,苏南、皖南两块抗日根据地连成一片。

到 9 月初,新四军第七师各部和地方武装共攻克望城岗等日伪据点 40 余处,收复巢县以南、长江以北的全部地区以及皖南的铜青南繁芜大部地区,毙伤俘日伪军近万人。新四军第七师也由组建时不足 2000 人,发展到近 3 万人。

二、日军投降与国民党当局在安徽举行受降仪式

1945 年 8 月 15 日,日本天皇裕仁通过广播宣布无条件投降后,蒋介石以中国战区盟军最高统帅名义致电在南京的驻华日军最高指挥官冈村宁次,指示日军投降原则,要求"该指挥官应即通令所属日军停止一切军事行动"①。18 日,蒋介石电示陆军总司令何应钦,"处理在中国战区内之全部敌军投降事宜"②,并将全国划分为 16 个受降区(包括台湾省),规定了各战区受降官、指挥部队、接受地区及接受日军投降部队的番号。21 日,日本中国派遣军总司令官冈村宁次的代表、总参谋副长今井武夫一行飞赴湖南芷江洽降。9 月 2 日,日本正式签署无条件投降书。9 月 9 日,在南京,中国陆军总司令何应钦代表中国战区最高统帅蒋介石接受了驻华日军最高指挥官冈村宁次的投降书,并向冈村宁次递交了中国战区最高统帅的第 1 号命令:"在中国境内(辽宁、吉林、黑龙江三省除外)、台湾以及越南北纬十六度以北地区所有日军陆海空军及辅助部队,向本委员长无条件投降。"③这项命令具体规定了日军的投降办法,但也剥夺了中国共产党领导的人民军队的受降权。10 日,根据中国战区最高统帅命令,冈村宁次取消支那派遣军总司令部,改称为"中国战区日本官兵善后总联络部",各地区日军司令部亦改称为某某地区日本官兵善后联络部,其投降代表长官原有名义一律取消,改称某某地区联络部长。④

安徽省军政长官获悉日军投降的消息是 8 月 15 日晚。当晚,国民党统帅部来电告知日军投降的消息,驻立煌的美军顾问团联络组也向其做了通报。据第十战区司令长官、安徽省政府主席李品仙回忆,这个消息发布以后,"立煌的军民奔走相告,如醉如狂,彼此见面喜不

---

① 中国第二历史档案馆编:《中华民国史档案资料汇编》第 5 辑第 3 编军事(1),江苏古籍出版社 1999 年版,第 721 页。

② 何应钦:《日军侵华八年抗战史》,台湾黎明文化事业股份有限公司 1982 年版,第 358 页。

③ 中国第二历史档案馆编:《中华民国史档案资料汇编》第 5 辑第 3 编军事(1),江苏古籍出版社 1999 年版,第 771 页。

④ 吴相湘:《第二次中日战争史》下册,台湾综合月刊社 1974 年版,第 1193 页。

自胜,相互拥抱而涕泪纵横者比比皆是"①。次日,李品仙要求第十战区参谋长和安徽省政府秘书长下令所有各部队、机关,除停止主动对敌攻击外,一切照常工作,"尤其要慎防匪徒及不良分子的非法活动"②。他还召集了在立煌附近的各党政机构主管及部队师长以上指挥官开会,布置受降接收的各项准备工作。

根据 8 月 18 日蒋介石的命令,第十战区司令长官李品仙为徐蚌地区(主要是苏皖两省长江以北地区)受降官,负责接受徐州、安庆、蚌埠、海州地区。受降地点在徐州。该区日军为第十一、第四十三军各一部。该命令规定,第六战区第三十三集团军所属的第五十九、第七十七军到平汉路后改归第十战区序列;第十战区第十九集团军所属的第十二、第九十七军改归第十一战区,由该战区副司令长官李延年指挥;并要求"酌留相当部队维持皖北大别山一带之治安,确保根据地"③29 日,何应钦电示李品仙,规定日军投降部队为第四十七师团(集中徐州)、第一步兵旅团及海军陆战队(集中海州)、第六十五师团(集中蚌埠)、第六步兵旅团(集中安庆)。投降代表为第六十五师团师团长森茂树,旋即改为第六军司令官十川次郎。受降地点在蚌埠。

李品仙接受任务后,即派第十战区副司令长官何柱国率两个军向徐州挺进,第二十一集团军副总司令张淦率第七军数千人向蚌埠挺进,第四十八军军长苏祖鑫向安庆挺进,分别担负解除各该方面日军武装之责。各受降部队在 8 月 25 日左右进入指定地点后,李品仙决定在蚌埠设立前进指挥所,任命张淦为指挥所主任,筹办受降的相关事宜。9 月 7 日,第十战区前进指挥所主任张淦、第七军军长钟纪率部队数千人,并有美军军官多人,进驻蚌埠。汪伪安徽省政府省长林柏生早在 8 月 14 日就闻风逃离蚌埠。待日军投降的消息公布后,汪伪安徽省政府的大小官员更是树倒猢狲散,位于蚌埠二马路的汪伪省政府顺利地被前进指挥所接收,并成为自己的驻地。前进指挥所抵达蚌

---

① 《李品仙回忆录》,台湾"中外图书出版社"1975 年版,第 224—225 页。

② 《李品仙回忆录》,台湾"中外图书出版社"1975 年版,第 225 页。

③ 中国第二历史档案馆编:《中华民国史档案资料汇编》第 5 辑第 3 编军事(1),江苏古籍出版社 1999 年版,第 726 页。

埠后,苏皖区日军最高指挥官、第六军司令官十川次郎中将即派其参谋长工藤良一少将前来接洽投降事宜。十川次郎即为徐海地区日本官兵善后联络部长。

9月11日,李品仙在立煌召集有关部队和单位开会,对接收投降事做了具体安排。会议决定:第十战区司令长官部负责接收蚌埠;第十战区副司令长官何柱国协调第十九集团军总司令陈大庆负责接收徐州;第四十八军军长苏祖鑫负责接收安庆;地方行政,在安徽境内者,由安徽省政府派委员一人负责接收;徐州区由江苏省政府派委员一人负责接收;各地区内日军人员、马匹、武器、弹药、装备以及其他军用物资,应分别责成日方造具清册,集中于指定地点,听候点验及接收;投降日军在点验后,仍由日方派人员负责管理,听候遣送回国;第十战区政治部编组3个接收督导组,分别协助徐州、蚌埠、安庆各地区的接收主官,督导接收工作等。

9月17日,李品仙率第十战区长官部三四十人由立煌前往蚌埠主持受降工作。他先徒步由立煌经苏家埠、六安至码头集,改乘民船循淠河顺流而下到迎河集,再换坐3艘汽船由寿县正阳关入淮河东进,于22日下午6时抵达蚌埠。在接受群众的欢迎后,李品仙即招十川次郎接谈。十川宣称,今后将率在第十战区内之第六军所属及配属诸部队以万分诚意向其投降,虽一枪一马,亦必保持完整,交点给李。并表示由军参谋长工藤良一率必要幕僚经常驻蚌埠,接受命令。李品仙则表示,今后双方当以最和平态度进行接交。① 24日下午3时,在蚌埠二马路第十战区前进指挥所礼堂正式举行第十战区受降典礼。出席受降仪式的中方代表有:第十战区副司令长官牟中衍,第二十一集团军副总司令、蚌埠前进指挥所主任张淦,第七军军长钟纪,省民政厅厅长韦永成,第十战区政治部主任邱国珍等数十人。日军代表为:徐海地区日本官兵善后联络部长十川次郎及参谋长工藤良一、第七十师团师团长内田孝行等8人。李品仙以受降主官的身份致训词,称奉蒋

---

① 1945年9月26日《皖报》,安徽省档案馆藏。该报采用的是蚌埠第十战区长官侍从室9月24日的电报。

介石委员长的命令主持本战区受降事宜,特以训令规定诸办法,送交贵官,希望一切均能按照规定顺利进行。然后将《中华民国第十战区长官部龄字第一号训令》,由侍从参谋交给工藤良一,再由其转递给十川次郎。训令明确:受降对象为日军第六军及其辅助部队;受降区域为安庆、滁县、蚌埠、田家庵、固镇、宿县、徐州、海州、连云港等;李品仙的前进指挥所设在蚌埠,以张淦为主任;还具体规定了日军各部集合时间和地点。十川次郎致答词,称诚意接受训令,办理本战区日军投降事宜,一切当遵照规定执行,并请求在日军"官兵解除武装之后,求贵方予以相当同情与爱护"①。答词后,即在训令上签字。又由侍从参谋将该证呈送给李品仙,李检视无误后,颔首示意,日方投降主官及随员敬礼退席。随后鸣炮 21 响,乐队演奏国歌,全部受降仪式即告完毕,历时 15 分钟。

三、安徽人民为抗日战争胜利作出的贡献

经过艰苦的 8 年抗战,在苏、美等同盟国的支持下,中国人民终于打败了日本侵略者。在这场伟大的反侵略战争中,安徽人民作出了重要的贡献。

(一)抗战初期形成了全民抗战的环境

抗日战争爆发后,安徽各地党组织和红军游击队从不同的渠道了解到中共中央关于停止内战、实现国共合作、共御外侮的指示精神,便努力推动安徽地区的国共和谈。最先开始国共和谈的是长期在鄂豫皖地区坚持游击战争的红二十八军政委高敬亭。他从辗转得到的中共中央文件中敏感地意识到时局将发生重大变化,为此,在 1937 年 7 月 15 日主动给国民党鄂豫皖边区督办公署督办卫立煌写信,建议双方停战谈判,共同抗日。经过几轮谈判,27 日,双方达成停战协议,红二十八军陆续下山接受改编。新四军成立后,该军被编入新四军第四支队。11 月,在皖浙赣地区坚持斗争的红军游击队也与国民党达成

① 1945 年 9 月 26 日《皖报》,安徽省档案馆藏。该报采用的是蚌埠第十战区长官侍从室 9 月 24 日的电报。

停止内战、共同抗日的协议。这支部队后被改编为新四军第一支队第二团第三营。由于皖南歙县岩寺地处皖浙赣交界，局势稳定，便于部队集结，也便于部队深入敌后，因此，1938年4月，新四军第一、第二、第三支队在岩寺完成了集结、整编任务，军部也长期设于皖南。第四支队在霍山县流波礌集结后，前进到皖中舒城、无为等地，后又奉中共中央指示向皖东进军。

抗战初期，安徽地区国共合作的气氛较好，国民党军队和新四军能够互相配合，共同抗战。新四军第三支队在皖南地区曾多次配合国民党军队作战。驻守皖南的川军第五十军军长郭勋祺为感谢第三支队的支持，还赠给第三支队步枪子弹3万发和一批军服。安徽省还于1938年2月成立了统一战线性质的第五战区安徽省民众总动员委员会。该会得到了第五战区司令长官兼安徽省政府主席李宗仁的支持，虽然它由安徽省政府民政厅长张义纯（不久即代理省政府主席）担任主任委员，但在其中负责实际工作的主要是国民党左派人士和共产党员。一批共产党员通过该组织做国民党上层的统战工作，发展共产党组织，培养进步力量。抗战时期，执掌安徽政局的一直是国民党桂系。李宗仁担任主席期间，国共两党的合作最为顺利。廖磊主政安徽时期，国共两党仍能团结抗战。应该说，抗战初期安徽形成了全民抗战良好的环境。1939年10月李品仙继任安徽省政府主席，但到"1940年春，桂系公开反共"①，多次发动反共"摩擦"，特别是参与发动皖南事变，严重恶化了安徽抗战的环境，使新四军的处境一度非常困难，也严重削弱了安徽的抗战力量。

（二）提供了大量的兵员

抗战时期，安徽人民为保家卫国，踊跃参加抗日军队。在抗战初期，国民党军队抗日比较积极，在安徽组织了广德保卫战、津浦路南段阻击战、淮河阻击战、蒙城阻击战等规模较大的战斗，得到安徽人民的支持。国民政府也积极运用政权的力量动员民众加入国民党军队。

---

① 张劲夫：《抗战初期国共合作在安徽的基本过程和概况》，《抗战风云》，安徽人民出版社1987年版，第7页。

因此,在抗战初期,有不少安徽民众自觉地参加了国民党军队。但随着国民党消极抗日、积极反共,安徽民众就不愿意参加国民党军队,但国民政府利用"兵役法"强制民众参军。据国民党安徽省政府1944年编纂的《安徽概览》统计,抗战开始安徽省每月配赋的兵额为1万名,从1938年3月起,减为每月6000名,到1939年5月又增加为8000名。仅1938年3月至1943年底,安徽省共征拨兵额346610名,募兵51297名,共计397907名。安徽省政府还设立军官大队,召集在乡军官充实下级干部,组建了9个保安团,各县也设立地方自卫队,并对壮丁进行训练。从1936年到1943年,安徽省受训的壮丁达57万余名。这些被征召的民众,有不少捐躯在抗日战场上,也有一些被骗战死在"剿共"战场上。[①]

安徽民众对新四军的大力支持是这支军队存在的坚实基础。在长期的抗日斗争实践中,安徽民众真切地感受到这支队伍不仅努力抗日、英勇抗日,而且真诚地为老百姓谋利益,是老百姓自己的队伍。广大民众就自觉地、踊跃地加入这些队伍。主要在安徽开展抗日斗争的新四军第二师、第四师、第七师的大量兵员就是安徽儿女。当时淮北区各县在动员青年参军入伍时,提出要保证做到"三不"(即不欺骗、不收买、不强迫)、"四要"(即来历要明、年纪要轻、身体要强、成分要好)。[②]皖江地区流行着这样一支参军歌谣:"吃菜要吃白菜心,当兵要当新四军,新四军,子弟兵,为国家,为人民,参军顶光荣,抗日是英雄。"[③]出现了父母送子、妻送郎、姐妹送兄弟的动人景象。据《拂晓报》报道,1944年"宿东、宿灵、灵北参军如火如荼,很短时间就有483人入伍"[④]。在1944年冬至1945年春的3个多月的时间里,仅淮南津浦路东、路西地区参军青年就有1.5万人。一些地方干部也带头参军。如皖江槐林区4个乡,在乡长以下40个干部带头下,有700多青

---

① 安徽省政府编:《安徽概览》,安徽企业公司印刷厂1944年印,安徽省档案馆1986年重印,第332—335页。

② 史文敏主编:《中国共产党宿州史》,中共党史出版社2001年版,第143页。

③ 曾希圣:《皖江的抗日斗争》,《云岭》总第44期。

④ 1944年11月18日《拂晓报》。

年参军。涡阳县谢老太太的 3 个儿子谢继贤、谢继书、谢继祥都参加新四军,先后为国牺牲。新四军第四师师长彭雪枫写信称赞她:"三个儿子为了抗日救国英勇牺牲,满门忠烈,留下无尚的光荣,全国人民莫不钦敬。"①后来彭雪枫自己也英勇献身,他领导的淮北根据地牺牲的指战员及党政干部就有万余人,仅第四师主力即伤 8576 人,牺牲 4451 人。其中就有不少是江淮子弟兵。

安徽各地民众也踊跃参加中国共产党领导的群众武装组织。这些组织在不同的地区有不同的名称。在皖南区,被称为农抗会、猎户队、民兵队。在皖江地区,它有民兵基干队、巡逻队、十人团等形式。在淮北地区,广泛成立了民众抗日自卫队和民兵队。淮北地区当时流传着一首组织群众武装的歌谣:"可恨日本军,疯狂如虎狼,侵略咱中华,烧杀淫掠抢。赶快组织起,拿起刀和枪,齐心打日寇,保卫咱家乡。"②到抗战胜利时,淮南根据地有民兵 20 余万人,淮北根据地有基干民兵 5.9 万人、普通民兵 20 余万人。

（三）建立了稳固的抗日民主根据地

在中国共产党的领导下,在安徽人民的支持下,新四军在安徽建立了淮南、淮北、皖江 3 块抗日民主根据地,成为中国共产党建立的 19 块抗日民主根据地中 3 个重要战略区域。新四军以这 3 块根据地为依托,在江淮大地纵横驰骋,英勇地抗击着日本侵略军、为虎作伥的伪军,也沉重地打击了阻碍新四军抗战和发展的国民党顽军,对坚定全国人民抗战信心发挥着重要作用,并成为我国对日战略反攻的重要基地。到抗战胜利时,这 3 块根据地已拥有较大面积。其中,淮南根据地东接运河,西达淮西、瓦埠湖,北依淮河,南抵巢湖、长江,面积达 3 万平方公里,人口 330 万,并建立了 17 个县的抗日民主政权。淮北根据地东濒运河,西达商、亳公路,北依陇海铁路,南抵淮河,面积达 14 万平方公里,人口约 700 余万,并建立了 23 个县的抗日民主政权。皖江根据地东起江浦、当涂,西至怀宁、彭泽,北临滁河、巢湖,南抵宣城、

---

① 参见安徽省地方志编纂委员会编:《安徽省志·群众团体志》,方志出版社 1999 年版,第 347 页。

② 安徽省地方志编纂委员会编:《安徽省志·军事志》,安徽人民出版社 1995 年版,第 631 页。

南陵,面积达 3 万平方公里,人口约 300 万,并建立了 14 个县的抗日民主政权。

抗日战争时期,国民党控制了皖西、皖南一些山区县,并依托这些地区开展了抗日活动。但抗战后期在安徽的国民党军队将主要兵力用来对付共产党领导的人民军队,也就失去了人民的支持。

（四）提供了有力的后勤支持

抗战时期,日本侵略者占据安徽大半国土,疯狂地劫掠沦陷区人民的财富。伪政权和伪军狐假虎威,也乘机大肆侵占沦陷区人民的血汗。为抗击日本侵略者,在安徽聚集了大批军政人员,其中有国民党领导的军队,有共产党领导的人民军队,有各种地方武装,还有大批行政管理人员和党务人员。安徽人民不仅节衣缩食、竭尽所能地奉献大量的物资,保障了抗日军政人员的基本生活需要,还为抗战提供了力所能及的后勤支持,如掩护伤员、侦察敌情、组织文艺演出等。

在物资支持方面,最重要的是粮食。国民党政府通过征收田赋获得了大批的粮食,主要是稻和麦,仅 1943 年就向 49 个县计划征收粮食折合稻米 346.15 万石,其中赋粮 138.194 万石、军粮 138.194 万石、公粮 69.762 万石。到 1944 年 3 月,实际征收 351.86 万石,超出计划的 1.65%,其中赋粮 145.12 万石、军粮 146.26 万石、公粮 60.48 万石。为满足对粮食的需要,国民党政府还规定,年收粮 200 市石以上的,一律查登,除其自用及交纳军赋粮积谷外,其余粮食,县田粮处可随时督令依照定价出售,或备价收购①,实际上政府收购的价格远低于市场价,老百姓又多加一分负担。还有各种杂税。国统区老百姓的负担实际很重。但为了抗战,老百姓还自愿提供了其他的物资。如 1939 年春,在大别山保卫战中,安徽省妇女做布鞋 4.5 万双、线袜 1300 双。抗战八年,全省妇女慰劳国民党第二十一集团军布鞋达 31 万双、布袜 4 万双。

在抗日民主根据地,中国共产党实行减租减息政策,尽量减少老

① 安徽省政府编:《安徽概览》,安徽企业公司印刷厂 1944 年印,安徽省档案馆 1986 年重印,第101—104 页。

百姓的负担。在二五减租中,广大农民,特别是贫雇农,在经济上获得很大的收益。据 1943 年皖江根据地临江行政办事处 5 个区统计,执行减租佃田共 32.5 万余亩,减下租稻 25.11 万余公担,受益佃农 89903 户,计 37.96 万人,平均每人增加收入 6 斗 7 升。在 20 世纪 40 年代初期,为克服困难,各根据地还开展了大生产运动,自己解决了一部分粮食,并尽可能地开源节流,通过办工厂、开公司等形式获得粮食与其他战略物资。如皖江根据地以无为东乡汤家沟为贸易阵地,扩大同敌占区的贸易往来,以增加税收,获得所需物资。淮北苏皖边区,从 1941 年秋开始创办了淮北工厂,下设纺织、织布、化学、被服、造纸、纺织机器制造等 6 部,解决了根据地军民的部分需要。安徽各根据地人民生产、缴纳的粮食或其他物资不仅满足了本地军民的需要,还支援了其他根据地。如皖江根据地,据不完全统计,1942 年各种税务收入 2478 万元,上缴军部 749 万元。1943 年遭受严重的自然灾害,仍然上缴军部 1000 万元左右,还向军部送去医药、布匹等大批物资,向皖南山区和赣东北游击队送去不少给养。

安徽人民还积极支前。只要有利于民族抗战,有利于社会进步,安徽人民都积极支持。抗战前期,国民党抗日比较积极,组织了一些较大规模的战役,安徽人民都提供了力所能及的帮助。如 1938 年台儿庄战役开始后,烈山煤矿工人与中兴、贾汪煤矿和津浦、陇海等铁路工人一道,组织了破坏队、爆炸队,深入敌后和侧翼,炸坏台潍公路,破坏陇海铁路,阻止了敌人的增援和给养补充。但国民党坚持片面抗战路线,实行单纯政府和军队的抗战,因而未能充分发动人民群众。

中国共产党自抗战一开始即实行全面抗战路线,充分动员、组织、武装民众抗战,因而得到群众的支持和拥护。在安徽,广大人民积极参加各种对新四军的支前活动。这类事例举不胜举。在配合军队作战方面,许多地方的民众自发地组织各种游击队,主动地予以配合。

总之,安徽人民为抗日战争的胜利作出了巨大的贡献。

第十九章

抗日战争胜利后国民党在安徽的统治

抗日战争胜利后,国民党安徽省政府迅速开展接收和复员工作。通过接收和复员,国民党政府收缴了日伪军大量的武器弹药、通讯器材、工矿企业及其他战略物资,占据了主要城镇、大多数地区和重要的交通线,控制了安徽省各级政权,整编了安徽境内的国民党军队。这为其巩固统治增加了实力,也为其发动内战提供了有利条件。但是,在接收过程中,一些国民党官员大肆贪污腐败,使国民党失去了民心。其后,安徽境内国民党统治区政治日益腐败,经济不断恶化,从而使国民党在安徽的统治出现严重危机。

第一节　国民党对安徽境内日伪军的接收

一、军事接收

1945 年 9 月 24 日第十战区在蚌埠接受日军投降后,为顺利开展军事接收,不久又制定了对盘踞城市的日军及军事据点的接收办法,对日军的交通、通信的接收办法等。28 日上午,第十战区蚌埠前进指挥所主任张淦等人,骑马进入日军第七十师团蚌埠营地,向站立等候的日军部队长宣布立即解除武装,日军官兵纷纷放下武器,摘下帽徽、领章和肩章,并将武器、战马存放在中方指定的地点。

第十战区除在蚌埠总受降外,还在下列 3 个地区分区受降:

安庆、大通地区 9 月 15 日在安庆城举行受降仪式,受降官为已升任第二十一集团军副总司令的苏祖鑫,日方代表为日军第一三一师团师团长小仓达次中将,投降的日军为第一三一师团和独立第六旅团。受降部队为第四十八军,军长张光玮、副军长谭何易及第一七六师师长秦靖、副师长周益雄(又名"周雄")参与了受降工作。其中,日军第一三一师团原驻广东韶关、广西柳州一带。该部自 7 月 10 日起奉命北撤。8 月 14 日通过湖南岳阳地区,后转向江西南昌,再经过九江等地,随后到安庆集结投降。原驻安庆及周围的多田保旅团,即独立第六旅团则集结于大通,向中国军队投降。驻守安庆、大通的日军自 11 月 17 日开始缴械,12 月 7 日缴械结束。

固(镇)滁(县)地区日军第七十师团、第一独立警备大队 9 月 28 日开始缴械,10 月 10 日结束,受降官为第七军军长钟纪,受降地点在固镇、滁县。

徐(州)海(州)地区日军第六十五师团 9 月 20 日开始缴械,10 月 5 日结束(其中海州地区日军第七十二旅团 1946 年 1 月 14 日缴械,20 日结束),受降官原为第十九集团军总司令陈大庆,陈调往山东后,改

为第十战区副司令长官牟中衍，受降部队为第九十七、第九十八军，受降地点在徐州、海州、连云港。所有过境和漏列部队，都就近集中，向该地区接收官投降。在第十战区的日本海、空军部队也在当地静候中国海、空军接收。

总计，由第十战区接收的日军官兵有68234人，其中在安徽境内投降、由第十战区接收的日军共4万余人。

日军缴械投降后，原部队长官带领日军进入指定的集中营。在集中营，这些日军仍保持原建制；仍由原日军部队长负责管理，受中国各地区日军官兵管理处指挥；也从事一些由国民党军"指定整修附近道路及整理市容等劳动工作"①。席家沟的花鼓灯艺人还根据日军投降后的情景，唱起了灯歌《鬼子投降》："锣不打，鼓不敲，鬼子投降这么孬！大鬼子不敢骑高头马，小鬼子不敢挎东洋刀；丢掉水壶和饭包，一人给他一把锹，二马路上把阴沟掏，见了咱就弯子个腰。"②

安徽境内还有一些日侨，如在蚌埠约1000人，在淮南约600人，在安庆780人。日侨由日军军官或自行选派的人员负责。各地对日军、日侨均实行严格的管理。9月29日，第十战区司令部呈准在浦口、滁县、蚌埠、宿县、徐州、连云港等地设置日军停车场联络所，定名为"徐海地区日本官兵某地联络站"，负责申请各地区日方对运输方面的要求。在安徽境内的日军、日侨后分别用火车、轮船运往南京，再分批遣送回国。

皖南地区在抗战时期行政上受国民党安徽省政府管辖，军事上则归第三战区管制。因此在日军宣布投降前夕，即8月11日，顾祝同就以国民政府军事委员会委员长东南行辕主任身份发布命令，要求东南战区军民："凡奉令监视敌军解除武装之（国民党）军队，应即准备遵照指定任务，迅速挺进至目的地，接受日军投降"；"各收复地区三省（市）政府与党部，应即选派重要人员，会同部队进入陷区"，"协助部队办理日军投降一切事宜"；凡"阻挠日军向国军投降者，一律以叛国

---

① 《李品仙回忆录》，台湾"中外图书出版社"1975年版，第228页。
② 参见中共蚌埠市委党史研究室：《落日——日军在蚌埠投降纪实》，2005年9月6日《蚌埠日报·淮河晨刊》。

论罪";命令还要求日军"不得向我军指定之军事长官以外任何人投降缴械"。① 第三战区曾试图接收芜湖,但因有伪皖南独立方面军的阻隔,未能及时派遣大部队前来接收,遂指挥忠义救国军、特务情报人员等化整为零潜往芜湖。8 月 16 日,第三战区第四路军所属第一支队开进芜湖。18 日,国民政府军事委员会委员长蒋介石在给军令部部长徐永昌的电报中也要求,"忠义救国军应即全部以军委会中美合作之忠义救国军名义,速向京、沪、杭、芜推进"②。10 月 10 日前后,第二十三集团军收复了广德、宣城、南陵、繁昌、铜陵等皖南县城。12 日,第二十八军五十二师师长张乃鑫率部开进芜湖接防。11 月 21 日,驻守芜湖一带的日军第四十师团开始缴械,27 日缴械完毕。虽然接收日军缴械的部队为国民党第七十四军第五十一师,但安徽省政府主席李品仙在谈到抗战胜利后皖南地区收复工作时仍说,"惟江南军事部分,由顾长官(即第三战区司令长官顾祝同)负责"③。

对伪军,早在抗战中期,国民党就做了一些策反和联络工作。在抗战即将胜利的时刻,国民党着眼于抢占战略要地和未来"剿共"的需要,决定利用伪军,这样,对伪军的处理较为宽大,甚至是包庇、纵容。8 月 11 日,蒋介石对沦陷区地下军和伪军发布命令:"应就现驻地点负责维持地方治安,保护人民。各伪军尤应乘机赎罪,努力自新,非本委员长命令,不得擅自移动驻地,并不得受未经本委员长许可之收编。"④依据蒋介石的指示精神,国民政府军令部制定了《关于伪军暨游击队处理办法》,对伪军的处理原则为所有伪军一律准予投降反正,听候命令改编。改编办法为以"拨补国军"、"尽量缩编"为主,以"调整干部"、"彻底整训"为辅。对于地方伪团队,则由各省政府适当

---

① 《中央日报》1945 年 8 月 15 日、17 日,转引自戴惠珍、王鹤鸣、杨雨润等:《安徽现代史》,安徽人民出版社 1997 年版,第 502 页。

② 中国第二历史档案馆编:《中华民国史档案资料汇编》第 5 辑第 3 编军事(1),江苏古籍出版社 1999 年版,第 511 页。

③ 李品仙:《八年来皖省政治之回顾与胜利后之重要措施》,《安徽政治》第 9 卷第 1 期,1946 年 7 月,第 7 页。

④ 中国第二历史档案馆编:《中华民国史档案资料汇编》第 5 辑第 3 编军事(1),江苏古籍出版社 1999 年版,第 717 页。

处理,可以改编为保安队或警察。对杂军的处置原则为解散或缩小组织,收缴武器,进行改编等。

在安徽,长江以北的伪军由第十战区负责接收、改编,长江以南的伪军由第三方面军负责接收、改编。到 1945 年 10 月 1 日,仅在第十战区安徽境内被国民政府军事委员会核委的伪军就有:伪皖中"清乡"司令吴道南,有人枪 4000 余,被委为新编第二十师,驻合肥、临河集、长临沙一带;伪第二方面军第四师王占林部,有人枪 6000 余,被委为新编第三十师,驻合肥、巢县一带;伪第三方面军吴化文部,有 25400 余人,步枪 15005 支、轻机枪 500 挺、重机枪 50 挺、步炮 21 门,被委为新编第五路军,吴化文为总司令,其中一部驻蚌埠、滁县一带;原伪第七方面军郝鹏举部,辖有 5 个军、12 个师,有人枪 8 万余,被委为新编第六路军,郝鹏举为总司令,其中一部驻宿县一带;伪第四方面军张岚峰部,辖有两个军、5 个师,被委为新编第三路军,张岚峰为总司令,其中一部驻亳县一带。① 随后,国民党利用这些收编的伪军抢占交通线,进攻中共军队。如 1945 年 10 月 2 日,第五战区司令长官刘峙命令第二集团军,并指挥张岚峰的新编第三路军担任兰封至杨集(砀山西 30 里)铁路、郾城西华县界起至界首集沙河水路等警备。11 月 1 日,第十战区司令长官李品仙命令新编第二路军孙良诚部,加强与海军的协同,以消灭长江以南准备渡江北上的新四军。②

但也有一些伪军、杂牌军没有被核委,如:驻亳县永冢有 4000 余人枪的伪满南挺进军刘子璞部;有约 2000 人枪的伪萧县保安队李仰周部;驻和县有 2000 余人枪的伪警卫第二师秦汉部;驻在安庆、芜湖一带的苏皖"剿匪"司令王劲哉部等。③

还有一些伪军弃暗投明,接受了中国共产党领导的人民军队的改编。对拒不投降的伪军,新四军等予以坚决打击。需要提及的是,中

① 中国第二历史档案馆编:《中华民国史档案资料汇编》第 5 辑第 3 编军事(1),江苏古籍出版社 1999 年版,第 512—513 页。

② 中国第二历史档案馆编:《中华民国史档案资料汇编》第 5 辑第 3 编军事(1),江苏古籍出版社 1999 年版,第 514—516 页。

③ 中国第二历史档案馆编:《中华民国史档案资料汇编》第 5 辑第 3 编军事(1),江苏古籍出版社 1999 年版,第 514 页。

共军队也曾试图接收蚌埠。当日军宣布投降以后,新四军第二师和第四师立即集结兵力,准备抢先进入蚌埠,接收日军投降。但刚到达南郊,即遭到守城的伪军吴化文部的攻击。双方激战了一天,新四军取得了战场的优势。吴化文急忙请日军山田部队助战,山田未同意。但次日由明光开来的日军炮兵队,接受了吴化文的邀请,在池田大佐率领下,前往老虎山助战。这样日伪军守备力量进一步加强,新四军攻势受挫。由于吴化文部此时已被国民党收编为新编第五路军,新四军不想将冲突扩大化,便于第三天停止攻击,主动撤走。此后,蚌埠由国民党第七军接收。①

二、对伪党政机关的接收

对伪党政机关的接收,主要是指对在日本扶持下的汪伪政府在安徽所建立的行政及伪党务机关的接收。

早在 1945 年 8 月 15 日,在立煌的安徽省党政军负责人李品仙在获悉日军无条件投降后,即于次日召开了在立煌附近的各党政机构主管及部队师长以上指挥官开会,商讨受降接收的各项准备工作,包括对伪党政机关的接收工作。9 月 10 日,李品仙受命担任徐州、蚌埠地区受降主官。次日,他即在立煌召开有关部队及单位开会,决定受降及接收事宜。对党政机关的接收,会议决定,"地方行政事宜,在安徽省境内者,由安徽省政府派委员一人负责接收;徐州区由江苏省政府派委员一人负责接收"②。10 月 5 日,李品仙在蚌埠召开皖东北党政工作会议时,又具体布置了受降、接收工作。11 月中旬,李品仙在合肥召开安徽党政复员会议,议定有关复员、接收事宜。会议进一步明确:"前此沦陷县市之地方行政机关、工厂、建筑物、学校等,由各该县市长负责接收。民众团体及宣传、文化事业,由各县市党部负责接收。各专员公署应负责监督纠查,并分派省府厅处长或委员到各区视察";"不属于县市之机关,依其性质分别由省府各厅处负责接收"。在接

---

① 陈雁峰:《新桂系接收蚌埠琐忆》,蚌埠市政协文史资料研究委员会编:《文史资料选辑》总第5 辑。

② 《李品仙回忆录》,台湾"中外图书出版社"1975 年版,第226 页。

收时要注意"清查沦陷前地方机关之档案文件及图书，以及沦陷时期敌伪地方机关所有重要事项之档案"，对"曾充任敌伪机关重要职务之人员，以及著名之恶劣分子，应查明事实报省核办，不得藉公报复，牵累无辜"。① 1946 年 2 月，安徽省又奉命成立了党政接收委员会，以省政府主席李品仙为主任委员，各机关主管官员为委员，专办接收整理工作。

安徽的国民党政权对汪伪党政机关的接收实际上是伴随着军事接收同时进行的。蚌埠是汪伪安徽省政府所在地，对在安徽省的汪伪党政机关的接收重点自然也是蚌埠。但自日本宣布无条件投降后，伪安徽省第四任省长林柏生已经意识到伪政权即将结束，为推卸罪责，他在 8 月 19 日发表了《告全省父老书》，声称自己是在"艰难椒扰之际，来守是邦"；"为促进和平，完成统一，为除暴锄奸，保境安民，虽勉竭驽骀，不遑寝食"。② 因担心遭到安徽人民清算，便声称病重，嘱伪省政务厅长范谔代行伪省长职权，自己秘密逃往南京。随后又在 9 月 25 日与伪国民政府主席陈公博等乘日军飞机潜逃日本。林柏生一走，"树倒猢狲散"，汪伪安徽省政府的大小官员立即四散逃命，这样不等国民党政权接收，伪安徽省政府及其所属机构就已经垮台了。9 月 7 日，国民党第七军进驻蚌埠，随即接收了已为空巢的伪省政府机关，将其作为第十战区前进指挥所的驻地。9 月 24 日，第十战区接受苏皖地区日军投降仪式便是在二马路原伪省政府礼堂举行的。伪国民党安徽省党部的最后一任主任委员也是林柏生。待林潜逃后，位于蚌埠经一路的伪省党部也是人去楼空。后同样被国民党第七军接收。

安庆在抗战前是安徽省省会所在地。国民党对安庆伪党政机关的接收也很重视。早在日本宣布投降的前一天，即 8 月 14 日，国民党第四十八军军长苏祖鑫（军部驻岳西）、第一七六师师长秦靖（师部驻桐城）就派上校陈竞雄潜往安庆，找到汪伪第八行政区专员李用宾，要日军和汪伪政权"维持地方治安，静候国军接收"，并交代"如果共军

① 《李品仙回忆录》，台湾"中外图书出版社"1975 年版，第 237—238 页。

② 《中华日报》1945 年 8 月 19 日，转引自余子道等著：《汪伪政权全史》下卷，上海人民出版社 2006 年版，第 1410 页。

前来接收,应予以拒绝,并立即与附近国军取得联络,配合歼灭之"。①日本宣布投降的当天,第一七六师上校参谋谭屏昭又被派往安庆,准备接收。8月16日,远在立煌的省政府主席李品仙正式宣布将由省政府委员苏民(不久后接替黄同仇任省政府秘书长)接收安庆的汪伪行政机关,并命令在安庆的日伪军维持好治安。同日,国民党第一行政区专员兼保安司令范苑声派副司令林甲栋、视察余灏进城接洽接收。与此同时,国民党怀宁县县长王汉昭也带领他管辖的望江水泊大队大队长梁金奎及军统安庆组长查佩钦进驻安庆,准备接收。

如此众多机关、人员纷纷前往安庆接收,使接收显得较为混乱。驻守安庆的日军多田保旅团长便指使安庆联络支部长赤松,以尚未接到上级命令为借口,要求这些接收人员迅即撤离。这些接收人员不得不暂时退出。8月20日,国民党怀宁县县政府进驻安庆。此后,各路机关、各种势力纷纷拥入,仅有8万人的小城安庆先后被6路人马接收。其中第一路是国民党军队系统的第四十八军的谭屏昭、周益雄及其率领的第五二八团;第二路是省第一行政督察区系统的范苑声和林甲栋、余灏等;第三路是怀宁县政府系统的王汉昭县长及其所领导的各乡镇长;第四路是以省党部派驻安庆的督导专员范春阳、中统安庆区室负责人刘叔夏为首的人马;第五路是以苏民为首的省党政接收委员会,包括省党部书记长杨绩荪、省财政厅长桂竞秋、第二十一集团军上校参谋周济等;第六路是以邓湘人为主任的军统安庆肃奸办事处。这6路人马接收任务各有不同,其中苏民为首的党政接收委员会代表省党政机关进行接收,其范围是行政和财经部门;范苑声等接收汪伪第八专员公署;王汉昭等接收汪伪怀宁县政府及其下属部门,如日伪县地方税局、田粮机构、乡合作社、县属学校等;省党部负责接收汪伪党部和文化、宣传部门;军统肃奸办事处负责惩治汉奸和处理敌伪财产;第四十八军及第一七六师,负责接收日伪军队及武器、弹药、军械等军用物资;中统没有接收任务。但在实际接收过程中,各个接收单

① 倪晓萍:《接收安庆始末》,安庆市政协文史资料研究委员会等编:《安庆文史资料选辑》第18辑,第2页。

位并没有完全按照各自的分工开展接收工作，都将重点放在经济、物资方面，中统也参与了接收，结果纷争不断。如中统以省党部的名义抓了第四十八军接收人员，第四十八军接收人员又以汉奸的罪名抓了中统人员，互相抓人，你争我夺，互不相让。这种局面一直持续到10月底。结果使伸张正义的接收变成了争权夺利的劫收。①

芜湖是安徽重要的工商业城市，国民党各机关对芜湖的接收也很混乱。当日军宣布投降以后，省政府主席李品仙立即电令驻在泾县的第六行政督察区专员邓昊明，就近迅速进驻芜湖；任命第六行政督察区保安副司令宋楚为芜湖县长，前往芜湖接收；任命贺宗章为芜湖警察局长，自立煌兼程前往赴命。皖南行署主任张宗良在获悉日军投降的消息后，也连夜召开紧急会议，准备接管芜湖，并向省政府推荐芜湖县长和警察局长。虽未得到批准，张宗良仍派皖南行署宣导团前往芜湖，并任命皖南行署军民合作处处长丁培鑫为芜湖警察局长，拟抢先接任。不过由于李品仙已经电令汪伪芜湖警察局长刘钧不得移交他人，丁培鑫才未能接收。这时，省党部皖南办事处督导鲍良辅也赶到芜湖，迅速接管了报馆。第三战区三青团支团部也电令宁国县三青团主任何家明立即前往芜湖，成立以何家明为主任的芜湖县三青团。皖南其他县的三青团负责人也闻讯赶往芜湖，如穆道铎、宛敬、狄和之、刘英宏等，有三四十人。这期间，也存在重复接收的问题，如汪伪政权在芜湖办有伪《新芜湖报》。日军投降后，第六行政督察区专员邓昊明立即派《宣报》有关人员前往接收。但在接收后的当天夜间省党部皖南办事处督导鲍良辅就派人用武力将其接管。可鲍在做了短期发行人后，省党部委员方宏孝再将其接收，改为《大江报》。尽管存在这些问题，但国民党政权在芜湖逐渐建立起来，其中邓昊明在芜湖筹建了第六行政督察区专员公署，宋楚接管了芜湖县的行政权，贺宗章接任了芜湖警察局局长。不久，省政府对芜湖有关部门负责人进行调整，将邓昊明与第三区行政督察区专员张威遐对调；免去宋楚的县长

---

① 参见倪晓萍：《接收安庆始末》，安庆市政协文史资料研究委员会等编：《安庆文史资料选辑》第18辑，第2—4页；汪稼生：《接收安庆情况片段》，安庆市政协文史资料研究委员会等编：《安庆文史资料选辑》第18辑，第9—10页。

职务,任命李志成为芜湖县县长。①

为统一领导皖南地区的接收工作,10 月 13 日,皖南党政接收委员会在芜湖正式成立,皖南行署主任张宗良为主任委员,省社会处处长范任为副主任委员,下设 6 个组办理接收工作。次日,张宗良发表谈话,称:"收复伊始,维持治安,恢复秩序,为当前首要工作。"②他就职后处理了一些接收中存在的问题,如接受受害人申诉,受理市民申诉,清理敌产、逆产等,但未能解决派系、利益之争。第三战区也参与了皖南地区的党政接收工作,将其组织的青年干部训练班的学员组成收复区工作团皖南区团,派往芜湖、宁国、泾县、广德、繁昌等县开展接收工作。三青团也组织了收复区宣导团皖南分团,由三青团皖南区团书记许治夫兼任团长,在皖南从事接收工作。

国民党安徽省政府还对省内其他沦陷区的伪党政机关进行了接收。通过接收,国民党在安徽省大部分地区恢复建立了党政机构。

与此同时,中共及其领导的新四军也对一些沦陷区开展了接收工作,对拒不投降的日伪军给予有力的打击,收复了定远、五河、泗县、灵璧、萧县、无为、郎溪、广德等县城和一些重要据点。中共也在这些地区摧毁了汪伪建立的党政机关,建立了民主政权。

在全国人民的要求下,自 9 月下旬开始,国民政府在全国各地逮捕汉奸。安徽各地的汉奸也被逮捕、关押。11 月 23 日,国民政府正式颁布《处理汉奸案件条例》11 条,规定凡在敌人(指日本)军政特务及其他机关工作之人员,以汉奸治罪。12 月 26 日,又重新制定与颁布《惩治汉奸条例》16 条,对汉奸的量刑作了具体规定。在安徽,国民党政府对抓捕的汉奸也进行了审判。截止到 1947 年 8 月,共有 37 人被判处死刑③,还一些人被判处无期徒刑和有期徒刑。从日本押送回国接受审判的伪安徽省省长林柏生被首都高等法院判处死刑,于 1946 年 10

---

① 许知为:《抗日胜利后国民党政府接收芜湖见闻》,芜湖市政协文史资料研究委员会编:《芜湖文史资料》第 2 辑,第 238—245 页。

② 1945 年 10 月 17 日《中央日报》,转引自戴惠珍、王鹤鸣、杨雨润等:《安徽现代史》,第 504 页。

③ 《汉奸之惩罚》,国民政府司法行政部档,全宗号 7,卷号 8833,中国第二历史档案馆藏,转引自余子道等:《汪伪政权全史》下卷,第 1423 页。

月8日在南京被执行枪决。曾任伪安徽省维新政府省长、汪伪安徽省政府主席的倪道烺在上海被判处无期徒刑。1951年镇反运动时，被群众检举，后押回蚌埠，被蚌埠市军事管制委员会军法处判处死刑，同年6月14日被执行枪决。曾任伪安徽省省长的罗君强被首都高等法院判处无期徒刑，后于1970年2月22日病死上海。曾任伪安徽省省长的高冠吾则在混乱之际逃脱，不知所终。解放后，被蚌埠市军事管制委员会军法处判处死刑的汉奸还有唐少侯、沈席儒、秦松亭等。[①]

三、经济接收

1945年10月成立的行政院收复区全国性事业接收委员会苏浙皖区处理局，代表国民党中央，接收安徽收复区经济，该局在芜湖设有办事处。安徽省也成立了省党政接收委员会和省敌逆产整理委员会，进行接收。当时，国府、省府、市府3道封条并贴，党政军齐头并进，在安徽各地形成了军队和机关、大机关和小机关、中央和地方争相"劫收"的局面。

（一）对工矿业的接收

日本投降后，国民党政府规定，凡属日伪敌产均由政府接收，原主一律不得过问。国民政府经济部战时生产局苏浙皖区特派员办公处，根据这些原则，派员接管了安庆电厂、马鞍山铁矿、马鞍山机器厂、铜官山铜矿，后又全部移交给国民政府资源委员会。马鞍山铁矿在被国民政府资源委员会接收后，成为官僚资本控制下的华中矿务局马鞍山分矿。铜官山铜矿曾一度被国民党川军四十四军霸占，矿山的一些财物、器材被侵吞。抗战前由宋子文官僚资本经营的淮南煤矿，抗战期间被日军侵占，并与大通矿合并经营。抗战胜利后国民政府资源委员会拟派员接收，但宋子文先下手为强，于1945年9月派员接收经营，而且垫款开工，淮南煤矿终于仍为宋子文官僚资本集团控制的中国建设银公司所有，大通煤矿也被吞并过去。官僚资本侵占了淮南煤矿

---

① 参见中共安徽省委党史研究室编：《安徽省抗战时期人口伤亡和财产损失·省级综合卷》，中共党史出版社2010年版，第273页。

后,凭借其政治、经济特权,获得大笔低息贷款,又开采了八公山煤矿。[①]

安徽的地方官僚资本也不甘落后。安徽省政府主席、第十战区司令长官李品仙派出大批亲信到合肥、安庆、蚌埠等地接收敌伪财产,控制了这些地方的金融、工业和商业。李品仙还亲自指挥,抢收芜湖的敌伪物资、仓库和企业,没收了芜湖益新面粉厂、大昌火柴厂、裕中纱厂等。这些企业均为民族资本所创办,国民党政府以它们在抗战期间曾被日军所占为由,将其作为"敌产"没收。如裕中纱厂是安徽规模最大的企业,国民政府与安徽省政府更是争得不可开交,安徽省政府捷足先登,派人接收裕中纱厂,5 个月后,国民政府经济部门又派人接管,最后是省政府让步,由经济部接管,后又转归敌伪产业处理局。[②]国民党政府和官僚资本的接收委员一到工厂,便安插亲信控制工厂大权,并以种种名目贪污受贿,大发横财。由于当政者把精力放在劫收上,使恢复区的工厂迟迟不能恢复生产。皖西、皖南地区一度发展起来的工业也因为人员流散大多歇业,整个安徽工业呈现衰败的景象。

(二)对交通业的接收

国民政府交通部委托轮船招商局和安徽省运输管理处(后改称"安徽省公路局")接收皖江地区日伪经营的轮船运输企业。招商局芜湖分局在抗战期间被日本东亚海运株式会社侵夺。1945 年 10 月 9 日,安徽省运输管理处设芜湖临时办事处和芜湖站,分别接收了日伪内河航运业的船舶 31 艘(其中客轮 13 艘、货轮 7 艘、驳船 9 艘、摩托船 2 艘),恢复了运输。10 月 18 日,国营招商局芜湖办事处成立(1946 年 9 月 10 日称国营招商局芜湖分局),随后接收了日本航业东亚海运株式会社、日本制铁株式会社、山丸运输株式会社、上海内河轮船股份有限公司、中华轮船股份有限公司、扬子福利公司等 8 家日伪驻芜湖机构,包括这些机构的一切办公设施、码头设施、仓库、船舶、房产等,还有 578.2 万元现金。其中接收船舶 61 艘,除被部队征用 16 艘、交英商 6 艘外,实收船

①　程华亭等:《淮南煤矿和官僚资本》,安徽省政协文史资料研究委员会编:《工商史迹》,安徽人民出版社 1987 年版,第 63—64 页。

②　王鹤鸣、施立业:《安徽近代经济轨迹》,安徽人民出版社 1991 年版,第 336 页。

舶39艘。招商局从中挑选设备完好的船舶继续使用,其余分3批标价拍卖。① 在招商局所属的33个分支机构中,芜湖分局的码头数位居第二、码头长度位居第三、仓库数位居第四。②

在安庆,日伪航产东亚海运株式会社、中华轮船公司、安庆修船所,先后由国民党第四十八军、第十战区战利品第三管理处、苏浙皖区敌产处理局安庆办事处接收。1945年10月,招商局安庆办事处要求接管,到1946年底,共接收房屋、仓库5栋(仓库总容量1.4万吨、容积57万立方尺),各类船舶31艘(可用的有9艘),员工111名。③

通过接收,国民党占据了安徽境内主要城镇、大多数地区和重要的交通线,并收缴了日伪军大量的武器弹药、通讯器材、工矿企业及其他战略物资,这为其巩固统治增加了实力,也为其发动内战提供了有利条件。但在接收过程中存在许多问题,使国民党失去了民心。抗战胜利时任国民政府军政部部长的陈诚在回忆录中写道:"大体说起来,接收是分党、政、军三个方面进行的,因为事先一无准备,临时又调度失宜,再加上用人的失当,所以接收接得一塌糊涂。其甚焉者,接收变成了'劫搜',只弄得天怒人怨,为中外所不齿。""办理接收人员事权之混杂,职责之不分明,是我们办事颟顸最大的明证。""至于物资接收过来,不知利用,却无形加以冻结;工厂接收过来,不能开工,却造成严重失业现象,加以通货泛滥,金融紊乱,以上海一隅而论,接收不及三月,而物价波动之剧烈,有过于重庆八年。全国骚动情形,可想而知。"④

---

① 郭万清、朱玉龙主编:《皖江开发史》,黄山书社2001年版,第255页。
② 张敏:《招商局在芜湖分支机构经营始末》,《安徽史志通讯》1985年第3期,第51页。
③ 郭万清、朱玉龙主编:《皖江开发史》,黄山书社2001年版,第255页。
④ 《陈诚回忆录——抗日战争》,东方出版社2009年版,第142页。

第二节　国民党在安徽统治的复员

一、复员准备

所谓复员,就是指国家有组织地从战时状态转入平时状态所进行的活动,涉及国家的政治、经济、军事、外交以及其他各个领域的转变和调整,它标志着恢复和推进经济社会建设的开始。按照国民党中央的要求就是"抗战复员,建设动员"①。

安徽省在抗战胜利后积极开展了复员工作。在日本宣布投降的8月15日,安徽省就成立了复员计划委员会,以商讨紧急处置办法。该会由省党部省政府委员、各部门负责人及有关专家组成,省政府主席李品仙兼任主任委员,省政府秘书长黄同仇兼任该会秘书长,负责日常工作。其主要职责是"加强复员工作,重建收复县区,并积极推进各项建设工作"②。该会设了12个小组,即:地方自治、财政金融、教育文化、农村经济、工商矿冶、交通运输、卫生医药、安抚经济、"绥靖"治安、宣传训练、犯罪调查、人事机构等,分别进行研讨。③

省复员计划委员会制订了14个具体的复员方案,即:人事复员方案、交通复员方案、地方自治实施方案、安抚救济复员方案、地方财政与地方金融复员方案、教育部门复员紧急实施办法、电讯复员方案、农村经济复员方案、工商矿冶复员方案、营建工作复原方案、加强卫生行政及医药卫生工作实施方案、推进县卫生工作实施方案、"绥靖"治安复员方案、罪犯调查方案。随即颁行全省,"俾复员有序,以期民众早日昭苏"④。

---

① 参见李品仙:《胜利一年来的安徽》,《安徽政治》第9卷第2期,第9页。
② 安徽省政府复员计划委员会编:《安徽省政府复员工作方案》,1945年9月印,第30页。
③ 李品仙:《八年来皖省政治之回顾与胜利后之重要措施》,《安徽政治》第9卷第1期,第7页。
④ 安徽省政府复员计划委员会编:《安徽省政府复员工作方案》,第1页。

不久，省政府又制订了5年建设计划，并根据本省环境需要，提出了四大建设方针，即：加强警卫力量，安定社会秩序；完成地方自治，巩固宪政基础；发展国民经济，改善人民生活；普及国民教育，提高文化水准。①

安徽省的复员和建设工作大体上就是按照复员方案和5年经济建设计划逐步推进的。因经济、文化、教育等复员工作在有关章节有具体介绍，因此，本节重点介绍国民党在安徽的政治和军事复员工作。

二、政治复员

政治复员是一切复员工作的基础。政治复员工作开展得好坏，直接决定和影响着其他复员工作的进展与效果。因此，安徽省自抗战胜利之后，立即开展政治复员工作。主要有：建立党政机关与调整政权机构、重划政区、调整人事、迁建省会、选举省县参议会等民意机构、清查户口与重编保甲等。

（一）建立党政机关与调整政权机构

国民党政府对党政机关的接收很重视。1945年8月17日，国民政府内政部给包括安徽在内的有关省份发出电令，要求"各沦陷区收复后，应迅即恢复各级行政机构"②。国民党安徽省各级党政机关在接收汪伪党政机关后，迅速在收复区建立了包括国民党、三青团及政府部门在内的各级机关。

安徽省政府在开展复员工作时，为达到"组织健全、运用灵活、藉赴事功"的目标，对原有省级机关进行了调整。裁撤了那些战时临时设立、现无存在必要的机构，如省振济会，省补给委员会，省物价管制委员会，皖南补给分会，渡江管理处，皖南运输处，省田粮处所属储运处、调节处，皖南、皖东田粮办事处，保安司令部所属防空队哨部等。对战时临时设立、现尚有保留必要的机构，如省运输处、省文献委员会、各荒地整理局等则暂时予以保留。对裁撤的人员，由原机构考核

---

① 李品仙：《胜利一年来的安徽》，《安徽政治》第9卷第2期，第9页。
② 中国第二历史档案馆编：《中华民国史档案资料汇编》第5辑第3编政治（1），江苏古籍出版社1999年版，第57页。

后登记造册,送交省政府登记,再分派到收复县区工作,或退休。[1]

抗战时期由于日伪军封锁长江,国民党在皖南地区的党政机关与位于江北的安徽省政府、省党部联系颇为不便。为便于管理,1938 年 4 月安徽省政府在屯溪设立了皖南行署,辖长江以南第六、第七、第八督察区,计 22 县。由于该地在军事上属第三战区管辖,依照规定,皖南行署也受第三战区党政委员会指导。国民党安徽省党部也在皖南设立了办事处。抗战胜利后,国民党收复了皖南地区,长江南北联系通畅,便于 1945 年 10 月底,相继撤销了国民党安徽省党部皖南办事处、皖南行署及其所属机构。在屯溪的国民党中央机构,如《中央日报》社等也相继迁移。

国民党在收复区各县建立党政机关时,按照《人事机构复员方案》,一律按原县等级照新县制进行组织。对战时临时设立的机构,分别予以裁并、撤销。到 1946 年 6 月,安徽省实施新县制的县份,已达到 56 个。这些县实施新县制后,经费、员额、编制都有所调整、充实,内部科室单位也酌有增加。

(二)调整人事

抗战时期,为最大限度地集中人力、物力、财力进行抗战,安徽省如同全国一样,实行高度的集权制,李品仙本人就身兼安徽省政府主席、国民党安徽省党部主任委员、第十战区司令长官,可谓集安徽党政军大权于一身。抗战胜利后,为推进复员工作,根据 1945 年 11 月召开的全国军事复员会议精神,李品仙报请国民党中央解除了安徽省党部主任委员一职,专任安徽省政府主席。国民党中央党部随即任命刘真如为省党部主任委员。此后,省党部主任委员和省政府主席的职务不再由一人兼任。1947 年刘真如病逝后,陈访先继任。

安徽省政府还对全省人事进行了一系列调整。在省府方面,原民政厅长韦永成因在接收蚌埠时牟取私利,群言啧啧,被迫辞职,调秘书长黄同仇接任;秘书长的职位,则由省政府委员苏民兼任;财政厅长桂竞秋辞职后,财政部派濮孟九继任,濮不久也辞职,随后由杨中明接

---

[1] 安徽省政府复员计划委员会编:《安徽省政府复员工作方案》,第1—2 页。

替；建设厅长储应时辞职后，刘贻燕接任，刘辞职后，张宗良继任；教育厅长汪少伦后因竞选立法委员辞职，遗缺由翟桓继任。① 但全省人事工作的重点是县长的充实和调整。根据新县制，县为自治单位，县长是所谓的亲民之官。县长任用得好坏对地方自治工作的推行、对宪政的如期实施至关重要。因此，省政府很重视对县长的考核和奖惩。据省民政厅厅长黄同仇的报告，从 1945 年 9 月到 1946 年 7 月，全省共有 18 位县长受奖、36 位受惩罚，县行政人员有 3 位受奖、20 位受惩罚。② 相应地，省政府对有关县长也分别做出升迁、调任、免职的处理。据省人事室统计，1945 年 8—12 月，全省更动了 8 位县长；1946 年 1—7 月，更动了 41 位县长。也就是说在一年时间里全省更动了 49 位县长，其中新任命的有 31 位、原任县长而予以调任的有 18 位。调整的原因主要有：人地不相宜、不洽舆情、成绩平庸、因案件被控告等多方面。③ 当然，也有派系斗争的原因。

（三）迁建省会

安徽省的省会原设在安庆。抗战爆发后，安庆被日军侵占，省政府被迫先后迁移到六安县和立煌县。抗战胜利后，安徽省省会设在何处，颇有争议。有的主张迁回安庆，有的主张迁到合肥。但最后省政府决定迁到合肥。李品仙提出的理由是：今后军事上皖北重于皖南；当时皖北灾情较重，复兴建设工作亦重于皖南；合肥位于安徽省中央，全省皆可顾到，且地形有龙盘虎踞之势，有可做省会之气象。④ 他后来在回忆录中则说，安庆在“抗战初期迭遭日军轰炸，原省府各机关的房舍，悉遭摧毁，荡然无存，以致胜利后省政府机关无法迁回安庆，决定暂时迁驻合肥办公”⑤。省临时参议会也同意以合肥为永久省会所在地。到 1945 年 12 月，省政府各主要机构，以及省临时参议会、省党部等相继迁到合肥办公。但省高级法院和检察处、省邮政局等少数部

① 苏民：《新桂系与 CC 在安徽的矛盾和斗争》，安徽省政协文史资料研究委员会编：《安徽文史资料选辑》第 1 辑，1983 年印，第 100 页。
② 黄同仇：《一年来之安徽民政》，《安徽政治》第 9 卷第 2、3 期，第 19 页。
③ 《一年来安徽县长之调整》，《安徽政治》第 9 卷第 2、3 期，第 8 页。
④ 高原：《夏威退一步进两步——皖省府还治安庆始末》，《钮司》1949 年第 3 期，第 9 页。
⑤ 《李品仙回忆录》，台湾“中外图书出版社”1975 年版，第 230 页。

门,因战前的房屋未有大的损失,仍迁到安庆办公。省三青团机关也迁到安庆办公。①

为加快合肥建设,1945 年 12 月省政府成立省会建设委员会,以建设厅厅长张宗良兼任主任委员。计划在两年内完成以下工作:建筑省政府及各厅处,以及省议会的办公用房;建筑自来水厂及发电厂等公用事业;拓宽合肥城内外街道;修建以合肥为中心的公路及电讯系统;协助淮南铁路局修复淮南铁路。这些工程建设,到 1948 年秋天大体都已完成。

对省会迁到合肥,一些皖南籍尤其是安庆籍人士颇为失望,光明甫、沈子修、程小苏、王星拱等多次请求将省会迁回安庆,但未得到批准。在 1946 年 6 月召开的省参议会第一届大会上,一些皖南籍人士又将省府还治安庆作为议案提出,还以 5 票优势通过,交省政府采行。但李品仙将责任推给行政院。行政院再次明确安徽省省会设在合肥。② 但到 1948 年 8 月,安徽的军事形势已经发生根本性的变化,中共在东起运河、西至津浦铁路与淮南铁路、南达长江、北抵陇海铁路的战场上取得了明显的优势,合肥已处在中共军事势力的威胁之下。以夏威为主席的国民党安徽省政府决定将省会迁回安庆,并在屯溪筹建皖南行署。同年 12 月 22 日,安徽省政府在安庆开始办公。但安庆这次作为省会的时间短暂。次年 3 月,在安庆解放前夕,安徽省政府又仓促南迁屯溪。

(四)成立省、县参议会等民意机关

根据国民党中央的统一部署,安徽省在 1939 年 7 月成立省临时参议会。因在战时,省临时参议会议员的名额不能按照县市单位普遍配选,议员的产生是由各县遴选地方具有声望的人士报省汇转国民党中央圈定。1945 年 3 月,国民政府颁布《省参议会组织条例》、《省参议员选举条例》、《省参议会议事规则》等,规定参议员名额每县市各一人,其产生方式由县市参议会于甲种公职候选人试验或检核及格者

① 田世庆:《抗战胜利后国民党内部的派系斗争》,安徽省政协文史资料研究委员会编:《安徽文史资料选辑》第 12 辑,1983 年印,第 4 页。

② 高原:《夏威退一步进两步——皖省府还治安庆始末》,《钮司》1949 年第 3 期,第 9 页。

中用无记名投票选出。安徽省做了一些筹划，但未付诸实施。

抗战胜利后，国民政府标榜要实行民主政治，严令各地限期成立县参议会，选举省参议员，再成立省参议会。安徽省一方面加紧办理甲种公职候选人检核，一方面分别成立各县参议会。省参议员由各县参议会选出。原计划5月15日各县选举结束，5月30日正式成立省参议会。但宣城、绩溪、太和县在选举时存在纠纷，未能按期选出。省参议会遂于6月26日召开第一次大会，宣告正式成立。到会参议员有50余人。会议选举江暐为议长、陶若存为副议长。省参议会的职权为：建议省政兴革事项；议决有关人民权利、义务之单行规章；审议省经费支出之分配；听取省政府施政报告及向政府提出询问；接收人民请愿；其他法律赋予之职权。①

早在抗战期间，安徽省就有25个县成立了临时参议会，以协助推行县政。抗战胜利后，根据国民政府内政部的要求，凡实施新县制的，都得在1945年底成立正式参议会。但由于一些县甲种公职候选人的检核未能办竣，有关县便将这项检核程序予以变通，先办选举，再补办检核手续。这样，潜山、怀宁、宿松、望江、太湖、庐江、六安、霍山、舒城、立煌等10县如期在年底成立了参议会。到次年3月，桐城、合肥、寿县、霍邱、岳西、阜阳、临泉、太和、涡阳、蒙城、凤台、颍上、全椒、和县、巢县、泾县、宁国、休宁、歙县、祁门、黟县、绩溪、旌德、贵池、太平、石埭、青阳等27个县也相继成立了参议会。其余各县则成立了临时参议会。② 到年底，成立参议会的县已达47个，只有15个县仍为临时参议会。③ 总体看县级参议会组织尚算健全。

根据国民政府颁布的《县各级组织纲要》，县及以下民意机关分为4级，即：县有县参议会，乡（镇）有乡（镇）民代表会，保有保民大会，甲有户长会议。为此，安徽省政府要求各地召开乡（镇）民代表会

① 参见苏民：《本省参议会的回顾与前瞻》，《安徽政治》第9卷第1期，第10页；黄同仇：《本省参议会成立经过与希望》，《安徽政治》第9卷第1期，第11页；《本省参议会成立》，《安徽政治》第9卷第1期，第3页。

② 黄同仇：《一年来之安徽民政》，《安徽政治》第9卷第2、3期，第21—22页。

③ 安徽省政府设计考核委员会编：《安徽省政府工作报告》（1947年1—6月），第26—27页。

及保民大会。在 1946 年 6 月以前,全省共有 37 个县召开乡(镇)民代
表会,实施新县制的 39 个县均召开保民大会。此后其他各县,包括收
复区的 25 个县也陆续召开。① 到年底,全省有 47 个县普遍召开乡镇
民代表大会,保民大会仅有少数乡镇未召开,实际召开的有
17104 所。②

（五）清查户口与重编保甲

抗战胜利后,安徽省政府比较注重地方自治工作,将地方自治列
为四大建设方针之一。而实行地方自治的重要措施,就是恢复乡镇保
建制,实施乡保长选举。其前提则为清查户口。安徽省政府复员计划
委员会制订的复员方案第三项就是《地方自治实施方案》。该方案规
定:安全区简化编并之乡保组织一律恢复原有建制;收复区乡镇保甲
组织,在 1941 年以前已依法整编完竣,其管辖区域仍旧,因沦陷未经
整编,悉依照县各级组织纲要之规定切实编组。该方案还提出要调查
户口,厘定户籍。③ 1945 年 8 月 19 日,内政部在给安徽等省的电报中
也要求在收复区编组保甲,切实举行户口清查造册。10 月 17 日,内政
部又公布《收复区实施户口清查办法》,要求各收复区在 3 个月内完竣
户口清查,同时编组保甲。为此,安徽省政府在抗战胜利后开展了清
查户口和重编保甲的工作。

在清查户口方面。根据省政府的安排,1945 年立煌等 18 个县举
办了户籍登记。到 1946 年初,省政府又择定宿松、合肥等 10 县办理
户籍登记。其余各县则继续办理户籍异动登记,按月表报。为使各县
户口数字准确,省政府还要求各县切实整理户口册籍,按月逐级派员
抽查。到 9 月,合肥、南陵、至德、亳县、铜陵、无为等 6 县完成户籍登
记,全省共有 45 个县上报了户籍数字。

在整编保甲方面。安徽省早在 1932 年就开始实行保甲制度。保
甲之编组以户为单位,户设户长,10 户为甲;设甲长,10 甲为保;设保
长,相邻各保设保长联合办公处,简称联保,设联保主任。公推产生的

---

① 黄同仇:《一年来之安徽民政》,《安徽政治》第 9 卷第 2、3 期,第 22 页。
② 安徽省政府设计考核委员会编:《安徽省政府工作报告》(1947 年 1—6 月),第 26 页。
③ 安徽省政府复员计划委员会编:《安徽省政府复员工作方案》,1945 年 9 月印,第 3—4 页。

保甲长需经县、区长委任。县长如认为保甲长不胜任，可令原公推人改推。该制度的关键在于联保连坐。1944 年，省政府为适应战时的需要，曾要求各县简化乡保组织。抗战胜利后，国民党政府推行地方自治，乡保任务颇为繁重，而合并后的乡镇保所辖区域过大，行政管理不太方便，同时，也为便于"围剿"中共武装力量，1946 年 1 月，省政府要求，原来合并的乡保，一律恢复建制，健全组织。到 1946 年 9 月，大部分县整编完竣。太湖等 57 个县，共辖 1971 乡镇、19092 保、190860 甲。来安等 4 县因属游击区，未能完成整编任务。[①] 据此，到 1946 年底，全省各地又开展了保长和正、副乡镇长的民选。

三、军事复员

抗战胜利后，全国军队要由战时的扩张状态，回复到战后的平时状态。为做好军事复员工作，1945 年 11 月 11 日，国民政府召开了全国复员整军会议。会议决定：各战区司令长官、集团军总司令、军长等主管职位及机构一律撤销；全国军队按平时编制，以师为单位，保留 60个整编师；停止征兵；所有游杂部队及伪军一律收束编遣；军事人员不得兼任行政官吏；行政官吏不得兼任党务工作。[②] 第十战区司令李品仙参加了这次会议，回合肥后，即着手军事复员工作，下令裁撤第十战区长官部、各集团军总部、军司令部等机构。但因人员安置、调动及编遣经费的领放等一系列问题没有得到解决，进展不大。

1946 年 2 月 16 日，国民政府再次在南京召开军事复员整编会议，具体落实前次复员会议提出的问题，但主要是催促实施缩编。驻安徽的国民党正规军为此加紧了军队整编工作。到 4 月中旬，第十战区长官部和第二十一集团军总部撤销，所统辖的各军、师均按照要求整编完毕。第二十一集团军所辖的 3 个军，即第七军、第四十八军、第八十四军在整编后，改隶第八"绥靖区"指挥。第八"绥靖区"总部设在蚌埠，夏威任司令，刘和鼎、张淦为副司令，归徐州"绥靖公署"指挥。李

① 黄同仇：《一年来之安徽民政》，《安徽政治》第 9 卷第 2、3 期，第 19—20 页。
② 《李品仙回忆录》，台湾"中外图书出版社"1975 年版，第 231 页。

品仙专任安徽省政府主席。第二十一集团军整编的情况是：第七军整编为第七师（该部不久又恢复了第七军建制），下辖第一七一、第一七二旅；第八十四军合并到第四十八军整编为第四十八师，下辖第一三八、第一七四、第一七六旅。1947年3月，第七军和整编第四十八师第一三八、第一七六旅改隶新组建的第三兵团。整编第四十六师则调归第八"绥靖区"指挥，第四十八师第一七四旅也由第八"绥靖区"直接指挥。

此外，安徽阜阳驻有第五十一军（后整编为第五十一师）。不久该军向陇海路东段方向开进。砀山及江苏徐州驻有第八十八军（后整编为第八十八师）。该地还驻有第九十八军（后整编为第五十七师）。宿县、合肥驻有第五十八军（后整编为第五十八师）。来安等地驻有第七十四军（后整编为第七十四师）。1947年12月，国民党又在阜阳设立第十四"绥靖区"，李觉为司令官，辖整编第七十四师[①]等，由陆军总部徐州司令部（由徐州"绥靖公署"改称）指挥。

国民党还在皖西与鄂东相连各县，设立九县联防指挥部，专门"清剿"鄂豫皖边区中共武装力量。

抗战胜利后，安徽省地方部队统归省保安司令部指挥。地方保安部队的职责是"使足以担负地方之绥靖，并可形成国军之后备力量"[②]。省保安司令部司令由省主席兼任，综理全省保安事务。1946年，国民党中央核定安徽可编7个总队和1个大队，但由于安徽地方财政困难，当年实际只组建了5个总队和1个大队。4月，第二、第五总队奉国防部命令拨补中央军整编第四十六师，其余的3个总队中，第一总队，除一部分维护合肥至水家湖的交通外，主力布置在合肥附近，作为机动部队；第二总队，驻扎在安庆、潜山、岳西、桐城、巢县，并维护合肥至芜湖及安庆的交通线；第四总队，除一个大队驻立煌县，归第二区专署指挥外，其余驻守皖南。但安徽幅员辽阔，3个总队的兵

———————

① 整编第七十四师在孟良崮被歼后，以留在后方的3个补充团和1个榴弹炮营重建。1948年7月，恢复第七十四军番号。

② 中国第二历史档案馆编：《中华民国史档案资料汇编》第5辑第3编军事（1），江苏古籍出版社1999年版，第592、596页。

力自然难以应对，因此，1947 年 8 月 1 日，安徽省又组建了 3 个总队。不过"各省保安团之数量，系按人口比例，每省不超过一万五千人之原则，并参照各省交通治安之情形"①。此后，随着战争局势的发展，安徽省地方部队数量有所增加，曾计划扩编 3 个总队，再加设 3 个旅，各辖 3 个总队。②

安徽省各县也都设有自卫队。1947 年改为保安警察队。原有 47 个大队、308 个中队，到 1947 年 11 月，已增加到 126 个大队、506 个中队。③ 省保安司令部希望它能承担"搜剿散匪，防止窜扰"的职责，但"有些县份，仅具形式，内部组织，不甚健全，不能发生较高度的效能"④。各地也布设有情报网和稽查哨。

为管理兵役工作，安徽省设有军管区（驻合肥）及皖北师管区（驻蚌埠）、皖中师管区（驻合肥）和皖南师管区（驻怀宁）。

第三节　国民党在安徽统治的危机

一、政治日益腐败

抗战胜利后，全国人民希望有一个和平安定的环境从事经济建设，但很快就失望了。因为在接收、复员工作中，国民党的吏治迅速腐败。正如陈诚所言："因为接收接得太不像话，以致当时街头巷尾流传有'人心思汉'（汉谓汉奸）、'收复失地，丧尽人心'等语。可怜 8 年浴血抗战的结果，最后却带来了一场'胜利灾难'。"⑤其时，安徽也是一

---

① 《行政院军队复员整编工作报告》(1947 年 2 月)，参见中国第二历史档案馆编：《中华民国史档案资料汇编》第 5 辑第 3 编军事(1)，江苏古籍出版社 1999 年版，第 544 页。
② 《安徽省地方部队戡乱纪要》，刊印时间约为 1947 年 11 月。
③ 安徽省政府设计考核委员会编印：《安徽省政府动员戡乱工作实施情形》，1947 年 11 月印，第 5 页。
④ 张湘泽：《正视当前的绥靖工作》，《安徽政治》第 9 卷第 7、8 期，1947 年 3 月。
⑤ 《陈诚回忆录——抗日战争》，东方出版社 2009 年版，第 142 页。

样。尽管李品仙在回忆录中称,安徽在接收工作中,"各项业务井井有条,表报账册莫不完备"①。那只是自我标榜,实际上也存在许多问题,人民不满的情绪正在蔓延。从其后不久淮南、淮北解放区军民及皖南、皖西地区人民群众不断爆发的反抗国民党统治的斗争中,可以看出国民党正渐渐失去民心,统治已面临着严重的危机。

在安徽的国民党统治集团中充斥着严重的派系斗争,互相倾轧。本来在抗战时期,安徽就存在 CC 系和新桂系的矛盾和斗争。这种派系斗争在抗战胜利后进一步加剧。从 1946 年下半年起,CC 系方治、邵华等就在南京、上海酝酿反李品仙运动,1947 年到 1948 年达到高潮。一些在南京的安徽籍人士也不断在报纸上揭露新桂系在安徽统治的罪恶,向国民党中央请愿,要求撤换、惩办李品仙,打的旗号是"革新皖政"、"救乡戡乱"。李品仙及新桂系对 CC 系及其他反桂反李的势力也予以坚决的斗争。为此专门在南京设立办事处,收集情报,拉拢报社、通讯社及其他有关方面,争取支持。还采取封官许愿,如帮助竞选立法委员、监察委员、国大代表和馈赠金钱、礼物等方式,拉拢、分化在京、沪的安徽籍人士,来对抗反李运动。对一些重要人士和安徽籍国民党元老,李品仙则亲自出马,如为了争取杨虎的支持,李品仙亲往上海拜访、拉拢。对安徽的地方巨绅,如江暐、常恒芳、高铁军、王葆斋、金慰农等,李品仙也积极争取、拉拢,使他们未卷入到反李运动中。特别是江暐,身为省参议会议长,对李品仙及新桂系的统治还给予了积极的支持。② 1948 年 8 月,李品仙因备受攻击,辞职下台,新桂系的另一位重要人物夏威继任省主席。此时,国民党的统治已经摇摇欲坠,但 CC 系和新桂系的矛盾和斗争依然没有停止,直到国民党在安徽的统治结束。

抗战胜利后,国民党标榜要实行民主政治,在安徽组织、开展了一系列的选举,如国大代表选举,立法委员选举,省、县参议员选举,乡镇长、保长选举等。实行民主选举本是一件反映民意、扩大执政基础的

① 《李品仙回忆录》,台湾"中外图书出版社"1975 年版,第 238 页。
② 苏民:《新桂系与 CC 在安徽的矛盾和斗争》,安徽省政协文史资料研究委员会编:《安徽文史资料选辑》第 1 辑,1983 年印,第 94—101 页。

举措,但由于这些选举是在违背政治协商会议的有关决议,没有与中国共产党、中国民主同盟等进步党派达成一致的基础上强行举办的,也就失去了它的合法性;更由于它是在排除中国共产党、中国民主同盟等进步党派基础上举行的选举,实质上也就缺乏民意的基础。尽管如此,一些为了在国民党的官场上谋取各种利益的人士还是使尽了浑身解数,如拉帮结派、封官许愿、金钱贿赂、造谣污蔑,甚至武力胁迫等,使得这些选举不仅没有扩大国民党统治的民意基础,反而加剧了国民党内部的矛盾,削弱了国民党执政的基础,也加深了人民对国民党政治腐败的认识,使广大群众体会到国民党民主的虚假。

其时,在安徽为了影响选举结果、使自己或支持者在选举中获胜,社会上结社组会之风兴盛,社团小组织如雨后春笋。其中 3 个组织影响较大:一个是以省政府机关中亲新桂系的干部组成的安徽省公务员业余进修会,以黄同仇、黄绍耿、林中奇、陈子英、杨绩荪、苏民等为核心;一个是以省县参议会、三青团以及其他机关团体中倾向新桂系或与 CC 系有矛盾的安徽中上层人物组成的安徽省建设研究会,以陶若存、张宗良、程中一、朱子帆、汪幼平、常恒芳、储应时、汪少伦、范苑声、陶因、范任、张湘泽等为核心。这两个组织都是支持李品仙的。有时分别秘密集会,有时在李品仙家里举行联席会议。会议的主要内容就是汇报情况、研究对策和布置工作。另外一个团体就是皖南师管区司令陈瑞和领导的安徽建设同志会。参加者有黄定文、郎克明、曹宏耕、吴芹、高寿恒等。该会虽然没有公开表示反对李品仙,但与李品仙有一定的距离,其会员多半接近省党部。[1] 这些形形色色的组织为使自己派系的人当选,相互斗争,有时又相互利用,使整个选举不仅没有体现民主色彩,反让人感受到这是在操纵民意、争权夺利、利益交换。正如时人杜渐所说:"我们所见所闻的是:以手枪胁迫选民,奢侈淫逸的铺张应酬,甚至以物资为选举的条件……一些败坏选风的形形色色,应有尽有了。"[2]这从 1947 年的国大代表选举,特别是怀宁县的国大代

---

① 苏民:《新桂系与 CC 在安徽的矛盾和斗争》,安徽省政协文史资料研究委员会编:《安徽文史资料选辑》第 1 辑,1983 年印,第 103 页;杜渐:《皖省国代选举内情》,《时与文》第 2 卷第 13 期,第 19 页。

② 杜渐:《皖省国代选举内情》,《时与文》第 2 卷第 13 期,第 19 页。

表选举中即可看出。

当时安徽省有 1 市（即蚌埠市）和 63 县。根据 1947 年 3 月国民政府公布的《国民大会代表选举罢免法》，安徽省的国大代表区域名额是 68 名，其中合肥县、宿县、阜阳县各 2 名，蚌埠市和定远县等 61 个县各 1 名。① 怀宁县的名额是 1 名。其时，怀宁县县治在安庆，也有一些省直机构驻在安庆，这样，怀宁县在选举国大代表时竞争较为激烈。要成为国大代表候选人，或是政党提名，或是依法签署，即有 500 人签名支持。怀宁县的国大代表候选人共有 3 位，一位是国民党中央圈定的候选人葛晓东，一位是青年党的候选人江以之，一位是自由候选人汪幼平。主要是葛晓东和汪幼平竞争。两人各有后盾。葛晓东既有国民党中央的圈定、省党部的支持，又有以吴芹为书记长的怀宁县党部的力推。汪幼平是省参议会的秘书长、省三青团支团部干事，其选举得到以怀宁县三青团分团主任、参议会议长钱镇东为主力，包括三青团、政府、参议会等势力的支持。双方也各有派系组织。支持葛晓东的有安徽省建设同志会、新社会建设事业协会等组织，包括中统在内；支持汪幼平的有安徽省建设研究会怀宁支会、怀宁县国术研究会等一些组织，包括军统、军校和警校等力量在内。双方都进行了拉票活动。候选人日夜奔走于酒肆茶馆，请宾宴客，杯箸交错，还许诺如选举成功，代为解决职业、帮助升学等。双方还都争取把各乡镇投票所管理员抓到自己一方，以便自己作弊，识别和揭发对手作弊。到投票时，尽管各乡镇都配备了 10 多个兵警，集贤镇仍发生了砸毁票箱事件。结果是，汪幼平以 24 万张票当选，葛晓东败选。为了这次选举，汪幼平花去的钱时值 60 两黄金，葛晓东则在选举后卖掉了在南京的一栋房子以偿还竞选时的费用。②

其他各县竞选国大代表的情况大致也是如此。如滁县竞争国大代表的有 4 人，其中国民党中央圈定的是教育部部长杭立武，另外 3

---

① 《各省市县国大代表名额》，《华侨先锋》第 9 卷第 5、6 期，第 30 页。
② 汪稼生：《汪幼平竞选怀宁"国大代表"情况片段》，安庆市政协文史资料委员会等编：《安庆文史资料选辑》第 18 辑；第 174—177 页；胡一平：《怀宁"国大代表"选举琐记》，安庆市政协文史资料委员会等编：《安庆文史资料选辑》第 18 辑；第 178—182 页。

人是张汉波、张振莘、张庆桢。杭立武为确保当选，也费尽心机。如对张庆桢，是请监察院院长于右任出面，劝他改选立法委员，补助其活动经费几万元；对张振莘，在劝其退选后，将他介绍给南京市市长，被任命为浦口区区长；对张汉波，则许诺以后请李品仙帮忙，将来做一个县长，并写了2万元的借据。尽管如此，还要给地方上的士绅送钱、送物、烟酒招待。① 全椒县的国大代表则是内定。国民党中央为了拉拢民主社会党，就要求该县国民党候选人退出，将代表让给民主社会党的汪传一。② 贵池县在选举国大代表时，县参议长胡燮赓干脆从贵池中学召集七八十名学生，在县府礼堂一夜间圈写了十多万张选票，使得赵执中顺利当选。③ 休宁县在竞选国大代表时，候选人吴兆棠和他的支持者采用武力威胁的手段迫使另外一位候选人刘紫垣宣布退选。④

总体看，在国大代表和立法委员的选举中，由于安徽省建设研究会等组织的操纵、新桂系控制下的各县县政府的配合，同情和支持新桂系的人获胜的较多，CC系纷纷落败。如当选国大代表的陈献南、陈天任、范苑声、李应生、张一寒、虞荫生、丁澄芳等，当选立法委员的朱子帆、王丹岑、汪少伦、徐君佩、奚伦、陈紫枫、徐中岳、刘启瑞、端木杰、陈铁、汪新民、李荫五、黄梦飞、马景常等，多系同情和支持新桂系的。CC系获胜的仅邵华、佘凌云等极少数的人。⑤ 这就是所谓的巩固宪政基础、实行地方自治的选举。

———————————

① 陈君健：《杭立武竞选"国大代表"的经过》，安徽省政协文史资料研究委员会编：《安徽文史资料选辑》第12辑，1983年印，第24—25页。

② 陈葆经：《高长柱竞选"国大"的丑剧》，安徽省政协文史资料研究委员会编：《安徽文史资料选辑》第12辑，1983年印，第31页。

③ 袁德铭：《贵池县"国大代表"选举见闻》，安徽省政协文史资料研究委员会编：《解放战争》，安徽人民出版社1987年版，第251—252页。

④ 黄澍、汪则之：《休宁县竞选"国大代表"丑剧》，安徽省政协文史资料委员会编：《安徽文史资料选辑》第11辑，1983年印，第198—199页。

⑤ 苏民：《新桂系与CC在安徽的矛盾和斗争》，安徽省政协文史资料研究委员会编：《安徽文史资料选辑》第1辑，1983年印，第103—104页。

二、经济环境日益恶化

抗战胜利后,面对百废待兴的局面,国民党安徽省政府曾希望有所作为,于 1946 年 1 月拟订了《新安徽五年建设计划》,确定了四大建设方针。据此,又明确了该年有 6 项中心工作,即:整编保甲,清查户口;举办地籍整理;健全民众自卫队及整训保安总队;设校增班,收容失学儿童;培养江域堤防,并加强淮域防黄工程;修复主要公路。[①] 1948 年 8 月,夏威继任省主席后也提出了施政方针,人们将其归纳为: "三公"、"八有"、"四求"、"四尚"。所谓"三公",是指公教、公养、公医;"八有"是指人民生活所需的衣、食、住、行、教育、文化、娱乐、医药卫生等都要具备,不可缺少;"四求"是指努力革新,要求新、求政、求创造、求发展;"四尚"是指政风方面,要尚实、尚廉、尚公、尚正。[②] 但由于国民党接收人员在接收日伪物资时,极尽中饱私囊之能事,大量贪污腐败,还通过各种手段掠夺沦陷区人民的财产,使国民党失去了民心。1946 年 6 月国民党发动全面内战,破坏了和平建设的环境,耗费了大量的人力、物力、财力,经济建设难以支撑。国民党政府制定的一些政策、措施,也存在一些失误。因此,全国经济环境日益恶化,安徽的经济发展也是困难重重,这些经济建设计划都成为一纸空文。有人用一首顺口溜来形容夏威执政后的成效为:"'八有'而今变'七无','四求''四尚'两呜呼。煦公[③]纵有'三公'术,怎奈群僚一塌糊。"[④]

(一)苛捐杂税繁多,百姓负担沉重

1945 年 9 月,国民政府财政部、粮食部宣称,为减轻沦陷区人民的负担,与民休息,豁免前方各省田赋一年。安徽也在豁免之列。但实际上这年已过去了大半年,日伪军早就征收了一部分税费,此后国民党政府通过接收,将部分税费转为己有,老百姓实际减免极为有限。

① 苏民:《从四大建设方针说到六项中心工作》,《安徽政治》第 9 卷第 7、8 期,第 17—18 页。
② 绍恒:《夏威在蚌埠》,蚌埠市政协文史资料研究委员会编:《文史资料选辑》总第 5 辑,第 71 页。
③ 指夏威,夏威字煦苍。
④ 许是:《夏威主皖两月》,《新闻天地》第 52 期,第 14 页。

但因国民党在战后仍维持着庞大的军队,军粮需用浩繁,仍需筹办,安徽省随奉令组织了省军粮筹购委员会,由省田赋粮食管理处处长杨中明兼主任委员,就地筹购军粮。这年秋季,安徽粮食价格每担最高额为 850 元左右,国民政府根据安徽省政府的要求,按每担 3250 元的价款下拨。但安徽省政府接到此款后,并未及时购粮,而是周转了一番后再下拨到县,各县又利用该款经营牟利。到年底,米价每担已涨至 6700 元左右。其时,国民政府下拨的粮食款能购买的粮食不足原计划的一半。但国民政府催粮甚急,不得已,各地便将自由购粮变成摊派强购,用低价在各乡收买。[1] 弄得民怨沸腾,以致国民政府主席蒋介石也承认,在收购过程中,各地"争执纷起,阻碍百端,军队既有乏粮之忧,民生经济更受牵动之害"[2]。

到 1946 年,全国各地不仅恢复了田赋的征收,更由于国民党政府发动内战,军费需用浩繁。其军费开支,始终占财政支出的一半以上,到 1948 年更达到近 70%,超过了抗战时期的比重。[3] 这样,日常的赋税根本无法承担庞大的军费,国民党政府便开始征收各种苛捐杂税。安徽省政府虽然在 1947 年意识到各县赋税的附加已超过正税,依照附不超正的原则,试图调整,并在省政府第 1241 次委员常会上作出决议,计划在 1947 年度和 1948 年度对超出较多的县份的附加税予以裁减。[4] 但随着战局的恶化,预算缺口的增大,附加税不仅没有减少,反而越加越大,名目也越来越多。

1946 年到 1948 年间,蚌埠征收过的苛捐杂税多达 121 种,其中负担最重、人民群众受害最深的要算自卫特捐和"绥靖"临时费。自卫特捐又称保安经费,1946 年 1 月,即在蚌埠征收粮食出口自卫特捐 70 亿元。1948 年 1 月,安徽省政府以扩编省保安队的名义,在蚌埠、芜湖设立自卫特捐征收处和稽查所,征收自卫捐。2 月间,又在蚌埠向 57

① 翁介中:《国民党田粮机构的内幕》,安徽省政协文史资料研究委员会编:《安徽文史资料选辑》第 14 辑,1983 年印,第 152 页。

② 中国第二历史档案馆编:《中华民国史档案资料汇编》第 5 辑第 3 编财政经济(1),江苏古籍出版社 2000 年版,第 732 页。

③ 参见刘克祥、陈争平:《中国近代经济史简编》,浙江人民出版社 1999 年版,第 661 页。

④ 安徽省政府设计考核委员会编:《安徽省政府工作报告》(1947 年 1—6 月),第 91 页。

户富商摊派自卫特捐 150 亿元,向其他工商业户摊派 340 亿元。第二季度虽然停征,但到 10 月份,华中"剿匪"总部政务委员会又公告重征,只是在征收方法上将摊派改为物资和运费附征。对"绥靖"临时费,蚌埠市规定,法人负担 85%,自然人分担 15%。法人负担部分,由市商会分摊到各工商业户,自然人部分则由区、保向居民摊派。其中7—9 月份的第三期"绥靖"临时费为 957 亿元,为同期营业税的 8.7倍。在苛捐杂税的盘剥下,全埠商户大多歇业。据统计,在 1946—1948 年间,歇业比例,棉布业为 67%,盐粮业为 50%,烟酒业为 66%。强征、重征情况也很突出。《皖北日报》就曾以《沿淮上下,税卡林立,层层剥削,商家叫苦》为题,披露:"沿淮两岸各县及所属各集镇,均有税捐稽征处或分处之设置,凡遇船运粮食或货物经过,必鸣枪拦船,除叫船户赔偿鸣枪所耗子弹外,并要商人缴纳营业税、所得税、戡乱费、自卫特捐等。总之,非钱不放船行。"①而这些物资在运输途中缴纳了上述费用后,在销售地区还要重复课征。

在皖北,因为烟税繁重,烟厂大部关闭。其时,皖北的凤阳、怀远、定远 3 县,是国内出产烟叶著名区域。抗战前烟农运烟到蚌埠门台子等处销售,向不收税。抗战胜利后,货物税局设卡收税,到蚌埠宝兴烟厂又须照章纳税一次。据统计,从朱家湾到蚌埠,烟叶报税,不下八九次之多。每次每百斤约收两三千元不等,既无税票,也不给收据。估计 1946 年一年内所收烟税,约有数十亿之多。1947 年,每箱烟的出厂税又加至 12 万元。蚌埠烟厂本有 40 余家,因税款太重,不胜负担,到1947 年,烟厂十之八九处于停顿状态中。②

当时安庆仅 8 万人,但为了尽可能多地征收到税捐,便设立了 4个税局。一是直接税局,征收利所得税、遗产税、印花税等税;二是货物税局,征收货物税、契税、营业税等税;三是盐务办事处,专收盐税;四是怀宁地方税捐处。其时,各种捐、税、费名目繁多。除了正常的税收外,有城防捐、自卫特捐、粮食特捐、劳军捐、花捐、户口捐,有专保公

---

① 《皖北日报》1948 年 7 月 25 日,转引自郭学东编著:《蚌埠城市史话》,新华出版社 1999 年版,第121 页。

② 《皖北烟税繁重烟厂大部停顿》,《商业月报》第 23 卷第 4 期,第 5 页。

署开办费、县自卫队服装费、军需费、壮丁费、保甲费、购枪费、马干费，还有临时费、应酬费、庆祝总统就职摊派费等。税率也很重，商人根本无法承受。纳税数字，不是根据实际营业额，而是随心所欲地估缴，分配的估缴税额，往往数倍、数十倍、甚至数百倍地增长。如怀宁县税捐处在征收 1948 年营业牌照税时，是依据 1947 年资金估列数十倍至数百倍，漫无标准。三桥、小市两个小镇，仅有不足百户小商贩，全部资金不到 4000 万元，但县税捐处分配这两个小镇上半年估缴营业税 4000 万元，这些小商贩即使倾家荡产也无法完纳。安庆城区商人的税费负担也不轻。仅 1948 年 12 月，需要缴纳的城防捐、购枪费、应征的积谷这 3 项，折合大米就有 7500 担。[①] 桐城农民的负担也很重。从《桐城县三十七年度田赋粮户缴粮须知》中可知，1948 年向桐城农民征粮的名目有：征田赋稻、征借稻、征省县级公粮、征省保安附加粮、征积谷稻、征县级附加稻、征县补足附加稻。每亩田要征稻谷 8 斗 3 升，折糙米 62 斤 4 两。可见农民税负之重，被搜括粮食之多。[②]

皖南的商业也几乎全部被苛捐杂税压垮，以致土产运不出，外货输不进，商店无法开门营业，摊贩无法生存。据屯溪商会统计，1948 年春节后不久就有 80 多家商店报歇，约占全镇商店总数十分之三，其余大多关门闭户，很难继续营业。其时，屯溪直接税局管辖皖南七、八两区 10 县，皆属穷乡小镇。1947 年征收直接税达 20 余亿，已被认为是奇迹。1948 年上半年的预算被硬性加到 72 亿元，下半年更达 216 亿元。直接税虽包括遗产税、印花税及利所得税，但皖南地瘠民贫，直接税预算的 85% 有赖于利所得税。当地政府为了征收利所得税，规定不问商店有无盈余，先依 1947 年所缴税额加 6 倍，限期解库，以后再稽核账簿，多退少补。事实上，不会多退，店主们只求少补。1948 年上半年皖南货物税的预算是 110 亿元，比上年增加 10 倍。税务人员为完成征收任务，只得采取寓罚于征的手段。对外来已征货物税的货

①　倪斌：《国民党在安庆搜刮民脂民膏概况》，安庆市政协文史资料研究委员会等编：《安庆文史资料选辑》第 18 辑，第 80—82 页。

②　《桐城县三十七年度田赋粮户缴粮须知》，安庆市政协文史资料研究委员会等编：《安庆文史资料选辑》第 18 辑，第 93 页。

物,如少发分运单,就可在漏税嫌疑下,再征分运货物一次,甚至加倍处罚。营业税是县政府经费的最大财源。县政府经费不足时,即增加营业税,常常5倍、10倍,漫无止境。1948年1至3月,仅屯溪一镇,就应缴营业税8.6亿元,又附加省保安经费五成,为4.3亿元,以屯溪大小商店、摊贩三四百家分派,每家每月需负担一二百万元。以上尚属有法可据的捐税,其他于法无据的特产捐、"绥靖捐"、保甲捐、临时捐等,则是收支无账目,税率无标准,经过几个地方巨头商议后,需要若干即征若干。于是同一货物,征收了特产捐,又征收"绥靖捐";县方征收了一笔,省方又附加一笔,使商民摸不着头脑,不知有多少捐税。祁门县政府为了增加县银行基金,亦强迫行商缴纳股款。凡货物经过祁门时,除认特产捐、"绥靖捐"外,还需认缴祁门县银行股款若干,每股定为20万元,以货价计算,大者数十股,小者半股或四分之一股,不啻于祁门县银行的变相附加税。[1]

皖南农民生活也很苦。最苦的当然是佃农。他们除了要向地主缴纳租金外,还要向政府缴纳"戡乱捐"、自卫捐和自治捐。除了缴纳这些捐税之外,还有无数的供应,如对乡镇长和保甲长的孝敬。田里的收入不够缴纳捐款时,就只有借高利贷。夏天向米店借一担米,秋收的时候得还两担米。当地人称之为卖青谷。若高利贷还不上,就得卖农具和耕牛,离开土地,到外乞讨。即使是地主,负担也不轻。1948年皖南的田赋是征三借三,这就是说,政府要向地主每一亩田赋征30斤谷子、借30斤谷子。此外,还有自治捐、"戡乱米"、建设捐、教育费等不固定捐款,又要去掉20斤谷子;把谷子用车子运进城,也要脚力。通常在皖南每亩田平均可收谷子300斤,佃户得200斤、地主得100斤。但在如此高额的税捐下,地主中有些人也是一无所得,甚至还要贴本,以致有些地主主动地向政府要求,愿意无条件地把田地捐献给政府。可政府不愿意接收地主的捐献,因为政府把田地拿到手后,也无法耕种和管理,反而减少了一份田赋和税收。[2] 由此可见皖南农民

① 养芬:《揭开皖南捐税内幕》,《工商新闻》1948年第79期,第5、7页。
② 曾保:《皖南的忧郁》,《舆论》第1卷第4期,第13—14页,1948年版。

负担的沉重。

（二）官员营私舞弊之风盛行

在经济接收时，一些国民党官员大肆营私舞弊，恶化了经济社会发展的环境。这里，我们再列举国民党安徽省政府财经部门的官员在税赋征收及粮食收购中的一些舞弊行为。

1945年下半年，国民政府要求各省筹购军粮。安徽省具体负责收购军粮的部门是省田赋粮食管理处。处长杨中明派副处长高某在合肥三河收购粮食。因国民党中央政府拨款很多，粮食收购数量庞大，他们便从中舞弊，侵吞了大批购粮款。后来有人向粮食部举报。财政部、粮食部派人到三河调查。办案人员虽然收了一些贿赂，但也不敢公然包庇。因为杨中明等人拿不出比较明细的购粮账目，临时又做不出假账，事情就暴露了。查案人员不得不将原案移交给合肥法院审理。此案一交给地方法院，便大事化小，小事化了。加上杨中明的一些亲信尽量做了一些假账送给合肥法院审核，此案后来不了了之，杨中明等未受到查处。但在当时轰动一时，杨中明便辞去田粮处长职务。

接任省田粮处长的杨亿祖也生财有道。他营私舞弊的方法是买卖黄金和放高利贷。放高利贷的钱主要是挪用公款和粮款。当时有几个人专门给杨亿祖联系此事。到1947年秋杨交卸田粮处长时，还曾有一部分款子未能及时还上，特派其侄子杨德荪等人负责坐催。杨亿祖在购买装粮食的麻袋时，还索取回扣，贪污了一大笔钱。据知情人士透露，受贿款达购麻袋款的40%。因杨亿祖与贩卖麻袋的商人有交易，以致麻袋交货期一再延长，到其交卸田粮处长时，尚有60%的麻袋未能交来，交来的麻袋也大都破旧，有些甚至腐烂了。杨亿祖后派人到六安坐催，也未有结果。

安徽各县在田赋征实中也存在种种弊端。据翁介中观察，主要有：第一，大户借保管之机侵吞粮食。在田赋改征实物时，粮仓建造跟不上，便采取"大户保管"的办法，即叫大业户将自己应完之粮，由自己留仓保管；小业户应完纳之粮，也送交大户归仓保管。但由于地方大户，多半是地主豪绅，便趁机与县府、田粮处勾结，不仅自己应完之粮不交,还将小户送存之粮盗卖一空,坐地分赃,以致以后划拨军粮站时,有的仓内颗粒无存。于是纠纷四起,互相推诿,但最后也是一拖了之。第二,大秤浮收。各地粮秤原都是经过度量衡单位统一校定的市秤。但有些仓库保管人员为了克扣粮食,便在秤上做手脚,如在秤锤下加铅增加压力,这样,100斤的粮食可压去10多斤。还有的将粮秤架在高台上,收粮员站在台子上随口乱报,将100斤报成85斤,或90斤,农民也无可奈何。第三,向缴粮人索贿。由于几十里范围内才一个收粮仓库,缴粮时节又很集中,因此农民在缴粮时往往要排成长队。为免受风餐露宿之苦,也为了免受大秤浮收之害,一些农民不得不向仓库保管人员行贿。第四,卖飞串。仓库和征收办事处工作人员互相勾结,在估计仓内粮稻已有多余后,与附近要好的业户接洽,再将业户应完之粮按职务大小瓜分。至于业户粮串,仍照正常手续由仓管员盖章,征收办事处掣串,一般人觉察不出问题。第五,私分加工溢米。各县仓库收购来稻谷后,再将其加工成大米,拨交军粮。规定100斤稻谷要加工成68斤米。实际上,若稻谷质量较好,可加工成73斤到78斤。这个加工盈余,先是县府、处公开分配,余下的再报一点给省田粮处。正常情况下,稻米有20%的损耗,但当时规定有盈余,实质上就是鼓励克扣浮收。第六,用建仓费获利。国民党中央下拨的建仓款数量很大,省方收到款后,有关负责人私下周转一番,再下拨到县。各县接到此款后,也照样周转一番。有的与地方绅士合股经营,有的放高利贷,有的在游击区贩运走私商品,待赚到一笔钱后再建仓。有的甚至向上汇报,说此处不宜建仓,不如仍交大户保管较为有利,再将发下来的建仓费缴库。但此时,货币早已贬值。第七,贪污中饱拨运费。军粮拨运,大部分由县府经手办理。这笔运输费,并没有发给运粮的民夫,悉由各县贪污中饱。受摊派运粮的民夫,都是自带粮食费用,有时甚至还要承担运粮中的损耗。[①]

　　其实,安徽省财经部门营私舞弊的行径,国民政府也很清楚。

---

　　①　翁介中:《国民党田粮机构的内幕》,安徽省政协文史资料研究委员会编:《安徽文史资料选辑》第14辑,1983年印,第144—151页。

1947年11月25日,行政院还针对合肥军民合作站苛扰百姓的情况发出训令,称:"据战地视察第五组组长蒋伏生报告称,合肥县军民合作站业务纷乱,保存不良,代办军用柴草马秣用老秤征之民户,用新秤配发部队,所收价款二亿余元,存放县银行生息,存款大部为该县县政府动用,并未转发民户。"①但在贪污、舞弊成风的环境下,一纸训令收效甚微,各地甚至愈演愈烈。

(三)水利设施年久失修,灾害频发

抗战期间,安徽省沿江各县堤防破坏较为严重,亟须修复。抗战胜利后,安徽省政府计划兴修水利,拟订了修复沿江堤防初步工程计划,成立了江堤修防工程处。在扬子江水利委员会及安徽省善后救济分署配合下,在扬子江水利委员会安徽区堵口复堤工程处的指挥监督下,宿松、望江、东流、怀宁、桐城、贵池、铜陵、和县、无为、繁昌、当涂、芜湖等县对有关江段堤防进行了修复。

安徽省境内淮河大堤在抗战期间也遭到日伪的破坏,下游堤防几乎毁坏殆尽;"加以黄河南决,浊水由沙颍入淮。沙颍不能容,则横溢旁决,颍涡之间,平地泛滥,造成广大之黄泛灾区。其间河道淤塞,田庐陆沉,堤防涵闸湮塌,毁坏损失,极为惨重。"②战后,导淮委员会在蚌埠成立了淮河复堤工程局负责淮河下游复堤事宜。安徽省也在怀远、凤阳县成立防黄工程处,协助办理。淮域上游的工赈工程则由安徽省办理。在安徽省善后救济分署的配合下,沿淮的阜阳、太和、颍上、霍邱、凤台、蒙城、亳县、寿县、临泉、怀远、凤阳等县都修筑了一些堤防。③但这些地方堤防工程都很简陋,一遇较大的洪水,便溃决泛滥;一旦久旱无雨,庄稼又无水浇灌。堤防工程根本无法发挥调节水流的作用。

不久,国民党政府发动全面内战,军费支出浩大,用于水利建设的费用微乎其微,安徽境内长江、淮河流域的堤防已无钱修复、加固。因

---

① 中国第二历史档案馆编:《中华民国史档案资料汇编》第5辑第3编财政经济(1),江苏古籍出版社2000年版,第740—741页。

② 《善后救济总署安徽分署工作报告》,转引自王鹤鸣、施立业:《安徽近代经济轨迹》,安徽人民出版社1991年版,第599页。

③ 刘贻燕:《一年来之经济建设》,《安徽政治》第9卷第2、3期,第38—41页。

此,在 1946 年、1948 年,安徽省都发生了较大规模的水灾,1948 年皖北还发生旱灾。

1946 年夏季,淮河流域阴雨连绵,黄水大溜又陡至,以致淮河水位日增,到 8 月中旬,最高水位达到 20.29 米,打破了历年来的最高纪录,这样,刚刚修复的简陋的淮河堤防根本无法抵御暴发的洪水,皖东北宿县、怀远、凤阳、嘉山、滁县、全椒、来安、天长、盱眙、五河、泗县、灵璧、亳县、涡阳、蒙城、凤台、寿县、颍上、霍邱、阜阳、临泉、太和、定远、蚌埠等 24 县、市遭受了严重的水灾,被灾田亩 478 万,灾民 298 万人①,粮食损失 627 万石,房屋被毁 13.6 万间。其中宿县、灵璧、泗县、五河县一片汪洋,坡地被淹,以致午季收成很少,秋季根本没有收成。

到 1948 年,长江流域山洪又暴发。芜湖、含山、当涂、盱眙、怀宁、郎溪、望江、潜山、繁昌、贵池、寿县、铜陵、南陵、青阳、宣城、舒城、东流、太湖、建德、宿松、无为、和县、巢县、桐城、滁县、嘉山、霍邱、颍上、凤台、怀远、广德、太平、祁门、石埭等 34 个县遭受水灾,受灾面积达 1031 万亩。这年皖北还发生旱灾,入春以来仅下过一场透雨,一尺多高的麦苗成片地枯萎在田间地头。

此外,1946 年皖东的盱眙、滁县、嘉山、全椒,皖北的定远、凤阳、怀远、寿县、凤台、蒙城、颍上,皖南的芜湖、东流等县还发生严重的蝗灾。皖东、皖北灾区纵横达几百里。②

在水灾、旱灾、蝗灾的轮番打击下,安徽各地农村经济遭受沉重打击。灾区农民生存尚且不易,何谈发展经济?《中国经济年鉴》披露的一个皖北村庄的状况就是当时安徽灾后农村的缩影。其时,"全村70 余户,除了实在爬不动的老弱外,其余的人一股脑儿撒下辛苦种植的麦田、家园,逃荒到南边(南京)去讨饭了,所以这座村子便成了没有人烟的地方。留在村中的又老且残的老人,便靠着树皮和水中杂草

---

① 安徽省政府主席李品仙在 1947 年度安徽省行政会议开幕词中称,皖东北受灾人口有 600 万。参见安徽省政府编:《安徽省行政会议记录》(1947 年),1947 年 5 月印,第 4 页。
② 王鹤鸣、施立业:《安徽近代经济轨迹》,安徽人民出版社 1991 年版,第 599—601 页。

果腹"①。

（四）物价暴跌暴涨，百姓损失惨重

抗战胜利后，安徽的物价也随同全国一样，经历了暴跌暴涨的过程。在这个剧烈动荡的过程中，一些人多年积累的财产化为乌有。

在抗战胜利前夕，由于通货膨胀，安徽的物价呈现快速上涨的状况。如皖南的黄金，1944年冬季，每两约1万元，到1945年7月，每两已达到15万元。棉纱、布匹的价格也一直在上涨。到日本宣布投降以后，"人心振奋，盼望重过和平的生活。同时，人们顾虑债务会在币制改变中吃亏，因而一反过去借债屯货、重物轻币之风气，纷纷脱货求现，偿还债务，迫使物价从最高峰急剧下泻"。其中上海9月份的物价指数比8月份下跌了36.4%；黄金价格在8月中旬为每两伪中储券1400万元，到9月初就降至230万元左右。② 安徽的物价紧随着全国经济中心上海的物价而起伏。皖南的黄金价格在胜利后半个月内降到每两5万元。其他物价，如棉纱、布匹、粮食等的价格也都随之暴跌，市场动荡不定。在屯溪，抗战胜利前，米价为每石七八千元，胜利后半个月内降到3000元，9月下旬更降到每石2000元。③ 老百姓损失惨重。

到1945年9月28日，国民政府宣布伪中储券与法币的折合率为200∶1后，法币的购买力突然增加了好几倍，于是国民党后方区域的物价猛跌，银根吃紧，大量法币向上海集中，一些法币持有者乘机低价竞购物资。于是，一度下跌的物价又飞跃上涨，12月的指数就比9月份约上涨了5倍。此后愈涨愈烈，间歇期越来越短。安徽市场的物价也随之飞涨。如合肥县1946年1月市场零售物价总指数比战前的1937年6月高出1380倍。芜湖县1947年3月市场零售物价总指数与1937年6月相比上升了13781倍，其中粮食上升10243.5倍，饮食类

① 参见《中国经济年鉴》（1948年），转引自王鹤鸣、施立业：《安徽近代经济轨迹》，安徽人民出版社1991年版，第601页。

② 中国科学院上海经济研究所、上海社会科学院经济研究所编：《上海解放前后物价资料汇编》，上海人民出版社1958年版，第33页。

③ 参见1945年8月27日、1946年9月15日《中央日报》，转引自戴惠珍、王鹤鸣、杨雨润等：《安徽现代史》，第511页。

上升 9307.2 倍,衣着类上升 16136.7 倍,燃料及灯光类上升 18095.4 倍,五金电料建材类上升 18589.2 倍,杂项类上升 13236.5 倍。[①]

到 1948 年后,随着中国人民解放军转入战略反攻阶段,国民党统治区越来越小,大量法币集中在狭小区域,而物资匮乏;同时,国民政府为弥补巨大的财政赤字,滥发纸币,导致法币币值日见低落,人民视法币如同废纸。国民政府被迫在 8 月 19 日颁布《财政经济紧急处分令》,宣布进行币制改革,即发行金圆券,以 1∶300 万的比率收回法币,并强迫收兑黄金、银元、美钞及限制物价、冻结工资。从 8 月 19 日到 10 月底,强制执行了 70 天的限制物价政策。在限价期,安徽工商企业遭受抢购风潮的袭击,存货大减,元气大伤。如蚌埠著名老店天成公司在限价期出售了 2000 匹棉布,几天后到上海进货,所售之款,连 100 匹布都买不到,后被迫歇业。[②] 合肥的商业,在八一九限价中亏本、倒闭的商店约占全市商店总数的五分之四。[③] 一些地方官员还借检查物价之机敲诈勒索。如怀宁县县长就命令检查队逮捕了近 200 名较富的资本家,将他们关在县政府东边大楼里。但最后又一个个具结罚款释放,罚款有不少落入经办人私囊。[④] 到 11 月,随着军事形势和战局的变化,国民政府再也无力控制物价,被迫宣布放弃限价政策。此后,物价狂涨,更是超过了币制改革以前。城乡市场上物价是一日数变。合肥、安庆、芜湖、蚌埠等地商店内,均挂有"目下一言为定,早晚市价不同"的大红字牌。到 1949 年 5 月,安徽全境解放,金圆券遂停止流通。其在安徽流通的几个月间,物价上涨了 120 万倍。到最后,甚至不如废纸。[⑤]

物价的暴跌暴涨,加剧了投机的社会风气,破坏了经济建设,影响了人民群众的生活。米价的飞涨更引起群众的恐慌,也使部分群众无法生存。"丰收年景闹'米荒',官商囤积粮满仓,市民断粮无处买,呼

① 程必定主编:《安徽近代经济史》,黄山书社 1989 年版,第 368—369 页。
② 边纪:《天成公司兴衰记》,蚌埠市政协、市志编纂委员会编辑组:《蚌埠古今》第 1 辑,第 95 页。
③ 邓竹如:《解放前合肥工商业概况》,《合肥春秋》1985 年第 3 期,第 14 页。
④ 程禧萃:《伪怀宁县政府八一九限价案的真相》,安庆市政协文史资料研究委员会等编:《安庆文史资料选辑》第 4 辑,1983 年印,第 49—50 页。
⑤ 程必定主编:《安徽近代经济史》,黄山书社 1989 年版,第 369 页。

天唤地也枉然。"①就是这种现象的真实写照。为了生存、为了抗议官商勾结倒卖粮食的投机行为,1947年5月9日,安庆爆发了震动全省的万人抢米风潮。同月,合肥发生了5万饥民的抢米事件②。次年春,蚌埠也有数百个饥饿的穷人,持棒抢走了鼎丰号米店的大米、绿豆和面粉。社会危机的迅速蔓延,预示着国民党政权的覆灭已为期不远。

---

① 安文生:《一九四七年安庆"五九"米潮始末》,安徽省政协文史资料研究委员会编:《安徽文史资料选辑》第11辑,第200页。

② 1947年6月13日《民日报》,第1版。

第二十章

内战爆发后的安徽

抗日战争胜利后，为争取和平，避免内战，新四军第七师奉命撤离了皖江抗日根据地。不久，战斗在淮南、淮北解放区的新四军第二、第四师也实行了战略转移。但国民党自抗战胜利后就积极部署内战，对安徽各地解放区一直实行"蚕食"政策。全面内战爆发后，更对淮南、淮北、皖南解放区军民发动了大规模的进攻，但遭到了这些解放区军民的英勇反击。淮南、淮北、皖西、皖南、豫皖苏等地军民坚持游击战争，多次打败国民党军队的进攻，并陆续重建了解放区，为中国人民解放军在安徽的胜利进军奠定了坚实的基础。

第一节 解放区军民争取民主的斗争

一、重庆谈判和新四军第七师北撤

抗日战争胜利后,为了争取和平,避免发生内战,为人民赢得休养生息的机会,同时也为了戳穿国民党假和谈、真内战的阴谋,中共中央主席毛泽东与周恩来、王若飞等于1945年8月28日,赴重庆同国民党进行谈判。在谈判中,中共代表主动提出可以把包括皖南、皖中在内的8个解放区的部队撤退到苏北、皖北及陇海路以北地区。9月4日,刘少奇代表中央致电新四军军部:"七师主力在目前立即向二、三师主力集中,以便组成强大的突击力量,是好的。如无特别困难,应即刻执行。但这不是放弃皖中地区,应留一部主力坚持皖中,以待将来决战胜利后,主力仍回到皖中,打开皖中局面。"①

第七师接到中共中央指示后,立即准备北撤。由于国民党第七军副军长漆道征正指挥2万余人在新四军第二与第七师之间,抢占和含根据地,企图乘第七师主力北移时,进行袭击。第七师师部便布置含和支队掩护第七师与皖江抗日根据地党政机关转移,并掩护皖南支队转移到江北。含和支队立即派4支突击队分别打回江(浦)全(椒)、江浦、含(山)巢(县)与和县南义、娘娘庙等和含顽控区。他们大张旗鼓地刷标语,散传单,断公路,阻运输,烧仓库,打据点,召开群众大会广泛宣传北撤的意义,还派两个连夜奔60公里,打掉含山重镇清溪顽据点,歼灭顽军200余名,以吸引顽军的注意力。漆道征立即指挥第一七一师两个团、第十游击纵队二支队和省保安三团共5000余人,向淮南铁路沿线回防。含和支队趁势派埋伏在裕溪河附近的部分主力

---

① 中国人民解放军历史资料丛书编审委员会编:《新四军·文献》(5),解放军出版社1995年版,第152页。

部队,向北插到香泉、石灰张一带,"牵着顽军向北走"①。正当桂顽将大部分精锐部队布置在和(县)含(山)、江(浦)全(椒)一线时,9月7日,在第七师代师长谭希林、政治部主任王集成的率领下,第七师第十九旅(欠第五十六团)、第三师独立旅与师直机关部分人员共万余人,离开巢无中心区,从槐树咀等地乘船渡过巢湖,开赴淮南津浦路西,15日,到达定远城南严家河、商家河一带,同第二师部队会师。临时归第七师指挥的第三师独立旅不久回苏北归还建制。

在第七师主力北移时,中共中央华中局和新四军军部指示重建皖江军区。新组建的皖江军区由林维先任司令员、曾希圣仍以区党委书记兼政委、张铚秀任参谋长。皖江军区下辖3个纵队,第一纵队由第十九旅第五十六团、沿江支队的沿江团、白湖团组成,司令傅绍甫、政委黄先、副司令王培成。第二纵队由皖南支队和皖南地区地方武装组建而成,司令梁金华、政委黄耀南、参谋长周绍昆。第三纵队由含和支队与和含地区的地方武装合编而成,司令马长炎、政委何志远、政治部主任杨汉林。皖江军区仍然坚持在皖江地区开展斗争。

根据"向北发展,向南防御"②的战略方针,9月20日,中共中央同意华中局提出的"浙东、苏南、皖中、皖南部队北撤,越快越好"③。22日,华中局电示皖江军区:"皖中部队转移,原则上应尽量设法将全部武装和地方干部均能转移,但不能勉强"④,并要求有步骤分批向淮南津浦路东转移。为保持根据地的稳定,皖江区党委决定对北撤的指示逐层、分步传达,到9月28日前后,巢无中心区、沿江、皖南、和含等地区均传达到基层。

皖江根据地北撤的准备工作在保密的情况下有条不紊地进行。在较短的时间内,皖江区党委、皖江行政公署、第七师做了大量的工

① 中国人民解放军历史资料丛书编审委员会编:《新四军·会议史料》(2),解放军出版社1990年版,第471页。

② 《刘少奇选集》上卷,人民出版社1981年版,第372页。

③ 中国人民解放军历史资料丛书编审委员会编:《新四军·文献》(5),解放军出版社1995年版,第291页。

④ 中国人民解放军历史资料丛书编审委员会编:《新四军·文献》(5),解放军出版社1995年版,第298页。

作。为了不使根据地人民经济上遭受损失，他们急令各部队机关、地方政府、贸易总局等单位将剩余的民用物资全部在市场上抛售，大量回收根据地货币大江币，然后集中销毁。他们还注意做好思想政治工作，教育留下来的基层干部和党员保持气节，鼓励留下来的民主人士继续为革命做有益的工作，同时警告顽特分子不许伤害北撤人员家属和根据地积极分子。

根据华中局和新四军军部的指示，皖江区党委安排了根据地的军政人员，决定：第七师部队全部北撤；地方武装编入第七师部队序列随军北撤；所有地方党政干部区以上及少数乡以上人员除部分编入部队外，大部编为随营干部队，和武装部队一同北撤；乡以下干部原则上不撤，但可以暂时离开家乡到外地隐蔽。当时，有很多基层不脱产干部也要求随军北撤，经过说服、动员，大部分留在家乡或到外地暂避，但在国民党占据皖江地区后，他们遭到残酷的迫害，不少人被杀害。

皖江根据地的北撤从 9 月 28 日开始，分水、陆两路进行。从水路北撤的主要是军政人员家属、皖江行署和师直机关部分人员、少数重伤员及军工物资等。他们大部分由临江县汤沟附近上船，经芜湖、南京江面，到江苏六合县上岸进入苏北解放区。从陆路北撤的主要有两条线路。一是部分在和含地区坚持斗争的人员，由和县北部直接撤到津浦路西；一是皖江区党委宣传队以及部分党政干部家属（妇女、小孩），经过化装，分批从无为县出发，到芜湖后乘车经南京，再过江到六合。10 月 1 日，编组为 11 个营的皖南部队也渡过长江，在无为地区同沿江部队会合，准备北渡巢湖。在皖江军区部队北撤时，原已撤到津浦路西的第七师第十九旅第五十五团、五十七团以及第二师第四旅，奉新四军军部命令，赶到全椒与肥东交界地域接应，以防桂顽袭击。

皖江军区主力从 10 月 3 日晚开始分 3 个梯队渡巢湖北撤。第一梯队是曾希圣等率领的党政军领导机关和师直属大队及第五十六团；第二梯队是含和支队和沿江团；第三梯队是皖南支队和巢无独立团。3 支部队均在肥东西山驿登陆，然后通过全椒抵达津浦路东根据地，于 11 日到达定远县东南藕塘地区。至此，这支主要由皖江子弟组成的近 3 万人的军队完成了战略转移的第一步。20 世纪 50 年代，时任

中共安徽省委第一书记的曾希圣回忆了北撤皖江根据地的情景："皖江人民对我军依依不舍,在北撤时走一程,送一程,许多大爷大娘哭得衣襟全湿,泣不成声,我师干部战士眼中含着泪花,压抑着内心激动,对他(她)们再三婉劝宽慰,他(她)们则一再要求我们早日回来,继续保护他们的生命财产与民主权利。"①

这次北撤,总体比较顺利。有少数人从陆路由芜湖到南京时,遭到伪军盘查、扣押,后经营救获释。但从水路撤退的人员中,皖江行署主任吕惠生被伪军扣留,并遭杀害。当时,吕惠生与部分伤病员化装成到江苏做生意、看病、帮工的乘船旅客,不料被伪军搜出 1 支手枪和一些子弹。而这些伪军是伪无为县县长胡正刚在日军投降后逃跑时带到芜湖等待收编的,他们在审问中认出吕惠生,便把这批北撤人员扣了下来。后经组织营救,伪军释放了除吕惠生和第七师参谋王惠川外的其他人员。吕惠生在被扣押过程中遭到严刑拷打,但他坚贞不屈。11 月 13 日,吕惠生和王惠川被伪军秘密杀害。

为适应新的形势,10 月中旬,新四军军部对北撤中的第七师进行整编,将第七师北撤部队与原第二师部分主力合并,将团的建制扩充为旅的建制。整编后的第七师领导成员是:师长谭希林,政委曾希圣,副政委李步新,参谋长孙仲德,政治部主任王集成。全师编为第十九、第二十、第二十一共 3 个旅。第五十六团仍归建第十九旅,该旅另辖第五十五、第五十七团,林维先任旅长,黄火星任政委。第二纵队编为第二十旅,下设第五十八、第五十九、第六十团,旅长梁金华,政委黄耀南,参谋长周绍昆,政治部主任高立忠。第三纵队同第一纵队沿江团合编为第二十一旅,下设第六十一、第六十二、第六十三团,旅长马长炎,政委黄先,副旅长傅绍甫,副政委兼政治部主任何志远,参谋长陈仁洪。整编后,第七师开往津浦路东地区休整。

11 月初,第七师又奉命陆续北上,经宿迁、淮阴进至鲁南临城(今薛城)地区,参加津浦路徐州至兖州段肃清日伪军的作战。随后,投身到解放战争中。

---

① 曾希圣:《皖江的抗日斗争》,《云岭》总第 44 期。

根据中共中央和华中局指示,皖江区党委和第七师在主力北撤后,还在皖江地区留下了一些地方游击队和少数精干武装。主要有:湖东中心县委书记桂林栖等领导的游击队,在桐城、潜山北部和舒城西南部山区坚持游击战争;皖南山地中心县委书记胡明领导的游击队,在泾县、旌德、太平等地坚持游击战争;沿江中心县委书记杨明等领导的游击队,在沿江地区坚持斗争,后与在黄山地区坚持斗争的胡明取得联系;在巢无中心区,有以胡治平为首的留守处及人民自卫队。这些部队后来有力地配合了渡江战役和解放皖西、皖南的战斗。

二、新四军第二、第四师转战各地

1945 年 9 月 19 日,中共中央根据"向北发展,向南防御"和发展东北、巩固华北、坚持华中的战略方针,决定山东主力及大部分干部迅速向冀东及东北出动;"华东新四军(除第五师外),调八万兵力到山东和冀东,保障与发展山东根据地及冀热辽地区。浙东我军即向苏南撤退,苏南、皖南主力即撤返江北。"①根据这一指示精神,战斗在淮南、淮北解放区的新四军第二、第四师也实行了战略转移。

这时期,中共中央为应对新的局势,对新四军及华中局、山东分局等领导机构和领导班子进行调整,对部队也进行了整编。新四军军部和中共中央华中局机关由淮南解放区的盱眙黄花塘移至江苏淮阴,后又于 10 月 28 日北移山东临沂,新四军军部与山东军区领导机关合并,新四军军长陈毅兼山东军区司令员,饶漱石为新四军兼山东军区政治委员,新四军副军长张云逸兼山东军区副司令员,山东军区副政委黎玉兼新四军副政治委员,陈士榘任新四军兼山东军区参谋长,舒同任新四军兼山东军区政治部主任;华中局和山东分局留下的一部分机关合并为中共中央华东局,统一领导山东、华中两大战略区,饶漱石为书记,陈毅、黎玉为副书记。为统一指挥新四军入鲁部队和山东军区第八师,完成中央赋予的破击津浦路中段、阻滞国民党军北犯的任务,此前,新四军军部和山东军区机关还抽调部分人员,于 10 月 15 日

---

① 《刘少奇选集》上卷,人民出版社 1981 年版,第 372 页。

组成津浦前线野战指挥部，陈毅兼司令员，黎玉兼政治委员，宋时轮任参谋长，唐亮任政治部主任。次年1月7日，奉中共中央和中央军委的命令，该部改称山东野战军，下辖第一、第二纵队和第七、第八师，共7万余人。

为坚持华中，"统一领导江北党政军工作"①，经中共中央批准，1945年10月25日在江苏淮安成立华中分局和苏皖军区，分别属华东局和新四军兼山东军区领导。华中分局以邓子恢、张鼎丞、谭震林、曾山、粟裕、刘晓为常委，邓子恢、谭震林为正、副书记；华中分局机关以淮北区党委机关为主组成。苏皖军区由张鼎丞任司令员，邓子恢任政治委员，粟裕、张爱萍任副司令员，谭震林任副政治委员兼政治部主任，刘先胜任参谋长，钟期光任政治部副主任，"所有留在华中新四军部队，统归苏皖军区司令部指挥"②；苏皖军区机关以苏浙军区和第四师机关为主组成。10月29日，中共中央决定将苏皖军区改为华中军区。11月10日，组成华中野战军，隶属华中军区，由粟裕兼司令员、谭震林兼政治委员、刘先胜兼参谋长、钟期光兼政治部主任。下辖第六、第七、第八、第九纵队及特务团、炮兵团、工爆学校，全军共4万余人。同年10月29日，还成立了苏皖边区临时行政委员会，李一氓为主席，刘瑞龙、季方、韦悫、方毅为副主席。

华中分局成立后，对原苏中、苏北、淮南、淮北地区党的领导机构进行调整，撤销苏北、淮北区党委，保留苏中、淮南区党委，设立8个地委；华中地方武装也做了相应调整，撤销苏浙、苏北、淮北、皖江4个军区，保留了苏中和淮南军区；苏中、苏北、淮南、淮北4个解放区统一划分为8个行政区（简称分区），与华中分局的8个地委相一致，"内含江苏三十二县、安徽十六县、河南三县"。③

新四军第二师、第四师北移山东是为了参加津浦路中段作战，打

----

① 中国人民解放军历史资料丛书编审委员会编：《新四军·文献》(5)，解放军出版社1995年版，第365页。

② 中国人民解放军历史资料丛书编审委员会编：《新四军·文献》(5)，解放军出版社1995年版，第377页。

③ 中国第二历史档案馆编：《中华民国史档案资料汇编》第5辑第3编军事(1)，江苏古籍出版社1999年版，第977页。

击北犯的国民党军队,以争取时间发展东北。9 月 26 日,华中局和新四军军部命令第二师第四、第五旅和第四师第九旅分别由第二师师长罗炳辉和第四师副师长韦国清率领前往鲁南地区,归陈毅军长指挥,参加鲁西战役。29 日,新四军军部决定,将第二师第四、第五旅和第四师第九旅合编为新四军津浦前线野战军第二纵队。10 月 3 日,新四军第二师第五旅和第四师第九旅分别从淮南解放区的天长县石梁集和淮北解放区的河南永城出发。两旅在宿迁会合后,进行了纵队编组。这期间,第五旅还在宿迁县窑湾歼灭 800 余名伪军。20 日,罗炳辉率领所部在炮车、赵墩间强越陇海铁路,进入山东。25 日,到达鲁南滕县东北地区。这是由华中调往山东的第一支新四军部队。10 月 14 日,第二师第四旅在完成掩护第七师转移任务后,也自淮南解放区的盱眙县涧溪镇开始北移,在 11 月初赶赴鲁南前线。

10 月 18 日,津浦前线野战军遵照中共中央关于"华北、华中解放区作战的重心,应放在铁路线上,作战的主要目的是消灭和阻止北进之顽军"①的指示,发起津浦铁路徐(州)济(南)段战役和临(城)韩(庄)战斗,控制了津浦路 130 余公里及临城至枣庄支线铁路 30 公里,粉碎了国民党军打通津浦铁路北进的企图,策应了兄弟部队向东北进军。12 月 21 日,第二师第四、第五旅和第四师第九旅在山东峄县(今枣庄市峄城区)合编为第二纵队。26 日,中共中央正式批准成立第二纵队,罗炳辉为司令员,赵启民为政治委员,韦国清为副司令员,詹化雨为参谋长,邓逸凡为政治部主任。各旅、团番号不变,共 2.4 万余名。第四旅旅长朱绍清,政治委员高志荣;第五旅旅长成钧,赵启民兼政治委员;第九旅旅长滕海清,政治委员康志强。1946 年 1 月,因津浦前线野战军改称山东野战军,该部改称山东野战军第二纵队。此期,在罗炳辉等指挥下,该部在津浦铁路、运河沿线马山、大柳庄、蔡山子、李庄、金马驹地区,与自徐州北犯的国民党军队展开激战,并将他们驱逐到运河以南,保卫了鲁南解放区。1 月 10 日,国共两党正式签署《关于停止国内冲突的命令和声明》,规定自 1 月 13 日午夜起停战令

---

① 中央档案馆编:《中共中央文件选集》第 15 卷,中共中央党校出版社 1991 年版,第 345 页。

生效。此后,第二纵队官兵开展了百日练兵运动。

　　1946 年 4 月 4 日,罗炳辉升任新四军第二副军长兼山东军区第二副司令员,韦国清升任第二纵队司令员。这时,国民党发动内战,大举进攻解放区的意图日趋明显。罗炳辉不顾重病初愈,从临沂前往鲁南前线。6 月 7 日,抱病指挥了枣庄战役。此后,病情进一步加剧。6 月 21 日,在山东兰陵病逝。23 日,中共中央致电华东局、山东军区司令部及罗炳辉家属,对罗炳辉的逝世表示沉痛哀悼,并对罗炳辉的一生予以高度评价,称赞他"为人民解放事业奋斗不懈。在抗日战争中,领导新四军第二师奋战皖东敌后,创造皖东解放区,立功尤著"①。为纪念罗炳辉,1946 年 6 月 29 日,苏皖边区政府决定,将天长县改名为炳辉县。

　　第二师第四、第五旅北上后,留下了第六旅、由淮南津浦路东地方武装整编的独立旅及淮南津浦路东、路西分区武装,担任淮南防务。这时,淮南区党委书记为萧望东,副书记为黄岩、李世农。原淮南津浦路东地委改为华中第三地委,李世农为书记;原淮南津浦路西地委改为华中第四地委,黄岩为书记。淮南军区司令员周骏鸣,政治委员萧望东、副司令员兼参谋长梁从学,政治部主任余立金,副参谋长朱云谦,政治部副主任徐海珊。下辖第六旅、独立旅和华中第三军分区(由原淮南路东军分区改称)、第四军分区(由原淮南路西军分区改称)。其中第六旅旅长陈庆先,政治委员黄岩,独立旅旅长罗占云,政治委员李世焱;华中第三军分区司令员朱云谦,政治委员李世农;华中第四军分区司令员、政委由第六旅旅长、政委兼。淮南路东解放区为第三行政区,下辖天长、盱眙、六合、嘉山、甘泉、来安、仪征、高邮、江浦等 9 个县,陈舜仪任专署专员。淮南路西解放区为第四行政区,下辖定远、定合、滁全、定凤怀、寿县等 5 个县,郑抱真任专署专员(后由裴海萍接任)。1946 年 6 月,全面内战爆发后,为准备反击国民党军对淮南路东的进攻,山东野战军第二纵队第五旅(原新四军第二师第五旅)在成钧、赵启民率领下,于该月底由山东返回淮南。7 月初,新四军军部决定重建第二师(即新四军新二师)兼淮南军区,周骏鸣为师长兼司令员,萧望

---

① 1946 年 6 月 24 日《人民日报》。

东为政委,成钧为副师长,赵启民为副政委,梁从学为副师长兼参谋长,朱云谦为副参谋长,余立金为政治部主任。下辖第五旅、第六旅、淮南独立旅、特务营和华中第三、第四军分区,共3万余人。

第四师除第九旅北上鲁南外,还选调了一批东北籍干部,编成一个团的架子,由第十一旅第三十一团团长罗杰率领,奔赴东北,其余部队仍坚守在淮北解放区。华中军区和华中野战军成立后,第四师在淮北濉溪口进行整编:师直属队、雪枫大学和师特务团,大部分并到华中军区和华中野战军机关及其直属单位。以第四师第十一旅第三十一、第三十二团,第十二旅第三十四、第三十六团,睢宁独立团,师骑兵团整编成第九纵队。张震为司令员兼政治委员,饶子健为副司令员,姚运良为参谋长,王学武为政治部主任,下辖第七十三、第七十五、第七十七、第七十九、第八十一团和骑兵团。1945年12月25日,在灵璧东北高楼举行第九纵队成立大会。次年2月,华中军区又将华中解放第二军编入第九纵队,杜新民任纵队副司令员。淮北津浦路东地区为第七行政区,由赖毅任地委书记兼军分区政委、刘玉柱任地委副书记、张震球任军分区司令员、张辑五任专署专员。七分区辖泗县、泗南、泗阳、泗宿、灵璧、五河、盱凤嘉、邳睢、铜睢、睢宁、萧铜、宿东、淮泗、淮宝、泗五灵凤等县。淮北津浦路西地区为第八行政区,由吴芝圃任地委书记兼军分区政委、何启光任地委副书记、张太生任军分区司令员、彭笑千任专署专员。八分区辖萧县、雪枫(永城)、宿西、雪涡、宿蒙、宿怀、夏邑、雪商亳等县。华中第七、第八军分区,直属华中军区领导。

第二节　国民党军对解放区的进攻

一、国民党军队的军事部署

1946年6月13日,国民党制定了进攻解放区的战略方针,即:东北应军事、政治、经济、外交平衡发展,长江以北应以军事为主、政治经

济为辅，长江以南则以政治为主，但仍配合军事要求；共军利持久，国军利速战，以国军之优攻共军之劣，防国军之劣取共军之优为制胜要诀；准备时间要长，作战时间要短，兵员粮弹补充愈快愈好；要统一战术思想，节约兵力，集结机动使用。其作战计划是："应关内重于关外。关内首先打通津浦、胶济两铁路，肃清山东半岛，控制沿海口岸。"①即在战争初期将战略进攻的重点放在华北和华东的部分地区，尤其是苏北到山东一线。

在华东地区，国民党重点进攻的地区是江苏的苏中和苏北解放区、安徽的淮南和淮北解放区及山东解放区。负责指挥华东战事的是以薛岳为主任的徐州"绥靖"公署，包括第一（无锡）、第二（济南）、第三（徐州）、第八（蚌埠）4个"绥靖区"。在此方向，国民党"正规军有58个师（旅），连同保安部队，共50余万人，占其进攻解放区总兵力的三分之一"。②其军事进攻的重点是："以徐、蚌地区国军，极力向东、西发展，在第一绥区及第五军北进支援下，合力规复苏北、皖东，彻底歼灭地区之匪军。同时打通胶济线，并准备继续向鲁境进出，寻求华东陈匪主力，实施决战。"其作战计划共分三期，即：第一期，徐蚌方面扩展周边空间，江北方面进至天长、盱眙、如皋、海安线；第二期，徐蚌方面西侧贯通陇海路，东侧进至运河线，江北方面进至东台、高邮线，山东方面打通胶济路西段；第三期，徐州方面廓清鲁西，进出两淮，肃清苏北；山东方面打通胶济路全线。指导方针为："稳扎稳打，步步为营，逐次完成碉堡线，防匪反扑，确保既得成果。"③

在皖北，国民党部署的正规军主要是第八"绥靖区"所属的第七军和整编第四十八师。整编第五十一师、第八十八师、第五十八师也分驻过阜阳、砀山、宿县、合肥。在皖南，"绥靖"任务由第一"绥靖区"和衢州"绥靖"公署承担，整编第六十三师、第四十四师等驻守皖南。

---

① 《国防部作战会报记录》（1946年6月13日），军事图书馆藏档，参见汪朝光：《中华民国史》第3编第5卷，中华书局2000年版，第510页。

② 台湾"三军大学"编：《国民革命军战役史》第5部第3册，台湾"国防部"史政编译局1989年版，第37—39页。《张震回忆录》上册，解放军出版社2003年版，第259页。

③ 台湾"三军大学"编：《国民革命军战役史》第5部第3册，台湾"国防部"史政编译局1989年版，第37—39页。参见汪朝光：《中华民国史》第3编第5卷，中华书局2000年版，第530页。

国民党在安徽的地方部队归省保安司令部指挥。具体部署前面已经提及，不再赘述。

二、国民党军队对淮南解放区的进攻

在全面内战爆发之前，安徽地区国民党军队对解放区一直采取"蚕食"政策，经常发动小规模的军事行动。如在淮南津浦路东地区，1946 年 1 月 25 日，驻六合的国民党第七十四军第五十八师一部，向新四军控制的来安县雷官集发起攻击。4 月 6 日，驻来安县大英集的国民党第七十四军五十八师一七四团一营 300 余人，突袭来安城东南的池巷、卯集、何家岗等地。6 月 7 日，国民党第七十五军、第七十四军约 5 个师兵力分 3 路进犯来安、六合解放区，侵占了新四军收复的来安城。9 日，又以 4 个师的兵力继续向仪征、六合、来安、明光分头进犯淮南路东解放区。在淮南津浦路西地区，国民党军也发起了攻击。5 月中旬，国民党第四十八军等 9 个团，分 7 路进攻津浦路西解放区，夺占定远县城及藕塘等重要据点。华中四地委、专署机关和大部分县委机关及第六旅第十八团等随即撤到津浦路东地区。内战的硝烟逐渐点燃。

6 月 26 日，国民党军大规模的围攻中原解放区，全面内战宣告爆发。在华东战场，徐州"绥靖"公署在基本完成战争部署后，于 7 月 4 日发出作战命令：为"确保京沪、津浦、长江之交通，而达到确实拱卫首都安全之目的，应先肃清长江以北东台、兴化、高邮、盱眙以南地区，及津浦路南段铁道两侧地区之匪，以利尔后之进剿"[①]。据此，第一"绥靖区"司令官李默庵计划 7 月 15 日向上述地区发动进攻。但该计划被中共获悉后，通过马歇尔向蒋介石施加压力，未能如期实施。华中野战军决定利用有利战机，在苏中战场主动向国民党军发起攻击。自 7 月 13 日起，连续作战一个半月，以损失 1.6 万余人的代价歼灭国民党军 6 个旅和 2 个交警总队，共 5.4 万人，被称为"七战七捷"。

---

① 谢声溢编：《徐州绥靖概要》，第 2 页，参见汪朝光：《中华民国史》第 3 编第 5 卷，中华书局 2000 年版，第 531 页。

　　国民党军队虽然在苏中战场遭受重大挫折,但在安徽战场进展较为顺利。在淮南,国民党军在用8万重兵包围津浦路东地区后,对淮南解放区发起进攻,即所谓"天长、盱眙战斗"。7月16日,国民党军队4万人在第五军军长邱清泉的指挥下向淮南解放区发起进攻,其中第五军第四十五师、整编七十四师第五十八旅（缺一个团）组成东集团,自从六合进攻天长;第五军第九十六师组成西集团,由来安攻击盱眙。而中共中央原计划"以一部在苏中吸引并牵制"国民党军,主力出淮南,"一举占领蚌浦间铁路线,彻底破坏铁路,歼灭该地之敌"。①华东局也在6月27日要求粟裕留1个纵队在苏中牵制国民党军,主力集中西移天长整训。但粟裕在研究了华中地区军事形势后,建议"在苏中先打一仗再西移"②。此建议得到华中分局负责人的支持,也得到中共中央的同意。这样,当国民党军向淮南地区发起进攻时,华中军区和华中野战军的主力正在粟裕的指挥下,与李默庵的军队在苏中地区激战,无法按原计划前往淮南,仅有谭震林率领的华中军区特务团于7月23日赶来支援。守卫淮南解放区的主力部队为淮南军区第五旅、六旅和独立旅,仅2万余人,其中大部分还是抗战胜利后入伍的新兵。国共双方在兵力和武器装备方面本来相差就很大,中共方面又采用了分兵防御的战术,不足的兵力更加分散,结果陷入完全被动的状态。虽然,淮南军区第五旅在东旺庙歼灭国民党军一部,独立旅在马集、虞家洼之间的戴山庙歼灭整编第五十八旅1个营,在半个月内共消灭国民党军4个营,但未能从根本上改变不利的局面。7月26日国民党军攻入天长,30日占领盱眙,随即占领淮南解放区。淮南军区主力部队及党政干部被迫向东转移到苏北淮安一带,第六旅第十八团则转移到淮北。对于国民党军迅速占领淮南解放区,淮南区党委副书记李世农在当时就有较为清醒的认识,认为"一方面因为新五军火力太强,另一方面我们还缺少大规模作战经验,后勤工作也没做

---

①《毛泽东军事文集》第3卷,军事科学出版社、中央文献出版社1993年版,第301页。
②《粟裕军事文集》,解放军出版社1991年版,第244页。

好……同志们思想麻痹"①。

9月23日至25日，中共中央华中分局、华中军区决定，撤销淮南区党委、淮南军区，华中第三地委、专署，华中第四地委、专署及所属各县党、政、军建制。后又对淮南部队进行整编，撤销第二师番号，第五旅和独立旅第五团编入华中野战军第七纵队；独立旅第三、第四团分别拨归第四、第六纵队；第六旅第十六、第十八团调归苏北第五军分区；盱来嘉与东南支队等地方武装编为华中军区特务二团。

国民党军占领淮南解放区后，立即对该区进行所谓的"清剿"，大肆捕杀地方干部和群众，宣称："淮北绥靖区，淮南确保区。"②8月中旬，第五军和整编第七十四师北调徐州，接防的是从湖南调来的第二十六军及原在津浦线的整编第四十八师和驻天扬公路的整编第二十五师。他们在大小集镇设立据点，分头多路继续"清剿"。

三、国民党军队对淮北解放区的进攻

在淮北解放区，国民党军在全面内战爆发之前先后侵占了灵璧之沱河集、五河之濠城等地。特别是4月27日，国民党第八十八师和萧县保安团以8000余人的优势兵力突然包围驻萧县尚口的萧县总队，并发起猛攻，致萧县总队副总队长刘为敬以下300多人牺牲，100多人被俘，仅20余人突围。不过，国民党军也付出了伤亡近千人的代价。

全面内战爆发后，在淮北战场，担负作战任务的国民党军队主要有第七军、整编第五十八师、整编第六十九师等。在第八"绥靖区"司令夏威指挥下，国民党军队自7月18日开始分三路向淮北解放区进攻，其中南路第七军由固镇东攻灵璧、泗县、五河；中路整编第五十八师由宿县、蒙城北攻濉溪口，整编第六十九师由宿县北之夹沟东攻朝阳集，再向睢宁、宿迁攻击前进；北路整编第二十八师向徐州东陇海路两侧进犯，以运河铁桥及以南地区为攻击目标。其总体目标是从西、

---

① 参见1946年7月27日淮南区党委副书记李世农与陶滔、孟家芹等人的谈话，参见陶滔：《一千个日日夜夜——解放战争时期日记》，黄山书社1998年版，第25页。

② 钢铁：《记淮南的艰苦恢复》，1948年3月19日《新华日报》，参见中共安徽省委党史研究室编：《安徽现代革命史资料长编》第4卷，中共安徽省委党史研究室2004年印，第90页。

北两面进迫华中解放区首府淮阴。国民党军队进攻较为顺利，在月底前先后抵达预定进占地域：在南路，第七军于 22 日占灵璧，28 日占泗县，30 日占五河；在中路，整编第五十八师于 20 日攻占濉溪口，整编第六十九师在 25 日进占朝阳集；在北路，整编第二十八师也在 21 日进占曹八集（今邳州市八义集镇）。其间，仅在 27 日至 29 日的朝阳集战斗中遭到重大损失。① 而在泗县战斗中，中共军队损失较大。

在淮北解放区的中共军队，主要有陈毅指挥的山东野战军第七师、第八师、第二纵队以及华中野战军第九纵队，共 5 万余人。他们是 7 月 20 日从鲁南越过陇海路隐蔽进入淮北地区的。陈毅认为："现华中全境，苏中敌势已颓，淮南、淮北敌势正旺"，"决心在淮北打一二好仗，即可改变局势"。② 他选定的目标是驻泗县的桂系第七军。部署以第八师和第九纵队作为攻击部队，以第七师和第二纵队打援。8 月 7 日晚，中共军队发起攻击，担任主攻的第八师于次日晨攻入城内后，守城的第七军一七二师顽强抵抗，并借助优势火力反击，致使第八师伤亡严重，攻守双方形成对峙局面。又值天降大雨，"因攻城兵力不足，火炮、辎重因雨水影响未及跟上，打援兵团又为河水所阻，无法投入攻城作战"。③ 此时，第七军增援之一七一师已突破阻击线，逼近泗县。在腹背受敌的情况下，陈毅不得不于 9 日决定撤出攻击，主力转移到运河以东的泗阳、洋河地区。此战，中共军队虽然歼灭了国民党军 3000 余人，但自身也伤亡 2000 多人，是一个消耗战，较大地影响了部队的战斗力，对部队的作战心态也有重大影响。陈毅后来在《华东一年来自卫战争的初步总结》中感叹道："两广军队是很顽强的，是蒋军

---

① 在中路国民党军换防调动、立足未稳之际，新四军军长兼山东野战军司令员陈毅决定以野战出击的手段，歼灭朝阳集之敌。7 月 27 日凌晨，中共军队发起攻击。山东野战军第二纵队第四、第九旅和第七师第二十旅在分别攻取朝阳集外围阵地，切断朝阳集与双沟的联系后，包围朝阳集之敌；华中野战军第九纵队 4 个团切断朝阳集与渔沟之间的联系，并以部分兵力围歼渔沟守敌，还破坏了海郑公路，以阻扰徐州敌人可能之东援。随后发起总攻。到 29 日，战斗结束，共歼灭国民党军整编六十九师第九十二旅全部和第六十旅一部，共 5000 余人，俘获旅长冼盛楷。

② 军事科学院军事历史研究部编著：《中国人民解放军全国解放战争史》第 2 卷，军事科学出版社 1996 年版，第 72 页。

③ 《第三野战军战史》编辑室编：《第三野战军征战日志》，江苏人民出版社 1995 年版，第 83 页。

中战斗力最强的,硬不缴枪。"①

8月下旬,国民党军参谋总长陈诚在徐州召开会议,与徐州"绥靖"公署主任薛岳等商定:以淮安、淮阴为目标,继续向华中解放区发动所谓"第二期攻势",并决定向进攻淮北路东地区的李延年集团增加整编第七十四师。此后,国民党军队在淮北路东地区军事实力进一步加强。不久,便控制了津浦路、陇海路、运河、淮南路沿线,割断了淮北路东地区与华中其他解放区的联系,并对坚守在淮北路东的华中七地委领导的地方武装实行"清剿"。9月19日、22日,国民党整编第七十四师先后攻下淮阴、淮安,迫使七地委武装于11月24日向运河以东地区转移。这样,国民党军队便占领了整个淮北津浦路东地区。1947年1月16日,华中分局民运部长、苏皖边区政府副主席刘瑞龙在检查总结淮北撤退会上说:"根据初步统计,我们丢在淮北(路东)的武装共有3742人,干部2500人,其中县级60人,区级347人,乡级2947人,还有伤员和分区机关人员约1500人。总计干部、武装、伤员近7000人,这是多么大的损失啊!"②

在淮北津浦路西地区,1946年7月中旬,徐州的国民党军为保证后方安全和交通线的畅通,向中共领导的华中八分区发起进攻。参加进攻的国民党军包括整编第八十八师、整编第五十八师新十旅、交警二总队、江苏省保安旅两个团及萧县、宿县、砀山、永城、夏邑、商丘、蒙城、涡阳、怀远、亳县等县保安团及地主还乡团武装,达2万余人。其中整编第八十八师沿陇海路向西进犯,侵占黄口、砀山;交警二总队占领萧县县城、岱山口、瓦子口一线,并在萧县保安团的配合下向萧西进犯;整编第五十八师及宿县地方武装一部由宿县县城向宿县西部进攻,一路控制宿蒙公路向蒙城、涡阳推进,一路占领宿永公路百善集,一路占领濉溪一带。而八分区的全部兵力,仅有三十四团、三十五团,3个独立团,1个警卫营,1个骑兵大队以及8个县总队和区、乡武装,约1万余人。为此,国民党军利用其兵力上的优势及指挥上的统一,

① 《陈毅军事文选》,解放军出版社1996年版,第429页。

② 参见中共安徽省委党史研究室编:《安徽现代革命史资料长编》第4卷,中共安徽省委党史研究室2004年印,第69页。

将八分区永城以东地区分割成数块,逐步"蚕食"。

在这种形势下,7月26日,华中八地委在永城县城召开县团级干部会议,传达华中分局对八分区"坚持地区,保存实力"的作战方针,制定了"军事上以游击战为主,政治上依靠人民,争取一切可以团结的力量,孤立最顽固的反动派,经济上注意节约人力、物力、财力,作长期打游击的准备"①的战略方针。但因对八分区战略地位的重要性及进攻的国民党军兵力多、来势猛、速度快的特点缺乏足够认识,因而这次会议未能结合实际情况,提出具体实施办法,在一定程度上影响了反击战的效果。

8月10日,为配合晋冀鲁豫野战军第三、第六和第七纵队发起的自徐州到开封间的陇海路破击战,八分区第三十五团向驻黄口的江苏省保安团两个营和萧县地方武装发起进攻,占领了黄口车站和黄口镇,歼敌一部。次日,八分区第三十四团又向驻黄口西南何寨的守敌实施突袭。历时13天的陇海路破击战,共破坏铁路300余里,歼灭国民党军第五十五师一八一旅和二十九旅八十七团1.6万余人,解放砀山、虞城两座县城。此战给国民党军的运输造成极大的困难。

8月20日,国民党调集10余万兵力向破击陇海路的中共军队发起反击,其中新五军分5路,沿宿永公路向陇海路推进,由东南至西北横穿华中八分区;驻守徐州的军队沿陇海路西进;参战的还有交警3个总队、驻商丘的第三纵队5个团、江苏保安团等。由于敌众我寡,晋冀鲁豫野战军立即向北转移,第八分区主力部队也撤离陇海路,八分区各县则由配合主力反击作战,转入就地坚持游击战争。国民党军队随即占领永城、沛县、苗桥及陇海线之丰县、夏邑、砀山、虞城、马牧集等地。这样,淮北津浦路西解放区大部被国民党军占领。

此后,国民党军队继续发起攻势,在淮北路西地区的参战部队主要是第五十八师新十旅两个团,交警二总队,江苏省保安团,萧、砀、宿县保安团和大批地主还乡团。到10月底,又相继夺占宿西、萧县、宿

---

① 参见中共淮北市委党史研究室:《中国共产党淮北地方史》第1卷,中共党史出版社2004年版,第205—206页。

怀、宿蒙等地。

面对严峻的形势,10月上旬,华中八地委在雪商毫县召开县团级干部会议,确定了"主力外线作战,地方武装内线坚持"①的方针。为集中力量,八地委在全区设立4个党的工作委员会,将分区所属3个独立团和8个县总队合编为4个支队,分别随各工委开展斗争。会后,分区主力部队、各工委、各支队及各县区武装,分头向负责的地区挺进,与来犯的国民党军展开激烈的争夺战。其中10月中旬至11月上旬,八地委先后5次集中分区主力从永西出发东进,但在与国民党军的争夺中,由于力量悬殊,未获成功,不得不返回。其他部队也未能实现预定的战略目标。12月初,华中八地委及所属各县党政军大部撤退到商毫一带,旋遭敌围攻,后突围到河南宁陵,并与冀鲁豫六分区取得联系。12月6日,接豫皖苏区党委电示,前往睢杞太地区整编。至此,淮北津浦路西地区均被国民党军队占领。

四、国民党军队对皖南的进攻

抗日战争胜利后,新四军在皖南的主力部队遵照中共中央及华中局的指示迅速北撤。留在皖南的有3支队伍:一支是皖南山地中心县委书记胡明领导的300多人的游击队。他们分散在4块地区活动,其中活动在泾(县)旌(德)太(平)边区的洪林部有70余人,活动在泾(县)宁(国)宣(城)边区的吕辉部有30多人,活动在绩(溪)歙(县)宁(国)边区的唐辉部近100人,活动在黄山周围地区活动的刘奎、李健春部有30多人,此外,中心县委机关干部、战士、后勤人员有30多人。这些游击队的活动地区,包括青弋江以南和黄山周围的山地,尤其是黄山和天目山之间一块较大的地区。一支是由沿江中心县委书记杨明领导的新四军皖南支队两个连队和北撤时留下的铜陵、繁昌的地方武装与干部,约400余人。随后,他们整编了所有留在沿江地区的部队,并根据张云逸副军长等指示的留皖南、皖中坚持的部队"将来

---

① 参见中共亳州市委党史研究室、亳州市地方志编纂办公室编著:《中国共产党亳州地方史》第1卷,人民日报出版社2005年版,第140页。

在顽军进攻时，则不以共产党、新四军名义出现为好"[1]，将部队番号改为"皖南人民自卫军"，以查富德为总队长、杨明为政委、钱秋育为政治处主任，下设6个区队，每个区队约五六十人。一支是熊兆仁、倪南山领导的苏浙皖边区部队。1945年10月8日新四军苏浙军区北撤时，苏浙区党委成立了以陈立平为书记的苏浙皖边区特委，对外称新四军苏浙皖边区留守处。苏浙皖边区特委下设茅山、太滆、浙西、郎广4个分工委，其中郎广分工委书记张思齐、副书记许道珍，辖郎溪、广德和长兴、宁国和宣城一部分。留守的军事机构为苏浙皖边区司令部，陈立平兼政委、熊兆仁为司令员、倪南山为参谋长。司令部直属1个营，各工委有1个连或1个小连，各县建有武工队或武工组，总人数约有1200至1400人。这3支部队各自活动，也各不相属。因皖南地区中共军队兵力相对较少，国民党军队对皖南地区进攻的规模和力度相对也较小。

国民党军队对中共沿江中心县委及皖南人民自卫军的进攻在接收之初便开始了。1945年10月中旬，铜陵国民党地方武装1个中队，联合刚改编的伪军吴智和中队及新收编的日军降兵，共300余人，准备对皖南人民自卫军活动区域进行"清剿"。皖南人民自卫军总队长查富德接获情报后，率130余人在石佛山设伏。此战，皖南人民自卫军击毙国民党军27人，缴获步枪10余支。11月中旬，国民党第一九二师1个营又在地方武装的配合下，联合汪伪皖南独立方面军千余人，分3路骚扰铜陵顺安地区。12月，国民党第四十四军第一五〇师、第一六二师开到贵池、青阳、铜陵一线，向沿江中心县委领导的武装发动"清剿"。沿江中心县委趁国民党军尚未完成包围态势之前，巧妙地从其缝隙中撤离皖江地区，向山高林密的黄山地区挺进。1946年1月1日，杨明率所部主力武装在泾旌太地区樵山和皖南山地中心县委书记胡明会合。铜青南县委书记朱农则率三区队进入泾青南地区，开辟了以宾山为中心的游击根据地。这样，国民党军企图"清剿"沿江

---

① 中国人民解放军历史资料丛书编审委员会编：《新四军·文献》（5），解放军出版社1995年版，第326页。

我主力武装的计划扑空。

1945 年 12 月,华中分局电告胡明,以山地中心县委和沿江中心县委为基础合并成立皖南地委,以胡明为书记。1946 年 2 月初,皖南地委在绩溪县王会山召开第一次地委会议,确定继续坚持并相机发展游击战争,放手发动群众,壮大力量的斗争方针。会议还决定,转入山区的沿江中心县委领导黄山以西直至沿江地区的斗争;山地中心县委撤销,所属游击队在黄山以东至青弋江地区活动。皖南地委成立后,中共在皖南地区有了一个统一的领导机构,皖南游击区也成为一个统一的整体。此后,为有利于开展游击战争,沿江部队撤销了皖南人民自卫军的番号,恢复新四军的名称,改称新四军沿江总队。不久,其与刘奎部合并,刘奎任总队长,杨明兼政委,查富德任副总队长,钱秋育任政治处主任。

国民党军队对中共苏浙皖边区特委及其领导的武装力量也发动了进攻。10 月下旬,蒋介石、何应钦下达"清剿"命令,要求"以主力迅速清剿江南'散匪',以恢复京沪杭地方治安,维护交通安全,确保还都南京"。① 第三战区迅速调集第一四六师、第一四五师、新七师及忠义救国军、浙江保安团、江苏保安团等 2 万余兵力,对皖南宣郎广地区和浙西长兴、莫干山、天目山地区进行第一次"清剿"。这时苏浙皖边区特委领导的武装仅有 1000 余人,敌我力量极为悬殊。在严峻的形势下,边区特委率直属部队从张渚经杨桥向宜兴、溧阳边境的荷花塘、石岩里转移。10 月 23 日,边区特委在宜南研究斗争方略,决定向广德南乡转移,以广南大山和天目山为依托,和郎广、浙西工委相呼应。会议还决定,精干武装,缩小目标,部队分散行动。边区司令部直属营一连,在宜兴的太华、岭滓岕一带活动;二、三连随领导机关向广德南乡挺进。转移过程中,边区领导机关在泗安以南的马王庙、郎溪上许村等地遭到袭击。31 日夜,边区领导机关进入广南之桐沟南米冲,与郎广工委取得联系后,得知周围布满敌军,决定迅速分散,化整为零。边

---

① 《第三方面军清剿京沪地区战斗要报》(1945 年 12 月),参见中共安徽省委党史研究室:《中国共产党安徽地方史》第 1 卷,安徽人民出版社 2000 年版,第 548 页。

区领导机关分成 4 支突围,后分别到达广北、宜南、溧南、太滆等地,并在宜溧的龙池地区(现宜兴市茗岭乡)扎下根。到 1946 年 4 月中旬,苏浙皖边区司令部已由建立初期的 350 多人减少到 130 余人。

这时期,郎广工委及所属各县武工队也遭重大损失。经过国民党军 3 个月的"清剿",郎广工委只剩 8 人,所属武装由 200 多人减少到 30 多人。

1946 年上半年,国民党军对皖南地委及其所领导的军队发动了较大规模的进攻。自 3 月开始,国民党政府先后调集第四十四军的第一五〇师、第一六二师全部,新七师的 1 个营,安徽省保安第五团及泾县、旌德、太湖、青阳、石埭、宁国、绩溪、歙县、休宁、黟县等 10 县的地方部队,共万余人,在衢州"绥靖"公署的指挥下,采用分进合击的方式对皖南地区进行大"清剿",企图全歼皖南地委及其所领导的武装力量。当年 3 月,国民党军新七师 300 多人进犯宁国板桥地区,吕辉立即率主力撤出包围圈,后寻机攻下宣城黄渡乡公所。4 月 9 日起,国民党军以 4 个团的兵力,连续 10 余次"搜剿"绩溪、歙县、旌德边的大、小麦坑、杨树坑等旌绩县委所属游击区。旌绩县委及主力游击队灵活地跳到外线与敌周旋,还寻机毙俘敌 40 余人。4 月 12 日,国民党军调集第一六二师 6 个连、保五团 1 个大队 3 个连及一些地方部队共 18 个连的兵力,分 3 路包围皖南地委所在的旌(德)绩(溪)边黄高峰地区。当时地委机关仅有 30 多人,武装只有 1 个班。皖南地委书记胡明立即率地委机关干部转入密林深处,在密林中来回穿插,终于突破敌人包围圈,安全地转移到泾县的涌溪坑,与吕辉部会合。国民党还以 4 个团的兵力,先后 10 余次向绩、歙、旌边游击区进行"搜剿",因游击队冲出包围圈,成效也不大。国民党军这次"清剿"一直持续到 6 月底。在 3 个月的"清剿"中,国民党军共与皖南游击队发生 7 次较大规模的战斗,付出了百余人的代价,迫使游击队转移到新的地区。

1946 年 6 月国共内战全面爆发后,在皖南的国民党军主力纷纷调往江北。国民党军对皖南地区较大规模的进攻基本上告一段落。

针对国民党发动全面内战的新形势,1946 年 7 月 1 日,中共中央华中分局给熊兆仁、倪南山发出指示信,提出江南、皖南党和游击队的总任务是："放手发动群众,壮大人民力量,积极开展群众游击战争,打击反革命势力,壮大革命武装力量,争取江南人民革命的胜利,开展配合解放区粉碎国民党军阀的内战,反对新侵略与新卖国的运动,全国性的新民主主义革命之胜利开展。"[1]要求他们在江南、皖南及浙西地区开展积极的游击战争,并指示建立苏皖边区军政委员会,统一指挥胡明和熊兆仁两部。7月12日,熊兆仁在宜兴的岭涯岕收到交通员送来的指示信,随即在司令部和太滆工委作了传达,决定由熊兆仁、倪南山率领40余骨干前往皖南与胡明会合,苏南由太滆工委书记孙章录负责。11月初,熊兆仁率1个班到达泾县樵山,与胡明会师,倪南山率主力留在板桥、涌溪,配合吕辉游击队行动。当月,皖南地委在泾县濂坑召开苏皖会师后的第一次扩大会议,胡明、熊兆仁、杨明等参加了会议。会议明确了皖南党和游击队的总任务,要求"向着创造根据地的目标前进,在巩固原有阵地的基础上力求发展"[2];正式成立苏皖军政委员会,以胡明为主席兼政委、熊兆仁为司令兼军事部长,统一皖南和苏浙皖边党和军队的领导。会后,熊兆仁率部返回郎广地区,向郎广工委传达了这次会议精神,决定原属苏浙皖边特委各工委统归苏皖军政委员会领导。还要求除巩固和发展原有地区外,太滆工委向溧阳南部和浙江方向发展,郎广工委向浙西和宣宁边方向发展,苏浙皖边区游击队的主力去皖南。此后,熊兆仁率部在广德许村九曲岭等地打击国民党地方武装,缴获了一些武器,给群众以极大鼓舞。1947年1月,熊兆仁、倪南山再次率领40余人回到皖南,在泾县樵山第二次与胡明会合。抗战胜利初期中共留在皖南的3支队伍实现了会合。

由于苏浙皖边特委的主要领导及其武装力量大部已转移到皖南,太滆、郎广工委处于独立活动状态。为加强苏浙皖边区的领导力量,1946年底华中分局决定撤销苏浙皖边特委,成立苏浙皖边工委。次年2月下旬,苏浙皖边工委在宜(兴)南正式成立,钱敏、孙章录为正、副书记。下辖太滆、郎广两个分工委,其中郎广分工委正、副书记为张

① 《华中分局给熊兆仁、倪南山的信》(1946年7月1日),参见中共芜湖市委党史研究室编:《战斗在皖南沿江地区》,合肥工业大学出版社2005年版,第342页。

② 胡明:《解放战争时期的皖南游击战争》,《安徽党史通讯》1985年第1期,第16页。

思齐、许道珍。苏浙皖边工委开始属华中分局和皖南地委双重领导，此后因它与华中分局相距较远，又没有电台联系，便改归皖南地委领导。

1947年2月，国民党军队在安徽省保安司令部副司令张湘泽的指挥下，又对皖南游击区发动进攻。这次进攻以旌（德）绩（溪）为重点，采取长途奔袭、连续进攻等办法，并强调政治"清剿"。对此，皖南地委确定内外线全面反击的方针，即：在内线不作消极突围，在给"清剿"之敌人以有效杀伤后，再相机主动撤离战场；在外线则集中主力，主动向敌人发起进攻。在这个方针指导下，皖南游击区又粉碎了国民党军的进攻。如在内线，皖南游击队先后在绩溪上横路、舒家庄，宁东大清湾，绩旌边之北岩庵等地毙伤国民党军数十人。在外线，皖南地委歼灭了旌德江村的反共武装后备队。旌绩县委游击队、旌泾太游击队、泾旌宁宣游击队也分别打下几个乡公所，毙伤俘国民党军四五十人。3月下旬，国民党军结束这次"清剿"，第一六二师四八四团调往江北作战。到这时，中共在皖南的游击队总人数有800余人。经过国民党军一年半的进攻后，在皖南的中共武装力量仅在数量上有所减少，但指挥更加统一，力量更加集中。国民党军对皖南的进攻基本上没有达到预期的目标。

第三节　解放区军民保卫民主成果

一、淮南地区军民的斗争与淮南解放区的重建

国民党军队占领淮南解放区后，新四军主力撤出，但部分新四军及游击队奉命在淮南地区坚持地方武装斗争。淮南区党委副书记李世农要求他们"尽快发展武装，把干部和积极分子组织起来搞武装斗争"，要做到"人不离枪，枪不离乡，就地和敌人斗争"，并迅速建立灰

色政权,准备应付敌人,等待大军反攻。① 其中坚持在津浦路东的盱眙、来安、嘉山地区的武装有:第二师第六旅第十六团和来安县支队、嘉山县大队、盱眙县大队1个连,以及后来联系上的六合县大队两个连,总兵力约有2000人。为统一领导盱眙、来安、嘉山地区革命斗争,1946年8月1日,淮南区党委批准同意成立盱来嘉工委,由第二师副参谋长朱云谦兼任书记。8月6日,淮南区党委又在盱来嘉地区成立由李世农、陈雨田、朱云谦3人组成的区党委代表团,李世农为书记。在李未到以前,由朱暂时代理。

此时淮南津浦路东地区,国民党大军云集,先有第五军和整编第七十四师的大规模"清剿",到8月中旬,这两支军队北调徐州后,接防的第二十六军及原在津浦线上的整编第四十八师和驻天(长)扬(州)公路的整编第二十五师又反复"清剿",路东形势极为紧张。在此情况下,朱云谦指挥第六旅第十六团和3县地方武装多次主动出击,攻击分散孤立的国民党军和还乡团。短短10天内,第十六团先后收复京山集、张山集、宝山集、自来桥、屯仓、复兴集等10多个集镇。8月18日,第十六团二营又夜袭半塔区公所,毙敌20余人,俘30余人。一时声势较大,当地群众颇为振奋。但国民党军也随之加大了"清剿"力度。8月下旬,国民党调集第二十六军1个师、整编第四十八师1个旅及安徽省保安五团向第十六团所在的仇集山区围攻。他们以团或营为单位集中活动,第十六团很难各个击破,回旋余地越来越小。苦战多日后,朱云谦决定兵分3路突围:第十六团团长彭济伍带第二营到来安境内活动,胡少卿带嘉山大队到盱眙境内活动,朱云谦率第一营、第二营向津浦路西的滁县、定远一带转移。但国民党军在津浦路西防守很严密,朱云谦率部与之周旋1个星期后,因无法立足,又返回路东。9月5日,华中军区电令朱云谦率第十六团由六合、天长、仪征向高邮转移,盱来嘉3县地方武装留下就地坚持游击。9月7日,淮南区党委又来电指示组织盱来嘉中心县委,统一领导该地区的斗争,以

_____

① 参见1946年7月27日淮南区党委副书记李世农与陶滔、孟家芹等人的谈话,参见陶滔:《一千个日日夜夜——解放战争时期日记》,第25页。

徐速之、胡少卿为正、副书记。第十六团冲破国民党军4条封锁线，于9月13日到达苏中根据地高邮县城。但第十六团在此过程中也付出了很大的代价，团长彭济伍、政委王胜凯牺牲。

淮南区党委副书记李世农带领一部分干部、战士，坚持在天长县、高宝县，背靠运河线，依托苏中根据地，以金沟大河为防线，在小河东的闵塔、银涂、南湖、北湖4个地区坚持斗争。主要武装是天高游击支队，林青为支队长、梁明伦为政委，共60余人。9月初，天高支队进入路东天长、盱眙地区，寻找第十六团。后得知第十六团已突围，便在难以继续坚持的情况下，于9月9日晚开始突围，梁明伦等牺牲，林青等10余人突围成功，到达高邮县城。9月23日，高宝县干部、战士百余人也奉命撤到运河边上的刘堡集中。在六合、仪征、甘泉等东南3县，一些地方武装和干部在与上级失去联系的情况下，继续坚持斗争，一直到9月下旬才奉命越过高邮湖，到达运河以东。

在淮南津浦路西，也有几支武装坚持敌后游击战争。其中孙传家、周依冰领导的游击队在凤阳山区坚持斗争。华中四地委在转移到津浦路东前，决定由定凤怀县支队司令孙传家、县委组织部副部长周依冰率县支队1个连和少数区乡干部就地坚持游击战争。定凤怀游击队采取化整为零、分小股隐蔽活动、夜间出击的方式，打击了一批危害极大的反动分子。8月，孙传家、周依冰到华中分局汇报工作，后因交通阻隔未能及时返回，所属部队大部转移到洪泽湖活动，余健等30余人仍留在凤阳山区坚持斗争。12月下旬，周依冰率200余人，经过艰苦的战斗，返回凤阳山区，与余健等会合，并在四分区坚持地区成立中心县委，周依冰为书记兼游击支队司令。次年1月下旬，孙传家率80余人经苏北回到路西，转移到洪泽湖的部队也回到凤阳山区。为加强路西地区的统一领导，根据华中分局指示，在中心县委和游击支队的基础上，成立了津浦路西中心县委，孙传家任书记兼武装部队司令，周依冰任副书记兼副司令。

赵凯领导的游击队主要活动于淮南铁路以西、寿县东南地区。1946年1月3日，四地委在向苏北转移前，成立寿（县）六（安）合（肥）霍（邱）工委和寿六合霍县政府，以赵凯为书记兼县长；以两支由淮西转移到津浦路东的武工队为基础组成寿六合霍县游击总队,赵凯兼政委、冯道生为大队长,全队共有 124 人。其任务是坚持淮西武装斗争,建立敌后政权,牵制敌人,配合主力军正面作战。寿六合霍县游击总队返回淮西后,国民党安徽省政府立即调集桂军 1 个团、省保安团 1 个团及寿县地方武装进行"清剿"。游击总队为避敌锋芒,实行远距离跳大圈子,向大别山外围地区游击。在此期间袭击了一些国民党基层政权,打退了一些国民党军的围攻。

定(远)滁(县)全(椒)县委在巢县黄山、滁县花山、定东南一带坚持斗争。在巢县黄山地区坚持游击战争的是县委书记黎竞平和支队司令吴万银等带领的 1 个营的武装。他们采取"分散活动,定期集中"的方式坚持游击战争。7 月底,黎竞平奉命回路东汇报工作,地委决定将定滁全县委改为和(县)含(山)全(椒)县委,吴万银为书记。在吴万银的带领下,这支队伍在巢县黄山、全椒等地与国民党军浴血奋战。后与皖西军区派到巢无一带的武装取得了联系。在花山坚持斗争的是罗应生县长带领的 200 多名干部和武装。由于滁全一带国民党集中了大批兵力,不分白天黑夜来回拉网,游击队损失很大,不久被迫转移到路东盱眙县。在定东南地区坚持斗争的是县委宣传部长陶国祥带领的武装,他们在定东南坚持了 1 个多月,后失败。

在淮南、淮北解放区被国民党军占据半年多以后,战争形势逐渐朝着有利于中共的方向发展。1946 年 12 月 23 日,陈毅等新四军领导适时提出"准备派队恢复淮北、淮南游击工作"。① 同日,华中分局决定成立淮南工委和淮北工委,分别领导恢复淮南、淮北的斗争。在山东成立的淮南工委以黄岩为书记。25 日,中共中央致电华东局并华中分局,提出"派部队、派干部恢复淮南、淮北工作必须立即进行"②。为此,淮南工委加紧了派遣精干武装和人员,领导收复淮南地区的斗争。1947 年 2 月 8 日淮南工委作出《关于当前总任务的决定》和《关

---

① 中国人民解放军历史资料丛书编审委员会编:《新四军·文献》(5),解放军出版社 1995 年版,第 700 页。

② 中国人民解放军历史资料丛书编审委员会编:《新四军·文献》(5),解放军出版社 1995 年版,第 702 页。

于坚持淮南游击战争的决定》，提出："应以武工队的形式活动于敌占区，组织广大群众进行非法和合法的各种斗争，以维护基本群众的切身利益。要提出抗捐、躲丁、反特、反倒退、分田等口号，把基本群众组织起来。武装游击队应坚决打击与镇压群众所痛恨的特务与武装还乡团，摧毁其保甲组织与特务组织，逐步建立由小到大，由点到面，以我政权为主的游击根据地，以达到配合正面战场，收复淮南失地的伟大目的。"①

淮南工委还在组织上进行了具体部署：组成以孙传家为书记的第一工委，负责领导定合公路定远至梁园以西、淮南路蚌埠至罗集以东、津浦路蚌埠至明光以西，将该地区内所有游击队编为第一支队，孙传家为司令兼政委；组成以徐速之为书记的第二工委，活动于定明公路以南，定合公路的定远至梁园以东南之宫集、赤镇、腰铺，以北之津浦路西地区及路东盱来嘉地区，重点在津浦路东，将该地区内所有游击队编为第二支队，张百锷为司令、徐速之为政委；组成以吴万银为书记的第三工委，活动于梁园、罗集至腰铺以南，长江以北，津浦路以西，淮南路以东，将该地区内所有游击队编为第三支队，吴万银为司令兼政委；组成以赵凯为书记的第四工委，活动于淮南路以西，寿六合霍地区部队为第四支队，赵凯为司令兼政委；组成以孟家芹为书记的第五工委，活动于高邮湖西、南三河以南的高宝及天长地区，在该地区成立便衣武工队，汤序明为队长、孟家芹为政委。第二、第五工委主要活动在津浦路东地区，第一、第三、第四工委主要活动在津浦路西地区。

在此期间，除淮南路西地区仍有 3 支游击队坚持敌后斗争外，北撤到鲁南的部队，也在华东局的统一部署下，分批挥师南下，挺进淮南敌后。第一批是华中野战军第十纵队第六旅政治部主任杨效椿率领的第十六团（1947 年 2 月改编为华东野战军第十二纵队第三十四旅第一○○团）二营。1947 年 1 月 6 日，该部同淮（阴）宝（应）县地方干部一起从苏北阜宁出发，在宝应渡过运河，进入淮宝地区。在淮宝地

---

① 淮南工委：《关于坚持淮南游击战争的决定》，参见中共安徽省委党史研究室编：《安徽现代革命史资料长编》第 4 卷，第 75 页。

方干部的配合下,在半个月内,就夺占了仁和区署及严桥等 5 个乡公所,攻克高良涧、吕良桥等镇,歼灭国民党地方武装 300 余人,打开岔河以南地区局面。第二批是徐速之、张百锷率领的淮南第二工委与第二支队,及孟家芹等率领的淮南第五工委与高宝武工队。2 月上旬,第二支队在鲁南相官庄集结,3 月下旬到达苏北射阳,与高宝武工队会合。4 月 4 日,两队进入淮宝,与杨效椿率领的第一〇〇团二营在三河北岸会师。此后,这 3 支队伍在杨效椿统一指挥下取得了一系列战斗的胜利。到 6 月 20 日,杨效椿、徐速之等在小河东①建立了银涂、北湖两个区政权,张百锷也在泗县管镇以南的淮河滩地建立长淮区。这样,初步建立了挺进淮南的前进基地。

　　早在 1947 年 2 月,淮南工委委员李世农就根据华东局的指示,带领 10 余名干部准备返回淮南领导坚持斗争。但因国民党军封锁陇海线,无法通过,只得返回山东莒县等待时机。3 月下旬,华东局要求淮南工委尽快返回淮南直接领导该地游击战争,并任命李世农为淮南工委书记;同时决定成立淮南支队,杨效椿为司令员,李世农兼政委,魏然为副司令员,徐速之为政治部主任,张百锷为参谋长。于是李世农、魏然率 1 个武装营和 100 多位曾在淮南工作过的区乡干部离开山东南下。4 月下旬,到达苏北军区,并随同苏北军民一起反"扫荡"。7 月上旬,渡过运河,进入淮宝地区,与杨效椿等会合。7 月 12 日,由李世农、杨效椿、徐速之、魏然组成的淮南工委,在淮宝县吕良桥召开第一次会议,研究制订进军淮南的行动计划。会议决定将在淮宝的部队正式合编为淮南支队,其中杨效椿率领的第一〇〇团二营编为支队二营,张百锷、徐速之率领的淮南第二支队和李世农、魏然率领的武装营合编为支队第三营,还有 1 个直属支队的侦通队。

　　此后,李世农、杨效椿等率领淮南支队二营和干部队渡过淮河,三进西山,在淮北支队配合下,开辟盱(眙)凤(阳)嘉(山)地区。先后攻克钱家嘴、紫阳、潘村、小柳巷、石家巷等地。9 月中旬,恢复建立盱凤嘉县委和县政府。魏然和徐速之率领淮南支队三营活动于天长、高

———————

　　①　三河以南,高邮湖、宝应湖以西,金沟河以东地区,俗称"小河东"。

宝。7月18日进入小河东后,迅速收复塔集、闵桥、夹沟、横荡桥,全面控制了高宝的小河东地区。7月底,淮南工委决定撤销第五工委,恢复高宝县委、县政府,以孟家芹、陶滔为正、副书记,张静江为县长。高宝县兼管天长地区恢复工作。9月15日,驻运河东的国民党孙良诚保安纵队1个团,高邮、宝应、淮阴、淮安4县保安队等2000余人,在海军第七舰队18艘舰艇的配合下,对小河东地区进行"扫荡"。淮支三营和高宝县武装在抵抗1天后,因力量悬殊,便撤往淮宝。但高宝县委仍继续坚守在高宝地区。他们以区为单位,组织了3支武工队,与国民党军周旋。

刘邓大军挺进大别山、陈粟大军挺进豫皖苏,为恢复淮南、淮北解放区创造了极为有利的条件。为把握这一有利时机,华中分局决定加强向淮南地区进攻的力量。10月中旬,华东野战军第十二纵队第三十四旅政委李世焱受命率第一〇〇团作为先头部队南下淮南。11月上旬,第十二纵队决定成立淮南前敌委员会,以李世焱为书记,淮北工委书记饶子健、淮南工委书记李世农为副书记。11月中旬,李世焱率第一〇〇团和部分地方干部进入淮宝地区,在仁和集与李世农、魏然等会合。其后,在淮南支队第三营的配合下,第一〇〇团在路东地区连战皆捷。其中12月1日的银集战斗为中共南下武装收复淮南的关键,也是高宝湖西地区由防御转向反攻的转折点。此后,高宝县全境恢复,金沟河以东的小河东地区一直为完整的解放区,淮南工委,淮南区党委,路东地委、专署、军分区等均设在这里。

1948年元旦,杨效椿率部来马坝与李世焱等会合后,淮南前敌委员会在马坝召开会议,讨论军事计划和政权建设问题,并对组建政权进行分工,确定铜城以北和金沟以东的政权工作,由李世农、杨效椿、魏然负责,张公铺、汉涧、石梁、东旺庙、大井赵一带由李世焱和第一〇〇团负责。1月8日,淮南工委发出《关于建设地方武装与坚持原地斗争指示》,提出"我们的任务是消灭一切大小蒋匪武装,全部恢复淮南",要求"应尽一切力量,强力发展人枪,组织地武",还"必须确立原地坚持的思想，立刻做好反'扫荡'反'清剿'准备"①。到1月底，淮南工委在路东地区建立了东到宝应湖、高邮湖，西至盱嘉山区，北连淮北的恢复区，建立了高宝、盱来嘉、盱凤嘉、天长4个县政权和东南工委，下辖16个区政权。

　　为了适应解放战争形势的发展变化，统一和加强华中地区党政军领导，华东局对华中领导机构进行了调整：1947年9月12日，决定组建以陈丕显为书记的华中工作委员会，作为华东局的派出机构。11月10日，华中工委在苏北射阳县耦耕堂宣布成立。华中工委成立时，华中分局、苏皖边区政府及苏中、苏北两个区党委相应撤销，其原辖党组织统归华中工委领导。与此同时成立相应的行政机构华中行政办事处和军事机构华中指挥部。② 华中行政办事处受华中工委领导，华中指挥部受华东军区和华中工委双重领导。华中行政办事处主任为曹荻秋，副主任为贺希明、陈国栋。华中指挥部由管文蔚任指挥，陈丕显兼政委，陈庆先任副指挥，姬鹏飞任副政委兼政治部主任。下辖华东野战军第十一、第十二纵队和第一、第二、第五、第六、第九军分区，淮北支队，淮南支队及海防纵队。

　　针对淮南斗争发展的新形势，1948年2月6日，华东局副书记邓子恢电示华中工委：在军事上应着重消灭、瓦解土顽，使国民党正规军失去生根基础；梁从学、孙仲德、杨效椿等迅速进入津浦路西，与孙传家、吴万银部会合，以开辟路西局面，呼应路东；要派少数部队到六合、仪征地区开展游击，以牵制国民党军。同时指示成立淮南区党委、淮南军区。根据华东局指示，华中工委决定恢复成立淮南区党委、淮南军区，曹荻秋任区党委书记兼军区政委，李世农任副书记，陈庆先任军区司令，杨光池任政治部主任。因曹荻秋一直未到淮南，区党委工作由副书记李世农负责。淮南军区机关人员实际上就是第十二纵队前

---

①　淮南工委：《关于建设地方武装与坚持原地斗争指示》，参见中共安徽省委党史研究室编：《安徽现代革命史资料长编》第4卷，第85—86页。

②　1948年3月14日，根据中共中央军委的命令，华东野战军第二纵队与第十一、第十二纵队会合，组成华东野战军第四兵团，即苏北兵团，担负苏北战场的作战任务，韦国清为兵团司令员、陈丕显为政委；撤销华中指挥部番号，将该指挥部机关改为第四兵团部；成立新的苏北军区，以管文蔚为司令员、陈丕显为政委，下辖第一、第二、第五、第六、第九军分区，统一领导长江以北地区地方武装。

方指挥部人员。淮南区党委、淮南军区后在淮宝成立。

为配合刘邓大军在大别山的作战，也为因应淮南发展的形势，华中工委决定派华东野战军第十二纵队司令员陈庆先、副政委杨光池率第三十四旅主力进入淮南。2月15日，陈庆先率第三十四旅旅部及第一〇一、第一〇二团由苏北滨海县东坎出发，24日到达淮宝地区。在与李世焱部会合后①，决定合力拔掉恢复淮南津浦路东解放区的最大障碍铜城据点。27日，根据纵队部署，第一〇〇团和淮南支队包围铜城镇，第一〇一、一〇二团进至天长城与铜城之间的五里墩一线打援。经3个小时战斗，全歼铜城守敌300多人，击溃自天长出援的国民党交警总队约1个团，该部也有50余人被歼。3月初，又相继取得古城、长山等战斗胜利，歼灭国民党地方武装千余人。至此，整个淮南津浦路东根据地已经恢复到抗战时期的局面。除各县城及津浦线仍为国民党军占据外，广大农村均被中共武装所控制，并切断了盱（眙）天（长）、盱（眙）六（合）、盱（眙）嘉（山）公路交通线，控制了淮河运输线，使淮南、淮北连成一片。

陈庆先率领第三十四旅在津浦路东地区的活动严重威胁了国民党政府首都南京的安全。3月中旬，国民党政府急忙调集第二十五军、整编第六十三师、整编第四十六师、青年军二〇三师及保安团等共16个团兵力，采用"长途奔袭，追寻主力决战"的战术，分4路进行"清剿"，企图将第三十四旅围歼于路东。因两军兵力悬殊，津浦路东的形势很快逆转，国民党军又重新占领铜城、古城、半塔等重镇，中共军队始终处于包围和突围的战斗态势。为保存有生力量，淮南区党委、淮南军区决定，第十二纵队司令员陈庆先率淮南军区机关、第一〇〇团和淮南支队三营，留在津浦路东坚持斗争；第三十四旅旅长廖成美、政委李世焱率旅部和第一〇一、一〇二团及淮南支队二营转移到津浦路西活动，调动和分散国民党军。

3月底，杨效椿率淮南支队二营从盱凤嘉挺进津浦路西。4月6

---

① 2月底，陈庆先率第十二纵队三十四旅渡过三河进入淮南，与第一〇〇团和淮南支队会合后，第三十四旅正式脱离华东野战军第十二纵队建制，改番号为淮南军区第三十四旅。但习惯上仍称其为第十二纵队。

日,廖成美等率旅部和第一〇一、一〇二团,在仇集、平山头与国民党第二十五军两个团对峙 1 天后,趁夜摆脱敌人追击,从管店与三界之间越过铁路到达津浦路西。不久,在池河与南下无为、皖江的梁从学、孙仲德率领的华东野战军第四纵队第三十三团会合。4 月 10 日,第三十四旅打下定远县占鸡岗据点,守敌 1 个中队大部被歼。不久尾随第三十四旅的国民党军 7 个团也进到路西。在国民党军持续"追剿"下,第三十四旅所占的池河、藕塘、大桥等又相继丢失。4 月中旬,第三十四旅被迫转移到肥东青龙厂。这时,纵队电令第一〇一团回津浦路东淮宝地区。在旅副政委张雷平的率领下该团随经凤阳、洪泽湖东渡淮宝。尔后,一部在铜城、马坝一带敌后活动,一部在天高支队配合下坚持金沟河以东地区,掩护纵队机关。留在肥东的旅部及第一〇二团先后在白龙厂、花张集、广兴集和富旺集与来犯的桂军作战,但未能扭转被追击的形势。为此,梁从学率第三十三团从淮南津浦路西又打回皖中地区,廖成美等率第一〇二团沿淮南路东侧草庙集、白龙厂、杜集、大木桥、永康镇向北转移到凤阳山区,和在该地坚持斗争的孙传家、周依冰部会合。4 月底,纵队命令廖成美等率第一〇二团经洪泽湖回到淮宝地区。由于行踪暴露,该部到达紫阳关时被堵截了向洪泽湖东渡的去路,后从双沟渡过淮河,于 5 月 2 日到达淮北。此后,该部仍按原计划东渡洪泽湖到淮宝仁和集休整。5 月中旬,第三十四旅旅部再率第一〇一、一〇二团转战到淮北,在半城一带休整。

第三十四旅离开津浦路西后,仍在该地继续坚持的中共武装有淮南支队二营、路西支队和艾明山大队(后改为路西军分区侦通队),以及各县武装,约 1900 余人,直接面对的国民党正规军及地方武装则有 1.5 万余人。7 月 28 日,国民党将在津浦路西的正规军和省保五团调出应对刘邓大军后,路西的"清剿"结束。不久,淮南津浦路西解放区基本上得到恢复。

第一〇〇团则一直留在淮南津浦路东坚持敌后斗争。国民党军曾集中 10 个团的兵力对之进行"围剿"。在此形势下,为更好地坚持淮南敌后斗争,3 月底纵队领导决定将第一〇〇团化整为零,实行地方化,分散行动。其中第一营改为盱嘉支队,副团长王明为司令、胡坦

为政委;第二营改为来六支队,团长顾玉清为司令、李锐为政委;第三营改为天高支队,副团长章明为司令、徐速之为政委。不久,盱嘉支队与来六支队合并成立盱嘉来六支队,顾玉清为司令、胡坦为政委。在纵队领导指挥下,这3个支队都给国民党军以有力打击,恢复了部分根据地。淮南支队三营在国民党军"扫荡"下,根据陈庆先的指示,渡过淮河,转移到葫芦套,在长淮区休整。4月12日,该营与第一〇〇团合力在盱眙莲塘与尾追的国民党军1个团激战。打退国民党军后,淮南支队三营转移到古城、半塔一带活动。4月中旬,淮南区党委抓住国民党军将主要兵力集中在山区与天高地区,对东南地区有所忽视的机会,决定进军东南。为此成立东南县委、县政府,将淮南支队三营改编为东南支队,以魏然为县委书记、东南支队司令兼政委,陈仁刚为县长。4月底,国民党整编第二十五师调往苏北,43天大"清剿"结束。但整编第六十三师等仍控制着路东城镇。6月中旬,随着华东野战军和中原野战军在华东主战场的反攻,"清剿"路东的国民党军主力兵团相继被调出。盱嘉地区、天高地区、天六仪扬地区军民乘机发动进攻,收复了一些失地。淮南津浦路东地区反"清剿"斗争取得胜利。

在淮南津浦路东、路西地区的反"清剿"斗争逐渐取得胜利的情况下,淮南解放区开始政权重建工作。4月27日,淮南区党委决定,成立路西地委、路西专署和路西军分区,杨效椿为地委书记兼军分区政委,罗平为专员,艾明山为军分区司令,赵凯为参谋长,王善甫为政治部主任。下辖定凤怀、定合、定凤嘉、定滁全、全合、寿六舒合等县。5月3日,淮南区党委又决定成立路东地委、路东专署和路东军分区,陈雨田为地委书记兼军分区政委,魏心一、胡坦分别为正、副专员,艾明山、傅以明分别为军分区正、副司令,张雷平为副政委,魏然为参谋长,徐速之为政治部主任。同时将路东地区高宝、盱来嘉、盱凤嘉、东南办事处调整为盱嘉、来六、天高、东南4县。5月12日,淮南区党委提出,今后坚持与恢复淮南斗争的军事方针为:"主力作适当的分散,加强与扩大地方武装,积极地广泛开展游击。同时主力适当集中,在有利条件（下）歼灭敌人，打击的对象应该是以土顽为主。"①此后，淮南军民集中力量打击国民党地方武装，加紧地方政权建设。在路东、路西的国民党正规军相继撤出后，淮南地区国民党的统治更成强弩之末，失败已成为必然。

二、淮北地区军民的斗争与淮北解放区的重建

1946 年 11 月底，淮北解放区被国民党军占领后，区内一些未撤退的干部、武装及时组织起来，与国民党军展开斗争，其中最有影响的是华中七地委联络部部长姚克领导的洪泽湖 58 天斗争。当时，七地委所辖地区未来得及撤退到运河以东的干部、武装、群众共有 3000 余人陆续转移到洪泽湖。面对国民党军的"清剿"，姚克和撤退到湖上的几个县委负责人商议后，决定在洪泽湖坚持下来，成立了以姚克为书记的洪泽湖工作委员会。还组建了新四军洪泽湖武装指挥部，魏存平为指挥，刘凯顺、贺庆为副指挥，并对所辖武装进行整编。整编后的武装约有 500 余人。对非战斗人员进行了精简、疏散，动员他们登陆，分散隐蔽。洪泽湖工委和指挥部以洪泽县刘嘴乡的剪草沟为坚持斗争的基地，把保存自己、坚守洪泽湖作为斗争方针，以隐蔽活动为主。当时国民党军派遣 5 个团和 1 个交警大队，在地主还乡团的配合下，将湖面围个水泄不通。但他们毫不气馁，在湖上与国民党军展开周旋，先后 3 次打败国民党军"围剿"。在此期间，转移到湖上的华中七地委机关报《拂晓报》，在副社长欧远方带领下一直坚持出报，出版了近 20 期，鼓舞了干部、战士坚持斗争的勇气。洪泽湖工委领导的湖上斗争，一共坚持了 58 天，直到次年 1 月 24 日，饶子健领导的淮北挺进支队打回洪泽湖，才走出湖荡。

1946 年 12 月宿北战役结束后，中共中央军委就计划将华中野战军第九纵队与华中第七军分区部队合编，重新打回淮北根据地。12 月 23 日，华中分局决定成立淮北工委，由第九纵队司令员、政委张震

---

① 《淮南区党委对今后坚持与恢复淮南斗争的指示》（1948 年 5 月 12 日），参见滁州市新四军研究会编：《皖东解放战争史》，2001 年印，第 97 页。

兼任书记。淮北工委曾召开会议,讨论坚持淮北的方针。这时,撤退到苏北的华中七地委也积极准备恢复淮北津浦路东地区。由于战争规模越打越大,要编组华东野战军,中央军委决定,张震率华中野战军第九纵队3个团恢复第十一旅番号,留在正面战场,与山东野战军第二纵队第四、第九两旅合编为华东野战军第二纵队;由第九纵队副司令员周子健率领九纵另外两个团及骑兵团一部重返淮北,执行坚持敌后的任务。1月12日,华中分局决定成立淮北党政军委员会,即淮北工委,以饶子健为书记。华中分局赋予淮北工委的任务是:挺进淮北敌后,开展游击战争,牵制敌人,配合正面战场作战,重建淮北根据地。并由此成立了淮北挺进支队,以华中九纵第七十七、第八十一团和两个骑兵大队及华中七分区独立团组成,共3300余人,饶子健为司令员兼政委,赵汇川为副司令员兼参谋长,王学武为副政委兼政治部主任,王烽武为政治部副主任。淮北挺进支队的干部战士大多是淮北子弟,对收复家乡热情很高。王烽武还为此赋诗一首:"西望淮北父老哭,烈士英灵埋黄土。抗战八年根据地,岂容蒋贼任侮辱。东渡健儿志气壮,休息整编杀气足。举杯预祝新胜利,誓把民主淮北复。"①

此时,在淮北地区国民党驻扎有大批军队。在泗阳一线有第六十、第六十一旅,在宿迁一线有第一"绥靖区"副司令孙良诚部3个团,泗阳、青阳一线有桂系第五十八师,睢宁一线有第三"绥靖区"司令冯治安的部队,灵璧也驻有正规军;各县有保安部队及区、乡武装和地主还乡团。但淮北工委和淮北挺进支队不畏艰难,在1月18日夜,冒着大雪,开始西进。19日,从宿迁县窑湾至皂河间,强渡运河。此后连续5天强行军400余里,于24日在泗县界头集(今泗洪县界集)与在洪泽湖坚持斗争的洪泽湖工委及地方武装会合。此后,淮北工委和淮北挺进支队以洪泽湖为依托,在东起运河、西至津浦路、南濒淮河、北抵陇海路的广大地区为恢复和重建淮北解放区与国民党军展开了英勇的斗争。

---

① 中共安徽省委党史研究室编:《安徽现代革命史资料长编》第4卷,中共安徽省委党史研究室2004年印,第94页。

为开展湖边工作,淮北工委成立两个工委,其中第一工委以姚克为书记,率第八十一团一营活动,领导洪泽、泗阳、淮泗 3 个县的革命斗争;第二工委以李任之为书记、张灿明为副书记,率第八十一团二、三营活动,领导泗宿、泗灵睢县的革命斗争。

淮北工委和淮北挺进支队到达洪泽湖后,国民党军一直紧追不舍。1 月 25 日,国民党军第六十旅和孙良诚部 3 个团跟踪到界头集,分两路向淮北挺进支队进攻,挺进支队予以反击,毙伤国民党军 80 余人。28 日,挺进支队在灵璧张场遭遇国民党军第五十八师,激战 1 天,毙伤该师 200 余人。2 月 26 日,挺进支队第七十七团第一营在大李集再遭国民党军第五十八师包围,该营奋战 3 个小时,在毙伤该师 100 余人后,得以突围。尽管淮北挺进支队在与国民党军的战斗中取得了一系列胜利,但终究是被动应战。事实上,在挺进支队打回淮北的两个多月时间里,"经常一日数战,每夜行军平均在五六十里以上,从未脱过衣服睡觉"。[①] 为改变这种局面,淮北挺进支队决定集中优势兵力对守备薄弱的国民党军据点发起反击。3 月 1 日,攻占泗县崔集、半城国民党军据点,各俘获 70 余人。5 日,又在半城西北的高圩孜将由徐州增援的国民党军 5 个连和泗县保安大队包围,一举歼灭 600 余人,其中俘虏 316 人。半城战斗是淮北挺进支队进军淮北后打的第一个大胜仗,它打出了淮北挺进支队的军威,也鼓舞了淮北军民收复失地的信心。

淮北挺进支队继续在淮北津浦路东地区打击国民党军,仅两个月就歼灭 1500 余人,重建了除洪泽湖外的淮泗、泗南、泗宿、泗阳 4 个县、12 个区、67 个乡的政权,初步打开了津浦路东地区的局面。

国民党军自然不甘心退出淮北地区,便调派军队对淮北挺进支队进行"围剿"。为应对国民党军的"围剿",3 月 17、18 日,淮北工委在泗阳县香城召开工委扩大会议,确定坚持淮北的方针为"以洪泽湖为依托,稳步前进,有阵地发展";斗争策略为"避广(国民党正规军)打

① 《解放大军挺进江淮胜利声中江淮全区基本解放》,1949 年 2 月 25 日《江淮日报》,参见滁州市新四军研究会编:《皖东解放战争史》,第 139 页。

土（国民党地方武装），敌进我进，集中力量，相机攻歼薄弱之敌"；①要求大力发展地方武装，并在敌占区建立一些秘密党组织和两面政权。

从3月下旬开始，国民党军先后从徐州、泗县、青阳（今泗洪县城）、众兴、洋河等地调集10余个团，在地方保安团队、地主还乡团配合下，对淮北挺进支队进行反复"清剿"。在敌强我弱的形势下，淮北挺进支队先前攻占的泗南、泗阳、泗宿等地很快又失陷，刚刚建立的区乡政权也被迫撤出。

为加强淮北地区党的领导，4月20日，华中分局决定不再使用淮北党政军委员会、淮北工委名称，改称淮北地委，也称华中七地委，以饶子健为书记、李任之为副书记。淮北挺进支队也相应地改为华中军区第七军分区。

淮北地委为应对国民党军的"围剿"，采取了开辟淮泗、加强淮宝、撤销洪泽县、实行主力地方化等措施。在军事斗争上，继续采取"避广打土，敌进我进，声东击西，内线（淮泗、淮宝）坚持，外线迂回跳圈子，调动敌人主力，乘机歼敌，保存自己的作战方针"②。

在淮北地委领导下，淮北军民与国民党军进行了艰苦的斗争。为摆脱国民党军的围困，5月20日，赵汇川、王学武率领部队连续几日强行军，每天行军达百里。但国民党军孙良诚部始终尾追不舍。25日，赵汇川等在大小兴庄迎头痛击尾追的国民党军，毙伤200余人。6月20日，饶子健又指挥七分区部队歼灭尾追的国民党军40余人，俘20人。在坚持淮北的斗争中，淮北地委和七分区武装巧妙地利用淮北地区地处苏、皖两省交界，国民党指挥不统一的弱点，在苏、皖两省之间往来奔波，有效地避免了被围歼，保存了实力。还充分发挥武工队的作用以打击国民党地方武装。这些武工队人数虽少，战斗力很强，经常出其不意地打击国民党军，尤其是地方武装。

淮北地区局势不久发生变化。在刘伯承、邓小平率领晋冀鲁豫野战军挺进大别山，陈毅、粟裕率领华东野战军西线兵团进军豫皖苏，华

---

① 参见中共宿州市委党史研究室：《中国共产党宿州史》，中共党史出版社2001年版，第235页。
② 参见中共安徽省委党史研究室编：《安徽现代革命史资料长编》第4卷，中共安徽省委党史研究室2004年印，第101页。

东野战军苏北兵团解放盐城后,国民党军被迫将围攻淮北津浦路东的主力调往津浦路沿线并向城镇收缩,留下的多是保安团队等地方武装。为抓住新的战机,7月20日,淮北地委发出《关于目前恢复淮西地区的指示》,决定向洪泽湖以西地区进军。7月26日,李任之率第九纵第八十一团三营开赴洪泽湖西协助开展斗争。30日,华中七分区相继在泗县新行、曹庙等地歼灭国民党军500余人。到9月,又歼灭泗县保安中队及地主武装800余人,攻占泗城以东重要据点管镇、青阳。淮北地委还从洪泽湖东抽调一批地方干部随同部队到达湖西,以加强湖西的政权建设。10月初,华东野战军第三纵队进入淮北津浦路东地区,对泗县、灵璧、睢宁地区的国民党军进行打击。驻泗城的国民党军立即望风而逃。赵汇川随即率部队进占泗城,缴获大批物资。七分区部队也相继恢复泗宿、泗南、泗阳3个县的基本地区。11月,华东野战军发起津浦路徐固段破击战,驻守泗城的国民党主力军全部撤走,剩下的只是保安大队。七分区立即抓住时机,于11月21日第三次攻打泗城,在淮南支队配合下,仅1个小时就结束战斗,毙俘750人。

在巩固基本地区后,淮北地委决定开辟泗五灵凤、泗灵睢、灵璧等边缘地区。但开辟这3个地区的斗争极为艰难,中间经过了长期的拉锯战,几进几出。其中泗五灵凤县在1947年10月就建立了县委、县政府,到1948年初才进入县境。泗灵睢县则在1947年1月就成立了临时县委、县政府,1947年10月正式建立,随即进入县境开展斗争,但随着华野三纵的西返,国民党军重兵压境,又不得不撤出。灵璧县也是1947年初即有淮北挺进支队的活动,10月,华野三纵攻克灵璧。11月,七分区副司令员赵汇川率部进入灵北。1948年初组建县委、县政府。在开辟边缘地区斗争过程中,较为重要的战斗是1948年3月17日由七分区发起的泗东战役。七分区攻克青阳、马公店、上塘集等重要据点,歼灭国民党正规军及地方武装1914人。

泗东战役后,华东局和华东军区决定成立淮北军区,饶子健兼任军区司令员、向明任政治委员(未到职)、罗占云任副司令员。此时,在淮北地区,国民党军虽然在数量上仍占有一定的优势,但中共武装

已控制了路东地区的局势。据统计,淮北挺进支队打回淮北后,在16个月间,共歼灭国民党军达1.1万人。

三、江淮区党委成立与江淮解放区形成

淮南、淮北地区逐渐连成一体后,统一领导淮南、淮北的敌后斗争就成为急迫的任务。1948年5月29日,华东局、华东军区分别决定将淮南区党委和淮北地委、淮南军区和淮北军区合并,在东起运河、西至津浦铁路与淮南铁路、南达长江、北抵陇海铁路的广大地区,成立江淮区党委和江淮军区。江淮区党委以曹荻秋为书记、李世农为副书记。江淮区党委受华东局和华中工委领导。6月4日,江淮区党委在泗南县张塘(今属泗洪县)正式成立。江淮军区以陈庆先为司令员,饶子健、梁从学为副司令员,曹荻秋为政治委员,杨光池为副政治委员兼政治部主任,赵汇川为参谋长。江淮军区下辖第三十四旅、独立旅和4个军分区。区党委成立后,即在淮南津浦路东地区成立江淮一地委,陈雨田为地委书记兼军分区政委,魏心一为专署专员,艾明山为军分区司令员;将淮南津浦路西地委改为江淮四地委,以杨效椿为地委书记兼军分区政委,罗平为专署专员,李世焱为军分区司令员;将华中七地委即淮北地委,改为江淮二地委,以张灿明为地委书记兼军分区政委,王烽舞为专署专员,黄仁廷为军分区司令员。7月25日,江淮区党委又决定以灵璧北为中心从江淮二地委划出5个县成立江淮三地委,以李任之为地委书记兼军分区政委,赵一鸣为专署专员,李士怀为军分区司令员。

江淮区党委成立后,制定了巩固淮北、发展淮南的方针。据此,江淮军区副司令员饶子健率第三十四旅和独立旅主力由淮南地区转战到淮北地区,并向灵北、邳睢铜地区进军。6月18至20日,江淮军区第三十四旅和独立旅各一部在饶子健、赵汇川指挥下发起宿(县)东战役,在灵北梁集、卓海等地击溃国民党第三"绥靖区"冯治安部第五十九师一八〇旅五三八团、五三九团,毙伤俘792人,还破坏了津浦铁路固镇段,炸毁桥梁两座,收复时村、张山、大车头等据点。此外,江淮军区还在睢宁歼灭国民党军600余人;发起睢西战役,攻克张山集;6

月中旬，又攻占睢宁以北的古邳、魏集等重镇。经过反复争夺，灵璧、宿县、睢宁、铜山、萧县之间广大地区获得解放。7 月中旬，江淮军区配合苏北兵团在运河线发动攻势，先后攻占运河沿线的宿迁、泗阳、仓集、洋河、耿车等重要城镇，使得江淮与苏北解放区连成一片。尽管 9 月份，国民党军调集 3 个师兵力"围剿"洪泽湖，但仅仅 20 余天就被江淮军民击败。到秋季，在淮北解放区，仅安徽境内就基本恢复了萧宿永、萧宿、萧县、宿西、宿怀、宿蒙、泗灵睢、泗南、泗宿、泗五灵凤、灵璧、宿东、萧铜等县，国民党军仅占据铁路沿线和一些城镇。

这时期，淮南解放区也有了更大的发展。6 月初，中原大军开展新的攻势以后，国民党军不得不将"围剿"淮南解放区的主力兵团调走，并以大部兵力控制三河，以防中共武装主力南渡。这为中共恢复淮南的斗争带来新的契机。到 10 月底，在路东地区除县城、少数较大集镇与沿江地区外，均被中共武装收复。江淮四地委也领导津浦路西地区人民进行反攻。8 月，江淮第四军分区先后攻克刘府、能仁寺、摊儿湾等据点，孙集、靠山集、吴家圩等据点的国民党地方武装闻风而逃。10 月 6 日，华东野战军渡江先遣纵队政委谭启龙率部到达四分区，在曹家店与杨效椿、孙传家部会合。因渡江条件不具备，华东野战军代司令员粟裕指示该部：坚持淮南敌后，开展游击战争，待机南渡。淮南路西地区中共武装力量进一步增强，民主政权也由 3 个发展到6 个。

江淮区党委和江淮军区成立后，江淮解放区的中心地区日渐巩固，边缘区与新区发展迅速，津浦路徐州南段与陇海路东段均处在中共武装随时可以夹击的情形之下，为以后全面恢复淮南、淮北解放区创造了有利条件。可以说，"江淮军区的正式建立与失地的迅速恢复，它成为华中战场（包括中原）上一个有力的侧翼"。[①]

在已经解放的淮南、淮北地区，中共各级组织领导人民开展土改工作，建立基层政权。翻身的农民对中国共产党充满感激之情。泗宿

① 《解放大军挺进江淮胜利声中江淮全区基本解放》，1949 年 2 月 25 日《江淮日报》，参见滁州市新四军研究会编：《皖东解放战争史》，第 141 页。

县朱湖一位农民编了这样一段快板：

> 敌人占青阳，百姓遭灾殃。牛驴被拉去，粮食被抢光。衣破没布补，脸皮饿发黄。青阳解放后，群众见太阳。帮助牛耕种，放钱又放粮。凭心说句话，多亏共产党。救命大恩情，一辈不能忘。①

这为全力支援即将到来的淮海战役准备了深厚的群众基础和经济基础。

四、豫皖苏地区的游击战争

豫皖苏地区在抗日战争时期是淮北抗日根据地的重要组成部分，也是新四军第四师的基本活动区域。抗战胜利后，该地为华中第八分区辖地。全面内战爆发后，华中八地委领导所属武装与国民党军展开顽强战斗，后终因力量悬殊，被迫撤离八分区。

1946年11月8日，晋冀鲁豫中央局根据中共中央的精神，决定以冀鲁豫第六分区（即睢杞太地区）和华中第八分区为基础成立豫皖苏区党委、军区、行署，领导津浦路徐蚌段以西、平汉路郑（州）马（驻马店）段以东、陇海路徐郑段以南、涡淮河以北广大地区的斗争。12月初，华中八地委及所属各县党政军大部撤到商亳一带，不久转移到河南宁陵，与冀鲁豫六分区取得联系。12月6日，豫皖苏区党委电令华中八分区党政军干部前往睢杞太地区整编。12月12日，华中八地委、专署、军分区和冀鲁豫六地委、专署、军分区的武装及地方干部在河南睢县平岗一带会师。14日，豫皖苏区党委、行署、军区在平岗正式成立，吴芝圃为党委书记兼军区政委、行署主任，张国华为军区司令员。

豫皖苏区党委成立后，将原冀鲁豫第六地委、专署、军分区改为豫皖苏第一地委、专署、军分区，在涡河以南、沙河以北、新黄河以东及鹿亳太地区以西设立豫皖苏第二地委、专署、军分区，将原华中第八地

---

① 参见中共宿州市委党史研究室：《中国共产党宿州史》，中共党史出版社2001年版，第264页。

委、专署、军分区改为豫皖苏第三地委、专署、军分区,并确定中心任务为"恢复三分区,开辟二分区,继续巩固扩大一分区"[①]。还决定以华中八分区的三十四团、三十五团及冀鲁豫六分区的三十团为基础组建军区独立旅,旅长金绍山、政委张太生、副旅长兼参谋长陈子植;将原八分区第三支队改番号为三十六团,以其与第二、第四支队为三分区的基干武装。由于以安徽北部地区为主要活动基地的是豫皖苏三分区,因此本节着重介绍发生在该区的革命活动。

12月20日,豫皖苏三分区在河南鹿邑县吴台庙召开干部大会,宣布地委、专署、军分区正式成立,寿松涛为地委书记兼军分区政委,王光宇为地委副书记,许西连、李时庄为专署正、副专员,李浩然、吴信元为军分区正、副司令员,张登先为军分区参谋长。大会提出了"敌进我进,敌不进我亦进"的方针及坚持"县不离县,区不离区,乡不离乡"的斗争原则,还动员全体指战员和干部"打回老家去"、"与人民同甘苦"[②],因此也是一个东征誓师大会。会后,三分区武装和干部开始分批向三分区境内挺进。24日,四支队两个连进入鹿邑以北的马铺地区;29日,三十六团在鹿邑东南丁集消灭国民党军一部。自此,揭开了恢复原华中八分区斗争的序幕。

这时期,驻扎在豫皖苏三分区境内的国民党军主要有:整编第五十八师一八三旅驻宿县,新十旅二十九团驻永城,三十团驻夏邑,新十一旅驻守津浦线徐宿段,交警二总队驻永城北保安山,各县也都驻有保安团队。这些国民党军在永城、夏邑、商丘、亳州一带,反复"清剿"。而平岗会议后,豫皖苏军区所属部队主要集结在睢杞太地区。

为打击"清剿"的国民党军,收复原华中八分区,1947年1月2日,豫皖苏军区在鹿邑西南魏店召开会议,研究和确定部队东进问题。次日,军区率独立旅、特务团和二、三军分区所属部队分别由平岗、朱口出发,冒着鹅毛大雪,连续行军三天三夜,于6日到达涡阳附近。7

---

① 参见中共安徽省委党史研究室编:《安徽现代革命史资料长编》第4卷,中共安徽省委党史研究室2004年印,第379页。

② 参见中共淮北市委党史研究室:《中国共产党淮北地方史》第1卷,中共党史出版社2004年版,第214页。

日凌晨，开始攻击涡阳县城，经过 10 多个小时战斗，一举歼灭城内保安团 200 余人。驻亳州的国民党军第五十八师新十旅三十团闻讯后赶来救援，豫皖苏军区独立旅在永城龙岗设伏，13 日晚，发起攻击，歼灭其团部及 1 个营于徐双楼，次日再歼两个营于陈油坊以北。15 日，三分区三十六团又歼灭前来增援的国民党军第二十九团第二营 1 个连。此战共毙伤国民党军 640 余人，俘获 800 余人。这"对三分区的坚持和斗争起到了重要作用"①。

1 月 30 日至 2 月 13 日，晋冀鲁豫野战军发起豫皖战役，先后攻克柘城、亳县、鹿邑、宁陵、睢县、杞县等 6 座县城，歼灭国民党军第五十七师十六旅全部和各县地方保安团（队）共 1.6 万余人。在 2 月 1 日，晋冀鲁豫野战军政委邓小平亲自指挥第六纵队 3 个旅百里急行军，赶到亳州城外，随即强渡涡河，攻下四关，扫清外围国民党军。2 日下午开始攻城，仅 3 个小时就结束战斗，一举夺下亳州城，城内国民党军纷纷投降。此战毙伤国民党军百余人，俘虏 900 余人。第六纵队、第七纵队还协同在亳北五里庙、燕庄、丁大庄一带，歼灭国民党五十七师十六旅增援部队，毙伤俘约两千人。豫皖苏三分区密切配合晋冀鲁豫野战军，参加大小战斗 40 余次，打下 10 余个乡镇公所，毙伤俘国民党地方武装 470 余人。到 3 月初，豫皖苏三分区已恢复建立商亳鹿柘、雪商亳、雪涡、夏邑、雪枫等 5 个县和 20 多个区的民主政权，初步站稳了脚跟，为坚持和恢复原华中八分区打下了较好的基础。

自 3 月到 7 月，国民党军先后两次对豫皖苏地区发动大规模的"围剿"，三分区的斗争进入最艰苦、最关键时期。当时国民党制订"总体战"和"棋盘战术"的"清剿"计划，在各大集镇安设据点，构筑碉堡，并调集约 10 万军队。为粉碎国民党军的"清剿"，豫皖苏军区采取"敌进我进"、"避实击虚"、"避强击弱"等游击战术，以分区武装坚持内线斗争，主力部队跳出敌人"棋盘"，转到外线机动歼敌。其时三分区处境极为艰难：龙岗之战后，豫皖苏军区率独立旅、特务团转战二分区；豫皖战役后，晋冀鲁豫野战军因战略需要北上；三分区处于独立坚

---

① 郝长顺主编：《豫皖苏三分区的革命斗争》，安徽人民出版社 1993 年版，第 17 页。

持的局面。但国民党用于三分区的军队则有：驻永城县城的第五十八师新十旅两个团，驻夏邑县城的一八三旅，驻砀山的交警二总队，驻黄口、砀山沿线的江苏省保安旅两个团，驻商丘的第三纵队，以及10个县的保安团和区、乡公所的武装，约有3万人。在这个困难的局面下，3月21日，三地委在永城西白庙附近召开县委书记、县长联席会议，部署反"清剿"的斗争方略，制定"确保永西，开辟永东和商（丘）南"①的战略方针，在军事上决定采取敌进我进、敌不进我也进的方针，以分散与集中相结合的游击战术寻机歼敌。3月下旬，国民党军依托据点，采取拉网式战术向三分区发动大规模的"清剿"。在敌强我弱的情况下，三分区部队采取奔袭、夜袭、设伏等作战方法，避开强敌，打击薄弱、孤立之敌。各县地方武装，如宿西县、萧县也充分利用人熟地熟的优势，组织精干小股武装，采用声东击西的游击战术，打击国民党地方武装。

豫皖苏军区对三分区的斗争给予了大力支持。4月25日，军区独立旅进入三分区商亳鹿柘县枣子集。此后，相继给国民党军以有力打击：4月27日，攻打夏邑城东关，歼保安团200余人；5月5日，围攻蒙城，战斗一直持续到次日，歼灭守军1000余人，其中俘获500余人，而自身仅伤亡50余人。蒙城战斗对三分区的坚持和恢复起了重要作用。此后，三分区部队积极向永城东发展，主动打击国民党军，并派武装向萧宿永地区发展。在开辟萧宿永地区过程中，战士们生活很艰苦，有时一天要打几仗，但精神乐观。有一首顺口溜生动地描述了当时的情景："进了萧宿永边，眼熬红，腿跑弯，到处有枪响，时时不得安，一去六十五，回来一百三，骑着王引沟，枕着保安山，围着鱼山转大圈，细雨下，青纱悬，要在萧宿永开辟个小地盘。"②到5月，在军区武装的支持下，三分区取得反"清剿"斗争的初步胜利，完成了确保永西、开辟永东的战略任务。该月下旬，根据军区的命令，三分区四支队改编为军区独立九团，后又改为独立五团，但仍在三分区活动。

---

① 郝长顺主编：《豫皖苏三分区的革命斗争》，安徽人民出版社1993年版，第19页。
② 郝长顺主编：《豫皖苏三分区的革命斗争》，安徽人民出版社1993年版，第21页。

国民党军不甘心失败，6月中旬从徐州、郑州等地调集八九万人向豫皖苏地区发动"清剿"。这次"清剿"国民党军采取的是军事和政治相结合的方法，即以正规军为主，地方党政工团密切配合，统一指挥，同时行动。在军事上，采取梳篦式战术，不断地"追剿"、"堵剿"；各驻守据点也都划分"清剿区"。在政治上，让党政工团分工包干，村村都到，逐户登记，实行五家连坐。在此情况下，三分区采取避敌锋芒，避实击虚，有计划地向边缘区、敌占区出击，打击国民党地方武装的策略，先后取得孟楼伏击战、袭击涡阳保安团、击溃江苏省保安团、乌强阻击战、攻克曹村车站等战斗的胜利。到7月中旬，在军区武装的支持下，三分区终于粉碎国民党军的"清剿"。在这次历时30余天的反"清剿"中，三分区共进行大小战斗400余次，毙伤俘国民党军3400余人。此后，三分区部队迅速东进，在年初即已进驻的萧宿永大队配合下，很快开辟永东地区，恢复宿怀、宿蒙、萧县、宿西4个县。

这时期，豫皖苏军区主力部队也先后取得南战沙河、北克宁陵、西打睢县、东战阜阳等战斗的胜利，攻克界首、临泉、沈丘、阜阳等城。在历时半年多的战斗中，豫皖苏军区共解放县城20余座，消灭敌人1.5万余人。到这年9月，军区地方武装发展到2.5万余人。

1947年8月13日，晋冀鲁豫野战军到达豫皖苏解放区三分区商亳鹿柘县，受到豫皖苏军区司令员张国华的热烈欢迎。随后，刘邓大军渡过沙河，抢渡汝河和淮河，于月底进入大别山区。为配合刘邓大军挺进大别山，9月26日，陈毅、粟裕率领华东野战军西线兵团5个纵队从鲁西南越过陇海线南下，发起了豫皖苏战役。这两支大军南下后，迅速扭转了中原战场的局势，也解放了豫皖苏区三分区的夏邑、永城、涡阳、蒙城、义门、龙山、濉溪口等城镇。10月间，三分区全境基本连成一片。

五、皖西地区的游击战争

抗日战争胜利后，皖西地区一直活跃着中共领导的武装。1945年8月24日，在新四军第七师准备北撤时，华中局、新四军军部就要求"留巢南地区担任独立坚持的部队，组织应力求精干，并以连为单位组织许多挺进队,准备必要时分批向大别山腹地挺进,开展游击战争,打开局面"①。9月3日,华中局、新四军军部在给中央的报告中,再次提出要第七师"组织几个精干游击队挺进大别山活动"②。皖江区党委、新四军第七师根据华中局、新四军军部的指示,决定湖东中心县委书记桂林栖、第七师沿江支队沿江团第二营教导员钟大湖等率沿江团第三营第七、第九连和手枪队,共计300余人,留下坚持敌后斗争。

9月28日,第七师北撤后,桂林栖与钟大湖两部在无为县西北部尚礼岗附近会合。随后,桂林栖、钟大湖与白湖团政治处副主任沈博、沿江团二营副营长朱振中开会决定,将留下坚持的部队合编为皖西大队,桂林栖任政委、钟大湖任大队长、沈博任教导员,所属部队仍保持原建制;将部队转移到皖西大别山打游击,以舒城、桐城、潜山3县交界地区为目的地,广泛开展敌后游击战争。在安排好地方干部、部署好地方党组织后,皖西大队转移到巢湖中的姥山岛上进行整顿。第三天晚上,又乘船西行。在庐江县藕塘登岸后,国民党庐江、桐城、舒城3县自卫队紧追不舍,皖西大队边战边走,直到过了桐城的张家楼才甩掉自卫队,到达舒桐潜3县交界地区。

10月中旬,皖西大队在桐潜交界的西岭与先期进入桐潜舒山地的大别山工委正、副书记张伟群、杨震领导的近100名地方干部和武装会合。两部会合后,桂林栖、张伟群、钟大湖等在潜山后冲大虎叉召开连以上干部会议,决定两部合编,番号仍为皖西大队,增补张伟群为副政委;成立皖西工委(又称"大别山地委"),以桂林栖、张伟群为正、副书记,隶属华中分局;还决定以桐城、潜山交界的蒋铁、后冲、水贵、螺丝岭一带为中心,向周围发展,部队分散行动,以保存有生力量。会后,部队分8路展开行动。

这时期,在皖西地区的国民党正规军有第四十八军等,主要驻扎在安庆城区和各县城、集镇及交通要道;地方武装1万余人,主要驻扎

① 中国人民解放军历史资料丛书编审委员会编:《新四军·文献》(5),解放军出版社1995年版,第131页。

② 中国人民解放军历史资料丛书编审委员会编:《新四军·文献》(5),解放军出版社1995年版,第150页。

在山区。而皖西大队仅有 400 余人。尽管两者实力非常悬殊，但国民党为"剿灭"这支武装力量还是大费干戈，实行拆屋并村、联保连坐的手段，采用梳篦式的"会剿"战术，修筑碉堡，增设潜伏哨、盘查哨等，经济上也实行封锁禁运。在国民党军的严密封锁和重重"围剿"之下，中共皖西工委和皖西大队处境极为艰难，成天行军打仗，不仅武器、弹药得不到补充，战士们还经常吃不上饭，穿不上鞋，无处宿营。更为严重的是，这年 12 月，桂林栖、张伟群在率一部分人向魏岭转移，夜宿彭家河杏花村时，遭到国民党军的突然袭击，张伟群头部受伤，电台的马达丢失。皖西工委、皖西大队与上级党组织、主力部队中断了联系。

在此情况下，皖西工委、皖西大队一方面在皖西坚持革命斗争，另一方面设法与上级党组织取得联系。华中分局曾派人送来 100 两黄金作为活动经费，不幸的是，这笔黄金在青草塥被国民党特务武装劫走。1946 年 1 月，皖西工委又派张有道、刘健民带两个排去鄂东联系原新四军第五师部队①，希望解决电台马达和经费。张、刘在鄂东禹王城附近找到鄂东军区独立第二旅（以下简称"独二旅"），中原军区司令员李先念批示由该旅帮助解决，但该旅自身也很困难，无力解决。后因中原军区一部分干部要经过皖西转移到苏北，需要他们当向导，张有道便率所部暂留独二旅，刘健民于 3 月下旬带着李先念的指示信返回皖西。信中要求桂林栖、钟大湖提高警惕，"要运用和平大大扩大统一战线工作，使自己不至受到孤立"，但在经济上，本身也是"财粮无着"。② 同月，皖西工委再派桂林栖率一个短枪班前往苏北淮安，联系华中分局。不久，全面内战爆发，交通阻隔，桂林栖一时难以返回皖西。这样，皖西工委、皖西大队在无法得到上级援助的情况下，独立坚持，处境愈益艰难。有少数意志薄弱者叛离革命队伍。但皖西工委、

---

① 1945 年 10 月 30 日，中共中央军委将新四军第五师、八路军河南军区部队、冀鲁豫军区部队一部与自湘粤边北返的八路军南下支队（第三五九旅主力）组成中原军区。下辖河南军区、江汉军区、鄂东军区和第一纵队、第二纵队。

② 参见中共安庆市委党史研究室：《中国共产党安庆地方史》上卷，中共党史出版社 2001 年版，第 388 页。

皖西大队依然坚守在大别山区。

1946年6月,全面内战爆发后,国民党军队对皖西周边的中原、淮南、淮北等解放区发动进攻。在国民党军的强势攻击下,皖西周边解放区的部队都进行了突围,其中一部分武装转移到皖西,为皖西地区的革命斗争带来新的发展契机。

第一支转移到皖西的部队是淮南军区路西军分区定滁全县总队独立营。该营系在1946年上半年由原新四军第二师六旅十七团三营改编而成。在国民党军进攻淮南解放区时,该营在定远、滁县、全椒一带坚守了几天,但消耗很大,在与上级失去联系后,为保存有生力量,于6月下旬转移到合肥、巢湖、含山、和县之间打游击,但未能立足。所部一、三两连200余人在县总队政治部主任刘海雁、营长石时伦、教导员陈业湘(后改名程一湘)的带领下,突破国民党军的封锁,在巢县中焊附近向西横渡巢湖,经庐江到达舒城晓天。7月中旬,在潜山水贵同钟大湖、张伟群部会师。该部的到来,使皖西大队"增强了生力军,对稳定当时部队思想,提高士气起到了很大的作用"[1]。此后,该部配合皖西大队,在舒城、桐城、潜山、岳西、霍山、六安一带活动。

第二支转移到皖西的部队是熊作芳率领的鄂东军区独立第二旅所属部队。独二旅6月底在掩护中原军区主力部队突过平汉线后,在旅政委张体学率领下从禹王城地区分途向东突围。7月中旬,各路部队先后到达预定会合地岳西县冶溪河地区。这时,在大别山地区活动的定滁全县总队独立营教导员程一湘带领1个连、皖西大队连指导员刘健民带领1个班前往冶溪河地区迎接独二旅。部队集合后,原计划继续东进前往苏皖解放区。此时,中共中央电示独二旅留在大别山坚持,将部队彻底分散,进行广泛的游击战争,必要时可派部队到长江以南活动,并成立以张体学为书记的鄂皖地委,统一领导大别山地区的斗争。独二旅党委根据中央指示精神,决定将部队和地方干部分散到皖西、鄂东、豫南等地。8月上旬,独二旅开始分散行动。留在皖西的

---

① 钟大湖:《坚持在大别山上》,参见中共六安地委党史工作委员会编:《皖西革命回忆录》第3部,安徽人民出版社1991年版,第4—5页。

部队主要是旅直警卫营、29名地方干部，以及随队行动的程一湘、刘健民带领的部队，共300余人，由独二旅副政委熊作芳、参谋长李继开指挥。张有道带领的连队组建为鄂皖边独立游击大队，张有道为队长，以岳西县鹞落坪为中心开展活动。熊作芳带领的部队行动到太湖县大竹岭附近时，遭遇1个师的国民党军包围。经过几天激战，熊率部突出重围，于8月13日到达潜山县后冲。此时部队仅剩200余人。熊作芳找到皖西工委的钟大湖、张伟群，向他们通报了中央的指示，传达了独二旅党委的打算。随后研究决定，遵照中央指示，将部队分散，广泛地开展游击战争和隐蔽地做群众工作，建立若干个隐蔽的工作点，并决定，在张体学未来之前，熊作芳所率部队与定滁全县总队、皖西工委一起活动。这样，原新四军第二师、第五师、第七师转战到皖西的部队实现了会合。在艰难的环境中，他们互相鼓舞、互相支持，增强了坚持斗争的信心和力量。此后由于独二旅政委张体学一直未回皖西等原因，鄂皖地委未能建立。熊作芳在寻找独二旅主力及旅政委张体学未果后，率领部队在舒城、潜山、岳西交界的巍岭一带活动。

第三支转移到皖西的部队是刘昌毅率领的鄂西北军区所属部队。刘昌毅原为中原军区第一野战纵队副司令员，参与指挥中原突围战役的南路作战。其所在的第一纵队在突破平汉线，强渡汉水后，根据中共中央和中原局的指示，在8月底与江汉军区部队合编组建鄂西北军区，创建了以武当山为中心的鄂西北根据地。国民党军以数十倍的兵力，对之分割"清剿"。鄂西北军区部队遭受重大损失。1947年2月4日，鄂西北区党委根据中原局指示精神，决定除少数部队在原地坚持游击战外，主力部队转移到外线作战。此后，鄂西北军区副司令员刘昌毅率1000余人，再渡汉水，重返大别山，于3月进入皖西立煌，不久到达霍山漫水河、岳西大岗岭。皖西工委获悉后，立即派人与该部联系。3月27日，皖西工委书记桂林栖率部在潜山县槎水畈大佛寺与刘昌毅部会合。不久，刘昌毅部转移到潜山后冲休整。刘昌毅所率部队，有2个大队（含3个建制连）、3个直属连、1个干部队，共940余人，其中干部约200人（包括5名旅职干部）。这支部队人数较多，战斗骨干较多，作战经验较丰富，武器也比较好，有较强的战斗力。该部的到来,进一步充实和加强了皖西地区的革命力量。

在皖西地区存在着分别来自原新四军第二、第五、第七师的4支部队。如何有效地整合这些部队,使之成为一个统一的、坚强的战斗集体,便成为一个现实的任务。实际上,部队的整编工作一直在进行。早在1946年4月,华中分局就提出将皖西大队改建为皖西支队,但当时皖西大队处境很困难,改建工作未能开展。10月,自苏北回到皖西的杨震、张国平根据时在苏北的皖西工委书记桂林栖的要求,向张伟群、钟大湖传达了华中分局将皖西大队改编为皖西支队的指示。张伟群、钟大湖随即对皖西大队进行整编,成立皖西支队,以钟大湖为支队长(亦称司令),桂林栖、张伟群分别为政委、副政委。所属部队分为3个大队。但这主要是对原皖西大队所属部队的整编,其时已突围到皖西的部队还有定滁全县总队独立营和鄂东军区独二旅所属部队。如何加强这3支队伍的统一领导和指挥,便成为一个急需解决的问题。12月,熊作芳与钟大湖、张伟群、程一湘等商定,将这3支队伍合编,仍称皖西支队。增补程一湘为支队政治部主任,定滁全县总队独立营和鄂东军区独二旅所属部队分别编入支队部和3个大队。而此前李继开、刘海雁、石时伦已先后离开皖西。此后,程一湘、熊作芳也分别去了苏北。

1947年2月下旬,皖西工委书记桂林栖自苏北回到皖西,在桐城、潜山交界的螺丝岭召开皖西工委扩大会议,传达华中分局对皖西斗争的指示,研究以后斗争的方针、任务。会议还整编皖西支队,决定成立5个大队和1个直属队,在桐城、庐江、舒城、潜山、岳西等地袭扰国民党自卫队。到1947年3月,皖西支队的活动区域已东至巢湖,西达英山,南抵长江,北到六霍。3月27日,刘昌毅率领的鄂西北军区所属部队与皖西工委、皖西大队会合后,双方负责人在潜山县林家冲召开领导干部会议,决定成立皖西人民自卫军临时指挥部,以刘昌毅为司令员,负责全面工作,侧重军事指挥;桂林栖为政委,并分管地方党组织及群众工作;胥治中、张伟群为副政委。这次会议"解决了党在皖西地区的统一领导问题,为部队坚持皖西斗争、创建和发展敌后根据地、迎

接革命高潮的到来奠定了基础"①。

在刘邓大军挺进大别山的大好形势鼓舞下,8 月初,皖西人民自卫军又实行了统一整编。自卫军设 3 个支队,其中第一支队由原一大队及新组建的潜山、怀宁两个县大队组成,胡鹏飞为支队长、何德庆为政委;第二支队由原鄂西北军区来的第二大队和新发展的游击队组成,孔令甫为支队长、梁诚为政委;第三支队由原皖西部队组成,钟大湖为支队长、张伟群为政委。共 4000 余人,分别活动在六安、霍山、岳西、太湖、潜山、桐城、舒城、宿松、怀宁等县。不久,又以第一支队为基础,组建了第三十七团,由第一支队直接指挥。

皖西地区的党组织也有进一步的发展。1947 年 2 月下旬召开的皖西工委扩大会议,决定成立 3 个县委、2 个工委,即以滕野翔为书记的岳北县委、以刘秀山为书记的潜太县委、以王进臣为书记的舒六县委、以余平为书记的桐庐工委、以张家英为书记的庐北工委。不久,又成立老梅、黄柏两个直属区委。到 3 月,皖西工委能直接控制的地区,有潜（山）北 11 个乡、岳（西）北 4 个乡、舒（城）西 2 个乡、太（湖）北 2个乡、庐（江）北 4 个乡、庐（江）南 4 个乡,还有六安、桐城一部分乡。领导皖西工委的党组织也几经变化。它最初受新四军第七师党委领导。1945 年 11 月,改隶华中分局。1946 年 12 月华中分局并入华东局后,改隶华东局。1947 年 9 月,又改属中原局。② 在改属中原局后,刘邓大军已经挺进大别山,皖西地区大部被解放,党的队伍有了迅速的发展、壮大,党组织也随即进行调整。

在皖西工委领导下,皖西地区的革命武装在应对国民党军"清剿"的同时,也多次主动向国民党军后方发起进攻。1946 年 12 月,张有道率皖西支队第二大队在桐城新安渡以南的安合公路设伏,俘虏国民党怀太师管区中将司令张凌云及其随员 30 余人。张凌云等 6 名将校军官后因企图逃跑被击毙。1947 年 2 月,皖西支队第一大队发动群

① 刘昌毅:《两渡汉水　驰骋皖西》,参见中共六安地委党史工作委员会编:《皖西革命回忆录》第 3部,黄山书社 1984 年版,第 51 页。
② 倪斌:《皖西解放战争的前两年》,参见安庆市政协文史资料委员会、《安庆文史资料》编辑部编:《安庆文史资料》第 19 辑,第 12、17 页。

众万余人,先后打开桐城挂车河、源潭铺仓库,缴获大批粮食,既帮助群众渡过春荒,也解决了自身的给养。

1947 年上半年,因国民党集中主力进攻陕北和山东解放区,在皖西的正规军陆续北调,剩下的主要是保安部队和区、乡武装。而中共武装力量却在不断发展壮大。为此,皖西工委确定了以皖西为重点,重建大别山根据地,长期坚持斗争的方针。抓住国民党地方武装各自保存实力的弱点,采取先近后远、先内后外的战术,实行各个击破,捣毁了一些对游击队发展阻力大、对群众危害大的国民党军据点,如潜山源潭铺、痘姆、怀宁石牌镇,舒城庐镇关,六安毛坦厂等据点。随即向山外实施机动作战,在潜山、宿松、望江、岳西、太湖、怀宁、舒城、霍山、庐江等地给予国民党地方武装沉重打击。皖西人民自卫军在成立后的 5 个月里,参加大小战斗 50 余次,毙伤国民党军 3500 余人,缴获各种枪械 1700 余件和大批军用物资。

随着军事斗争的胜利,皖西革命武装力量进一步壮大,不仅主力部队发展到 4000 余人,地方小游击队也发展到 20 余支。根据地面积进一步扩大,如西面的根据地原来只有潜山县源潭、槎水、黄柏几个乡,后扩大到包括岳西县五河、太湖县黄泥岗在内的纵横 100 余公里,连接成片的 20 多个乡。而国民党军只能紧缩在县城和县城附近地区,不敢轻易出来活动。这为刘邓大军挺进大别山创造了较好的条件。

六、皖南地区的游击战争

为迅速打开皖南游击根据地建设发展的局面,1947 年 3 月,皖南地委在太平县樵山荷花坑召开扩大会议。会议提出:在武装斗争方面,要克服地方分散、本位主义,强调主力观念,创造主力,把斗争提高一步;在群众运动方面,要学会群众路线,放手发动群众,猛烈发展力量,克服包办主义;在根据地建设上,要建立过渡的革命两面政权,向创造根据地的目标前进一步。会议要求各地主力由以熊兆仁为司令员、胡明为政委的苏皖边区司令部统一指挥。决定撤销旌绩县委,成立皖浙中心县委,以唐辉为书记;撤销沿江中心县委,将在黄山以西地

区开展游击战争的沿江中心县委游击队与坚持太平、歙县、黟县地区斗争的刘奎游击队合并，建立黄西工委，以杨明为书记。黄西工委下辖南繁芜县委，以王文石为书记；泾青贵县委，以朱农为书记；泾太石县委，以陈爱曦为书记；太石工委，以马杰为书记；黟休祁歙工委，以陶钢为书记。黄西工委直属武装为黄西总队，刘奎任总队长、杨明兼政委。

会后，胡明、熊兆仁率边区司令部特务连及唐辉所部游击队前往旌绩歙宁边区，寻找发展契机，创造发动群众的经验。他们沿途打下孙村、庙首、仕川、金沙等据点。此时，正值春荒时节，群众缺粮少米，胡明、熊兆仁发现破仓分粮是发动群众的最好方式，便选择游击队控制范围较大、群众基础较好、又严重缺粮的绩溪九华乡，在当地群众协助下，分掉国民党政府储存在此的 500 多担公粮。随后又发动周边 4 个乡群众分光所在地的 4000 多担公粮。此举既解决了群众急需的粮食问题，又打开了发动群众的突破口。皖南地委推广了这一经验。此后皖南各地掀起了大规模的群众破仓分粮斗争，先后波及 20 余县，参加分粮的群众有十几万人，分粮 100 多万斤。

为进一步指导皖南地委工作，1947 年 3 月 8 日，华东局给皖南地委发出指示信，要求"放手开展游击战争"，创造根据地。指出皖南游击战争的发展方向是："发展皖苏浙赣广大地区的游击战，到创造为根据地，总的方向应以赣东北为主，浙西天目山为次，对苏南则建立起隐蔽分散的游击小组"，并把皖南游击队控制的地区划分为 5 个游击区。① 华东局三八指示信是继华中分局七一指示信后对皖南地区游击战争具有重要指导意义的文件。它在 5 月底由孙宗溶带到皖南。孙还带来了华东局的电台密码，皖南地委当晚便与华东局建立了联系。

为贯彻华东局三八指示信精神，六七月间，皖南地委先后在泾县水岭、太平龙门召开干部会议。会议强调分粮斗争与军事斗争紧密结合，以军事斗争的胜利来推动群众斗争，尤其要放手大胆地开展群众

---

① 《华东局给皖南地委的电示》(1947 年 3 月 8 日)，参见中共芜湖市委党史研究室编：《战斗在皖南沿江地区》，第 346—351 页。

性的游击战争,创造主力,建立根据地,并积极向外发展。会议还根据皖南游击战争今后发展方向,进行组织调整:将黄西工委下辖的泾青贵县委和南繁芜县委划由地委直接领导;黄西工委活动区域确定为在黄山以西、石埭以南,以宏潭、美溪为中心根据地,并向南向西发展;在铜(陵)青(阳)贵(池)地区,设立铜青贵县委,朱农为书记,以控制皖江;皖浙中心县委改为歙(县)绩(溪)昌(化)旌(德)宁(国)工委,唐辉为书记;苏浙皖边工委以郎(溪)广(德)宁(国)孝(丰)地区为基础,向浙西天目山发展;泾旌太和泾宁宣地区分别由洪林和吕辉负责坚持斗争。

在这前后,皖南各地游击队广泛开展游击战争,主动向国民党军队发起进攻,取得一系列战斗胜利。在地委中心区泾旌太地区,泾旌太县委游击队和民兵协同作战,打下泾县章渡、茂林、厚岸和太平新丰、龙门等据点,仅在茂林就歼灭国民党军 80 余人。在苏浙皖边区,游击大队作战 10 余次,打下张渚、佳山、杨滩、长岗岭等据点。在铜青贵地区,县委武装也攻下青阳杜村、宾阴两个乡公所,袭击青阳东部重要据点木镇,争取 1 个中队起义。在黄西地区,皖南游击武装打下石埭七都、秧溪、甘棠、蓝田等地。在歙绩昌旌宁地区,苏皖边区司令部特务连和皖浙中心县委游击队先后取得九华、东源、大石门、三阳、齐武、宁国墩、扬溪、甲路、戈溪、上庄、船形山、桂林等战斗的胜利,毙俘敌 200 余人;还先后 3 次攻打绩溪县城,其中 5 月 19 日首次攻入县城。

针对皖南地区发展的良好形势,7 月 28 日,华东局指示皖南地委:"目前应选择群众较有基础,反动势力较弱,地形较好地区,建立若干处的游击根据地";在军事上,"不要过早攻城或大市镇,而应以武装来掩护群众斗争",并协助群众"摧毁顽区乡政权",组织农会,建立县区乡民主政权。还根据皖南地区群众破仓分粮斗争情况,提出要"转到夏收时抗租抗债,一直到农田土改,使广大劳苦工农,得到实际利

益"。① 为此,皖南地委要求各地从分粮斗争发展为"三抗"(抗粮、抗
租、抗债)斗争,并制定了具体的实施办法,对中心区、边区和敌占区实
行不同的政策。但在"三抗"斗争中,也出现了打击面过宽的问题,一
些地方把富农、小土地出租者,甚至中农的租都抗掉了,损害了部分中
间力量的利益。不久,皖南地委发现并纠正这些做法,将抗粮、抗租、
抗债,转为抗丁、抗粮、抗税,进一步调动了广大群众参加革命斗争的
热情。"三抗"斗争很快便取得成效:游击根据地内国民党基本上收
不到军粮、抓不到壮丁、完不成税收,一些基层政权被摧毁。绩溪被摧
毁 8 个乡,太平被摧毁了 1/3,泾县更普遍。而中共领导下的群众组
织,如农会、工会、妇会及民兵组织得到迅速发展;各地相继建立了区、
乡政权,如宁国板桥,宣城大麦坑、新岭棚,泾县的戴杨村、涌溪、曹溪
都成立了乡级行政委员会及一批村级政权,皖浙地区还成立了皖浙边
行政办事处;船形山地区成为比较巩固的游击根据地。到秋天,皖南
地委又决定开展反奸诉苦及以农田土改为主要内容的清算反霸斗争,
其中泾旌宁宣的板桥土改是皖南敌后第一次土改示范。皖南地区的
游击队发展也很快,从 7 月到 9 月,共打垮国民党乡公所 30 多个,自
身发展到 3000 多人,民兵则由 6 月初的 1000 多人发展到 1 万多人。

1947 年 8 月 27 日,刘伯承、邓小平指挥中原野战军进入大别山
后,战争已从内线歼敌转入外线歼敌阶段。皖南与大别山仅一江之
隔,皖南的形势也随之发生变化。其时,为应付挺进大别山的中原野
战军,国民党军已将主力调配到江北,在皖南的兵力主要集中在沿江,
山地兵力非常空虚。为抓住这一新的发展时机,9 月 16 日,皖南地委
在泾县涌溪召开地委扩大会议。要求各地"抓紧当前大反攻的有利时
机,大胆放手迅速发动群众、组织群众,高度集中主力,普遍发展地方
武装,更广泛地开展群众性游击战争,创造中心根据地,扩大根据地,
以求得迅速发展力量,有力地配合全面大反攻"②。会议还决定集中 6

---

① 《华东局给中共皖南地委的电示》(1947 年 7 月 28 日),参见中共芜湖市委党史研究室编:《战斗
在皖南沿江地区》,合肥工业大学出版社 2005 年版,第 352 页。

② 《九月会议关于今后方针任务的决议》(1947 年 9 月),参见中共宣城地委党史工作委员会编:
《皖南曙光》,安徽人民出版社 1992 年版,第 177 页。

个连,成立主力团,并对部分游击区做了调整。经过调整以后,皖南地委直辖的党组织有 3 个工委、3 个县委,即黄西工委,以杨明为书记;皖浙工委,即原歙绩昌旌宁工委,以唐辉为书记;苏浙皖边工委,以钱敏为书记;泾青南县委,以朱农为书记;泾旌宁宣县委,以王文石为书记;泾旌太县委,以洪林为书记,即在皖南形成 6 个大的战略单位。

9 月地委扩大会议结束后,皖南地委迅速将会议情况报告华东局。华东局在 10 月几次发来电报,重申皖南地委的任务是"乘此时机加紧发动群众,壮大革命力量,创造根据地,以便粉碎蒋匪之进攻,同时为将来主力之南进准备基地";认为在皖南沿江地带及苏南、芜京沪沿线暂以隐蔽发展方式为宜,不宜强调组织上及行动上的集中统一,更不宜将武装力量高度集中;要求皖南各地开展的游击战"目前不在调动江北之敌,配合江北反攻,而在发展壮大自己",主要发展方向仍是向南、向东,以转向浙赣边界发展为宜。①

皖南地委及时研究和贯彻这些指示,纠正了将武装力量高度集中的做法,并在中心地区继续开展反奸清算运动。明确反奸清算的对象主要是:无恶不作的恶霸、特务反动势力、反动的地主、重利盘剥的高利贷者、国民党的狗腿子、贪污分子、庙户祭田。

国民党军为防止中原野战军渡过长江,调整编第六十三师驻防芜湖,加强沿江防线,其中第一五二旅驻扎南陵、青阳、铜陵。不久,又调第四十六师 1 个旅、1 个宪兵团及首都卫戍团进驻皖南。10 月,在安徽省军管区参谋长龙炎武的指挥下,上述部队在省保安总队两个大队及各县地方武装的配合下,对皖南游击区,特别是沿江地区开始长达6 个月的大"清剿"。在这次"清剿"过程中,国民党提出"三分军事,七分政治"的口号,加大政治攻势,加强特务活动,并采取砍山拆棚、移民并村的措施,试图切断游击队与广大群众的联系。在军事上使用"驻剿"、"搜剿"、"追剿"、"堵剿"、"兜剿"等多种手段,并在各地构筑碉堡、封锁要道、成立联防区。泾旌太地区是皖南游击根据地中心区,

① 《华东局给皖南地委的电示》(1947 年 10 月 2 日)、《华东局给皖南地委电示》(1947 年 10 月 4日)、《张、邓给皖南地委电示》(1947 年 10 月),参见中共宣城地委党史工作委员会编:《皖南曙光》,第183—187 页。

地委机关、司令部、主力部队经常在这里活动，因此，国民党在部署这次"清剿"时将泾旌太地区作为重点进攻的目标，用重兵向铜山、小河口一线发起进攻。为避敌锋芒，地委机关和司令部迅速转移到太平龙门。次年1月11日，国民党军第六十三师、第四十六师一部2000余人，又分6路合围泾旌太中心区樵山。不过，在合围前，地委所属主力武装及泾青南游击队跳出了包围圈。

在国民党军开始发动"清剿"时，皖南地委及游击队由于未能正确地判断敌情，思想上麻痹轻敌，以致准备不足，一度陷于被动。但在10月底接到华东局关于南进的指示后，皖南地委立即在军事上做了重要的部署，除内线留下一部分武装坚持外，主力向4个方向进军：一路由熊兆仁、倪南山率领地委直属部队主力向皖浙赣边前进；一路由杨明率领所属主力向皖赣边前进；一路由唐辉率领所属主力向皖浙边前进；一路由钱敏率领苏浙皖边工委主力向天目山以西之广（德）宁（国）孝（丰）地区前进。经过半年的艰苦斗争，皖南游击队终于粉碎国民党军的"清剿"，开创了新的局面。

在皖赣边区。1947年10月，黄西工委书记杨明率游击队一部向皖赣边前进，开辟新区，原黄西地区由罗白桦负责。12月，杨明率部到达铺岭（今祁门彭龙乡），随后在贵池、石埭、浮梁、祁门、黟县、太平6县边区开展游击活动。次年1月，这支部队分成3队，分散活动。3月初，皖浙赣前进委员会提出"巩固与发展黄西"任务后，杨明与前委相互配合，协调发展。到4月，杨明所部便在祁门西部取得立足点。5月，根据皖南地委的决定，皖赣工委成立，杨明为书记，下设3个工委，即以钱秋育为书记的浮（梁）至（德）祁（门）工委、以孙举东为书记的青（阳）石（埭）贵（池）工委、以马文杰为书记的祁（门）石（埭）贵（池）工委。此后，皖赣工委所属部队在与皖赣边国民党武装的斗争中，队伍不断壮大。到8月，皖赣部队整编为3个主力连、5支武工队，合计450人，开辟了以祁（门）西为中心的游击根据地。9月，朱农被调到皖赣工委任工委委员后，又与马文杰率部开辟祁（门）休（宁）浮（梁）新区。

在皖浙赣边区。1947年11月中旬，倪南山率领两个主力连进入黄西,着手开创皖浙赣边区的准备工作。随后,熊兆仁、余华、罗白桦也率两个连进入黄西。为统一领导南进工作,12月1日,皖南地委决定成立皖浙赣前进委员会(简称"前委"),以熊兆仁为书记,余华、罗白桦为副书记。前委成立后,在石埭庙上村(今黟县美溪乡)召开前委扩大会议,确定向皖浙赣发展的南进方针。21日,倪南山率领两个连200多人首次进军皖浙赣边区,先以休(宁)西查山为中心开展活动,后转战于祁门、开化、婺源、浮梁一带,深入到德兴县三十里岗。在迂回2000余里,艰苦转战两个多月后,于次年2月15日回到石埭兰田。此后,前委根据倪南山等汇报的情况,决定再次进军皖浙赣边。3月8日,熊兆仁、余华、倪南山率3个连500多人从黟县出发,迂回转战于休宁、婺源、开化、德兴边区,并在这一地区留下3支武工队。不久,又粉碎国民党军对南进主力的围攻,进入休婺交界的障公山地区。至此,前委在婺西北取得了立足点。

鉴于皖浙赣边、皖赣边及黄西地区已连成一片,4月,皖南地委决定撤销皖浙赣前委,以黄西作为依托,成立皖浙赣工委。7月20日,皖浙赣工委在婺源黄村正式成立,熊兆仁为书记。皖浙赣工委随即提出要"迅速发展群众,发展武装,着手根据地建设和继续向南发展"[①]。此后,开展了救荒与反霸斗争,建立了农会和民兵组织;在中心区还取消了保甲制,建立了乡村政权,开始征收公粮和税收。

根据皖南地委11月5日的决定,12月25日,皖浙赣工委与皖赣、黄西工委合并,成立新的皖浙赣工委,熊兆仁、余华为正、副书记。下设黟休祁工委,书记苏帅仁;祁休浮(梁)工委,书记马文杰;婺休工委,书记陶钢;浮乐(平)婺工委,书记汪定波;(上)饶开(化)德(兴)玉(山)工委,书记朱农。原皖浙赣、皖赣和黄西3个地区主力部队,合并为中国人民解放军皖浙赣支队,以倪南山为支队长、杨明为政委、查富德为副参谋长、钱秋育为政治处副主任,受工委领导。支队下设两个团,第一团约有1200人,团长由查富德兼任;第二团约有800人,团

---

① 《皖浙赣工委关于进军以来一年间工作总结》(1949年2月10日),参见中共宣城地委党史工作委员会编:《皖南曙光》,第18页。

长为蔡振邦。

在皖浙边区。1947年9月底皖浙工委在绩溪百坑村正式成立后，就根据皖南地委指示，部署少数武装坚持路东（芜屯公路以东、杭徽公路以北之歙绩宁昌边一带），将大部兵力向南进军。10月，皖南地委进一步明确唐辉所部"应将重心放在铁路以东，积极向浙江发展，准备与浙东南取得联系"①。11月，皖南地委又抽调所属第二连由程灿率领，前往皖浙地区配合唐辉部南进。唐辉遂率3个连，从歙县里洪坑出发，越过芜屯、徽杭公路，到达旱南（歙县新安江以东）地区。随后，在旱南建立立足基地。为增强皖浙地区武装力量，1948年4月，皖南地委又派遣芮胜率特务营四连105人前来。5月初，皖浙工委在横山店召开工委扩大会议，决定抽调主力，分散配合各地武工队，以扩大与巩固原有根据地，并向淳（安）分（水）昌（化）地区发展；还决定成立路东、旱南和水南3个工委，王必英、王成信、王必达分任书记。5月下旬，皖浙工委主力部队击败安徽省保安二团、四团及浙江淳安、昌化自卫队对皖浙中心区旱南的5路"围剿"。这时期，皖浙工委所属部队已发展到500余人。8月，中国人民解放军皖浙支队成立，唐辉任支队长兼政委，程灿任副支队长。此后，皖浙支队主力配合淳分昌武工队向浙西挺进，并在天目山以南、富春江以西的昌化、淳安等地打开了局面。但程灿在分水燕子铺战斗中牺牲。

在苏浙皖边区。早在1947年3月8日华东局给皖南地委的指示中就提出："以现有广德、郎溪为基础，包括宣宁东部，除加强现有游击区外，应向天目山及浙江积极发展。"②10月，华东局再次要求皖南主力向浙赣边发展。为此，皖南地委于10月9日致信苏浙皖边工委，要求边工委抽出主力向天目山以西之广（德）宁（国）孝（丰）地区前进。边工委负责人钱敏、孙章禄遂率边工委主力二连进入广德杨滩、白马庙地区活动。不久便开辟了以广德白马庙为中心，南至宁国梅林、狮

① 方浩然、左和平：《新四军皖南游击队的建立和发展》，参见中共安徽省委党史研究室编：《安徽现代革命史资料长编》第4卷，第606页。

② 《华东局给皖南地委的电示》（1947年3月8日），参见中共芜湖市委党史研究室编：《战斗在皖南沿江地区》，合肥工业大学出版社2005年版，第350—351页。

桥,孝丰横禄山,广德小白店、八卦山一带,东达孝丰障吴村,纵横约八九十里的游击区。为适应新的形势,10 月,边工委撤销郎广分工委,设立了广宁孝、郎溪、广南工委,其中广宁孝工委书记为彭海涛。但到12 月,国民党又组织第六十三师和首都卫戍团各 1 个营,省保安团 3 个中队及广德、郎溪、宣城、宁国等县地方武装 2000 余人,对苏浙皖边区,重点是广宁孝地区进行为期 3 个月的"清剿"。边工委及所属游击队遭到较严重的损失。此后,边工委针对国民党军的政治、军事"清剿",展开了反"清剿"斗争,如在军事上采取"敌进我进"的方针,在政治上反制国民党的移民并村、强迫自首、收缴民间武器等措施。此后,形势逐渐好转。到 1948 年 2 月,随着国民党军第六十三师调走、首都卫戍团移驻张渚,国民党军的"清剿"行动中止,边工委及所属游击队迅速恢复全部老区,并开辟广宁孝、天西新区。不久,在边区大队的基础上组建苏浙皖边区支队,常喜生任支队长。边工委在新开辟的广宁孝地区,建立了百余个可以控制的立足点,并开始向孝丰西渚、太平乡进军。6 月,继续南进,开辟天目山西部地区。8 月 4 日,钱敏、孙章禄率部到达宁(国)昌(化)之虹龙、岛石坞地区,与泾旌宁宣县委书记王文石部会合,使苏南与皖南游击根据地连成了一片。为统一领导天西地区行动,成立了以钱敏为主席的天西临时军政委员会,皖南地委也将宁东地区划归苏浙皖边工委领导。到年底,边工委共下辖太滆、天西、路南 3 个分工委,游击队发展到 600 余人,建立了广宁孝、天西、宣郎广、广北与宜南 4 块游击区,皖浙边的郎溪、广德、宣城、宁国、孝丰、于潜、昌化的广大地区已连成一片,并与泾旌宁宣地区连接起来,纵横有 200 余里,中心区群众达 30 万。

在皖南地委部署皖南游击队向皖浙赣、皖赣边、皖浙边和苏浙皖边挺进,终于打破国民党军历时半年的"清剿"后,1948 年 4 月中旬,国民党军又在第十三旅旅长许言午的指挥下,对皖南沿江地区发动重点"清剿",其主要目的是巩固江防阵地,切断皖南游击队与江北的联系。国民党军将指挥所设在繁昌平沟铺,把沿江地区划为铜(陵)繁(昌)、青阳、泾(县)南(陵)3 个"清剿"区。皖南地委在广泛发动群众的基础上,仍采取在内线留下少数武装坚持,将主力武装跳到外线作

战的方式,与之展开游击战。到7月,参与"清剿"的国民党军被迫撤离沿江地区。

　　针对国民党军再也无力对皖南游击队发动大规模"清剿"的形势,8月,皖南地委在歙县汪满田召开工作会议,决定成立地委临时常委会,由胡明、陈洪、刘奎组成。为策应大军渡江,加强沿江地区工作,会议决定成立沿江工委,以孙宗溶为书记,军事机构改称中国人民解放军皖南沿江支队,陈洪为支队长、孙宗溶为政委。还以原黄(山)东武装为基础,组建地委直属的独立大队,以刘奎为大队长、陈洪为政委。此后,皖南地委及其所属武装的主要工作就是迎接大军渡江。

第二十一章

解放战争时期的安徽经济

1945 年抗日战争胜利以后,安徽和全国一样,国民党统治区经济仍然是半殖民地半封建经济,美国垄断资本支配了一切,四大家族官僚资本则成为美帝支配下的总代理。国民党先是到处抢占抗战胜利果实,接着为了实行独裁统治,悍然撕毁"双十协定",发动全面内战,掠夺经济,致使国民党统治区经济混乱,人民生活困苦。而共产党领导的解放区在抗日根据地经济基础上进一步发展新民民主主义经济,解放区经济出现欣欣向荣的景象。随着全国解放战争的胜利和 1949 年 5 月安徽全境解放,安徽国民党统治区半殖民地半封建经济终于全面崩溃,而解放区新民民主主义经济则彻底胜利。

第一节　国民党统治区工矿、交通业的恶化

一、工矿企业和交通业的短暂复苏

抗战胜利初期,安徽工矿交通企业开始有所复苏。官僚资本直接控制的企业,利用政治、经济特权,还有一定的发展。以李品仙为主席的国民党安徽省政府,根据国民党中央的部署,成立了复员计划委员会,拟定了紧急处理办法,并派省府委员范任、万昌言、苏民、韦永成分赴皖南、皖中、皖北、皖东 4 区督导。到 1945 年底复员工作虽说大体告一段落,但至 1947 年也未完全复员。而安定地方秩序、资助难民还乡等,进展缓慢。工业方面,一些企业开始复苏。如芜湖裕中纱厂在被中国实业银行接收后,因管理不当亏损较大,1946 年 6 月被转卖给上海申新公司。由于改进了经营管理和技术,不到一年时间,裕中纱厂扩大了生产规模,提高了产品质量,赚回了购买该厂和扩充生产设备的全部投资,棉纱产量和质量不断提高,到 1947 年下半年,日产纱40 件以上,达到裕中纱厂生产量最高时期。抗战胜利后,芜湖原烟厂倒闭,新开办了 2 个冰厂、2 个烟厂、1 个牧场,手工业相继复业,店铺作坊多至 1500 余户。矿业方面,国民政府资源委员会接管马鞍山各矿后,在华中矿务局的具体筹划下,主要生产经营向山硫铁矿。到1946 年 6 月相继修复了一些重要生产设施,建筑面积达到 2800 平方米。1947 年,实际出矿 6.48 万吨,月产最高曾逾万吨,盈余 63 亿元法币。淮南煤矿在抗战胜利以后,把大通煤矿公司吞并过来,1937 年月产量 9 万吨,1945 年 10 月产 1.2 万吨,1946 年年底 6.5 万吨,1947 年7 月产 8 万吨。在电力工业方面,如田家庵电厂,由资委会电业副处长单屺瞻主持,已开工为第一、第二厂,领得行总发电机。安庆电厂在抗战胜利时用电负荷仅 400 余千瓦,国民政府资源委员会在接收了安庆电厂后,增装美国制造的 480 千瓦柴油发电机一台,到 1948 年用电负

荷增至 1000 千瓦左右。

安徽卷烟、棉纺、土酒、糖果、糕点和小土矿等手工业也有初步发展。手工卷烟以蚌埠最为集中，1947 年全市私营手工烟厂 107 家，太和、亳县、涡阳、寿县、巢县等地，也相继办起一批手工卷烟厂。手工棉纺织业除了分布于各地农村的家庭纺织有所恢复外，土布机坊也在不少城镇兴起。1945 年，芜湖市只有机坊 700 余家、织机减少到 2000 余架。抗战胜利后，棉织业出现了短暂的兴盛。1947 年棉织机户达1500 余架，织机增至 3000 余架，从业者 2500 多人。小土矿主要有皖南、巢县的小煤窑，霍邱、寿县一带的小土硝，祁门一带的小磁土矿等。此外，榨油、轧花、造纸、糕点制作等手工业，在抗战胜利初期也有所发展。如 1947 年安庆就出现了若干新办的榨油、碾米、磨粉、轧花等农副产品加工厂。①

交通建设方面，国民党为尽快抢占敌占区，首先力图恢复战时被破坏了的交通，特别是公路交通。在皖南，主要修复芜屯、省屯、徽杭、屯景等几条干线。芜屯路全长 270 公里，是皖南通至国民党首都南京的要道，其中芜湖到绩溪段在 1937 年被破坏。省屯路是皖南到原省会安庆的要道，从大渡口到歙县岩寺，全长 266 公里，大渡口至汤口段被破坏。国民党急欲修复这两条路线，以便其抢占地盘。徽杭路从大阜起至浙赣交界的昱岭关，计长 44 公里。屯景路自屯溪通至祁门县境。这两条路破坏程度较轻，但也需要整修才能通车。1945 年 8 月10 日，国民党皖南行署召开紧急会议，决定由行署公路处负责星夜赶修，至 10 月间，即先后修复通车。徽杭路皖境段 44 公里由歙县征用民夫抢修。屯景路自皖境至祁门段，8 月 25 日即通车。在江北，省会迁至合肥后，以合肥为中心的公路复员工程进展较快。合（肥）安（庆）、合（肥）蚌（埠）、合（肥）巢（湖）、合（肥）六（安）、六（安）立（煌）各线，均在 1945 年底之前通车。1946 年 1 月 9 日，合肥至裕溪口间开通班车。1 月 10 日，省公路局从合肥派车分往叶集、阜阳、太和、蒙城、亳县、怀远等地试车。安徽省政府 1947 年还修筑了从合肥

---

① 《合作供销通讯》1947 年第 1 卷第 2 期，第 7 页。

经全椒到浦口的合浦公路。1948年又修建了从宣城到泾县的宣泾公路。不过,通车的路段,质量低劣,路面多为泥土或石子铺成,一遇大雨就阻滞不通。铁路方面,安徽境内的津浦铁路也被国民党抢占。淮南铁路在战时被日本人拆毁,抗战胜利后,修复水家湖到合肥的铁路,并另建了一条由矿区直通蚌埠的铁路,由蚌埠转入津浦南段入浦口。江南铁路在日军占领时期破坏严重,芜湖至孙家埠段轨、枕(木)全无,车站毁于兵火,桥涵仅存残迹,只有南京至芜湖段能勉强通车。商办江南铁路股份有限公司接收时对其进行了整修,运营两个月后,国民政府又借用江南铁路公司100公里的钢轨、枕木用于抢修津浦、陇海铁路。1948年1月,江南铁路公司向交通银行借美金80万元,从美国购进每码70磅的新轨9630吨、钢皮车10辆,9月1日恢复通车。航运方面,省公路局还奉行政院电令,兼办全省航运,于1945年10月间,分别在蚌埠、芜湖两地恢复沙、淮两河及巢湖的水上交通,并恢复安庆、芜湖间的长江水上交通。

二、工矿业的衰败

抗战胜利后,本来就十分脆弱的安徽工矿业,前受日军的破坏,后又受官僚资本的侵夺、美帝国主义商品倾销和物价上涨的打击,在经历了短暂的复苏后,迅速走向衰败。

民族工业所受的打击最为沉重。当时,基础较好的工矿企业都被官僚资本所侵占,余下的一些小厂都处于停产或半停产的状态。以民族工业最为发达的芜湖市为例,1946年民族资本工业尚剩5家,即三丰面粉厂、益新面粉厂、华昌面粉厂、美隆面粉厂和明远电灯厂。前4家企业先后于1946、1947、1948年破产停业,仅明远电灯厂勉强支撑到新中国成立前夕。如三丰面粉厂是1941年上海粮商来芜集股兴办的,日产"三蜂牌"面粉100袋,1946年因国民党市政当局要修路而被强行拆去大部分厂房,又不给补偿费,以致破产歇业。益新面粉厂在抗战后先被省政府查封,继由国民政府经济部委派该部专员马奔等进厂接收,备受搜刮后总算把设备残缺的空厂发还原主,终于在1946年秋复工。但因抗战胜利后情况复杂,资金难筹,面粉难销,复工数月又

告停产,直到芜湖解放时尚未复工。明远电厂在1946年10月发还给私方时,正逢国民党全面发动内战之际,在芜湖驻扎大批国军,到处搜刮民财。当时向明远征收的各种苛捐杂税,名目繁多,国民党军队和地方政府,用电不但不缴电费,还到处窃电,打骂抄表员工。特别是国民党法币贬值,物价飞涨,煤源困难,被迫分区停电,电费收入急剧下降,以致维持不了发电。到1949年4月,明远已是奄奄一息。芜湖工业仅有的"两个半烟囱"(即明远电厂、裕中纱厂和益新公司),均已面临绝境。裕中纱厂进入1948年后,产量逐渐下降。当时申新资本家见国民党军队节节败退,社会秩序极度混乱,运输也不方便,形势不利,便无意继续投资经营,尽量抽逃资金,致使1948年下半年,产量急剧下降,到年底已把资金基本抽光,1949年1月至4月只开车11天。在安庆,有100多年历史的胡玉美酱园,到新中国成立前夕,该厂已奄奄一息。宣城地区抗战前原有十几家规模较大的商办煤矿,但到新中国成立前夕仅有宣城县的金牌煤矿公司和官商合办的宁国县灰山煤矿股份有限公司惨淡经营。

官僚资本企业的经营也困难重重。如大昌和记火柴厂在抗战胜利后划为敌伪财产,由安徽省政府建设厅接管,改名为安徽省芜湖火柴厂,品牌改为"长江牌安全火柴",从而使该厂由敌伪资本转变为官僚资本。建设厅先后派秦耐寒、崔冬芳2人为驻厂专员,主管生产和经营。由于国民政府的经济政策不得人心,生产不断下降,工人生活日益贫困,迫使多数工人陆续离厂。到解放前夕,只留下无处投奔的职工56人,主要设备排梗机只残存4台,且因产品质量低劣,销路不畅,全厂陷入停顿状态。华中矿务局,隶属于国民政府资源委员会,在皖江地区管辖马鞍山铁矿和硫铁矿,桃冲、太平铁矿、铜官山铜矿等矿山,总局下辖马鞍山分矿、铜官山分矿管理所、桃冲分矿管理所和芜湖通讯处等单位。但只有马鞍山分矿所属向山硫铁矿做了复工准备工作,其余各矿只是"整理保管"。向山硫铁矿复工后,到1948年下半年,受时局和市场影响,也亏损了74.29万元金圆券,年底全部停产。到新中国成立前夕,马鞍山分矿的厂房设备大都遭到破坏,员工大部分被遣散,仅有285人留守。铜官山矿在1945年12月由经济部战时生产局苏浙皖区特派员办公处接收时,规模还是比较大的。到 1949 年新中国成立前夕,铜官山矿区一片荒凉,仅留下巷道 400 余米(多数已倒塌),简易铁路 8.7 公里,连同房屋、设备在内,全部价值仅有 93 万元人民币。资源委员会经营的安庆纱厂虽有 5000 纱锭,但一直未开业。经济部接收的贵池馒头山煤矿曾组织复工,但日产煤仅 20 余吨。只有宋子文建设银公司经营的淮南煤矿,因实力雄厚而一度有所发展,煤炭产量在 1945 年底月产仅 1.2 万吨,1948 年以后达 7~8 万吨。宋子文官僚资本集团在开采淮南煤矿中发了大财。

三、工人生活的贫困

全面内战爆发以后,由于苛捐杂税、恶性通货膨胀、洋货倾销,安徽各地工厂开工不足,处于停产或半停产状态,工人大批失业,处境更为悲惨。如 1946 年 7 月芜湖即有 20 多家民族企业倒闭,到 1947 年 3 月,失业人数达到 16088 人,占全市工人总数的 52.73%。官僚资本经营的企业里,工人处境也不好。1947 年 4 月 25 日,芜湖北岸码头业职工工会写给裕中纱厂的公函说:"近来米价飞涨,影响物价波动,至为剧烈,工人生活感受严重威胁,在一月前食米每担仅售 6 万元左右,现竟涨至每担十七八万元,油条、豆干均增价 1 倍,其他各项货物更加价 2 倍有奇。工人每日辛勤劳动,所得殊不足以资糊口,情迫无奈,报恳请按照物价与生活指数为原订力资最低限度增加 1 倍。"[①]马鞍山矿业所在战后被国民政府经济部战时生产局苏浙皖区特派员办公处接管时,从业人员有 4031 人,其中,华人 3700 人,日人 331 人(含留用 51 人)。但到 1948 年底,全矿仅剩 259 人,除矿警 98 人和管理人员 24 人外,只有技术人员 19 人,工警、技工 77 人,普通工人 41 人。铜官山矿在抗战胜利时有 800 名工人,国民政府接收后,以矿山暂不复工为名,仅留用 30 人,绝大部分工人因失业而流离失所,有的只得在矿区以种地、砍柴为生。到解放前夕,安庆市失业半失业工人有 4500 多人。许多失业工人仅靠典当或变卖衣物糊口,"当光、卖光、吃光",最

---

① 中共安徽省委中级党校:《芜湖纺织厂史》,安徽人民出版社 1960 年版,第 79—80 页。

后只得坐以待毙。国民政府根本不管城镇的市政、卫生等公共设施建设，许多城镇街道一片狼藉，各种传染病流行于国民党统治区城乡。如蚌埠市1946年夏季发生霍乱，一次死亡2600多人。在职工人，劳动时间长，工资也极其低微。又如1946年，芜湖的土布机坊机工工资完全以件数计算，每日晨5时就上机，除吃饭稍加休息外，一直工作到下午6点，整整工作12小时，赶工时，还须延长工作一两个小时。在物价狂涨和实际工资不断下降的情况下，工人生活状况日益恶化。

第二节　国民党统治区金融业与商业的恶化

一、官僚资本对金融机构的操纵

官僚资本对安徽的掠夺，首先是操纵金融机构。从1945年9月开始，官僚资本控制的中央银行、中国银行、交通银行、中国农民银行、中央信托局、邮政储金汇业局，很快就接收了安徽收复区的日伪银行，并恢复战时撤离安徽的分支机构，如芜湖、安庆、合肥、蚌埠等都恢复了分支机构。1945年11月，由新桂系控制的安徽地方银行总行随省政府迁到合肥，在收复区的重要地区建立分支机构，在芜湖设立分行，1946年5月安庆分行恢复，宁国、广德、庐江、铜陵县大通、宿松、潜山等地设有办事处。太湖、天长、全椒、东流等县还设立了县银行。到1946年上半年全省已有各种银行机构88家建立或恢复，1年后又增到119家，其中，中央政府官营33家，省政府官营49家，县市政府官营15家。官僚资本控制的银行总计达92家，占全省银行机构总数的3/4以上，而当时全国的官营银行占银行机构总数的比例只是2/3。各地银行相继恢复，如在芜湖，抗战胜利后，原先迁出的一些银行陆续返芜复业，到1947年上半年止，芜湖已设银行11家，分别为：中央银行芜湖分行、中国银行芜湖分行、交通银行芜湖支行、中国农民银行芜湖分行、上海商业银行芜湖支行、安徽地方银行芜湖分行（该行总行抗战前设在芜湖,1937 年 8 月迁安庆,12 月迁六安,1945 年 11 月迁合肥,次年 11 月更名安徽省银行,1948 年迁芜湖)、中央信托局芜湖办事处、中国实业银行芜湖支行、茂华商业银行芜湖支行、中国商业银行芜湖分行、芜湖县银行。这一时期,国民政府对金融业控制较严,对沦陷期间开设的银行进行了清理,不准继续营业,而获准复业的银行,因受官僚资本银行的排挤,加之通货膨胀,业务很难开展。这样,在安徽的商业银行比战前减少了,而且都是外埠商业银行的分支机构。最为集中的芜湖也仅有上海、中国实业、茂华商业、中孚银行。安庆原有上海、中国实业银行的分支机构,抗战后均不再设立。这些官僚资本控制的金融机构通过发行纸币、兑换伪币、控制贷款、收购农副产品等手段大发横财。

二、大量收购物资

官僚资本通过控制金融机构,在安徽大量收购物资,特别是对粮食的抢购。1945 年至 1949 年,芜湖米市处于低落时期。抗战胜利后,在芜湖的官僚资本,除抗战前原来的几家银行卷土重来,正在通过营业往来加强对米市的控制外,新成立的农民银行、中央合作金库等,更公开收购粮食,对米市进行垄断。由于法币贬值,物价飞腾,大量游资集中米市盲目投机。特别是"八一九"限价,给该业带来深重灾难。按当时限价售出的粮食,几乎无法补进现货,损失不计其数,随之而来的苛捐杂税,名目繁多,那时经营粮食的要完纳以下各种捐税:行商出口税,按米值每元 4 分;市建设捐每元 1 分,救灾捐每元 1 分,印花税每元 3 厘,其他各种摊派,不胜枚举。这就更使各地帆运商视芜湖为畏途。加以米粮业本身经营混乱,矛盾重重,以致日趋没落。这几年中出口米粮从未超过 200 万石,只占鼎盛时期的 1/4。相反,由于社会游资充斥,行业没落而户数反增,该业中 5 个行业的户数,却比抗战前有所增加,采运业增至 124 户,小市行 218 户,碾米堆栈和砻坊合计 134 户,只有江广行减少为 48 户。不过它们结算时,货币数字增大,折合实物减少,实际是亏损。这就是新中国成立前夕各业的反常现象。与此同时,合肥、三河、巢湖等地的一些米商又纷纷囤积居奇、投机倒

把,致使米价一日数涨,引起了全省粮食市场的空前紧张。1947 年 5 月,合肥发生 5 万饥民的抢米风潮。又如陈立夫控制的中国农民银行,见蚌埠是皖北的粮食集散地,1946 年 9 月在蚌埠市设立分支机构,通过关系获得代收军粮的权力,并收取高额手续费、保管费,仅 1948 年上半年就代收大米、小麦 89 万包,获手续费、保管费 65 亿元法币,占同期银行纯收益的 60%。这家银行设有专门收购粮食的班子,又从与其交往的粮商那里收取大量的手续费、保管费,并进一步收购黄豆、烟叶、茶叶、牛皮等农副产品,向上海、无锡、南京、济南等地办理出口押汇,公开做起生意,又获得高额手续费和利息。官僚资本就是这样通过控制金融机构,无孔不入地赚钱谋利,搜刮安徽人民的财富。

三、滥发纸币

1946 年 6 月国民政府发动全面内战后,为弥补内战经费的不足,滥发纸币,造成物价暴涨。国统区通货膨胀,在抗战前就已经开始了,到 1940 年下半年,开始进入恶性膨胀阶段。据统计,抗日战争之前,全国法币发行总额只有 14 亿元,至 1947 年 4 月,即陡增至 16 万亿元以上,至 1948 年 8 月以金圆券代法币时,法币发行额已达到 660 万亿元,为抗日战争前夕发行额的 47 万倍。也有据统计说,国民政府在 1945 年 6 月发行 3978 亿元法币,1949 年 5 月发行 203837400 万亿元法币,4 年的法币发行量增加 5 亿多倍。1948 年 8 月 19 日,国民政府控制经济,宣布所谓币制改革,发行金圆券,以 1∶300 万的比率收回法币,同时强令限制物价,各商店将存货按前一日价格出售,冻结工资。这就是中国近代史上臭名昭著的"八一九"限价。国民政府仍然滥发金圆券,从 1948 年 8 月到 1949 年 5 月,金圆券总发行量由 9 亿元上升到 68 亿元,通货膨胀和物价飞涨更是超过币制改革之前。滥发纸币的结果,造成了通货膨胀和物价迅速上涨。如 1947 年 3 月芜湖市场零售物价总指数比 1937 年 6 月上升 13781 倍,其中粮食上升 10243.5 倍,饮食类上升 9307.2 倍,衣着类上升 16136.7 倍,燃料类上升 18095.4 倍,五金电料建材类上升 18589.2 倍,杂项类上升 13236.5

倍。法币日益失去其价值尺度、流通手段、支付手段和储藏手段的功能，走到了尽头。"八一九"限价后，各商店货物抢掠一空，不到两日，限价又放开，这时更因物资紧缺而物价猛涨、货币贬值，商家蒙受了巨大的损失，连一些资本雄厚的老店也遭破产。如蚌埠的著名老店天成公司在"八一九"限价时出售 2000 匹棉布，几日之后到上海进货，售得之款连 100 匹布也买不到，这次劫难终于使这家老店破产。合肥在"八一九"限价中亏本、倒闭的商店约占全市商店总数的 4/5。城乡市场上物价一日数变，合肥、安庆、芜湖、蚌埠等城市，就有"目下一言为定，早晚市价不同"的说法。物价上涨，金圆券也不如废纸。随着 1949 年 5 月安徽全境的解放，金圆券也完全停止了在安徽的流通。

四、商业掠夺

抗战胜利后，官僚资本特别是地方官僚资本对商业的掠夺甚为残酷。其基本方法为：

第一，把那些在沦陷时仍就地营业的商人一概加以"经济汉奸"的罪名，轻则罚款，重则没收财产，甚至被捕。斥责那些因不堪敲诈勒索而外逃的商人有"奴性"，抄他们的家，或加以逮捕，掠夺其资财，理由是这些人在日伪时期尚愿营业，但抗战胜利后反不愿营业而外逃。仅在芜湖一地，就拘捕了数千人，其中真正的汉奸不超过 10 人。军统安庆肃奸办事处肆意抓捕商人，闹得人心惶惶，为求得平安，商人们不得不送礼、行贿。

第二，国民政府的捐税很重。抗战胜利以后，为了满足发动全面内战的财政需要，便增设许多新税目，尤其是 1946 年实行中央、省、县三级财政体制后，每级财政都有权开设新税目，税目愈益增多。以 1946 年为例，除了田赋、营业税、所得税、牙税、货物税、直接税、屠宰税、契税、牲畜税、遗产税、自治户捐等几十种老税目外，又新开设证券存款所得税、综合所得税、特种营业税、地价税、印花税、房捐等新税目，其中印花税的征收范围相当广泛，甚至连剧场影院的门票也要贴花。有些税目已明文规定停征，但又恢复再征。献金是抗战期间国民

政府以抗日为名向人民勒索的一种形式，抗战胜利后已明文停征，但国民党安徽省政府仍继续征收，仅 1947 年全省就征收献金 8113 万元。1948 年以后，为阻止中国人民解放军渡江，国民政府和军队以加强长江南堤江防为名，在沿江、皖南地区征收自卫特捐和各种临时费，对食盐、粮食、棉花、烟、酒及矿产，随税征收一定比例的自卫特捐。国民党军队和区乡保甲长还向农户摊派各种捐费，如合肥地区就有草鞋费、人情费、打更费、役更费、门牌费、壮丁费、救济费、检查费、修理费、保卫费、维持费、军装费等，收费又无标准，这无疑等于是公开的抢劫，用暴力和抢劫来补救财政支出。这一期间各税的税率都有不同程度的提高，如屠宰税由原来的 5% 增加到 10%，营业税由 0.3% 提高 10%，证券存款利息所得税由 5% 提高到 10%，印花税则提高 10～20 倍，其他各税的税率都提高 1 倍左右。国民政府及税务部门还乱收或加重捐费，从一切可以榨取油水的地方搜刮财富。国民政府的税收不是建立在发展经济的基础上，而是竭泽而渔、横征暴敛。税收几倍、十几倍地增长，也挽救不了财政崩溃的命运，1947 年以后的财政赤字更是直线上升。国民政府还到处设关置卡，对过往行商征收繁重的税捐，从芜湖到合肥，一路就征收 20 多道捐税。除税额大以外，各种摊派也很多。

第三，一些国民党军政人员凭借权力，直接经商，或囤积居奇、操纵物价，或投机倒把、公开走私。如芜湖海关在 1945 年下半年撤销后，一些国民党退伍军官见航运有利可图，争相开办小轮公司，从 1945 年底到 1948 年 4 月先后有 53 家小轮公司开业，一度成为芜湖航运业中的一方霸主。又如桂系军政人员有不少人在合肥经营米粮业，致使合肥市米价上涨。1945 年夏每石 800 元，仅仅四五个月就上涨到每石 1200 余元。米价的上涨又牵连其他商品涨价，从而引起商业萧条，民族商业受到沉重的打击。

第四，以多次涨价政策掠取商民。每一次涨价，许多民族资本家和小商小贩都遭到沉重打击，有的倒闭破产，而大小官僚资本家却轻易地获得了大量的非法利润。如蚌埠市天成公司是一家经营棉布、针织和日用百货的老商店，1948 年就因物价飞涨而破产。

五、商业的短暂复苏

抗战胜利初期,社会相对安定,百废待兴,社会需求较大,一些逃亡外地的工商业户陆续返回复业,一时间市场较为兴旺,有些地方的商业服务业达到或接近战前水平,少数行业还有较快发展。芜湖市商业在 1945 年到 1947 年曾一度繁荣,这时,主要商业区的商店鳞次栉比。安庆部分老店复业,商业稍有复兴。1945 年到 1949 年,安庆民族资本较大的商户有:余跃纪百货店(兼营金、银器),同义和、华茂、钰成、同泰和粮行,万泰和、云盛、大隆西药房,坤大、胡玉美酱园,美伦、久大恒等绸布店,麦陇香南货店,余良卿膏药店,饮苏堂、张立德等中药店,益太兴、大道生等糖杂店,鲁荣泰纸杂店,公泰昌银楼,丽生祥、名利、顺太祥、德太、永盛祥等京广业店等。战后,安庆城粮食市场老牌号相继复业,又增加十几户新牌号,有米行 57 家,粮行 40 余家;怀宁高河埠粮行相继复业。到新中国成立初,各地粮、米行仍继续营业,全区大小粮商约有 1900 余家。粮食流向由沦陷前用木帆船运往南京、无锡、苏北一带,转为主要通过招商局用大轮运往上海。同时,上海、南京油品客商在安庆坐地收购,食油出口量加大。安庆卷烟业商号战前仅 11 家,1946 年发展到 67 家。合肥在战后有大量逃难的商人陆续回来复业,商会活动恢复,同业公会增至 28 个,经营棉布的坐商近百家,仅东门一条街就有批零兼营的布店 30 家。蚌埠盐业复苏,有盐销商 79 家,盐运商 162 家,另尚有许多摊贩,盐商中著名的有大陆、聚安、福泰、九达、福昌、信通、振新、新益、福成、同顺兴、大业、裕民等盐号。此期,除在水上(船上)交易外,还在老船塘一带和盐巷子形成陆地交易场所。1946 年至 1948 年,销往外地的盐,平均每年 5 万吨左右。到新中国成立前夕,仍有运商 6 家,销商 56 家,牙行 57 家。芜湖在战后商铺纷纷复业,长街一度呈现繁荣局面。1948 年绸布店 124 家;1946 年百货业有会员 133 家,569 人;鞋业 58 家,100 人;文具图书业 22 家,102 人;钟表眼镜业 28 家,64 人;西服 26 家,53 人;估衣业 25 家,110 人;还有照相器材、皮毛、锅等业。

六、商业的衰败

抗战胜利初,各地商业经过短暂的复苏以后,很快萧条衰败。随着国民政府政治、军事、经济全面崩溃,物价直线上涨,囤积居奇,投机倒把应运而生,商贾经营困难,市面呆滞、萧条。据1946年调查,芜湖工商业萧条,米市凋敝,长街商号日有数家倒闭,7月商会统计,在全市近4000家营业单位中,有300余家遭此不幸,几乎占全市十分之一,其中尤以五洋百货、绸布业最为明显,工商业有崩溃的趋势。其萧条的原因如下:交通阻塞,土产滞销;捐税过重,商人无力承担;居间剥削过大,陋规也多,致使米市凋敝;外货充斥市场,国产无力竞争;人民购买力薄弱,货物不易推销;商店资本不充,周转不灵,多受高利贷剥削。芜湖经济枯竭,影响全省工商各业以及民生经济,也是当时全省经济萧条的反映。到1948年底,芜湖长街已是日近黄昏,全无往日繁华的景象,煤油的年销量只有抗战前的1/3至1/2。在油源紧张年份,年销量仅3万听,是抗战前的1/20。据新中国成立初期调查,芜湖百货业约126户,万元以上资本的仅9户;经营酒业有30户,从业人员105人,资本总额1.6万元人民币。安庆市商业也一片萧条。1948年大批商号歇业、倒闭,到新中国成立初期,市内有京广商店180家,棉布店28家,制帽店4家,布鞋店6家,棉纱店6家。药业店坊虽有50家,但生产经营规模远不及抗战前。铜陵县大通是皖江沿岸的重要商埠及皖南山区货物的集散中心,与芜湖、安庆齐名。抗战胜利后,大通镇的商户纷纷返回家园,恢复经营,但数量和规模远不及抗战前。大多数商户以零售为主,批零兼营的商户屈指可数,大批发商户几乎等于零。到新中国成立前夕,天长县县城仅商户352家,不足抗战前的一半,农村更是寥若晨星;来安县城有父子店、夫妻店83家,从业人员182人,与1936年相比减少55%;泾县县城仅剩下较大的商号20家;青阳县从事商业、饮食服务业的虽有600余户,从业人员1700余人,但多数陷于入不敷出的困境。

美国依据1946年11月签订的《中美友好通商航海条约》,加强对中国的经济掠夺,冲击了安徽商业。首先,美国大量的剩余物资倾销到中国城乡市场。1946年年底以后,如布匹、呢绒、香烟、石油、铁钉、金属、机器、罐头、面粉、药品、袜子、金笔、香水、牙膏、牙刷等美货,源源流向安徽城乡市场的大小商店里,西洋货代替了东洋货,战后安徽民族工业在刚复苏的时候就受到沉重的打击。如抗战胜利后,美英洋行垄断芜湖市场,美英在芜湖的洋行挂着"救济"、"贷款"的标签而免税输入的物资,可以低于一般进口物资的价格投放市场销售,对市场和民族经济的冲击更甚于一般进口商品的倾销。当时国币对美元的折合率急剧下跌,1946年每千元国币兑换美元的平均折合率为0.37343美元,次年降为0.04223美元,1949年1至8月降为0.00083美元。出口经营极为惨淡,出口商行骤减,除皮毛有几家上海出口商行的分号外,别无出口商。出口商品的范围更加狭窄,传统外销的农产品继续出口的已经不多,仅猪鬃、羽毛保持了一定的数量,运销上海以后,多半输往美国。其次,是对安徽农副产品和矿产品的掠夺,完全操纵了安徽的对外贸易,控制了猪鬃、桐油、羽毛、羊皮、菸草等出口产品的价格,垄断了市场,从安徽掠取了大批廉价的农副产品和工业原料。美帝掠夺的安徽资源,主要是工业原料,其中最多的是桐油、猪鬃等。据1946年的统计,全国猪鬃出口总值中,输往美国的达70%,而安徽当时是猪鬃出口大省,美帝从安徽掠去的猪鬃数量肯定为数不少。[1] 茶叶历来是安徽外贸出口的大宗商品,但是由于帝国主义的控制,外汇汇率过低,出口数量大减。

　　民族资本主义工商业在官僚资本和外国资本主义的双重掠夺下,很难得到发展的机会,只能日益衰败。

---

　　① 中国人民大学政治经济学系编:《中国近代经济史》下册,人民出版社1978年版,第148页。

第三节　国民党统治区农村经济危机

一、赋税剥削繁重

抗日战争胜利后,由于工商业的倒闭和农村经济的破落,安徽国民党统治区财政来源渐渐枯竭;新桂系安徽省政府积极支持蒋介石的全面内战,安徽的财政也完全服务于反革命的内战需要,内战军费和官僚政府的开支又逐年猛增;国民党中央政府又大量地吸调地方财力。在这种情况下,安徽财政陷入了极度的危机之中,走上了总崩溃的道路。1946年6月5日,蒋介石为从财政上作好发动全面内战的准备,进一步加强各省地方财政实力,在南京召开"实施改订财政收支系统会议",调整了财政体制,将抗战期间中央与县两级财政体制恢复为中央、省和县市三级财政休制,将田赋重新归为地方收入。这次财政会议召开不久,蒋介石即于6月底发动了对解放区的全面进攻。可见,国民党调整财政收支系统是为发动全面内战服务的。按这次财政会议规定,安徽省于1946年7月1日正式实行中央、省、县三级财政。关税、盐税等收入大项继续为中央征收。省县地方税收实行统一征收,营业税50%归省,50%归县;土地税(田赋)20%归省,50%归县。属于县级财政收入的尚有契税、屠宰税、营业牌照税、使用牌照税、筵席娱乐税等。当时因全面内战,各项开支庞杂,特别是安徽地扼江淮,毗连宁沪,为国民党军事上之冲要地带,国民党军队云集安徽,军粮征购及军费支出尤为浩繁,安徽地方财政入不敷出异常严重。为解脱严重的财政危机,国民政府通过增设税目和提高税率等手段加重税赋,加强对国民党统治区人民的搜刮。1946年至1949年,安徽财政被国民政府拖入了反人民的内战轨道。

抗战胜利后,本应减轻农民负担,休养生息,但国民政府为反人民的内战筹集军粮,不仅继续实行田赋征实、征借,而且进一步加重了农民负担。繁重的田赋剥削和无止境的军粮搜刮,是战后国民党统治区农民最沉重的负担。1945年9月3日,国民政府宣布,凡曾沦陷的各省区豁免本年度田赋一年。安徽为豁免田赋之省,但事实上安徽各地仍在追缴军粮。国民政府要求安徽省在1945年年底完成征实军粮200万石,而且是以低于市价收购的,加之地方捐费摊派,当年安徽农民的负担并未减轻。而且为时不久,国民党即借口军粮急需,于1946年5月宣布恢复田赋征实,恢复对安徽农民征收繁重的田赋,并随田赋征收各种附加和军粮。在田赋征实、征购和带征省县公粮外,还进行征借,即向农民借粮,不付现款,只付粮食库券,5年后偿还。安徽省政府颁布了各县田赋开征日期及征实、征购、征借、滞纳加罚标准,规定每亩田赋征收1角8分7厘6毫,连同各种附加,计4角8分,附加是正赋的1.6倍多。另外,还随田赋以征实、借征形式向农民征收军粮和省县地方公粮,要求按正附赋每元折征稻谷3市斗,征借军粮,自第五年起分5年平均摊还,不计利息(后又改为献粮,不予归还);按照实征额3成带征省、县公粮,实征稻谷100斤改征米72斤;还用低价购买的方式征购一部分粮食。开征日期为麦区9月16日,稻区10月1日。统限于开征后3个月内征齐,逾期2个月加罚10%,2个月以上加罚20%。这年安徽灾情严重,田赋、征借难以在规定时间内征齐,不少农民还得承受经济处罚。1946年,安徽全省63县,正附赋粮为12289502元,经核定全省按1100万元赋粮征借,每元征借稻1.5斗,另外每元征实稻3斗,带征省县公粮9升,共计每元征借稻5.4斗。据统计,该年全省田赋征实稻330万石(其中3成99万石归中央,2成66万石归省,5成165万石归县);征借稻165万石,全归中央;带征公粮99万石,省、县各半;此外,省征购粮食约110万石,共计700万石(每石150斤),远远超过抗战时期的征购数量。① 这些粮食一部分用于内战,一部分落入四大家族及安徽新桂系军阀的私人腰包。征实和征借,是按开征前3个月的价格付给法币,还延期付款,在物价上涨、法币贬值的情况下,农民所得付款,已不值钱了。淮河以南

---

① 《安徽政治》第10卷第3期,第5页。

的水稻产区,征实、征借要折交糙米,一般 100 斤稻谷可出 75 斤糙米,但却硬性规定折为 72 斤,百斤稻谷中,农民又被白白抢去 3 斤糙米。可见,征实、借征就等于公开掠夺。国民政府声称"增赋不增粮",但粮以赋计,赋增自然粮增。1947 年夏,国民党中央政府决定停办借征,但安徽省却仍坚持借征,并不断加征各种捐税。征军粮是残害百姓最深之一。内战爆发后,国民党军队集结安徽,购办军粮尤紧,扰民尤深。他们随意封存农民谷米,随意指定数额,稍遇反抗,就以阻挠军粮罪名扣押;被扣押者在如数交纳军粮和行贿以后,才能释放。家中有粮的如此,无粮的贫苦乡民,只有借高利贷。购办军粮的人不但不给应付价款,还逼运送人出具领到价款多少的收条,如不答应,则加以处罚。① 安徽农民的负担进一步加重。

二、无止境的抓丁拉夫

内战爆发后,国民党为保持和补足兵源,规定适龄壮丁要服兵役,交纳一定费用可以免除兵役,在国民党统治区内到处抓壮丁。据国民政府公布的数字,1946 年征兵总额为 50 万人,1947 年增为 150 万人,1948 年又有 100 万人,但实际人数不止这些。地主豪绅和乡保甲长以各种名义,为自己及子弟免除兵役,而一般贫苦农民没有经济能力交免役费,只得应征入伍。许多村庄的青壮年成批成批地被抓去当兵,甚至连老人、妇女、儿童也被抓去充作民夫,为国民党军队修筑工事、运送粮草。这是一种超经济的强制。抓丁拉夫数量之大,范围之广,连省参议会也为之惊呼。在 1947 年 7 月下旬召开的省参议会第一届第三次会议上,78 个参议员中有 63 人联名就兵役问题向国民党中央政府请愿,指出抗战胜利后,"本省所出的兵额,无论以省区或人口来做比例,都比任何省份来得多,其中伤亡最重。至于办理不善、弊端重重,安徽人民所受的痛苦亦最深。现在胜利两年,可是中央对于本省的兵额也是不断的配赋下来,而且那么急如星火"②。除了国民党中央

---

① 1946 年 4 月 30 日《中华日报》。
② 《安徽省参议会第一届第三次会议会刊》,1947 年 8 月,第 17—18 页。

征兵以外,省、县也抓丁扩充地方军、杂牌军和民团。一些乡绅保甲长们也趁抓丁之机勒索民财。农民不愿当炮灰,也无力承担各种苛捐杂税,只得逃亡外地,造成许多土地荒芜。安庆农村流传这样的民谣,"乡保长进门,两眼定了神;不是要钱,就是要人"[①],真实地反映了当时的现状。

三、封建剥削繁重

战后,土地兼并现象也越来越严重,地主、富农占据了大部分土地。据土改时统计,宣城地区地主、富农仅占农村总户数的 6.5% ,却占有 47% 的耕地,而占总户数 53% 的贫农、雇农只占有 10% 的耕地;地主、富农户均土地为 70 亩和 29 亩,贫农、雇农只有 1.67 亩和 0.21 亩。安徽各地封建地租和高利贷的盘剥并没有减轻。战后,国民政府口头上声称要二五减租,实际上并没有实行,而是完全放手让地主收租。新四军北撤后,原先的解放区被国民党占领,封建地主对雇佃农进行疯狂的报复,有些地方不仅收取高额地租,还强迫农民补交前几年的地租;在原日伪占领区,也屡屡发生类似的情况。如来安县殿发乡唐兴泰、沈祀富、马公金等 36 户农民,被地主倒租倒去的计有:稻子 230 石 2 斗,黄豆、小麦、玉米共 83 石 9 斗,芝麻 4 石,肥猪 2 口,牛 5 头,银元 110 元,法币 70 万元(约折 87 石稻)。封建地租分仍 3 种:(1)实物地租(纳谷物),又称粮租,主要分死租和活租,死租就是定租后不变,佃户享有永佃权,但租额较重,年亩租稻 200～250 斤,最高达 300 斤;活租是庄稼成熟时,由出租者实地测产议租,所以又称揣租,根据揣测的产量一般四六分成(四成交租),或对半分成,少数的倒四六分成。有些地方还要交草若干斤。如全椒县佃户每年要交草 100 斤。(2)货币地租,纳银款,一般是农民每租地 10 亩,需付给地主押板金、小租钱、灰土银等约 10～12 元(折合当时稻谷 2.5～3 石)。如 1949 年南陵县戴镇村贫农谢家才租谢一勤田 17 亩 5 分,交押板 3 石稻。(3)劳役地租,即佃户除向地主交租外,还要经常给地主做义务

---

① 郭万清、朱玉龙主编:《皖江开发史》,黄山书社 2001 年版,第 271 页。

工,如砌锅、叉墙、劈柴、建厕所、翻仓晒粮以及砻谷舂米等。逢年过节,或遇到地主家婚丧嫁娶,佃户还需上门送礼。3 种地租,以实物地租为主。对国民政府摊派的各种苛捐杂税,地主仅纳田赋,如当涂县每亩米 28 斤,贵池县每亩丁田稻 92 斤,其他的如保甲费、壮丁费等均落在农民身上。农民每月每亩平均须负担 1 斤米到 2 斤米,有时更多。如以每亩平均 2 斤计,则 1 年约负担 24 斤,再加上交租还债,支出数字就更大了,农民多数入不敷出。农民在高额地租剥削下走投无路时,只得举借高利贷,高利贷者便趁机盘剥,一般是春借秋还,年利 80% ～ 100% 。放债且与租佃结合,农民向地主质地使钱,地仍自种,每年向债主交租,到期交钱才能收回土地,否则土地即为地主所有。据对滁县大王营乡调查情况看,大部分农民因生活困难或欠债、欠租无力偿付,将自有土地典当出去。一般规定典当期限为 3 年,在此期限内不准转当和回赎,一般每亩田在两石稻左右。该乡各阶层典出土地的,以中农、贫农、雇农为最多,占当时田的 74.52% 。由于物价上涨、货币贬值,高利贷者往往是贷出法币,而要农民以实物还本付息,这样,农民无形中又受了一层剥削。

另外,安徽还是自然灾害比较多的省份,据统计,1946 年皖东北 24 个县市遭受水灾,被淹良田 480 万亩,灾民近 300 万,粮食损失 620 多万石,被毁房屋 136000 多间。当年皖东北 20 个县市又遭蝗灾,损失惨重。1947 年,全省 24 个县市遭水、蝗灾,被毁良田 320 多万亩。1948 年,芜湖、滁县等 34 个县遭水灾,受灾面积达 1260 多万亩。1948 年皖江地区又普遍遭受特大水灾,受灾面积达 1031 万亩。国民政府专心于内战,对防灾工作完全放弃,对救灾工作也是勉强应付,致使灾情不断加深。

四、农村经济衰退

抗战胜利后,安徽省政府为恢复安徽国统区的农村经济,曾做过一些工作,如 1946 年制订了五年农村建设计划,将全省划为皖北淮水区域、皖中大江流域和皖南山陵盆地 3 个农业地带,将 60 个县划为 6 个农业区,并提出兴修水利、推广农业技术、扩大农贷等办法。1946

年 4 月将由立煌迁至安庆的安徽省农业改进所改为农林局,在地方部分县还成立了农业推广所,未设所的也于县政府内设农业推广员。6 月又设立安徽省农业推广辅导委员会,后改为安徽省农业善后推广辅导委员会,并设 3 个农业推广辅导处,其中皖南辅导处设于芜湖。1948 年春,省建设厅还在芜湖设立粮食增产办事处,指导皖南地区稻作推广工作。但是,内战爆发后,这些举措形同虚设,对农业生产并未起到多大作用。抗战胜利后,由于国民政府和官僚军阀及封建地主对农业的搜刮,美帝国主义通过《中美商约》等在内战时期大量掠夺桐油等农产品,并向中国倾销棉花、煤油等,安徽国民党统治区农村在帝国主义和蒋介石政府的重重破坏与压榨下,田地荒芜,庐舍为墟,农业生产力遭到严重破坏,生产力逐年下降,安徽农村经济已濒凋零。

1949 年与 1946 年相比,安徽农村的主要农作物水稻、小麦、玉米、大豆的播种面积虽有所上升,但产量却逐年递减。而花生、油菜、芝麻等播种面积有所减少,产量也逐年递减。总的来说,棉花的播种面积在抗战胜利后呈上升趋势,1945 年到 1947 年从 19.7 万亩增加到 123.1 万亩,增加了 5 倍,但是从 1947 年以后,开始下降。产量在抗战前后没有大的变化,并且在抗战后有下降的趋势。1946 年,全省水稻、小麦、甘薯、玉米、高粱的亩产分别为 414、136、812、242、180 斤,总产分别为 62291、29020、20763、3037、8077 千担;1949 年全省水稻、小麦、甘薯的单产分别为 156、81、604 斤,总产分别为 37160、21788、42976 千担,比 1946 年单产分别下降了约 62.3%、40%、25%,总产分别下降了 43%、25%,只有甘薯因为种植面积由 1946 年的 2557 千亩增加到 1949 年的 7115 千亩而总产没有减少。1947 年玉米亩产 227 斤,比 1946 年下降了约 6%,只有高粱产量和面积有所增加。另外,油菜、芝麻、棉花的单产从 1947 年到 1949 年也均有不同程度的下降。安徽茶叶生产衰败是典型的例子。抗战时期,安徽茶叶生产经过这场空前浩劫,已急剧紧缩,到处一派萧条景象。抗战结束后,安徽茶业情况更加恶化,已近全面破产。由于安徽各县向茶户、制茶商厂商及贩运行商征收所谓特产捐和贸易税双层捐税,毛茶成本提高了。外销茶虽可免征货物税,但毛茶售价提高以后,外销茶每担生产成本超过 40

万元,如再加手续、运输、仓储、保险、推销以及特产捐等各项费用,茶价已超过国外,使屯溪不足10家的茶厂多半因不敷成本而停产。即使有少数茶商勉力成箱的,也因运输等费无法筹集而搁置,屯溪规模最大的兴华茶厂,在10月以前也仅完成800多箱。由于成本加大,国外售价低于国内成本,安徽茶叶不能大量出口,在国际市场缺乏竞争力。1949年安徽全省茶叶产量仅10万余担。这是自1940年以来茶叶产量很低的一年。据调查,这时祁门茶园抛荒61%,未抛荒的茶园里,衰老过时的茶树(50年以上)又占77%,间种杂粮的茶地面积占49%,亩产茶叶为21斤,仅为抗战前的1/4,茶叶质量下降,名茶渐渐失传,外销高档产品也越来越少。这表明,安徽茶业已走进历史低谷。农作物亩产量下降,反映了这个时期安徽农村农业劳动力落后,农业生产粗放,农村经济走向破落。

安徽各地抛荒耕地普遍。如旌德县18万亩农田,就有13万亩荒芜。来安县殿发乡万山村抛荒了2/3的耕地;四面村原有1626.26亩田,抛荒282.2亩,占全村土地面积的17.3%;花园村原有718.7亩田,抛荒248.4亩,占全村土地14.45%。全乡耕地面积较抗日战争时期减少16%。农村牲畜和农具的破坏也十分严重,许多地方因无耕畜,经常要以人代牛耕地,水车、犁耙等农具普遍缺乏。

五、农民生活贫困

农村经济的衰败,必然带来农民生活的贫困,绝大多数农民生活水平是不断下降的。到抗战胜利以后,农民的生活更加贫困。当时有首民谣说:"农民头上三把刀,税多、租重、利息高;农民眼前三条路,逃荒、讨米、坐监牢。"[1]这反映了当时农民的实际情况。在土地兼并严重的情况下,许多自耕农沦为佃农、半佃农,农民在捐税、地租、高利贷沉重剥削下,生活日趋贫困。据新中国成立初期调查,全椒县于费、鲁庄两村(今南屏乡境内)有23户贫农,16户住在破烂的草房中,18户缺棉衣御寒,20户缺少半年以上口粮而靠糠菜度日,7户常年在外帮佣,

---

① 郭万清、朱玉龙主编:《皖江开发史》,黄山书社2001年版,第275页。

2 户以乞讨为生。又如宁国县西津区鱼塘村农民唐其元家共有 12 口人,3 个整劳动力,租种荒山 15 亩,常年收苞谷 3000 斤,交地主 300 斤租,余下的能维持家里生活 5 个月;下半年靠烧炭维持两三个月;再采一些野茶能维持两个月;其余的日子只好到山上采苦菜、笋子来维持。失去土地的农民,经常在饥饿线上挣扎。如肥东县,"解放前,农民占全县人口 98% 以上,其中佃耕农、雇农除受地主、富农经济剥削外,还要受名目繁多的苛捐杂税的掠夺,长期处于半饥饿状态,有的交租后即过乞讨生活。另一些自耕农和半自耕农,在正常年景下,节衣缩食,生活将就维持,但统治者却把他们认作'肉头户',借故敲诈勒索,致使他们仍处于衣食不周的境地。如遇水旱灾害,草根树皮无法果腹时,许多人背井离乡,逃荒度命,有的卖儿鬻女,有的饿殍在道,悲惨生活,历代如此"①。新中国成立前夕,肥东县永安乡张小郢 20 多户佃农有 12 户讨饭逃荒。另外,连年不断的自然灾害也加重了农民的贫困化。1946 年秋,全省大部分地区汛期成涝,皖北最为严重,仅怀远县被淹耕地 30 余万亩,凤台县秋种只能种上 7/10。1947 年夏皖北又发生大面积水灾,太和、阜阳等 10 多县被淹,400 万亩耕地无收,灾民达 300 余万。1948 年灾情更重,皖北春旱、沿淮春涝,江淮和沿江地区秋发大水,大片土地被淹,人民生活贫困。如 1948 年,淮南路东的灾荒十分严重,尤其盱眙、嘉山、来安、六合广大地区,由于天灾(1947 年午秋两季均歉收)、蒋祸(苛捐杂税、倒租、高利贷、抢粮、抓丁、拉牛),"连中农都早已没有饭吃了,仅靠吃草根野菜度日。富农已有三分之一出外逃荒要饭"②。农民离村的离村,死亡的死亡,荒地一天天增加。国民政府只顾内战,根本不顾人民的死活,许多灾民只得吃草根榆皮。当时民谣说:"养了儿子是老蒋的,养了女儿是老广的,收了粮食是保长的。"③当时广顽(桂系国民党正规军)和土顽(地方还乡团、区、乡公所)是地方统治势力,对地方危害很大。战后粮荒普遍发生,皖北许多

① 安徽省肥东县地方志编纂委员会:《肥东县志·人民生活》,安徽人民出版社 1990 年版。
② 《淮南区党委关于大力开展生产救灾的指示》(1948 年 4 月 21 日),安徽省档案馆藏。
③ 陈君健:《杭立武竞选"国大"的经过》,安徽省政协文史资料研究委员会编:《安徽文史资料选辑》第 12 辑,1983 年印,第 20 页。

县份,十室九空,哀鸿遍野,饿殍载道。

第四节 解放区土地改革与农村经济的恢复

一、反奸清算和减租减息运动

为了保证解放战争的胜利,解决土地问题,解放区采取了一系列措施。淮南、淮北解放区,首先开展了反奸清算运动。"反奸"就是对罪大恶极的汉奸坚决惩办,通过惩奸没收其土地。"清算"就是清算豪绅霸占、敲诈勒索的财物,折合土地、农具、房屋归还农民;清算旧账,算伪款、贪污、霸占、敲诈、高利贷等账。为了更好地领导群众进行斗争,使运动进一步广泛深入地开展,解放区在区、乡建立了惩奸伸冤委员会,村里成立了伸冤小组等组织。1946 年 4 月,苏皖边区颁布了没收汉奸土地放领办法,规定没收汉奸的一切土地,实行廉价放领,发给贫苦的人民承领等。由于宣传广泛,政策深入人心,淮南、淮北新老解放区,反奸清算群众运动就在全区轰轰烈烈地开展起来。

战后初期局势不稳,解放区农村政策仍是以减租减息为主。随着惩奸运动蓬勃地开展,各地减租减息群众运动,先后迅速开展起来。1947 年 6 月前,在共产党与国民党的斗争中,安徽解放区某些地区曾被国民党军队占领,变为国民党统治区;人民军队也解放了某些国民党统治地区;还有一些地区为拉锯式地区,或被解放,或遭失陷。在这种情况下,只能在解放区继续开展减租减息工作,而不能普遍进行土地改革运动。由于新老解放区情况不同,安徽解放区各边区政府从实际情况出发,采取了不同的减租减息办法。在老区主要是通过减租减息,查租查息,一般为二五减租,实行退租和订立新约,进一步巩固解放区。在新解放区,则放手发动群众,开展减租减息,壮大人民力量,扫除奸伪势力,冲垮封建统治,巩固革命民主秩序,变新解放区为老解放区。1946 年 4 月,对新解放区,或一面政权之边缘区,苏皖边区制定了新解放区减租减息增资办法。淮南解放区在农村政策上继续实行减租减息，包租一律为二五减租，分租按照老解放区定例。该地解放以前所借贷款，年利不得超过 2 分；利过本，停利还本；利倍本，停利分期还本；利两倍于本，本利停付等。在中国共产党领导下，各地均开展了这一工作。由于运动普遍深入开展，使解放区广大农村雇农、佃农获得了大批粮食、农具、工资等生产资料和生活资料，改善了生活，从而提高了阶级觉悟。这时，各地各种群众团体组织迅速兴起，使解放区广大军民进一步全面发动起来，革命热情空前高涨。从 1945 年冬到 1946 年春，共产党在新老解放区实行减租减息的土地政策，使解放区农民成为支持民主政权的重要力量，也使解放区成为全国减租运动的中坚和模范。

二、土地改革运动

淮南、淮北解放区，经过抗日战争的减租减息和以后的反奸清算、减租减息等工作的开展，广大农民掌握了农村基层政权和人民群众的自卫武装，但他们仍感到不能满足自己的土地要求，迫切要求解决土地问题。

1946 年 5 月 4 日，中共中央发出了《关于清算减租与土地问题的指示》（即《五四指示》），要求普遍消灭解放区封建剥削，解决农民的土地问题，决定将抗日战争以来实行的减租减息政策，改变为平分土地、耕者有其田的政策。根据这一指示，安徽解放区在中共华中分局的直接领导下，开展了土地改革运动。在淮北，1946 年 6 月间，中共路西苏皖八地委认真地贯彻中共中央《五四指示》，坚决执行依靠贫农、团结中农、中立富农、消灭地主的土改路线，在全区各县迅速掀起了土改运动高潮。当时怀远的双桥、龙亢、杨集、包集等地区群众起来斗倒了大地主姚华景、年荣芳等。在中共萧县县委的领导下，朔里、王寨、大屯、石林 4 个中心区和龙城、陶楼、黄口、天门等游击区也迅速地开展了土改运动。在淮南，《五四指示》下达不久，淮南路西就遭到了国民党军队进攻，部队被迫撤往津浦路东。1946 年 5 月 11 日，淮南解放区在天长传达了《五四指示》，并决定立即开展土改试点工作，计划组

织贫农团,然后成立乡农会,组织力量斗争大地主,对中小地主开展面交田契运动,分田分粮。6月下旬全面内战爆发后,由于敌我力量悬殊,淮南路东地区所有县城到7月29日时便全部沦入敌手,土改工作被迫中断。

1947年6月,解放战争由自卫防御转入战略反攻阶段后,为充分调动广大农民革命和生产积极性,解放区农村政策便由减租减息转变为普遍土地改革。1947年9月,中共中央召开全国土地会议,制定《中国土地法大纲》,于该年10月10日公布实施,明确规定"废除封建性及半封建性剥削的土地制度,实行耕者有其田的制度"。根据这一精神,安徽皖北解放区在试点的基础上开始全面土改。这次土地改革既不同于以往的土地改革,也不同于减租减息。这次土地改革只是没收汉奸的土地,对一般地主采用保障佃权、查田算账等办法,使农民从地主手里取得土地,并照顾到地主生活,让其分得与农民同样的土地,使之自食其力。对民主政权基础尚不巩固的边区,则继续实行减租减息,并鼓励农民赎田、买田。土改任务是满足贫雇农,团结中农,实现耕者有其田,消灭封建,发展生产。华东野战军挺进皖东北地区以后,解放区有了很大发展,淮南、淮北中共组织根据上级党的指示,领导解放区开展了土改运动。经过土地改革运动,广大农民分得了土地、房屋和财产,政治觉悟大大提高。他们积极组织起来,参加农会、民兵、自卫队,许多先进分子加入了中共组织,决心"保田保家打老蒋",积极参军参战,支援前线。1948年5月以后,根据中共中央的指示,安徽解放区土地改革基本停止,停止分浮财,实行减租减息和酌量调剂种子、口粮的政策和合理负担财政政策。这种以退为进、实行减租减息的政策是正确的,有利于联合和中立一切可以联合或中立的社会力量,有效地促进了安徽解放区农村社会秩序的安定,保护和发展了农村生产,保证了解放战争的顺利进行。

三、减轻农民负担

为了减轻农民负担,解放区在土改的同时,废除了国民政府的一切苛捐杂税,对农民实行轻税政策。苏皖边区的粮赋征收制度,自

1945 年 10 月底边区政府成立到 1949 年 4 月华东野战军渡江前,都是由各行署自行制定的(执行中共华东局和华东财经办事处制定的统一政策)。因此,不仅全边区没有统一的征收办法,就是在同一行政区内,有些县由于受环境和条件的影响,也没有执行行署统一规定的办法。1946 年,苏皖边区的 8 个行政区均征收了公粮、田赋。征收办法,基本上是分别沿用抗日时期盐阜、淮海、苏中、淮南、淮北区的办法。如 1946 年 9 月 16 日苏皖一专署对征收标准作了修订,并公布了修订后的《粮赋秋征标准》,把土地按产量分成甲、乙、丙、丁、戊、己 6 等,并按照等级征收粮赋。1947 年苏皖边区粮赋征收办法有一些变动,普遍提高了征收标准,对受战争损失和自然灾害减产的地方实行减征,对于土地改革中新分得土地的农民,公粮负担作了必要的照顾等。1948 年,苏皖边区第一、第二、第五、第六、第七、第九行政区根据中共华东局和边区政府的指示精神,结合本地区的具体情况,都制定了本年度的粮赋征收条例。在这些条例中,对纳税人、课税对象、减税免税以及征收的规定,基本上是相同的,不同的是征收标准(即税制税率)的规定。这一年,上述 6 个行政区对土改区和未土改区、土地整理情况、土地等级 3 种类型分定征收标准。1949 年,苏皖边区多数行政区继续执行上年的粮赋征收办法,只有第五、第七、第九行政区作了一些新的规定。

豫皖苏边区政府于 1948 年 10 月制定出秋季农业税负担办法,以征秋粮为主,以人为计算单位,以户为征收单位,以自然村为分配任务单位;按照土质结合常年产量,评定地亩等级,按每户每人产量,依照 11 级累进税率征收,凡人均产量 60 斤以下者免征,61 至 100 斤者征 6%,101 至 150 斤者征 8%,151 至 200 斤者征 10%,201 至 300 斤者征 12%,301 至 400 斤者征 15%,401 至 500 斤者征 18%,501 至 600 斤者征 20%,601 至 700 斤者征 24%,701 至 800 斤者征 27%,801 斤以上者征 30%。凡革命烈士在本家扣除 4 亩免征地,老弱、残废、孤寡或全家无一劳动力,每人不足 4 亩者免征 2 亩,4 亩以上者不予减免,灾区收成不足 3 成者免征,3 成以上不足 6 成者酌减;开荒之地,根据情况,免征半年、1 年、3 年不等。在新解放区,农民的税负则更轻。1948

年6月4日,淮南(路东)财委会为保证党政军供给,准备野战军南下给养,适当照顾群众负担能力,扩大征收面积,积蓄财力,准备反攻,制定关于征收1948年夏季公粮田赋办法,小麦65000担,其中天高3万担,盱嘉1万担,东南2万担,来六5000担。征收标准与方法:游击基地(政权机构健全的地区)按实际收获量粮赋并征12%;边缘区(即游击区)按亩征收,根据当地田亩等级收获量,青白田比例,确定每亩田平均收获量,按7%~9%征收,由各县根据地方情况订定;两面派地区(国民党统治区)根据一般收获量以3%~5%按亩征收,或包征办法;芦柴田夏季免征,高青田上等每亩征收小麦5斤,中等每亩征收小麦3斤,下等每亩征收1斤,没有收获量的免征。一律按照市价征收代金,具体等则由各县订定;凡是征粮地区,征收2斤粮应征1斤草,征收代金地区公草不征;遭受蒋灾而影响生活无力交纳粮赋者,由区酌量减免;烈属全免,县团以上武装对折征收,区级武装七折征收(指直系亲属),区以下武装(如联防队、武工队)、行政与群众团体干部家属概不免。①

1947年刘邓大军挺进大别山时,政权机构还没有建立,部队不得不一面打仗,一面筹粮,筹粮的方式是向地主、富农和有存粮的农民借粮。除了随军借粮外,凡建立政权组织的地方,例如,豫皖苏边区的第三行政专署、皖西的一些县,还正式征收了公粮。公粮征收,一般都采取群众评派的方式,大户多出,中户少出,贫户不出。例如皖西工委规定,各阶层负担按当时实有财产计算,一般地主不超过40%,富农不超过20%,中农不超过10%。1947年12月27日,中共皖西区党委制定了新区征收公粮、田赋临时办法:(1)公粮征收,由80%户负担,每户最高负担不超其总收入30%;增征大户,平原地区每人平均1石田种以上之户,山地每人平均7斗田种以上之户,每斗增征米7斤;公田负担,不论庙产、祠堂田等,一律征收租额50%;派征办法以乡为派征单位,以户为征收单位;地主、佃户的负担比例,为地主负担6/10,佃户负

---

① 《淮南区党委对今后坚持与恢复淮南斗争的指示》(1948年5月12日),滁州市新四军研究会编:《皖东解放战争史》,滁州新四军历史研究会2001年印,第100—103页。

担 4/10。（2）田赋征收,田赋系土地税全由产权人负担;田赋一律征收中州币;以斗种计算单位,每斗田种征收中州币 20 元折合银元 1 角。[①]

四、发展农业生产

在正确执行中国共产党农村政策的同时,解放区各级中共组织和边区政府,十分重视农业生产的恢复和发展,采取了比较得力的措施,帮助分得土地的农民解决耕牛、农具、种子、口粮和肥料等问题。在老解放区,由于广大青年踊跃参军或参加支前工作,农村劳动力比较缺乏,民主政府便组织大量的互助组、合作社,不误农时地耕作。1946年 1 月 9 日,中共华中分局发出关于生产工作的指示,指出华中各地 1945 年特别是反攻前后由于敌伪疯狂掠夺战斗频繁,以及部分地区严重的灾荒（水、旱、蝗、雹、疫）,粮食歉收,人民几年来改善民生发展生产中所积蓄的财力物力有很大消耗。此年生产工作的总任务是组织与普遍开展全边区党政军民学的大生产运动。发展生产的主要对象仍为广大农村,进一步提高粮食生产,仍为今后生产工作的重心。老解放区一般以组织生产为中心,新解放区一般以减息增资发动群众恢复群众生产力为中心。灾区主要是继续改善民生组织生产救荒,恢复群众的生产力,使得不失时机地进行生产;非灾区主要在原有基础上发展生产,提高其生产量。要根据各地不同情况指导生产。必须用大力克服灾荒,主要办法是自力更生,发动群众自救救人、互助互救与生产相结合。1946 年 4 月,苏皖边区为兴修全边区水利,制定了兴修水利的暂行办法,凡本边区所属河堤、湖堤及其有关水利的一切涵闸,损坏倒塌者加以修建,淤塞者加以疏浚,并鼓励居民凿井挖塘。1948 年 5 月 12 日,淮南区党委发出对今后坚持与恢复淮南斗争的指示,号召群众大生产,帮助解决群众生产中的一切困难。土改区要迅速完成分田、分耕牛、分农具等,用政府帮

---

① 安徽省财政厅、安徽省档案馆编:《安徽革命根据地财经史料选》(三),安徽人民出版社 1983 年版,第 235—236 页。

与群众互助来解决群众的种子与耕牛困难。10月8日，江淮第二次财经会议指出，提高农业生产力，主要是发动与组织群众，在农业生产上，耕牛问题，可以组织购买、调剂以及其他方法来解决；在区党委"不荒一亩熟地"的口号下，突击秋耕秋种；秋耕后，在冬季应该号召与组织冬耕及积肥，准备翌年春耕春种；开荒；开辟水利水田地区的打圩，旱田地区的修河。农贷问题，此次二分区已经发了牛贷1.8亿元，麦种10万斤。还发动部队、机关干部积极参加农业生产劳动，协助群众种好土地。有的地区银行机构不健全，就暂由边区政府代办贷款，及时地解决农民的困难。1948年春淮南路东灾荒严重，尤其盱眙、嘉山、来安、六合等县，由于天灾人祸，灾情更重，中共淮南区党委发出大力开展生产救灾的指示，在土改的同时，将未分配的耕牛、农具及其他进行分配，立即转入大生产运动。11月，皖西区党委要求各地，团结各阶层人民扶持生产，争取将秋种田地全部种上，秋耕翻地争取翻到70%～80%，并设法调剂种子和耕牛，号召群众冬季积肥。1949年春，豫皖苏分局发出春耕生产的指示指出，一般地区均应抓紧突击春耕，广泛发动生产互助，组织人力与畜力变工，提倡深耕、细耙、勤锄，发动生产竞赛。

解放区农民通过土改分得了土地，又通过减租减息和减轻农业税，负担减轻了，生产积极性提高了，农村经济迅速得到了恢复和发展，解放区农村到处是一派欣欣向荣的景象，为解放战争顺利进行创造了条件。

第五节　解放区工商业和金融业的发展

一、对工商业的扶持政策

抗战胜利后，共产党对工商业采取的是保护政策，保护除官僚资产阶级以外的一切工商业，包括地主富农的工商业。保护私营工商业的原因:(1)经济发展的需要。在新民主主义经济中,没有私人经济的发展,土改后的农民合作经济和没收官僚资本后的国家经济就不能发展,中国所需要的是工商业,土改之后需要发展工商业,才能提高生产力。(2)农村生产和生活需要更多的工业品。(3)发展解放区独立自主经济的需要。解放区没有自己的工商业,便不能建立独立自主的经济。工业与商业是相互影响的,工业的提高必须有商业来完成其流通过程。没收官僚资本工商业的原因:蒋(介石)、宋(子文)、孔(祥熙)、陈(果夫、陈立夫)四大家族及其直接派系的官僚资本工商业,依靠蒋政权的势力,垄断和操纵市场,这些工商业没收后应转变为国家工商业,不能分散或破坏。保护农村地富的工商业如作坊等,是因为没收后会影响其他工商业,同时没收后对农民本身并不利,要从长远打算。日军刚投降后,1945年11月,新四军政治部颁布《华中敌产管理委员会接管敌伪汉奸财产暂行办法》,安徽各根据地军民遵照新四军军部指示,没收了一切敌伪汉奸的财产,注意保护各阶层人民利益,保护私人工商业。同月,华中财经委员会对各解放区发出的指示要求,各行署迅速恢复与发展工商业,在工业方面,没收敌人及伪政权以及罪大恶极的大汉奸之工厂作坊和其他工业技术设备,建立公营工业或改为公私合营的企业或租予私人经营等,以谋迅速恢复生产;凡与敌伪合办之工厂,一律暂加军事管理,但仍许可其继续生产,凡敌伪租用之工厂,原则上应归原厂主自己经营或得原厂主之同意,租为公营或公私合营,以免生产停顿;扶植民营工厂的恢复生产,帮助其解决燃料及原料之供应,必要时得贷予抵押贷款,但不得超过其原资本额的1/3,保证并扶植公营、公私合营以及民营工业生产的自由发展等。在商业方面,保护一切公私商业,在新旧解放区内,一律执行贸易自由之政策,以迅速恢复商业,繁荣市场。安徽各解放区党委和边区政府,根据上述政策,积极扶持和管理工商业,接收的日伪工商业,除没收属日伪官僚资本和日军、汉奸直接投资经营的产业外,其余一律归还原业主,保护一切公私商业,实行贸易自由的政策,以迅速恢复商业,繁荣市场。

二、对工商业的扶持措施

抗战胜利后，国民党军队接管了安徽收复区的城市，解放区的范围只是若干县城、集镇和广大的农村，工商业比较落后，没有像样的工矿企业，大多是规模小、资金少、力量单薄的民营作坊和商贩。1946年1月中共华中分局关于生产工作的指示要求，农村生产仍以农业为主，手工业及运输为辅；城市以发展手工业为主，商业及运输为辅。为了发展工商业，解放区政府采取的主要措施就是发放贷款和调整税收。

发放贷款方面，主要是贷款扶持那些生产必需品而资金又十分困难的小企业和手工业作坊，如大小酒锅、大小油坊、粉坊、纺织厂、造纸厂、手工卷烟厂、肥皂厂、皮革厂、铁木匠铺等，可以为工商业户提供恢复和发展的基本条件。为把有限的资金用到实处，解放区银行和政府在确定贷款之前，对工商企业进行认真的调查，并邀请群众召开民主评议会，由贷款户提出贷款用处、数额后，经评议、取保即予贷款。这些贷款，使困难重重的小工厂、手工作坊，能及时地购买原料、燃料，生产得以恢复和发展。1948年底以后，各解放区银行又增加了对手工业作坊的贷款比例。如1948年10月21日豫皖苏三地委发布了《关于今后工商工作的方针与任务》，对今后工商贷款进行了部署，指出豫皖苏解放区贷款方针："恢复与发展工商业生产，尤其是作坊、工厂和手工业为我们扶植的基本对象，商业贷款一般停止。"①"根据本区情形，目前工商贷款主要对象，首先是油坊、酒坊、纸烟、造纸、皮革、织毛巾、造肥皂、木料铺、铁匠铺、粉坊、糖坊；其次在必要时可贷一些周转放款（组织重点），如在打通盐路上和在永宿沿涡两条贸易线上，可以通过贷款组织贸易事业；再次可以对一些贫苦摊贩进行一些必要的扶植。在资金比例上，作坊、手工业应占总资金的70%，运输占20%，摊贩占10%。在地区上，以土改区的灾区或工商业损坏较严重的市场为

---

① 安徽省财政厅、安徽省档案馆编：《安徽革命根据地财经史料选》（三），安徽人民出版社1983年版，第433页。

重点。在路线上应有明确的阶级观点。因此要以中小工商业者为骨干,对某些开明人士的工商业请求贷款时,必须经过村农会介绍,才能个别照顾。至于地主工商业,我们只在政策上予以保障,一般是不能放手贷给。如果这一工商业的发展具有意义时,须经过县委批准,并同时报告分行。"①贷款政策就是生产政策。生产工作又是群众工作,方法是需要调查,找出重点,进行组织。"贷款中的阶级路线是要求把对象摆端正,不是走流氓、地痞路线。而群众路线则是要求我们不要盲目乱干,把贷款工作作为生产服务的工作,眼睛向下,分析研究,依靠群众,成立生产委员会,指导生产。"②

调整税收,即在废除了在日伪和国民政府统治期间各种不合理的苛捐杂税的同时,征收公平合理的间接税(农业负担以外的一切税收),以减轻工商业者的负担,使之积蓄扩大再生产和扩大营业的能力。在工业方面,征税较轻。1947 年 10 月 6 日,皖西工委发出了有关财经工作的指示,指出在派收粮款时,"如系专营之工商业,派收款后即不派粮食,负担面并按 50% 至 70% 为标准,大商号负担不超过其财富 20%,中户不超过 10%,小户不派。收款时可折收一部分棉或布匹"③。1948 年 8 月,豫皖苏边区制定了《豫皖苏边区贸易暂行条例》,规定:"凡本区内贸易运销一律自由并予免税。"④对于才恢复起来的手工业作坊和小工厂,给予免税或减税。1948 年 10 月,江淮第一行政区专员公署为发展解放区手工业,对油坊及土制纸烟厂一律暂停征收产销税。商业方面,征税也较轻,进行简化税种、降低税率,支持和扶持各类商业的发展。苏皖边区有 8 种税收:粮赋、盐税、契税、货物进出口税、营业税、产销税、牙行营业税、屠宰营业税。属于商业税的货物进出口

① 安徽省财政厅、安徽省档案馆编:《安徽革命根据地财经史料选》(三),安徽人民出版社 1983 年版,第 433 页。

② 安徽省财政厅、安徽省档案馆编:《安徽革命根据地财经史料选》(三),安徽人民出版社 1983 年版,第 434 页。

③ 安徽省财政厅、安徽省档案馆编:《安徽革命根据地财经史料选》(三),安徽人民出版社 1983 年版,第 211—212 页。

④ 安徽省财政厅、安徽省档案馆编:《安徽革命根据地财经史料选》(三),安徽人民出版社 1983 年版,第 310 页。

税、营业税、产销税、牙行营业税、屠宰营业税、盐税等税率，都比较低。

三、对工商业的管理

解放区为了防止一些不法商人趁机在解放区和国民党统治区之间投机走私，牟取暴利，对出入口贸易进行管制。1947 年，安徽解放区都成立了货管会，管理内外贸易市场，引导商人遵法守法，保护合法商业活动，决定和颁布进出口货物税率，发动群众护税，开辟财源、培育财源，加强了对出入口货物的管理。又制定了必要的贸易保护政策，禁止那些与解放区手工业有竞争的商品入口，如白洋布、香烟、酒、肥皂等产品；免税奖励进口本区生产所需要的各种机器及零件、工业原料、农业工具、运输工具等；禁止出口本区自用不足的产品；对本区略有盈余的产品，如棉花、粮、油之类，出口时征比较高一点的税。从 1948 年起，苏皖、豫皖苏、皖西等边区为保护各地刚刚恢复的手工卷烟和机制卷烟业，禁止洋烟、外烟进口。关于进出口税的税率，1948 年以前由于行政区分割，各地的税率不大一致，以后随着解放战争的节节胜利，解放区的行政区连成一片，税率才逐步统一起来。解放区政府还适当调整进出口货物的品种和税率，以争取贸易出超，为解放区积蓄生产资金、增加财政收入。贸易进行管制虽然影响了进口税的收入，但促进了解放区内手工业的发展和市场秩序的稳定。

由于物价上涨，1946 年 7 月 17 日华中分局为进一步贯彻中央政策，稳定金融，抑平物价，调剂进出口与内地物资流通，统一市场控制力量，并照顾各部队、机关、团体生产自给任务，决定建立华中贸易公司，统一公营商业。依据已有经验，要稳定金融，必须统一各个公营商店，使市场成为一个统一的力量，此种公营商店，须由政府统一经营。为此决定由货管总局协同各地公营商店，组织华中贸易公司来统一经营商业事宜。"所有机关部队经营的商业，一律须于八月底结束，所有存货，均依当地市价折成实物、资本，盘于贸易公司，按其交款日期，全部以清江王营之盐价，折成食盐，以实物入股（参加后如愿转入工业生产者,退股自由),参加华中贸易公司"①。1947年,豫皖苏边区财经会议决定建立工商管理机构工商局,下设工商行政科,管理对外贸易,组织外汇,搜集敌区经济情报,对内管理市场,建立交易所,取缔行店牙纪,举办营业登记,组织商人平稳物价,繁荣市场,经常调查研究经济情况,提供对策。②

解放区还加强对市场的管理。解放区主要是农村地区,各种集市贸易比较繁荣。为了加强对农村市场的管理,解放区制定了农村市场管理办法,整顿市场秩序,取缔不合理的中间剥削,加强对市场的管理。如1948年8月豫皖苏边区制定了《农村市场管理办法》,规定:

(1)凡本区商品交易之农村市场,如集市、庙会、行会均须遵照本办法之规定,由当地工商管理机关管理之。小城市具有农村交易性质者亦得适合本办法。(2)大宗商品之交易,必须于合法市场公开进行。凡在乡村设立行店不经集市成交者为黑市市场,经查获后,处罚其经理或经纪人员。经正式成立之农村合作社、不向非社员进行营业者,其在农村之交易不受本条之限制。(3)除现有市场须加整顿以求其繁荣外,不得任意增设集市,如某处生产发展,交易增加,确有成集必要时,须先向政府申请经批准后方可建立,否则私自成集除强制解散外,并处罚其主谋人。(4)农村主要物资粮、棉、牲畜、布之交易,由集市交易所负责介绍,其组织办法另定之。其他物资有交易之必要时,需经县以上工商管理局批准。(5)为集中交易便利民商实行集会,所有牲畜行会,均须附属于其附近之集市,其会期与集期必须一致,独立之行会一律取消。庙会、古会、药材会为农村季节性商品之重要市场,应扶助其发展,其交易秩序受当地工商局或工商事

① 安徽省财政厅、安徽省档案馆编:《安徽革命根据地财经史料选》(三),安徽人民出版社1983年版,第150—151页。

② 安徽省财政厅、安徽省档案馆编:《安徽革命根据地财经史料选》(三),安徽人民出版社1983年版,第196页。

务所之直接管理。（6）凡各地市场之封建统治，集主、会长、行头等一律取消，所有之封建半封建剥削制度，如包集包行、私人仓粮行、撒合子抓样子、强买强卖强介绍及流氓敲诈行为，坚决取缔之。（7）为繁荣市场，发展商业，便利商民，实行集市分工。自然集——为农民交换货物之场所，只准附近农工及小贩营业，远路客商不准上集。商业集——为农商交换之场所，远近民商大宗货物均可营业，较大之集且可办理出口手续，商业集由工商管理局于现有集市中指定之。（8）各集之集一律尊重其习惯之规定，如遇与附近集市冲突互相影响时，政府得指定修改之。①

这样，就使自然集、商业集、庙会、古会、药材会及各种行会能开展正当的商业贸易活动，并设立交易所，对粮食、棉花、牲畜、布匹等交易进行管理，取缔黑市，取缔集主、会长、行头对商业交易的垄断和各种封建把头的包揽，废止农村集市中长期存在的封建剥削制度。加强物价管理，逐步缩小工业品与农业品的剪刀差。对于合法经营的牙行，限定其佣金不得超过交易额的 3%，并征以牙税，税率一般为佣金的20% ~ 30%。对私人，各解放区的征税标准不一，但都坚持税目少、税负轻的原则，减轻了广大工商业者的负担，促进了解放区工商业发展和市场繁荣。

四、工商业的发展

安徽各解放区十分重视公营工商业的发展。1946 年 1 月，中共华中分局发出关于生产工作的指示指出，"为了解决日用品的逐渐自给，首先由政府及军队建立化学工厂（生产牙膏、牙粉、肥皂、油墨、墨水）、毛巾厂、纱布工厂、造纸厂，每分区要各建 1 个，边府本身要创办 1 个造纸厂，并筹建火柴、电池、皮革、玻璃等工厂。现有公营工厂须

---

① 安徽省财政厅、安徽省档案馆编：《安徽革命根据地财经史料选》（三），安徽人民出版社 1983 年版，第314—315 页。

切实整理,达到公营工厂企业化方针。新建工业必须从小规模典型做起,有了成绩再推及各分区。对私营日用品工厂必须加以扶助,并欢迎保护外来工商业者投资兴办各种日用品工业"①。在老解放区,1944年以后,新四军办的企业都交给了地方政府管理、经营,抗战胜利后,在原有基础上得到发展和壮大,成为解放区公营企业的骨干。新解放区在没收地方官僚资本和日伪汉奸经营的企业为公营企业基础上,还兴办了一些公营工商企业。如皖西解放区在财政困难的情况下,还兴办了一些公营企业,仅1948年下半年就拿出近2万元银元办冶铁、锅炉、小纺织以及对其他手工业贷款。各分区政府和军队为争取日用品自给,还创办了皮革、肥皂、造纸、油墨厂,按照企业化方针整顿和经营公营工业企业。

解放区把公营企业放在次要的地位,而把重点放在大力支持私营经济和合作经济上,并适时制定各项政策,以予合理的引导和管理,从而促进了解放区工商业的发展。1946年1月,中共华中分局发出关于生产工作的指示指出,该年工作的总任务就是全边区的大生产运动,支持和继续发展边区纺织工业,"经营方式以农民家庭纺织为主,实行自种自纺自织自穿的四自政策,至于小型工厂或合作社工厂亦应适当支持其发展。土经土布销路必须大大扩展,今年整个解放区党政军民要做到一律穿土布(因目前土布一时买不多,野战军第一套单衣准做洋布),提倡人民穿土布的习惯,提倡土经土纬,禁止洋布进口,洋纱实行高税政策限制其进口。土经土纬纺织业不征营业税,免征土纱土布出口税,有布地区今年公粮可部分征布。各地县以上政府成立花、纱、布交易所,群众组织纺织合作社以畅通花纱布的交换"②。当时,解放区工业中,纺织业发展很快,淮北地区纺织业发展明显。1943年以前淮北各地只有少数外来户纺织,也零星地教会了一些本地妇女。为解决军民供给,当时中共地方党委决定以纺织为妇女工作中心任务,开

———————————

① 安徽省财政厅、安徽省档案馆编:《安徽革命根据地财经史料选》(三),安徽人民出版社1983年版,第44—45页。

② 安徽省财政厅、安徽省档案馆编:《安徽革命根据地财经史料选》(三),安徽人民出版社1983年版,第44—45页。

办妇女纺织训练班,又配合参议会建设处每架纺车贷棉花1斤至2斤,建立半城纺织合作社,在局部地区要求做到"家家纺,村村织"的要求,又发放了大量贷款。"至一九四五年十月三次妇干会总结纺织工作时,已有五万多架纺车,而布机只有八百多架,结果线纱过剩,于是提出发展布机为主。总的要求是在原有基础上发展两千架布机,切实做到老地区'家家纺,村村织',新地区'村村纺,乡乡织'。这样就普遍地开展了纺织运动,奠定了淮北的纺织基础"①。如涡阳县义门镇由于纠正了"左"的错误,执行了保护工商业的政策,到1948年8月20日,不仅原来的406家工商业都恢复营业,而且激增了177家。豫皖苏三分区的雪商亳、商南、雪涡、商鹿、雪枫、萧宿6县有58个市场,到1948年8月20日止,"各种行业、作坊原有2193家,增加了2757家,现有4950家。因此,基本克服了混乱局面,全区市场欣欣向荣,大商小贩往返不断,各种作坊正在走上全部恢复之中"②。解放区其他各集镇,工商业也得到恢复和发展。

五、金融业的发展

抗战期间,华中各解放区都建立了地方性的银行,并发行抗币。"我们的抗币有淮南银行、江淮银行、盐阜银行、淮北地方银行、苏浙银行、大江银行等六种抗币,以前分别在淮南军区、苏中军区、苏北军区、淮北军区、苏浙军区、皖江军区之内流通使用。日本投降以后,这六种抗币已经华中财委会宣布在华中解放区内部分地域等价流通使用,各军区行政公署,也已经颁发了不分地域等价流通的告示。同时华中银行也发行了华中统一的华中币"③。抗战胜利前夕,华中抗日根据地的淮南、淮北、苏中和苏北等战略区逐渐连成一片,形成华中解放区。为了统一货币,发展经济,1945年8月1日,在盱眙县张公铺成立华中银

---

① 安徽省财政厅、安徽省档案馆编:《安徽革命根据地财经史料选》(三),安徽人民出版社1983年版,第463—464页。

② 安徽省财政厅、安徽省档案馆编:《安徽革命根据地财经史料选》(三),安徽人民出版社1983年版,第348—349页。

③ 安徽省财政厅、安徽省档案馆编:《安徽革命根据地财经史料选》(三),安徽人民出版社1983年版,第6页。

行,统辖华中各战略区的地方银行,并将各战略区的印钞厂合并为3个印钞厂,统一发行华中银行币(简称"华中币")。华中银行总行下设6个分行,52处支行,逐步停发和收回各战略区的抗币,华中币成为华中地区统一的本位币。12月9日,苏皖边区政府成立后,华中银行即成为边区政府直接管辖的金融机构,各解放区原有的地方银行均先后改组为华中银行的分行,安徽境内的淮南银行改为第三分行,设于天长;淮北地方银号改为第七分行,设于泗县。华中银行以丰厚的粮食等实物为保证,自8月下旬开始发行华中解放区统一的本位币华中币。

1947年秋至1948年夏,刘邓、陈粟大军挺进中原和豫东、皖北,苏皖解放区相继收复并扩大为江淮解放区,重建了以大别山为中心的皖西解放区,扩大了豫皖苏解放区,各解放区又逐渐连成一片。解放军野战部队进入后,带来了老解放区的冀南银行币(简称"冀南币")、鲁西银行币(简称"鲁西币")、北海银行币(简称"北海币"),与华中币及当地原战略区地方货币(如淮上地方银号流通券等)并行混合流通。淮海战役前夕,各路大军云集华中地区,随军货币又增加了中州农民银行币(简称"中州币")、晋察冀边区银行币(简称"晋察冀币"),于是在淮北、豫皖苏地区形成了华中币、冀南币、鲁西币、北海币、中州币、晋察冀币六大解放区货币并行流通的局面。1948年12月,徐州军区发布公告,规定了6种货币兑换比率,保证了货币流通的顺畅运行。1949年春,华中解放区全境解放,华中银行改组为中国人民银行的分支机构。但华中币仍作为大军渡江后的唯一地方货币,辅助人民币占领江南新解放区市场,到1949年11月底才正式停止流通。[①]

华中银行发行的华中币,除了很大一部分用于对人民的各种生产贷款及整理地方币外,还发放大量的机关生产贷款,对解放区农业和工商业的发展起了很大的促进作用。他们通过存贷业务,广泛吸收社

---

① 安徽省钱币学会编:《华中革命根据地货币史·前言》第2分册,中国金融出版社2000年版,第4—5页。

会资金,再转贷给农业和工商业者,为农业和工商企业提供了源源不断的资金保证。华中银行的放款有两个新民主主义的特征:第一是利息低,尤其对农业贷款与合作社贷款,以奖励农业生产与合作事业;第二是放到正当农工商业者的手中去,不被农村高利贷者所垄断,更不放到官僚资本手中去操纵国民生计。其业务有兑换、存款、放款、汇兑和管理外汇等类。合作社贷款也有定期、活期、信用、抵押之别。"定期的期限最多6个月,利息一律1分5厘。自3月1日起,清江直属支行与各行所在地(如皋、高邮、天长、益林、沭阳和泗县)相互间已开始汇兑,以求便于资金的流通与商业的交易。以后还逐渐推行到各支行与办事处。每笔汇款最高额为5万元,1万以上的汇票见票隔日付款,手续费收3‰,汇水随时规定。至于行员及公抗烈属小额汇款,免收手续费。对公营或私营企业的投资,银行的收入并非利息,而是企业的利润,这是投资与放款的基本不同点。投资在国民党银行方面是金融资本控制产业资本,形成金融寡头,在华中银行则是帮助正当企业的发展"①。这些体现了积极扶持合作企业、集体企业的原则,使力量弱小的工商企业发展有了资金的保障。

解放区银行还同伪币和法币进行有效的斗争,保护解放区工商业者和人民的利益。

首先,与伪币斗争。日军投降以来,华中各地城市陆续解放,敌伪发行的伪中储券币价惨跌,解放区发行的抗币已普遍流通,信用极高。华中解放区物产丰富,稳定金融是很迫切的事情。华中财经委员会成立后,其货币金融政策就是以统一的华中币,排斥解放区内残余的伪币。肃清伪币的办法主要是劝告人民自动呈请封包运出,趁在敌区尚有购买力时,购货回来,以保人民利益,同时在解放区限期查禁,逾期没收。

关于各地抗币问题,第一步是"使各地方抗币与华中币等价相互流通,不受地域限制,凡淮南、淮北、江淮、盐阜、大江,苏浙各地方银

---

① 安徽省财政厅、安徽省档案馆编:《安徽革命根据地财经史料选》(三),安徽人民出版社1983年版,第76—77页。

行的抗币,均一律等价使用,以便利物资畅流,工商繁荣"。第二步为"建立华中币为本位,一切物价账册契据等都须以华中币为计算单位,过去以伪币或法币为单位者,须立即废除。对硬币、法币在市场禁止公开流通,实行管理,并责成各地统限于十月底以前定成本位币制的建立"。第三步为收回各地以前发行的对法币非1比50元的各种老抗币。当时主要工作是贯彻华中票与地方票等价相互流通,建立本位币制,以迅速恢复繁荣市面,完成新民主主义经济之建设。1945年11月规定,各地抗币一律等价使用;各地方抗币发行权由华中银行有步骤的统一管理;在新解放的城市,伪币暂准通用,但老解放区则一概不准再用伪币等。

其次,与法币斗争。解放战争期间,国民政府滥发法币,造成通货膨胀,国统区物价暴涨不已,一日三变,并大量套购解放区物资,引起物价的很大波动,与之相伴的是法币倒灌入解放区,银元流通也已出现。针对这种情况,1946年,解放区政府对法币作坚决斗争,停止法币在市场上自由流通。并把法币作为外汇进行管理,即管理法币与以法币数额表示的汇票的买卖,目的是使恶性膨胀的法币不在解放区泛滥,以免解放区法币恶性膨胀,物价大涨,给人民造成危害,同时可防止国民党官僚资本在解放区搜括物资与阻止半殖民地性的买办阶级掠夺资源。① 1948年12月15日,华中行政办事处指出驱逐法币的5个办法:

第一,坚决继续排除蒋匪币,不论金元与金圆券,都应严格禁止进口和在解放区流通。在中心地区查到使用和储藏蒋匪币者,一律予以没收,只有边区做生意的或走路的人作为旅费之少数匪币,可以贬值收兑。第二,各地外汇挂牌应根据压低蒋匪币的原则,大胆提高华中币的比值,以牌价领导自然市场,使我在比价斗争上始终居于上风,不要因蒋匪

---

① 安徽省财政厅、安徽省档案馆编:《安徽革命根据地财经史料选》(三),安徽人民出版社1983年版,第77页。

铸币而不敢大胆提高。第三，由于民间对于硬币有传统的流通习惯，蒋匪既然利用铸币作幌子，又允许银元公开流通，因而我们在这方面必须提高警觉，防止硬币抢夺华中币阵地。对于金银与银元之处理办法，仍根据原定政策，允许人民保存金银及银元；但不许可在市面流通使用。如发现有流通使用金银或银元者，不论在中心区或边区，均予压低价值，强迫收兑；人民所持有的银元，如系自动向银行申请兑换者，可以按市价收兑。第四，在各新解放区不论金元与金圆券，均一律不予收兑，并应公开布告，限期禁止流通，但在期限已满，最后肃清的阶段对于小贩及居民所持有的少数匪币，为了解决其实际困难，又能鼓励其设法排除出境，可予以兑换一次。兑换中可将匪币币值略予降低（百分之二十左右），以达到彻底肃清匪币，建立华中币本为的目的。自此以后即不再行兑换，一切按照中心区的管理办法行之。第五，为便利人民以匪币出口换取匪区物资，在进出口之管理上，可以略予放宽尺度，凡以匪币封包出口换回物资者，即使是禁进之洋布毛等项民用品，也可允予换入，其具体项目及办法则由各分区货管局拟定之。①

解放区各银行由于加紧了货币斗争，使华中币占领了解放区各市场，击退了法币对市场的占领，并保证了解放区币值和物价的稳定，从而保护了解放区人民的利益，促进了工商业的发展。

①　安徽省财政厅、安徽省档案馆编：《安徽革命根据地财经史料选》（三），安徽人民出版社 1983 年版，第 484—485 页。

第二十二章
解放战争时期的安徽文化

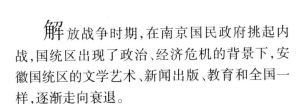

解放战争时期,在南京国民政府挑起内战,国统区出现了政治、经济危机的背景下,安徽国统区的文学艺术、新闻出版、教育和全国一样,逐渐走向衰退。

随着中国人民革命战争的不断胜利,解放区的文化迅速发展。在毛泽东的《在延安文艺座谈会上的讲话》精神指引下,安徽解放区的文学艺术、新闻出版、社会团体、教育沿着正确的方向向前发展,取得了很大的成就。

第一节 国民党统治区文化衰退

一、文学艺术

解放战争时期,安徽国统区的文学艺术逐渐走向衰退。而活跃在这一时期的安徽籍文人,却有不少人在文学、美术、戏剧、音乐等许多领域都取得了很大的成就。

（一）文学创作

张恨水,安徽潜山县人,一生著述甚丰,作品涉及小说、散文、诗歌、文艺评论等,他还是一位出色的报人。解放战争时期,他创作小说10余部,如此高产在当代文学史上十分罕见。《虎贲万岁》于1946年初完稿,是当时第一部描写抗日战争（以1943年常德会战为背景）的小说。《巴山夜雨》1946年4月至1948年12月连载于《新民报》副刊《北海》上,是描述国难之际,流浪川东的异乡人渴求和平、企盼归期的苦衷,作者对抗战进行反思,揭示了"一盘散沙以致外敌入侵的深层原因"①。毛泽东在重庆谈判期间,曾单独晤见张恨水,长谈两个多小时。当谈话结束时,毛泽东把延安自制的呢料和陕北特产红枣、小米赠送给他。张恨水回家后,即兴奋地对夫人说:"这是延安的小米、红枣!"并当即熬了小米红枣粥全家分享。张恨水还对夫人说:"毛先生有渊博的知识,是了不起的人物!"后来恨水先生用呢料做了一套中山装,每逢开会宴会都要穿上。值得一提的是,毛泽东的那首《沁园春·雪》,是经张恨水亲手发表公诸世间的。毛泽东欣赏张恨水的文采,请周恩来将《沁园春·雪》送张恨水,希望和作一首。张恨水读后,觉其气势磅礴非同凡响,而不便奉和,正好他主编《新民报》,遂将原词刊于1945年11月14日《新民报》副刊《西方夜谈》上,署名毛润芝,并加按语云:

---

① 《文艺研究》1995年第2期。

"毛润芝氏能诗词,似鲜为人知,客有抄得其《沁园春·雪》一词者,风调独绝,文情并茂,而气魄之大,乃不可及。"第二天《新华日报》予以转载,遂轰动山城。①

一代美学大师安徽桐城人朱光潜的美学创作和翻译,对当代美学的发展产生了重大而深远的影响。解放战争时期,他的著作《谈文学》的出版,初步确立了有独自特色的理论构架。1948年5月,重庆正中书局出版他的《克罗齐哲学述评》,表明作者美学思想有重大的发展,也为后来接受马克思主义美学作了思想上的准备。他于1947年翻译出版克罗齐的《美学原理》,是奉献给国内读者的一部近代西方美学名著,它架起中西方美学沟通的桥梁,对当代中国美学的发展产生了积极的影响。

苏雪林,原名功小梅,安徽太平人。苏雪林一生著述甚丰,涉及散文、小说、戏剧和诗歌,在学术研究领域也成就斐然。历史小说《蝉蜕集》(又名《秀峰夜话》),1945年由商务印书馆出版。从1943年写《天问整理之初步》时,就开始长达半生的屈赋研究事业。这一时期,是她研究屈赋初步得出自己见解的阶段,为以后深入研究打下坚实的基础。

苏女士的屈赋研究,竟从发现一些矿苗,挖出"先秦时代外来文化考"的大矿藏来,而这大矿藏竟又连通着"世界文化同源说"的更庞大的世界矿藏的。这不可不说是一个惊人的大发掘。②

(二)美术创作

吴作人,原籍安徽泾县,20世纪40年代中期开始中国画研究和创作实践。1947年,曾在英国、法国、瑞士等国举办过个人画展。他一生恪守"艺术有我,人生无我"的座右铭,独步中国画坛。

---

① 关立勋:《中外政治纲鉴》(下卷),人民日报出版社1991年版,第4349页。
② 糜文开:《屈原研究的新发展》,1954年10月18日香港《祖国周刊》第90号。

吕霞光，阜阳人，1948年受法国文化部的邀请到法国举办画展，1948年至1952年间其画展在法国、荷兰、比利时等国作巡回展览，吕霞光的《裸女》获比利时皇家一等奖。

潘玉良，桐城人，生于1895年。1921年上海图画美术院毕业后，又考取安徽省公费津贴留法的资格，毕业于巴黎国立美术专门学校、意大利罗马国立美术专门学校。参加过法国的第五十一届、第五十五届、第五十六届法国独立沙龙展，油画《裸女》参加1946年秋季沙龙展、联合国举办的现代国际艺术展，并且在美国、英国、意大利、希腊等国巡展。荣获过法国国家金质奖章、巴黎大学多尔烈奖、法国艺术家协会鼓励奖、比利时布鲁塞尔银奖等。她的作品融合中西画之长，又赋予自己的个性色彩。这是法国巴黎东方美术研究家叶赛夫对她的评价，也可以代表西方理论家对她的评价。[①]

旅法画家朱德群，萧县人，1941年毕业于国立杭州艺专图画系。1944年到1949年曾在国内作过大量的三峡风光速写。移居法国后，先后在法国、瑞士、德国、意大利、西班牙、卢森堡、比利时、丹麦、希腊、以色列、美国、墨西哥、巴西、香港等国家和地区举行个展40余次，参加联展百余次。其作品源于中国数千年文化的哲理及诗境，以独特的手法将西画观念与中国传统书法及国画熔为一炉。[②]

郑震，著名版画家、教授。原名郑世勋，合肥市人。1946年先后在蚌埠、太湖、合肥等地任中学教师，兼任地方报刊编辑。1947年加入宋庆龄为名誉会长的中华全国木刻协会，其代表作《归来》及《岸边》等曾被选送苏联、新加坡、香港等国家和地区展出。1949年在皖北文艺干部学校任教。新中国成立后，曾任安徽师大美术教授兼艺术系主任，中国版画家协会理事、安徽省美学学会副会长等。其版画代表作《在佛子岭人造湖上》、《江四畔》曾参加在莫斯科举行的社会主义国家造型艺术展览；《薄暮时分》参加在巴黎举行的春季沙龙，《翠雨江南》、《老树春深》参加在南斯拉夫举行的第十五届国际版画展

---

①　刘海粟：《齐鲁谈艺录》，山东美术出版社1985年版，236页。
②　刘瑞轩、吴三无：《中国当代书画家大辞典》，黄河出版社1990年版，第786页。

览。他的作品风格朴实、逼真、含蓄,富有诗的意境。

刘开渠,萧县人,是中国雕塑界当之无愧的一代宗师。[①] 历任浙江省文联主席、中央美术学院院长、中国美术馆馆长、中国美术家协会副主席。代表作有《李家钰骑马铜像》(1945)和《工农之家》巨型浮雕(1946)等作品,以满腔的热情讴歌了革命英雄、伟大领袖和工农群众。1953 年出任人民英雄纪念碑设计处处长兼雕塑组组长,并担任主体浮雕《胜利渡长江解放全中国》、《支援前线》及《欢迎解放军》的设计和创作。他的作品融西方写实雕塑与中国传统技法为一体,又吸取线画的表现手法,形成独有的洗练传神的风格而被推为一代大师。出版有《中国古代雕塑集》、《刘开渠雕塑选集》、《刘开渠美术论文集》及《刘开渠雕塑集》等。

王子云(1897—1990),生于萧县,著名雕塑家、美术家、教育家、美术史论家和考古学家。1945 年至 1949 年任西北大学历史系教授。其美术作品《杭州之雨》、《巴黎协和广场》及《少女》等先后参加巴黎的春季沙龙、秋季沙龙、独立沙龙等美术展览会。主要著作有《从长安到雅典》、《中国雕塑艺术史》及《秦汉瓦当图录》等。

（三）戏剧

抗日战争胜利后,黄梅戏艺人又纷纷回到安庆。1945 年下半年,安庆市区同时有两个固定的地方演出黄梅戏。一处在华清池对面的草屋;一处是在西门的大观亭。除以前在安庆演唱过的丁永泉、柯剑秋、王剑峰、查文艳、郑绍周、潘泽海等重返旧地,在抗日时期成长起来的或刚刚崭露头角的女演员丁翠霞、阮银芝、桂月娥等也都集中到安庆市区,以后又出现了严凤英。

黄梅戏由民间小调发展成在国内外有较大影响的地方剧种,严凤英作出了重大贡献。严凤英(1931—1968),桐城人,著名黄梅戏表演艺术家。严凤英的表演艺术被誉为严派,她嗓音淳亮,行腔刚柔相济,韵味传神,婉转动听,亲切自然,具有浓烈的乡土风味,成功地塑造了各种不同的妇女形象。1947 年至 1948 年间,严凤英辗转在安庆、芜

---

① 曹春生:《纪念碑的开拓者》,《美术研究》1991 年第 3 期,第 24 页。

湖、南京之间,如饥似渴地从京剧、电影、流行歌曲和学生运动的歌曲中吮吸乳汁,丰富自己的艺术素养。她甚至学演京剧,有时把《梅龙镇》、《玉堂春》等戏改成黄梅调来演出,尝试把这两个品种嫁接起来。①

新中国成立后,严凤英任全国文联、戏剧家协会理事,全国政协委员。在艺术实践中,不断吸取昆剧、京剧、话剧的表演艺术精华,使黄梅戏的表演和声腔艺术有了丰富和发展。严凤英是我国首届金唱片奖获得者,获奖的代表剧目是《天仙配》。主要代表作有《打猪草》、《小辞店》、《天仙配》、《王金凤》、《女驸马》及《牛郎织女》等。②

庐剧,流行于安徽淮河以南和长江两岸,原名"倒七戏",曲调富于说唱性,唱腔分主调和花腔两类。1945年4月,丁家班(丁有和班,职业庐剧班社,班址在今肥东县)、吕家班、费家班以及孙静如、蒋其明等人的草台京剧班同台演出于肥东梁园中山纪念堂。此后移植京剧的《四郎探母》、《桑园会》、《武家坡》、《小放牛》等剧目。还吸收了京剧的化妆、服装、韵白等艺术。培养出丁玉兰、孙邦栋等造诣较深的庐剧演员。1949年,丁有和班进入合肥市,与吕家班组成平民剧场。其中影响较大的有《骂鸡》、《借罗衣》、《讨学钱》、《打芦花》、《休丁香》及《张太和休妻》等。

淮北花鼓戏,流行于安徽北部和皖豫苏鲁交界地区。系淮北民间歌舞发展而成。1945年前后,北路的花鼓老艺人小兰子和号称花鼓状元的马敬君曾先后在张光班(淮北花鼓戏班社)搭班演唱。经常演唱的剧目有《采药》、《求情》、《磨坊产子》、《鞭打薛凤英》、《虹桥》、《三告》、《爬堂》、《拦马》及《站花墙》等40余出。1949年前后,张光班的主要成员有李本环、张玉坤、张三、赵二、孙胜云及耿华等。新中国成立后建立了专业剧团。

萧县坠子戏,在安徽是稀有剧种,20世纪40年代初起源于宿州萧县,因主奏乐器是坠子而得名,是一个具有浓郁淮北乡土气息、艺术个

① 王冠亚:《严凤英小传》,全国政协文史资料委员会编:《中华文史资料文库》第15卷,中国文史出版社1996年版,第767页。王冠亚是严凤英的丈夫,曾任安徽省黄梅戏剧团导演。

② 安徽省地方志编纂委员会编:《安徽省志·文化艺术志》,方志出版社1999年版,第185页。

性很强的地方戏曲剧种。1946年以后，花鼓戏艺人余华荣等，梆子戏艺人李乐善等，先后加入道情班，带来了表演身段、锣鼓伴奏和剧目。这个班改唱坠子戏，从皖北演到豫东和苏北。萧县坠子戏艺人刘元芝在他们影响下，组织化装坠子剧社，由单口坠子改唱坠子戏。1948年冬，班主李教令率班去河南，在开封南关和钟鼓楼演出时，场场客满。当地向他们赠送了一套锣鼓，文化部门还要留下他们作为日后成立坠子剧团的基础。豫东坠子艺人吴宗简等受其影响，也成立道情班，化妆演出。1949年，艺人思乡心切，又回到萧县。这个班把曲艺形式的单口坠子演变成为戏曲形式的坠子戏，为坠子戏的发展奠定了良好的基础。①

（四）音乐和电影

解放战争期间，安徽国统区一些进步音乐刊物被迫停刊，很多演出活动被禁止，许多歌咏团被解散，音乐创作基本停滞。少数安徽籍音乐工作者在重庆等地写了一些作品，如洪波的歌曲集《山居放歌》与《心弦的歌》、混声合唱曲《祖国颂》、独唱曲《理想》等，颇有影响。

1946年5、6月，在安庆创办的东南电影院正式开业，魏自修任经理，戴希圣任副经理。地址选在双莲寺街奉直会馆内，可容700观众，这是当时安庆仅有的一所电影院，每天晚上两场，卖座甚快。1947年4、5月，该院迁吴樾街皖钟大戏院，可容1000观众。放映的影片有：《姐妹花》、《再生花》、《桃花扇》、《白蛇传》、《渔光曲》、《大路歌》、《火烧红莲寺》、《清宫外史》、《夜半歌声》、《新女性》、《马路天使》、《木兰从军》、《珍珠塔》、《天字第一号》及《卓别林》等。这些影片都是由上海华中影片发行公司从镇江发来的，每部片映3～5天，再送到九江、南昌轮映。1947年和1948年，该院发生两次被砸事件。② 1946年秋，合肥电灯公司的查端甫在停业的安徽大舞台戏院旧址上创建了肥光电影院，它是合肥最早的电影院。在此前后，宿州办有兴宿电影院，芜湖、蚌埠、合肥也曾出现过其他电影院，但大都办办停停。直至

① 安徽省地方志编纂委员会编：《安徽省志·文化艺术志》，方志出版社1999年版，第181—186页。
② 安庆市政协文史会《安庆文史资料》编辑部：《安庆文史资料·解放战争时期的安庆专辑》第18辑，安徽人民出版社1989年版，第15—16页。

1949年安徽解放时,全省只有设备简陋的几家电影院。广大农村群众尚不知电影为何物。

二、新闻出版

随着人民解放战争和国统区民主运动的胜利,国统区的新闻出版事业经历了一个由发展到消亡的过程。1946年9月,安徽省政府新闻处成立,闻汝贤任处长。该处工作人员开始只有6人,后增加到23人。

安徽国统区的报纸,比抗战时期多了起来。尽管经过行政院新闻局登记的新闻单位共27家、报纸共99种,但实际存在的报纸,一说160多种,另一说190多种。

安徽国统区报纸的种类和数量高于抗战时期的主要原因:第一,报纸复刊。在日军侵占时停办的报纸,抗战胜利后纷纷复刊。1945年12月,由安徽省主席李品仙题写报头的《皖北日报》复刊,仍为国民党省党部机关报。社址在蚌埠市二马路寿昌里,系接收汪伪《安徽日报》社的房产和设备。日伪《芜湖新报》馆被国民党芜湖市党部接管后,1945年11月8日恢复出版《大江日报》,编号为"复刊第一号",社址在芜湖市中山路119号。《皖江、工商日报联合版》1946年2月6日复刊,日出对开4版,12月31日终刊,馆址设在芜湖市中二街116号。《新民日报》1946年8月16日在贵池城内复刊,是新中国成立前贵池创办最早、出版时间最长的一张报纸。第二,新创办了一些报纸。《安徽新报》1946年创刊,国民党蚌埠党部机关报。《新生报》1946年9月14日创办,国民党第四十四军政治部报。《东华报》,国民党东流县党部1946年8月创办。《绥靖导报》,1948年9月国民党"绥靖区"创办。

安徽国统区所办报纸的主要特点:第一,国民党县市党部、三青团分团、参议会和当地驻军办的报纸约占1/3。当时,国民党党报在全国报纸总数、总发行量中所占的比例分别为66%和54%。这些报纸的主调是"戡乱救国",进行反共宣传。第二,一些私营报纸多数对国民党发动内战和反动统治不满。六安《黎明报》、屯溪《大众报》、巢湖

《黄麓导报》、安徽大学《安大新闻》，都因此受到国民党的打击和迫害。第三，在安庆市办的报纸数量大为减少。《复兴晚报》因经济困难，1948年10月与《新民日报》合并，出联合版。

安徽创办通讯社71家，远多于抗日战争时期创办的13家。这71家通讯社，芜湖占17家、合肥11家、屯溪8家、安庆6家、贵池5家、歙县3家、宣城3家、黟县2家、休宁2家、和县2家、蚌埠1家、怀宁1家等。影响较大的通讯社有：前锋通讯社，国民党中统皖南工作队1945年12月创办；铎声通讯社创立于1947年11月，以报道新闻、宣扬三民主义为宗旨；中流通讯社，1947年国民党芜湖市党部创办；青年通讯社安庆分社，1947年6月15日创办，系三青团通讯机关；正气通讯社，贵池县国民党县党部1947年夏创办。① 此外，还有一些群众团体新闻组织，如芜湖新闻通讯联合会、芜湖报业公会、芜湖记者公会等。

南京国民政府继续施行《出版法》、《管理收复区报纸、通讯社、电影、广播事业暂行办法》、《邮电检查制度》等一系列法令，阻止进步书刊的出版和发行。同时，由官僚资产阶级和国民政府官办的书店，在安徽省各市县也设立了分支机构。如安庆有官办的正中书局，宿县、固镇、蒙城、灵璧、休宁、泾县、阜阳、舒城、芜湖、铜陵、绩溪、祁门、蚌埠有中国文化服务社。他们强行发售所谓国定中、小学教科书和各种书刊，并控制纸张，出版大量价格低廉、宣传国民党统治意识的图书。在国民党当局的残酷统治下，民营出版业关门停业，国统区内进步出版事业遭受严重摧残。

安徽国统区期刊较前大为减少，就全省的分布而言，由于省政府迁入合肥，合肥的期刊最多，次为芜湖，再次为安庆、蚌埠及屯溪。在合肥的有10多家，如《安徽省政府公报》、《安徽政治》、《安徽地方银行》、《安徽动员》、《安徽农业》、《安徽会计通讯》、《安徽邮工》、《安徽省银行月刊》、《安徽教育通讯》、《安徽军法人员通讯》、《安徽文献》、《安徽水利》、《安徽卫生》、《人文世纪》、《人事通讯》、《合肥青年》等；而在芜湖只有《安徽直接税通讯》、《世界》、《力行》、《行报》、《安徽新

---

① 安徽省地方志编纂委员会编：《安徽省志·新闻志》，方志出版社1999年版，第199—201页。

闻》、《大同邮话》；在安庆只有《安徽农讯》、《安徽大学校刊》、《文综》、《心声》、《新皖铎》；在蚌埠的只有《印象》、《友声月刊》、《长淮警政》、《兄弟半月刊》；县一级只有《太和青年》、《宁国青年》、《无为青年》。

这一时期，国民党军队调往华北打内战，当局控制舆论，财经困难，是安徽国统区新闻出版事业衰落的主要原因。

三、社会团体

解放战争时期，安徽国统区的农会、工会、商会、妇女会、学生会等社会团体有所恢复。

(一)社会团体的建立

1. 工会组织

1945 年，屯溪镇共有同业公会 50 个。据 1946 年 6 月统计，歙县有 14 个行业职业工会，会员 2754 人。[①]

蚌埠市总工会，1946 年 7 月 1 日在工人子弟小学成立，设常务理事 5 人，高香山任理事长，辖 31 个行业工会，会员 28817 人。[②]

休宁县总工会，1945 年 11 月 3 日在屯溪大舞台召开成立大会，有 11 个职业工会及机关代表近百人参加，选举产生首届理、监事。1947 年 11 月，县总工会改选。

亳县劳工会，1946 年 1 月 5 日成立，周祖𣲗当选为理事长，李梦庚为副理事长，会址设于花子街路东，辖 3 个行业的劳工会，劳工 1700 多人。[③]

宿松县总工会，1946 年由县政府社会科进行改组，石允文任理事长。

广德县工会，1946 年 8 月 12 日成立，郑克润、王华文、陶学勤先后任理事长，辖 22 个行业工会。

芜湖县总工会，1946 年 10 月重新成立。陈卓夫任主任，鲍平任书

① 歙县地方志编纂委员会编：《歙县志》，中华书局 1995 年版，第 420 页。
② 蚌埠市地方志编纂委员会编：《蚌埠市志》，方志出版社 1995 年版，第 751 页。
③ 亳州市地方志编纂委员会编：《亳州市志》，黄山书社 1996 年版，第 325 页。

记,设总务、组训、登记、福利4股。下属有各行业工会。

繁昌县总工会,1946年筹备会成立,1947年春正式成立,选举理事9人,汪先德任理事长,辖4个镇分会,16个乡支会。

天长县总工会,1947年4月成立,王佩英任理事长,辖8个职业工会。

庐江县总工会,1947年成立,1948年2月26日经各业工会理事长票选张道云为理事长,辖9个职业分会。

旌德县总工会,1947年成立,辖9个职业工会。

另据南京国民政府1946年6月调查,歙县、宁国、巢县、绩溪4个县计有各种职业工会30个,会员6000多人。①

2. 农会组织

抗战胜利以后,歙县农会辖25个乡、镇农会。②

1946年7月,省社会处统计资料载:休宁全县有农会5个,会员2089人。

广德县农会,辖20余乡、镇农会。

3. 商会组织

抗日战争胜利后,安庆市私营商业户(含摊贩)1915个。经营户和自然行业虽不断减少,但基本上保持有多少自然行业即成立多少同业公会(组)的状态。③

蚌埠商会,1945年11月成立市政筹备处,对商会进行整顿,1946年7月26日召开蚌埠商会会员代表大会,选举产生理事、监事、理事长。1948年,辖54个同业公会。④

怀宁县商会,1945年12月在安庆重建,实行理监事制。⑤

广德县商会,1945年10月筹备,1946年1月成立。辖10个同业公会,同业公会也设理事长。全县农村集镇仅有誓节渡一地曾在

---

① 安徽省地方志编纂委员会编:《安徽省志·群众团体志》,方志出版社1999年版,第23页。
② 歙县地方志编纂委员会编:《歙县志》,中华书局1995年版,第420页。
③ 安庆市地方志编纂委员会编:《安庆市志》,方志出版社1997年版,第1138页。
④ 蚌埠市地方志编纂委员会编:《蚌埠市志》,方志出版社1995年版,第765页。
⑤ 安庆市地方志编纂委员会编:《安庆市志》,方志出版社,1997年版,第1138页。

1943—1946 年间有商会组织。[1]

1949 年 4 月,黟县解放前夕,县商会向城区各商店筹集银元 400 余元,作为遣散费发给放下武器的国民党保警队人员。[2]

4. 妇女组织

1947 年 2 月,国民党安徽省社会处为完成宪政实施准备,要求各县于 2 月 20 日前突击成立妇女会,到期不能成立者,予以惩罚。1947 年 8 月 16 日,国民党安徽省妇女会召开改组大会,各县派代表参加。大会收到关于妇女问题的提案 9 件。[3]

贵池县妇女会,1945 年成立。

蚌埠妇女筹备委员会,1946 年下半年成立。

和县妇女运动委员会,1946 年 12 月成立。

潜山县妇女会,1946 年成立。

芜湖市妇女运动会,1947 年 2 月成立。

天长县妇女协会,1947 年 4 月成立。

黟县妇女会,1947 年 7 月改组,设理事、监事 7 人,程雪为理事长。[4]

石埭县妇女协会,1947 年 11 月成立。

六安县妇女会,1947 年成立。

芜湖县妇女会,1947 年成立。

蚌埠市妇女会,1947 年成立。

5. 学生等其他社团

安徽大学学生自治会,1948 年成立。通过竞选,共产党员和进步学生担任安徽大学学生自治会领导职务,学生自治会的成立,推动了安庆学生爱国民主运动的发展。

雷池文艺社 1946 年元宵节在望江成立。在合肥刊出《雷池月

---

① 广德县地方志编纂委员会编:《广德县志》,方志出版社 1996 年版,第 423 页。

② 黟县地方志编纂委员会编:《黟县志》,光明日报出版社 1989 年版,第 90 页。

③ 安徽省妇女联合会编:《安徽女英烈·安徽省妇女运动大事记》,安徽人民出版社 1985 年版,第 268、269 页。

④ 黟县地方志编纂委员会编:《黟县志》,光明日报出版社 1989 年版,第 89 页。

刊》、《雷池周刊》。1947 年,在芜湖创办大雷通讯社,发行新闻稿件,
供各地报刊采用。①

题襟艺社,1946 年在宿州成立。1946 年暑期举办了一次书画展,
书画作者包括考入上海美专的学生和宿州知名画家。1949 年举办了
一次更大规模的画展。②

中华医学会合肥分会,1947 年 4 月 1 日正式成立,1948 年 1 月改
选,成立第二届理事会。

(二)社会团体的积极作用

上述社会团体在国统区发挥的作用不一样。这些组织都是官方
出面办的,有的不能代表工人、农民、商人的利益。1946 年至 1948 年,
因国民党政府打内战,有的地方政府采取所谓政商协作方式,勒令商
会负责办理军队粮草供应和劳役调配事项。商会须无偿补给地方驻
军燃料及草料等,并承担所摊派的军费、保安经费、城防工事费、"绥靖
费"等。有的总工会的领导权为国民党地方政府所控制,其活动主要
是随时抽调工人为国民党打内战服务,其他活动很少,直到解放时解
体。社会团体的积极作用是主要的,表现在以下几点。

1. 争取生存权利与民主的斗争

1945 年 8 月日本投降后,国民党政府接收华东水电公司芜湖营业
所(即明远电气公司),驱使工人终日劳动却不发工资,工人们遂与资
方进行斗争,迫使资方发出工资。此外,蚌埠、安庆、淮南等工人比较
集中的城市,以及凤阳、颍上、休宁、庐江、马鞍山、天长、霍邱、界首、嘉
山、六安、桐城、濉溪、合肥等许多地方,罢工斗争和民主运动也都轰轰
烈烈地展开。1948 年下半年,国民党军队在各战场做垂死挣扎,蚌埠
搬运工人开展拒装敌人军火的斗争,曾暗暗将成箱子弹掀入淮河。据
不完全统计,从抗日战争结束到中华人民共和国成立前的 4 年中,芜
湖、安庆、蚌埠等市县仅发生的较大罢工就达 130 多起,显示了工人阶
级不屈不挠的革命斗争精神。

---

① 望江县政协文史委员会:《望江文史资料》,第 4 辑,1997 年印内部发行,第 115—116 页。
② 安徽省地方志编纂委员会编:《安徽省志·文化艺术志》,方志出版社 1999 年版,第 835 页。

2. 参加爱国民主运动

解放战争时期,安徽形成了以学生运动为中坚的各阶层人民参加的爱国民主运动。1946 年 12 月,北平发生美军强奸北京大学学生沈崇事件,国统区掀起抗议美军暴行的运动。安徽学院和芜湖中学学生举行集会,抗议美军的暴行,要求美军滚出中国。1947 年 5 月 20 日,南京国民政府制造五二〇惨案,邻近南京的芜湖学生首先得知这一消息,通电声援南京学生的斗争。安徽学院、芜湖中学、芜湖女中等校学生在新成立的六二学潮主席团的领导下举行了"反内战、反饥饿、反迫害"的罢课斗争。芜湖国民党政府先后逮捕芜湖共产党员、革命青年和进步学生 300 人,有 3 人被杀害。解放战争时期,芜湖共发生罢工、罢课、罢教斗争 700 多次。安徽其他地方的学生也开展了爱国斗争,如怀远惨案和怀远学生的反迫害斗争;沪宁区各大中学学校的皖籍学生反对安徽李品仙的斗争;阜阳学生的反迫害斗争;贵池学生的抗暴斗争;合肥、蚌埠等地学生反迫害的斗争。

3. 开展护厂、护矿、护校的斗争

安徽的工会、青年团、妇女会等社团组织,积极响应中国共产党的号召,为迎接安徽的解放,积极做好护厂、护矿、护校的工作。中共蚌埠市工作委员会和朱百里领导的党支部根据中共江淮区委的指示,在淮海战役开始不久联合行动,成立一支以工人为主体的纠察队——蚌埠人民自卫总队,代号"二〇一八"(系"共"字的拆分),"总队下设十个分队:工委所属四个分队,负责保护农场、营房、火车站、黄泛区;朱百里支部所属六个分队,负责保护电信局、电灯厂、淮河船只,并控制市郊西门渡一带渡口"[①],为全市的护厂保产、保卫中共地下工作者的生命安全、迎接解放作出了贡献。芜湖工人为迎接解放,按照党组织的布置,开展护仓、护厂、护港的斗争。芜湖港区的船员、码头工人,组织工人纠察队,轮流守护仓库,决不让一袋米、一匹

① 朱百里:《支部工作总结》(1949 年 2 月 19 日),韦洁之、孙乔、汪耕汉等编:《蚌埠市志资料》(2),第 39 页。

布、一支枪落入国民党军手中。弋矶山修械所（芜湖造船厂前身）工人魏永龙、包海清、钟明堂等 13 人日夜守卫在工厂，使机器设备免遭敌人破坏。安徽学院和在明远电厂工作的中共地下党员，编写散发传单，号召工人团结起来，组织纠察队保护发电设备，保证了市区正常供电。裕中纱厂、火柴厂、芜湖卫生器材仓库以及《大江日报》、《工商日报》、《火炬报》等报馆的印刷机器，也由于中共芜湖地下党组织及时发动工人守护而保存下来。1949 年初，人民解放军渡江前夕，安徽学院师生组成应变委员会进行护校斗争，迎来了 4 月 24 日芜湖解放。①

4. 做好支前工作，迎接解放

一是开展宣传工作，安定民心，消除敌人散布谣言的影响。张贴标语，散布传单，宣传中国人民解放军是人民子弟兵，不拿老百姓一针一线，纪律严明，秋毫无犯；宣传共产党对解放区的政策，对知识分子的政策，对工商业者的政策等，使商人不搬家，学校不迁移。

二是进行社会调查，摸清各方面的情况，及时通过地下共产党组织送给解放军，以便解放后做好各方面的接管工作。

三是做好支前工作。不仅男性青壮年踊跃支前，妇女们也不甘落后。她们在后方为部队加工军粮、做鞋袜、缝衣裳，许多地区的妇女还上前线搞运输、抬担架、照顾伤员。

在解放战争时期，安徽省内各进步的工人、青年、妇女、农民、商人等群众团体，无论他们身处国统区还是解放区，都不遗余力地投身到解放战争的革命洪流中，他们采取各种方式，或明或暗地同国民党腐朽、黑暗的反动统治作斗争，为解放战争的胜利和新中国的建立作出了贡献。这些群众组织大多都是由中共组织领导的，体现了党的群众路线的正确性，使得人民民主统一战线进一步巩固和扩大。国民党也想建立一些社团组织来迷惑、控制人民，但这些团体却都不能在群众中有所发展，而这恰恰体现出国民党的反动本质。人民大众创造了历史，群众路线是共产党胜利的一个法宝！

<hr />

① 芜湖市地方志编纂委员会编：《芜湖市志》上册，社会科学文献出版社 1993 年 2 月版，第 610 页。

四、教育

抗日战争胜利后,安徽省政府积极进行教育复员工作,安徽教育事业稍有恢复。1946年7月,国民党撕毁政协决议,发动反共反人民的内战,国统区教育事业再次受到严重摧残,跌入低谷。

(一)高等教育

从抗战胜利到新中国成立时,全省仅有国立安徽大学、省立安徽学院、省立工业专科学校3所高等学校。

1. 安徽大学

1928年省立安徽大学成立,抗日战争时期停办。1946年1月25日,教育部批准安徽大学复校,并改省立为国立,同时组成国立安大筹备委员会,聘朱光潜、陶因、高一涵等12人为筹备委员,并以朱光潜为主任。6月,教育部同意安徽学院学生转入国立安徽大学,享有与其他学校转学安徽大学的同等待遇。6月27日,国立安徽大学筹备委员会全面接收省立安徽大学校舍,全面准备安徽大学复校工作。9月30日,教育部正式任命陶因为国立安徽大学校长。11月11日,国立安徽大学正式成立,分设4院13系,另设一个大学先修班。4院13系,即文学院设中国语文系、外国语文系、历史系、哲学教育系,共有学生381人;法学院设法律系、政治系、经济系,共有学生569人;理学院设数学系、物理系、化学系,共有学生142人;农学院设农艺系、森林系、茶叶(1947年3月改为园艺)系,共有学生40人。大学先修班,共有学生95人。1946年,共有学生1227人,其中男生1119人,女生108人。① 1948年6月,在校学生1425人。同年,国民政府公布《大学法》和《专科学校法》,再次明确:"大学以研究高深学术,养成专门人才为宗旨";"专科学校以教授应用科学,养成技术人才为宗旨。"②到全省解放,国立安大办学4年,毕业3届本科生共729人。1949年10月,华东局义教部和南京军管会高教处决定:设在安庆的国立安徽大学和

---

① 教育部教育年鉴编纂委员会:《第二次中国教育年鉴》,商务印书馆1948年版,第616页。
② 《教育通讯》1948年第2期。

设在芜湖的安徽学院两校合并建立新的安徽大学,校址设在芜湖赭山。同年 12 月 4 日,国立安大全部财产运到芜湖,至此,国立安大在安庆办学历史宣告结束。

2. 安徽学院

该院于 1940 年成立于战时省会立煌,初名安徽临时政治学院,同年夏改为安徽师范专科学院,1943 年 9 月定名为省立安徽学院。这是当时安徽省内唯一的一所高等学校。安徽学院设中文、外语、数学、政经、史地、法律系,修业年限 4 年;附设银行、艺术、师范 3 个专修科,修业年限 3 年。师范科内设教育、艺术、理化 3 组。后将师范专修科扩充为师范部,内设教育、数理、艺术、体育专修科,外加银行专修科,又增设大学先修班 1 个班。这样全校共有 6 系 5 科 1 个先修班。1944 年于休宁万安增设安徽学院皖南分院 1 所,内分农林、土木、机械系,银行、会计专修科。1946 年,安徽学院院址迁至合肥南郊的临河集,同年 10 月迁至芜湖赭山,并将皖南分院并入,定点建院。① 到 1947 年,该院分大学部和师范部。大学部设中文、外语、史地、政经、数学、土木、农林、法律、教育等 9 系;师范部设艺术、体育、银会(银行、会计两专修科合并)等 3 科。教职工 175 人,在校学生 844 人。安徽学院共毕业 7 届本、专科学生,合计 949 人。② 1949 年 12 月 4 日,国立安徽大学由安庆迁来芜湖,与安徽学院合并,成立新的安徽大学。至此,安徽学院遂告结束。

3. 安徽省立工业专科学校

前身是安徽省立蚌埠高级工业职业学校,1947 年秋,安徽省政府决定把蚌埠高级工业职业学校迁址淮南洞山,并升格为安徽省立工业专科学校,设土木工程、机械工程、电机工程 3 科,招初中毕业生,学制 5 年,为当时安徽省唯一的工业专科学校。1947 年在校学生 431 人,教职员 57 人。1950 年 1 月,更名为淮南工业专门学校。

安徽近代著名教育家李辛白,在贵池县城创办了一所民办的昭明

---

① 《安徽教育要览》第四回,安徽省政府教育厅编印,1947 年 8 月,第 65 页。
② 《安徽师范大学校史》,安徽人民出版社 2008 年版,第 107 页。

国学专科学校。1947 年春,招收首届学生 150 余人,均为高中毕业生和同等学力者,共 3 个班,学制 3 年。另外,还有一个预科班,约 50 人,招收贵池初中毕业生。1949 年春贵池解放,该校改称江南文化学院,增设大众哲学、社会发展史、划分农村阶级等课程。①

据教育部 1948 年编印的《第二次中国教育年鉴》载:民国时期高等教育事业发展水平最高的年份 1947 年,全国高等学校为 207 所,在校学生为 155038 人;而这一年,安徽高等学校仅 3 所,在校学生为 2455 人,分别占全国的 1.45% 和 1.5%,远远低于全国的省均水平,也不及辛亥革命前夕的安徽省实际水平。

(二)中等教育

抗日战争胜利后,安徽省政府积极进行教育复员工作。安徽省原以战时行政督察区为中等教育区,乃为战时应急的办法。战后根据实际需要,把全省重划为合肥、怀宁、六安、阜阳、泗县、凤阳、芜湖、休宁、贵池 9 个中学区。由于安徽的教育"畸形之发展"②,所以除按学区划分对原省立中等学校进行通盘调整外,还分别于皖南、皖北增设普通中学 5 所,女子中学 2 所,收容原国立八中、九中、十六中等校返皖员生。此外,接受沦陷区汪伪中学 19 所,至于汪伪私立中学,则由教育厅派员监督,遵令办理立案。

中学按照 9 个中学区,原则上每一学区设省立男女中学各 1 所。到 1947 年,计有省立中学 29 所,学生 9735 人,教师 880 人;县市立中学 65 所,学生 19774 人,教师 1824 人;私立中学 91 所,学生 21232 人,教师 1585 人。本省每 433 人即有 1 中学生。和抗战爆发前相比较,省立中学增加 14 所,县立中学增 42 所,私立中学增 70 所,"校数增三倍半,班级增四倍,学生增四倍"③。

在教学建设方面,省教育厅于 1946 年春,通令全省各中学教科用书一律采用国定本,其尚未出版者,选用审定本。同年,各中学教学设备略有充实,但直到解放前夕,仍属简陋不堪。安徽省各中学组织成

① 张召奎等主编:《教坛古今》,安徽人民出版社 1999 年版,第 220 页。
② 安徽省教育厅主办《新学风》1946 年 3 月创刊号,第 11 页。
③ 《安徽教育要览》第四回,安徽省政府教育厅编印,第 32 页。

立各科教学研究会,研究改进教学方法。

在师资队伍建设方面,继续实行教师检定、聘任制度。教师检定制度,分考试检定和无考试检定,按教育部的有关规定办理。教师聘任于每学期开始前由校长聘任,以半年为一期,期满可以续聘,过期不聘即告辞退。中学师资质量,以省立中学较好,县立中学次之,私立中学则参差不齐,差距很大。1946 年,安徽省教育厅设立厅聘教师岗位。厅聘教师,待遇从优。教师工资虽然不断增加,但总跟不上物价飞涨,实际生活水平已远不如战前,到解放前夕,已极为艰苦。1949 年 4 月,人民解放军解放整个江北。国民党省政府于芜湖等地筹设临时中学,收容逃亡学生。又胁迫学校南下,逃亡途中,仪器图书遭到严重破坏。在国民党统治下的安徽各中学,师生爱国民主运动风起云涌。4 月下旬,人民解放军席卷江南,安徽省教育厅也随之烟消云散,国民党对安徽省中等教育的管理也宣告结束。①

(三)初等教育

1945 年,抗日战争胜利,省政府制定的《安徽省战后教育计划大纲》提出:城市人口比较集中,城市妇女从事社会工作者较多,故幼稚园的设置,应从城市逐步推广到农村。到 1946 年,全省有幼稚园 44 所,入园幼儿 1778 人。这个数字与 1934 年入园幼儿 1496 人相比较,略有增加。

安徽省实施国民教育的情况不容乐观。1945 年统计全省学龄儿童 3683043 人,失学民众数原按人口总数 30% 估计,共 770 万人。1946 年春,省订颁《中心国民学校及国民学校设置标准》,要求收复区普通设立乡、保学校,一年内至少要达到 3 乡 2 所中心国民学校,两保 1 所国民学校。到 1947 年,全省有中心国民学校 2300 所,国民学校 10411 所;有 2087 个乡(镇)20327 个保,达到 1 乡镇 1 所中心国民学校、两保 1 所国民学校标准。但学校规模小,学龄儿童入学率低,距普及教育相差甚远。据统计:1947 年,全省小学 12711 所,学级数 26389

---

① 安徽省地方志编纂委员会编:《安徽省志·教育志》,方志出版社 1997 年版,第 152—253 页。

个,学生数 998018 人。① 但学校办学规模小,效益很低。全省省立小学平均每校 6.4 个班,每班学生 59.6 人;各乡镇中心国民学校平均每校 4.64 个班,每班学生 41.3 人;保国民学校平均每校 1.5 个班,每班学生 35.4 人。绩溪县到 1949 年 4 月,全县计有小学 181 所(其中完全小学 26 所),在校学生 6760 人,平均每所学校不到 38 位学生。② 1948 年,全省学龄儿童已受教育的 691576 人,在学的 968968 人,毕业人数 157178 人,计尚有失学儿童 2018499 人。失学民众已受教育的 3077604 人,计尚有失学民众 1526590 人。③

由于经费不足,教员的生活难以维持。1946 年到 1949 年间,芜湖县、滁县、安庆、东流县、宿松县、合肥县、六安县等地的小学教员因薪金不能兑现,举行罢课、游行、请愿,有些师生还遭到军警镇压。

(四)师范教育

抗日战争胜利后不久,安徽省调整了全省师范学校的设置和布局,增设 2 所师范学校,收容战时国立中学和师范学校复原回省的皖籍师生。另外,各省立师范附设小学,女子师范除附设小学外并附设幼稚园。

1946 年下学期,安徽省除省立专科师范学校外,总计省县立各类师范学校共 49 所,273 班,学生 12304 人。1946 年度毕业生数,简易师范学校 1375 人,师范学校 766 人,合计 2141 人。④

安徽省各类师范学校校长的任用和教师聘任有严格的规定。省立师范学校校长由教育厅提名,省政府委员会会议通过任用,由教育厅汇报教育部备案;县立师范学校校长由县政府选荐,报教育厅核准任用,由教育厅汇报教育部备案。教师经检定合格者,才能聘任。

1946 年以后,根据教育部的规定,安徽省各师范学校必用"国定教科书";国定本未及出版、发行的学科,暂仍用省定教科书。各师范学校从二年级起,增设音乐、体育、美术、童军等选修课。省教育厅也

① 《安徽教育要览》第四回,安徽省政府教育厅编印,第 75 页。
② 《绩溪县教育志》编委会:《绩溪县教育志》,方志出版社 2005 年版,第 50 页。
③ 教育部教育年鉴编纂委员会编:《第二次中国教育年鉴》,商务印书馆 1948 年版,第 280—281 页。
④ 教育部教育年鉴编纂委员会编:《第二次中国教育年鉴》,商务印书馆 1948 年版,第 1446—1452 页。

"注意师范生技术,学科之训练"①。改进师范招生之办法,省立师范学校,以60%的名额用于各该师范区内的招生,各县市保送40%由各校自行招考。师范生免纳学费,由政府津贴膳费,并酌予补助书籍、制服等费。由于物价飞涨,学生仍难饱腹,更谈不上营养。

1946年,省政府颁订省奖助自费国外留学办法,全省设奖助名额16名:美国9名,英国4名,法国3名,实际出国的只有留学美国的邓稼先等15人。至公费、省费留学生,安徽原拟每年保送10人出国,报教育部转呈行政院,又被否决。

省教育厅注重对师范学校进行反共防共教育。针对师范学校师生对当局的情绪日增,学潮叠起,省教育厅奉命颁订《整顿学风办法》,规定"一班闹就解散一班,全校闹就解散全校。教师如鼓动,则通令全省各校不予聘用。地方人士如有操纵,亦呈请各上级机关依法惩处"②。又严加整顿学校,1948年至1949年,共开除学生100多人,逮捕学生10多人。但这些穷途之变,根本无法挽救国民党统治彻底覆亡的命运。安徽全省解放以后,人民政府实际接管的师范学校仅11所,学生3466人。

（五）职业教育

抗日战争胜利后,国民政府开始对学校进行"复原"工作。根据安徽省教育厅制定的《战后教育计划大纲》,把全省重划为合肥、怀宁、六安、阜阳、泗县、凤阳、芜湖、休宁、贵池9个工业职业学校区和霍邱、阜阳、宿县、滁县、宣城、绩溪等6个农业职业学校。各省立职业学校按专业设置和人员组成情况及学区要求或搬迁,或改建,或新建。各县立和各私立职业学校也按照《大纲》的精神予以调整。这一工作于1946年上半年基本完成。据统计:1946年第一学期,安徽省职业学校有省立9所,县立7所,私立17所,合计33所。全省初级、高级职业学校在校学生3595人、3018人,合计6613人。同年,初级、高级职

---

① 《安徽教育要览》第四回,安徽省政府教育厅编印,第33页。
② 《安徽教育通讯》,1948年第5期。

业学校毕业生 760 人、655 人，合计 1415 人。① 此后两年，省教育厅严格普通中学的立案手续，同时劝导各地在办理中学教育时应首先以发展职业教育为主，针对职业学校"实习费用至钜"、"技术教师仍感缺乏"、"毕业学生就业困难"，教育厅"拟将职校逐渐专办某科"等。事实上，职业教育并未得到发展。1947 年，省立职业学校 10 所，学生 2279 人，教师 259 人；县市立职业学校 8 所，学生 1759 人，教师 235 人；私立职业学校 18 所，学生 1772 人，教师 220 人。总计职业 36 所，学生 5810 人，男生 5482 人，女生 328 人；教师 714 人，男 687 人，女 27 人。②

职业学校的专业教师十分缺乏。如 1946 年，安徽职业学校专业教师缺少编制 217 人，占当年专业课教师的三分之一。

安徽全境解放后，职业学校由人民政府接管，这时，安徽共有各级各种职业学校 15 所，学生 2126 人，教师 270 人。至 9 月，按期开学的职业学校 13 所，在校学生 1980 人，教职工 308 人，其中专任教师 121 人。

总而言之，解放战争时期，安徽教育事业不仅明显落后于华东各省的教育发展水平，而且落后于全国教育的平均发展水平。1949 年，安徽全省有 2786 万人，平均每万人口中在校学生数仅有大学生 0.38 人，高中生 1.58 人，初中生 9.4 人，小学生 238.37 人；而全国平均每万人口中，有大学生 2.2 人，高中生 3.8 人，初中生 15.4 人，小学生 450.1 人。安徽省人口受教育的结构极不合理。现以 1947 年和 1948 年的有关数据来说明这一问题。据 1947 年 17963210 人③和 1948 年 18129523 人④两组调查数据统计：安徽人口中，文盲占人口总数的 78.9%，受高等教育、中等教育、初等教育的分别占人口总数的 0.1%、1.7%、19.4%（1948 年占 19.3%），人均受教育的时间为 1.4 年。

---

① 教育部教育年鉴编纂委员会编，《第二次中国教育年鉴》，商务印书馆 1948 年版，第 1055、1450—1452 页。
② 《安徽教育要览》第四回，安徽省政府教育厅编印，第 34、36 页。
③ 安徽省档案馆馆藏档案：L1—1(2)—382，第 84、第 92—93 页。
④ 安徽省档案馆馆藏档案：L1—1—749，第 267—268 页。

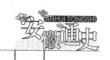

五、医疗卫生

抗日战争胜利后，日本人及汪伪政权分别设立的伪蚌埠大和医院、伪全椒县卫生院关闭或自行解体，伪安庆"东亚医院"、伪省立蚌埠病院、伪省立芜湖病院、伪马鞍山"矿业所医院"以及日军占领的伪淮南矿路公司医院等，均被国民政府接管。

安徽省民政厅卫生处，是省级卫生行政管理机构，1948 年秋省府由合肥迁安庆，省卫生处迁芜湖市。各县卫生院，均担负医疗、防疫业务，兼管卫生行政工作。

1946 年底，全省 70 余所医疗卫生机构中，医技人员总计 188 人，其中正式医科学校毕业和领有国民政府医师证书的合格医药卫生人员 122 人（医师 26 人、护士 96 人）。

卫生技术人员职务实行聘任制，其职务名称分为：科主任、主治医师、住院医师 3 级，或在住院医师之上增设住院总医师 1 级，有些医院还有实习医师和学徒。护理人员分为护理主任（总护士长）、护士长、护士、护理员 4 级，根据医院规模和工作需要酌情设置。

（一）省立医院

全省省级医疗机构 9 所，病床 312 张，医护人员 146 人。

安徽省会卫生事务所，1945 年 12 月成立，设总务、医政保健和防疫统计 3 科，院址设在合肥鼓楼街租借的一幢民房。一般门诊，兼办合肥地区卫生管理，有医护人员 36 人。1948 年随省政府迁至安庆。

省立合肥医院，1945 年 12 月建立，院址设在合肥和平桥。其前身是省立立煌医院。有病床 50 张，设内、外、妇产、五官科，有医生 9 人、护士 17 人。新中国成立前夕迁至宣城，改为宣城医院。

省立安庆医院，1945 年 11 月建立，院址设在安庆大二郎巷教会中学。其前身是日军"东亚医院"。开设病床 48 张，设内、外、妇产、五官科，以及检验、药房，后增设 X 线科，有医生 5 人、护士 13 人。

省立芜湖医院，1945 年 11 月建立，院址设在芜湖狮子山外 2 号。其前身是日伪芜湖病院。开设病床 50 张，有医生 4 人、护士 7 人。

省立蚌埠医院，1945 年 10 月建立。其前身是日伪时期伪省立蚌埠病院。有病床 45 张,设内、外科及药房、检查室,有医生 5 人、护士 13 人。1947 年底改为蚌埠市立医院。

省立屯溪医院,1943 年 8 月建立。其前身由 1937 年地方绅士捐资创办。1938 年改为屯溪市民医院。设病床 50 张,有医生 9 人、护士 11 人。

省立阜阳医院,1943 年春建立。其前身是阜阳中心卫生院。有病床 19 张,诊疗一般疾病,有医生 3 人、护士 6 人。

省立桐城医院,1943 年春建立。其前身是桐城中心卫生院。有医生 3 人、护士 6 人,因经费困难 1946 年 1 月停办。

1945 年 12 月,"以收复地区防疫医疗工作至为需要,成立医疗防疫大队一队,分队三队"①。

安徽省立传染病医院,1946 年 8 月建立,院址设在合肥西大街 94 号租用的一幢民房内。设内科、外科、妇产科、皮花科、五官科门诊,有病床 50 张,有医生 3 人、护士 5 人,除诊治伤寒等急性传染病外,还诊治一般常见疾病。该院由于技术差,收费贵,病人少,难以维持,1948 年撤销。

合肥、芜湖、安庆省立医院各有 1 台 30 毫安 X 线诊断机,各医院有 1 台至数台普通光学显微镜。省立芜湖医院有一般医疗器械 460 件,省立传染病医院、省立阜阳医院不足 60 件。省立安庆医院用普通蒸锅代替消毒锅,省立屯溪医院使用的是当地工厂制造的质量低劣的消毒锅。

以省立安庆医院、省立芜湖医院医疗技术最好。能诊治一般常见病,施行阑尾切除、疝气修补、剖宫产、卵巢囊肿摘除术及截肢术等外科手术,可做血、痰、大小便常规检查和康氏反映。

年诊疗人次:各省立医院约 2 万人次。②

(二)县卫生院

1946 年年底,全省各县均开设了县卫生院,计 62 所。同年,安徽

---

① 《安徽政治》1947 年第 7、8 期,第 68—71 页。
② 安徽省地方志编纂委员会编:《安徽省志·卫生志》,安徽人民出版社 1996 年版,第 5 页。

省卫生处公布《县各级卫生组织大纲》，规定县及县以下卫生组织分为县卫生院、区卫生院、乡镇卫生所、保卫生员4个层次，明确各层的组织程序，遴选人员标准、工作范围与职责等。上述组织大纲，绝大部分未能实施，以成立之县卫生院而论，民国政府规定，每院14～28人，但无一达到编制数。

省卫生处根据人员、设备等情况，将县卫生院分为甲、乙、丙、丁、戊5等。除盱眙、天长、来安、五河、灵璧、东流、泗县7个县为中国共产党领导的解放区，同样设有县卫生院，未评等级外，据1946年统计，全省县卫生院分等情况：甲等5所，乙等1所，丙等15所（据另一表统计为14所），丁等21所，戊等13所（据另一表统计为14所）。

县卫生院的经费列入县财政预算，按年度进行调整。由于县卫生院的经费占县财政总经费的比例很少，以致各县卫生院经费困难。

1946年各县卫生院经费占县财政总经费的比例：最高的休宁县，占0.53%，最低的怀宁县，占0.02%；32个县占0.09%～0.19%；15个县占0.2%～0.46%。[①]

因经费不足，县卫生院仅有几件简单的医疗器械，药品种类少，以门诊为主，少数县卫生院设有几张竹木床作为病床。多数县卫生院开展戒鸦片烟业务，以获取较丰的收入，维持生存。

（三）教会医院

蚌埠仁慈医院，1946年至1948年，接受联合国救济总署、国际红十字会以及教友捐助的物资约50吨。

芜湖弋矶山医院，1946年1月，南京卫理公会派国民党上校翻译官倪其愍（美国人）担任院长。1948年底，倪离院赴美。1949年1月，教会委托芜湖华文中学校长华尔敦（J. Warton，爱尔兰人，牧师）代院长。

基督教怀远民望医院，1949年怀远解放，院中美籍人全部回国，同年12月，上海私立东南医学院迁怀远，民望医院并入该院。

到解放前夕，基督教差会所办的教会医院还有合肥基督医院、安

----

① 参照1946年安徽省卫生处编：《安徽卫生一览》。

庆同仁医院、宿县民爱医院、亳县济生医院以及 5 家诊所,分设在芜湖、宣城、当涂和亳县。[1]

(四)部门医院和私立医院

芜湖红十字会,1948 年 8 月 22 日改组为中华民国红十字会芜湖县分会。分会在公平路 24 号设有红十字会诊疗所开展门诊。

蚌埠红十字会医院,成立于 1948 年 10 月,主要为救治伤员而设,由南京红十字会调拨部分药品物资,邵子英任院长,工作人员多为红十字会会员和个体开业医师,为义务服务性质。1949 年蚌埠市解放,医院停办。

安庆、砀山、凤台等县市红十字会曾开设过医院,情况不详。

工人医院,1948 年 5 月,蚌埠市工会利用善后救济总署黄泛区复兴委员会所拨物资开办,有病床 50 张,设内科、外科、妇产科,医务人员 16 人。同年 10 月停办。

据安徽省政府卫生处 1946 年 11 月统计,全省开业西医师 221 人、护士 306 人、助产士 42 人,其中领有从业合格证书的只有十分之一。私立医院、诊所多设内、外科,有专事妇产、齿科、眼科者,日门诊 10 ~ 60 人次不等。诊疗费无统一标准,一般高于公办医院和教会医院。私立医院、诊所,只有简单的手术器械,开展接产和下腹部手术,可诊治一般的内科疾病。部分西医师具有较高的声望。

广大集镇和农村缺医少药,劳动人民得不到最起码的疾病预防和治疗照顾。

自 1945 年冬至 1946 年春,天花、流行性脑脊髓膜炎在省内普遍流行。夏季霍乱又在沿淮和沿江两岸及津浦铁路沿线蔓延,感染不计其数,死亡人数甚多。仅砀山阚寨一个村,就死亡近 80 人,毛堂村人口死了一半,全家死绝的 5 户。[2]

1946 年 8 月,巢湖烔炀乡大高村发生霍乱,为时 10 多天,死亡 146 人。本年,歧阳乡西宋村发生霍乱,20 天死亡 144 人。庙集乡小

① 安徽省地方志编纂委员会编:《安徽省志·外事侨务志》,方志出版社 1999 年版,第 90 页。
② 安徽省卫生志编纂委员会编:《安徽卫生志》,黄山书社 1993 年版,第 6 页。

罗村41户、210人,因发生霍乱,3天死亡17人。①

第二节　解放区文化蓬勃发展

一、文学艺术

解放战争时期,安徽解放区的文学艺术逐渐走向成熟。活跃在这一时期的安徽文人,就文学而言,以田间、阿英等人为代表。文学创作领域遍及诗歌、小说、戏剧、散文等诸方面,在许多领域都取得了很大的成就。

（一）文学创作

安徽籍著名作家阿英（1900—1977）,原名钱杏邨,芜湖人。抗日战争胜利后,任华中文学艺术联合会常务委员、华中建设大学文学院院长、中共中央华东局文化工作委员会书记、中共大连市委文委书记等职。解放战争时期他的学术成就主要体现在历史剧和报告文学的创作上。1944年,郭沫若发表《甲申三百年祭》。阿英在此背景下,创作五幕历史剧《李闯王》,沉痛地总结农民起义功败垂成的教训,对于革命斗争有实际的教育意义。阿英的治学精神十分严谨。他创作历史剧本,以慎重的态度"勘别史料",然后进行写作。《李闯王》剧本后附有注释,达114条之多,他收集相关文献20多种,详细考证剧情每一细节的出处及史书中所载的事实。《李闯王》完稿后,他又写了《杂稿三题》,详细论证李闯王的性格、李闯王的死及李岩被杀的因果,并提出了自己的看法。② 正是这种科学严谨的态度,使他的历史剧散发着史学和文学的双重魅力而经久不衰。他的学术成就,还表现在对晚清文学的研究上。他认为晚清通俗小说、说唱文学异常发展的原因是

---

① 巢湖市地方志编纂委员会编:《巢湖市志》,黄山书社1992年版,第25页。
② 吴家荣:《阿英传论》,安徽教育出版社2002年版,第87页。

"民主主义与爱国主义进一步发展的结果"①。1948年,北新书局出版了他编辑的《中法战争文学集》和《中日战争文学集》,作为"近百年来国难文学大系"的第一、第二种。此后经编者增补,由中华书局出版了他编辑的《中国近代反侵略文学集》。这些史料的汇编,保存了许多珍贵资料,从而给"近代文学发展勾勒了一幅清晰的图卷,为研究者提供了浩瀚汪洋的材料,在文艺和学术研究方面,都是极有价值的贡献,六十年来没有人这么做过的"②。他还十分关注民间艺术的普及与提高的问题,并对新中国成立初期工矿企业的文化宣传工作产生积极影响。

安徽籍著名诗人田间(1916—1985),无为人。解放战争时期,田间的诗歌创作力求创新,诗歌风格独树一帜,并对新诗的民族化作出了孜孜不倦的探索。他的《赶车传》等叙事长诗为诗坛罕见。"就是要歌颂这一期间党和人民的斗争,就是希望能忠实地叙述这一历史时期革命英雄的故事。"③"不断向人们展示的美好的未来",并以"神奇的情节"、"丰富的想象"和"高度的夸张"④,用群众的语言歌唱石不烂翻身斗争的故事。对人物有较好的刻画,并注意长诗结构的完整性,是体现田间诗歌风格变化的重要作品。除创作长篇叙事诗外,田间在这个时期还十分重视短篇叙事诗的创作。诗人在《长乐图》中歌颂了一个优秀的共产党员,他为人民光荣地牺牲了自己,歌颂了共产党员在战斗中的先锋模范作用及党对中国革命的领导作用。作者深情地歌颂道:

> 长乐图上记上他,他是一个共产党,他把土地当成床,鲜血染红了衣裳;他死了,衣裳旁边,还放着一支枪,李长乐、好村长,一生和土地共存亡!⑤

———————————

① 《阿英全集》第4卷,安徽教育出版社2003年版,第491页。

② 柯灵:《向拓荒者致敬——〈阿英散文选〉代序》,《柯灵文集》第2卷,文汇出版社2001年版,第114页。

③ 田间:《赶车传·上卷后记》,《诗刊》1959年9期。

④ 浪波:《赶车传的革命浪漫主义特色》,《文艺哨兵》1960年第2期。

⑤ 田间:《田间短诗选》,人民文学出版社1960年版,第58页。

安徽解放区的民歌楹联创作,弘扬了时代的主旋律。在淮海战役之际,安徽解放区人民从方方面面支援前线,包括妻子动员丈夫从国民党军队起义,参加解放军。萧县民歌《劝郎》写道:

走到伊绣房,抱起了小儿郎,儿呀,你爹没好心肠。你爹好狠心,参加了蒋匪军,儿呀,他挨骂又被人人恨。参加了蒋匪军。人人都骂咱,郎呀,我看你丢脸不丢脸。你是为的吃,你是为的穿,郎呀,你吃不饱穿不暖。我郎上战场,千万别抵抗,郎呀,你见了解放军就投降。八路军的政策呀,总是讲道理,优待俘虏是真的。听了为妻的话,坐呀坐不下,妻呀,我一心要把八路军当。听了为妻的话,坐呀坐不下,妻呀,我一心要把蒋匪杀。①

在解放区,人民分到了土地,解放区出现了妻送郎、父送子参军的动人场面。砀山民歌《送郎送到大路上》,写出了妻送郎参加解放军的意境。

送郎送到大树下,打开手帕取荷包,与郎作纪念。送郎送到小河旁,河流千里归大海,郎莫把家忘。送郎送到大路上,条条大路都向阳,盼郎打胜仗。前方后方齐努力,打垮老蒋得解放,郎快回家乡。②

在渡江战役中,安徽人民又作出了贡献。巢县民歌《划起木船打老蒋》写道:

小小木船迎浪来,解放军向南开,各位同志去打反动派。小小木船迎浪来,船上装的解放军,各位同志去解放南京城。

---

① 安徽省群众艺术馆编:《安徽民间音乐》第3集,安徽文艺出版社1988年版,第383页。
② 安徽省群众艺术馆编:《安徽民间音乐》第3集,安徽文艺出版社1988年版,第382页。

小小木船出了江，解放大军力量强，各位同志打垮国民党。

小小木船迎浪来，军民团结一条心，各位同志破浪向前进。

各位同志破浪向前进。①

1949年2月，桐城文庙广场举行庆祝桐城解放大会，由琚光华剧团组演出《荞麦记》等黄梅戏。桐城旧俗，有戏必有台，有台必有联。在戏台两侧，配上戏联，既造成演出声势，也平添几分雅气。副县长叶树生为戏台撰联曰："解倒悬苦，庆演黄梅，金鼓响连天，喜效尧民歌击壤；做主人翁，欢呼胜利，管弦声动地，支援勇士渡长江。"②

曾克撰写的《挺进大别山》报告文学集，中原新华书店1949年出版。作者随刘邓大军挺进大别山，该书的《前记》，写于渡江战争的前夜。她在《前记》中说：

> 我匆忙中完成了一个小小的工作，把跃进大别山的一些零碎记事，草草地整理了一下，按时间顺序随便排列起来。本来这些东西，都是时间性较强的新闻，由于当时交通阻隔，发稿困难，而只将它简单随时记录下来，现在仅仅是想作为资料保存下来……把人民时代的奇迹，人民的创造，人民的英雄，忠实地铭记下来。

该书按时间排列，分为《在大反攻浪潮中》、《离开我们的太行山》、《鲁西南人民重见太阳》、《打向蒋管区去》、《进入大别山》和《和岳西群众共患难的半年》6个部分。例如：《打向蒋管区去》，包括《第一次的小战斗》、《大动脉跳动了》、《走进地狱的世界》、《过涡河》、《淮河岸上》、《船家娘》等7篇，记叙了蒋管区人民的苦难以及要求解放的渴望。《进入大别山》，包括《人民民主县长上了任》、《陈锡联司令员会了妈妈》、《我们来到大别山》、《坚持，等待，一同去胜利》等4

---

① 安徽省群众艺术馆编：《安徽民间音乐》第3集，安徽文艺出版社1988年版，第381页。
② 桐城县地方志编纂委员会编：《桐城县志》，黄山书社1995年版，第625页。

篇,记叙了解放军进入大别山后建立人民民主政权以及同老区人民的重聚与"一同去取得胜利"的决心。《和岳西群众共患难的半年》,包括《十月革命节那一天》、《铁树开了花》、《孩子的来信》等3篇,记叙在岳西过十月革命节的情景,被反动派逼疯的妇女见到解放军后欣喜万分的动人事迹,以及北方的孩子来信渴望胜利情景。茅盾称赞本书的某些篇章"具有强烈的吸引力","神韵盎然"。"为什么能够如此呢? 因为作者是生活在部队中,在战斗中,她的脉搏是和部队和战斗相一致的"①。"大概是女作家的缘故,所以笔触细腻。每篇作品不长,一般两三千字,写人、叙事、绘景都带抒情色彩。"②

> 总的说来,《挺进大别山》采用速写的形式,详细地记叙了刘邓大军挺进大别山的英雄气概和严明的纪律,群众对人民子弟兵的支持,蒋区人民深受的苦难,以及革命根据地人民民主政权的建立等。③

1949 年春,在解放军即将大举渡江之前,华东军区和第三野战军政治部发起了以《渡江一日》为名的征文活动,要求全军指挥员、战斗员把自己在渡江战斗中的亲身经历和所见所闻用生动的笔墨记录下来。编委会先后收到应征稿件500 多篇,共100 万字以上。最后选择其中120 篇,共20 万字。全书分为《渡江以前的准备》、《渡江之夜》、《渡江以后》3 部分。这是一部影响较大的群众性的报告文学作品集,全方位地报道了解放军渡江作战的盛况,歌颂了人民解放战争的伟大胜利。试看安徽解放区欢迎解放军进军的一个镜头:胡奇坤著《熊明照的茶水站》:

> 紧靠泾县、宁国公路西旁有一座草屋,从早到晚,烟囱里冒着浓浓的黑烟,门前搭了一个凉棚,许多解放军战士站在

---

① 茅盾著、丁尔纲编:《茅盾序跋集》,三联书店1994 年版,第482 页。
② 章罗生:《中国报告文学发展史》,湖南人民出版社2002 版,第98 页。
③ 傅德岷等:《中国现代散文发展史》,四川教育出版社1997 年版,第459 页。

桌子旁喝茶，公路上是从长江北岸过来的解放军川流不息的追击纵队。这是熊明照的茶水站。熊家老夫妇为欢迎解放军而设的茶水站，从大部队经过的第一天起到现在，没有一刻断过茶水，不知多少同志在这里喝过茶，他家这3天就烧了200多斤柴，熊奶奶忙得未曾住过脚，担水烧锅天天都是穿着汗透的衣服。今天熊明照给前进的部队带路去了，她自己就连挑带烧。为给同志们解渴，她家里2斤好茶叶都拿出泡茶泡完了，前天从邻家借来1斤，又泡光了，今天她又叫她的女儿上山采茶去了。①

收入《渡江一日》的还有《拂晓报》社的工作人员白艾、牛芳程、陶冶、王森材、华人秀等人的作品。白艾，男，原名蒋志侠，安徽和县人，历任新四军六支队司令部机要科译电员、宣传员及拂晓剧团团员等职。他的《把光明与胜利带到江南》，主要写一个江南游击队员抱着一捆芦苇，漂渡长江给解放军送情报的故事；《十点钟前后》，主要写解放军突击部队在炮兵对敌岸猛烈轰击掩护下，登船、起航、抢占滩头阵地的情况；《杭州人民的欢腾》，写解放军进入杭州的盛况。牛芳程的《天才的创造》，主要写渡江前的准备工作；《光明来到江南》，主要写江南人民从国民党反动政权黑暗统治下解放出来，热情支援解放军胜利进军的情景。陶冶的《佯攻的江堤上》，主要是写担任渡江二梯队任务的部队积极备战和渴望很快打过长江去的高涨战斗热情。王森材的《胜利的到达杭州》，主要写我军部队连续12天追击敌人，胜利到达杭州的艰苦情况。华人秀的《从长江到钱塘江》，系自过江后的第一天，直到解放杭州之间的进军日记。总之，这部集体创作全面地反映了这场伟大战役的实况。由于它产生于紧张的战斗之中，作者们无暇做更多的文学加工，作品都保持着质朴的本色，这也许正是它的一个特色，正如邵荃麟所说，它们"毫无铺张，毫无渲染，而只是把生活中最真实的东西，最真实的思想和感情，朴实无华地写下来，使你不能

---

① 参见胡奇坤：《我的军旅历程》，长征出版社2005年版，第735页。

相信这中间有半分虚伪。而由于这样的一种真实——个人和集体战斗相结合而取得的真实思想与感情，使这作品给予我们一种强大的感动力"①。

（二）戏剧

1945年8月，日本无条件投降，七师文工团成立戏剧、音乐、美术3个股和创作组，戏剧股股长傅圣谦编导了一出活报剧，在无为县各界庆祝抗战胜利大会上演出。1946年1月，文工团随部队转移到山东枣庄附近，傅圣谦导演了话剧《抓壮丁》（吴雪编剧）。5月，史风导演了多幕话剧《同志，你走错了路》（姚仲明、陈波儿编剧）。演出后，获师直机关和部队的好评。1946年4月，鲁南军区文工团来七师师部演出话剧《李闯王》。②

1946年，淮北大众文工团随人民解放军撤离，分队仍留在淮北。后国民党军"扫荡"，民主政府东撤，布置该分队解散。演出队在解放战争期间，编演了不少歌颂胜利、宣传革命的好剧目，对发动群众、动员参军等方面起到一定的积极作用。主要活动在泗县、灵璧、五河一带的农村。1948年，解放区成立宿县工农花鼓戏剧团。夏永安，是从抗日烽火中走出来的一位著名话剧演员，1948年12月，渡江奔赴皖北解放区，和解放区的文艺工作者一道以话剧为武器开始了新的生活。

1947年9月20日，刘邓大军千里跃进大别山，解放了六安城。六安军分区所属大别山文工团表演腰鼓、秧歌，演出活报剧《公审战犯》、大型现代戏《血泪仇》。原来六安一带隐藏地下或奔走他乡的民间艺人又重新集结组合，为人民献艺。京剧艺人俞富英组织京剧爱好者演出京剧《甘露寺》、《龙凤呈祥》，慰问解放军和庆祝六安县人民政府成立。1949年4月，刘伯承司令员、李达参谋长带兵路经六安，在位于六安城关古楼大街东侧、和平巷与大井拐交界处的新兴戏院，看了六安京剧艺人演出的《空城计》、《追韩信》及《霸王别姬》3出戏，并馈赠大米20担，作为酬金。为庆贺剧院获得新生，遂更名为"六安新新

---

① 李丽莹、李先锋：《中国现代报告文学史论》，宁夏人民出版社1990年版，第242—243页。
② 凌云、宋霖、程汉林主编：《抗日战争回忆录》，安徽人民出版社1992年版，第454页。

大戏院"。1949 年 7 月,霍邱县成立青年工作队,活动在城关、河口、叶集、石庙等地,边参加反霸斗争,边开展文化活动,排演歌剧《赤叶河》和《白毛女》。8 月,舒城张母桥区在解放军某部宣传队的帮助下,组建业余剧团,演出大型歌剧《白毛女》、《王贵与李香香》,庆祝人民群众翻身解放。① 六安地区军政府向群众宣传革命道理,组织龙灯、狮子灯及各种杂耍一起出动。1949 年 2 月 7 日,桐城解放后的第三天,黄梅戏老艺人琚光华受副县长的委托,邀人组班,于 12 日在县城万人大会上演出《珍珠塔》和《荞麦记》等黄梅戏。3 月,桐城大众剧团成立,为民办公助半专业性演出团体,县民主政府拨款修缮了县城胡家祠堂作为演出场所。后有黄梅戏艺人潘璟琍、胡玉芳、潘泽海等参加,力量不断加强。同年,为南下的刘、邓大军演出了大型历史剧《李闯王进京》。②

随军活动在绩溪、歙县游击区的皖浙文工队,全队 40 人,其中一个女班。他们处境困难,经常遭到国民党军的袭击;但文工队总是千方百计地与当地群众一起组织演出活动。节目有独幕话剧《抽壮丁》、《高家庄》、《一条命的钱》;歌剧《白毛女》、《兄妹开荒》、《金银花》、《朱大嫂送鸡蛋》等。这支文工队一直坚持到绩溪、歙县全境解放。③

(三)音乐

安徽各解放区都出现歌唱解放战争内容的民歌,像《来了解放军》、《划起木船打老蒋》、《送郎送到大路上》、《送郎参军》、《国民党兵自叹》、《骂蒋匪》、《这个老蒋坏透了》、《骂五更》等;当国民党军队到处抓壮丁,补充兵源打内战时,安徽各地人民又唱出控诉抓壮丁内容的民歌,当涂、肥西和蒙城都有《抓壮丁》,金寨妇女则唱出国民党"摊赋税抓壮丁,这都是贫苦人一般苦情,如今毛泽东领导的军队去封建除压迫,穷人翻身",劝郎送郎参加人民军队,充分反映出革命根据

---

① 安徽省地方志编纂委员会编:《安徽省志·文化艺术志》,方志出版社 1999 年版,第 207、第 850 页。

② 桐城县地方志编纂委员会编:《桐城县志》,黄山书社 1995 年版,第 623 页。

③ 安徽省地方志编纂委员会编:《安徽省志·文化艺术志》,方志出版社 1999 年版,第 850 页。

地人民鲜明的阶级立场和高度的政治觉悟。

安徽各解放区产生了许多反映当时形势的音乐作品。当年在新四军七师文工团工作的冯灿文于1946年创作了民族器乐曲《凤阳花鼓组曲》，该曲一度曾在山东解放区演出。部队的音乐工作者一面战斗，一面创作，使得部队音乐创作与演出一直成为教育和鼓舞士气的有力武器。如银星的《保卫家乡》（1947年）、《勇往直前》，冯灿文的《大反攻》（新民歌）（1948年）等。

在淮海战役中，以韦明等作词，沈亚威、张锐等作曲的《淮海战役组歌》最为突出，作品生动地反映了在著名的淮海战役中，人民解放军艰苦奋战、取得最后胜利的历史事件，表现了人民军队决战决胜的英雄气概。《淮海战役组歌》由参加淮海战役的部队文艺工作者创作的众多的可以独立演唱的歌曲精选而成。有两个版本：一是由7首歌曲组成[①]，另一是由10首歌曲组成。[②]

整个组歌的音乐，自始至终贯穿人民解放军的英雄自豪气概。随着解放战争的胜利，《淮海战役组歌》跟着解放大军从农村唱到城市。成为中国大型声乐作品的代表作之一。1949年7月在第一次全国文代会上进行了成功的演出，它以强烈的生活气息和雄伟的战斗气魄震惊四座。毛主席听了《淮海战役组歌》后说："三野仗打得好，歌也唱得好。"1961年6月在音乐出版社出版了单行本，作为重大战役的合唱套曲，载入中国近现代音乐史册。

（四）歌舞和摄影

在淮海战役胜利、淮河流域解放的日子里，解放区人民政府的文艺工作团或文艺工作队，在江淮大地到处演出歌舞、曲艺等。中国人民解放军和北方老解放区的干部南下，把北方的腰鼓和秧歌带进安徽，很快在全省流传开来，有力地推动了群众性的舞蹈活动和专业舞蹈演出。花鼓灯艺人敲着锣鼓、唱着灯歌，跳着花鼓灯舞蹈和新学的大秧歌，欢庆自己的解放，并用这种形式，作为召集群众开大会的手

① 朱自强、高占祥等主编：《中国文化大百科全书·艺术卷》，长春出版社1994年版，第816页。
② 唐达成主编：《文艺赏析词典》，四川人民出版社1989年版，第789页。

1172

段。他们还编演了一些动员群众支前、参军、斗争恶霸地主的节目。例如当时流行在蚌埠地区的《送郎参军》歌舞中就有这样的内容：

> 送我的小郎上前方，你到前方打老蒋。家中的一切我照顾嘛，小郎你尽把宽心放。要将革命进行到底嘛，保卫人民保家乡。①

安徽还有一支担负着新闻报道、政治宣传、战地鼓动等使命的专业摄影队伍。他们一手拿起武器，一手持相机投入战争的烽火中，有的冒着敌人的枪林弹雨，记录将士的战斗风貌；有的坚持敌后，生动地记录了解放军在解放战争中的战斗生活场景，拍摄人民群众送亲人参军、运送军需支援前线等感人的镜头。这些珍贵的历史照片，通过报刊、展览等平台，鼓舞了广大人民的斗志，给后人留下了极为珍贵的精神财富。华东野战军参谋长张爱萍不仅坚持战地摄影创作，而且全心支持全军区的摄影工作，当时新华社华东前线分社摄影组组长陆仁生使用的高级照相机就是张爱萍想方设法购买，并带到华东解放区的。此后陆仁生随部队转战大江南北参加了著名的淮海、渡江等战役，拍摄了大量纪实性图片。淮海战役总前委成员合影的照片，就是反映解放战争的传世佳作。

二、新闻出版

随着人民解放战争和国统区民主运动的胜利，人民的新闻出版事业逐渐替代国统区的新闻出版业。从 1946 年开始，华中解放区成立了新华书店总管理处，大量翻印、出版各种进步书刊。随后，各大区纷纷成立的新华书店，担负文化宣传、出版、发行的任务。据 1949 年 10 月全国新华书店第一届工作会议的统计，解放战争开始时，各解放区的新华书店不过 10 多家，下设若干支店，而到中华人民共和国成立前

---

① 谢克林：《中国花鼓灯艺术》，安徽人民出版社 1990 年版，第 53 页。

夕,全国已有分支店 730 多个,形成了全国统一的发行网。①

安徽各解放区的出版事业,随着华中、中原政治和军事形势的变化,经历了由缩减到发展的过程。1945 年 10 月,皖江解放区新闻出版机构奉命随军北撤,未受损失。淮南、淮北时属华中分局,新闻出版机关略有调整:出版社和杂志社大部撤销,各建立一家新华书店支店。淮南有《淮南日报》、《新民主报》,淮北有《拂晓报》、《雪枫报》、《长淮报》。

1946 年夏,国民党反动派撕毁停战协议,大举进犯淮南、淮北,淮南区党委及所属部队机关先行撤退,同年冬,中共淮北区党委及所属部队、机关分别向东向西撤退,其中拂晓报社和雪枫报社两支工人游击队在撤退时损失惨重。此时,安徽全境仅有《拂晓报》仍在洪泽湖内坚持出版油印报纸,及时传播中共中央的指示和人民军队各线捷报。1947 年春《雪枫报》复刊,并逐步恢复元气,发行量接近抗日时期原油印份数。1948 年 6 月,中共江淮区党委成立后,出版了铅印《江淮日报》,《拂晓报》改为铅印,《淮南日报》在新华社江淮分社支援下复刊。淮海战役中,长江以北地区出版《皖西日报》、《团结通讯》、《反攻》、《江淮前线》等报刊,江淮新华书店亦出版和发行了一批书籍。淮海战役胜利结束后,皖北地区很快大部解放,3 个解放区连片,先后创办了《新合肥报》及《安庆新闻》等报刊。1948 年下半年以后,人民解放军相继解放许多城市,接管和改造了这些城市原有的新闻单位。为了完成接管和改造,1948 年 11 月 8 日,中共中央发出《关于新解放城市中中外报刊通讯社处理办法的决定》等一系列指示:报纸刊物与通讯社是一定阶级、党派与社会团体进行阶级斗争的一种工具,不是生产事业。并规定了以下 3 条政策和原则:

第一,保护人民的言论出版自由,保护进步的新闻事业,对中间性的新闻事业不禁止其依靠自己的力量继续出版;第二,剥夺敌对势力反革命的言论出版自由,没收和封闭国民党党营新闻事业,但对于其中被国民党占据的民间新闻事业应区别对待;

---

① 吉少甫主编:《中国出版简史》,学林出版社 1991 年版,第 476 页。

第三，封闭美英等帝国主义国家在南京、上海等城市设立的新闻处，禁止帝国主义新闻机构在华发稿、出版、发行。[①]

1949 年 4 月解放大军胜利渡江后，国民党军事政治彻底垮台，其出版物亦被人民取缔。《江淮日报》改为《皖北日报》，安庆出版《安庆新闻》，皖南地区出版《电讯》、《皖南日报》及《新芜湖报》等。

在解放战争期间，著名的出版发行机构有雪枫书店、江淮新华书店、皖北新华书店、皖南新华书店等，先后出版一批时政图书，有力地配合解放战争和解放区的建设。

抗战胜利后，淮北区党委为宣传马克思主义，传播革命文化，在泗州城成立一家书店，为了纪念在淮北牺牲的新四军第四师师长彭雪枫，故命名为雪枫书店。书店经理为孙立功（拂晓报社发行科长）。建立之初把原《团结报》和《拂晓报》社存下来的可以公开出售的文件和小册子清理出售；同时又赶印十几种新书，皆为马克思、列宁、斯大林和毛泽东的著作，用淮北制造的土纸，有的铅印，有的石印，每种都印了几百本。由于供不应求，书店就派人到淮阴新华书店进货近百种图书，其中有兄弟解放区出版的，也有上海出版的。之后，根据华中分局宣传部的决定，雪枫书店改为华中新华书店七分店，并与华中新华书店总管理处建立了业务指导关系。1946 年 7 月，因自卫战争开始，书店随华中七分区党政机关撤出泗洲城，开展流动服务。[②]

淮南教育出版社，1941 年在天长县创办。主要承印淮南地区的小学课本，路东行政公署等重要机关的文件、布告及淮南军区的作战地图等。1946 年 6 月，出版社跟着部队北撤，与华中新华书店印刷厂合并。

淮北教育出版社，1943 年 3、4 月间成立。初建时职工有 30 多名，最多时达 70 多名，印刷设备简陋。1945 年秋才从宿迁购买了 2 台石印机，1 台 8 开圆盘机，提高了印刷能力。出版物有 4 类：一是出版边区的小学课本和成人冬学课本；二是出版一些政治读物和通俗文艺读

① 龚德才：《中国新闻事业史》，湖南师范大学出版社 1997 年版，第 279 页。
② 江苏省地方志编纂委员会编：《江苏省志·出版志》，江苏人民出版社 1996 年版，第 37 页。

物,如《淮北一年》、《社会发展史》、《二万五千里长征》、《小二黑结婚》、《李家庄的变迁》和一些大鼓词、唱词等;三是出版地图、工商业商标、行署布告、年画以及毛泽东、朱德、彭雪枫等人的像;四是出版大量宣传品,包括日文、朝文的对敌宣传品。1946 年春,淮北教育出版社宣布撤销。①

淮北路西教育出版社,1945 年春成立。11 月属苏皖边区第二专署和华中第八专署教育处领导,边筹建边出版小学教材,兼印一些通俗读物,如《新时期的路标》、《邯郸起义》和《革命歌曲选》等。社址在濉溪镇(今濉溪县城内)。次年冬,因国民党军队大举进攻,该社在向西撤退中被撤销。

淮南书店,中共淮南区党委宣传部于 1945 年 12 月决定建立,由淮南日报社发行科长陈雨任经理,与华中新华书店建立联系,带回1000 多本书,立即在小李庄建立了一个小小门市部。1946 年 2、3 月在天长县城北门设一店面,挂起了"淮南书店"的牌子。次年 8 月,国民党军队大举进攻淮南地区,书店奉命北撤,和设在淮阴的华中新华书店合并。②

江淮新华书店。江淮区党委成立后,将江淮地区划为 5 个分区,泗洪县属于二分区。1948 年 4、5 月间,二分区在半城镇(即雪枫镇)开办了一家新华书店,由于属二分区领导,定名为"新华书店二分店"。6 月,中共江淮区委员会决定,在二分店的基础上成立江淮新华书店,孙立功任经理。7 月,设雪枫书店,蚌埠、滁县、巢湖、合肥支社和门市部,主要经营华东解放区出版的书籍。8 月 14 日,《江淮日报》报道江淮新华书店开始营业两个月以来,《长征故事》、《民歌》、《论党》、《党章》及《思想方法论》等书籍,共销售 8650 册。淮海战役开始不久,宿县县城先解放。11 月,江淮新华书店即移到宿城(今宿州市),并在市内开办了江淮新华书店门市部。1949 年 1 月 15 日成立宿城市新华书店,成为安徽境内第一家新华书店。1 月 21 日,江淮新华

---

① 叶再生:《中国近代现代出版通史》第 3 卷,华文出版社 2002 年版,第 990 页。
② 《淮南日报》史料集编纂委员会编:《淮南抗日根据地党的喉舌》,中共党史出版社 1992 年版,第102 页。

书店随江淮区党委进入蚌埠,接收原国民党官办的中国文化服务社,在华盛街开业,有工作人员 10 人。3 月迁到二马路,有两层楼房,面积约 200 平方米。4 月改称新华书店蚌埠支店。① 江淮新华书店曾出版过《新民主主义论》及《论联合政府》等书籍。

皖北新华书店的前身是江淮新华书店。1949 年 3 月中共江淮区党委由蚌埠迁合肥,成立了中共皖北区党委,由孙立功率领 30 多人,将江淮新华书店迁到合肥。据《皖北日报》(1949 年 5 月 8 日)刊载。"1949 年 5 月 5 日原江淮新华书店奉命撤销,皖北新华书店同时成立。"皖北新华书店从此诞生了。② 先后在所属市、县建立分店,在江北地区先后建立了宿县、阜阳、滁县、六安、安庆、巢湖、蚌埠、霍邱、霍山、金寨、寿县、正阳市(今正阳关)、五河、砀山、临泉、太和、颍上、涡阳、蒙城、凤台、炳辉(今天长县)、嘉山、无为、庐江、桐城、宿松、怀宁、岳西、望江、潜山等 30 个基层书店及直属的淮南矿区门市部。7 月,建立合肥新华印刷厂,使该店编、印、发三位一体,先后出版毛泽东的《新民主主义论》、《论人民民主专政》,刘少奇的《论国际主义与民族主义》等著作,中共七大《党章》,薛暮桥的《政治经济学》、《社会发展史》,文艺读物及中小学教材。③

皖南新华书店是 1949 年 5 月在屯溪成立的,拥有印刷厂,出版书籍、课本。8 月,书店随皖南区党委迁移到芜湖,与芜湖新华书店合并。④ 到 10 月,皖南地区在皖南新华书店统一管理下,建立了 17 个基层书店,它们是:屯溪、休宁、歙县、祁门、绩溪、宁国、宣城、郎溪、广德、繁昌、南陵、泾县、青阳、贵池、当涂、太平、石埭等新华书店。

解放战争时期,中共安徽地方党非常重视新闻出版事业。他们坚持革命的精神、无私奉献的精神、艰苦创业的精神、竭诚服务的精神,出版了一大批优秀著作,为团结人民、打击敌人、建设政权作出了积极的贡献,在出版史册上留下不可磨灭的光辉的一页。

① 蚌埠市地方志编纂委员会编:《蚌埠市志》,方志出版社 1995 年版,第 455 页。
② 吴柏龄:《中国图书发行简史与发行刍议》,黄山书社 1993 年版,第 157 页。
③ 安徽省地方志编纂委员会编:《安徽省志·出版志》,方志出版社 1998 年版,第 105—106 页。
④ 郑士德:《中国图书发行史》,高等教育出版社 2000 年版,第 705 页。

三、社会团体

解放战争时期,安徽境内的新四军大部分撤退到苏北,留下一部分干部和武装在皖南国民党统治区坚持斗争。到 1946 年底,淮南、淮北的解放区不少被国民党占领。中国共产党领导的武装在各地坚持游击战争。1947 年 11 月,刘邓大军南下到达大别山。第二年 11 月,淮海战役开始。1949 年 4 月,渡江战役胜利结束,安徽全境解放。在这种错综复杂的环境和形势下,安徽各社会团体以多种方式参加了解放全中国、创立新中国的斗争。

1946 年 3 月 14 日,华中解放区第一次工、农、青、妇、民兵代表大会召开,大会通过了华中解放区第一次代表大会决议和工、农、青、妇群众组织章程,选举了工、农、青、妇委会各执委、常委,成立了华中解放区工、农、青、妇联合总会。它下辖华中各解放区的工、农、青、妇群众团体。

（一）社会团体的建立

1. 农会

解放战争时期安徽成立了一些新的农会。

1947 年,共产党武装力量东进,在边界地带纷纷建立边区政权,亳县农会组织得以迅速恢复发展,基层组织达到 1906 个,会员迅速发展到 17 万人。①

1947 年 9 月下旬,中共岳西县委、县政府遵照中共中央中原局指示,将随刘邓大军南下的地方干部和三纵部队下派的干部组成工作组派到岳西各区发动群众,宣传政策,建立了区农会、村农会。农会一般设主席和土地、财粮、战勤、武装委员各 1 人,文书 1 人,村以下设农会小组。11 月按照中共皖西区委指示,各地在农会基础上成立了贫农团。1947 年,中共桐北地区党组织在双龙、岐岭、五岭、鲁䃭、王集、大窑、同庄、唐湾、河畈、古塘、段弯等地亦相继建立贫农团。② 各地贫农

---

① 亳州市地方志编纂委员会编:《亳州市志》,黄山书社 1996 年版,第 326 页。
② 桐城县地方志编纂委员会编:《桐城县志》,黄山书社 1995 年版,第 475 页。

团成员为贫雇农,村贫农团设主席 1 人,委员若干人,分别担任村贫农团的领导。委员会下设小组,由贫农团员组成。

在皖南部分地区,1946 年,中共黄山游击队在黟县的泗溪、际联、东源、宏潭、美溪、柯村和洪星乡的部分村庄,建立了农民协会或农民协会小组,向国民党当局和土豪劣绅进行斗争。在没有建立党组织的乡村,一切权力归农会。① 1947 年,歙县黄山、岔口、溪头等游击区和鸡川、童川一带革命根据地,成立农民协会。② 1947 年,中共樵山区委在新明乡三门村组织三门茶农协会,要求茶庄老板提高茶价。③

2. 工会

五河县工会联合会,1945 年 10 月 3 日成立。

固镇市(旧地名,1948 年 11 月由五河县析置,属江淮解放区,冶固镇,1949 年裁撤)工会,1948 年 12 月成立。

宿城市总工会,1949 年 3 月筹建,同时成立行业工会和宿城市职工会。

蚌埠职工联合会筹备委员会。1949 年 1 月,蚌埠解放,26 日市政府发布训令,解散原国民党控制的市总工会,于 2 月 13 日在西大众剧场召开职工临时代表会议,选举产生新的工会领导机关市职工联合会筹备委员会。筹委会办公地点设在经一路西、原市总工会旧址。

桐城县职工委员会筹备委员会。早在 1948 年 10 月,人民解放军某部派黄岩、江北然等人到桐城练潭、肖店一带,在中共桐城地方党组织的配合下筹建船民工会。1949 年 2 月 11 日,船民工会在东肖店成立,隶属桐(城)庐(江)无(为)船舶管理委员会,有会员 3000 余人。4 月 27 日,船民工会完成支援人民解放军渡江任务后解散。1949 年 5 月,成立桐城县职工委员会筹备委员会,1950 年更名为桐城县总工会筹备委员会,下辖 36 个基层工会,有会员 1683 人。

枞阳船舶工会,1949 年 3 月成立,选举产生由 9 人组成的工会委员会,推举陈庆如为会长,吴贤模为副会长,这对组织和教育船工支援

① 黟县地方志编纂委员会编:《黟县志》,光明日报出版社 1989 年版,第 86 页。
② 歙县地方志编纂委员会编:《歙县志》,中华书局 1995 年版,第 420 页。
③ 黄山市地方志编纂委员会编:《黄山市志》,黄山书社 1992 年版,第 420 页。

大军渡江作战,起着很重要的作用。

1949 年 5 月,巢县人民政府所在地柘皋镇成立镇工会,由周兴功兼任主席,下设搬运、产业、手工、店员 4 个基层工会,有会员 1400 多人,同时以巢城为中心成立新城区工会,由张治淮任主席,下辖 22 个基层工会,有会员 1250 人。

芜湖市总工会筹备委员会,1949 年 7 月 1 日成立,到年底,共建立了 19 个行业的工会筹委会,发展会员 1.48 万人。

皖南区总工会筹备委员会,1949 年 10 月 5 日在芜湖成立。

皖北区总工会筹备委员会,1949 年 11 月成立。

3. 青年团

1946 年 11 月 5 日,中共中央发出《关于建立民主青年团的提议》。根据中共中央的指示,安徽党组织在解放区经过试点之后重建青年团组织。全省在新中国成立前夕,除少数地方未解放未成立团组织外,绝大部分地区都成立了团组织。1949 年 6 月,新民主主义青年团皖北区和皖南区筹备委员会成立。7 月,皖北区团工委和皖南区团工委在合肥、芜湖成立。

4. 妇女组织

解放战争时期,共产党领导的新成立的县以下妇女组织如下:

华中第八行政区妇女联合会,1945 年 10 月成立,1946 年 12 月停止。

苏皖边区第七行政区妇联,1945 年 11 月成立,1946 年 11 月停止。

1946 年底,中共皖南地委派人到大板桥地区帮助建立政权,同时建立了妇女会,会员 270 多人。主要任务是站岗、放哨、送情报、做军鞋、洗军衣等。

怀远县妇女联合会,1947 年成立。

宿松县各区妇女会,1947 年 9 月成立。

安庆妇女同盟会,1947 年冬由中共安庆特支成立。还建立了工农联谊会等组织。

界首市妇联会,1947 年底成立,郊区也相应地发展了这些组织。

江淮二地委妇委会,1948 年 6 月 4 日成立。

江淮区党委二分区妇女筹委会,1948 年 7 月 25 日成立,1949 年 3 月停止。

舒城县晓天区妇联,1948 年 10 月成立。

1948 年 10 月,阜南县全面解放后,县区党委立即配备专职妇女干部,各行政村也有妇女主任。同年底,阜南全县发展妇女会员 1.2 万人。

宿城市妇联联合会,1949 年初成立。

蚌埠市妇联筹委会,1949 年 2 月成立,1949 年 4 月停止。

潜山县民主妇联筹备委员会,1949 年 3 月 8 日召开第一次妇女代表大会,宣告成立。

阜阳地区妇女联合会,1949 年 3 月成立。

淮南矿区妇女联合会,1949 年 4 月成立。

合肥市妇联筹委会,1949 年 5 月 15 日成立。

滁县地区妇女运动委员会,1949 年 7 月成立。

安庆市妇联筹委会,1949 年 8 月成立。

砀山县民主妇联,1949 年夏成立,魏建贞任主任。

芜湖市民主妇联,1949 年 9 月成立,何心如任主任,刘碧波任副主任。

界首市妇联,1949 年下半年成立。

1949 年年底,临泉县妇女组织在各项运动中得到很大发展,全县共组织妇女 30412 人,县区均配备有妇女干部负责妇女工作。[①]

工会、学生会、妇女会、农会青年团在解放区和解放战争中,发挥了积极作用。

(二)社会团体的积极作用

1. 在土地改革中发挥积极作用

安徽各解放区按照中央《五四指示》和《中国土地法大纲》的规定,轰轰烈烈地开展土地改革运动。在土地改革运动中,农会发挥了

---

① 安徽省妇女联合会编:《安徽女英烈·安徽省妇女运动大事记》,安徽人民出版社 1985 年版,第 268—272 页。

重要作用。据《亳州市志》记载："5个边区县在地区党委统一部署下进行了土地改革,并强调在土地改革中充分发挥群众力量,农会在土地改革运动中发挥了积极的作用。"①安徽皖中皖西部分地区,在共产党领导下建立政权的同时,组织了贫农团。贫农团的主要工作是:组织贫雇农、团结中农,积极投入反对国民党反动统治的游击战争;开展分粮分田的斗争,部分地区实行土地改革,采取"中间不动两头平",即对中农的土地不动,把地主富农的土地和无地少地的贫雇农拉平;发动农民搞好农业生产,多打粮食,支援解放战争;协助政府解决贫苦农民的生产和生活困难;维护社会治安,打击反革命破坏活动。② 1948年春夏,无为县贫农团委员会在县委领导下,通过扎根串联、访贫问苦,在提高农民觉悟的基础上进行土地改革,严桥、红庙、石涧、银屏、陡沟、尚礼、田桥等地,95%以上的贫农分得了土地,尚未进行土地改革的区乡实行二五减租、分半减息的政策。③

2. 有领导有组织地向汉奸、恶霸、地主开展面对面的斗争

泗县东北张巷乡孟圩村发动群众斗争了号称"母老虎"的女恶霸地主孟大啦。1948年春,当涂县三星圩伪保长贪污合作社贷款被发觉后,三四十名妇女到伪保长家说理,伪保长被迫交出了全部赃款。1948年9月,巢县魏素珍(女)游击队成立,约有40人。同年腊月,巢县魏素珍(女)游击队在林塘嘴、乱石嘴截获敌轮两只,缴获大米两千多担,洋面两千多袋,抽水机两部,洋布、高表纸等大批物资。

3. 实行男女平等

1946年6月14日,中共华中分局妇委发出关于夏季工作中妇女工作的指示,要求在夏季的土地改革运动中,改变妇女的经济地位,男女要同样分得土地。同时,应提出"婚姻自由"及"家庭民主和睦"这两个有关妇女切身利益的口号去发动妇女。1946年,苏皖边区为彻底否定封建宗族继承,确立男女平等之遗产继承权利,特制定《遗产继承暂行条例(草案)》。同年,苏皖边区制定《婚姻暂行条例》,宣布:

---

① 亳州市地方志编纂委员会编:《亳州市志》,黄山书社1996年版,第326页。

② 安徽省地方志编纂委员会编:《安徽省志·群众团体志》,方志出版社1999年版,第434—435页。

③ 无为县地方志编纂委员会编:《无为县志》,社会科学文献出版社1993年版,第378页。

"婚姻之缔结,以男女双方自愿自主为原则,实行一夫一妻制。""禁止重婚、早婚、抢婚、买卖婚、纳妾、童养媳。"①

4. 支援前线

民工的支前,是淮海战役中最动人心弦的一幕。到了战役的第三阶段,参战兵力与支前民工的比例高达1:9。这种空前浩大的人力动员,解放区表现出异乎寻常的承受能力。陈毅说:"淮海战役的胜利是人民群众用小车推出来的!"

支援渡江战役。皖西、皖中等地,是解放军渡江前的屯兵场地和前进的阵地,也是渡江后的重要后方基地,同渡江战役有着直接的关系。淮海战役刚结束,这些地区即开始了支援渡江的准备工作。中共皖北区党委和皖北行署、皖北军区在合肥成立了联合支前指挥部;所辖阜阳、宿县、六安、安庆、巢湖、滁县6个军分区及各地、县委都相继成立支前司令部或支前指挥部,全面抓支前工作。皖中、皖西等地,成立了民工支前团,在完成支援渡江战役后,又和皖南的支前民工一道,随军南下,远征福建。

四、教育

解放战争时期,安徽先后创建了苏皖解放区、豫皖解放区、江淮解放区和皖西解放区。从1949年4月到中华人民共和国成立前,安徽又分为皖北和皖南两大解放区。安徽解放区的教育事业受战局影响,经过发展、停顿、恢复和大发展这样一个曲折的过程。

1945年8月至1946年7月,为发展阶段。解放战争初期,安徽各解放区虽然有零星的战斗,但局势还是相当稳定。1945年11月,淮南根据地与苏中、苏北根据地联合组成苏皖边区政府,下设8个专署。苏皖边区政府对教育事业进行了整顿,重申了"干部教育重于成人教育,成人教育重于儿童教育"②的方针,反对以任何借口放松群众教育。

---

① 安徽省妇女联合会编:《安徽女英烈·安徽省妇女运动大事记》,安徽人民出版社1985年版,第268页。

② 中央教育科学研究所编:《老解放区教育资料·解放战争时期》,教育科学出版社1991年版,第97页。

到 1946 年 4 月,安徽境内的解放区有干部学校 3 所、中学 11 所、小学 2200 多所。①

1946 年 7 月至 1948 年 6 月,为停顿阶段。此时,由于国民党军队向解放区发动全面进攻,安徽各解放区党政军机构都作战略转移,部分师生也随部队转移或直接参军参战,大部分则被迫遣散回家,学校全部关门,教育事业陷入低谷。此后虽然也办了一些学校,但由于受战争的影响,进展不大。

1948 年 6 月至 1949 年 4 月,为恢复阶段。人民解放军经过 1 年的内线作战,使全国军事、政治形势发生了重大变化,从战略防御转入战略进攻。随着全国形势的变化,安徽各解放区也转入战略反攻,教育事业开始恢复发展。但是由于当时各解放区的中心工作是支援前线,因此教育事业虽然有所恢复但发展不快。直到 1949 年 1 月 10 日淮海战役胜利后,高等教育事业才得到迅速发展。

1949 年 4 月安徽全境解放至新中国的成立为发展阶段。皖北、皖南解放区对普通教育事业进行了恢复和整顿,成效较大,干部教育也有所发展。

（一）干部教育

解放区教育事业发展过程中,创办了一系列影响较大的高校或干部学校,主要有:

1. 豫皖苏建国学院

全面内战爆发后,豫皖苏区党委决定在区党委驻地河南省鄢陵县彪岗创办豫皖苏建国学院。1947 年 12 月至 1948 年 6 月,有学员 164 人。1948 年 7 月,学院校址随区党委、行署、军区迁安徽界首。院部设在颍河南岸玉皇庙内,学员编为 3 个班,文化高年龄大的编为研究班②,教学管理,秩序井然。1949 年 8 月 31 日,学院招生,举行文化考试,择优录取 338 名。院长仍是任崇高,副院长纵翰民,教育长赵卓。下设教务科、辅导科、总务科。此时,建国学院还成立了文工团。1948

---

① 安徽省地方志编纂委员会编:《安徽省志・教育志》,安徽人民出版社 1997 年版,第 699 页。
② 界首市地方志编纂委员会编:《界首县志》,黄山书社 1995 年版,第 541 页。

年 11 月至 1949 年 3 月,校址迁河南开封。豫皖苏建国学院先后设财经、文教、农业、文史、水利、测绘、俄语、数理等专业班,共培养 2000 多革命干部,改造旧职人员 800 多人。渡江战役前,学院组成 1000 多人工作团,随军进入新解放区工作。

2. 江淮公学

为了尽快培养出大批干部,适应解放战争形势发展的需要,中共江淮区党委决定创办江淮公学,区党委副书记李世农兼校长。1948年 7 月 12 日,江淮公学在洪泽湖西孙园附近一个村庄正式开学,学生大部分是来自解放区和游击区的知识青年,课程主要内容有时事政治、理论常识等。同年 11 月,改为雪枫中学。1949 年 6 月停办。在一年的时间里,共培养各类干部 1000 多人。①

3. 华东人民革命大学皖北分校

江淮区党委于 1949 年 2 月在凤阳县创办,原名华东人民革命大学江淮分校,后改名皖北分校。校长干仲儒,教育长杨述贤,总务长潘厚卿。同年 3 月,宿县新民主主义研究班 80 多人由黄辛白带至凤阳并入该校。黄辛白也是学校主要负责人之一。学校设总部,下设 4 个分部。学校按学生文化程度分班:大学程度的编入研究班,高中程度的编入本科班,初中和初中以下程度的编入预科班,粗识文字的编入青年队。学校开学时,学员共约 500 人,设 5 个班。3 月份撤班改队,按文化程度分队。队下设组,每组 10 人。学校采取听大课和小组讨论、大组交流相结合的学习方式,教学内容主要以政治理论课为主。学校无固定学制。1949 年 3 月至 4 月,先后两次共动员 2000 多学生支前。8 月 23 日,该校结束,共培养干部 5000 余人。

4. 皖南革命干部学校

1949 年 5 月建立,中共皖南区党委第三副书记马天水兼任校长。罗平(张春汉)为副校长、党委书记。校部下设组教科和总务科。学校分设两部,招考原公教人员和知识青年,培养各方面的初级干部。

---

① 中共安徽省委党史工作委员会编:《中共安徽党史大事记》(1919—1949),安徽人民出版社 1992 年版,第 412 页。

第一部（本部）设屯溪，主任罗平（张春汉）；第二部设泾县，主任戈华。校本部 5 月招生，学员编为队，队下设班，每班 10 人。学校不设文化课，以政治教育为主。第一期共招生约 2000 人，11 月结业。年底取消部的建制，第二部改为中共皖南区党委党校。校本部迁到芜湖继续办学，到 1951 年底共办 3 期，培养干部 3409 人。

此外，解放区还创办了一些学校，为解放事业的发展培养大批的干部人才。如 1949 年初豫皖苏第四专署创办的皖北行政学院，院址在阜阳原省立四临中，到 1949 年 8 月，共培养干部 700 多人。1949 年 2 月创办的淮南公学，校址设在滁县，到同年 8 月共培养各类干部 800 多人。到 1949 年 4 月，豫皖苏边区第三、第四、第六专署有干部学校 7 所，学员 3000 余人。江淮解放区有干部学校 3 所，学员近 3000 人。皖西解放区有干部学校 3 所，学员 1000 多人。①

（二）中等教育

1946 年 7 月至 8 月，国民党军队大举进攻安徽解放区，中学随军撤退，在撤退途中将学生分配工作，学校全部撤销。直到 1947 年 6 月以后，各解放区才陆续创办了几所中学，但数量少，规模也小。1949 年 4 月，各解放区的中学和学生人数如下：豫皖苏边区有中学 11 所，学生近 5000 人；江淮解放区有中学 8 所，学生 3000 余人；皖西解放区学校基本接收完毕，并开学上课，中学 2 所，学生 700 余人；1949 年初淮海战役后，皖北地区恢复和接收的中等学校增到 148 所，其中中学 109 所，学生 22600 人；师范 12 所，学生 2351 人；职业学校 7 所，学生 956 人。同年 5 月，皖南地区的中学也悉数接收，从暑假开始对中等学校进行调整整顿，学校由 1 月份的 76 所减至 57 所，在校学生由 13464 人减至 12754 人。9 月，皖南全区有中学 42 所，在校学生 9380 人；师范学校 8 所，学生 2360 人；职业学校 7 所，学生 1014 人。经过调整整顿以后，全省中学共有 151 所，教师 2795 人。苏皖边区政府教育机关规定，各中学均执行二二学制。1948 年以后创办的中学以培养干部为主，各地区根据具体情况自行决定学制。淮海战役后，新招收的学

---

① 安徽省地方志编纂委员会编：《安徽省志·教育志》，安徽人民出版社 1997 年版，第 699—670 页。

生和新接收的中学一律实行三三制。中学政治课、文化课、文娱课分别占总课时的 37%、47%、16%。1948 年 6 月至 1949 年 3 月,中学教师中从部队或机关抽调到学校任教的,仍实行供给制;从地方聘请的知识分子,实行薪粮制。1949 年 4 月后,安徽中学全部被接收,除军训教官和部分训育主任被辞退外,其余教师均原职不动,新接收学校教师的待遇,按皖南行署和皖北行署先后制定的教师待遇标准办理。[①] 各解放区中学招生的对象主要有:部队、地方政府机关的调干生;地方政府介绍的军烈属子弟;从地方招收的知识青年。招生时,进行简单的文化考核。学习期间,调干生实行供给制;烈军属子弟根据情况减免学杂费,从本地招收的知识青年则要交一定的学杂费。1949 年 4 月,将原公费生改为人民助学金制,其中师范生享受全额助学金。学生毕业后,调干生回原单位,其他学生大部分分配到基层工作。

(三)初等教育

解放战争初期,安徽省的初等教育也比较落后。据 1948 年和 1949 年的统计,安徽人口中,文盲占人口总数的 78.9%。[②] 安徽解放区认真贯彻党的教育方针,随着解放区的不断扩大和巩固,党和政府对小学采取了恢复、发展和改造的方针,小学教育发展迅速。从 1945 年 8 月到 1946 年 7 月,安徽解放区的小学教育仍然实行民办公助的方针。豫皖苏边区有小学 3693 所(含民办小学),学生 344677 人。江淮解放区小学仅据来安、全椒、定远、嘉山 4 县统计,有 413 所,学生 5.1 万人。皖西解放区小学 4616 所,学生 30.6 万人(不含民办小学)。1946 年 7 月,国民党军队大举进攻安徽解放区,大部分学校遭破坏。1948 年初,安徽各解放区小学陆续有所恢复,但受战争影响,恢复工作进展缓慢。据豫皖苏解放区 1948 年 3 月统计,泉南县、泉阳县和临泉市仅有小学 57 所,其中高小 4 所,改良私塾 13 所。到 1948 年底,豫皖苏第三、第四、第六专署 15 个县 2 个市共有小学 1450 多所。直到淮海战役结束,小学才有较快的恢复和较大的发展。1949

---

① 安徽省地方志编纂委员会编:《安徽省志·教育志》,安徽人民出版社 1997 年版,第 700—745 页。
② 安徽省档案馆馆藏档案:L1—1—749,第 267—268 页。

年4月皖北行署成立时,皖北地区有小学4616所,教师13673名,学生30.6万人(以上数字不包括民办小学),在校小学生数约为适龄儿童的10%。皖南解放后,小学全部被接收。1949年9月,皖南行署共有小学1663所,教师5063人,学生115400人；私塾2783所,学生36235人。在校小学生数约为适龄儿童的11%。[①] 安徽解放区除少数学校实现四二制外,大部分是二二制的。1947年各解放区小学陆续恢复,到1949年5月安徽的小学被全部接收时,各小学都实行四二制。小学每年春季招生,必须进行月考、期考和毕业考试。《苏皖边区国民教育办理规则草案》规定,各级国民学校学生成绩分学业、操行、体格3项。成绩考查分平时测验、阶段测验和毕业测验3种,考试及格者才能升级和毕业。

安徽解放区的教育,初步形成了一套具有中国特点的教育体系,它为革命战争培养了大批的革命干部和专门人才,提高了广大人民群众的政治觉悟和文化水平,并且创造了许多宝贵的教育经验,同时也为新中国建立后的安徽教育事业奠定了基础。

五、医疗卫生

1949年1月21日合肥解放。

1949年4、5月,皖北、皖南人民行政公署成立。全区卫生行政工作,初由两行署民政处社会科兼管,后由两行署增设的卫生科、卫生处主管。1949年7月1日,芜湖市组建卫生局,主管全市的卫生工作。

滁县地区中心卫生院,1949年3月,由人民解放军一批转业医务人员组建成立。

蚌埠铁路医院,1949年4月解放军南京军管会铁路工作组派员在蚌埠设立铁路诊疗所。同年12月21日解放军华东警备司令部铁警四团卫生队与诊疗所合并成立蚌埠铁路分局蚌埠铁路医院,院址蚌埠市日升巷。

省立安庆医院,1949年4月,由安庆市人民政府接管,改建为安庆

---

① 安徽省地方志编纂委员会编：《安徽省志·教育志》,安徽人民出版社1997年版,第750页。

中心卫生院(今安庆地区医院)。

省立芜湖医院,1949 年 4 月,由人民政府接管,改建成立芜湖市市立医院(今芜湖市第一人民医院)。

蚌埠市立医院,1949 年由市人民政府接管。

省立屯溪医院,1949 年 5 月屯溪解放,人民解放军军管会接管,更名屯溪市人民医院。

省立阜阳医院,阜阳解放时自行解散。

宣城医院,1949 年 4 月,宣城县解放时,由皖南人民行政公署接管。

淮南矿路公司医院,1949 年 1 月 28 日淮南市解放,人民政府接收医院,将大通煤矿诊所并入,改名淮南煤矿公司医院。

华中矿务局马鞍山分矿附设医院,1949 年 4 月 24 日马鞍山解放,解放军南京市军管会于 5 月 2 日接管该院,次年 5 月医院易名华东工业部马鞍山矿务局附设医院,隶属南京市人民政府卫生局和马鞍山矿务局(今马鞍山钢铁公司医院)。

屯溪市民医院,1949 年 5 月屯溪解放,医院由屯溪市军管会接管。

1949 年,安徽全境先后解放,尚存的卫生院均由各级人民政府接管。据 1949 年皖南行署民政处卫生科统计,该行署接管休宁、旌德、祁门、宣城、郎溪、广德、宁国、泾县、太平、至德、青阳、繁昌等 12 所县卫生院。

1951 年前后,尚存的教会医院,如:蚌埠仁慈医院、芜湖弋矶山医院、基督教怀远民望医院、合肥基督医院、安庆同仁医院、巢县普仁医院、宿县民爱医院、蚌埠西堂诊所、蚌埠老天主堂诊所均由各级人民政府接管。经过发展,芜湖弋矶山医院,成为今天的皖南医学院附属医院;基督教怀远民望医院,成为今天的安徽医科大学附属医院;合肥基督医院,成为今天的安徽省立医院。

第二十三章

安徽解放与人民政权的建立

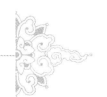

  1947年夏,解放军开始转向战略反攻。国民政府不甘败亡,于7月4日通过蒋介石提出的《厉行全国总动员,以戡平共匪叛乱,扫除民主障碍,如期实现宪政,贯彻和平建国方针案》。其后,包含安徽在内的各省市参议会及国民党控制的组织,纷纷召开"戡乱救国大会"。7月7日,蒋介石下令"戡乱总动员"。7月14日,新华社发表社论《总动员与总崩溃》,指出这"象征着蒋介石的统治将要总崩溃"①。同日,国民政府内政部人口局发表全国人口统计,全国人口4.6亿人,安徽省人口21705256人。②

  8月,刘(伯承)邓(小平)大军挺进大别山。9月,陈(毅)粟(裕)大军挺进豫皖苏。淮海战役、渡江战役相继展开。两年后就迎来了安徽全境的解放。

---

① 李新总编:《中华民国大事记》,第5册,中国文史出版社1997年版,第606、608页。
② 朱汉国主编:《南京国民政府纪实》,安徽人民出版社1993年版,第998页。

第一节　刘邓大军挺进大别山和皖西解放区的建设

一、刘邓大军挺进大别山

(一)千里跃进大别山

1947 年 6 月 20 日,刘伯承、邓小平发布强渡黄河、实施鲁西南战役的基本命令。① 30 日夜,刘邓大军第一、第二、第三、第六 4 个纵队共 13 个旅 12 万余人,在从山东省阳谷县之东张秋镇至菏泽县北之临濮集间 300 余华里的 8 个地段上强渡黄河,在冀鲁豫军区、豫皖苏军区的配合下,发起鲁西南战役。人民解放军以 15 个旅的兵力,连续作战 28 天,歼敌 4 个整编师师部、9 个半旅共 6 万余人,迫使国民党军先后从西北、山东和中原地区调 7 个整编师 17 个半旅向鲁西南驰援,这就为刘邓大军挺进大别山打开了通道。

在鲁西南战役中,豫皖苏军区所部攻克亳县、太和等 7 座县城,华东野战军一部在津浦线发动攻势,均有力地配合了刘邓大军的作战。②

为适应转入战略进攻的需要,晋冀鲁豫军区于 7 月 30 日报请中央军委批准,以原中原军区北撤部队和各军区独立旅,组建第八、第九、第十、第十一、第十二共 5 个纵队。

8 月 7 日,刘邓大军开始了千里跃进大别山的南征。

大别山跨鄂豫皖 3 省边境,呈西北向东南的走向,西控平汉铁路,东制淮南铁路,北临淮河,南扼长江。人民解放军一旦占据了大别山,就可以东指南京、西逼武汉、钳制中原。

蒋介石对人民解放军挺进大别山的战略意图毫无察觉,错误地认

---

① 《晋冀鲁豫野战军役字第 14 号基本命令》(1947 年 6 月 20 日),刘伯承:《刘伯承用兵战例精选》,当代中国出版社 2006 年版,第 229 页。

② 军事科学院军事历史研究部编著:《中国人民解放军战史》第 3 卷,军事科学出版社 1987 年版,第 148 页。

为刘邓野战军作战近月,必已疲惫不堪,不会有大的动作了,遂调集14万人的兵力向鲁西南合围。不料,刘邓于8月7日以一小部向黄河渡口佯动,作出北渡模样,却以主力急速南进,12日越过陇海铁路,14日涉渡涡河,17日越过40华里宽的黄泛区,18日渡过沙(颍)河。为了加快行军速度,全军毁弃掉重武器,23日至25日全部以强渡突破汝河防线,27日进入大别山北麓。27日,中共中央军委急电陈毅、粟裕,令即南渡黄河,向淮北前进,支援刘邓部队。

至此,蒋介石虽已知晓中共军事意图,但为时已晚。

8月30日,刘邓致电中共中央军委,报告:"我军已胜利完成渡过淮河、进入大别山之跃进任务,敌人追击计划完全失败。今后的任务,是全心全意地义无反顾地创造巩固的大别山根据地,并与友邻兵团配合,全部控制中原。""应向全区群众说明,我们是鄂豫皖子弟兵的大回家,他们的子弟在华北胜利了,壮大队伍了;说明蒋军必败、我军必胜的条件;说明我们决不再走。我们的口号是:与鄂豫皖人民共存亡,解放中原,使鄂豫皖人民获得解放。"关于下一步工作,电报说:"在军事上,我们在最初一个月内,不求打大仗,而是占领城镇,肃清土顽,争取打些小胜仗(一两个团一次的歼灭战)。同时,特别注意引导大家熟悉地形,习惯生活,学习山地战,为大歼灭战准备条件。""充分发动群众及其游击战争,同我们一块斗争,是实现我们战略任务的决定条件。而我军严格三大纪律八项注意,严整军风纪,是树立良好影响,使群众敢于接近的先决条件。各级必须专门检查实现,万勿忽视。"①

刘邓大军挺进大别山,标志着人民解放军全国性战略反攻的开始。

(二)开辟皖西解放区

担负皖西解放区开辟任务的是第三纵队。纵队司令员陈锡联,政治委员彭涛,副司令员曾绍山、郑国仲,参谋长曾绍山兼,政治部主任阎红彦。下辖3个旅。第七旅旅长赵兰田,政治委员曾庆梅,副政治委员周维,参谋长赵增益,政治部主任高厚祖;第八旅旅长马忠全,政

---

① 《邓小平军事文集》第2卷,军事科学出版社、中央文献出版社2004年版,第34、35页。

治委员卢南樵,副政治委员林林恺,参谋长史景班,政治部主任彭宗珠;第九旅旅长童国贵,政治委员秦传厚,副政治委员高治国,参谋长孟警宇,政治部主任张恒业。①

陈锡联著文说:刘邓指示第三纵队:"应迅速攻占立煌,并侦察六安、霍山、舒城、庐江、桐城、潜山、太湖诸城,准备占领之。"于是,纵队兵分两路,一路由郑国仲副司令员率第八旅于8月29日由固始直取立煌;一路由陈锡联率领第七旅于30日经叶家集向皖西六安、霍山挺进。第八旅9月2日攻占立煌城,全歼守敌第四十六师五六四团大部及保安队大部,俘敌千余人并迅速东进,分路出击,连克舒城、庐江、桐城、潜山等县城。第九旅二十六团9月2日袭占六安城,俘敌百余人,尔后,该旅即在六安城以东之十五里墩、以西之徐家集地区狙击敌人并掩护开展地方工作。第七旅二十一团8月31日全歼叶家集之敌第四十六师五六四团二营及安徽省保三团一部,俘敌480余人;然后该旅主力在六安以南地区,配合南下工作团开展地方工作。其第十九团三营于9月3日袭占霍山,第二十团于9月9日至20日逼近六(安)合(肥)公路椿树岗、官亭镇一带,进行游击活动,并在防虎山歼六安逃亡的国民党县政府及保靖大队一部,俘敌百余人。

第三纵队用半个月时间,解放了固始、立煌、六安、霍山、舒城、桐城、庐江、潜山、太湖、岳西等10个县城,消灭了守敌,摧毁了国民党县政权,建立了民主政府,初步打开了局面。解放军所到之处,受到当地群众的热烈欢迎。

第三纵队在实施战略展开的过程中,得到了皖西游击队的配合和支援。坚持皖西地区武装斗争的主要力量是皖西人民自卫军,他们是由原中原军区第一纵队副司令员刘昌毅率领的800余名鄂豫皖人民子弟兵,于1947年4月从鄂西打回大别山,在潜山地区与长期坚持敌后斗争的中共皖西工委书记桂林栖领导的皖西支队会合后组成的。刘昌毅任指挥长,桂林栖任政委,下辖3个支队,共2400余人,活动在

① 军事科学院军事图书馆编著:《中国人民解放军组织沿革和各级领导成员名录(修订版)》,军事科学出版社1990年版,第649页。

东从巢湖、无为,西至潜山、岳西,南自太湖,北达定远的广大地区。9月中旬,各支队先后与第三纵队各旅会师,并于 9、10 月间,连续攻占潜山、岳西、安庆附近的石牌镇、太湖、望江、华阳镇以及庐江县府所在地盛家桥。他们还积极配合建立地方政府,开展地方工作,为大军筹集粮秣、侦报情况等。①

刘邓大军挺进大别山,是中共的一着妙棋,使得全局为之改观。9月上旬,国民党军以 23 个旅跟进进攻大别山区。

9 月 8 日,海军总司令桂永清飞赴九江,视察江防,决定从 13 日起封锁南京以上的长江交通,南京、芜湖、安庆、九江、武汉各城市加紧防务部署。上旬,蒋介石令第八"绥靖区"(合肥)夏威所指挥的第四十六师进到六安、霍山地区;第五十八师进到固始、商城;以郑州前线指挥所(信阳)张轸所指挥的第八十五师进到罗山、信阳地区,第十师、第四十师向黄安、麻城进击;以武汉行辕程潜所指挥的第六十五师进至黄安。白崇禧则直接指挥对大别山区情况熟悉、而且战斗力强的桂系第七师、第四十八师沿新县、麻城公路向南寻找解放军主力作战。

刘邓决定主动让掉一些县城,集中兵力歼敌有生力量,并且遵照中共中央军委指令,先打豫南滇军第五十八师。

在皖西的第三纵队奉命以第七旅、第九旅赴豫南参战,留第八旅在皖西与敌周旋。豫南之敌受重创,敌以桂系主力第七师和第四十八师驰援豫南,皖西之敌仅有第八十八师和第四十六师一部守备。刘邓即令三纵第七旅、第九旅"趁敌西调,皖西空虚,迅急回师,放手歼敌"。

陈锡联为了隐蔽行动企图,命令绕道山地,在崎岖小路上行军。连日阴雨,道路泥泞,经 7 昼夜行军,10 月 7 日赶到霍山、六安之间区域。桂军主力两个师察觉三纵去向,尾随追来,企图对三纵形成东西合击之势,但已经是鞭长莫及。

10 月 6 日,三纵第八旅二十三团在舒城以西南官亭地区与敌第八十八师激战,予敌重大杀伤后撤出战斗。7 日,沿舒霍公路东进的三

---

① 以上 3 段据陈锡联:《千里跃进皖西的第三纵队》,陈忠贞主编:《皖西革命回忆录》,安徽人民出版社 1991 年版,第 3 部,第 91、92 页。

纵第九旅二十五团与该敌先头部队在山王河遭遇,敌迅即收缩在抱儿岭一带。三纵以第七、第八、第九旅分别由北、东、西三面向抱儿岭、三保墩及其以北山地合围。8日,三纵查明,敌全部猬集在六安东南60多华里处的张家店。此时,当地政府和群众组织的1000副担架赶来支援,给三纵指战员以极大鼓舞。9日晚10时,三纵发起总攻,首先以猛烈的炮火摧毁了敌第八十八师指挥部,敌副师长张世光带10余人枪逃跑。战至10日拂晓,战斗胜利结束。此役共毙、伤敌副团长以下500余人,俘敌第六十二旅副旅长汤家楫以下4300人,缴获敌装备甚多。

当张家店之敌被围时,敌第四十六师以3个团的兵力,出六安驰援,8日进至槐树岗,三纵以二十一团阻击打援,经3日激战,敌只前进10华里,被阻于距张家店尚有30华里的中店子地区,保障了张家店作战的胜利。

战后,刘伯承高度评价三纵的张家店之战,称赞此役是"我军在无后方依托的条件下,第一次消灭敌人一个正规旅以上兵力的重大胜利"。中原军区12日发来贺电,称:"你们此次大捷,对建设皖西根据地关系极大。"①

二、皖西解放区的建设

解放区的建设,首先是中共组织、人民武装、民主政权的建设,然后是推行土地改革,把土地分给全体农民,改善民生,发展经济,建立秩序,保卫和巩固解放区,使其不断发展壮大。

1947年8月30日,中共中央中原局决定,在新解放区的党政组织机构未建立之前,先成立皖西、豫东南、鄂皖、鄂东4个工作区,分别成立或加强原有的党的工作委员会;安徽立煌县划归鄂皖工作委员会管辖。

皖西工作委员会仍由桂林栖任书记,增调于一川任副书记。皖西

---

① 陈锡联:《千里跃进皖西的第三纵队》,陈忠贞主编:《皖西革命回忆录》,安徽人民出版社1991年版,

工委分为3个分工委：第一分工委由何德庆任书记，领导岳西、潜山、太湖、宿松、望江及怀宁的一部分；第二分工委由张伟群任书记，领导舒城、桐城、庐江及怀宁的一部分；第三分工委由梁诚任书记，领导六安、霍山、霍邱、肥西。同时，将皖西人民自卫军统编为3个支队：第一支队由原鄂西北军区一大队和皖西支队二大队组成，胡鹏飞任支队长，何庆德任政治委员，与第一分工委一起活动；第二支队由皖西支队一、三、四大队组成，钟大湖任支队长，张伟群任政治委员，与第二分工委一起活动；第三支队由原鄂西北军区二大队改编，孔令甫任支队长，梁诚任政治委员，与第三分工委一起活动。

早在刘邓大军挺进大别山之前，中共晋冀鲁豫中央局就从太行、冀南等地抽调了1200多名地方干部，集中整训。整训结束后，组成代号为"天池部队"的干部队，随军南下。其中，来自太行区的500多人组成一个大队，由马芳庭任大队长，刘毅任政治委员，随第三纵队行动。这批干部在南下途中既当宣传员，又当战斗员。开辟新区后，每解放一县就留下一批干部，配合原地坚持的干部做地方工作。①

10月12日，中共中央中原局发布《放手发动群众，创建大别山根据地》的指示。决定撤销皖西、豫东南、鄂皖、鄂东4个工作区，合并成立皖西、鄂豫两个区党委，并相应成立皖西、鄂豫两个行署和军区。

11月上旬，刘伯承、邓小平在太湖县刘家畈主持召开三纵旅以上和地方支队以上干部会议，宣讲《中国土地法大纲》，研究战略战术，讨论皖西党政军组织设置问题。决定：（1）成立中共皖西区委，彭涛任书记，桂林栖、于一川任副书记，曾绍山、罗士高、阎红彦、武旋声、刘昌毅、卢仁灿、马芳庭为委员；（2）成立皖西行政公署，罗士高任主任（先后下辖第一、第二、第三、第四专员公署）；（3）成立皖西军区，曾绍山任司令员，彭涛任政委，鲍先志任副司令员，桂林栖兼任副政治委员，申汶任参谋长，徐力行任副参谋长，何柱成任政治部主任。同时根据中原局决定，从三纵抽出第七旅二十团、第八旅二十四团、第九旅二十七团，加上纵队教导团、补充团、皖西人民自卫军，组建成皖西军区，

---

① 中共六安地委党史工作委员会编：《皖西革命史》，安徽人民出版社1987年版，第408、409页。

下辖 3 个军分区，共约 1 万人（1948 年 8 月，将前 3 个团析出，成立了皖西军区独立旅）。①

11 月 15 日，邓小平在太湖中学召开皖西地区县团以上干部会议，作了《思想作风问题》报告，指出坚持实事求是、调查研究、反对经验主义是关系到能否在皖西站住脚并赢得胜利的根本问题。②

同日，皖西区党委、行署、军区在岳西县汤池畈正式成立。

11 月 29 日，在舒六县三石寺宣布成立中共皖西第一、第二、第三地委、专员公署、军分区。一地委书记卢仁灿，专员刘秀山，军分区司令员孔令甫、政治委员卢仁灿兼，主力部队为原二十团、军分区基干团一部和教导团三大队，管辖岳西、潜山、太湖、太西、太岳、宿松、望江等县；二地委书记张伟群，专员刘征田，军分区司令员吴先洪、政治委员张伟群兼，主力部队为原二十四团、军分区基干团一部和教导团一大队，管辖舒城、桐潜、桐庐、庐江、潜怀、怀宁等县；三地委书记马芳庭（到职前由郭万夫代），专员霍衣茹，军分区司令员朱光、政治委员马芳庭兼，主力部队为原二十七团、军分区基干团一部和教导团二大队，管辖舒六、独山、霍山、岳北、六合、肥西等县。区党委机关报皖西日报社、鄂豫皖军政大学皖西分校、皖西文联小组、军区文工团和新华分社等机构，也相继成立。各县的县、区、村各级政府，地方武装及民兵迅速成立。③ 解放区的建设和各项工作，很快步入正轨。

土地改革等工作立即展开，许多地方组织了贫农团、农会，开展打土豪、分浮财和田地。④ 中共皖西区党委 11 月 30 日发布《关于创建皖西解放区的方针指示》，将"坚决的歼灭敌人，迅速的领导群众彻底实行土地改革"⑤作为两大任务。

---

① 据中共安徽省委组织部等合编：《中国共产党安徽省组织史资料》，安徽人民出版社 1996 年版，第 290 页及中共六安地委党史工作委员会编：《皖西革命史》，安徽人民出版社 1987 年版，第 410 页等综合。

② 中共六安地委党史工作委员会编：《皖西革命史》，安徽人民出版社 1987 年版，第 410 页。

③ 据《中国共产党安徽省组织史资料》、《皖西革命史》综合。

④ 中原局民运部：《关于进入大别山 100 天的工作概况向中工委的报告》（1948 年 1 月 8 日）。《安徽现代革命史资料长编》第 4 卷，第 281 页。

⑤ 中共六安地委党史工作委员会编：《皖西革命史》，安徽人民出版社 1987 年版，第 415 页。

其后不久，邓小平在《坚持大别山斗争，巩固大别山解放区》的报告中指出："我们的任务是把大别山发展成'面'的巩固的解放区，解放大别山2423万人口，并积蓄人力、物力、财力，准备斗争力量，配合全国再一次跃进。完成这一战略任务，有两个基本环节：一是打胜仗消灭敌人；二是实现土地改革。过去是这两个，将来亦是如此。同时，这两个环节又是一体的。"①

皖西、鄂豫两大解放区的建立，严重威胁着国民政府首都南京的安全。

11月3日、7日，蒋介石两次召见国防部部长白崇禧，指示在九江成立国防部九江指挥所，"进剿"大别山区，并从胶东等地调来10个旅，加上原驻大别山地区的23个旅，统归白崇禧指挥。蒋介石为消除这两大解放区之心腹之患，还授予白崇禧极大的军政权力：由白任总指挥，并且直接掌管豫、皖、赣、湘、鄂5个省的军事、政治大权，指挥驻在这5个省的正规军、保安队、水陆警察。蒋介石以此非常之举措，决心一鼓荡平大别山区的人民解放军。②

安徽省是桂系在广西以外掌控的唯一省份。而且，桂系主力几乎全部在大别山区。

白崇禧于11月15日亲赴合肥，召开桂军团以上干部参加的作战准备会议。此时，桂系军队在安徽计有：第三兵团（司令官张淦）所辖的整编第七师（即原第七军，原军长钟纪任师长，下辖两个旅，整编第一七一旅，旅长马拔萃；整编第一七二旅，旅长朱乃瑞）、整编第四十八师（即原第四十八军，师长谭何易，下辖3个旅，整编第一三八旅，旅长李英俊；整编第一七四旅，旅长秦靖；整编第一七六旅，旅长黄建猷）、第八"绥靖区"（司令官夏威，副司令官刘和鼎、张淦，原驻蚌埠，移驻合肥）所辖的整编第四十六师（即原第四十六军，师长韩炼成，下辖两个旅，整编第一七五旅，旅长卢士沫；整编第一八八旅，旅长马展鸿）。③

---

① 《邓小平军事文集》第2卷，军事科学出版社、中央文献出版社2004年版，第65页。
② 莫济杰、[美]陈福霖主编：《新桂系史》第3卷，广西人民出版社1991年版，第40页。
③ 戚厚杰、刘顺发、王楠编著：《国民革命军沿革实录》，河北人民出版社2001年版，第734—735页、第739页。

总兵力约 7 万人,大部分是老兵,中下级干部都是桂系的中坚和骨干分子。这 7 万兵力,是桂系军队的家底。因此,白崇禧力图乘此机会,大幅度改善桂军的装备,他明确要求:兵团部和各个师师部都拥有一个山炮营,旅部都有一个山炮连,步兵每个团都有一个榴弹炮连,团以上指挥机构都有无线电报话两用机。白指示第三兵团和各个整编师,给中央写报告,请求补充装备,乘此战使部队的战斗能力获得大幅度的提升。① 李品仙、夏威、张淦立即投入紧张备战和筹措中。

11 月 27 日,国防部九江指挥所下达总攻命令,以 33 个旅围攻刘邓野战军,作战地域为津浦线以西、平汉线以东、淮河以南、长江以北。

白崇禧在国民党军中有"小诸葛"之称。他 1945 年在所著《现代陆军军事教育之趋势》一书中指出:"吾人深知,纯军事不能解决问题,盖今日之战争,乃为全面战、总体战,军事必须与政治、经济、文化配合,始能获致最终之胜利。"②他对刘邓野战军实施的是"军事围攻、分区清剿、政治组训相结合的总力战"③。他的总力战,一改国民党军的旧观,频频得手,使得皖西和鄂豫两大解放区处于危殆之中。

面对危急形势,中共中央军委适时地派遣第十二纵队(司令员赵基梅,政治委员文建武,副政委郑绍文,政治部主任张树才,副主任宋侃夫,下辖 3 个旅,该部 12 月组成江汉军区)、第十纵队(司令员由刘邓野战军第三副司令员王宏坤兼,政治委员刘志坚,副司令员孔庆德,参谋长靖任秋,政治部副主任张力之,下辖 3 个旅)进入大别山区。这是雪中送炭、至关重要的一着。

因敌情严重,刘邓大军主力和指挥部一分为二,刘伯承率第一、第十、第十二纵队转入外线,向桐柏、江汉、淮西地区展开,以期拖散敌之合围;邓小平率第二、第三、第六纵队和皖西军区、鄂豫军区,在大别山坚持内线斗争。

在陈(毅)粟(裕)大军和陈(赓)谢(富治)兵团的有力配合下,刘邓以宽大机动,敌向内我向外、敌向外我亦向外,以小部牵制大敌、以

① 莫济杰、〔美〕陈福霖主编:《新桂系史》第 3 卷,广西人民出版社 1991 年版,第 43 页。
② 莫济杰、〔美〕陈福霖主编:《新桂系史》第 3 卷,广西人民出版社 1991 年版,第 45 页。
③ 李新总编:《中华民国史大事记》第 5 册,中国文史出版社 1997 年版,第 651 页。

大部消灭小敌的作战方针，与敌周旋，至 12 月底击破敌之围攻。

12 月 29 日，国民政府国防部在汉口召开"大别山区剿匪检讨会议"，蒋介石亲临训话。白崇禧在会上为围攻的失败作辩护，说："大别山区如此辽阔，以我之兵力，想将共军全部包围，勿使漏网，事实上是不可能的。""过去豫鄂皖三省剿共，当时我以六七十个师的兵力，尚费时三四年。今天要清剿大别山区匪患，必须假以时日，才能完成清剿的全功。"他把合围失败的主要原因之一，归结于缺乏骑兵，他说："在整个华中讲，如有骑兵三五个旅，我想对刘伯承共军早可全部歼灭。"①

1948 年 1 月 31 日，白崇禧发表广播演说，称："我们必须剿匪军事为第一，动员一切人力、财力、物力，实施战时体制，发挥总动员的力量来剿除匪患。"此时，围攻大别山区的国民党军兵力增至 3 个整编军、34 个整编师、79 个旅共 54.6 万人。同时，以胡琏、邱清泉、张轸 3 个兵团，执行监视人民解放军和机动救援任务。

2 月 7 日，中共中央军委致电刘邓，指示该野战军指挥所从大别山移至淮河、陇海、沙河、伏牛山之间，"在淮河、汉水、陇海、津浦之间集中，机动打中等的及大的歼灭战"。邓小平率前方指挥所从大别山区的河南新县北上，2 月 24 日与刘伯承率领的后方指挥所在皖西北临泉县会合。②

第三纵队亦北渡淮河，离开大别山区。中共皖西区党委提出"保存基本地区，保存主力，保存干部积极分子"的方针，并成立了第四地委、第四行署和第四军分区。地委书记唐晓光（后陆学斌），副书记宋尔廉；行署专员赵孟明，副专员陈力生；军分区司令员吴万银，政委唐晓光（后陆学斌）兼，副司令员张义成。在无为、巢县、含山、桐城、庐江、肥西一带坚持。③

三纵撤走后，国民党军占据了皖西大部分地区。在土地改革中被

① 白崇禧：《在大别山剿匪检讨会上的训词》（1947 年 12 月 29 日），转引自莫济杰、[美]陈福霖主编：《新桂系史》第 3 卷，广西人民出版社 1991 年版，第 45 页。
② 中共中央文献研究室编：《毛泽东年谱》下卷，人民出版社、中央文献出版社 1993 年版，第 278 页。
③ 中共安徽省委组织部等会编：《中国共产党安徽省组织史资料》，安徽人民出版社 1996 年版，第 290 页。

清算斗争的地主、富农进行了反攻倒算。许多指战员对撤退想不通，说："这是前进一千里，后退五百里。"邓小平说："这是从形式上看问题，不是从本质上看问题。我的说法是'前进一千里，又前进了五百里'。因为大别山仍然在坚持，并没有放弃，而且今后还要坚持。"①

在中共皖西区党委领导下，皖西军区和 4 个军分区坚持武装斗争，反"清剿"，逐步恢复了一些地区，为迎接大军南下和支援渡江战役奠定了基础。

第二节　陈粟大军挺进豫皖苏和豫皖苏解放区的建设

一、陈粟大军挺进豫皖苏

华东野战军以陈毅任司令员兼政治委员、粟裕任副司令员而简称"陈粟野战军"或"陈粟大军"。其他领导成员为副政治委员谭震林，参谋长陈士榘，政治部主任唐亮，副参谋长刘先胜、刘瑞龙，政治部副主任钟期光，后勤部司令员由刘瑞龙兼任。

在刘邓大军千里跃进大别山，蒋介石不得不从山东战场抽调兵力西援之际，中共中央军委于 1947 年 8 月间指示进到鲁北惠民地区的陈毅、粟裕：刘邓南下全局大有变动，鲁西南诸敌必大部尾随南去，你们应率野直及第六纵队南渡黄河，与已进至鲁西南的第一、第三、第四、第八、第十纵队组成西线兵团，并指挥晋冀鲁豫野战军第十一纵队。同时，中共中央军委指示李先念率正在晋冀鲁豫边区休整的第十二纵队，到聊城以南之黄河北岸，接受陈粟的指挥。8 月 24 日，中共中央军委电示陈毅、粟裕，指出："西线兵团作战范围规定为黄河以南，淮河以北，运河以西，平汉路以东，恢复与扩大豫皖苏解放区，与刘邓、陈

---

① 以上 3 段据陈锡联：《千里跃进皖西的第三纵队》，陈忠贞主编：《皖西革命回忆录》第 3 部，安徽人民出版社 1991 年版，第 91、92 页。

谢共同经略中原。"①

8月30日，中共中央军委致电陈、粟："现在欧震、张淦、罗广文、张轸、王敬久、夏威各部，均向刘邓压迫甚紧，刘邓有不能在大别山立足之势，务望严令陈唐积极歼敌，你们立即渡河，并以全力贯注配合刘邓。"②次日，陈粟率第六纵队（司令员王必成，政治委员江渭清）、特种兵纵队（司令员陈锐霆，政治委员张藩）到达阳谷、寿张地区，与第十纵队（司令员宋时轮，政治委员景晓村）会合。

9月2日至4日，陈粟率部渡过黄河，与第一纵队（司令员兼政治委员叶飞）、第三纵队（司令员何以祥，政治委员丁秋生）会合。除上述5个纵队外，还有第四纵队（司令员陶勇，政治委员王集成）、第八纵队（司令员王建安，政治委员向明）和刘邓野战军的第十一纵队（司令员王秉璋，政治委员张霖之）均集结于郓城县沙土集一带。

9月7日，陈粟大军发起沙土集战役，经两日激战，歼国民党军整编第五十七师师部及所属两个旅约9000人，俘其师长段霖茂。此役的胜利，迫使国民党军从大别山区和山东战场抽调整编第十一师、第七十五师、第十师来援，有力地策应了刘邓大军在大别山立足和山东兵团的胶东保卫战。

9月24日，陈毅、粟裕发布进军豫皖苏的命令。命令指出，为争取主动，避免与敌过早决战，趁机将战争转向蒋占区，分两路向陇海路南作战；第一、第八纵队进入豫皖苏一分区；第三、第四、第六纵队由陈粟指挥，26日晚由砀山、马牧集之间越路进入豫皖苏三分区；第十、第十一纵队掩护主力南移。其后，全军分5路向尉氏、太和、蒙城、泗县、灵璧等地进击。28日，第六纵队攻克亳县县城，俘保安队500余人。至10月2日，收复夏邑、淮阳、太和、通许、睢县、柘城、沈丘、洧川、鄢陵等县，并且截断了陇海、津浦、平汉等铁道线，攻占野鸡岗、内黄、夹沟、符离集等据点，共歼保安团5000余人，炸毁桥梁10座，缴获火车一列，

---

① 刘树发主编：《陈毅年谱》上卷，人民出版社1995年版，第501页。
② 刘树发主编：《陈毅年谱》上卷，人民出版社1995年版，第501页。

得物资甚多,并击落敌飞机一架。① 10 月 12 日,第六纵队攻克皖北重镇阜阳、颍上、蒙城、涡阳等县城,歼敌保安团队 1000 余人。②

陈粟大军刚刚进入豫皖苏,毛泽东再次筹划南渡长江问题,于 10 月 15 日致电陈粟,说:"战局可能发展得快,6 个月内(10 月至 3 月),你们各纵在河淮之间作战,另准备以原淮南独立旅恢复淮南。6 个月后(约在明年 4 月),你们须以一个或两个纵队出皖浙赣(不是闽浙赣)边区。"③在这封电报中,毛泽东询问:"哪些可行,哪些与情况不符,不能完全执行,表示你们具体意见。"④陈毅、粟裕认为不可行,于 24 日复电,实事求是地陈述了部队情况:"部队南下后,脱离了后方,无法休息整顿,连续行军作战,艰苦疲劳,病员增多,情绪颇受影响。打了几个胜仗后,逐渐好转。但是,从这次外线出击的经验可以看到,战士多为北方人的部队突然南下,水土不服,害疟疾、痢疾等南方病多,而且缺乏药品,伤病员的安置也没有安全保障。这种困难严重存在,影响了指战员的战斗决心和向南方新区发展的信心。"陈毅、粟裕在坦言了部队情况之后,还直陈:"有的部队风闻要南渡长江,也有不安心现地工作的。"26 日,毛泽东复电陈粟,表示 10 个月内不准备派主力部队渡江,要求"各部仍要在现地安心工作与作战"⑤。

豫皖苏解放区的开辟和建设,迅速推开。

二、豫皖苏解放区的建设

豫皖苏解放区位于陇海路以南、淮河以北、平汉路以东、津浦路以西的广大地区。早在 1946 年 10 月 19 日,中共中央决定,将华中八分区(淮北津浦路以西地区)与冀鲁豫六分区(陇海路以南、贾鲁河以东

---

① 刘树发主编:《陈毅年谱》上卷,人民出版社 1995 年版,第 504、505 页;中共江苏省委党史工作办公室编:《粟裕年谱》,当代中国出版社 2006 年版,第 281 页。
② 中共江苏省委党史工作办公室编:《粟裕年谱》,当代中国出版社 2006 年版,第 280 页。
③ 中共中央文献研究室编:《毛泽东年谱》下卷,人民出版社、中央文献出版社 1993 年版,第 245 页。与《陈毅年谱》表述有异,内容相同。
④ 刘树发主编:《陈毅年谱》上卷,人民出版社 1995 年版,第 506 页。
⑤ 刘树发主编:《陈毅年谱》上卷,人民出版社 1995 年版,第 506 页;中共江苏省委党史工作办公室编:《粟裕年谱》,当代中国出版社 2006 年版,第 281 页。

的睢县、杞县、太康地区）合并，重建豫皖苏，吴芝圃任中共豫皖苏区党委书记，张国华任军区司令员。① 12 月 12 日，区党委和军区正式成立，下辖 3 个分区。有两个分区主要在安徽境内，第三分区由原华中八分区改称，地委书记寿松涛，副书记王光宇，行政公署专员许西连，副专员李时庄，军分区司令员李浩然（后张忠），政委寿松涛兼；第二分区地委书记李中一，副书记崔挺、李一非，行政公署专员崔挺，副专员董敬斋，军分区司令魏凤楼（后李国厚），政委李中一兼。②

陈粟大军到来后，中共中央军委致电陈毅、粟裕，作以下指示："你们兵力已展开于广大地区，现应确定一个月至两个月内，只打小仗，不打大仗。各纵队划定地境，每纵几个县，从事歼灭境内小股敌军、民团、土匪、保甲，建立政权，实行土改。""如一个月至两个月时间不够，还可酌量延长，使敌主力置于无用武之地，疲于奔命，而我则于短期内歼灭了敌之爪牙，建立了我之根据地，为不久将来集中兵力作战打下基础。此种工作看似不甚重要，实则具有伟大战略意义。"中央军委赋予陈粟大军的战略任务，已经不止在豫皖苏解放区了，还要求他们扩大活动范围，向安徽省江淮之间进军，并在电报中指出："可以一部渡淮南进，直达寿县、合肥、巢县之线以东、长江以北地区，与刘邓区域、苏中、苏北完全衔接。"③中共中央军委看重对于江淮之间中小城镇的占领，具体指示派陶勇、王集成部第四纵队"攻占涡阳、蒙城、怀远诸城后"，"全部渡淮南进，相机攻占凤阳、定远、嘉山、滁县、盱眙、来安、天长、六合、全椒、和县、含山、巢县诸城，该纵即展开于该区域工作，并彻底破击津浦线"④。

10 月 10 日，《中国人民解放军宣言》发表，提出了"打倒蒋介石，解放全中国"的口号。同日，中共中央公布《中国土地法大纲》。同日，粟裕在华东野战军指挥机关干部大会上作国际国内形势、自卫战

---

① 中共中央文献研究室编：《毛泽东年谱》下卷，人民出版社、中央文献出版社 1993 年版，第 143 页。
② 中共河南省委党史工作委员会：《中共河南党史》上卷，河南人民出版社 1992 年版，第 614 页；《中国共产党安徽省组织史资料》第 316—319 页。
③ 中共江苏省委党史工作办公室：《粟裕年谱》，当代中国出版社 2006 年版，第 278、279 页。
④ 中共安徽省委党史研究室编：《安徽现代革命史资料长编》第 4 卷，安徽人民出版社 2004 年版，第 418 页。

争第一年总结和第二年方针任务的报告,宣布中共中央交给野战军的任务,已经扩大到了淮河以南。他说:"党中央给我们的任务,进一步明确了,就是陇海路以南,津浦路以西,平汉路以东,长江以北,都归我们开辟、创造、建设。"①

战争是解放区建设的主轴。10月23日,陈粟决定留第六、第八纵队18个团,以团以上为单位,分散配合地方,发展沙河以南涡阳、蒙城、宿县、蚌埠、阜阳、颍上及水西3个新区。10月下旬,从各纵队抽调2000多名干部参加地方工作;抽调两个师部和4个团的全套干部,作为发展地方武装的骨干。到10月底,共歼敌1万余人,解放了豫皖苏地区24座县城和广大的农村。

豫皖苏解放区建设迅猛发展,至11月,又建立了第四、第五、第六分区。1948年1至3月,新建了第七、第八分区。至此,横跨3省(安徽、河南、江苏)、扼制3路(陇海、津浦、平汉)的豫皖苏解放区,面积达6万平方公里,人口约2000万,成为人民解放军与国民党军逐鹿中原的重要战略基地。

新建的第四分区在淮河以北,沙河以南,平汉路以东,阜阳、颍上以西区域。地委书记黄霖(后杜润生),副书记李一非、徐麟村,专员雷敏之,军分区司令员程道荣(即程耀德,任职后自行脱离)、黄霖(后宋文),政委黄霖(后杜润生)兼。机关后迁临泉县吕大寨、阜阳县地里城。

新建的第六分区在淮河、颍水、涡河间,西到阜(阳)亳(县)公路,东至怀远,阜(阳)蒙(城)公路贯穿其中。地委书记张德群(后罗野岗),专员鞠华,副专员李晨,军分区司令员李浩然,政委张德群(后罗野岗)兼,副司令员夏云飞。机关驻涡阳县张村铺(今属利辛县)和高公庙一带。②

陈粟大军在解放区党政军的配合和人民群众的支持下,在广阔战场上纵横驰骋。11月8日至9日发动对陇海路徐(州)商(丘)段300

---

① 中共江苏省委党史工作办公室编:《粟裕年谱》,当代中国出版社2006年版,第280页。
② 中共安徽省委组织部等合编:《中国共产党安徽省组织史资料》,安徽人民出版社1996年版,第322—325页。

华里大破击,攻克砀山、李庄、黄口等敌据点,车站、城镇 10 余处,俘敌暂二十四师旅长、团长及土顽以下 5000 余人,掀翻铁道铁轨 200 余华里,炸毁了该地段的全部桥梁。① 紧接着,又于 11 月 14 日占领萧县,15 日进至徐州城外。国民党军以飞机 10 余架和坦克车七八辆配合步兵反击,并集重兵守宿县、固镇之线。这两大铁路的破击战,迫使国民党军匆忙调动 15 个旅的兵力应援,其中包括准备用于进攻大别山刘邓野战军的 8 个旅。中共中央 11 月 19 日发来贺电,庆祝胜利。② 12月 13 日,粟裕指挥 5 个纵队,与陈(赓)谢(富治)兵团配合,发起平汉路郑州至许昌段、陇海路郑州至兰封段的破击战,歼敌 1.6 万人。中共中央 12 月 21 日发来贺电。③ 对铁路的破击战,其后还进行了多次,极为有效地迟滞了敌军的展开,牵制了大量的国民党军。

陈粟大军对解放区地方工作的支持,不遗余力。

10 月初,陈毅到夏邑县代集时,送给县大队 6 挺轻机枪、一批长短枪,还抽调司令部兵站指导员吴云汉带两个排留在夏邑,帮助发展地方武装。④

10 月上旬,华东野战军总部移往阜北县,当陈毅、粟裕知道地方上缺少枪支时,立即批给县大队 3 挺轻机枪、20 支卡宾枪、2 支汤姆式、2000 多发子弹。第四纵队第十一师三十二团在蒙城战斗结束后,把缴获的 3 挺轻机枪和几百支步枪,全部支援了蒙城县大队;在另一次战斗结束后,把缴获的 2 挺重机枪、18 挺轻机枪、1 门迫击炮和 30箱子弹及 300 多套棉衣,全部支援涡阳县大队,该县大队 1947 年年初成立时,只有 1 个排的兵力,到年底时,连同区队已有 2000 多人。⑤

11 月 15 日,粟裕率领华东野战军指挥机关进至界首,听取界首县

① 粟裕:《两天大破击控制陇海路二百余里》(1947 年 11 月 10 日),《粟裕文选》第 2 卷,军事科学出版社 2004 年版,第 394 页。

② 粟裕:《津浦路徐蚌段破击战战况》(1947 年 11 月 17 日),《粟裕文选》第 2 卷,军事科学出版社2004 年版,第 397 页。

③ 中共江苏省委党史工作办公室编:《粟裕年谱》,当代中国出版社 2006 年版,第 290 页。

④ 中共阜阳市委党史研究室编:《中国共产党阜阳地方史》第 1 卷,中共党史出版社 2002 年版,第283 页。

⑤ 中共安徽省委党史研究室编:《安徽现代革命史资料长编》第 4 卷,安徽人民出版社 2004 年版,第428 页。

委负责干部的情况汇报,指示:界首处于豫皖苏解放区的中心,战略地位重要,应当加强武装力量,决定从华野警卫团抽调两个半连共200多人、10名干部,与界首县大队合并组建了界首支队。由界首县大队大队长马捷任支队长,由华野兵站部副政委乔加钦任副政委。后来,在剿灭太和、亳县一带土顽的斗争中,界首支队发挥了重要作用。[①]

根据华东野战军前委《关于建立地方工作委员会的组织与工作的决定》和《关于新区地方工作的指示》,华野所属的各个纵队,均于11月中下旬成立了地方工作委员会,团以上党委都成立了地方工作委员会或民运工作队,营一级成立了群众工作队,连一级有群众工作组。他们深入群众,宣传中共政策,促进歼敌与土改两大任务的完成。其中,叶飞部第一纵队自11月下旬起,40多天帮助建立农村基层政权3800个,组织群众团体73个,分给群众粮食440余万斤、衣物7800余件、农具5800余件、牲口800余头、土地800余亩,受益群众近9000户。[②]

第三节 淮海战役、渡江战役的胜利与国民政府在安徽统治的结束

一、淮海战役

(一)淮海战役的发起

进入1948年,国民政府在安徽的统治已经是风雨飘摇。

国民政府内政部4月公布:安徽省省会设合肥县、全省设10个行政督察区、63个县和1个市。其实,相当广大的区域特别是农村,已经

---

① 中共江苏省委党史工作办公室编:《粟裕年谱》,当代中国出版社2006年版,第287页;中共安徽省委党史研究室编:《安徽现代革命史资料长编》第4卷,安徽人民出版社2004年版,第428页。

② 中共安徽省委党史研究室编:《安徽现代革命史资料长编》第4卷,安徽人民出版社2004年版,第426页。

不在国民党政权控制中。

7月上旬，国民政府为了集中兵力确保华中，决定保持三角（徐州、汉口、西安）、四边（其中三边为陇海路、兖州以南之津浦路、郑州以南之平汉路）、十三点（其中有合肥、开封、郑州、商丘、南阳、确山、信阳），以阻止人民解放军的南下。7月15日，蒋介石致电各省市政府主席、市长，勉励加强"剿匪戡乱"工作，要求他们"力求政治上之有效改进，扫除积习，脚踏实地，以赴事功"①。但是，其分崩离析之势已不可挽回了。8月7日，国民政府国防部发表《半年来战局总检讨》，称："过去国军与共军的比例为3∶1，现在为2∶1；半年来，国军收复重要城镇65处，放弃89处。"②显然已是入不敷出。国民党统治区经济崩溃亦难以挽回，8月18日天津《大公报》报道：上海物价狂涨，上周批发物价指数已达700万倍，比前周又上升2成半以上；分类指数中，食物类522万倍，纺织品740万倍，金属类1075万倍，建材719万倍，化学品932万倍，燃料810万倍，杂类659万倍。8月23日，金圆券正式发行，以1元兑换法币300万元。③

8月25日，国民政府委任第八"绥靖区"司令官夏威为安徽省主席。

淮海战役是中国人民解放军继辽沈战役之后，由华东野战军和中原野战军及地方部队对国民党军徐州集团进行的一次战略决战性的大规模歼灭战。在解放战争史上，与辽沈、平津并称三大战役。

安徽是淮海战役的主战场。

在淮海战役发起前一日，11月5日，国民政府参谋本部参谋总长顾祝同在徐州"剿匪"总司令部主持召开军事会议，讨论蒋介石下达的进行徐蚌会战的计划，徐州"剿总"总司令刘峙和部分将领邱清泉、黄百韬、李弥、孙元良出席。会议议决：以白崇禧部2个兵团、4个"绥靖区"共23万部队，防御平汉路南段及长江中下游；将刘峙集团的4个兵团、3个"绥靖区"的部队向南转移，重点置于津浦路徐州至蚌埠

---

① 李新总编：《中华民国大事记》第5册，中国文史出版社1997年版，第759页。
② 李新总编：《中华民国大事记》第5册，中国文史出版社1997年版，第766页。
③ 李新总编：《中华民国大事记》第5册，中国文史出版社1997年版，第769、771页。

段及其两侧地区,以攻势防御阻止共军南下,确保徐州,巩固江淮,屏障南京。具体部署如下:(1)第二兵团邱清泉部由商丘向砀山、永城地区集结机动;(2)第七兵团黄百韬部由新安镇移至运河西防御,位于连云港、海州的第四十四军受其指挥,同时西转;(3)第十三兵团李弥部由徐州东碾庄圩转向灵璧、泗县地区防守;(4)第十六兵团孙元良部由柳河地区移蒙城待机;(5)第四"绥靖区"刘汝明部由商丘移驻固镇、蚌埠防守;(6)第三"绥靖区"冯治安部弃临城、枣庄,退守韩庄、台儿庄地区。第一"绥靖区"周喦部仍位于淮阴、扬州地区;海州第九"绥靖区"撤销;合肥第八"绥靖区"撤弃,辖区并入第四"绥靖区",夏威所属4个师守蚌埠。此外,徐州"剿总"直辖之第七十二、第一〇七、第六十六、第九十六军,分守徐州、蚌埠、睢宁、五河。为加强徐蚌地区作战,将原属华中"剿总"指挥的黄维兵团,改归国防部指挥,由确山、驻马店向阜阳、太和前进,参加徐蚌会战。以上总兵力为29个军,70个师,约70万人。

同日,南京美国驻华大使馆宣布:南京、浦口、江苏、安徽等地美军眷属即日撤退。

11月6日,淮海战役发起,由刘伯承、陈毅、邓小平、粟裕等指挥。战场以徐州为中心,东起海州,西止商丘,北起临城,南达淮河。解放军参战部队有:(1)华东野战军山东兵团第七、第九、第十三纵队,鲁中南纵队,渤海纵队;苏北兵团第二、第十一、第十二纵队,西线兵团第一、第三、第四、第六、第八、第十纵队,两广纵队,特种兵纵队,共16个纵队约36万人,另有冀鲁豫和江淮地区的地方部队。(2)中原野战军第一、第二、第三、第四、第六、第九、第十一纵队,共7个纵队约15万人,另有豫皖苏、豫西和陕南地方部队。总兵力约80万人,参战部队约60万人。

淮海战役人民解放军战斗序列为:(1)华东野战军司令员兼政委陈毅,代司令员兼代政委粟裕,副政委谭震林,参谋长陈士榘,政治部主任唐亮,副参谋长张震,政治部副主任钟期光,后勤部部长刘瑞龙,下辖两个兵团。山东兵团司令员许世友(因病未参战),政委谭震林,副司令员王建安,参谋长李迎希,政治部主任谢有法。苏北兵团司令

员韦国清,政委陈丕显,副政委吉洛(即姬鹏飞),参谋长覃健。第一纵队司令员兼政委叶飞,辖第一、第二、第三师;第二纵队司令员滕海清,政委康志强,辖第四、第五、第六师;第三纵队司令员孙继先,政委丁秋生,辖第八、第九师;第四纵队司令员陶勇,政委郭化若,辖第十、第十一、第十二师;第六纵队司令员王必成,政委江渭清,辖第十六、第十七、第十八师;第七纵队司令员成钧,政委赵启民,辖第十九、第二十、第二十一师;第八纵队司令员张仁初,政委王一平,辖第二十二、第二十三师;第九纵队司令员聂凤智,政委刘浩天,辖第二十五、第二十六、第二十七师;第十纵队司令员宋时轮,政委刘培善,辖第二十八、第二十九师;第十一纵队司令员胡炳云,政委张藩,辖第三十一、第三十二、第三十三师;第十二纵队司令员谢振华,政委李干辉,辖第三十五、第三十六师;第十三纵队司令员周志坚,政委廖海光,辖第三十七、第三十八、第三十九师;鲁中南纵队司令员钱钧,政委张雄,辖第四十六、第四十七师;渤海纵队司令员袁也烈,辖新七、新十一师;两广纵队司令员曾生,政委雷经天,辖3个团;特种兵纵队司令员陈锐霆,辖炮兵3个团、工兵团、骑兵团、坦克大队;第三十五军军长吴化文,政委何克希,辖第一〇三、第一〇四、第一〇五师;华北冀鲁豫军区,司令员赵健民,辖独一、独三旅;江淮军区副司令员饶子健,辖第三十四旅、独立旅;还有苏北军区部队、鲁中南军区部队。(2)中原军区司令员刘伯承,政委邓小平,副司令员陈毅、李先念,副政委邓子恢,副政委兼政治部主任张际春,参谋长李达,供给部部长刘岱峰。第一纵队司令员杨勇,政委苏振华,辖第一、第二、第三旅;第二纵队司令员陈再道,政委王维纲,辖第四、第六旅;第三纵队司令员陈锡联,辖第七、第八、第九旅;第四纵队司令员陈赓,政委谢富治,辖第十、第十一、第十三、第二十二旅;第六纵队司令员王近山,政委杜义德,辖第十六、第十七、第十八旅;第九纵队司令员秦基伟,政委李成芳,辖第二十六、第二十七旅;第十一纵队司令员王秉璋,政委张霖芝,辖第三十一、第三十二旅;豫皖苏军区副司令员张国华,辖独立旅;豫西军区(辖独立旅)和陕南军区(辖第十二旅)。①

在淮海战役打响前,中共中央军委11月1日电令"整个战役统一受陈、邓指挥"②。战役发起后,中共中央军委11月16日电令,由刘伯承、陈毅、邓小平、粟裕、谭震林5人组成淮海战役总前委,"可能时开五人会议讨论重要问题,经常由刘、陈、邓三人为常委临机处置一切,小平同志为总前委书记"③。

(二)淮海战役的经过

淮海战役历时66天,分为3个阶段。

1. 第一阶段:歼灭黄百韬第七兵团,攻克宿县,孤立徐州

1948年11月6日晚,战役发起。

担任围歼东线黄百韬兵团任务的11个纵队分4路向陇海路出击:华野司令部率第一、第六、第九纵,鲁中南纵和特种兵纵,从临沂南取新安镇;第四、第八纵,出临沂西南指向邳县;苏北兵团第二、第十二纵及中野第十一纵,从临沂南南下宿迁、睢宁,向徐州东迁回;华野第十一纵从睢宁、宿迁沿运河北上,直指运河车站。当日,解放军扫清了陇海路北侧300余华里的广大地区,第四、八纵攻占邳县、滩上。

在淮海战场中路,华野山东兵团第七、第十、第十三纵由邹县、滕县,沿津浦路南下,是夜攻占万年闸,逼近台儿庄。三纵及两广纵出鲁西南,插向徐州西南,钳制敌军。

在西线,中野第一、第三、第四、第九纵进至商丘、永城、亳县地区,与华野三纵、两广纵,在徐州以西张公店歼国民党军第五十五军第一八一师5000余人,俘第四"绥靖区"副司令官兼一八一师师长米文和。黄百韬第七兵团由新安镇西撤。

8日,刘峙判断解放军将东西夹击徐州,于是改变原定将各机动兵团布于徐蚌线两侧的计划,决定将主力集结徐州,乃令邱清泉、李弥、黄百韬3个兵团向徐州集中,并命孙元良兵团向宿县、符离集间结集。同日,国民政府令刚从北平回到南京的杜聿明任徐州"剿总"副

① 中共中央党史资料征集委员会主编:《淮海战役》,中共党史资料出版社1988年版,第3册附表。
② 中共中央文献研究室编:《毛泽东年谱》下卷,人民出版社、中央文献出版社1993年版,第378页。
③ 中共中央文献研究室编:《毛泽东年谱》下卷,人民出版社、中央文献出版社1993年版,第391页。

司令,令李延年第九"绥靖区"在蚌埠组建第六兵团,指挥第九十九、三十九、五十四军由蚌埠向宿县前进;刘汝明第四"绥靖区"改编为第八兵团,率第九十六军亦向宿县推进;黄维第十二兵团则由阜阳向蒙城、宿县前进。同日,国民党第三"绥靖区"副司令官、中共地下党员何基沣、张克侠率第五十九军全部及第七十七军两个师共2.3万人在临城、台儿庄地区起义,使得山东兵团第七、第十、第十三纵从其防地顺利地渡过运河,直插徐州东侧,切断黄百韬兵团西撤之路。

9日,解放军发现国民党军正向徐州集中,装备辎重已撤到运河西岸,华野司令部立即指挥展开追击和截击,不分昼夜抢渡运河西进,不怕伤亡,敌人跑到哪里就追到哪里,直到将其消灭,是日包围敌军多部。同日,黄百韬兵团渡过运河,在曹八集、碾庄圩地区集结整顿。同日,邱清泉部与解放军战黄口,孙元良部开宿县。

10日,蒋介石电令黄百韬固守待援,黄以碾庄圩为中心,筑阵地防御。华野经12日至22日10天激战,全歼黄百韬第七兵团兵团部及4个军部10个师共10万余人,黄百韬阵亡。在这10天中,解放军于12日在宿县夹沟地区歼孙元良兵团第四十一军军部及第一二一师,俘3000余人;16日攻克宿县,全歼守军黄百韬兵团第二十五军第一四八师及交警1个总队1个大队共1.2万余人;同日攻占固镇,破击乐曹村至固镇间铁路200余华里;18日在蚌埠、蒙城地区阻止赶往徐州增援的刘汝明、李延年、黄维3个兵团,使国民党军进退两难。

至22日,徐州完全被孤立,国民党军被分割在徐州、蚌埠、双堆集3处。

2. 第二阶段:歼灭黄维第十二兵团,合围杜聿明集团

11月23日,蒋介石召刘峙、杜聿明到南京举行紧急会议,为挽救徐蚌会战败局,决定南北对进,全力打通徐州与蚌埠间之交通,攻取符离集和宿县,刘峙和杜聿明当日飞返徐州指挥。

解放军淮海战役总前委决定,以华野、中野9个纵队,在浍河南北地区围歼黄维兵团;为保证主战场作战,华野以5个纵队在南线宿县、西寺坡之间阻击李延年、刘汝明两兵团北援;以8个纵队在夹沟、符离集之间阻击徐州之敌南援。

黄维第十二兵团是 8 月间组建的,司令黄维,副司令胡琏、吴绍周、李良荣(12 月增王严为副司令),下辖 4 个军 11 个师和 1 个快速纵队,共 12 万余人。其中,第十八军为全副美式装备,大炮、坦克、火焰喷射器齐全,号称国民党军"五大主力"之一。该兵团序列为:第十军军长覃道善,辖 3 个师,第十八师师长尹俊,第七十五师师长王靖之,第一一四师师长夏建勋;第十四军军长熊绶春、副军长谷炳奎,辖 2 个师,第十师师长张用斌,第八十五师师长谭本良;第十八军军长杨伯涛,辖 3 个师,第十一师师长王元直,第一一八师师长尹钟岳,第四十九师师长何竹本;第八十五军军长吴绍周兼,辖 3 个师,第二十三师师长黄子华,第一一〇师师长廖运周,第二一六师师长谷允怀。该兵团于 24 日强渡浍河,抵达忠义集、东坪集、杨庄、朱口地区,进入解放军埋伏圈。黄昏,解放军 5 个纵队全线出击黄维兵团,至 25 日将其包围在以双堆集为中心的东西不到 20 华里、南北不到 15 华里的狭小地带里。

26 日,徐州邱清泉、孙元良两兵团沿津浦路两侧向南增援,被华野 9 个纵队 19 个师组成的东、中、西 3 个集团包围阻击;孙兵团稍有进展;邱兵团伤亡惨重,激战整日,仅前进 3 公里。南线李、刘 2 兵团则向浍河南岸撤退。

27 日,黄维兵团之第八十五军第一一〇师 5000 余人,在师长廖运周的率领下,在战场宣布起义。

28 日,蒋介石令徐州部队向蒙城、涡阳、阜阳进攻,图解黄维之危;令李、刘两兵团撤回蚌埠,守备淮河。顾祝同乘飞机飞临双堆集上空视察,令黄维坚守。黄调整部署,组成环形工事固守待援,同时向四周解放军作防御进攻。解放军采用"以地堡对地堡"、"以战壕对战壕"的方法,逐步缩小包围圈。战争成胶着状态,战况至为惨烈。

30 日,杜聿明率邱、孙、李弥 3 个兵团及徐州机关及部分青年共 30 万人向徐州西南方向撤退。华野以十二纵进占徐州,并以 7 个纵队多路平行追击;在宿县、固镇地区的 4 个纵队也赶至永城地区围歼杜聿明集团。12 月 3 日,蒋介石派空军空投亲笔信给杜聿明,令其转向濉溪口攻击前进,协同蚌埠北进之李延年兵团南北夹攻,以解黄维兵

团之围。4 日,杜聿明集团在萧县与永城之间的陈官庄、青龙集、李石林地区陷入重围,包围圈如钢打铁铸一般牢不可破。杜于其后力图突围,皆未成功,直到 37 天后在这里被歼灭。

为集中力量加快歼灭黄维兵团,解放军淮海战役总前委于 4 日决定调战役预备队华野第七、十三纵及特种兵纵参战,华野和中野 8 个纵队向双堆集发起全线攻击,经反复争夺,攻占李围子、李土楼、小周庄、宋庄。黄维兵团猬集一团,依托村落房屋顽强抵抗。7 日,黄维派胡琏飞南京向蒋介石紧急汇报,9 日胡琏飞返双堆集传达蒋的命令:全力突围。然而,四面八方都是解放军,黄维兵团怎么也突不动了。12 日,刘伯承、陈毅致书黄维,要其即派代表到本部谈判投降条件,遭到黄维拒绝。是日黄昏,解放军逼近尖谷堆制高点。13 日,进攻双堆集的解放军东集团(中野第四、九、十一纵)攻占沈庄、杨围子、杨庄;西集团(华野第十三纵、中野第一纵)攻占西马围子、小马庄;南集团(华野第七纵、中野第六纵)攻克大小王店;歼黄维兵团第十四军全部、第八十五军和第十军大部、第十八军一部。其第十八军 2 个师、第八十五军 1 个师和第十军一部被压缩在东西不过 3 华里长的狭长地带,其兵团部核心阵地及临时飞机场完全暴露。

战斗非常激烈,双方伤亡俱极惨重。解放军火线思想政治工作显示了威力,当华野第七纵队第二十师与敌王牌军第十八军某团鏖战时,纵队政委赵启民赶到火线鼓动,大喊:“同志们! 敌人是老虎团,我们就是武松师! 敌人是王牌,我们就是专打王牌的王牌!”双方激战,至夜不休。

12 月 15 日,解放军经浴血鏖战攻克双堆集,全歼黄维兵团。黄维、胡琏率残部于黄昏后向双堆集西南突围,被全歼,黄维、吴绍周被俘,胡琏只身逃脱。是役共歼国民党军 4 个军部 12 个师共约 10.2 万人,解放军伤亡 36588 人。

3. 第三阶段:全歼杜聿明集团

淮海战役尚在进行时,11 月 29 日,东北野战军和华北野战军联合发起了平津战役。中共中央军委指示淮海前线部队休整。华野以 8 个纵队包围杜聿明集团,围而不打;以另 7 个纵队在夏邑、永城、濉溪口一线休整。中野全军在宿县、涡阳、蒙城地区休整,准备截击南面援敌。

黄维兵团被歼后,杜聿明集团陷入了孤立、绝望之境。是日,淮海地区开始天降大雪,气温骤降,杜部大批人马冻死、饿死。12月17日,毛泽东为中原、华东两野战军司令部起草的广播稿《敦促杜聿明等投降书》播出,解放军通过放宣传弹、阵地喊话、派国民党军俘虏或投降人员进入杜部劝降等方法,展开政治攻势。杜部饥寒交迫,小部队和零散官兵纷纷向解放军投诚。

徐蚌会战败局已定,合肥难保,安徽省政府主席夏威仓皇下令,12月21日将省会从合肥移往安庆。更加恐慌的是南京国民政府,12月27日国民政府将原北平故宫博物院、北平图书馆和南京中央博物院、中央图书馆重要文物及外交部物品共3348箱,从南京启运,运往台湾。29日,国民党中常会通过,蒋经国任台湾省党部主任委员。3天后,蒋介石以总统明令发表陈诚任台湾省主席。

1949年1月1日,蒋介石发表元旦文告,毛泽东发表新年献词《将革命进行到底》。

1月6日,淮海战役第三阶段开始。下午4时起,华东野战军东、北、南3个突击集团同时对永城东北之青龙集、陈官庄地区之杜聿明集团发起总攻,在两个小时内,歼灭李弥第十三兵团万余人,攻占村落据点13个。李弥利用空军投放毒气弹为突围开路,规定9日开始突围。10日,华野攻占陈官庄,消灭邱清泉第二兵团、李弥第十三兵团残部等共13万余人,其中包括号称"五大主力"之一的第五军。生俘徐州"剿总"副总司令杜聿明。至此,淮海战役结束。①

持续了66天的淮海战役,解放军歼灭国民党军5个兵团22个军、56个师和1个快速纵队,共55.5万人,其中生俘320355人、伤亡171151人、投诚35093人、起义28500人;国民党军高级军官被俘124人、伤亡6人、投诚22人。解放军缴获了大量武器装备,其中有火炮

① 本小目主要依据中共中央党史资料征集委员会编:《淮海战役》,中共党史资料出版社1988年版;李新总编:《中华民国大事记》第5册,中国文史出版社1997年版;军事科学院军事历史研究部编著:《中国人民解放军战史》第3卷,军事科学出版社1987年版等综合。

4215 门、机枪 14503 挺、枪支 151045 支、坦克 215 辆、飞机 6 架、汽车 1747 辆。① 解放军伤亡 13.4 万人。②

从 1946 年 6 月全面内战爆发到 1949 年 1 月辽沈、淮海、平津三大战役结束，国民党军总兵力损失 495 万人，下降到 204 万人；解放军总兵力由 120 万人，增长到 358 万人，其中野战军增加到 188 个师（旅）共 218 万人。

国民党军在长江以南，位于南京、上海、杭州地区的京沪杭警备总司令汤恩伯部，共 19 个军 64 个师约 41 万人；位于武汉、宜昌地区的华中"剿总"白崇禧部和广州"绥靖"公署余汉谋部，共 17 个军 57 个师 36 万余人。③ 显然，国民政府的垮台和全中国的解放，只是时日问题了。

美国驻华大使司徒雷登早在淮海战役打响的那一天，即 1948 年 11 月 6 日，即向美国国务院提交了报告："我们非常不愿意地得出这样的结论：国民党现政府之早日崩溃是不可避免的了。"④

（三）安徽人民对淮海战役的支援

淮海战役的规模之大、时间之长、国共双方投入兵力之多，动用的人力、物力、财力之巨，都是中外战争史上罕见的。

安徽是淮海战役的主战场。安徽人民为支援解放军夺取淮海战役的胜利，作出了巨大的贡献。

在战役发起前和进行中，中共中央军委一再指示中原局、华东局、华北局，全力做好后勤准备、粮食供应、弹药运输、兵员补充等项工作。1948 年 9 月 28 日电令："对全军作战所需包括后勤工作在内有充分之准备，方能开始行动。""须准备两个月至两个半月的粮秣用品。"11 月 9 日电令："应极力争取在徐州附近歼灭敌人主力，勿使南窜，华东、华北、中原三方面，应用全力保证我军的供给。"11 月 16 日电令："中原、

---

① 淮海战役纪念馆编：《淮海战役资料选》，山东人民出版社 1978 年版，第 32 页。
② 军事科学院军事历史研究部编著：《中国人民解放军战史》第 3 卷，军事科学出版社 1987 年版，第 284 页。
③ 军事科学院军事历史研究部编著：《中国人民解放军战史》第 3 卷，军事科学出版社 1987 年版，第 312、313 页。
④ 李新总编：《中华民国大事记》第 5 册，中国文史出版社 1997 年版，第 803 页。

华东两军,必须准备在现地区作战 3 个月至 5 个月(包括休整时间在内),吃饭的人数连同俘虏在内,将达 80 万人左右,必须由你们会同华东局、苏北工委、中原局、豫皖苏分局、冀鲁豫区党委统筹解决。"11 月22 日电令:"前线参战部队和民工近百万人,每月需粮约 1 亿斤。""中原局应速令豫皖苏分局立即动手筹集和保证中原野战部队及华野转入豫皖苏地区作战部队的粮食,并应从豫西运粮食去。华北局应速令冀鲁豫区调集一亿斤至一亿五千万斤粮食,供给华野部队需要。"11月 23 日电令:"保证 11 万人的补充计划的完全实现。"同日电令:"必须准备全军部队及民伕 130 万人左右 3 个月至 5 个月的粮食、草料、弹药,10 万至 20 万伤员的医治。""对于兵员,必须实行随战随补、随补随战的方针;对于人民,必须实行耕战互助的方针。"①

地处淮海战役主战场的豫皖苏第三、第六分区和江淮第二、第三分区地委、军分区、专署立即行动起来。豫皖苏分局 10 月 18 日颁发《关于加强各级后勤组织机构的决定》:(1)成立豫皖苏后勤司令部为全区的工作领导机关;下设前方办事处,随野战军行动,代表后勤司令部帮助与指导各分区的后勤工作,战时直接指挥与布置各分区后勤任务;前方办事处下设:①民力部,负责民力动员,组织战地伤员转运,负责民工生活的管理;②财粮部,负责粮草调剂,粮站检查,战勤费的开支与审计,组织战地物资供应与物价的调剂及货币兑换;③秘书处,负责掌理机关生活,行军、宿营、警卫、通信联络、材料整理、编辑、文件收发保管;④军区兵站部前方分部,负责弹药、被服、军需器材的运输,公路、桥梁、电话的建设,指导各地兵站工作。(2)各分区成立后勤司令部,下设民力部、财粮部及办公室;在司令部领导下工作,战时行动由前方办事处临时指定之。(3)各县成立后勤指挥部,下设民力科、财粮科、秘书处。(4)各区成立后勤指挥部,由政府干部着重掌握财粮工作,由党民干部着重动员组织工作。(5)各乡设后勤委员一人。(6)各自然村选举产生后勤委员 1 人,负责担架运输和组织调动。

① 中共中央党史资料征集委员会编:《淮海战役》第 3 册,中共党史资料出版社 1988 年版,第 9—14 页。

（7）实行包运制度,提高工作的计划性和组织性,贯彻中原局节省民力、平衡负担、提高效率的精神,以保证战争供应。①

豫皖苏分局在 11 月 24 日颁发的《关于支前物资调度的决定》中,开列出的任务是:食粮 1.5 亿斤;烧柴 2 至 3 亿斤;食盐 150 万斤;食油 150 万斤;服装:(1)布 625 万尺(尺六码),包含:①血被 5 万床;②血棉衣 5 万身;③血褥 5 万床;④棉帽子 8.5 万顶;⑤裹尸布 20 万尺;⑥袜子 50 万双。(2)棉花 30 万斤(各纵队被棉 10 万斤、血棉衣 10 万斤、被 10 万斤)。(3)鞋子 60 万双。另外,经费 3.5 亿元(包含民夫战勤费款 1.5 亿元、地方经费建设费 2 亿元,大军区及各纵队所用由中原财办支付,已由各分区借支者即转借据报中原局划发)。为保证实施和工作实效,还作了 4 项规定:第一,以就近征粮支前为原则;第二,以征购实物为原则;第三,战场区以征运食粮、烧柴为主,夏衣布以及其他实物少征或不征,其他区以征购实物为主;第四,为调剂食粮与物资东运,减少运费开支,规定凡各地支前的民夫队、担架队、大车队赴战场服务者,必须携带足够的食粮,或带运公家的物资(按包运制办理,绝不许空手去前方,这是一个支前原则);原则上民夫沿途决不招待食粮(但运有物资者除外)。②

正确制定和贯彻执行各项支前政策和支前方法,是把解放区人民群众动员起来的重要保证。各级支前部门根据“耕战互助”的方针,制定了“生产工和支前工合理交换”,“废止无偿支差,实行发价包运”,“人计工,地出资”,“地多人多,多出工;地少人少,少出工;无地无劳力,不出工”和记工、算工、还粮等一系列合理的政策,激发了人民群众踊跃支前的积极性。③ 各地群众提出了“不惜倾家荡产,支援前线”、“解放军打到哪里,就支援到哪里”、“打倒老蒋有福享”、“前方流血,后方流汗”、“要人有人,要物有物”的口号,在土改区则喊出了“保

① 中共中央党史资料征集委员会编:《淮海战役》第 3 册,中共党史资料出版社 1988 年版,第 143—144 页。

② 中共中央党史资料征集委员会编:《淮海战役》第 3 册,中共党史资料出版社 1988 年版,第 145—146 页。

③ 中共中央党史资料征集委员会编:《淮海战役》第 3 册,中共党史资料出版社 1988 年版,第 237 页。

田、保家、保饭碗"的口号。

淮海战役有数百万民工支援前线,人数数倍于解放军,这是中外战争史上未曾有过的壮丽奇观。兵站、粮站、民站、医院、转运站星罗棋布;来自不同地区,穿着不同服装,说着不同口音的民工,如大海波涛般拥向战场。他们靠着人背、肩挑、担架抬、小车推、牛车拉、骡马驮、车船载,为解放军提供了坚强的后勤保障。民工们冒着枪林弹雨,忍受着风雪饥寒,不惧艰险,不怕牺牲,日夜奋战在运输线上。

这是一场声势浩大的人民战争。整个战役支前民工543万人(包含随军常备民工22万人、二线转运民工130万人、后方临时民工391万人),出动担架20.6万副,支前粮食4.3476万斤,支援牲畜76.7万头。① 其中,江淮和豫皖苏人民出动民工160万人,出动担架12.5万副,支前粮食2.1亿斤,还有柴草5.3亿斤。②

第一,保证了前线粮食、弹药和物资的供应。以粮食为例,战役开始时,每天需供应300万斤,后增至500万斤。1948年12月13日,华中工委颁布《关于筹借公粮确保战争供应问题的决定》,筹借100万担,其中,江淮地区25万担,第一行政区18万担,第二行政区17万担,第五行政区20万担,第六行政区6万担,第九行政区14万担。在豫皖苏地区,则主要靠政府筹集。在广阔的后方,掀起了磨面、碾米、送粮的热潮,在冰天雪地、漫天大雪中,送粮的民工队伍宛如条条长龙。③

筹粮结果竟然是:超过了需要一倍! 时任华东野战军后勤部部长的刘瑞龙回忆说:"战役中实用粮仅为解放区筹运粮的一半,这表明在广大人民的全力支援下,我军粮弹等军需物资供应充足。""12月下旬,连降大雪。包围圈内外的景象形成强烈对照。我军阵地上粮弹充裕,兵强马壮。近在咫尺的国民党军,士气颓丧,粮尽弹缺,已到了山

---

① 中共中央党史资料征集委员会编:《淮海战役》第3册,中共党史资料出版社1988年版,第359页。

② 中共安徽省委党史研究室:《中国共产党安徽地方史》第1卷,安徽人民出版社2000年版,第581、583页。

③ 中共安徽省委党史研究室:《中国共产党安徽地方史》第1卷,安徽人民出版社2000年版,第582页。

穷水尽的地步。我军对敌展开强大的攻心战。在凛冽的寒风里，战士们把热馒头用刺刀挑出战壕，向敌人喊话：'国民党军弟兄们，快过来吧，解放军优待俘虏，大米饭、白馒头尽你们吃。'这样，人民支援的大米饭、白馒头、热包子，也成了直接打击敌人的有力武器。"①在前后20天中，在饥饿和寒冷中濒临饿死冻死绝境的国民党军官兵1.4万人向解放军投降，足有两个师的兵力。②

第二，及时救护、转运了大批伤员。豫皖苏地区有1.2万副常备担架活跃在前线，一般每副担架由6个人轮换着抬，3副担架为1个小队，每县都有1个常备担架团。常备担架又称"火线担架"或"一线担架"，其任务是快速将伤员传到包扎所，由二线担架急送野战医院，再由三线担架送后方医院。担架队员们为了抢救伤员，不分昼夜地奔走。遇到国民党飞机轰炸，他们以自己的身体保护伤员；在冰天雪地中宁愿自己受冻，把棉衣盖到伤员身上，自己花钱买柴草给伤员取暖，买营养品给伤员补身子。③

在雪涡县丹城转运站，区妇女联合会干事许秀英，在凛冽寒风中提着茶壶在大路旁等着伤员，给伤员喂热水，带着十几个妇女砸开河水洗血衣，3天洗600多件，还做袜子30多双，对待伤员如同亲人一般，被称为"人民战士的母亲"④。

第三，抢修铁路、公路、桥梁，架设电话线路，保障后方的交通运输和通信联络畅通无阻。12月1日，徐州解放。时任中共江淮区党委副书记的李世农（区党委书记曹荻秋）回忆说："徐州解放后，徐州、山东、苏北等地军用物资急待南运，已毁路段急待修复。12月14日，区党委及三地委（地委书记李任之）先后发出抢修津浦铁路徐蚌段的紧急指示，筹集枕木5万根及其他材料，铁路两侧广大群众、男女老少齐

---

① 刘瑞龙：《人民全力支前，保证了淮海战役的胜利》，中共中央党史资料征集委员会编：《淮海战役》第3册，中共党史资料出版社1988年版，第182、186页。

② 淮海战役纪念馆编：《淮海战役资料选》，山东人民出版社1978年版，第720页。

③ 陈明义：《豫皖苏人民全力支前》，中共中央党史资料征集委员会编：《淮海战役》第3册，中共党史资料出版社1988年版，第240页。

④ 原载1949年1月2日《中原日报》，中共中央党史资料征集委员会编：《淮海战役》第3册，中共党史资料出版社1988年版，第335页。

动手,挑土方、修路基、运枕木、抬石子、铺铁轨,日夜抢修,如期通车。"①在不到 20 天的时间里,陇海铁路东到新安镇、西到洛阳,津浦铁路南抵宿县、北达济南就修复通车。

第四,补充兵员,壮大主力。部队在战争中有伤亡减员,亟须补充兵员。中共各级组织提出"到前方去,到主力去"的号召,掀起了父送子、妻送郎、兄弟争相上战场的参军运动。华东野战军战前兵力 42 万人,虽然伤亡减员很大,但战役结束时,不减反增,增至 46 万人。兵源一是解放区翻身农民和各地地方武装,一是经过政治教育和训练的俘虏(时称"解放战士")。淮海战役胜利 1 个月后,华东野战军改称第三野战军,部队下辖 4 个兵团,15 个军,2 个纵队,共 58.1 万人。②

第五,站岗放哨,捕捉逃敌,维护社会治安,巩固后方。各地中共组织和各级政权及地方武装、民兵、自卫队,在前线积极配合支援主力部队作战,攻城歼敌,捕捉散兵,押解俘虏,在后方维持治安,保障生产。各区乡政府组织妇女、儿童在村头路旁站岗放哨,盘查行人,严防国民党军官兵逃脱。这就布下了人民战争的天罗地网。1949 年 1 月 4 日清晨,萧县张老庄农民段庆香在村头拾粪,发现一行可疑人群,立即向驻村解放军四纵第十一师卫生处休养连报告,将他们押送到师政治部,经审讯,其中自称"军需高文明"的俘虏,正是徐州"剿总"副总司令杜聿明。③

第二野战军司令部在《淮海战役中双堆集歼灭战初步总结》中指出:"这次作战中的物质供应,是达到较完满之要求的,无论在粮食弹药的接济与医术救济诸方面,都未感受到意外的特殊困难,这是此次作战胜利的有力保障。没有这种保障,要想取得这次的完满胜利,是不能设想的。"华东军区、第三野战军后勤司令部在《淮海战役后勤工作初步总结》中指出:"战场上吃的大米,是经过几百里,用人背来,用

① 李世农:《一切为了前线的江淮儿女》,中共中央党史资料征集委员会编:《淮海战役》第 3 册,中共党史资料出版社 1988 年版,第 234 页。
② 南京军区"第三野战军战史"编辑室:《中国人民解放军第三野战军战史》,解放军出版社 2005 年版,第 317 页。
③ 淮海战役纪念馆编:《淮海战役资料选》,山东人民出版社 1978 年版,第 707 页;中共安徽省委党史研究室:《中国共产党安徽地方史》第 1 卷,安徽人民出版社 2000 年版,第 585 页。

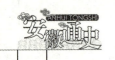
小车推来的,所以,这一伟大胜利是'部队向前打小车向前推'的总结果。"①

杜聿明写道:"国民党之所以全军覆没,固然是由于它本身腐朽,指挥机构无能,而其重要的原因之一,就是国民党军丧尽民心。在淮海战役之始,徐州附近人民对国民党军实行了严密封锁,国民党军的特务只能派出,无法返回。徐州四周密布的特务电台完全失去了作用,甚至有许多地区人民以虚报实,或以实报虚,迷惑国民党军。如丰县、黄口间仅有解放军二、三野之一部,而国民党军从人民方面得来的情报是二野主力;又如二野主力已先到涡、蒙地区阻击黄维兵团,而国民党军得来的情报则是这方面没有解放军的野战军。"杜聿明的部属、第十三兵团第八军军长周开成写道:"(1)共军情报迅速准确,运用兵力恰到好处;(2)共军战士勇敢善战;(3)共军军纪严明,深得民心,处处得到老百姓的帮助。"国民党军之所以失败,是因为"这三点恰恰相反"。②

二、渡江战役

(一)渡江战役的发起

在淮海战役结束前,国民政府已经部署长江的防守。

1948年11月28日,蒋介石在南京召集紧急会议,决定撤出徐州。29日,徐州"剿总"总司令刘峙移驻蚌埠,令第六兵团李延年部、第八兵团刘汝明部守备淮河。"守江必先守淮",但此时的淮河防线已经是薄如蝉翼、不堪一击了。1949年1月10日淮海战役结束,刘峙决定放弃淮河防线,令第二十军开滁县受江北指挥所主任覃异之指挥,担任掩护各部撤向江南的任务;令第六兵团沿津浦路撤到江南;令第八兵团沿淮南铁路经合肥、巢县、裕溪口撤到江南。最后撤离蚌埠的第九十六军于16日炸毁淮河铁桥,弃城南逃。

---

① 中共中央党史资料征集委员会编:《淮海战役》第3册,中共党史资料出版社1988年版,第187页。

② 中国人民政治协商会议全国委员会文史资料研究委员会《淮海战役亲历记》编审组编:《淮海战役亲历记》,文史资料出版社1983年版,第17、18、247、248页。

华东野战军挥戈南进,19 日夜进入蚌埠市区,次日解放全城,然后向南横扫,21 日解放合肥。至 1 月底,安徽境内长江以北地区,除安庆等几处孤点外,五河、凤阳、寿县、定远、天长、盱眙、来安、嘉山、滁县、定远、全椒、含山、和县、淮南矿区、霍山、六安、舒城、庐江、无为、巢县等均获解放。

1949 年 2 月中旬,中共中央批准成立中共安徽省委员会、安徽省人民政府、安徽省军区。

此前,2 月 9 日,中共淮海战役总前委在讨论渡江作战计划时,请示中央:"为适应紧迫的作战,要求安徽省委必须立即建立",或者将"豫皖苏分局移至合肥,统一领导皖西、江淮两区及豫皖苏之安徽部分……究应如何,请早示复"。11 日,中共中央军委复电指示:"江淮、皖西必须统一,究以立即建立安徽省委为宜,还是以豫皖苏分局移至合肥统一领导江淮、皖西两区及淮北安徽部分为宜,请在你们此次会议上解决并立即施行,报中央备案即可。"①

总前委和华东局、中原局负责人当即进行研究。16 日,华东局通知:经中央批准,成立安徽省委、省人民政府、省军区。省委由宋任穷、谭启龙、曾希圣、曹荻秋、黄岩、张劲夫、汪道涵、梁从学、孙仲德、李步新、李世农、宋日昌、杨光池、张恺帆共 14 名委员组成,宋任穷任书记,谭启龙任副书记;省人民政府由宋任穷兼主席,张劲夫任副主席;省军区由曾希圣任司令员,宋任穷兼任政治委员,梁从学任第一副司令员,孙仲德任第二副司令员。安徽省委隶属华东局领导,辖江淮区党委、皖西区党委、皖南地委和安徽淮北各地委。省委机关驻合肥。

由于解放战争形势迅猛发展,急需集中主要领导干部负责新解放的城市的工作,又由于安徽地跨大江南北,长江以南地区尚未解放,华东局于 4 月 3 日决定,以长江为界分开成立中共皖北区委员会和中共皖南区委员会。②

4 月 6 日,中共皖北区委员会(简称"皖北区党委")、皖北区人民

---

① 中共安徽省委党史研究室编:《中共安徽省历史大事记》,安徽人民出版社 2002 年版,第 1 页。
② 中共安徽省委党史研究室编:《中共安徽省历史大事记》,安徽人民出版社 2002 年版,第 1、2 页。

行政公署（简称"皖北行署"）、皖北军区成立。区党委由曾希圣、黄岩、梁从学、李世农、宋日昌、张恺帆、孙仲德、桂林栖、李世焱、何柱成10名委员组成，曾希圣任书记，黄岩任副书记，李世农任第二副书记兼组织部部长，张恺帆任秘书长；原江淮区及皖西区党委结束工作。皖北行署由宋日昌任主任，郑抱真、李云鹤分任第一、第二副主任。皖北军区由曾希圣任司令员兼政治委员，黄岩任副政治委员，梁从学任第一副司令员，孙仲德任第二副司令员兼参谋长，严光任副参谋长，李世农任政治部主任，何柱成任政治部副主任。① 中心工作是支援解放军渡江作战。

此时，国民党军和安徽省政府已经退守在以安庆为中心的皖西一隅，呈日暮途穷之势了。

1 月间，夏威将以他为司令官的第八"绥靖区"司令部从安庆撤往江西九江。3 月，驻安庆的江西省保安第一团撤走。到 4 月，安庆只剩下第四十六军第一七四师守城。解放军和地方武装向西横扫，2 月 4 日解放桐城，3 月 22 日解放潜山，24 日解放太湖、怀宁，28 日解放宿松、望江，31 日解放枞阳。② 安庆指日可下。

4 月 1 日，以张治中为首的南京政府和平商谈代表团抵北平与中共进行和平谈判，4 月 4 日向中共提出：勿攻安庆及再向长江靠近，"以利和谈，免生枝节"③。4 月 10 日，白崇禧致电中共方面，称驻安庆之桂军撤退"暂有困难"，请中共允许"暂留该地勿攻，敝方亦不出击，以待和谈解决"。同日，中共中央电刘伯承、张际春、李达并告总前委，令前线停止对安庆的攻击，"彼此暂维现状"④。解放军遂暂不攻安庆。但安庆已成一座孤城。

此时的国民政府，已经人心离散，现崩溃之势。一些国民党军官

① 中共安徽省委党史工作委员会编：《安徽现代革命史资料长编》第 4 卷，中共安徽省委党史研究室 2004 年印，第 214、215 页。

② 安庆市地方志编纂委员会编：《安庆地区志》，黄山书社 1995 年版，第 326 页；怀宁县地方志编纂委员会编：《怀宁县志》，黄山书社 1995 年版，第 313 页；桐城县地方志编纂委员会编：《桐城县志》，黄山书社 1995 年版，第 27 页；枞阳县地方志编纂委员会编：《枞阳县志》，黄山书社 1998 年版，第 25 页。

③ 李新总编：《中华民国大事记》第 5 册，中国文史出版社 1997 年版，第 883 页。

④ 中共中央文献研究室编：《毛泽东年谱》下卷，人民出版社、中央文献出版社 1993 年版，第 477 页。

兵看清了国民政府行将灭亡的命运,纷纷投诚或起义。在安徽芜湖至繁昌荻港沿江地区担负江防任务的国民党军第一〇六军第二八二师5000 余人,在师长张奇率领下宣布起义,开往江北无为县境内,加入中国人民解放军。刘伯承、陈毅、邓小平 3 月 2 日致电慰勉起义官兵。在东战场,国民党军首都警卫师师长王晏清,不但于 3 月 25 日率部起义加入人民解放军,而且向第八兵团司令员陈士榘送交了《南京城防图》。

3 月 5 日至 13 日,中共七届二中全会在河北省平山县西柏坡村举行。全会讨论了彻底摧毁国民党统治,夺取全国胜利,把党的工作重心从乡村转移到城市,以生产建设为中心任务的问题。

淮海战役结束后,全国形势发生了根本性变化。国民政府在军事上一败涂地,政治上贪污腐败,经济上彻底崩溃,外交上江河日下。1949 年 1 月 21 日,蒋介石宣布"引退",把总统职务交给副总统李宗仁代理。22 日,李宗仁发表文告,愿与中共和谈。4 月 1 日,国共和谈在北平举行。12 日,双方拟定《国内和平协定草案》。20 日,国民政府拒绝中共代表团的《国内和平协定(最后修正案)》,和平谈判宣告彻底破裂。同日,中国人民解放军发起渡江战役。

国民政府提出和谈的目的是:阻止解放军渡江南进,企图实现"国共划江而治"。因此,一面和谈,一面增兵 115 个师 70 余万人布置长江防御,还在闽、赣、粤、湘、滇、贵、川、陕等省设置了 14 个编练司令部,组训新兵,企图把国民党军重新扩充到 350 万至 500 万人,与中共抗衡。

国民党军的部署是:京沪杭警备总司令汤恩伯部 75 个师约 45 万人,布防于从上海至江西湖口间 800 余公里的地段上;华中军政长官公署白崇禧部 40 个师约 25 万人,布防于湖口至宜昌近千公里的地段上。另以海军海防第二舰队和江防舰队一部共计军舰 26 艘、炮艇 56 艘,分驻安庆、芜湖、南京、镇江、上海等地;以江防舰队主力计舰艇 40 余艘,分驻宜昌、汉口、九江,沿江巡弋。空军 4 个大队,以南京、上海、武汉为基地,支援陆海军作战。

在 2 月 8 日召开的国防部江防紧急会议上,汤恩伯与国防部第三

厅厅长蔡文治发生了激烈争论。蔡提出，江防军主力应自南京向上下游延伸，重点放在芜湖地段，以确保南京的安全。汤在蒋介石的幕后支持下，最终制定的方针是：以长江防线为外围，以沪杭三角地带为重点，以淞沪为核心，持久防御，最后坚守淞沪，与台湾相呼应；最终决定的兵力部署中与安徽直接相关的是：湖口至马鞍山江防部队为第六十六、第二十、第八十八、第五十五、第九十六、第六十八共 6 个军和驻安庆的第四十六军第一七四师。

2 月至 4 月，人民解放军遵照中共中央军委关于统一全军组织及部队番号的指示，先后进行了整编。西北、中原、华东、东北 4 大野战军改称第一、第二、第三、第四野战军。

第二野战军由刘伯承任司令员，邓小平任政治委员，张际春任副政治委员兼政治部主任，李达任参谋长，下辖 3 个兵团。第三兵团由陈锡联任司令员，谢富治任政治委员，辖第十、第十一、第十二军；第四兵团由陈赓任司令员兼政治委员，辖第十三、第十四、第十五军；第五兵团由杨勇任司令员，苏振华任政治委员，辖第十六、第十七、第十八军。全野战军共 28 万余人。

第三野战军由陈毅任司令员兼政治委员（到职前由粟裕代理），粟裕任副司令员兼第二副政治委员，谭震林任第一副政治委员，张震任参谋长，唐亮任政治部主任，下辖 4 个兵团。第七兵团由王建安任司令员，谭启龙任政治委员，辖第二十一、第二十二、第二十三、第三十五军；第八兵团由陈士榘任司令员，袁仲贤任政治委员，辖第二十四、第二十五、第二十六、第三十四军；第九兵团由宋时轮任司令员，郭化若任政治委员，辖第二十、第二十七、第三十、第三十三军；第十兵团由叶飞任司令员，韦国清任政治委员，辖第二十八、第二十九、第三十一军。全野战军共 58.1 万余人。①

2 月 11 日，中共中央军委决定：由刘伯承、陈毅、邓小平、粟裕、谭震林 5 人在淮海战役期间组成的总前委，在渡江作战中"照旧行使领

---

① 军事科学院军事历史研究部编著：《中国人民解放军战史》第 3 卷，军事科学出版社，第 317—321 页。

导军事及作战的职权,华东局和总前委均直属中央"①。

3 月 22 日,总前委移驻凤阳县徐桥乡孙家圩子(现属蚌埠市郊区燕山乡)。② 经总前委与中央军委反复磋商和讨论,于 3 月 31 日形成了《京沪杭战役实施纲要》。《纲要》指出:"蒋匪军集结于上海到安庆段兵力,计有 24 个军、72 个师,共约 44 万人左右。其中直接担任江防者,计 18 个军、49 个师。控制于浙赣线上,杭、金、衢、徽地区者计有 6 个军、23 个师。可作机动者,大约有 4 个到 5 个军。""我第二、第三两野战军全部,以歼灭上述全部或大部蒋军,占领苏南、皖南及浙江全省,夺取京、沪、杭,彻底摧毁国民党反动政府的政治、经济中心之目的,决于 4 月 15 日 18 时,以全线渡江作战,开始进行本战役。"③

渡江战役的发起时间,后因国共和谈而延期,至和谈破裂当日发动。

《纲要》决定将渡江作战部队分为东、中、西 3 个集团,第一阶段达成渡江任务,实行战役展开;第二阶段割裂和包围敌人,断敌退路;第三阶段分别歼灭包围之敌,完成全战役。《纲要》规定的东集团在江苏省境内渡江作战。

《纲要》规定的中集团和西集团,均在安徽境内渡江作战。具体部署为:

中集团,以三野第七、第九两兵团,由谭震林指挥,在裕溪口至棕阳(今枞阳)镇(不含)段渡江。渡江成功后,除留足够兵力歼灭沿江当面之敌,并监视芜湖外,主力迅速东进与粟裕、张震指挥的东集团会合,截断京沪杭公路,完成对京沪杭地区敌人之割裂包围与歼灭。

西集团,二野由棕阳(今枞阳)镇(含)至望江段实行渡江。渡江后除歼灭当面之敌外,应以一个兵团以最快速度迅速挺进至浙赣线衢州及其以西、以北地区,确实控制浙赣铁路一段及屯溪南北公路,断敌退路。二野主力则应迅速东进,接管三野留置部队的任务,担任歼灭

芜湖地区之敌,并准备攻取南京。二野各兵团之具体作战布置由二野首长另以详细命令规定之。①

4月3日,中共中央军委复电批准了这个"纲要"。

为了便于指挥渡江战役,总前委于4月初从孙家圩子移驻肥东瑶岗村。②

12日,总前委致电第二、第三野战军前委,各兵团党委,并报中央军委,对推迟渡江问题作出说明,推迟原因为:待和平谈判成功或破裂后再和平渡江或战斗渡江,政治上最为有利;从战斗渡江出发,进一步加紧进行军事准备;"时间推迟的另一大问题是粮食、柴草、油盐,各兵团必须具体计算,拟出办法,望告我们,以凭解决。"

18日,中共中央军委电令:"总前委主张待渡江任务完成后,以陈谢三兵团出徽州沿浙赣公路东进;以宋郭九兵团监视芜湖、南京,主力置于南京以南;以陈赓四兵团接替九兵团在芜湖的任务,并准备加入攻南京;王谭七兵团、杨苏五兵团的任务照原规定不变等项,我们认为可以照此预拟施行。"至此,第二野战军作战任务亦明确规定。电报还指出:"此次我百万大军渡江南进,关系全局胜利极大。希望我二野、三野全军将士同心同德,在总前委及二野、三野两前委领导下完成伟大的任务。"③

(二)渡江战役的经过

4月20日,国民政府拒绝签字。当夜,渡江战役发起。21日,毛泽东主席和朱德总司令向人民解放军发布《向全国进军的命令》,命令全军指战员:"奋勇前进,坚决、彻底、干净、全部地歼灭中国境内一切敢于抵抗的国民党反动派,解放全国人民,保卫中国领土主权的独立和完整。"④

4月20日20时,解放军中集团第一梯队4个军在裕溪口至棕阳

---

① 江苏省档案馆、安徽省档案馆编:《渡江战役》,档案出版社1989年版,第65—68页。

② 中共安徽省委党史研究室:《中国共产党安徽地方史》第1卷,安徽人民出版社2000年版,第592页。

③ 以上2段据江苏省档案馆、安徽省档案馆编:《渡江战役》,第83、84、101页。

④ 《毛泽东选集》第4卷,人民出版社1991年版,第1451页。

(今枞阳)段渡江。4 个军是:第二十四军(军长王必成,政委廖海光,副军长皮定均,参谋长赵俊,政治部主任兰荣玉,副主任彭冰山,下辖第七十师、第七十一师、第七十二师)、第二十五军(军长成钧,政委黄火星,副军长詹化雨,副政委兼政治部主任邓少东,参谋长熊应堂,下辖第七十三师、第七十四师、第七十五师)、第二十七军(军长聂凤智,政委刘浩天,副军长兼参谋长贺敏学,政治部主任仲曦东,副参谋长李元,下辖第七十九师、第八十师、第八十一师)、第二十一军(军长滕海清,政委康志强,副军长高志荣,参谋长吴咏湘,政治部主任邓逸凡,下辖第六十一师、第六十二师、第六十三师)。这 4 个军的浩荡大军,突然出现在滔滔大江之上,乘着数千只木船,冒着敌人的炮火,奋勇前进,至 21 时许,首先攻占鲫鱼洲、黑沙洲、紫沙洲、闻新洲等长江的江心洲,歼敌一部。随即强渡夹江,突破敌荻港至铜陵段的江防阵地,连续打退国民党军江防部队的多次反扑,建立了滩头阵地,向纵深发展进攻,21 日攻占铜陵、顺安、繁昌、峨桥等地,22 日占领南陵。至此,该集团已经突入敌纵深 50 公里,并且歼敌第八十八军大部及第二十军一部。该集团第二十一军在 20 日晚夺取长生洲、籴水洲后,于 21 日晚与西集团之第十二军并肩南渡,在贵池以东上、下江口地区突破江防,歼敌一部,进至青阳地区。中集团第二梯队 3 个军于 21 日、22 日渡江南进。这 3 个军是:第三十军(军长谢振华,政委李干辉,副军长饶守坤,参谋长夏光,政治部主任刘仲华,副主任陶励,下辖第八十八师、第八十九师、第九十师)、第三十三军(军长张克侠,政委韩念龙,第一副军长张震球,第二副军长孟绍濂,政治部主任欧阳平,副参谋长黄径深,下辖第九十七师、第九十八师、第九十九师)、第二十二军(军长孙继先,政委丁秋生,副军长彭德清,参谋长来光祖,政治部主任刘春,下辖第六十四师、第六十五师、第六十六师)。①

在中集团突破江防后,汤恩伯 21 日赶到芜湖部署堵击,令第九十九军增援江防,但未能奏效。

21 日晚,解放军东、西两集团开始渡江。

---

① 中国人民解放军历史资料丛书编审委员会编:《渡江战役》,解放军出版社 1995 年版,第 15 页。

东集团渡江作战是在江苏省境内,迅速突破了长山、天生港、扬中一线,22 日建立了东西宽 50 余公里、南北纵深 10 余公里的滩头阵地,并争取了江阴要塞守军 7000 余人起义,封锁了江面。当解放军渡江时,英国军舰 4 艘和国民党军军舰在镇江至江阴段向解放军开炮,打死打伤解放军 252 人。解放军炮兵还击,英舰"紫石英号"被击中负伤,搁浅于镇江附近江面。

西集团在安徽境内,战斗打响前二野第三兵团驻安庆外围,第五兵团驻怀宁,第四兵团驻望江。① 战斗打响时,以第三兵团之第十军(军长由第三兵团副司令员杜义德兼任,政委王维纲,副军长范朝利,参谋长高厚良,副参谋长赵晓舟,政治部主任许梦侠,副主任鲁大东,下辖第二十八师、第二十九师)主力和地方武装皖西独立旅(旅长马忠全,政委曾庆梅,副旅长朱光,政治部主任张敬一,副参谋长王镇清)负责监视并围困安庆之敌。② 渡江部署为:第三兵团在安庆以东至棕阳段渡江,挺进歙县,截断徽杭公路,尔后沿公路东指杭州;第五兵团在安庆以西至望江段渡江,速沿浮梁、婺源直出衢县,控制浙赣线,断敌退路;第四兵团在望江至马当间渡江,尔后沿江东下,接替第九兵团监视芜湖敌军的任务,并准备参加夺取南京。另,暂归二野指挥的第四野战军先遣兵团(司令员兼政治委员萧劲光,副司令员陈伯钧、韩先楚,副政委兼政治部主任唐天际,参谋长解方)在武汉以东地区钳制国民党军白崇禧部,并指挥桐柏、江汉、鄂豫 3 个军区的部队,策应渡江作战。③

西集团在安徽境内的渡江作战,分两个梯队进行。

第一梯队于 21 日 17 时在棕阳(今枞阳)至望江地段渡江。在强大炮火支援下,数千只木船突然出现在江面,快速驶向南岸。国民党军江防部队集中火力猛烈拦截,江面上水柱四起,部分木船中弹。渡

① 安庆市地方志编纂委员会编:《安庆地区志》,黄山书社 1995 年版,第 363 页;怀宁县地方志编纂委员会编:《怀宁县志》,黄山书社 1995 年版,第 316 页。

② 《中国人民解放军第二野战军战史》编辑委员会编:《中国人民解放军第二野战军战史》第 2 卷,解放军出版社 1990 年版,第 273 页。

③ 《中国人民解放军第二野战军战史》编辑委员会编:《中国人民解放军第二野战军战史》第 2 卷,解放军出版社 1990 年版,第 271 页。

江部队临危不乱,以只有前进、没有后退、争当登陆第一船的刚强意志,奋力划进,仅15分钟至30分钟就登上了南岸。第一梯队由5个军组成:第十二军(由第三兵团副司令员王近山兼军长、政委,副军长肖永银,副政委李震,政治部主任李开湘,副参谋长王毓淮,政治部主任唐平铸,下辖第三十四师、第三十五师、第三十六师)、第十一军(军长曾绍山,政委鲍先志,副军长郑国仲,参谋长杨国宇,政治部主任刘华清,下辖第三十一师、第三十二师、第三十三师)、第十三军(军长周希汉,政委刘有光,副军长陈康,副政委兼政治部主任廖冠贤,下辖第三十七师、第三十八师、第三十九师)、第十五军(军长秦基伟,政委谷景生,政治部主任余洪远,副参谋长张蕴钰,政治部副主任许志奋,下辖第四十三师、第四十四师、第四十五师)、第十六军(军长尹先炳,政委王辉球,副政委戴润生,参谋长杨俊生,政治部主任吴实,副参谋长胡超伦,下辖第四十六师、第四十七师、第四十八师)。第十二军和第十一军在乌沙闸以西登陆,第十六军在黄石矶及其以南登陆,第十五军在香口附近登陆,第十三军在马当附近登陆,登陆后立即抢占滩头阵地,掩护后续第二梯队渡江。国民党守军纷纷溃逃。各军各师密切协同,迅速向左右两翼及纵深推进扩张,至晚21时,已渡过16个团,控制了宽100余公里、纵深10余公里的陆上阵地。

第二梯队由3个军组成:第十四军(军长李成芳,政委雷荣天,副军长兼参谋长王启明,政治部主任朱佩瑄,下辖第四十师、第四十一师、第四十二师)、第十七军(军长王秉璋,政委赵健民,副政委肖元礼,参谋长刘星,政治部主任裴志耕,副参谋长孙仁道,下辖第四十九师、第五十师、第五十一师)、第十八军(军长张国华,政委谭冠三,副军长昌炳桂,副政委王幼平,参谋长陈明义,政治部主任郭影秋,副参谋长匡斌,下辖第五十二师、第五十三师、第五十四师)。至23日,西集团连克彭泽、马当、高坦、至德、贵池等地。①

国民党军苦心经营的千里长江防线,在解放军百万大军万船齐

① 以上2段据中国人民解放军历史资料丛书编审委员会编:《渡江战役》,档案出版社1989年版,第16页。

发、排山倒海的进攻下,土崩瓦解。在渡江作战中,解放军伤亡约8000人,歼敌数十万。[①]

汤恩伯见大势已去,于22日下午下令全线撤退,芜湖以西部队撤向浙赣铁路,芜湖以东至常州以西部队撤向杭州,常州以东部队撤向上海。

4月23日,人民解放军占领国民政府首都南京。同日,解放安徽省省会安庆和江南重镇芜湖,接管这两个城市的都是二野第十军。

4月25日,邓小平、陈毅率总前委机关从肥东瑶岗移至南京。

从此,新中国的曙光冉冉升起!

---

① 《邓小平军事文集》第2卷,军事科学出版社、中央文献出版社2004年版,第214页。

附录　中华民国安徽大事编年

清宣统三年（1911）

1月16日　全省第二次人户调查，正户 2486896 户，附户 654288 户，人口 14075000 人。

10月10日　武昌起义爆发。湖北军政府发布《告皖父老兄弟书》，号召发扬徐锡麟、熊成基的光荣传统，举行反清起义、"共建民主，永享治平"。30日，同盟会会员吴春阳、王天培等在安庆策动起义。11月4日，同盟会会员张汇滔和王庆云、岳相如、袁家声等在寿州起义，成立淮上军。

11月8日　安徽宣布独立。淮上军先后光复六安、霍邱、霍山、英山、巢县、无为、颍上、颍州、怀远、凤阳、蚌埠、五河、泗县、灵璧、睢宁、天长、蒙城、涡阳、太和等县。新军光复和州。浔军光复大通、石埭、屯溪、繁昌、当涂，至25日徽州全部光复。

11月中旬　中国同盟会安徽省支部长孙毓筠，在上海被推举为安徽都督。

12月12日　清廷命河南巡抚齐耀琳管辖筹办皖北各属吏治理军务，着倪嗣冲兼署安徽布政使。

12月21日　孙毓筠抵安庆就任安徽都督。各地军政府裁撤，全省民军编为5个师。都督府任命桂丹墀为军政司长，洪思亮为民政司长，黄书霖为财政司长，邓绳侯为教育司长，陈独秀为秘书长。

中华民国元年（1912）

1月1日　孙中山在南京就任中华民国临时大总统，中华民国成

立。4 日,安徽全省公推 41 人组成省临时议会。11 日,孙中山宣布北伐,任柏文蔚为北伐联军第一军军长,淮上军大部编入。

1 月 25 日　北伐联军讨伐倪嗣冲。26 日,湖广总督段祺瑞率北洋将领 46 人电清廷,请立定共和政体,以现内阁暂代政府。46 人中还有皖人姜桂题、段芝贵、倪嗣冲、徐树铮。

1 月　民国废府留县,原颍州、凤阳、安庆、庐州、徽州、宁国、太平、池州 8 府撤销。4 月改州为县,原六安、泗、滁、和、广德 5 直隶州和宿、寿、亳、无为 4 散州均改县。原皖南、皖北 2 道撤销。省直辖 60 个县。

2 月 1 日　张勋部袭占固镇,次日为北伐联军第一军收复。2 日段祺瑞派代表与武昌军政府代表会商南北双方退兵办法:清军北上,促进共和,如阴历年内不能解决国体问题,民军"即当前进,以资援助"。3 日第一军光复宿州,11 日该军先锋营方振武部克徐州。

2 月 14 日　袁世凯任中华民国大总统,建立中央政府,史称"北洋政府"或"北京政府"。

3 月 11 日　南京临时参议院公布《中华民国临时约法》,安徽省临时议会制定《中华民国安徽省临时约法》(54 条),确立立法、行政、司法三权分立原则。15 日袁世凯令改总督、巡抚为都督。

4 月 26 日　袁世凯任命柏文蔚署安徽都督,次日加任其兼安徽民政长。

5 月 15 日　柏文蔚发表《条陈禁烟通电》,称"皖省土税、膏捐一律停止,统限一年内禁绝"。

9 月 14 日　柏文蔚召开安徽省裁兵会议。至年底裁兵 12000 人,剩 1 师 1 旅。

9 月 16 日　柏文蔚令警察厅长祁耿寰将从英国商船鼎昌号没收之 7 箱鸦片销毁,余 20 包扣留。10 月 6 日,英国驻上海总领事罗磊斯乘兵舰,带鱼雷艇,到安庆要求赔偿,被柏文蔚严词驳回。

9 月 30 日　柏文蔚勒令鸦片店一律关闭;凡私种鸦片百株以上者,即行枪决。

10 月 23 日　孙中山乘兵舰抵安庆,赞安徽禁烟办法"实可为各省模范"。

年底 省众议院选出 27 名众议员,其中国民党员 18 人、共和党员 8 人、统一党员 1 人。

是年 全国户口统计,总人口 413638462 人,安徽 16229052 人。

是年 商办淮南大通煤矿公司建立淮南矿区第一座矿井,年产煤 1.4 万余吨。

中华民国二年(1913)

1 月 全省选举省议会议员 108 人,国会众议院议员 27 人。

2 月 24 日 第一届省议会成立。28 日省议会选举李国栋、章兆鸿、张我华、丁象谦、马坤、石德纯、汪律本、吴文翰、胡璧城、高荫藻 10 人为国会参议院议员。

4 月 28 日 柏文蔚通电指责北京政府蔑视议会,密借英德法俄日 5 国银行团巨款。6 月 30 日,袁世凯罢免通电反对借款的皖、赣、粤 3 省都督,调柏文蔚任陕甘筹边使,任命孙多森为安徽都督兼民政长。

7 月 12 日 原江西都督李烈钧在湖口起兵,通电讨袁。"二次革命"爆发。17 日,安徽宣告独立,举柏文蔚为安徽讨袁军总司令,并举第一师师长胡万泰暂代理都督,孙多森任民政长。安徽讨袁军辖第一支队(队长张汇滔)、第二支队(队长袁家声)和独立第五、第六团,与冯国璋、张勋、雷震春、倪嗣冲部战。

7 月 27 日 袁世凯任命倪嗣冲为安徽都督兼署民政长。安徽讨袁军战不利。8 月 28 日倪嗣冲部进入安庆,安徽讨袁斗争失败。9 月 1 日张勋、雷震春等部攻入南京,"二次革命"完全失败。

9 月 倪嗣冲令全省学校停办 1 学期,将教育经费移办团防。翌年令全省中小学停办 1 年。10 月 10 日,倪嗣冲与英商汇丰银行签订借银 30 万两合同,以芜湖米捐为担保。

10 月 12 日 倪嗣冲致电北京政府和各省,提议:附从讨袁者"轻则禁锢终身,重则立置法典",现存社团、帮会"一律从严查办","将国民党一律解散"。29 日倪嗣冲等致电袁世凯,反对宪法草案,请解散国会、驱逐国民党议员。11 月 19 日,倪嗣冲宣布取消省议会中国民党籍议员 40 余名。

是年　芜湖科学图书社经理汪孟邹接受陈独秀建议,在上海英租界创办亚东图书馆,先后出版大量进步书刊。其后40多年汪在9个国家、全国21个省市开办书局、书店367家。在创办20周年时,胡适题词赞其"为文化做了20年的媒婆"。

中华民国三年(1914)

年初　安徽重设淮泗、安庆、芜湖3个道。北京政府5月23日颁《省官制》,改各省民政长为巡按使,以巡按使公署代替行政公署;观察使为道尹;县设知事;省设政务、财政、教育、实业4厅。6月2日正式公布实行省、道、县3级管理体制。(1928年废道)

1月3日　内务部改定各省重复的县名。以"两县同名,存其先置"原则,(1)保留安徽定远县(四川、云南、陕西的定远县改名)、太平县(浙江、四川、江苏、山西的太平县改名)、凤台县(山西的改名)、怀远县(广西、陕西的怀远县改名)、泾县(甘肃的改名);(2)改安徽建德县为秋浦县(浙江的保留)、建平县为郎溪县(热河的保留)。

1月19日　豫西白朗农民起义军入皖境,破霍山、占六安,增至万人,响应者众。2月13日,北京政府以河南都督张镇芳"防剿"白朗军不力而免除其职,任命段祺瑞兼代领河南都督,"督剿"白朗军,至6月平息。3月26日,李三杰在滁县领导农民起义,号称"江淮讨袁义侠军",29日攻占定远。倪嗣冲部围攻,至31日平息。5月31日,阜阳大刀会起事,被倪军镇压。6月29日,谢应龙等率大刀会攻占六安,7月17日,史俊玉率部反攻,谢应龙等阵亡,会众退出六安。

6月30日　袁世凯令陆军上将段祺瑞为建威上将军兼管理将军府事务;陆军中将倪嗣冲为安武将军,督理安徽军务。是月,安徽省核定军费3345566元,核定政费1944389元。倪嗣冲令在全省征验契税,民间房宅田产,一律限期向所在县政府更换官契纸,缴纳验契税;抗者没收田产房产,并予刑事处分。

9月　国民党员凌铁庵、张汇滔、岳相如在上海加入中华革命党,张汇滔出任安徽支部长,凌铁庵为代理支部长在皖负责具体党务。孙中山委任金维系为中华革命军皖中司令(兼领皖南)、毕少山为皖北司令,在皖组织武装讨袁。

是年　倪嗣冲向烈山煤矿公司投资 100 万元,改名烈山普益煤矿公司,由其侄倪道烺任督办。

中华民国四年（1915）

9 月 15 日　陈独秀主办《青年杂志》在上海创刊。1916 年 9 月 1 日改名《新青年》。

9 月　段芝贵、姜桂题、倪嗣冲等具呈请愿书,谓"今日之政体,非君主立宪不足定国是,安人心"。同月,段芝贵联合倪嗣冲等 14 省将军,密呈袁世凯请"速正大位",实行帝制。

10 月 10 日　在美国举办的巴拿马国际博览会上,泾县宣纸、休宁胡开文墨厂地球墨、吴鲁衡等制日晷、灵璧县钟馗画（参加巴拿马艺术赛会）获金质奖章;祁门红茶、太平猴魁茶获一等金质奖章;芜湖剪刀等 15 项手工艺品获奖。

11 月 5 日　安徽国民代表大会于 3 日在倪嗣冲将军府召开,到会 409 人,选出代表 60 人。于是日开会决定国体,致电袁世凯,赞成实行君主立宪政体。

12 月 11 日　参政院代行立法院汇查国民代表决定国体票数 1993 票,一致推戴袁世凯为皇帝。12 日,袁世凯接受帝位,改国号"中华帝国",自称"中华帝国皇帝",民国五年为"洪宪元年"。19 日,为筹备袁世凯登极典礼,设大典筹备处,12 名处员中有皖籍孙毓筠、江朝宗、吴炳湘。21 日,袁世凯册封 47 人爵位,其中皖籍 10 人:姜桂题、段芝贵、倪嗣冲为一等公,陆建章、杨善德为一等伯,张广建为一等子,许世英、王揖唐、吕调元、段书云为一等男。23 日又册封 42 人,其中皖籍 7 人:雷震春为一等伯,张敬尧为一等子,倪毓棻为二等子,施从滨、江朝宗、吴炳湘等为一等男,臧致平为三等男。次年 3 月 7 日特封冯玉祥三等男。

是年　北京政府财政入不敷出,要求各省按田赋原额加征 30% 或 40%。安徽因连年灾荒,获准加征 15%（名"一五加征"）。安徽巡按使将田赋扩大到所有税捐,电令各县加征。

中华民国五年（1916）

1 月 1 日　云南首义,讨袁护国战争爆发。

3月22日　袁世凯撤销帝位,仍称大总统。次日废"洪宪"年号。

4月10日　袁世凯任命张勋兼署督理安徽军务,倪嗣冲为长江巡阅副使。后,张勋部2万多人入皖,但安徽军事要政仍由倪嗣冲控制。

4月上旬　黄兴令柏文蔚组织讨袁护国军,柏任总司令,在皖南、皖北、皖中组织讨袁武装。

5月14日　因国务院12日下令中国、交通两银行停止兑现。是日倪嗣冲电令芜湖中国、交通两分行维持纸币照常兑现,其他省发行的纸币停兑。27日拨款20万元维持两行兑现。

5月18日　南京会议举行。在倪威胁下,多数代表转而赞成袁暂不退位,25日,张勋、倪嗣冲通电称会议"拥护袁世凯,保护元首",决心对南方用兵。

5、6月间　庐江、和县、寿县、当涂、颍上等地革命党人谋划起事,均被镇压。

6月6日　袁世凯在北京病死,副总统黎元洪代行中华民国大总统。

6月20日　段芝贵、江朝宗在北京组织军人同德会,主张速定宪法,选举段祺瑞为正式大总统。

7月6日　黎元洪任张勋为安徽督军,倪嗣冲为安徽省长。

9月21日　安徽督军张勋、省长倪嗣冲召开第二次徐州会议,山东、奉天等13省区督军和代表出席,组成十三省区联合会,以巩固北洋团体、反对南方国民党势力为号召。会议推张勋为盟主。

秋　中共早期共产主义小组北京组成员高语罕由刘希平推荐,到芜湖任安徽省立第五中学学监。

10月1日　《新青年》刊陈独秀《驳康有为致总统总理书》指出:定孔教为国教,不但违反思想自由原则,而且违反宗教信仰自由原则。同时刊胡适致陈独秀书,论文学革命。

10月5日　安徽各界人士开会反对北京政府与日本签订500万元借款合同。省议会、省商会、省教育会负责人56人公电请北京政府废止该合同。北京政府被迫接受。

是年　经北京政府农商部批准,陈绍吾、宁松泉、江干卿等集资在芜湖筹建裕中纱厂,有股本 55 万两,机器设备从英国订购,有纱锭 1.8 万枚,1919 年 3 月投产。该厂是安徽近代最早也是唯一完全使用机械生产的较大规模的纺织企业。

是年　内务部调查公布,安徽人口 20517496 人。

中华民国六年(1917)

1 月 1 日　胡适在《新青年》杂志发表《文学改良刍议》,提倡白话文体。

1 月 7 日　安徽督军张勋、省长倪嗣冲邀集各省代表到徐州开会,提出:解散国会、修改约法、改组内阁、改组总统府。

5 月 23 日　黎元洪免国务总理兼陆军总长段祺瑞职。29 日,倪嗣冲拥段,宣布安徽独立,旋下动员令,截留津浦路车辆运兵北上。同日,张勋致电敦促浙江独立。次日浙江宣告独立。

7 月 1 日　张勋复辟。改民国六年为宣统九年。次日,安庆、芜湖、蚌埠、大通等地悬挂龙旗。

7 月 3 日　段祺瑞通电讨伐张勋。5 日张勋通电称冯国璋、段祺瑞参与策划复辟,现"抗颜反阙,直逼京畿,翻云覆雨,出于俄顷,人心如此,实堪浩叹"。倪嗣冲通电反对复辟,一切听从冯国璋、段祺瑞。

7 月 7 日　代理总统冯国璋令褫夺张勋长江巡阅使、安徽督军各职,特任倪嗣冲兼署安徽督军。旅沪安徽公民阚钧等通电反对冯国璋任代理大总统,谓其罪"不在张、倪诸逆之下"。12 日,张勋复辟结束。

7 月 29 日　五河、泗县、盱眙、六安、寿县、凤台、颍上诸县匪势猖獗,复与定武军溃兵联合,是日攻陷五河,县署被焚,商铺遭劫。9 月 2 日安庆安武军一部兵变,杀统领李良臣,肆行抢掠后逃散。

9 月 7 日　省设教育厅,次日设实业厅。同时废止省长公署政务厅教育、实业两科。

10 月 3 日　孙中山令缉拿乱国盗权祸首段祺瑞及倪嗣冲、梁启超。7 日宣布北京政府之悖谬,下令讨伐段祺瑞、倪嗣冲等。6 日,护法战争开始。

10 月 7 日　余亚农、岳相如在六安密谋重组淮上军以护法讨倪,事泄失败。11 月 23 日程蒨等成立皖北讨倪军,次日攻占寿县。

《新青年》、《共产党宣言》等书刊在安庆等地秘密流传。

中华民国七年（1918）

1月 张勋失败后，其定武军拨给苏、皖改编，倪嗣冲将驻皖定武军30余营改为新安武军。倪嗣冲谋将驻皖军改编为5个混成旅，每旅9个营，余下军队改为省警备队分防各县，老弱军士资遣回籍。

2月27日 陆建章策动冯玉祥袭击倪嗣冲。冯部开宿松、太湖、望江。是日，倪决定防堵，3月初以10余营驻宿松。

3月7日 皖系政客王揖唐等议决成立安福俱乐部，王揖唐为首领，徐树铮实际操纵。次日成立。

3月12日 含山李雨春、陈紫枫率护法讨倪军攻占县城。和县、合肥、来安、盱眙、天长、滁县、霍邱出现革命党人活动。因冯玉祥未按计划攻占安庆，各地活动或起义先后被倪军镇压。

3月22日 陆建章与柏文蔚等34人通电组织安徽讨倪军，陆建章为总司令，冯玉祥为副总司令，岳相如、袁家声、王建芳分别任西、中、东路司令，联合兵力约2万人以上。

5月2日 皖省产茶全国首屈一指，内外销量大，但因种植烘焙墨守旧法，致使销售欧美远不及日本、印度。省为此特设茶务讲习所。是日，讲习所开业。

7月 全省新募警备队10营，计2400人，由芜湖、安庆、淮泗3道道尹分任司令，省长任总司令。

10月1日 倪嗣冲操纵的第二届省议会成立，议员大多为贿选产生的倪嗣冲私党。是日，倪集股100万元以其子倪幼丹、侄儿倪炳文等名义在马鞍山成立益华铁矿公司。

11月21日 徐世昌任命龚心湛为安徽省长。26日任刘道章为护理安徽督军。

11月28日 蚌埠因电车公司洋稽查毕菊腊击毙巡警，市民将电车捣毁大小59辆。

12月16日 年初倪嗣冲欲以食盐加价款扩充8个营军队，未获得第一届省议会通过。是日，在第二届省议会获通过，盐每石附加洋1元。后因旅京、旅沪同乡会和北京盐务稽核处的反对，无形取消。

12 月 20 日　省长龚心湛向省议会提交安徽省警备队附加案,按田赋正额每银币 1 元附加 7 分 5 厘作警备队经费。省议会议决减为 7 分。

是年　凤阳关税务总办唐少侯在蚌埠创办安徽最早的私营电厂——光华电灯公司。次年 2 月供电。

中华民国八年(1919)

1 月上旬　督军倪嗣冲、省长龚心湛决定增加盐税、田租。旅居上海、北京、南京、天津的皖籍人士强烈反对,致电北京政府要求罢免倪嗣冲。11 日,徐世昌任命吕调元为安徽省长(3 月 4 日到任)。

3 月 4 日　北京政府 1 月 23 日向日本放开米禁,芜湖"民食维持会"致电北京政府,恳请拒绝。后,省议会亦迭电北京政府,请严禁日本在皖购米。30 日,倪嗣冲强行将 2.8 万石芜湖大米运往日本。

5 月 4 日　北京爆发五四运动。从 5 月至 6 月,安庆、芜湖、合肥以及皖中、皖南、皖西、皖东、皖北 50 余县学生、教师、各界群众举行集会、游行,声援北京学生的斗争。省长吕调元在安庆各校学生的压力下,于 10 日通知商会和教育厅发电报力争国权。反帝爱国运动在全省展开。25 日,安徽学生联合会在安庆成立,会长方乐周,副会长周新民、汤志先。

5 月 28 日　安庆各校学生因督军倪嗣冲严禁抵制日货及进行爱国宣传,并派警察沿街撕毁爱国传单,于是日全体罢课,要求倪嗣冲恢复传单原状,并要求言论著作自由、发电自由、集会自由、演说自由。29 日,安庆学生联合会通电全国,声明"誓与北京各校一致行动"。30 日,倪嗣冲下令解散罢课各学校。6 月 8 日、11 日,芜湖、安庆相继掀起工人罢工、学生罢课、商人罢市的"三罢"斗争。

6 月　蔡晓舟和王步文等在安庆创办《黎明》周报、《安徽学生会周刊》、《洪水》。方乐周、周新民等在安庆创办《教育良民报》。

8 月 15 日　驻安庆安武军第八路军于是日及 9 月 1 日夜,两次侵入蚕桑女校,对校长、教职员及女生遍施兽行,致 10 余人羞愤自杀。11 月 27 日《字林西报》将此事披露,举国同愤,纷电诘责。倪嗣冲和省长吕调元矢口否认,反指报界"任意栽诬",扬言欲"依法起诉"。此

事后不了了之。

12月8日　全国各界联合会将倪嗣冲祸皖、张敬尧祸湘、陈树藩祸陕罪状通告全国,请一致声讨。

12月31日　北京政府免吕调元安徽省长职,以聂宪藩继任。

是年　芜湖米市出口米粮800余万石,创历史最高纪录。

中华民国九年(1920)

4月6日　徐世昌任命马联甲帮办安徽军务。

4月17日　安庆学生查获大批日货。19日,奸商收买商团和流氓殴打游行、演讲的学生,打伤10多人、抓去4人。23日,芜湖各校学生代表到芜湖总商会,要求不再购销日货,有下跪恳请者,商会无动于衷,被激怒的学生砸了商会的桌椅茶具,会长汤善福被迫在保证书上签字。

7月8日　段祺瑞起兵讨伐曹锟、吴佩孚。13日,吴佩孚等声讨段祺瑞,张作霖派兵参加直皖战争。14日,直皖战争开始。皖军约6万人。20日直军占领长辛店,皖军大溃。21日,直、奉军进入北京。

9月16日　徐世昌令安徽督军兼长江巡阅使倪嗣冲免职,任张文生暂署安徽督军,李纯兼长江巡阅使。

9月26日　孙中山致电吴忠信,谓"长江机会渐逐成熟,皖局尤佳,请兄速回沪助理进行,切勿延迟"。

秋　安庆法政专门学校、安庆第一师范、芜湖省立五中、二农、二女师、合肥省立二中、六师等校掀起易长风潮,赶走守旧的官僚校长,进步人士光明甫、李光炯、刘希平分任校长。斗争胜利。

11月7日　陈独秀等人创办之《共产党》(月刊)在上海刊行。第十五届赴法勤工俭学学生登程,其中有安徽学生20多名。自1919年3月17日第一届起,安徽有43人(全国1500人)赴法。其中有陈延年、陈乔年、尹宽、李慰农等。

11月　应宣城省立第四师范校长章伯钧之聘,武汉利群社恽代英来任教务长,兼授哲学、国文。期间组织觉社、爱智社、我社等团体,应邀到芜湖、安庆等地演说,翌年6月离职。

是年　朱蕴山、蔡晓舟、宋竹荪和省学联以及旅京、旅沪皖人,分别在安庆、芜湖等地创办《平议报》、《黎明》、《新安徽报》、《安徽学生会周刊》、《芜湖》半月刊等宣传反帝爱国和新文化的报刊。

寿县掀起新文化热潮,城关、瓦埠、李山庙等地进步人士破庙宇,打菩萨,办学校。

中华民国十年(1921)

1月　高语罕《白话书信》出版,此为安徽最早的传播马克思主义的课本。

4月22日　张文生令查封《民性报》、《新安徽》,缉拿"过激党人"蔡晓舟、高语罕、王肖山等10人。5月10日省长公署发出查禁《社会主义史》、《新安徽》、《劳动界》等7种书刊咨文。

6月2日　安庆各校教员为争取教育基金独立、反对倪嗣冲侵吞教育经费事,向省议会请愿。马联甲、倪道烺令毒打学生,40多人受伤,姜高琦身受7刀(7月1日身亡)、周肇基被殴伤(次年11月身亡)。法专校长光明甫见状怒斥马联甲,亦被打,是为六二惨案。3日,省城各界罢工、罢市;芜湖、合肥、宣城、凤阳学生罢课。13日,芜湖各中小学3000多人高举姜高琦血衣示威游行。后,省长聂宪藩允抚恤死者家属及受伤学生。22日,省政府将教育经费由70万元增到150万元;将六二案件交地方法院审理,后转省法院审理,7月又呈请司法部先后移交山东、江西省审理,终无结果。

6月　安徽省学生联合会改选,舒传贤为会长,许继慎、杨溥泉、葛文宗为委员。

7月23日　中国共产党第一次全国代表大会在上海举行,后移嘉兴南湖续开。大会通过《中国共产党党纲》,选举陈独秀、张国焘、李达组成中央局,陈独秀任中央局书记。

8月21日　倪道烺、马联甲贿选,选出倪系清一色108名省议会第三届议员,遭全省各界强烈反对,省长聂宪藩辞职。倪道烺买通靳云鹏,任命其老师李兆珍为安徽省长。是日,徐世昌令准聂宪藩辞职,特任李兆珍为安徽省长。各界力拒。李兆珍9月13日夜扮成贩夫,乘小船暗由小南门登岸,入省署接印就职。

9月4日　徐世昌特任张文生为安徽省督军。

9月22日　李兆珍化装从旁门溜出省署离开安庆,各商店当日恢复营业。25日安庆民众万余人齐集公共体育场,庆祝驱李运动胜利。会后举行盛大游行并散发传单。此为安庆自五四运动以来未有之盛况。

9月29日　徐世昌任命许世英为安徽省长。许世英发表谈话,谓当维持教育经费,公开民财各政。9月,许世英倡立安徽大学,翌年春成立安徽大学期成会。

10月　安徽社会主义青年团成立,舒传贤任委员长、王逸龙任秘书,团员9人。此为全国17处成立地方团组织的地区之一。

中华民国十一年(1922)

1月21日　在中国共产党组织下,安徽学生宋伟年、唐道海、夏葵如(夏涛声)、马章禄赴苏联莫斯科出席远东各国共产党及民族革命团体第一次代表大会。皖籍与会者有柯庆施(青年团代表)、张秋白(国民党代表)、江亢虎(社会党代表)。列宁24日接见张秋白、张国焘、邓培,谈及国共合作之可能。

1月　芜湖法院宣判无为县省议员选举无效。桐城、舒城等地法院亦纷纷援例,判决当地选举无效。根据选举法规定,第三届省议会议员选举全部无效。

3月22日　芜湖2000多黄包车工人举行罢工。在王步文、薛卓汉等学生的帮助下,29日召开劳动大会,宣布芜湖劳工会成立,揭开了安徽现代工人运动的序幕。

7月29日　在省长许世英支持下,全省各界在芜湖召开财政审查会议,一致认为军费过巨、以致至百业不振,要求废督裁兵,议决"全省军费每年以140万元为限"。

10月7日　省军政长官改称"督理军务善后事宜"。黎元洪令免张文生职。11日,马联甲任皖省军务善后督理。

10月12日　直系军阀吴佩孚派冯玉祥为讨皖总司令。

10月23日　省长许世英根据北京政府大理院的判决(即一县选举无效则全省选举无效的选举法规定,判决安徽省第三届省议会议员选举全部无效),通令全省改选。30日安庆各界1万余人举行讨马示威。

10 月 蚌埠机务段、工务段秘密成立工会,会员 200 多人,此为安徽最早的赤色工会组织。

12 月 21 日 许世英以马联甲擅封金库,借词返津探亲。黎元洪令:加马联甲陆军上将衔,31 日又授冯玉祥为陆军上将。

是年 从墨西哥、新西兰等地归国的华侨 20 多户在宣城水阳镇河东双塘墩建立归侨村,取名东华里。

中华民国十二年(1923)

2 月 3 日 黎元洪准许世英辞职,以阮忠植护理省长。9 日,皖省各厅、道、处联电拒绝阮忠植长皖。10 日,北京政府任吕调元为安徽省长。皖省及省外各公团与同乡会反对无果。23 日,吕接任省长。

2 月 13 日 蚌埠铁路机务处工会领导罢工,声援京汉铁路二七大罢工。安庆学联联合教联、报馆、商会、工会等,组成安庆二七惨案后援会,举行示威游行,组织募捐,支援汉口工人。

6 月 13 日 安庆社会主义青年团恢复,柯庆施主持成立大会,到会 15 人,选举柯庆施、何大年、卢春山为执行委员,杨溥泉为候补委员;推杨溥泉、柯庆施筹备马氏(马克思)研究会。10 月,青年团改选杨溥泉任委员长,柯庆施任秘书。8 月,柯庆施到南京参与筹备并出席中国社会主义青年团第二次代表大会。

10 月 10 日 曹锟贿选为大总统,准备本日就职,引起全国民众愤怒。芜湖、安庆等地教职员和学生集会游行,通电全国表示反对。芜湖学生捣毁受贿议员(民众称"猪仔议员")彭昌福、吕祖翼住宅,在其门上大书"人民的公敌,猪仔议员的窠窟"。安庆学生捣毁受贿议员张伯衍、何雯两家住宅。

10 月 18 日 陶行知回皖推行平民教育,推动成立安庆平民教育促进会。此后与安徽同乡会在南京筹建安徽公学,被推为校长,姚文采为副校长,招收安徽失学及被开除之进步青年,试验三三制新学制。

11 月 3 日 安徽省立各校教职员代表 28 人,往省长公署索要欠薪,被军警殴伤 10 余人,教育厅长江暐在场劝解,亦被打伤。同日,省教育会通电历数吕调元罪行,请求各方支援。江暐愤而辞职。学生罢

课。吕调元诬称教职员为乱党,要求将学校解散,请电饬督理马联甲镇压,请通缉陈独秀。5 日,省学联通电,全体罢课,誓与吕、马斗争到底。

11 月 19 日　省《民岩报》、《新建设报》、《劝业日报》、《民声报》、《商报》、《安庆新报》、《皖钟报》、《通俗教育报》、《新皖铎报》联名致电督理马联甲并函省长吕调元,称以"教潮首犯"罪名被捕的《民治报》经理管曙东、编辑陈紫枫仅因直言无隐,报道此次教潮,并非有罪,请予释放,以重人权,而维舆论。在各界压力下,21 日,吕调元派代表向各校校长道歉,完全承认教育界拟定的 8 条办法,令教育厅送还各校校长之辞呈,令财政厅发 1 个月经费,通电更正本月 3 日的不实通电。皖省教潮遂告平息。

11 月 24 日　吕调元下令通缉 40 余名学生;28 日下令《通俗教育报》停办;29 日下令警察厅将全省学生会解散。学生运动积极分子迫于被镇压之危,纷纷逃往外地。

是年　北京政府派王达到安徽督办官矿,成立安徽官矿督办处,先后领官矿 42 区,其中煤矿 38 区、铁矿 4 区。

中华民国十三年(1924)

1 月中旬　合肥青年组织马克思学说研究会性质的读书会,准备建立青年团组织。

1 月 20 日　中国国民党第一次全国代表大会在广州举行(30 日闭幕)。安徽代表 6 人出席,其中陈独秀、柏文蔚、张秋白 3 人由孙中山指派。安徽代表李次宋 28 日向大会作安徽党务报告。大会制定了联俄、联共、扶助农工三大政策。安徽属中央执行委员会上海执行部领导。

5 月 13 日　苏淮水利研究会与皖淮水利协会召开联席会议,议决(1)赞成费礼门治淮计划,唯必须勘测后进行;(2)苏、皖入淮支河宜修浚,工费列入导淮预算中;(3)力争美国退回之庚款作为导淮之用,并于 14 日分电美国政府及国会请求。

6 月 16 日　黄埔军校第一期开学,495 名学员中有皖籍学员 33 名,其中许继慎、彭干臣、杨溥泉、姚光鼐 4 人为安庆团组织选派考入。

6月　陈绍禹(王明)在金家寨成立豫皖青年学会,讨论学术问题,宣传马克思主义。

7月17日　皖北镇守使史俊玉率部进攻六安,大刀会会首谢应龙等战死。大刀会22日围攻合肥县城,8月1日攻占英山县城。中共北方区委两次派乐天宇至皖西调查情况。

8月18日　苏督决定分4路对浙江作战,安徽担任第三路。9月3日,江浙战争爆发。皖军进攻卢永祥浙沪联军,连占泗安、吴兴、嘉兴,迫宜兴。10月13日,卢永祥通电下野,战事结束。

10月23日　冯玉祥发动北京政变,组国民军,拥段祺瑞为国民军大元帅,电请孙中山北上主持大计。11月16日马联甲通电退职离皖。17日皖南镇守使王普进入安庆,就任安徽军务督理及省长。

11月24日　段祺瑞就任临时执政。28日段特任王揖唐为安徽省长暂兼督办军务善后事宜。

下半年　在共产党人帮助下,安庆发展了一批国民党员,并在省教育会、第一师范学校、法政专门学校成立3个区党部,黄梦飞、方乐周、周振飞分别在3个党部中任常委。

中华民国十四年(1925)

2月24日　江浙皖丝茧总公所致电奉、皖、苏、浙4省军民长官,谓再有军事发生,丝茧业将受极大打击,"7000万大宗土产,无以出口,数百万捐税,从何征取?"恳请收束军事,俾农民得从事蚕桑。

4月24日　段祺瑞特任郑士琦督办安徽军务善后事宜,准免省长王揖唐军务督办兼职。

5月中旬　芜湖教会学校圣雅各中学举行悼念孙中山活动,遭校方阻止,学生开展"收回教育自主权,反对奴化教育"斗争,全体罢课,并同萃文、育才等教会学校联合行动。安庆、合肥等地教会学校积极响应。团中央领导人张秋人、陶淮抵芜湖指导。同年秋,中共党组织通过光明甫、朱蕴山、沈子修等先后在安庆、芜湖创办建华中学和民生中学、新民中学,接收教会学校退学学生就学。

5月30日　上海发生五卅惨案。安庆、芜湖、合肥、阜阳、宣城等40余城镇举行示威,开展宣传募捐活动与抵制英日货斗争。至7月

底,仅经安庆五卅惨案安徽后援会汇寄到上海的捐款即有 21300 元。

7 月 10 日　高世读、王普、倪朝荣在蚌埠通电推倪道烺为安徽陆军司令,拒绝段祺瑞所任之省长兼督办吴炳湘到任。11 日,倪道烺通电宣布视事。17 日,吴炳湘得奉军助抵达蚌埠,宣布就任。倪道烺出走。

8 月　芜湖团组织选派汪菊农、廖鳞、陈原道、陈维琪、贾斯干 5 人赴苏联入中山大学学习。铜陵王同荣、王同根、朱世珩、阮淑兰(女)4 人分别由上海工会和安庆团组织选派去莫斯科东方共产主义劳动大学学习。另,由外地党团组织派遣赴苏学习的安徽青年还有柯庆施、陈延年、陈乔年、尹宽、陈绍禹(王明)、孟庆树(女)、李竹声、王稼祥、方英、方运炽、吴震、高国久等人。

11 月 2 日　孙传芳、张宗昌两军在固镇激战。奉军溃退,奉军张宗昌部前敌总指挥施从滨(桐城籍)被拿获,10 日解蚌埠,施拒降,被孙传芳下令枪决,悬首示众。

冬　艺人丁永泉将黄梅戏从枞阳带到安庆。

中华民国十五年(1926 年)

1 月 16 日　国民党安徽省代表朱蕴山、沈天白、黄梦飞在国民党第二次全国代表大会上作《安徽党务报告书》,称:安徽已有在册国民党员 1700 多人,安庆、芜湖 2 个市党部,宿县、寿县、铜陵 3 个县党部,郎溪、绩溪、英山、凤阳 4 个临时县党部。国民党中央以光明甫、周松圃、朱蕴山、沈子修、常恒芳、史恕卿、黄梦飞、薛卓汉、周范文 9 人为国民党省党务临时执行委员会委员。

3 月上旬　国民党安徽临时省党部(左派)在安庆成立。光明甫、周松圃、朱蕴山任常务委员,委员有沈子修(组织)、黄梦飞(宣传)、薛卓汉(农工)、史恕卿(商人)、周范文(青年)、常恒芳(妇女),柯庆施任秘书长。

3 月 18 日　北京发生三一八惨案。芜湖、安庆民众集会示威,停业、停学,声援三一八受难同胞。芜湖 25 日成立京案后援会,议决 4 月 24 日开会追悼在惨案中殉难的泾县公学毕业生周正铭(天长人)。

5 月 3 日　毛泽东主持第六届广州农民运动讲习所开学(此届萧

楚女任教务主任,高语罕任政治训练主任),安徽经薛卓汉办理参加学习的有寿县、六安、霍山、霍邱、芜湖、桐城、怀宁等地共 16 人。他们于同年秋返回安徽从事农运工作。

12 月 3 日 张宗昌直鲁联军大举南下,江南民心恐慌。6 日,孙传芳欢迎张部南下,向张表示愿将津浦路南段收入,即浦(口)徐(州)货捐、凤阳关税、正阳和芜湖盐厘、两淮盐款,全部给鲁军做军饷;当日命令苏浙皖 3 省各筹款 50 万元助直鲁军;又颁军令 13 条,规定凡阻直鲁军南下者,以"赤党"论罪。9 日张宗昌电苏、皖当局,请会衔布告苏、鲁、皖、赣一律通用鲁省军用票。21 日,孙传芳、张宗昌、陈调元在南京议定合作办法,决定以孙传芳对付浙江战事,张宗昌直鲁军由安徽进攻九江,陈调元军在安徽沿江防御国民革命军东下。

12 月 22 日 武汉中央联席会议议决扶植冯玉祥,设立军事政治学校,以冯玉祥为校长。

12 月 23 日 孙传芳下令取缔苏浙皖 3 省联合会和全皖公会等团体集会,缉拿蔡元培、许世英等 70 余人,声称提倡自治即是"赤化",要以军法处置。

中华民国十六年(1927)

1 月 25 日 北伐军总司令蒋介石在南昌召集军事会议,决定进兵计划:中路军由蒋介石兼任总指挥,分江左、江右军,江左军(长江北岸)总指挥李宗仁率第七、第十、第三十三军,由鄂东进取安庆、合肥,侧击津浦路敌军;江右军(长江南岸)总指挥程潜率第六军及独立第二师由赣北进取南京。

3 月 20 日 蒋介石抵达安庆(24 日离开),委李宗仁为安徽省政府主席;蒋介石令国民党左派向陈调元妥协、同国民党右派合作成立省党部,遭左派拒绝。

3 月 22 日 国民党安徽省第一次代表大会在安庆开幕,全省 40 多个市县代表出席。23 日,国民党右派用每名 4 元身价收买暴徒组成百人敢死队,定出赏格(轻伤者 100 元,重伤者 500 元,丧命者 1500 元),捣毁国民党(左派)临时省党部及安庆市党部、省总工会、省农协筹委会、安庆市妇女联合会、第六军政治部等机关,抢劫文件,破坏国

民党安徽省第一次代表大会会场,数十名代表被殴伤。是为安庆三二三反革命事件。大会4月初移武汉继续举行,正式成立国民党安徽省党部(左派),柯庆施、李宜春、高语罕、周新民等当选执行委员或监察委员。

5月6日 南京政府北伐军继续北伐。先后克舒城、巢县,解合肥之围,继而克定远、明光、蚌埠、六安、阜阳、固镇、宿县、寿县、凤台,于6月2日攻占萧县、徐州。

5月下旬 中共安徽省临委在武汉成立。7人为委员,柯庆施任书记,王步文、王心枭分任组织、宣传委员,调查安徽各地党员分布情况,后派出22人回安徽各地活动。各地赤色工会组织相继建立。

8月7日 中共中央召开紧急会议,撤销陈独秀总书记职务,确定了土地革命和武装反抗国民党反动派的总方针。

8月至10月 南京军队、北洋军队、武汉军队在安徽境内进行战争,互有进退。

10月1日 中共中央在武汉成立长江局,辖湖北、湖南、河南、陕西、四川、江西、安徽7省。省临委下辖:芜湖县委、宿县临时县委、寿县临时县委、六安临时县委、泗县特支、霍邱特支、庐江特支、安庆特别区委、南陵特支、旌德特支、凤阳特支、无为特别区委、郎溪特支,在凤台、庐江、和县、宿城分别设立通讯员。下旬,安徽临委决定由柯庆施、王心枭、郭士杰组成常委会,柯任书记兼农运,王任宣传兼工运,郭任组织;把以六安为中心的霍山、英山、霍邱、寿县5县划为第一暴动区,并成立皖中特别委员会,指导该区工作,书记周范文。同时决定怀宁县临委负责指导桐城、庐扛、潜山工作;寿县临委指导凤台、合肥、霍邱工作;宿县临委指导泗县、凤阳、蚌埠、怀远工作。

10月25日 南京军队占领安庆,定安庆为安徽省会,11月全面控制全省,开始南京国民政府在安徽的统治。

11月11日 湖北黄安农民武装暴动,18日成立中国工农革命军鄂东军,揭开了创建鄂豫皖革命根据地的序幕。

中华民国十七年(1928)

3月 中共中央决定成立第二届安徽省临委,尹宽任书记,王步文、王教、龚德元等为委员。党的地方组织有所发展,到 6 月,全省 9 个县建立县委,10 个县建立特区委,有党员 1300 人。

4 月 9 日　中共皖北特委在阜阳发动武装起义,遭敌军包围袭击而失败,魏野畴被俘牺牲。

5 月 9 日　郎溪农民自卫团在团长陈文、党代表夏雨初领导下发动武装暴动,攻下县城,建立工农委员会。遭敌军包围袭击而失败。

8 月　安徽大学在安庆成立,设文学院(包括中文、外文、哲学系)、理学院(包括数学、物理、化学系)和法学院(包括经济、法律、政治系),由省教育厅长程天放兼任校长。

11 月 8 日　芜湖 54 家布商,因在济南五三惨案前所定购的日货 1980 余件货到埠被禁止起卸,宣告全体罢市。11 日,芜湖市染布业罢市。30 日,各界联席会议议决:准予布匹进口,限价出售,但要对进口日货之布商罚款 3 万元,且令商公会具结,以后不得再进日货。

11 月 29 日　因 23 日发生安庆第一女中拒绝安徽大学男生参加女中校庆的风潮,蒋介石召安大预科主任、文法学院院长刘文典予以训斥,指其为"学阀",刘反斥蒋为"新军阀",蒋遂下令逮捕刘文典,安庆学生游行示威,包围省政府和国民党省党部,使刘获释。

是年　安徽省政府在安庆设立"反省院",专门关押共产党人及进步人士。是年,全省中共党员发展到 1320 多人(不含津浦沿线各县)。

中华民国十八年(1929)

3 月上旬　中共中央江钧(项英)、国华在上海召集尹宽和曾在安徽工作过的人讨论安徽省临委的工作。柯庆施、郭士杰、王逸常分别认为省临委的工作存在盲动主义、命令主义、组织指导系统薄弱、党内缺乏民主意识及保密工作太差等错误。

5 月 6 日(立夏节)　中共鄂豫皖特别区委组织发动的商城丁家埠民团起义(亦称"立夏节起义")成功。成立中国工农红军第十一军第三十二师,下辖两个团,师长周维炯,党代表徐其虚。

5 月 18 日　国民政府下令改组安徽省政府,任命方振武为主席,吴醒亚、袁励宸、程天放、李范一分兼民政、财政、教育、建设厅长。是

日,方振武通电就职。

5月　国民党安徽省党务指导委员会改组为执监委员会,由第一次全省代表大会选出的金维系、徐中岳、周燕生等6人为执行委员,石克士等5人为监察委员。

6月　中共中央5月决定取消安徽省临委后,全省成立4个中心县委:芜湖中心县委书记宋士英、安庆中心县委书记赵凫、六安中心县委书记舒传贤、阜阳中心县委书记李乐天。中心县委直接指导各县进行武装暴动的准备工作。到1935年5月,全省各地的农民暴动共发生60多次,其中千人以上的20多次。

11月8日　中共六安中心县委领导三区数千农民起义,占领独山镇,9日,中心县委发出要求各区与邻近各县立即举行起义的通知。16日后,六安两河口、龙门冲、郝家集、七邻湾、古碑冲等地农民举行武装暴动;18日以后,霍山西镇、舒家庙、花园畈、闻家店、桃源河等地举行暴动;12月20日,霍邱白塔畈等地举行暴动。是为六霍总暴动。次年1月,起义武装200多人编为中国工农红军第十一军第三十三师。

11月15日　因陈独秀10月26日致书中共中央,谓须有适合过渡时期之总的政治口号,方能争取群众,不当以"为组织苏维埃而斗争"作行动口号,而于是日被中共中央政治局开除党籍。被同时开除党籍的还有彭述之、刘仁静、高语罕、李孚、郑超龄、尹宽、马玉夫、蔡正德等。

中华民国十九年(1930)

1月1日　中共广德县委发动广德农民暴动,成立中国工农红军广德独立团,建立宣郎广苏维埃政府。

2月4日　中共潜山县委发动请水寨(今属岳西县)农民暴动,成立中国工农红军潜山独立师。3月底与红三十二师、三十三师会合后,改为红三十四师。

2月25日　中共中央指示将鄂豫皖3省边界18个县划为鄂豫皖边特别区,设立鄂豫皖特委,安徽的六安、霍山、霍邱、英山、寿县、合肥、颍上划归特委。特委属湖北省委领导,郭述申任书记。

3 月 18 日　红十一军改编为红一军,原鄂东三十一师、豫南三十二师、皖西三十三师分别改编为红一军第一、第二、第三师(第一师师长由副军长徐向前兼任,第二师师长周维炯,第三师师长刘英),军长许继慎,政委曹大骏。至此,鄂豫皖边区党政军建制统一。4 月 17 日,中共六安中心县委发布《六安六区土地政纲实施细则》。六霍苏区进行土地改革,到 7 月,约有 32 万贫苦农民和手工业者分得了土地。霍山县基本赤化,成为安徽红色区域的中心。

4 月 25 日　安徽产米区出现米荒,是日安庆发生抢米风潮。上万市民到各米店抢米,安徽省政府急调军警镇压。与安庆毗邻的高河埠、潜山等地也发生了抢米斗争。

4 月 30 日　蒋、冯、阎大战,砀山发生前哨战。次月鲁西、皖北、豫南战事激烈。

5 月 2 日　国民政府全国建没委员会在九龙岗设立淮南矿务局。1931 年 3 月开始出煤。

8 月 22 日　六霍总暴动失败,中心县委停止盲目武装暴动。至 10 月,六安、霍山两县被杀害干部、群众 2 万多人,被掳走妇女 1690 多人。

11 月 28 日　曾中生受中共中央委派到达鄂豫皖苏区,次月上旬领导组成鄂豫皖临时特委、临时革命军事委员会、临时苏维埃政府,曾中生任特委书记兼军事委员会主席,统一鄂豫皖苏区党政军的领导。

12 月上旬　国民政府以 10 万兵力向鄂豫皖发动第一次“围剿”,占领皖西主要城镇。红一军东征,将皖西大部收复。次年 3 月,红四军袭击京汉路,歼敌 5000 余,俘敌第三十四师师长岳维峻,粉碎了“围剿”。

中华民国二十年(1931)

2 月 15 日　中共安徽省委在芜湖成立,王步文任代书记兼宣传部长,贺昆容代组织兼职工部长,郭春华任军委书记。省委将皖西的特委、行委完全取消,全省划为 4 个中心县委,红色区域以霍山为中心,白色区域以安庆、屯溪、合肥为中心,分别成立中心县委。决定出版党报《安徽红旗》周刊,王步文为编辑。

4月6日　王步文、霍锟镛等11人被捕。王步文、霍锟镛5月31日在安庆就义。

4月8日　国民政府以12万兵力,发动对鄂豫皖第二次"围剿",至5月下旬失败。皖西北苏区面积东西400里、南北300里,新老苏区近100万人口分得了土地,并由苏维埃政府发给土地证。

6月12日　合肥午前大火,至午后5时始灭,延烧周围约3里,烧毁房屋数千间,商号正附户千余家,损失数百万元,万余贫苦灾民无家可归,哭声震天,惨不忍睹。

9月13日　陈昌浩奉张国焘命令开始在军内"肃反"。月底,张国焘在豫南白雀园主持"肃反"。许继慎、周维炯、姜镜堂等师以上干部被以"改组派"、"AB团"、"第三党"等莫须有罪名处死。至11月中旬,被害师、团级干部26人及12个团的政治处主任,其他干部、战士2500多名。1932年6月"肃反"中止。

9月　蒋介石调集15个师,发动对鄂豫皖第三次"围剿"。11月7日,红四方面军成立,至翌年6月连续发动黄安、商(城)潢(川)、苏家埠、潢(川)光(山)4个战役,歼敌6万余人,粉碎了"围剿"。

11月7日　鄂豫皖边区第二次苏维埃代表大会召开,大会组织鄂豫皖区苏维埃政府,高敬亭任苏维埃政府主席,王平章任人民委员会委员长,人民委员会辖外交、军事、财政等12个机构。同日,红军第四方面军在红安七里坪成立,徐向前任总指挥,陈昌浩任总政治委员,刘士奇任政治部主任。辖红四军、红二十五军,近3万人,另赤卫军20余万人。红四军辖第十师(师长倪志亮)、十一师(师长王树声)、十二师(师长陈赓)。

中华民国二十一年(1932)

3月21日　红四方面军发起苏家埠战役。历时48天,歼敌19个团又2个警备旅。

4月5日　国民政府任命吴忠信等11人为安徽省政府委员,吴忠信任主席。

4月18日　蒋介石在庐山召开赣、鄂、豫、皖、湘5省"剿匪"会议,提出"七分政治,三分军事"方针,确定第四次"围剿"先从肃清豫鄂皖 3 省红军入手。后,蒋自任总司令,设立"剿共"总部于汉口,设副部于蚌埠。

5 月　鄂豫皖根据地达到鼎盛期。拥有 26 个县级政权,人口 350 万;主力红军有 2 个军、6 个师、4 个独立师,共 4.5 万人。皖西根据地东起舒城,西抵固始,南至太湖、宿松,北濒淮河南岸,拥有六安、霍山、商城、英山、五星、红城(霍邱)、固始、六霍 8 个县级政权。

秋　安徽大旱,蝗灾。尤以亳县、太和、涡阳、宿县、泗县、五河、嘉山、定远、舒城、桐城、合肥、和县、泾县、广德为甚。4 月至 5 月间西南风连刮 18 天,麦禾皆枯,豆多干死,瓦埠湖干涸。

10 月 10 日　红四方面军反"围剿"失利,向川北转移(后在川陕交界地区建立川陕革命根据地)。留下红七十四、七十五两个师与各独立团,坚守鄂豫皖苏区。

10 月 19 日　陈独秀被捕后于是日被解南京。胡适 20 日致电国民党中央,主张宽容陈独秀,24 日又电蔡元培,请就近营救陈独秀。24 日,蒋介石自汉口电京,主张将陈独秀交法院公开审判。

是日　国民政府析河南商城、固始和安徽六安、霍邱、霍山 5 县地置立煌县(县名取第十四军军长卫立煌之名。同时设以刘峙的字命名的经扶县、以陈继承的字命名的礼山县),治所金家寨(已没入梅山水库)。

是年　涡阳、蒙城县政府预征了民国二十二年、二十三年的钱粮。

中华民国二十二年(1933)

1 月上旬　为恢复皖西北苏区,中共鄂豫皖省委决定组建红二十八军,军长廖荣坤,政委王平章。下辖两个团、一个特务营,约 3000 人。

2 月 15 日　豫鄂皖三省"剿匪"总部公布《编查保甲户口总动员办法》,令各县办理。据后来统计,安徽全省编成 4300 个联保、4.4 万个保、35.4 万个甲,统治 369 万户、2255 万人。

3 月 4 日　豫鄂皖 3 省"剿匪"总部制定《封锁"匪区"条例》,规定封锁物资为米、面、盐、家畜等食物,铜、铁、煤、汽油、电料等军用材料,以及中西药品等卫生材料。

3月10日　国民政府实行废两改元，每元银7钱1分5厘。

4月14日　江苏高等法院公开审判陈独秀、彭述之等10人（章士钊任陈的辩护律师）。26日以"共同以文字为叛国之宣传"罪名，判处陈独秀有期徒刑13年，褫夺公权15年。陈提出上诉，7月3日被驳回。次年7月10日江苏高院第二庭改判为有期徒刑8年（依优待政治犯办法，执行1/3刑期）。

6月24日　京芜（南京至芜湖）公路竣工，是日举行通车典礼。

是年　全省米产量4400余万担，小麦1900余万担，大麦430余万担，高粱590万担。

是年　根据各县调查，全省人口22159285人。

中华民国二十三年（1934）

1月9日　安徽黄山建设委员会在南京成立，推许世英为主任委员（后为徐静仁），先后聘省内外80余位名人为委员。

2月7日　国民政府特派张学良任豫鄂皖3省"剿匪"副总司令。东北军半数以上共2个军9个师于4月中旬陆续调到鄂豫皖，使"剿匪"部队增至16个师80多个团。

是年　全省共有国民党员8093人，设196个区党部、649个区分部。

4月16日　红二十五军与红二十八军在立煌县合编为红二十五军，军长徐海东，政委吴焕先，政治部主任郭述申，辖第七十四师（原红二十八军第八十二师，师长梁从学，政委姚志修）、第七十五师（师长丁少卿，政委高敬亭）。原活动于皖西的第三路游击师改编为新的第八十二师（师长江求顺后为政委，师长林维先）。吴宝才代理皖西北道委书记兼游击总司令。

6月5日　淮南铁路（田家庵至裕溪口）举行奠基典礼，干线214.7公里，次年12月完工。

11月16日　红二十五军离鄂豫皖西征入陕，鄂豫皖苏区结束。留下的武装后再建红二十八军。

12月　方志敏率红十军团入婺源、进休宁，寻淮洲率红军北上抗日先遣队入绩溪、克旌德，两部在黄山汤口会师。是月寻淮洲在泾县茂林牺牲。次月方志敏部出皖境,后在江西怀玉山失败,方志敏被捕后牺牲,粟裕率一部突围去浙南。

是年　根据各县调查,全省人口22696072人。

中华民国二十四年(1935)

2月3日　红二十八军在太湖凉亭坳(今属岳西县)重建,高敬亭任政委。其后在舒城、霍山、潜山、太湖4县边区开展游击战争。

4月19日　《大公报》载:"客岁江淮大旱,皖省尤烈,全省60县被灾者49县,灾民870余万。秕糠、树皮、草根均已食尽,今值青黄不接,仅以观音土、野菜、青草充饥。"

6月　中共皖西北独立游击师成立,师长孙仲德,政委张如屏。

7月上旬　皖省长江沿岸皖中、皖南30余县遭水灾。当涂江水水位超过1931年最高水位3尺。全省受灾田亩171587亩,灾民46.7万多人。

8月1日　中共中央发表《八一宣言》,呼吁停止内战、一致抗日,号召建立抗日民族统一战线。

9月3日　国民政府行政院议决重新划定皖、赣、鄂省边界。10月19日,3省勘界代表在九江首次集会。

10月19日　中国工农红军第一方面军经二万五千里长征,到达陕北吴起镇。

11月4日　国民政府公布币制改革、白银国有令,规定中央、中国、交通3行发行的钞票为国内统一流通的法币,禁止银元流通。12月,省政府下令以收兑银元多寡作为县长的主要考绩,致民怨沸腾。

11月13日　前浙闽苏皖赣5省联军总司令孙传芳在天津被施从滨之女施剑翘狙击毙命。次月刺孙案宣判,施剑翘被判处有期徒刑10年。

11月　国民政府军第二十五路军追堵红二十八军无着,遂在舒城、霍山、潜山、太湖、宿松、望江、怀宁、桐城、六安、霍邱、立煌等11县修筑碉堡24700多座,形成封锁网。

12月12日　"一二·九"运动爆发后,安庆、芜湖、蚌埠等地学生自是日起纷纷游行示威,声援北平学生的爱国救亡斗争,并先后成立

救国联合会、抗敌后援会、抗日宣传队等。

中华民国二十五年（1936）

1月20日　淮南铁路通车，主运煤，兼营客运。

2月25日　南京《中央日报》载：皖北太和、颍上、涡阳、蒙城、阜阳、霍邱、凤台、怀远、定远等县春荒严重，灾民以树皮、草根、麦苗、粗糠、水藻充饥，各县流亡载道，十室九空，灾民麇集蚌埠，沿门乞讨，风餐露宿，甚至踯躅街头，高呼出卖小孩。

2月　安徽代表在全国茶业技术讨论会上提出"祁门红茶运销方法"议案，主张与外商直接贸易，不经过上海茶栈中介。后，安徽省政府与江西省政府共组皖赣红茶运销委员会，专事红茶运销。

3月1日　安徽实行征兵制度，设3个师管区：安庐师管区辖太湖、六安、庐江、滁县；淮泗师管区辖蒙城、泗县、寿县、阜阳；芜徽师管区辖贵徽、休宁、芜湖、宣城共12个团区。

5月　中共皖赣特委在江西婺源莒莙山成立，书记王丰庆，副书记李步新。下辖祁婺休、祁浮婺、浮乐婺、都湖鄱彭中心县委。

6月2日　蚌埠公安局破获汉奸组织修真堂，捕获首犯李玉林，搜出天津日本驻军司令部委任状10张。李犯供称，其借办道为名募壮丁，以修真堂名义收徒众，已收3000余人秘送北上。李还派党徒潜赴各县，联络天仙道、圣贤道、一心堂、中央圣道会、光蛋会、金丹道、修身道、青红帮等。

8月　全国米麦丰收。日商三井、岩井、三菱等会社在安徽大量收购小麦，作战时储粮。致麦价涨至每担5元。苏、浙、皖面粉业分会纷呈实业部，请禁止小麦出口，财政部批示："暂无禁止小麦出口必要。"

10月　第六届华中运动会在长沙举行，安徽省参加男女田径、男子篮球、足球、排球、网球、国术等项目，共男女运动员90人。获男子400米、800米、1500米、10000米第一名，110米高栏、篮球第二名，团体、足球第三名。

11月2日　段祺瑞卒于上海。21日王亚樵被处死于梧州。12月4日赛金花卒于北平。

12 月　西安事变爆发并和平解决,对推动国共合作、团结抗日起了重大作用。

是年　全省户口总调查,共 346.62 万户,2335.41 万人。

中华民国二十六年(1937)

7 月 7 日　卢沟桥事变发生,抗日战争全面爆发。15 日,高敬亭致函豫鄂皖"剿共"督办卫立煌,提出停止内战、合作抗日倡议。28 日,岳西谈判成功,鄂豫皖边区 10 年内战结束。

8 月 13 日　淞沪抗战爆发。20 日,国民政府军事委员会令将全国战场划为 6 个战区,其中第一战区为平汉路沿线,冀、豫、鲁、皖等省境,司令长官蒋介石,旋为程潜;第三战区为苏浙两省(后扩展到皖、闽、赣等省),司令长官冯玉祥,9 月蒋介石兼,12 月改顾祝同;第五战区为长江以北、黄河以南、安徽津浦路以东地区,司令长官蒋介石兼任,9 月李宗仁继任。

8 月 25 日　中国工农红军改编为国民革命军第八路军,朱德任总指挥,辖第一一五、第一二〇、第一二九师,共 3 万多人。

8 月 23 日　关押在南京的陈独秀获释。后赴武汉,再入川居江津。

10 月 2 日　国共达成协议,湘、鄂、赣、豫、闽、粤、浙、皖 8 省 13 地区红军游击队改编为国民革命军陆军新编第四军(简称"新四军"),叶挺为军长,项英为副军长,张云逸为参谋长,归第三战区副司令长官顾祝同指挥,全军 10300 人,分 4 个支队,在长江南北开展抗日游击战争。

11 月 20 日　国民政府任蒋作宾为安徽省政府主席(12 月 6 日兼任省保安司令)。

11 月 23 日　日军进犯广德。中国守军第一四五师坚决抵抗。

11 月　中共驻南京代表团派李世农到无为组建皖中工委,李任书记,委员张恺帆、桂蓬。

舍会山谈判成功,皖赣边红军游击队开瑶里改编。

12 月 13 日　南京沦陷。日军分 3 路进犯苏、皖。

12 月 28 日　毛泽东致电周恩来、项英:"高敬亭部可沿皖山山脉

进至蚌埠、徐州、合肥三点之间作战。"

12月　中共中央长江局在武汉成立，书记王明，副书记周恩来。

是年　安徽煤炭年产升至100万吨，占全国总产量3%。安徽铁矿年产升至76万吨，占全国总产量12.9%，其中，繁昌桃冲铁矿年产量仅次于辽宁鞍山、湖北大冶，位居第三。

中华民国二十七年（1938）

1月5日　李品仙率第十一集团军军部及所属第三十一军由徐州移驻寿县，各部开赴凤阳、嘉山、滁县、全椒等地迎击北进日军。淮河保卫战开始。

1月13日　安徽省政府由安庆迁六安。25日，国民政府任命李宗仁为省政府主席。

2月23日　第五战区民众总动员委员会安徽省分会（后改称安徽省动员委员会）成立，章乃器任秘书并主持工作，朱蕴山、沈子修、光明甫、常恒芳、朱子帆和中共党员周新民、张劲夫等人担任职务。此后，各县动委会先后成立。

4月4日　新四军军部由南昌进至歙县岩寺，7月1日进驻泾县云岭罗里村。

4月6日　日伪在上海成立伪华中铁矿股份有限公司，下设当涂马鞍山、当涂太平、繁昌桃冲、铜官山以及金华、湖州共11个矿业所，把持了苏浙皖3省大部分矿区。

4月　中共安徽省工委在六安成立。书记彭康，组织部长李世农，宣传部长张劲夫，军事部长谭光廷。

5月7日　蒙城保卫战开始。国民政府军副师长周元以下2000人壮烈殉国。

5月12日　新四军第四支队首战巢县蒋家河口，毙伤日伪军10余人。

5月19日　国民政府军收复合肥大蜀山，毙日伪军300余；日军夺回阵地。22日夜，国民政府军2个营突袭大蜀山，23日晨收复阵地，日军猛烈反攻，2个营官兵全部阵亡。29日，国民政府军一度攻入合肥，次日再战大蜀山，歼敌500余人。

6月3日　日军占领淮南矿区。随即吞并淮南煤矿、大通煤矿、九龙岗机修厂、淮南铁路,由日本三井矿业会社、三菱矿业会社组成淮南炭矿株式会社。

6月27日　安徽省政府、国民党省党部、中共安徽省工委均由六安迁立煌。

7月23日　南京伪中华民国维新政府任命倪道烺为伪安徽省省长。10月28日,伪省政府在蚌埠成立。

9月29日　国民政府任命廖磊任安徽省政府主席。

11月上旬　中共中央决定撤销长江局,成立中原局,刘少奇任书记;东南分局改为东南局,项英为书记;中原局辖长江以北、陇海路以南地区,东南局辖闽、浙、苏南、皖南、赣北等地区。

中华民国二十八年(1939)

1月1日　省政府公布《安徽省战时施政纲领》、《安徽省战时各县区乡镇保甲组织大纲》,撤销联保,设立乡(镇);乡(镇)长、保长兼任当地学校校长和自卫队长,实行"政教卫合一";举办干部训练班,培训人员,"行新政,用新人"。

1月21日　国民党五届五中全会开幕。确定"溶共、防共、限共"方针,通过《限制异党活动办法》。

2月23日　周恩来抵泾县云岭新四军军部视察,与新四军军分会领导人项英、陈毅等商定新四军战略方针:向北发展,向东作战,巩固现在阵地。

4月21日　中共中央发出《关于发展华中武装力量的指示》。24日,中共中央指示东南局、中原局:目前我党我军在皖东的中心任务是建立皖东抗日根据地。

4月28日　新四军军长叶挺率军政治部副主任邓子恢、第一支队副司令员罗炳辉、参谋处长赖传珠从皖南军部出发,5月初抵江北视察并整理江北部队,筹建新四军江北指挥部。

5月11日　日伪政权成立合肥县地方税分局,征收营业税、牙税、烟酒牌照税、屠宰税、牲畜费等。

5月15日　新四军军部主持开展"反高(敬亭)斗争"。6月24

日,高在合肥青龙厂被错杀。

6月下旬　新四军第四支队分编为第四、第五支队。分由徐海东、罗炳辉任司令员。

夏　在新西兰友人路易·艾黎支持下,中国工业合作协会浙皖办事处在屯溪成立。争取到一批国际援助,创办各类合作社,促进了地方工业的发展,支援了新四军的后勤工作。

11月2日　国民政府任命李品仙为安徽省政府主席。

12月初　刘少奇抵达皖东,提出"东进、东进、再东进"的发展任务。

中华民国二十九年(1940)

2月1日　李品仙发表《告动员工作同志书》,调省动委会全部工作团队和各县动委会指导员到立煌受训。各级动委会中的中共党员,纷纷撤往抗日民主根据地。

是日　新四军游击支队改名新四军第六支队,彭雪枫任司令员。

2月27日　省政府主席李品仙以桂军围攻驻定远大桥的中共中央中原局机关和新四军江北指挥部。新四军经界牌集、大桥、定远城、施集等战斗,歼其2000余人,保卫了津浦路西根据地。

3月21日　国民党江苏省政府主席、鲁苏战区副司令韩德勤驱重兵围攻驻来安半塔集的新四军第五支队后方机关。五支队留守部队及民兵激战7昼夜,保卫了半塔阵地。3月底,新四军向韩德勤部发起反攻,歼韩部独立第六旅3000余人,保卫了津浦路东根据地。

3月30日　伪国民政府在南京成立,汪精卫任伪代理主席兼伪行政院长。

4月4日　伪苏浙皖绥靖军总司令部在南京成立,任援道任总司令。设南京、湖州、杭州、庐州、蚌埠、苏州、芜湖7个"绥靖区"。

6月20日　黄克诚率八路军1.2万人和教导营500余名干部,越陇海路南下。

8月29日　南京、扬州日伪1.7万人分7路"扫荡"津浦路东。罗炳辉指挥新四军第四、第五支队在12天中作战65次,毙伤日伪军600余人,粉碎了"扫荡"。

10 月 4 日至 10 日　日伪军 1 万余人"扫荡"皖南。叶挺指挥部队于 9 日收复泾县县城,交还给第三战区第五十二师。日军遭第三战区 4 个师堵击,伤亡甚众。10 日,新四军收复南陵县城。

10 月 19 日　何应钦、白崇禧发出皓电,指责八路军、新四军"不守战区范围,自由行动;不遵编制数量,自由扩充;不服从中央命令,破坏行政系统;不打敌人,专事吞并友军",限令 1 个月内开到黄河以北。11 月 9 日,朱德、彭德怀、叶挺、项英复电何、白,驳斥诬蔑,为顾全抗日大局,同意将皖南新四军部队移到江北。17 日,华中新四军、八路军总指挥部在盐城成立。叶挺任总指挥(由副总指挥陈毅暂代)、刘少奇任政治委员,统一指挥华中地区的新四军、八路军。

中华民国三十年(1941)

1 月 6 日　新四军军部及所属皖南部队在泾县茂林地区,突遭预先埋伏的国民党第三战区 7 个师又 1 个旅 8 万余人的包围袭击。皖南事变发生。叶挺军长谈判被扣,项英、袁国平、周子昆牺牲。国民政府军委会宣布新四军为"叛军",撤销番号。1 月 18 日,中共中央发言人发表谈话,揭露事变真相。周恩来在《新华日报》题词"千古奇冤,江南一叶,同室操戈,相煎何急"。

1 月 20 日　中共中央军委发布重建新四军军部的命令,陈毅为代理军长,刘少奇为政治委员,张云逸任副军长,赖传珠为参谋长,邓子恢为政治部主任。28 日,新军部在苏北盐城成立,宣布各师军政负责人,其中:第二师师长张云逸兼,副师长罗炳辉,政委郑位三,政治部主任郭述申;第三师师长兼政委黄克诚,政治部主任吴文玉;第四师师长兼政委彭雪枫,政治部主任萧望东;第七师师长张鼎丞,政委曾希圣。

4 月 27 日　中原局与东南局合并组成华中局,书记刘少奇,副书记饶漱石,组织部长曾山,宣传部长彭康,城工部长刘晓,联络部长杨帆,委员陈毅、张云逸、邓子恢、赖传珠等。统一领导苏中、淮南、淮北、苏北、鄂豫皖、浙东、苏南、皖中地区党的工作。

5 月 28 日　日伪军 5000 余人"扫荡"淮南津浦路东地区,历时 10 日。新四军第二师第四旅在来安张山集地区毙伤日伪军 300 余人,在盱眙车棚毙日伪军 50 余名。

10月3日　日军为配合郑州战役，在宿县向涡河沿岸"扫荡"，第五战区第九十二军和李品仙第二十一集团军一部与日军激战，阻止其南渡涡河。相持至9日，日军回撤宿县，双方均有较大伤亡。

10月　伪省警察局向营业妓女颁发检验许可证。至12月，蚌埠市妓女有执照者500余人。

12月7日　日军偷袭珍珠港。8日，英、美对日宣战，太平洋战争爆发。

12月9日　中国对日本宣战，同时对德国、意大利宣战。

12月19日　伪省政府改组，伪省主席倪道烺调南京，高冠吾接任（翌年1月20日改称省长）。

冬　与国民党军抓壮丁相反，新四军在扩军运动中严格执行不强迫、不收买、不欺骗、成分要好、年纪要轻、身体要强、来历要明的政策，是年冬有3796人参加新四军第四师和第二师第五旅。

中华民国三十一年（1942）

1月28日　中共中央发布《关于抗日根据地土地政策的决定》，确定减租减息、承认大多数地主是要求抗日的、联合富农，以此作为抗日民族统一战线及其土地政策的出发点，不使地主跑到敌人方面去。

3月15日　饶漱石代理华中局书记、新四军政委。陈毅代理中央军事委员会华中分会代理书记。

4月18日　美国飞虎队16架B25轰炸机空袭日本东京等城市，其中11号机返回途中因失去联络，5名飞行员在歙县坠机跳伞，安全降落，翌日由当地群众护送至县城。

5月27日　第五战区各部向日军进攻，是日攻克安庆外围据点6处，击毙日伪军数百人；31日，攻占合肥外围多处日军据点；6月1日，攻入枞阳，毙日伪军200余人；10日，围攻合肥，夜袭巢湖南盛家桥、黄姑闸；16日，在安庆北大龙山与日伪军激战。

9月1日　中共中央要求各地实行党的一元化领导。

秋　日本侵略者残酷虐待淮南矿工，以麦麸、树叶等磨制的"混合面"供矿工食用，致使霍乱流行。侵略者在大通设立两处"大病房"，将大批老弱和患病矿工强迫集中隔离，成千上万人死于非命。

12 月 2 日　桐城花山藏存的安徽省通志馆全部图书资料,被日军劫走。

是年　根据各县调查,全省 3669026 户,22642048 人。

中华民国三十二年(1943)

1 月 2 日　省政府机关避迁霍邱县叶集,日军进占立煌县城。4 日,日军撤走。

1 月 28 日　日伪军 4000 人,以 6 架飞机掩护,从全椒古河、合肥、下塘集等据点进犯梁园,桂军顽强阻敌。新四军一部亦参加战斗。日军因伤亡严重,窜回合肥。

1 月　中共中央华中局机关和新四军军部由苏北转移到淮南抗日根据地盱眙县黄花塘。

3 月 17 日　新四军第四师主力在第二、第三师配合下,发起山子头战役。生俘江苏省主席、鲁苏战区副总司令韩德勤及以下 1000 余人。新四军顾全大局,发还人枪,31 日礼送韩德勤出境。

春　日军在淮南煤矿强迫矿工在南山下挖 3 条大坑,掩埋死于事故、疾病、饥饿和被日军屠杀的矿工。至当年 6 月,投入坑中的尸体就有 1.3 万多具,人称“万人坑”。

4 月 29 日　日本在蚌埠设领事馆。10 月 1 日升为总领事馆。

5 月 10 日　汪伪财政部通令:自即日起,江苏、安徽等省及华北、华南各地区,一律禁止以美金、英镑、港币及以上项货币为期票、支票之买卖交易或汇入。如有携带及持有或保存上项货币情事,从严取缔。

7 月 25 日　汪伪安徽省设 8 个伪行政督察区,辖 30 县、2 市、2 特区,实际只能控制津浦、淮南铁路沿线和沿淮、沿江地区的部分城镇。另,汪伪淮海省在今皖境内有 7 个县。

11 月 4 日　黄河水利委员会委员长赵守钰、副委员长李书田,率英国顾问巴特里及工作人员 10 余名,自河南尉氏沿颍河勘察,是日抵达太和县界首镇(今界首市)。

12 月 1 日　皖中行署主任吕惠生主持兴修无为江堤。次年 5 月建成。堤长 13 华里,高 2 丈,底宽 12 丈,确保无为、庐江、舒城、和县、

含山、合肥、巢县等 7 县不受洪水威胁。新堤被命名为"惠生堤"。

12 月 30 日　汪伪最高国防会议决议,特任罗君强为安徽省长。

是年　日军强迫蚌埠 300 余名搬运工人到浙江金华做苦工,不到 1 年,生还者仅 30 余人。

是年　根据各县调查,全省 62 县人口为 21978167 人。

中华民国三十三年(1944)

1 月 11 日　省政府决定省级人员自民国三十二年(1943)10 月起增加薪金 1 倍。

1 月　李品仙集中 5 万兵力,对舒城、庐江、桐城、怀宁、潜山、太湖、宿松、望江等县采取梳篦战术,实行 5 家连坐法,企望 3 个月内肃清皖西共产党及其武装。

2 月　省内国民党统治区物价上涨,小麦每石由去年法币 401 元涨到 828 元,熟米每石由去年 537 元涨到 985 元。

3 月 9 日　新四军第二师某部袭击南京近郊日伪军。

4 月 4 日　汪伪中政会决定缩小省区,将江苏省分为江苏、淮云、苏南 3 省;安徽省分为皖南、皖北两省。

5 月 5 日　日本人民解放联盟华中地方协会成立,推香河正男为委员长,下辖豫鄂边、淮南、淮北、苏中、苏北 5 个支部。

9 月 11 日　彭雪枫在夏邑县八里庄战斗中中弹牺牲。张爱萍继任第四师师长兼淮北军区司令员。

10 月 2 日　嘉山县抗日根据地军民营救坠落在管店附近的 5 名盟军美国飞行员,于 14 日将他们安全移交第五战区第一七一师,并为跳伞牺牲的 2 名飞行员举行安葬仪式。1946 年 5 月,根据周恩来指示,嘉山县民主政府把盟军烈士遗骸交给美方代表。

11 月　伪国民党中央宣传部长林柏生接任伪安徽省长兼伪保安司令。

是年　皖西遭旱、涝、风、蝗灾,农业只有常年 3 至 5 成,但省政府田赋征收反比往年增加 2 倍半。

中华民国三十四年(1945)

1 月 2 日　美军 7 架飞机轰炸日军,1 架被日军击落,飞行员瓦特少校空降怀远县白衣庵附近,中共浍南区区长王国藩率队营救,王国藩英勇牺牲,瓦特获救。

4月23日 中共七大在延安召开。大会制定了"放手发动群众,壮大人民力量,在我党的领导下,打败日本侵略者,解放全国人民,建立一个新民主主义的中国"的路线。

5月14日 午后,潜山、太湖、怀宁3县忽降冰雹,最大重半斤,农作物受损严重。30日,立煌县亦降冰雹,击伤10余人,房屋倒塌40余栋。

8月6日 美国在日本广岛投下第一颗原子弹,9日在长崎投下第二颗,共炸死10.1万人,炸伤和失踪9.4万人。苏联8日对日本宣战,9日苏联红军进入中国东北,进攻日本关东军。

8月11日 蒋介石下达3道命令:要解放区部队"就地驻防待命,不得擅自行动";令其嫡系部队"加紧进军"、"勿稍松懈";令沦陷区伪军"维持治安"、"趁机赎罪",抵抗人民军队受降。

8月12日 新四军军部发布公告,公布罗炳辉任安徽省政府主席。

8月13日 汪伪"首都"警卫第三师师长钟剑魂率部3000余人在六合县起义,进入淮南抗日民主根据地。

8月15日 日本天皇裕仁宣布无条件投降。全省人民纷纷集会,庆祝胜利。

是日,中国解放区抗日军总司令朱德,命令日本中国派遣军总司令官冈村宁次投降。命令中有:"在华东的日军,应由你直接派出代表至新四军军部所在地天长地区,接受陈毅将军的命令。"

8月 该月至9月初,新四军收复宿县、泗县、五河、灵璧、定远、盱眙、嘉山、无为、天长、来安、郎溪、广德等县城。国民党军收复蚌埠、芜湖、宣城、当涂、繁昌、贵池、东流、青阳、铜陵等县城。

9月24日 第十战区司令长官李品仙在蚌埠主持接受日本第六军司令官十川次郎投降仪式。

10月 新四军苏南、浙东、皖南、皖中、淮南、淮北、苏中、苏北等地部队北移。

10月25日　华中局和山东分局合并成华东局，饶漱石任书记，陈毅、黎玉任副书记。同时成立华中分局，邓子恢任书记。原淮南、淮北、苏中、苏北解放区分别成立8个地委。其中，淮南津浦路东、路西地区分别划为华中第三地委（书记李世农）、第四地委（书记黄岩）；淮北解放区津浦路东、路西地区分别划为华中第七地委（书记赖毅）、第八地委（书记吴芝圃）。

10月29日　苏皖边区政府成立，主席李一氓，下辖8个专区34个县。

12月12日　安徽沦陷区代表金童子上书宣慰使叶楚伧、钮永建，揭露国民党接收人员和地方官吏之黑暗甚于敌伪，随意指责民众某为汉奸，某为奸商，或用假名控告，明取强夺，拘押敲诈；而真正的汉奸、地痞，则仍复起用，作为耳目。上书要求重新修订惩治汉奸条例，从严查办。

中华民国三十五年（1946）

1月10日　中共代表同国民党代表正式达成停战协定。双方颁发于13日午夜生效的停战令。在停战令公布后，中共淮南部队提出整军、复员、生产的号召。

5月4日　中共中央发出《关于清算减租及土地问题的指示》，决定将减租减息政策，改为没收地主土地、分配给农民的政策。

6月21日　新四军第二副军长罗炳辉在山东病逝。29日，苏皖边区政府特令将天长县改名为炳辉县。

6月26日　全面内战爆发。7月15日，国民党军邱清泉部第五军进攻华中野战军淮南军区，胡长青第四十五师由六合向天长进攻（27日占领天长），黄翔第九十六师由来安向盱眙进攻（30日占领盱眙）。

8月2日　国民政府公布《国民参政会组织条例》第三条修正条文，参政员314名，其中安徽10名。

7月29日　中共淮南党政机关及武装撤向苏北，留淮南军区副参谋长朱云谦率第六旅第十六团及地方武装，在淮南津浦路东坚持敌后斗争；杨效椿率1营武装坚持淮宝地区；周依冰、孙化民率1支武装坚持凤阳山区;赵凯率少数武装坚持寿东南地区。9 月 12 日,朱云谦部在强敌围攻下,被迫转移苏中。

11 月 11 日　国立安徽大学在安庆旧校址正式开学。设文、法、理、农 4 院,中文、外语、历史、哲学、政治、经济、法律、物理、化学、数学等系及先修班。校长陶因。

12 月 23 日　中共华中分局与华东局机关合并,组成淮南工委,书记黄岩(次年 3 月改为李世农)。

12 月 25 日　制宪国民大会是日在南京闭幕。会议代表应到 2050 人,实到 1701 人。安徽区域代表 35 人,安徽职业代表 15 人。在其他各类代表中,有皖籍人士 25 人:自由职业代表胡适等 3 人,国民党代表张治中等 10 人,青年党代表夏涛声等 6 人,民社党代表蒋匀田等 4 人,社会贤达光明甫等 2 人。

12 月 27 日　行政院拟定公务员调整待遇标准,经蒋介石核准,自本月起实行。各地标准不同,其中合肥、安庆、芜湖等市基数 14 万元,加 950 倍;安徽省基数 11 万元,加 750 倍。

中华民国三十六年(1947)

2 月 27 日　国共谈判完全破裂。国民政府通知中共驻宁、沪、渝代表及工作人员全部撤退。

3 月 15 日　黄河花园口堵口工程是日合龙,黄河水流全部复归故道。

3 月　中共华中分局决定成立淮南支队,杨效椿任司令员,李世农任政委。

4 月 28 日　合肥发生抢米风潮。翌日,宣城外运米车和船被抢光。30 日,芜湖发生抢米风潮。时国统区物价飞涨,上海白粳米每石 14 万元(黄金每两 55 万元),到 5 月涨至每石 24 万元,不久有涨至每石 46 万元者,主因是粮商牟取暴利,造成产米区粮食短缺。

5 月 9 日　安庆工人、市民、学生千余人游行,抗议官商勾结囤积和出口存米。警察开枪镇压,众人砸开米店,迫使当局开仓售米。17 日,合肥发生 5 万饥民抢米风潮。6 月 21 日,皖南绩溪、旌德、宁国、泾县、芜湖、宣城、广德等县饥民抢米。

6 月 30 日　刘伯承、邓小平率晋冀鲁豫野战军主力强渡黄河,千里跃进,8 月底到达大别山地区,揭开了战略进攻的序幕。

7 月　国民政府行政院令撤销导淮委员会,改称淮河水利工程总局,设蚌埠。导淮工程在 1939 年至 1947 年的 9 年间,在淮域各县共筑堤 15387 公里,完成土方 2.0165 亿公方,修筑涵闸工程 33 座。

9 月 2 日　皖西重镇六安第一次解放,晋冀鲁豫野战军第三纵队九旅歼敌 4 个中队,次日,中共六安县委和县民主政府成立;八旅解放立煌县城金家寨,4 日成立中共金寨县委和县民主政府。3 日,七旅解放霍山县城,成立中共霍山县委和县民主政府。此后解放县城多座,形成与国民党军反复争夺的态势。

9 月 26 日　陈毅、粟裕率领华东野战军外线兵团 6 个纵队分 5 路在砀山、商丘间越过陇海路进入豫皖苏地区。至 10 月下旬,太和、亳县、涡阳、蒙城、临泉、灵璧、阜阳、颍上等县城及义门集、龙山集、濉溪口、界首集(今界首市)、烈山煤矿等重镇相继解放,并切断津浦、陇海铁路。其后不断扩大战果,与国民党军激战,互有进退。

秋　中共皖南地委领导武装斗争,3 个月民兵由千余人发展到 1 万多人,游击队发展到 3000 多人。

11 月 12 日　苏、皖、豫、赣、湘、鄂 6 省"绥靖"会议在南京举行,各省主席出席(安徽李品仙),讨论建立各省联系及厉行政治战斗体制等问题。18 日,行政院通过 6 省联防方案。

11 月 27 日　国防部长九江指挥所成立,白崇禧指挥重兵围攻大别山区。

是年　省政府调查,全省 354.7 万户,2229.3 万人。

中华民国三十七年(1948)

1 月 20 日　中共豫皖苏边区党委发布贯彻土地法大纲的指示。

1 月 27 日　陆军总司令顾祝同召开苏、鲁、皖、豫 4 省"绥靖"会议,决定加强民众组训,充实地方武装。

2 月 8 日　出国考察的冯玉祥在美国《纽约下午报》发表致蒋介石公开信,抨击蒋介石独裁腐败、镇压人民、撕毁政协决议、依靠美援大打内战的罪恶。

2月24日　邓小平率晋冀鲁豫野战军前方指挥所从大别山区新县北上,与刘伯承率领的后方指挥所在皖西北临泉县韦寨会合,两个指挥所与中原局领导机关合并。

3月29日　行宪国民大会在南京召开,法定代表总额3045人,已选出代表2908人,是日出席会议代表1679人。安徽出席代表91人(含砀山、萧县代表)。外省代表中有皖籍人士4人。

3月　国民党军集中5万兵力,趁刘邓大军主力转移出大别山区之机,依托城镇据点,对皖西解放区发动"3月扫荡"。4月发起"4月清剿"。中共皖西区委坚持开展游击战争。

4月16日　国民党军对皖东津浦路西解放区发动"百日清剿",路西军分区开展反"清剿"斗争。

5月29日　淮南、淮北两军区合并成立江淮军区,陈庆先为军区司令员,区党委书记曹荻秋兼政委。江淮区辖运河以西、陇海路以南、长江以北的安徽和江苏地区,全区面积9万余平方公里,人口300余万,建有20余个县级政权。6月4日,中共淮南、淮北区党委合并为江淮区党委,书记曹荻秋,副书记李世农。下辖第5个地委及蚌埠、合肥市委、淮南煤矿特别区委。

6月14日　国统区物价继续猛涨,米每担突破1000万元。重庆黑市黄金每两突破9000万元。

6月　省自然科学研究会成立。由刘般若等发起,焦寅为理事长。

7月10日　华中"剿匪"总司令白崇禧由汉口飞蚌埠,主持召开第八"绥靖区"会议,讨论实施总体战。

8月15日　中共皖西军区独立旅成立,马忠全任旅长,曾庆梅任政治委员。

8月21日　中共豫皖苏分局和豫皖苏军区成立,宋任穷任书记.吴芝圃为副书记;粟裕兼军区司令员,张国华为副司令员。宋任穷兼军区政委,吴芝圃兼副政委。

8月23日　国民政府正式发行金圆券,以金圆券1元兑换法币300万元。

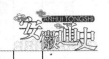
8月25日　国民政府任命第八"绥靖区"司令夏威为省政府主席。

9月24日　粟裕致电中共中央军委和华东局、中原局,建议"立即进行淮海战役"。次日获中央军委批准。10月11日,中央军委发出《关于淮海战役的作战方针》的电报。

11月5日　顾祝同主持徐州"剿总"高级军事会议,讨论蒋介石下达的徐蚌会战计划。重点置于津浦路徐州至蚌埠段及其两侧地区,以攻势防御阻止解放军南下,确保徐州,巩固江淮,屏障南京。投入总兵力29个军,70个师,约70万人。

11月6日　淮海战役发起。解放军投入总兵力约80万人,参战部队约60万人。

11月16日　中共中央军委决定,由刘伯承、陈毅、邓小平、粟裕、谭震林组成淮海战役总前敌委员会,邓小平任书记,统一领导中原野战军和华东野战军。

中华民国三十八年（1949）

1月1日　新华社发表新年献词《将革命进行到底》指出:1949年主要任务是在全国范围内推翻国民党的反动统治,在全国范围内建立人民共和国。

1月4日　20世纪30年代在寿县朱家李三孤堆楚王墓出土的楚器27箱,从南京运到芜湖。

1月10日　淮海战役胜利结束。历时66天,国民政府军损失最精锐的机械化部队5个兵团、22个军,共55.5万人。

2月1日　国民党统治区重新调整货物税额,卷烟税额较上月增加113%,火柴增加180%,毛纱增加4倍,棉纱增加21%,化妆品、土酒及食糖等均增加税额1倍。同日,国统区沿海及长江线轮运价重新调整,客货运价一律增加60%。国统区铁路客货运费涨价4倍。

2月16日　华东局通知:经中央批准,成立安徽省委、省人民政府、省军区。省委机关驻合肥。

3月中旬　人民解放军第二野战军司令部进驻桐城,刘伯承、邓小平在指挥部召开师以上干部会,传达中共中央七届二中全会精神,号召打过长江去,解放全中国,将革命进行到底。20日,饶漱石、曾山、张劲夫等进驻肥东县撮镇瑶岗村。28日,邓小平、陈毅率总前委部分工作人员移驻瑶岗村。

3月24日　国民政府任命张义纯为省政府主席。省政府从安庆迁往屯溪。

3月31日　总前委制定《京沪杭战役实施纲要》(即渡江作战实施计划)决定以第二野战军3个兵团及地方部队组成西突击集团,由刘伯承等指挥;以第三野战军2个兵团及苏北军区组成东突击集团,由粟裕等指挥;以第三野战军2个兵团组成中突击集团,由谭震林指挥;于4月15日实施渡江作战。4月3日,中央军委复电批准。后因国共和谈而延期。

4月3日　中共中央华东局决定:暂不成立中共安徽省委,以长江为界分别成立中共皖北区、皖南区委员会。

4月20日　渡江战役开始。21日胜利结束。

4月23日　人民解放军占领南京。同日,安庆解放,至此,除金寨县外,安徽长江以北地区解放。解放军向南横扫,至30日安徽长江以南地区解放。

5月7日至10日,第二野战军第五兵团第十八军张国华、谭冠三部,在浙江省开化县马金镇附近,全歼溃逃至此的安徽省政府、安徽省保安司令部和安徽省保安第三旅共5000人,生俘安徽省政府主席兼省保安司令张义纯、省保安副司令兼皖南师管区司令阮云溪、皖南师管区副司令李秉钧等官兵。

张义纯和他的同僚的被捕获,标志着国民政府在安徽统治的结束。

10月1日　中华人民共和国成立。

是时　基本省情(含皖北区、皖南区)为:(1)人口2786.5万人,人口密度200.5人/平方公里,是全国人口多、密度高的省份之一。(2)耕地面积7637.89万亩,人均占有耕地2.74亩。(3)森林覆盖率12.5%,在全国属少林区。(4)农业总产值17.28亿元,粮食总产量639.2万吨,棉花1.74万吨,油料14.93万吨。(5)没收国民党官僚

资本企业 79 个,建立了社会主义性质的国营经济,至年底有私营小工厂和小作坊 3734 个;在国营和私营工业企业中,轻工企业 2951 个,重工企业 862 个,全部固定资产不到 1 亿元,职工 2.2 万人,全年工业总产值3.4 亿元。(6)原煤产量 114.05 万吨,生铁产量 0.11 万吨,发电量 0.24 亿千瓦小时,棉纱产量 341 吨,棉布产量 0.3 亿米。(7)有个体商贩 60.4 万户。(8)社会商品零售总额 5.31 亿元。(9)公路通车里程 2088 公里,但没有一条能够晴雨通车的线路,尚有 42 个县不通汽车。(10)按当年价格计算,农业、轻工业、重工业的比例为:农业82.6,轻工业 14.8,重工业 2.6。(11)财政收入 5416 万元,财政支出2247 万元。(12)有佛教寺庙 3158 座,僧 3933 人,尼 2797 人,居士3500 人;道教宫观 120 座,道教徒近 800 人;伊斯兰教清真寺 226 座;天主教教堂 90 余座,公所 247 处,教会人员外籍 195 人,中国籍 406人,信教群众 13 万人;基督教在省内有 21 个教派,中、外籍牧师 131人,大小教堂 634 处。

是时　全省有中共党员 72169 名,其中包含当年新入党的党员29500 名。

主要参考文献

一、档案资料

中国第二历史档案馆馆藏档案。

安徽省档案馆馆藏档案。

安徽师范大学档案馆馆藏档案。

芜湖市档案馆馆藏档案。

蚌埠市公安局档案室所藏档案。

台湾"中央研究院"近代史研究所建设委员会档案。

二、报纸

《中央日报》、《中央日报》(安徽版)、《新中华报》、《大公报》、长沙《大公报》、天津《大公报》、《徽州导报》、《安徽俗话报》、《安徽白话报》、上海《民国日报》、广州《民国日报》、汉口《民国日报》、《晨报》、《皖政导报》、《中华日报》、《湖南民报》、《民立报》、芜湖《工商日报》、《盛京时报》、《新闻报》、《皖报》、《拂晓报》、《新华日报》、《江淮日报》、《申报》

《申报》(伪)、《安徽日报》(伪)、《蚌埠新报》(伪)、《安庆新报》(伪)、《芜湖新报》(伪)、《新皖日报》(伪)、《当涂新报》(伪)

三、期刊

《安徽政务月刊》、《安徽政治》、《安徽建设月刊》、《安徽文献》、《安徽公报》、《安徽直接税通讯》、《安徽实业杂志》、《新学风》、《新生

活》、《新青年》、《努力》、《学风》、《东方杂志》、《教育杂志》、《中华教育界》、《内政统计季刊》、《中国经济》、《经济建设》、《善后救济》、《交通杂志》、《实业统计》、《市政评论》、《国民政府公报》、《时与文》、《华侨先锋》、《商业月报》、《工商新闻》、《舆论》、《中原月刊》、《合作供销通讯》、《教育与职业》、《抗敌》、《保卫中国同盟》

《安徽省公报》（伪）、《皖警月刊》（伪）、《芜湖县政月刊》（伪）、《县政研究》（伪）、《县政月刊》（伪）、《政府公报》（伪）、《国民政府公报》（伪）、《内政公报》（伪）、《绥靖公报》（伪）、《中央导报》（伪）、《东亚政治研究会月刊》（伪）

《文史资料选辑》、《广西文史资料选辑》、《安徽文史资料选辑》、《安庆文史资料选辑》、《芜湖文史资料》、《无为党史资料选编》、《含山文史资料选辑》、《郎溪文史资料》、《近代史资料》、《黄山市文史》、《安徽史志通讯》、《安徽党史通讯》、《江淮文史》、《云岭》、上海《党史资料丛刊》、《党史研究资料》

四、文献、资料集

《孙中山选集》，人民出版社1981年版。

《孙中山全集》第1—11卷，中华书局1981—1986年版。

《毛泽东选集》第1—4卷，人民出版社1991年版。

《毛泽东文集》第1—8卷，人民出版社1993—1999年版。

《毛泽东军事文集》第3卷，军事科学出版社、中央文献出版社1993年版。

《刘少奇选集》上卷，人民出版社1981年版。

《周恩来选集》上卷，人民出版社1980年版。

《周恩来军事文选》，人民出版社1997年版。

《邓小平军事文集》第2卷，军事科学出版社、中央文献出版社2004年版。

《陈独秀著作选编》（1—6卷），上海人民出版社2009年版。

《陈毅军事文选》，解放军出版社1996年版。

《项英军事文选》，中共中央党校出版社2003年版。

《粟裕军事文集》,解放军出版社 1991 年版。

《粟裕文选》第 2 卷,军事科学出版社 2004 年版。

《方志敏文集》,人民出版社 1982 年版。

《胡适来往书信选》上、中、下册,中华书局 1979、1980 年版。

《胡适的日记》(手稿本),台湾远流出版公司 1990 年版。

《胡适全集》,安徽教育出版社 2003 年版。

《陶行知全集》,四川教育出版社 2005 年版。

《阿英全集》,安徽教育出版社 2003 年版。

《居正文集》上册,华中师范大学出版社 1989 年版。

《李一氓回忆录》,人民出版社 2001 年版。

《张震回忆录》上卷,解放军出版社 2003 年版。

《李品仙回忆录》,台湾"中外图书出版社"1975 年版。

《陈诚回忆录——抗日战争》,东方出版社 2009 年版。

《冈村宁次回忆录》,中共中央对外联络部 1971 年印。

徐向前:《历史的回顾》上卷,解放军出版社 1984 年版。

李宗仁、唐德刚:《李宗仁回忆录》下卷,广西人民出版社 1980 年版。

许映湖、王仰清整理:《周佛海日记》,上海人民出版社 1984 年版。

中央档案馆编:《中共中央文件选集》第 1—18 册,中共中央党校出版社 1982、1992 年版。

中央档案馆、安徽省档案馆编:《安徽革命历史文件汇集》第 1—4 册,1987—1992 年印。

中共安徽省委党史工作委员会编:《安徽现代革命史资料长编》第 1—4 卷,分别为安徽人民出版社 1986 年版、1991 年版、1995 年版,2004 年印。

中共安徽省委组织部等合编:《中国共产党安徽省组织史资料》,安徽人民出版社 1996 年版。

中国社会科学院近代史研究所、中国第二历史档案馆:《五四爱国运动档案资料》,中国社会科学出版社 1980 年版。

中共安徽省委党史工作委员会、安徽省档案馆编:《安徽早期传播

马克思主义史料选》,1986 年印。

中共安徽省委党史工作委员会、安徽省档案馆编:《安徽早期党团组织史料选》,1987 年印。

上海社会科学院历史所编:《五卅运动史料》,上海人民出版社 2005 年版。

中共安徽省委党史工作委员会、安徽省档案馆编:《五卅运动在安徽史料选》,1988 年印。

中共安庆市委党史办公室编:《安庆三二三事变资料选编》,中共党史资料出版社 1989 年版。

中央档案馆编:《北伐战争(资料选辑)》,中共中央党校出版社 1981 年版。

中共安徽省委党史工作委员会、安徽省档案馆合编:《国民革命军北伐进军安徽》,1988 年印。

程汉林主编:《土地革命战争时期各地武装起义·安徽地区》,解放军出版社 2001 年版。

安徽省财政厅、安徽省档案馆编:《安徽革命根据地财经史料选》卷一至卷三,安徽人民出版社 1983 年版。

安徽省人民政府税务局、安徽省档案馆编:《安徽革命根据地工商税收史料选》上册,安徽人民出版社 1984 年版。

中央档案馆等编:《鄂豫皖苏区革命历史文件汇集》第 1—5 册,1985、1986 年印。

杨文友主编:《中国工会运动史料全书·安徽卷》,安徽大学出版社 1998 年版。

中共六安地委党史工作委员会编:《皖西革命回忆录》黄山书社 1984 年版;安徽人民出版社 1991 年版。

唐健民主编:《皖西风云录——皖西苏区革命文化史料选编》,1994 年印。

中国人民解放军历史资料丛书编审委员会:《南方三年游击战争》解放军出版社 1992、1994、1995 年版。

中国人民解放军历史资料丛书编审委员会编:《新四军》"文献"、

"回忆史料"、"参考资料"卷,解放军出版社1988、1994、1995年版。

凌云、宋霖、程汉林主编:《抗日战争回忆录》,安徽人民出版社1992年版。

马洪武等编:《新四军和华中抗日根据地史料选》第2—7辑,上海人民出版社1984、1986年版。

华中抗日根据地和解放区工商税收史编写组编:《华中抗日根据地和解放区工商税收史料选编》上、中、下卷,安徽人民出版社1986年版。

周毅生等编:《新四军军事工业史资料》(第二师、第四师、第七师),1992年印。

中共上海市委党史资料征集委员会主编:《皖南从军纪实——上海红十字会煤业救护队抗战史料选编》,中共上海市委党史资料征集委员会1987年印。

安徽省档案馆、安徽省博物馆、新四军军部旧址纪念馆编:《新四军在皖南(1938—1941)》,安徽省出版总社1985年印。

《淮南抗日根据地》编审委员会编:《淮南抗日根据地》,中共党史资料出版社1987年版。

《皖江抗日根据地》编审委员会编:《皖江抗日根据地》,中共党史资料出版社1990年版。

中共安徽省委党史工作委员会编:《淮北抗日根据地》,中共党史出版社1991年版。

河南省档案馆、河南省社会科学院历史研究所编:《豫皖苏边区革命历史档案资料选编》(1945—1949),1984年印。

安徽省文物局新四军文史征集组编:《皖南事变资料选》,上海人民出版社1983年版。

中央档案馆编:《皖南事变》(资料选辑),中共中央党校出版社1982年版。

《皖南事变》编纂委员会编辑:《皖南事变》,中共党史出版社1990年版。

中共安徽省委党史研究室编:《安徽省抗战时期人口伤亡和财产

损失·省级综合卷》，中共党史出版社 2010 年版。

中共巢湖市委党史研究室编：《安徽省抗战时期人口伤亡和财产损失·巢湖卷》，中共党史出版社 2010 年版。

中国人民解放军历史资料丛书编审委员会编：《解放战争战略防御·回忆史料》，解放军出版社 1994 年版。

中共中央党史资料征集委员会主编：《淮海战役》（1—3 册），中共党史资料出版社 1988 年版。

淮海战役纪念馆编：《淮海战役资料选》，山东人民出版社 1978 年版。

中国人民政治协商会议全国委员会文史资料研究委员会《淮海战役亲历记》编审组编：《淮海战役亲历记》，文史资料出版社 1983 年版。

江苏省档案馆、安徽省档案馆编：《渡江战役》，档案出版社 1989 年版。

中国人民解放军历史资料丛书编审委员会编：《渡江战役》，解放军出版社 1995 年版。

章有义：《中国近代农业史资料》，三联书店 1957 年版。

彭泽益：《中国近代手工业史资料》，中华书局 1962 年版。

徐义生编：《中国近代外债史统计资料》，中华书局 1962 年版。

章伯锋主编：《近代稗海》第 14 辑，四川人民出版社 1988 年版。

中国科学院历史研究所第三所南京史料整理处编：《中国现代政治史资料汇编》第 3 辑，1959 年印。

周光培整理：《中华民国史史料三编》，辽海出版社 2007 年版。

蔡鸿源主编：《民国法规集成》，黄山书社 1999 年版。

中国第二历史档案馆编：《中国国民党第一、二次全国代表大会会议史料》上、下册，江苏古籍出版社 1986 年版。

荣孟源主编：《中国国民党历次代表大会及中央全会资料》，光明日报出版社 1985 年版。

中国第二历史档案馆编：《中华民国史档案资料汇编》第 3 辑、第 5 辑，江苏古籍出版社 1991—2000 年版。

江苏省商业厅、中国第二历史档案馆编:《中华民国商业档案资料汇编》,第1卷(1919—1928年),中国商业出版社1991年版。

中国第二历史档案馆编:《国民党政府政治制度档案史料选编》下册,安徽教育出版社1994年版。

张湘炳、蒋元卿、张子仪编:《辛亥革命安徽资料汇编》,黄山书社1990年版。

萧继宗编:《新生活运动史料》,台湾中国国民党中央委员会党史委员会1975年影印版。

秦孝仪主编:《中华民国重要史料初编——对日抗战时期》第4—6编,台湾中国国民党中央党史委员会1981年印。

万仁元、方庆秋:《抗日战争时期国民党军机密作战日记》(1—3册),中国档案出版社1995年版。

上海市档案馆编:《日本在华中经济掠夺史料(1937—1945)》,上海书店出版社2005年版。

安徽省档案馆、蚌埠市档案馆编:《日本侵华在安徽的罪行》,1985年印。

中共安徽省委党史研究室编:《日本军国主义祸皖罪行辑录》,2005年印。

中国第二历史档案馆编:《汪伪政府行政院会议录》,档案出版社1992年版。

中国第二历史档案馆编:《汪伪中央政治委员会暨最高国防会议会议录》,广西师大出版社2002年版。

南京市档案馆编:《审讯汪伪汉奸笔录》,凤凰出版社2004年版。

中央档案馆、中国第二历史档案馆、吉林省社会科学院编:《汪伪政权》,中华书局2004年版。

王文彬编著:《中国现代报刊史资料汇编》,重庆出版社1996年版。

舒新城编:《中国近代教育史资料》上、下册,人民教育出版社1961年版。

朱有瓛主编:《中国近代学制史料》(1—4辑),华东师范大学出版

社 1983、1986、1993 等年版。

李桂林编：《中国近代教育史资料汇编·普通教育》，上海教育出版社 2007 年版。

［日］多贺秋五郎编：《近代中国教育史资料》（民国编），日本学术振兴会 1973 年版。

中央教育科学研究所编：《老解放区教育资料》，教育科学出版社 1991 年版。

安徽省图书馆、安徽省政府经济文化研究中心教育课题组编印：《安徽近代教育沿革与统计资料选辑》。

五、著作

安徽通志馆纂修：《安徽通志稿》，1934 年排印本。

安徽省政府编：《安徽概览》，1944 年印，安徽省档案馆 1986 年重印。

安徽省政府秘书处编：《八年来之安徽》，1946 年印。

张南等：《简明安徽通史》，安徽人民出版社 1994 年版。

翁飞等：《安徽近代史》，安徽人民出版社 1990 年版。

戴惠珍、王鹤鸣、杨雨润等：《安徽现代史》，安徽人民出版社 1997 年版。

侯永主编：《当代安徽简史》，当代中国出版社 2001 年版。

安徽省地方志编纂委员会编：《安徽省志》"教育志"、"军事志"、"人口志"、"邮电志"、"商业志"、"气象志"，安徽人民出版社 1990、1993、1995、1997 年版。

安徽省地方志编纂委员会编：《安徽省志》"文化艺术志"、"新闻志"、"对外经济贸易志"、"群众团体志"、"人大政府政协志"、"纺织工业志"，方志出版社 1993、1998、1999 年版；

安徽省卫生志编纂委员会编：《安徽卫生志》，黄山书社 1993 年版。

安徽省政协文史资料研究委员会：《革命狂飙》、《军阀祸皖》、《工商史迹》、《旧时黑幕》、《抗战风云》、《解放战争》，安徽人民出版社

1987 年版。

安徽省政协文史资料研究委员会编:《安徽文史资料全书》"芜湖卷"、"巢湖卷"、"滁州卷",安徽人民出版社 2007 年版。

常恒芳:《安徽革命始末》,稿本,1947 年。

安徽省政协文史资料委员会、安庆市政协文史资料委员会编:《辛亥革命在安徽》,中国文史资料出版社 1991 年版。

莫建来:《皖系军阀统治史稿》,天津古籍出版社 2004 年版。

中共安庆市委党史办公室编:《第一次国共合作在安徽》,中央文献出版社 1993 年版。

安徽省民政厅户籍登记处编:《安徽全省户籍第一次调查报告书》,安庆三江印书馆 1929 年版。

汪朝光:《中华民国史》第 3 编第 5 卷,中华书局 2000 年版。

罗家伦主编:《革命文献》第 8 辑、第 45 辑,台湾"中央文物供应社"1955 年、1956 年版。

《国史馆现藏民国人物传记史料汇编》第 3 辑,台湾"国史馆"1990 年编印。

黄季陆主编:《革命人物志》第 4 集,(台)中国国民党中央委员会党史史料编纂委员会 1970 年印。

居正编:《清党实录》,台湾文海出版社 1985 年影印。

任贵祥:《华夏向心力——华侨对祖国抗战的支援》,广西师范大学出版社 1993 年版。

莫济杰、〔美〕陈福霖主编:《新桂系史》第 3 卷,广西人民出版社 1991 年版。

蒋文华、袁竞雄:《国民党桂系简史》,漓江出版社 1992 年版。

曹剑浪:《中国国民党军简史》,解放军出版社 2010 年版。

李泰棻:《国民军史稿》,台湾文海出版社影印。

戚厚杰、刘顺发、王楠编著:《国民革命军沿革实录》,河北人民出版社 2001 年版。

文公直编:《最近三十年中国军事史》,台湾文海出版社影印。

台湾"国防部史政局"编:《北伐战史》(二)下册,台湾中华大典编

印会 1967 年印。

　　张德良、周毅主编:《东北军史》,辽宁大学出版社 1987 年版。

　　中共安徽省委党史研究室:《中国共产党安徽地方史》第 1 卷,安徽人民出版社 2000 年版。

　　中共安徽省委党史工作委员会编:《中共安徽党史大事记(1919—1949)》,安徽人民出版社 1992 年版。

　　中共安庆市委党史研究室:《中国共产党安庆地方史》上卷,中共党史出版社 2001 年版。

　　中共淮北市委党史研究室:《中国共产党淮北地方史》第 1 卷,中共党史出版社 2004 年版。

　　中共亳州市委党史研究室、亳州市地方志编纂办公室编著:《中国共产党亳州地方史》第 1 卷,人民日报出版社 2005 年版。

　　史文敏主编:《中国共产党宿州史》,中共党史出版社 2001 年版。

　　中共阜阳市委党史研究室编:《中国共产党阜阳地方史》第 1 卷,中共党史出版社 2002 年版。

　　中共宣城市委党史研究室编:《中共宣城地方史(1919—1949)》,中共宣城地委党史研究室 2001 年印。

　　中共蚌埠市委党史研究室编著:《中国共产党蚌埠地方史》,安徽大学出版社 2007 年版。

　　中共黄山市委党史研究室编:《中共黄山地方史》,1997 年印本。

　　中共淮南市委党史研究室:《中国共产党淮南地方史》,中共党史出版社 2005 年版。

　　中共河南省委党史研究室、中共安徽省委党史研究室编:《鄂豫皖革命根据地史》,安徽人民出版社 1998 年版。

　　《中国工农红军第四方面军战史》编辑委员会:《中国工农红军第四方面军战史》,解放军出版社 1991 年版。

　　《中国工农红军第二十五军战史》编审委员会:《中国工农红军第二十五军战史》,解放军出版社 1990 年版。

　　《中共中央东南局》编辑组:《中共中央东南局》上、下卷,中共党史出版社 2006 年版。

马洪武主编:《华中抗日根据地史》,当代中国出版社2003年版。

徐则浩主编:《安徽抗日战争史》,安徽人民出版社2005年版。

房列曙:《安徽敌后抗日根据地社会史研究》,安徽人民出版社2007年版。

《新四军战史》编辑室:《新四军战史》,解放军出版社2000年版。

王辅一:《新四军简史》,中共党史出版社1997年版。

马洪武、童志强:《新四军发展史》,山西人民出版社1997年版。

徐君华主编:《新四军的组建与发展》,军事科学出版社2001年版。

盐城市《新四军重建军部以后》编选组编:《新四军重建军部以后》,江苏人民出版社1983年版。

安徽省新四军历史研究会编:《新四军抗战在安徽》,安徽人民出版社1995年版。

中共上海市委党史资料征集委员会主编:《上海人民与新四军》,知识出版社1989年版。

张要先:《新四军第七师暨皖江抗日根据地简史》,北京地区新四军暨华中抗日根据地研究会新四军第七师暨皖江抗日根据地分会编印。

中共滁州市委党史研究室:《淮南抗日根据地史》,安徽人民出版社2001年版。

欧远方、童天星主编:《淮北抗日根据地史》,安徽人民出版社1994年版。

中共巢湖市委党史研究室编:《皖江抗日根据地史》,2001年印。

房列曙:《皖南一九四一》,中国青年出版社1999年版。

应兆麟、陈家骥、祖云:《皖江抗日根据地财经史稿》,安徽人民出版社1985年版。

朱超南:《淮北抗日根据地财经史稿》,安徽人民出版社1985年版。

龚意农主编:《淮南抗日根据地财经史》,安徽人民出版社1991年版。

中共黄山市委党史工作委员会编:《黄山风云》,安徽人民出版社1991年版。

中共宣城地委党史工作委员会编:《皖南曙光》,安徽人民出版社1992年版。

中共芜湖市委党史研究室编:《战斗在皖南沿江地区》,合肥工业大学出版社2005年版。

徐则浩、宋霖主编:《新四军军部在皖南》,当代中国出版社2003年版。

宋霖、罗新安主编:《罗炳辉将军在淮南抗日根据地》,安徽人民出版社1990年版。

中共盱眙县委党史工作委员会编著:《新四军军部在黄花塘》,江苏人民出版社1993年版。

《刘少奇在皖东》编审委员会编:《刘少奇在皖东》,中共党史出版社1990年版。

郝长顺主编:《豫皖苏三分区的革命斗争》,安徽人民出版社1993年版。

滁州市新四军研究会编:《皖东解放战争史》,2001年印。

中共东北军党史组编著:《中共东北军党史概述》,中共党史出版社1994年版。

军事科学院军事历史研究部编著:《中国人民解放军全国解放战争史》第2卷,军事科学出版社1996年版。

《中国人民解放军第二野战军战史》编辑委员会编:《中国人民解放军第二野战军战史》第2卷,解放军出版社1990年版。

南京军区"第三野战军战史"编辑室:《中国人民解放军第三野战军战史》,解放军出版社2005年版。

军事科学院军事图书馆编著:《中国人民解放军组织沿革和各级领导成员名录(修订版)》,军事科学出版社1990年版。

军事科学院军事历史研究部:《中国抗日战争史》,解放军出版社1994年版。

张宪文主编:《中国抗日战争史(1931—1945)》,南京大学出版社

2001 年版。

中国第二历史档案馆:《抗日战争正面战场》,江苏古籍出版社 1987 年版。

郭汝瑰、黄玉章:《中国抗日战争正面战场作战记》,江苏人民出版社 2002 年版。

何应钦:《日军侵华八年抗战史》,台湾黎明文化事业股份有限公司 1982 年版。

吴相湘:《第二次中日战争史》下册,台湾台北综合月刊社 1974 年版。

蒋纬国编著:《国民革命战史》第 3 部第 2 卷,台湾黎明文化事业股份有限公司 1979 年版。

蒋纬国:《抗日御侮》第 7 卷,台湾黎明文化事业股份有限公司 1978 年版。

台湾"国防研究院"、台湾中华大典编印会编:《抗日战史》,1966 年版。

[日]石岛纪之:《中国抗日战争史》,吉林教育出版社 1990 年版。

[日]日本防卫厅防卫研究所战史室编纂、天津市政协编译委员会译校:《日本帝国主义侵华资料长编》上册,四川人民出版社 1987 年版。

中国第二历史档案馆等合编:《日汪的清乡》,中华书局 1995 年版。

余子道等编:《汪精卫国民政府"清乡"运动》,上海人民出版社 1985 年版。

余子道等著:《汪伪政权全史》下卷,上海人民出版社 2006 年版。

蔡德金、李惠贤编:《汪精卫伪国民政府纪事》,中国社会科学出版社 1982 年版。

[英]田伯烈:《外人目睹中之日军暴行》,江西人民出版社 1987 年版。

中共安徽省委党史工作委员会编:《侵华日军在皖罪行录》,安徽人民出版社 1995 年版。

伪内政部中华青年团指导部编：《苏浙皖各地青年团概况》，1940年印。

伪内政部中华青年团指导部编：《苏浙皖各地保甲概况》第1辑，1940年印。

伪行政院宣传局编：《维新政府治下各地复兴状况》，1940年印。

白寿彝：《中国伊斯兰史存稿》，宁夏人民出版社1983年版。

顾长声：《传教士与近代中国》，上海人民出版社1991版。

牟钟鉴、张践：《中华民国宗教史》，人民出版社1994年版。

顾卫民：《基督教与近代中国社会》，上海人民出版社1996年版。

王鹤鸣、施立业：《安徽近代经济轨迹》，安徽人民出版社1991年版。

王鹤鸣：《安徽近代经济探讨》，中国展望出版社1987年版。

程必定主编：《安徽近代经济史》，黄山书社1989年版。

郭万清、朱玉龙主编：《皖江开发史》，黄山书社2001年版。

周昌柏主编：《安徽公路史》第1册，安徽人民出版社1989年版。

马茂棠：《安徽航运史》，安徽人民出版社1991年版。

沈世培：《文明的撞击与困惑——近代江淮地区经济和社会变迁研究》，安徽人民出版社2006年版。

施立业、李良玉主编：《安徽三大家族与近代中国实业研究》，合肥工业大学出版社2010年版。

郭汉鸣、洪瑞坚编著：《安徽省土地分配与租佃制度》，正中书局1937年版。

中共安徽省委中级党校：《芜湖纺织厂史》，安徽人民出版社1960年版。

陈翊林：《最近三十年中国教育史》，上海太平洋书店1931年版。

国民政府教育部编：《第一次中国教育年鉴》，开明书店1934年版。

教育部教育年鉴编纂委员会：《第二次中国教育年鉴》，商务印书馆1948年版。

陈贤忠、程艺主编：《安徽教育史》，安徽教育出版社2006年版。

宋恩荣、余子侠主编:《日本侵华教育全史》(1—3卷),人民教育出版社2005年版。

曹天生:《中国宣纸史》,中国科学技术出版社2005年版。

郭因、俞宏理、胡迟:《新安画派》,安徽人民出版社2005年版。

安徽省群众艺术馆编:《安徽民间音乐》第3集,安徽文艺出版社1988年版。

黄河、张之华编著:《中国人民军队报刊史》,解放军出版社1986年版。

吴柏龄:《中国图书发行简史与发行刍议》,黄山书社1993年版。

叶再生:《中国近代现代出版通史》第3卷,华文出版社2002年版。

龚德才:《中国新闻事业史》,湖南师范大学出版社1997年版。

后　　记

　　本书是中共安徽省委宣传部规划、《安徽通史》编纂委员会组织领导撰著的《安徽通史·民国卷》(上、下)。全书由安徽省社会科学院、安徽师范大学、安徽大学的8位学者协作完成。具体分工如下：房列曙：第一章、第十一章、第十三章、第二十二章；马陵合：第二章、第八章、第十章；胡晓：第三章、第四章、第六章；吴元康：第五章、第十五章、第十七章的第三节；陆发春：第七章、第十七章的第一节和第二节；汪谦干：第九章、第十八章、第十九章、第二十章；宋霖：第十二章、第二十三章；沈世培：第十四章、第十六章、第二十一章。附录中《中华民国安徽大事编年》由宋霖撰写，撰写得到刘思祥研究员的帮助；《主要参考文献》由汪谦干编制。主编宋霖、房列曙，副主编汪谦干主持修改书稿。

　　本书撰著得到了中共安徽省委宣传部和《安徽通史》编纂委员会的关怀和指导。安徽省地方志编纂委员会办公室原主任徐则浩研究员，上海市图书馆编审、上海科技文献出版社原社长童志强先生，先后审读送审稿，提出宝贵的修改意见。在研究与撰著及修改工作中，得到唐先田、朱强娣、杨俊龙、何长辉的鼎力协助。本书图片选自《安徽革命历史画册》(安徽省新四军历史研委会、中共安徽省委党史研究室编纂)、《五四图史》(丁守和主编)、《罗炳辉文集》(罗鲁安主编)等。

　　在本书即将付梓之际，我们对多年来关心支持本书撰著、出版的领导、专家，相关史志、档案部门和出版单位，表示衷心的感谢。由于资料蒐集及作者学识的限制，疏漏之处在所难免，竭诚欢迎方家和读者指正。

作　　者

2011 年 6 月